# 언어장애 기능적 평가 및 중재

ROBERT E. OWENS, JR. 지음 | 김영태, 이윤경, 정부자, 홍경훈 옮김

제 6 판

Σ 시그마프레스

# 언어장애 : 기능적 평가 및 중재 제6판

발행일 | 2016년 8월 10일 1쇄 발행

저자 | Robert E. Owens, Jr.
역자 | 김영태, 이윤경, 정부자, 홍경훈
발행인 | 강학경
발행처 | (주)시그마프레스
디자인 | 김미숙
편집 | 김은실

등록번호 | 제10-2642호
주소 | 서울특별시 영등포구 양평로 22길 21 선유도코오롱디지털타워 A401~403호
전자우편 | sigma@spress.co.kr
홈페이지 | http://www.sigmapress.co.kr
전화 | (02)323-4845, (02)2062-5184~8
팩스 | (02)323-4197

ISBN | 978-89-6866-759-6

Language Disorders :
 A Functional Approach to Assessment and Intervention, 6th Edition

이 도서의 국립중앙도서관 출판예정도서목록(CIP)은 서지정보유통지원시스템 홈페이지 (http://seoji.nl.go.kr)와 국가자료공동목록시스템(http://www.nl.go.kr/kolisnet)에서 이용하실 수 있습니다.(CIP제어번호 : 2016018063)

# 역자 서문

Owens 교수님의 언어장애 책은 미국의 많은 대학들에서 교재로 사용되고 있다. 이 책은 쉽게 쓰여 있지만, 언어치료사들이 아동의 언어장애를 치료할 때 알아야 할 기본적인 내용을 충분히 담고 있다. Owens 교수님은 2000년대에 한국에 와서 몇 차례 연수도 해주셨던 분으로, 한국 아동-부모 간 상호작용에 대해서도 관심이 많으시다. 무엇보다 참 부지런한 저자라서 학생들이 새롭게 대두되는 언어치료 이론이나 방법에 뒤처지지 않도록 최근 문헌이나 이슈를 반영한 내용들을 적절하게 개정해오고 있다.

이 책은 전반적으로 아동의 실제적인 변화를 추구하는 '기능적인' 중재 원리에 기초하고 있다. 따라서 '자연스럽고' '아동의 실제 환경을 반영하는' 중재 방법들을 중심으로 소개하고 있다.

저자가 서문에서도 밝힌 바와 같이, 제6판은 조기 언어중재에 대한 부분이 추가되었고 보완대체의사소통에 대한 부분이 많이 할애되었다. 메타분석을 통한 근거기반의 언어치료 실제를 강화하였고, 학교현장에서의 중재반응도와 정보처리나 작업기억과 같은 기초 언어처리 부분이 확대되었다. 반면 언어분석에 대한 부분은 방법에 기초한 내용들로 훨씬 간결하게 정리되었다.

역자들은 아동의 언어장애를 전공한 교수들로, 제5판을 통해 수렴된 피드백을 반영하여 이번 책을 번역하고자 노력하였다. 이 책이 영어를 사용하는 아동을 대상으로 쓰여 있어서 한국어에 바로 적용하기에는 무리가 되는 부분도 있다. 특히 통사나 구문에 대한 부분이나 미국에 많이 거주하는 다문화 아동들의 언어양상이 우리나라 다문화 아동들의 양상과는 매우 달라 읽을 때 주의가 필요하기도 하다. 그러나 부록에 수록된 많은 언어분석 방법들은 언어적 차이를 감안하여 활용한다면 좋은 참고자료가 될 수 있을 것으로 보인다. 아무쪼록 아동의 언어장애를 공부하는 학부생들이나 대학원생들에게 연구 및 임상적 기초지식을 제공할 수 있기를 기대해 본다.

2016년 6월 15일

역자 김영태, 이윤경, 정부자, 홍경훈

**언**어장애: 기능적 평가 및 중재(Language Disorders: A Functional Approach to Assessment and Intervention) 제6판은 많은 연구자들의 연구와 전상징기 및 상징기 아동과 성인에 대한 필자의 수년간 임상경험에 근거하여 쓰였다. 이 책은 언어학습에 문제를 보이는 아동들을 중심으로 다루었다. 언어를 습득해가거나 언어능력을 잃어서 다시 찾으려고 하는 성인들은 매우 다양한 집단이기 때문에 이 책에서는 다루기가 어려웠다. 이 책에서 다룬 평가와 중재의 모형은 기능적 언어라고 명명하였다. 이 용어는 '환경적'이나 '대화적' 모델 혹은 다른 모델의 일부 요소들과 맥을 같이 한다. 다른 연구자의 모형이나 견해, 전략 등을 사용할 때는 그 출처를 확실하게 밝혔다. 평가와 중재는 전체적인 이론의 틀 속에서 이런저런 것들을 모아 활용해야 한다고 생각한다. 독자들도 이러한 점을 염두에 두고 이 책을 읽어주기 바란다. 어떤 부분은 매우 실제적이고 적용하기가 쉽지만 어떤 부분은 특수한 중재상황에 적용하기 어려울 수도 있다. 전체적인 모형은 언어를 훈련하는 문맥으로 자연스러운 환경과 자연스러운 대화를 사용한다는 것을 염두에 두었으면 한다. 필자는 평가와 중재에 한 가지 방법만 있는 것이 아니라고 생각하고 있으며, 따라서 필자 스스로 그 답을 다 가지고 있는 것 같은 태도를 취하지도 않는다.

필자가 사용한 언어장애(Language Disorders)란 용어에 대한 설명이 필요할 거 같다. 필자는 지체(delays)와 장애(disorders) 모두를 포함하는 일반적인 언어결함(language-impaired)을 가진 아동들을 통칭하려 하였다. 이 책에서는 특정 장애군만을 다루지 않기 때문에 이러한 결정을 하였다.

제6판을 통해 여러분을 만족시킬 수 있기를 바란다. 이전 책을 읽어본 독자들은 알 수 있겠지만 이 번 책에서는 몇 가지 새로운 사안들이 추가되었고 강조점에 약간의 변화가 있었다. 이는 전문가들의 피드백, 학생들의 견해, 그리고 말-언어 임상현장의 변화에 근거하여 이루어졌다. 이러한 변동은 다 음과 같다.

- 본문은 수백 개의 새로운 문헌을 추가하여 철저하게 보완되었다. 이 작업은 수많은 시간 동안 학술지 논문들을 읽거나 탐색함으로써 이루어졌다. 솔직히 말하자면 검토한 문헌에 는 이 책과 같은 주제의 책 5권도 포함시켰으며, 그 책 저자들이 어떻게 언어장애를 설명 하고 있는지도 살펴보았다.

- 일부 검토의견을 반영하여 조기 의사소통 중재에 대한 새 장을 포함시켰다. 이 주제는 내 게도 매우 중요한 것인데, 이는 미국 정부 및 미국 ASHA에서 지지를 받고 있는 모델이 기 능적 모델이기 때문이다.

- 보완대체의사소통(AAC) 부분을 크게 할애하였다. 비록 엄밀히 말하면 AAC는 의사소통 형태이지 언어중재 자체는 아니지만, AAC와 관련된 많은 이슈들은 언어와 관련되어 논의 되어야 하며, 일부 아동들에게 있어서 AAC 없이는 언어와 의사소통의 학습이 불가능할 수도 있다.

- 학교현장에 미치는 영향을 고려하여 통합이나 중재반응도(RTI)와 같은 개념을 교실중재 를 다룬 장에 포함하였다.

- 이전 책에서 단순언어장애에 대한 정보 및 작업기억에 대한 부분을 소개하였는데, 본 판 에서는 그 부분을 크게 확대하였다.

- 자폐범주성장애(ASD)로 진단받는 아동들의 수를 계속하여 탐구하였다. 이 주제에 대한 고찰을 확대하여 새로운 발생율과 기술적 준거를 논하였다.

- 언어중재를 주로 다루는 언어임상 전문분야는 다른 의료나 준의료 전문분야에 비해서는 아직 근거기반실제가 뒤쳐지긴 했지만, 그래도 다행히 지난 5판 이후로 근거기반실제에 초점을 맞춘 메타분석의 수가 크게 증가하였다. 나는 이러한 전문적인 논문을 발견할 때 마다, 비록 그들의 결과가 필자의 믿음하고는 일치하지 않는다 하더라도, 그들의 결과를 포함시켜나갔다. 어차피 우리는 이러한 과정을 통해 배우고 좀 더 개선해 나가는 것 아 닌가?

- 언어분석을 다룬 장들은 좀 더 강화하며 결속을 통해 간결하게 정리하였다. 이전에는 어 떻게 하는지를 간결하게 기술하기보다는 여러 가지 분석의 가능성을 장황하게 설명한 경 향이 있었다.

- 이전 책에서와 같이 다문화나 다언어 배경의 아동들에 대한 모든 관련 정보를 포함시켰

다. 필자는 점점 더 다양해지는 미국 사회를 사랑하며, 우리의 최선을 다해서 우리의 서비스를 필요로 하는 아동들을 지원하는 것이 중요하다고 믿는다.

그 외 어떤 변화를 주었는지 잊고 기술하지 못했을 수도 있다. 바라기는 여러분이 이러한 변화를 긍정적으로 봐주었으면 한다.

이 책이 여러분에게 유용하게 쓰이기를 바란다. 이 책에서 소개하는 방법들을 사용하는 SLP들은 이러한 방법들이 정말 유용하고 효과적이며 적용가능하고 재미있는지에 대해 알려주기 바란다. 그렇다면 시간이 말해줄 것이다.

# 차례

# 제1장

# 기능적 언어치료

저자가 자기 자신을 특별한 사람이라고 생각하는 것처럼 들릴 위험이 있지만, 두 개의 짧은 사건을 소개하면서 이 장을 시작하고자 한다. 물론 저자는 특별하지도 않으며, 그렇게 생각하지도 않는다. 몇 개월 전 저자는 뉴욕, 버펄로에서 언어병리가 아닌 주제로 강의를 한 적이 있었다. 그때 이전에 가르쳤던 학생이 뒤에 앉아 있는 것을 보았다. 반가운 마음에 강의를 마치고 그 학생에게 다가가 그곳에서 만난 것에 대한 놀라움을 전했다. 그러자 그녀는 그곳에 강의를 들으러 온 것이 아니라 저자가 10년 전 수업 시간에 기능적 언어치료 방법을 가르쳐준 것에 대해 감사를 표하러 온 것이라고 말했다. 당시에 자신은 저자가 단지 치료를 위한 표준적인 방법을 설명하는 것으로 생각했으나, 졸업한 후에 기능적인 언어치료가 자신의 동료들이 실시하는 전통적인 중재(typical intervention) 방법과 얼마나 다른지를 알게 되었다고 말했다. 졸업 후 10년이 지났건만, 그녀는 자신이 동료들에게 어떻게 치료를 그토록 자연스럽게 행하고 아동들이 그토록 잘 참여하게 만드는지에 대한 질문을 받는 것을 저자의 덕택으로 돌렸다. 그러나 그것은 저자의 공로가 아니다. 저자가 한 일은 단지 정보를 준 것뿐이며, 그녀 자신이 배운 것을 잘 수행할 수 있는 영리하고 창조적인 언어치료사(SLP)인 것이다.

그 후에 코네티컷에서 있었던 다른 워크숍에서, 나이가 좀 더 든 언어치료사가 저자에게 오더니 자신은 이 책을 읽고 여기서 나온 많은 기능적인 방법을 사용했으며, 그러한 방법들이 매우 효과적이라고 말했다. 다소 겸손하게 저자는 그녀에게 감사를 표현했다. 그러나 저자가 가려고 하자, 저자의 팔을 강하게 잡으며, "이해를 못 하시는군요, 저는 깨달았어요, 깨달았다고요."라고 말했다. 저자가 그녀를 바라보자, 그녀는 기능적 치료란 누군가가 출판한 언어치료 프로그램을 사용하는 것이 아니라, 언어문제를 가진 아동들이나 성인들과 하는 모든 것에 영향을 미치는 치료에 대한 가치관이라고 설명했다.

두 여성은 '그것'을 이해했다. 이 책에서 우리는 '그것', 즉 언어 중재에 대한 기능적 가치관을 탐구할 것이다. 여러분도 '그것'을 이해하기 바란다. 이 모델은 많은 부분들로 구성되어 있다. 그러나 다행스럽게도 이 모델의 어떤 한 부분(예 : 부모를 치료에 포함시키기)을 사용할 수 없더라도 그것이 다른 부분들(예 : 대화를 통해 가르치기)의 사용을 방해하지는 않는다. 또한 기능적 방법의 사용이 치료 대상자에 따라서나 치료의 어떤 시점에서는 전통적 방법이 더 필요하다는 것을 부정하는 것도 아니다. 그러나 기능적 중재에서 중재 목적에 대한 기능적인 관점은 절대 잊지 말아야 한다. 중재는 반드시 대상자가 새롭게 습득한 기술을 의사소통 향상을 위해 실질적으로 사용토록 하는 데 바탕을 두어야 한다. SLP의 모든 임상적 결정들은 대상자들을 그러한 방향으로 이끌기 위한 것이어야 한다.

저자는 지난 3년간 SLP이면서 대학 교수로 일해 왔지만 경력의 처음 시작은 여러분들과 마찬가지로 교실에서 수업을 듣고, 노트에 기록을 하고, 교재를 읽고, 열정적이지만 두려움을 가지고 첫 번째 임상 경험을 시작했다. 이 책은 가능한 적은 지면을 사용하여 언어 중재에 대한 가능한 많은 정보를 주고자 하는 저자의 시도이다. 이 주제는 복잡하기 때문에 교재는 두껍고 정보로 가득 차 있다. 우리는 논의를 진행하면서 지적장애와 자폐범주성장애와 같은 다양한 집단의 아동들에 대해 논의할 것이다. 그러나 그러한 주제를 논의하는 데 모든 부분을 할애한다고 할지라도 우리는 단지 표면을 스치고 지나가는데 그칠 뿐이다. 여러분은 전문적 경력을 통해 끊임없이 지식을 업데이트하며 보내게 될 것이다. 그리고 여러분이 만나는 각각의 새로운 언어장애 아동은 여러분의 지식, 기술, 창조성에 도전할 것이다. 이것이 언어장애 분야의 도전과 보람이다.

이제 함께 나아가 보자. 책을 읽으면서 만약 여러분이 걱정이 된다거나, 저자의 실수가 있거나 저자가 혼동을 주었거나 어떤 주제에 대해 부주의한 점이 있다면 저자에게 알려주기 바란다. 당신의 의견을 중시할 것이다.

이 책의 전체에 걸쳐서, 가능한 증거기반중재(evidence-based practice, EBP)에 기초해 이 책을 구성했다. 독자에게 관련 지식을 전달하기에 앞서서 가능한 각 주제를 조사하여, 자료에 중점을 두고 정보에 근거해서 결정을 내리려고 노력했다. 증거기반중재에 익숙하지 않은 독자들을 위해 이 장의 끝부분에 이를 설명했다. 이제 **언어장애**(language impairment)와 **기능적 언어치료**(functional language intervention)의 기본 개념들을 시작하자.

언어는 의사소통을 위한 전달 수단이며, 대화를 위해 주로 사용된다. 이처럼 언어는 우리가 의사소통할 때 우리의 목적을 달성하기 위해 사용하는 사회적 도구이다. 다른 말로 표현하면, 언어는 역동적인 과정(dynamic process)으로 볼 수 있다. 이러한 관점은 언어치료에 대한 우리의 접근 방법을 변화시킨다. 우리는 점차 '무엇'이 아니라 '어떻게'에 관심을 갖게 된다. 이것이 저자가 이 책을 통해 우리가 탐구하기를 원하는 언어치료의 방향이다.

SLP들을 위한 전문 단체인 미국말언어청각협회(American Speech-Language-Hearing Association, ASHA)에서는 언어장애(language disorder)를 다음과 같이 정의한다.

> **언어장애**는 구어(spoken), 문어(written)나 다른 상징체계에 대한 이해, 그리고/또는 사용(산출)의 결함이다. 이 장애에는 (1) 언어의 형식(음운, 형태, 구문), (2) 언어의 내용(의미), 또는 (3) 의사소통에서 언어의 기능(화용)이나 이들의 결합 형태가 포함된다.(Ad Hoc Committee on Service Delivery in the Schools, 1193, p.40)

우리의 필요에 의해서, 우리는 언어장애(language disorders) 또는 언어결함(language impairment)이라는 용어를 구어나 문어에서 언어의 형식, 내용, 기능 또는 이러한 영역들의 조합에 대한 이해나 산출의 결함을 나타내는 발달적 장애, 후천적 장애, 지체 또는 이들의 조합과 같은 다양한 집단에 적용해 생각하기로 한다. 언어장애는 개인의 일생 동안 지속될 수 있으며, 장애의 증상이나 표현, 영향과 결함의 정도, 맥락, 내용과 학습 과제에 따라 변화될 수 있다. 언어의 차이, 예를 들어 영어학습자(English Language Learners, ELL)나, 다른 지역의 방언을 사용하는 사람들과 같은 경우는 언어장애에 포함되지 않는다.

언어장애의 정의를 분명하게 하고자 할 때, 우리는 해답보다 의문점을 더 많이 가지게 된다. 예를 들어 조산과 같이 장애의 유발 요인들은 매우 중요하지만 그 특성이 너무 다양하고 많은 언어장애 아동들에게서 분명한 인과관계를 찾기 어렵기 때문에 정의에 포함되지 않는다. 일반적으로 유발 범주들은 많은 언어적 행동들과 직접적으로 관련되지 않는다(Lahey, 1988). 마찬가지로 TBI(Traumatic Brain Injury)와 같은 진단 범주도 이와 같은 이유들로 저자의 정의에는 포함시키지 않는다. 또한 비록 일반인들이나 몇몇 전문가들이 종종 혼동할지라도, 언어의 차이(language difference)는 장애가 아니라고 정의한다. 이러한 논쟁에 대해서는 제2장과 그 뒤에 나오는 장들에서 논의할 것이다. 지금부터는 약간 긴장을 풀고 기능적 언어 중재에 대해 논의하도록 하자.

언어장애의 교육이나 재활에 대한 주된 책임을 가진 전문가는 언어치료사(speech-language pathologist, SLP)이다. SLP는 팀의 일원, 팀 교사, 교사, 부모 훈련사(parent trainer), 언어 촉진자와 같은 다양한 역할을 한다.

이러한 많은 역할은 언어 중재가 아동과 그의 의사소통만을 문제로 보는 관점에서 벗어나, 점차로 가족 중심으로 접근하거나 교실과 같은 환경에 근거해 접근해야 한다는 인식의 확대를 반영한다. 전문적 관심이 개인의 형태론적 접사나 어휘와 같은 훈련 목표들로부터 아동의 전체적인 의사소통 효과에 중점을 두는 좀 더 기능적이고 전체적인 접근으로 전환되고 있다.

## 전통적 모델과 기능적 모델

이 책에서 기술한 것과 같이, 기능적인 접근에서 언어 평가와 중재는 의사소통을 위한 도구로 사용된 언어에 초점을 둔다. 기능적 접근은 의사소통을 최우선으로 한다. 기능적 접근은 언어장애 아동과 그 아동과 의사소통하는 사람들의 전반적인 의사소통에 초점을 둔다. 이미 기술한 바와 같이, 기능적 접근의 목적은 아동의 자연적인 의사소통 상황에서 의사소통이 더 잘 이루어지도록 하는 것이다.

기능적 언어 중재에서 아동과 그 대화 상대자 간의 대화는 변화를 위한 수단이 된다. 대화 상대자는 아동 발화의 언어적ㆍ비언어적 맥락의 조정을 통해서 특정 구조들의 사용을 촉진하고, 대화를 유지하면서 평가적인 피드백을 제공한다. 이 문장을 되새기길 바란다. SLP와 대화 상대자는 초기의 자료 수집 단계에서부터 중재 단계에 이르기까지 아동의 전반적인 의사소통의 향상에 초점을 두어야 한다.

기능적 언어 접근법들은 임상 연구들에서 지적장애, 자폐범주성장애, 단순언어장애, 언어학습장애, 발달지체, 정서 및 행동장애, 복합장애 아동들의 평균발화길이와 다단어(multi-word) 발화의 산출, 자발적 의사소통의 전체 양, 화용 기술, 어휘 성장, 언어 복잡성(complexity), 수용 어휘, 명료도, 그리고 새로운 발화에서 훈련된 형태의 사용 등을 증가시키는 데 사용되어 왔다. 좀 더 구조화된 접근이 필요한 최소한의 상징을 사용하는(minimally symbolic) 아동들도 대화적 환경중심 중재(milieu) 방법을 사용해 혜택을 받았다. 기능적인 상호작용 접근법들은 즉각적인 효과에서는 직접적인 교수 방법들과 거의 차이가 없을지라도 일반화를 향상시킨다. 마지막으로 대화적 접근법은 구조화된 모방보다 아동들로 하여금 미소나 웃음, 활동 참여, 유의미하게 많은 구어적 개시와 같은 긍정적인 행동들을 더 많이 산출하게 한다. 반면에 모방을 통해 학습한 아동은 말수가 적고, 수동적인 경향을 더 많이 나타낸다.

과거에 언어 훈련에 대한 전통적 접근법은 자극-반응-강화 모델을 사용하여 매우 구조적이고 행동주의적인 방법으로 특정 언어 자질들 가르치는 데 중점을 두었다. 따라서 이러한 관점에서 언어는 과정이 아닌 자극에 의해서 유도되거나 강화에 대한 기대로 나타나는 산출물 또는 반응이다.

자극-반응-강화 모델을 사용한 중재 방법은 주로 SLP가 질문을 하고 아동이 대답을 하거나 또는 아동의 반응을 SLP가 지시하는 형태를 취한다. SLP가 산출하는 전형적인 자극 발화들은 아래와 같다.

어떤 소리가 더 정확한가요, …아니면…?

내가 맞게 말했나요?

전체를 말해주세요.

정확하게 세 번 말하세요.

좀 더 전통적인 중재 모델에서 SLP의 반응은 산출의 정확성에 근거하며, "잘했어요.", "잘 말했어요.", "세 번 다시 반복하세요.", "내 말을 다시 들어보세요." 등과 같이 제공된다. 표 1.1은 전통적인 모델과 기능적인 모델을 간략하게 비교한 것이다.

많은 SLP들은 훈련 자극에 대한 언어장애 아동의 반응을 정확하게 예측할 수 있기 때문에 전통적인 구조화된 중재 방법을 선호한다. 게다가 구조화된 행동주의적 중재 방법은 대상자가 적절하고 바람직한 반응을 산출할 가능성을 증가시킨다. 이러한 언어 학습들은 주로 훈련처럼 각본이 정해져 있어서 반복적이며 SLP가 예측하기도 쉽다.

**표 1.1** 전통적 언어치료와 기능적 언어치료 모델의 비교

| 전통적 언어치료 | 기능적 언어치료 |
| --- | --- |
| 개별 또는 소집단 | 개별, 소집단, 대집단 또는 학급 전체 |
| 임상적 상황 | 실제 의사소통 상황 |
| 독립적인 언어 목표들 | 목표언어 단위 간의 관계는 대화에서 사용되는 형태 |
| 언어의 작은 단위에서 시작하여 대화로 확대 | 최소한의 촉진을 사용하여 아동의 언어를 수정함으로써 대화를 목표로 함 |
| 모델링, 모방, 연습과 기술을 강조 | 성공적 의사소통을 위한 대화 기술들 강조 |
| 대화에서의 사용은 치료의 마지막 단계에서 강조됨 | 중재의 수단으로 '사용'을 최우선으로 함 |
| 아동의 행동과 언어는 성인에 의해 조절됨 | 아주 다양한 맥락들에서 새로운 언어 자질들을 사용할 기회 증가 |
| 실질적 대화와 사용이 거의 없음 | 실질적 대화와 사용이 치료 전제 |
| 주요 타인들을 거의 포함시키지 않음 | 변화의 매개체로 부모와 교사를 사용 |

구조화된 행동주의적 접근에서는 SLP가 아동의 반응을 유도하고, 강화물을 제공하기 위해 자극들을 구조화하고 조작하기 때문에 아동은 점차 수동적인 학습자가 될 수 있다. 이러한 접근에서 SLP의 전반적인 중재 방식은 매우 지시적이다. 다르게 표현하면, 중재 과정이 일방적이며 치료사 중심적이다. 불행히도 이러한 방식만을 사용하면, 새롭게 습득된 언어 자질을 의미 있게 사용하도록 발달시키기는 어렵다.

집중적이고, 일관적이며, 조직적인 형태를 사용하는 구조화된 행동주의적 중재는 특정 언어 기술을 가르치는 데는 효과가 있지만, 주된 문제점은 임상 현장에서 좀 더 자연스러운 맥락으로의 일반화이다. 언어 훈련 목표의 일반화 실패는 그 자체만으로 자폐범주성장애 아동들의 중재에 대한 주된 비판 중 하나이다.

일반화의 결여는 훈련 재료, 아동의 학습 특성, 훈련 형태를 포함한 몇 가지 요인들이 원인일 수 있다. 임상현장에서 제시되는 직접적 또는 간접적으로 학습에 영향을 미치는 자극들이 다른 환경들에서는 존재하지 않을 수 있다. 훈련 단서와 같은 자극들은 그 효과가 의도된 것이지만, 반면 SLP의 존재와 같은 다른 자극들은 비의도적인 효과를 미칠 수 있다. 더욱이 강화와 같이 훈련을 위해 사용하는 임상적 단서나 반응들이 일상적 상황에서 경험하는 것과는 매우 다를 수 있으며, 그로 인해 다른 곳에서는 훈련된 행동을 사용하려는 동기가 없어질 수 있다.

반면 기능적 중재는 아동에게 더 많은 주도권을 주며, 중재 활동에서 구조화의 양을 줄인다. 향상의 척도는 단지 정확한 반응의 수가 아니라 성공적 의사소통의 증가이다. SLP와 아동의 대화 상대자가 사용하는 절차들은 아동의 언어학습 환경과 매우 유사하다. 또한 언어장애 아동의 일상적 환경을 중재에 포함한다.

당연히 특정 언어 중재 전략의 효과는 언어장애 아동의 특성과 훈련 내용에 따라 달라진다. 예를 들어 학습장애 아동들은 다른 언어장애 아동들보다 구체적인 언어 훈련이 더 효과적일 수 있다. 그와 같이, 좀 더 심한 언어장애를 가진 아동들은 초기에는 구조화된 모방적 중재 방법에서 더 큰 혜택을 볼 수 있다.

이 장에서 우리는 기능적 언어 중재의 정의와 정당성을 좀 더 살펴볼 것이다. 기능적 언어 중재의 정당성은 언어와 언어 중재에서 화용론의 중요성 그리고 일상적 맥락으로의 언어 중재 효과의 일반화에 근거한다. 일반화는 이에 영향을 미치는 변인들의 측면에서 논의한다.

## 중재에서 화용론의 역할

화용론(pragmatics)은 화자의 의도나 의사소통 목적, 그리고 그러한 목적을 달성하기 위해 청자에게 적절한 언어적 형태로 조율하는 것을 포함한다. 대화 맥락에서 대부분의 언어 자질들은 화용론적 요인의 영향을 받는다. 예를 들어 화자는 대명사를 선택할 때 통사론과 의미론 이상의 요인을 고려해야 한다.

대화 상대자는 선행한 언어 정보와 참조물에 대한 다른 사람의 관점을 인식해야 한다.

　이전 시기 심리언어학에 대한 SLP의 관심은 치료 현장에서 통사적 복잡성의 증가를 강조하는 결과를 가져 왔다. 1970년대 초기, 치료적 관심이 의미론으로 전환되면서 인지적 또는 지적 용이성(readiness)의 중요성에 대한 새로운 인식이 생겼으나, 사회적 환경의 중요성에 대한 이해는 여전히 부족했었다. 이후 1970년대 후반과 1980년대의 사회언어학과 화용론의 영향이 대화 규칙과 맥락 요인에 대한 관심을 불러일으켰다. 일상적 맥락들은 언어 수행 능력에 대한 배경을 제공해 왔다.

　장애인 관련업에 종사하는 사람들의 관점이 의사소통 과정 자체로 옮겨지고 있다. 예를 들어 이전에는 아동의 행동을 자극－강화 상황에서 적절한지 또는 부적절한지만을 고려하였다. 부적절하다고 여긴 반향어와 비정상적인 언어 형태들은 소거하거나 처벌하였다. 그러나 관점이 화용론과 행동의 기저 과정으로 옮겨지자 아동의 언어, 심지어 반향어도 그 자체로 아동만의 방식으로 여기게 되었다. 예를 들어 '그것이 아동에게 목적이 있는 행동인가?'에 관심을 갖는다.

　이전의 접근법들은 잘못된 것을 수정하려는 목적을 가지고 아동의 결함을 강조하는 경향이 있었다(Duchan, 1997). 대조적으로 기능적 접근은 아동이 의사소통 목적을 달성하기 위해 필요한 요구(needs)가 무엇인지에 초점을 둔다. 이러한 관점에서 중재는 반드시 의사소통 상황에 아동을 적극적으로 포함시키는 맥락들을 제공해야 한다. 중재의 초점이 아동이 가진 장애로부터 아동의 의사소통을 지원하는 것으로 옮겨지면서, 중재의 목적은 일상생활의 의사소통 상황에 아동이 참여할 수 있는 기회와 지원을 증가시키는 것이 되었다.

　SLP들은 구조와 내용이 의사소통 맥락의 대화적 제약들에 의해 많은 영향을 받는다는 것을 점차 깨닫고 있다. 언어에 대한 이러한 관점은 언어 중재에 대한 매우 다른 접근을 필요로 한다. 사실상 중재는 언어의 분리된 독립적 단위들을 목표로 하는 실체적 접근(entity approach)에서 전체적인 의사소통 과정 내의 언어를 목표로 하는 체계적 또는 총체적(holistic) 접근으로 옮겨졌다. 주된 영향은 훈련의 목표와 방법의 변화이다. 만약 화용론이 그림 1.1의 형식론자와 같이 단지 언어의 동등한 다섯 영역 중 하나일 뿐이라면, 훈련을 위한 다른 규칙을 제공하면 될 뿐 방법론의 변화는 필요하지 않다. 훈련의 초점은 여전히 구조화된 행동주의적 패러다임에 머무르며 '어떻게(how)'에서의 변화는 거의 없이 '무엇(what)'을 강조할 것이다.

　반면에 그림 1.1의 화용론자처럼 화용론을 언어의 하위 영역들을 조직하는 전체로 보는 접근은 언어가 사용될 환경을 반영하는 좀 더 상호작용적인 대화적 훈련 접근을 필요로 한다. 따라서 치료는 쌍방적(directional)이고 아동 중심적이 되며, 대화를 훈련 및 전이 환경으로 여긴다.

## 의사소통 맥락의 측면

언어는 목적을 가지며, 또한 형식과 내용에 영향을 주기도 하고 받기도 하는 역동적인 문맥에서 사용된다. 문맥은 많은 요인들의 복합적인 상호작용으로 구성된다.

목적. 언어 사용자들은 말할 내용과 말하는 방법에 영향을 미치는 목적을 가지고 시작한다. 여기에 다시 화용론이 있다.

내용. 언어 사용자들은 무언가에 대해 의사소통한다. 그 주제가 형식과 방식에 영향을 미친다.

담화의 유형. 논쟁 또는 연설과 같은 담화의 특정 유형들은 목적과 관련된 특정한 유형의 구조를 사용한다.

참여자 특성. 문맥에 영향을 미치는 참여자의 특성은 배경 지식, 역할, 삶의 경험, 기분, 위험 감수에 대한 자발성, 상대적 연령, 지위, 익숙함 그리고 시간과 공간적 관계이다. 각 참가자는 또한 특정 언어 규칙을 공유하는 집단인 언어 공동체에 속해 있다.

장소와 활동. 장소와 활동은 언어가 발생하는 상황들을 포함하며, 언어, 특히 어휘의 선택에 영향을 미친다.

담화의 산출 양식. 말, 신호, 문자의 양식은 각각 아주 다른 상호작용 형태를 필요로 한다.

대화 상황에서 참여자들은 이러한 요인들과 자신들의 변화적 관계를 반드시 지속적으로 평가해야 한다. 이제 효과적인 중재를 위해서 화용적인 맥락이 중요한 이유를 쉽게 알 수 있을 것이다.

SLP는 반드시 대화적 문맥에 대한 숙련자가 되어야 한다. 불행히도 특정 언어 구조들을 유도하기 위해 "이 그림에 대해 말해주세요." 또는 "뭐 하고 싶어?"와 같은 구어적 단서들의 과도한 사용에 의존하기 쉽다. 때에 따라서는 '기다리기'와 같은 단순한 행동이 효과적인 중재 도구가 될 수 있다. 마찬가지로 아동의 초록색 양말을 가리키며, "와, 정말 예쁜 스웨터인데."와 같이 비임상적으로 보이는 발화가 부정문 구조를 쉽게 유도할 수 있다. 만약 SLP들이 의사소통 문맥의 특징들을 알고 이해한다면, 이들을 좀 더 효율적으로 조작할 수 있다.

---

### 요약

임상 현장에서 SLP들은 의사소통에 미치는 문맥의 영향을 인식해야 한다. 언어장애 아동이 다른 사람과의 관계를 얼마나 잘 조절하는지는 문맥의 양상들을 조절하는 능력에 달려 있다. 또한 대화적 문맥의 역동적 본질을 고려할 때, 중재는 반드시 아동의 일상적인 의사소통 문맥으로 일반화되어야 한다.

## 중재에서 일반화의 역할

언어병리학에서 치료적 접근의 가장 어려운 부분 중 하나는 훈련 목표가 훈련하지 않은 상황으로 일반화 또는 전이되는 것이다. 우리 SLP들은 조니가 치료 상황에서는 바르게 수행했음에도, 놀이 상황, 교실 또는 집으로 그러한 수행 능력을 전이시킬 수 없었다는 사실을 슬퍼해야 한다. 한 장소에서 가르친 언어 자질들이 다른 내용이나 맥락들로 일반화되지 않으면 의사소통에 대한 아동의 목적은 실현되

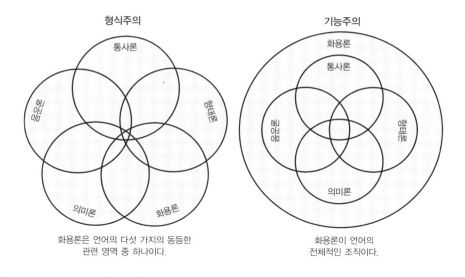

형식주의

기능주의

화용론은 언어의 다섯 가지의 동등한
관련 영역 중 하나이다.

화용론이 언어의
전체적인 조직이다.

**그림 1.1** 언어 양상들 간의 관계

지 않는다.

우리의 목적을 위해, 일반화를 대상자들과 그들이 새롭게 습득한 언어 자질이 의사소통 환경과 지속적으로 상호작용하는 과정이라고 생각하자(그림 1.2). 예를 들어 만약 우리가 아동에게 강아지 (doggie)라는 새로운 낱말을 가르치고 있는 중이라면, 우리는 아동 가족의 강아지를 앞에 두고 그 낱말을 몇 번 반복한 뒤, 아동에게 "강아지라고 해봐."라고 지시할 수 있을 것이다. 만약 아동이 그러한 상황에서만 그 낱말을 반복한다면 아직은 그 낱말의 사용을 학습하지 못한 것이다. 그러나 아동이 자발적으로 다른 개를 보고 그 낱말을 사용한다면, 우리는 아동이 낱말과 그것의 사용을 습득했다고 합리적으로 추정할 수 있다. 다른 말로 하면 훈련된 내용이 일반화된 것이다.

일반화에 영향을 미치는 요인들은 훈련 내용, 학습자 그리고 훈련 맥락이지만 이는 훈련 상황의 특정 양상들에 따라 변화한다. 예를 들어 훈련하지 않은 교실과 같은 상황에서 반응이 일어나도록 하려면, 훈련 상황에서 교실 상황과 관련된 양상들을 반드시 포함하여 반응을 유발하는 단서로 제시해야 한다. 다시 말해서 SLP는 다양한 치료 맥락들이 일반화에 미치는 영향을 반드시 숙지해야 한다.

맥락과 관련 없이 가르치거나, 아동의 의사소통적 기능과 언어적 지식이나 경험을 반영하지 못하거나, 의사소통적 기회를 거의 주지 않는다면 훈련한 언어가 일반화되지 않을 수 있다. 일반화는 어느 정도까지는 사용한 절차들과 언어훈련에서 조작한 변인들의 결과이다. 마지막으로 치료 목표 자체가 다른 상황으로 전이가 되지 않는 원인일 수도 있다.

SLP는 각 대상자마다 다음의 질문들을 되물을 필요가 있다. 이 절차(또는 목표)가 아동의 일상적 환경에서도 일어날 것인가? 훈련하고 있는 자질이 아동의 일상적 의사소통 상황 안에서 필요한가? 그것을 가르치는 데 사용되는 방법들이 일상적 상황을 반영하는가? SLP 학생과의 최근 만남에서 이

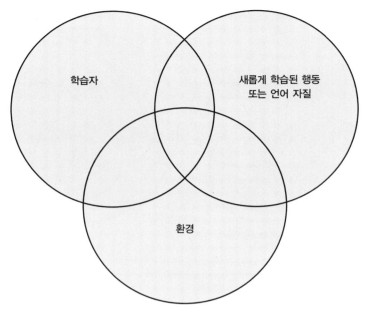

일반화는 개인, 새롭게 훈련된 행동이나 언어 자질, 그리고 환경 간의 상호작용이다.
일반화를 위해서는 이 세 요소가 반드시 존재해야 한다.

**그림 1.2**  일반화 도식

러한 질문에 대한 답은 '아니요'였다. 그 결과로 우리는 중년의 지적장애 성인의 치료에서 조동사를 버리고, 패스트푸드 식당에서 주문하기, 길 묻기 그리고 전화 사용하기와 같은 대상자의 일상적 의사소통 환경에서 사용될 가능성이 높은 의사소통 자질들을 가르치기로 결정했다. 다시 말해 우리는 대상자의 일상적 환경에서 유용한 기술을 목표로 하는, 좀 더 기능적인 중재 접근을 선택했다.

## 일반화에 영향을 미치는 변인

일반화는 학습의 본질적인 부분이다. 심지어 첫 낱말을 사용하는 어린 아동도 그것을 새로운 내용으로 사용하는 일반화를 반드시 학습해야 한다. 처음에 강아지라는 낱말은 다리가 네 개인 다른 동물들에게 사용할 수 있다. 피드백("아니야, 그건 고양이야.")을 통해 아동은 강아지라는 낱말이 바른 경우와 그렇지 않은 경우를 추론한다. 아동은 강아지를 반드시 사용해야 하는 맥락과 그러한 사용을 배제해야 하는 맥락을 학습한다. 다르게 표현하면, 아동은 맥락이 언어규칙의 적용을 조절한다는 것을 배운다.

마찬가지로 어린 아동이 "과자 먹어도 돼요?"라고 말할 수 있더라도, 이 새로운 발화를 적절한 맥락에서 사용할 때까지는 학습이 완료된 것이 아니다. 아동은 과자가 실제로 있는 상황과 같이 해당 발화를 사용할 수 있는 적절한 맥락 단서들을 학습한다.

훈련이 일어나는 맥락이 아동이 실제로 배우는 것에 영향을 미친다. 사실상 적절성은 아동의 반응 자체가 본질적으로 가지고 있는 것이 아니라, 맥락 안에서 사용될 때 결정된다. "과자 먹어도 돼요?" 라고 말하는 것은 과자가 없는 상황이라면 부적절하다. 학습에 대한 맥락의 관계는 단순한 것이 아니며, 반응을 결정하는 자극들은 복합적일 수 있다.

일반화는 언어 중재 과정의 필수적인 한 부분이다. 일반화에 대한 고려 없이 중재를 시작해서는 안 된다. 일반화는 훈련 계획의 끝 부분에서 실시하는 독립된 단계가 아니며 숙제도 아니다.

아동이 실질적으로 사용하는 언어, 즉 진정한 기능적 언어의 습득을 촉진하기 위해서 SLP는 반드시 전체 치료 과정을 통해서 일반화와 관련된 변인들을 조절해야 한다. 기능적 모델에서 일반화는 매 단계에서 가장 기본적인 요소이다. 표 1.2는 주요 일반화 변인들의 목록이다.

일반화 변인들은 크게 내용 일반화와 맥락 일반화의 두 유형으로 나눌 수 있다. 내용은 무엇을 훈련 하는가를 의미한다. 내용 일반화는 언어장애 아동이 예시와 실제 사용으로부터 언어규칙을 이끌어낼 때 발생한다. 따라서 새로운 자질(예 : 복수 -s)이 치료 상황에서 사용하지 않았던 낱말처럼, 이전에 훈련하지 않았던 내용에서 사용될 수 있다. 내용 일반화는 부정어의 사용 같은 훈련 목표에 의해서 영향을 받으며, 또한 부정문을 훈련하기 위해 사용한 낱말이나 문장과 같은 구체적인 훈련 항목들에 의해서 영향을 받는다.

전반적으로 훈련을 위해 선택된 내용은 언어 그리고 아동의 의사소통 요구와 학습에 대한 SLP의 이론적 개념을 반영한다. 문법적 단위를 목표로 할 때, 아동의 의사소통 요구를 충족시키고자 한다면, 이러한 단위들의 사용이나 기능에 대한 고려가 필수적이다.

만약 내용이 '무엇'이라면, 맥락은 훈련의 '어떻게'이다. 맥락 일반화는 아동이 새롭게 습득한 자질, 예를 들어 의문문에서 조동사의 사용과 같은 자질을 교실, 집 또는 놀이와 같은 일상적인 의사소통 상황에서 사용할 때 일어난다. 이러한 각각의 맥락은 새롭게 배운 행동의 전후에 연결되는 언어적 사건들뿐만 아니라 사람들이나 장소도 다르다. 일반화는 훈련 환경과 자연적 환경의 의사소통 맥락이 유사할 때 촉진될 수 있다.

간략하게 각 변인들을 살펴보기로 하자. 제9장에서 중재 접근에 대한 설계를 시작할 때 다시 논의할 것이다.

## 훈련 목표

언어는 매우 복잡하기 때문에 SLP가 언어 결함을 가진 아동에게 능력 있는 의사소통자가 되기 위한 모든 것을 가르치는 것은 불가능하다. 어떤 언어적 자질들은 무시해야 한다. 따라서 목표의 선정은 장기적인 영향을 고려해야 하는 과정이다.

훈련 목표의 선정은 반드시 각 아동의 의사소통 환경에서 필요한 실질적 요구와 관심에 근거해야 한다. 중재의 초점은 반드시 아동이 개시한 의사소통의 효과를 증진시키는 데 두어야 한다. 언어는 맥

**표 1.2** 언어 훈련의 일반화에 영향을 미치는 변인

| 내용 일반화 | 훈련 목표 |
| --- | --- |
| | 훈련 항목 |
| 문맥 일반화 | 훈련 방법 |
| | 언어 촉진자 |
| | 훈련 단서 |
| | 행동의 결과 |
| | 훈련 장소 |

락에 의해 크게 영향을 받는 역동적 과정이기 때문에, 훈련을 위해 선정된 언어 자질들은 아동의 의사소통 환경에서 기능적이거나 실용적이어야 한다.

비록 SLP들이 복수의 -s와 같은 특정한 언어 결함을 중재의 목표(target)로 시작하는 경향이 있을 지라도, 중재의 목적(goal)은 반드시 즉각적인 목표를 넘어서 언어의 습득 과정을 자극하는 데 초점을 두어야 한다(Fey, Long, & Finestack, 2003). 각 아동이 가지고 있는 언어학습 자원을 중재 맥락 내에서뿐만 아니라 그 이상의 맥락에서도 효과적으로 사용하도록 하는 것이 우리가 언어장애 아동들을 위해 할 수 있는 최선이 될 수 있다.

모든 언어적 자질이 동일한 빈도로 나타나지는 않는다. 따라서 어떤 자질은 좀 더 빈번하게 나타날 수 있도록 기회를 만들 필요가 있다. SLP는 반드시 목표언어에 대한 요구가 증가되도록 활동을 구성하거나 환경을 조절해야 한다.

중재 목표의 범위, 아동의 특성, 아동이 목표언어를 사용한 언어적 경험 또한 일반화에 영향을 미친다. 일반적으로 넓은 범위를 가진 언어 규칙이 상대적으로 제한된 범위를 가진 언어 규칙보다 좀 더 쉽게 일반화된다.

규칙 적용의 범위는 훈련 방법에 의해서 결정될 수 있다. 좁고 제한적인 훈련은 훈련 목표를 일상적인 환경에서는 보기 어려운, 쉽게 동일시되거나 관찰 가능한 단위에만 적용하도록 만든다. 아동이 훈련 항목에 대한 규칙을 매우 특정적인 방법 내에서 제한적인 항목들만을 가지고 해석했다면 일반화에는 한계가 있다.

언어에 대한 아동의 사전 지식도 일반화에 영향을 미친다. 아동의 지식수준에 부적절한 훈련 목표가 일반화 실패의 원인이 될 수 있다. 예를 들어 간접 요구(예 : can you…?)를 아동이 예/아니요 질문과 직접 요구를 이해하고 산출하기 전에 훈련하는 것은 부적절하다. 아동의 기저 인지적 능력들은 목표 선정에 중요한 요소이다.

결론적으로, 훈련 목표는 반드시 아동의 실질적인 의사소통 요구와 능력에 근거해 선택해야 한다. 훈련을 위해 선정된 목표는 반드시 아동의 일상적 의사소통 환경에서 기능적이거나 실용적이어야 한다.

**훈련 항목**

과거시제 훈련을 위한 특정 동사나 부정문 훈련을 위한 문장처럼, 중재를 위해 선정된 항목과 이러한 중재 항목의 언어적 복잡성도 일반화에 영향을 미칠 수 있다. 일반적으로 훈련 항목은 언어장애를 가진 아동의 자연적인 의사소통 환경에서 선택하는 것이 최선이다. 이러한 환경에 대한 구조화된 관찰이 중재 프로그램을 계획하는 데 도움이 될 수 있다. 예를 들어 활동적인 아동은 *walk*, *jump*, *hop*과 같은 동사를 빈번하게 사용할 수 있다. 만약 자주 사용하는 이러한 낱말들을 훈련에서 사용한다면 과거시제 *-ed*의 사용이 일반화될 가능성을 더 높일 수 있다.

환경에 따른 언어 사용의 다양성 때문에 개별화는 중요하다. 교실에서 논의하는 아동과 집에서 논의하는 아동이 필요한 내용은 매우 다를 것이다.

낱말이건 좀 더 큰 언어적 구조이건 간에, 목표한 언어적 형식은 다양한 여러 가지 기능들로 훈련할 수 있다. 예를 들어 조동사를 사용한 부정어는 서술문("That doesn't fit"), 명령문("Don't touch that"), 의문문("Don't you want to go?")에서 사용할 수 있으며, 기능 면에서는 거부("I didn't do it")나 정보 요구("Why didn't you go?")로 사용할 수 있다.

최적의 일반화를 위해서 아동의 일상적 환경에서 훈련 항목을 선택하는 것이 필요하다. 또한 이러한 항목은 반드시 다양한 언어 형식과 기능 그리고 다양한 언어 및 비언어적 문맥을 사용하여 훈련해야 한다.

**훈련 방법**

의사소통 맥락이 결여된 분리된 언어 부분들에 대한 훈련은 사실상 학습과 성장을 지연시킬 수 있다. 이와 같은 단절은 의도성이나 협력과 같은 본질적인 언어의 특성에 대한 분석을 어렵게 한다. 다른 말로 하면, 언어의 '사용'이 간과된다. 특정적이고, 분리되고, 구조화된 실체들에 중점을 둔 중재는 반복연습과 훈련을 위한 훈련만을 조장한다. 이러한 방법들은 결국 언어의 흐름, 의도성, 의미 있는 언어의 사용에 악영향을 끼친다.

만약 언어를 총체적으로 본다면, 언어 훈련은 단지 낱말이나 구조들을 훈련하는 것보다 훨씬 더 많은 것을 포함한다. 치료 대상자들은 여러 대화적 맥락 안에서 자신들이 들은 언어를 이해하고, 새로운 발화들을 생성하는 전략들을 배운다.

훈련은 반드시 대화적 맥락 안에서 실질적인 사용을 통해 이루어져야 한다. Carol Prutting(1983)은 'Bubba' 기준을 사용하여 언어 중재를 논박하였다. *Bubba*는 유대인어(Yiddish)로 '할머니'라는 뜻이다. 만약 우리의 대화적 중재 접근을 유대인 할머니에게 설명한다면, 할머니는 이렇게 대답할 것이다. "오, 나도 너에게 알려줄 수 있었을 텐데. 대화 훈련을 위해 대화를 사용한다는 것은 너무나 당연한 말이란다. 왜 나에게 묻지 않았니?" 다시 말해 맥락을 사용한 훈련은 당연한 것이다.

중재는 반드시 언어에 대한 우리의 개념에 맞게 논리적으로 진행되어야 한다. 만약 언어가 사회적인 도구이고, 훈련의 목적이 일반화라면, 언어를 반드시 궁극적인 환경에서 사용하는 것과 유사한 조건에서 훈련해야 한다는 것은 당연한 결론이다. 따라서 맥락을 중재를 위한 배경이 아닌 중재의 진행 과정으로 여기는 관점이 중요하다.

대화적인 방법 하나만으로 모든 언어장애 아동을 위한 중재의 성공이 보장되지는 않는다. 성공적인 SLP는 아동에게 필요한 방법들을 혼합해 사용할 것이다.

훈련 방법에 대한 논의는 자연적으로 다른 맥락 변인들에 대한 고찰로 이어진다. 최적의 일반화를 위해서 훈련은 반드시 다양한 촉진자, 단서, 연계 반응(consequences) 그리고 장소를 사용한 대화적 맥락 안에서 이루어져야 한다.

## 언어 촉진자

좋은 언어 촉진자들은 의사소통 성공을 위해 아동의 잠재력을 증진시킨다. SLP와 더불어 부모, 교사, 보조자, 기관의 직원은 아동과의 관계와 각자가 아동과 보내는 시간의 양을 고려할 때, 언어 촉진자의 역할을 수행해야 한다. 상호작용 상대자들은 서로 간의 의사소통 맥락을 형성하며, 따라서 치료 대상자들은 필연적으로 새롭게 학습한 언어를 이들과의 다양한 맥락에서 경험하게 된다. 언어는 맥락의 영향을 받기 때문에 아동과 각 대화 상대자에 의해 만들어지는 맥락에 따라 달라진다. 따라서 우리가 중재 과정에서 포함시킬 수 있는 대화 상대자들의 수가 일반화에 영향을 미친다.

아동의 대화 상대자, 특히 부모를 포함하는 프로그램은 그렇지 않은 프로그램보다 훨씬 큰 효과를 나타낸다. 부모는 가정의 자연스러운 환경으로 일반화하는 통로를 제공한다. 부모나 양육자를 훈련에 포함하면, 이들은 부전문가로부터 일반적인 언어 촉진자에 이르는 연속적인 기능을 수행할 수 있다. 중재에 가족들을 포함시키기 위한 열쇠는, 특히 영유아들의 조기 중재에서, 상호 존중 및 가족의 우선적 요구와 관심에 바탕을 둔 개별화된 서비스이다(Sandall, McLean, & Smith, 2001).

어떤 문화적 믿음들은 언어 촉진자들로 부모들을 사용하는 것에 대해 이견을 보일 수 있다. 예를 들어 어떤 멕시코계 미국인(Mexican American) 엄마들은 학교가 아동들의 교육에 대한 주된 책임이 있으며, 부모들이 적극적으로 포함되지 않아야 한다고 믿는다(Rodriguez & Olswang, 2003). 이와 같은 엄마들은 언어장애를 신의 의지나 아동과 학교의 잘못된 결합(child-school mismatch)과 같은 아동의 외부적인 요인들로 원인을 돌리는 영국계 미국인(Anglo American) 엄마들 중에도 있을 것이다. 그러나 SLP가 이들과 긍정적인 친밀한 관계(rapport)와 협력관계를 형성하고 문화적인 믿음을 존중한다면, 이러한 엄마들도 언어 중재에서 적극적인 역할을 담당하도록 유도할 수 있다.

중재를 단지 가족들만으로 제한할 필요는 없다. 어린이집 선생님(daycare staff)을 아동의 개시에 반응하고, 아동을 활동에 포함시키고, 단순화된 언어적 모델을 제공하고, 또래 상호작용을 촉진하도록 훈련시키는 경우, 학령전기 아동들의 언어 산출에 유의한 영향을 미친다(Weitzman, & Greenberg, 2003).

언어 촉진자들을 포함할 때, SLP의 전통적인 역할은 변화한다. 본질적으로 SLP는 성공적인 의사소통과 일반화를 달성하기 위하여 변인들을 조작하는 아동 환경의 프로그래머가 된다. 효과적으로 실현되기 위해서는 SLP가 아동의 대화 상대자들도 치료의 대상자들(clients)이며, 또한 변화의 주된 실행자들이라는 인식을 갖는 것이 필요하다. SLP는 각 아동–부모 쌍방이 그들의 대화적 행동을 잘 조정하도록 돕는 상담자의 역할을 담당한다.

## 훈련 단서들

아동의 치료 목적에는 반드시 적절한 상황에서의 개시와 반응 행동을 포함해야 한다. 그러므로 SLP는 매우 다양한 언어적·비언어적 단서들을 사용한 언어 훈련을 고려해야 한다. 성인은 맥락을 교묘하게 조정하고 대화적 방법으로 아동에게 반응함으로써 아동의 발화를 촉진해야 한다. 기능적 언어 중재는 가능한 자연스럽게 이러한 기술들을 중재에 적용한다.

## 우발사건 또는 반응

훈련에서 사용하는 강화의 본질 또한 일반화의 강력한 결정자(determiner)이다. 일상적이고 자연스러운 결과들이 가장 좋다. 만약 아동이 그림붓을 요구한다면, 그것을 주지 않을 적절한 이유가 없는 한, 아동에게 반드시 그림붓을 주어야 한다. 만약 줄 수 없는 경우라면 아동에게 요구를 학습시키는 상황이 아니어야 한다.

아동이 먹거나 만질 수 있는 강화물에서 벗어나 사회적 강화물을 선호토록 하기 위해서는 사회적 강화물의 형태가 자연적인 의사소통 환경에서 나타나는 형태여야 한다. "잘 말했어요(Good talking)."와 같은 구어적 또는 사회적 강화들은 일상적 대화 상황에서 거의 나타나지 않는다. 따라서 가능한 빨리 중지하고 단순한 대화적 대답과 같은 좀 더 자연스러운 반응들을 사용해야 한다.

옳고 그름에 대한 피드백과 함께 추가 정보를 결합한 구어 반응들은 언어학습의 기회와 함께 대화 흐름을 유지하는 의사소통적 말차례를 제공할 수 있다. "잘 말했어요."는 단지 아동의 발화가 옳다는 것을 언급하는 것으로 사회적 상호작용을 끝내게 되며, 아동이 대답할 수 있는 기회를 거의 주지 않는다.

자연적 환경에서 모든 발화가 강화되지 않는다. 일상의 대화 상황에서 많은 발화들은 긍정적인 반응을 이끌어내지 못한다. 그러나 전형적인 언어 중재에서는 아동의 모든 발화들이 강화되는 경향이 있다. 계속적으로 강화를 받은 행동들은 쉽게 소멸된다. 간헐적으로 강화된 반응들이 훨씬 더 오래가며, 실제 세상에서 나타나는 방식과 더 유사하다.

## 위치

훈련 위치란 장소뿐만 아니라 사건을 포함한다. 일반화를 최대화하기 위해서 언어 훈련은 반드시 가정, 치료실, 학교나 단체와 같은 다양한 장소들을 포함해야 하며, 놀이나 집안일처럼 그러한 일상적인 장소들에서 일어나는 활동들을 사용해야 한다. 익숙한 상황에서 벗어난 아동들은 자신들의 가장 창조적인 언어 사용을 나타내지 못할 수 있다.

언어는 반드시 대상자의 일상적 활동 안에서 훈련해야 한다. 일상적 활동들은 대화가 일어날 수 있는 익숙한 구조를 제공한다. 익숙한 상황은 언어와 같은 기술의 습득에서 중요한 자동화를 어느 정도 형성할 수 있는 틀을 제공한다. 종종 우발학습(incidental teaching)이라고 하는 이러한 접근은 아동들이 자연적으로 발생하는 활동들 안에서 언어를 배우고 사용할 수 있는 충분한 기회들을 가질 수 있도록 한다. 일반화는 원래의 학습 상황과 전이 상황이 유사할수록 증가한다. 만약 훈련 조건들과 실질적 사용이 동일하다면 인위적인 일반화 전략들의 필요성이 경감된다. 또한 가정이나 학교의 일과나 일상적 활동들을 포함한 중재는 일반화에 초점을 두는 동시에 전문화된 훈련 절차들을 수행해야 하는 가족과 교사의 스트레스를 감소시킨다.

이상적인 훈련 상황은 언어장애를 가진 아동이 적절한 언어 형식과 기능을 보여주는 대화 상대자와 의미 있는 활동을 하는 것이다. 이러한 경우에 아동은 일어날 가능성이 높은 대화적 맥락에서 언어를 학습하게 된다. 이러한 일상적인 사건들 안에서 언어가 자연스럽게 습득되고, 새롭게 훈련된 언어가 일반화된다.

일상적 사건들 안에서 연속된 의사소통이 자연스럽게 발생한다. 전화, 친목 모임, 저녁 식사 준비, 그리고 심지어 옷 입기와 같은 일상적 사건들은 언어와 언어 훈련을 위한 기본 틀을 제공한다. 기본적 틀은 참여자들이 자신들의 언어와 언어학습을 조직화하도록 돕는 안내 역할을 한다. 일상적인 일과와 익숙한 상황들이 도움을 제공한다. SLP는 그러한 일상적 사건들을 사용하여 대화적 역할과 언어 훈련을 계획할 수 있다.

---

### 요약

중재의 기본 목적은 아동이 문어와 구어의 이해와 산출을 학습하고 사용하는 데 좀 더 큰 유연성을 성취하도록 돕는 데 있다. 이를 위해서는 언어 중재가 여러 환경들 안에서 여러 대화 상대자들과 자연적인 사건 안에서 발생하는 역동적인 교환과정이 되어야 한다. 아동의 대화 성공 자체가 강화가 될 수 있다. 내용과 맥락과 관련된 변인들을 주의 깊게 잘 조정한다면, 새롭게 학습된 언어 자질들의 일반화를 촉진할 수 있으며, 중재를 좀 더 자연스럽게 보이도록 할 수 있다.

불행히도 임상현장에서 일반화는 너무나 자주 훈련 계획의 마지막 단계에서 고려된다. 일반화는 반드시 중재에서 가장 먼저, 전반에 걸쳐서 그리고 가장 기본적인 단계로 고려해야 한다.

---

## 증거기반중재

우리는 임상가로서 반드시 대상자들을 위해 우리가 할 수 있는 한 최고로, 근거가 확실한 중재를 제공하는 데 관심을 가져야 한다. 다른 말로 하면 우리는 반드시 영향이 있거나 효과적인 일을 해야 한다.

효율성을 변별하고 가장 효율적인 중재를 제공하는 것이 **증거기반중재**(EBP)라고 일컫는 방법의 한 부분이다. 증거기반중재에서 임상적 결정은 과학적 증거, 임상적 경험 그리고 임상적 요구들의 통합적 정보에 근거한다. 연구의 관심은 중재 방법을 결정하는 데 필요한 합당한 근거이다.

증거기반중재는 두 가지 가정에 근거한다(Bernstein Ratner, 2006).

- 임상적 기술들은 널리 알려진 유용한 자료를 근거로 해야 하며, 단순히 경험에서 얻은 것이 아니어야 한다.
- 전문 SLP는 지속적으로 효율성을 향상시키기 위한 새로운 임상적 정보를 추구해야 한다.

언어병리 분야에서 증거기반중재에 관심을 갖게 된 것은 비교적 최근의 일이며, 서비스 제공에 대한 분명한 지침이 거의 없다. 미국말언어청각협회(ASHA)가 의사소통장애를 위한 증거기반중재 국립센터(National Center for Evidence-Based Practice in Communication Disorder)를 설립했지만, 충분한 평가와 중재 지침들을 수립하기까지는 상당한 시간이 걸릴 것이다. 다시 말해서 지금으로는 증거기반중재는 연구가 여전히 진행 중이다. 그러한 사실이 SLP가 가능한 가장 효율적인 진단과 중재를 제공해야 하는 책임을 경감시키지는 않는다. 지침이 존재하게 되는 그때까지 SLP는 유용한 최선의 증거들에 근거해 결정을 내려야 한다.

모든 임상적 증거가 동일하지는 않다. 전문 잡지들, 이른바 동료 심사(peer-reviewed) 간행물, 즉 이 분야의 다른 전문가들에게 심사를 받고, 연구의 질에 근거해 수락되거나 거부되는 학술 간행물들이 최고의 정보 근원으로 보인다. 불행히도 언어병리학 분야에서 중재 효율성에 관한 연구들이 차지하는 비율은 낮다. 일단 연구를 찾아내면, SLP는 정보의 양, 현저하게 상충되는 결과들을 해결하는 방법 그리고 그 정보를 개별적 대상자에게 적용하는 방법을 결정해야 한다.

SLP들이 효율성이란 결코 '전체(all) 아니면 전무(nothing)'가 아니라는 것을 아는 것도 또한 중요하다(Law, 2004; Rescorla, 2005). 예를 들어 우리는 '치유'를 약속할 수 없다. 노인으로서, 저자는 새로 만든 한쪽 무릎과 어깨를 가지고 있다. 비록 수술과 물리치료를 받기 이전보다 이 관절들이 지금 더 잘 기능하고 있지만, 이 관절들은 저자가 20세 때 가졌던 것들이 아니다. 저자는 예전 힘의 일부를 다시 얻었으나, 완전하지는 않다. 언어병리에서 특히 중재 결과에 영향을 줄 수 있는 변인들을 고려할 때, 우리의 중재도 완전하지 않다. 이러한 사실들을 고려할 때 권고된 중재 기술들에 대한 주의 깊은 이해와 적용이 필요하다.

증거기반중재의 의사결정 과정은 체계적이며 다음의 몇 가지 단계들을 포함한다(Gillam & Gillam, 2006; Perzsolt, Ohletz, Gardner, Ruatti, Meier, et al., 2003).

- **필요한 정보를 결정하고 정확한 임상적 질문을 한다.** 질문은 반드시 대상자의 수행에 대한 정보, 환경, 중재 접근 그리고 바라는 결과를 포함해야 한다.

- **임상적 질문에 중점을 둔 연구를 찾는다.** 정보를 찾을 때 많은 SLP는 인터넷을 사용한다. ASHA 웹사이트는 ASHA 학술지에 출간된 연구들과 수많은 다른 관련 연구에 대한 귀한 자료를 얻는 데 유용하다. 인터넷의 효과적 사용은 아래에 기술했다.

- **증거의 수준을 결정하고, 연구를 비판적으로 평가한다.** 정보의 질이 다르기 때문에 SLP는 반드시 우선순위를 결정해야 한다. 첫 번째 순위는 동료 심사 전문 학술 간행물에 게재된 연구논문에 두어야 한다. 단일 대상 또는 소집단 보고서, 기록 보고서(archival reports), 위원회 보고서, 학회 회보, 그리고 의견 논술과 같은 다른 정보들은 반드시 그보다 무게를 덜 두어야 한다. 일반적으로 최고의 연구는 아동들을 무작위로 선정한 유사한 집단들 간의 효과를 비교하여 결과가 치우치지 않도록 한다. 자료를 수집한 사람이 어떠한 집단의 아동들이 선정되었는지 모르고, 타당하고 신뢰성 있는 방법을 사용해 수행 능력을 측정하는 것이 최선의 방법이다. 마지막으로 통계적으로 결과에 대한 우연 확률의 유의 수준($p$)이 반드시 .05 이하여야 한다. 이 시점에서 $p$ 값에 대한 논의는 의미가 없으며, 이 교재에서 논의하고자 하는 범위를 넘어서는 것이므로, 여기에선 단지 권위자들이 그 수준의 $p$ 값을 보고했다는 사실만을 알아두기로 한다. 또한 SLP는 반드시 연구 대상자들이 본인이 임상적으로 비교하고자 하는 특정 아동과 필적할 만한지를 결정해야 한다.

- **문제의 특정 사례에 대한 정보를 평가한다.** 이 단계의 문제들은 중재의 시간과 금전적 비용, 아동과 가족의 문화적 변인, 학생−부모 포함과 그들의 의견, 대상자의 관심 그리고 기관의 정책과 가치관을 포함한다.

- **정보를 통합하고 결정을 내린다.**

- **효과를 측정하기 위해 치료 결과를 평가한다.** 일상의 자연스러운 발화 상황에서 목표한 언어 자질의 의미적인 사용을 평가한다.

이러한 단계들만으로 최상의 성과를 보장할 수는 없으나, 의사결정을 위한 체계적인 방법을 제공한다.

 인터넷에서 찾은 정보가 잘못된 것일 수 있기 때문에 SLP는 정보를 조사하고 검색할 때 가장 적절한 방법들을 사용하는 것이 중요하다. 구글과 야후와 같은 검색 엔진들은 개방된 인터넷 전체를 검색하며, 종종 2급이나 3급의 출처에서 나온 정보나 전문가에 의해 검토된 연구들에 근거하지 않은 정보들을 제공한다. 정보를 쓴 사람과 해당 사이트를 후원하는 사람이 누구이며, 사이트의 목적과 특성 그리고 정보를 올린 시기를 아는 것이 중요하다(Nail-Chiwetula & Bernstein Ratner, 2006). 예를 들어 중재 도구 회사가 후원하는 사이트는 회사의 자료들을 사용한 중재 방법들을 장려하고자 시도할 것이다. 심지어 학술(.edu) 또는 정부(.gov)의 사이트조차도 전문가에 의해 검토되지 않은 정보들을 제공할 수 있다. 예를 들어 교육 관련 사이트들이 학생이 특정 수업을 위해 제출한 보고서를 제공하기도 한다.

미국말언어청각협회(www.asha.org/topicindex.htm)는 정회원이나 학생회원들에게 학회지에 게재된 모든 논문의 원문(full-text)을 제공한다.

PubMed(www.nlm.nit.gov/entrez/query.fcgi)는 National Library of Medicine에서 제공하는 무료 데이터베이스이다. 논문의 원문은 제공하지 않는다.

많은 대학 도서관은 CINAHL, ERIC, LLBA(Language and Language Behavior Abstracts), MEDLINE, PsyINFO를 포함해, 언어병리학과 관련된 몇몇 데이터베이스를 제공한다. 많은 경우 원문의 접속이 가능하다. 논문 초록들은 보고된 논문의 질을 평가할 수 있는 충분한 정보를 제공하지 않는다.

정보를 검색하면 수많은 자료를 얻을 수 있다. SLP는 관련성이 가장 큰 정보를 얻기 위해서 검색의 범위를 제한하는 것이 중요하다. 예를 들어 자폐(autism)와 같은 용어 검색은 SLP가 자료를 분류하는 데 몇 년을 보내지 않는 한 사용하기에는 너무 많은 참고 자료를 얻게 된다. 아동(child), 언어(language), 평가(assessment)와 같은 추가적 낱말들을 사용하면 검색의 범위를 좀 더 제한할 수 있다. 괄호 안에 정확한 구를 기입해 자폐범주성장애와 같은 형태로 검색할 수도 있으며, 이렇게 하면 기입한 낱말의 순서대로 범위가 제한되어 결과가 나타난다. 검색은 해당 낱말 다음에 *child*\*같이 별표를 사용해 범위를 확장할 수도 있다. 그런 경우에 검색 엔진들은 *child*를 낱말의 어근으로 취급해 *children* 그리고 *childhood*와 같은 낱말들을 역시 검색한다. 학술지 검색은 연도나 저자를 사용해 범위를 제한할 수 있다. SLP는 일반적인 다른 참고 자료들을 나타낼 수 있는 동음어를 반드시 주의해야 한다. 심지어 'ASHA'도 American Speech Language Hearing Association이 아닌 다른 결과들이 검색된다. 검색을 제한하거나 확장하는 구체적인 기술은 일반적으로 검색 엔진의 도움말(Help) 메뉴에 포함되어 있다.

여러분이 상상할 수 있는 것처럼, 저널에 실린 임상적 결과를 증거기반중재에 적용하는 것이 시간 소모적일 수 있다. SLP의 절반이 투표에 참여한 한 연구에서 이들은 EBP의 과정에 열중할 수 있는 충분한 전문적 시간을 가지고 있지 않다고 보고하였다(Zipoli & Kennedy, 2005). 물론 첫 번째 단계는 자기 자신의 임상적 중재를 효율성과 효과성 측면에서 비판적으로 평가하는 것이다. 한 명 이상의 SLP가 있는 센터나 지역의 전문 단체에서는 SLP들이 입력과 자료 유지 그리고 각 회원의 가능한 연구 활동을 담당하는 EBP 연구 집단을 형성할 수 있다. 이와 함께 언어장애 아동에게 적용할 수 있는 최고의 중재 방법을 탐구할 수 있다.

## 결론

기능적 중재는 양육적이고 자연적인 방법들을 강조한다(Duchan & Weitzner-Lin, 1987). 양육적 측면은 SLP/촉진자가 아동을 조절하는 것을 멈추고 아동의 의사소통 개시에 반응하도록 요구한다. 자연적인 측면은 일상의 사건과 맥락을 강조하는 것으로, 언어는 의사소통적 맥락 안에서 사용했을 때만이 본래의 뜻을 이룰 수 있기 때문이다. SLP는 의사소통과 일반화를 촉진하기 위해 맥락을 조작하는 데 익숙한 숙련자가 되어야 한다. 언어는 일상적 맥락에서 실제로 사용하는 동안 학습되며, 그 결과로 일반화된다.

학습과 일반화는 일반화에 영향을 미치는 변인들과 각 아동의 개별적 요구에 대한 지식에 근거해 적절한 계획을 수립했을 때 이뤄지는 결과이다. 훈련을 위해 선정된 내용과 훈련이 실시되는 맥락이 모두 일반화 과정에서 중요한 측면들이다. SLP는 중재 목표를 촉진하는 맥락 안에서 아동이 의사소통에 참여하기 위한 최선의 반응 형태를 결정하도록 돕는다. 비록 기능적 언어 중재 패러다임 안에서 SLP의 역할이 직접적 서비스의 주 제공자에서 언어 촉진자와 자문가로 변했지만, SLP는 여전히 중재를 계획하고 실시하는 데 주된 책임이 있다.

몇몇 전문가들은 언어 중재에 대한 이러한 대화적 그리고 의사소통적 접근에 대해 경계하는 시선을 보인다. 그들은 이러한 중재가 대상자의 행동을 변화시키기에는 너무 제한이 없고 자유롭기 때문에, 결국 아무 효과를 보지 못할 것이라고 우려한다. 비록 이러한 위험이 존재할지라도, 그것이 기능적 중재의 본질은 아니다. 이 교재가 진행됨에 따라, 우리는 SLP가 좀 더 자연적인 대화 맥락 안에서 가르침을 지속할 수 있는 평가와 훈련 절차들을 논의할 것이다. 그것은 생산적이고, 재미있고 또한 자료가 존재하는 근거에 기반을 둔 것이다.

다음 장들에서는 언어장애, 평가 그리고 중재를 탐구할 것이다. 언어장애를 가진 아동들에 대한 논의를 마친 후, 우리는 평가과정과 대화 및 담화 자료의 수집과 분석에 대해 논의할 것이다. 그다음 장들에서는 중재 패러다임과 다양한 기법들을 제시하고, 그와 함께 교실 환경과 문해력(literacy)에 대한 특별 적용법들을 논의한다.

# 제2장

# 언어장애

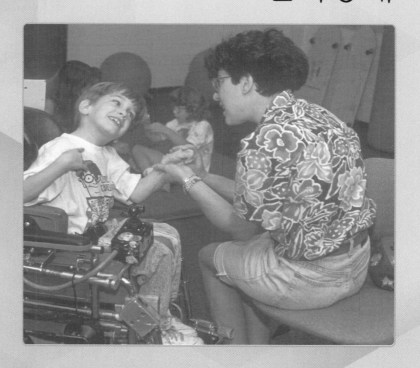

*What's wrong, Juan? You seem upset.*

   *Took them things.*

*Who did, honey?, What?*

   *That boy.*

*Which one? Show me.*

   *Him. (point) Him took thems.*

*Timmy? Timmy took something?*

   *(nods affirmatively) Thems!*

*What? I don't see anything.*

   *Thems, thems things that I build.*

*Oh, Timmy took your Legos? Timmy took your Legos.*

위의 예에서, 명백한 의사소통 붕괴가 보인다. 8세의 주앙은 Timmy took my Legos라는 간단한 개념을 의사소통하는 것이 불가능하다. 주앙은 언어장애를 가지고 있다.

이 장에서 기술된 많은 아동들처럼, 주앙은 또한 다른 발달 영역에서도 장애를 가지고 있을 수 있다. 예를 들어 지적장애를 가진 아동들은 단지 언어뿐만 아니라 모든 발달 영역들에서 느린 성숙을 나타낼 것이다. 또한 언어장애를 가진 어떤 아동들은 기억과 운동성 과제에서도 비구어적 결함을 가지고 있는 것으로 보고된 바 있다. 이 연구들에서 보고한 이러한 차이점들은 실제 결함을 반영한 것일 수 있고, 또는 과제들의 언어적 측면들로 인한 혼동된 결과일 수도 있다. 우리는 여전히 이러한 아동들에 대해 알아야 할 것이 많다.

이 장에서는 언어장애를 가진 아동들의 가장 일반적인 진단 범주들에 대하여 논의할 것이다. 저자는 이 논의에서 가능한 한 개별화하려고 시도할 것이다. 그러나 독자들은 우리가 지금 개인이 아니라 아동 집단을 논의하고 있다는 것을 반드시 기억해야 한다. 예를 들어 이 교재에서 기술한 언어학습장애를 가진 아동들의 주된 특성들을 한 명의 언어학습장애 아동이 모두 나타내는 경우는 없다. 저자는 다양한 장애 유형들의 일반적인 특성과 차이점을 설명하고, 언어치료사(SLP)들이 보는 가장 일반적인 언어문제를 논의할 것이다.

논의를 혼란스럽게 할 위험이 있지만 얼마나 많은 아동들이 언어장애를 가지고 있으며 그들의 삶이 어떻게 전개되는지와 같은 언어장애에 대한 일반적인 진술을 약간 하도록 하자. 오스트레일리아의 4~5세 아동들을 대상으로 실시한 범국가적 설문조사에서 연구자들은 25.2%의 부모들이 자신의 아이가 말하는 방식과 말소리에 대해서 걱정을 하고 있다고 응답했으며, 이러한 결과는 22.3% 아동들이 표현언어 능력에서 다른 아동들보다 떨어지는 것으로 보인다는 교사들의 보고와 상당히 일치한다고 보고하였다(McLeod & Harrison, 2009). 이 아동들 중 약간은 말소리 오류를 가진 아동들이 포함되었다. 교사들은 약 16.9%의 아동들이 수용언어 능력에서 역시 다른 아동들에 비하여 떨어지는 것으로 생각된다고 보고하였다. 공식 검사에서 약 15%의 아동들이 1SD 이하(정상 범주 이하)인 것으로 나타 났다. 이러한 수치들은 미국 내 추정치인 5~15%와 유사하다.

오스트레일리아에서 실시한 두 번째 설문조사에서 언어장애를 가진 아동들의 가장 큰 위험 요인은 (Harrison & McLeod, 2010),

- 남성
- 지속적인 청각 문제
- 좀 더 반응적인(more reactive) 기질이었다.

여러분들이 어떤 장애 유형의 이름을 기대하고 있다는 것을 알지만, 이제 곧 알게 될 것처럼 하나를 지정하기에는 너무나 많은 장애 유형들이 있다. 동일한 설문연구에서 나타난 방어적 요인들은,

- 보다 높은 끈기와 사회적인 기질
- 보다 높은 수준의 엄마의 안녕(well-being)이었다.

일반적으로 언어장애로 진단된 학령전기 아동의 엄마들은 언어문제가 해결된 아동의 엄마들보다 덜 민감하며, 더 심한 우울 상태를 보인다(La Pareo, Justice Skibbe, & Planta, 2004). 엄마의 민감도는 엄마의 지지적인 영향력과 아동의 자율성에 대한 존중의 정도로 측정한다.

사회적 및 환경적 요인, 특히 아동의 기질과 엄마의 양육방식은 각 아동에게 내재되어 있는 생물학 적 및 심리사회적 요인들과 함께 중요한 역할을 하는 것을 쉽게 볼 수 있다. 연구들은 아동의 대화적 언어 기술의 차이를 설명하는 데 중요한 유전적 요인들을 밝히고 있다(DeThorne, Petrill, Hart et al., 2008).

만약 여러분이 이러한 아동들 중 하나라면, 부족한 언어기술을 어떻게 보완할 것인가? 언어장애 를 가진 어린 학령전기 아동들은 일반적인 발달을 보이는 아동들보다 또한 몸짓을 더 자주 사용한다 (Iverson & Braddock, 2011). 그것이 하나의 방법이다. 또래의 일반 아동들과 비교할 때, 언어장애를 가진 아동들은 의사소통을 할 때 더 높은 몸짓 사용 비율을 나타내며, 말과 함께 단순히 동반하여 산 출하기보다는 종종 고유한 정보를 추가하는 몸짓을 사용한다.

언뜻 보기에는 이러한 아동들이 통사와 같은 단지 언어의 한 가지 측면에 어려움을 가지고 있는 것 처럼 보일 수 있으나, 실제로 이들은 종종 언어의 여러 측면들과 의사소통 처리 과정에서 결함을 갖는 다. 예를 들어 화용 결함을 가지고 있는 많은 아동들은 또한 수용 어휘력과 그림 보고 이름대기 능력 에서도 낮은 수준을 보인다. 더욱이 이러한 아동들 중 많은 수가 또래의 일반 아동들에 비하여 더 많 은 의미적 오류, 비관련 오류 그리고 생략과 에두르기(circumlocutions)를 또한 나타낸다(Ketelaars et al., 2011).

또 다른 예에서, 언어장애를 가진 아동들은, 비록 여러분들이 예상하듯이 청각-언어적 결함이 더

많이 알려져 있지만, 시각 및 청각의 두 양식 모두에 대한 주의력 결함을 가지고 있는 것으로 나타났다(Danahy Ebert & Kohnert, 2011). 만약 아동이 주의집중에 어려움이 있다면 이는 지속적으로 영향을 미친다. 대화 주고받기의 성공적인 참여를 위해서는 자기 자신의 이해에 대한 적극적인 모니터링이 필요하다. 산만한 생각은 자기 자신의 이해 수준에 영향을 미친다. 내러티브에서 언어장애를 가진 학령전기 아동들은 오류 탐지, 평가 및 수정을 포함한 **이해 모니터링**(comprehension monitoring)에서 또래 일반 아동들보다 낮은 수준을 나타낸다(Skarakis-Doyle & Dempsy, 2008).

이러한 자료들을 보면, 언어장애를 가진 아동들이 수용언어 능력 수준을 일치시킨 어린 아동들과 같은 수행을 나타낸다고 간주하기 쉽다. 그러한 가정은 부정확하며, 이해(comprehension)와 이해 모니터링이라는 다르지만 관련된 두 처리과정 모두에 어려움을 가지고 있는 언어장애 아동들의 고투를 간과하는 것이다.

우리는 이해가 되면 의미를 구성하며, 이해되지 않을 때는 이해 모니터링 능력이 발생된 문제를 탐지하고 그것을 수정하려고 시도하는 과정을 통해서 의미에 대한 표상의 정확성이 향상되도록 돕는다. 의사소통 붕괴와 수정에 대한 이러한 판단력들은 학령전기에 시작되는 메타인지적 및 메타언어적인 능력들이다. 이해 모니터링은 아마도 언어와 인지적 처리과정의 교차지점에 있을 수 있다. 예를 들면 이해 모니터링은 아동의 오류 탐지, 평가, 행동 통제와 같은 집행 기능(executive function) 능력뿐만 아니라 관련 어휘, 기본적인 문법 형태 그리고 기초적인 이야기 표상 능력과 같은 언어의 다양한 영역에 대한 이해가 요구된다(Skarakis-Doyle, Dempsey, Campbell, Lee, & Jaques, 2005).

주의력이 이해에 영향을 미칠 수 있으며, 차례로 아동의 사회적 능력에 영향을 주거나 받을 수 있고, 이는 일정 부분은 아동이 의사소통 상황에서 추론하는 것에 근거한다. 구어(spoken) 및 문어(written) 내러티브와 텍스트에 내재된 추론 구성은 청소년기의 중요한 사회적·교육적 도구이다. 추론의 구성은 이해에 필요한 논리적인 표상을 촉진한다(Cain, Oakhill, & Bryant, 2001; Virtue, Haberman, Clancy, Parrish, & Beeman, 2006; Virtue & van den Broek, 2004; Virue, van den Broek, & Linderholm, 2006). 추론하기는 두 단계로 발생될 수 있다.

- 추론들을 구성하기
- 연결된 텍스트에 추론들을 통합하기

다양한 유형의 언어장애를 가진 사람들이 구어와 문어적 담화에서 추론을 위해 필요한 입력 언어에 대한 이해, 일반적인 세상 지식 및 작업기억의 복합적 상호작용에서 어려움을 나타내는 것으로 보고되고 있다(Catts, Adolf, & Ellis Weismer, 2006; Humpries, Cardy, Worling, & Peets, 2004; Moran & Gillon, 2005; Narion, Clarke, Marshall, & Durand 2004). 또래 일반 아동들과 달리, 언어장애를 가진 학령전기 아동들은 대화적 담화를 하는 동안에 화자의 말이나 얼굴 표정에서 감정을 추론하는 것에 실패하며, 이로 인하여 사회적으로 덜 성숙한 행동을 나타낸다(Ford & Milosky, 2008). 거의 일반적으로, 언어장애는 언어와 의사소통의 복합적인 측면들에 영향을 미친다.

많은 아동들의 경우 장기적인 언어장애의 예후는 좋지 않으며, 특히 중재가 없는 경우는 더욱 그러하다. 의사소통 장애의 영향에 대한 오스트레일리아의 한 종단연구에 따르면 4~5세에 의사소통 장애로 진단된 아동들이 7~9세에 교사와 부모 평가 및 언어 검사 모두에서 또래 일반 아동들보다 현저하게 낮은 수행 수준을 나타냈다(McCormack, Harrison, McLeod & McAllister, 2011). 부모들과 교사들은 이 아동들이 읽기, 쓰기 및 전반적인 학업 성취도에서 더 느린 진전을 나타냈다고 보고하였다. 의사소통 장애를 가진 아동들은 또래 일반 아동들보다 따돌림을 더 많이 받고, 또래 관계가 빈약하며, 학교생활에 대한 만족도가 더 낮은 것으로 나타났다. 이러한 차이는 연령, 성별, 민족, 사회경제적 지위(SES)의 전반에 걸쳐서 나타났다.

24~30개월에 '말늦은 아동(late-talkers)'으로 진단된 아동들은 늦은 청소년기까지 언어와 관련된 기술들에서 여전히 약점을 나타낸다(Rescola, 2009). 비록 대부분이 17세에 모든 언어와 읽기 과제에서 평균 범주의 수행을 보였지만, 사회경제적 지위를 일치시킨 또래 일반아동들보다는 아주 현저하게 떨어지는 어휘, 문법 및 구어 기억력을 나타냈다. 삶의 다른 영역들을 보면, 영국의 한 전국 단위 종단연구에서 언어장애를 가진 아동들이 문해(literacy) 능력뿐만 아니라, 심지어 34세에서의 정신 건강과 고용(employment)에서도 일반 또래들과 비교할 때 더 열악한 것으로 나타났다(Law, Rush, Schoon, & Parsons, 2009). 이러한 배경을 기억하면서 다른 유형의 언어장애들을 탐구하도록 하자.

장애의 많은 범주들이 언어 요소를 포함한다. 여기에서는 이러한 범주들 중 몇 가지에 대하여 유사점과 차이점을 비교하며 구체적으로 논의하도록 한다.

전형적인 언어학습은 다른 사람들과의 상호작용 및 대화를 통하여 자연적으로 발생한다. 이를 위해서 아동은,

- 지속시간이 짧은 연속된 음향적 사건을 지각할 수 있고,
- 적극적으로 참여하고, 반응하고, 자극을 예측할 수 있고,
- 상징을 사용할 수 있고,
- 언어 환경으로부터 문법을 창조할 수 있어야 한다.

이에 더하여, 아동은 반드시 위의 모든 것을 동시에 할 수 있는 충분한 정신적 에너지를 가지고 있어야 한다.

다음 부분에서 설명하는 많은 아동들은 이러한 영역들 중 한 가지 이상에서 문제를 가지고 있다. 각 언어장애를 논의하면서 이러한 전형적인 능력들을 명심하자.

아동들의 범주들을 묘사하고, 아동들을 이러한 범주로 진단하는 데는 한 가지 위험성이 있다. 일반적으로 이러한 범주화는 논의에는 도움이 되지만 범주 자체로 모든 것이 판단되는 위험성이 있다. 특정 범주로 진단되면, 아동들은 개별이 아닌 범주로 간주될 수 있다. 아동이 학습 장애(the child is learning disabled)가 아니라 그보다는 학습 장애를 가지고 있는 아동(a child with a learning disability)으로 기억하는 것이 중요하다.

언어장애 범주를 논의하는 것은 또한 다른 범주들로 분류된 아동들 간에 존재하는 유사점을 간과하도록 만들 수 있다. 많은 진단과 중재 전략들 그리고 기법들은 넓은 범위의 아동들에게 사용될 수 있다.

학생들은 많은 언어장애를 가진 아동들이 이 장에서 논의한 어떤 범주로도 쉽게 묘사되지는 않는다는 사실에 종종 놀란다. 그러한 아동들은 둘 이상의 주 장애 범주를 갖거나 어떠한 범주에도 적합하지 않은 특성들을 나타낸다. 각 아동은 독특한 상황들을 나타내며, 따라서 언어 평가와 중재는 반드시 개별화되어야 한다.

아래의 각 장애 범주에서 우리는 장애의 일반적 특성, 언어 특성, 그리고 가능한 유발 요인에 대하여 논의할 것이다. 유발 요인들이 매우 다양함에도 불구하고 많은 쌍둥이 연구들에서 유전적 요인을 많은 언어장애의 강력한 유발 요인으로 제안했으며, 특히 장애가 심할수록 그러한 것으로 나타났다(DeThorne et al., 2005; Segebart DeThorne et al., 2006). 환경적 입력이 중요한 것과 같이 지각과 학습 형태 또한 중요하다. 예를 들어 일반 아동들은 이른바 **자동처리**(bootstrapping) 과정에서 통사 학습을 위해 의미적 지식을 사용하는 것과 같이 언어의 한 가지 측면을 다른 학습을 촉진하기 위하여 사용하는 반면에, 언어장애 아동들, 특히 '말늦은 아동들'은 이와는 다른 학습 형태를 가지고 있을 수 있으며, 이러한 학습 전략을 상대적으로 적게 그리고 비효과적으로 사용하는 것으로 보인다(Jones Moyle, Ellis Weismer, Evans, & Lindstrom, 2007).

불행히도 모든 가능한 언어장애들을 논의하는 것은 불가능하다. 어떤 장애들은 그 장애를 가진 아동들의 수가 적거나 연구 자료의 결핍 때문에 생략하였다. 다른 장애들—예를 들어 아동 인구의 3%에 영향을 미치며, 운동성 통제 결함과 음성적 틱(tic) 산출을 보이는 신경운동장애인 투레트증후군(Tourette syndrome)(Jankovic, 2001)— 은 동반 행동으로 인하여 다소 특정적인 범주로 진단되며 또한 언어결함이 주 장애와 큰 관련이 없기 때문에 생략하였다. 또한 저체중, 장기입원 또는 다산으로 인한 언어결함들은 따로 분리하지 않고 이 장에서 설명한 다른 범주 내에 포함하여 논의하였다(Bishop & Bishop, 1998; Hemphill, Uccelli, Winner, Chang, & Bellinger, 2002). 이러한 요인들 중 몇 가지는 제3장 조기 의사소통 중재에서 논의할 것이다. 마지막으로 농아(deafness)는 청각, 말, 그리고 언어와 관련된 매우 광범위한 문제이기 때문에 역시 생략하였다. 농아 문제는 해당 교재에서 다루어져야 한다. 이 장의 마지막 부분에서 생략된 범주들에 대해서 간단하게 언급하도록 한다.

# 정보처리

특정 장애들을 논의하기 이전에 사고와 언어에 관여하는 정보처리 체계를 짧게 검토하는 것이 도움이 될 것이다. 최근 연구는 언어발달과 함께 언어발달 체계 및 정보처리에서의 언어적 결함의 중요성을 지적하고 있다.

각 개인은 다소 다른 방법으로 정보를 처리한다. 이러한 차이들은 개별적인 뇌 구조의 차이와 새로운 정보나 문제 해결에 접근하는 각자의 방법과 같은 학습된 차이들로 설명할 수 있다. 이러한 학습된 차이들은 여러 가지 중에서 특히 주의, 조직화를 위한 도식 그리고 정보를 처리하기 위한 규칙과 전략에 영향을 미친다.

정보처리는 주의(attention), 변별(discrimination), 조직화(organization), 그리고 기억(memory)이나 인출(retrieval)의 4단계로 나눌 수 있다. 이 단계는 그림 2.1에 제시하였다. 주의는 뇌의 자동적 활성화와 자각(awareness)에 초점을 둔 오리엔테이션(적응)과 집중(focus)이 포함된다.

뇌가 하나의 자극에 집중하면, 신경 또는 정신적 '모형(model)'이 후속 처리의 진행에 필요한 작업기억(working memory)에 형성된다. 그림 2.1에 표시한 자극 D와 같이 우리는 주위의 모든 자극들에 주의하지 않는다. 낮은 주의력을 가진 아동은 중요한 자극에 주의를 기울이지 못할 수 있으며, 그 결과로 변별력이 떨어질 수 있다.

변별은 수많은 경쟁적 자극들 중에서 해당 자극을 인지하는 능력이다. 작업기억에 있는 '모형'에 근거하여 자극들의 유사점과 차이점이 결정된다. 그림 2.1에서 자극 B와 C가 서로 유사하고, 뇌의 가상적 장소인 제2영역에 저장된 이전 정보와 유사한 것으로 지각된다.

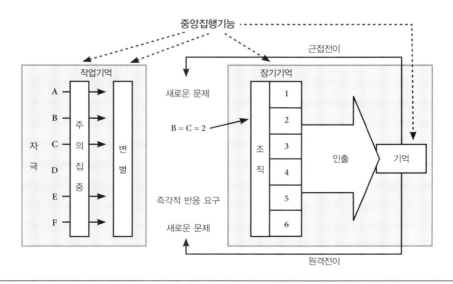

**그림 2.1** 정보처리의 도식화

입력되는 언어적 정보는 '동시적'이고 '연속적'인 두 가지 유형의 통합 처리 과정을 거친다. 동시적 암호화는 상위 사고와 관련된 것으로, 메시지의 분리된 요소들이 그룹으로 통합되어 모든 구성 요소들이 동시적으로 인출된다. 메시지의 전체적인 의미가 암호화된다.

대조적으로 연속적 암호화는 한 번에 하나씩 선형적인 형태로 발생한다. 언어가 전체적으로 처리되기보다 다소 개별적인 단위 수준에서 처리된다. 두 처리 과정들이 모두 언어 및 비언어적 정보의 암호화와 해독에 사용된다.

조직화는 저장과 인출을 위한 정보의 범주화이다. 조직화된 정보는 좀 더 쉽게 인출된다. 조직화되지 않았거나 제대로 조직화되지 않은 재료는 나중의 회상(recall)을 방해하며, 기억 용량을 빠르게 초과시킨다. 보다 효율적인 처리를 위해서는 더 나은 조직화가 필요하고, 그렇게 되면 더 많은 정보를 저장할 수 있는 여유 공간을 남길 수 있다.

정보는 이미 저장되어 있는 정보의 모든 측면들과 연결된 조직 안에 저장된다. 관련성이 높게 형성될수록 기억과 인출이 더 잘된다.

기억은 그러한 정보의 인출이다. 저장 용량과 인출의 속도와 정확성은 성숙과 함께 증가한다. 인출은 제한적이며, 환경적 단서, 이전 인출의 빈도, 다른 기억 항목과의 경쟁력 그리고 정보를 학습한 연령에 의해 좌우된다. 자주 인출되고, 경쟁적 기억 항목이 거의 없고, 확실한 환경적 단서가 있고, 최근에 잘 학습된 정보가 가장 인출하기 쉽다.

비록 이 네 단계의 하나는 아닐지라도, 학습된 요소를 이전에 학습하지 않은 정보나 새로운 맥락에 적용하는 전이(transfer)나 일반화(generalization)는 학습에서 중요하다. 전이는 근접(near)에서 원격(far)으로의 연속선을 따라 존재한다. 근접 전이는 기존의 정보와 새로운 정보 간에 단지 작은 차이가 있는 경우가 해당된다. 반대로 원격 전이는 두 정보 간에 많은 차이가 있는 경우가 포함된다. 두 가지 유형들은 그림 2.1에 나타나 있다. 당신이 추측하는 바처럼 근접 전이가 더 쉽다.

이처럼 단순한 논의로 복잡한 처리 과정을 정확하게 나타낼 수는 없다. 실제로 처리는 많은 수준에서 동시에 발생한다(Snyder, Dabasinskas, & O'Conner, 2002). 하위 수준(bottom levels)에서의 처리는 피상적이며, 주로 지각적 분석을 포함한다. 반대로 처리의 최상위 수준(top levels)은 좀 더 정교하며, 새로운 정보를 뇌에 이미 저장되어 있는 지식과 연합시킨다. 추측할 수 있는 바와 같이, 정보의 연합이 형성된 최상위 처리가 더 잘 기억된다(Hamman & Squire, 1996, 1997).

복잡성이 낮은 자극은 처음에 하위 수준의 지각적 분석을 통하여 처리되며, 그다음에 좀 더 정교한 해석[이른바 상향적(bottom-up) 처리 과정]을 위하여 작업기억으로 향하고, 장기기억에 저장된다. 뇌는 언어와 같은 좀 더 정교한 자극들의 처리를 위해선 언어학적 지식과 낱말 지식 같은 좀 더 높은 또는 최상위 수준의 처리 과정을 활성화시킨다. 이러한 처리 과정들을 통하여, 두뇌는 다음에 들어오는 정보가 무엇인지에 대한 '추론(guess)'을 형성하고, 하위 수준의 처리 과정들은 그것이 적절한지를 알아보기 위하여 들어오는 정보를 지각적으로 분석한다. 다른 말로 하면 언어는 현재까지 저장되어 있는 언어적 정보와 메시지에 근거하여 추론한 대로 '들리는(heard)' 것이다(Samuel, 2001).

이러한 처리 과정들은 자동적으로 작동될 수도 있으며, 또는 입력 정보의 양과 유형, 과제의 요구 그리고 개인의 용량에 따라 통제된 형태로 작동될 수도 있다. 자동적 처리 과정에 반하여 통제된 형태는 의식적이고 의도적으로 수행되며, 매우 많은 두뇌 자원이 필요하다.

작업기억은 암호화, 저장, 접근(access) 및 인출(retrieval) 체계의 전반에 걸쳐서 정보가 활동적으로 유지되는 '장소'로 알려져 있다(Gillam & Bedore, 2000). 작업기억은 입력이나 산출 문장과 같은 정보가 처리되는 동안에 이 정보가 유지되는 곳이다. 암호화하고 해독하는 동안에, 작업기억은 반드시 복잡한 정보를 다룰 수 있는 충분한 용량을 가지고 있어야 하고 변화하는 입력 자극에 발맞추기 위한 유연성이 있어야 한다.

뇌의 중앙집행기능(CEF)은 정보의 흐름을 조절하는 동안에 필요한 인지적 자원을 결정하며, 그것들의 적용을 모니터링하고 평가한다. 따라서 CEF는 선택적 주의(selective attention)를 담당하며, 또한 자극과 개념들의 협응과 억제를 담당한다. 언어장애 아동은 정보에 주의하고, 지각하며 또한 개념을 표상하는 데 있어서 CEF의 결함을 나타내는 것일 수 있다(Gillam, Hoffman, Marler, & Wynn-Dancy, 2002).

만약 언어장애를 가진 아동이 하위 수준의 분석에서 너무 많은 에너지를 사용한다면, 처리되는 언어의 양이 제한될 수 있다. 다른 말로 표현하면 아동은 자동적인 최상위 수준의 분석에서 사용할 자원을 가지고 있지 않을 수 있다. 아동이 낮은 주의력, 낮은 작업기억, 낮은 변별력 또는 낮은 조직화나 인출 능력 때문에 하위 수준의 분석에서 너무 많은 에너지를 소비하면, 언어를 더 높은 수준의 기능에서 자동적으로 처리하기 위한 능력이 제한된다. 우리가 각 장애의 정보처리를 논의할 때, 전반적인 처리 과정과 처리 과정의 각 단계가 다른 단계들에 미치는 영향을 기억하라.

## 진단 범주

시작하기 전에 마지막으로 주의할 점은 우리가 논의할 어떤 장애들의 범주 용어들은 유동적이라는 것이다. 그런 부분이 논의될 때 여러분에게 상기시키도록 하겠다. 예를 들면 지적장애(Intellectual Disability) 또는 ID는 정신지체(Mental Retardation)라는 용어를 사용해 왔었다. 비록 많은 전문가들이 지금은 ID라는 용어를 사용하지만, 그러한 용어는 엄밀하게 말하면 외상성 뇌손상(traumatic brain injury)이나 알츠하이머 병(Alzheimer's disease)을 포함하여 지적 기능에 영향을 미치는 모든 인지적 장애를 포함한다. 이러한 점들이 범주 구분의 일정 부분을 애매하게 만든다. 여러분에게 주의를 시켰으니 시작하도록 하자.

## 지적장애

미국지적발달장애협회(American Association on Intellectual and Developmental Disabilities, AAIDD)는 지적장애(intellectual disability, ID)를 다음과 같이 정의한다.

- 지적 기능의 현저한 제한
- 개념적 · 사회적 · 실제적 기술들로 이루어진 적응 행동의 현저한(significant) 제한
- 18세 이전에 시작(AAIDD, 2008)

이러한 정의는 약간의 설명이 필요하다.

현저한이란 인간 지능 곡선에서 최대 지점인 평균 100에서 표준편차 2 이하를 의미한다. 인구의 약 3%가 IQ 68인 이 기준 이하를 나타낸다. 정의는 과거학습의 척도인 IQ 이상의 것들을 포함하며, **지적 기능과 더불어 자조(self-help), 언어, 그리고 학구적 학습과 같은 적응 영역들을 포함한다.** 마지막으로 지적장애를 가진 개인을 발달기로 간주하여, 인간이 성인으로 발달하는 동안의 기간만을 정의에 포함한다. 이러한 모든 기준들이 충족되는 개인만이 지적장애를 가진 것으로 간주된다.

지적장애를 가진 사람들의 정확한 수는 알지 못한다. 추정치는 미국 인구의 1~3% 정도이거나 미국 거주자 중 약 300만에서 900만 명 정도로 다양하다.

중증도(severity)는 개인마다 다양하며, 일반적으로 시간에 따른 변화가 거의 없다. 표 2.1에 나타낸 바와 같이, 중증도는 전형적으로 IQ와 관련된다. 지적장애 인구의 약 90%가 경도 지체(mildly delayed)로 분류된다.

모든 지적장애 아동이 유사하지는 않다. 중증도에 따라 차이가 있으며 또한 가정의 지원 정도, 거주 환경, 교육, 지적장애 유형, 의사소통 수단, 그리고 연령과 같은 다른 요인들도 반드시 고려해야 한다. 저자는 매우 사회적이고 구어적인 학령전기 아동들과 일한 적이 있을 뿐 아니라 심각한 중증 장애를 가지고 있으며, 사용할 수 있는 의사소통 행동이 거의 없는 청소년이나 성인들과도 일한 경험이 있다.

**표 2.1** 지적장애의 중증도

| 중증도 | IQ | 집단 내 비율(%) | 특성 |
|---|---|---|---|
| 경도 | 52~68 | 89 | 적은 복합적 장애 특성 |
| 중도 | 36~51 | 6 | ↑ |
| 심도 | 20~35 | 3.5 | ↓ |
| 최중도 | 20 이하 | 1.5 | 많은 복합적 장애 특성* |

*지적장애는 종종 뇌성마비와 간질을 동반하는 경우가 가장 많음

## 언어 특성

언어는 종종 지적장애 아동이 나타내는 가장 손상된 영역 중 하나이며, 이 장애가 나타내는 가장 중요한 단일 특성일 수 있다. 심지어 동일 정신연령(mental age)의 일반 아동들과 비교했을 때도 지적장애를 가진 아동들은 종종 그보다 낮은 언어 기술을 나타낸다.

비록 이러한 언어적 차이가 낮은 지적 기능에서 비롯되었을 수도 있지만, 그 요인 하나만으론 이러한 현상을 완전히 설명하지는 못한다. 더욱이 인지-언어의 관계는 지적장애를 가진 사람들이 나타내는 일관성이 없는 특성 중 하나이다. 지적장애 인구의 약 절반 정도는 언어 이해와 산출 수준이 지적 수준과 유사하다. 다른 말로 하면 6세의 지적장애 아동의 정신연령과 언어연령이 모두 42개월일 수 있다. 지적장애인들의 25%는 언어 이해와 산출 수준이 모두 인지 수준 이하를 나타낸다. 마지막으로 나머지 25%에서 언어 이해와 지적 수준은 유사하나, 언어 산출 수준이 그보다 낮은 수준을 나타낸다. 지적장애를 가진 아동과 일반 아동 간의 언어적 차이점은 표 2.2에 나타냈다.

지적장애를 가진 아동 간의 의사소통 능력이 매우 다양하다는 것은 아무리 강조해도 지나치지 않다. 중요하게 여기지는 다른 요인들은 언어이전기 의사소통, 생활연령, 인지적 기능, 어휘 이해력이다(Vandereet, Maes, Lembrechts, & Zink, 2010). 지적장애를 가진 아동들이 어떻게 다른지를 알기 위하여, 두 유전적 장애 유형인 다운증후군(Down Syndrome, DS)과 Fragile X 증후군(FXS)을 살펴보도록 하자.

**표 2.2** 지적장애 아동의 언어 특성

| | |
|---|---|
| 화용론 | 몸짓과 의도 발달 형태는 정상발달 아동과 유사. 몸짓을 사용한 요구의 발달 지체<br>대화에서 덜 지배적인 역할 수행<br>명료화 기술은 정신연령을 일치시킨 정상발달 아동과 유사 |
| 의미론 | 보다 고정적인 낱말의 의미 사용<br>느린 어휘 성장<br>의미적 단위의 다양한 사용이 제한적<br>다운증후군 아동은 정신연령을 일치시킨 정상발달 아동과 동일한 형태로 맥락적 노출에 의한 단어의 의미학습이 가능 |
| 통사론/형태론 | 학령전기 정상발달 아동들과 유사한 길이-복잡성의 관계<br>일반적 문장의 발달 순서는 정상발달 아동과 동일<br>정신연령을 일치시킨 정상발달 아동보다 주절이나 관계절 사용이 적은 짧고 단순한 문장<br>낱말의 의미 관계보다 문장의 낱말순서가 우선함<br>좀 더 발달된 형태가 가능함에도 덜 성숙한 형태의 사용에 의존<br>형태론적 발달 순서는 학령전기 정상발달 아동과 동일 |
| 음운론 | 음운 규칙의 발달 순서는 학령전기 정상발달 아동과 유사하나 좀 더 발달된 형태의 사용이 가능함에도 덜 성숙한 형태에 의존 |
| 이해력 | 정신연령을 일치시킨 정상발달 아동보다 낮은 수준의 수용언어 능력을 보임. 특히 다운증후군 아동들 정신연령을 일치시킨 정상발달 아동보다 낮은 문장회상 능력<br>의미를 유추하기 위한 문맥 의존성이 더 높음 |

다운증후군 아동과 Fragile X 증후군(FXS) 아동은, 두 유형 모두 나중에 설명하겠지만, 의사소통 발달, 말 그리고 모든 언어 영역에서 중도(moderate)에서 심도(severe) 사이의 지체를 나타낸다(Robert, Mirrett, & Burchinal, 2001). 이 장의 뒷부분에서 논의하겠지만, FXS 아동들의 일부는 또한 자폐범주성장애(ASD)와 관련된 행동들을 보인다. 이러한 아동들은 ASD 특성을 보이지 않는 아동들보다 더욱 심각한 언어 결함을 나타내는 경향이 있다(Flenthrope & Brady, 2010; Philofsky, Hepburn, Hayes, Hagerman, & Rogers, 2004). 대화에서 FXS의 남아들은 다운증후군의 남아들과는 다른 수행을 보인다. 비록 두 집단 모두가 일반 남아들에 비하여 더 많은 비연계적이거나 주제에서 벗어난 반응을 나타내지만, FXS의 남아들이 더욱 고착적이거나 과도한 반복을 나타낸다(Roberts, Martin, et al., 2007). 음운발달에서는 FXS 남아들이 그보다 어린 일반 아동들과 유사한 오류를 나타내는 반면, 다운증후군 아동들은 발달 지체만 고려했을 때 기대되는 수준보다도 훨씬 현저하게 다른 특성을 나타낸다(Roberts, Long, et al., 2005).

일반적으로 초등학교 중반까지는 지적장애 아동의 전반적인 의사소통 발달 순서는 일반 아동과 유사하나, 발달 속도는 그보다 느리다. 이러한 형태는 의도, 역할 전환, **전제**(presupposition), 문장 형태, 문법 형태소, 음운 변동의 발달에서도 볼 수 있다. 전제란 청자의 관점, 즉 청자가 알고 있는 것과 알 필요가 있는 것에 대한 화자의 가정(assumption)이다.

그러나 정신연령을 일치시킨 아동들의 경우에도 지적장애를 가진 아동이 일반 아동에 비하여 미성숙한 형태들을 더 많이 사용하는 것으로 보인다. 발달 연령을 일치시킨 2~6세 사이의 ASD 특성을 나타내는 FXS 남자 아동과 ASD 특성이 없는 FXS 남자 아동, 다운증후군 남자 아동과 일반 남자 아동의 통사(syntax)를 비교했을 때, 비록 FXS의 두 집단은 발화 길이와 통사적 복잡성에서 차이가 없었지만, FXS의 두 집단과 다운증후군 집단의 아동이 일반 아동에 비하여 전반적으로 복잡성이 낮은 명사구, 동사구, 그리고 문장 구조를 포함하는 길이와 복잡성이 더 떨어지는 발화를 산출하였다(Price et al., 2008). 전반적으로 FXS의 두 집단이 다운증후군 아동들보다는 더 길고 복잡한 발화를 산출하였다.

비록 다운증후군 아동의 구어와 문어 내러티브가 읽기 수준을 일치시킨 일반 또래 아동에 비하여 현저하게 짧지만, 학령기의 다운증후군 아동들이 언어적 복잡성, 내러티브 구조, 철자, 구두점의 부분에서는 상당할 만한 구어와 문어 내러티브 능력을 나타냈다(Kay-Raining Gird, Cleave, White, Pike, & Helmaky, 2008). 언어적 장치들과 결속성은 일반 집단보다 빈약하였다. 다운증후군 아동들의 내러티브 능력에 대한 가장 큰 예측요인은 어휘 이해력인 반면, 일반 아동들은 연령으로 서로 다르게 나타났다.

일반적으로 다운증후군 아동은 정신연령을 일치시킨 일반 또래보다 산출하는 낱말의 수와 유형은 적고, 발화의 길이도 짧은 반면에 더 많은 구어 보속현상을 나타낸다. **보속**(perseveration)은 부적절하게 하나의 주제에 대해 과도하게 이야기하거나 불필요하게 반복하는 것이다. FXS의 남성은 다운증후군 아동보다 더 많은 고착을 보이며, **자곤**(jargon)이나 의미 없는 불명료한 말, 그리고 반향어나 상대의 말에 대한 반복을 더 많이 나타낸다.

지적장애를 가진 아동은 통사적 규칙을 학습할 수는 있지만, 낱말순서 규칙의 습득 수준이 낮으며, 덜 성숙되고 간단한 해석에 의존하는 경향을 나타낸다. 이와 마찬가지로 의사소통의 붕괴 상황에서 명료화 요구를 사용할 수는 있지만, 지적장애를 가진 아동이 대화 상황에서 명료화 요구를 나타내는 경향은 더 낮다. 마지막으로 지적장애를 가진 어떤 아동, 특히 다운증후군 아동은 정신연령을 일치시킨 일반 또래보다 더 낮은 수용언어 기술을 나타낸다.

위에서 언급한 지적장애를 가진 아동이 나타내는 언어적 결함은 진행되는 사건들에 지식을 통합하는 능력의 결함을 반영하는 것일 수 있다. 이 아동들은 대화를 모니터하고 이해하는 데 자신들의 가용한 인지적 에너지가 많이 소요되기 때문에 언어 기술을 통합하는 데 필요한 에너지가 거의 남아 있지 않을 수 있다. 우리 모두가 새롭게 습득한 기술이 좀 더 자동화가 될 때까지 이러한 현상들을 경험한다.

### 가능한 유발 요인

가능한 지적장애 유발 요인들은 생물학적, 사회-환경적 요인, 그리고 언어의 이해와 산출과 관련된 정보처리의 차이를 포함해서 많고도 다양하다(표 2.3). 유발 요인에 대한 논의에서는 많은 아동들의 경우 지적장애의 원인을 알지 못한다는 사실을 반드시 염두에 두어야 한다. 더욱이 하나보다 더 많은 유발 요인이 작용할 수 있다. 어떤 경우든지, 유발 요인과 아동의 수행 수준은 거의 직접적인 관련이 없다.

**생물학적 요인.** 생물학적 원인은 대부분의 지적장애 아동의 유발 요인일 가능성이 가장 높다. 이러한 원인들에는 다운증후군과 같은 유전적 및 염색체 원인, 홍역이나 풍진과 같은 산모 감염, 태아알코올증후군 등을 야기하는 독소와 화학적 요인, 페닐케톤뇨증(PKU)과 같은 영양학적 및 신진대사 관련 원인, 뇌 또는 두개골의 형성에 주로 관련된 임신기 장애(gestational disorders), 임신과 출산 합병증, 그리고 종양을 포함한 광범위한 뇌 질병들이 포함된다. 일반적으로 생물학적 요인과 지체의 중증도 간에는 강한 상관관계가 존재한다. 비록 생물학적 요인이 지체의 원인을 부분적으로 설명할 수 있다고 할지라도 그것이 우리에게 발달, 특히 언어 습득에 대하여 알려주는 바는 거의 없다는 것을 기억해야 한다.

**사회-환경적 요인.** 지적장애의 사회-환경적 유발 요인은 확인하기가 더 어렵고, 또한 많은 상호적인 변인들을 포함할 수 있다. 박탈, 조악한 주택 환경과 영양 섭취, 낮은 위생 상태 및 의료적 보살핌의 결핍 등은 비록 개별적인 영향력을 정확히 모르고 각 아동별로 다양하다고 할지라도 아동의 발달에 부정적인 영향을 미칠 수 있다.

표 2.3  지적장애 유발 요인

| 유형 | 예 |
| --- | --- |
| **태아기** | |
| **염색체** | |
| 수 이상 | 다운증후군<br>클라인펠터 증후군 |
| 염색체 결여/소실 | 묘성증후군(Cri du Chat) |
| 염색체 손상 | Fragile X 증후군 |
| **단일 유전 장애와 유전적 기형** | |
| 신진대사장애 | 페닐케톤뉴리아(PKU)<br>태이섹스병(Tay-Sachs) |
| 신경계-피부 증후군 | 결정성 경화증(tuberous sclerosis) |
| 뇌 기형 | 뇌수종<br>소두증<br>두뇌 기형<br>안면 기형 |
| **모체의 감염** | 모체의 홍역 감염<br>선천성 syphlilis |
| **모체의 독성 및 화학 물질 노출** | 태아알코올증후군<br>태아약물 노출 |
| **모체의 영양상태** | 임신기의 극심한 영양결핍<br>다양한 아미노산 결핍 |
| 외상 | 태아기 두개 내 출혈 |
| **주산기** | |
| 임신 중후반 문제 | 임신합병증<br>모체의 심장, 신장 질병<br>질병과 당뇨병<br>태아기능부전 |
| 진통과 분만 시 문제 | 심각한 조기출산 그리고/또는 저체중<br>출산 질식<br>난산<br>출산 외상 |
| 신생아기 문제 | 심각하고 지속적인 황달 |
| **출생 후** | |
| 뇌 감염 | 뇌염<br>세균성 수막염 |
| 두뇌 손상 | 외상성 뇌손상(TBI) |

**표 2.3** 지적장애 유발 요인 (계속)

| 유형 | 예 |
|---|---|
| 독성물질 | 만성적 납중독 |
| 영양상태 | 심각하고 지속적인 영양결핍 |
| 두뇌 질환 | 종양<br>헌팅턴병 |
| 심리사회학적 결함 | 직계 가족 그리고/또는 빈곤한 환경으로 인한 정상 이하의 지적 기능 |
| 감각적 박탈 | 엄마와 격리<br>지속적 고립 |
| 미확인 | 아마도 가장 큰 유발 범주 |

유발 요인들은 상호배타적이지 않으며, 한 아동이 둘 이상의 복합적인 요인들 가질 수 있음
출처 : Luckasson, Borthwick-Duffy, Buntinx, Coulter, Craig, Reeve, Schalock, Snell, Spitalnik, Spreat, & Tasse (2002); U.S. National Library of Medicine (2010, December 15); World Health Organization (2010).

지적장애를 가진 아동들이 덜 성숙한 행동을 나타낸다는 것은 사실이지만, 그들의 엄마들이 아동들과 상호작용을 덜한다는 증거는 없다. 아동이 지적장애를 가지고 있든, 또는 정상적으로 발달하든지 간에 일반적으로 엄마의 행동은 아동의 언어 수준에 따라 다양하다. 지적장애를 가진 아동의 엄마들은 자녀들에게 말을 더 많이 한다. 지적장애를 가진 아동의 엄마들은 상대적으로 적게 산출되는 아동의 행동들에 더 많은 의미를 부여하여 더 빈번하게 상호작용하는 경향이 있다. 간단히 말하면 지적장애를 가진 아동의 엄마들은 정상적으로 발달하는 아동의 엄마들보다 더 많이 아동의 행동들을 의사소통적인 것으로 해석한다.

지적장애를 가진 아동의 엄마들은 교육자의 역할을 받아들여, 자신들의 구어 행동을 아동의 언어 능력과 일치시킨다. 비록 지적장애를 가진 아동의 엄마들이 정상적으로 발달하는 아동의 엄마들보다 놀이에서 좀 더 많은 조절을 가한다고는 하지만, 다운증후군 아동의 엄마들은 일반 아동의 엄마들과 동일하거나 더 높은 반응성을 나타냈다. 그들의 조절 행동은 자신의 아동에게서 더 많은 반응을 이끌어 내려는 시도들이 포함되었다.

**정보처리 요인.** 지적장애를 가진 사람들이 나타내는 인지 또는 정보처리 능력들의 차이는 낮은 IQ만으로는 설명할 수 없다. 지적장애를 가진 아동들은 정신연령을 일치시킨 일반 또래들과 같은 방법으로 정보처리를 하는 것으로 보이지 않는다. 이러한 차이는 특히 학습에서 결정적이다. 학습에 중요한 인지적 능력들은 주의력(attention), 변별(discrimination), 조직(organization), 기억(memory) 그리고 전이(transfer)이다.

**주의력.** 일반적으로 지적장애를 가진 사람은 정신연령이 같은 일반 또래와 같이 주의력을 유지할 수

있다. 지적장애를 가진 사람의 결함은 주의를 집중해야 하는 자극들을 탐지하고 선택하는 데 있다. 심도와 최중도 지적장애를 가진 사람은 주의력이 더욱 제한되어 있으며, 주의력의 배분에 더 비효율적이다.

**변별**. 지적장애를 가진 사람들은 관련 자극 단서를 인지하는 데 어려움이 있다. 이러한 어려움은 부분적으로는 지적장애를 가진 사람이 일반인에 비하여 과제의 좀 더 작은 측면에 집중하는 성향에서 볼 수 있다. 만약 선택된 자극의 여러 측면이 현저하거나 중요한 것이 아니라면, 새로운 정보를 저장된 정보들과 변별하고 비교하는 개인의 능력이 제한된다. 그러나 변별하는 능력은 학습할 수 있으며, 지적장애를 가진 사람도 일반 개인이 할 수 있는 만큼 변별 과제에서 이러한 정보를 적용할 수 있다.

　일반적으로 변별 능력과 속도는 지적장애의 중증도와 관련이 있다. 지적장애가 심할수록 변별의 속도가 느리며 정확성이 떨어진다.

**조직**. 경도에서 중도의 지적장애를 가진 사람들은 저장과 인출을 돕는 조직화 전략을 발전시키는데 어려움이 있다. 그들은 매개(mediation)나 연합(association)의 전략에 의존하지 않는 것으로 보이며, 그러한 전략을 정상인처럼 효율적으로 사용하지 못하는 것으로 보인다. **매개 전략**(mediational strategy)에서 범주 이름과 같은 낱말이나 상징은 두 실체들 사이의 연결을 형성한다. 연합 전략에서는 'bacon and ____' 또는 'salt and ____'처럼 하나의 낱말이나 상징이 다른 낱말이나 상징의 회상을 돕는다.

　경도 지적장애를 가진 사람들은 동시적이고 연속적인 암호화가 가능하다. 그러나 이들은 이러한 정보처리를 정상인들과는 다른 방법으로 사용하는 것으로 보이며, 특히 복잡한 과제들에서는 더욱 그러하다. 다운증후군을 가진 사람들은 정신연령이 같은 다른 지적장애를 가진 사람들보다 연속적인 처리 과정에서 더 큰 어려움을 나타낸다. 이러한 결함은 부분적으로는 구어에 대한 낮은 청각적 작업 기억 능력으로 설명될 수 있다. 비록 다운증후군 아동들의 연속적 정보처리의 어려움이 숫자 연속 회상에는 영향을 미치지 않는다고 할지라도, 언어에 내포된 의미적 요소가 이들의 구어적 연속 처리를 복잡하게 만들 수 있다.

**기억**. 일반적으로 지적장애를 가진 사람들은 정상인들에 비하여 낮은 회상 능력을 보인다. 지적장애가 심할수록 기억 능력은 더 낮다. 경중도의 지적장애를 가진 사람들은 정상인들처럼 장기기억에 정보를 유지할 수 있으나 인출 속도가 느리다. 의심할 바 없이 조직화의 결함이 정보 인출을 어렵게 하는 한 원인이다.

　더 확실한 차이는 단기기억력에서 나타날 수 있다. 경도 지적장애를 가진 사람들이 보이는 낮은 수행력은 연합 전략들의 제한적 사용과 조직화 및 저장의 결함을 반영한 것일 수 있다. 이는 지적장애를 가진 사람들이 보이는, 특히 처음 10초 이내에서 나타나는, 빠른 망각 속도 때문일 수 있다.

다운증후군을 가진 사람들의 작업기억 결함이 새로운 낱말의 학습에 영향을 미치는 것으로 보이지 않는다(Mosse & Jarrold, 2011). 사실 다운증후군 아동의 새로운 낱말 학습 능력은 그들의 구어 단기 기억 용량으로 예측할 수 있는 수준을 초과한다. 다운증후군을 가진 아동의 어휘 습득은 일반 발달 아동과 같은 정도의 구어 단기기억 능력에 의존하지 않는 것일 수 있다. 다른 말로 하면 새로운 낱말 학습이 다른 기억 처리 과정에 의존하는 것일 수 있다.

정보는 시연(rehearsal)을 통해 유지된다. 지적장애를 가진 사람들은 자발적인 시연을 하지 않는 것으로 보이며, 일반인들에 비하여 더 많은 시연이 필요하다. 다운증후군을 가진 아동의 어휘 학습에 대한 연구들은 반복적인 입력과 인출 훈련에 대한 필요성을 지지한다.

기억은 또한 정보의 유형에 의해서 영향을 받을 수 있다. 지적장애를 가진 사람들은 시각보다는 청각적 정보처리에 더욱 어려움을 나타낸다. 지적장애를 가진 사람들에게는 청각적 정보 중에서 자동차 경적이나 초인종 소리와 같은 비언어적 신호들이 언어적 정보보다 훨씬 더 기억하기 쉽다. 일반적으로 경도 지적장애를 가진 사람들은 비언어적 신호들에 대해선 일반인과 유사한 수준으로 재인하고 회상한다. 확실한 차이는 언어적 정보의 회상에서 나타난다.

문장 회상은 기억의 재산출과 회상된 텍스트의 편집 과정이 포함된다. 지적장애를 가진 사람들의 문장 회상의 어려움은 두 번째 단계에서 발생할 가능성이 높다.

청각적 기억의 결함은 다른 유형의 지적장애보다도 다운증후군을 가진 사람들에게서 더 많이 나타난다. 낱말에 대한 청각적 단기기억의 결함은 문장 기억 과제에서 나타나는 다운증후군 아동의 낮은 수행력과 관련이 있다(Miolo, Chapman, & Sindberg, 2005). 음운적 단기 회상은 특히 영향을 받은 것으로 보인다(Seung & Chapman, 2000). 이러한 어려움은 특히 소리가 끝난 후에도 청자가 지속해서 들은 소리를 유지하는 정보처리 과정인 구어적 작업기억의 능력이 낮은 것과 관련이 있을 수 있다. 다운증후군의 경우 '소리의 반향'이 정상인보다 더 빠르게 소멸되는 것일 수 있다. 다운증후군을 가진 사람들의 기억력 결함은 구어 정보에 특정적이며, 수용 어휘나 청각 또는 말 결함들과는 관련이 없는 것으로 보인다(Jarrolod, Baddeley, & Phillips, 2002).

전이. 전이 또는 일반화는 지적장애를 가진 사람들에게 특히 어려운 정보처리 분야이다. 학습이 수행 수준을 증가시킬 수는 있으나, 일반화 능력을 증가시키지는 않는다. 일반적으로 지적장애가 심할수록 전이 능력이 더 취약하다. 더욱이 지적장애를 가진 사람들은 근거리와 원거리 전이에 모두 어려움을 가지고 있으며, 이는 부분적으로 유사성을 탐지하는 능력이 없기 때문이다. 따라서 일반화 결함은 이전에 기술한 바와 같이 변별과 조직화의 문제를 반영한 것일 수 있다.

## 요약

지적장애를 가진 사람들의 언어 기술에 대한 일반화는 지적장애의 많은 원인들과 장애 중증도의 차이에 따라 매우 복잡하다. 전반적으로 언어발달은 정상발달의 경로와 유사하지만 속도가 느린 형태를 나타낸다. 하지만 덜 성숙된 형태에 의존하고, 과잉사용과 같은 차이점이 나타난다. 이러한 차이는 지적장애를 가진 사람들이 나타내는 정보처리의 차이, 특히 조직화와 기억 분야에서의 차이를 반영하는 것일 수 있다.

정보처리 문제는 우리가 지적장애와 다른 장애들을 이해하도록 도와주기는 하지만 이러한 장애를 설명하지는 못한다. 차이점들이 원인, 결과 또는 현재의 문제를 나타내는 것일 수 있다. 어떤 경우에는 지적장애를 가진 사람들이 나타내는 차이들이 이들을 중재할 때 사용해야 하는 특정 중재 기법들을 제안해준다. 이는 표 2.4에 나타냈다.

SLP는 아동의 집단적 특성뿐만 아니라 개별적인 학습 스타일에 반드시 주의를 기울여야 한다. 예를 들어 FXS를 가진 남아들의 특별한 학습 요구에 대한 고려가 중재에서 반드시 이루어져야 한다. 간

**표 2.4**  지적장애인을 위한 기법

**주의력**
1. 시각적 또는 청각적 자극을 강조한 단서들을 사용하여 돕는다. 마찬가지로 중요한 정보를 강조하기 위해 사용된 몸짓들이 청각적 메시지를 향상시킬 수 있다. 단서들은 반드시 점진적으로 소거해야 한다.
2. 아동에게 관련 단서들을 자세히 탐색하도록 가르친다.

**변별력**
1. 변별을 도울 수 있는 유사점과 차이점을 강조하고 설명한다. 교사들은 반드시 hair/no-hair처럼 유사점과 차이점이 분명하게 드러나도록 해야 한다. 실제 사물을 사용한 '의미 있는' 분류하기 활동이 도움이 될 수 있다. 전반적인 크기와 모양(원, 사각형, 삼각형이 아닌)과 기능은 학령전기 아동에게 적절한 특성이다.

**조직화**
1. 좀 더 쉽게 처리하고 저장하기 위하여 정보를 '사전-조직화' 하도록 한다. 쉽게 사라지지 않도록 한다. 시각적 그리고 공간적 단서들이 도움이 될 수 있다.
2. 연상전략을 훈련한다. 어떤 것을 함께 생각해야 하는가? 왜?
3. 동시적이고 연속적 처리를 돕기 위하여, 중요한 정보의 반복과 같은 단기기억 과제를 사용한다. 반복과 설명이 도움이 된다.

**기억**
1. 물리적 모방과 같은 반복 연습전략을 훈련한다. 점진적으로 좀 더 상징적인 반복 연습과제로 이동한다.
2. 과잉학습과 많은 예를 사용한다.
3. 신호(소리, 냄새, 맛, 시각)와 사건의 상징회상을 함께 훈련한다. 회상이 좀 더 쉬운 신호들은 점진적으로 감소시킬 수 있다.
4. 새로운 낱말을 위한 낱말 연상훈련은 낱말의 회상능력을 향상시킨다. 이와 같이 문장과 담화연상도 회상을 향상시킨다.
5. 기억해야 하는 중요한 정보를 강조하여 선택적인 주의력을 향상시킨다.
6. 청각적 기억력을 향상시키기 위하여 시각적 기억력을 사용한다.

**전이**
1. 훈련 상황은 반드시 일반화 맥락과 아주 유사하거나 동일해야 한다. 훈련 시 적어도 초기에는 실재 항목을 사용한다.
2. 특히 훈련과 일반화 맥락이 다른 경우에는 상황들 간의 유사성을 강조한다. 아동이 유사성을 회상하도록 돕는다.
3. 새로운 문제가 생길 때 아동이 이전 과제들을 회상하도록 돕는다.
4. 훈련을 위하여 아동의 일상적 맥락에 포함된 사람들을 이용한다.

단히 말하면 이러한 남아들을 치료할 때 SLP는 듣기와 이해를 강조하면서 그들의 좀 더 뛰어난 시각적 학습 스타일에서 이점을 얻을 수 있다. 중재 회기는 반드시 이들의 짧은 주의력 시간, 새로운 활동이나 주제로의 전이에 대한 어려움, 다른 감각 결함 그리고 스트레스에 대한 낮은 인내력을 고려해야 한다(Mirrett, Roberts, & Price, 2003). 이들 중 어떤 아동들은 시각과 촉각, 정신운동성 기술, 그리고 새로운 정보의 학습에 결함을 보이는 비구어학습장애(Nonverbal Learning Disability, NLD)를 가지고 있다. 비록 비구어학습장애를 가진 아동들이 언어 형태에서는 비교적 결함이 적다고 할지라도, 미묘한 화용적 · 의미적 장애가 존재한다.

## 학습장애

The National Joint Committee on Learning Disabilities(1991)는 학습장애를 다음과 같이 정의했다.

> 학습장애는 듣기, 말하기, 읽기, 쓰기, 추론하기, 또는 수학 능력의 습득과 사용에서 유의한 결함을 가진 이질적인 장애 집단을 일컫는 일반적인 용어이다. 이러한 장애는 선천적인 것으로 중추신경계의 결함으로 인한 것으로 추정되며, 전 생애에 걸쳐 나타날 수 있다. 자기-조절 행동들, 사회적 지각력, 사회적 상호작용의 문제들이 학습장애와 함께 동반될 수 있으나, 그 자체가 학습장애의 원인은 아니다. 비록 학습장애가 다른 장애 질환들 … 또는 외부 영향들 … 과 동반되어 발생할 수 있으나 그러한 상황이나 영향으로 인한 결과가 아니다.(p. 19)

이 광범위한 정의를 잠깐 살펴보기로 하자. 첫째, 다른 장애처럼 학습장애(LD)는 이질적인 특성을 갖는다. 비록 다른 상태들이 존재할 수도 있지만, **중추신경계의 결함**이 원인으로 추정된다는 것 또한 중요하다. 따라서 학습장애의 원인은 환경적이거나 동반 문제들로 인한 것이 아니다. 정의에는 기술되어 있지 않지만, 학습장애를 가진 아동들은 정상 또는 거의 정상에 가까운 지능을 가진 것으로 추정한다.

저자가 아는 대부분의 학습장애를 가진 아동들은 이러한 특성들을 모두 가지고 있지는 않다. 예를 들어 학습장애를 가지고 있는 모든 아동들 중 약 15% 정도가 상대적으로 운동 학습과 협응에 더 큰 어려움을 나타낸다. 학습장애를 가진 아동들 중 약 85%는 상징의 학습과 사용에 어려움을 가지고 있다. 이러한 아동들은 종종 **언어학습장애**(Language Learning disability, LLD)를 가지고 있는 것으로 여겨진다.

학습장애를 가진 아동들의 특성은 많고 다양하다. 일반적으로 이들은 운동성(motor), 주의력(attention), 지각(perception), 상징(symbol), 기억(memory) 그리고 정서(emotion)의 여섯 가지 범주로 나눌 수 있다. 각각에 대해서 논의하도록 하자. 상징에 대한 결함은 언어 특성에서 논의하도록 한다.

운동성 결함은 일반적으로 아동들이 계속해서 움직이는 것처럼 보이는 과다활동 장애인 **과잉행동장애**(hyperactivity)를 포함한다. 전체 아동 중 약 5%가 과잉행동장애를 나타내며, 남아가 여아보다 9

배 많은 출현율을 나타낸다. 과잉행동장애를 가진 모든 아동이 학습장애를 나타내는 것은 아니며, 모든 학습장애를 가진 아동이 과잉행동장애를 갖는 것도 아니다.

과잉행동장애가 있는 아동들은 아주 짧은 시간 이상 동안 주의를 기울이거나 집중하는 데 어려움을 보인다. 학습장애의 다른 운동성 결함은 신체의 움직임에 대한 감각의 저하, 서투른 손잡이, 낮은 손과 시각의 협응 그리고 낮은 공간과 시간 개념 등이 있다.

주의력 결함은 짧은 주의력 시간과 주의산만(inattentiveness)을 포함한다. 학습장애를 가진 아동들은 부적절한 자극에 의해 쉽게 방해를 받고, 쉽게 과도한 자극을 받기도 한다. 현재 우리는 아동과 성인 및 그들의 학습과 생활 조직 능력에 대하여 과도한 진단을 내리는 시점에 있다.

점점 더 많은 사람들이 학습장애와 관련된 많은 결함들 없이도 과다한 움직임과 아주 짧은 시간 밖에 집중하지 못하는 주의력 결함을 나타내는 주의력결핍과잉행동 장애(attention deficit hyperactivity disorder, ADHD)로 진단되고 있다. 비록 ADHD가 학습장애는 아니지만, ADHD를 가진 아동들은 종종 사회적 관계 형성에서 어려움을 경험하며, 이는 부분적으로는 언어 사용에서 동반되는 화용 결함이 원인으로 보인다(Leonard, Milich, & Lorch, 2011). 이러한 아동들의 사회적 기술에 대한 교사들의 낮은 평가 역시 이들의 화용 결함을 나타낸다. ADHD는 행동 조절, 특히 충동성을 조절하는 두뇌의 집행기능에 결함을 가지고 있는 것으로 보인다.

학습장애를 가진 아동들 중 일부는 단일 과제나 행동에 고착되어 그것을 반복하는 행동을 나타낼 수 있다. 이러한 고착이 앞에서 언급한 보속이다. 저자가 가르쳤던 몇몇 아동들은 하나의 발화를 계속해서 반복하면서도 자신들이 그렇게 하고 있다는 것을 깨닫지 못하였다.

학습장애는 감각(sensory)이나 수용(reception) 장애가 아니다. 학습장애는 지각(perceptual)의 문제이다. 지각의 결함은 해석의 결함이다. 이러한 결함은 우리의 감각을 통해서 자극을 듣고 보고 또는 수용한 이후에 발생한다. 추측할 수 있듯이, 학습장애를 가진 아동들은 유사한 소리들과 낱말들, 그리고 유사한 글자들과 글로 쓰인 낱말들을 혼동할 수 있다. 게다가 이러한 아동들은 **전경-배경 지각**(figure-ground perception)과 **감각 통합**(sensory integration)에 어려움이 있을 수 있다. **전경-배경 지각**은 경쟁 자극들의 배경에 반하여 하나의 자극을 분리할 수 있는 능력을 포함한다. 예를 들어 '전경-배경 변별(figure-ground discrimination)'은 교실 안에서 다른 일들이 발생하는 동안에 교사의 말에 귀를 기울일 수 있는 능력이 포함된다. 반면에 '감각 통합'은 시각과 청각적 자극에 대한 이해를 동시에 할 수 있는 능력이다. 각 감각은 메시지의 부분만을 전달할 수 있다. 예를 들어 정보를 전달하기 위해서 동작, 얼굴 표정, 신체언어(body-language), 억양 및 구어를 함께 사용할 수 있다. 하나의 감각만으로는 불충분할 수 있다.

기억 결함들은 단기와 장기 저장과 인출을 포함한다. 학습장애를 가진 아동들은 종종 지시, 이름 그리고 연쇄를 기억하는 데 어려움을 갖는다. 낱말 찾기 결함 또한 일반적이다.

마지막으로 정서 문제 또한 학습장애에 동반될 수 있으나 유발 요인은 아니다. 정서 문제는 이러한 아동들이 좌절 상황에 처했을 때 나타나는 반응이거나 수반되는 문제일 수 있다. 학습장애를 가진 아동들은 공격적이고, 충동적이며, 예측 불가능하고, 위축되어 있으며, 참을성이 없다고 여겨 왔다. 이들 중 어떤 아동들은 낮은 판단 능력을 나타낼 수 있고, 비정상적인 두려움을 가지고 있으며, 변화에 잘 적응하지 못할 수 있다. 저자는 신발에 대하여 다소 비정상적인 두려움을 가지고 있는 학습장애를 가진 아동을 가르친 경험이 있다. 또 다른 특성인 변화에 대한 낮은 적응력은 아동이 어떤 특정 상황들에서 언어의 해석에 어려움이 있을 때, 이에 대한 보상 방법으로 반복적 일과(routines)에 의존하는 특성이 반영된 것일 수 있다.

## 언어 특성

일반적으로 학습장애를 가진 아동들은 구어(verbal)든 문어(written)든 언어의 모든 양상에서 어느 정도의 문제를 나타낸다. 또다시 강조해야 할 것은 비록 이 아동들이 텔레비전이나 라디오의 볼륨을 크게 하거나, 말을 아주 크게 하거나, 또는 책을 읽을 때 곁눈질이나 눈을 비빈다고 할지라도 이는 감각의 문제가 아니라는 점이다. 비록 청각이나 시각의 문제가 동반된다 할지라도, 그러한 문제들이 장애의 중심이 아니다. 앞서 언급한 바와 같이 주된 결함은 지각이다.

　학습장애를 가진 아동들은 대화 주고받기 및 언어의 형식과 내용에 결함을 나타낼 수 있다(표 2.5). 언어 규칙을 종합하는 것에 특별히 어려움을 나타내며, 그로 인하여 형태론적 규칙의 학습과 통사적 복잡성의 발달이 지체된다. 형태론적 표지와 관련된 문제는 구어와 문어에서 모두 나타나며, 특히 주

**표 2.5**　학습장애 아동의 언어 특성

| | |
|---|---|
| 화용론 | 대화 차례 지키기에는 결함이 거의 없다.<br>질문에 대답하기나 명료화 요구하기에 어려움을 보인다.<br>대화를 시작하거나 유지하는 데 어려움을 보인다. |
| 의미론 | 관계어(비교, 공간, 시간 관련)에 어려움을 보인다.<br>비유어와 이중적 의미에 어려움을 보인다.<br>낱말 찾기와 정의하기에 어려움을 보인다.<br>접속사(and, but, so, because 등)의 의미에 혼동을 나타낸다. |
| 통사론/형태론 | 부정문과 수동태 구조, 관계절, 축약, 형용사 형태에 어려움을 보인다. 동사의 시제표지, 소유격, 대명사에 어려움을 보인다.<br>문장 따라 말하기가 가능하나 종종 문장의 형태를 단순화하여, 다른 문장 형태들의 학습에 어려움이 있음을 나타낸다.<br>관사(a, an, the)의 혼동을 보인다. |
| 음운론 | 일관성 없는 소리 산출을 보이며 특히 복잡성이 증가할수록 그러하다. |
| 이해력 | Wh-질문의 혼동을 나타낸다.<br>수용어휘는 생활연령을 일치한 정상발달 아동과 유사한 수준을 보인다.<br>인쇄된 정보를 이해하기 위해 사용하는 전략의 수준이 낮다.<br>형태가 유사한 문자와 소리가 유사한 낱말들에 혼동을 보인다. |

된 오류 형태는 의존 형태소의 생략이다(Windsor, Scott, & Street, 2000).

학습장애를 가진 아동들의 전반적인 언어발달은 전반적으로 느릴 수 있다. 이들의 언어는 종종 자신보다 어린 아동들과 유사하나, 실질적으로 성숙된 구조의 사용은 그들보다 적다. 학령전기에 이러한 아동들은 언어에 관심을 거의 보이지 않을 수 있으며, 이야기를 따라오는 것이 불가능하거나 책에 관심을 보이지 않을 수 있다.

낱말 찾기는 특히 문제가 되며, 그로 인하여 구어로 반응하는 데 훨씬 더 많은 시간을 필요로 한다. 인출 결함으로 인해 더 많은 의사소통 붕괴를 나타내며, 인출이 어려운 낱말 앞에서 특히 대명사의 반복(He, he, he … John was…), 다르게 표현하기, 부정대명사(it)의 대치, 의미 없는 낱말(one, thing), 지연 및 삽입(He was … oh, I can't remember…)과 같은 특성들을 보인다.

학습장애를 가진 아동들의 불완전한 어휘는 낱말 인출 결함을 더욱 악화시키는 원인일 수 있다. 학습장애를 가진 어린 아동들은 문자적인 의미를 이해하는 데 어려움을 나타낸다. 이러한 아동들은 연령이 증가하면서 복합적이고 비유적인 의미를 이해하는 데도 어려움을 경험한다.

학급에서의 언어적 요구는 종종 이러한 아동들의 구어 수준을 훨씬 넘어선다. 이미 입증된 학습장애를 가진 아동들의 낮은 학문적 성취는 언어 결함과 학습장애 간의 관련성을 시사한다. 구어 능력은 학령기의 읽기와 쓰기의 성공을 가장 잘 예측해주는 단일 요인이다. 학습장애를 가진 아동들 중에서 나타나는 구어 능력의 결함은 후일에 소위, 난독증(dyslexia)이라고 하는 문자-언어 장애와 연결된다.

**난독증**(dyslexia)은 유창하고 정확한 낱말 재인의 결함과 음운 인식 또는 낱말의 소리와 음절 구조에 대한 민감성이나 인식과 관련된 철자의 결함을 주 특성으로 나타내는 특정 학습장애이다(Lyon, Shaywitz, & Shaywitz, 2003). 구어 결함 또한 나타난다(Gallagher, Frith, & Snowling, 2000). 학습장애를 가진 아동들 중에서 약 80% 정도가 어떤 형태의 읽기 문제를 나타내며, 전체 인구 중에서는 난독증을 얼마나 엄격하게 정의하느냐에 따라 발생률이 5%에서 17%를 나타낸다(Sawyer, 2006). 어떤 경우든지, 학습장애가 있는 집단과 없는 집단 모두, 인구의 상당한 비율이 난독증적 특성을 나타내고 있다. 난독증은 남성이 여성에 비해 두 배 정도 높은 비율을 보인다. 비록 일반적으로 합의된 정의는 없지만, 난독증을 가진 아동들을 일반 또래 아동들과 비교하면 몇 가지 공통적인 특성을 나타낸다(Sawyer, 2006).

- 동등한 구어 IQ 그리고/또는 듣기 이해력
- 평균 이하의 낱말 읽기
- 의미 낱말 읽기 수준보다 낮은 무의미 또는 비실재 낱말 읽기 수준
- 평균보다 상당히 낮은 음운 변동 점수

난독증의 세 가지 유형이 알려져 있으며, 다음을 포함한다.

- 이해 그리고/또는 말소리 변별에 영향을 미치는 '언어기반 장애(language-based disorder)'
- 수용언어는 정상이지만 말소리 혼합과 운동 협응에 영향을 미치는 '말/운동 장애(speech/motor disorder)'
- 언어는 상대적으로 결함이 없음에도 문자 형태의 변별에 영향을 미치는 '시공간 장애(visuospatial disorder)'

'언어기반 장애' 유형이 가장 흔하다.

비록 읽기와 쓰기가 다를지라도 특정 기저 과정이 둘 모두에 영향을 끼친다. 예를 들어 학습장애를 가진 아동들은 종종 쓰기에 대한 전반적인 체계를 가지고 있지 않다. 또 읽기에서 그들은 또한 기저 체계를 이해하지 못하며, 따라서 각 문장을 전체와 연결하지 못하고 분리하여 취급한다.

학습장애를 가진 아동들의 행동은 인지(cognition)와 언어 간의 상호 관련성을 나타낸다. 이러한 관련성은 아는 개념들을 새로운 문제를 해결하는 데 사용하는 유추(analogical reasoning) 기술에서 볼 수 있다. 학습장애를 가진 아동들은 구어 명제(A is to B as C is to _____)와 같은 일종의 유추 형태인 구어 유추에서 어려움을 나타낸다.

난독증를 가진 아동들의 문제에 대한 부분적 책임은 영어 자체와도 관련이 있다. 영어권 나라들의 난독증 비율은 언어가 덜 복잡한 나라들보다 두 배 정도 높다. 예를 들면 이탈리아어와 스페인어는 문자나 문자소와 소리 또는 음소 간의 관계가 일대일이 약간 넘는다. 영어는 26개의 문자소(graphemes)를 43개 내외의 음소(phonemes)로 표현하기 위하여 연결하는 방법이 1,100가지가 넘는다.

### 가능한 유발 요인

몇 가지 유발 요인들이 학습장애와 관련이 있을 수 있다. 중추신경체계의 기능장애는 강력한 생물학적 기저를 나타내지만, 정보처리, 특히 지각 또한 중요하다.

**생물학적 요인.** 학습장애는 장애의 가족력이 있는 가정에서 더 빈번하게 나타나며, 이어서 조산이나 난산인 경우가 많다. 난독증 부모를 가진 아동, 특히 말 산출이 늦었던 아동은 언어장애를 나타낼 위험성이 더 높다(Lyytinen, Poikkeus, Eklund, & Lyytinen, 2001). 이러한 사실들은 이 장애와 생물학적 요인 간의 관련성을 강하게 시사한다. 더욱이 리탈린(Ritalin)과 같은 신경흥분제의 사용이 어떤 과잉행동장애 아동들에게는 좀 더 오랫동안 주의 집중할 수 있게 해주는 효과가 있다는 사실 또한 생물학적 기저를 지지한다.

지금까지 전두엽과 중뇌(midbrain)를 연결하는 신경 경로의 손상이 제안되어 왔다. 이는 주의력, 조절 그리고 계획을 담당하는 두뇌 영역이다.

몇몇 연구들은 난독증의 생물학적 요인을 찾으려고 시도하였다. 단일 난독증 유전 인자가 있다고는 믿기 어렵다. 그보다는 일곱 개의 염색체들이 이 장애의 다양한 영역과 관련이 있다는 것이 더 가능성이 높은 시나리오이다(Grigorenko, 2005). 좌반구 언어-처리 영역들 및 이 영역들과 시각 피질 사이에서 발견된 기형이 이러한 유전적 변화와 언어처리 결함과 관련이 있을 수 있다(Galaburda, 2005에 요약됨). MRI 연구들은 읽기를 하는 동안 난독증이 있는 아동을 정상 아동과 비교했을 때, 왼쪽 후두측두부 영역의 활성화가 낮았으며, 베르니케(Wernicke) 영역과 운동 근육의 움직임과 관계된 전두엽 영역의 활성화는 높아졌다고 보고하면서, 이 영역들의 보상적 사용을 제시하였다(Shaywitz & Shaywitz, 2003).

**사회-환경적 요인.** 비록 학습장애에 대한 정의에서 환경적 요인이 배제되었다고 할지라도 어떤 환경적 요인은 중요하다. 학습장애가 있는 아동들의 언어 결함과 상호작용의 결함은 이러한 아동의 발달에 영향을 미친다.

언급한 바와 같이, 이 아동들이 나타내는 많은 행동들은 그들의 생활에서 경험하는 매우 좌절적인 상황들에 대한 반응이다. 저자가 가르친 많은 아동들은 극도로 낮은 자아상(self-image)을 가지고 있었다. 많은 아동들이 새로운 것을 시도하는 것을 두려워했다. 다른 아동들이었으면 심지어 부정적인 인식일지라도 주의를 끌고, 인정받기 위해 무엇이든 하려고 할 것이다. 우리가 다른 사람들과 상호작용하면서 겪는 성공과 실패가 우리 미래의 상호작용에 중대한 영향을 미친다.

**정보처리 요인.** 학습장애를 가진 아동들은 자신들의 지적 수준에 적합한 기능을 보이지 않는다. 그들은 특정 전략의 사용이나 저장되어 있는 어떤 정보들에 접근이 불가능한 것처럼 보인다.

학습장애를 가진 아동들은 선택적 주의(selective attention)에 결함이 있어서 부적절하거나 중요하지 않은 자극에 집중하는 특성을 보인다. 적절하고 중요한 정보도 다른 정보들과 함께 선정될 수는 있다. 이 아동들은 구어와 문어 의사소통 모두에서 집중해야 할 관련 정보를 결정하는 데 어려움을 보인다.

차례로, 학습장애를 가진 아동들은 자극들이 서로 유사한지 다른지를 결정하는 자극의 관련 특성을 파악하는 데도 어려움이 있다. 학습장애를 가진 아동들은 정신연령을 일치시킨 일반 또래 아동들보다 반복적인 경험으로부터 규칙을 알아내거나 확인하는 것에 훨씬 낮은 수행력을 보인다. 낮은 변별 능력은 작업기억의 결함을 반영하는 것일 수 있다(Harris Wright & Newhoff, 2001).

부적절한 집중과 변별을 거친 정보는 분명히 불완전하게 조직화될 것이다. 이러한 아동들에게 세상은 종종 이해가 되지 않으며, 특히 언어적으로는 더욱 그러하다. 그들의 저장 범주는 이러한 혼동을 반영한다. 자발적으로 조직화하지 못하는 지적장애를 가진 아동들과는 달리 학습장애를 가진 아동들은 정보를 조직화하지만 후에 사용하기에 너무 비효율적인 방법으로 조직화한다.

기억은 저장과 인출 모두와 관련된다. 어휘 지식의 성장은 어휘들이 연결되고 조직화되는 의미적 네트워크의 형성을 가져온다. 학습장애를 가진 아동들은 이러한 성장이 더 늦은 시기에 나타나고, 속도도 더 느리다. 이는 학습장애를 가진 아동들이 부정확하고 느린 인출을 나타내는 한 가지 원인이다.

표 2.6　학습장애 아동을 위한 기법

**주의력**

1. 경쟁 자극을 감소시킨다. 아동이 좀 더 잘할 수 있을 때 점진적으로 그러한 자극들을 다시 입력시킨다.
2. 아동이 집중해야 하는 상황의 특성들을 강조한다.
3. 아동이 구어적 자극에 집중하도록 돕기 위하여 시각적·물리적 단서들을 사용한다.

**변별력**

1. 초기에는 말소리보다 비구어적인 환경음들을 사용하여 훈련한다.
2. 구어적 자극들을 해석하도록 돕기 위하여 시각적·물리적 단서들을 사용한다.
3. 소리의 변화가 의미를 변화시키는 의미적 과제를 사용한다.
4. 억양의 해석과 대화 차례 지키기(turn-taking)를 돕기 위하여 시각적 또는 손신호가 도움이 될 수 있다.

**조직화**

1. 아동이 기저의 관련성을 볼 수 있도록 돕는다. 범주, 연상 그리고 낱말 분류 과제들을 사용한다. '전개(spreading)' 모형을 사용하여 아동이 가능한 관련성들을 많이 깨닫도록 한다.
2. 유사점/차이점 찾기 과제를 사용하고 표본을 연결하도록 한다.
3. 아동의 연결이 성인과 동일하지 않을 수 있음에 주의한다. 아동에게 타당하게 보이는 관련성을 이해하기 위하여 노력한다.

**전이**

1. 먼저 시각적 회상, 그다음에 청각적 회상으로 순차적인 회상(recall) 훈련을 한다.
2. 드문 낱말, 언어적 복잡성, 길이, 억양, 문맥 그리고 의미적–논리적 관계를 조절한다.
3. 연결된 지시를 사용한다. 요소와 단계의 수를 조절한다.
4. 바로 직전에 발생한 것들에 대하여 질문한다. 그다음에 약간 오래된 사건에 대하여 질문한다. 시간의 간격을 증가시킨다. 마지막으로 방금 말한 것과 관련된 질문들을 한다.
5. 회상하기를 원하는 자질이 있는 위치에서 가르친다.

　효과적인 학습자들은 학습한 것을 검토하고 조직화하기 위하여 효과적인 전략을 사용하여 적극적으로 정보를 처리하고, 해석하고, 종합한다. 학습장애를 가진 아동들은 종종 과제에 적절한 전략들에 자발적으로 접근하거나 사용하는 데 실패한다. 이러한 문제는 청소년기 전반에 걸쳐 성인기까지 지속된다. 표 2.6에 학습장애를 가진 아동들의 정보처리 결함에 근거한 학습 전략을 제시하였다.

### 유사 장애 : 부모 약물과 알코올 노출

저자는 학습장애 부분에서 태아알코올범주장애(FASD)와 부모의 약물 노출을 기술하기로 결정하였다. 이는 이러한 장애를 가진 아동들이 행동이나 언어에서 학습장애와 유사한 특성을 나타내기 때문이다. 여러분의 교수님은 이러한 배치에 아마 반대할 수도 있을 것이다.

　임신한 여성이 술을 마시면, 태아의 혈중 알코올 농도가 여성 자신의 수준과 동일하게 된다. 임신 중 산모의 알코올 섭취가 **태아알코올범주장애**(fetal alcohol spectrum disorder, FASD)를 가지고 온다. 임신 중 알코올 섭취와 관련된 장애는 출생인구 1,000명당 약 6명 정도로 추산된다[Health Resources and Services Administration(HRSA), 2005]. 태아알코올범주장애는 다음을 포함한다.

● 발달장애, 성장 결함 그리고 독특한 얼굴 특성들을 나타내는 태아알코올증후군(FAS)

● 발달의 여러 영역들에서 뚜렷한 결함을 나타내고 독특한 얼굴 특성을 나타내는 알코올 관
련 신경발달장애(ARND)

자궁에서 알코올에 노출되는 경우 중추신경계의 발달이 손상되며, 이로 인하여 인지, 행동, 사회정
서적 기능에 결함을 나타낸다(Streissguth & O'Malley, 2001). 이 아동들은 전 인생에 걸쳐서 주의력,
기억, 집행 기능(executive function), 학습, 행동 조절, 정신 건강, 그리고 교육에서 어려움을 경험하게
된다.

태아알코올범주장애 영아들은 출생 시에 저체중과 작은 키를 나타내며, 종종 소두증이나 작은 머
리, 과잉행동, 운동장애, 주의력 결핍, 인지적장애를 나타내는 중추신경계의 결함을 동반한다. IQ 범
위는 30에서 105를 보인다. 일반적으로 이러한 아동들은 문제해결 능력이 떨어지고, 일반화에 어려
움을 나타내는 융통성 없는 학습자들이다. 이들은 쉽게 혼란해지고, 과다하게 흥분하며, 충동적이고,
보속적인 특성을 보인다. 또한 이들은 낮은 기억력, 해석력, 판단력을 나타내며, 발달 지체, 반향어,
이해 수준을 초과하는 산출과 같은 언어문제를 나타낸다. 이들의 중재에 대한 제안은 표 2.7에 나타냈
다. 태아알코올범주장애 아동들은 유아기(infants)에 매우 민감하며, 빠는 힘이 약하고 발달 지연을 나
타낸다. 또한 낱말순서와 낱말의 의미, 대화적 담화에서 대화 차례 지키기의 어려움과 같은 언어 결함
을 나타낸다(Coggins, Olswang, Carmichael Olson, & Timler, 2003). 대부분의 태아알코올범주증후군
아동들은 종종 학습장애나 ADHD로 진단된다.

사회적인 역량을 갖춘 의사소통자는 의사소통자들 간에 예측 가능한 방법으로 상호작용한다는 것
을 이해하며, 의사소통 상황에 맞는 언어와 비구어적 행동들을 선택하기 위하여 집행 기능을 사용
한다. 처리할 수 있는 언어 정보의 양이 제한되어 있고, 개념 형성, 자기 조절, 그리고 반응 억제에서

**표 2.7** 태아알코올범주장애 아동의 중재 전략

| |
|---|
| 틀린 자극을 제거한다. |
| 선호하는 좌석을 제공한다. |
| 구어 교수를 강화하기 위한 그림 단서들을 사용한다. |
| 자세히 묘사하고 설명하며, 아동에게 반복을 요구한다. |
| 구어적 교수나 지시사항을 제공하기 전에 눈을 맞추거나 아동의 이름을 부른다. |
| 새로운 사물과 주제, 주의를 끄는 사물을 사용하여 아동의 주의를 끈다. |
| 인내심을 가져라. |
| 아동에게도 전하지만 아동이 쉽게 좌절한다는 것을 기억한다. |
| 행동적 제한을 명확하게 한다. |
| 아동의 사회적 상호작용을 돕기 위하여 참을성과 인내심을 가진 친구/형제를 제공한다. |

결함을 가지고 있는 태아알코올범주장애 아동들에게는 이러한 기능들이 손상되어 있다(Jacobson & Jacobson, 2000).

부모와 교사들의 행동 보고에 따르면, 태아알코올범주장애 아동들은 교실과 사회적인 의사소통 상황에서 일반 또래 아동들과는 다른 수행을 보인다. 일반적으로 태아알코올범주장애 아동들은 수동적/이탈적인 행동 그리고 관련 없는 행동들을 현저하게 더 많이 그리고 더 오래 나타낸다. 비록 이러한 아동들도 사회적/관련된 행동들을 더 많이 나타내기는 하지만 일반 또래 아동들보다 사회적인 행동을 나타내는 비율이 더 낮고, 평균 길이도 더 짧다(Olswang, Svensson, & Astley, 2010).

임신 여성들 중 11~35%가 하나 이상의 불법 약물들을 섭취한다. 비록 그 비율이 인종, 민족, 연령, 사회경제적 지위 및 지리적 위치에 따라 다양할지라도, 불법 약물은 이러한 범주 모두에 걸쳐 만연해 있다. 유아에 미치는 영향은 약물의 양과 유형, 섭취 방법, 태아의 연령에 따라 다양하다. 코카인 환각제(crack cocaine)는 특히 파괴적으로, 다른 비코카인 약물에 의존하는 산모들에 비하여 두 배 정도의 태아 사망률을 나타내고, 유아돌발사망증후군(sudden infant death syndrome, SIDS)은 세 배가 높다. 두뇌피질에 빠르게 작용하는 흥분제인 코카인 환각제는 쉽게 태반 벽을 넘어서서 태반의 혈류와 태아의 산소 공급을 감소시키고, 태아의 혈액 화학 수준을 현저히 높이며, 태아의 신경화학적 기능을 변형시킨다.

태아알코올범주장애 유아들과 같이 코카인 환각제에 노출된 유아들은 출생 시에 저체중과 작은 머리 둘레를 나타내며, 신경과민과 불안정성을 보이고, 대부분의 시간을 자거나 울면서 보낸다. 생후 한 달까지도 의식이 명확한 상태에 도달하지 못하는 유아도 있을 수 있다. 약물에 노출된 유아는 과도 또는 과소의 근육 긴장, 빠른 호흡, 섭식의 어려움을 나타낸다. 쉽게 과도하게 자극되는 과잉민감성 유아는 사람의 얼굴을 강하게 회피하는데, 이는 사람의 얼굴이 복잡하기 때문에 인지적으로 그들에게 지나친 자극을 주기 때문일 수 있다.

예상할 수 있듯이, 정상적인 엄마-아동의 결합에서도 운동성과 사회성, 언어발달의 지체를 나타낸다. 중독된 엄마의 경우에 엄마의 입장에서 주요 관심은 약물이며, 따라서 자신의 아동에게 주의를 기울이지 못할 수 있으며 그 결과로, 유아의 수동성과 부모의 거부라는 악순환 형태가 형성될 수 있다.

약물에 노출된 아동들의 언어특성은 적은 발성, 부적절한 몸짓의 사용, 구어의 부족으로 시작된다. 이러한 아동들은 학령전기까지 낱말 인출 문제, 짧고 조직화되지 못한 문장, 부적절한 눈맞춤, 대화 차례 지키기 문제, 새로운 발화의 결여 그리고 부적절하거나 주제에서 벗어난 반응을 나타낸다(Mentis & Lundgren, 1995). 유치원 시기에 아동은 짧고 간단한 문장을 사용하고, 어휘가 제한적이며, 특히 추상어, 다중어 의미(multiple word meaning) 그리고 시공간적 용어에서 어려움을 나타낸다. 학령기에는 낱말 인출과 낱말 순서 결함 그리고 화용적으로 부적절한 언어가 주된 특성이다. 약물에 노출된 아동들은 일반적으로 학습장애 또는 ADHD로 진단된다.

**요약**

학습장애는 매우 복잡한 개념이다. 학습장애를 가진 아동들이 나타내는 외현적인 행동들은 상대적으로 쉽게 묘사할 수 있음에도 불구하고, 그 기저 처리 과정을 설명하는 것은 매우 어렵다. 간단히 설명하면 학습장애를 가진 아동들의 생물학적 또는 신경구조학적 차이와 기능적인 신경처리 과정의 차이가 그들의 집중력, 변별력 및 언어적 자극과 그 외 다른 자극들에 대한 기억력에 영향을 미치며, 그 결과 언어의 모든 측면과 전달과 수용의 모든 양상이 손상된 것일 수 있다.

저자가 여러분을 더 이상 혼란스럽게 만들기 전에, 여러분은 이 시점에서 멈추어 학습장애와 지적장애를 대조하여 약간의 노트를 하는 것이 도움이 될 것이다. 진도가 나아감에 따라, 그 목록을 더 추가할 수 있을 것이다.

## 단순언어장애

전문 간행물인 *ASHA Leader*는 단순언어장애(Specific Language Impairment, SLI)를 "신경학적, 감각적, 지적 또는 정서적 결함에 기인하지 않은 언어 … [아마도] 어휘, 문법, 담화 기술 발달에 영향을 미치고, 다음과 같은 특성들… 형태소의 습득에 특히 어려움을 보일 수 있다…"라고 설명한다(Ervin, 2001). 다른 말로 표현하면 이 언어장애 범주는 명확한 원인이 없으며, 해부학적, 신체적 또는 지적 문제에 영향을 미치거나 영향을 받지 않은 것으로 보인다. 한 전문가는 단순언어장애를 "전형적으로 언어와 어떤 연관성이 있다고 생각되지만 다른 어떤 범주에도 잘 적용되지 않는 모든 것을 이 범주에 포함하는 포괄적인 방법으로 정의된다."라고까지 말한 바 있다(Oller, 2003). 비록 SLI를 가진 아동들이 비구어 과제에서 나타내는 지적(intellectual) 수행 점수보다 유의하게 낮은 언어 수행 점수를 나타내지만, 이들은 학습장애나 지적장애에서 나타나는 지각(perceptual)이나 지적 결함을 보이지 않는다.

단순언어장애는 쉽게 동일시되는 특성이나 행동보다는 다른 장애에 포함되지 않는 배타적인 특성에 근거한다. 임상적인 진단이 어려우며, 일반적으로 다른 유발 요인의 부재에 근거한다.

비록 단순언어장애를 가진 아동들을 특징짓는 준거들이 부족할지라도, 우리는 확실한 정의적 진술을 할 수 있다. 단순언어장애를 가진 아동들의 언어문제가 지체의 결과가 아님에도 불구하고, 이들은 언어의 한 가지 측면에서 지체를 나타낼 수 있으며, 전문적인 중재 없이는 또래 아동의 수준에 도달하지 못한다. 심지어 단순언어장애를 가진 아동들이 보이는 확실한 지체조차도 정상적으로 발달하는 아동들의 어떤 발달 단계와도 유사하지 않다(Johnston, 1988b; Leonard, 1991).

단순언어장애의 일반적인 준거는 85 이상의 비구어 IQ와 낮은 구어 IQ이다. 대부분의 경우에 표현 능력이 수용보다 유의미하게 떨어진다(Kamhi, 1998). 비록 단순언어장애를 가진 아동들이 정상적인 비구어 지능을 가지고 있다 할지라도 그들은 심상(mental image) 조작, 가설 검증, 촉각이나 감촉 인식, 그리고 보존(conservation) 또는 더하거나 빼지 않으면 양은 변하지 않고 동일하다는 것 알기와 같은 다양한 비구어적 과제들에서 결함을 나타내며 이는 인지적 기능의 손상이나 지체를 시사한다

(Mainela-Arnold, Evans, & Alibali, 2006). 어린 학령기 아동들의 보존 기술은 언어 기술 및 구어적 작업기억과 밀접한 관련이 있다. 이 아동들은 우반구 기능인 시공간적 단기기억과 작업기억에선 연령에 적합한 수준을 나타낸다. 구어의 작업기억 내 청각적 정보처리 장애일 수 있으며, 이는 후에 논의할 것이다(Friel-Patti, 1999; Montgomery, 2002b).

전체 아동의 10~15% 정도가 생후 24개월까지 50개의 낱말과 두 낱말 조합 발화 수준에 도달하지 못한 '말 늦은 아동(late-bloomers)'일 수 있다. 비록 이러한 아동들의 대부분이 외관상으로는 지체를 벗어났다고 할지라도, 약 20~50%가 학령전기와 학령기까지 지속되는 언어문제를 가지고 있다(Paul, 1996). 이러한 아동들이 단순언어장애 집단의 핵심을 형성한다.

전체 유치원 아동들의 7.4%가량이 단순언어장애가 있는 것으로 추정된다. 비록 단순언어장애가 성장하면서 변화 가능한 조건일지라도 장애를 가진 유치원생의 3분의 2가 청소년기까지 여전히 언어문제를 나타낸다(Stothard, Snowling, Dishop, Chipchase, & Kaplan, 1998). 예를 들어 단순언어장애를 가진 아동은 14세에도 여전히 언어 과제에서 정상적으로 발달하는 아동보다 느린 반응을 나타낸다(Miller, Leonard, et al., 2006). 심지어 좀 더 일반적인 언어 과제에서도 음운 문제와 문해 기술 결함이 여전히 지속되었다.

일반적으로 단순언어장애를 가진 아동들은 교사와 친구들에게 더욱 부정적으로 인식된다(Segebart DeThorne & Watkins, 2001). 어린 아동들은 행동문제를 가지고 있을 수 있으나, 이러한 문제는 성장하면서 감소한다(Redmond & Rice, 2002). 초등학교에서 단순언어장애를 가진 아동들은 협동 과제에서 중요하지 않은 역할을 맡고, 거의 기여하지 못하며, 또한 언어연령을 일치시킨 일반 아동들에 비하여 상위 수준의 교섭 전략을 적게 사용한다. 초등학령기 후반 또는 중학교 시기에 이르러, 언어문제는 자신들에 대한 자긍심(self-esteem)에 상처를 가져오며, 이러한 아동들은 학문적 능력, 사회적 수용 그리고 품행에서 자신을 부정적으로 인식한다(Jerome, Fujiki, Brinton, & James, 2002).

## 언어 특성

다른 언어장애들처럼, 단순언어장애를 가진 아동들도 현저한 언어 차이를 나타낸다. 언어 결함은 주로 표현이나 수용, 또는 두 영역의 조합일 수 있으며, 언어 형식이 다른 영역들보다 더 영향을 받는 것으로 보이긴 하지만, 언어의 모든 영역들에서 결함을 나타낸다. 더욱이 장애는 개별 아동 내에서도 성장에 따라 변화한다. 단순언어장애를 가진 아동들의 언어 결함은 문자 해독과 이해에 중요한 초기 언어 능력 전반에 걸쳐 확대된다(Boudreau & Hedberg, 1999). 말(speech)에서 나타나는 오류들이 또한 쓰기에서 나타나기도 한다.

일반적으로 단순언어장애를 가진 아동들은 (1) 언어규칙의 학습, (2) 문맥에 따른 언어 사용역, (3) 어휘 성장을 위한 낱말-참조물(referent) 간의 연결 형성에서 어려움을 나타낸다. 이는 형태론적 음운론적 규칙의 학습 및 적용 그리고 어휘 발달에서 결함을 초래한다. 형태론적 학습은 언어의 다른 영역

**표 2.8** 단순언어장애 아동의 언어 특성

| | |
|---|---|
| 화용론 | 자신보다 어린 정상발달 아동처럼 행동한다.<br>메시지를 청자에게 맞추어 조절하거나 의사소통 붕괴를 수정하는 데 융통성이 적다.<br>생활연령을 일치한 또래의 정상발달 아동과 같은 화용 기능을 갖고 있으나, 그와 다르게 그리고 덜 효과적으로 표현한다.<br>대화 차례를 지키는 데 생활연령 일치 또래 집단보다 덜 효과적이다. 수용언어 결함의 영향이 가장 크다.<br>주제에 대한 부적절한 반응을 나타낸다.<br>이야기의 복잡성이 떨어지며, 정상발달의 읽기 능력 일치 집단의 또래보다 더 많은 혼동을 보인다. |
| 의미론 | 첫 낱말 산출과 이후의 어휘발달 속도가 느리며, 어린 정상발달 아동에게서 나타나는 어휘적 오류를 종종 나타낸다.<br>새로운 낱말들에 대한 빠른 이름 연결하기(fast-mapping) 능력이 떨어진다.<br>이름대기 결함은 실질적인 인출의 어려움보다는 의미적 저장이 풍부하거나 정교하지 못하기 때문일 수 있다. 장기기억 저장문제들도 가능성이 높다. |
| 통사론/형태론 | 성숙된 형태와 덜 성숙한 형태들이 공존한다.<br>정상발달과 유사한 발달 순서를 보인다.<br>어린 평균발화길이─일치 또래 집단보다 형태소, 특히 동사의 어미, 조동사, 기능어(관사, 전치사)가 적다. 문법적 기능에 관련된 학습은 정상발달 아동과 같다.<br>어린 평균발화길이─일치 또래 집단처럼 대명사 오류를 나타내는 경향이 있으나, 일정치 않은 오류를 나타내기보다는 한 가지 형태를 과잉사용하는 경향이 있다. |
| 음운론 | 어린 정상발달 아동과 유사한 음운 변동을 나타내지만, 다른 패턴을 보인다(예 : 한 낱말 또는 두 낱말 발화보다는 다양한 낱말 길이의 단위에서 발생).<br>유아기(toddlers)에 정상발달의 연령 일치 또래들에 비하여 발성이 적으며, 다양하고 성숙한 음절 구조의 산출이 적다.<br>무의미 낱말의 반복 능력이 떨어진다. |
| 이해력 | 지속기간이 짧은 단위(연결된 형태소들)에 대한 변별능력이 떨어진다.<br>문장에 대한 이해가 비효과적이다.<br>문자음소적 · 형태론적 · 의미적 또는 화용적으로 관련 없는 읽기 오류를 종종 나타낸다. |

들보다 전반적인 언어 학습과 더욱 밀접한 관련이 있다. 언어적인 의도를 성취하기 위한 효과적인 언어 형태의 사용이 불가능하기 때문에 화용론적 문제를 나타낸다. 표 2.8에 구체적인 언어문제들을 기술하였다.

단순언어장애를 가진 아동들이 문장 산출에서 나타내는 쉼(pause)이나 간투사(예 : *uh*, *well*) 삽입, 음절이나 낱말 반복과 같은 말 붕괴(speech disruptions) 현상들이 비록 문장에서 문법적인 오류가 없다고 할지라고 기저의 통사적 결함을 나타내는 신호일 수 있다. 예를 들어 단순언어장애를 가진 아동들은 동일 연령의 또래들보다 유의하게 많은 말 붕괴를 나타낸다(Finneran, Leonard, & Miller, in press; Guo, Tomblin, & Samelson, 2008). 구 경계에서의 휴지 비율이 더 높은데, 이는 단순언어장애를 가진 아동들의 어휘 및 통사론적 결함을 가리키는 것일 수 있다. 말 붕괴는 이 아동들이 낱말이나 통사적 구조를 잘 모르거나 또는 접근이 어렵다는 것을 반영하는 것일 수 있다.

형태론적 활용은 특별히 어렵다. 형태소는 말에서 강세를 거의 받지 않는 언어의 작은 단위이다.

동사 어미와 조동사는 대명사의 사용처럼 특별한 문제를 갖는다. 이 두 가지는 대명사의 선택(*he* 대 *they*)이 동사의 어미(*walks* 대 *walk*)를 결정하기 때문에 서로 관련이 깊다(Connell, 1986a).

동사 형태론은 단순언어장애를 가진 어린 아동들에게 특히 어렵다. 조동사, 부정사, 동사 어미 및 불규칙 동사는 학령전기와 학령기 아동들 모두에게 지속적인 문제를 불러일으킨다(Goffman & Leonard, 2000; Redmond & Rice, 2001). 대부분의 시제 표지가 일반 아동들의 경우에는 4세에 습득되지만, 단순언어장애를 가진 아동들은 동일한 수준의 능력에 도달하기 위해서는 3년 이상의 시간이 더 필요하다. 형태소 사용은 전부(all)이거나 전무(none)와 같은 간단한 문제가 아니다. 단순언어장애를 가진 아동들은 내일(tomorrow)과 이미(already)와 같은 시간 부사가 문장에 있을 때 규칙 과거시제 -*ed*를 덜 사용하는데, 이는 문장의 다른 요소들도 시제 표지의 사용에 어떤 역할을 한다는 것을 시사한다(Krantz & Leonard, 2007). 시제의 -*ed*와 같은 시제 표지의 상대적으로 늦은 출현은 단순언어장애의 조기 징후일 수 있다(Hadley & Short, 2005). 영어에서 나타나는 형태론적 문제들은 모국어로 스페인어와 현대 히브리어를 배우는 단순언어장애를 가진 아동들에서도 보고되었다(Bedore & Leonard, 2001). 청소년기에서도 단순언어장애를 가진 아동들은 형태론적 표지에서 어려움을 겪으며, 생활연령과 언어연령을 일치시킨 또래들과 비교하여 지속적인 지체를 나타낸다(Rice, Hoffman, & Wexler, 2009).

의미적 결함과 음운적 결함 모두가 단순언어장애를 가진 아동들의 낱말학습 결함에 영향을 미친다(Gray, 2005). 예를 들어 일반 또래들과 비교할 때 단순언어장애를 가진 아동들은 물리적 자질(색, 모양, 크기), 주제적 요소(게임에서 던지기, 치기, 잡기), 인과관계(행동을 일으킨 사람, 받은 사람 또는 사물)와 같은 사물과 행동의 의미적 양상들을 적게 인지한다(Alt, Plante, & Creusere, 2004). 비록 낱말 인출 결함은 일반적으로 아동이 이미 알고 있는 낱말에 대한 접근 결함으로 정의되지만, 단순언어장애를 가진 아동들은 그림 그리기, 정의하기, 그리고 재인 반응에서도 상대적으로 낮은 수준으로 나타나며, 이는 이 아동들의 제한적인 의미적 지식이 이들의 빈번한 이름대기 오류를 초래한다는 것을 보여준다(McGregor, Newman, Reilly, & Capone, 2002).

단순언어장애를 가진 아동들의 빈약한 기저 어휘-의미 표상은 청지각(auditory perception)이나 음운론적 작업기억의 결함만으로 완전하게 설명할 수 없다. 그보다는 **어휘 처리력**(lexical competition)이 이들의 낮은 낱말 정의하기에 유의하게 영향을 미치는 요인이다(Mainela-Arnold, Evans, & Coady, 2010).

어휘 처리력은 구어 의사소통 전반에 걸쳐서 나타난다. 우리가 낱말을 들을 때, 우리의 뇌는 들리는 첫 음운 정보에 근거하여 그 단어가 무엇인지에 대한 예측을 시작한다. 그 단어를 들음으로써 예측이 맞았는지 아닌지가 확인된다. 예측의 선택 범위는 들은 음소나 의미적 센스메이킹(sensemaking)에 근거하여 결정된다. 예를 들어 여러분이 친구와 함께 패스트푸드 레스토랑에 있고, 친구가 "I'll have a /bi/…"라고 한다면 여러분은 친구가 "Big bird"나 "bitter"가 아니라 "Big Mac"이라고 말할 것으로 예측한다. 경쟁 낱말들은 자동적으로 소멸된다. 연구에 의하면 단순언어장애를 가진 아동들은 대상이 아닌 경쟁 낱말들의 활성화를 억제하는 데 어려움을 보인다.

단순언어장애를 가진 아동들은 이름대기(naming)에서 연령을 일치시킨 일반 아동들보다 느린 수준을 나타냈지만, 어휘 수준이 동일한 아동들과는 유사한 수준을 나타냈다(Sheng & McGregor, 2010). 단순언어장애를 가진 아동들의 이름대기 오류는 이들의 미숙한 의미적 표상 능력을 제시한다. 단순언어장애를 가진 아동들은 어휘-의미 조직화에서 유의한 결함을 나타냈다(Sheng & McGrgor, 2010). 단어 연상(word association) 과제에서 연령을 일치시킨 일반 아동들과 어휘 수준을 일치시킨 일반 아동들과 비교할 때, 단순언어장애를 가진 아동들은 의미적 반응(예 : cat-pat)은 더 적게, 음운에 기초한 반응(예 : cow-now)은 더 많이 산출했으며, 더 많은 오류를 보였다.

단순언어장애를 가진 아동들과 일반 아동들의 새로운 낱말에 대한 빠른 이름 연결하기(fast-mapping)는 유사한 형태로 나타난다(Gray & Brinkley, 2011). 음소배열확률(phonotactic probability) 또는 새로운 낱말에 대한 예측력 그리고 이전 어휘 지식이 두 집단 아동들의 단어 학습에 유사한 형태로 영향을 미친다.

언어 이해와 처리는 청자가 청각적 메시지, 맥락 정보 및 저장되어 있는 세상 지식과 낱말 지식으로부터 의미를 추론하는 역동적인 과정들이다. 단순언어장애를 가진 아동들은 이런 유용한 정보들을 역동적으로 모두 사용하지 않는 것으로 보인다. 일반적으로 이 아동들은 구어나 비구어로 일련의 사건들이 제시될 때, 연속된 사건들에 대한 통합적 표상을 형성하는 데 어려움이 있다. 어휘 성장은 전형적으로 반복적인 노출을 통하여 의미를 추론한 결과로 이루어지며, 성인들의 직접적인 지시나 촉진 없이 이루어지는 과정이다. 따라서 제한적인 역동적 정보처리 전략을 사용하는 단순언어장애를 가진 아동들에게는 어휘 성장이 매우 어려울 것이다.

놀라울 것도 없이, 단순언어장애를 가진 아동들은 구어 내러티브에서 연령을 일치시킨 일반 또래들보다 덜 정교한 표현을 나타내고, 자신들보다 어린 아동들과 유사한 내러티브 수준을 보였다 (Ukrainetz & Gillam, 2009). 6세의 일반 아동들과 8세의 단순언어장애를 가진 아동들은 이야기에서 선 요약(preceding abstract), 등장인물에 대한 묘사와 같은 오리엔테이션 및 평가와 같은 이야기 부속 장치들(appendages)을 더 적게 나타냈다. 단순언어장애를 가진 아동들과 어린 일반 아동들은 등장인물의 이름과 같은 기본적인 내러티브 요소들에서도 낮은 수행을 보였다.

단순언어장애를 가진 학령전기 아동들은 방해 입력 자극에 저항하고 또한 억제하는 능력에서 낮은 수준을 나타낸다. 대화를 할 때는 많은 것들이 동시에 발생하며 따라서 언어에 초점을 맞추기 위해서는 이 두 능력이 필요하다.

정신연령을 일치시킨 일반 또래 집단과 비교할 때, 단순언어장애를 가진 아동들의 대화 행동은 질적 및 양적인 차이를 모두 나타낸다. 상호작용 개시의 어려움과 부적절한 반응과 같은 질적인 차이들로 인하여 다른 아동들에 의한 대화 중단이 증가되며 또한 다른 양적인 차이들이 발생한다. 단순언어장애를 가진 아동은 반복적인 실패를 경험함으로써 시간이 지남에 따라 다른 아동들과의 상호작용을 덜 하는 경향을 보인다. 그 결과로 단순언어장애를 가진 아동들은 학급에서 다른 아동들에게 종종 무시를 당하며, 상호작용의 경험이 감소된다. 따라서 단순언어장애를 가진 아동들은 연령을 일치시킨 학급 또래들과 비교할 때, 낮은 사회적 기술과 적은 또래 관계를 나타내며, 친구들과의 관계에 대해서 낮은 만족도를 나타낸다. 간단히 말해서 단순언어장애를 가진 아동들은 연령을 일치시킨 일반 또래들에 비하여 감정의 영향을 인식하고 그것을 표현하는 능력에 결함을 가지고 있다(Brinton, Spackman, Fujiki, & Ricks, 2007).

일반 학령기 아동들과 비교할 때, 단순언어장애를 가진 학령기 아동들은 특히 표현언어의 결함을 가진 경우에 놀이를 위한 상호작용을 개시하는 데 어려움이 있으며, 개인적인 놀이와 구경하는 행동을 더 많이 보인다(Liiva & Cleave, 2005). 단순언어장애를 가진 아동들의 교사들은 이 아동들이 과묵성(reticence)과 '고립적-수동적 위축'을 보인다고 평가한다(Hart, Fujiki, Brinton, & Hart, 2004). 과묵성은 다른 아동들을 바라보지만 반응하지 않고, 기회가 많이 있을 때에도 아무것도 하지 않으며, 다른 아동들에게 접근하는 것을 두려워하는 특성을 의미한다. '고립적-수동적 위축'을 보이는 아동들은 고독을 즐기는 것처럼 보인다. 비록 그들이 장난감을 가지고 놀거나, 조립 활동에 참여하고 있을지라도 그들은 혼자서 한다. 과묵성과 극도의 고립(aloneness)이 중고등학교 시기에 다른 학생들에게 거부를 당하는 원인이 될 수 있다(Rubin, Burgess, & Coplan, 2002). 낮은 사회적 기술을 나타내는 단순언어장애를 가진 아동들은 일반 또래에 비하여 세 배 정도 많은 괴롭힘을 당한다(Conti-Ramsden & Botting, 2004). 간단히 말하면, 낮은 화용 기술은 사회 적응력을 떨어뜨리는 원인이 된다. 그 결과, 단순언어장애를 가진 아동들은 중고등학년이 되면, 학문적 능력, 사회적 수용 및 수용적 행동을 선택하는 품행에서 스스로를 부정적으로 인식한다(Jerome et al., 2002). 예를 들어 단순언어장애를 가진 청소년들은 휴대폰으로 전화나 문자를 사용하기는 하지만, 일반 또래들에 비하여 문자 메시지를 적게 주고받는다(Conti-Ramsden, Durkin, & Simkin, 2010). 이러한 사실은 사회적 결함들이 그러한 사용을 제한시키며, 차례로 그로 인하여 사회적 관계망을 발달시키고 또래 관계를 조직할 수 있는 기회들이 발탁된다는 것을 시사한다.

일반 청소년들이나 단순언어장애를 가진 10대 모두가 청소년기에 자립적인 기능을 하기 위해서는 언어와 문해 능력이 차지하는 비중은 점점 증가한다. 그 결과로, 단순언어장애를 가진 청소년들은 일반 또래에 비하여 자립성이 떨어진다. 낮은 자립성은 조기의 낮은 언어 수준과 이후의 문해 기술과 관련이 있다(Conti-Ramsden, Durkin, 2008). 비록 단순언어장애를 가진 청소년들이 사회적으로 상호작용하고자 하는 바람을 표현하지만, 단순언어장애를 가진 청소년들은 나이가 많을수록 전반적인 자존감이 더 낮고 소심함을 겪는 위태로운 상태에 있다(Wadman, Durkin, & Conti-Ramsden, 2008). 단순언어장애를 가진 아동들이 청소년기에서 성인기로 전환할 때, 부모들은 자녀의 자립 수준, 또래 관계의 질, 사회적 행동 그리고 행동 문제에 관해 염려를 나타낸다(Conti-Ramsden, Botting, & Durkin,

2008).

## 가능한 유발 요인

단순언어장애의 유발 요인은 결정하기가 어렵고 장애를 가진 아동들만큼이나 다양하다. 집단의 이러한 다양성을 고려하면, 지금까지 확인된 가능한 유발 요인이 대여섯 가지라는 것은 놀라운 일이 아니다.

**생물학적 요인.** 단순언어장애를 가진 아동의 언어와 학습 문제는 신경학적 장애를 시사한다(Aram & Eisele, 1994). 가능한 신경학적 요인에는 언어 기능들이 대부분의 사람들과 다른 영역들에 위치해 있는 두뇌의 불균형과 신경 회로의 발달 과정으로 자극의 전이를 좀 더 빠르게 해주는 미엘린화(myelination)의 지체가 있다. 단순언어장애를 가진 아동은 시공간적 양식의 분석에는 숙련된 능력을 보이며, 이는 이 아동들이 두뇌의 우반구에 더 많은 의존을 하고 있는 증거로 생각된다. 적어도 선형적 또는 연속적인 정보처리인 언어의 처리는 측두엽에서 집중적으로 담당한다.

MRI(magnetic resonance imaging) 결과, 단순언어장애를 가진 아동은 일반 아동과 다른 두뇌 활성화와 협응 형태를 보였으며, 이는 기능적으로 비효율적인 형태에 의존한다는 것을 반영한다(Ellis Weismer, Plante, Jones, & Tomblin, 2005). 그림 2.2에 이를 나타냈다. 도식에서 화살표의 크기는 두뇌 영역 간의 협응의 양을 나타낸다. 차이에 주목하라. 또한 단순언어장애를 가진 아동은 의사소통 처리 과정에 중요한 두뇌 영역에서 낮은 활성화를 나타낸다(Hugdahl et al. 2004).

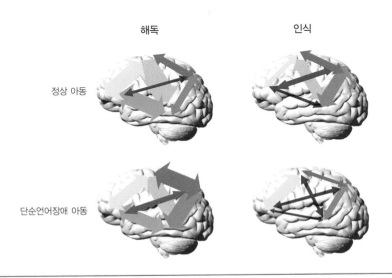

**그림 2.2** 정상 아동과 단순언어장애 아동의 신경학적 처리 과정
화살표의 크기는 상호 관련 크기를 반영
출처 : Ellis Weismer, Planate, Jones, & Tomblin(2005)

최근의 연구들은 많은 단순언어장애를 가진 아동들이 절차 기억(procedural memory)을 담당하는 신경 회로(neural circuitry)에 결함이 있다고 제안하고 있다(Ullman & Pierpoint, 2005). 절차 기억은 언어처럼 연속적인 인지 정보의 학습과 집행에 관련이 있다. 이러한 결함은 언어 표현에만 제한된 것이 아니라 이해력까지 영향을 미친다(Tomblinm ainela-Arnold & Zhang 2007).

단순언어장애를 가진 아동 중에는 남아의 수가 월등히 많다. 또한 형제나 부모가 단순언어장애가 있는 경우 아동이 단순언어장애를 가질 가능성이 증가한다(Whitehouse, 2010).

강한 가족력은 또한 생물학적 원인을 반영한다(Choudhury & Benasich, 2003). 단순언어장애를 가진 아동의 60%가 가족력을 나타내며, 38%가 부모의 영향이다. 표현언어에 문제가 있는 단순언어장애를 가진 아동의 경우에는 특히 강한 관련성을 나타낸다(Lahey & Edwards, 1995). 단순언어장애 가족력이 있는 가족에서 학습장애가 발생하는 경우에는 종종 읽기장애가 동반된다(Flax et al., 2003). 생물학적 요인의 또 다른 증거는 조기 출산에서 찾아볼 수 있다. 임신 32주 이전에 태어난 왜소한 유아들은 단순언어장애의 위험성이 상당히 높다.

**사회-환경적 요인.** 비록 지금까지 아무로 환경적 요인을 제안하지는 않았지만, 단순언어장애를 가진 아동과 부모 간의 상호작용 형태는 일반 아동과 부모 간의 형태와 다른 점이 있다. 단순언어장애를 가진 아동의 부모들이 문장을 수정하여 들려주는 빈도에 대한 연구 결과들은 차이를 보이고 있다. 확장(expansion)과 같은 문장재구성(recast)은 아동이 산출한 원래 발화의 초점은 유지하면서 성인이 추가나 변형을 가하여 다시 들려주는 것으로써, 언어를 가르치는 데 효과적인 방법이다. 예를 들어 성인은 'Puppy bite'를 'Yes, some puppies bite'로 확장하거나 또는 'NO, that puppy won't bite'와 같이 문장을 재구성할 수 있다.

단순언어장애를 가진 아동의 부모들은 아동의 발화를 재구성하여 들려줄 때 일반 아동의 부모들이 주로 동사구를 재구성해주는 것과는 대조적으로 대부분 명사구를 재구성해준다. 단순언어장애를 가진 아동들은 특히 동사구에서 어려움을 갖기 때문에 이러한 방법은 적절하지 않다.

**정보처리 요인.** 단순언어장애를 가진 아동들이 비록 정상적인 비구어 지능을 나타내지만, 이들은 표준화된 지능척도에서는 측정되지 않는 인지적 결함을 보인다. 앞서 기술한 바와 같이, 이들은 맥락 정보와 저장된 지식을 사용하는 적극적인 정보처리 전략을 사용하지 않는 것처럼 보인다. 단순언어장애를 가진 아동들의 정보처리 문제는 진행적 정보, 기억 그리고 문제해결에서 발생한다. 또한 단순언어장애를 가진 아동들은 연령을 일치한 일반 아동들에 비하여 표현과 수용 과제 모두에서 언어 및 비언어적 정보처리가 느리다.

이러한 특성은 반응의 정확성과 속도 간의 균형에 필요한 인지적 처리 용량이 제한적이라는 것을 시사한다(Ellis Weismer & Evans, 2002). 빠른 대화 주고받기에서 이러한 균형의 결함은 음운적 정보의 처리와 저장의 저하, 비효율적인 빠른 연결하기(fast-mapping)와 새로운 낱말의 학습, 느린 낱말 재인 그리고 비효과적인 문장 이해를 가져온다(Ellis Weismer, Tomblin, et al., 2000; C. A. Miller, Kail, Leonard, & Tomblin, 2001; Montgomery 2001).

-ed와 복수 -s와 같은 문법 표지들에 대한 특별한 결함은 말에서 나타나는 이러한 형태소들의 간략함이 주요 원인일 수 있다. 단순언어장애를 가진 아동들은 소리의 음조와 길이에 대한 민감성에서 연령을 일치한 일반 아동들보다 현저하게 떨어진다(Corriveau, Posquine, & Goswami, 2007). 또한 이 아동들은 비단어나 무의미 낱말들의 반복에서 어려움을 보인다. 이러한 특성들은 말이 처리되는 동안에 정보가 유지되는 곳인 음운적 작업기억에 기저의 언어처리 결함이 있기 때문일 수 있다. 더 구체적으로, 이러한 결함들은 무의미 낱말들의 음운적 구조를 분석하면서 산출을 위해 그것을 부호화해야 하는 동시적인 처리에서의 결함일 수 있다(Marton & Schwartz, 2002).

비록 단순언어장애를 정상범주의 청력과 비구어 IQ 그리고 발달적 결함이 없음에도 불구하고 언어에 현저한 결함을 나타낸다고 정의하지만, 전체 단순언어장애를 가진 아동들은 아니더라도 이들 중 많은 아동들은 작업기억에서 심각한 결함을 보인다(Archibald & Joanisse, 2009). 단순언어장애를 가진 아동들은 언어적 결함과 작업기억의 한계에서 일반 아동들과 다르다.

아마도 여러분들이 언어발달 수업에서 배웠겠지만, 기억의 몇몇 측면은 언어의 학습과 사용에 중요하며, 여기엔 다음의 것들이 포함된다(Hood & Rankin, 2005).

- 단기기억(short-term memory : STM)
- 장기기억(long-term memory : LTM, 의미와 일화 기억 포함)
- 작업기억(working memory : WM)

단기기억은 쇼핑 목록에 있는 항목들이나 최근에 들었던 전화번호를 즉각적으로 회상하거나 또는 주어진 지시사항들의 단계를 밟아가는 것과 같은 정보의 일시적인 저장을 담당한다(Alloway, Gathercole, Kirkwood,& Elliott, 2009; Minear & Shah, 2006). 작업기억은 인지적 처리가 진행되는 동안에 제한된 정보를 일시적으로 접근할 수 있는 상태로 유지하는 능동적인 처리 과정이다(Cowan Nugent, Elliott, Ponomarev, Saults, 2005). 작업기억 속 정보는 정신적인 작업이 완료되는 동안에 능동적 그리고/또는 접근 가능한 상태로 일시적으로 유지된다.

작업기억을 세 개의 상호작용적 기제들로 구성된 다차원적 시스템으로 생각하라(Bayliss, Jarrold, Baddeley, Gunn, & Leigh, 2005; Gavans & Barrouillet, 2004).

- 작업기억 내에 다른 활동들을 통합하고 조절하는 역할을 담당하는 중앙집행기. 특히 작업기억의 변화하는 내용을 업데이트하고, 주의를 유지하고, 관련 없는 자극들을 통제하고 차단하는 데 필요한 정신적 에너지의 배분 담당(Lehto, Juujarvi, Kooistra, & Pulkkinen,

2003).

- 구어 요소의 일시적 보존에 참여하는 저장 장치. 다음 두 하위 요소를 포함
  - 묵음(silent)의 되뇌기(rehearsal) 과정을 통하여 음운 정보가 기억에 유지되는 조음 되뇌기 처리 과정
  - 음운적 표상의 일시적 저장과 처리를 담당하는 단기 음운 저장고 또는 음운적 단기기억(phonological short-term memory, PSTM), 정보를 유지하기 위한 내적(covert) 노력이 시행되지 않으면 빠르게 소멸
- 시공간적 입력의 일시적 유지를 담당하는 저장 장치

또한 네 번째로, 연결 발화의 대용량 청크(chunk)의 처리와 유지에 중요한 기제로 입력자극을 일관된 표상으로 통합하는 일화 버퍼(episodic buffer)가 있을 수 있다(Baddeley, 2000, 2003). 그림 2. 3은 작업기억의 다이어그램이다.

특히 정보의 저장이나 처리를 요구하는 과제들은 과제의 다른 측면에 사용할 수 있는 자원이 거의 없다. 중앙집행기의 주의력 자원 배분 기제는 과제를 완료하기 위해 필요한 정신적 에너지의 양과 개인이 저장과 처리의 동시적 요구 사이에서 필요한 자원을 배분하는 융통성을 담당한다(Montgomery, Pulunenki, & Marinellie, 2009).

개인들의 자원 용량의 수준은 다양하다. 자원의 한계는 주어진 시간에 사용가능한 효율과 인지적 능력의 양을 결정한다. 과제가 해당 기제에서 사용가능한 자원보다 더 많은 양을 요구할 때 결함이 발생한다.

음운 STM(Phonological SMT, PSTM)은 소리와 의미의 연결을 담당하는 낱말 학습의 중요한 장치이다(Gathercole, 2006). 형태론과 통사적 학습에서 PSTM은 아동이 입력 자극의 분포 속성이나 규칙성을 확인하도록 돕는 분석적 처리를 위한 매개나 조절 기제의 역할을 수행한다.

작업기억은 또한 읽기, 쓰기 및 수학과 같은 다양한 언어기반의 문해 영역들 전반에서 복잡한 학문

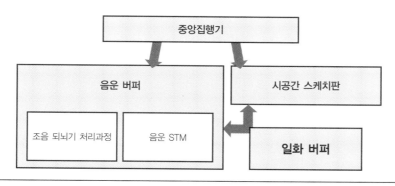

**그림 2.3** 작업기억 다이어그램 도식

적 기술과 지식의 습득에 필수적이다(Bull & Scerif, 2001; Cain Oakhill, & Bryant, 2004; Seigneuric, Ehrlich, Oakhill, & Yuill, 2000). 단순언어장애를 가진 아동들처럼 작업기억의 결함을 가진 아동들은 학습 결함을 나타낸다(Swanson & Beebe-Frankenberger, 2004).

불행히도 단순언어장애의 작업기억과 언어 결함 사이의 관계에 대한 자료들은 드물다. 최근의 관련 연구에 대한 심층적 논의를 위하여 이 주제에 대하여 많은 연구를 실시한 Nontgomery, Magimairaj 와 Finney(2010) 그리고 Boudreau와 Costanza-Smith(2011)의 두 논문을 읽기를 추천한다.

연령을 일치시킨 또래들에 비하여, 단순언어장애를 가진 아동들은 작업기억 기제와 처리 속도에서 몇 가지 유의하게 다른 한계를 보인다. 첫째, 단순언어장애를 가진 아동들은 PSTM의 용량에서 제한을 나타낸다. 일반 발달의 또래들에 비하여 발달적으로 뒤떨어지는 것에 더하여, 단순언어장애를 가진 아동들의 PSTM 용량은 약 11세까지 일반 아동들보다 3~4세 이하의 수준을 보였다(Conti-Ramsden & Durkin 2007; Gathercole, Lamont, & Alloway, 2004). 간단한 문장의 이해조차도 단순언어장애를 가진 아동들은 일반 또래들보다 유의하게 더 많은 PSTM 자원을 필요로 한다(Montgomery & Evans, 2009). 일반적으로 학습장애를 가진 아동들과 단순언어장애를 가진 아동들은 일반 또래들보다 특히 PSTM 과제에서 더 어려움을 나타내며, 특히 비단어 재인 과제(non-word recognition, NWR)에서 낮은 수준을 보인다(Ellis Weismer et al., 2009; Leonard et al., 2007). 쌍둥이 연구들은 PSTM 결함의 높은 유전성을 제안한다(Bishop, North, & Donlan, 1995).

둘째, 많은 단순언어장애를 가진 아동들은 일반 또래들에 비해 낮은 주의력을 보이는데, 특히 과제의 복잡성이 증가할수록 주어진 과제의 수행에 필요한 정신 에너지의 한계를 나타낸다(Alloway & Archibad, 2008; Archibad & Gathercole, 2006C, 2007; Mainela-Arnold & Evans, 2005; Montgomery, 2000a; Windsor, Kohnert, Loxtercamp, & Kan, 2008).

몇몇 연구들에 따르면, 단순언어장애를 가진 아동들이 적은 주의력 용량과 낮은 억제 통제(inhibitory control) 능력을 보이지만, 자원 배분의 수준은 낮지 않은 것으로 보인다. 억제는 작업기억으로 들어가는 관련 없는 자극들을 차단하거나 주의에 집중토록 한다. 자원 배분은 두 개의 다른 과제나 한 과제의 두 개의 서로 다른 수준에 주의를 집중하도록 하는 능력이다. 반대로, 다른 연구자들은 자원 배분 능력의 결함이 이 아동들이 나타내는 복문 이해력 결함의 주요 원인이라고 지적한다. 단순언어장애를 가진 아동들에게는 복합적인 문법과 간단한 문법의 이해 모두 정신적으로 벅찬 활동이다(Montgomery & Evans, 2009).

집행 기능 억제 통제에서의 처리 용량의 한계와 결함은 왜 단순언어장애를 가진 아동들이 작업기억의 저장과 처리 요소들이 포함된 과제에서 지속적으로 일반 또래들에 비하여 낮은 수준을 나타내는지를 설명해준다(Brocki, Randall, Bohlin, & Kerns, 2008; Isaki Spaulding, & Plante, 2008; Marton Kelmenson, & Pinkhasova, 2007; Riccio, Cash, & Cohen, 2007).

셋째, 단순언어장애를 가진 아동들은 작업기억의 내용 업데이트에 결함을 가지고 있다. 업데이트는 과제의 기존 수준에 집중을 유지하면서 새로운 내용을 더하는 것이다.

　넷째, 많은 단순언어장애를 가진 아동들은 방해물들 사이에서 목표를 확인하기 위해 필요한 시간 동안 주의를 유지하는 능력에 문제를 나타내며, 주의를 해야 하는 양이 증가할 때 특히 청각적 양상(auditory modality)에 대한 주의력 유지에 결함을 보인다(Finneran, Fancis, & Leonard, 2009; Montgomery, 2008; Montgomery, Evans, & Gillams, 2009; Spaulding, Plante, &Vance, 2008). 행동 과제에서 fMRI를 이용한 결과, 우리는 단순언어장애를 가진 청소년들이 나타내는 다음과 같은 특성을 입증할 수 있었다(Ellis Weismer et al. 2005).

- 기억, 언어 해독과 인출뿐만 아니라 주의력 통제와 관련된 뇌 영역 활성화의 저하
- 뇌 영역들 간의 협응 활성화 패턴에서의 차이

이러한 자료들은 단순언어장애를 가진 아동들의 생리학적 차이에 대한 주장을 지지한다.

　주의력 유지 문제는 청각적 정보에만 제한된 것은 아닐 수 있다. 예를 들어 단순언어장애를 가진 아동들은 시각적 주의력 유지 과제에서 시각적 자극에 대한 반응 속도는 일반 또래들과 유의한 차이가 없으나, 반응의 정확성에서는 유의하게 낮은 수준을 나타냈다(Finneran et al., 2009). 비록 이러한 자료들은 단순언어장애를 가진 아동들이 주의력에 결함이 있다는 것을 지지하기도 하지만, 또한 자극 양상에 따른 분리된 주의력이 존재할 수 있다는 것을 제안한다.

　마지막으로 처리 속도는 주어진 단위의 시간 내에 완료할 수 있는 인지적 작업의 양을 말한다. 만약 정보가 충분한 속도로 처리되지 않으면 소멸되거나 간섭받기 쉽다. 많은 단순언어장애를 가진 아동들이 일반 또래들보다 처리 속도가 느리지만, 7세에서 11세 사이에 언어적 및 비언어적 처리 모두에서 약간의 발달적 향상을 나타낸다(Montgomery, 2005).

　결론적으로, 연령을 일치한 또래들에 비하여 단순언어장애를 가진 아동들이 작업기억 용량의 한계를 보이는 이유는 주의력 집행 기제와 구어-특정적인 저장의 결함 및 느린 일반 처리 속도의 결합이라고 할 수 있다(Archibald & Gathercole, 2007). 처리 용량의 이러한 한계점들은 이해와 산출 모두와 관련이 있으며, 입력이든 산출이든 처리되어야 하는 정보의 양과 처리시간의 한계를 야기한다(Hoffman & Gillam, 2004; Loenard, Ellis Weismer, et al., 2007; Montgomery, 2000a).

　비록 어떤 전문가들은 수용성 단순언어장애와 표현성 단순언어장애의 구분에 의구심을 갖지만, 다른 전문가들은 언어 결함이 주로 수용에 있는 아동들과 표현에 있는 아동들 사이에 단기기억(STM)의 차이를 보고하고 있다. 간단히 말하면 수용성 단순언어장애를 가진 아동들은 시각과 구어 정보 모두에서 STM의 결함을 보이지만, 반면에 표현에만 주된 문제를 보이는 아동들은 주로 구어적 정보에서만 STM의 결함을 나타낸다(Nickisch & von Kries, 2009).

　단순언어장애를 가진 아동들의 작업기억과 처리 속도의 결함은 우리가 살펴본 바와 같이 언어 학습과 기능에 부정적인 영향을 미칠 수 있다. 낱말, 문법 형태 및 통사적 구조의 부분적 처리가 이에 해

당될 수 있다. 입력 정보 처리 능력의 결함은 아동들이 규칙을 습득하기까지 더 많이 언어에 노출되어야 한다는 것을 의미한다. 저장, 접근, 인출, 그리고 저장된 표상들 간의 협응에 대한 아동의 효율성은 대화의 주고받기 과정에서 확실하게 검증될 수 있다. 작업기억의 관점에서 단순언어장애를 가진 아동들의 언어 결함들을 살펴보기로 하자.

일반적으로 단순언어장애를 가진 아동들은 동일 연령의 일반 또래들보다 더 느린 어휘 성장과 더 작은 어휘사전이나 개인 사전을 나타낸다. 그러나 단순언어장애를 가진 어떤 아동들은 그러한 영역의 발달에서 상대적인 강점이 있다는 것을 명심해야 한다. PSTM을 포함해서 작업기억 결함들의 조합이 이러한 아동들에게 어휘 결함의 위험을 초래할 수 있다(Gathercole, 2006).

형태론적 학습은 다음의 것들을 포함한다.

- 굴절어(*boys*)의 지각과 굴절되지 않은 요소(*boy*) 간의 비교
- 형태론적 표지의 문법적 기능 가정
- 형태론적 패러다임 또는 모형에서 표지의 배치

더욱이 이러한 조작들은 반드시 적시에 정확한 형태론적인 분석을 완수해야 하기 때문에 처리의 속도가 강조된다. 이러한 학습 처리는 아동이 반드시 새로운 굴절된 낱말을 저장할 수 있어야 하고, 굴절되지 않은 형태를 장기기억으로부터 인출할 수 있어야 하고, 동시에 기억에서 형태론적 표지가 사라지기 전에 형태론적 비교 분석을 수행할 수 있어야 하기 때문에 작업기억에 의존한다. 새롭게 학습된 문법 형태소들의 산출은 단순언어장애를 가진 아동들의 작업기억과 처리 속도에 부담을 줄 수 있다. 적시에 발화를 형성하고 산출하는 동시에 새롭게 학습된 형태론적 굴절에 접근하고 또한 낱말에 그것을 덧붙여야 하는 요구는 단순언어장애를 가진 아동들의 전반적인 처리 용량을 초과할 수 있다. 정보처리의 결함은 단순언어장애를 가진 많은 아동들이 불완전하거나 부정확한 형태론적 표상을 구성할 위험이 있다는 것을 시사한다.

일반적으로 단순언어장애를 가진 아동들은 또한 동일 연령의 일반 또래들보다 낮은 문장 이해력을 보인다. 이해는 작업기억과 처리 속도의 일반적인 인지적 처리 과정의 한계를 잘 나타낸다고 볼 수 있다(Bishop, 2006; Montogomery & Evans 2009). 수행수준은 측정한 문장의 유형에 따라 다양하다. 예를 들어 SVO 단문 형태의 즉각적인 처리는 단순언어장애를 가진 아동들조차도 많은 작업기억을 필요로 하지 않는다(Montgomery, 2000a). 좀 더 복잡한 문장들은 작업기억에서 추가적인 처리 요구가 발생한다. 그러나 이를 단순언어장애를 가진 아동들에게 이러한 처리가 자동적이라는 것을 의미하는 것으로 해석해서는 안 된다. 왜냐하면 단순언어장애를 가진 아동들은 이러한 처리에서 동일 연령의 일반 또래들보다 유의하게 많은 정신적 노력이 요구되기 때문이다(Montogomery, Evans, & Gillam, 2009). 단순언어장애를 가진 아동들은 (1) 더 낮은 지속적 주의력, (2) 더 낮은 문장 처리와 목표 낱말에 대한 낱말재인 반응 시간, (3) 더 낮은 문장 이해력을 보인다. 이는 주의력과 이해력 간의 상관

(correlation)을 제시한다.

우리가 생각하는 바처럼, 단순언어장애와 작업기억의 결함을 가진 아동들은 학습 문제를 나타내는 경향이 있다. 작업기억의 결함은 작업기억 요구가 큰 과제들의 결과에 영향을 미치는 과거 지식, 과제의 본질 및 아동이 사용하는 전략과 같은 다른 요소들에도 영향을 미친다(Minear & Shah, 2006).

여러분이 작업기억에 결함을 가지고 있으며, 의사소통이 빠른 속도로 진행되고 있다고 상상해보라. 입력 정보가 증가하면서 당신은 쉽게 제압되고, 전체 처리 과정의 속도는 느려질 것이다. 기억력의 한계 때문에 더 많은 정보가 들어올수록 이를 유지하기가 더 어려워지며, 처리 속도는 더욱 늦어진다. 더 많은 정보가 들어옴에 따라 당신은 정보를 잃기 시작한다. 부분적으로 처리된 옛 정보와 새로운 정보를 연결하는 것이 점점 더 어려워진다. 아마도 당신이 다른 언어로 의사소통을 하려고 시도했을 땐 이러한 상황을 경험했을 것이다. 이제 여러분은 단순언어장애를 가진 아동들이 언어를 처리하는 한 측면을 어느 정도 이해했을 것이다.

## 요약

언어장애의 독립된 하나의 범주로서 단순언어장애에 관한 많은 논의를 하였다. 단순언어장애는 뚜렷한 장애 범주가 아니라 단지 유전적 그리고/또는 환경적 요인들로 인하여 언어 능력에 제한을 가진 아동들로 제안되어 왔다.

1,000명이 넘는 학령전기 아동을 대상으로 한 최근의 한 연구는 단순언어장애의 개념에 질적으로 명확하게 일치하는 집단을 찾는 데 실패했다(Dollaghan, 2004). 어떤 교육자들은 특히 임상적 도구들이 단순언어장애를 쉽고 정확하게 진단하는 것이 불가능하기 때문에, 단순언어장애가 유용한 개념이 아닐 수 있다고 주장한 바 있다(Aram, Morris, & Hall, 1993).

지금까지의 최선의 진단 기법들은 수 세기나 연속적인 숫자의 회상, 무의미한 낱말 반복, 규칙의 귀납적 유추(LDB 아동을 위한 역동적 평가에 대한 제5장 설명 참조), 이야기 회상 산출, 문법 완성하

**표 2.9**  단순언어장애 아동의 기억과 인식 중재

| | |
|---|---|
| 글자와 사물의 이름 말하기 | 새 낱말이나 무의미한 낱말(재미있는)을 반복 |
| 구어 회상 | 운율(rhyming) 게임 |
| 기억 보조로서 멜로디 사용 | 특정 음소들로 시작하는 낱말 회상 |
| 이야기와 자장가 듣기 | 점진적인 단서들에 근거한 추론하기 게임 |
| 자장가 반복 | 구어로 연습 |
| 그림을 행동으로 실연 | 낱말과 사물들을 범주화 |
| 은율을 행동으로 실연 | |
| 회상을 돕기 위한 몸짓 사용 | |

기, 특히 동사 표지들, 발화 표본에서 다른 낱말들의 수 그리고 듣기나 읽기를 하는 동안 기억 및 해석하기이다(Fazio, Naremore, & Connell, 1996; Montgomery, 1995; Rice & Wexler, 1996; Watkins, Kelly, Harbors, & Hollis, 1995). 중재를 위한 기억과 인지 과제들은 표 2.9에 나타냈다.

## 전반적발달장애/자폐범주성장애

미국정신의학협회(American Psychiatric Association)의 *DSM-IV*(Diagnostic and Statistical Manual on Mental Disorders)(2000)는 자폐의 연결선상에서 전반적발달장애(Pervasive Developmental Disorder, PDD)를 정의하였다. 자폐범주성장애(Autism Spectrum Disorder, ASD)는 장애의 정도가 극히 심각한 경우이며, 반면에 좀 더 양호한 상태의 장애를 비전형성 전반적발달장애(PDD-not otherwise specified, PDD-NOS)라고 진단한다(Bauer, 1995a, 1995b). 실제 현장에선 장애가 매우 심각할 때 ASD로 진단하며, 양호한 상태인 경우에는 단순 전반적발달장애나 다른 장애로 진단한다. 어떤 전반적발달장애 아동들은 아스퍼거 증후군(Asperger's Syndrome, AS)으로 진단되거나 학습장애나 ADHD로 잘못 진단될 수 있다. 어떤 전반적발달장애를 가진 아동들은 과잉문자집착증(hyperlexic)으로 분류될 수도 있으며, 어떤 아동들은 학습장애와 좀 더 유사한 특성을 보이는 반면에 또 다른 아동들은 ASD의 특성을 나타낼 수도 있다. 진단명은 임의로 정의한 것이 아니라, 아동이 나타내는 특성에 근거한 것이다. 이러한 모든 진단명 때문에 당황할 필요는 없다. 다음에 각각의 차이점에 대하여 논의할 것이다.

미국정신의학협회(2002)는 ASD를 행동, 관심 및 활동의 레퍼토리에 심각한 결함을 가진 사회적 상호작용 장애로 정의한다. *DSM-IV*에 기술된 ASD의 특성을 나타내는 행동들은 다음과 같다.

- 사회성 관련
  - 무발화
  - 또래 관계 형성 발달 실패
  - 공유 욕구 결여
  - 사회/정서적 상호작용 결여
- 의사소통
  - 말의 지체/결여
  - 대화 능력 결함
  - 정형화된(stereotyped)/반복적인(repetitive)/특이한(idiosyncratic) 언어
  - 가상/상상 놀이 결여
- 제한된/반복적인/정형화된 형태
  - 정형화된/제한적인 형태의 관심
  - 비기능적인 루틴(routine)이나 의례적 행동

    – 정형화되거나 반복적인 움직임

    – 사물의 부분에 집착

ASD를 가진 모든 아동들이 이러한 특성을 모두 나타내지는 않는다. 특히 ASD가 있으나 기능이 높은 아동들이 나타내는 몇몇 특성은 ADHD나 불안장애와 같은 다른 장애들과 중복된다. 다른 장애들과 ASD를 가장 잘 변별해주면서 ASD로 특정할 수 있는 특성은 다음과 같다(Hartley & Sikora, 2009).

- 또래 관계 형성 발달 실패
- 사회/정서적 상호작용 결여
- 비기능적인 루틴이나 의례적 행동
- 무발화
- 정형화되거나 반복적인 움직임

ASD는 여성보다 남성이 네 배 정도 더 많으며, 아동 500명당 1명 정도로 발생한다.

    ASD는 이전에 알고 있던 것보다 훨씬 더 흔하며 발생 수치가 급격하게 증가했는데, 이는 진단(diagnosis)의 발달 때문으로 보인다. 국가적 조사 이후, '미국질병통제및예방센터(U.S. Centers for Disease Control and Prevention, CDC)'는 2012년에 다음과 같이 발표하였다.

- ASD의 발생률은 아동 88중 1명이었으며,
- 남아가 다섯 배 정도 더 많았고,
- ASD를 가진 대부분 아동들의 IQ는 70 이상(지적장애의 경계선 이상)이었다.

ASD가 있는 아동들의 약 25%는 지적장애를 나타낸다(Chakrabarti & Fombonne, 2001; Fombonne, 2003b).

    우리는 PDD의 몇몇 하위 유형들을 ASD 범주에 포함했다는 발표를 고려할 때, 이를 '소금통 속에 너무 많은 곡식 알갱이들이 든 것(역주: 너무 많은 양을 포함했다는 의미의 관용어)'으로 받아들여야만 한다. ASD가 출생아 중 150명당 1명으로 생각하는 것이 더 안전한 입장일 것이다. 발생률은 지난 15년 사이에 약 500%의 증가를 나타낸다(U.S. Government Accountability Office, 2005). CDC는 이러한 증가를 진단의 발달에 의한 것으로 본다.

    일반적으로 ASD의 진단 연령은 중증도(severity)와 발달지체 정도, 특히 의사소통과 사회적 상호작용의 결함에 따라 다양하다. 증상이 심각할수록 언어와 전반적인 발달 수준이 떨어진다(Pry, Petersen, & Baghdadli, 2005). 생후 18개월 이전에 장애로 진단받는 경우가 드물다 할지라도, ASD를 가진 유아는 무기력하고, 혼자 있는 것을 좋아하고, 요구를 거의 하지 않거나 또는 수면문제, 소리 지르기, 울음과 같은 문제를 나타내는 신경과민을 보이는 것으로 알려져 있다(Coleman, Gillberg,

1985). 일반적으로 생후 18개월과 36개월 사이에 증상이 좀 더 확실해져서 잦은 성질부리기(tantrum), 반복적인 움직임, 정형화된 놀이, 특정 자극들에 대한 과민 반응, 가장(pretending) 및 사회적 놀이의 부족, 공동주의하기(joint attention)와 몸짓의 부족과 같은 의사소통 결함을 나타낸다.

부모 보고에 의하면, ASD를 가진 아동들의 약 20%, 특히 여아들의 경우 24개월까지는 정상적인 발달을 보였다고 한다. 이들은 뚜렷한 의학적 문제가 거의 없고, 발달 초기에 정상적인 운동 능력을 나타내기 때문에 조기에 판별하는 것이 종종 어렵다. 드물지만 장애가 아동 후반기에 시작되는 경우도 있다. 최근 연구들은 어린 전반적발달장애을 가진 아동들이 공동주의하기, 상징 놀이 및 사회 감정적 의사소통 문제를 함께 나타낸다고 제안한다.

이러한 아동들의 발달은 점진적이기보다는 종종 급진과 정체의 불규칙적인 형태를 나타낸다. 비록 가끔은 역학이나 수학 능력과 같은 하나의 영역이 정상이거나 우월한 경우도 있지만, 대부분의 발달 영역들에서 지체나 장애를 나타낸다. 저자는 수학에서는 평균 이상을 나타내지만, 스스로 옷을 입거나 의미 있는 대화에 참여하는 것이 불가능한 아동들을 치료해본 적이 있다. 운동성 행동의 특성으로는 발끝으로 걷기, 몸 흔들기, 회전하기 및 극단적으로는 물기, 때리기, 머리 흔들기와 같은 자해 행동을 보일 수 있다. 저자가 함께 일했던 한 청소년은 몸이 자해적 할퀴기와 물기로 인한 상처와 딱지로 뒤덮여 있었다. 다른 아동은 학교에서 5시간 동안 자기 주먹으로 자신의 머리를 7,000번 이상 강타하였다.

비록 자해 행동에 대한 중재를 논의하는 것이 이 교재의 범위를 넘어서는 것이라 할지라도, 이 아동들이 종종 비효율적인 의사소통 방법이나 의사소통의 부족으로 인한 스트레스 때문에 그러한 행동을 나타내며, 좀 더 효과적인 새로운 의사소통 방법을 제공한다면 어떤 아동들의 경우에는 그러한 행동이 감소될 수 있다는 사실을 명심해야 한다(Buschbacher & Fox, 2003).

ASD를 가진 아동들은 감각조절장애(Sensory Modulation Dysfunction, SMD)를 보인다. 감각조절은 중추신경체계(Central Nervous system, CNS)에서 일어나며, 외부에서 신체에 가해지는 자극들에 대하여 자신의 감각체계를 사용하여 입력 자극에 대한 흥분과 억제의 균형을 조절한다. 중추신경체계 내에서의 조절은 뉴런의 전기적 특성이 신경전달물이나 호르몬에 의하여 변화될 때 발생한다. 감각은 적절하고 수용할 수 있는 일상적인 방법으로 감지되고 반응하는 것이 정상적이다(Lane, 2002). 감각조절장애는 외부적 요구와 개인의 내적 체계 특성 간의 잘못된 연결로, 과소반응이나 과잉반응적인 행동을 야기한다(Hanft, Miller, & Lane, 2000). ASD를 가진 아동들의 경우에 자극은 반드시 아동들의 인내력과 기대의 한계 내에 있어야 한다. ASD를 가진 아동들은 자신들에게 과부하적인 자극이 발생하는 동안 과도한 반응과 방어적이고 위축된 반응을 오가는 양극단적인 행동을 나타낸다.

한 아동이 자극에 대한 과잉-과소 반응을 모두 나타낼 수도 있다. 예를 들어 어떤 아동은 속삭임에는 발작적인 반응을 보이는 반면에 큰 소리에는 반응을 보이지 않을 수도 있다. 일반적으로 ASD를 가진 아동들은 반짝이는 물건, 특히 반짝이면서 회전하는 것, 돌릴 수 있는 물건 그리고 이갈기와 같이 자신의 신체를 이용하여 소리를 만드는 것을 선호하는 경향이 있다. ASD를 가진 아동들은 반복적인 것을 선호하는 것으로 보이며, 변화에 대해 극단적인 당황을 보일 수도 있다. 아동들은 맛, 신체 접촉 및 냄새에 대해 매우 한정된 선호를 나타낼 수 있다. 저자는 음식은 오직 시라(dill pickle)(역주 : 시라의 잎, 열매, 향신료)만 선호하는 아동과 일한 적이 있다. 자기자극 행동으로는 흔들기, 돌기, 손 돌리기 등이 있다.

관계성 장애는 부모들에게 ASD의 가장 괴로운 측면일 수 있다(Bauer, 1995b, Bristol, 1988). 특히 ASD를 가진 아동들은 종종 시선을 회피하거나 공허하게 쳐다보며, 사회적인 미소, 소리에 대한 반응과 다른 사람들의 접근에 대한 예측 행동이 부족하다. 부모들은 종종 '물건'이나 최선의 경우, 다른 사람들과 다름없이 취급을 당한다. 부모에게 미치는 영향은 상상할 수 없을 정도이다.

언급한 바와 같이, 장애 상태가 양호한 아동은 **비전형성 전반적발달장애(PDD-NOS)**나 간단히 전반적발달장애(PDD)라고 진단된다. PDD-NOS를 가진 아동들은 ASD를 가진 아동들의 특성을 많이 가지고 있으나, 그 정도가 덜하다. 예를 들어 그들은 사회적 행동에 결함이 있고, 눈맞춤이 부족하고, 몸짓과 얼굴 표정의 사용이 부적절할 수 있다. 문법도 결함을 나타내며, 반향어를 사용할 수도 있다. ASD나 아스퍼거 증후군을 가진 아동들과 비교할 때, PDD-NOS를 가진 아동들은 두 장애의 중간적 수준의 기능 수행(의사소통, 일상생활 및 사회적 기술, IQ, 언어 습득 연령)을 나타낸다(Walker et al., 2004). PDD-NOS의 한 하위 유형은 사회적 의사소통에는 현저한 장애를 갖지만, ASD를 가진 아동들보다는 반복적인 행동들을 적게 나타낸다.

**아스퍼거 증후군(Asperger's Syndrome, AS)**은 ASD보다 경미한 신경발달장애로, 인지, 언어 및 자조 기술에는 장애가 없는 것을 전제로 한다(APA, 2000). 그럼에도 불구하고 사회적 상호작용 결함, 제한적 관심, 반복적 행동들과 더불어 약간의 지체를 동반한 미묘한 언어 결함을 나타낼 수 있다. 일반적으로 고기능자폐(High-functioning Autism, HFA)를 가진 아동들과 비교하면, 아스퍼거 증후군을 가진 아동들은 대부분의 HFA를 가진 아동들과는 반대로 구어 IQ는 높으나 비구어나 수행 IQ는 낮다. 그러나 HFA와 아스퍼거 증후군 간에는 상당한 중복이 있다(Ghaziuddin & Mountain-Kimchi, 2004). 일반적으로 HFA나 아스퍼거를 가진 청소년들은 일반 또래들보다는 낮지만 자신들의 의사소통 생활의 질을 긍정적으로 평가한다(Burgess & Turkstra, 2010). 이들의 의사소통 유사성과 차이점은 그림 2.4에 나타냈다. 두 집단의 이질성을 고려한 철저한 평가와 개별화된 중재가 필요하다(Tsatsanis, Foley, & Donehower, 2004).

아스퍼거 증후군을 가진 아동들의 언어 결함은 장황함, 현학적인 말 스타일, 대화를 포함한 사회적 행동 규칙에 대한 이해 부족, 한두 가지 주제의 제한적인 범주에 대한 집요한 관심 등이다. 아스퍼거 증후군을 가진 아동들은 조직화는 불완전하지만 자신의 요구에 대해서는 완벽주의자이며, 깊이 집중할 수 있는 능력을 가지고 있으나, 활동이나 주제들 간의 전환에 어려움을 나타낸다.

다른 아동들은 과독증(hyperlexia)을 나타낼 수 있다. 이 장애는 7:1 정도의 남녀 비율을 나타내며,

종종 2세 반이나 3세 정도의 이른 시기에 자발적인 읽기 능력을 보이지만 이해는 거의 하지 못하는 특성을 보인다. 과독증을 가진 아동은 문자와 낱말에 과도한 집착을 보이며 5세 이전에 광범위한 낱말 인식을 보이지만, 추론과 관계성 지각에서 언어와 인지 장애를 나타낸다. 언어 지체와 더불어 이러한 아동들은 모든 언어 양식(modalities)에서 연결 언어에 어려움을 보이며, 특히 의미를 유추하기 위하여 언어를 맥락과 통합하는 데 어려움을 나타낸다(Snowling & Frith, 1986).

논의한 모든 장애처럼, 장애의 중증도는 다양하다. 장애가 양호한 어떤 아동들은 그들이 보이는 특성에 근거하여 학습장애로 잘못 진단될 수도 있다. 그건 과학이 아니라 인문이다. ASD를 가진 아동들의 성취도가 넓은 분포를 이루지만, 오직 낮은 비율만이 성인기에 완전한 독립과 고용에 도달한다(Howlin, Goode, Hutton, & Rutter, 2004).

## 언어 특성

의사소통 문제는 종종 ASD의 첫 번째 지표이다. 몸짓이나 말 발달의 부재나 지체, 타인에 대한 확연한 무관심이나 구어적 반응의 결여 등이 포함될 수 있다. 의사소통 기술의 결여는 ASD를 가진 아동의 가족들에게 스트레스가 가장 심한 요인 중 하나이며, 이 장애의 가장 초기 지표이다.

ASD를 가진 아동들의 의사소통 기술 발달은 동일하지 않다. 일반적으로 낱말을 더 많이 말하거나 모방하고, 사물을 사용한 가상놀이를 더 잘하고, 타인의 주의를 끌기 위한 사물 가리키기와 같은 공동주의하기를 위한 몸짓의 산출이 많은 아동들이 가장 빠른 표현 어휘 성장을 나타낸다(Smith, Mirenda, & Zaidman-Zait, 2007). 몸짓과 소리를 사용한 사물에 주의 끌기 능력은 새로운 낱말의 이해에도 중요한 것으로 보인다(McDuffie, Yoder, & Stone, 2005). 이러한 요인들의 중요성은 일반 발달에서도 유사하다(Watt, Wetherby, & Shumway, 2006).

낮은 사회적 상호작용 및 언어와 의사소통 기술은 ASD를 가진 아동들의 가장 큰 특성이다. 이 아

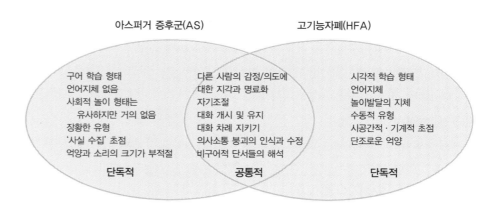

**그림 2.4** AS와 HFA 아동의 의사소통상의 유사성과 차이점

이 특성들은 일반적인 것이며, 개별적으로는 매우 다양

출처 : Rubin & Lennon(2004)을 수정 인용

동들 중 말 산출이 가능한 아동들의 경우, 비록 말이 음악적 자질이 결여되어 있고, 생기가 없고 로봇 같이 들리지만, 말이 어려워 보이진 않는다. HFA를 가진 아동들이 일반 또래들처럼 감정적 악센트 (슬픔, 행복)와 어휘 악센트(HOTdog 대 hot DOG)를 지각할 수 있다고 할지라도, 이들은 자신의 발화에서 자연스러운 운율의 산출에는 어려움을 나타냈다(Grossman, Bemis, Plesa Skwerer, & Tager-Flusberg, 2010).

ASD를 가진 아동들의 25%가 전형적인 언어를 사용하는 반면에(Kjelgaard & Tager-Flusberg, 2001), 25~60%의 아동들은 무발화 상태로 남는다. 최근까지는 이처럼 말의 부재는 그들이 의사소통이 불가능한 상태로 남는다는 것을 의미했다. 그러나 전체는 아닐지라도, 보완대체의사소통(Augmentative and Alternative Communication, AAC)을 사용하는 아동들에게는 그러한 상황이 변화되고 있다.

말과 언어를 사용하는 아동들은 종종 동일한 억양을 사용하여 이전 발화를 전체적 또는 부분적으로 반복하는 즉각적 또는 지연된 **반향어**(echolalia)를 나타낸다. 실제로 말을 배우는 대부분의 ASD를 가진 아동들은 반향어를 사용하는 기간을 경험한다. 즉각적 반향어를 사용하는 상황은 다양하며, 특히 모르는 낱말이 포함된 지시와 같이 이해가 불가능하여 수행하기 어려운 고도로 지시적인 상황, 성인이 존재하는 상황, 익숙하지 않은 상황, 눈맞춤(eye contact) 상태의 대면(face-to-face) 의사소통 상황, 그리고 길고 복잡한 발화들에서 증가한다(Charlop, 1986; Violette & Swisher, 1992). 어떤 아동들의 경우에는 즉각적 반향어를 동의의 표시로 사용하기도 한다. 지연된 반향어에 대해서는 이러한 자료들이 없다. 저자가 치료했던 한 아동은 낮 동안에 사람들이 자신에게 했던 발화들을 잠들기 전에 침대에 누워서 반복하기도 하였다.

비록 의사소통 결함이 PDD의 주된 특성 중 하나이긴 하지만, 아동들 간의 이러한 특성의 범위는 매우 넓다. 한쪽 극단에 있는 아동들은 정상 수준의 언어를 나타내는 반면, 다른 쪽 극단에 있는 ASD를 가진 아동들은 본질적으로 무발화 상태로 남을 수 있다(Landa, 2000). 한 집단으로 보면, ASD를 가진 아동들은 언어와 의사소통, 특히 화용에서 현저한 지체를 나타낸다(Tager-Flusberg, Paul, & Lord, 2005). 언어 구조는 완전할 때조차도 언어의 적절한 사회적 사용이나 화용론의 결함은 지속된다 (Adams, 2002; Landa, 2000; Tager-Flusberg, 2004; Young, Dishl, Morris, Hyman, & Bennetto, 2005).

ASD를 가진 아동들은 대화를 개시하고 타인이 개시한 대화에 반응하는 것에 어려움을 나타낸다. 일단 대화가 시작되면 이들은 대화 주고받기와 적절하게 자신의 대화 차례를 받는 것에 어려움을 보인다(Botting & Conti-Ramsden, 2003). ASD를 가진 아동들은 대화 주제에 맞는 새로운 관련 정보를 추가하지 못하고, 이전에 언급되었던 주제나 발화를 반복하거나 이전 발화들과 자신의 발화를 연결시키지 못하고 갑작스럽거나 납득되지 않는 주제 전환을 가져올 수 있다(Volden, 2002).

의도(intention)의 범위도 매우 제한적이다. 더욱이 의도의 표현이 'Goodbye' 대신에 'Sesame Street is a production of the Children's Television Workshop'(역주 : 미국 아동용 TV프로그램인 'Sesame Street'의 방송 종료 멘트)처럼 독특하거나 특이한 형태로 표현될 수 있다.

ASD를 가진 아동들은 대화에서 종종 부적절하고, 관련성이 없고, 괴이하거나 정형화된 발화를 나타낸다(Adams, 2002; Gilchrist et al., 2001; Volden, 2004). 예를 들어 어떤 아동은 아침식사에 대한 대화를 하는 중에 "볼트(Volt)가 전기 차의 일종이라는 거 알아?"와 같이 말할 수 있다.

의미론 또한 영향을 받는다. 정의하기는 매우 고정적인 경향이 있고, 유사 낱말들로 일반화되지 않을 수 있다. 비유언어 또한 많은 ASD를 가진 아동들이 어려움을 보이며, 'Hit the roof'와 같은 구를 지나치게 문자적인 방식으로 해석하는 경향이 있다.

ASD를 가진 아동들은 또한 맥락과 언어의 내용 및 형식을 연결하는 데 어려움이 있는 것으로 보인다. 때때로 아동들은 주의를 끌기 위하여 'Attention, K-Mart shoppers'와 같이 말하는 것처럼, 기계적으로 암기한 발화를 짜 맞춘다. 심지어 언어를 습득한 아동들도 종종 의사소통에서 이상한 특성과 부적절한 행동을 보인다. 구체적인 언어 특성은 표 2.10에 기술하였다.

언어 구조에는 종종 장애가 나타나지 않는다. ASD를 가진 아동들은 구어의 구조나 형식에서 상대적으로 강점을 보인다. 언어 형식 오류의 출현은 기저의 의미적 관계에 대한 결함을 반영하는 것으로 보인다.

비록 많은 ASD를 가진 아동들이 구어적인 의사소통 기술을 발달시키지 못하지만, 구어를 사용하

**표 2.10**  자폐범주성장애 아동의 언어 특성

| | |
|---|---|
| 화용론 | 함께 주의하기(joint attention)에 결함<br>대화를 개시하고 유지하는 데 어려움을 나타내며, 그로 인하여 매우 짧은 대화적 에피소드를 산출<br>의사소통 기능의 유형이 제한적<br>맥락에 적절한 형식과 의미를 연결하는 데 어려움. 고착적이거나 주제에 부적절한 산출할 수 있음<br>즉각 및 지연 반향어 그리고 일상적으로 반복되는 발화<br>사용하는 몸짓이 적고, 복합적 몸짓에 대한 잘못된 해석<br>과다한 질문, 잦은 반복<br>잦은 비사회적 독백<br>문체의 변화와 화자-청자 역할의 변화에 어려움<br>눈맞춤 회피, 현저한 주변적 시선의 사용 |
| 의미론 | 낱말 인출의 어려움, 특히 시각적인 참조물에 대한 낱말 인출<br>기저의 의미가 기억 보조물로 사용되지 않음<br>연령 일치 집단보다 질문에 대한 부적절한 대답이 빈번함 |
| 통사론/형태론 | 형태론적 결함, 특히 대명사와 동사 어미<br>종종 기저의 의미를 고려하지 않은 표면적 형식을 사용한 문장 구성<br>정상발달의 정신연령 일치 집단보다 덜 복잡한 문장 사용<br>낱말 순서에 과도한 의존성 |
| 음운론 | 음운론은 개별적으로 변이가 다양하나 주로 결함을 보임<br>정상발달 아동들과 유사한 발달순서를 보임<br>언어 영역 중 가장 영향을 덜 받음 |
| 이해력 | 이해력 손상, 특히 대화와 같은 연결된 담화 |

는 아동들의 통사론과 음운론은 정신연령을 일치시킨 아동들과 유사하다. 더욱이 구어를 사용하는 ASD 학생들은 정상 발달 순서에 따른 언어 형식과 말의 발달을 보인다(Watson & Ozonoff, 2000).

발달에 중요한 행동들을 결정할 수 있도록 예측 연구들은 몇 가지 요소들을 제시하였다. 예를 들어 심한 주의력 결함을 가진 것으로 평가된 ASD를 가진 어린 아동들은 차후 2년 동안 어휘 산출과 언어 이해에서 더 낮은 변화를 나타내는 경향이 높았다. 사회적 무반응성이 높은 아동들은 차후 2년 동안 어휘 이해와 산출 및 언어 이해에서 더 낮은 변화율을 나타냈다. 동일성에 대한 고집, 반복적인 정형화된 움직임, 그리고 행동화(acting-out)와 같은 다른 행동 요인들은 후일의 언어발달에 대한 예측성이 나타나지 않았다(Bopp, Mirenda, & Zumbo, 2009).

예상할 수 있듯이, 18~24개월의 ASD를 가진 아동들은 일반 아동들이나 지적장애와 같은 발달장애를 가진 아동들보다 몸짓, 발성 및 구어를 사용한 의사소통의 비율이 더 낮았다. 또한 ASD를 가진 아동들은 두 집단의 아동들보다 공동주의하기를 사용한 의사소통 비율이 유의하게 낮았으며, 지시적(deictic) 몸짓의 산출 비율도 유의하게 낮은 수준을 나타내며, 원시적인 몸짓에 보다 많이 의존하는 경향을 보였다. 공동주의하기를 사용하여 의사소통하는 ASD를 가진 아동들은 발성, 시선 및 몸짓의 협응에서 다른 아동들과 유사한 수준을 보였다. 따라서 의사소통 행동과 공동주의하기의 비율은 3세의 구어 산출에 대한 매우 강력한 예측요인들이다(Shumway & Wetherby, 2009).

### 가능한 유발 요인

과거에는 ASD 아동들은 정서, 신체, 환경 또는 건강 관련 장애로 분류되었다. 비록 주된 유발 요인은 생물학적일 가능성이 높지만, 유발 요인은 이들 중 하나이거나 또는 모두일 수도 있다. 심지어 동일 집단 내에서도 신경해부학적과 신경화학적 특성은 다를 수 있다.

**생물학적 요인.** ASD의 약 65%가 비정상적인 두뇌 패턴을 가지고 있다. 자폐의 발생률은 태아기 합병증, fragile X 증후군, 퇴행성 신경학적 질환인 Ritt 증후군, 그리고 자폐 가족력이 있는 가족들에서 더 높다(Schreibman, 1988). 더욱이 ASD는 종종 지적장애와 발작을 동반한다. 이러한 모든 사실이 생물학적 근거를 제시하고 있으나 실제 장애를 설명하진 못한다. 드물게 다른 연구들에서는 높은 수준의 세로토닌, 신경전달물질 및 자연적 마취 성분, 소뇌의 비정상적 발달, 입력 감각들을 조절하는 뇌의 절단, 뇌의 다중 초점 장애, 피질 발달의 결함을 동반하는 신경계 피질하 구조의 장애를 보고한 바 있다.

비록 단일의 자폐 유전자가 존재한다는 것이 의심스럽긴 하지만, 최근 연구들은 ASD의 유전적 연결을 제안하고 있다(Wentzel, 2000). 몇몇 유전자들이 포함되었을 가능성이 더 높으며, 다른 장애들을 공유할 수도 있다.

**사회-환경적 요인.** 초기 연구들은 ASD에 대하여 부모들을 비난하였다. 이러한 결론에 대한 어떠한 근거들도 발견되지 않았다. 일반적으로 부모들은 자신의 아동과 적절한 언어 수준으로 상호작용한다.

**정보처리 요인.** ASD 아동들은 정보를 분석하고 통합하는 데 어려움을 갖는다. 복잡한 자극의 부적절하거나 중요하지 않은 한 가지 양상에 고착되어 주의를 기울이는 경향이 있다. 다시 말해서 반응이 너무 지나치게 선택적이다. 이러한 고착은 자극들의 변별을 어렵게 한다.

왜곡된 감각 처리가 ASD 아동들과 다른 발달장애 아동들의 언어, 사회 그리고 의사소통 습득에 영향을 끼칠 수 있다. 더 구체적으로, 과소 반응성(hypo-responsiveness)과 자기자극 행동(self-stimulatory behaviors) 같은 감각 추구 행동은 언어 기술과 사회적응 기술과 부정적인 관련을 나타낸다.

전반적인 정보처리는 반향어처럼 분석되지 않은 전체가 저장되고, 후에 동일한 형태로 재산출되는 이른바 '게슈탈트(gestalt)'의 특성을 보인다. 이와 같이 상대적으로 유연성이 없는 체계에서는 입력된 정보의 구성 성분들을 분석하기보다는 정보를 전체적인 덩어리로 검토한다. 이러한 정보는 이전 맥락과 어느 면에서든 다소 유사한 맥락 안에서 재산출된다. 분석되지 않은 전체에 대한 이러한 의존성은 동일 언어연령의 지적장애 아동들이 비문법적인 문장을 수정하는 것과는 달리, ASD 아동들이 비문법적 문장을 그대로 반복하는 성향을 보이는 이유를 설명해준다. ASD 아동들은 연속적인 언어처리보다는 동시적인 언어처리에 좀 더 강하게 의존하는 것일 수 있다.

ASD 아동의 행동은 세상이 그들에게 이해가 되지 않는 것처럼 보인다. 그들은 빠르게 과부화가 되는 것처럼 보인다. 전체로 '삼켜진' 정보들은 시스템을 빠르게 '채울' 것이다.

분석되지 않은 전체 덩어리의 저장은 기억을 방해할 수 있다. 알려진 바에 의하면, 자폐 아동들은 기억을 돕기 위하여 환경적 단서들을 사용하는 능력이 떨어지는데, 이는 그러한 단서들이 아동의 기억 속에서 분리된 실체로 존재하지 않기 때문일 수 있다. 이 아동들에게는 자극 간의 관계에 기초하여 정보를 조직하는 것이 어렵다.

또한 ASD 아동은 학습된 정보를 한 맥락에서 다른 맥락으로 전이시키거나 일반화하는 데 어려움을 나타낸다. 이러한 결함은 이 아동들이 관련된 문맥적 정보를 인지하지 못한다는 것을 반영하는 것이다.

## 요약

앞서 논의한 다른 장애를 가진 아동들처럼 PDD 아동들은 이질적인 집단이다. 장애 정도에서도 큰 차이를 나타내며, 특히 의사소통 능력은 매우 다르다. 일반적으로 이러한 차이는 언어의 화용과 의미적 양상에 영향을 미치며, 자극에 대한 지나친 선택성과 분석되지 않은 전체 덩어리로의 저장과 같은 정보처리 결함을 반영하는 것일 수 있다.

조기중재는 ASD 아동의 예후를 극대화하는 데 매우 중요하지만, 이러한 아동은 조기진단이 종종 어렵다. SLP가 홀로 ASD 아동을 평가하지는 않지만, SLP는 평가팀의 핵심이다(Prelock, Beatson,

Bitner, Broder, & Ducker, 2003). American Academy of Neurology and Child Neurology Society는 다음의 중요한 준거들을 충족시키지 못할 경우 더욱 정밀한 평가가 필요하다고 제안하였다(Filipek et al., 1999).

- 12개월까지 음절성발음(babbling)의 산출이 없는 경우
- 12개월까지 몸짓의 산출이 없는 경우
- 16개월까지 홑낱말 산출이 없는 경우
- 24개월까지 자발적인 2낱말 조합 산출이 없는 경우
- 모든 연령 단계에서 언어나 사회적 기술의 소실이 나타난 경우

더하여 ASD 아동은 또한 공동주의하기와 상징적 의사소통에 결함을 나타낸다(Wetherby, Prizant, & Schuler, 2000). 현 시점의 연구의 제한점을 고려하면, 아직까지는 24개월 이전에는 명확한 진단을 내리는 것은 어렵다(Woods & Wetherby, 2003).

비록 ASD에 대한 확실한 치유법은 없지만, ASD를 가진 아동들의 70%가 ASD와 관련된 장애 행동들의 개선을 위한 정신활성성(psychoactive) 약을 처방받고 있다. 과잉행동, 부주의력, 공격성, 과민성, 자해, 강박적 집착, 불안, 감정장애 등이 포함된다. SLP를 포함하여 전체 건강관리 팀은 반드시 약물의 효과, 내성, 잠재적 부작용 등을 검증하기 위하여 ASD 아동들의 행동을 모니터해야 한다. Self, Hale과 Crumrine(2010)은 잠재적 부작용을 포함하여 ASD 관련 행동의 치료를 위해 처방되는 약물들에 대한 훌륭한 안내서를 제공하고 있다.

---

## 뇌손상

뇌손상(brain injury)을 가진 아동들은 손상의 위치와 정도, 손상 시 연령, 손상의 기간에 따라 큰 차이를 나타낸다. 일반적으로 손상된 영역이 적을수록 **예후**(prognosis)가 좋거나 회복 가능성이 높다. 뇌손상은 외상, 뇌졸중(CVA), 신경계 혈관의 선천적 기형, 경련성 장애 또는 감염이나 종양과 같은 뇌증 등의 결과일 수 있다. 각각이 다른 특성을 나타내지만, 언어는 유사한 특성을 갖는다. 여기선 가장 빈번한 유형들만 논의하도록 한다.

### 외상성 뇌손상

미국 내에 약 100만 정도의 아동과 청소년이 교통사고로 머리를 다치는 것과 같은 외부의 물리적인 영향으로 뇌에 상처를 입는 외상성 뇌손상(Traumatic Brain Injury, TBI)을 가지고 있다. 외상성 뇌손상은 선천적이거나 퇴행적이지 않다. 이들은 거의 완전하게 회복되는 사람들부터 아주 심각한 경우인 식물인간 상태에 이르기까지 범위가 넓다. 비록 최근에 생존 확률이 증가되었다고는 하지만, 장기적인 장애는 지속적인 공중 건강문제 중 하나다(Zitnay, 1995).

결함은 인지, 신체, 행동, 학업 및 언어에서 나타날 수 있다(Ewing-Cobbs, Fletcher, & Levin, 1985; Rosen & Gerring, 1986; Savage, 1991; Savage & Wolcott, 1988; Ylvisaker, 1986). 이러한 결함은 영구적이거나 일시적일 수 있으며, 기능적인 능력에 부분적 또는 전체적으로 영향을 미칠 수 있다. 지각, 기억, 추론, 문제해결 등의 인지적 결함(cognitive deficit)이 나타날 수 있다. 이른바 사회적 탈억제(social disinhibition)라고 하는 정신적 부적응이나 무의식적인 행동 또한 나타날 수 있다. 예를 들어 저자는 저자의 손에 입맞춤하기를 지속적으로 요구하는 젊은 외상성 뇌손상 남성을 평가한 적이 있다. 다른 특성은 개시 행동의 부족, 정신적 혼란, 빠른 적응력의 부재, 고착, 낮은 좌절 역치, 수동성-공격성, 근심, 우울함, 실패에 대한 두려움 및 지각 오류 등이다.

뇌손상 정도의 범위는 30초 미만으로 의식을 잃었을 때 정의되는 경도 뇌진탕(mild concussion)으로부터 두개골 골절의 여부에 상관없이 30분에서 24시간 동안 의식을 잃거나 뇌손상 후 기억상실증을 나타내는 중도(moderate)를 거쳐, 6시간 이상의 혼수상태가 지속되는 심도(severe)까지 이를 수 있다. 뇌손상 정도가 앞서 언급한 결함과 직접적으로 관련되지는 않는다(Russell, 1993).

회복에 영향을 미치는 변인들은 극히 독립적이며, 외상성 뇌손상 위험군의 특성에 따라 복잡해진다. 집단으로 보면, 위험군 집단은 뇌손상 이전에 보통 사람들보다 낮은 IQ, 많은 사회적 불이익, 낮은 학력 및 많은 행동과 신체적 결함을 보인다. 다른 변인들은 무의식의 정도와 기간, 뇌손상 후 기억상실증의 지속기간, 뇌손상 시 연령, 뇌손상 기간, 뇌손상 후의 능력 등을 포함한다. 일반적으로 무의식의 기간이 짧고, 정도가 덜하며, 기억상실증의 지속 기간이 짧고, 뇌손상 후 능력이 좋을수록 회복정도가 좋다.

아동은 발달 중에 있기 때문에 뇌손상 시의 연령은 상대적으로 덜 중요한 요인이다. 나이가 어릴수록 문제가 좀 더 심각하고, 더 오래 지속될 수 있다. 어릴수록 회복이 덜 되기도 하지만 또한 나이 든 아동만큼 과거 학습으로부터 혜택을 받지도 못한다.

손상의 기간 또한 부정확한 예측 요인일 수 있다. 일반적으로 손상이 오래될수록 변화가 덜하지만, 어떤 결함들은 후에 지연되어 나타나기 때문에 복잡해진다. 시간에 따른 신경계의 자연회복은 종종 비예측적이고 불규칙적이다.

**언어 특성.** 일반적으로 언어문제는 가벼운 뇌손상 후일지라도 확연하게 나타난다. 심각한 외상성 뇌손상이 있는 사람들과 뇌손상의 인하여 집행 기능에 결함이 생긴 사람들은 화용론에서 문제를 나타낸다(Douglas, 2010). 좀 더 구체적으로, 이들은 대화 참여의 양과 방법뿐만 아니라 관련성을 조절하는 데도 어려움을 보인다. 이러한 사실은 이 아동들의 내러티브와 대화에서 알 수 있다. 발화는 종종 장황하고, 부적절하며, 주제를 벗어나고, 유창성에서도 결함을 나타낸다. 언어 이해력 및 비유적 언어와 이중적 의미 같은 상위 기능들도 영향을 받을 수 있다. 아동은 대화에서 사고의 흐름을 잃을 수 있으며, 반면에 이야기에서는 이야기의 중심 내용을 유지하지 못하고, 따라서 중요한 정보를 놓칠 수

**표 2.11** 외상성 뇌손상 아동의 언어 특성

| | |
|---|---|
| 화용론 | 복잡한 생각의 조직과 표현의 어려움. 주제에서 벗어난 언급, 효과적이지 않은 부적절한 언급<br>대화 시 눈맞춤의 빈도는 적절<br>낮은 이야기 복잡성. 어휘 수가 적고 짧으며, 문장의 복잡성이 떨어지고, 에피소드 요소가 적음<br>짧은 이야기에서는 정상발달 또래들과 같은 이야기 문법과 응집력을 보임 |
| 의미론 | 어휘는 상대적으로 온전하나 어휘 인출, 이름대기, 사물 묘사 결함을 보임<br>자동화된 언어, 과잉학습된 언어는 상대적으로 영향을 받지 않음 |
| 통사론/형태론 | 문장은 장황하며 단편적임 |
| 음운론 | 음운적 결함은 거의 없으나, 손상으로 인한 마비말장애나 실행증이 있을 수 있음 |
| 이해력 | 주의력 결핍과 정보처리 속도로 인한 문제들이 존재<br>낮은 청각적 및 읽기 이해력<br>통사적인 구조에 따른 의미 해석의 어려움으로 인하여 문장 이해에 어려움을 보임<br>대부분의 반복적이고 일상적인 이해력은 손상되지 않음<br>일반적으로 추상 어휘를 제외한 어휘 이해력은 손상되지 않음 |

있다.

이와 비교하면, 언어의 형식은 상대적으로 영향을 덜 받는다. 대부분의 외상성 뇌손상을 가진 아동들은 언어 형식과 내용을 조작하는 능력을 회복한다. 표면 구조는 상대적으로 덜 손상된 것으로 보인다. 아동의 언어는 학교에서 언어를 분석하고 합성하는 상위언어 능력이 요구되는 3~4학년이 되기 전까지는 비교적 효과적일 수 있다. 의미론도 비록 어휘 인출, 이름대기, 사물 묘사하기 등에서 어려움을 보일 수는 있으나, 상대적으로 손상이 적으며, 특히 구체 어휘의 손상이 적다. 다른 특성들은 표 2.11에 기록하였다.

뇌손상 이후에 전반적 회복이 좋은 경우에도 어떤 결함들은 오랜 기간 지속된다. 비록 외상성 뇌손상을 가진 아동들 간에 상당한 다양성이 존재하지만, 많은 미묘한 결함들이 지속되며, 특히 화용론에서 지속적인 결함을 나타낸다.

**가능한 유발 요인.** 외상성 뇌손상은 명백한 생물학적·신체적 요인을 갖는다. 더욱 중요한 것은 정보처리가 영향을 받는 형태이다. 언급한 바와 같이, 외상성 뇌손상 아동은 종종 부주의하고 쉽게 혼란스러워진다. 주의력은 변동이 심하며, 과제에 집중하는 데 어려움을 갖는다.

조직화의 모든 양상(범주화, 순서화, 요약, 일반화)이 영향을 받는다. 외상성 뇌손상이 있는 아동들은 자극 의존적이어서 관련성을 찾거나, 추론하고, 문제를 해결하는 것이 불가능하다. 그들은 목적을 세우고, 계획하고, 달성하는 데 어려움을 보인다. 어휘와 일반적 지식이 온전하기 때문에 이러한 결함이 종종 가려지기도 한다.

마지막으로 외상성 뇌손상 아동들은 저장과 인출 모두에서 기억 결함을 나타낸다. 뇌손상 전의 장기기억력은 일반적으로 온전하다. 이 아동들에게 도움이 될 수 있는 기법들을 표 2.6에 기술하였다.

## 뇌졸중

뇌졸중(Cerebrovascular Accident, CVA)은 뇌의 한 부분에 산소의 공급이 중단될 때 발생하며, 일반적으로 뇌혈관의 막힘이나 파열에 기인한다. 특정적이고 부분적인 손상이 가장 빈번하다. 회복 형태를 보면 대뇌의 표면인 인접 피질 부분이 손상된 부분의 기능을 보완하는 것으로 보인다.

뇌졸중은 일반적으로 선천적인 심장 문제나 대뇌동정맥류(혈관) 기형을 가진 아동들에서 나타난다. 일반적으로 예후는 양호하다. 당연히 손상의 위치와 정도에 따라 변이가 매우 크다. 비록 모든 두뇌 손상이 언어 기능의 장애를 나타낼 잠재성을 가지고 있지만, 특히 언어문제는 주로 좌뇌 손상에 동반된다.

**언어 특성.** 장기적인 미약한 화용 결함이 일반적이다. 요구가 증가하면 수행 능력이 저하되긴 하지만, 일반적으로 언어 형식은 빠르게 회복된다. 낱말 인출은 초기에는 속도와 정확성 면에서 모두 극심한 어려움을 보일 수 있다. 초기에는 언어 이해력 또한 결함을 나타낸다. 비록 상위 수준의 학업 능력과 읽기에서 지속적인 문제를 나타낼 수는 있지만 아동들은 일반적으로 회복된다.

## 요약

인지와 언어 간의 기저 관계는 연령과 학습된 언어의 양상에 따라 다양하다. 발달의 많은 시점에서 그들 간의 정확한 관계를 묘사하는 것은 불가능하다. 뇌손상이 발생했을 때 작동하는 메커니즘을 완전하게 설명할 수 없다는 것은 놀라운 일이 아니다. 하지만 언어 형식, 내용 및 사용의 복잡한 통합을 요구하는 대화 기술과 같은 상위 기능들보다는 어휘와 구조적인 규칙들이 좀 더 쉽게 회복된다는 것은 예측할 수 있다. 그러나 회복된 것처럼 보이는 아동들조차도 미약한 화용 결함들을 장기간 지속적으로 나타낼 수 있다.

## 방치 및 학대

매년 미국에서는 약 1.2%의 아동들, 즉 90만 명의 아동이 방치(neglect)와 학대(abuse)를 당하고 있다고 보고되고 있다[U.S. Department of Health and Human Services(DHHS), 2007]. 한 연구는 50만 명이 넘는 일반 아동들 중 9%가 방치와 학대를 받아왔다고 보고하였다(Sullivan & Knutson, 2000). 이러한 비율은 어린 아동들과 장애 아동들에서는 더 높게 나타난다. 동일한 연구에서 장애 아동들의 31%와 말언어장애를 가진 아동들의 35%가 방치와 학대를 받아온 것으로 나타났다.

비록 모든 경제적 수입 층에 걸쳐 방치와 학대가 발생하지만, 가정의 연수입이 1만 5,000달러 미만인 아동들이 그보다 수입이 최소 두 배 이상인 가정의 아동들에 비하여 방치와 학대를 받는 비율이 20배 이상 높다(Kapp, McDonald, & Diamond, 2001). 경제, 사회 및 건강 문제의 증가 그리고 낮은 교

**표 2.12** 방치와 학대의 유형

| | |
|---|---|
| 신체적 방치 | 부적절한 지도, 영양, 의복 그리고/또는 개별위생 등을 포함하여 보호를 위한 계획 없이 유기한 경우. 그리고/또는 필요하거나 권고된 의학적 치료를 제공하려 노력하지 않은 경우 |
| 정서적 방치 | 배려나 사랑을 포함하여 정상적인 생활 환경을 제공하지 않거나 그리고/또는 전문가가 권고한 치료나 서비스를 거절한 경우 |
| 신체적 학대 | 신경학적 손상과 같은 신체적인 상처 또는 흔들기, 때리기, 또는 화상으로 인한 죽음 |
| 성적 학대 | 음란한 상황에 노출 또는 구어적 폭력과 같은 비신체적인 학대 그리고 성기–구강자극, 애완동물처럼 다루기, 성적 성교와 같은 신체적 학대 |
| 정서적 학대 | 과다한 고함, 비하, 놀림/구어폭력, 그리고/또는 명백한 거부 |

육 수준 및 고용의 어려움이 방치와 학대의 위험을 증가시키고 있다.

표 2.12는 방치와 학대의 유형을 기술하였다. 매년 90만 명의 아동들이 방치되고 학대를 받고 있다. 이들 중 약 63%가 방치되고, 17%가 물리적으로 학대를 당하며, 9%는 성적인 학대를 당하고, 7%는 정신적인 학대를 당한다(U.S. DHHS, 2005). 최근까지 이러한 아동들은 특별한 언어문제를 가지는 것으로 인식되지 않았다. 각 학대의 유형이 아동에게 미치는 영향은 개별적으로 다양하다.

방치와 학대는 역기능적 가족의 극단적인 예이며, 아동이 언어를 학습한 사회적 환경의 한 유형이기도 하다. 비록 방치와 학대가 의사소통 문제를 직접적으로 야기하는 원인이 되는 경우는 드물지만, 방치와 학대가 발생하는 환경은 아동의 발달에 직접적인 영향을 미친다.

복합 외상(complex trauma) 또는 가정 폭력이나 방치 및 신체적 성적 심리–정서적 학대에 대한 노출은 개별적으로 발생하는 경우가 거의 없으며, 종종 부모의 약물성 물질의 남용, 대부분은 알코올 남용과 관련이 있다. 알코올 의존성을 보이는 성인은 폭력적인 경향이 있으며, 그들의 자녀는 폭력의 위험에 노출되어 있다(Willis & Silovsky, 1998). 이러한 요인들은 개별적이든 복합적이든 상관없이, 아동의 전 생애에 걸쳐 발달 결함을 유발할 수 있다(Timler, Olswang, & Coggins, 2005).

태아기에 알코올에 노출되고, 출생 후 학대와 방치를 당한 아동들은 낮은 지적 수준을 보이며, 태아기에 알코올에 노출되지 않았던 외상성 장애 아동들보다 더 심각한 수준의 신경발달의 결함을 나타낸다(Henry, Sloane, & Black-Pond, 2007). 언어, 주의력, 기억, 시각적 정보처리 및 운동성 기술에서 발달적 결함을 나타낸다.

외상을 입은 아동은 그 결과로 생물학적 두뇌 변화를 경험한다. 과잉각성(hyperarousal)으로 특징되는 이러한 변화는 잠재적인 감각 이상을 지각하고 처리하는 뇌신경 체계 영역의 촉진과 관련이 있다. 특정 스트레스 호르몬의 방출을 포함하여, 이러한 생리학적 변화들은 사고, 느낌 및 행동에 영향을 미친다. 공포–관련 각성 상태에서 아동은 지각된 위협에 원초적, 반사적 그리고 공격적인 행동으로 반응한다. 시간이 지남에 따라 아동의 과다경계형(hypervigilant) 상태는 우려, 공포, 주의력결핍 및 들떠 있는(restless) 상태를 초래한다(Lane, 2002). 이러한 반응이 지속적으로 활성화되면 부적응적인 지속

**표 2.13** 방치와 학대받은 아동의 언어 특성

| | |
|---|---|
| 화용론 | 낮은 대화 기술<br>느낌을 논의하는 능력의 부재<br>짧은 대화<br>적은 기술적(descriptive) 발화<br>사회적 교환이나 정서교환을 위한 언어 사용은 거의 없이 사물요구를 위한 언어 사용 |
| 의미론 | 제한된 표현 어휘<br>탈맥락화된 발화의 부족, 지금 여기에 대한 말이 더 많음 |
| 통사론/형태론 | 짧고 덜 복잡한 발화 |
| 음운론 | 또래와 유사 |
| 이해력 | 수용어휘는 또래와 유사<br>청각 및 읽기 이해력 문제 |

적인 두려움이 발생할 수 있다.

## 언어 특성

방치나 학대를 당한 아동들은 정상적으로 양육된 아동들에 비하여 언어의 복잡성이 떨어진다(Eigsti & Cicchetti, 2004). 언어의 모든 영역이 영향을 받지만, 특히 방치되고 학대받은 아동들은 언어의 사용에서 가장 큰 어려움을 나타낸다(표 2.13 참조). 일반적으로 방치되고 학대받은 아동들은 또래들보다 말이 적고, 대화 기술도 부족하다. 또래들보다 발화와 대화의 길이도 짧다. 이들은 자발적으로 정보를 제공하거나 감정이나 느낌을 논의하는 경우가 적다.

학교에서 이러한 아동들은 부진한 구어 수행을 보인다. 구어와 읽기 능력의 결함과 방치 및 학대 간에는 높은 상관이 있다.

## 가능한 유발 요인

방치되고 학대받은 아동들의 경우는 부정적인 사회-환경적 요인이 언어발달에 영향을 미치는 확실한 유발 요인이지만, 생물학적인 요인도 결코 간과해서는 안 된다. 빈민들의 의료 및 건강문제 또한 유발 요인이 될 수 있다. 다양한 중복적 요인들 때문에 직접적인 영향을 결정하는 것은 어려우며, 특히 빈민층의 경우 그러하다.

**생물학적 요인.** 방치와 학대가 가난한 가정에만 제한된 것은 아니지만, 이러한 가정이나 극단적으로 방치된 경우, 생물학적인 요인이 언어 결함의 원인이 될 수 있다. 엄마의 열악한 건강 상태, 약물성 물질의 남용, 소아과 서비스의 부족이나 부재, 그리고 열악한 영양상태가 모두 두뇌 발달과 성숙에 영향을 미칠 수 있다. 신체적인 학대 또한 지속적인 신체적 또는 신경학적 손상을 야기할 수 있다. 환경적인 자극의 부족이 두뇌에 미치는 장기적인 영향에 대해서는 확실히 알지 못한다.

**사회-환경적 요인.** 모든 아동처럼, 방치나 학대를 당한 아동의 초기 언어 경험은 사회-인지 행동의 기저에 영향을 미친다(Lohmann & Tomasello, 2003). 아동들이 반복적으로 폭력과 스트레스에 노출되면, 그들은 자신의 생존을 확인하기 위한 행동을 통하여 이를 보상하려 한다. 이러한 전략들은 사회정서적인 학습을 담당하는 뇌의 영역에 결정적인 영향을 미칠 수 있다. 그로 인하여 이 아동들은 다른 사람들의 신뢰와 관심을 예상하고 해석하는 능력과 자기 자신의 언어 사용을 조절하는 능력에서 제한을 나타낸다. 어떤 학대당한 아동들은 타인의, 극단적인 경우에는 자신의, 느낌에 대한 인식, 조절 및 이해에 어려움을 나타내는 **감정표현불능증**(alexithymia)을 보인다. 충격적 경험들이 우뇌의 감정과 좌뇌의 표현 간에 단절을 가지고 왔다고 추정한다(Schore, 2001). 그 결과, 감정표현불능증을 가진 아동들은 행동문제나 공격적 행동이 격발될 수 있다.

한쪽 부모나 양쪽 부모 모두가 방관적이고 학대적일 수 있지만, 아동의 언어발달에 가장 큰 영향을 미치는 것은 엄마나 양육자의 일상적인 반응이다. 아동-엄마 간 애착의 질은 방치나 학대보다 언어발달에 더 큰 영향을 미치는 요인이며, 방치나 학대의 영향을 경감시키거나 악화시킬 수 있다.

아동기의 부모 사망, 형제의 사망, 임신합병증, 출산합병증, 현재 부부간의 문제나 재정적 문제, 물리적 학대, 엄마의 나이, 질병과 같은 몇 가지 요인이 아동과 엄마 간의 애착 형성을 방해할 수 있다. 이런 경우 엄마들은 두 가지 일반적인 상호작용 형태를 취한다. 대부분의 학대적인 엄마들은 통제적(controlling)으로, 아동에게 자신들의 뜻을 강요한다. 통제자로서 그들은 아동의 상호작용 개시를 무시하는 경향이 있으며, 따라서 아동의 구어적 자극의 양을 감소시킨다. 반면에 방치적인 엄마들은 영아에게서 얻는 만족감이 낮기 때문에 영아들의 행동에 반응하지 않는다. 두 상황이 모두 의미 있는 의사소통 기술의 발달을 위한 지지(support)가 부족하며, 놀이, 안아주기, 두드리기, 얼굴 비비기 등과 같은 적극적인 상호작용이나 영아에 대한 엄마의 양육적 발화가 거의 없다(Allen & Wasserman, 1985).

그 결과는 아동의 불안정한 애착 형성으로 나타난다(Browne & Sagi, 1988; Carlson, Cicchetti, Barnett, & Braunwald, 1989; Crittenden, 1988). 아동은 부모의 존재를 오히려 걱정하고, 공격적 행동이 나타날 상황을 피하기 위하여 상호작용을 회피할 수 있다. 초기의 자극-반응 관계에 대한 개념, 즉 자신의 행동이 성인의 강화 반응을 가져온다는 영유아들의 개념이 생성되지 않을 수 있으며, 더 나아가서는 아동의 행동을 억제할 수 있다. 명백하게 이는 이상적인 언어학습 환경이 아니다.

## 요약

최근에 와서야 우리는 양육자의 행동이 영유아에게 미치는 영향을 알기 시작했다. 방치와 학대가 언어와 의사소통 문제, 특히 언어 사용의 문제를 야기할 수 있다는 것이 확실해보이지만, 자료들은 상관성을 보여줄 뿐 원인과 결과는 아니다.

아동에게 해를 끼치는 관습이 용서를 받을 수는 없지만, 전문가들은 문화적 관습의 차이인지 아니면 부모의 공격성이나 방치의 위험에 있는 것인지를 반드시 확인해야 한다(Westby, 2007). 그러나 아동의 복지에 초점을 맞추어, 가족이 방치나 학대를 하는 경우에는 쉽게 인지할 수 있어야 한다. 아동 양육에 대한 문화적 관습을 해악에서 유익까지의 연속선에 두고 생각하는 것이 도움이 될 수 있다(Koramoa, Lynch, & Kinnair, 2002). 전문가들의 대처는 양육 관습이 이러한 연속선상의 어느 지점에 있는지에 따라 다양해질 수 있다. 예를 들어 신체적 체벌보다 해악이 경한 경우는 부모교육을 통해서 조정하는 것이 최선일 수 있다. 다음은 양육과 체벌에 대해 문화적으로 신중하게 가족에게 접근할 수 있는 방법들이다(Fontes, 2002).

- 해당 관습에 대한 법률 설명하기
- 가족의 목적을 파악하고 대체적인 방법 제안하기
- 해롭거나 신체적인 체벌의 영향 설명하기
- 동일한 문화의 전문가들에게 도움 요청하기

## 기타 언어장애

지금까지 빈번한 언어장애들을 언급했지만, 아직 논의가 끝나지 않았다. 간략함을 위하여 몇몇 언어장애 형태들과 관련 조건들을 생략했으나, 적어도 몇몇 장애명과 간단한 설명은 익숙하게 알고 있어야 한다. 차례로 비특정 언어장애(nonspecific language impairment, NLI), 말늦은 아동(late-talkers), 아동기 정신분열증(childhood schizophrenia), 선택적 함묵증(Selective Mutism, SM), 중이염 그리고 인공와우이식을 받은 아동들에 대하여 살펴보도록 한다. 특정적으로 문해(literacy)와 관련된 장애들은 문해 결함(literacy impairment)에 대한 장에서 논의할 것이다. 물론 여기에 다른 장애들을 추가할 수도 있을 것이다.

### 비특정 언어장애

비특정 언어장애를 가진 아동들은 언어발달에서 전반적인 지체를 보이며, 비구어 IQ가 86 이하이고, 단순언어장애처럼 명확한 감각적 또는 지각적 결함들이 없어야 한다. 이러한 특성들 이외에는 이 장애에 대한 설명이 빈약하다. 단순언어장애를 가진 아동들과 비교할 때, 이 아동들은 언어 과제들에서 좀 더 낮은 수행력을 보이고, 일반화에 더 많은 시간이 걸린다(Rice, Tomblin, Hoffman, Richman, & Marquis, 2004).

### 말늦은 아동

비록 말늦은 아동(late-talkers) 중에서 약 40~50% 정도인 상당수의 아동이 학령전기까지 지속적으로 언어문제를 나타내지만, 발달 초기의 지체가 후일의 언어발달에 미치는 영향을 예측하는 것은 어렵다(Dale, Price, Dale, & Plomin, 2003). 발달 초기의 지체 정도가 예후에 대한 정확한 예측 요인도 아니다. 4세까지 언어발달 지체가 지속되지 않는 말늦은 아동들은 형태론적 발달에서는 차이가 없었다(Rescorla & Roberts, 2002). 그러나 미묘한 결함이 지속될 수 있다.

　　초기 지체에서 아동의 건강이 중요한 요인이긴 하지만, 대부분의 초기 언어발달 지체는 환경적인 요인에서 기인한다. 아동의 부모가 SLP와 같은 전문가들의 도움을 구하지 않는 경우에 환경적 요인은 지속된다(Bishop, Price, Dale, & Plomin, 2003). 환경적 요인 중 하나는 빈곤 그리고/또는 노숙(homeless) 상태일 수 있다. 집 없이 노숙 상황에 있는 많은 아동들은 비록 공통적인 형태를 찾기는 어렵지만, 언어발달 지체를 나타낸다. 사실상 노숙 상황에 있는 대부분의 엄마와 아동은 양자 모두 일정한 유형의 언어결함을 가지고 있으며, 언어결함 형태의 부족이란 그들이 명확한 진단 범주를 가지고 있지 않다는 것을 의미한다(O'Neil-Pizozzi, 2003). 극단적인 빈곤의 영향에 대해서는 제5장의 다문화-다언어(CLD) 아동에서 좀 더 논의할 것이다.

## 아동기 정신분열증

이상한 생각, 기묘한 느낌, 비정상적인 행동을 야기하는 심각한 정신병적 질병인 아동기 정신분열증(childhood schizophrenia)은 13세 이하에서 약 1만 4,000명당 1명꼴로 발생하는 드문 질병이다(APA, 2000). 이 장애는 발병 초기 단계에는 진단이 어려우며, 발병 요인도 알려져 있지 않다. 뇌의 변화와 생화학적 · 유전적 · 환경적 요인의 복합적 작용에 의한 것일 수 있다.

　　비록 정신분열증을 의학적 치료로 조절할 수 있다고는 하지만, 현재는 치유될 수 없는 불치병이다. 증상은 환각이라는 실재하지 않는 것을 보고나 듣는 것, 현실과 환상의 혼동, 이상하고 괴상한 행동, 혼란스러운 생각과 극단적인 우울함 및 심한 불안과 두려움 등이다.

　　장애 발생률은 여아보다 남아가 약간 높지만, 5세 이하에서는 거의 나타나지 않는다. 일반적으로 증상이 일찍 나타날수록 예후가 좋지 않다. 정신분열증으로 발전하는 학령전기 아동 중에서 약 30%가 몸 흔들기와 손바닥 치기(flapping)와 같은 전반적발달장애와 유사한 행동을 나타낸다. 환각, 망상 및 왜곡된 생각과 같은 증상들은 학령기 초기 이후에야 나타난다.

　　정신분열증을 가진 아동과 청소년의 약 55%는 언어 지체를 포함하여 비정상적인 언어를 나타낸다(Mental Health Research Association, 2007). 정신분열증을 가진 아동들의 언어에 대한 연구는 거의 없지만, 성인들에 대한 연구들은 화용 결함, 특히 내용적 관련성에서의 결함을 보고한다(Nicolson et al., 2000). 더 구체적으로 성인들은 주제와 의도의 적절성, 대화 차례 지키기, 어휘 및 비구어적 행동에서 문제를 나타낸다(Meilijson, Kasher & Elizur, 2004).

## 선택적 함묵증

선택적 함묵증(SM)은 아동이 정상적으로 말할 수 있음에도 학교와 같은 특정 상황에서는 말을 하지 않는 장애로, 비교적 드물게 나타난다. 전체 아동 중 0.2~0.7% 정도가 특정 시점에서 선택적 함묵증을 나타내며, 여아가 남아보다 약 두 배 정도 많다(Bergman, Piacntini, & McCracken, 2002; Kristensen, 2000). 관련 요인은 사회적 근심, 극단적 수줍음 그리고 언어결함이나 제2언어의 학습 등이 있다. 비록 선택적 함묵증을 나타내는 아동들의 30~50%가 언어결함을 가지고 있다고 보고되었지만, 이 결함의 본질과 정도는 아직 잘 모른다.

### 중이염

많은 어린 아동들이 만성적인 중이염(otitis media)으로 고생한다. 일반적으로 반복적인 청력 손상으로 인한 누적된 영향이 언어발달 지체의 주요 원인일 수 있다(Feldman et al., 2003). 중이염이 언어장애를 유발하는 원인이 될지라도, 중이염을 가진 아동들을 독립적인 범주로 구분하지는 않는다. 중이염은 앞서 논의한 단순언어장애나 비특정언어장애와 같은 범주들과 함께 나타날 수 있다.

### 농

농아들에 대해 충분히 논의하기에는 지면이 제한적이지만, 조기중재와 인공와우이식에 대한 두 가지의 효과에는 주의를 기울여야 한다. 영아기에 말과 수화 훈련을 받은 선천적 농아들은 비록 완벽하지는 않더라도 종종 능숙한 화자가 되거나, 수화나 말과 수화 모두를 사용하는 언어를 발달시킬 수 있다. 흥미롭게도 정상 청력을 가진 아동들이 종종 12개월에 첫 낱말을 산출하는 데 반해, 수화에 노출된 아동은 8개월경에 수화로 첫 낱말을 표현한다.

인공와우이식을 받은 아동들은 일반 아동들과 유사한 방식으로 언어를 발달시킨다. 일반적으로 유아기에 이식을 한 아동들은 그 후에 이식을 한 아동들에 비하여 좀 더 빠른 언어발달을 나타낸다. 하지만 그 관계가 단순하지는 않다(Tomblin, Barker, Spencer, Zhang, & Gantz, 2005). 비록 유아기 이후에 이식을 받는 아동들이 초기에는 언어 성장이 향상되는 이점을 보이지만, 더 어린 나이에 이식을 받은 아동들이 급진적인 구어 발달 시기가 되면 그러한 이점이 사라지는 것으로 보인다(Ertmer, Strong & Sadagopan, 2003; Nicholas & Geers, 2007).

### 시사점

언어 결함은 성숙되지 않는다. 중재를 하더라도 그들은 거의 '치유'되지 않는다. 전형적으로 언어장애는 변하면서 좀 더 경미해진다. 언어장애를 가진 학령전기 아동은 언어와 학업 과제에서 지속적인 문제를 가질 수 있다. 유치원 시기에 언어장애를 보이는 아동은 초등학교까지 지속될 가능성이 높다(Tomblin, Zjang, Buckwalter, & O'Brein, 2003). 읽기도 문제를 나타낼 수 있다. 언어장애를 가진 아동은 성인이 되어서도 비언어적인 기술은 영향을 받지 않더라도 언어에서는 계속해서 문제를 나타낼 수 있다. 중재 여부에 상관없이, 언어장애의 잔재는 학업 수행과 사회 적응에 영향을 미친다.

구어 결함은 일반적으로 읽기와 쓰기 결함으로 나타난다. 읽기 결함은 아동이 메타언어 (metalinguistic)(역주 : '상위언어', '초언어'라고도 함) 능력이라고 하는 언어 인식 기술의 결함을 반영한다. 이러한 인식은 읽기를 위한 중요한 요인이다.

교실 내에서 언어장애를 가진 아동들은 점차적으로 일반 또래들과 상호작용을 덜하게 되며, 분리된 하위 집단을 형성한다. 개인의 상대적 의사소통 기술은 참여에 영향을 미친다. 언어장애를 가진 아동들은 전반적으로 낮은 의사소통 능력을 나타내기 때문에 점차 무시를 당한다. 그로 인하여 언어장애를 가진 아동들이 사회정서적인 장애를 가진 것으로 과잉 진단되는 경향이 있다(Redmond, 2002). 일반적으로 언어장애를 가진 아동들은 일반 또래들보다 더 많은 문제 행동과 낮은 사회 기술을 나타낸다(Qi & Kaiser, 2004). 이 아동들은 사회적 상황에서 정서적 반응을 추론하는 데 어려움을 나타내며, 이것이 이들이 직면하는 사회적 결함의 원인이 될 수 있다(Ford & Milosky, 2003). 교사들은 언어장애를 가진 아동들이 일반 또래 아동들보다 충동 조절, 호감 및 도움, 위로, 나눔과 같은 사회적 행동들에서 유의하게 낮은 수준을 보인다고 평가한다. 이러한 아동들은 점차 말이 적어지고 그로 인해서 위축되는데, 특히 사춘기 전과 청소년기의 남아들이 더욱 그러한 성향을 나타낸다(Fujiki, Brinton, Isaacson, & Summers, 2001).

일반적으로 아동들의 인기는 그들의 대화 기술과 관련이 있다. 언어장애를 가진 아동들은 구어를 사용한 상호작용의 개시를 거의 하지 않으며, 반응을 더 적게 하고, 더 짧고 비구어적으로 반응하며, 대화를 유지하는 능력이 더 떨어진다. 이로 인하여 타인과의 상호작용을 더 적게 한다.

언어장애를 가진 아동들은 종종 어휘력과 상위 수준의 의미적 기술에서 낮은 수행력을 보인다. 이러한 결함들에는 추상적 의미, 비유적 언어, 이중적 의미, 모호한 표현, 유머가 포함된다.

이들의 일반적인 통사론과 형태론의 특성은 미성숙한 형태의 지속적 사용이다. 자립 형태소에 하나 이상의 의존 형태소를 더하는 낱말 형성 과정도 미성숙한 형태를 보인다. 마찬가지로 음운 패턴도 일반적으로 자신보다 어린 아동들의 수준을 나타낸다.

마지막으로 언어 이해의 결함, 특히 중의성 유추와 같은 상위 수준의 결함은 지속될 수 있다. 이러한 결함은 표현언어에서 입증된 기저의 언어 결함을 반영한다. 이 시점에서 몇몇 전문가와 조직들 (American Psychiatric Association, 2000; World Health Organizaion, 2005)이 언어 산출에 주된 결함을 나타내는 표현언어장애를 하나의 개별적 범주로 분류했다는 것을 언급하는 것이 적절한 것으로 보인다. 그러나 연구 자료들은 표현언어 결함은 일반적으로 언어 지식이나 언어 입력 처리의 결함을 동반한다고 제안하고 있다(Leonard, 2009).

SLP는 중재를 통하여 어떤 언어 결함들은 교정하고, 어떤 결함들은 수정해주며, 그래도 남아 있는 또 다른 것들은 대체할 수 있는 기술을 가르쳐야 하는 책임이 있다. 우리는 가장 자연스러운 방법으로 이를 행할 수 있는 모델을 살펴볼 것이다. 그것을 기능적 중재라고 한다.

:: **결론**

이 시점에서 여러분은 각 언어장애를 최종적으로 구별해주는 한 문장의 요약을 필요로 할 것이다. 불행히도 저자는 하나의 요약을 가지고 있지 않다. 여전히 누군가는 제시된 정보들에 대한 이해가 좀 더 필요할 것이다. 지나친 일반화에 대한 위험을 무릅쓰고 시도해보자. 이 장의 초반에 저자는 정상적인 언어발달에 필요한 여섯 가지 능력을 인용하였다. 논의된 언어장애들을 개념화하는 데 그 능력들을 고찰하는 것이 도움이 될 것이다(표 2.14 참조).

지각적 결함이 몇몇 장애들에서 보고되었지만, 모든 장애가 해당되진 않는다. 또한 유형이나 정도도 유사하지 않다. 단순언어장애를 가진 아동의 경우에 지각적 결함은 빠르고 연속적인 청각적 자극에만 제한적으로 나타나는 것으로 보이지만, 학습장애나 ASD의 경우는 지각적 결함이 본질적 문제이다. 심지어 학습장애 내에서도 지각과 감각의 통합 수준에서 차이를 보이며, ASD 내에서도 반응 수준에서 차이를 나타낸다.

주의력 결함도 몇몇 언어장애에 동반된다. 그 다양성도 역시 크다. ASD를 가진 아동은 전혀 주의를 기울이지 않거나 한 가지에 고착되는데 종종 자극의 부적절한 특정 부분인 경우가 많다. 반면에 외상성 뇌손상을 가진 아동은 주의력의 변동을 나타내며, 단지 짧은 시간만 주의를 기울이는 것으로 보인다.

언어장애를 가진 모든 아동들이 상징을 사용하는 데 어려움을 보이지만 결함은 다양하다. 지적장애와 ASD를 가진 아동들은 상징과 참조물의 관계에 큰 어려움을 보이는 반면, 방치와 학대로 인한 장애 아동은 언어 형식과 내용에는 결함을 거의 나타내지 않는다.

언어를 공식적으로 배우는 경우는 거의 없다. 대신에 아동들은 대화를 통하여 규칙을 가정하고, 그로써 언어를 습득한다. 만약 아동이 학습장애, ASD, 외상성 뇌손상처럼 주의집중을 하지 못하거나 언어를 지각하는 데 어려움이 있다면 이러한 언어 습득은 어려울 수 있다.

충분한 정신적 에너지의 조건은 상당히 교묘한 부분이기 때문에 그 개념을 다소 넓히기로 한다. 지적장애를 가진 아동들은 과제 수행을 위한 정신 능력이 부족한 것일 수 있으며, 반면에 단순언어장애와 외상성 뇌손상 아동들은 낮은 수준의 과제에서 필수 정신 에너지를 사용하기 때문에 좀 더 높은 수준의 언어를 분석하고 합성하는 데 필요한 정신 에너지가 부족한 것일 수 있다. 종종 보고되는 외상성 뇌손상과 방치 및 학대 아동의 우울증 또한 언어학습에 필요한 인지적 에너지를 제한시킨다.

마지막으로 타인과 상호작용하고 의사소통하는 능력은 논의한 모든 장애에서 결함을 나타낸다. 어려운 것은 상호작용 및 의사소통을 위한 능력의 부재가 장애의 원인인가, 결과인가, 둘 모두인가, 또는 단지 동반되는 특성인가를 결정하는 것이다. 최소한 ASD와 방치 및 학대 아동 집단은 상호작용 능력의 결함이 언어장애와 직접적인 관련이 있는 것으로 보인다.

각 장애는 다소 다른 모습을 제시한다. 그러나 임상적으로 SLP가 집중해야 할 중요한 특성은 각 아동의 개별적인 특성이지 진단 범주가 아니다. 언어장애를 명명하고 정의하는 것은 장애를 설명하거나 임상적 중재를 결정하는 데 필요하지 않다.

**표 2.14** 언어학습 조건과 언어장애 아동의 결함*

| 조건 | 언어장애 | | | | | |
|---|---|---|---|---|---|---|
| | 지적 장애 | 언어학습 장애 | 단순언어 장애 | 자폐범주성 장애 | 외상성 뇌손상 | 방치/학대 |
| 짧은 연속적 음향 신호를 지각하는 능력 | | ×* | × | × | × | |
| 자극에 적극적으로 집중하고, 반응하고, 예측하는 능력 | | × | | × | × | |
| 상징을 사용하는 능력 | × | × | × | × | × | × |
| 환경에서 사용하는 언어로부터 구문을 창조하는 능력 | × | × | × | × | | |
| 다른 사람과 상호작용하고 의사소통하는 능력 | | | | × | | × |
| 위의 모든 것을 동시에 할 수 있는 충분한 정신적 에너지 | × | | × | | × | × |

* ×는 언어학습과 사용에서 결함영역을 표시

# 제3장

# 조기의사소통중재

미국에서는 저자의 손자 중 한 명을 포함한 약 17%의 아동이 **발달장애**(developmenta disability, DD)를 갖는다[Centers for Disease Control and Prevention(CDC),2007]. 미공법 PL106-402인 발달장애 지원 및 권리장전(Developmental Disabilities Assistance and Bill of Right Act)에는 중도의 만성적 장애를 다음과 같이 정의하고 있다.

- 지적 또는 신체적 손상이나 이러한 손상이 결합되어 나타난다.
- 22세 이전에 발현되어야 한다.
- 문제가 계속 유지될 가능성이 크다.
- 자기 관리, 수용 및 표현언어, 학습, 이동, 독립적인 결정 능력, 독립적인 학습 능력, 경제적 자립과 같은 일상 활동 중에서 셋 혹은 그 이상의 영역에서 심각한 기능적 제한을 갖는다.
- 평생 혹은 상당한 기간 동안 일련의 특수하고 다학문적 또는 일반적 서비스나 개별화된 지원, 또는 다른 형태의 지원이 계획되고 제공되어야 한다.

집단의 이질성에도 불구하고, 이러한 많은 아동들은 의사소통과 섭식/삼킴 문제를 갖는다. 매우 어린 아동의 의사소통 손상 범위는 감소되거나 비전형적인 옹알이, 의사소통적 제스처의 제한된 사용, 언어 발달의 지연과 퇴행까지 다양하다(ASHA, 2008b).

이 법과 다른 법들은 300,000명 이상의 아동이 장애인교육증진법(Individuals with Disabilities Education Improvement Act)(IDEA, 2004)의 Part C에 의해 조기중재를 받는 자격을 가질 수 있다고 해석한다. **조기중재**(Early Intervention, EI)는 출생 후 3세까지, 발달적 장애를 가지고 있거나 장애위험에 속한 어린 아동을 위한 교육적 접근이다. 조기중재(EI)는 치료교육은 물론 미래에 가질 수 있는 문제를 예방하기 위한 목적을 가지며, 아동과 가족 모두를 대상으로 한다. 말, 언어 및 섭식의 중재에 일차적 관심을 갖는 경우 **조기의사소통중재**(Early Communication Intervention, ECI)로 아동 프로그램을 언급해야 할 것이다.

ECI 모델은 기능적어야 하며, 일상생활 의사소통의 문맥 내에서 아동과 가족 구성원에 초점을 두어야 한다. 이 중재 모델은 나이가 더 많은 아동을 대상으로 공립학교 내에서 제공되는 교육과는 달라 보일 수 있다. 어린 아동과 가족 구성원, 그리고 다른 전문가가 함께 작업하는 것은 일부 수정이 필요할 수 있다. 조기중재(EI)의 법적 근거를 먼저 살펴보고, 그다음 평가와 중재 모형을 알아본 후, 마지막에 보안대체의사소통(AAC)에 대하여 논의할 것이다.

## 조기중재를 위한 법적 근거

조기중재(EI)는 단지 좋은 개념에 그치는 것이 아니다. 미국과 다른 개발도상국가에서는 조기중재가 법적으로 명시되어 있다.

조기중재(EI)는 어머니와 아동과 같은 취약한 집단의 건강 관리에 초점을 둔 세계보건기구(WHO)로부터 비롯되었다(WHO, 1981). 미국의 여러 법에서는 조기중재(EI)의 요건을 개관하고 있다.

1986년에 통과된 특수교육법(Education for the Handicapped Act Amendments)인 공법 99-457에서는 발달장애(DD)를 가진 영아와 그들의 가족을 위한 포괄적인 서비스 구축을 의무화하였다. 이 법은 잘 훈련된 전문가가 아동의 평가를 담당해야 하며, 평가와 중재가 다학문적 팀에 의해 제공되어야 한다는 것을 요구하였다. 평가의 목적은 장애의 유무와 정도를 확인하는 것으로 다음의 내용을 확인해야 한다.

- 아동의 특별한 요구, 수행, 강점
- 아동의 발달과 관련된 가족의 강점과 요구
- 아동과 가족에 적합한 조기중재 서비스의 유형과 정도

서비스 대상 판별은 주마다 다양하다. 결정 요인에는 몸무게, 재태기간 및 의학적 진단이 포함된다.

4년 후, 미국 의회에서는 1990년의 장애인교육법(Individuals with Disabilities Education Act, IDEA)을 통과시켰다. IDEA는 무상교육과 (장애 아동에 대한) 적절한 공교육을 요구하였다. Part C는 개별화된 가족 서비스 계획(IFSP)에 따라 영아와 영유아를 위한 프로그램을 명시하였다. IFSP는 이후에 다룰 것이다.

1997년에 공법 105-17로 다시 공인되었다. 공법 105-17의 Part C는 서비스가 가족의 맥락 내에서 제공 강화되었다. 가족 구성원들은 간학문적 팀(interdisciplinary team)의 일부로 협력적 접근의 주요 결정자가 되도록 하였다.

2004년에, IDEA는 다시 장애인교육증진법(Individuals with Disabilities Education Improvement Act, IDEIA)으로 개정되었다. IDEIA는 이러한 개별화된 프로그램이 자연스러운 환경 혹은 최소제한환경(Least Restrictive Environment, LRE)에서 제공할 것을 요구하였다.

법에서 설명된 몇 가지 요소들은 조기중재(EI)를 계획하는 데 있어서 매우 중요하다(ASHA, 2008a, b, c, d). 서비스는 반드시 다음의 내용을 포함해야 한다.

- 아동과 가족의 참여를 최대화하고, 아동과 가족의 요구를 충족시키기 위해 통합된 형태의 포괄적이며, 협력적이고, 팀 기반의, 초학문적(transdisciplinary) 접근이 되어야 함
- 가족의 고유한 상황, 문화, 언어, 선호, 자원, 우선순위를 포함한 가족의 문화와 가치, 그리고 가족의 우선순위를 중요시해야 함
- 아동과 가족을 위해 개별화되어야 함
- 아동의 발달을 지원하고, 자연스러운 환경 참여를 촉진해야 함
- 아동의 연령에 발달적으로 적절해야 하며, 인지 수준, 강점 및 가족의 관심과 선호를 고려

해야 함
- 아동과 가족에게 최소한으로 제한되며 가장 자연스러운 환경을 제공해야 함
- 전문가나 가족의 선호와 중재 효과면에서 질적으로 우수하며 최근의 연구 자료를 통합한 자료에 기초해야 함

이러한 요소들은 또한 미국말언어청각협회(American Speech-Language-Hearing Association, ASHA, 2008b)에서 제안한 조기중재 원칙 의해 지지되었다.

2001년에, 세계보건기구는 서로의 관계와 일상생활 활동의 참여 측면에서 건강과 장애를 고려하는 장애에 대한 새로운 모델을 통과시켰다(WHO, 2001). 즉 장애의 심각도는 개인이 속한 자연스러운 환경에서 각각의 사람의 기능적 측면과 관련하여 고려된다. 이 책 전체를 통해 논의되는 기능적 모델과 같이, 우리의 관심은 각 개인이 일상생활에서 어떻게 그리고 누구와 의사소통하는가에 있다.

일상적 활동과 루틴은 제한된 참여를 최소화하는 학습 기회를 제공한다. 참여를 가능하게 하고 증진시킴으로써 우리는 어린 아동이 새로운 기술을 습득할 수 있도록 돕는다. 참여는 의사소통을 요구한다.

## 조기중재 모델

앞에서 우리는 전반적인 조기중재(EI) 접근법에 대해 이해하였다. 이제부터는 각각을 세부적인 내용으로 구분해서 살펴보도록 하겠다. 세부 내용으로는 다학문적 팀, 가족과 문화의 중요성, 양육자/부모의 역할, 개별화된 서비스와 IFSP, 그리고 자연스러운 환경의 사용이 있다.

### 팀 접근법

팀은 아동과 가족의 개별화된 요구에 기초하여 가장 적합한 서비스 제공 모델을 선택하는 책임을 갖는다. 팀의 일원으로서 언어치료사(SLP)는 일차 서비스 제공자(primary service provider, PSP)로 지정될 수 있다.

이 모델은 서비스가 각각 개별적으로 진행되지 않도록 하는 데 도움을 주며, PSP는 자문 방식을 통해 다른 전문가들에게 서비스를 제공할 수도 있다.

2004년에 사용된 IDEA에서 '다학문적(multidisciplinary)' 팀이라는 용어를 사용했지만, 아동과 가족의 요구에 기초하여 간학문적(interdisciplinary), 초학문적(transdisciplinary) 접근과 같은 다른 팀 접근법을 적용할 수도 있다. 이 세 개의 팀 모형은 팀 구성원들 사이의 의사소통과 협력의 정도에 따라 차이를 갖는다(Paul-Brown & Caperton, 2001).

**다학문적 팀**(multidisciplinary team)은 SLP와 같은 구성원들이 독립적으로 아동을 평가하고, 아동의

요구사항을 결정한다. 개별적으로 수행된 결과들을 함께 종합하기는 하나 서로 간의 협력은 매우 적다. 가족들은 중재팀의 일원으로 고려되지 않으며 여러 전문가들이 개별적으로 그들에게 자문을 하거나 권고를 하여서 그로 인해 부담감을 느낄 수 있다. 제공되는 서비스가 서로 다르거나 중복될 가능성도 있다.

**간학문적 팀**(interdisciplinary team)은 전문가들 사이에 의사소통 통로가 수립되어 있어서 더 많은 협력적 접근이 가능하다. 가족은 팀의 일부로 고려된다. 여러 전문가들이 아동을 개별적으로 평가하나 보고서는 여러 전문가와 가족이 함께 협력하여 통합적으로 작성한다. 전문가들은 여전히 개별적으로 서비스를 제공하기는 하나 중재 서비스는 함께 협력적으로 계획한다.

**초학문적 팀**(transdisciplinary team) 접근법에서는 가족과 다양한 학문의 전문가들이 자신의 고유한 전문성을 통해서 중재 계획과 실행의 책임을 공유한다. 이러한 방식으로 초학문적 팀은 가족과 여러 전문가들은 완전하게 통합된다. 평가에 참여하는 모든 구성원들은 원형 평가(arena assessment)라고 하는 형식을 사용하는데, 이는 팀 구성원들이 아동과 가족 혹은 팀 구성원들과의 상호작용을 관찰하는 것이다. 마지막으로 팀은 가족과 합의하고 공동 작업을 통해 통합된 서비스를 계획한다.

## 가족의 중요성

효과적인 조기중재는 가족 중심이어야 한다. 가족 참여는 아동의 신체적 · 인지적 · 사회적 · 언어적 기술, 부모의 자기 통제와 자기 효능감 수립, 그리고 중재 서비스에 대한 부모의 전반적 만족감 향상과 같은 긍정적인 결과를 유도한다(Applequist & Bailey, 2000). 가족중심 중재에서 부모는 전문가의 파트너가 된다.

성공적인 조기중재는 모든 관계자, 아동, 부모, 중재 촉진자들이 맺는 관계의 질에 달려 있다. 이러한 관계는 부모-아동 관계에 직접적으로 영향을 미친다.

조기중재(EI) 서비스를 필요로 하거나 요구하는 아동과 부모의 개별 가족 구성원이나 특성은 매우 다양하다. 각 아동의 개별적인 특성뿐만 아니라 다양한 가족의 역사, 현재의 상황, 서비스를 찾는 이유도 다양하다.

학령전기 아동의 부모중심 언어 중재를 다룬 18편의 논문에 대해 메타분석을 실시한 결과, 부모중심 언어 중재 접근법이 언어장애를 가진 어린 아동을 위한 조기 언어 중재를 위한 효과적인 접근법이라는 것을 보여주었다(Roberts & Kaiser, 2011). 부모가 참여한 언어 중재를 받은 어린 아동들은 그렇지 않은 아동에 비해 언어 능력이 더 향상되었다(Chao, Bryan, Burstein, & Cevriye, 2006). SLP와 부모와의 협력적 접근은 목표는 물론 이러한 목표를 적용할 수 있는 전형적인 매일의 일상적인 루틴을 확인할 수 있게 해준다.

## 문화적 고려

공법 99-457에 따르면, 조기중재는 개별성과 가족의 인종적, 민족적, 문화적, 기타 차이를 반영해야 하며, 각 가족의 요구에 대해 민감해야 한다. 최소한 양육자에게 배포되는 자료들은 각자의 모국어여야 하고, 절차에서도 차별이 없어야 한다. 또한 영아가 가장 많이 노출된 언어를 사용해서 다양한 방법의 평가가 제공되어야 한다.

모든 아이들과 같이, 발달장애를 가진 아동도 부모, 형제, 확대 가족 구성원, 친구, 이웃, 지역사회 기관이 포함된 생태학적 환경의 일부이다. 가족은 넓은 문화적 맥락에 포함되어 있다. 민족과 문화적 집단은 장애에 대한 그들의 신념이나 가족과 지역사회 지원 특성, 의료 행위, 전문적 서비스의 사용에 있어서 매우 다양할 수 있다. SLP는 다양한 배경의 가족들에게 조기의사소통중재(ECI) 참여와 협력, 서비스 제공을 증진시키기 위해서 반드시 문화적으로 특정한 신념과 가치를 이해하고 존중해야 한다(Garcia, amendez-Perez, & Ortiz, 2000; Rodiguez & Olswang, 2003; Salas-Provance, Erickson, & Reed, 2002).

## 아동과 부모/양육자

부모-아동 혹은 양육자-아동 간의 상호작용은 양육자나 아동 모두에게 도움과 경험 확장을 위한 기회를 제공하므로, 조기의사소통중재(ECI)에 있어서 가장 영향력을 미치는 요인으로 간주된다. 부모와 아동의 상호작용은 중재의 모든 과정을 통해 영향을 미치기 때문에 부모와 아동의 상호작용에 주의를 기울이는 것은 필수적이라 할 수 있다.

SLP는 부모에게 그들의 신념과 다음과 같은 지식을 가지고 있는지 살펴봐야 한다(Kummerer, Lopez-Reyna, & Hughes, 2007).

- 아동의 말/언어 장애
- 수용 및 표현언어 간의 차이와 중요성
- 중재 권고의 이유
- 언어치료사의 역할
- 조기의사소통중재(ECI)에 부모참여가 중요한 이유
- 임상가들이 아동, 가족과 상호작용하는 방법
- 임상가와 가족이 협력적으로 작업할 수 있는 방법
- 아동의 장애를 치료하기 위해 필요한 시간과 노력의 양
- 가정환경에서 가족이 할 수 있는 일반화 전략 방법

이러한 주제들은 부모들이 정보를 가지고 있지 않거나 채념 상태에 있어서 변화의 중개자로서 효과적

인 역할을 담당하지 못할 수 있기 때문에 중요하다.

　SLP의 역할은 아동의 의사소통 발달을 도울 수 있는 능력을 가지고 스스로 확신할 수 있도록 돕는 것이다. 이를 위해 SLP는 아동중심의 중재와 관련된 지식과 기술을 양육자들이 중재에 적용하는 데 필요한 성인 교육 원칙과 통합해야 한다.

## 개별화

다른 좋은 중재와 마찬가지로 SLP는 조기의사소통중재(ECI)에서 반드시 아동 개개인을 위해 고안된 서비스를 제공해야 한다. 이것은 아동의 의사소통 행동에 대한 지속적인 평가 및 모니터링과 정확한 기록을 요구한다. 융통성(flexibility)은 어린 아동의 발달과 중재의 새로운 기회 제공에 필수적이다. 일반적으로 어린 연령에 중재 서비스를 받기 시작한 아동들은 장애의 유형에 상관없이, 이후에 시작한 아동에 비해서 더 적은 중재를 필요로 한다(Jacoby, Lee, & Kummer, 2002).

## 개별화된 가족 서비스 계획(IFSP)

1986년의 장애인교육 개정법의 Part H와 IDEA에서 다시 승인된 Part C에서는 조기중재(EI)의 초점이 장애를 가진 아동에서 '가족 구성원의 일부로서의 아동'으로 전환되었다. 변화의 주요한 예는 **개별화된 가족 서비스 계획**(Individualized Family Service Plan, IFSP)으로의 변화이다. 학령기 아동을 대상으로 한 개별화된 교육계획(Individualized Educational Plan, IEP)을 기반으로 IFSP는 아동의 발달에 영향을 미치는 아동과 가족의 필요를 모두 다룬다.

　IFSP는 최소한 다음을 포함해야 한다.

- 아동과 가족의 현재 상태
- 권고된 서비스와 기대되는 결과
- 서비스 제공의 예상 기간

가족이 계획 과정에 참여하면서 내용을 이해하고 주인의식을 갖는 것은 중요하다. 계획은 정기적으로 검토되어야 하고, 아동과 가족의 변화된 요구를 수용하기 위해 요구에 따라 수정되어야 한다.

　IFSP는 협력적으로 작성되어야 하는 문서이다. 가족 구성원들은 아동의 강점과 요구를 평가하는 데 참여해야 한다. IFSP는 아동의 기능적 수준에 대해 가족과 서비스 제공자 간의 이러한 협력적 작업을 반영해야 한다. 가족은 평가 계획에 포함되어야 하고, 그들의 관심과 우선순위, 그리고 아동의 발달을 촉진시킬 수 있는 자원에 대해 논의하도록 장려된다.

　아동과 가족 모두의 결과는 가족의 관심, 우선순위, 자원을 반영해야 하며, 가족이 이해할 수 있는 언어로 쓰여야 한다. IFSP 결과의 설명은 학령기 아동을 대상으로 한 IEP와 목표 및 목적을 기술하는 것과는 차이를 갖는다. 그 차이는 서비스 계획보다 IFSP의 치료 계획 형식을 반영한다. IFSP는 IEP보다 더 융통성 있을 뿐만 아니라, 아동에게만 국한되지 않는 그 이상의 사안을 다룬다. IFSP 서비스가 필요하다고 확인되면, 가족과 다른 팀 구성원이 확인한 결과를 성취하기 위해 모든 관계자들은 협력적으로 목표와 목적을 향한 서비스를 계획한다.

원하는 결과를 얻기 위해서 가족-중심, 양육자-중심 중재는 중재의 결과, 활동, 일상생활을 양육자가 결정하고, 언제, 어디서 어떤 중재 전략을 사용하는지도 양육자가 결정하도록 한다. 양육자들이 결정에 참여하도록 장려될 때, 양육자들은 다른 활동과 일상생활에 중재 전략을 일반화할 수 있는 능력을 발전시킬 수 있을 것이다(Kashinath, Woods, & Goldstein, 2006; Wetherby & Woods, 2006).

### 자연스러운 환경

장애인교육증진법(IDEIA, 2004)의 Part C에서는 영유아를 위한 일반적인 환경을 설명하기 위해 자연스러운 환경(natural environment)이라는 용어를 사용하였다. 이것은 치료실이나 의료기반 환경과 같이 전통적인 중재 환경과 차이를 보인다. 자연스러운 환경은 가정, 영유아 보육 및 교육 환경, 가족이 주로 아동과 시간을 보내는 다른 지역사회 환경 등을 포함한다. 중재 서비스를 위한 가장 중요한 자연스러운 환경은 가정이다.

IDEIA는 IFSP와 그다음에 요구되는 IEP는 개별화된 프로그램으로 자연스러운 환경 또는 최소제한환경(LRE)에서 제공되어야 한다. 조기중재(EI) 서비스가 자연스럽지 않은 환경에서 제공되는 경우 IFSP는 반드시 타당한 이유를 제시해야 한다. 아동이 유치원 서비스를 위한 판별 연령에 도달하면 IDEIA는 유치원 환경일 수 있는 최소제한환경 내에서 서비스가 제공되어야 할 것을 요구한다.

IDEIA의 한 가지 목표는 가족이 다양한 지역에서 초학문적 접근이 아닌 형태로 여러 곳에서 중재되는 것을 방지하는 것이다. 중재는 개별화가 가능하다면 개별 혹은 그룹 회기로 이루어질 수 있다. 일반적으로 절충적 형태로 제공된다. 예를 들어 그룹 중재가 개별 중재에 부가적으로 제공될 수 있다.

센터중심 중재는 민감하게 진행하지 않는 경우 일부 부모에게는 위협적인 상황이 될 수도 있으나, 아동과 부모에게 다른 아동과 부모와 상호작용할 수 있는 기회를 제공하기도 한다. 세심히 계획한다면 센터중심 중재는 다른 부모-아동의 상호작용을 관찰하고, 가정중심(Home-based) 서비스에 부가하여 부모의 상호작용 기술을 향상시킬 수 있는 방식이 될 수 있다.

가정중심 중재는 장소 이상의 것을 포함한다. 가족의 일상생활과 활동 문맥은 가정환경에서 자연스럽게 발생하는 사건 안에서 아동에게 학습과 발달의 기회를 제공한다. 부모는 교육을 위해 일상생활과 활동을 활용할 수 있다. 먹기, 목욕하기와 같은 활동들은 일상생활의 필수적인 부분이며, 가족의 일과에서 친숙한 부분이다. 이러한 활동들은 아동의 인지와 의사소통 기능 발달에 매우 큰 영향을 미치며, 의사소통 학습을 위한 의미 있고 기능적인 기회를 제공한다. SLP는 가족과 협력적으로 작업하며, 하루 종일 개별화된 의사소통 활동을 포함한 조기의사소통중재(ECI) 방법에 따라 부모를 지도할 수 있다.

어린 아동들은 양육자가 환경과 상호작용을 매개하는 활동에 참여할 때 최상의 학습을 한다 (Hancock &Kaiser, 2006; Wetherby & Woods, 2006). SLP는 양육자가 아동과 상호작용하기 위한 최 상의 시간과 방법을 결정하게 함으로써 어린 아동들이 의사소통을 하기 위해 어떻게 학습하는지에 대 해 양육자의 이해를 도울 수 있다. 양육자로 하여금 문제-해결과 계획에 참여하게 할 때 효과적인 의 사소통 촉진자로서의 가능성은 증가할 것이다.

## SLP의 역할

조기중재에서 SLP의 역할은 당신이 가정하고 있는 SLP의 역할과 매우 다른 개념일 수 있다. 조기중재 (EI)모델에서 SLP는 영아와 영유아, 그리고 부모와 관련된 복합적인 역할을 담당한다. 이것은 다음을 포함한다(Woods, Wilcox, Friedman, & Murch, 2011).

- 팀 구성원, 일차적 서비스 제공자
- 임상가
- 의사소통 촉진자
- 코치
- 자문

일부 역할은 익숙할 수도 있지만, 아동의 일상생활 안에서 의사소통 목표를 달성하기 위해 양육자와 협력하는 것과 의사소통 중재 전략 사용을 양육자가 학습할 수 있도록 돕는 역할은 익숙하지 않을 수 도 있다.

일상생활 안에서 의사소통 목표를 달성하기 위해 양육자를 지도하는 것에서 SLP는 교사와 학습자 둘 모두의 역할을 한다. 양육자는 아동의 의사소통 학습을 지원하기 위해 필요한 전문지식이나 경험 이 없을 수 있다. 양육자는 SLP에게 아동의 강점, 아동의 일상생활과 흥미에 대한 특성, 가족의 문화 와 가치에 적합한 전략에 대한 정보를 제공하며, 함께 작업할 수도 있고 아닐 수도 있다. 다시 말하면 SLP와 양육자 모두 서로에게서 아동의 발달을 지원하기 위한 파트너로서 지식과 기술을 제공하고 얻 는다(Dunst & Trivette, 2009a). 이러한 양방향적인 교육과 학습의 관계는 진정한 개별화된 가족중심 접근법의 근거가 될 수 있다(Woods et al., 2011).

## ECI 프로그램을 제공받는 아동

아동의 의사소통 능력이 제한될수록 의사소통 행동과 그 결과 간의 관계를 학습하는 데 더 어려움을 갖는다. 생애 초기 몇 개월 동안 전형적 발달(typically developing, TD) 아동들은 자신의 행동이 그들 이 속한 환경에 있는 다른 사람에게 영향을 미칠 수 있다는 것을 학습한다. 자신의 행동과 그 결과를 연결하게 되는 것은 의사소통 의도 발달에 있어서 필수적인 첫 번째 연결이 된다. 의사소통 손상은 아동 발달의 다른 영역에 영향을 미친다. 예를 들어 언어발달지체 아동은 일반 아동들에 비해 더 많이 사회적으로 위축된다(Horwitz et al., 2003; Irwin, Carter, & Briggs-Gowan, 2002; Rescorla, Ross, & McClure, 2007). 의사소통 손상과 행동 문제의 비율 사이에서도 관계를 보인다. 학령전기의 언어문제는 이후 행동/정서장애와도 관계를 갖는다.

몇 가지 요인들이 의사소통장애에 영향을 미칠 수 있다. 예를 들어 저체중 출산과 조산 모두 언어장애를 가진 아동의 전형적인 특징으로 언어발달지연(late language emergence, LLE)의 명확한 예측 요인이 된다. 가족력, 성별(남자), 초기 신경생물학적 성장도 언어발달지연(LLE)의 또 다른 분명한 요인이다. 부모의 교육력, 사회경제적 자원, 부모의 정신 건강, 부모 교육, 가족의 기능 등은 언어발달지연과의 관계가 상대적으로 명확하지 않다. 24개월 영유아의 대근육 및 소근육 운동 발달, 협응과 신체적 발달의 어려움, 부정적인 기질과 기분의 질 등은 이후 언어 장애의 예측요인에 포함된다.

공법 99-457에서는 조기중재 프로그램을 제공받는 아동을 크게 다운증후군과 같은 **형성된 위험**(estabilish risk)과 조산 혹은 저체중과 같은 장애위험으로 분류하였다. 형성된 위험은 해당 조건과 발달 문제가 서로 강한 관계를 갖는다. 표 3.1에 형성된 위험의 예가 제시되어 있다. 형성된 위험 범주는 염색체 및 유전 장애, 신경학적 장애, 선천성 기형, 선천성 대사 증후군, 감각장애, 전반적 발달장애, 만성적 의학적 질병, 그리고 심각한 전염성 질병을 포함한다(Rossetti, 2001).

비록 아동이 형성된 위험을 가졌다 할지라도, 장애위험 요인에서 배제되지는 않는다. 장애위험 요인에는 전형적 발달을 위해 정상적인 방법으로 환경과 상호작용하는 아동의 능력에 방해가 되는 요인들을 포함하고 있다. 장애위험 요인은 생물학적 요인과 환경적 요인을 모두 포함한다. 다음에 장애위험 요인을 제시하였다. 장애위험 요인은 여기 제시한 것에만 국한되지는 않는다.

- 조산
- 저체중 출산

**표 3.1** 형성된 위험

| 분류 |
| --- |
| 염색체 및 유전 장애 |
| 신경학적 장애 |
| 선천성 기형 |
| 선천성 대사 증후군 |
| 감각장애 |
| 전반적 발달장애 |
| 만성적 의학적 질병 |
| 심각한 전염성 질병 |

Rossetti(2001)에 기초함

- 신체적 학대
- 심각하고 만성적인 양육자 혹은 아동의 질병
- 임신 중 관리 부족 또는 제한
- 양육자의 만성적 또는 심각한 정신적 질병이나 발달장애
- 양육자의 알코올 또는 약물 의존

각 위험군의 유형에 대해 간단하게 살펴보도록 하겠다.

## 형성된 위험

일반적으로 형성된 위험은 더 쉽게 확인할 수 있고, 발달장애와 깊은 관계를 갖는다. 형성된 위험요인에 대해서는 이전 장에서 설명되어 왔으므로 간단하게만 언급할 것이다. 형성된 위험의 예로 지적장애(ID), 자폐범주성장애(ASD), 뇌성마비(CP), 농(deafness), 농맹(deaf-blindness)이 포함된다.

### 지적장애(ID)

거의 모든 아동들이 학습하고, 발달하며, 사회의 일원으로 참여하기는 하나, 지적장애(ID) 아동의 인지적 제한성은 전형적인 아동보다 더 느린 학습과 발달을 야기할 것이다. ID가 심각도와 동반하는 다른 불리한 조건은 출생 시부터 명확히 드러나기도 하나 어린 아동들에게 진단 검사를 실시하는 것은 어렵다. 내 손자는 더불어 뇌성마비와 시각장애와 더불어 지적장애를 가졌는데, 지적장애는 그 아이가 5세가 될 때까지 명확하게 진단되지 않았다.

### 자폐범주성장애(ASD)

중등도에서 심도의 자폐범주성장애(ASD) 아동은 대개 말과 언어 습득, 의사소통에서 지연을 보인다(Tager-Flusgerg et al., 2005). 초기 언어 능력과 사회적 능력은 이후의 긍정적 결과와 관련되며 구어능력은 기능 수준에 대한 강한 예측 요인이 된다(Howlin, Mawhood, & Rutter, 2000; Liss et al., 2001; Lord, Risi, & Pickles, 2004; Mawhood, Howlin, & Rutter, 2000; Stone & Yoder, 2001).

　　다양한 요인들이 어린 ASD 아동의 언어능력 발달에 기여하는 것으로 보인다. 그 요인은 다음과 같다(Bono, Daley, & Sigman, 2004; Charman, Baron-Cohen, et al., 2003; Stone & Yoder, 2001; Woods & Wetherby, 2003).

- 사물의 기능적·상징적 사용
- 제스처의 빈도와 유형
- 동시주의 개시 능력
- 구어 모방 능력

- 표현 낱말 수
- 이해 낱말 수

어린 ASD 아동을 대상으로 한 여러 연구들은 주의집중, 모방능력과 언어 간의 관계를 보고하였다 (Bono & Sigman, 2004; Siller & Sigman, 2002; Stone & Yoder, 2001).

## 뇌성마비

뇌성마비(CP)는 운동, 근육 긴장, 근육 협응에 영향을 미치는 만성적 뇌 병변 집단이며, 미국에서는 거의 50만 명 정도 출현한다. 약 8,000명의 영아들과 유치원 시기의 1,500명 정도가 매해 뇌성마비로 진단된다. 뇌 운동 영역의 한 군데 이상에서의 손상은 잘못된 신호를 근육으로 보내기 때문에 운동과 자세를 조절하는 뇌 기능을 방해한다. 뇌손상의 위치와 정도에 따라 심각도는 달라진다. CP는 삼킴의 어려움과 말과 언어의 모든 문제와 관련된다.

뇌성마비는 질병이 아니며 시간에 따라 악화되지 않는다. 뇌손상을 가진 대부분의 신생아의 약 70%는 분만이 시작되기 전에 발생하는 사고로 인한 것이다. CP 발생률 추정치는 정상 출산 1,000명 당 두 명이다. CP의 위험요인은 저체중, 조산, 태반장애, 풍진, 임신 중 산모의 감염, Rh나 다른 혈액 형 부적합 요인, 장시간의 산소 결핍, 영아 뇌 출혈이나 뇌졸중이다.

CP의 세 가지 주요 유형은 경직형(spastic), 무정위운동형(athetoid), 운동실조형(ataxic)이다. 한 가지 유형은 드물게 나타나고, 대부분 CP가 혼합되어 나타난다. 또한 처음에 이완형(flaccid) 또는 저긴장형(hypotonic) CP를 보이는 많은 어린 아동들은 근육 긴장이 좋지 않고, 몸이 축 처지는 자세로 특징지어지는데, 이러한 아동들의 대부분은 그들이 성숙해가면서 다른 CP의 형태 중 하나를 보인다. 뇌성마비의 유형별 특징과 원인은 표 3.2에 제시하였다.

CP의 초기 징후는 다른 아동들과는 다른 운동 능력 발달을 보이는 것이다. 저자의 손자는 2세경에야, 구르거나 '배밀이 기기' 형태로 이동했다. 무릎으로 지탱할 수는 있었지만 혼자서는 무릎으로 기기는 할 수 없는 것처럼 보였다.

## 농과 농-맹 중복장애

청력 손실은 소리를 감지하거나 이해하는 능력이 전체적으로 또는 부분적으로 감소하여 발생한다. 손실의 정도는 일반적인 청력 수준에서부터 심한 청력 손실 또는 농(deafness)까지 분포한다. 심각도는 데시벨로 측정되는 소리 크기 정도나 강도로 측정되는데, 보통 데시벨은 소리가 개별적으로 탐지되기 전에 측정된다. 심도의 청력 손실 정도는 90dB 또는 그 이상을 말한다. 이것은 소리가 90dB보다 작은 소리는 들을 수 없거나 매우 큰 음악의 수준도 청력으로 감지할 수 없다는 것을 의미한다.

위에 제시된 농의 정의는 원칙적으로 정확한 것이나, 농을 더 실제적인 차원에서 생각하는 것이 적절할 수 있다. 예를 들어 청각적 정보로부터 이익을 얻는 능력은 소리 유형, 소음, 맥락에 따라 달라

**표 3.2** 뇌성마비의 특징과 원인

| 뇌성마비 유형 | 특징 | 뇌손상 영역 |
|---|---|---|
| 경직형(spastic) | 반대 근육의 긴장도가 증가된 경직성<br>강직과 지나친 뻗기 반사<br>경련이 있고 힘이 많이 들어가며 느린 움직임<br>영아기의 반사 패턴 | 운동 피질<br>추체로 |
| 무정위 운동형(athetoid) | 느리고 불수의적이며 비틀린 몸 움직임<br>잘 협응되지 않은 수의적 움직임<br>수의적 움직임에 수반된 움직임 | 추체외로<br>기저핵 |
| 운동실조형(ataxic) | 협응되지 않은 움직임<br>불균형<br>움직임의 방향, 힘, 조절 부족 | 소뇌 |

진다.

　청력 손실이 언제 발생했는지는 구어 언어 습득에 결정적이다. 출생 전 또는 영아기 동안에 청력 손실이 생겼을 경우 구어 발달과 사회적 발달 모두가 방해받을 수 있다. 아동들이 처음부터 구어 의사소통에 접근할 수 없기 때문이다. 그러나 조기중재(EI)를 받은 아이들 중에서 6개월에 청력 손실을 가진 것으로 확인된 아이들은 이후에 확인된 아이들보다 언어를 유의미하게 더 잘하는 것으로 입증되었다. 이러한 이유로 미국의 거의 모든 영아들은 신생아 때 청력 손실 여부를 선별한다.

　미국에서 신생아 중 심도의 청력 손실(90dB 또는 이상)의 발생률은 정상 출산 1,000명당 약 1~2명이다. 1,000명당 6~8명은 70~90dB의 심각한 손실을 갖는다(Cunningham & Cox, 2003; Kemper & Downs, 2000). 청력 손실을 가진 대부분의 아동들은 출생 시부터 청력 손실을 가지며 신생아 청력 선별에 의해 청력 손실의 가능성이 있는 것으로 확인된다. 그러나 퇴행성 청력 손실의 일부는 이후에도 분명하지 않을 수도 있다.

　청력과 시각능력 모두 심각한 손상을 갖는 어린 아동들은 특별한 의사소통, 발달, 정서, 교육적 요구를 갖는다. 감각 손상은 의사소통장애를 초래할 수 있고, 종종 행동문제도 초래할 수 있다.

　**전맹**(total blindness)은 형태와 빛을 완전히 지각하지 못하는 것이다. 빛 지각만 가능한 아동들은 어둠으로부터 빛을 구분할 수 있지만 그 이상은 아니다. 정부는 **법적 맹**(legal blindness)을 다양하게 정의한다. 미국, 캐나다, 유럽의 대부분은 법적 맹을 교정시력이 20/200이거나 정상시인 20/20과 비교했을 때 좋은 눈의 시력이 그 이하인 경우로 정의한다. 20/200 값은 사물로부터 20피트에 서 있는 사람이 정상적인 시력을 가진 사람이 200피트에서 명확하게 보는 것처럼 보는 것을 의미한다. 법적으로 맹인으로 간주되는 사람들의 약 10%는 거의 볼 수 없는 상태이다. 법에서는 법적 맹 정의에서 시력뿐 아니라 시야도 고려한다. 정상적인 사람들은 180도 범위를 볼 수 있다. 법적 맹을 갖는 사람들은 20도보다 더 좁은 시야를 가질 수 있다.

중복의 감각 손상을 갖거나 맹, 시력 손상, 뇌성마비와 같이 다른 다양한 장애를 가진 아동들은 가족에게 정서적·재정적 스트레스를 줄 수 있다. 가족을 단위로 생각해 볼 때, 농-맹 중복장애나 다른 다양한 불리한 조건들을 가진 아동들의 경우 만성적 스트레스가 아동들의 장애 발생과 부분적으로 관련되기 때문에 이로 인해 가족 기능에도 영향을 미칠 수 있다.

---

### 장애위험 아동

아동이 가진 조건과 발달장애가 밀접한 관계를 갖는 형성된 위험 범주의 아동과 달리 장애위험 범주에 있는 아동들은 가능성이 높기는 하지만 발달적 어려움을 가질 수도 있고 갖지 않을 수도 있다. 다음의 부분에서는 해외 입양, 낮은 사회경제적 지위, 학대/방치, 태아알코올범주장애, 조산, 저체중을 포함한 장애위험 범주의 일반적인 요인 몇 가지를 살펴볼 것이다.

#### 해외 입양

현재 미국에는 매년 영어를 사용하지 않는 나라에서 약 19,000명의 아동들이 입양되고 있다(U.S. Department of State, 2007). 이 아이들의 2/3는 중국, 러시아, 과테말라에서 입양된다. 다른 언어와 문화를 가진 나라에서 입양된 영아 혹은 영유아들은 언어 습득 경험이 다르거나 언어장애 성향을 가질 수 있다. 일반적으로 입양한 가족이 영아 또는 영유아의 모국어를 사용할 수 없기 때문에, 모국어의 발달은 입양된 나라의 언어 사용으로 인해 중단되고 수정된다(Glennen & Maters, 2002). 입양아의 독특한 언어 습득 과정에 대해 더 알고 싶다면 Glennen(2002)의 논문을 읽어볼 것을 권한다.

이 아동들 중에서 초기에 고아원에서 자란 아동들의 88%가 언어 습득에 어려움을 가졌다는 것도 사실이다(Johnson, 2000). 아동들의 모국은 대부분 개인 소득이 낮고, 낮은 영양상태를 보였으며, 건강관리도 제한된 상황이었다. 이 역시 건강과 초기 발달에 적절하지 않은 환경을 만드는 위험 요인이다.

성장과 발달 지연은 고아원에서의 보호된 경험과도 밀접한 관계를 갖는다. 고아원에서 자란 아동들은 고아원에서 보내는 시간이 3개월에서 5개월마다 1개월 정도씩 발달이 지연된다고 추정된다(Johnson, 2000; Miller & Hendric, 2000). 비록 아동이 보이는 양상은 다양하나, 입양된 시점에서 봤을 때 아동은 키, 몸무게, 머리 둘레 백분율에서 유의한 차이를 보였고(18~51%), −2표준편차 이하에 속해 있었다. 이는 키, 몸무게, 머리 둘레가 아래에서 2.5%에 해당한다는 것을 의미한다. 초기 발달의 중요성을 생각할 때, 이러한 성장의 부진이 고려될 수 있다.

태아알코올범주장애(FASD), 요오드 결핍, B·C형 간염, 폐결핵, 장내 기생충, 해외 입양도 어린 국제 입양아에게 부정적인 영향을 미칠 것이다(Johnson, 2000; Miller & Hendric, 2000). 다른 요인들은 산모 건강관리의 부족, 태아기 혹은 출산 시의 고위험과 조산 등이 있다.

#### 낮은 사회경제적 지위

의사소통장애의 위험은 경제적 박탈과 같은 사회경제적인 요인과도 관계된다. 언어장애를 가진 많은 아동들은 안정적이고 지속적인 아동 관리, 적절한 영양, 기본적인 의료적 관리가 어려운 가정 출신이 많다.

임신이 될 때부터 가난은 아동의 위험을 유의하게 증가시킨다(Halpern, 2000).

- 태아알코올증후군과 같은 출생 시 합병증
- 천식, 영양실조와 같은 신체적 건강 문제
- 정신 건강 문제
- 부주의하거나 불규칙한 태아기 관리
- 방치 및 학대
- 양육을 위한 가정 혹은 장소의 부재
- 인지발달과 성취에서의 결함

이러한 위험 요인들은 가난한 가정의 아동들에게 복합적인 위험을 초래할 수 있기 때문에 그 결과가 더 심각할 수 있다. 위험 요인이 누적되는 것은 가난의 부정적인 영향이나 발달문제를 증가시키는 위험 요인이 될 수 있다(Stanton-Champman, Chapman, Kaiser, & Hancock, 2004).

### 학대/방치와 태아알코올범주장애

이전 장에서 다루었듯이, 언어장애와 양육자의 학대/방치 혹은 태아알코올범주장애(FASD) 간에는 명확한 상호적 영향이 있다(Hernandez, 2004; Hooper, Roberts, Zeisel, & Poe, 2003). 비록 미국에서는 아동의 학대를 해결하기 위해 다른 나라보다 더 많은 비용을 투자했으나 아동학대 비율은 가장 높았다(Lindsey, 2003). 이민자 가족의 아동들은 원주민 가족의 아동들보다 두 배 이상의 복합적인 발달적 위험 요소를 경험한다(Jaycow, Zoellner, & Foa, 2002). 가난, 스트레스, 문화적 차이에서 학대와 방치가 발생할 것이다. SLP는 이민 가족의 아동 훈육과 체벌 문제를 다양한 관점에서 고려해야 한다.

아동이 받는 언어 자극의 양과 아동이 산출하는 언어의 양은 직접적으로 관련된다. 사회적으로 매우 박탈된 환경은 언어발달에 영향을 미칠 것이다. 게다가 극도의 박탈을 경험한 몇몇 아동들은 원인에서는 분명한 차이를 갖지만, ASD 아동의 특성인 흔들기, 자해, 비정상적 감각 추구와 같은 행동을 보인다(Beckett et al., 2002; Fomnonne, 2003; Rutter, Kreppner, & O'connor, 2001).

학대를 받는 몇몇 아동들은 자궁에서부터 시작되는데, 그들은 어머니의 알코올 사용의 부정적인 영향에 노출되며, 그 결과 **태아알코올범주장애**(fetal alcohol spectrum disorder, FASD)를 갖는다. 매년 미국에서 약 40,000명에 가까운 영아들이 FASD로 태어나고, 이 아동들에게 약 6조 달러의 비용이 든다(U.S. Department of Health and Human Services, 2008). 이 아동들 중 최소 2,000명이 심각한 의료적 문제를 경험한다(Braillion & Dubois, 2005).

### 조산과 저체중 출산 영아

조산은 초기 의료서비스에 중요한 문제이다. 많은 신생아나 갓난아기들의 사망은 조산아에게 발생하고, 조산은 신경학적 손상과 장애의 중요한 위험 요인이다(Tucker & McGuire, 2004). 미국에서의 조산율은 가족에게 유의한 영향을 미치며 국가적으로도 매해 260억 달러라는 막대한 비용을 지불해야 하기 때문에 심각한 공중 보건 문제로 대두되고 있다(Preterm Birth, 2006).

신생아집중치료실(NICUs) 또는 특수치료실(SCNs)에 있는 조산아들의 치료는 조산아의 생존율을 크게 향상시킬 수 있으나, 여전히 이 영아들은 사망 가능성이 있는 많은 합병증에 취약할 수 있으며, 장기적으로는 뇌성마비, 지적장애, 시각 및 청각 손상, 행동 및 사회-정서적 문제, 학습 문제, 건강과 성장 문제를 가질 수 있다.

일반적으로 임신은 37~42주까지 지속되는데 이를 채우고 태어난 아기들은 만삭아로 불린다. **조산**(preterm)은 37주 이전에 자궁경관이 열리고 진통이 시작되는 것을 말한다. 아무도 조산의 원인을 정확히 알지 못한다. 조산아의 84%는 임신의 32주에서 37주 사이에 태어난다. 약 10%는 28주에서 31주 사이에 태어나며 이러한 경우는 극소 조산(very preterm)이라고 한다. 또한 6%만이 임신의 28주 이전에 태어나는데 초극소 조산(extremely premature)이라 한다(Martin et al., 2006).

대부분의 사망률과 질병 또는 장애 발생률은 극소 조산아와 초극소 조산아에게 더 높게 나타난다. 22주에서 27주 정도의 조기에 태어난 아기도 생존이 가능하기는 하나, 이 아동들은 평생 건강 문제에 직면하게 될 수 있다. 자궁 밖에서 생존할 수 있는 태아의 연령이나 생존 연령은 국제적으로 서로 다르고 의학적 진보에 따라 달라지나 미국에서는 대략 21~22주로 제시한다.

출생 시 체중과 임신 기간은 서로 정적인 관계를 가지나 호환적이지는 않다. 저체중(LBW)의 분류는 다음과 같다.

- 저체중 : 2,500gms 또는 5.5lbs 이하
- 극소 저체중 : 1,500gms 또는 3.3lbs 이하
- 초극소 저체중 : 500gms 또는 1.1lbs 이하

1996년에 보고한 세계보건기구에 따르면, 6~8%의 아동들은 저체중(LBW)으로 태어난다.

저체중아의 약 2/3만이 조산에 해당한다. 만삭이라 하더라도 '태아기간에 비해 작은' 아이로 판정될 수 있는데 이는 보통 '짧은 재태기간'으로 인해 보통 10백분위수 미만이나 아래에서 10%의 출생 시 몸무게로 정의되는 저체중아에 해당할 수 있다. 몸무게가 낮을 수 있다. 영아들은 **자궁내태아발육부전**(IUGR)으로 인해 임신 기간이 짧을 수 있다. 조산은 일차적으로는 태아발육부전의, 이차적으로는 질병과 사망의 원인이 된다. IUGR의 발생률은 영아의 약 5%로 추정된다.

과거 20~30년 사이에 대부분의 선진국에서 조산의 발생률은 약 5~7%였으나(Tucker & McGuire, 2004) 미국의 발생률은 약 12%였다. 여러 요인이 미국의 조산 발생률을 전반적으로 증가시켰다. 다산

비율 증가, 체외수정과 같이 임신 보조 기술의 남용, 제왕절개의 증가와 같이 많은 산부인과 중재 등이 그 요인이다(Tucker & McGuire, 2004). 미국에서 아프리카계 미국인 여성에게서 가장 조산 비율이 높고, 아시아인 또는 태평양 제도민의 비율이 가장 낮고(Preterm Birth, 2006). 이러한 차이는 사회경제적 조건에서의 차이만으로는 충분히 설명되지 않는다.

조산아들은 출생 후에 최대한의 주의가 요구되는 세심한 보살핌이 필요하다. 대부분의 가족들은 큰 감정적 변화를 경험할 수 있는데 이는 부모에게 매우 어려운 일일 수 있다. 처음에 영아는 NICU/SCN 내의 주변의 따뜻한 공기를 이용해 아기를 따뜻하게 하는 오픈 워머에 보호한다. 영아의 호흡률이 안정되면 보통 플라스틱으로 둘러싸여서 공기 온도를 조절하는 인큐베이터로 미숙아를 옮긴다. 그리고 영아가 스스로 체온을 유지하고, 영아의 몸무게가 약 4파운드가 되고, 심각한 합병증 요인이 더 이상 없을 때 영아는 열려 있는 영아용 침대로 옮긴다.

조산의 대부분인 약 70%는 자발적인 분만이나 자궁내경막이 정상보다 빠른 파열(premature rupture of the membranes, PROM)로 인한 결과이다(Goldenberg, Culhane, Iams, & Romero, 2008). 정상보다 빠른 막의 파열(PROM)은 양수 및 태막의 감염에 대한 아기의 자연적인 반응에 의해 촉발될 수도 있다. 자발적인 조기 출산을 유발하는 가장 중요한 예측 요인은 조산력(history of preterm birth), 낮은 사회경제적 지위이다. 임신기간 동안 자궁 내 감염이나 산모의 고혈압 또는 당뇨와 같이 의료 및 건강 상태 또한 조기분만 및 출산의 증가를 가져올 수도 있다(March of Dimes, 2007).

조산의 나머지 30%는 임신 합병증, 산모나 태아의 건강 문제로 인한 조기 유도분만이나 제왕절개로 인한 것이다(Iams, 2003). 대개의 경우 조기 출산은 엄마와 아기를 위한 가장 안전한 접근법일 수 있다.

조산 또는 저체중으로 인한 합병증은 다음과 같다(Bromberger & Permanente, 2004; March of Dimes, 2007).

- 호흡. 임신 34주 이전에 태어난 아기의 약 70%는 호흡에 어려움을 가진다.
- 혈액순환. 혈액순환 문제는 심장의 미성숙, 내출혈, 빈혈증과 관련될 수 있다.
- 면역. 신생아의 면역 문제는 미성숙한 면역체계의 원인으로 많은 종류의 감염을 이끌 수 있고, 폐렴이나 폐 감염, 혈액 감염이나 패혈증, 뇌와 척수를 둘러싼 막이 감염되는 뇌막염이 포함된다.
- 섭식과 소화. 미숙아나 작은 영아들은 임신 연령의 약 32주에 도달할 때까지 빨기나 삼킴을 할 수 없고, 일시적 또는 영구적인 괴사나 장 조직의 괴사가 나타나는 신생아괴사성장염과 같이 심각한 소화 문제를 경험할 수도 있다.

이러한 합병증은 경한 정도에서 심각한 수준까지 다양한 범위를 보인다.

극소 조산으로 태어난 아동의 생존율 증가는 신경학적 장애와 지적 장애 증가 문제를 동반하였다.

비록 26주에 태어난 영아의 약 80%와 27주에 태어난 영아의 90%가 1년 후까지 생존하지만, 이 영유아의 1/4이 심각한 장애를 갖게 되고, 절반 이상이 학습이나 행동 문제와 같은 경한 문제를 동반할 수 있다(American College of Obstetricians and Gynecologists, 2002).

5세에 이르렀을 때, 24~28주에 태어나거나 초극소 조산이었던 아동의 49%는 몇 가지 장애를 가진다(Larroque, Ancel, Marrett, et al., 2008). 뇌성마비는 극소 조산으로 태어난 아동의 9%에서 나타나고, 32%가 지적장애를 가졌다. 초극소 조산 집단에서는 5%가 심각한 장애를 갖고, 9%는 중간 정도, 25%는 가벼운 장애를 가졌다. 만삭아로 태어난 아동 중 오직 16%만이 특수의료서비스/교육을 받은 것과 비교했을 때, 24~28주에 태어난 미숙아 출생 아동은 42%, 28~32주에 태어난 아동은 31%가 특수의료서비스/교육을 받았다.

## 조기의사소통중재(ECI) 평가

어린 아동을 평가하는 것은 언어병리학 분야의 다른 의사소통 진단과는 다른데, 이는 어린 아동들의 경우 평가할 때 협조적이었는지 아닌지에 따라 그 결과가 매우 다르다는 것이다. 어린 아동들은 표준화 검사에 신뢰롭지 못하게 반응하는 것 외에도, 그들의 장애가 복합적인 특성을 보이기도 한다. 또한 때로는 일상적이지 않은 느낌을 받기도 한다. 그러나 창의적이고 호기심이 많거나 도전적인 생각을 하는 사람 중에는 여기서 살펴볼 초기 의사소통 평가와 중재가 자신에게 딱 맞는다는 생각을 할지도 모른다.

현재 EI에서 권장하는 임상적 실제는 아동의 전반적인 발달에 대해 명확하게 설명하거나 아동의 상대적인 강점과 약점을 밝혀내기 위하여, 아동의 내외적인 발달영역에서의 기술들을 비교하는 데 초점을 둔다(Crais & Roberts, 2004). 법적 의무 외에도, 이러한 형태의 발달적 '프로파일링(profiling)'은 아동에 대해 최적의 묘사를 가능하게 하며, 가족들과 전문가들을 도와 충분한 정보를 근거로 결정을 하게 한다.

아동의 언어기술은 전언어적 기술을 토대로 습득된다. 전언어적 기술은 아동의 현재 수준의 척도가 될 뿐 아니라, 미래의 언어잠재력에 대한 강력한 예측인자이다. 아직 말을 못하는 매우 어린 아동의 경우 발성, 어휘이해, 상징놀이, 제스처 사용, 공동관심에 대한 시도 및 반응, 부모의 상호작용, 언어나 학습 장애 가족력 등과 같은 핵심적인 언어이전기 의사소통 요소들을 밝혀내는 것이 중요하다(Hadley & Holt, 2006; Mundy, Block, Degado, Pomaes, Van Hecke, & Parlade, 2007).

우리가 지원하는 영유아들은 작고, 자주 아프거나 중복장애를 가지고 있다. 그들의 양육자들은 아동의 요구를 잘 이해하지 못하고 버거워하기도 한다.

평가는 아동이나 그 가족에게 조기중재 절차를 시작하는 도입부분이라고 할 수 있다. 전문가들이 그 가족이나 아동과 상호작용하는 태도는 향후 필요한 협조를 이끌어낼 만족스럽고 의미 있는 경험을 하게 할 수도 있지만, 그 가족에게 혼돈과 좌절, 혹은 적대감까지도 갖게 하는 상황이 초래할 수도 있다.

전형적인 의사소통 평가과정은 두 단계지만 그 경계는 불투명하다. 우선 평가팀은 총체적이고 전반적인 진단(evaluation)을 한다. 그다음엔 의사소통과 같은, 다른 영역에서의 기술을 평가(assessment)하게 된다.

전문가의 개입은 SLP 및 다른 팀구성원들이 평가를 정의하는 방법에 의해서 영향을 받는다. IDEA의 Part H에서는 아동이 지원서비스 대상자인지를 결정하기 위해서는 **진단**(evaluation)을 받아야 한다고 명시하고 있다. 이 법에서는 아동의 발달수준을 포괄적이며 비차별적인 방법으로, 자격을 갖춘 전문가에 의해 평가하도록 요구한다. 전통적으로 진단은 구조적이고 공식적이며 표준화 검사도구에 의존한다. 반면 **평가**(assessment)는 아동의 개별적인 요구와 가족의 우선순위, 관심, 자원, 그리고 아동과 가족이 필요로 하는 EI 서비스의 특성과 정도를 확인하는 지속적인 과정이다. 평가활동들은 대체로 덜 공식적이며, 가족과 전문가의 긴밀한 협조하에 다양한 도구와 방법들을 사용한다. 흔히 평가는 아동의 어떤 점이 잘못되었나가 아니라, 어떻게 도울지를 찾아내는 데 초점을 맞춘다. 이런 측면에서 평가는 중재의 첫 단계라 할 수 있다.

## 초학문적 평가 모델

한 명 이상의 전문가에게 평가받을 필요가 있는 아동들이 많은데, 이들은 여러 발달 영역에서 장애를 보이기 때문이다. 대부분의 경우 SLP들은 이러한 진단이나 중재 결정 과정에서 핵심적인 역할을 한다.

앞에서 언급한 바와 같이, 초학문적 팀 접근법에서는 각자의 전문성을 끌어내려는 의도적인 노력을 하게 되며 전문가들 사이에서 일상적 직관이나 의견을 자유롭게 교환하게 된다. 이는 부모와 전문가들이 전체 진단과정을 관찰하고, **원형 평가**(arena assessement) 방식으로 아동을 동시에 평가할 때 가장 잘 성취될 수 있다. 각 전문가가 아동을 개별적으로 평가하는 대신, 모두들 평가 과정을 관찰하여 아동의 행동 표본을 공통적으로 수집하고 기록하게 된다.

평가의 형식은 흔히 놀이형태로 이루어진다. 이는 공식적이고 구조적이며 세부 규칙에 근거한 방법에 비하여 다음과 같은 특징이 있다.

- 더 자연스럽다.
- 더 생태학적이다.
- 더 문맥 중심적이다.
- 더 아동 중심적이다.

놀이라는 말 때문에 자료의 수집이 개방적이고 자유로우며, 계획 없이 이루어진다고 생각하기 쉽다.

그러나 이는 사실과 매우 다르다. 바른 진단을 위해서는 계획, 훈련, 그리고 상당한 전문성이 요구된다. 평가자는 구조화된 놀이 속에서 문맥의 조정을 통하여 아동의 특정 행동이 유도될 수 있도록 시도한다. 예를 들어 전문가나 부모와 같은 성인은 아동이 '찾는' 행동을 하는지 보기 위하여 사물의 아래나 뒤로 공을 굴릴 수 있다. 혹은 아동이 따라 하는지를 보기 위하여 모방 '게임'을 할 수도 있다. 전반적으로 수행이나 결과 이전에 상호작용 과정이 나타난다.

앞서 언급한 바와 같이, EI는 가족이 중심이 되어야 한다. 가족이 권한을 갖기 위해서는 EI 과정에 충분히 참여하고 실제적 결정권자가 되어야 한다(Dunst, 2002). 평가와 중재에 대한 권고안이 가족에게 적용되려면 이러한 제안의 적절성이나 중요성은 가족의 입장에 부합되어야 한다.

평가는 가족에게 ECI 과정을 소개하는 역할을 한다. 이 과정에서 가족은 아동의 의사소통 발달 프로그램에 참여할지를 결정하게 된다. 본 저자는 ECI 서비스 제공자로서, 가족이 평가 전체 과정과 이어질 중재 과정에 참여하기를 권장한다.

## 가족의 관심, 우선순위, 참고자료

IDEA 2004에서는 프로그램들이 아동의 발달 촉진과 연관된 가족의 관심이나 우선순위, 참고자료 등을 확인할 기회를 제공해주어야 한다고 규정하고 있다. 가족 정보를 얻는 데 지침이 될 만한 여섯 가지 핵심 목표는 다음과 같다(ASHA, 2008b; Bailey, 2004).

- 가족의 관심이 무엇이고 그들의 참여를 통해 무엇을 성취하기 원하는지 확인한다.
- 가족의 가치관이나 구조, 일상과 관련된 아동의 요구와 강점을 가족들이 어떻게 인식하고 있는지 파악한다.
- 가족이 우선순위로 생각하는 것들을 파악하고 서비스 제공자가 그 우선순위를 어떻게 도와줄 수 있을지 확인한다.
- 가족의 우선순위와 관련하여 어떠한 참고자료가 있는지 파악한다.
- 서비스 전달이나 의사결정 과정에서 가족이 어떠한 역할을 선호하는지 파악한다.
- 협조적이고 정보를 제공해주며 지지해주는 관계를 확립한다.

이러한 목표에 대한 결과는 평가 및 중재 과정에서 반영되어야 한다.

## 비공식적 의사소통 평가

ECI를 접하는 학생들은 아직 말을 못하는 아동들을 평가하기는 어려울 거라고 추정한다. 그러나 실제는 그 반대이다. 도리어 어려움은 모든 가능한 행동을 보고 가장 중요한 것들만 추려내려고 할 때 나타난다. 현 시점에서 연구자들은 가장 중요한 초기 의사소통 발달을 밝혀내려고 시도하고 있다. 증거기반 실제의 가치 중 하나가 후기의사소통중재에 가장 큰 영향을 미칠 초기 아동의 행동을 밝히려는 것이다. 우리가 아동과 양육자 평가를 통해 얻어내려는 정보를 살펴보자.

## 의사소통에 대한 기술

SLP와 팀 구성원들은 현재 아동과 양육자가 사용하는 의사소통 시스템을 기술하려고 한다. 중요한 것은 의사소통과 의사소통 성공의 형태(forms) 또는 도구(means)이다.

성공적인 의사소통은 아동에게만 달려 있는 건 아니다. 성공하기 위해서는 반응적인 상대방이 필요하다. 양육자에 대한 부분은 다음 절에서 좀 더 자세히 다루기로 하고, 여기서는 의사소통의 형태 또는 도구와 성공에 대해 간단히 언급하기로 한다.

**의사소통의 형태/도구.** 의사소통의 형태는 양육자 앞에서 아동이 보이는 의도적 혹은 비의도적 행동들이다. 도구는 물리적 도구, 음성, 혹은 둘 다가 될 수도 있다. 물리적 혹은 비음성적 신호로는 눈맞춤, 얼굴 표정, 의사소통 공간(거리), 몸 운동이나 접촉, 제스처, 혹은 자신이나 타인에 대한 공격행동도 포함된다. 음성적 신호는 부드러운 소리로부터 비명이나 울음까지로 넓힐 수 있다.

의사소통 지체 아동이나 ASD 아동에게 있어서 눈맞춤, 제스처, 소리내기 등 다양한 의사소통 도구의 초기 사용과 후기 언어기술 간에는 상관이 있다(McCathren, Yoder, & Warren, 2000; Zwaigenbaum, Bryson, Rogers, Brian, & Szatmari, 2005). 그러므로 평가에서 의사소통의 모든 형태를 파악하는 것이 중요하다.

**의사소통의 성공.** 단순하게 표현하자면 의사소통의 성공은 의사소통자의 목표가 이루어질 때 나타난다. 아동의 의사소통 성공은 의사소통 상대방과 환경에 크게 의존한다.

효율성은 의도적이거나 목표지향적 행동이 나타날 때 크게 증가된다. 이러한 아동의 행동은 사물이나 사람이 원하는 것을 취하는 수단으로 사용될 수 있다는 것을 아동이 깨닫게 되었음을 보여준다. 비의도적 행동과 비교해 볼 때, 제스처와 같은 의도적 비상징 행동은 덜 모호하고 더 효율적이며 더 성공적이다. SLP의 역할은 의사소통 행동이나 의사소통적 잠재력을 가진 행동들을 기술하여 아동이 그러한 행동들을 의사소통에서 어떻게 쓰는지, 혹은 양육자에 의해 어떻게 해석되는지를 밝혀내는 것이다.

## 양육자-아동의 상호작용

부모나 양육자의 행동은 그들이 아동과 상호작용 하는 문맥 속에서 평가되어야 한다. 대부분의 중재 또한 이러한 상호작용 내에서 이루어진다. 그러므로 상호작용의 질은 아동이 더 나은 의사소통을 배우는데 있어서 중요한 요소이다.

진단할 때는 아동의 의사소통 시도에 대해 반응하는 양육자의 민감도, 반응도, 그리고 의도의 해석을 분석하는 게 포함된다. 양육자의 민감도(sensitivity)는 아동이 사물이나 사람과 상호작용하고자 하는 미묘한 시도나 관심을 알아차리는 것을 말한다.

아동은 다른 사람의 반응도(responsiveness)를 통해서 특정 행동의 영향력에 대해 배우게 된다. 양육자의 반응도는 아동의 행동에 대한 단순한 민감성 이상의 것을 요구한다. 양육자의 반응은 아동의 행동을 격려할 수도 있고 좌절시킬 수도 있는 결과를 가져온다. 반응도가 포함하는 내용은 다음과 같다.

- 아동의 행동과 연계되거나 관련 있는 반응
- 성인 반응의 일관성
- 시기가 적절하거나 신속한 성인의 반응

**연계성 있는 양육자 반응**(contingent caregiver response)은 아동의 의도에 대한 인식을 바탕으로 한다.

### 전상징기적 행동

전상징기적 발달 단계의 일반 아동들은 다양한 목적으로 의사소통을 시작하거나 상대방과 관심을 공유한다. 의사소통은 점차 목표지향적이고 상징적이 된다. 일반 아동이나 발달장애 아동에게 있어서 후기 언어기술을 예측하는 가장 중요한 것들은 다음과 같은 전상징기 행동들이다.

- 눈응시나 손으로 지적하고 난 후에 보이는 공동관심 또는 함께 주목하기
- 다양하고 복잡한 상징행동(Lyytinen et al., 2001)
- 의도적 의사소통과 제스처 및 소리의 사용(McCathren et al., 2006). 제스처의 사용은 후기 언어능력과 상관관계가 있다(Watt et al., 2006). 실제로 제스처는 언어의 이해와 언어의 적극적인 사용을 연결짓는 가교 역할을 하는 것으로 보인다.
- 다양한 자음 및 음절구조를 포함하는 전상징기적 소리의 복잡성
- 수용언어 능력이나 아동이 이해하는 낱말과 구의 수. 많은 연구들은 수용언어 능력이 후기 표현언어 기술을 유의하게 예측한다고 보고하였다(Lyytinen et al., 2001).

여러 영역에서 지체를 보이는 아동들은 흔히 의사소통 및 언어에서의 문제가 지속된다.

의사소통 의도 여부를 결정하는 것은 특히 어렵다. 의도가 있으려면 다음 세 가지가 관찰되어야 한다.

- 아동이 신호나 행동을 보인다.
- 신호가 다른 사람을 향한 것이다.
- 신호가 어떤 의사소통 기능을 내포한다.

마지막 것은 특히 판단하기가 어려운데, 이는 그 기능이 명백하지 않을 수 있기 때문이다. 신경근육 결함을 가진 아동처럼 행동의 속도나 강도 변화가 상징적 의도성을 나타낼 수도 있다.

그 외에도 후기 의사소통 훈련에 중요한 전상징기적 행동들이 있는데, 그중에 중요한 것들은 다음과 같다.

- 사물의 기능적 사용을 개념 학습의 방법으로 사용하기(예 : *spoon-ness*)
- 운동 모방

어떤 행동도 의사소통 성장을 위해 충분하지는 않지만, 각 행동은 교수학습을 촉진하는 방법이 될 수 있다.

## 상징 평가

일단 아동이 상징(단어나 수화, 혹은 AAC 상징)을 사용하게 되면 초기 의사소통 평가의 초점은 다소 변하게 된다. 앞에서 언급한 것 외에도 아동이 의사소통을 위해 사용하는 상징이나 그것을 사용하는 방법 등에 초점이 맞추어진다. 상징을 사용하는 어린 아동의 의사소통 평가와 특히 관련되는 것은 말과 함께 나타나는 제스처, 상징놀이, 수용언어나 이해력, 표현언어의 형식이나 화용적 기능 등이다.

구어나 다른 수단이 '의사소통적'이 되기 위해서는 대화 상대자에게 메시지를 전달하려는 목적이 표현되어야 한다. 구어가 기능적이기 위해서는 자주 사용되고, 유연하며, 목표지향적이어야 한다. 달리 표현하자면 보속적인(perseverative) 구어, 같은 낱말을 반복하는 말, 다른 사람의 말을 모방하는 말, 반향어 등은 대부분의 경우 기능적이지 않다.

SLP는 여러 가지 방법을 통하여 아동에 대한 다음의 자료들을 수집하게 된다.

- 음소배열 능력이나 말소리, 말소리 조합, 음절 구조의 산출 범위
- 낱말을 모방하는 능력
- 표현 어휘
- 다단어 조합
- 낱말 조합 패턴
- 화용적 기능이나 의도

개별 상징이나 상징의 조합은 이전에는 제스처를 통해 표현하던 의도를 반영한다. 낱말이 이전에 제스처를 통해 표현하던 의도를 채우기 위해 습득된다는 근거는 확실하다. 구어의 초기 의도로 볼 수 있는 것들을 표 3.3에 제시하였다.

아동의 다단어 조합은 새 조합이나 긴 조합과 같은 중재 방향을 계획할 때 활용될 수 있다. 초기 단어 조합에 대한 전통적인 표현 방법은 1970년대 초 Roger Brown과 동료들에 의해 처음 표기된 '행위자+행위'나 '부정+X'와 같이 의미규칙을 사용하는 것이다. 이러한 의미 분석 방법을 사용하면 범주화가 되어 성인이 개념화하여 가르치기에 쉽다는 장점이 있다. 두 번째 방법은 좀 더 새로운 접근법

으로 구성주의 언어학 이론(constructionist linguistic theory)으로부터 나온 것이다. Michael Tomasello 와 몇몇 언어학자들은 아동은 적어도 세 가지 다른 수단을 써서 낱말을 조합한다고 보았다(Tomasello, 2003). 세 가지 수단들은 낱말 조합, 회전축 도식(pivot schemes), 아이템에 기초한 구성이다. 각각에 대한 예들은 표 3.4에 제시하였다. 구성주의적 범주화는 중재의 위계를 제안한다. 여기서는 지면의 제한으로 자세히 설명하지 못하지만 이 부분에 대해서는 언어발달 문헌을 참조하는 것이 좋다.

## 영유아를 위한 공식 평가

3세 미만 아동들, 특히 ASD 아동들의 언어 이해력이나 표현력을 평가할 때 공식적인 규준검사를 사용하는 것은 적절하지 않다(Mirenda, Smith, Fawcett, & Johnston, 2003). 예를 들어 표준화 검사들은 유연하지 못한 검사 절차 기준을 가지고 있기 때문에 어린 아동들에게 실시하기에는 어려운 경우가 종종 있다. 반면 *MCDI*(MacArthur-Bates Communicative Development Inventory)(Fenson et al.,

**표 3.3** 초기 의도

| 초기 화행 | 초기 구어적 의도 | 예 |
|---|---|---|
| (제스처 및 음성)<br>(Dore, 1974) | (Owens, 1978; Wells, 1985) | |
| 요구하기 행동 | 원하는 것 요구하기 | "과자" (손 뻗치기) |
| | 직접 요구/지시하기 | "도와줘" (물건을 내밀거나 물건을 가지고 이리저리 시도하기) |
| 저항하기 | 저항하기 | "아니야" (물건을 밀쳐내거나 고개를 젖거나 비협조적으로 행동) |
| 대답 요구 | 내용 질문하기 | "뭐?" (가리키기) |
| | 가설 검증 질문 | "멍멍이?" |
| 명명하기 | 이름대기/명명하기 | "멍멍이" (가리키기) |
| | 서술/언급하기 | "먹어" (개가 짖는 데 대한 언급으로) |
| 대답하기 | 질문에 대답하기 | "말" (질문에 대한 반응으로) |
| | 화답하기 | "먹어" ("멍멍이가 배고프구나"에 대한 반응으로) |
| | 감탄하기 | 안아줄 때 감탄하는 소리를 지름 |
| 음성 수반하기 | 구어적 동반 소리 | "어머" (엎질렀을 때) |
| | 상태 표현 소리 | "피곤해" |
| 인사하기 | 인사하기 | "안녕" "빠이빠이" |
| 반복하기/연습하기 | 반복하기 | "과자, 과자, 과자" |
| | 연습하기 | "과자" ("과자 줘?"에 대한 반응으로) |
| 부르기 | 부르기 | "엄마!" |

출처 : Owens(2012)

**표 3.4** 의미적 규칙 및 구성주의적 다단어 발화 패턴

| 의미적 규칙 | 구성주의적 패턴 |
|---|---|
| **지시 + 실체**: *"이 멍멍이"*, *"저 야옹이"*<br>**X + 장소**: *"아빠 차"*, *"엄마 침대"*, *"과자 위"*<br>**부정 + X**: *"주스 없어"*, *"과자 없어"* | **낱말 조합**: 경험을 표현하는 동등한 단어들, 때로는 연결된 2개의 한 낱말 발화<br>*"물 뜨거"*, *"컵 마셔"* |
| **X + 수혜자**: *"줘 아빠"*, *"꽃 엄마"*<br>**수식 + 실체**: *"큰 말"*, *"작은 오리"*<br>**소유자 + 소유**: *"내 컵"*, *"멍멍이 침대"*<br>**재현 + X**[1]: *"주스 더"* | **회전축 도식**: 의도를 결정짓는 한 낱말이나 구의 구조.<br>*"공 던져"*, *"블록 던져"*, *"비행기 던져"*, *"주스 더"*, *"과자 더"*, *"병 더"*<br>*"(내가 원하는 것) + 줘"*에서처럼, 다른 낱말들이 한 자리(slot)를 채우는 것<br>*"담요 줘"*, *"안아 줘"*, *"밖에 줘"* |
| **행위자 + 행위**: *"오빠 먹어"*, *"엄마 던져"*<br>**행위 + 대상**[2]: *"사과 먹어"*, *"공 차"* | **아이템에 기초한 구성**: 특정한 규칙에 맞추어 낱말의 배열을 구성하는 것으로 보임. 형태론적 형태소를 포함할 수 있음<br>*"아빠 운전"* |
| **행위자 + 대상**(영어에서는 드물게 나타남): *"아빠 과자"*, *"엄마 공"* | *"운전해 차"*, *"할머니네로 운전해"*, *"아가 먹어"*, *"안아 아가"*, *"아가의 침대"* |

**1** 영어에서는 '재현 + X'이지만, 한국 아동의 경우 'X + 재현'으로 나타남(역주)
**2** 한국어의 경우 '대상 + 행위'로 나타남(역주)

2006)와 같이 부모가 작성하는 어휘 체크리스트는 어휘 크기와 발달을 평가하기에 타당하기도 하고 경제적임이 검증되었다(Dale et al., 2003).

평가 도구와 검사들은 시판되는 것들도 있고 학술지에 게재되어 활용되는 것들도 있다. 이들 검사 목록은 표 3.5와 같다.

비상징적 의사소통은 속성상 관습성이 부족하다. 아동과 양육자 간의 대화는 자기들에게 맞는, 개인적인 상호작용 행동들을 끊임없이 맞추어 가는 과정이다. 정의에 근거해 볼 때, 비상징적 상호작용은 매우 개인적이며 음성과 제스처의 다중 모드를 사용한다. SLP들은 이러한 의사소통 행동들을 최대한 철저히 밝혀내려고 한다.

## 평가 단계

우리는 이제 비상징 또는 최소 상징 수준의 아동을 평가하기 위한 준비를 갖춘 셈이다. 이제는 개별 아동이 어떻게 자기 환경 속에서 의사소통하는지를 기술하기 위해 필요한, 논리적인 방법으로 평가를 조직해야 한다. SLP들은 연령에 적합한 선별검사(screening)나 평가(assessment) 절차를 선택하고 발전시킬 일차적인 책임이 있다(ASHA, 2008b).

### 의사소통 선별검사

미국에서는 아동이 장애위험군으로 판정되면 IDEA 2004 Part C에 따라 서비스를 받을 자격이 부여

**표 3.5** 어린 아동들을 위한 검사들

| 평가 도구 | 저자(들) | 출판사나 학술지 |
| --- | --- | --- |
| *Ages and Stages Questionnaires (ASQ): A Parent-Completed Child-Monitoring System, Second Edition* (2003) | Bricker, D. D., Squires, Baltimore, MD: Paul J., Mounts, L., Potter, L. Brookes, Nickel, R., Trombley, E. & Farrell, J. | Baltimore, MD: Paul Brookes |
| *\*Assessment, Evaluation, and Programming System: AEPS Measurement for Birth to Three Years (Volume 1), Second Edition*(2002) | Bricker, D. D. (Ed.) | Baltimore, MD: Paul Brookes |
| *\*Bayley Scales of Infant Development, Second Edition (BSID-2)*(1993) | Bayley, N. | San Antonio, TX: The Psychological Corporation |
| *Carolina Curriculum for Infants and Toddlers with Speical Needs, Third Edition*(2004) | Johnson-Martin, N. M., Attermeier, S. M., & Hacker, B. J. | Baltimore, MD: Paul Brookes |
| *\*Carpenter Play Scale*(1987) | Carpenter, R. L. | In L.B. Olswang, C. Stoel-Gammon, T. E. Coggins, & R. L. Carpenter, *Assessing prelinguistic and early linguistic behaviors in developmentally young children*. Seattle: University of Washington Press. |
| *\*Casby Scale*(2003) | Casby, M. | *Communication Disorders Quarterly, 24*, 175–183. |
| *\*Communication and Symbolic Behavior Scales*(1993) | Wetherby, A. & Prizant, B. | Chicago: Riverside |
| *\*Infant-Preschool Play Assessment Scale (I-PAS)*(1996) | Flager, S. | Chapel Hill Teaching-Outreach Project |
| *\*Infant-Toddler Language Scale* (1990) | Rossetti, L. | East Moline, IL: LinguiSystem |
| *Language Development Survey*(1989) | Rescorla, L. | *Journal of Speech and Hearing Disorders, 54*, 587–599 |
| *MacArthur-Bates Communication Development Inventories*(2006) | Fenson, L., Dale, P., Reznick, S., Thal, D., Bates, E., Hartung, J., Pethick, S., & Reilly, J. | San Diego, CA: Singular Publishing |
| *Maternal Behavior Rating Scale (MBRS)*(1986) | Mahoney, G. A., & Finger, I. | *Topics in Early Childhood Special Education, 6*, 44. |
| *A Manual for the Dynamic Assessment of Nonsymbolic Communication* (2002) | Snell, M. E., & Loncke, F. T. | Unpublished manuscript University of Virginia at Charlottesville. Available http://people.virginia.edu/~mes51/manual9-02.pdf |

**표 3.5** 어린 아동들을 위한 검사들 (계속)

| 평가 도구 | 저자(들) | 출판사나 학술지 |
|---|---|---|
| *McCune Play Scale(1995) | McCune, L. | Developmental Psychology, 31, 200–211. |
| Observation of Communicative Interaction (OCI)(1987) | Klein, M., & Briggs, M. | Journal of Childhood Communication Disorders, 4, 91. |
| Preschool Language Scale, Fourth Edition (PLS-4)(2002) | Zimmerman, I. L., Steiner, V. G., & Pond, R. E. | San Antonio, TX: Psyhological Corporation |
| Receptive-Expressive Emergent Language Test, Third Edition (REEL-3) (2003) | Bzoch, K. R., League, R., & Brown, V. L. | Austin, TX: Pro–Ed |
| Sequenced Inventory of Communication Development–Revised (SICD-R)(1984) | Hedrick, D. L., Prather, E. M., & Tobin, A. R. | Los Angeles: Western Psychological Services |
| Speech and Language Assessment Scale(1993) | Hadley, P. A., & Rice, M. L. | Seminars in Speech and Language, 14, 278–288. |
| *Symbolic Play Test(1988) | Lowe, M., & Costello, A. | Austin, TX: Pro–Ed |
| *Transdisciplinary Play-Based Assessment: A functional approach to working with young children (TPBA) (1990) | Linder, T. | Baltimore: Paul H. Brookes |

*구조적 놀이 형식이나 조합된 형식으로 사용될 수 있음. 또한 MacArthur-Bates Communicative Developmental Inventories는 부모가 체크할 수 있는 놀이행동 목록도 포함하고 있음

된다. 그러나 주에 따라 자격 기준은 다를 수 있다. 선별검사의 결과와 함께, 필요하다면 좀 더 철저한 의사소통 평가를 통하여 위험 요소를 통합하는 것은 SLP의 임무이다(ASHA, 2008b).

선별은 아동이 의사소통이나 섭식과 삼킴 발달에 결함이 있는지를 판단하는 과정이다. 구체적으로 보면, SLP들은 어린 아동이 언어장애위험군인지를 확인함으로써 서비스 받을 자격을 판단하기 위한 진단(evaluation)이나 적절한 심화평가(in-depth assessment)를 결정하게 된다. 선별은 서비스를 받는 첫 단계이기 때문에 그 검사가 표준화 검사든 준거참조 검사든 상관없이, 타당하고 신뢰로우며 구체적이고 대표성이 있는 검사를 사용하는 것이 중요하다(ASHA, 2008b).

선별 측정은 표준화 검사를 통하여 아동을 직접 관찰하거나 부모의 보고를 사용할 수 있다. 이때 한 가지를 사용할 수도 있고 조합하여 사용할 수도 있다. 물론 선별과정의 타당성은 조합하여 측정할 때 더 증가한다. 처음에는 아동의 관심과 행동 및 양육자가 생각하는 중요도에 초점을 맞춘 설문을 기초로 면담을 하게 된다(Wilcox & Woods, 2011). 면담과정을 통해 SLP는 일상활동 및 일과중심의 중재와 참여중심 중재에 대한 개념을 설명할 수 있는 기회를 갖게 된다. 이는 협력팀 운영과정의 기초가 된다.

선별의 결과는 가족에게 알리고 질문하도록 독려한다. 아동이 선별검사를 통과한 경우 SLP는 가족이 다음과 같은 점을 이해하는지 확인해야 한다(ASHA, 2008b).

- 선별은 아동 수행력을 한 시점에서 본 일반적인 측정일 뿐이다.
- 시간이 경과하며 나타나는 아동의 진전을 계속해서 살펴보는 것이 중요하다.
- 만약 가족이 생각하는 문제가 지속되거나 새로운 문제가 발생하면 추가 선별이나 심화진단을 받아야 한다.

선별검사에서 실패한 경우, 그 아동이 IDEA와 주 규정에 의한 서비스 수혜 요건에 맞는지를 결정하기 위해서 진단평가를 실시한다.

## 의사소통 평가

전형적인 ECI 평가는 심도 있는 관찰과 정보수집을 포함한다. 이상적으로 아동의 모든 발달영역에 대해 평가하는 초학문적 문맥 속에서 평가가 완성되는 것이 바람직하다. 이때 계획과 조직이 중요하다. 초학문적 문맥에서는 서로의 학문적 지식과 기술을 공유하고 가족의 관심과 전문성을 고려하면서 팀원들이 협조적으로 작업한다.

협력하고 협조적인 관계를 정립하기 위해서는 평가가 진행되는 동안 지속적으로 평가 정보를 공유하는 것이 한 방법일 수 있다. 각 과제 전에 전문가들은 그 과제의 목적을 부모에게 설명하고, 과제가 끝났을 때는 가족과 전문가들이 의견을 나누고 결과에 대해 토의한다. 협조적으로 어떻게 평가를 진행하고 중재를 계획할지에 대해 논의하기 시작할 수 있다.

좋은 평가는 한 번에 이루어지기 쉽지 않으며 다양한 정보와 여러 가지 방법의 자료 수집을 통해 이루어진다. 평가 도구와 절차는 아동과 가족에 대해 개별화되어야 하고, 연령에 적합하며 문화적인 고려가 이루어져야 한다. 우리의 목표가 최대한 아동의 기능적인 의사소통 능력을 분석하는 것이므로 전문가뿐 아니라 양육자의 관찰에도 관심을 갖는다.

SLP는 아동과 양육자, 그리고 그들이 공유하는 의사소통 환경 사이에서 일어나는 의사소통의 역동성에 관심을 갖는다. 우리의 전반적인 평가 목표는 다음과 같다.

- 아동의 의사소통 능력을 분석한다.
- 친숙한 환경이나 문맥 속에서 아동의 의사소통 능력과 대화 상대자의 관계를 분석한다.
- 대화 상대자의 행동을 분석한다.
- 다양한 촉진적 행동에 대한 아동의 반응을 확인한다.
- 유용한 중재 전략을 찾아낸다.

이상적으로는 중재 동안 우리가 유도할 변화의 주역은 대화 상대자나 양육자가 된다.

평가 절차는 적어도 다음의 단계를 포함해야 한다. 이러한 단계는 그림 3.1에 도식적으로 제시하였다.

- 사전 계획 및 예비 자료 수집. 협력적인 사전 평가 계획 시 가족과 전문가는 향후에 있을 개별화된 평가 절차를 계획하게 되는데, 이때 전문가는 가족원들의 관심에 대해 적극적으로 들어주고 아동에 대한 가족원들의 지식을 인정해 주도록 한다.
  - 설문지. 설문지에는 양육자가 일상적인 일과 속에서의 아동 행동을 설명할 수 있도록 개방형 질문을 포함시키는 것이 바람직하다. 이때 의사소통은 가족원들 일과의 일부이며 중재는 일상적인 상황 문맥 속에서 일어날 수 있다는 인식을 강화해준다.
  - 양육자 면담. 부모들은 개방형 질문을 통하여 (1) 그들의 아동이 기초적인 요구에 대해 어떻게 의사소통하는지, (2) 아동이 일상적으로 보여주는 의사소통의 형태와 기능 또는 사용, (3) 문제행동이나 도전적 행동과 그들이 포함할지 모르는 의사소통 기능, (4) 가족의 태도, 관심, 요구, (5) 아동의 의사소통을 유도하기에 성공적인 방법이나 실패하기 쉬운 방법 등에 답변하게 된다. 개방형 질문의 예는 표 3.6에 제시하였다.
- 상호작용 관찰. SLP와 평가팀은 주양육자가 아동과 의사소통 하는 것을 관찰하면서 (1) 아동이 가장 많이 의사소통 하는 상황을 알아내고, (2) 의사소통 기회의 빈도와 대화 상대자의 반응성을 분석하며, (3) 아동의 의도적인 의사소통 형태 및 기능을 기록하게 된다. 이 과정의 핵심은 문맥적인 요소들을 이해하며 어떻게 문맥이 의사소통 참여를 촉진 또는 제한하는지 이해하는 것이다(Wilcox & Woods, 2011).
- 가설 설정. 협력을 통하여, 가족을 포함하는 평가 구성원들은 (1) 관찰한 의사소통과 (2) 부모-아동 상호작용의 질에 대한 가설을 세우기 시작한다. 또한 다음 단계의 놀이중심 평가

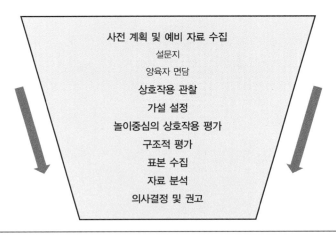

**사전 계획 및 예비 자료 수집**
설문지
양육자 면담
**상호작용 관찰**
**가설 설정**
**놀이중심의 상호작용 평가**
**구조적 평가**
**표본 수집**
**자료 분석**
**의사결정 및 권고**

**그림 3.1** 평가 절차 도식
아동에 대한 분석이 진행되면서 각 단계는 이전 단계로부터 논리적으로 진행된다.

를 준비하면서 변화를 이끌 잠재력에 대한 가설을 설정한다.

- **놀이중심의 상호작용 평가.** 놀이 상황에서 부모는 '의사소통 유혹'을 시도한다. 예를 들어 아동의 의사소통 시도를 유도하기 위하여 아동 앞에서 과자를 먹거나, 아동의 의사소통을 이끌어내기 위하여 재미있는 놀이 도중에 잠시 멈추기도 한다.

- **구조적인 시도와 평가.** 다소 비구조적이고 아동 주도적인 놀이 후, SLP는 자연스런 일상과 놀이 속에서 전략적으로 개입된 구조적 평가를 실시할 수 있다. 제5장에서 자세히 다룰 **역동적 평가**(dynamic assessment)는 행동의 '학습가능성(teachability)'을 평가하려고 성인이 개입하는 전략으로 평가-교수-평가(test-teach-test) 형식을 따른다.

- **표본 수집.** 음성적 또는 구어적 의사소통을 하는 아동의 경우, 자발화 수집은 언어문제를 평가하는 질적인 수단이라고 할 수 있다. 자발화 수집을 통하여 소리 목록 만들기, 옹알이 분석하기, 의미 및 화용 목록 만들기, 말소리의 오류 패턴 범주화하기, 명료도에 대한 판단 등이 가능해진다.

- **자료 분석.** 정보를 수집한 다음 평가팀은 다음의 내용들을 분석한다. (1) 양육자가 선호하는 활동 및 일과, (2) 아동에게 의사소통과 참여를 촉진할 방법, (3) 보완대체의사소통이

**표 3.6** 가능한 개방형 평가 질문의 예

| |
|---|
| 자녀가 아주 잘하는 일은 어떤 게 있습니까? |
| 자녀는 부모님께 다음과 같은 자신의 감정에 대해 어떻게 알려줍니까? |
| 화난다? |
| 혼란스럽다? |
| 기쁘다? |
| 배고프거나 목마르다? |
| 슬프다? |
| 놀랐다? |
| 피곤하다? |
| 불편하다? |
| 자녀는 부모님께 다음과 같은 자신의 필요에 대해 어떻게 알려줍니까? |
| 도움이 필요하다? |
| 화장실 가고 싶다? |
| 자녀는 부모님께 의사소통 하고 싶은 것을 어떻게 표현합니까? |
| 자녀가 구어에 대한 보완 또는 대체적인 의사소통 수단을 사용하는 것에 대해 어떻게 생각하십니까? |
| 부모님과 자녀 사이에서 주로 이루어지는 의사소통은 어떠한 것입니까? |
| 다른 사람들이 자녀를 이해하는 데 있어서 가장 큰 장애물들이 무엇입니까? |
| 부모님이 자녀와 의사소통하는 데 있어서 가장 큰 장애물들은 무엇입니까? |

나 그 외 아동의 참여를 촉진할 보조공학적 도구, (4) 좀 더 복잡한 의사소통 기술을 학습할 기회를 삽입할 수 있는 활동과 일과, (5) 아동이 성공적으로 참여하기 위해 필요한 기술(Wilcox & Woods, 2011).

● 의사결정 및 권고. 가족을 포함한 평가팀원들은 결과를 검토하면서 다른 가능성이 있는 중재에 대해서도 의논한다. 이 과정은 가족과 전문가들 사이에서 협의하면서 이루어져야 한다.

위의 순서는 진단과제를 수행하기에 효과적인 방법을 반영한 것이다. 평가팀은 탐정처럼 이러한 과정이 진행되면서 많은 것을 알아가게 된다. 아동과 양육자의 행동 및 상호작용 스타일에 대해 기록해 나가면서 각 단계마다 다음 단계를 위한 정보를 제공하게 된다.

모든 평가에 더 적극적으로 참여하는 가족들은 중재를 계획하고 의사결정을 할 때 기여할 가능성이 크다. 평가 동안 가족과 전문가들이 협력하면 향후에도 협조적인 상호작용에 대한 수위를 정할 수 있다.

## 중재

언어기술은 아동과 대화 상대자들이 사건이나 사물을 같이 주목하면서 공유하는, 여러 번의 사회적 경험들로부터 나오게 된다. 아동이 성장하면서 부모와 의도적으로 의사소통을 하게 되면 의사소통의 형식은 비상징적에서 상징적으로 바뀌고, 몸짓에서 소리로, 또 구어로 바뀌게 된다. 그러므로 논리적으로 볼 때 중재는 아동이 현재 가지고 있는 비언어적 기능이나 의도를 의사소통의 상징적 형태로 바꾸어 주는 데 역점을 두어야 한다고 할 수 있다. 우리가 이러한 의도를 목표로 한다면 중재는 기능적이 될 것이며, 의사소통을 하고자 하는 아동의 욕구를 채워주면서 동시에 아동이 이미 가지고 있는 의사소통 능력을 쌓아가게 된다.

기능적 의사소통은 이러한 문맥 속에서 아동이 원하거나 필요한 것을 표현하고 그것을 취하기 위해서 상징이나 행동을 사용하는 것이다. 이러한 의사소통과 언어발달의 상호적 특성은 조기의사소통중재(early communication intervention, ECI) 모델을 제안한다. 조기의사소통중재에서는 아동의 비상징적 의사소통 행동뿐 아니라 일상생활에서 아동의 행동에 대한 부모의 반응도 목표로 한다. 그래야 아동의 언어발달을 촉진할 수 있다. 아동의 의사소통 행동에 대해 부모들이 언어적 촉진 반응을 하는 훈련은 일상적인 일과 속에서 이루어지는 것이 좋다. 양육자가 확인한 아동의 관심과 활동은 아동의 진전과 가장 크게 연관된다(Dunst, Hamby, Trivette, Raab, & Bruder, 2000; Raab & Dunst, 2007).

한 가족의 일상적인 일과와 활동들은 고유하며, 아동의 발달을 촉진하는 데 독특한 상호작용을 한다. 먹이고 씻기는 것과 같은 일과들은 일상적인 가정생활과 지속되는 자연적 학습환경에서 중요한 부분을 차지한다. 가정중심의 일과 속에 중재를 삽입하는 것은 현재 교육의 흐름과 일치하며 서비스를 최소제한환경(LRE)에서 제공해야 한다는 법적인 요구에도 부합된다.

일과가 좋은 학습 환경이라는 것이 확인되면 부모는 그 일과의 단계들을 적어본다. 다음으로 어떤 활동(props)이 언어를 가르칠 기회를 제공하는 데 유리한지 결정한다. 마지막으로 SLP의 도움을 받아서 아동이 목표행동을 할 기회를 제공하며 반응을 선택하게 한다. SLP는 가족과 같이 계획을 수립하고 적절한 기술을 시범 보이고, 부모에게 역할을 수행해보게 하고, 그에 대해 평가해준다. 이러한 과정은 효과가 있을 수 있는, 다른 기술들에 대해서도 좋은 기회를 제공하게 된다. 또한 부모와 SLP의 계획수정을 유도할 수도 있다.

## 중재 전략

효과가 있다고 검증된 중재 전략들은 반응적 상호작용(responsive interaction), 지시적 상호작용(directive interaction), 절충법(blended approach) 등이다(ASHA, 2008b). 반응적 상호작용 접근법에서는 아동에게 목표행동을 시범 보이지만, 아동에게 반응하도록 강요하지 않으며 다음과 같은 내용을 포함한다.

- 반응하면서 아동의 관심을 끄는 행동이나 대화의 주도를 따라간다.
- 구어적이든 비구어적이든, 아동이 개시한 행동에 대해서는 자연스런 강화로 반응한다.
- 대답을 하면서 아동의 주제를 확대시킨다.
- 혼잣말이나 평행적 발화기법을 사용하여 행동을 묘사한다.
- 의미 있는 피드백을 제공한다.
- 아동의 발화에 대해서는 발달적으로 적절한 일과나 활동 내에서 아동의 현 수준보다 약간 높은 수준으로 시범 보이며 확장시킨다.

예를 들어 아동의 수준보다 약간 높은 수준으로 구문을 확장시키는 것은 매우 효과적인 전략인데, 이는 성인의 반응이 아동의 의사소통을 좀 더 성숙된 형태로 즉시 연결시켜주기 때문이다.

**우발학습**(incidental teaching)은 비구조화된 활동을 하면서도 자연스럽게 아동이 주도하게 하는 중재 전략이다. 우발학습은 흔히 아동이 뭔가에 흥미를 보이면 성인이 그 흥밋거리에 대해 상호작용하면서 따라갈 때 일어난다. 이러한 자연스런 중재는 초기 의사소통 발달 단계에 있는 어린 아동들의 의사소통 기술을 향상시킨다.

지시적 상호작용 전략들은 행동주의 원칙에 근거한 학습 전략들을 포함한다. 행동주의 학습 전략들은 목표행동을 중심으로 일어나는 선행사건과 후행사건을 조작하는 것이다. 즉 성인은 목표행동(과자!)을 유도하기 위해서 그 행동이 일어나기 전에는 단서나 촉진("과자."라고 말해봐)을 체계적인 방법으로 제공하고, 행동이 일어난 후에는 그 행동에 적절한 피드백("과자."라고 잘했어. 여기 과자

줄게)을 제공한다. 떼를 쓰는 것과 같은 부적절한 행동은 약화시키고 바람직한 반응은 강화시킨다.

마지막으로 절충법은 행동주의적 접근법이 기능적이며 상호작용적인 환경으로는 일반화가 잘되지 않기 때문에 개발된 방법이다. 이 접근법은 이 장에서 다루던 것으로, 자연스런  환경에서 보여주는 언어시범과 전형적인 엄마-아동 간 상호작용에서 나오는 아동의 의사소통행동에 반응하는 것을 포함한다.

## 자연스런 상황 및 대화 상대자

최적의 ECI는 자연스런 환경에서 이루어진다. 이는 자연스런 환경은 실질적이고 실제적이며, 생태학적으로 가치 있는 학습 경험을 제공하고, 양육자와의 성공적인 의사소통을 촉진하기 때문이다(ASHA, 2008b). 실제적 학습은 아동의 기능적 의사소통 습득을 최대화할 수 있는 잠재력을 가지며 자연스런, 일상적인 문맥으로의 일반화를 촉진한다(Roper & Dunst, 2003). 자연적으로 일어나는 활동들은 익숙한 활동, 물건, 사람들을 활용하면서 아동의 참여와 학습을 촉진할 기회를 제공한다(Bernheimer & Weismer, 2007; Dunst et al., 2000).

ECI에서 부모나 양육자는 특별한 역할을 한다. 부모나 양육자는 대상자, 환자, 소비자 등 다양한 이름으로 불리기도 하지만 팀원으로서의 역할을 하며 변화를 이끄는 주체이다. SLP는 아동의 행동변화와 함께 일어나는 성인의 행동변화도 고려한다. 부모들은 다중학습전략(multiple teaching strategies)을 학습하고 활용할 수 있을 뿐 아니라, 어린 아동들에게 긍정적인 결과를 초래한다고 보고된다(Bibby, Eikeseth, Martin, Mudford, & Reeves, 2001). 부모개입 중재(parent-implemented intervention)는 다음과 같은 효과를 나타낸다(Kaiser, Hancock, & Neitfield, 2000).

- 발화 증진
- 자발화 증진
- 목표발화의 증진
- 긴 참여 시간
- 목표과제에서의 반응도 증진
- 방해 및 불응 행동의 감소

일반적으로 부모를 언어 촉진자로 포함시키면 중재가 일관성 있으며, 빈번하게 실행되고, 기능적 문맥에서 일어나게 된다(Goldstein, Waiker, & Fey, 2005). 중재의 양이 늘게 되어 충분한 강도가 보장된다.

부모가 자녀에게 사용하는 교수 전략들은 정교하거나 형식적일 필요는 없다. 간단한 것이 제일 좋다. 일상적인 활동을 할 때가 언어학습을 위한 최상의 시간이다. 아동은 일상적인 일과를 알고 있어서 참여가 쉽고, 각 일과마다 같은 행동과 말을 반복적으로 경험하게 된다.

부모는 이러한 행동을 확장시키는 것과 아동에게 모방하도록 격려하는 것을 배울 수 있다. 비상징적 행동 역시 부모에 의해서 의미가 추가되어 언어적으로 해석될 수 있다. 상징 수준에서는 아동의 발화를 좀 더 긴 발화로 확대하면서 아동의 발달을 자극할 수 있으며, 아동의 발화에 대꾸해줌으로써 아동의 참여를 유지할 수도 있다.

그러나 SLP가 중재를 너무 서두를 경우 너무 많은 중재 과제들로 양육자에게 압박감을 줄 수 있다. 성인 학습자들은 한 번에 한 가지를 제시할 때 더 잘한다. 피드백을 줄 때는 구체적으로 하고 현재의 상황에 대해 언급하는 것이 좋다. 부모훈련은 다음과 같은 단계들을 포함시켜야 한다(Roberts, Kaiser, & Wright, 2010).

- 여러 전략들을 가르치기보다는 한 가지 구체적인 전략을 가르친다. 가르칠 때는 근거와 예를 들어주고 연습할 시간을 허용한다.
- 배우고 있는 훈련과 전략에 대해 어떻게 느끼는지 물어가면서, 시범 보이고 연습시키며 지도하고 비평해준다.
- 전략을 매일 쓸 수 있도록 함께 계획하며 중재에서 가정의 일상이 얼마나 중요한지 강조한다.
- 사용하기 쉬운 행동측정을 통해 아동과 성인 모두의 진전사항을 모니터링한다.
- 질문이나 의견을 유도하면서 부모로부터의 피드백을 촉진한다.

SLP들은 부모의 신뢰를 쌓아가도록 신경 쓰되 실패나 부적합함에 대한 두려움은 피해야 한다. 양육자를 학습시키기 위해서는 중재 원칙들을 여러 상황에서, 여러 번 제시해줄 필요가 있다. 이러한 정보는 의미가 있어야 하고 개별화되어야 한다.

SLP는 의사소통 서비스 및 지원을 받는 가족들과 친숙해져야 하지만(ASHA, 2004a), 다문화, 다언어 배경의 가족들과 일을 할 때는 다른 사람의 도움이 필요할 수도 있다. 어떤 조기중재(EI) 프로그램들은 문화-언어 중개자(cultural-linguistic mediator)를 활용하여 전문가와 가족 사이에서 효과적이며 서로 만족스런 의사소통을 도와주기도 한다(Lynch & Hanson, 2004; Moore & Perez-Mendez, 2006). 문화-언어 중개자는 가족의 문화나 언어 공동체에 대한 지식이 있는 사람으로, 가족과 조기중재자 사이의 의사소통을 촉진해준다. 대체 전략들은 다음과 같다(Wing et al., 2007).

- 좀 더 문화적으로 적응된 형제나 다른 사람을 포함시킨다.
- 언어치료를 위하여 좀 더 구조화된 과제나 집단 상황을 사용한다.
- 가족의 문화와 일관되는 직접적 훈련 전략을 사용한다.

특별한 지원이 필요한 많은 아동들은 장애 보육시설, 아동 보육원, 혹은 어린이집에 다닌다. 종단연구들은 발달촉진 활동을 하고, 강도 높은 직원훈련을 시키며, 아동의 의사소통 의도에 대하여 최적의

사회적·언어적 반응을 해주는 보육원에 다니는 아동의 경우, 수용 및 표현 언어 능력이 향상된다고
보고하고 있다. 이러한 기관은 SLP들이 중재를 시도할 만한 장소이기도 하다.

## 절충적 중재

ECI에 있어서 부모의 참여는 개인으로부터 소집단까지 다양하다. 절충적 중재(hybrid model)가 ECI
를 제공하기 위해 가장 효율적인 방법으로 진화하게 된 데에는 여러 가지 이유가 있다. 절충적 중재에
서는 SLP가 일주일에 2~3번 정도 아동의 집이나 보육원, 조기중재 기관, 어린이집을 방문하여 아동
을 만난다. 방문해서는 서로 동의한 목표행동에 대하여 아동뿐 아니라 아동의 양육자도 훈련하게 된
다. 부모와 교사들은 개인이나 집단 상담을 통하여 훈련받게 되는데, 그때 서로 동의하는 목표를 설정
하고, 목표를 수정하기도 하며 훈련을 지속한다.

부모와 아동을 집단으로 훈련하는 경우, 6~8명의 부모-아동 짝이 적절하다. 너무 큰 대집단은 SLP
나 다른 촉진자들이 각 부모-아동 짝을 개별적으로 촉진하기도 어려우며, 각 부모를 토론이나 시범
에 참여시키기도 어렵다. 집단에 참여하는 부모와 아동들이 모두 동질일 필요는 없지만, 아동의 발달
연령이나 능력의 폭을 최대한 좁히는 것이 좋다. 이렇게 집단 내 차이가 적을 경우 집단 내에서 아동
의 참여를 유도할 사물이나 활동의 사용을 촉진할 것이다.

개별적인 양육자-아동 짝 중재의 회기들은 다음과 같은 형태로 구성될 수 있다.

- 중재에 대한 아동의 반응도를 기록한 데이터를 SLP와 부모가 검토한다.
- 부모는 자신이 사용한 전략을 재현한다.
- SLP가 부모의 전략을 평한다.
- SLP와 부모가 함께 중재에 실시할 목표와 방법을 결정한다.
- SLP가 새롭거나 수정된 목표에 대한 중재 방법을 시범 보인다.
- 부모가 새롭거나 수정된 목표에 대한 중재 방법을 시도한다.
- SLP는 부모의 훈련에 대해 평해주고 필요한 경우 수정해준다.
- SLP와 부모가 함께 중재에서 어떤 데이터를 수집할지 협의한다.
- SLP와 부모는 좀 더 많은 의사소통의 기회를 만들 새로운 방법을 생각해본다.
- SLP는 아동과 말하거나 아동을 자극할 새로운 방법을 시범 보인다.
- 부모는 이러한 새 방법들을 시도해 본다.
- SLP가 그에 대해 평한다.

이처럼 짧은 시간에도 성취할 수 있는 것들이 많다.

부모와의 상담 회기는 다양하게 운영할 수 있어서 어떤 경우에는 아동을 포함시키고, 어떤 경우에
는 부모나 다른 가족원만 참여시킬 수도 있다. Wilcox, Bacon, Greer(2005)는 한 낱말 표현을 중재목

**표 3.7** 놀이 집단과 부모 훈련 명제

| 민감도 : 언어 학습의 기회에 대해 익숙해지기 | | |
| --- | --- | --- |
| 회기 1 | 집단 미팅 | 개관 및 소개 : 자녀 가르치기 |
| 회기 2 | 집단 미팅 | 가르칠 기회 만들기 |
| 회기 3 | 집단 미팅 | 언어를 가르치기 위해 일상 활동 활용하기 |
| 회기 4 | 개인적 미팅 | 가정에서의 미팅 |
| 회기 5 | 집단 미팅 | 의사소통 장려하기 |
| 회기 6 | 집단 미팅 | 놀이를 하면서 의사소통 장려하기 |
| 우연성 : 자녀의 의사소통에 반응하기 | | |
| 회기 7 | 집단 미팅 | 자녀에게 말하기 |
| 회기 8 | 개인적 미팅 | 가정에서의 미팅 |
| 회기 9 | 집단 미팅 | 모방하기, 해석하기, 확대하기 |
| 회기 10 | 집단 미팅 | 자녀의 의사소통에 반응하기 |
| 회기 11 | 집단 미팅 | 반응 선택 |
| 회기 12 | 개인적 미팅 | 가정에서의 미팅 |
| 일관성 : 자기조정 기술 및 상위 수준의 언어 촉진하기 | | |
| 회기 13 | 집단 미팅 | 높은 수준의 아동 언어 촉진 전략 |
| 회기 14 | 집단 미팅 | 더 복잡한 의사소통과 언어 분별하기 |
| 회기 15 | 개인적 미팅 | 진전 검토 및 향후 목표 계획 |

Wilcox, Bacon, & Greer(2005)의 모델에서 발췌

표로 하는 부모 모임에서 활용할 수 있는 유용한 온라인 자료를 제공하고 있다. 참고문헌에 표시된 그들의 사이트에는 부모들을 위한 유인물, 자가평가지, 기타 자료들이 올라와 있다. 표 3.7은 부모 모임을 위한 일정표의 예이다. 만약 집단 모임이 어려울 경우라도 아래 제시된 자료들을 개인 상담 회기에서 실시할 수 있다.

위에서 언급한 바와 같이 중재 기법등을 소개할 때는 천천히 중재 전반에 걸쳐 한 번에 한두 가지만을 소개하는 것이 좋다.

SLP는 가족이나 관련 전문가 상담, 서비스 조정, 전이(transition) 계획, 지지, 조기 중재 기초지식 인식과 확장 등에 참여한다. ECI 프로그램에 속한 SLP들은 가족 및 양육자와 협력적인 파트너십을 가지고 일해야 하며, 가족이나 양육자, 관련 기관이나 전문가들을 포함하는 팀 구성원들에게 중요한 정보를 공유하면서 도와주게 된다(Buysse & Wesley, 2006).

## 보완대체의사소통

비상징적 수준의 아동을 설명할 때 보완대체의사소통(AAC)을 언급하지 않을 수 없다. 저자의 손자 같은 아동들 중에는 놀고, 먹고, 더 자유롭게 움직이기 위한 의사소통을 효율적으로 하기 위해서는 추가적인 도움이 필요한 경우가 있다. **보조공학**(Assistive Technology, AT)은 이러한 아동들을 더 독립적으로 기능하게 하는 기기나 보조기를 포함한다. AAC는 보조공학의 한 형태로서, 한 개인의 의사소통

능력을 구어 이외의 방법으로 보완하거나 대체하는 방법을 사용하는 중재접근법이다. 이 접근법에서는 아동이 가지고 있는 구어나 음성, 몸짓, 수화, 의사소통 판, 그리고 음성산출 기기 등을 조합하여 사용할 수도 있다. 그러므로 **AAC**는 아동의 의사소통을 위해서는 어떠한 형태의 양식도 허용하는 다중양식(multimodality ECI) 전략을 사용한다. 의사소통 표현장애 위험군 아동의 조기 의사소통 발달을 위해서는 AAC의 다양한 양식을 시도해보는 것이 매우 중요하다. 즉 AAC 시스템에서는 의사소통 증진을 위해 다양한 요소들의 조합을 사용한다.

　AAC를 사용하는 것이 구어를 배제하는 것을 의미하지는 않는다. 구어도 다중양식 AAC 시스템의 한 요소가 될 수 있다. 아동은 의사소통을 위해서 음성이나 구어 기술을 다중양식 AAC 시스템의 일부로서 최적화하여 사용하게 된다.

　AAC에 포함되는 의사소통 행동의 범위는 전반적인 의사소통 기술을 증진시킬 수 있는 잠재력을 가지게 된다. AAC는 다음과 같은 면에서 영유아의 의사소통 발달을 촉진시킬 수 있다(ASHA, 2008b).

- 이해와 산출 모두를 증진시킨다.
- 가지고 있는 음성이나 구어를 보완한다.
- 사회적으로 수용되지 않는 행동들을 관습적인 의사소통 수단으로 바꾸어준다.
- 언어 훈련의 도구로 쓴다.
- 일상적인 활동이나 일과에 더 많이 참여할 수 있도록 한다.

일반적으로 AAC는 의사소통을 위한 산출양식으로 사용된다. 그러나 그에 못지않게 중요한 것은 AAC가 어린 아동들의 의사소통 기술 발달을 위해서도 사용될 수 있다는 점이다(Romski & Sevcik 2005).

　한 설문조사에서는 특수교육을 받는 취학 전 아동들의 약 12%가 AAC를 필요로 한다고 보고하였다(Binger & Light, 2006). 이러한 연구 결과는 모든 SLP들이 구어의 보완 또는 대체 방법이 필요한 아동들을 위해 AAC 서비스를 제공할 준비가 되어야 한다는 점을 시사한다(Cress & Marvin 2003).

## AAC 유형

AAC 시스템은 외부 기기를 사용하느냐 여부에 따라 도구적 AAC와 비도구적 AAC로 나눌 수 있다.

- **비도구적 AAC**(unaided AAC)는 어떤 외부 장치도 필요하지 않으며 메시지를 전달할 때 주로 사용자의 신체에 의존한다.
- **도구적 AAC**(aided AAC)는 사용자의 신체 외에 의사소통 기기를 사용한다.

비도구적 AAC 시스템에서는 의사소통을 하기 위해 자신의 신체를 사용하는 것으로, 수화와 몸짓, 음성(vocalization), 그리고 불명료한 발화(verbalization)까지 포함한다. 포함될 수 있는 수화에는 다음과 같은 것들이 있다.

- ASL(American Sign Language) : 실제 농인 사회(Deaf Community)에서 언어로 쓰이는 수화이다.
- SEE1(Seeing Essential English)와 SEE2(Signing Exact English) : 영어를 기초로 하여 인위적으로 만든 수화 시스템이다.
- Signed English : 어린 아동들을 고려하여 Gaullaudet University에서 개발한 수화이다.
- American Indian Hand Talk(Amer-Ind) : 250개의 개념적 신호로 구성된 몸짓 의사소통 형태이다.

그 외에도 지문자(fingerspelling)나 지화(Cued Speech)가 있는데, 이들은 영유아들에게는 잘 사용되지 않는다.

도구적 AAC는 로우테크로부터 하이테크까지 다양하다. 로우테크 도구(low-tech AAC)들은 전자적인(electronic) 것과 비전자적인(non-electronic) 것이 있으며, 화면이 고정되어 바뀌지 않으며, 한 스위치가 한 가지 메시지를 포함하는 경우가 많다. 이와는 대조적으로 하이테크 도구(high-tech AAC)들은 화면이 역동적으로 바뀌고, 주로 컴퓨터 기반이며, 사용하기 위해 좀 더 많은 훈련이 요구된다. 도구적 기기들은 다음과 같이 구성되어 있다.

- 비전자적 **의사소통판**(communication board)은 시각적–그래픽 상징을 사용하는데, 사진, 선그림, 상징, 또는 인쇄된 낱말 등이 사용된다. 이러한 기기는 이동성이나 접근성이 용이하고 적용하기가 쉬우며, 흔히 지적하기를 통해 선택된 그림들을 사용하게 된다.
- 전자적 의사소통 기기는 매우 다양하여 상품화된 AAC 기기로부터 개인이 디자인한 AAC 도구, 혹은 기존의 컴퓨터를 활용하여 쓰기도 한다. 기기들은 다음과 같은 점에서 차이가 난다.
  - 입력 모드 : 단순히 신체부위로 스위치를 눌러서 입력하거나 터치스크린 기기를 통해 직접 선택, 스캐닝, 혹은 컴퓨터 마우스와 같은 위치 스위치를 사용하여 입력할 수도 있다.
  - 통제 전자기기
  - 산출 또는 배열 : 한 가지 메시지 음성만 나오는 것으로부터 출력되어 나오는 메시지, 음성산출 기기(Speech-Generating Devices, SGDS) 등 다양하다. 음성산출은 다른 사람들의 주목을 끌기에 효과적이며, 대화 상대자도 음성산출을 해석하고 이해하기가 편리하다고 여긴다(Hustad, Morehouse, & Gutmann, 2002).

**스캐닝**(scanning)을 하는 경우 메시지가 순차적으로 제시되는데 아동은 이렇게 각 메시지 요소가 순서대로 제시될 때 자신의 메시지를 결정하게 된다(Beukelman & Mirenda, 2005). 스캐닝에도 여러 형태가 있다.

도구적 기기의 상징을 조직화하는 방법에는 분류적 그리드(taxonomic grid), 도식적 그리드(schematic grid), 도식적 장면(schematic scene), 아이콘 조직(iconic organization) 등이 있다. 분류적 그리드 조건에서는 명사나 동사와 같은 품사 등에 의해 어휘 항목이 다른 페이지나 화면에 조직화된다. 도식적 그리드 어휘 항목들은 음식이나 옷과 같이 다른 사건이나 상황에 의해 조직화된다.

그러나 도식적 장면 조건에서는 한 장면내에서 나타낼 수 있는 항목들로 구성된 통합적인 장면들이 사용된다. 예를 들어 '집'을 선택하면 집에서 쓰이는 어휘나 엄마와 아동이 놀고 있는 사진이 나오면서 '엄마' '놀다' '나' '장남감'과 같은 어휘들을 나타낼 수 있다. 장면 배열은 친숙한 사건이나 활동, 문맥 등을 사용하는 비상징적 어린 아동들에게 유용할 수 있다(Light & Drager, 2007).

마지막으로 아이콘 배열에서는 아이콘이나 선 그림의 조합을 통하여 하나의 낱말을 표현한다. 예를 들어 사람(범주) + 소년(항목)의 조합으로 '소년'을 표현한다.

## 증거기반중재

AAC에 대한 경험 혹은 실험 자료들, 특히 매우 어린 아동들에 대한 자료는 충분하지 못하여 이에 대한 증거기반중재(evidence-based intervention)는 도전 단계이다. 1980년 이후의 학술지 논문들을 검토한 결과 대부분의 연구들은 다양한 임상 대상의 어려움을 비교한 단일대상연구들이었다(Campbell, Milbourne, Dugan, & Wilcox, 2006). 다양한 중도장애 영유아 및 취학 전 아동들에게 실시한 AAC 중재들이 어느 정도의 효과를 보고하기는 했으나 아직 더 많은 연구가 필요하다(Cress, 2003; Romski, Sevcik, & Forrest, 2001; Rowland & Schweigert, 2000).

아동만이 아닌, 다양한 연령 집단과 대상자들을 다룬 50개 논문을 메타분석한 연구에서는 비도구적 AAC가 도구적 AAC보다 더 우월한 초기 학습효과를 나타내었지만, 시간이 지난 후의 일반화효과에서는 거의 차이가 나지 않았다고 보고하였다(Schlosser & Lee, 2000). 또한 25개의 논문을 메타분석한 또 다른 연구에서는 수화나 도구적 기법을 사용하는 것이 자연스런 구어발달을 유도할 수 있다는 것이 검증되지는 않았다고 보고하였다(Millar, Light, & Schosser, 2000).

비록 불완전 하지만 AAC 활용에 대해 정리를 하자면, 예를 들어 AAC는 초기 의사소통 발달에서 여러 가지 역할을 할 수 있으며, 도입은 의사소통 실패가 일어나기 전에 하는 것이 바람직하다고 할 수 있다(예 : Cress & Marvin, 2003; Reichle, Beukelman, & Light, 2002). 어렸을 때 AAC를 접하게 된 아동들은 상징적 의사소통 습득이나 언어발달에 중요한, 언어이전기 기술이나 인지 기술을 습득하는 도구로 AAC를 사용하기도 한다(Brady, 2000). 즉 AAC는 어린 아동이 의사소통과 언어발달의 문제로 인해 겪을 수 있는 실패의 경험을 예방하기 위해 활용될 수 있다. 비록 많은 검증자료들이 보고되지는 않았지만 AAC 중재 후 구어기술이 증진되었다는 연구들이 보고되었다(Beukelman & Mirenda,

2005; Cress & Marvin, 2003). 비록 증진의 정도가 약한 수준이기는 하지만, 매우 어린 아동에게도 AAC의 사용은 구어적 의사소통의 발달을 증진시키는 것으로 보고된다(Cress, 2003; Millar, Light, & Schlosser, 2006). AAC의 사용은 아동이 의사소통 하는 것을 도울 뿐 아니라 아동의 언어발달에 대한 부모인식에도 긍정적인 영향을 미친다(Romski, Sevcik, Adamson, Smith, Cheslock, & Bakeman, 2001).

30년 동안의 AAC 연구문헌들을 체계적으로 고찰한 결과, 어떠한 문헌에서도 AAC 중재가 구어산출을 감소시킨다고는 보고되지 않았다(Millar et al., 2006). 연구 자료들은 AAC를 도입하는 것이 대상자 아동이 혹시나 사용할 수도 있는 구어를 포기시키거나 새로운 구어 낱말을 습득하는 것을 방해하지 않는다는 것을 시사한다.

## 평가

모든 사람들은 언어이전기(prelinguistic), 상징기(symbolic), 언어기(linguistic)로의 연속적 과정을 거쳐 의사소통을 배우게 된다. 그러므로 AAC가 필요한지를 결정하기 위한 평가라 하더라도 아동이 이러한 발달의 연속선 어디에 위치하는지 살펴보고, 아동이 자신의 환경 속에서 충분히 참여할 수 있도록 돕기 위한 도구와 서비스를 결정하는 것이 중요하다(Romski, Sevcik, Cheslock, & Hyatt, 2002).

표준화 검사들은 비상징적 아동이 무엇을 아는지 평가하기에는 별 도움이 되지 못한다. 중요한 것은 의사소통의 각 단계에서 아동의 의사소통은 무엇에 의해 촉진되고, 무엇에 의해 방해받는지를 밝히는 것이다. 불행히도 아동이 무엇을 할 수 없는가를 찾기는 쉬운데, 우리의 실제적인 목표는 긍정적 측면에서만 세울 수 있다. 부정적 측면은 향후 중재 목표를 세울 때나 필요하다.

의사소통 평가가 앞에서 언급한 비상징 아동의 평가와 유사하지만, SLP는 그 외에 다음과 같은 것들을 평가를 통해 결정해야 한다.

- 의사소통 방법
- 신체적 능력
- 아동의 참여를 저해하는 요소들

이러한 것들은 가족이나 양육자와 상담을 하거나, 전형적인 일상생활 상황에서 가족이나 친구, 양육자와의 상호작용을 비공식적으로 관찰하면서 얻을 수 있다. 다음으로는 문제해결을 위한 팀원들이 투입되어 아동의 참여를 저해하는 요소들을 감소 또는 소멸시키기에 적절한 기기, 도구, 서비스, 전략 등을 결정한다.

사실 AAC 사용을 위한 선수조건은 없다. 일부 기초 인지기술들은 아동의 언어를 발달시키는 데 필수적이긴 하지만, 정확한 관계는 확실하지 않다.

인지와 언어는 상호적 관계로 작용한다. 따라서 아동에게서 표현수단을 제거한다면 발달적 문제를 야기할 수 있다. 많은 AAC 사용자들에게 있어서 AAC 사용을 통한 언어기술의 발달은 인지적 성장에도 매우 중요할 역할을 한다. AAC 사용의 이해능력은 부모가 자녀의 구어사용기 이전에도 말을 들려주는 것과 같은 방법으로 언제라도 시작될 수 있다.

12~42개월의 심한 표현장애 아동들은 그들의 인지나 전반적 발달 수준에서의 기대치보다 더 나은 수용언어 점수를 보인다(Ross & Cress, 2006). 운동장애 아동의 경우, 수용언어검사 점수가 인지검사 점수보다 아동의 정신연령을 더 잘 예측한다.

앞에서 언급한 의사소통 평가의 요소들은 AAC를 위한 평가와 관련된다. SLP는 구어와 발성, 현재의 의사소통 양식에 특히 관심을 갖지만, AAC는 다양한 양식(multimodal)의 의사소통 시스템이라는 점을 명심해야 한다. AAC 사용은 운동기술, 시지각, 수화와 상징에 대한 인식 등과 관련된다. 문헌에 의하면 아동들은 선택권이 주어졌을 때 자신에게 가장 효율적인 의사소통 방법을 사용하는 것으로 보이며, 이러한 선택은 개인적 상징에 따라 다양한 것으로 보인다(Richman, Wacker, & Winborn, 2001; Sigafoos & Drasgow, 2001). 이러한 결과는 SLP들이 AAC 사용에 있어서 어떠한 인위적인 제한을 두어서는 안 된다는 것을 시사한다.

따라서 SLP는 아동과 그 가족에게 그들이 선호하는 의사소통 방법을 선택하게 해줘야 한다. 만약 가족들이 AAC 기기에 대해 불편해 한다면 AAC 기기를 가정에서는 사용하지 않을지 모른다. 몇몇 연구들은 AAC에 대한 긍정적인 결과는 평가 및 중재 과정에 가족이 참여하는 것이 결정적으로 관련된다고 보고하였다(Angelo, 2000; Goldbart & Marshall, 2004). 특정 AAC가 적합할지를 결정하는 가장 좋은 방법은 실제로 사용해보는 것이다. 가능하다면 기기를 대여해서 가족이 새 기기에 대해 적응해보도록 하는 것이 좋다. AAC 체계의 선택은 그것이 아동의 주변인들과 어느 정도 상호작용하도록 하는지에 따라 결정되어야 한다.

가장 최적의 효과를 내기 위해서 AAC 시스템이 갖추어야 할 특성은 다음과 같다(Light & Drager, 2005).

- 용도가 많은 것
- 마음을 끌 수 있는 것
- 배우기 쉬운 것
- 역동적으로 사용할 수 있는 것

다용도(versatile) 시스템은 다양한 상황과 문맥에서 아동의 의사소통 욕구를 충족시킬 수 있어야 하며 향후 성장할 수 있는 잠재력을 제공해야 한다. SLP는 다양한 의사소통 양식을 간과하면 안 된다. 역동적(dynamic) 시스템이라 함은 아동이 새로운 기술을 배우거나 성장하면서 쉽게 바꿀 수 있는 것을 의미한다.

도구적 AAC에 대한 몇 가지 고려사항들이 있는데, 이는 상징체계, 상징 선택의 방법 및 속도, 상징의 배열방법 등이다. 아동에게는 목표 상징을 찾기 위하여 기기나 시스템을 탐험하는 것이 쉽지 않다. 상징의 배열이나 조직화는 아동이 특정 상징을 찾아서 선택하며 기능적으로 사용하는 과정에서 정확도와 효율성을 높일 수도 있지만 방해할 수도 있다.

학습과 사용에 영향을 줄 수 있는, 잠재적으로 중요한 요소들로는 상징의 배치, 색깔, 배경, 경계, 모양, 패턴, 재질, 크기, 위치, 동작이나 동영상 등이다(Beukelman & Mirenda, 2005; Scally, 2001). 예를 들어 어린 아동들이 활동이나 문맥에 의해 개념을 조직화한다면 도구적 기기를 그와 같은 방법으로 조직화하는 것이 타당할 것이다(Shane, 2006).

3세 일반 아동의 경우라면 음식과 식기들이 부엌 장면(scene)에서 제시될 때가 음식, 식기, 행동과 같은 구별된 의미적 범주로 그리드(grid)에 제시될 때보다 훨씬 더 나은 수행을 보일 것이다(Drager, Light, Carlson, et al., 2004). 그러나 2세 아동의 경우는 문맥적 삽입이 좀 더 쉽기는 하더라도 제시방법과 상관없이 어려움을 보일 것이다(Drager, Light, Curran Speltz, Fallon, & Jeffries, 2003).

장면은 처음에 제시하는 것이 가장 도움이 되는데, 이는 아동이 장면을 선택하고 나서 원하는 상징을 찾아가기 때문이다(Drager, Light et al., 2004). 예를 들어 '그네'나 '시소'를 표현할 때 운동장 장면에서 그네나 시소를 누를 수 있다. 아동이 이러한 행동을 하는 모습을 눌러서 그러한 동작을 표현할 수도 있다.

색깔도 그림이나 그림 속의 사물을 강조할 때 사용할 수 있다. SLP들은 시각적 배열에 있어서 전경에 이러한 색깔을 활용할 수 있다. 실제로 나이 든 일반 아동의 경우 배경에만 색깔이 있는 그림보다는 전경(foreground)에 색깔이 있는 선그림에 더 빠르게 반응할 수 있다(Thistle & Wilkinson, 2009).

## AAC 중재

의사표현을 위한 AAC 시스템을 고안할 때는 아동과 함께 변화할 수 있는 의사소통 형태(mode)를 제공하는 것이 중요하다. 모든 아동에게는 현재의 수준에서 좀 더 복잡한 다음 수준으로 발전할 수 있도록 하는 언어 시스템이 필요하다. 만약 사용하는 AAC 시스템이 변화시킬 수 없게 만들어진 것이라면 아동은 자신의 의사소통 능력을 확장시킬 수 없다.

사람들은 말을 할 때 자신의 욕구를 충족시키기 위해 다양한 형태를 사용한다(Blackstone & Hunt Berg, 2003). AAC를 사용하는 아동들도 마찬가지다(Binger & Light, 2006; Light & Drager, 2005). 의사소통 형태의 선택은 아동의 기술, 의사소통 문맥, 상대자, 과제, 의도 등과 연관지어 이루어져야 한다(Blackstone & Hunt Berg, 2003).

AAC 시스템은 다음과 같은 점을 고려하여 사용자의 마음을 끌 수 있어야 한다(Light, Drager, & Nemser, 2004; Light, Page, Curran, & Pitkin, 2008).

- 동기부여가 되며 상호적인 활동을 포함한다.

- 인기 있는 영화, 책, 텔레비전 주인공을 포함하거나 선호하는 활동을 포함한다.
- 웃음소리, 음악, 노래와 같은 음향효과를 활용한다.
- 밝은색과 장식을 사용한다.
- 아동이 선택할 수 있도록 한다.
- 재미있게 만든다.

사실 우리들 모두는 재미있으면서 자신의 욕구를 반영한 활동을 하는 것을 좋아한다.

학습의 요구가 적어지면 학습 자체가 쉬워진다. 아동은 도구적 AAC에 있어서도 다음과 같은 것들을 배워야 한다.

- 때로는 세밀한 컴퓨터 기반의 기기와 같은 장비를 작동시킬 수 있어야 한다.
- 그림과 같은 상징 시스템을 인식하고 사용할 수 있어야 한다.
- 의사소통적 상호작용을 하는 데 과학기술을 사용할 수 있어야 한다.

AAC 기기는 아동이 사용하는 AAC 전체 시스템의 일부에 불과하다. 아동들은 다른 대화 상대자나 다른 상황에서는 수화, 몸짓, 발성, 유사말소리도 사용한다(Beukelman & Mirenda, 2005).

학습과 사용 효과에 영향을 미치는 요소의 하나로 반응효율성(response efficiency)을 들 수 있다. 반응노력(response effort), 강화율, 즉각강화, 질적강화와 같은 네 가지 반응효율성 요소들은 아동의 AAC 사용에 영향을 미칠 수 있다(Johnston, Reichle, & Eans, 2004). 반응노력이라 함은 의사소통 행위를 위해 요구되는 물리적(신체적) 노력과 의사소통 시스템이나 상징을 사용하거나 상기하는 인지적 노력을 의미한다. 예를 들어 주스를 더 요구하기 위해서 빈 컵을 들고 있는 것은 전자기기를 작동시키는 것보다 물리적으로 더 쉬우며, 판에서 상징을 찾는 것보다 인지적으로 더 쉽다.

강화율은 특히 새로운 의사소통 방법을 가르칠 때 중요하다. 즉각강화의 효율성 측면에서 보면 도구적 의사소통기기는 아동이 언제라도 사용할 수 있도록 하루 종일 제시되는 것이 좋다. 그렇지 못할 경우, AAC 기기를 찾아서 사용할 때까지 강화를 기다리기보다는 간단히 의사소통의 기회를 포기하기 쉽다.

강화의 질은 강화를 얼마나 원하는가와 관련된다. 간단히 말하면 어떤 활동이나 사물을 다른 것보다 더 선호할 때 그 선호하는 것이 더 좋은 질적 강화이다.

이러한 변인들은 단독으로 작동하지 않으며 서로 상호작용한다. AAC 사용자는 자신이 보내고자 하는 메시지를 위해 가장 효율적인 반응을 결정해야 한다. 효율성 개념은 의사소통 문맥의 요구에 영향을 받기 때문에 아동에게 다양한 의사소통 방법을 가르쳐서 다양한 선택을 하도록 제안한다.

## 어휘

AAC 시스템은 심한 의사소통장애를 동반하고 있는 아동에게 가정이나 학교 또는 지역사회에서 의사소통할 기회를 증가시켜주지만, 적절한 어휘의 사용 없이는 효과가 없다(Fallon, Light, & Kramer Pige, 2001). 어린 아동들을 위한 초기 어휘는 자신에게 의미 있고 동기부여가 되며, 기능적이고 개별화되어야 한다. 또한 아동의 연령, 성별, 배경, 성격, 환경에 적합해야 하며 의사소통 의도와 사용을 광범위하게 지원해줄 수 있어야 한다. 그러려면 아동이 가장 자주 접하는 문맥과 그러한 상황에서의 의사소통 기대치에 대한 이해가 필요하며 아동의 개인적인 의사소통 스타일에 대한 인식도 필요하다.

SLP는 어휘를 선택할 때 다음 두 종류의 낱말들을 염두에 두어야 한다.

- 핵심어휘(core vocabulary)는 일반적인 동사나 인사어와 같이 주어진 상황에서 일반적으로 쓰이는 낱말이다.
- 개인어휘(fringe vocabulary)는 SLP의 이름, 모임활동 시간의 노래, 좋아하는 간식과 같이 특정한 개인이나 특정한 활동과 관련된 낱말이다.

핵심어휘는 일반적으로 여러 사람이나 문맥에 안정되게 쓰이는 것으로, 생성적인 특성을 가지고 있어서 긴 발화로 연결할 수 있는 낱말들로 구성되어 있다. 몇 가지 잠재적 핵심어휘 목록들이 있는데, 이들은 컴퓨터 검색엔진에서 'core vocabulary'라고 치면 쉽게 찾을 수 있다. 그럼에도 불구하고 핵심어휘는 아동 개인에게 적합하게 적용되어야 한다.

개인어휘는 특정 상황에 맞추어진 것으로, 다른 환경이나 문맥들에서는 별로 쓰이지 않는 것일 수 있다. 개인어휘의 예들로 '그리다', '춤추다', '색칠하다'와 같은 동사를 들 수 있는데, 이러한 어휘는 특정한 문맥에서만 쓰이기 때문이다.

아동에게 어휘를 선택해줄 때 세 가지 접근법, 즉 발달적(developmental), 환경적(environmental), 기능적(functional) 접근법을 사용할 수 있으며, 이러한 접근법들은 서로 배타적인 것은 아니다. 발달적 접근법은 일반 아동을 대상으로 한 연구를 토대로 개발된 어휘 목록을 사용하는 것으로 발달장애를 동반한 아동들에게는 적합하지 않을 수도 있다. 반면 환경적 접근법은 생태학적 어휘 목록, 즉 특정한 의사소통 환경에서 사용되는 어휘를 중심으로 하는 낱말들을 포함한다. 마지막으로 기능적 접근법은 기본적으로 화용적 접근법인데, 예를 들어 요구하기와 같이, 표현되는 의사소통 기능을 중심으로 하는 어휘를 포함한다.

SLP들은 몇 가지 생태학적이고 개인적인 방법들을 사용하여 개인어휘를 선택할 수 있는데 그 예는 다음과 같다.

- 아동이 의사소통할 필요가 있는 환경에 대한 설문조사를 실시한다.
- 의사소통 일기를 통해 아동이 시도하는 상호작용을 기록한다.
- 아동에게 잠재적인 도움이 될 것으로 여겨지는 낱말 목록을 작성한다.
- 비상징기 아동들을 위한 설문처럼, 양육자 어휘선택 설문지를 작성한다.

이러한 설문지의 좋은 예로 Fallon, Light, Kramer Paige(2001)의 논문을 참조할 수 있다.

아동은 자신이 하고 싶은 것을 선택할 수 있는 어휘가 확보되었을 때 가장 쉽게 의사소통한다. 다시 말해 음식이든 게임이든 아동은 자신이 즐기는 것에 대해 얘기하거나 요구할 필요를 느낀다.

잠재적인 낱말들은 아동이 자신의 환경 속에서 그에 대해 말하게 될 가능성과 각 상징을 통해 다양한 의도를 표현할 수 있는 정도에 기초하여 선택되어야 한다.

일반 아동들은 흔히 어떤 사건이나 활동 문맥 속에서 새로운 낱말을 배우게 된다. AAC에 있어서 새로운 상징을 배우는 것도 마찬가지다. 그러므로 부모와 교사들은 AAC를 사용하는 아동과 대화할 때 AAC 시스템을 사용하는 것이 중요하다.

SLP는 가족의 문화를 반영하는 어휘와 문맥을 선택하기 위해서 가족과 긴밀하게 협조해야 한다. 예를 들어 내용물을 바로 입에 넣도록 하는 납작한 빵(injera)을 먹는 에티오피아 아동에게는 식기에 대한 낱말들은 부적합할 것이다. 어휘는 아동이 속한 세상의 음식, 옷, 기념일 등을 반영해야 한다. 표상(representations)은 아동이 속한 문화적 배경에서의 피부색, 얼굴모양, 옷 등을 반영해야 한다.

우리 각자가 의사소통하기 위하여 사용하는 낱말들은 우리의 개인적인 특성을 어느 정도 반영한다. 그러므로 조기의사소통중재 팀도 아동이 자신만의 독특한 성격을 표현할 수 있도록 해주어야 한다.

초기 낱말이나 상징은 대체로 아동의 일상생활 속에서 배우게 되는데, 아동은 일상생활의 상호작용을 통해서 메시지와 기능적인 목표를 맞추어 나간다. 어린 아동을 위한 AAC 중재에서는 아동이 이해하는 것을 표현할 때까지 기다리기보다는, 새로운 개념이나 낱말을 직접 사용하면서 가르쳐야 한다. 일반 아동의 언어발달에서도 알 수 있듯이, 아동은 일상적인 활동이나 스크립트 내에서 낱말을 배우게 되는데, 이러한 상황은 자신이 충분히 이해하지 못해도 표현하도록 도와준다. 일상적인 활동 속에서 낱말을 경험함으로써 활동중심의 개념을 형성하게 되며, 그 개념에 이름을 붙일 수도 있게 된다.

### 일반화 : 환경의 역할

새로 배운 AAC 기술을 다른 환경에서 사용할 수 있도록 하는 일반화는 본 저자가 가장 강조해오던 이슈로, 본 저서에서도 계속 강조될 것이다. 일반화가 일어나기 위해서는 중재가 끝난 후 추가하기보다는 중재의 시작부터 적극적으로 유도해야 한다. 그렇지 않을 경우 SLP들은 '훈련 후 희망 걸기'를 할 뿐이다. 즉 일반화에 영향을 미칠 변인들을 인식하지 못한 채 일반화가 일어나기만을 '희망'하게 된다.

선행연구 자료들은 중재가 대부분 대화 상대자보다는 AAC 사용자의 행동만 바꾸는 데 주력한다는 것을 보여준다(Schlosser & Lee, 2000). AAC 사용 아동의 대화 상대자들은 대부분 수준 이하의 AAC 사용능력을 가지고 있다. 이러한 결과는 아동에게 AAC를 가르치려는 교육적 상황에서는 전문가, 직원, 양육자 등에게도 유사한 교육이 필요하다는 것을 의미한다.

보완적 의사소통 시스템의 효과는 모든 대화 상대자의 노력에 달려 있다. SLP들은 AAC 시스템을 설계할 때, 의사소통장애 아동의 능력과 요구뿐 아니라 대화 상대자의 요구, 선호도, 상호작용 방식도 고려해야 한다. 예를 들어 AAC를 사용할 때 정확도나 속도가 많이 떨어지는 아동의 대화 상대자는 다음과 같은 경향을 보인다.

- 의사소통적 상호작용을 주도한다.
- 대부분의 대화 차례를 차지한다.
- 주로 예/아니요 질문을 사용한다.
- AAC 사용자가 대화를 시작하거나 반응할 기회를 별로 안 준다.
- 자주 방해한다.
- 아동이나 아동의 메시지보다는 AAC 기기나 기술에 주목한다.

따라서 AAC 사용자들은 다음과 같이 소극적인 반응을 보이게 된다.

- 상호작용을 시작하는 일이 거의 없으며 요구받을 때만 반응한다.
- 예/아니요 질문에 대한 대답처럼 매우 제한된 의사소통 기능만을 보인다.
- 한 낱말 반응과 같이 제한된 언어학적 형태를 사용한다.

이러한 상황은 아동에게 언어와 의사소통을 가르치기에 부적절하며 불리하게 작용할 수도 있다.

확실히 아동의 역할을 좀 더 적극적으로 바꾸기 위해서는 대화 상대자의 행동을 바꾸는 것이 핵심이다. 아동의 대화 상대자의 입장에서 보면, 이는 상호작용을 촉진하거나 아동이 AAC로 의사소통하는 것을 지원하기 위한 전략을 배운다는 것을 의미한다. 대화 상대자를 대상으로 하는 중재목표로 다음 네 가지 상호작용 기술들이 사용된다(Kent-Walsh & Light, 2003).

- 대화에서 쉼 시간을 연장하거나 아동과 눈맞춤을 시도하면서 반응을 기다린다.
- 아동의 의사소통 시도에 반응적인 태도를 보인다.
- 개방형 질문을 사용한다.
- AAC 시스템의 사용을 시범 보인다.

대화 상대자들은 중재가 진행됨에 따라 의사소통을 덜 주도하게 되고 AAC 사용자에게 좀 더 많은 대화 차례를 허용하게 된다. 궁극적으로는 AAC 사용자가 대화에 더 참여하게 되고, 대화 순서를 지키게 되며, 의사소통 기능의 범위도 증가시키게 된다.

가정에서 의사소통 기능과 더 관련되는 중재 목표는 새로운 스캐닝 기술 같은 AAC 과제 수행에 초점을 맞추는 것보다는 아동을 일상적인 상황에 참여시키는 것이다(Granlund, Bjorck-kesson, Wilder, & Ylven, 2008). 좀 더 즉각적인 목표, 예를 들어 'AAC 시스템 사용의 명료도를 증가시키기' 같은 목표가 전반적인 상호작용 참여도에 영향을 미칠 것이라고 가정할 수 있다. 그러나 실제 AAC 중재에서

한 측면의 결과가 다른 측면의 기능에도 반드시 영향을 미친다고 할 수는 없다(Lund & Light, 2006). 가정생활에서의 참여도를 높이고 싶다면 그러한 일이 일어나기를 바라는 게 아니라, 이것을 직접적인 목표로 설정해야 한다. 일반적으로 AAC를 더 잘 쓰는 아동은 그렇지 못한 아동에 비해 좀 더 지지해주는 가정환경을 보인다(Hamm & Mirenda, 2006).

부모 및 다른 가족원들에게 아동의 의사소통을 지원할 수 있는 기술을 다음과 같이 가르칠 수 있다(Light & Drager, 2005).

- SLP와 함께 AAC 시스템을 자연스런 환경에서 쓸 수 있도록 계획한다.
- 각 문맥에서 일어날 수 있는 다양한 의사소통의 기회들을 파악한다.
- AAC와 말(구어)을 시범 보인다.
- 아동의 의사소통을 기다리고 예측하는 법을 배운다.
- 아동이 보여주는 다음과 같은 의사소통 수단에 대해 반응해 준다.
  - 아동이 의사소통하려는 시도를 할 때 적절한 시기와 긍정적인 태도로 반응한다.
  - 아동이 장난감을 요구하면 그걸 주는 것처럼, 아동의 의도를 파악하여 들어준다.
  - 아동이 전하고자 하는 메시지를 AAC와 말을 통하여 확장해준다.
  - 의사소통적 의도에 대해 반응적인 태도를 보인다.
  - 개방형 질문을 사용한다.
  - AAC 시스템 사용을 시범 보여준다.

SLP는 이들 촉진자들이 잘하는 것을 시작으로 확장, 시범, 연습, 모니터링, 강화 등을 통하여 새로운 지식을 점차 늘려준다. 가족의 필요와 그들이 느끼는 편안한 수준을 고려하는 것을 명심해야 한다. 한 번에 새로운 내용을 지나치게 많이 알려주지 않도록 해야 한다. 가족에게는 너무 많은 시간이 소요되는 것을 요구해서는 안 된다. 예를 들어 AAC 연습을 계속 하게 하는 것은 지양해야 한다.

---

## 요약

AAC 기술이 어린 아동들에게 정말 유용하기 위해서는 외형적 모양과 확장적 기능을 개선시키고 학습 요구량은 감소시켜야 한다(Light & Drager, 2002). 예를 들어 어린 아동들을 위한 외형적 모양은 다음과 같은 방법으로 증진시킬 수 있다(Light, Drager, & Nemser, 2004).

- AAC 디자인과 중재가 놀이 속에서 융화될 수 있게 한다.
- 상호작용과 중재의 문맥을 재미있게 구성한다.
- 목소리나 동영상을 포함하도록 그 기능을 확장한다.
- 색깔이나 디자인을 장난감처럼 매력 있게 만든다.

● 개별화할 수 있도록 선택사항을 만든다.

그러나 이러한 것들은 쉽게 학습하기가 어려울 수 있다. 어린 전상징기적 아동들이 AAC 시스템을 학습하는 것은 매우 어려운데, 이는 집중하면서 동시에 대화 상대자와 상호작용을 해야 할 때 더욱 어려워진다(Light, Parsons, & Drager, 2002). 더욱이 의사소통의 역동적 특성상 어린 의사소통장애 아동에게는 더욱 어렵다고 할 수 있다.

## 결론

의사소통장애나 언어장애를 가진 어린 아동들을 중재하는 것은 쉬운 일이 아니다. 특히 아동이 의사소통에 대한 관심이나 동기가 없을 때는 더욱 그렇다. 영유아나 취학 전 아동들의 세계 자체가 복잡한데, 일주일에 한 시간도 채 안 되는 정도밖에 못 보는 SLP가 이룰 수 있는 수준에는 한계가 있다. 불행히도 최근에는 지원금마저 삭감되어 중재의 효과는 더욱 제한될 수 있다. 만약 SLP가 부모와 가족원들, 교사와 보조교사, 보육교사 등의 도움마저 받지 못한다면 기능적 방법으로 의사소통과 언어 성장을 촉진할 효과적인 중재의 귀중한 기회마저 놓치게 되는 것이다.

제**4**장

# 학령전기 및 학령기 언어장애 아동의 언어평가

아직도 언어장애와 관련된 많은 장애 유형 때문에 압도되어 있는가? 여기 약간의 위안이 있다. 첫째, 언어치료사(SLP) 단독으로 아동의 모든 일을 담당해야 하는 책임을 갖지는 않을 것이다. SLP는 비록 자신의 전문 영역에 대한 책임이 있지만, 다른 전문가들과 함께 한 팀을 이룰 것이다. 이상적으론 SLP의 팀은 평가를 수행할 것이며, 모든 정보를 고찰하고, 중재를 위한 사려 깊고 적절한 제언들을 작성할 것이다. 둘째, 더 많은 전문성을 습득하고 더욱 능숙하게 됨에 따라, 현존하거나 또는 기저에 있는 장애들의 행동과 신호 패턴을 인지하는 것을 배우게 될 것이다. 그러나 분석의 마지막 단계에서 개별화되고 잘 설계된 평가를 통하여 체계적으로 아동의 의사소통 기술과 결함에 대하여 수집한 자료를 대신할 만한 것은 없다.

평가와 중재 사이에 명확한 경계는 없다. 둘 모두 중재 과정의 부분이며, 서로 간에 각 부분이 포함되어 있다. 이상적으로 진단과 측정은 중재 전반에 걸쳐서 지속되어야 한다. 아동의 의사소통 수행 수준에 대한 자료 없이 임상적 목적을 결정하거나 수정하는 일은 절대 없어야 한다.

충분한 평가는 SLP가 직면한 가장 어렵고 벅찬 과제 중 하나이다. 평가의 목적은 수치나 진단 수준을 제공하는 것보다 훨씬 더 많이 복잡한 것으로, 각 아동의 아주 복잡한 언어 체계와 개별적인 독특한 언어 규칙과 행동의 형태를 묘사하는 것이다.

SLP는 진단의 이유(why), 대상(what), 방법(how)을 명심해야 한다. 아동을 진단하는 이유에 대한 고려는 진단의 목적을 명확하게 하는 데 도움이 된다. 이를 명확하게 함으로써 진단해야 할 구체적인 행동과 사용할 최선의 진단 도구가 무엇인지를 결정할 수 있게 된다. 진단의 이유는 (1) 아동이 가진 잠재적 문제 파악, (2) 기능의 기초 수준 확립, (3) 변화의 측정으로 나눌 수 있다. 기능의 기초 수준은 SLP가 수행의 현 수준, 언어 결함의 정도 및 문제의 본질을 결정하도록 해준다.

자료수집 과정은 반드시 편견 없이 객관적이어야 한다는 점에서 과학적이다. 수집 과정은 SLP가 성급하게 결론을 내리는 일 없이 반드시 정확하고 측정적인 것이어야 한다. 그러나 수집할 다량의 자료 덩어리 속에서 아동을 잃지 않는 것이 중요하며, 자료를 요약하고 평가할 언어 양상을 결정하는 데는 전문가의 임상적인 직관이 중요한 요소이다.

진단 절차들을 공식적인 구조화된 프로토콜(protocol)로부터 비공식적인, 덜 구조화된 접근들까지 연속선상으로 생각하는 것이 도움이 될 수 있다. 일반적으로 산출을 유도하는 방법이 구조화될수록 아동이 산출하는 언어 구조와 의미의 다양성은 감소한다. 일반적으로 구조화를 많이 할수록 유도된 언어의 길이와 복잡성은 구조화를 덜한 상황보다 짧고 덜 복잡하며, 특히 아동이 어릴수록 더욱 그러하다. 일반적으로 필요한 정보가 구체적일수록 접근 방법은 더 구조화된다. 공식적인 검사나 검사의 부분도 비공식적인 방법으로 특정한 행동을 조사하기 위한 평가 방법으로 사용될 수 있다. 이에 대해서는 나중에 더 자세히 논의하자.

이 장에서는 심리측정적인 진단 방법과 기술적인 진단 방법 간의 차이를 알아보고, 아동이 실제 환경에서 사용하는 언어를 평가하는 데 있어서 두 접근이 갖는 단점을 체계적으로 극복할 수 있는 종합적 혹은 통합적인 접근을 기술하고자 한다. 통합적 접근을 논의하면서 전형적인 언어장애 사례에 적용하는 방법을 살펴볼 것이다.

## 심리측정적 대 기술적 절차

의사소통 진단의 목적은 각 아동의 독특한 의사소통 행동의 패턴을 확인하고 기술하는 것이며, 만약 그러한 패턴이 언어장애를 확실히 나타낸다면 치료를 권유하거나 추적조사(follow-up) 또는 전문가에게 의뢰(refer)하는 데 있다.

- 문제의 존재 여부
- 관련된 유발 요인
- 전반적인 중재 계획

이 과제를 위한 두 가지 중요한 철학적 접근이 있다. **규준주의**(normalist) 철학은 사회가 정상적인 기능을 대표한다고 생각하는 규준이나 수행 수준의 평균-일반적으로 수치-에 근거한다. 반대로 **중립주의**(neutralist) 또는 준거-참조적(criterion-referenced)인 접근은 아동의 현재 수행을 과거 수행과 비교하고, 그리고/또는 기술적인(descriptive) 방법을 사용한다. 각 접근의 특징은 표 4.1에 제시하였다.

두 방법은 서로 배타적이지 않다(McCauley, 1996). 예를 들어 규준 검사 결과는 좀 더 기술적인 정보를 제공하기 위하여 재분석할 수 있다. 아동이 실패한 검사항목들에 대해서 다른 방법을 사용하면 정확한 반응이 나올 수 있는지 검증해볼 수 있다.

언어표본(language sample)과 같은 기술적인 접근일수록 아동의 의사소통 기능에 대한 개별적 특성을 잘 나타내줄 수 있다. 반대로 심리측정적인 규준 검사는 개인에게 집단의 준거를 적용하며, 따라서 개별화된 평가가 되지 못한다. 각 평가 방법은 장점과 단점이 있으며, 임상현장에서 응용이 가능하다. 이에 대해서는 다음 부분에서 설명하겠다.

**표 4.1** 규준준거와 준거참조 검사의 비교

| 규준참조 | 준거참조 |
| --- | --- |
| 다양한 수준에서 개인의 수행능력 확인이 목적 | 수행의 구체적인 수준에 대한 묘사가 목적 |
| 광범위한 내용에 중점 | 명확하게 정의된 언어의 특정 양상에 중점 |
| 개인들을 변별하기 위한 문항들 | 언어 양상들 다루는 문항들 |
| 백분위나 표준화된 점수들과 같은 비교점수를 사용하여 수행수준을 요약 | 정확률과 같은 척도를 사용하여 수행수준을 의미 있게 요약 |

출처 : McCauley(1996)

검사는 일반적으로 **표준화되고(standardized)** 규준화된 것이다. 표준화는 검사항목을 제시하는 일정하거나 표준적인 방법이 있으며, 아동의 반응이 그 결과로 나타난다는 것을 의미한다. 예를 들어 검사지침서에 다음과 같이 SLP가 말해야 하는 지시사항들이 제시될 수 있다.

이제 선생님이 한 문장을 읽어줄 거예요. 다 읽어주면, 선생님이 들려준 것을 가장 잘 나타낸 그림을 고르세요. 각 문장을 한 번씩만 읽어줄 수 있기 때문에 잘 들어야 해요.

검사는 반드시 이와 동일한 방법으로 수행되어야 한다.

대부분의 표준화된 검사들은 또한 **규준화된(normed)** 것으로, 이 검사가 모든 검사 대상 아동들과 정상적인 기능을 결정하는 점수를 대표하는 집단의 아동들에 의해 실시되었다는 것을 의미한다. 이상적으로는 규준집단은 검사가 계획한 아동들과 동일한 특성을 갖는다. 다른 말로 하면 아동 간에 존재하는 성별, 인종과 민족, 지역 및 사회경제적 차이가 동일한 비율로 규준집단 속에 포함되어 있다. 그러나 이러한 제약들도 검사가 적절할 것이라고 확신할 수는 없으며, 특히 문화적·언어적 배경이 다른 아동들의 경우에는 더욱 그러하다. 일반적으로 언어장애 아동은 규준 집단에 거의 포함되지 않는다.

전통적인 언어 진단 절차는 표준화된 심리측정적 또는 규준-참조적인 검사들의 사용을 매우 강조한다. 이러한 상황은 100개 이상의 규준-참조적인 언어 진단 도구들이 상업적으로 이용 가능하다는 사실에서 반영된다. 일반적으로 영유아(toddlers)와 청소년을 대상으로 하는 표준화된 측정 도구는 거의 없으며, 미취학 아동(preschoolers)과 학령기 초반의 아동을 위한 측정 도구는 풍부하다.

이상적으로는 표준화된 검사는 신뢰도와 타당도를 제시한다. **신뢰도(reliability)** 는 측정의 반복성이다. 더 정확하게, 신뢰도는 한 시점에서 측정된 언어표본이 유사한 표본이나 측정한 시점은 다르지만 동일한 표본의 수행 수준을 대표할 수 있는지에 대한 측정의 정확성 또는 정밀성이다. 아주 제한적인 언어표본들은 일반적으로 일관성이 없거나 신뢰할 수 없는 점수를 나타낸다. 따라서 검사는 너무 방대하지는 않지만, 반드시 신뢰할 만큼의 충분한 언어를 포함해야 한다.

신뢰도의 한 측정 방법은 **내적 일관성(internal consistency)** 이다. 내적 일관성은 검사 항목들과 전체 검사 간의 관계 정도이다. 만약 검사가 높은 내적 일관성을 가졌다면, 전반적인 점수가 좋은 아동들이 동일한 항목에서 정반응을 보이는 경향을 나타내야 하며, 반면에 점수가 낮은 아동들은 그들 간에 유사하게 수행하는 경향을 보여야 한다.

신뢰도의 측정방법에는 재검사 신뢰도(test-retest reliability), 동형검사 신뢰도(alternate-form reliability), 반분검사 신뢰도(split-half reliability)가 있다. 재검사 신뢰도는 아동에게 동일한 검사를 시간적인 간격을 두고 실시한다. 동형검사 신뢰도는 아동에게 동일한 형태의 검사를 실시한다. 마지막으로 반분검사 신뢰도는 하나의 검사를 동일하게 반으로 나누어 실시할 수 있다. 각각의 경우에 두 검사 점수를 비교하고 점수의 일관성을 측정한다. 신뢰도는 신뢰도 상관계수 또는 측정의 표준오차(SEm)

로 추정한다. 신뢰도 상관계수가 1에 가까울수록 그리고 표준오차가 낮을수록 측정 신뢰도가 높아진다. 다른 말로 표현하면, 신뢰도 상관계수가 .84인 경우가 .62인 경우보다 신뢰도가 높다는 것을 나타낸다. 표준오차는 후에 좀 더 자세히 논의할 것이다. 이러한 수치들은 각 검사의 지침서에 제시되어 있다.

더하여 SLP는 동일한 방법으로 동일한 행동을 측정한 두 평가자 간의 확률과 관련이 있다. 이를 **평가자 간 신뢰도**(interjudge reliability)라고 한다. 아주 구체적인 반응들만을 정답으로 간주하는 방법과 같이 명확한 준거를 사용하는 채점 절차들이 정반응의 정도에 따라 반응을 등급화(1~5)하는 척도 점수를 사용하는 방법들보다 신뢰도가 좀 더 높다. 등급화된 점수들은 만약 각 점수가 명확한 준거들을 포함하거나 검사자가 구체적인 훈련을 받는다면 신뢰도를 높일 수 있다.

**타당도**(validity)는 평가자가 평가하려는 속성을 표현, 묘사 또는 예측하는 검사의 효과성이다. 간단히 말하면, 평가하려고 목표한 바를 평가하는 검사 역량에 대한 척도이다. 평가자는 검사하려는 특성과 관련된 모든 것을 측정하는 데 목적이 있으며, 해당 특성의 영역을 넘어선 것에는 관심이 없다. 예를 들어 만약 수용언어 검사가 아동에게 구어로 반응하거나 표현언어를 사용하도록 요구한다면, 이는 검사하려는 특성의 영역을 넘어선 것이다.

전문가들은 검사를 선택할 때 반드시 주의를 기울여야 한다. 예를 들어 언어 선별검사는 타당도의 기준을 충족하거나, SLP가 타당도를 결정할 수 있는 정보를 제공하는 것이 거의 없다.

언어 지식을 검사하기 위해서 검사 개발자들은 반드시 구체적인 수행 과제들을 선정해야 한다. 차례로 이러한 과제가 측정하려는 실체의 특징적 자질들이 될 수 있다. 검사가 전체 특성이나 행동을 나타내는 것이 아니라 단지 표본이라는 것을 기억하는 것이 중요하다. 표본들로부터 검사자는 전체 특성이나 행동에 대한 추론을 형성한다. 만약 표본들이 타당한 척도들이 아니라면, 추론은 부정확해질 것이다.

타당도는 자명한 것이 아니므로 반드시 입증되어야 한다. 세 가지 유형의 증거는 준거타당도, 내용타당도, 구인(구성)타당도이다.

**준거타당도**(criterion validity)는 척도가 수행력을 예측하는 효과나 정확성이다. 이 타당도는 주로 타당하다고 추정되는 수행에 대한 적절한 다른 척도들과의 상관 정도로 산출한다.

**내용타당도**(content validity)는 표본이나 척도가 어떤 특성이나 행동을 대표하는 정도이다. 다른 말로 하면, 포함된 과제의 합계가, 최소한 부분적으로라도, 반드시 측정하려는 특성이나 행동을 정의하거나 구성해야 한다. 척도는 반드시 검사하려는 특성이나 행동의 구성에 대한 전문적 문헌, 선행연구 및 전문가 의견을 반영해야 한다.

마지막으로 **구인타당도**(construct validity)는 척도가 특성이나 구인을 묘사하거나 측정하는 정도이다. 전문가들은 검사 결과의 유의성 및 척도가 얼마나 정확하게 개인이나 집단의 차이를 나타내는지에 관심이 있다. 구인타당도는 일반적으로 타당도가 검증된 다른 적합한 검사와의 비교를 통해 결정된다. 만약 한 아동이 두 개의 언어선별 검사 중에서 한 개는 실패하고 다른 하나는 통과를 했다면, 이는 두 검사가 언어의 다른 측면을 평가한다는 것을 가리키는 것일 수 있다.

규준 검사는 SLP가 점수라는 형식을 이용하여 대상 아동의 수행을 동일한 특성을 가졌다고 예상되는 아동들과 비교하여 결정하도록 한다. 검사는 수행의 평균과 평균 미만을 결정하고 중재 서비스의 필요를 판정하는 데 가장 빈번하게 사용된다. 비록 규준검사가 독립적인 기술을 측정하는 데는 적절할 수 있을지라도 전반적인 언어 사용에 대한 정보는 거의 주지 못한다.

## 심리측정적 평가 도구

비록 규준검사들이 잠재적으로 측정의 타당성, 신뢰성 및 정확성이 있다고 할지라도 이 세 가지 모두를 갖춘 언어검사를 찾기는 어렵다. 더욱이 규준검사들은 문화와 개별적 차이를 쉽게 반영하지 못하며, 또한 아동이 가지고 있는 의사소통 행동의 장점과 복잡성에 대한 진정한 그림을 제공하는 출발점이 되지 못한다. 검사의 본질상, 검사는 평가하는 언어보다 덜 복잡하다. 언어는 다차원적이며, 언어의 사용은 개인적이라는 점이 측정을 어렵게 만든다.

### 검사의 차이점

언어진단 도구들은 동일한 실체를 측정하려는 목적을 가지고 있는 경우에도 상당히 다르다. 심지어 상호관련성을 나타내는 상관이 유의한 검사들도 하위 검사들이나 검사의 다양한 부분들을 비교하면 관련성이 낮아질 수 있다. 더욱이 검사들 간의 난이도가 매우 다를 수 있으며, 동일한 아동의 동일한 기술을 측정한 결과가 다르게 나타나는 원인이 될 수 있다.

SLP는 검사들을 사용하기 전에 반드시 주의 깊게 조사해야 한다. 다음 부분에서 우리는 특히 내용에 초점을 두어 검사들 간의 차이점과 일반적인 검사의 오용에 대하여 알아볼 것이다. 마지막으로 검사의 선택에서 반드시 고려해야 하는 변인들을 논의할 것이다.

### 내용

현재의 도구들에 대한 주된 비판은 내용의 폭과 깊이 모두가 불충분하다는 것이다. 내용 타당도와 관련된 두 가지 문제, 즉 관련성(relevance)과 적용범위(coverage)는 검사의 구성에서 반드시 고려해야 한다. 내용 관련성이란 언어의 특정 양상을 묘사하거나 정의하는 것에 대한 정확성이다. 이는 검사하려는 양상의 특질들을 결정하는 데 필수적이다.

아동의 언어에 대한 지식, 이른바 능력(competence)은 행동이나 수행(performance)에 대한 검사를 통해서만 측정이 가능하며, 반응 속도나 과제의 복잡성은 이러한 검사 결과에 영향 미치는 요인이다.

따라서 검사의 낮은 수행력이 언어의 문제가 아니라 기저의 결함이나 평가절차의 어려움을 반영하는 것일 수도 있다.

내용의 적용범위는 표본으로 사용하는 언어 양상이 갖는 완전성(completeness)이다. 이론적으로 언어 자질의 적용범위는 반드시 일반적인 사용을 반영해야 한다. 만약 적용범위가 불충분하다면 경미한 언어 결함들은 발견되지 않을 수 있다.

검사는 행동의 아주 작은 일부분에 대한 자료만을 제공하기 때문에 아동 언어의 전반적인 특성을 반영하지 못하고, 단순하거나 어쩌면 관련성이 없는 영역들로 언어를 한정시킬 수 있다. 언어 검사들은 언어를 관찰과 측정이 가능한 자질들로 분해하기 때문에 주로 관찰이 쉬운 언어 형식의 구조적 요소들을 강조하는 경향이 있다. 구조화된 검사는 검사 맥락에서 아동의 언어 사용 능력은 보여줄 수 있을지라도, 아동의 일상적인 의사소통 상황에서 요구되고 사용되는 언어에 대해서는 알려주는 바가 거의 없다. 예를 들어 어떤 아동이 일상생활에서는 정보, 원하는 사물 그리고 필요한 도움을 얻기 위하여 의문문 형태를 사용할 수 있으나, 맥락 없이 의문문에 포함할 낱말들을 제시한 검사 상황에서는 의문문 형태를 산출하는 것이 불가능할 수 있다. 더욱이 검사 상황이 아동에게 너무 낯설거나 아동의 언어 산출에 영향을 미치는 일상적 의사소통 환경과 많이 다를 수 있다. 또한 수행은 검사 당일의 아동 건강 상태, 지시에 대한 주의력 수준 및 이해 그리고 검사자의 인식 등 다양한 요인들에 의해 영향을 받는다.

## 규준검사의 오용

규준-참조 검사는 반드시 주의하여 사용해야 한다. 최선의 충고는 '정보를 갖춘 치료사'와 현명한 소비자가 되어야 한다는 것이다. SLP는 이러한 도구들을 사용할 때, 반드시 다음과 같은 오용에 주의해야 한다.

- 아동의 수행에 대한 요약으로 점수를 사용
- 부적절한 규준의 사용
- 검사 결과에 기초한 부적절한 가정
- 특정 검사항목들을 사용한 중재 목표의 계획
- 치료 진전 평가를 위한 검사도구들의 사용

각각을 간단히 논의하도록 하자.

### 점수의 오용

차이(difference)가 장애(disorder)가 되는 것은 언제인가? 우리는 어디서 선을 긋는가? 인구의 1%인 혈액형 B- 유형의 사람들은 정상이 아닌 것인가 단지 다른 것인가? 우리는 어떻게 결정하는가?

표준화된 척도들에서 가장 빈번하게 사용되는 점수는 평균(mean 또는 average) 점수이다. 검사 제작자들은 표본 집단의 평균점수가 모집단의 '정상' 점수라고 가정한다. 좌표로 개인들의 점수를 모두 나타내면 그림 4.1과 같이 익숙한 종 모양의 곡선을 형성할 것이다.

평균 주변의 넓은 점수 분포대인 이른바 표준편차 1 또한 정상범주 내에 있는 것으로 간주한다는 것을 기억해야 한다. 모집단의 약 2/3가 평균의 각 양쪽 표준편차 1 내에 위치한다. 모집단의 거의 1/3 중 대략 16%는 이 범위보다 높고, 16%는 이보다 낮은 영역에 포함된다. 표준편차 2를 비정상(deviancy)을 구분하는 적절한 지표로 본다면, 대략적으로 모집단의 약 3%가 정상범위보다 높고, 3%는 정상범위보다 낮다. 이것이 너무 제한적인가? 또 다른 가능한 지표는 10%ile로서, 규준 표본의 최저 10%이다. 10%ile 이하의 아동들은 종종 정상과는 다르다고 간주된다. SLP는 '정상이 아닌' 또는 '장애'가 되는 지점을 결정해야만 한다.

분포의 양쪽 끝의 점수들은 이른바 특수한(exceptional) 또는 정상이 아닌(other-than-normal)으로 말할 수 있는 양적 차이를 나타낸다. 분명히 그 경계는 상대적이고 다소 임의적이다. 검사들이 지침을 제공하지만, SLP는 반드시 언제 그 차이가 개인에게 손상을 줄 정도로 커지는가를 결정해야 한다.

점수의 사용에는 간과하기 쉬운 몇 가지 제약들이 있다. 첫째, 숫자가 대등과 차이를 결정한다. 예를 들면 2는 1의 두 배이고 4의 반이다. 따라서 정반응 4점을 맞은 아동이 점수가 2인 아동보다 두 배의 기술을 가지고 있는 것처럼 보일 수 있으나, 이러한 점수는 반응의 수에 대한 척도이며 질에 대한 척도가 아니다. 어떤 검사 문항들은 다른 것들보다 더 어렵다.

둘째, 검사의 문항별 가중치가 동일하기 때문에 문항별 중요성도 균등한 것으로 간주된다. 만약 동

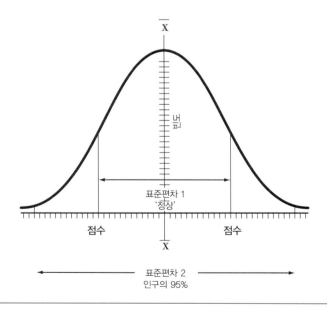

**그림 4.1** 정상분포 곡선

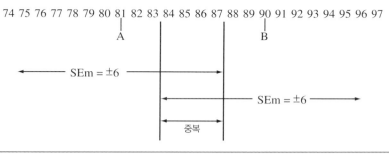

**그림 4.2** 척도의 표준오차를 사용한 점수 비교

사 *to be*와 과거시제 *-ed*에 대한 각각의 문항이 있다면, 이들의 발달적 중요성이 동일하지 않음에도 동일한 점수를 부여한다.

점수는 사실상 숫자상의 점수 이외는 아무것도 아님에도 수행에 대한 어떤 표준을 부과한다. 점수가 동일하다고 동일한 행동으로 해석할 수 없으며, 개별적 행동에 대한 충분한 설명을 제공하지 못한다. 어떤 아동이 자신보다 어린 아동과 같은 점수를 나타냈을지라도 오류를 나타낸 문항은 다를 수 있다. 심지어 동일한 문항들에서 동일한 오류를 나타낸 두 아동도 반응 형태는 매우 다를 수 있다.

SLP는 검사지침서에서 검사점수의 신뢰성에 대한 정보인 표준오차(standard error of measure, SEm)를 반드시 습관적으로 확인해야 한다. 검사도구의 신뢰도가 완벽할 수는 없기 때문에 각 점수에는 일정 양의 오류가 반영되어 있다. 표준오차가 클수록 검사 결과에 대한 신뢰성이 낮아진다.

신뢰성을 확립하기 위하여 표준오차를 검사 점수에 더하고 뺄 수 있다. 예를 들어 한 아동이 검사의 신뢰도 구간이 각각 2와 6인 두 개의 서로 다른 검사에서 75점을 받았다고 가정하라. 이 경우에 첫 번째 검사에서, 아동의 진정한 점수는 73~77점이 될 가능성이 가장 높으며, 두 번째 검사에서는 69~81점이 된다. SLP는 첫 번째 검사의 75점이 아동의 실질적인 수행 능력과 더 가깝다고 확신할 수 있다.

표준오차의 값은 또한 그림 4.2에 나타낸 것처럼, 실질적으로는 중복된 점수들이 아주 다르게 보인다는 것을 의미한다. A아동이 81점을 받고 B아동이 90점을 받았을 때 각 점수에 표준오차 값 6을 적용하면 중복된 부분이 나타난다. 따라서 이 아동들의 실질적인 능력은 검사점수가 나타내는 것보다는 훨씬 더 유사한 수준일 수 있다.

내 비평들은 주의를 준 것이며 검사를 하지 말라는 의미는 아니다. 행동의 수량화나 점수의 사용은 측정이 의미적이고 기능적이며, 또한 평가하는 실체를 정확하게 반영한다면 본질적으로 잘못된 것은 아니다. 검사 개발자는 검사할 실체들을 정의하고, 검사지침서에 선택한 과제들에 대한 근거를 제공하는 것이 중요하다. SLP는 반드시 검사지침서를 읽고 이해하고 평가해야 하며, 검사 구성과 수행에 정통해야 한다. 증거기반중재는 특정 검사가 사용되기 이전에 이에 대한 전문적 연구가 철저하게 시행되어야 한다고 요구한다.

**부적절한 규준.** 규준의 표본은 반드시 검사의 대상이 되는 집단을 대표해야 한다. 그렇지 않으면 규준은 부적절하며, 따라서 사용해서는 안 된다. 이러한 상황은 다문화–다언어 배경, 시골 또는 낮은 사회경제적 집단의 아동들에게 가장 빈번하게 발생한다. 이러한 경우에 SLP는 검사지침서에 제시되어 있는 표준화 절차를 따라 그 집단에 적용할 수 있는 한정적인 규준을 준비할 필요가 있다. TOLD-I와 CELF와 같은 몇몇 검사들의 지침서에 구체적으로 이러한 절차들이 설명되어 있다.

결국 우리는 규준들이 안정적이라고 가정할 수 없다. 규준들은 시간에 따라 변한다. 또한 컴퓨터를 사용한 검사처럼, 검사의 형식이 변하면 규준은 또한 변할 수 있다. 만약 검사가 표준화된 방법이 아닌 다른 방법으로 실시되었다면, 이때 도출된 점수는 검사 규준과 비교해서는 안 된다. 때로는 뇌병변장애 아동에게 손가락으로 지시하기 방법이 아닌 헤드 포인터(head pointer)를 사용하도록 허용하는 것과 같이 검사 수행 절차를 부분적으로 수정해야 하는 경우가 발생할 수 있으며, 이러한 경우에 그러한 변경의 영향력이 크지 않은지는 SLP가  임상적으로 판단해야 한다. 그러나 이런 경우에 만약 규준을 사용한다면, 대안적인 방법이 사용되었다는 것을 반드시 보고서에 기술해야 한다.

**부정확한 가정.** 검사점수는 단지 점수만을 의미하는 것일 수 있으며, 언어능력의 실제 차이가 아닐 수 있다. 따라서 SLP는 기술적인(descriptive) 정보를 얻기 위하여 반드시 각 아동의 수행을 분석해야 한다. 예를 들어 하위검사 점수들을 독립적으로 해석할 수 있다.

또한 SLP는 언어검사 점수로부터 전반적인 언어발달을 추정할 때 반드시 주의를 기울여야 하며, 특히 언어의 한두 가지 양상으로부터 얻은 표본일 때는 더욱 그러하다. 예를 들어 PPVT는 훌륭한 수용어휘검사지만, 언어의 다른 양상들을 설명하거나 전반적 언어 사용을 나타내지 못한다.

**중재 목적의 설정.** SLP가 중재가 필요한 영역을 결정하려면 그전에 아동의 행동에 대한 철저한 기술(description)이 필요하다. 개별적인 검사문항들이나 하위검사들은 아동의 행동에 대한 적절한 표본을 제공하지 않는다. 검사문항들은 단지 언어의 작은 부분만을 나타내기 때문에 기본 중재 목적들에 대한 충분한 정보를 제공하지 못한다. 어떤 아동들은 검사에 따라 차이를 나타내기 때문에 적어도 둘 이상의 심리측정적인 검사 절차를 사용해야 한다. 더 많은 검사를 할수록 평가의 신뢰도는 더 높아진다. 다양한 평가 프로토콜을 통해서만이 SLP가 중재 목표를 결정할 수 있다.

**중재 진전의 측정.** 중재의 진전을 평가하기 위해서 규준참조 검사를 지속적으로 사용하는 경우에 아동이 검사를 학습함으로 인하여 인위적인 높은 결과가 나타날 수 있다. 동일한 검사를 시간 간격을 넓게 하거나, 동일한 검사의 다른 형식을 사용하거나 또는 검사 간 상관이 아주 높은 다른 검사를 사용하는 것이 시간의 경과에 따른 행동의 변화를 더 잘 측정할 수 있다. 다른 장에서 설명할 준거참조 검사와 다른 기술적인 측정들이 개인의 진전을 평가하는 데 좀 더 적절하다.

## 검사 선택의 고려 사항

SLP는 반드시 평가 도구에 대한 현명한 소비자이어야 하며, 반드시 몇 가지 요인에 근거하여 검사를 선정해야 한다. 특히 앞서 논의했던 검사의 신뢰도와 타당도에 특별한 관심을 기울여야 한다. 아주 엄격한 심리측정학적 검사나 측정 준거들을 충족하는 검사일지라도 언어의 결함과 정상을 아주 정확하게 변별하지 못할 수 있다.

어떤 검사를 사용하기 전에, SLP는 반드시 검사지침서를 통하여 검사의 특성을 점검해야 한다. 다음의 네 가지 경우에 아동 검사 결과의 정확성은 반드시 이를 고려하여 숙고해야 한다.

- 실제 장애를 장애로 판정(참된 양성 결과)
- 장애가 없는 경우를 장애로 판정(틀린 양성 결과)
- 정상 언어를 정상이라고 판정한 경우(결함이 없음)(참된 음성 결과)
- 장애가 있는 경우를 정상이라고 판정한 경우(틀린 음성 결과)

예를 들어 만약 검사가 높은 틀린 양성 비율을 나타낸다면, SLP는 아동이 장애로 판정되었을 때 그 정확성을 반드시 숙고해야 한다. 이러한 경우 하나 이상의 검사 결과를 더 확인해보는 것이 좋다. 모든 검사들이 지침서에 이 네 가지 수치를 제공하지는 않는다.

검사 선택 시 고려해야 할 다른 요인들은 대상 아동에 대한 검사의 적절성, 제시방법과 이해 수준 그리고 검사 결과의 유형과 민감도이다. 검사는 반드시 아동의 연령이나 기능적 수준에 적절해야 한다. 또한 규준집단이 아동의 인종-민족적 및 사회경제적 배경의 대표성을 포함할 수 있도록 충분히 크고 다양해야 한다. 만약 아동이 소수집단에 포함된다면, SLP는 그러한 집단에 대한 규준정보가 있는지를 반드시 검토해야 한다.

또한 적절성은 제시방법, 문항 수 그리고 앞서 논의한 내용의 적용범위와 관련이 있다. 어떤 아동들은 다른 상황들보다 특정 조건 하에서 더 높은 수행을 나타낸다. 예를 들어 학습장애 아동은 구어와 시각적 자극을 함께 제시한다면 더 잘 수행할 수 있다.

어떤 검사들은 운동성 문제를 가지고 있거나 컴퓨터화한 검사에서 수행을 더 잘할 수 있는 아동들에게는 컴퓨터 버전 검사를 제공한다. 비록 아직은 초기 단계지만, 어떤 전문가들은 인터넷을 사용한 언어 평가의 공급을 탐색하고 있다(Waite, Theodoros, Russell, & Cahill, 2010). 비록 어떤 검사들은 실질적으로 온라인을 사용한 경우와 SLP를 대면한 상황에서 실시한 경우가 동일한 점수를 나타내지만, 이러한 결과는 아동들에 따라 다를 것이다.

검사 결과의 유형 또한 퍼센트(%), 퍼센타일(%ile) 또는 등가연령에 상관없이 검사를 선정할 때 중요한 임상적 고려 사항이다. 검사에 따라 이러한 점수들의 해석이 매우 제한적일 수 있다.

검사들을 선정할 때, SLP들은 검사에 부여하는 상대적 중요성에서 상당한 유사성을 보인다. 검사나 과제의 선정과 검사들 간의 상대적 중요성에서 SLP들이 고려하는 요인들은 검사절차에 대한 익숙함, 도구에 대한 전반적 평가 및 임상적 경험이 전부이다.

---

### 요약

지각 있는 전문가들은 검사 결과에 대한 지나친 의존과 잘못된 해석을 비난해왔다. 비록 표준화된 언어검사도구들이 빈번하게 비난을 받아왔지만, SLP들은 종종 평가에 표준화되고 규준화된 결과를 적용하도록 요구받는다. 미래의 SLP로서, 여러분은 검사는 정보를 제공하는 것이지 그것이 곧 평가의 전부이거나 결과가 아니라는 것을 인식하는 것이 중요하다. 검사의 단점에 대한 인식이 아동의 수행 능력을 해석하는 데 큰 도움이 될 수 있다.

규준-참조적 접근들은 아동의 개별적 요구에 대한 고려가 거의 없이 '동일한 내용'의 평가를 제공한다. 검사절차가 아동보다 우선시되기가 너무 쉽다. 결과 중심의 검사들은 언어 자질들에 대한 적절성 정보를 거의 제공하지 못한다. 따라서 검사 결과는 개별적 문제들을 확인하고 중재를 계획하는 데 도움을 거의 주지 못한다.

비록 규준참조적 검사가 언어장애를 가진 아동들을 판정하는 데 중요한 역할을 하지만, 단지 그러한 도구들만을 사용해서는 안 된다. 이러한 검사들의 사용에 대해서는 많은 논의가 있어온 반면에, 장애를 판정하는 컷오프(coutoff) 관련 이슈에 대한 논의는 그리 활발히 진행되지 않았다. 문화적 또는 언어적인 다양성과 같은 다른 요인들에 대한 고려 없이, 단순하게 -1SD나 -2SD의 준거를 사용하는 것은 아동들에게 손해를 끼치는 일이 될 수 있다(Oetting, Cleveland, & Cope, 2008; Spaulding, Plante, & Farinella, 2006). 적어도 SLP는 여러 척도들의 종합적 사용을 통해 검사 결과를 고려해야 한다. 예를 들어 한 연구에서 구어 이야기에 대한 이해 평가를 위해서 상호 이야기 회상산출 과제와 기대 위반 탐지 과제(expectancy violation detection task)의 조합(Dempsey, Jacques, Skarakis-Doyle, & Lee, 2002; Skarakis-Doyle, 2002) 및 이해 질문 과제를 사용한 결과, 언어장애 아동들의 판별에서 96%의 정확도를 나타냈다(Starakis-Doyle, Dempsey, & Lee, 2008).

검사에 대한 이슈는 평가 목적의 핵심이다. 평가에서 수집한 자료는 반드시 초기의 임상적 주 호소, 문제의 여부에 대한 결정, 개인적 차이와 처리과정, 문제의 본질, 예후, 중재의 예상 결과, 책임과 관련되어야 한다. 그렇지 않다면 이는 단지 숫자 게임일 뿐이다. 규준참조검사들이 언어문제의 존재 여부를 결정하는 데는 적절할지라도, 중재가 필요한 구체적인 결함의 영역(들)을 결정하는 데는 적절치 않다.

## 기술적 접근

일반적으로 아동의 언어에 대한 관찰과 발화 표본에 근거하는 기술적인 접근은 아동의 의사소통 능력을 평가하는 널리 알려진 방법이다. 불행히도 시간적인 제약 때문에 이 방법이 실제 임상현장에서는 심리측정적인 방법보다 널리 사용되지 않는 듯하다. 기술적 접근은 SLP가 실제 맥락과 개별적인 정보를 유지하면서 언어 처리과정을 주시할 수 있는 기회를 제공한다.

자발화 표본은 아동의 구체적인 언어 문제를 평가하는 도구라기보다는 전반적인 언어 기능을 보여주는 지표이다. 좀 더 구체적인 자료는 아동의 지식을 평가하여 얻을 수 있다. 일반적으로 언어표본에서 얻어진 자료는 모방 유도와 문장완성하기 과제에서 얻은 결과와 유의미한 상관을 나타낸다. 그러나 통사적 구조의 유형들은 매우 다를 수 있다.

기술적 접근은 SLP가 평가과정에 대한 자신의 이론적 모델을 적용해볼 수 있고, 아동이 가장 어려움을 나타내는 영역을 관찰하고 평가할 수 있다는 이점들이 있다. 따라서 임상적 과정이 대상자의 요구에 따라 융통성 있게 유지되고 조절될 수 있다. 이를 위하여 SLP는 반드시 구조적(생물학적, 인지적, 심리학적, 사회적) 그리고 환경적인 요인들의 복잡한 상호작용을 이해해야 한다.

우리가 앞서 논의한 것처럼, 아동의 일상생활에서 요구되고 사용되는 언어의 사용, 내용 및 형식을 거의 보여주지 못하는 공식검사의 구조화된-반응 검사에 반하여 언어표본은 몇 가지 이점을 가지고 있다. 어떤 언어 자질들은 대화적 주고받기의 언어와 언어 외적 요인에서 더욱 민감하게 나타난다.

기술적 접근은 다음과 같은 단점이 있다.

- 아동의 언어를 유도하고 분석하기 위한 언어에 대한 전문적 수준
- 아동의 언어를 수집하고 분석하기 위해 필요한 시간의 양
- 표본의 신뢰도와 타당도. 비록 많은 기술적 평가의 프로토콜이 존재하지만 SLP는 언어의 모든 양상들에서 각 아동에게 적절한 것을 선택할 수 있게 충분히 잘되어 있다고 느끼지 못할 수 있다.

더욱이 대량의 치료 건수가 긴 기술적 절차들의 사용을 방해할 수 있다. 마지막으로 SLP가 심리측정 검사에서만큼 아동의 일반적인 언어 사용에 대한 신뢰적이고 타당한 표본을 유도해내지 못할 수 있다.

## 신뢰도와 타당도

언어표본들은 표준화된 검사도구들보다 SLP의 편견에 좀 더 많은 영향을 받을 수 있으며, 특히 중재 효과를 평가하기 위해 사용될 때는 더욱 그러하다. SLP는 반드시 언어표본을 가능한 가장 객관적인 태도로 분석해야 한다. 일반적으로 관찰된 실제 행동들에 대한 객관적인 기술(description)이 이러한 행동들의 유발 요인이나 이유에 대한 주관적인 판단보다 훨씬 더 신뢰적이다. 신뢰도를 증가시키기 위한 한 가지 방법은 실제 사건과 사건에 근거해서 추론한 것을 분리하고, 사건에서 얻은 자료에 근거하여 결정을 내리는 것이다.

관찰 신뢰도는 다음의 세 가지 예방책을 따름으로써 증가시킬 수 있다.

1. 관찰해야 할 행동들을 가능한 한 명백하게 규정하고, 좋은 '관찰자 간' 및 '관찰자 내' 신뢰도를 확보하기 위하여 관찰자들을 훈련시킨다. 관찰해야 할 행동 범주들의 선정이 관찰의 타당도에 영향을 미친다. 예를 들어 특정 몸짓의 의도를 기록하는 것보다 특정 몸짓을 확인하는 것이 더 쉽고 정확할 수 있다. 정확성은 두 관찰자 간의 평점을 비교하여 조정할 수 있다. 이러한 분석방법은 정의를 분명하게 하고, 혼동할 수 있는 영역을 찾는 데에 도움이 된다.

2. 한 번에 단 한 가지 유형의 행동만을 평가한다. 이러한 절차는 비디오나 디지털 녹화를 통하여 다른 행동에 대한 추가적인 판정을 위해서 언어표본을 여러 번 재생할 수 있도록 해야 한다.

3. 관찰이 진행되는 중에 최종적인 판단을 내리지 않는다. 아동에 대한 선입견은 우리의 해석에 쉽게 영향을 미친다. 전반적인 행동에 대한 판단은 수집된 자료들에 대한 평가 이후에 내려지는 것이 가장 적절하다.

타당도를 위협하는 몇 가지 요소는 표본 자체에서 찾아볼 수 있다. 예를 들어 학령전기 아동은 말에 대한 주의력과 성향이 순간순간 변한다. 말 표본에서 타당도를 위협하는 가능한 요인들은, 나이가 많은 아동들이라도, 생산성(productivity)/산출된 말의 양, 명료도(intelligibility)/청자에 의해서 이해된 말의 양, 대표성(representativeness)/표본의 전형성 및 반응성(reactivity)/자극들에 대한 아동의 반응이다.

## 생산성

비의사소통적인 아동이나 거의 말을 하지 않는 아동은, 비록 그러한 표본이 실질적으로 아동의 전형적인 산출을 정확하게 반영하는 것일지라도 SLP에게 생산적인 표본을 제공하지 못한다. 아동이 산출할 말을 가지고 있지 않을 수도 있다. 생산성을 높이기 위한 핵심은 SLP가 표본의 수집 목적에 맞는 다양한 유도과제들을 계획하는 것이다. 예/아니요 질문은 피하고 "Tell me about…"과 같은 기법을 사용하는 것이 더 긴 반응을 산출케 할 수 있다.

## 명료도

명료도(intelligibility)는 아동이 말하려고 했던 것과 SLP가 표본에서 해석한 것 사이의 일치된 정도이다. 만약 표본의 많은 부분이 명료하지 않다면, 분석에 적당한 발화가 거의 없을 것이다. 일반적으로 아동의 발화 내용에 대한 SLP의 통제를 증가시키면 명료도는 증가될 수 있다. 간단히 말해 발화의 주제를 아는 SLP는 아동이 말한 것을 좀 더 쉽게 알 수 있다.

## 대표성

표본은 반드시 아동의 전형적인 행동을 대표해야 한다. 만약 언어표본을 치료실에서 친숙하지 않은 SLP가 대화 상대자가 되는 상황처럼 비전형적인 맥락에서 수집한다면 표본은 대표성이 없을 수 있다. 세 가지 문제가 대화 표본의 대표성과 관련이 있다. 자발성(spontaneity), 맥락의 다양성, 그리고 표본의 구조적/기능적 일관성이 그것들이다.

자발성은 아동이 주제나 활동을 결정하도록 하면 증가될 수 있다. 재미있고 다양한 재료들이 자발적 대화를 위한 훌륭한 기반을 제공할 수 있으며, 다양한 형식과 기능들을 유도해낼 수 있다.

문맥과 자극 항목의 다양성은 더 다양한 아동의 행동을 유도할 수 있으며, 이는 이론적으로 아동의 일상적 행동에 대한 대표성을 더 크게 만든다. 다양한 장소, 다양한 상대자, 그리고 다양한 아동 중심적 대화 주제들을 사용하여 자료를 수집할 때 다양성이 보장된다. 과제에 따라 언어의 양과 복잡성이 달라지기 때문에 단일 과제로는 아동의 대표적인 언어표본을 얻을 수 없다.

대표적이지 않은 표본은 아동의 일반적 사용 이외의 것을 반영할 수 있다. 이러한 경우 수집된 언어의 구조나 기능은 상황에 따라 크게 다를 수 있다. 일상적 상황들이 전형적인 언어 사용을 유도하기에 가장 적절하며, 따라서 일관성 있는 안정적인 표본을 제공한다.

SLP가 아동으로부터 전형적인 산출이나 최대한의 산출을 유도해야 하는가에 대한 논쟁들이 있어 왔다. 이러한 논쟁은 종종 보고된 언어장애 아동의 가능한 언어 수준과 그들이 일반적으로 나타내는 언어 수준 간의 차이로 인하여 유발되었다. SLP는 반드시 사용할 과제의 적절성에 대한 결정을 내려야 한다. 예를 들어 이야기산출 과제는 긴 발화를 산출하는 반면에, 그림 설명하기 과제는 양적으로 많은 언어를 유도해낼 수 있다. 다양한 유도 과제들은 제6장에서 구체적으로 논의될 것이다.

## 반응성

기법과 재료에 대한 아동의 반응 또한 산출된 표본의 전반적인 타당도에 영향을 미친다. 표본의 수집 상황과 사용하는 내용이나 자극의 특성은 표본에 매우 큰 영향을 미칠 수 있다. SLP가 질문하기 기법을 사용하는 것과 같은 지시적인 상황은 논의되는 내용에 대하여 검사자가 더 많은 통제를 하게 되며, 그로 인하여 명료도를 증가시킬 수 있다. 그러나 불행히도 이러한 명료도의 증가는 생산성과 대표성을 희생시킬 수 있다. 일반적으로 너무 많은 통제는 아동의 산출을 제한한다. 예를 들어 아동에게 "낱말 X를 사용하여 문장을 만들어라."와 같은 문장 형성하기 과제는 전형적인 언어 형태가 가장 적게 유도되고, 유도된 문장 길이도 매우 짧다.

앞의 예처럼, 대화에서 분리된 낱말이나 구조는 높은 수준의 메타언어 기술을 요구하며, 따라서 언어장애 아동에게는 어려울 수 있다. 비록 개방형 대화가 좀 더 대표성을 가질 수 있지만, 일반적으로 덜 명료하고, 어떤 언어장애 아동에게는 어려울 수 있다. 예를 들어 언어장애 아동은 다른 평가 프로토콜만큼 대화에서도 많은 어려움을 나타낸다(Donahue, 1984; Roth, 1986).

특정 자극 항목을 사용하여 이야기 주제를 통제함으로써 명료도를 증가시킬 수는 있을지라도 아동은 그러한 항목에 대한 전형화된(stereotypic) 반응 형태를 발달시킬 수 있으며 또는 이미 가지고 있을 수 있다. 예를 들어 인형의 사용은 '아기말(baby talk)' 스타일을 유도할 수 있다.

선정된 항목과 지시 또한 표본의 타당도에 영향을 미칠 수 있다. 예를 들어 그림은 언어를 유도하는 데 사용할 수 있으나, 아동에게 제공하는 지시가 아동의 언어 산출 양에 종종 영향을 끼친다. "이 그림에 대해서 말해주세요.(Tell me about this picture)"와 같은 지시는 다음과 같은 좀 더 지시적인 형태보다 적은 양의 언어를 이끌어낸다.

> 네가 이 그림을 보고 이야기를 만들어 보자. 나한테 시작부터 끝까지 전체 이야기를 들려주길 바라. '옛날옛날에'로 시작해서 전체 이야기를 말해줘.

SLP에 대한 최선의 충고는 다른 문맥과 내용들 간의 전환을 위하여 융통성을 유지해야 하며, 목표한 언어 행동의 유형을 유도해야 한다는 것이다. SLP는 반드시 다양한 자극 재료들을 가지고 있어야 하며, 아동에게 흥미가 있을 만한 주제들에 대해 논의하는 데 능통해야 한다.

---

### 요약

기술적 접근이 문제가 없는 것은 아니다. 기술적 접근이 공식적인 검사들에 비하여 아동의 일상적 수행을 더 잘 나타낼 수 있다고 할지라도 이러한 가능성이 보장되지는 않는다. 더하여, 기술적 접근은 언어와 아동의 언어 수행에 영향을 미치는 변인들에 대한 SLP의 높은 지식을 요구한다. 이러한 변인들에 대한 SLP의 기술적인(skillful) 조작이 기술적(descriptive) 방법들의 잠재적인 중재 가치를 높일 수 있다.

## 통합적인 기능적 평가 전략

말-언어 전문가들은 일반적으로 복합적인 평가방법을 제안한다. 평가의 목적은 반드시 그 설계에 영향을 미친다. 거의 보편적으로 SLP는 단일 척도나 회기로는 충분하지 않다는 것에 동의할 것이다. 다양한 관련 문맥들에서 언어 자질과 행동에 대한 복합적인 평가가 필요하다.

특정 사회적 행동들은 맥락 의존적일 수 있다. 예를 들어 자폐성장애를 가진 아동들의 특정 사회적 행동들에 대한 부모와 교사들의 인식이 항상 일치하지는 않는다(Murray, Ruble, Willis, & Molloy, 2009). 부모들은 개시적인 행동에 좀 더 주의하는 반면에, 교사들은 반응적 행동과 지속적인 상호작용에 좀 더 주의하는 것으로 보인다. 따라서 SLP는 자폐성장애를 가진 아동들의 사회적 능력을 기술하고자 할 때에는 다양한 정보 제공자들을 사용하는 것이 중요하다.

SLP는 평가를 계획하고 수행하는 데 있어서 다음의 일곱 가지 아동 관련 변인들을 반드시 고려해야 한다.

- 생활연령과 기능연령
- 시각, 청각, 건강 관련, 그리고/또는 다른 동반 장애 등의 기본 정보

- 문화 및 언어적 배경
- 인지적 기능
- 관심과 유용한 재료
- 활동 수준
- 자극 항목에 주의하는 능력

SLP는 각 아동에 맞게 방법을 기꺼이 조절하고, 아동들이 성인들마다 다르게 반응한다는 것을 기억해야 한다. 양육자의 관심 또한 반드시 고려해야 한다.

전반적인 사회적 상호작용 또한 관심 영역이다. 사회적 상호작용을 평가할 수 있는 한 도구는 사회적 의사소통 코딩 체계(Social Communication Coding System)를 사용한 핸드핼드 컴퓨터이다.(Olswang, Svensson, Coggins, Beilinson, & Donaldson, 2006). 사회적 의사소통 코딩 체계는 여섯 가지의 행동 영역들- 친사회적(prosocial/engaged), 수동적(passive/disengaged), 무관련(irrelevant), 적대적(hostile/coercive), 독단적/자기주장적(assertive), 성인의 도움 추구적(adult-seeking) 행동들-로 구성되어 있으며, 발생빈도와 지속시간을 기록한다.

복합적 또는 통합적 평가는 가장 철저한 개별화된 평가방법으로서, 의뢰서, 질문지나 양육자 면담, 환경 관찰, SLP에 의한 공식적인 심리측정 검사 그리고 아동의 대화 표본을 통한 아동중심의 비공식적 평가를 포함한다. 실질적인 구성 요소들은 아동에 따라 다르다. 각 구성 요소는 이 장의 뒷부분에서 논의한다.

각 진단 단계마다 그 지점에서 수집된 정보를 통하여 목표를 도출해야 한다. 이를 통하여 각 단계에서 초점이 점차 명확해지고 언어문제들이 구체화된다. 그림 4.3은 자료수집 과정의 단계를 제시하였다. 각 단계에서 평가과정은 점차 초점이 맞춰진다. 다음에서는 전반적으로 통합된 기능적 모형 측면에서 공식 및 비공식 평가의 단계들을 논의한다.

## 설문지, 면담, 의뢰

양육자(부모, 교사 및 다른 이들)는 기능적 평가와 중재 과정의 중심이다. 교사들은, 제12장에서 논의하겠지만, 잠재적인 언어문제를 가진 아동들을 전문가에게 의뢰할 수 있는 중요한 출처이며, 그러한 아동들을 주의 깊게 살피도록 고무되어야 한다. 또한 학교에 있는 아동들은 선별검사(screening tests)를 통해 발견될 수 있다. 부모와 의학 전문가들은 또한 좀 더 심각한 언어장애 아동들에 대한 효과적인 의뢰자가 될 수 있다. 그러나 이들은 경미한 장애를 인지하는 데는 신뢰성이 떨어진다(Conti-Ramsden, Simkin & Pickles, 2006). 특히 정의처럼, 다른 명확한 결함들이 없는 SLI 아동들의 경우에는 더욱 그러하다.

양육자 면담이나 설문지는 대상자의 기능과 양육자의 관점에서 느끼는 문제들에 대한 초기 정보

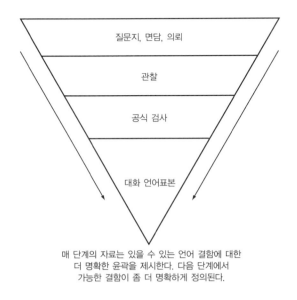

질문지, 면담, 의뢰

관찰

공식 검사

대화 언어표본

매 단계의 자료는 있을 수 있는 언어 결함에 대한
더 명확한 윤곽을 제시한다. 다음 단계에서
가능한 결함이 좀 더 명확하게 정의된다.

**그림 4.3**  평가과정 모형

를 수집하는 중요한 출처가 될 수 있다. 아동에 대한 양육자의 기대 또한 아동의 치료에 대한 양육자의 자발성과 요구를 알려주는 지표가 된다. 양육자들이 질문하고 완전하게 참여하도록 고무되어야 한다.

아주 어린 아동의 경우에 양육자는 검사가 어려운 행동에 대한 정보를 제공해줄 수 있다. 예를 들어 부모에 의해 작성된 어휘 체크리스트는 다른 어휘 척도들과 상관이 높다. 실제로 2세 아동의 어휘에 대한 부모 보고가 언어선별검사의 결과와 높은 상관관계를 나타낸다(Klee, Carson, Gavin, Hall, Kent, & Reece, 1998). 명료도(intelligibility)와 같은 좀 더 개방형(open-ended)의 구어 척도에서는 부모들의 평가 정확성이 다소 떨어진다.

대면(face-to-face) 면담에서 가장 좋은 방법은 주저함 없이 단호하게 직설적으로 질문하는 것이다. 주저함은 당황이나 불편함의 신호가 될 수 있다. SLP는 동의를 요구하는 부가의문문(예 : 'You don't…, do you?')은 피하고, 그보다는 확인이나 정보를 묻는 질문을 한다. 양육자의 말을 방해하는 언급을 하지 말고, 그들의 반응을 사실로 간주한다. SLP는 아동의 태아기와 출생 전후, 출생 후의 병력, 가족 병력과 교육력, 아동의 교육력과 사회력 그리고 아동의 행동에 대한 설명에 관심을 가져야 한다. 표 4.2에는 사용 가능한 언어 관련 질문 목록을 제시하였다.

양육자의 반응을 분석하고 가설을 형성한 이후에 평가에 대한 전략을 형성해야 한다. 잠재적인 언어문제들을 철저하게 조사해야 한다.

**표 4.2** 면담 또는 설문지 형식

### 언어 사용 관련 질문

아동은 당신에게 자신이 원하는 것을 어떻게 표현합니까? 아동이 가장 많이 요구하는 것은 무엇입니까?

아동은 당신에게 행위를 요구할 때 어떻게 합니까?

당신이 주의를 기울이기를 원할 때?

사물을 원할 때?

당신의 주의를 끌기 원할 때?

아동이 정보를 묻습니까?

아동은 어떻게 감정을 표현합니까? 또는 느낌에 대해서 말을 합니까?

아동이 표현하는 느낌은 무엇입니까?

아동은 혼자 놀 때 소리를 냅니까? 아동은 놀이를 할 때 혼잣말을 합니까?

아동은 혼자 놀기를 좋아합니까, 다른 사람들과 놀기를 좋아합니까?

아동은 환경에 있는 사물들을 말로 설명합니까? 어떻게?

아동은 과거나 미래 또는 즉각적인 맥락 외의 사건들에 대해 이야기합니까?

### 대화 기술 관련 질문

아동이 의사소통을 가장 잘하는 때는 언제입니까?

당신이 말할 때 아동은 어떻게 반응합니까? 아동은 다른 사람들에게 어떻게 반응합니까? 아동은 특정 사람들이나 특정 상황에서 좀 더 쉽게 상호작용합니까? 그렇다면 누구와 언제입니까?

아동은 누구와 언제 가장 빈번하게 의사소통합니까?

아동은 당신과 다른 사람들에게 대화나 활동들을 먼저 시작합니까? 아동의 가장 빈번한 주제는 무엇입니까?

아동은 다른 사람들이 시작한 대화나 활동에 참여합니까?

아동은 당신에게 말하기 전에 당신의 주의를 끕니까?

아동이 어떻게 합니까? 아동은 당신에게 말하는 동안에 눈맞춤을 유지합니까?

아동은 말할 때 차례를 지킵니까? 대화를 중단시킵니까? 당신의 발화와 아동의 반응 사이에 간격이 깁니까? 아동은 지시나 질문 없이 자신의 차례를 받습니까?

아동이 당신에게 말을 할 때 반응을 기대합니까? 만약 당신이 반응하지 않으면 아동은 어떻게 합니까?

아동이 당신에게 반응할 때, 일반적으로 당신의 말과 일치하거나 관련 있는 반응을 합니까?

아동은 어떻게 명료화를 요구합니까? 얼마나 자주 그런 행동을 보입니까?

만약 당신이 아동에게 더 많은 정보나 명료화를 요구한다면 어떤 일이 발생합니까? 아동은 이해하지 못했을 때 좌절합니까?

아동이 당신에게 무언가를 질문하거나 말할 때, 일반적으로 당신이 이해할 수 있는 충분한 정보를 제공합니까?

아동이 당신에게 좀 더 복잡한 정보를 말하거나, 사건이나 이야기를 설명할 때, 당신이 사고의 흐름을 따라갈 수 있을 만큼 충분히 조직적입니까?

아동은 성인이나 어린 아동들과 같이, 다른 사람에게 다른 방법으로 말합니까? 청자에 따라 다른 방법으로 설명할 수 있습니까? 상황에 따라 좀 더 예의 바른 행동을 합니까?

아동이 가끔 혼란스러워 보입니까? 만약 혼란스러울 때 아동은 어떻게 합니까?

### 형식과 내용 관련 질문

아동이 간단한 지시를 이해할 수 있습니까?

아동이 환경에 있는 일상적인 사건, 사물, 사람들의 이름을 알고 있습니까? 이들(행동, 사물, 사함, 특징, 장소, 원인, 기능 등)에 대하여 어떤 유형들의 정보를 제공합니까?

아동은 몸짓, 소리 또는 즉각적인 환경에 의존하여 이해를 하는 것으로 보입니까?

아동은 한 낱말, 구, 또는 문장으로 말합니까? 일반적인 발화의 길이는 얼마입니까? 아동은 낱말을 빠뜨립니까? 아동의 문장은 간단합니까, 또는 복잡합니까? 아동은 어떻게 질문합니까?

아동은 예전 정보와 새로운 정보를 구분하기 위하여 대명사나 관사를 사용합니까?

아동은 내일, 어제 또는 지난밤과 같은 시간 관련 낱말을 사용합니까? 아동은 동사 시제를 사용합니까?

아동은 복잡한 묘사나 설명을 위하여 예닐곱 개의 문장을 함께 사용할 수 있습니까?

출처 : Brinton & Fujiki(1989); Land & Duchan(1993); and Spinelli & Terrell(1984).

## 관찰

가장 자연스러운 상호작용을 얻기 위해서, SLP는 가정과 교실 같은 일상생활 장소에서 아동이 양육자나 또래와 대화 상대자로서 상호작용하는 것을 관찰하기 원할 것이다. 교실에서 SLP는 많은 활동에서 아동의 참여 형태를 관찰할 수 있을 것이다. 이러한 상황은 항상 가능하지는 않다. 관찰만을 할 시간이 허용되지 않을 수 있다. 이런 경우에 SLP는 언어표본을 수집하는 동안에 면밀히 관찰하고, 표본분석 이후의 결론에 대한 임시 가설을 형성할 수 있다.

만약 관찰이 좀 더 임상적인 장소에서 행해진다면, 적절한 장난감들 및 구조화된 활동들과 구조화되지 않은 활동들을 모두 아동과 대화 상대자에게 제공한다. 양육자에게 익숙한 사물을 사용하고, 집이나 교실에서 아동이 가장 좋아하는 장난감이나 사물을 가져오도록 권한다. 이상적으로는 SLP는 다양한 대화 상대자들과 상호작용하는 아동의 행동을 관찰해야 한다.

SLP는 양육자에게 아동과 가능한 일상적인 방법으로 상호작용하도록 지시한다. 관찰하는 동안 양육자가 아동에게 문제를 내거나 지시를 내리지 않는 것이 중요하다. SLP가 방에 있는 경우 눈에 띄지 않게 하거나 밖에서 관찰창이나 비디오 모니터를 통하여 관찰해야 최적의 결과를 얻을 수 있다.

상호작용의 형태는 단지 다양한 행동들의 빈도가 아닌 그 이상의 것이다. 더 중요한 것은 아동이 언어적 상호작용에서 다양한 자질들을 사용하는 방법이다. 핵심 질문은 "아동이 타인과 상호작용할 때 어떻게 언어를 사용하는가?"이다.

익숙한 장난감을 가지고 노는 것과 같이 일상적으로 반복되는 상황들은 아동에게 언어처리가 자동화되는 뼈대나 틀을 제공한다. SLP는 상황에 대한 아동의 친숙함과 상황이 아동의 언어에 도움을 주는 정도를 평가해야 한다. 비전형적인 상황들은 전형적인 언어를 유도하지 못한다. 비전형적인 상황들은 아동들의 몇몇 언어수행을 향상시키는 데는 유용한 도구가 될 수 있을지라도 아동들의 수행을 억제할 수 있으며, 일반적으로 아동의 대표적인 언어표본이 산출되지 못한다.

INREAL/Outreach Program of the University of Colorado는 이른바 SOUL이라는 관찰 전략을 추천하다. 이는 *Silence*(고요), *Observation*(관찰), *Understanding*(이해), *Listening*(듣기)의 약자이다. 성인은 관찰 시간 동안 고요함(silent)을 유지하면서, 말하기 전에 상황을 평가한다. 가설을 형성하기 이전에 아동의 놀이와 타인과의 상호작용을 관찰(observation)한다. 이해(understanding)는 관찰 동안 수집된 자료를 통하여 아동을 간파하는 것이다. 마지막으로 듣기(listening)는 성인에 의한 완전한 수용과 아동의 기능적 수준에 맞는 적절한 반응의 사용이다.

SLP는 양육자 면담을 통하여 관찰할 것에 대한 개념을 어느 정도 얻을 수 있다. 관찰의 신뢰도는 SLP가 실제로 관찰한 행동을 가능한 그대로 묘사할 때 높아진다. 추론과 가설은 그 이후의 일이다. 관찰 상황은 후일의 참조를 위해 비디오테이프나 디지털로 녹화하는 것이 가장 좋다. 손에 드는 휴대용 컴퓨터(handheld computer)도 교실과 같은 상황에서 언어 자료를 수집할 때 효과적이고 신뢰성 있는 방법으로 알려져 있다(Olswang, Svennson, Coggins, Beilinson, & Donaldson, 2006).

**표 4.3** 아동을 관찰하는 동안 주의 깊게 살펴야 할 특성

---

**언어형식.** 아동이 주로 한 낱말, 구, 아니면 문장을 사용하는가? 주어–동사–목적어의 문장만을 사용하는가? 성숙한 부정문, 의문문, 그리고 수동문의 산출이 있는가? 아동이 명사구나 동사구를 형성할 수 있는가? 내포문과 연결문의 형태를 나타내는 가?

**의미적 의도의 이해.** 아동은 다양한 의문문 형태(무엇, 어디, 누구, 언제, 왜, 어떻게)에 적절하게 반응하는가? 아동은 다른 의미 범주에 있는 낱말들을 혼동하는가?

**언어사용.** 아동이 정보 요구, 도움 요구, 사물 요구, 대답하기, 진술하기, 정보 제공하기와 같은 의도적 기능들을 나타내는가? 아동은 대화 차례 지키기가 가능한가? 아동은 예닐곱 차례의 대화를 주고받는 동안 주제를 개시하고 유지할 수 있는가? 아동 이 의사소통 상태를 알리고 발화를 수정할 수 있는가?

**발화속도.** 발화속도가 비정상적으로 느리거나 빠른가? 양육자와 아동의 차례 사이에 두드러지거나 긴 쉼이 있는가? 아동의 연 결된 발화들 간에 두드러지거나 긴 쉼이 있는가? 아동이 특정 낱말들을 산출하기 전에 빈번하게 간투사나 쉼을 사용하는가? 빈번한 낱말 대치가 있는가?

**연속(연쇄).** 아동이 관련된 사건들을 발생 순서에 맞게 연결할 수 있는가? 아동이 가까운 과거에 대해 말하거나 이야기를 회상 하여 산출할 수 있는가?

---

표 4.3은 SLP가 관찰할 언어 자질 목록이다. 이 목록이 전부는 아니다. 각 범주는 대화 표본의 분석을 논의하는 제7장에서 좀 더 구체적으로 논의할 것이다. 관찰의 목적은 나중 평가에서 검사, 수집 및 분석할 상호작용적 언어 특성을 좀 더 큰 범위에서 주시하기 위한 것이다.

관찰의 신뢰도는 우연한 것이 아니다. SLP들이 반드시 함께 완벽하게 훈련하여 관찰이 가능한 정확하고 객관적이 되도록 해야 한다. 정확성과 객관성은 반복적인 관찰과 두 명 이상의 SLP가 기록한 표본을 평가함으로써 얻어질 수 있다. 이후 표본의 재검토 관점에서 평가를 서로 비교하고, 논의하고, 수정해야 한다.

## 공식 검사

평가회기 중에 좀 더 공식적인 검사로 전환할 때는 어렵지 않은 수용 과제, 예를 들어 하나의 질문에 가리키기로 반응하기와 같은 과제를 사용하여 할 수 있다. 그러한 검사는 아동이 SLP의 지시에 익숙해지도록 도와준다. 표 4.4는 몇몇 검사들과 그에 대한 주석 목록을 제시하였다.

### 언어의 모든 양상 평가하기

SLP는 언어의 모든 양상을 철저히 평가하는 것이 중요하다. 이를 위해선 한 회기를 초과한 평가가 필요할 수 있다. 언어 결함이 하나의 양상에만 제한되어 있는 경우는 매우 드물다. 언어의 모든 양상에 대한 검사는 다른 문제들이 없음을 확인하고 아동의 언어에 대한 전체적인 이미지를 파악하기 위해 중요하다. 비록 아동의 언어 문제가 한 영역에만 있다고 의심될지라도, 언어 결함을 가장 잘 기술하기 위해선 둘 이상의 검사들을 실시해야 한다. 언어의 각 영역과 관련된 문제들은 다음 단락에서 논의한다.

**표 4.4** 언어검사를 위한 조언

| 검사 | 설명 | 의견 |
| --- | --- | --- |
| Carrow Elicited Language Inventory (Carrow, 1974) | 아동이 반복해야 할 52개의 문장으로 구성<br>채점/분석 체계와 동사 프로토콜을 포함<br>연령 : 3~7세 11개월 | 3세 아동을 대상으로 한 규준검사<br>정반응보다는 오반응의 수를 점수화<br>좀 더 나이가 든 아동은 'does not'을 'doesn't'로 대체하는 것과 같이 검사문장을 구어 형태와 좀 더 가깝게 수정하는 경향을 나타내기 때문에 규준 적용이 쉽지 않음<br>정확한 채점을 위하여 검사과정을 반드시 녹음해야 하지만, 아동이 반복을 하는 동안 나타내는 수행 수준을 통해 대략적인 총 오류 점수를 알 수 있음<br>실시 및 채점이 쉬우며, 언어 형식에 대한 중요한 정보를 제공함 |
| Comprehensive Receptive and Expressive Vocabulary Test, 2nd edition(Wallace & Hammill, 2002) | 말해준 그림들을 지적하고, 정의를 제시하는 방법을 통하여 수용 및 표현어휘를 검사<br>연령 : 4~89세 11개월 | 종종 언어장애 아동을 검사할 때 표현어휘에 대한 정의가 일반적이지 않음. 비록 개발자들이 반응을 예측하고자 대단히 노력했지만, 정반응과 오반응을 분석할 수 있도록 준비해야 함. 내가 가장 좋아하는 오답은 'Cider'를 'Her lunch was *insider her*'로 한 반응임 |
| Fullerton Language Test for Adolescents, 2nd edition(Thorum, 1986) | 통사, 형태, 의미, 음절 분절의 하위검사로 구성된 전반적 언어검사<br>연령 : 11세~성인 | 매우 어려운 청소년 대상 검사<br>이 연령의 학생들에게 음절분절에 대한 하위검사들이 가치가 있는지에 대하여 의문을 갖고 있음<br>형태론 능력 하위검사는 채점방법에 대한 설명이 거의 없이 검사자가 정반응을 결정해야만 하기 때문에 채점하기가 매우 어려움 |
| Peabody Picture Vocabulary Test, 4th edition(PPVT)(Dunn & Dunn, 2007) | 아동 또는 성인이 네 개의 그림 중에서 이름을 듣고 이에 해당하는 그림을 지적함<br>연령 : 2세 6개월~89세 11개월 | 검사 결과에 대한 과도한 추정을 하지 않도록 주의. 이 검사는 단순히 이름과 그림을 연결하는 능력에 대한 검사임. 이해나 정의에 대한 심도 있는 결과를 제시해주지 못함<br>우리가 성장함에 따라 어휘사전에서 명사가 차지하는 부분이 작아짐에도 과도하게 명사가 많음 |
| Test of Adolescent and Adult Language, 4th edition(Hammill, Brown, Larsen & Wiederholt, 2007) | 통사론 및 의미론에 대한 문어와 구어의 하위 검사들로 구성된 전반적 언어검사<br>개별 및 집단검사<br>연령 : 12~24세 11개월 | 좋은 일반적 검사, Fullerton 검사보다 쉬움<br>문장조합 하위검사는 청각적인 작업기억에 문제가 있는 대상자에게는 매우 어려울 수 있음<br>구어적 유추 하위검사는 언어능력보다는 인지능력과 더 관련이 높음 |

평가에서 아동의 언어발달 지식의 정도를 측정하기는 어렵다. 최근의 검사들은 아동의 반응을 '전부(all)' 아니면 '전무(nothing)' 또는 '옳다' 아니면 '틀리다'로 측정하도록 구성되어 있다. 물리적인 반응 행동은 그보다 더 미묘한 언어적 요소의 인출과 준비에 의해 좌우된다. 발화의 구성은 독립적인 과정이 아니다. 언어 산출은 언어 이해와 같은 종류의 지식에 의존한다(Bock, Dell, & Onishi, 2007).

**화용론.** ASD나 TBI를 가진 아동들의 화용적 결함은 화용적인 언어 사용보다는 주로 언어적 구조와 의

**표 4.4** 언어검사를 위한 조언 (계속)

| 검사 | 설명 | 의견 |
|---|---|---|
| Test of Auditory Comprehension of Language, 3rd edtion (TACL-3)(Carrow-Woolfolk, 1999) | 세 개의 하위검사들로 구성 : 어휘, 문법 형태소, 구와 문장<br>연령 : 3~9세 11개월 | 종종 아동은 처음 두 하위검사는 통과하지만 세 번째 검사는 실패할 수 있으며, 이는 언어형식에 대한 문제 그리고/또는 청각적 기억문제를 가진 아동들의 경우에 종종 발생함. 하위검사별로 규준이 있어서 원할 경우에 하위검사만 실시할 수 있음<br>매우 산만한 아동은 모든 그림을 주의 깊게 보도록 주의를 줄 필요가 있음. 비록 검사 규준을 위반하는 것이긴 하지만, 검사가 정상발달 아동만을 대상으로 규준화되지 않았다는 것을 기억해야 함. 검사 결과를 보고하고, 그 점수가 단지 과제를 근거한 점수임을 기술함(결국 우리는 언어를 측정하는가 현혹성을 측정하는가?) |
| Test of Language Development—Intermediate, 4th edition(Hammill & Newcomer, 2007) | 의미론, 형태론, 통사론에 대한 하위검사들로 구성된 일반적 언어검사<br>8~17세 11개월 | 좋은 전반적 검사<br>그림 어휘력 하위검사의 두 낱말 조합 중에서 불필요하게 어려운 부분이 있음<br>낱말순서 하위검사는 청각적 작업기억력이 낮은 아동에게 특히 어려울 수 있음. 비록 검사가 재미는 있지만 그것이 실제와 얼마나 관련이 있는지 의심스러움. "Party fun was the?"라고 누군가 말하는 것을 들어본 적이 있는가?<br>그러한 우스꽝스러운 말의 오용검사는 당신이 틀리지 않는 한 재미를 주지만, 저자는 역시 실제 사용과의 관련성에는 부정적임 |
| Test of Narrative Language (Gillam & Pearson, 2004) | 세 가지 형태로 이야기 기술을 평가 : 그림이 없는 상황, 한 가지 그림 상황, 연속된 그림 상황 사실과 추론적 이해 모두를 평가<br>연령 : 5~11세 11개월 | 표본을 통해 평가하기 어려운 영역을 측정할 수 있는 좋은 전반적 척도. 분석이 어려움<br>체계적인 자료수집 방법 |
| Word Test Elementary, 2nd edition & Word Test Adolescent, 2nd edition(Bowers, Huisingh, LoGuidice, & Orman, 2004) | 낱말연상, 동의어, 의미적 모순, 반의로, 정의, 다의적 단어 사용에 대한 포괄적 검사<br>연령 : 6~11세 11개월 이상 | 낱말이 저장된 정신적 연결하기(mapping) 네트워크에 대한 철저한 평가<br>청소년 대상 검사가 이전 판(edition)에 비해 매우 향상됨<br>개발자들이 정의하기 하위검사의 반응들을 잘 예측했지만, 여전히 어떤 반응들은 이상할 수 있음 |

미에 초점을 두는 경향이 있는 전통적인 검사들로는 확인하지 못할 수 있다(Anderson, Lord & Heinz, 2005; Bishop & Baird, 2001; Young et al., 2005). 실제로 SLP들이 사용하는 대부분의 일반적인 평가 도구들은 화용적인 기술들을 측정하지 못한다. 특히 고기능의 ASD를 가진 아동들의 경우에 대화나 학급에서 사회적 언어 사용의 결함으로 인하여 중재가 필요함에도 불구하고, 전통적인 언어 평가 도구들에서는 정상 범주 내의 점수를 나타낼 수 있기 때문에 더욱 심각한 문제가 된다(Young et al. 2005).

화용론은 평가가 어렵다고 알려져 있다. 화용은 맥락에 따른 행동으로 정의되기 때문에 대부분의 공식적 언어 검사들의 고정된 구조로는 다양한 상황에 따른 화자의 적응력을 측정하기가 어렵다. 더욱이 표준화된 검사 상황처럼 정해진 맥락에서 명확한 지시를 사용하는 경우 화용적 결함을 가진 아동들이 자연스런 상황에서보다 수행을 훨씬 더 잘할 수 있다. Test of Pragmatic Language(TOPL; Phelps-Terasaki & Phelps-Gunn, 1992)와 같은 화용론 검사 도구들이 존재하지만, ASD를 가진 아동들과 같은 어떤 아동들의 경우에는 화용 결함의 전체 범위를 측정하는 것이 어려울 수 있다.

TOPL은 전형적인 화용 발달 행동들을 표본으로 한다. 일반적인 사회적 상황을 묘사한 그림들을 보여준 후에 아동에게 등장인물 중 한 명의 반응을 산출하도록 요청한다. 구어적 단서로 "What do you think the boy is saying?"과 같은 질문을 사용한다. 아동의 반응은 적절 또는 부적절로 채점한다.

치료사에 의해 수행되는 표준화된 화용 평가들에 대한 한 가지 대체 방안은 가정에서 관찰한 아동의 언어 사용 예시들에 근거한 부모/양육자의 평가를 주관적으로 해석하는 것이다. 이러한 평가는 한 번의 검사 절차에서 아동의 수행을 평가한 것보다 아동의 전형적인 기능 수준을 더 잘 나타낼 수 있다. 더욱이 어떤 행동들은 검사 상황에서 유도하기 어려울 수 있다.

Children's Communication Checklist-2(CCC-2; Bishop, 2003, 2006)는 부모/양육자 평가 도구의 한 예이다. 응답자들은 '암기된 언어의 반복'과 같은 묘사된 행동들의 발생 빈도를 평가하도록 되어 있다. CCC-2는 TOPL과 같은 다른 공식적인 표준화된 화용론 검사들에서 측정이 불가능한 임상적으로 현저한 화용적 결함의 범위에 대해 질문한다(Adams, 2002). 그로 인해 CCC-2는 Test of Pragmatic Language(TOPL; Volden & Phillips, 2010)보다 언어 형식은 연령에 적합하지만 화용적 결함이 있는 ASD를 가진 아동들을 더 잘 인지하는 것으로 보인다.

**의미론.** 언어장애를 가진 아동이 습득, 저장, 인출에 어느 정도의 의미적 결함을 가지고 있음에도 불구하고, 대부분의 공식적인 평가는 수용 및 표현 어휘에 제한되어 있다. 의미론적 지식의 복합적 양상을 평가하는 표준화된 검사도구들은 거의 없다. 최소한 우리는 낱말지식, 새로운 낱말학습, 낱말범주, 비유어, 다의어, 낱말 찾기에 관심을 기울여야 한다.

SLP는 언제 아동이 낱말을 습득했다고 알 수 있는가? 검사들은 전형적으로 아동이 의미를 알거나 아니면 모른다는 '전부 아니면 전무(all-or-nothing)' 현상을 가정한다. 현실적으로 낱말지식의 습득은 개인의 삶 동안 지속될 수 있는 점진적인 과정이다. 하나의 검사항목에 대한 개별적인 아동의 성공이나 실패는 과제 유형이나 단서방법과 같은 몇 가지 요인에 의해 좌우될 수 있다. 검사과제들은 종종 인위적이고, 탈맥락적이며, 매우 문학적이다.

의미 능력의 검사는 종종 그림인식, 낱말 정의하기, 낱말범주로 제한된다. 관심사는 아동의 어휘 이해와 산출이다. 어휘 이해는 일반적으로 아동이 검사자가 말한 어휘를 듣고 이를 가장 잘 표현한 그림을 가리키는 방법으로 측정한다. 그러한 검사들은 SLP에게 아동이 어휘를 사용하는 빈도나 어휘 개념에 대한 이해의 깊이나 너비를 말해주는 바가 거의 없다. 긴 발화에 대한 이해는 일반적으로 아동에게 간단한 지시를 따르거나 그림을 가리키게 함으로써 평가한다.

아동이 낱말을 완전하게 이해하지 못하는 경우, 아동은 낱말순서와 같은 언어적 자질들이나 그림에서 자극항목의 위치나 크기와 같은 비언어적인 자질들에 근거한 다른 이해 전략들에 의존할 수 있다. 검사하는 동안 SLP는 아동의 가리키기 반응에서 나타나는 특정 위치에 대한 선호, 반응에 수반되는 구어적 언급, 그리고 아동의 행동에 영향을 주는 요인들을 암시하는 행동들에 주의를 기울여야 한다.

표현이나 산출 어휘는 일반적으로 아동에게 그림의 이름을 말하게 하거나 정의를 내리게 하여 평가한다. 점수는 정반응-오반응이나 눈금척도 유형(0-1-2)을 사용한다. 후자는 부분적인 정반응을 허용하지만 판단하기가 극히 어려울 수 있다. 아동이 산출한 정의하기 유형에 대한 SLP의 기술(description)은 아동 어휘력의 성숙을 판단하는 데 도움이 될 수 있다. 초기 정의하기는 *An apple is something you eat.*처럼 일반적으로 사용에 의존한다. 그 후에 묘사, 그다음에 맥락에서의 사용, 동의어 추가와 설명 그리고 마지막으로 관습적인 정의하기의 순서로 발달한다. 이러한 전체 발달 과정을 습득하는 데는 몇 년이 걸린다.

준거-참조 도구인 Diagnostic Evaluation on Language Variance(Seymore, Roeper, & de Villiers, 2003)는 새로운 낱말학습을 평가하는 하위검사를 포함하고 있다. 또한 SLP들은 자기 자신만의 평가 도구들을 발달시키길 원할 수 있다(Brackenbury & Pye, 2005). 예를 들어 참조물이나 실체를 직접적으로 정의하지 않은 맥락에서 모르는 낱말이나 무의미 낱말을 사용하여 그것을 지시/언급하는 우발학습을 실시할 수 있다. 후속 검사로 그 단어가 학습되었는지를 평가할 수 있다.

낱말길이, 음절구조, 자음군의 익숙함과 같은 많은 요인들이 의미를 처리하는 동안에 낱말을 유지하는 음운 작업기억에 영향을 미친다. 이러한 이유 때문에 SLP는 이 분야를 완전하게 연구했을 때에만 비공식적인 검사척도를 계획해야 한다(Brackenbury & Pye, 2005). 전형적으로 음운의 저장과 처리는 Children's Test of Nonword Repetition(Gathercole & Baddeley, 1996)에 있는 것처럼 비단어(nonword) 반복을 통하여 평가한다.

몇 가지 평가 도구들은 의미범주와 전치사와 같은 관계어에 대한 하위검사들을 포함하고 있다. 분류하기와 이름대기 과제 및 지시 따르기는 비공식 검사를 사용할 수 있다.

범주적 이해는 반의어나 동의어 말하기, 범주 내 관련 낱말 이름대기 또는 범주 찾기를 통하여 평가한다. 따라서 초등 학령기 후반기와 중고등 학령기의 모든 학생들에게 단지 단순한 낱말의 의미가 아닌 범주 구성원과 관련 어휘들에 대한 검사를 실시해야 한다. 동일 범주의 다른 구성원 이름 말하기(동물원 동물들)와 같은 낱말연상 과제는 언어장애를 가진 아동들과 일반 아동들을 변별하는 데 비효과적일 수 있다. 범주에 대한 익숙함과 반응이 가능한 수가 반응에 더 큰 영향을 미치는 요인이 될 수 있다.

의미와 관련된 다른 과제들은 유사점과 차이점 말하기, 낱말에 관하여 아는 것을 모두 말하기, 의미적인 부조리 찾기, 비유적인 언어 설명하기, 다중적인 의미 알아내기 등이 있다. 각 과제는 과제의 요구사항 결정하기, 중요한 의미적 현상들에 집중하기, 단서 해석하기와 같은 여러 능력이 필요하며 이러한 능력은 낱말 인출 결함이 있으면 어려워질 수 있다.

낱말 인출 과정에 대해서는 알려진 바가 거의 없다. 학습장애나 외상성 뇌손상을 가진 아동들은 낱말 찾기와 낱말 대치에서 결함을 나타낸다. 초등학년 후반기의 학습장애를 가진 아동들은 소매 없는 외투(cape) 대신에 침대보(sheet), 화면(screen) 대신에 망(net)을 말하는 것과 같이 일반 아동들보다 시각적으로 관련된 낱말 대치 오류를 더 많이 나타낸다. 학습장애를 가진 아동들이 나타내는 또 다른 낱말 대치는 선반(shelf)을 독서대(book holder)로 대치하는 것과 같은 기능적인 대치이다.

진단적으로, 이러한 낱말 찾기 전략들의 사용은 아동이 낱말은 이해하지만 그것을 인출하는 데 어려움이 있다는 것을 의미한다. 비록 검사들이 이름대기 능력의 결함을 드러내기는 하지만 결함의 본질을 알려주는 경우는 거의 없다. 이러한 아동들의 낱말 인출 전략들의 확인은 이러한 전략들과 직접적으로 관련된 교정 기법들을 설계하는 데 도움이 될 수 있다.

낱말 찾기 결함은 TOWF-2(Test of Word Finding, Second Edition)과 같은 도구들을 사용하여 공식적으로 평가할 수 있으며(German, 2000), TOWF-2에 사용된 것과 유사한 형식을 사용하여 비공식적으로 평가할 수 있다. 아동이 알지 못하는 낱말들과 알지만 인출하기 어려운 낱말들을 구별하는 것이 중요하다. 일반적으로 아동은 모르는 낱말의 참조물은 이름을 들려주었을 때 지적하여 찾을 수 없다. 반대로 만약 아동이 참조물을 이해는 하지만 상황에 따라서 그것의 이름을 말하지 못할 경우에는 낱말 인출의 문제가 있는 것일 수 있다. 비공식 평가에서, 특히 외상성 뇌손상의 초기 회복 단계와 같은 심각한 경우에는 아동의 환경에 있는 평범한 일상적 사물과 행위부터 시작하는 것이 도움이 될 수 있다.

검사에서 좀 더 많은 정보를 얻는 한 가지 방법은 이중-이름대기 기법(double-naming technique)이다. 이 절차는 표준화된 이름대기 검사를 두 번 실시한다. 그리고 결과분석 시에 오류를 한 번 나타낸 반응들과 두 번 나타낸 반응들을 확인한다. 두 번의 시행에서 모두 오류를 보인 반응들은 좀 더 심도 있는 분석을 실시한다.

SLP는 여러 촉진 방법을 사용하여 두 번 모두 오류를 나타낸 낱말들의 오류가 낱말 찾기 결함에 기인한 것인지를 평가하고 아동이 사용하는 이름대기 전략을 확인할 수 있다. 이러한 절차에서 단서는 다음의 순서에 따라 제공한다(Fried-Oken, 1987).

1. 일반적 질문. 아동에게 추가적인 언어적 정보를 제공하지 말고 "이걸 다른 말로 하면?" 또는 "다시, 이게 뭐지?"와 같이 일반적인 개방형 질문(open-ended question)을 한다.

2. 의미적/음소적 촉진자. 추가적인 의미적 및 음소적 정보에 바탕을 두어 두 가지 단서를 제공한다. 변인들의 제공 순서는 다양하지만, SLP는 그 순서와 반응을 주의 깊게 기록해야 한다.

의미적 단서는 사물의 기능을 설명하거나, 범주 이름을 제공하거나 장소를 말해준다. 예를 들어 만약 그림이 소파를 나타낸다면 SLP는 "이것은 네가 앉는 거야.", "이건 가구 중에 하나야." 또는 "거실에서 볼 수 있어."와 같은 말을 해줄 수 있다. 아동의 반응과 의미적 촉진 형태는 반드시 기록해야 한다.

음소적 단서는 목표낱말의 첫 음소(예 : 이 낱말은 /__ /로 시작해)를 알려줄 수 있다. 이러한 유형의 단서가 주어졌을 때 아동이 주어진 정보를 사용하기 위해서는 어느 정도의 메타 언어적 기술이 필요하다.

3. 확인. 만약 아동이 지속해서 오류를 나타낸다면, SLP는 아동의 어휘목록에 목표낱말이 있는지를 확인하기 위해서, 아동에게 정확한 이름을 말해주고, 이 사물을 전에 본 적이 있는지를 묻는다.

아동의 반응과 단서들은 오류의 질적인 본질과 아동의 이름대기 전략을 결정하기 위하여 분석해야 한다. 표 4.5는 이러한 평가방법의 사용 여부에 상관없이, 4~9세 아동이 사용할 수 있는 이름대기 전략들의 목록이다.

**표 4.5** 이름대기 전략 가설 : 목표 낱말이 'SHOE'일 때

| 아동 행동 | 가능한 이름대기 전략 |
|---|---|
| "Chew" | 음운적 연상 |
| "Show" | 음운적 연상 |
| "Boot" 또는 "Sneaker" | 범주 또는 의미적 연상 |
| "Heel" | 부분/전체적 연상 |
| "Foot" 또는 "Walk" | 기능적 연상 |
| **에두르기(cirnumlocution)** | |
| "Looks kind of like a car" | 지각적 에두르기 사용 |
| "You wear it" | 기능적 에두르기 사용 |
| "It has holes and strings" | 묘사적 에두르기 사용 |
| **부정확 또는 무응답** | |
| "sky" | 무관련. 숨은 또는 깨닫지 못한 관련성이 있는지 확인 |
| "Thing" 또는 "Sky" | 비특정적 |
| "I don't know" | 언급 |
| 무반응 | 무응답 |
| 신발을 신는 흉내 | 몸짓 반응 |

**통사론.** 통사적 검사는 통사체계의 복잡성과 다양성 때문에 매우 복잡해질 수 있다. SLP는 한 검사의 전체 배터리를 사용하거나 몇 개 검사의 부분을 사용할 수 있다. 잠재적인 문제 영역들을 심도 있게 검증하기 위해서는 후자의 방법을 추천한다. 본질적으로 검사들을 비표준화된 방법으로 사용하거나 다른 하위검사들을 혼용하여 사용할 경우에는 규준 자료를 더 이상 사용할 수 없다. 결과들을 정확하게 묘사해야 하며, 포함한 과제들의 관점에서 해석해야 한다.

검사에 따라 개별적인 통사 항목의 길이, 검사의 구조, 과제 유형에 상당한 차이들이 있다. 검사과제들은 낱말순서 맞추기나 정리하기 그리고 문장 조합하기와 같이 매우 부자연스러운 것에서부터 문장 결합하기와 같이 좀 더 자연스러운 과제들까지 다양하다. 많은 과제들이 빈칸 채우기(fill-in-the-blank)와 같은 학교에서 하는 극히 탈맥락화된 과제들이며, 일상적인 언어 사용을 반영하지 않는다.

완전한 언어 평가는 반드시 이해와 산출의 두 영역 모두를 평가해야 한다. 수용 검사에 따라 검사 절차와 평가하는 구조들은 매우 다양하지만, 공통적인 요소는 아동이 최소한의 언어 산출을 하면서 자신이 이해하는 것을 보여주는 것— 일반적으로 그림을 지적하거나 지시따르기— 이다.

통사적 산출은 전형적으로 구조화된 유도하기, 문장 모방하기, 낱말 배열하기나 교정–판단의 방법을 사용하여 검사한다. 구조화된 유도하기는 검사자가 아동에게 그림 설명하기의 시범을 보인 후 아동에게 그림을 묘사하도록 요구한다. 시범 문장은 사용해야 하는 문장 형태(예 : she is running)를 갖추지만 검사하는 목표 문장(예 : she will run)과는 구조를 달리한다.

문장 모방하기에서는 검사자가 산출한 문장을 아동이 즉각적으로 반복하도록 한다. 유도 모방 절차의 기저 가정은 아동의 작업기억을 초과하는 문장은 아동이 그 문장을 처리하는 과정에서 자신의 언어규칙 체계에 따라 재생할 것이라는 것이다. 이론적으로는 아동이 재산출한 문장은 아동이 자발적으로 산출하는 문장과 매우 유사해야 한다.

유도 모방 검사의 타당도는 의문시되어 왔다. 비록 유도된 모방이 많은 진단도구들의 근거로 사용되고 어떤 도구들에서는 검사의 한 부분을 차지하고 있지만, 이러한 절차의 타당도에 대한 의문은 빈번하게 제시되어 왔다. 유도 모방 검사들에서 언어장애를 가진 아동들의 수행이 그림이나 사물 조작과 같은 문맥적 단서들을 추가함으로써 향상될 수 있지만, 이들의 모방 문장은 자신들의 자발적인 언어 산출에서 나타나는 문장보다 좀 더 단순하다.

유도 모방과 자발적으로 산출된 언어 간의 관계가 아주 복잡하기 때문에 SLP들은 유도된 모방의 결과들을 신중하게 고려하고, 두 결과가 다를 때는 자발적 표본의 자료에 근거하여 분석하는 것이 적절하다. 유도 모방 반응들은 아동이 시범과 다르게 산출한 구체적인 방법들을 분석해야 한다. 그러한 분석이 단순한 정반응/오반응 채점보다 훨씬 큰 의미가 있다. 오반응을 액면 그대로만 받아들이지 말라. 아동의 행동을 수정하기 전에 아동이 한 행동을 이해해야 한다. 예를 들어 아동의 반응이 정확한 모방이 아니기 때문에 틀릴 수는 있으나, 아동이 의미적으로는 옳게 산출했을 수 있다. 정확한 모방 반응 이외에 다음과 같은 반응을 할 수도 있다.

- 의도한 의미를 유지하거나
- 의도한 의미를 변경하거나
- 낱말이나 구를 삭제하거나
- 낱말이나 구를 대치하거나
- 낱말이나 구를 추가하거나
- 낱말순서를 변경하거나
- 비문법적인 문장을 산출할 수 있다.

더하여 SLP는 아동의 작업기억과 관련이 있을 수 있는 문장 길이의 영향도 반드시 주시해야 한다.

제시된 낱말 목록을 사용한 문장 구성하기 또한 작업기억에 많이 의존한다. 더하여 이러한 과제는 실생활에서는 절대 일어나지 않는 과제이며, 우리는 이것의 적절성에 대해 반드시 연구해보아야 한다.

마지막으로 문법 적절성의 판단을 요구하는 과제들은 두 유형이 있다. 첫 번째는 단순히 판단을 요구하는 반면에 두 번째는 아동에게 잘못된 구조를 수정하도록 요구한다. 두 번째가 더 어렵기는 하지만, 둘 모두 5세경까지는 발달이 시작되지 않는 메타언어적인 기술을 필요로 한다. 따라서 이러한 과제들은 유사점과 차이점을 판단하는 과제들과 더불어 학령전기 아동들에게 부적절하다.

**형태론.** 형태론 검사는 일반적으로 복수 *-s*나 과거시제 *-ed*와 같은 굴절형태소들에 초점을 둔다. 대부분의 검사들은 시제표지, 복수, 소유격, 비교격과 같은 접미사들이 사용빈도가 높고, 대체로 초기에 발달하기 때문에 이들을 강조한다. 일반적으로 구어와 문장 능력이 좋은 아동들이 좀 더 높은 형태론적 인식을 가지고 있으며, 검사에서 좀 더 나은 수행을 보인다.

접미사(suffix)는 굴절(inflectional)과 파생(derivational)의 두 유형으로 나눌 수 있다. 굴절접미사는 명사의 소유, 성별, 수, 동사의 시제, 태(voice), 인칭과 수, 서법(mood), 형용사의 비교를 나타내며, 말의 근간을 변화시키지 않는다. 예를 들어 명사에 복수를 나타내는 표지 *-s*를 붙일 때 명사는 그대로 명사로 남는다.

둘째, 좀 더 큰 범주인 파생접미사는 대부분의 검사들에서 무시되고 있다. 파생접미사는 적용범위가 좁고, 굴절접미사보다 훨씬 더 많은 제약과 불규칙성을 가지고 있다. 적용을 예측하기가 매우 어려운데, *-tion*처럼 어떤 명사들에는 붙일 수 있으나 모든 명사에 적용할 수는 없다. 또한 *apartment*의 *-ment*와 같이 의미가 다소 불명확하다. 복합형태소들로 구성된 낱말의 80% 이상이 구성 요소들이 나타내는 바를 의미하지 않는 것으로 추정된다. 파생접미사의 발달은 언어 산출 능력, 읽기 수준과 노출량, 파생적 복잡성 그리고 메타언어적/초언어적 인식(metalinguistic awareness)과 관련이 있다.

형태론에 대한 가장 일반적인 두 가지 산출검사 형식은 **클로즈(cloze)**나 문장완성 그리고 문장모방이다. 대부분의 클로즈 검사는 아동에게 단어의 어근(예 : *teach*)을 제시하고 아동이 어근과 접미사를 결합(예 : *teacher*)하여 반응하도록 하는 것이다. 검사는 실제 낱말이나 무의미 낱말들을 사용한다. 무의미 낱말을 사용하는 근거는 아동의 수행이 검사 낱말에 노출된 경험에 의한 것이 아니라는 확신을 가질 수 있기 때문이다. 일반적으로 무의미 낱말들을 사용하는 검사들이 어린 아동들과 지적장애나 학습장애를 가진 아동들에게는 더 어렵다. 다른 검사과제들은 *hospital*과 *hospitable*처럼 낱말들 간의 관련성에 대한 판단, 구성 성분들로부터 의미를 유추하는 능력 그리고 언어적 문맥의 변화에 따라 낱말을 형성하는 능력 등이 포함된다.

비록 몇몇 검사들이 형태론적인 부분이나 하위검사들을 포함하고 있지만, 대부분의 경우에 항목의 수가 너무 적고, 가치 있는 정보를 제공하기에는 너무 좁은 범위만을 포함하고 있다(Moats & Smith, 1992). 더욱이 접두사와 파생접미사는 단지 두세 개의 검사들에만 포함되어 있다.

**문어.** 문어(written language) 표본 또한 반드시 수집해야 하며, 문해(literacy) 특정적인 학습장애가 의심되는 경우는 특히 그러하다. 해설문, 꾸민 이야기, 사실에 관한 이야기(nonfiction)에 대한 초안들을 반드시 포함해야 한다. SLP는 음운 및 언어 인식, 낱말 경계(word boundaries), 어휘와 사용, 생각을 정확하고 순서에 맞게 체계적으로 의사소통하는 능력, 사고의 생성과 조직화, 형태소 사용, 통사적 사용과 의미적 인식 그리고 반대말과 유의어와 같은 어휘 연상, 손글씨 등을 평가할 수 있다(Greene, 1996). 이러한 평가영역은 제13장에서 논의할 것이다.

### 검사의 변형

앞서 언급한 것처럼 SLP는 원하는 정보를 얻기 위하여 검사를 변형시켜 사용할 수 있다. 예를 들어 SLP는 아동의 대명사 사용을 심도 있게 검사하길 원할 수 있다. 그러나 그러한 구조들만을 적절하게 평가할 수 있는 검사는 없다. 이런 경우에 다른 검사들에서 적절한 부분을 인용하여 자신만의 평가 도구를 구성할 수 있다. 이처럼 필요한 영역별로 준비된 검사는 면밀한 평가를 하는 데 아주 유용하다. 물론 검사의 표준화된 시행절차가 위배되었기 때문에  규준의 적용은 불가능하다. 간혹 출간된 검사들 중에 하위검사들의 규준을 제시하고 있는 경우도 있다. 이러한 경우에는 전체 검사 도구의 시행절차에 맞게 하위검사를 실시하면 규준의 적용이 가능하다.

검사의 시행도 검사 도구의 시행절차 대로 수행이 어려운 아동이나 아동의 반응 전략에 대한 추후 조사를 위하여 변형할 수 있다. 예를 들어 어떤 아동들의 경우에는 그림의 사용이나 지시의 반복이 수행 수준을 향상시킬 수 있다. 거의 모든 검사가 일반발달 아동을 위해 설계되었다는 것을 기억하는 것이 중요하다. 지적장애나 뇌성마비를 가진 아동은 확실히 불리한 입장에 있다. 그러한 경우 절차를 변형했을 때 나타난 아동의 능력에 대한 설명이 단순한 점수보다 중재에 훨씬 더 유용하다. 지시된 검사 절차를 고수하는 경우에는 아동의 한계를 측정하는 결과를 가져올 경향이 크다.

검사절차는 다수의 회기를 사용하거나 반응 시간과 기회 횟수를 증가시키는 방법을 통하여 변형할 수 있다. 주의력 결함을 가진 아동의 경우 SLP는 재료를 확대하거나, 펜라이터나 포인터를 사용하거나, 특정 정보를 강조하거나, 아동에게 집중하도록 구어로 주의를 주거나, 아동이 반응하기 전에 검사 단서를 반복하게 할 수 있다.

운동성 문제가 있거나 자폐범주성장애나 학습장애를 동반한 아동은 시각이나 청각적 방해요소, 재료의 위치, 온도, 빛과 어둠의 대조, 또는 자리에 의해서도 영향을 받을 수 있다. 보속 행동이 있는 아동은 검사항목들 간의 정답이 같지 않다는 것을 상기시켜줄 필요가 있다. 기억력 문제가 있는 아동은 단서를 반복해주거나, 아동 스스로 단서를 크게 말하도록 하거나 단서들을 쉽게 처리가 가능한 작은 단위들로 쪼개어주는 것이 필요하다.

마지막으로 외상성 뇌손상 아동은 반응시간의 연장이 필요할 수 있다. SLP는 학습의 '고립지점'을 확인하기 위하여 기초선과 최고 한계선 이외의 영역들도 검사해야 한다. 외상성 뇌손상 아동을 위한 다른 변형 방법들로는 방해항목들의 감소, 다른 산출 형태의 사용, 인쇄물의 확대와 페이지당 인쇄물 감소, 간략한 지시, 회상 촉진을 위한 선다형(multiple choice) 질문 대체 사용, 복합적인 예시 제공, 아동이 피곤한 경우에 쉬는 시간 제공, 시각 자료의 선이나 그림 진하게 하기 등이 있다.

> ## 표본 수집

대화 표본은 아동이 실제 대화 상황에서 사용하는 언어를 수집했다면, 아동의 언어에 대한 가장 정확한 묘사를 제공할 수 있다. 표본을 수집할 때 일반적으로 자유놀이와 구조화되지 않은 대화 상황을 주로 사용하지만, 구조화된 대화와 관찰 및 검사에서 나타난 언어 자질들도 평가에 포함할 수 있다. 다음 장들에서 언어표본으로부터 정보를 극대화할 수 있는 가장 적절한 표본의 수집 상황과 분석방법을 논의한다.

## 정보처리 결함의 평가

제2장에서 언급한 바와 같이 다양한 장애를 가진 아동들은 구어적 정보처리에 어려움을 나타낸다. 비록 인지적 기능에 대해서는 최소한 신경학자, 심리학자, 그리고 SLP를 포함한 팀이 해답을 제공해야 하지만, SLP가 실시한 평가가 약간의 답을 제공할 수 있으며 중재를 위한 대안적 방법들을 제시할 수 있다. 표준화된 검사들은 약간의 통찰력을 제공할 수는 있으나 실제 일상적 맥락에서의 언어 이해와 산출을 대치하지는 못한다.

가장 중요한 것은 다양한 과제에 따른 수행의 변화이다. SLP는 익숙하거나 익숙하지 않은 낱말들과 구조들을 함께 사용하여 정보 속도의 변화에 따른 아동의 수행을 평가할 수 있다(Ellis Weismer & Evans, 2002). 일반적으로 정확성과 타이밍은 서로 영향을 미친다.

더하여 SLP는 인지적 기능을 평가하기 위해 생태학적으로 가장 적절한 방법인 역동적 평가

(dynamic assesment)의 검사-중재-재검사 형식을 반드시 사용해야 한다(Gillam et al., 2002). 제5장에서 좀 더 구체적으로 논의할 역동적 평가는 아동의 과거 학습 수준보다 아동의 가능한 학습능력에 관심을 둔다. 예를 들어 중재 단계에서는 아동에게 단락의 주요 주제를 파악하거나 의견, 대화 또는 이야기를 해석하는 것을 가르친다. 재검사 단계에서 SLP는 아동이 나타내는 변화의 유형과 노력에 초점을 둔다. 전체 과정을 통하여 아동이 정보에 주의하고 이를 지각하고 회상하는 능력, 설명을 이해하는 능력, 과거의 정보를 새로운 정보에 연결하고 전달하고 일반화하는 능력에 관심을 둔다.

언어에 대한 많은 척도들은 본질적으로 작업기억(WM)을 요구한다. SLP는 언어평가 도구에서 요구하는 저장과 처리 능력을 반드시 고려하고, 이것이 아동의 수행에 영향을 미칠 수 있다는 것을 고려해야 한다. 아동이 여러 조각들의 정보를 유지하고 정신적인 활동을 해야 하는 과제들은 WM을 요구한다. 아동이 무작위로 제시된 단어 목록을 기억해서 그것들로 적절한 영어 문장을 만들어야 하는 언어 하위 검사가 하나의 예시가 될 수 있다. SLP는 표준화된 검사들에서 나타난 아동의 오류 패턴을 분석하거나 과제 분석을 통하여 이러한 검사들에서 좀 더 많은 정보를 얻을 수 있다. SLP는 만약 검사 결과들이 WM 결함의 가능성을 나타낸다고 추정된다면, 이를 확인하기 위한 심층적 평가를 할 수 있다.

언어 습득과 학습에서 WM의 중요한 역할을 생각할 때, SLP는 반드시 전체 언어 평가에 WM에 대한 평가를 일정량 포함시켜야 하며, SLI를 가진 아동들의 경우는 특히 중요하다. TBI를 가진 아동들처럼 특히 기억이 주된 문제이거나, 다른 검사나 관찰에서 기억력 결함이 의심되거나, 또는 SLP가 언어나 학업의 결함에 기인하는 기저 요인들을 파악하고자 한다면 WM에 대한 평가를 실시해야 한다.

SLI와 다른 장애를 가진 아동들의 언어 수행력을 평가하는 핵심 과제는 아동의 언어와 학업 문제가 언어 지식의 결함, WM 능력의 결함, 처리 속도 저하, 또는 이러한 요인들과 다른 요인들의 중복과 어느 정도 관련이 있는가를 결정하는 것이다. 표준화된 검사에서 나타난 수행은 낮은 일반적 처리 능력에 의해 영향을 받을 수 있다. WM, 특히 음운적 단기기억(PSTM)은 표준화된 언어 검사에서 아동들의 수행에 막대한 영향을 미치며, 따라서 SLI를 가진 아동들이 낮은 언어 검사 점수를 나타내는 이유를 설명해준다(Leonard, Ellis weismer, et al., 2007; Montgomery & Windsor, 2007). 표준화된 언어 검사에서 SLI를 가진 아동들은 특히 PSTM 능력이 중요한 것으로 보이지만, 동일 연령의 일반 아동들은 그렇지 않다.

WM 용량은 다양한 과제를 사용하여 평가한다. 청취폭(listening span)은 아동들에게 문장의 수가 점차 증가하는 문장 세트를 듣게 하는 방법으로 측정한다. 이후 아동들에게 처리과정 과제인 각 문장의 정확성을 판단하게 하고, 저장 과제인 문장의 끝 낱말을 가능한 많이 회상하도록 요구한다. 예를 들어 하나의 문장 세트가 "Apples are *blue*"와 "Birds can *fly*"로 구성된 경우에, 아동이 사과는 파란색이 아니지만, 새들은 날 수 있다는 것을 알아차리기를 기대하며, 또한 *blue*와 *fly*를 회상할 수 있기를 기대한다. 다른 과제에서는 아동에게 각 그룹에 있는 점들의 수를 기억하면서 점들의 그룹의 수를 세도록 한다. 셋째, 조작폭(operation span) 과제 검사는 아동들이 다중 연산 문제를 풀고, 각 답이나 또는 각 문제 후에 제시된 낱말을 저장(store)한 후에 해당 세트의 마지막에 모두 회상하도록 한다.

비단어 반복(NWR) 과제는 어휘 지식과는 독립적인 음운 처리 효율성을 측정한다(Gillam et al. 2002). 비단어를 반복하기 위해서는 아동은 반드시 익숙하지 않은 음운적 정보의 정확한 음운적 표상을 기억 속에 유지하고 있어야 하기 때문에 PSTM이 요구된다. CNrep(Children's Test of Nonword Repetition)(Gathercole & Baddeley, 1996)과 NRT(Nonword Repetition Task)(Dollaghan & Compbell, 1998)는 아동이 비단어의 수와 비단어의 음절수가 다양한 비단어 목록을 반복하도록 요구한다. CNrep가 SLI를 가진 아동들의 음운적 기억 결함을 탐지하는 데 더 민감하다(Archibald & Gathercole, 2006a). 점점 더 많은 표준화된 언어 검사들이 NWR 과제를 포함하고 있다. 비록 NRT(Dollaghan & Compbell, 1998)가 SLI를 가진 학령기 아동들의 평가 도구로 널리 추천되고 있지만, 학령전기 아동들에게 사용하는 것은 의문시되며, 언어장애가 없는 아동들을 언어장애를 가진 것으로 잘못 선별하는 '틀린 양성(false positive)' 판정을 높일 수 있다.

아동의 WM폭을 평가하기 위해 고안된 실험적 과제인 경쟁적 언어처리 과제(competing language processing task, CLPT; Gaulin & Campbell, 1994)에서 아동들은 한 문장을 듣고 이 문장이 맞는지 또는 틀리는지를 구어로 답변하는 동시에 WM에 각 문장의 마지막 단어를 기억하고 있어야 한다. 한 문장에서 여섯 문장까지 있는 각 세트의 끝부분에서 아동은 세트별로 각 문장의 큰 낱말을 순서대로 회상해야 한다. 이해와 마지막 단어 기억의 수행력은 두 과제가 결합하여 사용가능한 WM 자원을 소모시킬 경우에 떨어진다. CELF-4(Clinical Evaluation of Language Fundamentals-Fourth Edition)(Semel, Wiig, & Secord, 2003)은 숫자 반복(number repetition)과 친숙한 연쇄(familiar Sequences)의 두 하위 검사에 기초한 WM 인덱스를 제시하고 있다.

모든 진단은 포괄적(inclusionary) 및 배타적(exclusionary) 준거에 근거해야 한다. 더하여 기억 결함의 평가는 다른 인지적 능력과 독립적으로 이루어져야 한다(Gathercole & Alloway, 2006). 포괄적 준거는 IQ에 관계없는 기억 과제에서의 낮은 수행이 해당된다. SLI에 대한 배타적 준거는 청각 결함과 조음 결함의 부재가 해당된다. WM을 평가하는 다양한 표준화된 검사도구들과 비공식적 방법들을 표 4.6에 제시하였다.

입력과 산출의 처리속도를 평가하기 위한 검사들은 거의 없으나 몇몇 표준화된 언어 검사들은 어휘 접근과 인출의 속도와 정확성을 측정한다. 불행히도 낱말 수준을 넘어서 아동의 언어 처리 속도를 측정하는 표준화된 검사는 없다.

어떤 아동이든지 검사 점수를 액면 그대로만 받아들이는 것은 결코 충분하지 않다. SLP는 다른 표준화된 언어 검사들에서 나타난 아동의 수행을 면밀히 분석하여 아동의 낮은 언어 수행에 미치는 WM의 영향력을 추정할 수 있다. 공통 범주를 찾기 위해서 낱말 목록을 회상하거나 문장 모방을 위해 문장을 회상하는 능력이 없는 경우에 수행에 지대한 영향을 미친다. SLP는 회상해야 하는 단위 수와 같은 요인들을 변형시키는 비공식적인 검사 방법을 사용하여 WM이 낮은 수행의 원인이 되는지를 결정할 수 있다. 예를 들어 내러티브 회상 산출에서는 다양한 프로브 질문들에 대한 아동의 수행에 근거하여 낮은 기억력을 추정할 수 있으며, 반면에 이야기 회상(story retelling) 산출은 정보의 손실을 나타내는 반응을 평가하기 위해 사용할 수 있다. 다른 비공식적 평가 기법으로는 SLP가 언어적 정보를 제공하면서 말소리 크기와 복잡성과 함께 말속도를 체계적으로 조절하는 방법을 사용할 수 있다. 이러한 기법은 SLP가 입력 속도에 의해 영향을 받는 기억과 이해 요인들의 정도를 관찰할 수 있게 해준다.

**표 4.6** 작업기억과 처리속도에 대한 표준화된 검사도구들과 비공식적 평가 방법

| 평가 도구/방법 | 특성 | WM의 측면 |
|---|---|---|
| *Automated Working Memory Assessment*(AWMA; Alloway, 2007) | 4~22세<br>하위검사 영역 : 숫자, 낱말, 비단어, 블록 회상, 시각적 매트릭스 기억, 시각적 STM | 구어 STM<br>시공간 STM<br>구어 WM 용량<br>시공간 WM 용량 |
| *Children's Test of Nonword Repetition*(Gathercole & Baddeley, 1996) | 4~8세 | 구어 STM |
| *Clinical Evaluation of Language Fundamentals*, Fourth Edition(CELF-4; Semel, Wiig, & Secord, 2003) | 9~21세<br>문장 반복 과제(SLI와 기억 결함에 대한 신뢰도 검증)<br>구어 단락에 대한 이해<br>빠른 자동화된 이름대기 | 구어 WM 용량<br><br>구어 WM 용량<br>낱말수준의 처리 속도 |
| *Nonword Repetition Task*(Dollaghan & Campbell, 1998) | 비표준화 | 구어 STM |
| *Rapid Automarized Naming and Rapid Alternating Stimulus Tests*(Wolf & Denkla, 2005) | 5~19세<br>글자, 숫자, 색깔, 사물 | 낱말수준의 처리 속도 |
| *Test of Narrative Language*(Gillam & Pearson, 2004) | 5~11세<br>아동 오류의 본질을 파악하기 위한 형태 분석 실시 | 구어 WM 용량 |
| *Test of Word Finding*, Second Edition(German 2000) | 4~13세<br>그림 이름대기, 문장 완성하기, 범주 이름대기 | 낱말수준의 처리 속도 |
| *Working Memory Rting Scale*(Alloway & Archibald, 2008) | 교사들을 위한 22개 항목의 행동 척도<br>AWMA와 상관관계 | 구어 STM |
| Working Memory Test Battery for Children(Pickering & Gathercole, 2001) | 5~15세<br>구어 STM 하위검사들 : 숫자, 일치 낱말 목록 회상, 낱말 목록 회상, 비단어 반복<br>블록 회상과 메이지(mazes) : 기억, 청취 폭, 숫자 거꾸로 세기 WM 회상 용량, 구어 WM 용량, 숫자폭 | 구어 STM<br><br><br>시공간 STM |

산출 면에서는 홑낱말 인출, 문장 산출, 내러티브, 묘사 그리고 설명과 같이 체계적으로 아동이 언어 과제를 완수해야 하는 시간을 체계적으로 조절하여 아동이 기억과 언어의 복합적인 요구를 어떻게 조절하는지를 볼 수 있다. 이러한 방법에서 SLP는 아동들이 언어와 기억을 조절하는 데 어려움을 보이는 상황에 대한 감을 얻을 수 있을 것이다.

## ∷ 결론

언어장애를 평가하는 단일 방법은 없다. 면담, 관찰, 검사, 표본분석의 조합이 아동뿐만 아니라 중요한 다른 요인들과 익숙한 의사소통적 맥락들을 통합할 수 있는 전체적 접근방법이 될 수 있다.

평가를 진행하면서 다양한 독립된 언어 자질들과 같은 사소한 부분에 너무 치중하지 않는 것이 중요하다. 이처럼 나무만 보고 숲을 보지 못하는 접근은 아동의 의사소통 체계의 전체적인 특성을 놓치는 결과를 가져올 수 있다.

일단 모든 자료가 수집되면 최종적인 분석을 시작한다. 더 많은 자료가 필요할 수도 있다. 자료 수집을 다소 과학적인 접근으로 특징짓는다면, 분석은 SLP가 언어장애를 가진 각 아동의 개별적 초상화를 그려야 하는 것과 같이 SLP에게 좀 더 예술적인 부분을 요구한다. 이에 대해서는 제6장에서 제8장에 걸쳐 좀 더 논의하도록 한다.

# 제5장

# 다문화-다언어 아동의 언어평가

**방**언이나 제2언어에 대한 모국어의 영향 등으로 인하여 나타나는 언어의 차이는 장애가 아니다. 이러한 차이는 그 언어의 타당한 규칙을 적용한 언어 체계이다. 비표준적인 영어의 방언이나 제2언어로 영어를 학습하는 아동이 제2장에서 논의한 학습장애, 단순언어장애 또는 그 외 다른 장애들과 같은 언어 문제를 나타낼 수 있다. 언어치료사(SLP)의 과제는 자연스런 차이와 장애를 구분하는 것이다.

2008년 미국 인구조사 관리국 보고서에 따르면, 미국의 학령기 인구 중 21%가 집에서 영어가 아닌 언어를 사용한다. 이러한 수치는 2030년에는 두 배로 증가할 것으로 추정된다(Davis & Bauman, 2008). 이러한 아동들 중 약 1/3이 영어학습자(ELL)이다. 미국 내 이중언어 사용자와 ELL의 79%가 모국어로 스페인어를 사용한다(Goldenberg, 2008; U.S. Department of Education , 2008). 또한 많은 수의 아시아계 미국인과 미국 원주민(native American) 아동들이 영어를 제2언어로 사용한다.

미국에서 두 번째로 큰 소수 인종 집단인 아프리카계 미국 아동(African American, AA)들은 공립학교에 다니는 아동들의 약 17%에 이른다(Fry, 2007). 몇몇 전문가들이 이 아동들 중 가정의 수입이 낮은 많은 아동들의 학업 성취도를 지침서에 사용하는 주 미국 영어가 아닌 아프리카계 미국 영어(African American English, AAE)로 보고했으며, 이는 이들 중 많은 아동들이 학교에 다니도록 하는 데 기여하였다. 이중 방언을 사용하는 AAE 사용 아동들이 초등학교에 가는 경우에 학급에서 언어 조절을 더 잘한다.

어린 아동들의 언어 경험과 언어발달은 강한 연관성이 있다. 한 언어를 집중적으로 듣는 단일언어 아동들과 비교할 때, 이중언어 아동들은 학습할 각 언어의 입력이 적다. 그들은 또한 각 언어의 산출 연습이 적다. 이러한 상황을 고려할 때, 이중언어 아동들이 언어 지체를 나타낼 위험이 증가한다(Kohnert, 2008; Kohnert, Yim, Nett, Kan, & Duran, 2005; Paradis, 2007). 반면에 두 언어 사용에 의한 발달적 이점이 있을 수 있다. 두 언어 사이의 전환은 어떤 이중언어 아동들에게는 발달적 장점을 가져올 수 있다(Bialystok, Craik, & Luk 2008a). 예를 들어 출생 시부터 이중언어를 사용했던 아동들은 단일언어 아동들이나 제2언어를 새롭게 배우는 아동들과 비교했을 때 집행기능에서 장점을 나타냈다.

다문화-다언어(Culturally Linguistically Diverse, CLD) 배경을 가진 아동들에 대한 모든 검사는 반드시 언어 결함의 위험과 사회경제적 지위(SES)의 관계를 고려해야 한다. 예를 들어 스페인어를 제1언어로 사용하는 미국 내 아동들은 낮은 SES 배경을 가진 경우가 더 많다(Krashen & Brown, 2005). SES와 엄마의 교육수준은 여러 경로로 언어발달에 영향을 미친다. 엄마의 교육수준이 높을수록 어휘 발달, 언어 이해 및 내러티브 수준이 더 높다. 반면에 SES와 엄마의 교육수준이 낮은 아동들은 언어장애 발생률이 더 높다(Schuele, 2001).

ELL과 방언적 차이를 가지고 있는 아동들이 특수교육 서비스 대상자로 더 많이 진단되는 경향이 있다(De Valenzuela, Copeland, Qi, & Park, 2006). 일반적으로 이러한 아동들은 언어장애를 가진 것으로 과다 진단되는 반면에, 주류 방언인 영어만을 사용하는 아동들은 과소 진단된다.

특수교육 현장에서 ELL과 방언 차이를 가진 아동들의 높은 비율은 표준화된 검사의 수행과 가장 큰 관련이 있다. 단지 영어만으로 실시되는 검사들에서 이중언어 아동들은 단일언어 아동들보다 더 낮은 점수를 나타낸다(Bialystok, Craik, & Luk, 2008b; Bialystok, Luk, Peets, & Yang, 2010). 표준화된 언어검사에서 단일언어 아동들의 수행과 비교하면, 이중언어 아동들은 자신들의 제1언어를 사용하는 경우에도 평균보다 낮은 수행을 보인다.

명백히 이러한 아동들에게 적절한 언어평가 척도의 개발이 매우 필요하다. 언급한 바와 같이 단지 한 언어로 된 평가는 이중언어 아동들의 전반적인 언어능력을 저평가한다. 중요한 것은 SLP가 장애(disorders)와 모국어와 영어 간의 상호작용 결과이거나 비주류 방언과 주류 방언 간의 상호작용 결과일 수 있는 차이(difference)를 변별할 수 있어야 한다는 것이다. SLP는 반드시 모국어의 규칙 적용 특성과 방언을 평가할 수 있어야 하며, 대비되는 자질들을 알아야 한다. 부모가 아동이 좀 더 표준적인 영어를 산출하기를 원하는 경우에는 선택적인 말-언어 서비스를 제공할 수 있다. 그러나 SLP는 모국어의 영향이 반영된 영어 방언 형태는 장애가 아니라는 것을 기억해야 한다.

제한적 영어 능력(Limited English proficient, LEP)을 가진 사람들에 대한 평가와 중재는 연방법(PL 94-142, PL 95-561), 법률적 판결(Diana v. Board of Education, 1970; Lau v. Nichols, 1974; Larry P. v. Riles, 1972) 그리고 주 교육 조례에 의해 정해진 것처럼 반드시 모국어로 실시해야 한다. 적절한 서비스 제공을 위해서 SLP는 두 언어를 모국어 또는 모국어 같은 수준으로 유창하게 말할 수 있고, 두 언어의 말과 언어 습득을 설명할 수 있으며, 공식과 비공식 평가를 수행하고 해석할 수 있고, 소수 언어에 중재 전략을 적용할 수 있어야 하며, 다문화-다언어 사회에 서비스를 제공하는 데 영향을 미치는 문화적 요인들을 인식하고 있어야 한다(ASHA Position Paper, 1985).

언어검사는 반드시 우위의 언어와 중재에 가장 적절한 언어를 결정할 수 있어야 한다(ASHA Position Paper, 1985). 경험이 없는 SLP들이 종종 저지르는 한 가지 실수는 모국어(L1)가 지배적이라고 가정하는 것이다. 어린 아동들은 미국 영어(American English)의 경우에 제2언어(L2)를 습득하기 시작하면 모국어를 상실할 수 있다.

## 서비스 전달 상태

비록 미국의 인구통계가 변화하고 있지만, 대부분의 SLP는 한동안 계속해서 대다수의 문화에 속해 있을 것이다. SLP의 약 세 명 중 한 명은 이중언어 사용 대상자들을 치료하고 있지만, 80% 이상이 그러한 대상자들을 치료하기 위한 자신들의 능력에 대해 확신을 가지고 있지 않다. 자격증이 있는 ASHA의 회원 중에서 단지 2% 정도가 영어 이외의 언어에 대한 서비스 제공이 가능한 것으로 추정된다(Langdon & Cheng, 2002). 이와 같은 부족함은 학문적 준비와 경험의 부족, 언어 그리고/또는 문화에 대한 낯섦, 적절한 평가 도구의 부족 등이 원인이라 할 수 있다(Adler, 1991).

## 준비와 경험 부족

대부분의 학업 프로그램은 학습과정이나 실습에서 다문화-다언어 배경을 가진 아동들에 대한 준비과정을 거의 포함하지 않는다. 이러한 문제가 변화할 때까지는 SLP는 스스로가 지속적으로 공부해야할 책임이 있다. 다음은 문화적으로 다양한 집단과의 상호작용을 좀 더 향상시킬 수 있는 방법이다.

- 보조자로서 이중언어 SLP와 함께 일한다.
- 외국어 강의 그리고/또는 문화적 다양성에 관한 강의를 듣는다.
- 문화 조직에 가입하고 문화 축제에 참여한다.
- 문화적으로 다른 청소년들과 함께 일하는 형/누나 또는 자원봉사자가 된다.
- 전국교류촉진기구(National Coalition Builders Institute)와 같은 조직에 가입하여 협동심과 이해력을 기른다.
- 도심의 교회와 상호작용을 육성할 수 있는 교회 단체들에 가입한다.
- 다른 문화에서 온 사람들에게 자신을 소개할 수 있는 자신만의 방법을 찾는다.

다른 문화와 다른 언어에 친숙해지기 위해서는 선입견을 버리고 문화적으로 알아가는 것이 필요하다. 이를 위해서는 특정 언어와 문화 그리고 다문화-다언어 배경을 가진 아동들의 언어발달에 대한 교육이 필요하다. 성인이 된 후나 학교 수업만으로 제2언어가 유창해지는 것은 극히 어렵다. 따라서 SLP가 언어적 어려움의 극복을 위해 사용할 수 있는 한 방법은 언어 통역사이다. 이 대안에 대해서는 이 단락의 끝부분에서 논의한다.

### 인식의 성장

우리 삶의 모든 부분은 문화를 바탕으로 한다. 문화는 우리의 제도와 우리가 행동하고 생각하는 방법에 영향을 미친다. **문화**(culture)란 한 집단이 스스로 형성한 삶의 방법에 영향을 미치는 공유된 틀이다. 문화란 특정 집단 구성원들의 역사이며, 구성원들이 지속적으로 재생산하고, 새로운 생각과 행동을 더함으로써 발전하기 때문에, 따라서 우리가 특정 문화에서 수용할 수 있는 기능을 알기 위해서는 그 문화를 알아야 한다. 이처럼 문화는 역사와 자연현상에 대한 설명, 사회적 역할들, 상호작용, 예의 그리고 규율에 대한 규칙들, 가족 구조, 교육, 종교적 믿음, 건강, 질병, 위생, 외모 및 의복에 대한 기준, 식품, 시간과 공간에 대한 지각, 일과 놀이에 대한 정의, 예술과 음악의 가치, 삶에 대한 기대와 열망, 그리고 의사소통과 언어 사용을 포함한다. 물론 이러한 것들에만 한정된 것은 아니다. 문화는 인지와 감정 처리 및 행동에 대한 해석에 영향을 미치는 언어와 상호작용한다.

각 문화는 독특한 모습을 갖는다. SLP들은 문화가 자신들의 삶 전체에 걸쳐서 만연해 있고 깊숙이

표 **5.1** 평가에 영향을 미칠 수 있는 문화적 변수

| 개념 | 기타 문화* | 미국 다수 문화 |
|---|---|---|
| 성공 | 협동과 집단의 정신. 신분 현상유지 수용. 육체 노동자 존경 | 경쟁과 성공을 강조. 성취에 의해 자신을 평가. 숫자가 이득을 가짐 |
| 연령 | 연장자를 존경. 나이가 들어가는 것에 대한 호감 | 젊음이 가치 있음 |
| 의사소통 | 공손하고, 눈맞춤을 피하고, 소리를 질러 화남을 표현. 침묵은 지루함을 의미. 비언어적 그리고 언어 외적인 것을 중요시함 | 무관심하며, 직접적인 눈맞춤, 큰 목소리에 대한 수용적 태도. 침묵은 집중을 의미 |
| 조절 | 운명 | 자유 의지 |
| 교육 | 공식적인 경우가 거의 없음. 주류 사회로 들어가는 길. 연장자, 동료 그리고 형제들이 교사. 활동적인 신체적 학습. 자발적, 직관적. 시험은 필수적이지 않음 | 일반적, 공식적, 구어적. 사회적 이동의 열쇠. 교사는 권위적. 교실에서는 복종을 원함. 반영적이고 분석적. 시험은 학습의 한 부분 |
| 가족 | 확장된 친족 관계 중요. 여성들이 많은 가정적 책임을 짐 | 핵심적, 소규모, 계약적관계, 아동중심 |
| 성/역할 | 남성은 독립적, 자유스러움. 여성은 많은 가정적 책임을 짐 | 상대적으로 균형 |
| 개성 | 겸손, 익명, 집단에 복종 | 개인이 자신의 삶을 결정. 자기 의지를 강조 |
| 유물론 | 지나친 축적은 나쁘며, 지위에 의해 결정됨 | 습득, 성공과 힘의 상징 |
| 사회적 상호작용 | 접촉, 신체적 인접. 친구보다 친족이 더 중요 | 비접촉적, 참여자 간 먼 거리. 많은 친구 집단을 원함 |
| 시간 | 현재를 즐기며, 미래를 변화시킬 수 없음. 시간 낭비에 대한 개념이 적음. 융통적 | 시계와 달력에 의한 지배, 시간을 엄수, 속도가 중요. 미래지향적. 시간이 돈. 계획적 |

*특정 문화가 아님

침투해 있다는 것을 인식하는 것이 중요하다. 따라서 문화는 각 SLP가 다른 문화를 보는 시각에 영향을 미친다.

미국 내의 주류 문화에서 온 SLP들은 일반적으로 유럽 중심적인 기준을 가지고 있다. 이러한 기준들이 언어장애 아동에 대한 SLP의 결정에 영향을 미치며, 더욱이 그러한 기준들이 다른 문화에서 온 개인에게는 적합하지 않음에도 영향을 미칠 수 있다. 예를 들어 베트남 문화는 미국의 다수 문화보다 말과 언어의 다양성에 대해 훨씬 더 관대하다. 이와 마찬가지로 나바조(Navajo) 문화는 미국의 기준에서는 수줍은 것으로 보일 수 있는 조용하고 내성적인 인물을 존중한다. 언어의 차이는 언어 형식을 넘어서 특정 맥락에서의 적절한 상호작용 규칙, 상황에 따른 내용 정보에 대한 인식, 참여를 위한 적절한 구조, 의사소통 스타일 등과 같이 훨씬 많은 영역들에 영향을 미친다.

낱말과 개념도 또한 문화와 관련이 있다. 예를 들어 *crib*이라는 낱말과 개념은 한국어에는 없다. 표

5.1은 문화적인 차이의 다른 예들을 제시하였다. 비록 SLP들이 모든 문화를 알 수는 없다고 할지라도 점차적으로 문화에 민감해질 수는 있다. 다른 문화를 존중하고 하나의 문화가 표준이 될 수 없다는 것을 인식하는 것이 중요하다. 미국 주류 문화가 가지고 있는 많은 전통적 개념들이 우리의 글로벌 환경에 부적절하다.

다음은 다른 문화에서 온 대상자들과 상호작용하는 데 필요한 지침이다.

- 매 만남에서 두 참여자의 문화적 규칙을 받아들인다.
- 아동은 자신의 독특한 문화적·언어적 배경에 따라 다르게 수행할 수 있다.
- 문화적·언어적으로 다른 의사소통 산출형태, 경로 및 기능이 언어와 의사소통 수행 수준에 영향을 미치는 원인일 수 있다.
- 언어장애 아동의 행동을 평가하고 결정을 내리기 위해서는 반드시 문화적 규준을 사용해야 한다.
- 상호작용 이전에 가정을 내리고 규준을 적용하는 데 문제가 될 수 있는 요인들을 찾아내어 그러한 문제가 발생하지 않도록 조치를 취해야 한다.

SLP는 문화에 대한 학습을 지속하여 자신의 생각에 대한 재평가와 수정이 이루어져야 하며, 좀 더 큰 민감성을 발달시켜야 한다.

평가 과정의 주관적인 본질을 피해갈 수는 없다. 여러분과 아동은 여러분의 문화적 가정하에 만나게 될 것이다. 우리의 행동이 올바르기 위해서는 우리의 문화적인 배경에 반하여 그들을 바라보아야 한다.

## 언어, 문화 및 언어발달에 대한 교육

SLP들이 타 문화에 대한 민감성을 갖는 것만으로는 충분하지 않다. SLP는 반드시 본인이 가르치는 대상자의 방언과 언어 및 문화 그리고 방언과 제2언어의 학습 과정에 대하여 학습해야 한다.

일반적으로 SLP들은 다문화-다언어 배경을 가진 아동들의 언어를 평가할 때 두 가지 공통적인 오류를 범한다. 아동들을 언어장애로 잘못 판정하거나 또는 그들이 가진 장애를 깨닫지 못하는 것이다. 예를 들어 앨라배마의 전원 지역에서 온 아프리카계 미국 영어(AAE) 사투리를 말하는 아프리카계 미국 아동들은 중산층 유러피언 미국 아동들에 비하여 더 오랫동안 종성 자음 생략을 지속해서 나타낸다. 이러한 차이를 깨닫지 못하는 SLP는 이 아동들이 장애를 나타내는 것으로 적절치 않은 결론을 내릴 수 있다.

**문화.** 문화적 다양성의 폭은 이 교재의 범위 밖의 것이다. 여기서는 각 SLP는 자신이 상대하는 문화에 반드시 익숙해져야 한다는 것만 말해두고자 한다. 독서와 관찰은 그러한 학습을 위한 근본적인 방법이다. SLP는 문화들이 획일적이지 않으며, 특히 라틴아메리카 집단의 다양성은 매우 크다는 것을 반드시 기억해야 한다.

전문가들이 다문화-다언어 배경을 가진 가족들의 믿음과 가치를 이해하고 인정하는 것은 아주 중요하다. 한 연구에서는 부모와 헤드스타트(Head Start)(역주 : 취학 전 아동을 위한 미국 정부 교육 사업)의 스태프 간에 교육과 양육, 아동 학습 및 장애에 대하여 서로 다른 가정(assumptions)을 가지고 있으며, 이러한 사실을 서로 모르는 것으로 나타났다(Hwa-Froelich & Westby, 2003). 아동의 양육 풍습, 가족 구조, 언어장애와 중재에 대한 태도 및 의사소통 형태의 차이는 특히 중요하다. 의사소통 태도의 변수에는 눈맞춤, 얼굴 표정, 몸짓과 억양과 같은 비언어적 및 언어 외적 특성, 의사소통적 거리와 침묵과 웃음의 사용, 역할, 예의와 말하는 방법, 끼어들기 규칙, 대화 차례 지키기, 인사와 인사말, 대화 사건의 순서, 적절한 주제와 같은 화용적 양상들, 유머의 사용 등이 포함된다(Fasole, 1990; Saville-Troike, 1986; Taylor, 1986b). SLP가 대상자의 문화적 기대(cultural expectation)를 이해하기 전까지 초기에는 신중을 기하는 것이 최선의 방법이다.

문화들 간에는 건강, 장애 그리고 인과관계에 대한 믿음이 서로 다르다. 어떤 문화에서는 장애와 중재에 대한 거부감이 상당히 클 수 있다. 어떤 가족들은 중재에서 요구하는 자신들의 역할에 대해 놀라움을 표시할 것이다.

**방언과 언어 학습.** 개인이 접할 수 있는 모든 방언이나 언어를 학습하는 것은 불가능하며, 특히 대도시 지역에서는 더욱 그러하다. 그러므로 각 SLP는 다른 언어나 대상 아동이 사용하는 방언들과 표준 영어 간의 대비적인 영향을 알아야 한다. 일반적인 음운론, 통사론, 형태론적 차이는 부록 A에 기술되어 있다. SLP들은 또한 대상자들의 언어 사회에서 사용빈도가 높은 낱말들과 인사 형식을 학습할 수 있다.

조기 언어발달 연구들은 아프리카계 미국 아동들의 일반적인 언어발달 형태가 아니라 다른 집단의 아동들, 특히 전형적인 규준 집단으로 간주하는 백인 중산층 아동들과 어떻게 다른지에 초점을 두었다. 미국의 인구 구성이 변화함에 따라 문화와 언어의 다양성에 대한 인식이 생겨났으며, 아동 언어 습득에 대한 연구들이 결함(deficit)에서 차이(difference)로 관점이 이동하였다(Stockman, 2007). 실험적 증거자료들이 AAE를 하나의 언어체계로 인정하였다. 연구자들은 AAE를 사용하는 아동들의 일반 언어발달 형태에 초점을 두기 시작하였고, 아프리카계 미국 아동들의 인구학적 차이에 기초한 다양성에 초점을 맞추었다.

다른 방언을 사용하는 아동들이 모두 동일하지는 않다. 각 아동의 언어는 아동이 사용하는 특정 방언 그리고 언어와 방언의 습득 수준에 따라 다르다. 비록 자료가 제한적이지만, 우리는 AAE를 배우는 아동들이 3세까지는 단지 최소한의 방언 사용을 나타낸다는 것을 알고 있다. 일찍 발달할수록 중산층의 표준에 더 가까워진다. 5세에 이르면 대부분의 AAE의 형식이— 최소한 부분적이라도— 사용된다.

AAE를 사용하는 3학년과 8학년 아동들의 구어와 쓰기에 대한 연구들은 이 시기 동안 이 아동들이 쓰기 발달에서 방언의 전환을 나타낸다고 제안하였다(Ivy & Masterson, 2011). 비록 3학년 학생들이 구어와 쓰기에서 상당한 방언의 사용을 나타냈지만, 8학년 학생들은 언어 양식들 간에 방언의 사용에서 차이를 나타냈다. 일반적으로 8학년 학생들은 쓰기보다는 말하기에서 더 많은 방언의 자질들을 사용하였다.

실제 산출은 점진적으로 좀 더 표준적인 사용으로 전환되는 반면, 방언에 대한 인식과 변별은 초등학교 전반에 걸쳐서 느리게 증가하는 것으로 보인다(Isaacs, 1996). 흥미로운 것은 소수 방언의 사용이 주 언어를 이해하는 능력에는 영향을 주지 않는 것으로 보인다.

미국 인구의 비율을 고려할 때 상대적으로 많은 아프리카계 미국 아동들이 경제적인 빈곤 상태에 놓여 있으며, 이러한 요인이 정확한 평가를 더 어렵게 만든다. 빈곤은 적절한 건강관리와 잠재적 발달을 극대화할 수 있는 다른 자원들로의 접근을 제한한다. 이러한 결과로 이 아동들은 일반 인구에 비하여 발달 지체를 더 많이 보이는 경향이 있다.

낮은 SES의 또 다른 하위 집단은 노숙자들이다. 지난 20년 동안 미국 내 노숙자 가정의 비율이 약 40%가 증가되었으며, 총 노숙자 인구가 200만 명을 넘어섰다(U.S. Conference of Mayors, 2003). 이러한 가정의 거의 3/4이 주로 엄마만 있는 한부모 가정(single parent)이다(Lowe, Slater, Wefley, &Hardie, 2002; Weinreb, Buckner, Williams, & Nicholson, 2006). 이러한 부모들은 제도적 문제, 보호소 거주, 자기 기대와 관련된 많은 스트레스를 가지고 있으며, 비록 그들이 자신의 아이를 극진하게 보살피고 좋은 부모가 되기를 바란다고 할지라도, 보호소에 거주하는 여성들에 대한 정형화된 편견에 의해 부적절한 엄마들로 인식되는 스트레스를 경험한다. 노숙자 가정의 학령전기 아동들은 후일의 학업 성취도에 부정적인 영향을 미치는 언어, 학습 또는 인지적 영역의 중복 지체를 나타낼 수 있는 위험군(at-risk)이다(O'Neil-Pirozzi, 2003).

일반적으로 가난한 가정에서 자란 AAE 사용 아동들은 미국 영어의 형태소 표지들, 예를 들어 과거 시제 -ed(walked, jumped)와 수동형 표지(eaten, chased)를 중산층의 AAE 사용 아동들보다 더 적게 사용한다(Pruitt, Oetting, & Hegarty, 2011). 이 아동들의 형태론적 표지의 부족은 일반적인 어휘 부족과 관련이 있으며, 이는 빈곤한 환경에서 양육되어 상대적으로 빈곤한 언어적 환경이 반영된 결과일 수 있다. AAE를 사용하는 아동들의 형태론적 표지의 사용이 상당히 가변적이지만 이들의 이러한 특성이 언어장애와 관련이 있다는 증거는 없다(Pruitt & Oetting, 2009). 사실상 이들의 수행 특성은 언어장애를 가진 아동들과는 확실히 다르다.

AAE를 사용하는 아동들을 평가할 때, SLP는 반드시 발음, 문법 규칙 및 낱말 사용에 영향을 줄 수 있는 방언의 복합적인 측면을 고려해야 한다. 아동이 지체나 장애를 가진 것으로 잘못 진단될 수 있다. 이는 아동의 AAE 사용률이 높은 경우에 발생하는 경향이 있다(Stockman, 2010). 그 결과로 AAE를 사용하는 아동들은 AAE를 장애로 간주하는 경우에는 말-언어 지체나 장애로 과다 진단되거나, 또는 관찰된 차이를 방언의 사용으로만 간주하는 경우에는 과소 진단된다.

## 제2언어 학습

미국에 있는 스페인어–영어(Spanish-English)를 사용하는 이중언어 아동들이나 스페인어만을 사용하는 아동들은 서로가 매우 다르게 수행할 수 있다. 이러한 차이는 미국의 지역적 차이, 출생 국가, 또는 방언이나 사회경제적 차이에서 기인한다.

일반적으로 제2언어는 대부분의 아동들이 비교적 노력 없이 습득하는 제1언어보다 학습이 훨씬 더 어렵다. 언어평가는 그러한 어려움을 반영하는 오류와 언어장애로 나타나는 오류를 반드시 구별해야 한다.

대부분의 아동들은 순차적 이중언어 학습자들(sequential bilingual learners)이다. 제1언어(L₁)는 제2언어(L₂)를 습득하기 전에 일정 습득 수준에 이른다. 순차적 학습은 두 언어 간의 간섭이 최대화될 수 있다. **간섭**(interference)이란 한 언어가 다른 언어학습에 미치는 영향이다. 예를 들어 영어 /p/는 제1언어의 영향 때문에 아라비아어(Arabic) 화자들에게는 어렵지만 스페인어 화자들에게는 어렵지 않다. 학교에 가기 전까지는 가정에서 제1언어(L₁)를 배우고 제2언어(English)에 노출되지 않은 아동들은 중학교 시기에 제2언어가 우세를 보이기 시작하지만, 산출보다 이해에서는 전이가 좀 더 일찍 나타나며, 이는 산출에서의 간섭을 시사한다(Kohnert & Bates, 2002).

단일 언어의 발달 모형은 제2언어 학습을 설명하기에는 적절하지 않다(Roseberry & Connell, 1991). 마찬가지로 학습속도도 제2언어의 학습에 영향을 미치는 변수들이 많기 때문에 부적절한 지표이다.

학령전기 아동들은 제2언어에 노출될 때 제1언어는 미완성 단계에 있다. 그 결과로 아동이 두 언어에 모두 능숙하지 못할 수 있다. 아동은 만약 제2언어가 환경의 주된 언어라면 제2언어에 노출된 후에 제1언어의 발달이 지체될 수 있다. 언어평가에선 이러한 상황이 거의 고려되지 않는다. 일반적으로 제2언어의 능력은 제1언어의 습득과 관련이 있다. 아동이 제1언어를 더 많이 습득한 경우에 제2언어의 학습이 더 쉽다.

아동이 어린이집에서 제2언어에 노출된 초기에는 잠시 동안 말이 없을 수 있으며, 언어장애를 가진 것처럼 보일 수 있다. 아동이 새로운 언어적 부호를 해독하기 위해서는 시간이 걸린다. 좀 더 나이가 많은 아동들은 이러한 해독 과정을 돕는 메타언어적 기술을 보유하고 있다.

학령기에 제2언어에 노출된 아동들은 학습장애를 가진 것으로 보일 수 있다. 교실의 탈맥락적인 언어는 특별히 어려울 수 있다. 만약 6세가 될 때까지 제2언어에 노출되지 않았다면, 연령에 적절한 인지적 학문적 기술을 습득하기까지는 5년에서 7년이 걸릴 수 있다. 이로 인하여 미국에서 많은 아동들, 종종 스페인어를 사용하는 아동들은 제1언어를 완전하게 습득하지 못하며, 영어(제2언어)의 학문적 사용에 결함을 보인다. 제1언어는 사용하지 않으면 발달이 중단되거나 잊어버릴 수 있으며, 아동에게 가치가 없거나, 부모가 중단을 시키거나 또는 중요하지 않은 것으로 취급된다.

제2언어의 능력에 영향을 미치는 요인은 지능, 학습 형태, 자기 자신과 자신의 모국어 및 목표언어에 대한 긍정적인 태도, 외향적 성격과 감정의 조절, 제2언어 학습에 대한 근심 결여와 같은 개인적 특성들 그리고 부모와 공동체의 태도 및 가정의 문해(literacy) 수준과 같은 가정과 공동체의 특성들이다. 낮은 사회경제적 지위는 그것만으로는 부정적인 요인이 아니지만 그로 인하여 가정의 문어교육이나 모국어 사용 수준이 낮을 수 있으며, 그리고/또는 성숙한 제2언어 사용자와 일대일로 대화할 수 있는 기회가 거의 없을 수 있다.

일반적으로 제1언어는 제2언어 학습의 기초를 형성한다. 한 언어에 대해 아동이 알고 있는 지식이 다른 언어로 전이된다. 이는 문장 구성과 말에 대한 일반적 지식이거나, 만약 두 언어가 유사하다면 유사한 언어 처리과정일 수 있다. 물론 간섭이 발생할 수 있으나, 이는 일반적으로 최소 수준이다. 제1언어의 기초 수준이 낮은 경우에는 일반적으로 제2언어에서 어려움을 나타낸다.

미국에서 영어 이외의 언어들은 인정받지 못한다. 이로 인하여 인종과 민족적 차별이 발생하며, 또한 영어의 상대적 가치에 대한 분명한 메시지를 전달하는 이중언어 교육 정책이 수립되었다. 결과는 언어와 민족의 연결을 약화시킨다. 가장 일반적인 교육 패러다임은 아동이 영어를 단일어로 사용하는 학급에 배치되기 전에 2~3년 동안에 이중언어 교육을 받도록 하는 과도기적 이중언어 프로그램이다. 영어가 더 우세하다는 메시지가 저변에 깔려 있다. 제1언어의 지속적인 사용과 발달을 시도하는 장기 유지 프로그램은 거의 없다. 심지어 3년의 기간도 아동이 영어로 학문적인 숙달에 이르기에는 충분하지 않다.

SLP가 순차적 이중언어 습득의 과정을 인지하고 있는 것이 중요하다. 이는 아동의 언어가 변화하는 역동적인 과정이다. 수행은 ELL 내에서 그리고 ELL 간에 매우 다양하다. 그러므로 언어평가는 개별적으로 각 아동에게 맞추어 실시해야 한다.

## 적절한 평가 도구의 부족

우리는 공식 검사들에서 다문화-다언어 아동들의 수행수준이 문화적 차이에 의해 영향을 받는다는 것을 예상할 수 있다. 부정적인 청자나 검사자의 태도도 아동들의 낮은 수행을 야기하는 원인이 된다. 이는 낮은 기대 수준과 부적절한 의뢰(referral)나 배치를 가져온다.

다문화-다언어 배경을 가진 아동들을 공정하게 평가할 수 있는 표준화된 언어검사는 거의 없다. 검사는 전형적으로 하나의 문화나 언어에 초점을 둔다. 대부분 검사의 스페인어 버전은 방언의 차이를 고려하지 못하며, 단일언어를 사용하는 아동들을 대상으로 표준화되었다(Gutierrez-Clellen & Simon-Cerejijdo, 2007). 멕시코계와 아프리카계 미국 아동들을 발달지체 아동 교실에 배치한 것과 관련한 두 건의 사법적 판결(*Diana v. State Board of Education*, 1991; *Larry P. v. Riles*, 1984)에서 법원은 이 아동들에게 부적절한 규준 자료를 적용한 검사 결과에 근거하여 내려진 판정은 차별이라고 판결하였다.

SLP가 사용하는 많은 영어 기반 검사들은 불균형적으로 많은 수의 중간층, 유럽계 미국 아동, 단일 영어 사용 아동들을 표본 집단으로 하여 표준화되어 있다. 낮은 사회경제적 집단의 아동들과 아프리카계 미국 아동들은 이러한 검사들에서 더 낮은 점수를 나타낼 수 있다. 어떤 검사 항목들은 특정 아동들에게는 맞지 않는 문화적인 편견을 가지고 있을 수 있다. 유색 인종 아동들, 특히 사회경제적 배경이 낮은 아동들을 위한 편견 없는 언어검사의 필요성이 절실하다(Rhyner, Kelly, Brantley, & Krueger, 1999). 이러한 것을 모두 이야기했음에도 SLP들을 대상으로 설문조사를 하는 경우, 대부분이 공식적인 표준화된 영어 검사도구를 사용하여 이중언어 아동들을 평가하는 것으로 나타난다(Caesar & Kshler, 2007).

일반적으로 낮은 수행 수준은 낮은 기대치를 갖게 한다. 제한적인 영어 능력을 가진 많은 이중언어 아동들과 영어를 모국어로 사용하는 아동들을 비교하는 것은 부적절하다. 다문화-다언어 아동들 간에도 발달 속도에서 차이를 보인다는 점을 고려하면, 생활연령 규준의 사용은 특히 의문시된다. 제한적인 영어 능력을 가진 아동의 언어는 영어를 모국어로 하는 특정 연령의 아동과는 유사하지 않다. 문제는 사용할 표준을 결정하는 것이다.

미국에서 스페인-영어 이중언어 사용자들의 언어장애를 진단하는 두 개의 기대할 만한 도구는 BESA(Bilingual English Spanish Assessment)(referenced in Pena, Gillam, & Bohman, 2011)와 BESOS(Bilingual English Spanish Oral Screener)(referenced in Pena et al., 2011)이다. 두 척도는 현재 개발 중이다. 예비 연구들(Pena et al., 2011)에서 비록 이중언어 아동들의 점수가 단일언어 사용의 또래들에 비해 유의하게 낮았지만, 위험군 범위에 더 많이 포함되지는 않았다.

## ELL 평가에서 편견의 극복

ELL에 대한 의사소통 평가에서 중요한 것은 언어장애로 인한 문제들과 경험 및 문화적 요인들로 인한 문제들을 구별하는 것이다. 두 경우 모두 언어 문제를 보일 수 있다. 중재가 필요한 ELL 청소년들은 자신을 표현하고, 인사를 나누고, 대화를 개시하고 유지하며, 화자에게 귀를 기울이고, 청자에게 주제 전환에 대한 단서를 제공하는 데 더 큰 어려움을 보인다.

문화 및 언어적 요인이 모두 평가의 수행에 영향을 미친다. 이러한 요인들이 해석과 의사소통 오류의 원인이 될 수 있다. SLP는 행동에 대한 정형화된 개념을 갖지 말아야 하며, 부정확하고 불공정한 결정을 내리지 않도록 반드시 주의해야 한다. 예를 들어 실제로 라틴아메리카 아동들은 시간, 신체언어(body language), 성공에 대하여 다른 개념을 가지고 있으며, 그로 인하여 그들의 행동이 비협조적이고 태만한 것처럼 보일 수 있다.

SLP는 다음과 같은 질문들을 통하여 자료 분석에서 편견을 피할 수 있다.

● 영어에 대한 제한적 노출처럼, 아동이 가지고 있는 영어 결함을 설명해줄 수 있는 다른 변

인들이 있는가?

- 아동이 나타낸 문제들이 영어 학습과 관련이 되어 있는가 아니면 방언적인 차이인가?
- 아동이 나타낸 문제들이 제1언어에서 나타나는 문제들과 유사한가?
- 아동이 나타낸 문제들이 문화적 차이로 설명될 수 있는가?
- 기저 규칙으로 인한 언어적 문제를 암시하는 일관적 특성이 있는가?
- 아동의 문제들이 담당자, 재료 또는 절차와 관련된 어떠한 편견/편향적인 영향 때문은 아닌가?

SLP는 반드시 평가 절차에 내재된 내적 및 외적 편향 요인을 고려하여 아동의 수행을 해석해야 한다. 내적 편향은 검사에 필요한 지식이나 표본 같은 검사의 측면이며, 반면에 외적 편향은 사회문화적 가치나 검사에 대한 태도와 같은 아동과 관련된 측면이다.

CSBS(Communication and Symbolic Behavior Scale)(Wetherby & Prizant, 1993)처럼, 소수집단의 아동들이 규준 집단과 유사한 점수를 나타낸다면, 이는 해당 평가 도구에 편향적인 요소들이 적다는 것을 의미한다. 반면에 Preschool Language Scale(Zimmerman, Steiner & Pond, 1992)은 저소득층의 아프리카계 미국 아동들은 낮은 점수를 나타내며, 비록 이 검사가 대체로 비편향적이지만, 몇몇 문항들의 해석에는 주의를 기울여야 한다는 것을 보여준다(Qi, Kaiser, Milan, Yzquierdo, & Hancock, 2003).

아동과 SLP의 언어 사용 패턴과 아동의 언어학습 이력(history)도 평가에 영향을 미칠 수 있다. 의사소통과 상호작용 스타일은 문화와 밀접하게 관련된다.

편향적 평가는 다음 절차로 극복할 수 있다.

- 평가에 영향을 미칠 수 있는 변인들을 인지한다.
- 검사와 내용과 방법의 절차를 분석한다. 예를 들어 Fluharty Speech and Language Screening Test는 방언처럼 /teeth/에서 /θ/ 대신 /f/ 대치를 인정하지만, 뉴올리언스에서 아프리카계 미국인들은 /t/로 대치해 teet(/tit/)로 산출한다. 또한 단순히 아동에게 SLP가 말하는 것을 반복하도록 하는 것도 문화적 규준에 반하는 것이 될 수 있다. 어떤 아프리카계 미국 아동들은 성인들을 모방하는 것을 허용하지 않는다.
- 변인들을 고려하고 평가 절차를 변형시킨다.
- 역동적 검사 전략을 사용한다.

각 아동은 문화에 대한 적응 수준이 아동의 연령과 두 문화에 노출된 정도에 따라 다르다는 것을 반드시 명심해야 한다.

## 통역의 사용

ELL 아동들에 대한 검사의 정확성은 아동의 주 언어를 말하는 통역을 사용하여 증가시킬 수 있다. 통역을 사용할 수 없을 때는 가족 구성원이 SLP를 도울 수 있다.

모든 아동들은 검사자가 익숙할 때 현저하게 나은 수행을 보인다. 이러한 결과는 아동과 양육자의 언어와 문화에 모두 익숙한 통역의 필요성을 제기한다.

SLP는 반드시 절차의 제한점을 인식하고, 세심하게 통역을 선택하고 훈련시켜야 한다. 이들은 반드시 서로를 존중하며 팀의 일원으로서 함께 일해야 한다. 통역의 사용에는 선정, 훈련, 그리고 가족 및 공동체와의 관계라는 세 가지 요인이 중요하다. 각 요인에 대하여 좀 더 알아보기로 하자.

### 선정

통역의 선정은 통역의 언어적 능력, 윤리성 및 전문적 능력, 일반적 지식 그리고 인격에 근거해야 한다. 통역은 반드시 제1언어와 영어에 아주 능숙해야 하며, 말을 바꾸어 잘 설명할 수 있어야 하고, 융통성이 있으며, 발달과 교육 그리고 의사소통 용어에 대한 실용적 지식이 있어야 한다.

윤리성과 전문적 능력은 비밀을 유지하고, 타인의 감정과 믿음에 대한 존경심을 가지며, 전문가의 역할을 담당할 수 있고, 공평성을 유지할 수 있는 능력을 포함한다. 비밀 보장은 통역사가 지역적으로 인접한 영역의 거주자인 경우에는 특히 중요하다.

마지막으로 통역사가 아동의 발달과 교육과정에 대한 지식을 가지고 있는 것이 매우 바람직하다. 개인적 특성은 융통성, 신뢰성, 인내력, 세밀함, 그리고 좋은 기억력을 포함한다.

### 훈련

훈련은 반드시 평가와 중재의 절차 및 도구와 같은 주요 요인을 포함해야 한다. 통역사는 제1언어를 제2언어로, 그 반대로도 반드시 정확하게 통역해야 한다는 것을 이해해야 한다.

평가의 사전 훈련은 전문용어를 포함하여 완전한 평가 요소들과 특정 도구의 검사방법을 반드시 포함해야 한다. 관계 형성 전략과 질문 기법도 교육해야 한다.

각 아동 언어에 대한 평가를 시작하기 전에 SLP와 통역사는 각 케이스와 평가 절차를 세밀하게 조사하고, 아동 이름의 발음, 소개방법, 질문하기와 상호작용의 비언어적 양상을 훈련해야 하며, 이야기할 주제에 대하여 논의해야 한다. 평가를 진행하면서 SLP가 자료를 기록하고 절차를 지시하는 동안에 통역사는 아동과 아동의 양육자와 상호작용할 수 있다. 평가 후 양육자들과의 면담에서 통역사는 SLP에게서 들은 평가 결과를 전달한다.

### 가족과 공동체와의 관계

평가 전에 통역사는 양육자와 아동을 알기 위하여 노력해야 한다. 통역사는 절차의 비밀 보장을 전달해야 하며, 이는 만약 통역사가 지역사회 거주자라면 특히 중요하다. 평가를 하는 동안에 통역사는 반드시 정확하게 통역해야 한다. SLP는 간단한 언어를 사용하고 전문용어를 최소한으로 사용함으로써 이러한 절차를 도울 수 있다. 양육자들이 절차와 결과 및 권고사항을 완전하게 이해하도록 하는 것은 통역의 책임이다.

## 요약

통역을 통해 일하는 것은 어려울 수 있으며, ELL의 평가에서 발생하는 다른 문제점들을 해결하지는 못한다. 다음 목록에서 통역과 함께 성공적으로 일할 수 있는 방법들을 제안하였다(Lynch & Hanson, 1992; Randall-David, 1989).

SLP는 다음과 같은 점을 유의해야 한다.

- 통역사를 정기적으로 만나 의사소통을 유지하며 목적을 이해시킨다.
- 면담 전에 통역사가 아동과 양육자를 만나도록 하여 관계를 형성하고 아동과 양육자의 교육수준, 태도 및 느낌 등을 결정하도록 한다.
- 해당 모국어로 적절한 프로토콜과 말하는 형식을 학습한다.
- 가족에게 자신을 소개하고 역할을 설명하며 평가 목적과 절차를 설명한다.
- 천천히 짧은 단위로 쪼개 말하도록 하며 큰 소리로 말하지는 않는다.
- 회화체, 추상어, 관용적 표현, 은유, 속어, 전문용어는 피한다.
- 통역사가 아닌 아동과 양육자를 응시한다. 양육자에게 소견을 말해준다.
- 비언어적 및 부차언어적(paralinguistic) 정보를 수집하기 위하여 아동과 양육자의 말을 주의하여 듣는다. 말하지 않은 것이 말한 것만큼 중요할 수 있다.
- 오해의 소지가 있는 신체언어(body language)나 몸짓은 피한다.
- 존경과 관심을 전달할 수 있는 긍정적인 음조를 사용한다.
- 지나친 요약과 겸손은 삼간다.
- 간단하고 명확하게 설명하고, 간헐적으로 가족과 아동이 이해하고 있는지 확인한다.
- 통역사에게 대상자의 말을 바꾸지 말고 그대로 통역하도록 지시한다.
- 통역사에게 통역을 하면서 자신의 말이나 생각을 삽입하거나 정보를 생략하지 않도록 지시한다.
- 통역으로 인해 길어진 과정에 대해 인내심을 갖는다.

비록 이러한 제안들이 성공을 보장할 수는 없을지라도 효과적인 서비스 전달을 방해할 수 있는 잠재적 마찰들을 감소시킬 수 있다.

## 아프리카계 미국 아동들의 평가에서 편견의 극복

아프리카계 미국 아동(AA)들의 언어에 대한 연구들은 문화적으로 좀 더 민감하게 임상 절차를 수행하도록 하는 데 도움을 주었다. 그 결과로 SLP는 아동의 구어 평가에서 더 많은 선택사항들의 필요를 인식하게 되었다.

과거에 언어장애를 진단하기 위한 규준-참조적 표준화 검사들은 표본에 아프리카계 미국 아동들을 포함하지 않거나 또는 불합리하게 매우 적은 수만을 포함했었다. 압도적인 다수의 주 언어 사용자들을 표본으로 한 규준과 비교하면, AAE 사용 아동들은 낮은 수행을 보인다. 규준 표본에 AAE 사용 아동들을 포함한 검사들에서 평균 이상의 점수를 받는 아동들이 있는 반면에 어떤 아동들은 여전히 평균보다 낮은 점수를 보인다(Champion, Hyter, McCabe, & Bland-Steart, 2003; Qi, Kaiser, Milan & Hancock, 2006; Qi et al., 2003; Thomas-Tate, Washington, Craig, & Packard, 2006). 이는 AAE 사용 아동들의 집단이 이질적이라는 것을 시사한다.

평가에서 어려운 점은 언어장애와 일반 방언의 사용으로 인한 차이를 구별하는 것이다. 대부분의 표준화된 검사들은 그러한 차이를 고려하지 않았다.

평가에서 표준화된 검사들에 내재된 불합리한 편향(bias)을 막기 위한 방법은 다음과 같은 것들이 있다(Stockman, 2010).

- AA 아동의 반응을 평가하기 위한 하위 규준 개발
- 동일한 검사를 사용하여 아동과 아동 부모의 수행을 비교
- 검사항목들로 좀 더 친숙한 과제나 주제가 있는 맥락을 포함
- 전형적 사용에 대한 사회 공동체 평가의 사용

이러한 변형들이 표준화된 검사 방법을 선호하는 사람들에게는 반갑지 않을 수 있다. 대안적 방법으로 AAE 사용 아동들과 주류의 미국 영어를 사용하는 아동들을 모두 대상으로 개발된 규준-참조적 표준화된 검사인 DELV(Diagnostic Evaluation of Language Variation)(Seymour, Roeper, &De Villiers, 2003)가 있다. 4;0-9;11의 아동들을 대상으로 설계된 DELV는 통사론, 화용론, 의미론 및 음운론에 대한 프로파일을 제공한다.

대안적 평가 방법으로 자발화 표본의 분석과 학습 잠재력에 대한 측정을 포함할 수 있다. 자발화는 자연스럽고, 믿을 수 있으며, 관찰하기 쉽고 또한 화자가 자신의 낱말과 말하는 방법을 선택하기 때문에 언어적 차이를 민감하게 나타낸다. 이 책의 많은 분량을 언어표본의 표집에 할애할 것이다.

SLP는 AAE의 문법 형태를 고려하여 적용한 분석 기법들이나 AAE와 표준 영어 간에 대조적이지 않는 음운, 형태, 의미 및 화용의 발달을 참조한 기법들을 분석해서 사용할 수 있다(Stockman, 2008; Stockman, Karainski, & Guillory, 2008). 의사소통 단위의 길이와 같은 몇몇 자발화 척도들도 언어장

애를 판정하는 데 사용할 수 있다.

표준화된 검사들과 유사하게 표본도 아동의 현재 언어 상태에 대한 묘사를 통한 과거 학습의 분석을 시도한다. SLP는 아동의 수행이 언어 경험의 제한 때문인지 아니면 언어 경험을 통해 학습하는 아동의 능력이 부적절한 것인지는 알기 어렵다.

역동적 평가와 빠른 연결하기 전략을 사용하면 새로운 언어 입력을 학습하는 아동의 능력을 평가할 수 있기 때문에 현재 수행 능력에 미치는 과거 학습 경험의 영향력을 최소화할 수 있다. 역동적 평가는 '매개적 검사-교육-재검사' 전략을 사용하며, 이 장 후반부에서 좀 더 구체적으로 설명할 것이다.

빠른 연결하기 평가는 전형적인 발달에서 아동이 낱말을 학습할 때 나타내는 낱말에 대한 빠른 우발학습 전략에 근거한다. 일반 아동들은 양육자의 계획적인 가르침 없이 대부분의 낱말들을 학습하며, 이러한 학습은 입력이 거의 없는 상황에서도 발생한다. 새로운 낱말 학습은 전형적인 어휘 검사보다 이전 경험의 영향력이 적다. 예를 들어 일반 중산층과 저소득층의 2세 AA 아동들은 표준화된 수용과 표현 어휘검사에서는 유의한 차이를 나타내지만 새로운 낱말에 대한 빠른 연결하기 과제에서는 유의한 차이를 보이지 않는다(Horton-Ikard & Weismer, 2007). AA 아동들의 수행을 다른 인종 및 민족 집단과 비교한 연구들도 유사한 결과들을 보고하였다(Rodekohr & Haynes, 2001).

## 통합적 평가 모델

언어평가에서 언어는 종종 많은 구성성분들로 나누어지는 독립적인 인지 능력으로 취급된다. 언어를 전체적으로 보지 않는다.

다문화-다언어 배경을 가진 아동들에 대한 평가는 규준적인 검사 점수보다는 아동의 자연적 환경을 이용하고, 기술적(descriptive) 분석을 주로 실시하는 통합적 접근이 더 적절하다.

종합적인 질문은 "이 아동이 자신의 의사소통 환경에서 효과적인 의사소통자인가?"가 되어야 한다. 이는 규준-참조적 준거가 아니라 '의사소통 성공'을 참조하여 결정해야 한다.  자료는 아동이 일상적인 대화 상대자, 부모, 교사 및 친구들과 하는 대화처럼 자연스런 상황들에서 수집할 수 있다.

평가는 제4장에서 언급한 바와 같이 자료 수집부터 시작된다. 이러한 수집 절차는 영어 이외의 언어를 사용하는 아동들과 방언을 사용하는 아동들에 대한 선별검사를 포함할 수 있다. Expressive Vocabulary Test(Williams, 1997)는 문화적으로 공정하며, AA 아동들에게 사용하기도 적절한 선별 검사도구로 알려져 있다(Thomas-Tate et al., 2006).

학업에서 어려움을 겪는 아동들에 대한 교사들의 의뢰 정보를 사용하여 이러한 검사 절차를 진행할 수도 있다. 이후 아동 언어의 기능에 대한 교사의 체크리스트, 질문지, 양육자 면담을 실시한다. 또한 부모는 정보의 중요한 출처이다. 당연히 스페인어를 사용하는 부모들도 영어를 사용하는 부모들과 마찬가지로 자신의 영유아들이 사용하는 표현 어휘와 문법을 정확하게 보고할 수 있다(Thal, Jackson-Maldonado, & Acosta, 2000). 이중언어를 사용하는 아동들의 어휘와 낱말 조합에 대한 부모 보고는 표본 결과와 일치한다(Patterson, 2000).

자료 수집 단계는 ELL에게는 특히 중요하다. 많은 변인들이 제2언어 발달에 영향을 미치며, 또한 중요하다. 연령과 같이 간단한 정보도 문화에 따라 다르며(예 : 출생과 동시에 한 살이 되는가 아니면 1년 후에 한 살이 되는가), 장애를 결정하는 데 큰 영향을 미칠 수 있다.

ELL을 평가할 때는 영어 화자들에게 노출된 정도, 자부심, 성격(내성적 대 외향적), 영어 학습에 대한 동기, 영어에 대한 가족의 태도, 교육에 대한 민족 공동체의 관점, 가족과 영어를 사용하는 친구들의 사회경제적 지위 그리고 제2언어 학습과정 등을 고려해야 한다. 동일한 아동이라도 영어 발달 단계에 따라 매우 다르게 나타날 수 있다.

스페인어를 주로 사용하는 언어장애 아동을 일반 아동과 구별하는 데는 부모 보고, 말과 언어 문제에 대한 가족력, T-unit당 오류 수 그리고 T-unit의 평균길이와 같은 네 가지 척도가 특히 중요할 수 있다. T-unit은 주된 구나 절 또는 주절에 내포된 구이다. T-unit은 제7장에서 좀 더 구체적으로 논의할 것이다.

언어평가는 집처럼 아동과 양육자가 가장 편안한 장소에서 실시해야 한다. 특히 최근에 이민 온 부모들은 영어를 거의 또는 전혀 못할 수 있다. 적절히 훈련받은 통역사가 필요한 정보를 수집하는 데 큰 도움이 될 수 있다. 간혹 아동의 형이나 누나가 질문에 답하거나 또는 부모의 말을 통역할 만한 영어 능력을 가지고 있다. 표 5.2는 ELL과 방언적인 차이를 나타내는 아동들의 면담에서 사용할 수 있는 질문들을 담고 있다.

관찰은 여러 장소에서 다양한 대화 상대자, 주제 그리고 활동을 사용하여 실시해야 한다. 이러한 방법은 SLP에게 아동의 이중언어 사용의 양과 언어와 의사소통의 결함에 대한 정보를 제공할 것이다.

인구통계학적 정보를 확인함과 더불어, SLP는 교실에서 아동의 행동은 물론 친구들과 양육자와의 상호작용 형태를 반드시 관찰해야 한다. 이때 아동의 언어 사용, 학문적 강점과 약점 그리고 학업 스타일에 관심을 둔다.

자료 수집 및 관찰을 실시한 이후에 검사와 언어표본 수집을 실시한다. 다음의 다섯 가지 지침은 다문화−다언어 배경을 가진 아동들을 표준화 검사를 사용하여 평가할 때 반드시 고려해야 한다 (Musselwhite, 1983).

1. 대상자와 규준집단 간의 관계는 어떠한가? 공정한 대표성을 가질 수 있을 만큼 소수집단의 아동들이 충분히 포함되었는가? 소수집단에게 사용할 수 있는 분리된 규준이 있는가?

2. 아동의 경험과 검사의 내용 영역 간의 관계는 어떠한가? 예를 들어 농장의 내용을 사용하는 항목은 도심에 사는 아동들과는 관련이 거의 없을 수 있다.

3. 검사에 사용하는 언어와 아동의 언어(방언) 간의 관계는 어떠한가? 이 문제는 언어장애를

판정하는 데 결정적인 사항이다. 결정은 반드시 아동이 자신의 언어 공동체(방언 공동체) 내에서 기능하는 능력에 근거해야 한다.

**표 5.2** ELL 또는 다문화-다언어 아동들을 위한 면담지

**인구통계적**

가족이 미국에 온 지 얼마나 되었는가?

부모의 출생국은 어디인가? 어느 나라에서 이민을 왔는가?

가족은 모국과 얼마나 많은 접촉을 하는가? 모국으로 다시 돌아가 살 계획이 있는가?

\* 가족이 현재의 공동체에 온 지 얼마나 되었는가?

가족은 모국에서 큰 공동체와 연결되어 있는가?

**가족과 양육**

\* 아동의 연령은? 아동의 전반적인 건강상태는?

\* 함께 살고 있는 가족 구성원은? 형제의 수는? 다른 구성원들은?

가족은 어떤 문화적 활동들에 참여하는가?

\* 아동의 주 양육자는 누구인가? \* 그 외 양육을 담당하는 사람은 누구인가?

\* 아동과 양육자가 일상적으로 함께 보내는 시간은 대략 얼마인가?

\* 아동은 집에서 누구와 노는가?

\* 가족 구성원의 학력은? 어떤 언어에서?

\* 계획적인 식사를 하는가? \* 일반적으로 어떤 유형의 음식을 먹는가?

\* 취침시간이 정해져 있는가?

\* 아동이 부적절한 행동을 하는가? 어떻게? 아동을 어떻게 훈육하는가? 누가 훈육하는가?

모국어가 나오는 텔레비전 프로그램(라디오 프로, 비디오들)이 있는가? 있다면 아동이 얼마나 자주 그 프로그램을 시청하는가?

\* 아동에게 책을 읽어주거나 이야기를 해주는가? 만약 그렇다면 어떤 언어를 사용하는가? 얼마나 자주?

\* 집에 책, 잡지 또는 신문이 있는가? 어떤 언어로 되어 있는가?

\* 아동이 학교에 입학한 나이는 몇 살인가? \* 아동은 정규적으로 학교에 출석했는가?

\* 아동이 다녔던 학교는 몇 곳인가? 학교에서 어떤 언어를 사용했는가?

**태도와 인식**

\* 아동의 문제나 상황에 대해 비난을 하는가? 누구에게 무엇을 비난하는가?

\* 중재에 대한 가족의 견해는 어떠한가? 무기력함을 느끼는가?

서양의 의학 기술이나 의사들에 대한 가족들의 견해는 어떠한가?

의학적 도움이나 정보의 주 제공자는 누구인가?

\* 가족은 누구(조직 또는 개인)에게 도움을 받는가?

\* 도움을 요청할 때 가족의 일반적인 감정은 무엇인가?

\* 도움을 요청할 때 가족 구성원 중 한 명이 대변인 같은 역할을 하는가?

\* 아동이 부모, 교사 또는 다른 성인들에게 어떻게 행동하기를 기대하는가? 아동에 대한 성인들의 태도는? 아동의 눈맞춤이나 질문을 금지하는 것과 같은 제한들이나 금기사항이 있는가?

\* 영어 능력이 얼마나 중요한가? 가정에서 영어를 얼마나 많이 사용하는가?

**언어와 의사소통**

가정에서 어떤 언어를 사용하는가? 성인들 간에는? 양육자와 아동 간에는? 아동들 간에는? 이웃 친구들과 놀 때는? 다른 양육자들과 아동은?

교회, 걸스카우트, 단체 스포츠와 같은 공동체 활동에서 어떤 언어를 사용하는가?

아동이 몇 살에 영어를 배우기 시작했는가? 어디서 그리고 어떻게?

\* 아동이 첫 낱말 산출을 시작한 시기는? 두 낱말 조합 발화의 산출 시기는?

\* ELL과 방언을 사용하는 아동 둘 모두에게 적용 가능

4. 관용적 또는 은유적 언어의 사용으로 인하여 표준어를 사용하지 않는 아동이 언어검사에서 불리해질 수 있는가?

5. 아동이 특별한 학습 형태나 문제해결 형태로 인하여 불리해질 수 있는가?

검사 점수를 액면 그대로만 해석해서는 안 된다. 예를 들어 이중언어 아동들이 나타내는 어미의 형태소 생략은 단순언어장애 아동들의 형태와 유사하여 잘못된 진단을 내리기 쉽다(Paradis, 2005). 비록 차이점이 있기는 하지만, 종종 그 차이가 미묘하여 평가 결과를 분석할 때 많은 주의를 기울여야 한다. 스페인어와 영어를 이중언어로 사용하는 정상발달 아동들과 언어장애 아동들의 영어 과거시제 사용을 비교하면, 서로 다른 오류 형태를 보인다(Jacobson & Schwartz, 2005). 언어장애를 가진 이중언어 아동들이 정상발달 이중언어 아동들에 비하여 실질 동사와 무의미 동사에 규칙 과거시제 표지인 -ed를 연결하는 점수 및 불규칙 동사의 과거시제 점수가 더 낮으며, 정상발달 아동들은 과잉일반화 오류(eated, sitted)가 많은 반면에, 언어장애 아동들은 생략 오류를 유의하게 더 많이 나타낸다.

모든 것이 소용없는 것은 아니다. 아동의 수행을 향상시키기 위하여 미국식 영어로 표준화된 검사들의 절차를 변형하여 사용할 수 있다. 변형된 사용은 SLP가 아동의 언어와 의사소통 기술을 묘사하는 데 도움을 줄 수 있다. 분명한 것은 그러한 검사에서 얻은 기술적(descriptive) 정보는 귀중할 수 있지만 점수는 의미가 없다. 보고를 하는 경우에는 반드시 변형된 절차의 특성을 고려하여 점수를 제한해야 한다.

검사 전체의 규준과 부분적인 규준을 사용한 이중적 규준의 사용도 다문화-다언어 배경을 가진 아동들의 수행 수준을 표준집단 및 또래집단과 비교하는 방법으로 사용할 수 있다. 하지만 이와 같은 방법도 여전히 표준화된 미국식 영어를 근거로 한 검사를 사용하기 때문에 반드시 조심스럽게 적용해야 한다. 아동이 자신의 언어(방언)에서 나타내는 수행 수준을 측정하여 동일한 언어를 사용하는 다른 아동의 수행 수준과 비교하는 것이 더욱 적절해 보인다. 불행히도 이러한 발달에 대한 자료가 거의 없으며, 심지어 검사는 더 적다.

유용한 규준 자료가 거의 없을 때에는 동일한 방언을 사용하는 부모를 참조 자료로 사용할 수 있다. SLP는 언어검사를 부모와 아동에게 모두 실시하고, 일단 자료가 충분히 모아지면 아동의 수행을 성인의 수행과 비교한다. 성인이 언어장애를 가지고 있지 않다고 가정하면, 부모의 사용 형태를 반영한 아동의 사용 형태는 표준적인 미국식 영어와는 다르지만 장애가 아닌 방언적 차이를 나타내는 것이라고 볼 수 있다. 예를 들어 아프리카계 미국 영어에서 종성 파열음을 생략하는 특성이 규칙동사의 과거시제 표지인 -ed를 생략한 원인일 수 있다. 단지 아동만 검사한 경우에 SLP는 아동이 과거시제를 가지고 있지 않은 것으로 가정할 수 있다. 그러나 부모도 생략을 보이는 경우 방언적인 차이로 확신할 수 있다.

어떤 검사들은 영어와 스페인어의 번역을 사용하여 영어-스페인어를 사용하는 아동들 같은 다른 언어 사용자들을 표본으로 한 규준을 제시하고 있다. 그러나 번역된 검사들도 영어 화자들에게 중요한 언어 구조를 평가하며, 다른 언어의 구조는 고려하지 않기 때문에 검사 결과를 분석할 때 신중을 기해야 한다. 예를 들어 영어에서 'hitting something with a stick(막대기로 무언가를 치는)'은 어떤 스페인 방언에서는 '*sticking* in some(무언가에 달라붙는)'이지만, *hitting*의 다른 형태와는 함께 쓰이지 않는다.

번역된 검사의 표준화 규준을 다른 언어를 사용하는 아동들을 판정하는 데 사용할 수 있다. 자신의 또래 집단에 비하여 언어 결함을 나타내는 아동들은 또래집단 규준을 사용하여 판정할 수 있다. 라티노와 같은 다양성을 가진 일부 집단은 이러한 또래 절차조차도 편파적인 결과를 가져올 수 있다. 한 언어를 사용하는 모든 화자들을 대상으로 하는 규준은 방언적인 다양성을 고려하지 못한다. 사회경제적 지위, 가족 구성, 영어에 노출된 기간, 가정에서 사용하는 제1언어의 질과 같은 다른 변인들이 아동의 수행에 영향을 미친다.

지식기반(knowledge-based) 검사에서 나타나는 다수와 소수 집단 아동들 간의 차이는 처리기반(process-based) 평가에서는 나타나지 않는다. 다문화–다언어 배경을 가진 아동들의 언어를 검사할 때, 언어 경험이나 언어 지식보다는 기억이나 지각과 같은 처리 능력을 강조하는 방법이나 도구의 사용이 편파적인 결과를 줄일 수 있는 것으로 보인다. 처리기반 검사들은 경험의 차이와 언어장애를 구별하는 데 유용하게 사용될 수 있다. 처리과정은 언어적 자료들을 조작하는 데 필요한 정신적 작용이다. 이러한 검사는 비단어 반복하여 말하기, 동시에 두 개의 언어 과제 완성하기, 지시 따르기와 같은 과제들을 포함할 수 있다. 과거 학습 효과를 최소화하기 위하여, 검사과제는 완전히 새롭고, 과제 관련 어휘와 문법은 익숙해야 한다. 만약 그렇지 못하다면 검사 전에 개관적인 설명을 제공해야 한다.

아동이 사용하는 두 언어의 발달 형태와 아동의 환경이 상호작용하기 때문에 ELL 아동은 두 언어를 모두 평가하는 것이 중요하다. 아동의 각 언어 능력을 다음과 같은 사회언어적 요인과 반드시 비교해야 한다.

- 각 언어에 노출된 연령
- 각 언어에 노출된 정도/범위
- 각 언어의 사용 능력
- 두 언어의 상대적인 언어 구조
- 개별적인 아동의 차이점(Goldstein, 2006)

두 언어에 대한 평가는 유아나 유치원 아동들이 각 언어로 나타내는 발달을 평가하기 위해서 특히 중요하다(Hammer, Lawrence, & Miccio, 2007).

아동의 음운적 레퍼토리는 형태론적 사용의 중요한 결정요인일 수 있다. 따라서 이중언어를 사용하는 아동을 평가할 때 아동이 사용하는 두 언어의 음운적 특성에 대해 아는 것이 중요하다.

검사에서 사용하는 언어와 제시하는 방법은 각 아동과 평가 목적에 따라 다르다. 제1언어와 우위의 언어 그리고 두 언어의 능력을 평가하는 것이 중요하다. 언어장애를 평가하기 위해선 제1언어와 영어를 모두 검사하는 것이 근본적이다. 실제로 연방법은 언어장애에 대한 결정을 내리기 전에 이중언어 검사를 하도록 규정하고 있다. 아동이 강한 언어를 먼저 평가하고, 이어서 약한 언어를 평가하는 연속적인 평가 방법은 최선의 수행 수준을 이끌 수 있으며, 특히 집에서 모국어만을 사용하는 아동들에게 적절하다. 반면에 동시적인 검사는 두 언어의 능력이 모두 낮거나 또는 'Spanglish'와 같이 제1언어와 제2언어를 혼합해서 사용하는 아동들에게 가장 좋은 방법일 수 있다.

시행과 채점 방식은 어휘평가에서 이중언어 아동들의 반응을 크게 변화시킬 수 있다. SLP가 단일어가 아닌 이중언어로 시행방식을 바꾸고, 단일어 채점이 아닌 의미의 다른 양상에도 점수를 주는 개념적 채점방식으로 바꾼다면 아동의 정반응 수는 증가한다(Bedore, Pena, Garcia, & Cortez, 2005). 예를 들면 스페인어-영어를 말하는 아동에게 'housecat' 그림을 보여주면, 아동은 'cat'이나 'gato' 또는 두 낱말 모두로 반응할 수 있다. 이것은 정의의 한 양상, 즉 실체의 이름이다. 만약 아동이 "It's like leon[lion] in jungle"이라고 덧붙인다면, 정의에 대한 새로운 양상을 하나 추가한 것이며, 개념적인 지식을 나타낸 것이다. 이 예는 매우 단순화한 것이다. 개념적 지식은 사물이나 그림에 대한 반응에 대하여 다음과 같이 질문함으로써 평가할 수 있다.

> Tell me three things about….
>
> Describe what an X looks like.
>
> This is Rosa. Tell me what she looks like.
>
> What shape is X?
>
> What do you do with X?
>
> What is the difference between X and Y?
>
> What ate they going to do?

규준검사는 반드시 프로브(probe)를 추가 실시해야 한다. 다문화-다언어 배경을 가진 아동들은 표준화 절차와 같은 지식기반 검사들에서 더 낮은 점수를 나타내지만, 실제 대화의 이해와 산출 같은 처리기반 평가에서는 동일한 점수를 나타낸다. 라티노와 AA 아동들의 표준화된 어휘 검사 점수는 사전 검사보다 검사 방법을 알고 나서 실시하는 사후 검사에서 유의한 증가를 나타낸다(Pena, Iglesias, & Lidz, 2001). 여러분이 알고 있는 바와 같이 전형적인 언어 학습자는 비전형적인 학습자들에 반하여 사후 검사에서 유의하게 높은 점수를 획득한다. 이러한 결과는 전형적인 발달을 하는 아동들은 본질적으로 학습 체계를 가지고 있으나 비전형적인 아동들은 그렇지 못하다는 것을 암시한다.

이중언어를 사용하는 아동들에 대한 평가는 중요하지만 종종 정확성이 떨어지는 체계이다. 불행히도 이중언어를 사용하는 아동들은 종종 영어만을 사용하는 또래들에 비하여 단순히 영어를 학습할 기회가 적었다는 이유만으로 언어장애로 진단된다. 역동적 평가는 이러한 이중언어 아동을 언어장애와 구별하는 효과적인 방법을 제시한다.

**역동적 평가**(dynamic assessment) 과제들은 문법보다는 의사소통과 학습 능력을 강조하며, 이러한 능력들의 평가에 좀 더 적절하다. 과제들은 상호작용적이며, 학습에 초점을 두고, 학습자의 반응에 대한 정보를 제공한다.

역동적 평가는 근접발달영역(zone of proximal development, ZPD)이라는 교육적 개념(Vygotsky, 1978), 또는 과제에 대한 아동의 현재 수행력과 아동이 성공하기 위해 필요한 도움의 양 간의 차이에 바탕을 둔다. 따라서 역동적 평가에서 SLP는 아동의 수행력뿐만 아니라 학습을 촉진하기 위한 최선의 방법과 학습에 반응하는 아동의 능력에 관심을 두어야 한다. 세 가지 주요 방법은 '한계검사(testing the limits)', '점진적인 촉진(graduated prompting)' 그리고 '검사-교육-재검사(test-teach-test)'이다 (Gutierrez-Clellan, & Peña, 2001)이다. 한계검사에서 SLP는 피드백에 따른 아동의 반응, 그리고 과제에 대한 아동의 이해를 파악하기 위한 아동의 구어적 설명, 그리고 아동이 해당 반응에 도달한 방법을 세밀히 검토한다. 예를 들어 아동은 *buoyancy*라는 낱말을 *boy-in-seat*로 해석했을 수 있다(Peña, 2002).

점진적 촉진은 학습에 대한 아동의 용이성(readiness)을 평가하는 방법이다. 아동에게 제공하는 촉진을 미묘하게 조작하면서, SLP는 아동이 성공하기 위해 필요한 도움의 수준을 결정한다. 본질적으로 SLP는 아동이 아는 것과 과제의 요구 사이의 차이를 메우도록 노력한다.

검사-교육-재검사 형식에서 SLP는 변화를 위한 적극적인 행위자가 된다. 언어중립적인 역동적 과제들은 아동이 '학습하는 것'보다는 '학습하는 방법'에 초점을 맞춤으로써 비편견적인 평가를 제공할 수 있다(Lidz & Peña, 1996). 초기 검사는 측정의 기초선을 확립하고, 교육 단계에서 SLP는 아동의 학습을 도우면서 아동이 어떻게 수정되고, 성인의 지지에 어떻게 반응하는지를 관찰한다. 이른바 매개학습경험(mediated learning experience, MLE)이라는 교수방법은 아동이 사용하는 반응과 전략에 대한 개별화된 접근방법으로, 학습의 중요성에 대한 설명과 평가 피드백을 제공한다. 다음을 포함한 몇 가지 유형의 중재가 가능하다.

- 아동에게 상호작용의 목적을 알려주고, 아동의 상호작용 유지를 시도
- 중요한 자질에 대한 아동의 주의에 초점을 맞추며, 아동이 자질의 중요성과 관련성을 이해하도록 도움
- 과제의 특성들을 다른 경험들과 연결하여 즉각적인 맥락 이상의 개념과 학습을 연결
- 문제해결에 대한 전략적 계획적 접근을 격려하고, 아동이 성공할 수 있도록 과제를 조절

초점은 단순히 아동이 배우는 것이 아니라 아동이 어떻게 배우는지에 있다. 표 5.3에는 매개학습경험의 예를 제시하였다. 재검사 또는 사후검사에서 일반적으로 언어장애 아동들은 변화를 거의 나타내지 않는다.

**표 5.3** 매개학습경험의 예들

---

**도입**

오늘 우리는 장난감을 가지고 놀면서 특별한 방법으로 사용할 거야. 장난감을 사용하면서, 각 장난감을 가지고 우리가 하는 행동과 우리가 사용하는 이름들을 생각해볼 거야. 자, 이제 무엇에 대해 이야기해볼까? [아동 반응]

음, 우리가 하는 서로 다른 행동들에 이름을 붙이는 것이 왜 중요할까? [아동 반응]

그래, 그렇게 해서 우리는 우리의 행동들을 다른 사람들에게 설명할 수가 있어. 또 다른 이유를 생각해볼까? [무반응]

엄마한테 도와달라고 한 적이 있지? [아동 반응]

그리고… [아동 반응]

그래, 물론 우리는 다른 사람들한테 도움을 요청할 수가 있어. 내가(아동 이름) 엄마를 부르고 "아빠!"라고 불렀다고 생각해봐. [아동 반응]

맞아. 그건 틀리게 이름을 말한 거야. 다른 사람들이 우리가 하는 말을 이해하도록 하려면, 우리는 올바른 이름들을 사용해야 해. 너희 집에 개를 기르지? 그 개의 이름이 뭐지? [아동 반응]

응, 그럼 내가 만약(개이름)을/를 다른 이름으로 부르면, (개이름)이/가 대답을 할까? [아동 반응]

맞아. 대답을 안 할 거야. 그래서 이름이 중요한 거야. 우리는 행동들도 올바른 이름으로 말해야 해. 내가 여러 물건들로 가득 찬 상자를 가지고 있어. 어떤 것은 우리가 그것을 가지고 하는 행동들의 이름을 알려줘. 여기 엄마가 사용하는 것이 하나 있네. 이것은 다리미(iron)라고 해. 우리가 이걸 가지고 뭐를 하지? [아동 반응]

맞아. 우리는 이걸로 옷을 다려/다림질(iron) 해. 우리가 물건들을 가지고 하는 행동들에 어떻게 이름을 붙여야 할까? [아동 반응] 그게 물건에 이름을 붙이는 데 도움이 될까? [아동 반응]

좋아, 이렇게 해보자. 네가 물건의 이름은 알고 있는데 행동의 이름은 모른다고 생각해보자. [아동 반응]

글쎄, 내가 말해줄 수도 있지만, 네가 아는 것을 내게 보여줄 수 있는 방법을 생각해볼래? [아동 반응]

좋아, 네가 행동을 해서 내게 보여줄 수 있을 거야. 그리고 나서 우리 같이 그 행동의 이름을 생각해보자. 아마 물건 이름에서 알 수 있거나, 기억할 수 있는 방법이 있을 거야… [교수 지속]

---

**교수**

이제 모든 행동의 이름을 다 말해봤어. 어떤 물건은 하나보다 많은 이름을 가지고 있어. 다른 것을 해보자. 네가 행동의 이름을 말하면 내가 물건 이름을 말할게. 한 가지 규칙은 같은 행동을 반복하면 안 돼. 네가 행동 이름이 생각 안 나면, 행동으로 표현해봐. 그러면 내가 도와줄게… [계속]

너 Simon Says란 놀이를 어떻게 하는지 알아? [무반응] 이 게임에선 네가 왕이 될 수 있어. 그리고 내게 행동을 명령하는 거야. 네 이름을 사용하자." (아동 이름)이 말하기를, '먹어!'" [SLP는 웃긴 태도로 먹는 시늉을 한다. 아동이 웃는다.] 이제 네가 해봐… [계속]

와, 그거 재미있다. 정말 바쁜 왕이네! 이거 봐. 행동들이 가득 찬 책이 있어. 책에서 일어나고 있는 일을 말할 수 있는지 한번 보자… [계속]

---

**결론**

오늘 정말 잘했어. 우리가 배운 것을 기억하지? [아동 반응]

행동 이름들이 왜 중요하지? [아동 반응]

그리고 행동 이름이 생각나지 않을 때 어떻게 했지? [아동 반응]

30~40분간의 낱말학습 회기를 통하여 역동적인 평가 기법을 사용한 한 연구는 좋은 방법을 제시한다(Kapantzoglou, Restrepo, & Thompson, 2012). 연구 결과는 일반 아동들이 언어장애를 가진 아동들보다 새로운 낱말의 음운과 의미적 표상 간의 연결을 더 빠르게 할 수 있었으며, 더 뛰어난 수정 또는 변화 능력과 독립적인 수행을 나타냈다. 실재 낱말이든 무의미 낱말이든, 구조화된 놀이 활동을 통하여 아동이 새로운 낱말을 산출하는 데 필요한 가능한 많은 도움을 제공하여 새로운 낱말을 가르친다. 성인의 피드백은 아동의 반응에 따라 조절한다(Pena et al., 2001). SLP는 아동이 새 낱말을 산출하기 위해 필요한 도움의 양을 기록한다.

SLP는 또한 아동의 대답을 통해서 아동이 그러한 반응에 이르게 된 사고 과정/방식에 관심을 둔다. 이를 위해선 아동의 반응을 세밀히 조사할 필요가 있다. SLP가 아동의 모국어를 하지 못하고, 아동의 영어 습득이 지체된 경우에 그 영향을 피할 수 있는 검사나 프로브의 한 방법은 조작적 규칙(invented rule)이다(Connell, 1987c; Roseberry & Connell, 1991). 예를 들어 조작적 규칙은 book과 book-/i/처럼, 명사의 한 부분임을 나타내는 /i/를 명사에 첨가하는 것으로 설명할 수 있다. 이러한 절차는 그림을 사용한 시범을 통해 가르칠 수 있으며, 새로운 사물이나 그림을 사용하여 평가할 수 있다. 당연히 SLP는 학습과 일반화를 평가하기 위한 검사나 훈련에서 동일한 사물의 그림을 사용해서는 안 된다. 평가나 훈련에서 사용할 수 있는 그림을 그림 5.1에 제시하였다. 예를 들어 SLP는 "This is clock; This is ____(clocky)."라고 말한다. 시범은 두 단계 과정이 된다.

"This is X, X"(SLP가 지적하면서)
"This is X-/i/, X-/i/"(SLP가 지적하면서)

소수의 항목들을 사용하여 시범(모델링)을 몇 번 반복하면서, 아동이 SLP가 산출하는 명사와 명사 +/i/를 반복하도록 한다. 검사는 완성법(cloze procedure)을 사용한다.

"This is Y, Y. This is _____."

SLP는 의미를 나타내는 그림을 다시 한 번 지적해주어야 한다. 관심은 아동이 언어규칙을 유추하여 그것을 새로운 상황들에 적용할 수 있는지에 있으며, 이는 언어학습에서 매우 중요한 기술이다.

사려 깊은 SLP가 고안한 구조화된 과제들 또한 표준화된 검사들보다 더 융통성 있고, 효과적인 평가 도구들이 될 수 있다. 구조화된 형식에서 아동의 반응을 촉진하는 언어적 용어나 말을 사용하여 개념적 지식을 평가할 수 있다.

이 교재 전체에서 저자는 언어표본과 같이 표준화된 검사들에 대한 대안적 방법들의 필요성을 강조한다. 다문화-다언어 아동들의 경우, 언어표본과 민족지학적인 면담은 모든 언어평가의 필수적인 부분들이다(Battle, 2002). 유용하긴 하지만 언어표본이 편견 없는 평가를 보장하지는 않는다. 모든 상호작용은 문화에 근거하며, 아동의 평가에 편견이 작용할 가능성이 있다. SLP는 아동의 언어표본을

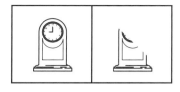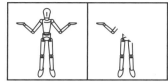

**그림 5.1** 조작적 규칙 평가에서 사용할 수 있는 형태의 예

분석할 때 반드시 공동체의 구성원이나 가족의 도움을 받아야 한다.

표본은 교실과 같은 아동의 의사소통 맥락에서 필요한 실질적인 요구들에 기초해야 한다. 이러한 장소에서 표본이 상황에 따른 맥락, 수행 그리고 교육의 제한점들을 반영할 수 있다. 그래야 아동이 그러한 맥락 내에서 필요한 최소한의 능력들을 측정을 할 수 있다. 그것이 기능적인 평가이다.

물론 아동들의 반응은 언어를 유도하는 과제에 따라 다를 것이다. 예를 들어 이야기 유도 과제에서 스페인어-영어의 이중언어를 사용하는 4세에서 7세 아동들의 이야기는 각 언어로 산출한 양과 두 언어를 혼합하여 산출한 양이 다를 것이다(Fiestas & Peña, 2004).

가족과 공동체 구성원이 수행평가, 특히 언어표본을 사용한 평가에서 SLP에게 도움을 줄 수 있다. 예를 들어 일반적으로 헤드스타트 교사들과 보조교사들은 소수 민족 공동체 출신이 많으며, 이들에게 아동의 말이 지체되었는지 또는 정상적인 발달을 보이고 있는지를 판단하도록 요청할 수 있다. 이후 지체된 말 표본들을 분석할 수 있으며, 또한 공동체의 표준을 설정할 수도 있다.

이와 유사하지만 좀 더 엄격한 주관적 판단인 직접 등급 측정법(direct magnitude estimates, DME)을 사용한 사회적 인준(social validation) 방법이 사용되고 있다. DME에서는 하나의 연속선에서 상대적인 등급을 표시한 수치들을 사용하여 자극을 평가한다. 각 아동의 말 표본은 언어장애가 없는 아동의 표준적인 언어와 대비하여 평가된다. 만약 평가자들이 몇몇 아동들의 말 표본을 듣고 녹음된 표준과 대비하여 아동들의 말을 평가한다면, 평가자들이 수행을 평가하는 연속적 척도를 형성할 수 있다. 안정적인 채점을 위하여 최소한 10명의 평가자들이 필요하다. 아동의 수행을 반복적으로 비교하여 향상을 측정할 수 있고, 또한 전반적인 수행 능력을 평가하기 위하여 동일한 방언을 사용하는 다른 아동들과 비교할 수도 있다.

분명히 아동중심의 표본수집은 검사에서 나타나는 편견의 영향을 감소시킬 수 있다. 수행 능력은 언어 과제에 따라 달라질 것이다. 예를 들어 아프리카계 미국 영어를 사용하는 4세에서 6세 아동들은 자유놀이 상황보다는 그림 설명하기 과제에서 아프리카계 미국 영어 형태를 더 많이 사용한다(Washington, Craig, & Kushmaul, 1998). 방언이 아주 심한 사람들조차도 단지 말의 20% 정도에서만 방언을 나타내기 때문에, 표본 분석은 반드시 비방언적인 요소들의 분석에 초점을 두어야 한다(Craig & Washington, 2002). 아프리카계 미국 영어와 표준 영어가 공유한 자질은 아프리카계 미국 영어를 사용하는 아동들의 언어장애를 평가하는 데 더욱 중요한 진단적 요소들일 수 있다(Seymour, Bland-

Stewart, & Green, 1998).

---

**요약**

다문화-다언어 아동들을 평가하는 데 내재된 커다란 어려움에도 희망은 있다. 영어를 모국어로 사용하는 화자들을 위해 제안된 통합적이고 기능적인 방법들을 약간 수정하면 이러한 아동들에게도 적용할 수 있다. 민감하고 편견 없는 검사의 시행과 아동의 일상적 맥락에서 얻은 표본을 사용하여 공정하고 의미 있는 평가를 실시할 수 있다.

## ∷ 결론

불행히도 때로는 아동의 잠재적인 언어장애에 대한 고려 없이 쉽게 구할 수 있는 검사도구로 모든 아동들을 평가한다. 그리고 이것이 개별적이고 완전한 평가로 간주된다. 중재와 마찬가지로 평가절차도 반드시 개별적인 대상자에 맞추어 계획해야 한다. 표준화된 검사들은 단지 그를 위한 과정의 한 부분일 뿐이다. 언어검사는 보조적인 수단일 뿐이며 훈련된 치료사를 대신할 수는 없다.

철저한 평가는 문제를 정확하기 인식하기 위한 다양한 융통성 있는 절차들을 사용해야 하며, 이러한 평가는 SLP가 다문화-다언어 배경을 가진 아동의 언어 능력과 결함에 대해 좀 더 분명한 윤곽을 그릴 수 있도록 해준다. 진정한 기능적 중재가 되기 위해서는 아동과 아동의 언어에 대한 철저한 기술(description)이 이루어져야 한다.

제**6**장

언어 표집

사정을 목적으로 표준화 검사가 많이 사용되기는 하나 사정은 물론 치료를 목적으로 표준화검사에 지나치게 의존하는 것은 문제가 있을 수 있다. 첫째, 많은 교육청에서는 서비스가 필요한 아동을 결정할 때 평균에서 −1.5 또는 −2.0 표준편차에 해당하는 점수를 보편적인 절단점(cutoff)으로 요구한다. 검사에 기초해서 보편적인 절단점 기준을 적용할 때 언어장애 아동이 판별된 가능성은 약 50−50이 된다(Spaulding et al., 2006).

둘째, 검사는 중재 목표를 결정할 때에는 부적절하다. 표준화 검사는 중재가 필요할 수도 있는 모든 기술들을 평가하기보다는 효율성을 고려해서 만들어진다. 하나나 두 개 정도의 문항으로 특정 기술을 평가하는 것은 아동들이 숙달된 수준인지 혹은 필요한 수준인지를 결정하기에는 충분한 기회를 주지 못한다. 검사들이 전반적인 변화를 평가하는 데는 유용할 수 있으나 작고 미미한 행동 변화는 놓칠 수 있다.

셋째, 표준화 검사는 아동의 전형적인 의사소통 상호작용과는 매우 다른 아주 제한된 언어능력에 대한 측정치만을 제공할 수 있다. 장난감이나 사물, 전형적인 대화 상대자와 같이 전형적인 수행을 위한 환경적 단서들을 간과할 수 있다.

자발화 표집은 언어의 내용은 물론 언어를 사용하는 맥락을 모두 포함하기 때문에 중재를 계획할 때 더 중요한 정보들을 제공한다. 매일의 일상적인 상황에서 아동이 사용하는 언어를 일반화하는 것에 언어 중재의 목표를 둘 때, 실제 언어 수준을 잘 반영하는 자발화를 표집하여 분석하는 것은 매우 중요하다. 따라서 이 장에서는 자발화 분석을 다루고자 한다.

언어표본의 일부는 실제 의사소통 상황에서 수집되어야 한다(Olswang, Coggins, & Timler, 2001). 일반적으로 인위적인 상황에 대한 인지 및 언어 처리 요구는 실제 삶에서의 상호작용에서보다 적은 것처럼 보인다. 자연적인 상황에서의 증가된 요구나 복합적인 단서들은 많은 언어장애 아동들의 언어 수행을 어렵게 할 것이다. 요구가 증가됨에 따라 그것들을 처리할 수 있도록 하는 인지나 언어적 자원도 증가될 것이다. 따라서 아동이 실제 의사소통 맥락에서 사용하는 프로그램을 만들고자 한다면 동일한 맥락에서 언어를 평가해야 한다.

좋은 언어표본들은 저절로 얻어지는 것이 아니며 세밀한 계획과 실행을 통해서 얻어진다. 언어치료사(SLP)는 평가 회기에서 원하는 언어표본을 수집하는 데 적합한 맥락을 계획해야 한다. 일반적으로 자유 대화 상황과 유도 방법을 결합해서 발화를 수집한다. 두 방법 모두 언어표본 수집 시 필수적이다. 이 장의 뒷부분에서는 두 방법에 대해 자세하게 설명할 것이다. 예를 들어 자폐스펙트럼장애 아동은 표준화 검사와 자발적 발화 모두를 잘 수행하지 못한다(Condouris, Meyers, & Tager-Flusberg, 2003). 따라서 유도 절차를 사용하는 것이 더 적절할 수 있다.

SLP는 언어표본을 수집하기 전에 몇 가지 사항을 결정해야만 한다. 먼저 면담, 관찰 그리고 검사 결과에 대해 공부한 후에 어떠한 맥락이나 대화 참여자, 자료, 대화 기술 등을 활용할 것인지 결정한다. "아동들을 말하게 '만드는' 방법은 없다. 다만 아동들로 하여금 말을 해야만 하는 상황을 만들거나 그들이 말하는 것에 관심을 보여서 메시지를 전달하는 분위기를 조성함으로써 그들 스스로가 말하고 싶게 할 수 있을 뿐이다"(Lund & Duchan, 1993, p.23). 이 장에서는 대화 표본을 계획 및 수집하고, 기록하고, 전사하는 것에 대해 다룰 것이다.

## 대표성 있는 표본 계획하고 수집하기

언어표본을 계획하고 수집하는 것과 관련된 몇 가지 중요한 이슈들이 있다. 그중에서 가장 중요한 것은 발화의 대표성과 대화 문맥이 갖는 효과를 들 수 있다. 특정 언어 형태나 기능을 수집하기 위해서는 유도 전략을 사용해야 할 수도 있다. 이 모든 이슈는 발화 표본 수집 시 모두 중요하다.

### 대표성

대표성 또는 전형성은 자발성을 확보하거나 다양한 조건에서의 발화 표본 수집을 통해 확보될 수 있다. 자발성은 아동이나 대화 상대자가 아동이 관심을 갖는 주제에 대해 실제로 대화하는 상황에서 얻어질 수 있다. 자발성을 확보하기 위해서 SLP는 (LCC)[3]를 따라야 한다. 즉 (1) 가급적 치료사가 통제하지 말고(less clinician control), (2) 치료사의 유도를 줄이며(less clinician contrivance), (3) 아동이 의식하지 않게 (a less conscious child) 하는 것이 중요하다(Cochrane, 1983).

아동의 발화를 질적으로나 양적으로 제한하지 않기 위해서는 SLP가 문맥을 제한하지 않는 것이 좋다. SLP의 스타일이 평균발화길이와 같은 전반적인 측정치에 크게 영향을 미치지 않는다고 주장되기도 하나 일부 세세한 측정치들은 영향을 받을 수도 있다. 질문을 사용하거나 주제 선택 등을 통제하는 것은 아동이 대화에서 수동적인 역할을 담당하게 할 수 있다.

아동의 의사소통 행동은 성인 대화 상대자에 의해 영향을 받을 수 있다. 따라서 SLP는 상호작용을 유도하거나 과도하게 도움을 주는 행동을 삼가해야 한다. SLP는 다음과 같이 행동해야 한다(Rollins, McCabe, & Bliss, 2000).

- "어 그래, 그거에 대해 더 말해봐."와 같이 끼어드는 말을 최소화한다.
- "또 어떤 일이 일어났어?" 또는 "그다음에 어떻게 됐어?"와 같이 개방형 질문을 한다.
- 아동의 이전 발화에서 제시된 화제를 유지하는 질문을 한다.

더 구조화된 접근을 통해 아동이 대화에 자유스럽게, 자발적으로 참여하도록 요구할 수도 있다. 예를 들어 어린 아동에게 이야기를 요구하거나 암송하게 하는 것보다는 그림 설명하기를 통해 더 길고 복잡한 언어 형태를 유도할 수 있다. 이야기 말하기를 할 때 그림을 함께 제시하면 발화 표본의 길이와 복잡성을 증가시킬 수 있다. 특히 "이 그림에 대해 얘기해보자. '옛날에'로 시작하면 돼."라고 단서를 제공하는 경우 그 효과가 더 크다. 질문에 대답하거나 문장 완성하기와 같은 과제는 가장 자발적이지 못한 조건이다. 이러한 발화 유도 전략은 아동에 따라 그 효과가 많이 다를 것이다. SLP는 이러한 전략을 놀이 활동이나 좀 덜 형식적인 활동에 배치하여 가급적 통제를 적게 할 수 있다.

아동의 주도를 따라주고 대화에서도 아동의 주제에 맞춰주면 더 자연스러운 발화 표본을 얻을 수 있을 것이다. "이 그림에 대해서 얘기해봐." 또는 "모노폴리 게임 규칙에 대해 설명해봐."와 같이 자연스럽지 않은 상황은 매일의 일상적인 자발적 발화를 유도해내지 못한다.

마지막으로 아동이 언어 산출과정에 대해 의식하지 않는다면, 좀 더 자발적인 발화를 표집할 수 있을 것이다. 예를 들어 아동에게 특정 요소를 포함하는 문장을 산출하도록 요구하는 것은 아동으로 하여금 언어처리과정을 의식하게 만들고 어렵게 할 수 있다. 특히 문맥에서 벗어난 상황에서는 그러하다. 어떤 아동은 *has been*이 포함된 문장을 요구된 상황에서는 잘 산출하지 못하면서, 곰 세 마리와 같은 이야기를 산출하는 동안에는 "Someone *has been* sleeping in my bed."라고 표현할 수 있다. 앞에 제시된 과제는 아동의 능력보다 높은 상위언어 능력이나 추상적인 언어 기술을 요구한다.

SLP는 보호자에게서 대표성 있는 발화 표본을 얻을 수 있는 문맥 정보를 얻을 수 있다. 아동이 어린 경우에는 양육자가 대화 상대자로 참여하는 것이 바람직하다. 발화 표본이 수집된 후에, 수집된 표본을 양육자에게 검토하게 하여 그 발화가 아동의 행동에 대해 전형적으로 보여주는 것인지 확인받을 수도 있다.

## 언어 맥락의 다양성

다양한 장소나 과제, 대화 상대자, 주제와 같은 다양한 발화 표집 환경은 대표성 있는 발화를 표집하는 데 영향을 미칠 수 있다. 맥락은 역동적이고 복잡해서 그 효과는 개인마다 매우 다를 수 있다. 특정 장난감이나 대화 상대자에게 잘 반응하는 아동이 있는 반면, 그렇지 않은 아동도 있을 수 있다. 발화의 대표성에 영향을 미치는 맥락적 변인에는 과제나 활동의 목적, 언어 사용의 기회, 사건에 대한 의식화 정도, 공동주목의 양, 대화 상대자의 반응성 등이 포함된다.

앞에서도 언급했듯이, 과제는 대화 상호작용의 빈도나 길이 모두에 영향을 미칠 수 있다. 예를 들면 어린 아동들은 더 참조적이며, 듣는 이의 주의를 집중시키려 하고, 책 보기 활동에서 더 많은 질문을 한다. 아동들과 마찬가지로 부모들도 맥락에 영향을 받으며 자동차나 트럭을 가지고 놀이를 할 때보다 인형놀이를 할 때 대화에 더 많이 참여한다.

언어 사용의 기회는 일정하지가 않으며, 때때로 기회를 제공해주어야 한다. 나이가 많은 아동들에게서 발화를 수집하기 위해 사용되는 과제가 어린 영유아에게는 효과적이지 않을 수도 있다.

문맥은 구조화와 예측성이라는 두 가지 측면을 갖는다. 구조화(structure)는 성인이 자료를 조절하거나 특정 발화를 유도하는 정도를 말한다. 예측성(predictability)은 과제나 재료에 대한 친숙성이다. 일반적으로 아동은 덜 구조화되고 예측할 수 있는 상황에서 새로운 자질이 주어질 때 더 자주, 더 다양한 언어 자질들을 산출한다. 자유놀이를 통한 발화 표집 문맥은 구조화나 예측성이 모두 낮다. 구조화가 낮은 수준의 문맥에서 아동은 어른이 그 상황에 대해서 이미 알고 있는 것이 거의 없다고 생각하는 반면, 제한되고 계획된 문맥에서는 어른이 많은 것을 알고 있다고 생각하기 때문에 말을 더 적게 할 것이다.

대화 상대자가 주의 깊고 반응적인 경우 아동에게서 더 많은 언어를 유도할 것이다. 아동과 동시 주목하고 함께 공유하는 상황에서 아동들은 더 확장된 대화를 산출할 것이고 대화 상대자의 의미나 의도를 가장 잘 이해할 수 있을 것이다. 또한 대화 상대자의 즉각적인 반응은 아동의 이해를 도울 것이다.

하나의 전형적인 맥락에서만 발화 표본을 수집한다면 다양성은 확보될 수 없다. 다양성을 반영하기 위해서는 아동이 참여할 수 있는 많은 상호작용 상황에서 발화 표본을 수집해야 할 것이다. 다양성을 원한다고 해서 실제적으로 항상 가능한 것은 아니다. 특히 학교 장면에서는 다양한 발화 수집이 어려울 수 있다. 이러한 경우 부모나 교사가 녹음한 발화 표본으로 대신할 수도 있다.

### 상황과 과제

언어를 유도하기 위한 맥락을 고안해야 한다고 말하기는 해도 그것을 실행하는 것은 또 다른 일이며, SLP의 임상적 직관력 외에 증거기반의 지침은 거의 없다. 어른들의 지시 없이 아동이 자유스럽게 놀면서 스스로 자신의 관심사나 생각, 감정을 표현하도록 하는 자연적인 맥락을 이용하고자 한다면 과제는 특히 어려울 수 있다. 자연스러운 유도 맥락은 가장 바람직하지만 또한 가장 예측하기 어려운 맥락이라 할 수 있다.

소수의 연구가 아동의 언어, 특히 구문에 맥락이 미치는 효과를 살펴보았다. 연구결과는 언어적 복잡성이 유도 맥락의 특성과 관련된다고 보고했으나 결론을 내리기는 어렵다. 각각의 연구들이 동일하게 통제되지 않았기 때문에 연구들을 서로 비교하는 것은 문제가 있다.

다양한 유도 과제를 통한 의미 있는 활동은 최상의 발화 표본 문맥이 된다. 일반적으로 아동이 상황에 친숙할수록 대표성 있는 발화를 얻을 수 있다. 친숙한 루틴은 언어적 또는 비언어적 스크립트를 제공함으로써 아동의 행동을 유도한다. 어린 아동의 경우 익숙한 장난감이나 대화 상대자와의 놀이가 친숙한 루틴 중 하나가 될 수 있다. 언어는 대부분의 일상적인 사건의 일부를 구성한다.

### 취학 전 및 초기 학령기 아동의 발화 표집 문맥

SLP는 아동에게서 전형적으로 표현되는 언어표본을 수집하기를 바라는지 혹은 최고 수준으로 표현된 언어표본을 원하는지 결정해야 한다. 취학 전 및 초기 학령기 아동의 발화 표집을 위해서 다음과 같은 유도 문맥을 활용할 수 있다.

- 자유놀이 : 다양한 종류의 탈 것들이나 인형, 인형의 집, 가구 등과 같은 장난감을 가지고 자유스럽게 노는 것은 아동의 표현을 촉진할 수 있다.

- 스크립트 놀이 : 시장이나 맥도날드에 가는 것과 같이 친숙한 경험을 수행하도록 고안된 과제는 아동이 말하는 것을 편안하게 한다.
- 대화 : 대화는 어른이 통제하는 정도를 다양하게 할 수 있으나 대부분의 경우 아동의 주도를 따르도록 하며, "그다음에 어떻게 됐어?"나 "더 말해 봐."와 같은 촉진을 통해 아동이 최대한 발화할 수 있도록 한다.
- 묘사하기 : 이 방법은 앞의 세 방법에 비해 좀 더 지시적인 형태로, 활동에 대해 알지 못하는 검사자에게 아동이 연속된 활동을 묘사하도록 요구하여 유도한다.
- 이야기 말하기 : 이야기 말하기는 가장 지시적인 형태이다. 아동이 책을 보면서 이야기를 말하도록 하는 경우 특히 지시적이라 할 수 있다. 반면 책이나 영화를 보여주지 않고 이야기를 산출하게 하는 경우는 제약이 없다고 할 수 있다.

일반적으로 아동들은 이야기 말하기와 같은 과제에서보다 자유놀이에서 더 많은 발화를 산출한다. 그러나 자유놀이 상황보다 이야기 산출이나 대화 상황에서 더 복잡한 구문 형태를 유도할 수 있다 (Southwood & Russell, 2004). 3세경의 학령 전 아동들은 자유놀이와 스크립트 놀이 문맥에서 복잡한 문장을 더 많이 산출한 반면, 5세경의 더 나이가 많은 학령 전 아동은 스크립트 놀이와 이야기 다시 말하기 활동에서 복잡한 문장을 더 많이 산출하였다(Klein, Moses, & Jean-Baptiste, 2010). 발화 복잡성의 형태는 연령에 따라 달라질 수 있다. 놀이나 놀이 상황에 포함된 대화 상대자에 따라 언어장애 아동들의 언어 행동이 달라지므로 아동을 평가할 때 다양한 놀이와 대화 상대를 포함한 대화 상황에서 평가해야만 한다(DeKroon, Kyte, & Johnson, 2002).

대화는 다음과 같은 개시문을 통해 유도할 수 있다.

- (가족, 생일 파티, 좋아하는 영화)…에 대해 얘기해볼래?
- 너 … 가지고 있니? 네 (애완동물, 형제, 자매)…에 대해 얘기해볼래? 그것들을 어떻게 보살피는지 얘기해봐.
- (학교, 축구 팀, 스카우트)…에서 네가 하는 일에 대해 얘기해볼래?

Evans와 Craig(1992)나 Miller와 Iglesias(2006), Southwood와 Russell(2004)이 쓴 문헌을 보면 더 자세한 아이디어를 얻을 수 있을 것이다.

대화를 통한 언어 표집과는 반대로, 내러티브는 사전에 미리 계획하고 정보를 구조화해야 하는 더 확장된 담화를 유도할 수 있다. 내러티브를 산출하기 위해서는 아동이 더 발전된 형태의 언어 구조, 텍스트 구조, 그리고 문어적 언어 능력이 필요하므로(Southwood & Russell, 2004) 대화보다 고학년의 학령기 아동의 언어적 제한성을 살펴보는 데 적합할 수 있다.

이야기를 산출시키는 것도 자유놀이나 대화에 비해 더 긴 발화를 유도하기는 하지만, 이 역시 이야기 산출 문맥에 따라 달라진다. 유치원생이나 초등 2학년 일반 아동들은 그림만 보여주고 이야기를 말하게 했을 때보다 들려준 이야기를 회상하게 했을 때 더 많은 정보를 산출했다. 반면 다운증후군 청소년들은 그림을 사용하여 이야기 말하기를 유도했을 때 평균발화길이가 증가하였다(Miles, Chapman, & Sindberg, 2006; Schneider & Dube, 2005). 일부 아동들에게는 글자 없는 그림책이 이야기를 유도하는 좋은 자료가 될 수도 있다. 내러티브는 다음과 같은 말로 유도할 수 있다.

- 너 (아동들이 잘 알고 있는 이야기 책)…라는 이야기를 알고 있니? 그 이야기를 나한테 해줄래?
- 엄마가 네가 그 영화를 좋아한다고 말씀하시던데… 나는 그 영화를 못 봤어. 영화 얘기좀 해줄래?
- (그림 없는 책을 보여주며) 이 책을 한 번 봐봐. 이야기를 이해할 수 있겠니? 스토리를 말해줄래?

사전에 부모나 교사로부터 아동이 좋아하는 책이나 영화, TV 프로그램에 대해 알아보는 것이 좋다.

직접적인 질문은 새로운 낱말 수(NDW)를 가장 많이 산출하게 한다(Gazelle & Stockman, 2003). 영유아의 경우 질문 유형이 평균발화길이에 영향을 미치지 않지만, 학령 전 유아의 경우에는 개방형 질문(예 : 다음에는 무엇을 해야 하지?)이나 주제를 유지하여 질문했을 때 낱말이 조합된 형태의 발화를 더 많이 산출하였다(de Rivera, Girolamtto, Greenberg, & Weitzman, 2005).

지나치게 고안된 발화 수집 상황은 오히려 좋지 않을 수 있다. 다양한 연령에 적절하고 동기를 유발하는 활동들을 포함하는 친숙하고 의미 있는 상황이 더 다양하고 대표성 있는 상황이 될 수 있다. 학령 전 아동에게는 자유놀이나 간식 시간, 보고 말하기 등이 적절한 상황이 될 수 있으며, 학령기 아동들에게는 그룹 활동이나 교실에서의 발표 상황, 또래와의 대화, 바깥 활동 등이 좋은 상황이 될 수 있다. 일반적으로 아동들은 다른 사람이나 그림을 보고 이야기할 때보다 직접 활동을 하고 있을 때 더 많은 발화를 산출한다. 가장 좋은 것은 두 가지 다른 상황에서 각기 다른 활동들을 통해 발화를 표집하는 것이다.

절충적인 발화 표본 수집 방법을 찾아내는 것은 SLP들에게 중요한 과제가 된다. 지나치게 구조화된 방법들은 대표성 있는 발화 수집을 어렵게 한다. 자유놀이는 구조화 정도가 낮은 상황이기는 하나 많은 시간을 소모하게 할 수 있고, 신뢰로운 자료 수집을 어렵게 할 수도 있다. 나이가 많은 아동들의 경우에는 인터뷰 방법이 효과적인 대안으로 고려될 수 있다. 8, 9세 단순언어장애 아동들은 자유놀이에서보다 인터뷰 방법을 사용했을 때 발화를 더 많고 길게 산출하였다. 또한 구문도 더 복잡한 형태를 사용했으며, 시간적 연관성이나 의미적 수반성도 더 좋았고 더 신뢰로우며 변동성도 적었다.

대화를 통한 발화 표집은 신뢰로우며 기능적인 방법이다. 신뢰도는 대화 참여자가 실제 정보를 전달하는 의사소통 맥락을 사용하는 것을 통해 확보될 수 있다. 기능적인 표본은 언어장애 아동들의 의사소통자로서의 성취와 관련되며, 전달한 의미의 효과, 유창성 또는 시간적 적절성 그리고 메시지 형식이나 형태의 적절성 등으로 측정할 수 있다.

발화 수집 시 사용하는 자료는 재미있고 연령에 적합해야 하며, 원하는 언어 형태를 유도할 수 있는 것을 사용해야 한다. 아동이 고른 장난감이나 사물을 이용하면 아동의 호기심을 북돋을 수 있다. 더 다양한 자료를 준비하기 위해 아동의 집에서 장난감을 가져오게 할 수도 있다.

자료 선택은 발화 표본이 수집되는 물리적 문맥을 변화시키기 때문에 어린 아동들의 화용적인 측면에 영향을 미칠 수 있다. 화용 평가나 중재를 위해 놀이 활용이 강조되는 점을 고려할 때 특히 중요하다. 장난감이 제공되지 않았을 때, 아동들은 기억에 의존한 주제들을 더 많이 개시하는 경향을 보였다. 만들기 속성을 가지는 장난감들, 예를 들어 레고나 플레이도, 찰흙 등은 종종 대화를 중단시키며 화제를 변경하게 하는 경향이 있다. 반면에 역할극을 촉진하는 장난감들은 사물이나 사건, 행동과 관련된 더 많은 언어 표현이나 발성을 유도한다.

일반적으로 2세경의 영유아들은 블록이나 그릇, 밀거나 돌리는 장난감과 인형 등을 사용했을 때 잘 반응한다. 3세 정도의 영유아들은 책이나 옷, 손 인형, 동물농장 또는 집이나 가게가 있는 마을놀이 등을 선호한다. 이러한 장난감들은 역할놀이와 언어 산출을 촉진한다. 학령 전이나 초등 저학년 아동들의 경우에는 여러 조각으로 이루어진 장난감이나 손 인형 또는 병정놀이를 좋아한다. 초등 고학년 아동들은 보통 사물을 사용하지 않고 대화를 나누며, 자기 스스로나 자신의 관심사에 대해 말하거나 내러티브를 산출한다. 내러티브에 대해서는 제8장에서 다시 논의할 것이다.

장난감은 또한 특정 언어 구조를 유도하는 데 도움이 될 수 있다. 예를 들면 아동은 대화에서보다 장난감놀이에서 더 많은 공간적 용어들을 산출하는 경향이 있다. 사물을 움직이고 조작하는 것은 아동들에게 비언어적인 단서를 줄 수 있다. 공간관계에 대한 아동의 인지적 지식과 언어 수행이 다를 수 있기 때문에 SLP는 아동이 장난감을 어떻게 조작하는지 관찰함으로써 이해 정도를 평가할 수 있다. 장난감과 위치는 아동의 대답에 영향을 미치지 않도록 변화시켜야 한다.

특정 언어 형태를 유도하고자 한다면 해당 형태가 나타날 수 있는 상황을 더 많이 만들어야 한다. 학령기 아동의 경우 그림이나 장난감을 이용한 대화보다는 토론이 절 구조의 복잡성이나 비유창한 낱말의 비율, 문법이나 음소 정확성 등과 같은 더 성숙한 언어 형태를 유도할 수 있다.

### 청소년 발화 표집 문맥

학교 생활이 시작된 후 학년이 올라감에 따라 아동들은 다양한 텍스트 수준의 의사소통 장르를 사용하도록 기대된다. 아동들은 학교에서 사건을 실제적으로 묘사하거나 설명하는 독백 형식을 갖춘 발전된 형태의 설명 담화에 노출된다. 설명 담화에는 뉴스 사건을 공유하거나 게임 규칙을 설명하는 것, 또는 두 가지 사건을 비교하는 것 등을 포함한다. 이러한 담화 장르는 특히 복잡한 언어 구조를 사용하는 능력을 보여주는 데 특히 효과적일 수 있다.

설명 담화를 산출하기 위해서 아동은 고급 수준의 인지 능력과 고급 언어 구조를 포함한 탈문맥적인 언어를 갖추어야 한다(Nippold, 2004). 아동들은 학교에서 사실적인 책들이나 교사의 설명을 통해 설명 담화에 노출된다. 3, 4학년이 되면 읽기를 통해 새로운 정보를 학습할 수 있어야 한다. 이러한 경험들을 통해 아동은 담화 유형에서 사용되는 고급한 언어 구조 특성을 사용할 기회를 가져야 한다.

학령기 아동의 설명 담화에 대한 연구들은 연령에 따라 설명 담화가 증가된다는 사실을 보여준다(Berman & Verhoeven, 2002; Nippold, Hesketh, Duthie, & Mansfield, 2005; Scott & Windsor, 2000; Westerveld & Moran, 2011). 연령이 증가함에 따라 전반적인 언어표본의 길이나 발화 길이, 절의 연결성 등은 점진적으로 증가한다. 설명 담화를 통해 언어장애 아동을 초기에 확인하는 것은 이후 학교생활에서 설명글 쓰기 과제에서 직면할 수 있는 문제를 예방하고 중재를 계획하는 데 도움이 될 수 있다.

설명 담화는 아래에 제시된 것과 같이 몇 가지 다양한 방법으로 유도될 수 있다(Berman & Verhoeven, 2002; Nippold, Hesketh, et al., 2005; Scott & Windsor, 2000).

- 절차를 설명하거나 묘사하기
- 짧으면서 묘사적인 영화를 요약하기
- 짧은 비디오를 보고 사람들 사이의 갈등과 관련된 이슈에 대해 토론하기
- 좋아하는 게임이나 스포츠에 대해 설명하기

예를 들어 좋아하는 게임이나 스포츠에 이름을 붙이고 왜 그렇게 이름을 붙였는지 설명하도록 아동에게 요구할 수 있다. SLP는 "나는 그 게임을 잘 몰라."와 같이 말하면서 아동에게 게임이나 스포츠를 설명해보도록 요구한다. 그리고 게임에서 이기려면 어떻게 해야 하는지를 묻는다.

또래 갈등 해결 상황은 더 복잡한 언어를 요구하기 때문에 청소년의 언어표본을 수집하거나 중재할 때 활용할 수 있다(Nippold, Mansfield, & Billow, 2007). 대상자에게 두 젊은이 간의 갈등에 대한 시나리오를 읽게 한다. 그리고 시나리오의 내용에 대해 다시 말하게 하고, 갈등의 특성에 대해 일련의 질문(예 : 왜 이것이 문제가 되는가?, 각자의 입장에서 어떻게 문제를 해결할 수 있는가?)을 제시한 후 대답하게 한다. 청소년에게 제시할 수 있는 질문은 다음과 같다(Nippold, Mansfield, & Billow, 2007).

- 주된 문제가 무엇인가?
- 그것이 왜 문제인가?
- A가 B와의 문제를 해결하는 좋은 방법은 무엇인가?
- 왜 그것이 좋은 방법인가?
- A가 그렇게 하면 어떻게 될 거라고 생각하는가?

• A가 그렇게 행동할 때 A와 B 둘 모두 어떻게 느낄 거라고 생각하는가?

청소년의 반응은 검사만으로 유도할 수 있는 것보다는 더 복잡한 발화를 포함한다.

청소년들이 설명을 끝낼 수 있도록 충분한 시간을 허용해야 한다. SLP는 '음~'과 같이 중립적인 피드백을 통해서 청소년이 하는 설명에 관심을 보여야 한다. 설명 절차와 관련된 자세한 정보는 Nippold, Hesketh 등(2005)을 참조하기 바란다.

### 대화 상대자

SLP는 아동의 언어 사용에 관심을 가지므로 대화 상대자와 아동 간의 대화는 중요하다. 이는 청소년의 대화에서도 마찬가지이다. 청소년들은 가족과 이야기할 때보다 친구와 이야기할 때 질문을 더 많이 하고, 정보도 더 많이 요구한다. 또한 새로운 주제로의 전환도 많고, 함축적인 표현도 더 많이 사용하며, 들어주는 행동도 더 많이 보인다(Nippold, 2000). 이렇게 대화 상대자는 의사소통의 모든 측면에 영향을 미친다.

어린 아동의 경우 대화 상대자를 신중하게 선택해야 하며, 미리 그들에게 역할을 교수해야 한다. 제3장에서 언급한 것처럼 특히 3세 이하의 어린 아동의 경우 낯선 사람에게는 반응을 잘하지 않으므로 대화 상대자를 친숙한 사람으로 하는 것이 중요하다.

대화나 놀이 상황에 친숙한 학령 전 아동이나 학령기 아동에게는 가능한 아동과 자연스럽게 대화를 할 때 가장 전형적인 발화 표본을 얻을 수 있다. 성인이나 아동, 또는 소집단의 아동이 집이나 학교에서 함께 놀거나 작업을 하면서 상호작용을 할 수 있다.

아동은 다양한 상호작용 스타일을 가진 몇 명의 친숙한 사람들과의 상호작용을 통해 평가되어야 한다. 또래 상호작용은 보통 성인과 아동 간의 상호작용보다 참여자들이 서로 더 동등한 위치를 갖는다. 성인은 아동과 대화를 할 때 화제를 이끌거나 통제하는 경향이 있다. 따라서 이러한 두 조건은 아동들로 하여금 매우 다른 상호작용 스타일을 유도할 수 있다.

3세 이하나 소수집단의 아동, 언어장애 아동은 친숙하지 않은 성인처럼 어려운 사람과 함께할 때 언어 수행이 더 줄어든다. 이는 당신이 대화 상대자가 될 수 없다는 것을 의미하지는 않는다. SLP는 언어나 상호작용에 대한 지식이 많기 때문에 최상의 대화 상대자가 될 수 있다.

SLP나 대화에 참여한 다른 성인들은 성인과 아동 간의 대화에 발생할 수 있는 문제를 명심해야 하며, 권위적인 태도를 줄이도록 한다. 가급적 아동의 활동이나 의견, 또는 화제를 수용해 주고 아동과 함께 참여하도록 한다. 대화에서 서로 동등한 권위를 갖는 가장 좋은 방법은 SLP와 아동이 놀이 상호작용에 함께 참여하는 것이다. SLP는 지시하는 것 대신에 함께 활동에 참여하며 활동에 대해 언급하는 것이 좋다. 영유아와는 바닥에서 놀이하는 것이 좋을 수 있다.

SLP는 대화 상대자의 역할을 수행할 때 비지시적인 태도로, 아동과 관심을 주고받으며 반응적인 태도로 상호작용한다. 반응해줄 때는 아동의 발화 방식이 아니라 내용에 반응해야 한다. 아동의 행동을 변화시키는 것이 아니라 발화 자료를 수집하는 것이 목적이기 때문이다. 목표는 교정이 아니라 자료 수집임을 명심해야 한다.

SLP는 상황을 주의 깊게 조작함으로써 더 폭넓은 정보를 검증할 수 있다. SLP가 아동의 일상적인 의사소통 대상자가 아니기 때문에 초기에는 상호작용이 활발하지 않을 수 있다. 따라서 SLP는 천천히, 부드러운 방식을 취하는 것이 중요하다. 아동과 함께 놀이를 하면서 아동의 주도를 따라주면 상호작용이 증가하게 된다.

SLP는 다양한 기능을 유도하고, 다양한 주제를 소개하며, 경험에 대해 질문하는 등의 임상 기술들을 가지고 있다. 역할놀이와 인형놀이는 다양한 상황에 대한 아동의 사건 지식을 알 수 있게 하며, 부모와 의사소통할 때보다 더 다양한 언어를 유도할 수 있게 한다.

성인과 대화하는 것을 주저하는 아동은 손 인형이나 인형을 가지고 상호작용하게 하는 것이 좋다. 저자는 실험용 동물과 같은 작은 동물이 아동에게 훌륭한 의사소통 상대가 될 수 있다는 것을 발견하였다. 예를 들어 아동에게 잠깐 볼일을 보러 가야 한다고 설명한 다음에, 실험용 동물을 아동에게 주고 그 동물이 너무 외롭지 않도록 얘기 좀 해주고 있으라고 부탁한다. 아동은 일방경이나 관찰 모니터를 통해 관찰하고 아동이 산출한 언어 표현들을 기록한다.

대화 상대자나 자료에서 묘사된 있는 인종이 반응 길이나 반응 지연 등과 같은 언어적 수행에 영향을 미치지 않는 것 같다. 모든 아동에게 해당되지 않을 수 있으나, 적어도 다문화-다언어 배경을 가진 아동에게 영향을 미치지 않는 것 같다. 그러나 SLP는 이러한 것들이 잠재적으로 아동에게 영향을 미칠 수 있음을 인식하고, 각 아동에게 열린 마음으로 접근해야 한다. 인종 간 대립이 있어서는 안 되겠지만 SLP는 그것이 가질 수 있는 잠재적 문제점을 인식하고 있어야 한다.

## 주제

아동의 관심사는 매우 다양하므로, 대화 상대자는 아동이 자기 관심사에 대해 이야기할 수 있도록 주의 깊게 행동해야 한다. 아동들은 먼저 이야기의 주제를 개시하게 해줄 때 더 자발적이고 많은 언어를 산출한다.

SLP는 활동과 마찬가지로 쉽게 주제 전환을 준비해야 한다. 학교생활이나 휴일, 영화, 텔레비전 프로그램, 유행하는 놀이나 패션, 비디오 게임, 음악과 같이 아동들이 관심을 갖는 주제들에 대해 익숙하게 대화할 수 있어야 한다.

## 요약

아동의 현재나 과거의 경험, 기분과 같은 변인은 언어표본 수집에 큰 영향을 미칠 수 있으므로 아동에게 개시자 역할을 하게 하는 것이 아동 수행의 제약을 감소시킬 수 있다. 대표성 있는 발화 표본을 수집하기 위해서 SLP는 친숙한 상황이나 사람들, 과제, 주제를 이용해야 한다. 하나 이상의 상황에서 다양한 대화 상대자와 과제 또는 주제를 통해 발화 표본을 수집한다면 대표성은 증가할 것이다. 발화 표

**표 6.1** 발화 표본의 대표성 확인하기

| |
|---|
| *다음과 같이 자발적인 발화 유지하기 |
| • SLP의 통제 줄이기 |
| • SLP의 유도 줄이기 |
| • 아동이 의식하지 않게 하기 |
| 다양화하기 |
| • 상황과 과제 |
| • 대화 상대자와 주제 |

*출처 : Cochrane(1983)의 (LCC)[3]

본의 대표성을 확인하기 위한 지침이 표 6.1에 요약되어 있다.

상대적으로 지시적이지 않거나 자유스러운 상황으로부터 더 많이 통제되고 스크립트로 구성된 상황까지 구조화의 정도에 대해 생각해보는 것도 도움이 될 것이다. 대화 상대자가 인형의 집이나 농장, 병정놀이, 비눗방울 놀이 또는 인형놀이와 같은 장난감을 사용해서 "자, 이거 가지고 얘기하면서 놀아보자."는 상황은 아동에게 개방적인 상황일 수 있다. 책은 더 통제적이며 특정 낱말이나 언어 형태, 이야기를 유도하는 데 사용할 수 있다. 부엌놀이와 같은 친숙한 루틴은 "지금 뭐 하는 거야?"와 같은 질문을 통해 좀 더 특정한 행동을 유도하기 위하여 사용할 수 있다. 인터뷰나 그림 명명하기, 질문에 대답하기는 가장 통제된 형태로 자발성이나 대표성 있는 발화 표본을 얻기 힘들다. 이러한 접근은 특정 행동을 유도하기 위한 유도 전략으로 고려할 수 있다.

표 6.2는 아동의 언어 수행에 영향을 미칠 수 있으므로 평가 시 조절해야 하는 맥락적 변인들을 제시하였다. 최소 또는 최대의 맥락적 도움을 제공하기 위해 각각의 요소를 조절할 수 있다.

발화는 아동의 언어를 유도하고 아동이 가진 문제점을 밝혀내기 위해 적극적인 상호작용을 통해 수집되어야 한다. 이는 다양한 상호작용 상황과 대화, 놀이, 이야기, 설명하기 또는 사실적/인과적 의사소통 등의 담화 형태를 필요로 한다.

특정 정보를 얻기 위해서는 표집 상황을 더 구조화해야겠지만, 이는 자발성과 전형적 수행이라는 대가를 지불해야 함을 명심해야 한다. 대화 대신 검사나 비공식적 검사가 실시될 때 완전한 상호작용은 감소한다. 아동의 지식을 검사하는 것은 비공식적인 자료 수집 전략으로 평가에 활용되나 대화적인 언어표본과는 혼동되지 말아야 한다. SLP는 그 경계를 잘 인식해야 한다.

## 대화 유도 전략

대화 표본이 매일의 언어 사용을 대표해야만 함에도 불구하고, 언어표본에서 특정 언어적 형태 또는 대화 행동이 나타나지 않거나 낮은 빈도로 출현할 수 있다. 특정 언어 형태 또는 대화 행동이 출현하지 않거나 낮은 빈도로 나타난다고 해서 아동이 해당 언어 형태 또는 행동을 잘 사용하지 못한다는 것

표 6.2 문맥적 지원의 연속

| 최소 맥락적 지원 | 최대 맥락적 지원 |
|---|---|
| 자연스러운 상호작용 | 특정 구조나 행동을 유도하기 위한 통제되고 고안된 상호작용 |
| 촉진이나 장난감, 소도구, 또는 활동이 없음 | 친숙한 활동, 장난감, 소도구, 문맥을 제공하는 루틴 |
| SLP가 대화 상대자임 | 부모나 아동과 친숙한 성인 또는 아이가 대화 상대자임 |
| 새로운 활동 | 친숙한 활동이나 루틴 |
| 간접적 언어 모델링 | 유도된 발화와 모방 |
| "와"나 "어어"와 같은 중립적인 반응 | 대화 전환이나 질문 |

출처 : Coggins(1991)

을 의미하지는 않는다. 따라서 발화 표본 절차를 보완하기 위해서는 아동이 잘 사용하지 않거나 낮은 빈도로 출현하는 언어 형태나 행동을 유도하기 위한 특정 절차가 필요하다. 검사 프로토콜도 더 구조화된 표본을 수집할 수 있도록 하기 위해 수정되어야 한다.

SLP는 다양한 언어적 기능이나 형태를 수집하기 위해 언어적 맥락이나 비언어적 맥락을 사전에 미리 계획하고 고려해야 한다. 예를 들어 언어장애 아동이 부정사구를 어려워하는 것이 아니라 이들에게서 부정사구를 유도하기 위해서 특별한 전략이 필요한 것일 수 있다. 부정사 구문은 두 가지 형식, '명사-동사-to 부정사(*John wants to go*)'와 '명사-동사-명사-to 부정사(*John wants Fred to go*)'로 표현된다. 부정사 구문은 인형놀이 중에 다음과 같은 방식으로 문장 완성하기 전략을 사용하여 유도할 수 있다.

> 고양이가 "이거 먹어도 돼요?"라고 말해. 고양이는 …를 원하거든. 네가 이야기를 완성해 봐. 고양이는…?
>
> (The cat says, "Can I eat?" The cat wants… You finish the story. The cat…?)

> 남자아이가 여자아이에게 "나랑 수영하자."라고 말해. 남자아이는 …하기를 요청하는 거야. 네가 이야기를 완성해봐. 남자아이는…?
>
> (The boys says to the girl, "Swim with me." The boy asks… You finish th story. The boy…?)

초기에 발달하는 부정사는 *ask, forget, go(gonna), have(hafta)(gotta), like, need, say, suppose, tell, try, use, want*와 같은 동사로 표현된다.

처음에는 이러한 절차들이 딱딱하고 형식적으로 여겨질 수 있다. SLP는 발화 표본 수집 상황에서 역할극을 활용하거나 대화의 개시와 반응을 기억하게 할 수 있다. SLP가 다양한 언어 기능과 형식을 유도하는 방식에 익숙할수록 상호작용하는 동안 더 자연스럽게 상황을 유도할 수 있고 그러한 기술들을 편안하게 사용할 수 있다.

아동이 경험 안에 있는 특정 과제도 특정 언어 형식을 유도하는 데 사용될 수 있다. 이러한 접근법은 다양한 범위의 화용 기능을 사용할 수 있게 한다. 예를 들어 생일파티 놀이는 복수형, 과거시제, 의문문을 유도할 수 있다. SLP는 복수형을 유도하기 위해 다음과 같은 절차를 활용할 수 있다.

> 오늘은 X의 생일이에요. 자, 생일파티를 합시다. 생일파티를 하려면 무엇이 필요할까요?(여기 우리가 필요한 것들이 있네. 이것들이 다 뭐지?)

이처럼 아동들은 자신들이 이해하는 문맥 안에서 발화를 산출한다. 동일한 상황에서 무슨 일이 일어났는지, 파티를 준비하기 위해서 한 일이 무엇인지를 말하게 하여 과거시제도 유도할 수 있다("자, 이제 파티를 준비하기 위해서 한 일들을 말해볼까? 나는 접시를 닦았어."). 마지막으로 의문문은 할머니에게 질문하기 게임을 변형하여 유도할 수 있다.

> 자, 이제는 질문하기 게임이야. 이거는 X(인형이나 손 인형 또는 움직이는 인형)야. X에게 생일파티에 대해서 질문해봐. 난 X가 몇 살인지 궁금하거든. X에게 물어볼래?

아동들이 질문하기 과제를 수행하기 전에 먼저 시범을 보여줘야 할 수도 있다.

다양한 의사소통 의도나 가정하기의 예, 다양한 상황에서 담화 내용에 기저하는 사회적 구조를 유도하기 위하여 특별한 절차와 활동이 사용될 수 있다. 표 6.3은 다양한 언어 기능을 유도하기 위한 상황들을 제시하였다. SLP는 다양한 의미 또는 구문적 형태를 유도하는 방식에 대해서도 관심을 가져야 한다. 이러한 유도 전략은 다음 부분에서 제시할 것이다.

### 의도

대부분의 발화는 말하는 이의 의도를 명백하게 드러낸다. "지금 몇 시죠?"라는 발화는 정보 요구 의도를 드러낸다. 그러나 그러한 관계가 항상 명백한 것은 아니다. "지금 몇 시죠?"라는 발화는 양해를 구하기 위해서 사용될 수도 있다. 예를 들어 말하는 이가 지금 무언가를 하고 싶어 하지 않을 때 다른 사람에게 시간이 제한되어 있다는 것을 알려주기 위해서 이러한 발화를 사용할 수도 있다.

**표 6.3** 다양한 언어기능을 유도하는 데 적절한 상황

| | |
|---|---|
| 옷 입기 | 역할놀이 |
| 집 또는 농장 놀이 | 학교놀이 |
| 인형, 손인형, 모험이나 액션 인형 | 연극, 텔레비전 쇼, 영화 |
| 농장이나 거리 장면 | 상상놀이 |
| 가게놀이, 주유소놀이, 패스트푸드 음식점, 미용실 | 텔레비전 토크쇼 재현하기 |

**표 6.4** 요구하기 이해 연령

| 연령 | 이해 |
|---|---|
| 2 | 난 _____가 필요해. (I need a _____.)<br>_____ 줘. (Give me a _____.) |
| 3 | _____ 주세요. (Could you give me a _____?)<br>_____ 가져도 돼요? (May I have a _____?)<br>_____ 가지고 있어요? (Have you got a _____?) |
| 4 | 그 사람이 내 물건을 손상시켰어. (He hurt me.). (힌트)<br>_____를 다 썼어. (The _____ is all gone.) (힌트) |
| 4 1/2 | 간접적인 요구를 이해하기 시작 : _____ 하는 게 어때? 또는 _____ 하는 거 잊지 마.<br>완전하게 이해하기까지는 몇 년의 시간이 걸림 |
| 5 | 의도를 전혀 알 수 없는 상황에서 요구하기를 추론을 통해 이해하는 것이 가능해짐. 예를 들면 말하는 사람이<br>주스를 원할 때 : 엄마처럼 아침을 준비하자. |

출처 : Ervin-Tripp(1977)

잘 모르겠어요… 좀 늦은 거 같은데… 지금 몇 시죠? 저런, 이제 정말 가는 게 좋겠어요.

발화는 한 가지 이상의 의도를 표현할 수도 있다. 예를 들어 말하는 이가 "그걸 뭐라고 부르죠?"라고 말하는 경우 이는 정보를 요구하는 것일 수도 있으며 평가를 요구하는 것일 수도 있다.

일부 의도들은 특정 질문에 대답하거나 지시 따르기 또는 행동 요구하기에 반응하기와 같이 반응적인 기능을 갖는다. 요구하기 기능을 통해 아동의 표현능력을 파악하는 것과 마찬가지로 반응하기 기능은 아동의 반응 수준을 이해하는 데 도움이 된다.

반응적 기능과 더불어 SLP는 지시에 따르지 않는 것을 이해하지 못한 것으로 해석해서는 안 된다. 아동은 단순히 지시를 따르지 않거나 요구받은 내용을 무시한 것일 수 있다. 6세인 저자의 손녀는 특히 무시하는 것을 잘한다. 생각해보니 그 아이 엄마도 그랬다! SLP는 우선적으로는 아동이 요구받은 행동을 수행할 수 있다고 생각해야 한다. 아동이 다양한 수준의 요구를 이해하는 연령을 표 6.4에 제시하였다.

두 아동이 서로 요청하고 대답하는 상황은 서로에게 시범을 보이는 효과를 가지므로 적극적으로 활용할 수 있다. 같은 방식으로 SLP가 아동과 함께 질문하는 사람과 대답하는 사람의 역할을 바꾸어가며 수행할 수도 있다.

이러한 제안들은 다양한 의사소통 의도를 유도하는 절차 중 일부일 뿐이다. SLP는 아동이 보인 의사소통 의도의 유형이나 형태, 전달 수단 그리고 이러한 수단에 영향을 미치는 사회적 관습도 기록한다. 예를 들어 어떤 상황에서는 비언어적인 수단을 사용하도록 요구할 수 있지만 다른 상황에서는 그렇지 않을 수도 있다. 다음에는 대화나 상황적 맥락 내에서 언어적 기능이나 의도들을 유도할 수 있는 의사소통 의도의 범위와 활동들을 제시하였다.

**대답하기/반응하기.** 놀이를 하는 동안 SLP는 아동에게 다양하게 질문하고("집을 어디에 놓을까?" "그 사람은 누구야?" "그 사람이 무엇을 들고 있어?") 질문의 유형과 기대하는 반응을 기록한다. 질문은 아동이 대답하기에 쉬운 것과 어려운 것으로 준비한다.

**부르기/인사하기.** SLP는 특정 상황에서 자리를 뜨거나 다시 들어갈 때, 직장에 들어가거나 자리를 뜰 때, 전화를 걸 때 인사하기를 유도할 수 있으며, 인형이나 다른 움직이는 인형들을 이용해서 인사하기를 유도할 수 있다. 부르기를 유도하기 위해서는 아동이 좋아하는 장난감을 SLP가 치우는 방법을 사용할 수 있다.

**유지하기.** 유지하기는 듣는 이가 대화에 주의를 기울이고 있다는 것을 말하는 이가 알게 하기 위해서 대화 차례를 받아주는 행동이다. 전형적인 유지하기 행동에는 "어어" "예" "그렇구나" "맞아" 등이 포함된다. 이러한 행동들은 회기를 통해서 관찰할 수 있다. SLP는 대화 중에 새롭거나 관련된 것을 제시하기보다는 아동이 언제 이러한 기능을 사용하는지를 기록한다.

**느낌 표현하기.** 놀이를 하는 동안 다양한 느낌에 대한 표현을 시범 보인다. 움직이는 인형을 통해서 느낌을 묘사하고 아동에게 도와주도록 요청한다. 예를 들어 "아, 큰 새가 슬프대. 새한테 뭐라고 말해줄까? 어떻게 하면 기분을 좋게 해줄 수 있을까?"라고 말한다.

**가정하기.** 아동에게 "어떻게 하면 모든 사람들이 시간에 늦지 않게 파티에 오도록 할 수 있을까?" 또는 "레너드가 굴 밖으로 나오게 하려면 어떻게 해야 할까?"와 같은 질문을 한다. 아동은 문제에 대한 해결책을 제시한다.

**선택하기.** 아동에게 "젤리가 들어 있는 땅콩버터 샌드위치랑 보푸라기가 들어 있는 땅콩버터 샌드위치 중에서 어떤 것을 줄까?"와 같이 선택을 요구하는 질문을 제시한다.

**예측하기.** 순서가 있는 연속된 활동이나 책 읽기 활동을 하면서 "지금 무슨 일이 벌어질까?" 혹은 "다음에는 무엇을 해야 하지?" 등을 생각해보게 한다.

**저항하기.** 아동이 장난감놀이를 하거나 간식을 먹는 중에 장난감이나 간식을 뺏어서 저항하는 행동을 유도할 수 있다. 아동이 물건을 요구하면 아동이 요구한 것이 아닌 다른 물건을 준다.

**이유 설명하기.** "그 아이가 왜 도망갔는지 궁금한데." 또는 "우리가 무엇을 잘못했지?"와 같은 질문을 통해서 문제해결을 시도해보게 한다.

**반복하기.** SLP는 자기 스스로나 대화 상대자가 반복한 횟수도 기록한다. 반복은 아동이 대화 중에 새로운 내용을 더하지 않고 단지 대화 차례를 유지하기 위한 언급일 수 있다.

> 성인 : 어제 너희 학급은 동물원에 갔었니?
>
> 아동 : 예, 동물원.
>
> 성인 : 뭐가 제일 좋았어? 원숭이?
>
> 아동 : 원숭이.
>
> 성인 : 나도 원숭이를 좋아하는데. 원숭이들은 정말 재밌어.
>
> 아동 : 원숭이는 재밌어.

**반응하기.** 아동이 대답하도록 요구받지 않고도 자발적으로 대답한 횟수도 기록한다. 대답하기와는 달리 반응하기는 기대는 되나 요구되지는 않는다. 반응하기는 말하는 이의 이전 발화에 바탕을 둔 대화의 기본 기술 중 하나이다.

**보고하기.** 보고하기는 언급하기, 세부 묘사하기, 명명하기와 같은 몇 가지 기능을 포함한다.

**언급하기.** 활동을 하는 동안 아동이 현재 행동에 대해 자발적으로 언급할 수 있다. SLP가 이러한 행동을 시범 보일 수도 있지만("자동차가 비탈길을 가고 있어.") 언급하기는 자발적인 표현이어야 하므로 단서를 주어서는 안 된다. SLP는 기대되지 않거나 비일상적인 행동을 해서 아동의 언급하기 행동을 유도할 수도 있다.

**세부 묘사하기.** 서로 다른 크기나 색깔의 물건 두 개를 아동에게 제시한다. 아동이 아무런 말을 하지 않으면, SLP는 "난 작은 걸 가질 거야." 또는 "여기 초록색 트럭이 있네."와 같이 시범을 보인다. 그리고 다시 다른 물건들을 제시한다. 세부 묘사하기 역시 자발적으로 표현되어야 하므로 아동이 반응하도록 단서를 제공하면 안 된다.

**명명하기.** 아동에게 새로운 물건을 제시하거나 책에서 그림을 가리키면서 "야, 여기 봐."라고 관심을 유도한다. 아동이 해당 사물이나 그림을 명명하지 않으면, SLP는 명명하기를 시범 보인다("어릿광대네."). 아동에게 다른 사물이나 그림을 제시한다. 명명하기 역시 보고하기의 다른 형태처럼 자발적으로 표현해야 하므로 아동의 반응을 유도하는 단서를 제공해서는 안 된다.

**도움 요청하기/지시하기.** 아동에게 다음과 같이 어른의 도움을 요청해야 하는 재미있는 장난감을 제시한다.

- 투명 플라스틱 통이나 끈으로 졸라매는 자루에 사물을 넣어서 주어 열어달라고 요청하게 한다.
- 아동에게 장난감의 일부만 주고 나머지는 선반 위에 올려놓는다.
- 태엽 장난감을 멈추게 한다.

SLP는 "이 장난감을 가지고 놀고 싶은데. 이 장난감은 정말 재미있을 거 같아." "더 많은 장난감이 필요한데." 또는 "이런, 다시 움직이게 해야겠는데."와 같이 표현하여 아동의 행동을 촉진한다. 다른 아동과 장난감을 함께 가지고 놀지 않을 때는 두 개의 인형을 이용해서 문제를 해결할 수도 있다. 장난감의 일부를 빠뜨려서 아동에게 요구하기를 유도할 수도 있다. 아동과 상호작용을 하면서 놀이 행동에 대해 자기 지시나 혼잣말 기법을 사용해 시범을 보이고, 아동이 자발적으로 따라할 수 있게 한다.

**명료화 요구하기.** SLP가 말을 우물거리거나 부정확하게 하여 유도한다.

**정보 요구하기.** 아동 앞에 새롭고 잘 알 수 없는 물건을 놓는다. 아동이 명명하기 기능으로 정확하게 명명하면 SLP는 확인을 해준다. 만약 아동이 이름을 정확하게 말하지 못하면, "그건 X가 아니야." "아니야, 그게 뭘까?" 또는 "그게 뭔지 어떻게 물어볼까?"라고 말한다. "그게 뭐예요?" 또는 "뭐예요?" 라고 문장 끝부분의 억양을 높여서 정보 요구하기를 시범 보인다. 아동이 다른 사람에게 물어보도록 요청할 수도 있다.

**사물 요구하기.** 아동의 손이 닿지 않는 곳에서 아동이 갖고 싶어 하거나 먹을 수 있는 것을 보여준다. 또한 물건이 제시되지 않거나 해당 물건이 없는 곳에서 그 물건을 사용하도록 지시할 수도 있다. 요구하기를 촉진하기 위해서 "너 가위 있어?" 하고 요구하고 아동이 아니라고 대답하면, "샐리한테 가지고 있는지 물어봐."하고 지시할 수도 있다.

**허락 요구하기.** 아동의 관심을 끌 만한 물건을 들고 "나한테 달라고 해봐."라고 말한다. 사물을 무의미 낱말로 지칭한다면 더 효과적일 수 있다. 아동의 반응을 보이지 않는 경우 "X 가지고 놀까?"라고 말하여 반응을 촉진할 수 있다.

물건을 불투명한 상자에 숨기는 것도 효과적인 전략이 될 수 있다. SLP는 상자 안을 들여다 본 다

**그림 6.1** 장벽과제

음 그 물건은 사람들이 그걸 가지고 놀고 싶어 할 때 상자 밖으로 나올 수 있다고 말한다. 필요한 경우 손인형을 이용해서 허락 요구하기를 시범 보일 수도 있다.

### 전제와 가리킴말

의사소통 의도가 개별적인 수준에서 고려된다면, 전제나 가리킴말과 같은 다른 언어적 측면은 전체 대화 상황에서 고려되어야 한다. **전제**(presupposition)는 말하는 이가 듣는 이가 알고 있다고 가정하고, 그것에 언어를 맞추어 표현하는 것이다. **가리킴말**(deixis)은 말하는 이의 관점으로부터 정보를 해석하는 것을 말한다. 말하는 이가 "이리로 와."라고 말할 때, 이것은 듣는 이의 관점에서가 아니라 말하는 이에게 가까운 지점으로 해석해야 한다. 가리킴말에는 '여기/저기, 이/그, 오다/가다, 너/나'와 같은 낱말들이 포함된다.

전제와 가리킴말 기술은 **참조적 의사소통** 과제를 통해서 평가된다. 고전적인 참조적 과제는 두 사람이 가운데에 장벽을 설치하고 마주 보고 앉아서 그중 한 사람이 다른 편에 앉아 있는 대화 상대자에게 무언가를 묘사해주거나 지시하는 형식이다(그림 6.1 참조). 눈 가리고 하는 게임이나 전화로 대화하기 등으로 변화시킬 수도 있다. 학령 전 어린 아동들은 추상적인 형태보다는 실제 사물을 묘사하는 경우에 더 잘 수행한다. 가리킴말은 아동이 대화 상대자에게 숨겨진 물건을 지시하도록 하는 사물 찾기 과제를 통해서 유도할 수 있다.

이러한 과제에서 SLP는 아동의 직접적/간접적 참조의 사용에 관심을 가져야 한다. 직접적 참조는 말하는 이가 듣는 이에 대해 고려하고 자기가 언급하고자 하는 대상을 정확하게 지칭하는 것이다. 간접적 참조는 전형적으로 직접적 참조에 수반되며 대명사나 '그거'와 같은 지시어를 통해 대상을 지칭한다. 전제 기술을 잘 사용하지 못하는 아동은 먼저 직접적 참조를 사용하지 않고 간접적 참조를 사용할 수도 있다.

전제 능력에 대한 추가 정보는 자료 표집 상황에서 역할이나 주제, 대화 상대자 또는 의사소통 채널을 변화시켜 수집할 수 있다. 역할은 아동이 말하는 이와 듣는 이의 역할을 번갈아 담당하게 하는 것으로 변화시킬 수 있다. 두 가지 역할은 반드시 평가해야 한다. 예를 들어 언어장애 아동들은 일반적으로 들은 것을 거의 이해하지 못할 때조차도 명료화 질문을 거의 하지 않는다. 말하는 이의 역할을 할 때도 묘사하는 낱말들을 많이 쓰지 않으며, 특정한 정보를 거의 제공하지 않는 등 일반 아동들에 비해 대체로 효과적이지 못하다.

주제 선택 역시 전제 행동에 영향을 미칠 수 있으며, 다양한 역할을 고려한다. 아동에게 SLP나 대화 상대자가 알지 못하는 사건에 대해 설명하도록 요구한다. 아동은 듣는 이가 주제를 이해하는 데 필요한 정보의 양을 결정해야 한다. 대화 상대자는 자신이 이미 알고 있는 것을 아동에게 설명하도록 요청해서 의사소통 원칙을 위반하는 행동을 한다. 이미 이해하는 것을 설명하게 하는 것은 의사소통 상식에 위반되는 것이다.

의사소통 채널의 수가 줄어들수록 말하는 이는 남아 있는 채널에 더 많이 의존해야 한다. 예를 들어 전화를 사용하는 경우 말하는 이는 구어를 통한 의사소통 채널에만 의존해야 한다. 이러한 상황은 언어장애가 없는 경우에도 어려울 수 있다.

언어표본을 수집하는 동안 SLP는 가능한 의사소통 채널을 체계적으로 조절한다. 놀이를 하는 동안에 눈길을 다른 데로 돌리고 아동이 무슨 행동을 하고 있는지 설명하도록 요구한다. 장벽 게임이나 눈 가리고 하는 게임은 재미있는 정보를 유도할 수 있는 반면 전화 통화 역할극은 좀 더 현실적인 자료를 수집할 수 있게 한다.

그외 다른 몇몇 활동들도 전제 기술을 유도하기 위하여 사용할 수 있다. 전제 기술을 평가할 때 아동이 가장 정보성이 큰 요소들을 부호화할 수 있는지 혹은 불확실한 요소에 대해 부호화할 수 있는지에 대해 관심을 가져야 한다. 대체로 사람들은 새롭거나 달라졌거나 혹은 기대하지 않았던 사물이나 사건에 대해 언급하는 경향이 있다. SLP는 발화 표집 상황에서 새로운 사물들을 제시하고 아동이 새로운 자극에 대해 관심을 갖는지를 주의 깊게 살펴보도록 한다.

저자는 SLP가 발화 표집 상황에 갑작스럽게 아기 고양이를 데리고 온 것을 본 적이 있다. SLP는 아동의 행동을 관찰하기 위해 아무런 말을 하지 않고 기다렸다.

일반적으로 언어장애 유아들은 일반 유아들에 비해 새로운 정보를 덜 부호화한다. 언어장애 아동들은 일반 아동들에 비해 대명사를 많이 사용해서 참조하는 것이 무엇인지 확인하는 것을 상대적으로 어렵게 한다.

게임이나 이야기를 통해서도 직접적/간접적 참조를 유도할 수 있다. 예를 들어 이야기를 들려준 다음 정관사와 부정관사나 명사와 대명사를 유도하는 질문을 할 수 있다. 또한 이야기를 듣지 않은 다른 아이에게 이야기를 들려주도록 요구할 수도 있다. 영화 묘사하기, 과제 수행하는 법 설명하기, 이야기 말하기와 같은 확장된 담화들도 가치 있는 임상 자료가 될 것이다.

SLP는 아동이 참조물을 지칭하기 위해서 사용한 어휘는 물론 모호한 용어 사용에도 관심을 가져야 한다. 아동이 참조 대상을 이름으로 언급한 빈도나 대명사를 사용해서 언급한 빈도를 살펴본다. 일부 아동은 참조 대상의 명칭을 과잉해서 사용하는 반면("소년은…, 소년은…, 소년은…"), 일부는 해당 사물 이름을 사용하지 않고 대명사를 사용하기도 한다("그는…, 그는…, 그는…").

마지막으로 특정한 상황에서의 역할극 활동도 도움이 될 수 있다. 다음 상황은 아동의 행동을 매우 명확히 유도할 수 있다.

> 너와 네 친구가 마실 수 있는 샘을 찾고 있다고 상상해 봐. 그때 길을 내려오고 있는 남자를 보았어. 네 친구는 공원 벤치에 앉아 있는 동안 너는 그 남자에게서 샘에 대해 알아보려고 하는 거야. 자, 내가 그 남자가 될 거야. 너는 뭐라고 말할 거니? (아동이 반응한다). 이제 나는 네 친구야. 나한테 뭐라고 말할 거야?

### 담화 구조화

담화는 내적인 구조를 갖는다. 예를 들어 전화를 통한 대화는 개인적인 사건 얘기하기와 같은 분명한 형식을 갖는다. 담화의 사회적 구조는 대화 구조를 제공한 친숙한 상황에서 평가할 수 있다. SLP는 사회적 또는 비사회적인 발화의 양적 측면을 살펴보아야 한다. 예를 들어 학령 전 아동은 놀이 중에 비사회적인 혼잣말을 하는 경우가 많은 반면, 학령기 아동은 사회적인 대화에 더 많이 참여한다. 이러한 변화는 아동들이 언어 사용의 사회적 특성을 인식하는 능력이 발달되어가는 것을 보여준다.

SLP는 아동이 대화를 개시하고, 대화 차례를 주고받으며, 자신이나 타인의 피드백을 통해서 발화를 수정할 수 있는 기회를 제공할 수 있다. 대화 차례 주고받기는 말을 하지 않는 아동에게 신체적인 수준에서 시작해야 할 수도 있다. SLP는 "이제 네 차례야."라고 말하며 아동에게 대화를 시작하도록 지시한다. 대화 중에 반응을 보이지 않거나 부적절하게 반응하기, 우물거리며 말하거나 대상을 정확히 지시하지 않기, 혹은 이름을 잘못 말하거나 부정확한 정보를 제공하기 등을 통해 아동으로 하여금 명료화 요구를 유도할 수도 있다.

### 의미적 용어

언어장애 아동들은 앞에, 더 많이/더 조금, 전/후와 같은 관계 용어에 어려움을 갖는다. 언어장애 아동이 어떠한 전략을 사용하는지는 의미 있는 평가 자료가 될 수 있다. 장소 용어에는 위치, 사물의 물리적 속성, 선호하는 장소를 포함할 수 있다. 크다/작다와 같은 형용사적인 관계 낱말들의 경우에는 양에 대한 선호물이나 비슷한 낱말을 사용해서 살펴볼 수 있으며, 시간 용어는 순서에 대한 개념이나 언급된 순서 또는 주절을 선행시키는지를 통해서 살펴볼 수 있다. 이러한 전략들은 다음에서 설명될 것이다.

아동에게 먼저 장소 용어를 이해시킨 다음 '컵 안의 주스'와 같이 친숙한 사물을 이용해서 친숙하고 예측 가능하고 실현 가능한 방식으로 장소를 가르치는 것은 상대적으로 용이하다. 이해 수준은 블록이나 컵과 같이 예측 가능하지 않은 사물을 배치하게 하는 일반적이고 중립적인 맥락을 사용함으로써 평가할 수 있다.

사물의 물리적 속성 역시 아동 반응에 영향을 미칠 수 있다. 즉 아동은 용기는 in, 표면은 on과 같은 규칙을 가질 수 있다. 네모난 용기를 아동 쪽으로 놓아 준 후 in과 on을 가르칠 수도 있다.

물건 몇 개를 텔레비전과 같이 눈에 띄는 사물 앞에 놓고 일부는 다른 곳에 놓는다. 이는 **앞에**나 **뒤에**라는 표현을 이해하고 표현하는 데 도움을 줄 수 있다. 일반적으로 앞에 놓여 있지 않은 사물보다 앞에 놓여 있는 사물을 이용하는 것이 더 쉽다. 또한 일부 어린 아동들은 뒤에라는 용어를 **감춰진** 것과 같은 의미로 해석해서 작은 물건을 커다란 물건 뒤에 놓을 수도 있다. 따라서 앞에와 뒤에는 작은 물건과 큰 물건을 사용하여 평가해야만 한다.

가리킴말의 경우 어린 아동들은 참조되는 장소를 선호하여 아동중심적이거나 말하는 이 중심적인 전략을 적용할 수도 있다. 여기/저기와 같은 대조어를 평가할 때 여러 명의 말하는 이를 활용하면 아동이 선호하는 관점이 있는지를 평가하는 데 도움을 줄 수 있다.

**많은/적은, 긴/짧은, 큰/작은**과 같은 형용사적인 용어들의 경우 아동들이 잘 모를 때 대체로 큰 것을 선택하는 경향이 있다는 크기와 양 전략 사용을 통해 해석할 수 있다. 따라서 다양한 상황과 다양한 낱말 순서 내에서 낱말들을 평가하는 것이 아동이 보인 오류를 이해할 수 있게 한다.

또한 사물의 높이도 **큰**(big), **큰**(tall), **꼭대기, 어린, 늙은**과 같은 용어를 이해하는 데 영향을 미칠 수 있다. 학령 전 아동들은 때때로 크기가 **큰**(big)과 키가 **큰**(tall)을, 그리고 **늙은**(old)과 **작은**(little)을 각각 **작은**(short)과 **어린**(young)과 동일시하는 경향을 보인다. 따라서 다양한 높이의 위치를 사용하여 그 높이가 비슷하다는 것을 알게 할 수 있도록 사물을 배치해야 한다.

일부 아동은 **크다**와 **작다** 같은 대조어를 동의어로 해석하거나 비슷한 낱말로 의미를 부여하는 전략을 사용한다. 후자의 경우 **크다**는 키가 큰, 넓은, 두꺼운과 같은 낱말들과 동의어가 된다. 이런 경우 폭이 넓은 사물이 항상 커다란 것은 아니라는 것을 사물의 차원을 조절해서 알려준다.

마지막으로 앞에서 언급된 것처럼 **전**과 **후**같이 시간적 순서와 관련된 용어들은 가능한 사건이나, 언급된 순서 또는 주절 우선 전략 등을 사용하여 해석할 수 있다. 대부분 가능한 사건 전략에서 아동들은 경험에 근거를 둔다. 학령 전 아동들의 경우, 친숙하거나 실제 순서 전략을 가장 폭넓게 사용한다. 학령 전 아동에게는 언급된 순서나 첫 번째 행동이 언급 되고 발생한 다음에 두 번째가 진행된다고 생각하는 것이 일반적인 반면, 5세 이상의 아동들은 주절이 먼저 발생했다는 주절 우선 전략을 사용한다. 예를 들어 "학교가 끝난 후에 레크리에이션 센터에 갈 수 있다.(After finish school, we can go the rec center.)"라는 문장에서 아동은 레크리에이션 센터를 먼저 갔다고 생각한다. 시간적 순서와 관련된 용어는 전치사(*after school*)와 접속사(*she did X after she did Y*)로 모두 사용할 수 있어야 한다.

**표 6.5** 특정 언어 자질 유도하기

| 언어적 자질 | 유도 전략 |
| --- | --- |
| 낱말 군<br>(명사, 동사…) | 가방에서 물건을 꺼내고 이름을 말하기 (명사)<br>운동 경기와 같은 그림에서 행동을 확인하기 (동사)<br>Wh- 의문사 질문하기 : 그게 뭐야? (명사), 뭐하고 있어?, 뭐 할 거야(했어)? (동사), X가 어디에 있어?<br>X 언제야? (전치사), 어떤 기분이야(어떻게 보여, 냄새가 어때)? (형용사), 어떻게 했어? (부사),<br>이거 누구 거야? (소유대명사) |
| 접속사 | …에 대해 말해봐. (케이크 만들기, 롤러코스터와 사다리 게임하기, 좋아하는 영화에 대해 말하기) |
| 비교격 | 가방에서 물건을 꺼내서 비교 대상이나 이전에 꺼냈던 물건과 어떻게 다른지 말하기 (이게 더 길어.) |
| 형용사 | "도둑놈 잡기." 게임하기*<br>비슷한 물건 몇 개를 제시한 후 "어떤 거 갖고 싶어?"라고 묻기 (큰 거) |
| 동사 시제 | 우리가 뭘 할 건지(했는지, 하고 있는지) 말해볼래? |
| 복수 -s 표지 | 캠핑 놀이 (생일 파티, 가게 놀이) 하자. 놀이를 하려면 뭐가 필요하지?<br>레고 놀이나 미스터 감자 머리 만들기 놀이를 하면서 필요한 조각을 요구함 (그 스티커가 필요해. 또는<br>미스터 감자의 귀 좀 주겠니?) |
| 소유대명사 | 가방에서 소유자가 누구인지 알 수 있는 물건을 꺼내서 누구 물건인지 말하게 하기 (존 거야.)<br>옷 입기, 인형 놀이를 하면서 누구 물건인지 말하기 (X 맨의 가방이야.) |
| 복문 | 네가 축구를 한다고 엄마가 말해. 재밌겠다. 나는 축구를 한 번도 안 해봤거든. 어떻게 해야 하는지 말<br>해줄래? |
| 예/아니요 질문 | 스무고개 놀이하기 |

출처 : Crais, E. R., & Roberts, J. (1991)와 저자의 임상적 경험
*대명사를 유도하는 데도 유용함

## 언어 형식

SLP는 특정 언어 형식을 유도하기 위하여 맥락을 조작할 수 있다. 예를 들어 놀이를 위해 선택한 사물이나 언어적 루틴은 대명사나 전치사 사용을 촉진할 수 있다. 특정 구문 형식, 예를 들어 동사나 문법 형태소 표지, 과거형 -ed와 같은 것들도 독창적인 방식을 통해 유도할 수 있다. 이 장의 정보 요구하기 부분에서 이미 언급했던 일부 의사소통 의도들은 특정 언어 형태로 표현될 수 있다. 특정 구문을 유도하기 위한 방법들을 표 6.5에 제시하였다.

## 다문화-다언어 아동들의 언어표본

다문화–다언어 배경을 가진 아동에게 특히 필요한 것은 다양한 맥락에서 발화를 수집하는 것이다. 맥락에서 주제 전환과 다양한 어법, 방언 사용은 의사소통자로서 아동의 능력을 평가하는 데 매우 중요한 정보가 된다.

두 가지 언어나 방언 모두 독백과 대화 상황에서 언어표본을 수집한다. 정적이고 역동적이며, 추상

**표 6.6**  다문화-다언어 아동 언어표본 수집을 위한 지침

- 아동을 다양한 의사소통 상황에서, 특히 아동이 불안해하지 않는 자연스러운 의사소통 환경 내에서 관찰하라. 두 언어 모두 또는 방언을 사용하는 사람과 함께 아동을 관찰하라. 발화 수집 동안 두언어를 함께 사용하는 경우 아동을 혼란스럽게 할 수도 있다.
- 아동이 가족과 함께하는 대화를 녹음해서 비교하라.
- 집이나 지역공동체 내에서 가족과 함께 아동의 의사소통을 살펴보라.
- 대화를 자극하기 위해서 문화적으로 관련된 사물을 사용하라. 그림은 아동의 인종이나 국가 구성원을 포함해야 한다.
- 아동이 의사소통을 잠시 멈추었을 때 그것을 '대신해주려는' 태도는 피하라. 의사소통이 중단된 상황에서 아동이 사용하는 메시지 이해 전략을 관찰하라.

주 :
- 언어 사용과 목적. 아동의 언어 체계가 얼마나 융통성 있는가?
- 의사소통에서의 성공. 특정 내용과 상황에서 더 성공적인가?
- 의사소통 중단. 어떤 상황에서, 누구랑 대화할 때 발생하는가?
- 강약점. 약점을 보완하기 위해 사용하는 전략은 무엇인가?
- 불안과 좌절

적인 과제를 통해 독백 자료를 얻을 수 있다. 정적인 과제는 맥락 내에서 사물들의 관계를 설명하거나 다른 사람에게 과제를 수행하게 하는 것 또는 장소, 크기, 형태, 색깔 등을 묘사하도록 지시하는 것 등이 포함된다. 역동적 과제는 이야기처럼 시간의 경과에 따른 변화를 서술하는 과제, 마지막으로 추상적인 과제는 특정 입장을 언급하거나 정당화하기와 같은 의견 표현 과제가 포함된다.

독백 상황에서 언어표본을 수집하는 경우 다문화-다언어 배경을 지닌 아동 개개인마다 특별한 제약이 있을 수 있으므로 다양한 대화 상대자를 포함시켜야 한다. 특히 이 아동들은 학습문제를 동반할 수 있으므로 교실 상황에서의 언어표본 수집은 특히 중요하다.

각각의 맥락에서 다양한 대화 상대자들은 아동에게 의사소통 문제를 유발할 수 있다. 변화와 문제해결은 의사소통을 촉진해서, SLP가 아동의 의사소통 효율성을 평가할 수 있게 한다. 또한 그러한 상황들은 아동의 학습 스타일에 대한 단서를 제공할 수 있다. 다문화-다언어 배경을 가진 아동들로부터 언어표본을 수집하기 위한 가이드라인이 표 6.6에 제시되어 있다.

## 발화 표본 기록하기

다양한 연구를 통해서 보고된 이상적인 발화의 수나 길이는 175개의 단일 발화 표본이나 두 개의 100개 발화 표본까지 다양하다. 1분이나 2분의 짧은 표본도 전체 낱말 수(TNW)나 새로운 낱말 수(NDW)를 포함한 구어 산출 능력이나 유창성을 신뢰롭게 평가할 수 있으나 학령기 아동의 문법적 오류를 판별하거나 평균발화길이(MLU)를 포함한 일반적인 언어 수행을 평가하는 데에는 신뢰롭지 않다(Tiltsta & McMaster, 2007). 반대로 스페인어와 영어 이중언어학습자에게 내러티브 다시 말하기 과제를 사용할 때, 평균 4분 정도의 짧은 내러티브는 TNW, NDW, MLU, 그리고 분당 낱말 수(WPM)

를 신뢰롭게 측정할 수 있게 한다(Heilmann et al., 2008).

일부 전문적인 문헌에서는 긴 발화표본을 사용하도록 제안하지만, 대부분의 임상 현장에서 이는 너무 시간을 많이 소모하며 현실적이지가 않다. 100발화를 녹음하고, 전사하고, 분석하는 데 걸리는 시간은 임상가들이 발화 표본 및 분석을 사용하도록 하는 데 오히려 장애가 된다. 어느 정도의 표본이 적당한가? 발화길이의 영향은 표집 맥락에 따라 달라질 수 있다. 저자는 1분, 3분, 7분의 표본을 비교했는데, 여러 언어표본에서 세 개의 표본이 꽤 일관된 결과를 나타냈다. 긴 발화 표본에 비교했을 때 짧은 발화 표본에서도 산출능력, 어휘 다양도, 그리고 발화길이의 측정치들이 신뢰로운 것으로 나타났다(Heilmann, Nockerts, & Miller, 2010).

때때로 아동들은 책에 있는 그림의 이름만 말하는 것처럼 반복적인 반응 패턴을 보일 수 있다. 따라서 책 보기와 같은 활동이 아동 행동 변화를 유도하지 못하는 경우 이러한 형태의 상호작용은 제한하거나 분석에서 제외하는 것이 좋다. 반면에 아동이 자주 반복적이거나 정형화된 패턴을 보인다면 분석 시 참고가 되도록 기록하고, 도움이 될 수 있는 추가 자료를 수집하거나 또는 이 사실을 평가보고서에 언급해야 한다.

언어표본은 아날로그형 녹음기나 MP3와 같은 디지털 녹음기를 이용하여 영구적으로 기록하고, 추후에 듣거나 전사할 수 있도록 컴퓨터에 저장한다. 상호작용 과정을 통해 정보를 수집할 때는 반복적인 청취가 필요하므로 녹음이 필수적이다.

언어표본은 컴퓨터로 직접적으로 기록할 수도 있다. 이는 CD 수준의 질을 가진 사운드 카드나 방해가 되지 않으면서 방향에 영향을 받지 않는 외장형 마이크, Audacity(http://audacity.sourceforge. net/download)와 같은 음성 녹음 소프트웨어 프로그램이 필요하다.

컴퓨터로 기록을 할 때, 음성자료는 내장된 하드웨어에 녹음하기를 권한다. 하드웨어 용량이 제한된다면 녹음 파일을 CD로 굽거나 외장 하드 드라이브에 녹음한다. 외부 장치에 기록된 파일도 반드시 백업을 해놓아야 한다(Hammett Price, Hendricks, & Cook, 2010).

영상녹화는 영상자료로 인해 때로는 간섭을 받을 수 있으며 가격도 비싸다는 단점이 있으나, 구어는 물론 비구어 행동도 관찰할 수 있으므로 최상의 자료를 수집할 수 있게 한다. 기록용 소프트웨어를 가지고 있다면 웹캠을 사용할 수도 있다. 다른 영상기록 방법들은 신뢰롭지 않으며 기록된 행동들도 달라지기가 쉽다. 비디오를 사용하는 경우에도 녹음기를 병행해서 사용한다면 말과 언어를 전사할 때 도움을 받을 수 있다. 전사의 신뢰도를 높이기 위하여 녹음 시 다음과 같은 방법들을 따르면 좋다.

1. 비디오와 녹음기를 동시에 사용한다.
2. 녹음기를 사용하는 동시에 비언어적 행동에 대해서는 SLP가 다른 도구를 사용하여 기록하고 전사해야 한다.
3. 녹음기와 관찰지에 손으로 기록하는 방법 모두를 사용해서 기록한다(표 6.7 참조). 한 사람이 관찰하는 경우에는 일부 행동을 놓칠 수도 있으므로 여러 관찰자들이 관찰하는 것이 자

**표 6.7** 비언어적 문맥을 기록하기 위한 기록지

| 시간(초) | 아동의 행동 | 대화 상대자의 행동 | 기타 | 2분 |
|---|---|---|---|---|
| 0 | | | | |
| . | | | | |
| . | | | | |
| . | | | | |
| . | | | | |
| 10 | | | | |
| . | 대화 상대자를 바라봄 | | | |
| . | | | | |
| . | 트럭을 가리킴 | | | |
| . | | | | |
| 20 | | | | |
| . | | | | |
| . | 트럭으로 손을 뻗음 | | | |
| . | | 트럭을 건네줌 | | |
| . | | | | |
| 30 | | | | |
| . | | | | |
| . | 차를 밈 | | | |
| . | | | | |
| 40 | 대화 상대자를 바라봄 | | | |
| . | | | | |
| . | 주유소를 가리킴 | | | |
| . | | | | |
| . | | 차를 주유소로 옮김 | | |
| 50 | | | | |
| . | | 차를 주유소로 옮김 | | |
| . | | | | |
| . | | | | |
| . | | | | |
| 60 | | | | |

료의 신뢰도를 높일 수 있다. 상호작용 중에 자료를 기록하는 것은 지루한 일이기는 하나 분석을 위해서는 필수적이라 할 수 있다.

추후 전사를 위해서 동시에 다양한 자료 수집 방법을 사용하여 자료를 수집하는 것이 중요하며 이는 가능한 한 반드시 지키는 것이 좋다. SLP는 아동으로 하여금 자신의 행동이 기록되고 있다는 것을 알지 못하게 하면서 관찰자에게 헛기침이나 유사한 다른 방법으로 신호를 보낼 수도 있다.

**표 6.8** 전사 형식

| 시간(초) | 아동의 발화 | 대화 상대자의 발화 | 비언어적 행동 | 2분 |
|---|---|---|---|---|
| 0<br>.<br>.<br>.<br>.<br>10 | | 뭐가 필요하니? | | |
| .<br>.<br>.<br>.<br>20 | 트럭 가져도 돼요? | 어떤 거? | 아동: 대화 상대자를 바라봄<br><br>아동: 트럭을 가리킴 | |
| .<br>.<br>.<br>.<br>30 | 저거요. | 빨간 거?<br>좋아<br>자 이제 우리 여행갈까? | 아동: 트럭으로 손을 뻗음<br>상대자: 트럭을 건네줌 | |
| .<br>.<br>.<br>40 | 부릉~<br><br>먼저 기름을 넣어야 해요. | | 아동: 차를 밈<br><br>아동: 상대방을 바라봄 | |
| .<br>.<br>.<br>50 | | 그래 그 다음에 나도 내 차<br>를 위로 운전할거야. | 아동: 주유소를 가리킴<br><br>상대자: 차를 주유소로 옮김 | |
| .<br>.<br>.<br>60 | 음료수와 과자 주세요. | 다른 필요한 거 없니? | 아동: 자동차를 주유소로 옮김 | |

## 발화 표본 전사하기

대화 표본은 가능한 한 녹음 또는 녹화 후 빨리 전사하는 것이 좋다. 이는 SLP가 발화 수집 상황에 대한 기억을 유지하는 데 도움이 된다.

　전사 형식은 평가 목적에 따라 달라질 수 있다. 대부분의 경우 전사 형식은 표 6.8에 제시된 것을 사용하면 된다. 그러나 SLP가 아동의 발화에 대해서만 관심을 가지는 경우가 있다.

불행히도 지금은 발화 표본을 자동으로 전사할 수 있는 프로그램이 없다. 아마도 아동의 발화를 전사하는 가장 단순한 방법은 녹음기나 컴퓨터를 이용하여 녹음된 발화 표본을 들으면서 이를 문서 파일로 저장하는 것일 것이다.

*Transcriber*(Barras, Geoffrois, Wu, & Liberman, 1998-2008)와 같이 무료로 내려받을 수 있으며 사용자에게 친숙한 소프트웨어를 사용하면 전사를 더 빨리 진행할 수도 있다. 이 소프트웨어는 계속 이어지는 녹음 내용을 발화 단위로 나누어 주어서 키보드로 계속 전사를 하면서 여러 번 반복해서 들을 수 있도록 한다. *Transcriber*는 모니터의 윗부분에는 전사 내용을, 아래는 파형을 보여준다.

발화 단위로 나누기 위해서는 오디오 파일을 들으면서 키보드의 엔터 키만 누르면 된다. 오디오 파일을 발화 수준으로 나눈 후에는 그것을 전사할 수 있을 때까지 단순히 키보드의 키를 눌러서 여러 번 반복해서 들을 수 있다. '텍스트로 전송' 형태로 텍스트 파일이 만들어지면 후에 분석에 사용할 수 있다. *Transcriber*는 www.nch.com.au/scribe/index.html에서 다운로드 할 수 있다.

언어표본은 정확하고 효과적으로 분석하는 데 사용할 수 있는 몇 개의 컴퓨터 소프트웨어 프로그램이 있다.

- CLAN 프로그램 (MacWhinney, 2000a, 2000b)
- Computerizing Profiling (Long, Fey, & Channell, 1998)
- SALT (www.languageanalysislab.com; Miller & Iglesias, 2006)

SLP는 아동은 물론 대화 상대자의 언어적 행동과 비언어적 행동까지 모두 전사해야 한다. 표 6.8에 제시된 전사지 형식은 아동이 지연하거나 지체한 시간까지 평가할 수 있게 한다.

아동의 모든 발화, 즉 잘못 시작하거나 비유창한 발화 또는 삽입어까지 모두 전사해야 한다. 이러한 언어적 요소들은 발화길이를 측정할 때는 사용하지 않지만, 언어와 의사소통 문제를 결정할 때 중요한 정보가 된다.

대화 상대자의 발화도 모두 전사되어야 한다. 이는 대화 상대자의 의사소통 방식이나 스타일을 평가하는 데 중요하다. SLP는 대화 상대자가 보인 발화 양이나 유형에 관심을 가져야 한다.

발화의 경계를 결정하는 것은 쉬운 일이 아니다. 이는 과학적으로 정확한 방법이 아니라 SLP의 능력에 의존해야만 하기 때문이다. 발화는 문장 경계, 쉼, 음성의 하강에 의해 구분될 수 있다. 표 6.9는 발화 경계의 예를 제시하고 있다.

평서문을 발화로 나누는 것은 쉽다. 그러나 산출된 언어의 대부분은 완전한 문장 형태를 갖추지 않는다. 예를 들면 질문에 대한 대답의 경우, 공유된 정보는 생략하고 "아니", "쿠키", "좋아"와 같이 반응할 수 있다. 이러한 것들도 모두 완전한 발화이다. "아니, 나중에"나 "아니, 나중에 가자."와 같이 좀 더 긴 대답들도 하나의 발화이다. "아니" 다음에 쉼이나 음성의 하강이 있을 경우에는 발화 구분이 달라질 수 있다. "아니(쉼과 음성 하강). 나중에 가자." 이 경우는 두 개의 발화가 된다.

**표 6.9** 발화 경계

---

한 문장은 한 발화이다.
　　엄마는 의사에게 내… 어제 갔다.

'그리고'나 연결어미 '−고' 를 사용하여 계속 연결한 문장은 발화에 '그리고' 또는 '−고' 가 하나만 포함되도록 발화를 나눈다.
　　우리는 버스를 타고, 원숭이를 보았고, 소풍을 갔고, 양을 쓰다듬었고, 양 한 마리가 내 냄새를 맡았고 우리는 음료수를 마시고 우리는 집으로 왔다.
　　발화 구분 :
　　1. 우리는 버스를 타고, 원숭이를 보았고
　　2. (그리고) 소풍을 갔고 양을 쓰다듬었고
　　3. (그리고) 양 한 마리가 내 냄새를 맡았고 우리는 음료수를 마시고
　　4. (그리고) 우리는 집으로 왔다.

다른 복문들은 하나의 발화로 간주한다.
　　그가 램프를 깨뜨리고 강아지의 물을 엎질러서 엄마가 그를 때리자 그 남자는 화가 났다. (He was mad because his mommy spanked him because he broke the lamp and spilled the doggie's water.)

명령문은 한 발화로 본다. (예 : 집에 가.)

쉼, 음성의 하강, 들숨은 발화 경계로 본다
　　초콜릿 사탕 (쉼과 음성 하강)… 먹어. (쉼과 음성 하강)
　　→ 두 개의 발화 : 먹어, 초콜릿 사탕
　　초콜릿 사탕 (잠시 지연)… 먹어. (잠시 지연) → 한 개의 발화 : 초콜릿 사탕 먹어.

발화 경계를 구분 지어주는 상황적 또는 비언어적 단서
　　초콜릿 사탕 (사탕 접시를 가리키며)… 먹어 (다른 접시를 내밀며).
　　→ 두 개의 발화 : 먹어, 초콜릿 사탕
　　줘 (손으로 잘 잡지 못함)… 엄마 (엄마를 바라보며)
　　→ 두 개의 발화 : 줘, 엄마
　　줘 엄마 (손으로 잘 잡지 못하자)
　　→ 하나의 발화 : 줘 엄마

언어적 문맥 활용
　　대화 상대자 : 자, 뭐 줄까?
　　아동 : 사탕 (쉼)… 네가 가진 거.
　　→ 두 개의 발화 : 사탕, 네가 가진 거.

---

　불완전한 문장이나 구, 비유창한 형태, 계속 이어지는 문장들은 발화를 나누기가 쉽지 않다. 사물을 가리키면서 "강아지"라고 불완전한 문장으로 발화를 산출할 수 있다. 이러한 발화는 하나의 발화로 간주한다. 문장의 일부 요소들이 아래 아동이 수정을 사용한 경우에서처럼 함께 연결되어 산출될 수 있다.

　　대화 상대자 : 내가 엄마 하고 싶어.

　　아동 : 아니, 너 말고… 내가… 너는 아기.

완전한 단위는 한 발화이나, 아동이 말한 전체 혹은 부분만을 사용하여 다른 방식으로 분석할 수도

있다.

계속 이어지는 문장들의 경우, SLP는 '그리고'가 사용된 접속문에 적용한 일반적인 규칙을 따를 수 있다. 다음 예에서 문장 또는 발화 경계는 표기된 것처럼 나눌 수 있다.

> [나는 파티에 갔고, 우리는 피자를 먹었어] [(그리고) 우리는 게임을 했고 내가 이겼어] [(그리고) 우리는 케이크하고 아이스크림을 먹었어]

쉼이나 호흡 패턴에 따라 구분할 수도 있다. 유치원의 높은 연령 반 아동들은 간혹 '그리고'나 '그러고 나서'를 사용하여 긴 절을 산출한다. 이러한 문장들을 하나의 발화로 측정한다면 평균발화길이가 많이 높아지게 된다. 어린 아동들이 '그리고'나 '그러고 나서' 외의 다른 접속사를 사용하여 문장을 연결하는 것은 드물다. 발화 표본을 전사하면 그런 문장은 분석한다.

SALT(Systematic Analysis of Language Transcripts)와 같은 컴퓨터 분석 프로그램 사용은 일관된 전사 형식을 요구한다(J. Miller & Chapman, 2003)(부록 B 참조). SALT는 발화뿐만 아니라 문법형태소 표지와 구문 범주를 확인하는 프로그램 기호를 사용한다. 일반적으로 전사를 다시 하지 않거나 일부분만 수정하는 것으로도 다른 전사나 분석 방식을 적용한 복합적 분석을 수행할 수 있다.

## 문어 표본 수집하기

SLP들은 학령기 아동이나 청소년에게서는 문어 표본을 수집하고자 할 것이다. 언어처리에 기반을 두는 모든 양식을 수집해야 한다고 생각하기 때문이다. 문어 수집과 분석에 대해서는 제13장에서 더 자세히 설명할 것이다.

만약 교사에 의해 언어장애가 있다고 의심되는 아동이 있다면, 그 아동은 학교 SLP에게 의뢰되어야 하며, SLP는 교사에게 아동의 문어 수행에 대한 포트폴리오 자료를 요구할 때 이야기나 설명글 작문을 반드시 포함하도록 요청한다.

또한 SLP도 아동을 관찰할 때 문어 표본을 수집해야만 한다. 문어 표본과 더불어 아동의 일반적 행동과 좌절 여부, 필요한 도움의 정도, 아동이 완성한 결과물의 질적 측면 등도 관심을 갖고 살펴보아야 한다.

아동의 문어 수행은 구어 표본과 비교하여 유사점과 차이점을 살펴보아야 한다. 특히 고학년 아동의 언어에서는 결속 표지나 명사 또는 동사구, 언표적 기능들, 어휘와 어휘들의 관계, 접속사와 내포문, 절차와 서법과 같은 언어적 자질들을 주목해서 살펴봐야 한다. 이러한 내용들은 뒤에 제시할 것이다.

아동의 다양한 능력들을 보여줄 수 있는 대표성 있는 언어표본을 수집하는 것은 어려운 일이다. 따라서 정확한 방법으로 기록하고 전사하기 위한 주의 깊은 계획과 실행이 요구된다. 이러한 절차들은 쉽지 않으며 초기에는 시간이 많이 소모되지만 연습을 할수록 쉬워지고 상대적으로 빨리 수행할 수 있게 된다. 적절히 계획되고 실행된 언어표집과 자세한 전사는 풍부한 언어적 또는 비언어적 정보 수집을 가능하게 한다.

언어 표집을 위한 지침은 다음과 같다.

- 언어표본을 기록하기 전에 아동과 긍정적인 관계를 수립한다.
- 권위적인 태도를 감소시켜서 아동이 더 적극적으로 참여할 수 있도록 한다. 아동은 동등한 관계에서 더 자연스럽게 반응할 것이다.
- 아동이 수집 절차를 의식하지 않도록 표본을 수집하는 동안에는 강요하지 않는다.
- 대화 상대자는 최대한 적게 말하도록 한다. SLP는 침묵을 잘 유지하지 못하지만 가능한 아동이 말을 할 때까지 기다려 주어야만 한다.
- 아동에게서 한 낱말의 짧은 대답만을 유도하는 '예/아니요' 질문(예 : 이게 뭐야?)은 피한다. 결과보다는 과정을 묻는 질문을 제공한다(예 : 그건 어떻게 하는 거니?).
- 놀이나 주제를 선택할 때 아동의 주도를 따른다. 수집 절차를 시작하기 전에 아동의 관심을 파악한다. 아동의 흥미를 촉진하기 위하여 아동의 관심 수준에 맞는 자료들을 선택한다.
- 아동이 말을 하지 않거나 반복적이거나 정형화된 방식으로 반응하면, 적절한 반응을 시범 보이거나 다른 사람에게 시범을 보이게 한다.
- 하나 이상의 표본을 수집한다.

대화 상황에서 아동의 언어표본을 수집해야만 SLP는 아동에게 어떻게 언어 중재를 할 것인지 판단할 수 있을 것이다. 이것은 중재를 계획하는 첫 번째 단계가 될 것이며, 환경 내에서의 일반화를 가능하게 할 것이다.

# 제 7장

# 언어표본분석

당신은 아마도 언어발달 수업에서 언어표본을 분석해보았을 것이다. 그리고 언어표본분석이 너무 어려워서 그걸 매우 싫어했을 것이다! 어쨌든 그 이전에는 언어표본분석을 전혀 해보지 않았을 것임은 분명하다. '모든 것을 분석하라'는 언어표본분석이라는 과제의 전반적인 특성을 반영할 수 있다. 저자는 언어표본으로 분석할 수 있는 많은 것을 검토할 것이다. 제4장에서 소개한 모델에 기초하여 언어표본분석을 진행하는 동안 우리는 우리가 탐색하고자 하는 것에 대한 아이디어를 얻을 수 있을 것이며 이는 그 과정을 짧게 할 수 있을 것이다.

언어는 복잡하다. 대화 표본에 사용된 분석 방법은 언어의 복잡성을 반영한다. 당신은 저자가 "맞아?"라고 말하는 것을 두려워할 것이다. 이러한 이유로 언어표본분석은 문제를 일시적으로 탐색하는 것이서는 안 된다. 언어 분석은 논의의 대상이 되는 아동 행동의 특정 측면을 자료 수집 방법을 통해 살펴보는 가장 좋은 방법이다.

전통적인 분석은 발화나 문장을 분석의 단위로 한다. 이러한 유형의 분석은 여러 언어적 자질을 분석하는 데 적절하나 문장 수준 이상의 것을 평가하는 데는 최상의 방법이 아닐 수 있다. 발화 수준에서만 언어를 분석하는 것은 아동 언어 기술의 많은 측면, 특히 결속이나 대화 운용과 관련된 측면은 간과할 수 있다. 개별 발화 수준 이상의 것을 분석함으로써 언어치료사(SLP)는 아동이 의사소통을 위해 요구되는 많은 언어적 기술을 사용하는지 이해할 수 있다. 예를 들어 대명사 사용에서 아동이 새로운 정보(…a doggie) 또는 자기나 다른 대화 상대자에 의해 이미 소개되어서 새롭지 않거나 이미 명확한 참조 대상(He…)을 소개하고자 하는 경우에는 여러 발화 간에서 그 사용을 분석하는 것이 필수적이라 할 수 있다.

이 장에서는 대화에서 요구되는 것을 중심으로 발화나 대화 상대자 그리고 의사 소통 사건에 따른 분석 절차를 살펴보고자 한다. 표 7.1에 발화와 대화 상대자, 그리고 의사소통 사건에 따른 일부 가능한 분석 절차를 제시하였다.

## 발화와 대화 상대자에 따른 분석

발화 수준에서의 분석은 개별적이고 한정된 언어 기술에 대해서는 많은 것을 설명해주지만 대화 연결을 통한 결속, 즉 '큰 그림'에 대한 아동의 지식은 정확히 드러내지 못할 수 있다. 일부 언어적 장치들이 이러한 결속을 목적으로 사용되며, 그 발달을 평가하기 위해서는 발화보다 더 큰 단위들이 분석되어야 한다. 일부 언어적 장치들은 전체 대화에 따라 달라지며, 표본에 따라서도 달라질 수도 있다.

### 말투의 다양성

말투, 즉 말하는 방식은 공식적인지 혹은 일상적인지와 같은, 상황에 따라 달라질 수 있지만 일반적으로 발화에 따라서는 변하지 않는다. 즉 특정 대화 상대자나 상황에 따라 달라질 수 있다. 말하는 방식

**표 7.1** 발화 범위 이상의 분석 유형

| 발화 및 대상에 따른 분석 | 의사소통 사건에 따른 분석 |
|---|---|
| 말투 변화 | 사회적 대 비사회적 |
| 　언어 사용역 | 대화 개시 : 방법, 빈도, 그리고 성공률 |
| 　중간 언어 및 언어적 코드 변환 | 주제 개시 : 방법, 빈도, 성공률, 적절성 |
| 　의사소통 통로 다양화 | |
| | |
| 참조적 의사소통 | 대화 및 주제 유지 : 연계반응의 빈도 및 지연 |
| 　전제 기술 : 무엇이, 어떻게 부호화 되었는가 | 주제 유지 : 대화 차례 빈도, 정보성, 연속성 |
| 　언어적 장치 : 지시어, 한정사, 부정사 | |
| | |
| 결속 장치 | 주제 분석 형식 : 주제 개시; 주제 유형; 개시 방식, 주제 및 |
| 　참조 : 처음에 그리고 수반되어 언급된 내용 | 　방향; 결과; 주제 유지; 대화 차례의 유형; 대화의 정보성 |
| 　생략 | 대화 차례 주고받기 : 정도, 지연성, 지속 시간 |
| 　접속 | 　중복 : 유형, 빈도 및 지속 시간 |
| 　접속부사 및 이접사(disjuncts) | 　신호 |
| 　대조적 강세 | 대화 및 주제 종결 |
| | 대화 중단 |
| | 　수정 요구하기 : 빈도 및 형태 |
| | 　대화 수정 |
| | 　　자발성 대 듣는 이 개시 |
| | 　　전략 및 성공률 |

| 발화 수준에서의 분석 | |
|---|---|
| 사용 | 형식 |
| 　중단 | 양적 측면 |
| 　언표내적 기능과 의도 | 　평균발화길이(MLU) |
| 　　빈도 및 범위 | 　평균구문길이(MSL) |
| 　　적절성 | 　T-unit과 C-unit |
| 　　부호화 | 구문 및 형태 분석 |
| | 　형태론적 분석 |
| 내용 | 　구문분석 |
| 　어휘 | 　　명사구 |
| 　　어휘다양도(TTR) | 　　동사구 |
| 　　과잉일반화 또는 과잉축소/정확하지 않은 사용 | 　　문장 유형 |
| 　　말씨 및 어휘집 | 　　내포문 및 접속문 |
| 　낱말 관계 | 컴퓨터 보조 언어 분석 |
| 　　의미 범주 | |
| 　　문장 내 관계 | |
| 함축적 언어 | |
| 낱말 찾기 | |

은 역할극에서 관찰할 수 있다.

　4세 정도의 어린 아동들은 자기보다 어린 아동들에게 말할 때 평상시와 다른 말투를 사용한다. 그들이 사용하는 말투는 엄마말(motherese)이나 부모말(parentese)에서 부모가 어린 아동에게 사용하는 말투와 유사하다. 좀 더 성숙한 언어 사용자들은 다양한 말투를 사용할 수 있으며, 거의 특별한 노력 없이 말투를 바꿀 수도 있다. 이처럼 말투를 변화시키기 위해서는 말하는 이들이 듣는 이나 상황 그리고 듣는 이에게 수반되는 요구 등을 고려할 수 있어야 한다.

### 언어사용역

**말투 변환**(style swithching)은 말투나 언어사용역(register)에서의 변화를 말하며, 말 하는 이나 듣는 이의 연령이나 성별, 언어 능력에 근거해서 판단해야만 한다. 말투는 역할 특성이나 방언, 경어법 사용의 정도, 대화 통제 정도에 따라 달라져야 한다.

대화에서의 역할은 선택된 주제, 어휘(-씨, 선생님, 자기), 발음, 담화 스타일(공식적인지, 일상적인지, 또는 장난스러운지)에 의해 수립될 수 있다. 대체적으로 주도적인 대화 상대자는 대화 차례를 더 길게 갖고 질문도 더 많이 한다. 공손함의 정도도 달라질 수 있다. 많은 경우 말하는 이가 덜 주도적인 역할을 담당할 때, 또는 다른 사람이 가지고 있거나 관리하고 있는 것을 요청할 때 더 공손한 태도를 취한다.

언어장애 아동들은 때때로 여러 상황에 적절하게 언어사용역을 적용하는 데 어려움을 갖는다. 관련 자료들은 언어장애 아동들이 여러 형태의 말하는 이 역할에 적응하지 못하며 일반 아동들과는 다른 방식으로 표현할 수도 있다고 제안하고 있다. 언어장애 아동들은 다양한 상황에 따른 역할을 잘 인식하지 못할 수 있으며 비주도적 역할과 주도적 역할에 따른 언어 형태들을 변별하지 못할 수도 있다. 언어사용역과 관련된 가장 빈번한 문제점은 듣는 이에게 충분한 정보를 제공하지 못하거나 잘 알지 못하는 것을 서술하는 것, 부적절한 질문을 하는 것, 원인과 결과에 대해 불충분한 이유를 제시하는 것, 말하는 이에게 언어사용역을 맞추지 못하는 것 등이다. 특히 느낌이나 정서 표현에 어려워하며 지나치게 직접적으로 표현할 수도 있다.

SLP가 말투 변환을 평가하기 위해서는 대상자에게 적절한 두 개의 다른 상황에서 언어표본을 수집하는 것이 좋다. 듣는 이의 연령, 지위, 친숙성, 인지 수준, 언어 수준, 과거 경험 공유 여부 등에 기초해서 아동이 정중하거나 친숙한 태도를 적절히 표현하거나 언어적 코드 등을 수정할 수 있는지 관찰한다. 아동이 듣는 이의 특성에 주의를 기울이는지도 관심을 가져야 한다. 말투 변환에 더하여 부적절한 말투, 즉 지나치게 형식적인 말투를 쓰는지 혹은 너무 격식을 차리지 않고 말하는지, 또는 욕을 너무 많이 하지는 않는지 등도 관찰한다.

다양한 대화 상대자에 따라 발화길이가 달라지는지와 어휘와 주제 등의 변화에도 관심을 가져야 한다. 억양 패턴이나 주의 요구 및 유지 장치의 사용도 고려해야 한다.

### 중간 언어 및 코드 변환

ELL 아동의 경우 L1과 L2 모두에서 언어 사용 패턴을 살펴보는 것도 중요하다. 두 가지 가능한 패턴으로 중간 언어와 코드 변환이 있다. **중간 언어**(interlanguage)는 L1과 L2 규칙이 결합된 형태를 말한다. 이러한 '혼성어'는 아동들 사이에서는 물론 개별 아동 수준에서도 상황에 따라 달라질 수 있다. 일반적으로 중간 언어는 특성상 전환적으로 나타나지만 일부 자질들은 영구적인 형태로 고착될 수 있다. 특히 변화하고자 하는 동기가 부족한 경우에는 그러하다. 아동과 다른 상황적 변인에 의해서 사용된 규칙에도 관심을 가져야 한다.

**언어적 코드 변환**(code switching)은 발화 내 또는 발화 간에 특정 언어가 다른 언어로 전환되는 것을 말한다. 이는 L2 기술이 부적절한 아동에게서 관찰되지만, 나름대로 복잡하고 규칙이 적용된 행동이며 부족한 언어 기술로 인한 것은 아니다. 중간 언어처럼 코드 변환 역시 문맥이나 상황적 변인들에 의해 크게 영향을 받을 수 있다. 예를 들어 스페인어를 사용하는 이는 영국 사람과 말할 때는 영어를, 라틴계 사람과 말할 때는 스페인어를 사용할 수 있다. 코드 변환은 합의된 공동체 규칙을 따르며, 일반적으로 의미를 확대하거나 주제 전환을 강조할 때, 유머나 인종적 유대, 듣는 이에 대한 태도 등을 강조할 때 사용된다.

SLP는 상황이나 대화 상대자와 같은 변인들에 따라 언어 간 사용과 언어적 코드 변환이 어떻게 나타나는지에 관심을 가져야 한다. 이는 의미 전달이나 의사소통 중단 등을 방해할 수 있는 패턴을 확인하고자 할 때 특히 중요할 수 있다.

### 의사소통 채널 이용도

대부분의 11세 이하 아동들은 전화로 통화할 때처럼 듣는 이와 의사소통 환경을 시각적으로 공유하지 못할 때 의사소통에 더 어려움을 갖는다. 의사소통 채널이 감소하는 경우 언어장애 아동들은 의사소통에 더 어려움을 갖는다. 실제로 언어장애 아동들은 언어적 채널에만 의존해야 하는 상황에서 더 어려움을 갖는다. SLP는 의사소통 통로의 수에 따라 아동의 의사소통 능력이 어떻게 달라지는지 발화표본을 통해 살펴보아야 한다.

### 참조적 의사소통

**참조적 의사소통**(referential communication)은 말하는 이가 듣는 이로 하여금 특정 대상을 정확하게 찾아낼 수 있도록 대상의 속성을 선택해서 언어적으로 표현하는 능력을 말한다. 성공적인 의사소통을 위해서 말하는 이는 듣는 이에게 필요한 정보가 무엇인지를 결정해야 하며, 특정한 방식으로 그 정보를 전달하고 비교하여 메시지의 적절성이나 부적절성에 대해 피드백을 줄 수 있어야 한다. "그는 갈색머리를 가졌다."는 참조하는 바를 분명히 전달하지 못하지만, "역사수업을 같이 듣는 유일한 남학생은 갈색머리를 가졌다."는 참조하는 바를 정확히 전달한다.

참조적 의사소통에는 지시, 설명, 묘사가 포함되는데, 이는 교실에서 사용되는 필수적인 세 가지 담화 형태로 여기에 문제가 있는 경우 학업에도 영향을 미칠 수 있다.

### 전제 기술

전제는 문맥이나 듣는 이의 지식에 대해 말하는 이가 어떻게 가정하고 있는지를 말하며, 말하는 이의 발화 방식이나 내용에 영향을 미친다. 말하는 이는 듣는 이의 대화적 관점을 이해하고, 의사소통을 위한 정보와 그 형태를 결정해야 한다.

대부분의 아동은 10세 정도가 되면 대화 상대자의 관점을 고려할 수 있는 수용 및 표현 능력을 갖게 된다. 언어 표현을 위해서 정보를 전달하는 방법과 시기에 대한 지식이 필요하다. 언어장애 아동은 참조적 기술이 취약하며, 듣는 이에게 잘 적용시키지 못하고 모호하고 불충분한 정보를 제공하는 경향을 보인다.

SLP는 아동 발화에서의 정보성과 사회적 문맥에 민감해야 한다. 발화 표본을 살펴볼 때 다음 질문을 생각해볼 수 있다.

- 아동이 말하고자 하는 것이 무엇인가?
- 아동은 새로운 것을 표현했는가, 아니면 이미 주어진 것을 언급만 했는가?
- 아동은 새로운 정보를 몸짓으로 표현했는가, 아니면 언어로 표현했는가? 혹은 둘 모두를 사용해서 표현했는가?
- 메시지가 정보성이 있는가? 모호한가? 혹은 불명료한가?
- 다양한 참조 대상을 명료하게 설명했는가?
- 아동은 문맥 내에 존재하는 것과 존재하지 않는 것을 구분해서 설명했는가?

비정보적인 언어는 몇 가지 형식으로 나타난다. 표 7.2는 언어장애 아동에게서 관찰할 수 있는 형식과 예를 제시하고 있다. TBI나 언어장애 아동의 언어를 평가할 때 이러한 비정보적인 언어의 유형들은

**표 7.2** 비정보적인 언어 유형

| |
|---|
| 불분명한 구(예 : ~와 같은, 기타 등등, 그외와 같은 관용구) |
| 불특정한 명사나 한정적이지 않은 용어(예 : 그것) |
| 가리킴말(예 : 이, 그, 여기, 저기) |
| 지칭하는 것이 명확하지 않은 대명사 |
| 자극물이 아닌 과제에 대한 언급 |
| 신조어 |
| 착어 |
| 낱말이나 구의 반복 |
| 자극에 대한 개인적인 가치 평가(예 : 그건 정말 바보 같아.) |
| '그리고'만을 사용 |
| '그러나', '그래서', '또는', ' 때문에'만을 사용하여 연결 |

특히 유용할 수 있다. SLP는 아동이 사용한 전략을 살펴보기 위해 발화를 평가할 수 있다.

### 언어적 표지

정보성을 표시하기 위하여 가리킴말이 직접적 혹은 간접적 참조어와 같은 일부 언어적 표지들을 사용할 수 있다. 이러한 표지들은 모두 대화에서 내적 혹은 외적 참조물을 언급하기 위하여 사용할 수 있다. 표 7.3에 제시된 결속 표지들은 담화 내에서 발화의 관계를 보다 완전하게 해준다.

**가리킴말.** 제6장에서 언급했듯이, 가리킴말은 말하는 이의 의도대로 이해하기 위하여 말하는 이의 관점에서 해석해야만 하는 언어적 요소이다. 대상지시(deixis)는 말하는 이가 달라지는 것에 따라 참조 내용이 변하는 말하는 이 원칙(speker principle)과 참조 내용이 말하는 이로부터의 거리에 따라 달라지는 거리 원칙(distance principle)에 기반을 둔다.

가리킴말에는 낱말들에는 인칭대명사(I/me, you), 지시형용사(this, that, these, those), 시간부사(before, after, now, then), 장소부사(here, there), 동사(come, go) 등이 포함된다. 아동의 행동, 특히 오류분석을 통해 아동이 한 가지 원칙 또는 원칙의 한 측면에서 혼동을 보인 것인지 혹은 특정 원칙에 지나치게 의존하는지를 판단한다.

**한정적 참조/부정적 참조.** 성숙한 언어 사용자는 정관사(the)와 부정관사(a/an)를 사용해서 특정적이며(한정적) 비특정적인(부정적) 참조 대상을 표시할 수 있다. 말하는 이는 듣는 이가 토론 상황에서 주제에 대해 알고 있는 것이 무엇인지를 고려할 수 있어야 한다.

관사 사용은 특히 언어장애 아동에게 어려울 수 있다. 언어장애 아동들은 영어에서 새로운 정보와 오래된 정보를 표시하기 위하여 관사를 사용하는 것에 어려움을 갖는다. 특히 정관사 the를 지나치게 많이 사용하는 경향을 보인다. 참조어를 적절하게 사용하는지를 평가하기 위해 발화 표본에서 관사 사용을 분석한다. 많은 아시아 언어들은 관사를 사용하지 않기 때문에 아시아계 미국인들은 관사를 생략할 수 있음도 염두에 두어야 한다.

### 결속 표지

언어를 연결하는 대화 결속 역시 매우 유용한 분석 도구가 된다. 결속은 구문과 어휘를 통해 표현된다. 예를 들어 대명사나 this 또는 that과 같은 지시어는 대화에서 이미 확인된 참조물을 나타낸다. 구나 절, 문장들을 연결하는 and, because, if와 같은 접속사 역시 결속을 위해 사용된다. 영어에서 사용되는 주요 결속 표지들을 표 7.3에 제시하였다.

대부분의 결속 문제들은 불필요한 정보를 제공하거나 필수 정보를 생략하는 것, 불분명하고 모호한 참조를 사용하는 것, 오래된 정보와 새로운 정보를 나열하는 것, 그리고 관사와 대명사로 오래된

**표 7.3** 영어에서 사용되는 결속 표지

| 관계 | 설명 | 예 |
|------|------|-----|
| 참조 | 처음에 언급되는 사물은 부정관사(a/an)를 사용한다. 그다음에 언급되는 경우에는 '이, 그, 저'와 같은 대명사를 사용하거나 명사를 정관사(the)와 함께 사용한다. | *John* went looking for *a car*. He found *one* in the city.<br>I want to buy *a coat*, but *that one* I saw last night is too expensive. |
| 생략 | 앞 문장에 뒤따르는 문장들이 이미 언급되거나 서로 공유한 정보를 담고 있을 경우에는 생략한다. | Who *ate all the cookies?* I did (eat all the cookies).<br>I would like to *make a phone call*. May I (make a phone call)? |
| 접속 | 첨가나 인과, 또는 다른 관계를 표현하기 위해 절을 결합시킨다. | We went to the circus, *and* I saw elephants.<br>John's angry *because* I drank his soda. |

정보와 새로운 정보를 표시하는 것과 관련된다. 결속 오류는 대부분 너무 많은 정보를 포함 또는 제외하거나 새로운 정보와 오래된 정보를 혼동하는 것 등으로 표현된다.

## 참조

참조는 대화 중 정보의 흐름을 계속 유지하거나 새로운 정보와 오래된 정보를 표시하기 위하여 사용하는 언어적 장치이다. 대화 중 새로운 정보가 처음 언급된 다음부터는 그 정보는 오래된 정보가 된다. 이 모든 내용은 다음 부분에서 설명할 것이다. 자폐스펙트럼장애 아동과 같은 일부 언어장애 아동은 새로운 정보와 오래된 정보를 나타내는 데 어려움을 갖는다.

SLP는 새로운 정보를 소개하고 설명하는 것에 대해 관심을 가져야 한다. 말하는 이는 듣는 이가 명사와 대명사의 관계를 쉽게 파악하는지 확인해야 한다.

**초기 언급.** 성숙한 대화자는 실재하지 않는 대상을 처음으로 언급하는 경우에 참조를 명확히 한다. 일반적으로 참조 대상의 이름을 강조하며 부정관사(a/an)를 사용한다. 영어에서 참조 대상은 가장 눈에 잘 띄는 문장의 끝에 배치된다. 다음은 새로운 정보를 소개하는 예시문들이다.

Did you see *John at the party*?

We went to a *circus yesterday*.

눈으로 확인할 수 있는 참조 대상은 손으로 가리키거나 조작될 수도 있다. 어린 아동들은 이러한 비언어적 행동으로 참조를 표시하는 경향이 있다.

언어장애나 자폐스펙트럼장애 아동은 새로운 정보에 어려움을 갖는다. 이 아동들은 말하는 이의 역할을 할 때 듣는 이들도 본인들의 생각을 '알고' 있을 것이라고 가정하고 듣는 이의 입장에서는 새로운 정보라는 사실을 고려하지 않는다. 듣는 이의 역할을 할 때에는 새로운 정보를 파악하는 데 어려움이 있는 경우에도 명료화 질문을 거의 하지 않는다.

낱말 찾기 장애나 어휘력이 빈약한 아동들은 참조 대상을 명확하게 지칭하지 않는 '그거(*that, one, thing*)'와 같은 대용어를 사용할 수 있다. 이 아동들은 당면하고 있는 문맥에 의존할 수도 있으며, 불특정한 낱말 사용으로 인해 명확히 지칭하지 못한 참조 대상을 손으로 가리켜 지시할 수도 있다.

**후속적 언급.** 이미 파악된 참조 대상은 종종 영어 문장에서는 앞부분에 위치하며, 정관사나 대명사로 표시된 다. 예를 들어 "Did you see John at the party?"라는 문장 다음에 "*He was* so thrilled."라는 문장이 뒤따를 수 있다. 참조하는 것이 모호하지 않으며 분명하게 밝혀진 경우는 대명사를 사용하는 것이 적절하다. 대명사는 그것이 지칭하는 명사가 혼동되지 않도록 명사와 연관되어야 한다.

SLP는 아동이 어떻게 새로운 정보를 소개하고, 소개한 정보를 어떻게 지시하는지 관심을 가져야 한다. 또한 관사와 대명사 사용에 혼동이 없는지도 관심을 가져야 한다. 학령 전 아동이나 언어장애 아동이 새로운 정보를 'She did it.'에서처럼 듣는 이가 *she*나 *it*이 무엇을 지시하는지 파악하기 어렵다는 것을 고려하지 않고 말하는 경우는 쉽게 관찰된다.

## 생략

**생략**(ellipsis)은 잉여적인 정보를 생략하는 과정이다. 예를 들어 "What do you want?"라는 질문에 "Cookie"라고 대답하는 것은 서로 공유하고 있는 'I want'라는 정보를 생략하는 것이다.

생략적 요소는 대화를 매끄럽고 빠르게 계속되도록 하기 위해 자주 사용되나, 언어 분석 시 완전한 문장에만 관심을 보이는 경우에는 분석에서 제외될 수 있으며, 대화 상대자들 사이에서는 관찰하지 못할 수도 있다. 언어장애 아동은 공유하고 있는 정보가 무엇인지 잘 알지 못할 수도 있으며, 공유하지 않은 정보를 공유하고 있다고 생각할 수도 있다. 둘 모두 대화의 흐름을 방해할 수 있다.

## 접속사

'그리고, 그런데, 그래서'와 같은 **접속사**(conjunction)는 생각을 연결하기 위하여 사용한다. 유치원 아동들은 몇 가지 접속사를 사용하기는 하나 절을 연결하기 위하여 접속사를 사용하는 경우는 드물다.

접속사는 절을 연결하는 데 사용되기 때문에 발화 수준에서 분석될 수 있으나 그다음에 지속적으로 대화가 이어지므로 발화 간에서도 분석될 수 있다.

부모 : We had a great day at the zoo. I liked the monkeys best.

아동 : And feeding the deer babies.

발화 수준에서만 언어를 분석할 경우 아동이 사용하는 많은 기술을 평가하지 못할 수 있다.

### 접속부사와 이접사

접속부사와 이접사도 결속 표지로 고려할 수 있다. 접속부사(conjuncts)는 *then*이나 *so*와 같이 논리적 관계를 표현하기 위하여 문장 간에 사용되는 형식이다. 접속부사는 두 가지 형식으로 구분된다. 하나는 *similarly, consequently, morever*와 같은 대등 접속부사와 다른 하나는 *nevertheless, rather, in contrast*와 같은 대조 접속부사이다. 이접사(disjuncts)는 말하는 이의 태도를 언급하거나 전달하기 위하여 사용되며, *honestly, frankly, perhaps, however, yet, to my surprise, it's obvious to me that*과 같은 낱말이나 구가 포함된다.

접속부사와 이접사는 후기 아동기에 발달되며, 청소년 언어를 평가하는 좋은 측정치가 될 수 있다. 12세경의 아동들은 100발화당 평균 4개 정도의 접속부사를 사용하는 반면 성인의 경우 100발화당 12개 정도의 접속부사를 사용한다. 6세에서 12세 사이의 아동들은 접속부사를 드물게 사용하며, 사용하는 접속부사들이 대부분 *then, so, though* 등이다. 청소년들도 유사한 접속부사들을 사용하나 그 외에도 *therefore, however, rather, consequently* 등을 읽기나 쓰기에서 대부분 정확하게 사용한다. 큰 차이는 없지만 산출보다는 이해를 더 잘하는 것으로 보인다.

### 대조 강세

대조 강세 또는 강조는 대화 상대자의 메시지를 부정하거나 수정하기 위하여 사용될 수 있다. 예를 들어 말하는 이가 'Jose brought the cookies.'라고 말하면 다른 사람은 'Mary brought the cookies.'라고 수정할 수 있다. 이 역시 발화 간에서 분석해야 한다.

## 의사소통 사건

의사소통 사건(communication event)은 완전한 대화 또는 하나의 주제를 포함한 대화의 일부를 말한다. 여기에서는 폭넓은 정의를 사용해서 하나 이상의 주제를 포함한 대화를 포함하도록 하겠다.

일반적으로 대화 중에 서로 공유하거나 협의된 의제가 생기게 되고 이러한 의제와 관련 된 사건들에 대해 이야기하게 된다. 자기 집의 차를 사용하도록 허락받길 원하는 청소년들은 이를 의제로 발화를 산출할 수 있다.

담화의 사회적 구조는 말하는 이와 듣는 이라는 두 가지 역할로 구성된다. 효과적인 의사소통자는 두 가지 역할을 잘 수행함으로써 대화에서 적절히 기능하고 기여한다. 아동이 효과적으로 대화에 참여하는 데 필요한 능력은 사회화된 발화의 양이나 아동의 적응 스타일, 대화와 주제 개시, 유지, 종결, 행동의 완전성, 관련성, 명료성, 주제 주고받기, 대화적 수정 등을 통해서 평가될 수 있다. 우리는 이 모든 것에 대해 살펴볼 것이다.

대화 분석은 질적 측면과 양적 측면 모두에서 이루어져야 한다. 질적 측면에서 SLP는 아동의 행동이 대화 맥락 내에서 적절한지 혹은 부적절한지를 평가한다. 부적절한 행동은 심화 검사가 필요한 문제 영역으로 고려한다. 양적 측면에서는 행동의 빈도, 지연시간, 지속시간, 강도, 순서를 고려한다.

적절성을 결정하는 것은 인류학 연구에서 사용된 것과 유사한 수정된 민속학적 방법을 사용해서 이루어질 수 있다. SLP는 설명글 쓰기 방법을 사용하여 각 아동의 발화 형식, 내용, 사용, 담화 관계, 언어 코드 변환, 학습과 인지 스타일, 그리고 대화 상대자의 비언어적 전략, 자료, 절차에 대한 계획 및 선택을 묘사할 수 있다. 따라서 각 발화는 적절성 판단의 틀을 제공한다. 표 7.4는 대화와 그에 대한 민속학적 분석의 예를 제공한다. 민속학적 방법은 다문화-다언어 배경을 가진 아동을 평가할 때 중요하다.

빈도(frequency)는 행동이 비일상적으로 높거나 낮은 빈도를 보이는지를 말하며 행동 범위에 대한 정보를 제공한다. 지연시간(latency)은 아동이 해당 행동을 보일 때까지 소요된 시간을 의미하는 것으로 이 역시 중요하다. 쉼이나 주저는 이전 발화를 해석하거나 반응하는 데 어려움을 나타내는 것일 수 있다. 지속시간(duration)은 아동이 특정 행동을 보인 시간을 의미하며, 대화적 기능이 있는 응시나 대화 차례 주고받기 등과 같은 것이 포함된다. 강도(density)는 특정 시간 동안 나타낸 행동의 빈도를 말한다. 다양한 주제나 특정 언어구조의 강도에 관심을 둔다. 순서(sequence)는 주제나 대화에 대한 사건의 순서를 말한다. 아동은 대화 참여 규칙을 이해하지 못하기 때문에 대화 순서에 어려움을 가질 수 있다.

## 사회적 대 비사회적

사회적 발화(social speech)는 듣는 이를 위해 명료하게 전달되거나 수정된 발화를 말한다. 여기에는 명

**표 7.4** 기술적 분석의 예

| 언어표본 | 기술적 분석 |
| --- | --- |
| 아동 : 그게 뭐예요?<br><br>대화 상대자 : 그건 'Thing-a-majibit'야.<br>아동 : 뭐하는 거예요? | 아동은 사물이 무엇인지를 알지 못해서 대화 상대자에게 의문사 질문을 적절하게 사용해서 그것의 이름이 무엇인지 질문한다. 대화 상대자는 적절하지만 정교하지는 않게 답변한다. 아동은 서술어를 바꾼 두 번째 의문사 질문을 통해서 보다 정교한 답변을 요구한다. |
| 대화 상대자 : 뭐하는 거라고 생각하는데?<br>아동 : 탁자 위에. | 대화 상대자는 질문에 대답하지 않지만 두 번째 의문사 질문을 반복함으로써 아동으로 하여금 그 기능을 추측할 수 있도록 한다. 아동은 질문의 내용을 무시하거나 혹은 의문사의 의미를 잘못 이해하여 대화 상대자의 질문에 부적절하게 대답한다. |
| 대화 상대자 : 맞아, 탁자 위에. '탁자 위에' 뭐?<br><br>아동 : 탁자 위에. | 대화 상대자는 질문을 다시 반복하거나 수정하지 않고, 대신에 아동의 발화를 확인해준다. 그다음에 다시 아동의 발화와 관련하여 세 번째 의문사 질문을 제시한다. 아동은 대화 상대자의 질문에 대답하지 않고 대화 상대자의 이해를 돕기 위해 다른 정보들을 추가하지 않은 채 이전 발화를 반복한다. |

료성과 발화 중단 시 수정, 듣는 이의 반응 등이 포함된다. 사회적 의사소통에는 대화, 듣는 이를 향한 사회적 독백, 또는 끝말잇기나 말놀이와 같이 말하는 이와 듣는 이가 상호놀이를 위해 산출한 발화가 포함된다. 말하는 이는 듣는 이를 위해 메시지의 명료성을 조절하고 대화가 중단되는 경우 수정을 한다. 말하는 이의 메시지는 듣는 이의 반응을 고려해서 전달된다.

반대로 비사회적 발화(nonsocial speech)는 듣는 이에게 분명하게 전달되지 않으며, 듣는 이도 반응할 의무가 없다. 비사회적 의사소통은 일반적으로 말하는 이가 혼자 즐기기 위해 산출한 발화나 비사회적인 독백으로 이루어진다. 아동이 사회적 발화에 소요한 발화비율, 전체 발화시간, 발화량은 의사소통의 주요 측정치가 된다.

학령 전 아동들은 놀이를 하는 동안 비사회적 독백을 많이 산출하나 이러한 비사회적 발화를 산출한 시간은 연령이 증가함에 따라 감소한다. 학령기 아동들은 매우 적은 비사회적 발화를 산출한다. 아동의 나이가 증가함에 따라 더욱더 다른 사람과 의사소통이 더 많아지나 일부 자폐스펙트럼장애 아동들은 비사회적으로 혼자 말하는 행동을 많이 보일 수 있다.

## 대화 개시

듣는 이의 주의를 끌거나 인사 건네기, 대화 주제를 분명하게 언급하거나 "나한테 어제 무슨 일이 있었는지 아니?" 혹은 "그동안 어디 있었어? 널 오랫동안 못 본 거 같다."와 같이 대화를 개시하는 말은 대화를 시작하는 효과적 방법이다. 대화 개시자는 대화의 분위기를 만들고 대화 차례를 이어간다. 대화의 시작과 개시는 언어장애 아동이 가장 빈번하게 보이는 화용문제 중 하나이다. 자폐스펙트럼장애 아동은 대화 개시 행동을 거의 보이지 않으며 언어장애 아동보다도 훨씬 더 적은 개시 행동을 보인다. SLP는 아동이 대화를 얼마나 자주 개시하는지, 대화를 얼마나 성공적으로 유지하는지에 대해 임상적으로 관심을 가져야 한다.

### 방법

대화를 개시하기 전에 듣는 이의 관심을 얻는 것이 무엇보다 중요하다. 관심은 눈맞춤이나 인사하기를 통해서 유도할 수 있다. 언어장애 아동들은 인사하지 않고 대화를 시작할 수도 있고 "선생님" 하고 끼어들어 대화 지속을 방해할 수도 있다. 최근 교실에서 학령 전 아동들이 저자를 놀리는 말을 들은 적이 있다. 그 아동들은 저자의 주의를 요구하지도 않았고 인사도 하지 않았다. 일부 아동들은 반복적으로 "뭔지 맞춰봐요."와 같은 개시어를 문맥과 상관없이 반복적으로 사용하였다. 아동의 패턴을 확인하기 위해서는 다양한 상황에서 자료나 패턴을 확인할 수 있는 부모나 교사의 보고를 참고할 수도 있다.

### 빈도 및 성공률

대화에서 위축되거나 확신이 부족한 아동들은 대화 개시를 거의 하지 않을 수 있다. 이런 아동들은 수동적이며 반응적인 역할에 적응되어 있다. 반대로 어떤 아동은 대화에 자주 끼어들거나 부적절하게 개시하려 할 수 있다. 물론 이러한 태도들은 상황에 따라 달라질 수 있다. 아동들의 경우 점심 식사 시간이나 휴식시간, 집단 활동 시간이 자료를 수집하기에 적절하다.

아동의 대화 개시 성공률 역시 중요하다. 아동이 자주 대화를 시도하지만 듣는 이에 의해 무시 되거나 그에게 지나치게 의존할 수 있다. 우리 모두는 적어도 한 번은 남들에게 냉대를 받은 경험이 있었을 것이다. 사회적으로 부적절한 아동들은 그런 경험을 더 많이 할 것이다.

## 주제 개시

대화가 개시되면 대화 참여자들은 함께 나눌 대화 주제에 대해 협의해야 한다. 주제는 '말하는 사람이 새로운 정보를 제공하거나 요구한 제안 또는 주제들'로 정의할 수 있다. 한 명의 대화 상대자가 하나의 주제를 소개하면 다른 사람은 그것에 대해 언급함으로써 주제로 동의할 수도 있고, 동의하지 않는 경우에는 주제를 전환해서 대화를 끝내게 된다. 표현 능력이 더 성숙한 이는 주제를 분명하게 명명하거나 해당 사물을 지적하여 분명히 한다. 학령 전 아동과 언어장애 아동은 사물을 지적하거나 잡기 또는 흔들기와 같은 비언어적 단서에 더 많이 의존하는 경향이 있다.

일반적으로 언어장애 아동들은 생활연령이나 언어연령이 같은 또래들에 비해 주제 개시를 통해 대화를 개시하는 능력이 부족한 편이다. 이는 주제를 분명하게 개시하는 능력에서의 어려움이나 주제로 삼을 만한 내용이 부족하기 때문일 수 있다.

### 방법

주제 개시가 효과적으로 이루어지기 위해서는 상호적 관심 수립이 선행되어야 한다. 일반적으로 말하는 이는 듣는 이가 참조 대상을 확인하고 그 관계를 파악하는 데 필요한 정보를 제공한다. 대화 주제는 말하는 이들 간에 협의된 것이어야 하며, 각 대화 참여자들 간의 공유된 가정에 기초해야 한다.

일반적으로 듣는 이가 그 주제에 대해 알고 있는지 확신하지 못하는 경우에 주제 개시는 더 길어질 것이다. 표현능력이 더 발달된 이는 듣는 이의 사전지식에 대해 전제할 수 있어야 한다. 듣는 이는 개시에 대해 반응해 줌으로써 말하는 이에게 자신이 이해하고 있는지를 확인시켜 주어야 하며, 이해하지 못하는 경우에는 명료화를 요구해야 한다.

주제는 새로운 것을 언급함으로써 전환된다. 초등 고학년 학생, 청소년, 성인은 하나의 주제로부터 좀 더 밀접하게 관련된 주제로 대화를 조절하는 대화 기술을 점차 더 많이 사용한다. 성인의 대화에는 때때로 매우 다른 주제가 포함되기도 한다. 주제에 대한 규준 자료는 없지만, 7학년과 12학년 사이에 갑작스러운 주제 전환 빈도가 3.19에서 1.44로 감소한다는 사실이 보고되어 있다.

언어장애 아동은 주제를 잘 개시하지 못하며 다른 사람의 주제를 따라가는 경향이 있다. 주제를 개시하지 못하는 것은 듣는 이에게 도움을 줄 만한 배경지식이 부족하거나 없기 때문일 수 있다. 언어장애 아동은 대화나 주제 개시가 매우 제한될 수 있으며, 정형화된 발화(예 : "뭔지 맞춰봐.")를 지나치게 많이 사용할 수 있다. 정서장애 아동은 듣는 이가 정보를 가지고 있다고 가정하고 대화를 계속할 수도 있다. 앞에서도 언급했듯이, 낱말 찾기 장애를 가진 아동이나 어휘력이 빈약한 아동은 불특정한 명사, 예를 들면 '이거' '그거' 등을 많이 사용할 수도 있다. '하다'와 같은 불특정 동사 역시 빈번하게 사용할 수 있다. "내가 그거 했어."라고 큰 소리로 말해 주제에서 벗어나지 않으려 할 수도 있다.

다른 사람이 개시했을 때 아동이 반응하지 않을 수 있다. 언어장애 아동들은 주제를 파악하지 못하거나 대화 상대자가 개시한 것에 어떻게 반응해야 하는지를 모르기 때문일 수 있다.

발화 표본에서 언어적 측면은 물론 비언어적 측면도 분석해야 한다. 눈 맞춤과 같은 비언어적 측면은 언어적 측면을 조절하며, 대화 차례 개시와 종결, 주제 선택, 끼어들기 등을 조절하는 데 중요한 기능을 한다.

### 빈도 및 성공률

대화 개시에서처럼 주제 개시의 강도와 성공률은 중요하다. 일반적으로 대화에서 주도적이지 못한 이들은 더 적은 주제를 소개할 것이며, 대화 상대자가 그들의 주제를 받아들일 확률도 적을 것이다. 낮은 성공률은 주제 개시와 언급, 주제 변경, 주제 유지 등의 주제와 관련된 측면에서의 문제를 반영한다. 명확성, 완전성 정도 그리고 주제 서술의 형식, 아동의 언어 스타일에 대한 사회적 수용, 지속적인 활동과 듣는 이의 관심사와 관련된 내용 정도, 눈 맞춤의 사용, 신체적 근접성 등도 관련 요인으로 평가해야 한다.

### 적절성

주제의 적절성은 문맥을 통해 결정된다. 날씨와 같은 주제는 항상 적절한 반면, 연령이나 수입, 성적과 같은 주제들은 제한된 문맥에서만 적절할 수 있다. 사람들마다 각자 선호하는 주제들이 있다.

SLP는 아동이 선호하는 주제를 선택하는지, 그것이 맥락에 적절한 것인가를 평가한다. 어떤 주제는 특정 맥락에서는 적절하지만, 다른 상황에서는 부적절할 수 있다. 언어장애 아동은 주제가 제한되며, 맥락과 상관없이 일부 주제를 고집하는 경우가 있다. 저자가 경험한 어떤 자폐스펙트럼장애 형제는 수학에 대해서만 말했으며, 설득하는 것보다는 포기하는 것에 대해서만 이야기하는 언어장애 아동도 있었다.

---

### 대화 및 주제 유지

주제가 소개되면 말하는 이는 그 주제와 관련된 문장을 언급하게 된다. 효과적인 대화를 위해서는 대화 참여자들은 주제를 유지하고, 진실되어야 하며, 간결하고, 관련성을 가져야 한다는 네 가지 원칙을 고수해야 한다.

각 대화 상대자들은 반응의 연계성(contingency)이나 이전 발화와의 관련성에 의존한다. 반응을 통해 주제와 관련된 새로운 정보를 더한다. 대화가 진전될수록 대화 주제는 그다음에 이어지는 참조 대상과의 관련성이 적어지므로 대화 참여자들이 주제를 계속 회상할 수 있을 만큼 충분히 자주 언급되어야 한다.

주제 유지는 *now, well, and then, in any case, next, so*와 같은 언어적 표지들로 표지될 수 있다. 연결어(continuants)로 명명되는 일부 표지들은 대화를 유지하지만 새로운 정보는 거의 추가하지 못한다. *yeah, uh-huh, okay* 등을 그 예로 들 수 있으며, 이는 듣는 이의 주의를 유도하는 신호로 사용된다. 이전 발화들의 일부나 전체를 반복해서 유지할 수도 있다.

언어장애 아동은 일반 아동에 비해 상호작용이 적고 짧은 경향을 보인다. 언어장애 아동은 담화의 결속, 말하는 이의 말을 듣고 반응하기, 자신의 대화 차례를 알기, 질문을 요청하고 반응하는 방법 알기 등에서 자주 화용 문제를 보일 수 있다.

언어장애 아동과 일반 아동 간의 대화 차례 주고받기 기술의 차이는 언어능력이 복잡해질수록 커진다. 자폐스펙트럼장애 아동은 개시에 잘 반응하지 않는 반면, 다른 언어장애 아동은 이해하지 못하는 경우에도 대화가 계속되도록 대화 차례를 받는 간투사나 승인(*uh-huh*)하기를 지나치게 많이 사용할 수 있다.

## 연계반응의 빈도

의미적으로 연계된 발화는 이전 발화의 내용을 반영하거나 내용적으로 관련된 것이다. 연계 발화는 이전 발화의 주제를 유지하며 일부는 새로운 정보를 추가하기도 한다. 예를 들어 "우리는 어제 제이크 대령 집에 저녁을 먹으러 갔어."라는 발화에 대해 다른 이는 "그래서 저녁 식사는 맛있었니?"라고 앞선 발화에 연계된 반응을 할 수 있다. "우리 삼촌은 농장에서 살아."라는 반응은 연계된 반응으로 볼 수 없다.

일반적으로 언어장애 아동들은 연령이 동일한 일반 또래보다 반응적이지 못하다. 이는 언어장애 아동들이 과거에 의사소통 성공 경험이 많지 않기 때문일 수 있다. 언어장애 아동들은 정형화된 승인 표시(*uh-huh, yeh*)나 불특정한 명료화 요구(뭐?, 어?)로 반응하는 경우가 많다.

아동이나 양육자의 연계반응 빈도에도 관심을 가져야 한다. 연계 발화를 거의 산출하지 않는 아동은 대신 새로운 주제 개시를 선호할 수도 있다. SLP는 주제나 질문과 관련된 발화와 지시를 따르거나 언급된 대상을 바라보는 것과 같은 비언어적 반응이 차지하는 비율을 살펴본다.

주제와 관련 없는 반응이 높은 비율을 보이는 경우, 이는 논의된 주제를 파악하는 데 어려움을 갖는 의미장애를 나타내는 것일 수 있다. 주제를 파악하는 능력은 그 주제에 대해 언급된 내용을 이해하는 데 영향을 미친다. 무엇이 논의되고 있는지 알 수 없을 때 "무슨 생각 했어?"라는 질문에 대한 반응을 상상해보라.

SLP는 파악하기 어려운 연계반응을 관찰해야만 한다. 언어장애 아동들은 대화 상대자가 저변에 있는 관계를 알고 있다고 가정해서 공유하지 않은 정보만을 포함시킬 수 있다.

질문에 대한 아동의 반응에도 특별히 관심을 가져야 한다. 반응은 질문에 적절해야 하며 정확해야 한다. 예를 들어 "그 남자는 왜 먹어?"라는 질문에 대해 다음과 같이 대답할 수 있다.

1. 음식

2. 그냥요.

3. 먹어야만 하니까.

4. 그래야 배고프지 않을 거니까.

5. 배가 고파서요.

첫 번째 답변은 기능적으로 정확하지만 적절하지 않다. 그것은 질문에 대한 답이 아니라 무엇을 먹느냐에 대한 답변이 된다. 두 번째와 세 번째 답변은 적절하지만 너무 간단해서 정확하지가 않다. 네 번째와 다섯 번째 답변은 적절성과 정확성 요건을 갖춘 답변이다.

만약에 답변이 적절성과 정확성 요구를 충족시키지 못한다면 그 답변은 오류로 볼 수 있으며, 의사소통을 중단시키는 것으로 간주할 수 있다. 저자는 사실적인 질문에는 대체로 적절하고 정확하게 대답했으나 정서적이거나 개인적인 질문에 매우 부적절하게 대답하는 심도의 정서장애 학생을 가르친 적이 있었다.

언어장애 아동은 질문자가 의도를 이해하지 못하거나 어떠한 답을 요구하는지 깨닫지 못할 수 있다. 질문 형식과 특정 의문사 질문 유형도 혼동할 수 있다. 일부 의문사 질문은 다른 질문보다 쉬울 수 있다. 의문사 질문은 난이도에 따라 다음과 같이 세 가지로 구분할 수 있다.

| 쉬움 | 무엇+이다, 어디 |
| | 누구, 누구 것, 무엇+하다 |
| 어려움 | 언제, 왜, 무슨 일이 발생했나, 어떻게 |

발화 분석과 중재 시 이러한 순서를 위계구조로 활용할 수 있다. 아동들은 즉각적인 상황 내에 있는 사물, 사람 또는 사건에 관련된 질문에 더 쉽게 대답한다.

### 연계반응의 지연

아동이 연계된 반응을 할 때 아동의 대화 차례와 먼저 말한 이의 대화 차례 간에 지체나 지연이 없어야 한다. 학령 전 아동이나 언어장애 아동은 성인처럼 말없이 침묵이 길어질 때 당혹스러워하지 않고 시간을 길게 끌 수 있다. 아동이 반응하기 전에 지연시간을 보이는 것은 낱말 찾기 장애나 이해 부족을 나타내는 것일 수 있다.

지연시간은 인접성 여부와 상관없이 연계 발화와 연계되지 않은 발화 두 가지 모두에 대한 중요한

**표 7.5** 대화쌍의 정의 및 예

| 유형 | 정의 | 예 |
|------|------|-----|
| 연계성 | 말하는 이의 발화가 다른 말하는 이 발화와 내용, 형식, 의도와 관련된 경우 | S₁ : 점심으로 뭐 먹을까?<br>S₂ : 땅콩 버터.<br>S₁ : 비행기를 놓치지 않았으면 좋겠는데…<br>S₂ : 걱정 마. 모든 비행기가 연착이래. |
| 비연계성 | 말하는 이의 발화가 다른 사람의 발화와 상관이 없는 경우 | S₁ : 점심으로 뭐 먹을까?<br>S₂ : 할머니가 새 차를 샀대. |
| 인접성 | 발화가 같은 사람의 발화에 의해 이어지는 경우 | 동물원에 갔는데 거기서 나는 원숭이랑 코끼리를 보았어. 하지만 내가 제일 좋았던 건 양을 만진 거였어. |
| 비인접성 | 발화가 다른 말하는 이에 의해 이어지는 경우. 발화 내용이 이전 발화에 연계된 것일 수도 있고 연계되지 않는 것일 수도 있음 | S₁ : 학교 버스가 왔네.<br>S₂ : 이그, 버스 타이어가 터졌으면 좋겠네. (연계반응) |

측정치이다. 인접된 발화는 같은 사람에 의해 발화가 연속해서 산출된 것이다. 인접되지 않은 발화는 다른 사람의 발화로 다른 사람의 발화나 대화 차례에 의해 이어진 대화 상대자의 발화 또는 대화 차례를 말한다. 이러한 범주의 정의와 예를 표 7.5에 제시하였다.

## 주제 지속시간

주제는 각각의 대화 상대자가 관련된 정보에 계속해서 관심을 보이거나 관련 정보를 제공할 수 있는 경우 길게 유지된다. 주제별 대화 차례 주고받기 빈도는 특정 주제의 기능, 포함된 대화 상대자, 대화 맥락, 각 대화 참여자의 대화 기술과 관련된다.

### 대화 차례 주고받기 빈도

SLP는 아동과 대화 상대자가 주어진 주제에 대해 주고받은 대화 차례 빈도와 주제 전환 방식에 관심을 가져야 한다. 일반적으로 아동과 성인 사이에서 더 많은 대화 차례 주고받기가 이루어지며, 아동이 성인보다 주제를 더 많이 개시한다. 주제가 아동의 관심이나 지식 또는 두 가지 모두와 관련 되는 경우 더 길게 유지될 수 있다.

3세 이하의 아동은 대화 차례가 두 번 이상 유지되는 주제가 거의 없다. 일반적으로 학령 전 아동은 시나리오대로 행동하거나 사건 묘사하기 또는 문제 해결하기를 제외한 단일 주제에서는 매우 적은 대화 차례를 주고받는다. 학령 전 아동은 대화 상대자에게 과제를 지시하거나 이야기를 산출할 때 더 많은 대화 차례 주고받기가 이루어진다. 대화 차례 주고받기의 빈도는 연령에 따라 약간 증가하며, 초등학교 중기까지 큰 증가는 관찰되지 않는다.

### 정보성

각 대화 차례는 주제에 대해 확인하거나 추가 정보를 제공하면서 대화를 확장해가야 한다. 주제 찾는 것을 어려워하거나 주제를 통해 무엇을 기대하는지 잘 알지 못하는 아동들은 이전 정보를 반복하거나 연결어 또는 에두른 표현만 많이 사용할 수 있다. 에두른 표현은 아동이 주제를 발견하지 못하거나 필요한 낱말을 인출하지 못할 때 나타나며, 이로 인해 불특정한 방식으로 주제에 관해 말하게 된다. SLP는 주제와 관련된 발화를 측정한다.

### 순서

주제가 소개되면 대화 순서에 따라 진행된다. 일반적으로 특정한 정보는 주제가 자연스럽게 종결되거나 전환될 때까지 소개된다. 질문에 뒤따라 답변이 이루어지며, 언급에 뒤따라 또 다른 언급이나 질문이 제시된다. 새로운 정보가 소개된 후 그다음부터는 이전 정보로 간주된다. 순서를 잘 지키지 못하는 것은 전제능력의 부족으로 의미장애나 화용장애를 나타내는 것일 수 있다. 대화 차례에 대한 자세한 분석은 이 장의 뒷부분에서 논의할 것이다.

## 주제 분석 형식

주제 분석 형식이 몇 가지 제안되어 있다. 각 형식은 주제 개시, 유지, 전환 측면에서 차이점을 갖는다. 표 7.6에 이러한 내용을 제시하였다. 주제 개시 측면에서는 주제의 유형, 개시 방법, 주제 내용과 방향, 결과를 분석한다. 주제 유지에서는 대화 차례의 유형과 새로운 대화 정보를 첨가함으로써 대화를 발전시키는 능력을 분석한다.

### 주제 개시

논의되고 있던 주제가 몇 가지 방식으로 변화될 때 주제 개시가 이루어진다. 주제에 대한 발화는 그 주제가 포괄하는 개념을 표현한다. 각각의 새로운 주제와 직접적으로 관련된 발화는 전사하면서 확인할 수 있다.

**표 7.6** 주제의 유형 분석

| 주제 개시 | 주제 유지 |
| --- | --- |
| 주제의 유형 | 대화 차례의 유형 |
| 개시 방법 | 대화 정보 |
| 주제의 내용과 방향 | |
| 결과 | |

**표 7.7** 주제 개시 유형

| 주제 유형 | 예 |
|---|---|
| 새로운 주제 | 대화 상대자 : 어, 그리고 동물원에서 또 뭐 봤어?<br>아동 : 엄마가 새 차를 샀어. |
| 연관된 주제 | 대화 상대자 : 나도 원숭이 좋아해. 서커스에 어릿광대는 없었니?<br>아동 : 나는 어릿광대 싫어. 그 사람들은 무서워.<br>대화 상대자 : 어릿광대가 무서워? 왜 무서운데? |
| 재소개된 주제 | 아동 : 에이미가 스파게티를 버트에게 다 쏟았어.<br>대화 상대자 : 그래서 버트가 화났니?<br>아동 : 어…어… 그리고… 그리고 에이미? 그리고 에이미가 웃었어.<br>대화 상대자 : 버트 안 됐다. 싫었겠다. 그리고 새서미 스트리트에서 무슨 일이 있었어?<br>아동 : 큰 새랑 작은 새가 노래했어.<br>대화 상대자 : 그 노래 부를 수 있어?<br>아동 : 어…어… 나는 나한테 스파게티 쏟는 거 싫어. |
| 혼동된 주제 | 대화 상대자 : 어! 나한테 이야기해봐.<br>아동 : 알았어. 이 어린 여자아이가 …? …너 내 생일에 올 수 있니? 나 어제 새 자전거 샀다.<br>너 여기 사니? |

**표 7.8** 주제 개시 방법

| 개시 방식 | 예 |
|---|---|
| 응집적 연결 개시 | 아동 : 그리고 그 사람이 공룡을 쫓아버렸어.<br>대화 상대자 : 정말 재밌는 얘기다. 다른 얘기는 없어?<br>아동 : 새로운 얘기가 있지. |
| 비응집적 연결 개시 | 아동 : 아침으로 토스트 먹자.<br>대화 상대자 : 내가 만들게.<br>아동 : 그래 그렇게 해.<br>대화 상대자 : 네가 이거 해, 나는 다른 걸 할게.<br>아동 : 나는 그릇이 있어야 해… 그게 뭐야? 그거 소방관 모자 같다. 나는 소방관이 되고 싶어.<br>대화 상대자 : 써볼까? |
| 주제 변경 개시 | 대화 상대자 : 저, 내가 계란 요리를 만들게.<br>아동 : 나는 계란 싫어.<br>대화 상대자 : 그래, 왜 계란을 싫어하는데?<br>아동 : 나는 다른 걸 먹을래. …주스. 나는 주스를 좋아해.<br>대화 상대자 : 어떤 주스를 마시고 싶은데? |
| 점진적 개시 | 대화 상대자 : 토스트 만들자.<br>아동 : 트스터가 어딨어?<br>대화 상대자 : 내가 토스트를 만들 거야.<br>아동 : 나는 버터를 바를 거야. 버터 나이프 어딨어?<br>대화 상대자 : 네가 찾아야 해.<br>아동 : 그건 토스트에는 너무 날카로워. |

**주제 유형**. 각 주제는 그 주제의 참신성에 따라 평가할 수 있다. 일부 아동은 주제 목록이 제한될 수 있다. 주제가 새로운지, 연관된 것인지, 재소개된 것인지, 혹은 **혼동된** 것인지를 평가범주로 포함할 수 있다. 새로운 주제는 처음으로 나타난 주제를 말하며, 그 이전 주제들과 직접적으로 연결되지 않을 수도 있다. 연관된 주제는 이전 주제와 직접적으로 관련되었는지를 통해 평가한다. 재소개된 주제는 대화에서 먼저 언급되었지만 바로 이전 대화 차례에서 언급된 것이 아닌 경우에 해당한다. 마지막으로 혼동된 주제는 한 대화 차례에서 두 개 이상의 주제가 연속적으로 개시되는 것을 말한다. 이때 듣는 이에게 제시된 주제를 유지하거나 발화를 연속적으로 산출할 수 있는 기회가 제공되지 않는다. SLP는 아동이 소개한 주제가 습관적으로 소개하는 주제인지 여부를 결정하기 위해서 양육자와 함께 체크해볼 수도 있다. 표 7.7에 다양한 유형의 주제 개시 유형을 제시하였다.

**표 7.9** 연속적 및 비연속적 대화 차례

| 대화 차례의 유형 | 예 |
|---|---|
| 연속적 | 대화 상대자 : 그게 뭐야?<br>아동 : 카우보이 모자<br>대화 상대자 : 써 봐.<br>아동 : 아니, 코트에는 너무 더워.<br>대화 상대자 : 우리 저녁으로 빵을 좀 만들어야 해.<br>아동 : 좋아 내가 도울게. |
| 비연속적 | 대화 상대자 : 너는 그 아기를 안고 싶니?<br>아동 : 난 지금 컵 케이크 먹을 거야.<br>대화 상대자 : 학교에서 무슨 일 있었어?<br>아동 : 나는 내 어린 동생을 좋아하지 않아. |

**표 7.10** 대화 차례의 정보성

| 정보성 | 예 |
|---|---|
| 새로운 정보 | 대화 상대자 : 매리는 어딨어?<br>아동 : 매리 오늘 아파.<br>대화 상대자 : 우리 내일 동물원에 갈 거지?<br>아동 : 원숭이는 동물원에 살아. |
| 새로운 정보 없음 | 대화 상대자 : 카우보이도 말을 타.<br>아동 : 말을 타.<br>대화 상대자 : 난로로 놀이 하자.<br>아동 : 뭐? |
| 장애 | 대화 상대자 : 우리 지금 놀아야 해?<br>아동 : 어… 그게… 그러니까.<br>대화 상대자 : 누가 네 선생님이야?<br>아동 : 학교에 |

**개시 방식.** 주제를 개시하는 방식에는 응집적 연결 개시(coherent changing), 비응집적 연결 개시(noncoherent changing), 주제 변경적 개시(branching), 점진적 개시(shading)가 포함될 수 있다. 응집적 연결 개시는 주제가 종결된 다음 이어진 주제의 내용이 바로 전의 주제에서 파생된 것이 아닌 경우를 말한다. 비응집적 연결 개시는 주제가 종결되지 않고 새로운 주제로 전환되는 경우를 말한다. 주제 변경 개시는 논의된 주제가 새로운 주제의 근원이 되는 경우를 말하며, 점진적 개시는 주제가 변경되기보다는 유사한 주제로 초점이 변화하는 것을 말한다. 표 7.8에 각각의 개시 방법이 제시되어 있다.

**주제 재료와 방향.** 주제 재료는 주제 개시의 내용을 말한다. 광의적 분석에는 적절성 판단과 의사소통 맥락에서의 부적절한 주제가 포함된다. 방향은 자기 자신과 관련된 주제, 듣는 이와 공유하는 경험이나 흥미, 듣는 이나 듣는 이와 공유하는 관심사와 무관한 주제를 포함할 수 있다. 주제가 항상 말하는 이에 대한 것이거나 또는 관련이 없는 경우에는 심각한 의사소통 문제가 생길 수 있다.

**결과.** 결과는 성공적인가 혹은 성공적이지 않은가로 평가될 수 있다. 성공적 결과는 개시 방식, 주제 문제, 개시 형식에 따라 달라진다. 명령과 요구는 대화 상호작용을 촉진하기 위한 바람직한 개시 형태로 보기 어렵다. 성공적인 의사소통은 대화 상대자가 말 하는 이의 주제에 대해 반응하기나 반복하기, 동의 또는 비동의, 주제를 유지하기 위한 정보 추가 등의 방식으로 인정해줄 때 가능하다. 성공적이지 않은 의사소통은 무반응, 끼어들기, 새로운 주제 개시, 또는 수정 요구 등을 포함한다. 이처럼 대화 성공과 관련된 변수가 많으나 성공적 시간의 비율도 중요한 기술적 지표가 될 수 있다.

**주제 유지.** 주제 유지는 주제 개시에 수반되는 모든 대화 차례를 통해 분석해야만 한다. 각각의 대화 차례는 대화 차례가 계속되었는지 혹은 중단되었는지와 정보성의 여부에 기초하여 분석할 수 있다.

**대화 차례의 유형.** 대화 차례는 주제와의 연결성 여부에 기초하여 연속적인지 혹은 비연속인지로 분류할 수 있다(표 7.9 참조). 연속적 대화 차례에는 요구하기 및 질문에 대답하기, 어어, 오케이 등으로 확인하기(승인하기), 부분, 전체 또는 확장된 반복하기, 웃기나 울기와 같은 적절한 정서적 반응, 더 많은 정보 추가하기나 더 많은 것을 요청하기 등으로 주제 포함하기, 동의 또는 동의하지 않음을 표현하기, 수정 요청하기 등을 포함한다.

각각의 대화 차례 유형의 빈도 범위, 주제당 평균 대화 차례를 분석한다. 연속적 그리고 비연속적 대화 차례의 비율도 아직 규준이 없지만 의미 있는 자료가 될 수 있다.

**대화 정보.** 대화 차례가 관련되고 새로운 정보를 추가하여 주제가 발전되는 데 기여한 정도를 분석한다. 새로운 정보 추가에는 요구받지 않고도 더 많은 정보를 추가하는 것은 물론 새로운 정보를 요청하거나 새로운 정보를 포함한 질문에 대답하거나 답변하는 것을 포함한다. 승인하기, 발화 수정 요청하기, 부분, 전체 또는 확장 반복하기, 새로운 정보를 포함하지 않은 요구하기나 질문하기에 반응하기, 정서적 반응, 동의 또는 동의하지 않기 등의 대화 차례는 대화에 새로운 정보를 추가하지 않는다. 문제가 될 수 있는 대화 차례에는 낱말 찾기 행동, 응집력이 없는 발화, 모호한 발화, 불완전한 대화 차례가 포함된다. 대화 정보 평가의 예를 표 7.10에 제시하였다.

SLP는 새로운 정보와 관련되거나 더 확장된 대화 차례의 비율을 측정한다. 대화 차례의 다른 유형은 아동이 갖는 문제영역을 나타내는 것일 수 있으므로 아동이 사용한 특정 전략들은 사용된 발화 형태를 분석하여 검사해야 한다.

### 요약

이 부분에서 제시된 주제 분석 범주들은 서로 중복되기도 하며 항상 서로 구분되는 것은 아니다. 하나 이상의 대화 차례 유형이나 정보성 범주들이 대화 차례에서 나타날 수 있다. 가능한 분석 형식을 표 7.11에 제시하였다. 각각을 분석하기 위해 또 다른 아동 언어 자료 분류 체계를 사용할 수도 있다.

---

### 대화 차례 주고받기

대화 차례 주고받기는 듣는 이와 말하는 이의 상호작용을 평가하기 위한 매우 훌륭한 수단이다. 상호작용이 분석단위가 된다.

대화 교환을 위한 최소한의 대화 차례 빈도는 3회이다. 대화를 시작한 사람이 상호작용 전에 두 번째 대화 차례를 가져야 한다. 다음은 그 예이다.

> 말하는 이 1 : 우린 막 플로리다에서 돌아왔어.
> 말하는 이 2 : 어, 디즈니 동산에도 갔었니?
> 말하는 이 1 : 아니, 우린 로더데일 요새에 갔었어. 너도 거기 가봤니?

이 대화는 세 개의 요소로 구성되어 있다. 앞선 발화를 확인하는 발화, 현재 말하는 이의 발화, 대화 차례 전환을 나타내는 발화가 그것이다. 앞의 예에서 '어'나 '아니'라는 말로 선행 대화 차례를 이해했음을 확인해주고 있다. 질문이나 억양, 쉼에 의해서도 대화 차례가 할당되었음이 나타날 수 있다.

SLP는 전사를 할 때 대화 차례가 바뀌는 부분을 '대화 차례 1, 2, 3'과 같이 번호를 매겨서 표시할 수 있다. 또한 아동이 대화를 시작하고 추가하며, 종결하는 능력을 기록할 수도 있다. 눈맞춤이나 대화 차례 할당 신호, 대화 차례가 중단된 지점이나 이유 등에 대해서도 관심을 가져야 한다. SLP는 아동의 의사소통 빈도와 다양성 또는 범위와 계속성 등도 표시해야 한다. 각각의 대화 차례 내에서, SLP는 전체 대화 차례에서 세 가지 대화 차례 양상이 나타났는지 혹은 나타나지 않았는지와 각각의 대화 차례에 소요된 평균시간을 기록해야 한다. 또한 SLP는 아동의 대화 차례에 성인이 어떠한 영향을 미

**표 7.11** 주제와 대화 차례 평가 형식

| 구분 | 대화 차례 | | | | | | | | | | | | | | | | | | Total | % of Total |
|---|---|---|---|---|---|---|---|---|---|---|---|---|---|---|---|---|---|---|---|---|
| | 1 | 2 | 3 | 4 | 5 | 6 | 7 | 8 | 9 | 10 | 11 | 12 | 13 | 14 | 15 | 16 | 17 | 18 | | |
| **주제 개시** | | | | | | | | | | | | | | | | | | | | |
| 주제 유형 | | | | | | | | | | | | | | | | | | | | |
|   새로운 주제 | | | | | | | | | | | | | | | | | | | | |
|   연관된 주제 | | | | | | | | | | | | | | | | | | | | |
|   재소개된 주제 | | | | | | | | | | | | | | | | | | | | |
|   혼동된 주제 | | | | | | | | | | | | | | | | | | | | |
| 개시 방식 | | | | | | | | | | | | | | | | | | | | |
|   응집적 연결 개시 | | | | | | | | | | | | | | | | | | | | |
|   비응집적 연결 개시 | | | | | | | | | | | | | | | | | | | | |
|   주제 변경적 개시 | | | | | | | | | | | | | | | | | | | | |
|   점진적 개시 | | | | | | | | | | | | | | | | | | | | |
| 주제 재료 | | | | | | | | | | | | | | | | | | | | |
|   적절 | | | | | | | | | | | | | | | | | | | | |
|   부적절 | | | | | | | | | | | | | | | | | | | | |
| 방향 | | | | | | | | | | | | | | | | | | | | |
|   자신 | | | | | | | | | | | | | | | | | | | | |
|   공통 | | | | | | | | | | | | | | | | | | | | |
|   무관련 | | | | | | | | | | | | | | | | | | | | |
| 결과 | | | | | | | | | | | | | | | | | | | | |
|   성공적 | | | | | | | | | | | | | | | | | | | | |
|   비성공적 | | | | | | | | | | | | | | | | | | | | |
| **주제 유지** | | | | | | | | | | | | | | | | | | | | |
| 대화 차례 유형 | | | | | | | | | | | | | | | | | | | | |
|   연속 | | | | | | | | | | | | | | | | | | | | |
|   비연속 | | | | | | | | | | | | | | | | | | | | |
| 대화 정보 | | | | | | | | | | | | | | | | | | | | |
|   새로운 정보 | | | | | | | | | | | | | | | | | | | | |
|   새로운 정보 부재 | | | | | | | | | | | | | | | | | | | | |
|   장애 | | | | | | | | | | | | | | | | | | | | |

**표 7.12** 대화 차례의 유형

| 대화 차례 유형 | 예 |
| --- | --- |
| 질문 | 쿠키 먹을래?<br>몇 시야?<br>그게 뭐야? |
| 언급 | 난 정말 스키를 좋아해.<br>퍼레이드에서 말을 봤어. |
| 언급에 대한 반응 | (언급 : 이 디저트 정말 맛있다.)<br>그거 우리 가족의 오래된 레시피야. |
| 질문에 대한 반응<br>　적절<br>　과잉<br>　부적절<br>　모호 | (질문 : 몇 살이니?)<br>스물다섯 살이야.<br>스물다섯 살이고 석사학위를 가졌어.<br>난 대학에 갈 거야.<br>알 거 없잖아.<br>맞춰봐. |

쳤는지를 살펴보아야 하며, 성인들이 촉진적인 태도를 가질 수 있도록 도와야 한다.

　대화 차례는 요구, 언급 또는 반응으로 분류될 수 있다. 요구는 말하는 이에 의해 개시되고 반응을 요구한다. 반대로 언급은 말하는 이에 의해 개시되지만 반응을 요구하지 않는다. 반응은 요구나 언급 모두에 대한 답변을 말한다. 각 범주에 대한 비율은 말하는 이가 적극적인지 혹은 수동적인지를 나타내준다.

　요구하기에 대한 모든 반응은 적절, 과잉, 부적절, 모호함으로 분석할 수 있다. 적절한 반응은 요청받은 경우에 대한 반응으로, 요청에 적절해야 한다. 과잉 반응은 요구된 것 이상의 반응을 한 경우이다. 부적절 반응은 충분하게 반응하지 않은 경우를, 모호한 반응은 불명료한 반응을 말한다. 각각의 예를 표 7.12에 제시하였다.

## 비중

SLP는 각각의 대화와 다양한 주제 내에서 차지하는 대화 차례의 비중(density)에도 관심을 가져야 한다. 낮은 비중은 아동의 대화 상대자가 자기 혼자 오래 대화 차례를 갖는 독선적인 유형이어서 아동에게 대화 차례를 주지 않았거나 혹은 아동이 매우 과묵한 유형일 수 있음을 나타낸다. 자폐스펙트럼장애 아동은 상대적으로 대화 차례를 거의 갖지 않아서 그 대화 상대자가 대화 차례를 대신 해야 하는 경우가 있다. 반대로 아동이 너무 긴 대화 차례를 갖는 경우 상대방이 응답할 기회를 갖기 힘들기 때문에 비중이 낮아질 수 있다.

　끼어들기 비율은 10대 동안에 증가하는데 목적이 달라진다. 말하는 이는 주제를 중단하거나 변경시키기 위해서 끼어드는 것이 아니라 의사소통을 촉진시키기 위하여 대화가 진행되도록 끼어들 수도 있다.

## 지연시간

SLP는 아동의 연계되거나 연계되지 않은 지연시간을 모두 요약해야 한다. 긴 시간이나 지속적인 간투사 사용은 주제 확인이나 낱말 찾기에서의 문제를 보여주는 것일 수 있다.

## 대화 차례 길이

대화 차례의 이상적인 길이는 없다. 우리는 자신이 충분히 얘기했다고 생각하지 않고 끊임없이 말하는 사람을 적어도 한 명은 알고 있을 것이다. 끊임없이 말하는 아동들은 주제 종결에 대한 정보를 알지 못하는 의미장애나, 주제 종결의 기제에 대해 알지 못하는 화용장애 또는 전달된 정보가 무엇인지 확인하지 못하는 처리장애일 수 있다.

SLP는 아동이나 대화 상대자의 평균적인 대화 차례 길이에 관심을 가져야 한다. 상황, 대화 상대자 그리고 주제에 따라 대화 차례 길이가 유의하게 달라질 수 있다.

## 중첩 유형

대부분의 대화 차례는 동시에 이루어지지 않는다. 그러나 중첩이나 동시 발생적인 말들도 매우 자주 나타난다. 일반적으로 중첩은 문장 내 중첩과 문장 초 중첩의 두 가지 유형을 갖는다. 문장 내 중첩은 말하는 이의 대화 차례를 끝내거나 듣는 이가 대화 차례를 확보하기 위하여 사용한다. 이는 높은 수준의 화용 또는 언어적 지식을 요구한다. 언어장애 아동은 문장 내에서 중단할 수도 있는데, 이는 과정에 대한 이해 부족을 나타내는 것일 수 있다. 아동이 보인 중첩은 다른 말하는 이의 발화를 끝맺기보다는 새로운 정보를 더하거나 주제를 전환하기 위한 것일 수도 있다.

문장 초 중첩은 듣는 이가 대화 차례를 확보하기 위하여 문장 사이에 끼어드는 것을 말한다. 이러한 끼어들기는 말하는 이의 말을 계속하고자 하는 의도를 알지 못하거나 듣는 이가 대화 차례를 얻고 싶어 할 때 발생할 수 있다. 중첩이 계속적으로 발생하는 것은 대화 상대자 중 한 명 혹은 둘 모두의 행동으로 인해 대화 차례 주고받기가 원활하게 이루어지지 않음을 보여주는 것이다. 단순언어장애 아동은 끼어들기가 적은 것으로 자주 보고되는데 이는 대화 차례를 '차지하기' 위한 개시능력 부족이나 대화 차례 주고받기에서의 수동적 태도를 보여주는 것일 수도 있다.

**중첩 빈도.** 실제 보는 것에 반하는 것 같기는 하나, 언어장애 아동은 대화 중 중첩되는 경우가 더 적다고 보고된다. 언어장애 아동도 반응적일 수 있으나 많은 경우는 상호작용을 개시하거나 대화 차례를 주고받는 데 수동적인 편이다.

**중첩 길이.** 대화 차례에 대한 성인의 규칙에서는 중첩이 발생하면 둘 중 한 명은 말을 중단하게 된다.

어린 아동이나 언어장애 아동은 계속 이야기하거나 대화 상대자보다 큰 소리로 말한다. 일부 아동은 습관적으로 이야기를 중단하기도 한다. SLP는 아동이 말을 중단하는 경향을 보이는지 혹은 말을 계속하는 경향을 보이는지를 잘 관찰해야 한다.

**신호 방법.** 대화 차례 전환 신호는 매우 미묘한 방법으로 보내진다. 때문에 언어장애 아동은 그러한 신호를 놓치기 쉽다. 때때로 언어장애 아동은 반응을 요구한다는 것을 알아챌 수 있는 질문에만 반응한다. 일부 아동은 대화 중에 반응이 요구되고 있다는 것을 잘 알아차리지 못한다. 그리고 일부 아동은 언어를 잘 이해하지 못해서 반응을 잘 못 하기도 한다.

## 대화와 주제 종결

대화나 주제는 새로운 정보가 추가되지 않는 경우 종결된다. 대화가 종결되어도 주제는 달라지지 않는다. 대화가 시작될 때, "안녕, 또 보자."–"좋은 하루 보내." 또는 "고마워"–"천만에"와 같이 짝을 이룬 표현들이 사용된다.

학령 전 아동이나 언어장애 아동은 대화를 끝내고 싶을 때나 간혹 대화가 여전히 진행되고 있는 동안에 갑자기 대화를 끝맺는 경향이 있다. 언어장애 아동은 듣는 이가 대화를 종결하도록 몸을 불안정하게 움직인다든가, 다른 곳을 쳐다보거나 시계를 보는 것과 같은 신체적 언어를 사용하지 않는다. 언어장애나 정서장애 아동은 대화를 끝내고 싶어 하거나 끝내는 데 어려움을 가질 수 있으며, 이미 대답이 이루어진 질문을 끊임없이 반복하기도 한다.

주제는 일반적으로 관련된 다른 주제로 전환되면서 종결된다. 좀 더 성숙한 언어 사용자들은 이미 진행되고 있는 주제의 다른 부분이나 관련된 다른 주제를 언급하는 **점진적 방법**을 통해 자연스럽게 주제를 종결시킨다. 다음은 그 예이다.

> 말하는 이 1 : 난 어제 운하를 따라 자전거를 달렸어.
> 말하는 이 2 : 어, 나도 이맘때쯤 거기서 자전거 타는 거 좋아하는데.
> 말하는 이 1 : 네가 자전거를 타는 걸 몰랐어. 어떤 종류의 자전거를 가지고 있니?
> 말하는 이 2 : 난 21-스피드를 가지고 있어.
> 말하는 이 1 : 나는 21-스피드를 가지고 있어?…

운하에서 자전거 타기에 대한 원래 주제는 자연스럽게 자전거로 전환되었다.

주제가 자연스럽게 전환되었는지 혹은 갑작스럽게 전환되었는지와 상관없이, 일부 내용은 계속 되면서 새로운 주제가 언급된다. 주어진 주제에 대해 계속 이야기할 것이 거의 없을 때 대화는 전환 된다. SLP는 아동이 주제를 종결하고 전환할 때와 대화를 종결할 때 사용하는 방법을 살펴보아야 한다.

---

대화 중단

---

SLP는 중재를 목적으로 언어장애 아동의 언어분석을 실시한다. 또한 아동이 효과적으로 의사소통을 하지 못하거나 의사소통을 실패하는 것을 확인하기 위해서 실시한다. SLP가 이러한 의사소통 중단이 어떠한 시점에서 발생하고 아동들이 이를 수정하기 위하여 어떤 시도를 하는지를 살펴보는 것은 중요하다. SLP는 대화 중단의 빈도와 중단의 원인, 수정 시도, 수정 개시, 수정 전략 그리고 결과를 평가해야 한다.

## 수정 요구하기

연계된 질문이라고 불리는 수정 요구하기는 듣는 이가 대화 중단 시점을 인식하고 이를 이해할 수 있음을 보여준다. "어?"나 "뭐?", "잘 이해가 안 되는데"와 같은 단순한 형식의 연계 질문을 통해 대화는 유지될 수 있다. 수정 요구하기는 대화가 중단되었다는 것을 인식하고 명료화하기와 명료화를 위한 적절한 형식을 적용해서 대화가 유지될 수 있게 한다.

대화 상대자가 적절하게 수정 요구하기와 반응 요구하기를 사용하는 것은 대화의 협력적 특성을 인식하고 있음을 보여주는 것이다. 아동은 대화 상대자가 전달한 메시지에 주의를 기울이고, 잘못 이해된 부분을 찾아내고, 적절하게 요구하기를 보여야 한다. 그리고 대화 상대자의 이해를 도울 수 있는 명료화 전략을 사용할 수 있어야 한다.

아동이 지속적으로 "어?"나 "뭐?"라고 반응한다면, 이는 대화에 집중하지 않거나 이해에 어려움이 있다는 것을 보여준다. SLP는 아동이 대화를 유지하기 위하여 추가 정보를 요구하는 정도와 어떠한 형식을 사용하여 요구하는지에 대해 관심을 가져야 한다.

언어장애 아동들은 의사소통이 중단되었다는 것을 인식하지 못할 수도 있다. SLP는 아동이 잘 이해하지 못하는 상황을 인식하고 있다고 가정하고, 아동에게 제공하는 발화를 조절하여 그 가정을 확인한다. 일반적으로 아동들은 처음에는 불명료한 낱말 때문에 대화 중단이 생겼다고 생각한다. 대화 중단은 다음과 같은 순서로 인식된다.

> 불명료한 낱말
> 불가능한 요구
> 비현실적으로 긴 발화
> 친숙하지 않은 낱말
> 소개하지 않거나 모호한 질문 또는 진술, 불분명하고 끝이 마무리되지 않은 진술

**빈도와 형식.** 일반적으로 학령 전 아동과 언어장애 아동은 이해를 못 하는 경우 말하는 이보다는 자기 스스로를 탓하는 경향을 보인다. 때문에 기대보다 수정 요구하기를 더 적게 사용한다. 특히 의사소통 중단이 많이 발생하는 경우에 그렇다. 요구하기를 하는 경우에도 특정하지 않은 형식을 사용하는데,

이는 아동들이 이러한 형식을 이용하는 데 어려움이 있음을 반영한다. 언어장애 아동은 가르쳐 주어도 자기가 잘 이해하지 못했다는 것을 잘 알리지 못한다. 이 아동들은 말하는 사람이 모호함을 해결하고 좀 더 명확하게 관련된 정보를 제공해줄 것이라고 생각한다.

아동들의 수정 전략은 SLP에 의해 친숙한 주제, 친숙하지 않은 주제, 화용문제 유도 상황과 같은 다양한 맥락에서 평가할 수 있다. 예를 들어 SLP는 이상한 표정과 같은 비언어적 행동을 통해 아동이 이해하지 못했음을 확인할 수 있다.

수정 요구하기 빈도에 대한 규준은 없으나, 일반적인 안내지침들은 연령에 따라 연계 질문의 빈도와 유형이 달라진다고 제시한다. 수정 요구하기의 가장 초기 형태는 대화 상대자의 발화를 억양을 올려서 반복하는 형태(강아지 타?)나 불특정한 요구(뭐?)를 들 수 있다. 연령이 증가함에 따라 여전히 대화 상대자에 의해 영향을 받기는 하지만 수정 요구하기가 좀 더 특정적인 형태로 변하고 빈도도 증가한다. 24개월과 36개월 아동들은 성인 대화 상대자를 상대로 1시간에 거의 7회의 수정 요구하기를 보이며, 54개월과 66개월의 아동은 거의 14회의 수정 요구하기를 보인다. 36~66개월 아동들은 말하는 이가 친숙한 또래인 경우에는 시간당 30회의 수정 요구하기 빈도를 보였다.

## 대화 수정

대화 수정은 자발적으로나 수정 요구에 대한 반응으로 나타난다. 학령 전 아동들은 거의 자발적으로 수정을 하지 않는다. 1학년 아동의 경우도 대화 중단이 발생했을 때 자발적으로 수정하는 경우는 약 1/3에 불과하였다. 어린 아동이나 언어장애 아동은 종종 의사소통 중단이 발생해도 수정하기를 시도하지 않는다.

2세경에는 대부분 "뭐?"와 같은 중립적인 요구하기에 일관되게 반응하나 대화 상대자가 자기와 같은 아동인 경우보다는 성인인 경우에 더 잘 반응하는 경향을 보인다. 잘못된 것에도 "예"를 과잉해서 사용하고 확인하는 경향이 있다. 아마도 확인을 하지 않는 경우는 부분에 대해서만 명료화를 요구해야 하기 때문으로 보인다. 3~5세경까지는 특정한 요구에 대해서도 정확하게 반응한다. 이 시기의 아동들은 대화 상대자와 상관없이 약 80% 정도 정확하게 요구에 반응한다. 대부분의 10세 아동은 의사소통 중단을 판단하고 잘못된 부분을 수정한다. 언어장애 아동도 그 나이가 되면 메시지에서 잘못된 부분을 확인할 수 있으나 언제 이러한 수정 전략들을 사용할 수 있는지에 대해서는 이해하지 못하는 것 같다.

수정하기는 의사소통 중단에 대해 가치 있는 정보를 제공한다. 의사소통 중단은 명료도, 음량, 정보의 완전성, 복잡성 정도, 부적합성, 비연관성, 상호주의의 부족, 시간적 관심 또는 바람의 부족 등을 포함한 여러 이유로 발생할 수 있다. 언어장애 아동은 동일 연령의 또래에 비해 의사소통 중단을 더 많이 경험한다.

수정하기는 보통 언어적 구조나 전달된 정보의 내용 또는 특성을 강조한다. 가리키기와 같은 언어 외적 신호들도 명료화를 위해 사용될 수 있다. 이러한 전략들은 서로 배타적이지 않다. 일반적으로 선택된 수정 전략의 정확성 및 적절성에 따라 결과가 달라진다.

아동들이 자발적으로 수정한 경우 아동이 보인 오류 특성과 수정 시도를 기록한다. SLP는 간투사, 반복, 보속, 긴 쉼 모두 전사된 자료를 훑어보아야 한다. 이 모든 것들은 아동 입장에서는 낱말 찾기 장애를 나타내는 것일 수도 있다. 원래 오류나 수정 시도는 표 7.13에 제시된 것처럼 어느 정도는 의도된 낱말 또는 구와의 관계에 기초한 것일 수 있다.

**자발성 대 듣는 이 개시.** SLP는 대화 수정에서 아동 스스로 개시한 것과 듣는 이가 개시한 것의 비율에 관심을 가져야 한다. 일반적으로 듣는 이는 얼굴 표정이나 신체 자세, 수반된 질문을 통해 중단에 대한 신호를 보낸다.

**전략.** 아직 언어 표현이 미성숙한 아동들은 보통 이전 발화를 재언급함으로써 듣는 이가 개시한 수정 요구에 반응한다. 언어장애 아동은 이러한 전략 사용에서 융통성이 조금 부족한 것 같기는 하나, 계속 요구하면 추가 정보를 제공하도록 유도할 수 있을 것이다.

아동이 좀 더 성숙한 경우 보통 발화를 반복하기보다는 추가 정보를 제공하거나 재구조화하는 전략을 사용한다. 언어장애 아동은 명료화를 요구받았을 때 일반 또래에 비해 더 적은 빈도로, 더 단순한 반응으로 반응하는 경향을 보인다. 언어장애 아동은 융통성도 없고, 이해를 도울 수 있는 새로운 정보를 거의 포함하지 않은 단순 반복 형태로 반응한다. 그에 반해 같은 연령대의 일반 아동들은 더

**표 7.13** 낱말 찾기 오류와 의도된 낱말에 대한 수정하기 시도 간의 관계

| 연합 | 예 |
| --- | --- |
| 정의 | 스토브–음식을 요리할 때 쓰는 거 |
| 묘사 | 뱀–다리가 없이 길고 가느다란 것<br>책꽂이–책을 잡아주는 것<br>복숭아–털이 복슬복슬한 거 |
| 일반적 표현<br>(특정하지 않음) | 특정 동사 대신 '하다' 동사를 사용<br>야구모자, 중절모, 스카프 등을 '모자'로 지칭<br>모든 사물의 이름을 '–거'로 지칭 |
| 반대말 | '서다'를 '앉다'로 표현 |
| 부분 표현 | '크고 빨간 공'을 '큰 공', '빨간 공'으로 표현 |
| 의미 범주 | '냉장고'를 '스토브'로 지칭 (둘 모두 가전제품) |
| 음소 | '발'을 '방'으로 지칭 (첫 음소가 동일)<br>'머리'를 '보리'로 지칭 (끝음절 동일) |

**표 7.14** 언어표본 분석 방법

---

**컴퓨터를 활용하지 않는 방법**

**화용**

*Adolescent Conversational Analysis* (Larson & McKinley, 1987)

*Assessing Children's Language in Naturalistic Contexts* (Lund & Duchan, 1993)

*Clinical Discourse Analysis* using Grice's framework (Damico, 1991a)

Language functions (Boyce & Larson, 1983; Gruenewald & Pollack, 1984; Prutting & Kirchner, 1983, 1987; Simon, 1984)

**구문/형태**

*Assessing Children's Language in Naturalistic Contexts* (Lund & Duchan, 1993)

*Assessing Language Production in Children: Experimental Procedures* (J. Miller, 1981)

*Developing Sentence Analysis* (L. Lee, 1974)

*Guide to Analysis of Language Transcripts* (Skickler, 1987)

*Index of Productive Syntax* (IPSyn) (Scarborough, 1990)

*Language Assessment, Remediation, and Screening Procedure* (Crystal, Fletcher, & Garman, 1976, revised 1981)

*Language Sampling Analysis, and Training: A Handbook for Teachers and Clinicians* (Tyack & Gottsleben, 1977)

**의미**

*Profile in Semantics-Lexical* (Prism-L) (Crystal, 1982)

*Analysis of Propositions* (APRON) (based on Johnston & Kamhi, 1984; Kamhi & Johnston, 1992; Lahey, 1988)

**담화**

Narrative level (Larson & Mckinley, 1987)

Story grammar analysis (Garnett, 1986; Hedberg & Stoel-Gammon, 1986; F. Roth 1986; Westby, 1984, 1992; Westby, VanDongen, & Maggart, 1989)

**학교에서의 언어**

*Classroom Script Analysis* (Creaghead, 1992)

*Curriculum-Based Language Assessment* (N. Nelson, 1994)

*Descriptive Assessment of Writing* (Scott & Erwin, 1992)

**컴퓨터를 활용한 언어분석 방법**

**구문 및 형태**

*Automated LARSP* (Bishop, 1985)

*Computerized Language Analysis* (CLAN) (MacWhinney, 2000)

*Computerized Profiling* (Long & Fey, 1988, 1989)

*DSS Computer Program* (Hixson, 1985)

*Lingquest 1* (Mordecai, Palin, & Palmer, 1985)

*Parrot Easy Language Sample Analysis* (PELSA) (F. Weiner, 1988)

*Pye Analysis of Language* (PAIL) (Pye, 1987)

*Systematic Analysis of Language Transcripts* (SALT) (J. Miller & Chapman, 2003)

---

다양한 수정 전략을 사용한다.

SLP는 명료화 요구하기 유형의 목록을 준비하고 아동과의 대화에서 다양한 요구하기를 사용한다.

여러 형태의 요구하기에 대한 아동의 반응률과 아동 반응의 특성에 대해 관심을 가져야 한다.

**성공 빈도.** SLP는 아동이 의사소통 중단을 확인하고 자발적으로 수정하는지, 그리고 듣는 이의 요구를 들어주는지에 관심을 가져야 한다. 일반적으로 언어장애 아동들은 연령이 유사한 일반 또래들에 비해 청자의 요구에 대해 부적절하게 반응한다. 평가 목적에 따른 듣는 이의 반응이 아동의 성공 여부를 결정할 것이다.

# 발화 수준

이제 언어의 사용, 내용, 형식 측면을 중심으로 발화 수준에서 수행될 수 있는 언어 분석에 대해 살펴보고자 한다. 이는 표 7.1에서 개괄적으로 소개하였다.

각 발화는 다양한 분석 형식을 통해서 사용, 내용, 형식의 범주 내에서 분석될 수 있다. 개별 발화는 여러 언어적 자질의 빈도나 범위를 산출하는데, 일부 자료들은 기술적일 수 있으며 일부 자료는 규준적일 수 있다. 기술적인지 혹은 규준적인지는 연구에서 얻어진 정보나 사용하고자 하는 분석 방식을 통해 결정된다.

언어표본분석 방법에는 컴퓨터를 활용하는 방식과 활용하지 않는 방식이 있다. 표 7.14에는 분석 방법의 목록을 제시하였다. 각각의 방식들은 다양한 자료들을 측정하나 아동 언어의 전체 특성을 보여주는 것은 없다. 일반적으로 규준 결과를 제시하는 방식이 많고, 결과를 기술적이거나 묘사적으로 제시하는 방식은 상대적으로 소수이다. 그 수가 많지는 않으나 그중에서 많이 사용되고 있는 분석 방법을 부록 B에 제시하였다. 우리는 다른 문헌에서 일부 유용한 부분을 인용하여 보다 더 일반적인 분석 방법에 대해 논의할 것이다.

## 언어 사용

발화 수준에서 SLP는 발생한 중단과 개개 발화의 의도를 분석할 수 있다.

### 의사소통 중단

의사소통 중단이나 붕괴는 여러 가지 이유로 발생할 수 있다. 중단의 양과 유형은 언어 과제나 주제, 대화 상대자에 따라 달라질 것이다. 일반적으로 대화에서보다 독백에서 더 많이 발생하며, 발화가 길어질수록 중단되는 경우가 더 많다. 중단은 아동의 언어 산출 능력이 '신장되거나' 언어처리에서의 어려움이 증가되는 시기에 많이 발생하는 경향이 있다. 발화의 중단은 언어 진단을 할 때 특히 중요하다(Rispoli & Hadley, 2001). 언어장애 아동들은 전형적인 발달을 보이는 아동들에 비해 의사소통 중단을 더 많이 보인다.

중단의 빈도는 의사소통 능력에 대한 주관적 인상과 부적인 관계를 갖는다. 중단의 빈도가 높을수록 의사소통 능력은 좋지 않다. 또한 발화가 길어질수록 중단의 빈도는 많아진다. 중단은 아동의 발화 형성 과정이나 인지 또는 언어적 요구 수준에 대한 단서로서 가치를 가질 수 있다. 의사소통 중단 분석이 모든 언어장애 아동들에게 반드시 필요한 것은 아니지만, 낱말 찾기 문제를 보이거나 말이 뒤죽박죽이고 느린 아동, 또는 발화가 지나치게 긴 아동들에게는 도움이 될 수 있다.

중단을 분석할 때 SLP는 낱말은 물론 낱말의 일부만 산출한 경우나 말처럼 들리는 발성까지 모두 전사해야 한다. 2초 이상의 쉼은 반드시 기록한다. 제5장에서 이미 언급한 것처럼 쉼은 시간이 포함된 전사 형식을 통해 분명하게 표시되어야 한다. **혼동된 발화**(mazes) 역시 분명하게 표시되어야 한다. 혼동된 발화도 대화에서 이루어지는 움직임, 즉 신체적 움직임과 같이 언어의 한 부분이다. 혼동된 발화는 소리 없는 쉼, 간투사, 반복, 수정 등으로 구성된다. 전통적인 구문 분석 방법에서는 대부분의 혼동된 발화들을 제외한 후 분명하게 산출된 문장들만 분석했기 때문에 SLP가 의사소통 중단을 분석할 수 없었다.

## 의도

개별 발화 수준에서 화용 분석은 표현되거나 이해된 의도를 기술할 수 있다. 의도의 적절성과 형식도 관심의 대상이 된다. 의도의 복잡성에 대한 규준적 자료들은 거의 없지만 각 의도의 형식과 전달 수단도 분석한다.

**빈도와 범위.** 의도의 빈도와 범위에 대한 규준 자료도 거의 없다. 이는 의도가 맥락에 따라 달라지기 때문이며 연령에 따라 표현된 의도에 대해 전문가들의 의견이 일치하지 않기 때문이다. 의도는 대화 맥락에 의해 크게 영향을 받는다.

다양한 연령과 문맥 상황을 반영하는 의사소통 의도 분류표들이 많이 있다. 저자는 연령에 따른 의사소통 의도에서의 변화를 표 7.15와 표 7.16에 정리하였다. SLP는 스스로 여러 개의 분류표를 조합하여 의사소통 의도 분류표를 만들 수도 있다.

의사소통 의도의 범위는 연령이 증가함에 따라 더 확장되고 복잡해지며 하나의 발화로 다양한 의도를 표현한다. 아동들이 다양한 기능을 표현하게 될수록 더 융통성 있는 의사소통이 가능해진다.

SLP는 가장 적절한 분류표를 선택한 후, 아동과 대화 상대자의 발화가 표현한 의도를 평가한다. 의도가 표현된 조건이나 상황적 단서 그리고 담화 유형(일대일, 그룹)이나 과제 특성(운동적, 언어적, 시각적, 또는 촉각적)과 같은 담화적 요구에도 관심을 가져야 한다.

많지는 않으나 대화 상대자들이 대화 중 사용한 다양한 의사소통 의도를 보여주는 일부 규준 자료가 있다. 상황에 의해 확인되지 않는 의도는 없다. 전형적 발달을 보이는 아동은 대화를 시작하고 대화 상대자가 시작한 대화에 적절히 반응하며, 정보를 구하고 제공하며, 도움을 요청하고, 정보를 자

**표 7.15** 아동의 의도

| 초기 상징 단계 (2세 이하) | 상징 단계 (2~7세) |
|---|---|
| Dore(1974), Owens(1978) | R. Chapman(1981), Dore(1986), Folger & Chapman(1978) |
| 행동 요구하기 | 요구<br> 행동/도움/사물요구하기<br>허가 |
| 통제하기<br> 저항하기 | 통제하기<br> 저항하기<br> 규칙 세우기 |
| 정보 요구하기 | 정보 요구하기 |
| 반응하기<br> 계속하기<br><br><br> 언급하기 | 반응하기<br> 인정하기<br> 한정하기<br> 동의하기<br> 언급하기<br>주장하기 |
| 이름대기 | 확인과 묘사 |
| 개인적 감정 표현하기 | 개인적인 감정 표현하기<br> 서술, 보고, 평가하기<br> 속성/세부적 특징<br> 설명<br>  가정과 이유<br>  예측 |
| 진술하기<br><br> 선택하기 | 진술하기<br> 절차<br> 선택과 주장 |
| 대답하기 | 대답하기<br> 정보 제공<br> 명료화<br> 승낙<br>대화 구조화하기 |
| 부르기/인사하기 | 관심 요구와 화자 선택하기<br>반문하기<br>명료화 요구하기<br>경계 표시하기<br>공손하게 말하기<br>감탄하기 |
| 반복하기 | 반복하기 |
| 연습하기 | 모방 유도하기 |

주 : 아동의 연령이 증가함에 따라 새로운 기능을 첨가하고 계속적으로 이미 보인 기능들을 다양화해 감

**표 7.16**  의사소통 의도와 습득 연령

| 시기 | 의사소통 기능 |
|---|---|
| 24개월 이전 | 대답/반응하기<br>계속하기<br>언급하기<br>선택하기<br>이름대기<br>거부/회피하기<br>반복하기 |
| 24~36개월 사이 | 부르기/인사하기<br>세부적인 것 말하기<br>예견하기<br>반응하기<br>도움 요청하기/지시하기(<br>명료화 요구하기<br>정보 요구하기<br>사물 요구하기 |
| 36개월 이후 | 느낌 표현하기<br>이유 제시하기<br>가정하기 |

발적으로 제공한다. 반대로 자폐스펙트럼장애와 같은 일부 아동들은 의사소통을 거의 시작하지 않으며 최소한의 반응만 보인다.

간혹 성인이나 아동들은 집요하게 지속되는 의사소통 상황에 처하는 경우가 있다. 예를 들어 아동에게 그림책에 나와 있는 그림의 이름을 계속 질문하는 부모가 있을 수 있으며, 계속 즐거움이나 떼쓰는 표현을 반복하는 아동이 있을 수 있다. 그러한 행동은 자료를 편향되게 할 수도 있으며 질문하기와 같은 한 가지 유형의 의도만을 두드러지게 사용하게 할 수도 있다. 대화 표본을 수집하는 동안에 이러한 패턴이 발생하는 경우 기록해 두도록 하고, 상황을 자연스럽게 변화시켜야 한다. 의사소통 의도를 보다 잘 평가하기 위해서는 다양한 상황과 대화 상대자를 반드시 고려해야 한다.

어떤 아동은 계속 질문하기와 같이 제한된 범위의 언표외적 기능만 사용할 수 있다. 의사소통 상황과 대화 상대자를 다양하게 변화시켜도 이러한 행동이 지속된다면 아동의 의사소통 기능 범위가 제한된다고 판단할 수 있다.

**적절성.** 제한된 범위의 의사소통 범위는 언어 사용에서의 부적절함을 보여주는 것으로 간주할 수 있다. 적절성은 연령이나 인종, 민족, 종교, 사회경제적 수준, 성별, 의사소통 맥락과 같은 요인에 기초해서 판단해야 한다.

"존은 항상 질문을 하는 것처럼 보여요. 심지어 대답을 알고 있는 경우에도 말이죠." 이러한 양육자의 관찰 내용은 언어표본을 통해 확인할 수 있다. 관찰할 수 없을 수도 있으나 오직 언어표본이나 체계적인 관찰만이 구체적인 증거가 될 수 있다.

**부호화.** 의사소통 의도는 전달 수단의 형식, 즉 구어인지 발성인지 혹은 비구어적 수단인지에 따라서 분석할 수 있다. 준언어적 수단에서부터 비언어적 수단이 언어적 수단으로 전환되는 것이 아동의 발달 수준에 근거하여 의사소통 능력이나 효과의 위계적 수준을 보여줄 수 있다. 비언어적 문맥과 대화 상대자의 행동도 이러한 정보를 수집하기 위해 반드시 전사되어야 한다.

일반적으로 언어 기술이 좋지 않은 아동들은 의사소통 의도를 전달하기 위해 언어 외의 다른 수단을 사용할 것이다. 어려운 정보도 쉼과 같은 비언어적인 수단을 통해 전달될 수 있지만, 언어 능력이 충분히 발달되지 않은 아동들이 언어 능력이 좋은 아동들에 비해 비언어적이고 준언어적인 수단을 더 많이 사용하는 경향이 있다. 어떠한 의사소통 의도를 사용했는지와 더불어 아동과 대화 상대자가 사용한 의사소통 전달 수단의 범위 역시 측정해야 한다.

아동이 대체 의사소통 수단을 사용하는 경우 그 형태를 더 자세하게 살펴봐야 한다. 사물이나 대화 상대자에 대한 신체적 조작이나 제스처, 수화 또는 AAC 도구의 사용 등과 같은 것들을 포함할 수 있다. 두 명의 아동이 동일하게 비구어 상태라 하더라도 의사소통 수단은 매우 다를 수 있다.

## 내용

낱말의 의미와 낱말관계에 대한 이해는 연령이나 성별, 종교, 인종 등과 같은 많은 요인에 의해 영향받을 수 있다. 낱말을 알기 위해서는 낱말을 확인하거나 정의하는 그 이상의 것을 알아야 한다. 즉 아동들은 의미나 말소리가 유사한 낱말들의 관계, 반대말, 해당 낱말을 포함하는 낱말군을 이해할 수 있어야 한다.

의미 분석은 낱말 이상의 더 커다란 단위의 분석, 즉 구나 문장까지 확대해서 실시해야 한다. 예를 들어 "나 건드리지 마."와 같은 말은 "저리 가, 네가 뭘 원하는지 모르겠어."라는 의도된 메시지와 매우 달라 보일 수 있다.

이러한 정보 모두가 짧은 언어표본을 통해 확인될 수는 없다. 낱말 이해는 '시몬 가라사대'나 일련의 과제를 수행하게 하는 게임을 통해서 평가할 수 있다. SLP는 아동의 반응을 확인하기 위해서 일부러 낱말을 부정확하게 사용할 수도 있다. 정의하거나 반대말 말하기를 유도하는 낱말 게임 역시 중요한 정보를 제공할 수 있다. 놀이를 통해 분류나 범주화하기를 실시해서 아동의 분류 및 범주화 능력을 평가할 수도 있다. 아동에게 범주에 속하는 것을 명명하게 하거나 반대로 동일 범주에 속하는 여러 낱말을 제시하고 그에 해당하는 범주명을 말하게 할 수도 있다. SLP는 "쥐가 코끼리보다 더 커."나 "빗이 발가락 사이에 끼어 있네."와 같이 바보스럽고 우스꽝스럽게 낱말들을 비교하거나 짝지어 제시하여 아동의 반응을 살펴볼 수도 있다.

어휘 능력은 읽기 이해와 매우 밀접한 관계를 갖는다. 읽기와 쓰기 분석은 제13장에서 소개할 것이다. 의미 영역에 문제를 갖는 아동들은 학습과 읽기, 특히 이해에서 어려움을 보일 수 있다.

언어장애나 학습장애 아동들은 이름을 그림과 연결짓는 참조 대상-상징 과제에서는 어려움을 보이지 않지만, 중의적이거나 추론적 용어, 동의어, 함축적 의미의 낱말을 이해하는 데는 어려움을 갖는다. 또한 언어장애 아동들은 내용을 이해할 때 맥락적인 정보들에 의존하기 때문에 물리적 상황이 특히 중요하다. 언어장애 아동들은 낱말을 특정 물리적 상황이나 맥락에서만 이해할 수도 있다.

맥락적 정보가 영향을 미칠 수 있기 때문에 대화에서 낱말 사용을 평가하지 않고 검사와 같이 공식적인 탈문맥적인 활동을 통해서 정의하기를 평가하는 것도 좋은 방법일 수도 있다. 5세에서 10세 사이 아동들의 정의하기 능력은 기능적인 것에서 범주적인 것으로 변화하며 더 많은 요소들이 추가된다. 초등 2학년경에는 정의하기에서 약 49%가 사과는 과일이다와 같이 범주적인 설명을 포함하며, 5학년경에는 약 76%로 증가한다.

여러 뜻을 가진 낱말의 정의는 탈문맥화되거나 단독 상황에서는 이해하기가 더 어렵다. 일반적으로 문장 형식이 수행을 돕지만 이는 낱말 유형에 따라 달라진다. 여러 뜻을 지닌 낱말은 교과서에 많이 나오는데, 예를 들면 초등학생 도서자료에서 번번히 사용되는 어휘 9,000개 중 72%가 여러 뜻을 가진 낱말이다.

## 어휘 항목

의미 분석에서 개개 낱말이나 낱말 관계들은 언어적 단위에 따라 몇 개의 분석 수준으로 구분된다. 학령기 아동이나 청소년의 경우 어휘 능력에서의 개인차로 인하여 규준을 수립하기가 쉽지 않다. 어휘 증가는 성인기까지 서서히, 안정적으로 이루어진다. 학령기 아동과 청소년의 의미 발달은 다음과 같이 정리해볼 수 있다.

- 특정 동사 이해[예 : 해석하다, 예측하다]
- 교과서 어휘 이해[예 : 무척추동물, 선조]
- 중요한 부사어 이해[예 : 약간, 특별히]
- 접속부사 이해[예 : 그동안, 반대로]
- 억양이나 언어적 양상을 통한 비꼬는 표현들 이해
- 또래들이 사용하는 은어 또는 속어 이해[예 : 짱이야]
- 복잡한 속담 이해
- 복잡한 은유 이해
- 가끔 사용되는 숙어 설명[예: 퇴장으로 불만을 표시하다(to vote with one's feet)]
- 모호한 메시지 설명
- 추상적 개념어 정의[예 : 용기, 정의]

**어휘 다양도.** 어휘 다양도(Type-Token Ratio, TTR)는 전체 낱말 중에서 새롭게 사용된 낱말의 수가 차지하는 비율을 말한다. 정해진 길이의 발화 표본에서 새로운 낱말 수(Number of Different Words, NDW)는 연령 및 의미적 다양성 측정과 밀접한 관계를 갖는다. 표 7.19에 제시 된 것보다 유의하게 낮은 수치는 낱말 인출문제나 어휘력 부족을 의미할 수 있다.

전체 낱말 수(Total Number of Words, TNW) 역시 연령 증가와 함께 안정적으로 증가하기 때문에 언어 표현 능력에 대한 일반적인 측정치로 사용된다. TNW는 일반적으로 언어 표현의 측정치로 사용되지만 운동 능력이나 낱말 인출 능력과 같은 요인에 영향을 받기도 한다. 이러한 이유로 TNW를 학령 전 아동 언어발달 측정치로 사용하는 것에 대해 일부 전문가들은 문제를 제기하기도 한다. (20분의 언어표본에서 측정된 TNW 수치를 표 7.19에 제시하였다.)

양적 측정치로 TTR을 수용하기까지는 다양한 의견이 제기되어 왔다. TTR이 언어표본의 크기에 따라 크게 변할 수 있다는 인식이 반영되었기 때문이다. 일반적으로 표본 크기가 350 낱말 이상일 때 차이가 감소한다. 아동들마다 상황에 따른 변화가 크지만, 다양한 상황을 통해 좀 더 대표성 있는 발화 표본을 수집한다면 이론적으로 더 안정된 수치를 제공할 수 있다.

2세에서 8세 사이의 아동들은 .42에서 .50 사이의 TTR 수치를 보인다. .50보다 더 큰 수치를 보이는 아동들은 어휘 능력이 더 다양하고 융통성 있으며, 반면에 .42 이하인 경우는 동일한 낱말을 반복해서 사용하는 경향을 보인다고 할 수 있다. TTR 수치가 매우 낮은 경우는 이전 발화를 반복하거나 정형화된 낱말 사용이나, 낱말 인출에서의 문제를 보이는 것일 수 있으며 또는 제한된 어휘 능력을 나타내는 것일 수도 있다. ELL 아동은 영어 어휘 부족으로 낮은 수치를 보일 수 있다.

어휘력이 빈약하거나 낱말 찾기 장애를 가진 아동들은 자신들의 재량에 따라 사용할 수 없는 특정한 단어를 사용하기보다는 불특정한 의미(빈 낱말)를 사용할 수 있다. 낱말 찾기 문제를 보이는 아동은 구조화된 이름대기 과제와 자발화 표본 모두에서 낱말 찾기 문제를 보인다. 어떤 언어장애 아동은 일반 아동에 비해 자발화에서 언어를 상대적으로 적게 산출했음에도 불구하고 구조화된 이름대기 과제에서만 어려움을 보였다.

말하는 이들은 '보다(분명하게), 듣다(크게), 냄새 맡다(악취), 느끼다(행복한, 피곤한)'와 같은 감각적 경험을 묘사하는 다양한 낱말들을 알아야 한다. 그들은 '시간(5시에)'과 '장소(~앞에)'와 같은 용어로 상황을 묘사해야 한다. '형태(둥근, 크기(큰), 수(둘, 많이, 적게), 재질(금속의, 목재의), 조건(새로운, 낡은)'과 같은 물리적 속성에 대한 낱말도 알아야 한다. 또한 '비교(더 큰, ~만큼 큰)'와 '양(거의, 충분치 않은, ~만, 충분한)'과 같은 관계 용어, '행동(달리다, 뛰다, 먹다), 상태(이다-am, is, are)'와 '감각 처리(느끼다, 듣다, 보다)' 같은 용언들도 알아야 한다. 마지막으로 '원인(~때문에)'과 '동기'도 묘사할 수 있어야 한다. 앞에서 언급한 것처럼 이러한 용어들은 천천히 발달된다. 나이가 많은 아동들은 이러한 전반적인 어휘들을 사용할 수 있다.

언어장애 아동은 가리킴말이나 말하는 이의 관점으로 해석되어야 하는 용어들(예 : 여기, 거기, 이거, 그거, 오다, 가다)에 특히 어려움을 보인다. 말하는 이의 변화로 지시하는 바가 달라지는 것에 어려움을 갖는 것이다. 언어학습장애나 자폐스펙트럼장애, 또는 정서장애 아동은 듣는 이나 말하는 이의 관점을 갖는 데 어려움을 가질 수 있다. 또한 이 아동들은 자신을 이름으로 지칭하며, 다른 사람의 발화를 반향어처럼 그대로 따라하기만 할 수도 있다.

어휘 다양도와 같은 측정치는 그 하나만으로 사용되어서는 안 된다. 특히 다문화-다언어 배경을 가진 아동의 경우에는 더욱 그러하다. 어휘 다양도와 그것을 구성하는 전체 낱말 수 및 새로운 낱말 수를 언어장애 아동과 일반 발달 아동의 이야기 능력을 구별하는 데 사용할 수는 있으나 스페인어와 영어의 이중언어 환경에 있는 유치원 아동을 구분하지는 못했다(Munoz, Gillam, Peña, & Gulley-Faehnle, 2003). 이 경우 구문정확성과 같은 다른 측정치들이 더 정확할 수 있다.

**과잉확대/과잉축소와 부정확한 사용.** SLP는 아동이 관습적인 의미와 다르게 낱말을 사용한 경우에 대해 관심을 가져야 한다. 일반적으로 의미발달은 구체물, 사람, 경험적 표현으로부터 공통되고 관습적이며 성인과 같이 추상적인 형태로 이루어진다.

어떤 아동은 공통된 관습적 정의를 알지 못하기 때문에 낱말을 부정확하게 사용하며, 어떤 아동은 낱말을 부정확하게 대치해서 사용한다. 예를 들어 다음은 학습장애 청년에게서 최근에 받은 편지이다.

나도 당신처럼 잘 쓸 수 있게 되기를 바랍니다. 당신은 어디에서 단락을 나누어야 하는지와 구술법(punctuality)을 정확하게 사용하는 방법을 잘 알고 있습니다.

아마도 그는 **구두법**(puntuation)을 의미했을 것이다. SLP는 아동이 대치를 보인 낱말들도 검사해야 한다. 앞에서 제시한 것처럼 아동은 목표낱말을 약간 틀렸을 수도 있고 낱말 찾기 문제로 대치를 보였을 수도 있다.

ELL 아동들은 영어 낱말을 매우 제한되거나 과잉확대하여 사용할 수 있다. 제한된 사용은 낱말의 특정 자질을 잘 모르기 때문에 그럴 수도 있고 L1의 의미에만 있는 낱말을 그대로 전환해서 사용하기 때문일 수도 있다. 예를 들어 영어에서 전치사 *for*는 스페인어에서는 *para*인데, 두 언어의 구문적 용법에 약간 차이가 있음에도 *para*가 쓰여야 할 때 *for*를 그대로 사용할 수 있다.

**말투와 어휘집.** 아동들은 다양한 말투(style)를 비교적 일찍 사용하기 시작한다. 발화와 대화 상대자에 따른 분석에서 말투 변화를 제시하였다. 다양한 말투로 어휘를 사용하는 것도 분석할 수 있다.

속어는 또래 간에 자발적인 대화에서 격식 없이 사용되는 방식이며 특히 청소년에게 중요하다. 속어 사용은 청소년을 아동이나 성인과 구분하게 해주며, 집단 동질성과 유대감을 수립하게 해준다. 속어는 그 특성이나 사용하는 집단에 따라 변하기 때문에 평가하는 것이 쉽지 않지만, 그럼에도 불구하고 매우 중요하다. 브레인스토밍 시간에 일반 청소년들이 사용한 어휘들을 평가와 중재 목표 어휘로 고려할 수 있을 것이다.

아동의 고급한 어휘, 즉 일반적인 학업 맥락에서 사용되는 낱말들로 구성된 어휘들 역시 중요하다. 수준 높은 어휘들은 특히 청소년들에게 학업 성취를 위해 필요하다. 이와 관련된 어휘로는 분석하다, 평가하다, 추론하다, 정의하다, 유추하다, 해석하다, 예측하다, 기억하다, 이해하다 등을 들 수 있다. 교사는 다른 유용한 고급한 어휘들을 제시해야 한다.

### 낱말 관계

각각의 낱말들은 다른 낱말들과 관계를 갖는다. 이러한 관계는 낱말 연합(예 : 소금과 후추, 왕과 왕 비), 동의어, 반의어, 동음이의어로 구성된다. 이러한 낱말 연합은 대화 표본에서도 관찰할 수 있으나, 발화 표본에서 관찰되지 않은 낱말은 SLP가 검사해야 한다. 이러한 낱말 연합은 그 저변의 인지 구조화 전략을 반영한다.

**의미 범주.** 행위자, 행위, 장소와 같은 의미 범주는 아동이 사용하는 가장 초기의 낱말군이다. 일부 범주화 도식은 어린 아동과 성인의 의미적 단위를 묘사하고자 한다. 표 7.17에 유치원생과 학령기 아동들이 표현하는 의미 범주들을 제시하였다.

개념을 바탕으로 하는 의미적 지식은 언어적 형식에 비해 아프리카계나 라틴계, 또는 아시계 미국인과 같이 이중언어 환경에 있는 소수 언어집단의 아동을 평가할 때 좋은 평가 틀이 될 수 있다. 소수집단 아동의 의미 지식의 정확성은 그들의 모국어 형식에 기초해서 평가되어야 한다. 정확하지는 않지만 소수 언어집단의 개념을 습득한 후에 미국 표준어에 더 가까운 표현을 습득하게 된다고 가정된다.

**문장 간 관계.** 아동의 낱말 의미와 관계에 대한 관심을 갖는 것은 물론, SLP는 접속사나 부정사, 전치사를 통해서 문장에 표현된 관계와 수동태와 같은 다양한 문장 형식에 대해서도 살펴보아야 한다.

**접속사.** 접속문에는 첨가, 시간, 인과, 대립의 네 가지 유형의 접속 관계가 나타난다. 첨가 형식은 두 개의 절이 서로 대등한 관계로 연결되는 것이다. "Julio ate pie, and Brigid drank coffee." 문장에서 각각의 사건은 서로 의존적이지 않다.

시간 형식은 하나의 절이 다른 절에 먼저 혹은 뒤에, 또는 동시에 서로 종속적으로 서술되는 것을 말한다. "I'm going to the store before I go to the party."나 "I'll rake the leaves while you finish painting the trim."과 같은 문장에서 보면 시간적 관계가 명확하게 드러난다.

인과적 접속은 하나의 절이 다른 절의 결과가 되는 형태로 서로 종속적으로 연결된 형식이다. "I

**표 7.17** 의미 범주

| 의미 기능 | 설명 | 예 |
|---|---|---|
| 행위 | 서술부에서 타동사 또는 자동사 절로 행위를 표현함 | We *grew* pumpkins and squash. (Transitive)<br>He *swims* daily.(Intransitive) |
| 상태 | 서술부에서 타동사나 자동사, 또는 대등절로 현재 상태를 서술함 | I *want* a hot fudge sundae. (Transitive)<br>Tigers *look* fierce.(Transitive)<br>My sister *is* now at Harvard (Equative) |
| 행위자 | 행동을 수행하는 사람<br>때때로 무생물, 특히 자연적인 힘이 작용하는 경우.<br>일반적으로 주어가 되나 수동적 보어가 될 수도 있다. | *Mike* threw the ball.<br>*Temites* destroyed our cabin.<br>*Wind* blew down the trees.<br>The *cat* chased the dog. |
| 도구 | 행위자에 의해 사용되는 무생물적인 사물로 동사로 서술된 행동을 통해 움직임. 행위자는 일반적으로 서술되지 않더라도 존재할 수 있음 | The *axe* split the wood.<br>The building was erected by a *crane*.<br>She used the *baseball* bat with great skill.<br>The shaman kept on his *drum*. |
| 대상 | 행위가 수행된 실체. 대상은 타동사 절에서 직접 목적어이거나 자동사 절에서 주어가 됨 | Mike threw the *ball*.<br>The *lighthouse* withstood the hurricane. |
| 수여자 | 행동을 받는 사람. 일반적으로 간접 목적어이지만 행동이 이루어지지 않으면서 무언가를 받는 입장이 되는 경우에는 직접 목적어의 기능을 할 수 있음 | Father bought *mother* bouquet of roses.<br>Our mascot brought *us* good luck.<br>He built a treehouse for his *daughter*.<br>I loved that *movie*. |
| 시간 | '언제' 질문에 시간의 부사적 기능으로 답변하는 것.<br>문장의 주어 또는 보어 역할을 할 수 있음 | I'll see you *later*.<br>We'll meet at four *o'clock*. Then, I'll know.<br>*Tomorrow* is a holiday.<br>It is *time to leave*. |
| 장소 | '어디' 질문에 대해 장소의 부사적 기능으로 답변하는 것. 문장의 주어 또는 보어 역할을 할 수 있음 | Some of us looked *in the old log*.<br>I knew it was right *here*.<br>*Chicago* is indeed a windy city. |
| 방식 | '어떻게' 질문에 대해 방식의 부사적 기능으로 답변. | We stalked the big cat *carefully*.<br>He worked with *great skill*. |
| 동반 | '누구랑(와)'과 '뭐랑(와)'과 같은 질문에 대해 '~랑(와/과)'과 같은 부사적 기능으로 답변 | He swam *with his sister*.<br>She left *with Jim*.<br>He hunted *with his dogs*. |
| 빈 주어 | 문법적 기능을 담당 | *It* was sunny.<br>*There* may be some rain. |

went to the party because I was invited."라는 문장을 예로 들 수 있다. 학령 전 아동은 because만 독립적으로 사용하거나 "Cause I want to"와 같이 문장을 시작할 때 사용하며, 인과적 접속 형태의 사용은 훨씬 뒤에 나타난다(표 7.25 참조).

마지막으로 대립적 접속은 하나의 절이 다른 절의 내용과 반대인 경우이다. "I read the article, but I was unimpressed."가 그 예가 될 수 있다.

부정어. 부정어는 여러 가지 방식으로 표현될 수 있으며, 다양한 단계를 통해 발달된다. 부정어의 네 가지 형식에는 다음과 같은 것들이 포함된다. (1) *not*과 *-n't*, (2) *nobody*나 *nothing*과 같은 부정어, (3) *no*가 명사와 함께 사용된 경우, (4) *never*나 *nowhere*와 같은 부정형 부사. 언어적으로 성숙할수록 더욱 다양한 형태의 부정어를 사용한다. 아동들이 사용한 부정어는 표 7.25에 제시한 발달 자료를 통해서 비교해볼 수 있다.

전치사. 전치사는 영어 낱말 중에서 가장 사용하기 어렵고 다목적으로 쓰이는 것 중 하나이다. 전치사는 형용사나 부사적 기능을 수행하며 장소(*in the box*), 시간(*in a minute*) 또는 방식(*in a hurry*)을 표시하기 위하여 사용될 수 있고 함축적 표현을 하기도 한다. 언어장애나 ELL 아동은 작거나 강조되지 않는 낱말은 잘못 이해하거나 잘 이해하지 못할 수 있다. 그들은 한 가지 형식만을 과잉해서 사용하기도 한다. 이미 앞에서 언급했듯이 SLP는 사용 범위를 평가하기 위해 발화 표본을 살펴보아야 한다.

수동태. 일반적으로 언어장애 아동은 내용이 반대의 방식으로 해석될 수 있는 문장을 해석하는 데 어려움을 보인다. 예를 들어 "The cat is chased by the dog."과 같은 수동태 문장은 "The cat chased the dog."으로 '행위자-행위-대상' 전략을 사용해서 잘못 해석할 수 있다. 언어장애 아동은 낱말의 문법적 기능을 해석하고 문법과 의미적 정보를 통합하는 데 어려움을 갖는다.

## 함축적 언어

사전적이지 않은 의미 사용, 즉 함축적인 언어 사용은 학령전기보다는 학령기 아동이나 성인에게서 더 많이 관찰된다. 그 예로 은유나 직유, 관용구 또는 속담 등을 들 수 있다. 농담이나 말장난도 함축적 언어로 고려할 수 있다. 함축적 언어는 대화나 문어 텍스트에서 빈번하게 사용되며, 관용구 해석은 읽기 능력과 매우 높은 상관관계를 갖는다.

3.5세 정도의 어린 아동들도 일부 관용구, 특히 좀 더 사전적인 표현에 가까운 관용구들을 이해할 수 있다. 함축적 해석은 연령 증가에 따라 함께 증가한다. 개별 해석 능력은 각 개인의 세상사 지식과 관련된다.

SLP는 함축적 언어의 사용 범위에 대해 고려해야 한다. 일부 아동은 실제 그 의미에 대해 잘 알지 못하면서 진부한 구나 표현을 지나치게 많이 사용할 수 있다. SLP는 아동이 실제로 해당 관용구를 알고 있는지 평가해야 한다.

함축적 언어 분석은 ELL 아동들에게는 더욱 중요하다. 관용적 표현은 사전적 또는 문화적 해석에 기초하여 이해될 수 있다.

**낱말 찾기**

낱말 찾기 장애는 상황이나 자극, 문장 문맥 또는 대화에서 특정 낱말을 산출하는 데 어려움을 갖는 것이다. 제4장에서 낱말 찾기 장애와 그 전략을 평가하는 방법에 대해 이미 살펴보았다. 이 장의 앞 부분에서, 우리는 시간 지연이 낱말 찾기 문제를 나타내는 것일 수 있다고 언급하였다. 빈번한 쉼(휴지), 반복, 에둘러 표현하기, 간투사, 불특정 낱말, 빈번한 대명사 사용 그리고 판에 박힌 문구와 일상화된 표현의 빈번한 사용 등도 낱말 찾기 증상에 포함된다. 부정확한 이름대기는 표 4.5에서 제시한 전략들을 사용하여 분석할 수 있다.

낱말 찾기 장애는 낱말 빈도나 습득 연령, 친숙도, 인접 어휘들과 같은 여러 요인들과 관련된다 (German & Newman, 2004). 인접 강도(neighborhood density)나 하나의 음소에서만 차이를 보이는 낱말의 빈도는 특히 중요하다. *rat*과 같은 낱말은 *cat, bat, fat, gnat, sat, hat, mat, rap, ran, rot, wrote/rote, write/right, rate* 등과 같은 많은 인접 낱말들을 갖는다. 이런 경우 매우 강한 인접성을 갖는다고 할 수 있다. 아동과 성인 모두는 이미 알고 있는 낱말과 음운적으로 유사한 낱말들을 더 쉽게 산출하고 기억한다. 만약 인접 낱말이 고빈도 낱말이라면 목표낱말을 더 잘 회상할 것이다. 반대로 낱말을 대치하는 경우 고빈도이며 초기에 학습되고 다른 고빈도 낱말과 높은 인접성을 갖는 낱말로 대치할 것이다. 산출이 방해된 낱말 또는 아동이 잘 인출하지 못한 낱말들은 인접 낱말이 거의 없을 것이다. 음운적 오류도 희귀한 낱말이나 저빈도의 낱말을 인접 낱말로 갖는 경우 그리고 흔하지 않은 음운 패턴을 가진 낱말에서 더 많이 나타날 것이다.

다른 변인으로 맥락, 구문 요구, 자극의 유형과 제시 방식, 범주의 사용이 포함된다. 일반적으로 그림 맥락은 문장 맥락보다는 어려우나 정의하기 맥락보다는 쉽다. 그러나 어려운 문장 산출은 문장을 구성하는 데 많은 인지적 에너지를 요구하기 때문에 낱말 회상을 방해할 수도 있다. 점화는 목표낱말에 앞서 제시되어 낱말 회상을 돕는다. 마지막으로 하위 범주의 사용 역시 낱말 회상을 도울 수 있다.

이러한 변인의 효과는 매우 중요하지만 언어표본에서는 평가하기가 어렵다. 그럼에도 불구하고 인출을 촉진하기 위하여 친숙한 대화 상대자나 주제, 상황을 사용하는 것은 중요하다.

---

### 형식

언어 형식에는 구문론, 형태론, 음운론 또는 말하는 이의 의도와 의미를 부호화하기 위해 사용된 수단들이 포함된다. 대부분의 언어 분석 방법은 언어의 형식에 중점을 두고 있으나 규준화되어 있는 자료는 매우 부족하다. 양적 분석과 질적 분석 과제 모두 일부는 규준화되어 있으며 일부는 기술적으로 사용된다. 사용 가능한 분석 방법들을 부록 B에 제시하였다. 음운 분석은 이 교재에서는 다루지 않도록 하겠다.

## 양적 측정치

양적 측정치에는 평균발화길이(MLU)와 평균구문길이(MSL), T-unit, C-unit 그리고 문장 형식들이 차지하는 비중이 포함된다. 각각에 대해서 자세히 다루도록 하겠다.

SLP는 낱말과 형태소를 셀 때 신중해야 한다. 발화를 주의 깊게 나누는 것이 필요하며, 감탄사나 잘못 시작한 발화, 그와 유사한 발화들은 포함하지 말아야 한다. 아동이 에둘러 표현하거나 인출하기 어려운 낱말에 대해 장황하게 표현하는 경우 실제 아동의 발화길이는 증가될 수 있다. SLP는 낱말이나 형태소 수를 셀 때 일관된 규칙을 따르는 것이 좋다. 예를 들면 불완전한 낱말이나 불필요한 반복, 완전한 생각을 담지 않은 수정, 불명료한 낱말과 구, 그리고 간투사는 괄호로 묶고 수를 세지 않는다. 하지만 대화 중단을 분석하기 위해 지우지 말고 남겨 놓아야 한다.

양적 측정치는 몇 가지 문제점을 가질 수 있다. 일반적으로 아동이나 상황에 따라 변화 정도가 크다. 또한 많은 측정치들은 연령에 따라 느리게 달라진다. 초등 3학년과 고등학교 3학년의 문장당 평균 낱말 수는 7에서 14까지 증가한다.

질적 분석 결과를 결합시키는 것이 양적 측정치만을 고려하는 것보다 더 좋은 정보를 제공할 수 있다. 예를 들어 MLU, 하나 이상의 형태소와 구문 오류를 포함하는 발화의 비율 그리고 생활연령은 SLI를 임상적으로 진단하는 좋은 예측 자료가 될 수 있다. 구문 오류에는 낱말 순서 오류, 형태소의 생략이나 부정확한 사용, 관사, 조동사 또는 축약어의 생략, 내용어 중심의 전보식 발화 사용, 부정어의 부정확한 사용 등이 포함될 수 있다.

**평균발화길이.** 평균발화길이는 산출된 발화의 평균 형태소 길이를 말한다. MLU가 평균 4.0 정도까지는 아동의 언어 복잡성을 보여주는 좋은 측정치로 여겨지고 있다. 하지만 이에 대해 모든 언어학자가 동의하는 것은 아니다. MLU의 신뢰도에 대해 의문시되고 SLP의 자극에 대한 반응에 따라 그 수치도 달라지지만, MLU는 SLI 아동이 10세 정도까지는 일반적인 언어발달을 보여주는 신뢰성 있고 타당한 측정치로 간주된다(Rice, Redmont, & Hoffman, 2006).

일반적으로 MLU 4.0 이상에서는 변동성이 크지 않다. 이 평균치는 일반 아동의 경우 4세경이면 도달하나, 그 이후에도 MLU는 연령에 따라 계속 증가한다. MLU가 낮은 경우 아동 발화에서 문장의 복잡성은 새로운 구조가 추가되면서 증가된다. 이 발달 단계 이후에는 새로운 구조를 추가하기보다는 발화 형식의 내적 재구조화에 따라 구문복잡성이 증가한다. 그러나 이는 길이와 복잡성에 대한 매우 단순한 설명이며, 더 많은 요인들이 영향을 미친다.

MLU를 측정하기 위하여, SLP는 언어표본을 발화로 구분해야 한다. 아동이 대화 상대자나 상황에 적응하는 동안 산출한 발화는 분석에 포함하지 않는 것이 좋다. 각각의 발화에서 형태소의 수를 센 후, 전체 발화에서 측정된 형태소 수를 더한다. 일반 아동의 발달 순서에 기초하여 형태소를 세는 규칙을 표 7.18에 제시하였다. 그리고 이러한 규칙을 설정하게 된 간략한 근거를 제시하였다.

**표 7.18**  학령전기 아동 발화의 형태소 측정 규칙

| 구조 | 예 | 빈도 | 근거 |
|---|---|---|---|
| 강조를 위해서 낱말을 반복함 | No, no, no. | 각각 1 | |
| 복합어(두 개 이상의 자립형태소) | Railroad, birthday | 1 | 학령전기 아동은 복합어를 한 낱말로 학습 |
| 고유명사 | Bugs Bunny, Uncle Fred | 1 | 학령전기 아동은 고유명사나 또는 호칭과 함께 쓰인 고유명사를 한 낱말로 학습 |
| 관습적인 형태의 반복 | Choo-choo, Night-night | 1 | |
| 불규칙 과거형 동사 | Went, ate, got, came | 1 | 학령전기 아동은 동사 시제를 *verb+ed*와 같은 형태소 결합 규칙에 의해서가 아닌 새로운 낱말로 학습 |
| 애칭 | Doggie, horsie | 1 | 학령전기 아동은 CVCV를 CVC 음운 형식보다 더 쉽게 여기며 더 작은 형식으로 표시하지 않음 |
| 조동사와 연쇄 동사 | Is, have, do; gonna, wanna, gotta | 1 | 학령전기 아동은 *gonna*를 *going to*와 같은 낱말로 여기지 않음 |
| 축약된 부정어 | Don't, can't, won't | 1~2 | 부정어 *don't, can't, won't*를 *do, can, will*보다 먼저 습득. 따라서 긍정적 표현이 나타날 때까지 하나로 세고 그 다음에 두 개의 형태로 셈. 다른 모든 부정어-couldn't는 두 개로 셈 |
| 소유격 ('s) | Tom's, mom's | 1 | |
| 복수형 (-s) | Cats, dogs | 1 | |
| 3인칭 현재형어미(-s) | Walks, eats | 1 | |
| 규칙 과거시제(-ed) | Walked, jumped | 1 | |
| 현재진행형시제(-ing) | Walking, eating | 1 | |
| 비유창성 | C-c-candy, b-b-baby | 1 | 마지막 형태만 셈* |
| 간투사 | Um-m, ah-h | 0 | |

\* "I want can… I want candy."라는 예에서 형태소 수는 세 개가 됨

전체 발화 표본에서 측정한 총 형태소 수를 발화 수로 나누어서 MLU를 산출한다. 이 측정치는 표 7.19에 제시한 연령에 따른 MLU 자료와 비교할 수 있다. 표에 제시된 자료는 연령에 따라 변동성과 범위가 크게 달라진다는 것을 고려해야 함을 보여준다. MLU를 측정할 때에는 전형적인 발화 표본을 수집하는 것이 무엇보다 중요하다. 발화 자료가 두 가지 이상의 상황에서 수집되었다면, 각각 MLU를 측정하여 전체 자료의 안정성을 비교할 수 있을 것이다.

표 7.19에서 볼 수 있듯이 연령과 MLU는 상관관계가 있지만 이러한 상관관계를 받아들이는 데는 주의가 필요하다. 첫째, MLU의 변화율과 연령과의 관계는 일관되지 않는다. 둘째, 일부 언어장애는

기대한 것만큼 MLU에서 지체를 보이지 않는다.

200발화 표본을 사용하는 경우 MLUm이나 MLUw에서 유사한 발달 경향을 발견할 수 있으며 SLI 아동은 일관되게 낮은 수행을 보인다(Eisenberg, McGorvern Fersko, & Lundgren, 2001; Rice, Smolik, et al., 2010). 아동이 1표준편차 이하에 속하고 우리가 아동의 전형적 수행을 측정했다는 확신이 든다면, 그 아동이 언어장애 가능성이 있다고 고려해야 한다.

다른 측정치를 단일로 사용하는 것과 마찬가지로, MLU만으로는 불충분한 진단 도구이며 그 타당도와 신뢰도는 표본 크기에 따라 달라질 것이다(Eisenberg et al., 2001). 측정의 표준 오차도 50 발화를 기준으로 했을 때, 18개월에는 .19에서 60개월에는 .71로 달라진다. 100발화로 측정했을 때 에는 더 낮은 수치를 보일 것이다.

낮은 MLU가 반드시 언어장애를 나타내는 것도 아니다. 발화길이는 상황에 따라 달라질 수 있으며, 일부 언어장애 아동은 특히 에둘러 표현하기나 빈 낱말과 같은 낱말을 많이 사용해서 MLU가 실제보다 높게 측정될 수 있다.

MLU를 계산할 때 일부 공통된 오류를 범하기 쉽다. Kansas 언어 전사 데이터베이스(Rice, Ash, et al., 2004)는 비정상적 영어에 대한 지침을 제공한다. 예를 들어 *scissors*나 *pants*에서와 같이 복수형 명사처럼 보이는 낱말을 두 개의 형태소로 세지 말아야 한다.

**평균구문길이.** 평균구문길이(MSL)는 두 개 이상의 낱말로 구성된 모든 발화의 평균낱말길이를 말한다. 이 측정치는 예/아니요 대답과 같은 한 낱말 발화는 제외하고 측정한다. MSL은 MLU보다 연령과 더 높은 상관관계가 있는 것으로 보인다. MSL의 측정치도 표 7.19에 제시되어 있다(Klee, 1992).

**T-unit과 C-unit.** 나이가 많은 아동과 청소년의 구문 표현 능력은 **T-unit**(최소 종결 단위)으로 측정한다. T-unit은 하나의 주절에 종속절이나 구가 나열문 또는 내포문 형식으로 결합된 형식을 말한다. 따라서 T-unit에서 허용하는 가장 짧은 형식은 발화가 아닌 문장이 된다. 어떠한 단문이나 복문도 하나의 T-unit이어야 하나, 중문의 경우에는 두 개 이상의 T-unit을 가질 수 있다. 예를 들어 "I want ice cream."과 "I want the one that is hidden in the blue box."라는 문장은 각기 낱말과 절의 수가 다르지만 하나의 T-unit으로 이루어진 문장으로 볼 수 있다. "I want the ice cream in the picture, and he wants a shake."라는 문장은 두 개의 주절로 구성되므로 두 개의 T-units으로 구분할 수 있다. T-unit의 예는 표 7.20에 제시하였다.

T-unit은 5세 이후에 관찰되는 언어 유형의 변화, 예를 들면 구나 다양한 종속절을 포함한 문장 등을 MLU보다 훨씬 더 민감하게 반영한다. 학령기 동안 구어와 문어 문맥 모두 문장길이에서 느리지만 규칙적인 변화가 나타난다.

아동의 언어는 T-unit당 낱말 수, T-unit당 절의 수, 절당 낱말 수로 묘사될 수 있다. 자발적인 발화

**표 7.19** 언어의 양적 측정치

| 월령 | MLU<sub>w</sub>(SD)[4] | MLU<sub>m</sub>(SD) | MLU 평균의 범위[1] | MSL[2] | TNW[2] (20분) | NDW[2] (50발화) |
|---|---|---|---|---|---|---|
| 18 | | 1.1 | 1.0~1.2 | | | |
| 21 | | 1.6 | 1.1~1.8 | 2.7 | 240 | 36 |
| 24 | | 1.9 | 1.6~2.2 | 2.9 | 286 | 41 |
| 27 | | 2.1 | 1.9~2.3 | 3.1 | 332 | 46 |
| 30 | | 2.5 | 2.4~2.6 | 3.4 | 378 | 51 |
| 33(30~35) | [2.91(0.58)] | 2.8[3.23(0.71)] | 2.7~2.9 | 3.7 | 424 | 56 |
| 36 | | 3.1 | 3.0~3.3 | 3.9 | 470 | 61 |
| 39(36~41) | [3.43(0.61)] | 3.3[3.81(0.69)] | 3.2~3.5 | 4.2 | 516 | 66 |
| 42 | | 3.6 | 3.3~3.9 | 4.4 | 562 | 71 |
| 45(42~27) | [3.71(0.58)] | 3.8[4.09(0.67)] | 3.4~4.3 | 4.7 | 608 | 76 |
| 48 | | 3.9 | 3.6~4.7 | 4.9 | 654 | 81 |
| 51(48~53) | [4.10(0.65)] | 4.1[4.57(0.76)] | 3.7~5.1 | 5.2 | 700 | 86 |
| 54 | | 4.3 | 3.9~5.8 | | | |
| 57(54~59) | [4.28(0.72)] | [4.75(0.79)] | | | | |
| 60 | | 4.4 | 4.0~6.0 | | | |
| [60~65] | [4.38(0.63)] | [4.88(0.72)] | | | | |
| [66~71] | [4.47(0.61)] | [4.96(0.70)] | | | | |
| [72~77] | [4.57(0.66)] | [5.07(0.75)] | | | | |
| [78~83] | [4.70(0.66)] | [5.22(0.71)] | | | | |
| [84~98] | [4.72(0.83)] | [5.22(0.91)] | | | | |
| [90~95] | [4.92(1.03)] | [5.35(1.13)] | | | | |
| [96~101] | [5.08(0.84)] | [5.67(0.97)] | | | | |
| [102~107] | [4.99(0.71)] | [5.51(0.79)] | | | | |
| 108 | | 8.8 | 7.2~10.4[3] | | | |

TTR(type-token ratio; 어휘다양도)은 연령에 따라 거의 변화가 없으며, 2~9세에서 .42~.5의 범위를 보임

[1] 네 개의 연구에서 제시한 자료를 종합한 것임(Klee, Schaffer, May, Membrino, & Mougey, 1989; J. Miller, 1981; Scarborough, Wyckoff, & Davidson, 1986; Wells, 1985)
[2] MSL(mean syntactic length; 평균구문길이), TNW(total number of words; 전체 낱말수), NDW(number of different word)는 Klee(1992)의 자료임
[3] J. Miller, Freiberg, Rolland, & Reeves(1992)의 자료임
[4] Rice, Smolik, et al.(2010)

**표 7.20** T-unit과 C-unit의 예

| 문장구조 | 예 | T-units과 C-units의 수 |
|---|---|---|
| 단문— 한 개의 절 | They watched the parade on TV. | 1 T-unit, 1 C-unit |
| 복문— 내포절 | Washington has the horse I want. | 1 T-unit, 1 C-unit |
| 중문— 두 개 이상의 접속절 | *They went to the movie*, but *I stayed home.* | 2 T-units, 2 C-units |
| | *Mom went to work, I went to school, my sister stayed home.* | 3 T-units, 3 C-units |
| 부분적인 문장 | | |
| 생략형 답변 | (Who went with you?) Marshon. | 1 C-unit |
| 감탄사 | Oh, wow! | 1 C-unit |
| 경구 | A penny saved. | 1 C-unit |

에서 T-unit당 낱말 수와 절의 수, 절당 낱말 수는 학령기와 청소년기를 거치면서 점진적으로 증가하나 수치상에서의 변화는 학령 초기에서만 점진적으로 나타난다(표 7.21 참조). T-unit당 구어로 산출된 낱말 수, T-unit당 절의 수는 스페인어에서도 유사한 수치를 나타낸다.

이러한 수치들을 측정하기 위하여 SLP는 발화 표본을 T-unit으로 나누어야 한다. 그런 다음 측정한 낱말의 수와 절의 수를 T-unit의 수로 나누어 평균을 측정한다. 절당 낱말 수도 같은 방식으로 산출한다.

대화 과제의 유형도 T-unit 측정치에 영향을 줄 수 있으므로 관심을 가져야 한다. 정보 제공 과제에서는 T-unit당 낱말과 절의 수가 증가한다. 또한 이 발달 단계에서 복잡성과 길이가 직접적으로 관련되지 않기 때문에 T-unit 측정치를 잘못 해석할 수 있다. 예를 들어 청소년들은 구를 종속절의 위치에서 사용하며, 이는 훨씬 더 복잡한 구문 사용을 보여주는 것일 수 있다.

T-unit의 변형이 C-unit이다. C-unit은 T-unit과 유사하지만 불완전한 문장 중 질문에 대한 대답을 포함한다(표 7.20). C-unit 수치들을 표 7.21에 제시하였다.

자료가 완전하지는 않지만 일차적으로 아프리카계 미국 영어와 스페인어를 말하는 아동들의 T-unit과 C-unit은 측정해야 한다. 이 역시 표 7.21에 제시하였다. 아프리카계 미국 영어를 말하는 아동은 부정사구가 포함되거나 절이 포함된 문장을 어린 나이에 나타낸다. 3세 아동은 발화의 6.2%가 하나 이상의 복문 형식을 갖는다. 반면 4세 아동은 11.7%로 증가한다(Jackson & Roberts, 2001). 아프리카계 미국 영어 사용자 C-unit당 평균 형태소 수도 부가적 가치를 갖는다(Craig, Washington, & Thompson-Porter, 1998).

| 연령 | 평균 형태소/C-unit |
|---|---|
| 4 | 3.48 |

**표 7.21** 연령과 학년에 따른 T-unit과 C-unit

| 단위 | 4세 | 6세 | 6~7세* | 3~4학년 | 6~7학년 | 9학년 | 10~12학년 |
|---|---|---|---|---|---|---|---|
| 낱말/T-unit | | | | | | | |
| 구어 | | | 8.67 | 7.8 | 9.7 | | 11.4 |
| 구어-스페인어 | | 5.64 | | | | | |
| 문어 | | | | 9.5 | 9.4~11.8 | | 10.6~14.3 |
| 낱말/C-unit | | | | | | | |
| 구어 | | | | | 9.82 | 10.96 | 11.7 |
| 구어-AAE | 3.14 | 3.81 | | | | | |
| 문어 | | | | | 9.04 | 10.05 | 13.27 |
| 절/T-unit | | | | | | | |
| 구어 | | 1.26 | 1.33 | 1.31 | 1.5 | | 1.5 |
| 문어 | | | | 1.3 | 1.6 | | 1.6~1.8 |
| 종속절/C-unit | | | | | | | |
| 구어 | | | | | .37 | .43 | .58 |
| 문어 | | | | | .29 | .47 | .6 |
| 낱말/절 | | | | | | | |
| 구어 | | 7.14 | | 7.75 | | | |
| 문어 | | | | | 7.26 | | 8.82 |

*설명문 과제를 사용
출처 : Nippold, Mansfield, Billow & Tomblin(2008); Crowhurst & Piche(1979); Scott, Nippold, Norris, & Johnson(1992)

| | |
|---|---|
| 5 | 3.76 |
| 6 | 4.24 |
| 학령전기 | 3.55 |
| 유치원 시기 | 3.98 |

스페인어를 주로 사용하는 아동들에게서 T-unit당 오류 수도 유의미한 것으로 나타났다(Restrepo, 1998). 5세에서 7세 스페인어 사용 일반 아동들은 .09(SD = .05)의 오류를 보인 반면 언어장애를 동반한 스페인어 사용 아동들은 .39(SD = .21)의 오류를 보였다.

### 구문과 형태론 분석

많은 언어장애 아동들은 구문과 형태론에 어려움을 보인다. 예를 들면 경도에서 중등도 행동장애 아동들은 어순에 어려움을 갖는 것처럼 보인다.

**형태론 분석.** SLP는 문장 발달은 물론 낱말 내 발달에도 관심을 가져야 한다. 학령 전 아동의 경우 형태소를 정확하게 산출했는지를 분석한다. 이는 표 7.22에 제시하였다. 나이가 많은 아동은 접두사나 접

**표 7.22** 굴절 형태소와 습득 연령

| MLU | 형태소 | 예 | 습득연령 범위*<br>(월령) |
|---|---|---|---|
| 2.0~2.5 | 현재진행형 -ing<br>(조동사 없이) | Mommy driving | 19~28 |
| | 규칙형 복수 -s | Kitties eat my *ice* cream.<br>    형식 : /s/, /z/, /ɪz/<br>       Cats(/kæts/<br>       Dogs(/dↄgZ/)<br>       Classes(klæsIz), wishes(/wɪʃIz/) | 24~33 |
| 2.5~3.0 | 소유격 's | Mommy's balloon broke.<br>    형식 : 불규칙 복수로 /s/, /z/, /ɪz/<br>I throw *the* ball to daddy. | 26~40 |
| 3.0~3.5/3.75 | 규칙 과거 -ed | Mommy pull*ed* the wagon.<br>    형식 : /d/, /t/, /ɪd/<br>    *Pulled*(pʊld/)<br>    *Walked*(/wↄkt/)<br>    *Gilded*(g l al d ld) | 26~48 |
| | 규칙 3인칭 -s | Kathy hits.<br>    형식 : 불규칙 복수로 /s/, /z/, /ɪz/ | 26~46 |

*필수적인 문맥에서 90% 정확하게 사용됨
출처 : R. Brown (1973); J. Miller (1981)

미사와 같은 다양한 형태소를 사용할 수도 있다. 일반적인 접두사와 접미사 목록을 부록 C에 제시하였다.

문법 형태소를 정확히 사용한 비율은 문법형태소가 필수적인 문맥의 총 수에서 정확하게 사용한 수를 나누어 측정한다. 필수적인 문맥에서 아동은 문법형태소를 정확하게 사용할 수도 있고 대치나 생략 오류를 보일 수도 있다. 표 7.23은 언어표본에서 선택된 부분과 규칙형 복수 표지에 대한 정확률을 제시하고 있다.

정확률은 제한된 자료만을 제공한다. 예를 들어 과거형 시제 -ed의 정확률만을 측정한 SLP는 -ed를 잘못 사용해서 오류를 보였는지 혹은 불규칙 과거시제 동사에 -ed를 사용해서 오류를 보였는지를 알 수 없다.

형태소 표지들은 특정 품사에 적용할 수 있다. 예를 들어 과거형 시제 -ed는 동사에 한정된다. 따라서 SLP는 오류가 나타난 낱말군을 확인해야 한다. 때때로 동사와 같이 하나의 품사에만 한정된 오류를 보일 수 있다. 명사는 규칙 및 불규칙 복수, 소유격, 관사와 같은 표지들이 결합될 수 있다. 동사 표지에는 3인칭 단수, 규칙 및 불규칙 과거시제, 현재진행형, 서법(modal), do+동사, 연결동사(*am, are, is, was, were*), 완료형(*have+be*+동사)과 같은 형태들이 포함된다. 마지막으로 형용사와 부사 표지들에는 비교(-*er*)와 최상급(-*est*) 부사형 -*ly*가 있다.

**표 7.23** 복수를 정확하게 산출한 비율 산출

| 발화 | | 정반응 | 오반응 | 오류 유형 |
|---|---|---|---|---|
| 2. | Want more cookies. | x | | |
| 3. | Three cookie. | | x | 생략 |
| 4. | No, one big cookies. | | x | 단수로 대치 |
| 22. | Dogs. | x | | |
| 27. | Give the pencils to me. | x | | |
| 28. | I want two pencils. | x | | |
| 31. | You color the foots. | | x | 불규칙 형태로 대치 |
| 48. | What blue crayons? | x | | |
| 총 | | 5 | 3 | |

$$정확률 = \frac{전체\ 정확한\ 사용}{전체\ 정확한\ 사용 + 오류\ 사용} = \frac{5}{8} = 62.5\%$$

대명사는 그 저변에 의미론이나 화용론적으로 복잡한 특성을 가지고 있기 때문에 형태론 분석에서는 특별한 대상이 될 수 있다. 아동이 '확신이 없을 때는 대명사를 사용해라'라는 전략을 사용한다면 대명사 대치에서 오류를 찾기 어려울 것이다. 품사나 성(gender)과 같은 오류는 아동이 사용하는 기저 규칙을 보여줄 수도 있다.

학령기 아동과 청소년의 구어 및 문어를 분석할 때, SLP는 접두사와 접미사 사용 측면을 살펴보아야 한다. 복수 -s와 과거형 시제 -ed와 같은 활용어미들은 물론 굴절접미사 역시 분석해 야 한다. 이러한 접미사들은 구어보다는 문어에서 더 흔하게 사용되는데, *teach*와 같은 동사에 -er 을 덧붙여 명사 *teacher*를 만드는 것과 같이 품사를 변화시키는 데 사용된다. 가장 흔한 두 가지 파생적 변형은 동사를 명사로(*paint*를 *painter*로) 바꾸거나 동사를 형용사로(*run*을 *runny*로) 바꾸는 것이다.

**다문화–다언어 배경 아동.** 다문화–다언어 배경을 가진 아동들의 경우 방언이나 이중언어로 인한 변화를 염두에 두어야 한다. 끝부분에 오는 형태소를 생략하는 경우 아동이 해당 형태소를 이해하거나 산출하지 못하는 것 때문이 아닐 수 있다. 예를 들어 아프리카계 미국 영어는 음운적 이유로 인해 일부 낱말 끝부분을 생략할 수 있다. 또 다른 아동들은 *ten cent*에서처럼 명사 앞에 수사가 올 경우 복수 -s를 생략해서 잉여적인 형태소를 생략하기도 한다. 아동의 능력은 형태소 표지와 그와 연결되는 개념을 통해 평가해야 한다.

아동 수행을 비교할 때 바람직한 태도는 각 아동의 의사소통 공동체 내에서 아동의 수행을 평가해야 한다는 것이다. 아동의 언어 문제는 공동체 내에서 효과적으로 의사소통할 수 없는 정도에 따라 결

**표 7.24** 영어학습자(ELL) 화자들에게서 빈번하게 관찰되는 형태소 오류

| 형태소 | 오류 유형 | 가능한 설명 |
|---|---|---|
| 관사 | 생략 또는 the의 과잉일반화 | 관사는 많은 언어에서 빈번하게 사용되지 않는다. |
| 조동사 및 서법 | 생략 | 많은 언어에는 조동사가 없으며 동사 표지에 의존한다. |
| 축약 | 생략 | 강조되지 않은 형태는 종종 생략된다. 음운 오류 |
| 연결동사 | 생략 | 강조되지 않은 형태는 종종 생략된다. |
| 진행형 어미 | -ing의 생략 | 많은 언어는 이 형식을 갖지 않는다. |
| 복수형 -s | 생략 또는 many tree에서와 같이 일치 오류 | 강조되지 않은 형태는 종종 생략된다. 다른 언어는 형용사에 의해 표지될 때 사용된다. |
| 소유격 -'s | 생략 또는 과잉일반화 | 많은 언어는 '소유자의 소유물' 형식으로 표현한다. |
| 전치사 | 대치 오류 | 영어에서 매우 복잡한 체계이다. 낱말의 중의적 측면 |
| 대명사 | 대치 오류, 명사–대명사 일치 오류 | 대부분의 언어는 영어에서처럼 많은 대명사를 갖지 않는다. |
| 규칙 과거 -ed | 생략 또는 과잉일반화 | 강조되지 않은 형식은 생략된다. |
| 3인칭 -s | 생략 또는 과잉일반화 | 인칭이나 수 표지가 없는 규칙은 영어에서 제외된다. |

정되어야 한다. 일반적으로 방언으로 인한 변화는 5세경에 이루어지나 소수 아동은 3세경에 나타나기도 한다.

스페인어–영어의 이중언어 사용 아동의 언어표본분석시, 언어 코드 변환과 방언으로 인한 차이나 영어 효율성, 아동이 언어를 수행하는 맥락 효과 등을 고려해야 한다(Gutierrez-Clellen, Restrepo, Bedore, Pena, & Anderson, 2000).

ELL 아동이 보이는 가장 빈번한 형태소 오류를 표 7.24에 제시하였다. 형태소 표지를 종종 생략하거나 과잉일반화한다. 일부 스페인어 사용자는 영어 음절들을 한 덩어리로 만들어서 명료도가 낮아지게 된다. 쿠바 출신 미국인 친구들은 저자를 'Bobowens'라고 부른다. 이는 형태소와 같은 작은 단위를 강조하지 않거나 생략하기 때문에 나타나는 현상이다.

**구문 분석.** 구문 분석은 절 내에서 그리고 절 수준에서 실시한다. 이는 임상적으로 의미가 크지 않은 모방이나 질문에 대한 짧은 답변, 정형화되거나 암기된 반응들을 제외하는 데 최상의 방법이다.

분석 시 문장과 비문장을 구분하는 것은 유용하다. 문장은 평서문, 부정평서문, 명령문, 부정명령문, 의문문, 부정의문문과 같이 묶을 수 있다. 또한 문장은 길이나 구조로 묶을 수도 있다. 예를 들어 평서문은 주어–동사, 주어–동사–목적어, 주어–동사–보어, 내포나 접속을 포함한 복합절로 구분할 수 있다. 학령 전 아동의 문장 형식은 표 7.25에 제시한 규준 자료와 비교할 수 있다. SLP는 문장 내 명사와 동사구, 문장 유형, 내포와 접속의 발달에 관심을 가져야 한다. 이와 다른 문장 분석은 학령기

**표 7.25** 학령전기 언어발달

| 단계 | 연령 | 문장 유형 | 문장 간/형태론 |
|---|---|---|---|
| MLU 1~1.5 | 12~21개월 | 한 낱말<br>문장 끝을 올려 예/아니요 질문<br>'무엇'과 '어디'<br>부정사+X<br>의미적 어순 규칙 | 대명사/*mine*<br>관사/형용사+명사와 같이 독립된 명사 수식<br>'*and*' 없이 이름대기 연속 |
| MLU 1.5~2.0 | 21~26개월 | S+V+O 출현<br>부정어 *no*와 *not*이 구분 없이 사용됨<br>*This/that*+X? 형식으로 예/아니요 질문 | *And* 출현<br>*In & on* 출현 |
| MLU 2.0~2.25 | 27~28개월 | *What/where*+명사? 형식의 wh-질문 출현<br>본동사로서 *to be* 출현* | 조동사 사용 없이 현재진행형(-*ing*) 90% 사용<br>대명사 *me, my, it, this*와 *that*<br>목적어 위치에서만 명사가 수식됨<br>　　[(관사/형용사/지시어/소유격) +명사] |
| MLU 2.25~2.5 | 28~29개월 | 대부분 기본 SVO 문장이 사용됨<br>부정어(*no, not, don't, can't*를 혼용하여)<br>　명사와 동사 사이에서 사용함 | *In/on*, 복수 -*s*가 90% 습득됨<br>*gonna, wanna, gotta, hafta* 출현 |
| MLU 2.5~2.75 | 30~32개월 | *what/where*+N+V?<br>*what/where*+*be*+N?에서 도치 형식 사용<br>S+조동사+V+O 출현<br>조동사 *can, do, have, will* | 대명사 *she, he, her, we, you, your, yours, them*<br>주어와 목적어 위치에서 명사 수식<br>　　[관사+(수식어)+명사]<br>수식어 *a lot, some, two* 포함<br>불규칙 과거(*came, fell, broke, sat, went*)와<br>　소유격(-'*s*) 90%가 습득 |
| MLU 2.75~3.0 | 33~34개월 | S+조동사+*be*+X 출현<br>부정어 *won't* 출현<br>조동사가 의문문에서 출현 : 예/아니요<br>　질문에서 주어 도치 | *but, so, or, if* 출현 |

아동과 청소년에게 특히 중요하다.

　ELL 아동은 문장별로 분석하는 것에 어려움을 보이지 않을 수 있다. 문장 이상의 연결된 발화 분석은 더 많은 통찰을 줄 수 있다. 어순 오류와 결속 문제는 개별 문장보다 더 큰 단위의 분석을 통해 검증될 수 있다.

**명사구.** 명사구 수식은 명사구 요소의 빈도와 다양성에 기초하여 평가한다. 명사구 분석은 특히 후기 아동기나 청소년에게 적절할 수 있다. 발달 순서가 있는 것은 아니나 명사구 내에서 구성 요소들이 배열되는 순서는 대체로 고정된 편이다. 명사는 필수적이나 다른 수식어들은 필수적이지 않다. 표 7.26처럼 이러한 요소의 일부 또는 전부가 전체 또는 부분적으로 제시될 수 있다. 일부는 결합되어 사용될 수도 있는 반면, 일부는 사용에서 제외될 수도 있다.

　개시어(initiator)는 다음에 이어지는 구를 제한하거나 수량화하는 작은 핵심어로 구성된다. *only, a few of, merely*와 같은 것들을 예로 들 수 있다. SLP는 부사어와 개시어 혼동을 피하도록 명사구를 확인

**표 7.25** 학령전기 언어발달 (계속)

| 단계 | 연령 | 문장 유형 | 문장 간/형태론 |
|---|---|---|---|
| MLU 3.0~3.5 | 35~39개월 | 조동사+not(cannot, do not) 부정문 출현<br>wh-질문에서 조동사 주어 도치 | 축약되지 않은 연결동사(본동사로서 to be)를 90% 습득<br>대명사 his, him, hers, us, they<br>'관사/지시어+형용사/소유격/수식어+명사'를 포함한 명사구<br>절을 연결하기 위한 and 출현<br>think, guess, show, remember 등의 목적어로 내포절 출현 |
| MLU 3.5~3.75 | 39~42개월 | 평서문에서 두 개의 조동사<br>isn't, aren't, doesn't, didn't가 추가됨<br>예/아니요 질문에서 be와 주어의 도치<br>when과 how 질문 출현 | 관사(the, a), 규칙 과거(-ed), 3인칭 규칙(-s)을 90%가 습득<br>부정구(infinitive phrase)가 문장 끝에 출현 |
| MLU 3.75~4.5 | 42~56개월 | 간접 목적어가 평서문에서 출현<br>wasn't, wouldn't, couldn't, shouldn't 추가<br>부정어가 be의 다른 형태와 함께 출현<br>일부 단순한 부가 질문이 출현 | 대명사 our, ours, its, their, theirs, myself, yourself<br>관계절이 목적어에 따라 출현<br>본동사처럼 동일 주어와 함께 부정구 |
| MLU 4.5+ | 56+개월 | 한정되지 않은 부정어(nobody, no one, nothing)가 추가됨, 이중 부정 나타남<br>why가 한 낱말 이상의 부정문에서 출현함<br>60개월 이후에 부정형 질문이 출현 | 불규칙 과거(does, has), 축약되지 않은 조동사 to be와 축약될 수 있는 조동사 to be 그리고 연결동사(본동사로서의 to be)가 90%에 의해 습득됨<br>남은 재귀대명사 추가<br>복합적인 내포; 내포+접속<br>주어에 딸린 관계절 출현 |

*연결동사(계사)

해야 한다.

한정사(determiners)는 매우 다양하다. 수량어, 관사, 소유 대명사, 지시어나 둘, 이십 또는 백과 같은 수사가 포함된다. 수량어는 all, both, half, twice, triple과 같은 낱말들을 포함한다. 개시어와 조합된 한정사는 nearly all, at least half, less than one-third가 있다. 관사는 the, a, an과 같은 일반적인 형식들이 포함된다. 소유대명사에는 my, your, their가 포함되며 관사 없이 사용된다. 지시어는 관사 기능을 하며 this, that, those가 말하는 이의 관점에서 이해될 수 있다.

형용사는 mommy's와 같이 명사에 쓰인 소유 표시, first, next, final과 같은 순서 표시, little, big, blond와 같은 형용사, hot dog stand, cowboy hat과 같이 꾸밈어로 사용된 명사 등으로 구성된다. 말하는 이가 'Brother's first little cowboy hat'과 같이 말할 수도 있다. 명사구에서 형용사의 정확한 순서는 단지 공간적으로 배치하는 것 이상의 많은 설명이 필요한 복잡한 것이다. 그러나 대부분의 말하는 이는 cowboy little first brother's hat이 정확하지 않다고 인식한다.

명사의 기능은 I, you, they와 같은 주격 대명사, mine, yours, theirs와 같은 소유대명사, boy, girls, women과 같은 단수 및 복수 명사, sand, water, police와 같이 단수와 복수 구별이 없는 수량 명사 등으로 구성된다. 대명사가 사용될 때, 일반적으로 이미 밝혀진 명사나 명사구에 대해 대명사를 사용하는

**표 7.26** 명사구의 요소

| 개시어 | +한정사 | +형용사 | +명사 | +명사 후치 수식 |
|---|---|---|---|---|
| Only, a few of, just, at least, less than, nearly, especially, partially, even, merely, almost | **수량사**<br>All, both, half, no, onetenth, some, any either, twice, triple<br>**관사**<br>The, a, an<br>**소유격**<br>My, your, his, her, its, our, your, their<br>**지시어**<br>This, that, these, those<br>**수사**<br>One, two, thirty, one thousand | **소유명사**<br>mommy's, children's<br>**순서**<br>First, next, next to last, last, final, second<br>**형용사**<br>Blue, big, little, fat, old, fast, circular, challenging<br>**묘사어**<br>Shopping (center), baseball(game), hot dog(stand) | **대명사**<br>I, you, he, she, it, we, you, they, mine, yours, his, hers, its, ours, theirs<br>**명사**<br>Boys, dog, feet, sheep, men and women, city of New York, Port of Chicago, leap of faith, matter of conscience | **전치사구**<br>On the car, in the box, in the gray flannel suit<br>**형용사**<br>Next door, pictured by Renoir, eaten by Martians, loved by her friends<br>**부사**<br>Here, there (embedded)<br>**절**<br>Who went with you, that you saw |
| **예**<br>Nearly ...............<br>Almost all of .......<br>Just ............... | all the one hundred ...............<br>her thirty ...............<br>half of your ............. | old college ...............<br>former ...............<br>brother's old baseball ............. | alumni ...............<br>clients<br>uniforms ............... | attending the event<br>in the closet |

것은 상대적으로 단순하다. 명사는 또한 *Statue of Liberty, need to succeed, city of Los Angeles*와 같은 구나 *Jim and Bob, duty and responsibility*에서처럼 복합어로 이루어질 수 있다. 마지막으로 명사는 말하는 이와 듣는 이가 모두 이해하는 경우 다음과 같이 생략될 수도 있다.

"What did you and Barb do last night?" "(We) Went to that movie at the mall."

후치-명사 전치사구는 전치사구(*in the gray flannel suit*), 내포절(*who lives next door*), 형용사(*next door, driven by my mother*), 부사(*here, there*) 등 다양하다. 후치-명사 수식은 "The man *who lives in the green house on the next* block bought all of the candy *that I was selling*."에서와 같이 단독으로 또는 조합된 형식으로 사용될 수 있다.

대부분의 아동에게 명사구 요소의 발달은 여러 해에 걸쳐 이루어지며 청소년기까지 지속된다. 표 7.25에서 제시한 것처럼 명사는 먼저 독립적으로 사용되기 시작하며, 그다음 목적어 위치에서 사용되고, 그다음에 주어 위치에서 사용된다. 이러한 정교화 패턴은 발달과정의 시작일 뿐이며 연령이 증가함에 따라 아동은 명사를 더욱더 정교하게 사용한다. 표 7.27은 50발화 표본에서 얻어진 일부 발달 지표를 제시하였다. 대부분의 정교화된 형식은 보통 문어에서 사용된다. SLP는 이러한 위치에서의 정

**표 7.27** 정교화된 명사구 발달

| 발달 월령 | 구성 요소의 수 | 특정 요소 |
|---|---|---|
| 36 | 2 | 명사, 관사 |
| 48 | 3 | 명사, 관사 |
| 60 | 3 | 명사, 관사, 형용사, 후치─명사 전치사구 |
| 72 | 3 | 명사, 관사, 형용사, 후치─명사 전치사구 |
| 84 | 4 | 명사, 관사, 형용사, 후치─명사 전치사구, 소유 대명사, 수량형용사 |

출처 : Information from Allen, Feenaughty, Filippini, Johnson, Kanuck, Kroecker, Loccisano, Lyle, Nieto, Wind, Young, & Owens (In press).

교화 분포와 명사구 내에서 사용된 평균 형태소 수에 대해 관심을 가져야 한다.

언어장애 아동은 보다 단순하고 꾸밈어가 적은 명사구를 사용할 수 있으며 대명사에서 특히 문제를 가질 수 있다. ELL 아동은 수식어의 순서와 대명사 사용에 어려움을 보일 수 있다.

**동사구.** 제2장에서 언급한 것처럼, SLI 아동은 동사 형태소에서 특히 어려움을 갖는다. 동사구와 형태소 활용 분석은 3.5세에서 6세 사이의 SLI 아동을 평가하는 유용한 측정치가 될 수 있다.

동사구 수식은 동사나 보어, 직접목적어 또는 간접목적어로 사용된 명사구와 그외 연합된 낱말들로 구성된다. SLP는 동사 사용이 생략되거나 불완전한 경우에 관심을 가져야 한다. 동사구의 다른 요소들 또한 중요하며 말하는 이의 언어체계 성숙 정도를 보여준다.

서술어와 동사의 관계는 *she walks*에서와 같이 동사가 목적어를 취하지 않는 자동사, *to her*처럼 목적어를 취할 수 있는 타동사, 그리고 *they are student, they are young*, 또는 *they are lated*에서처럼 연결동사(*to be*)와 명사, 형용사 또는 부사를 보어로 취하는 동격의 세 가지 형식을 갖는다. 동사구는 표 7.28에 제시한 것처럼 길이와 유형 범위에 따라 설명될 수 있다.

단순 자동사(*mommy throw*)와 동격 동사구(*doggie big*)는 MLU가 약 1.5 정도의 수준에서 나타난다. 이 단계에서 동사는 시제나 인칭을 나타내지는 않으며 연결동사는 생략된다. 언어가 점점 복잡해짐에 따라 동사 표지들이 표시되기 시작하며, 연결동사가 출현하고, 자동사구도 나타나기 시작한다. MLU가 약 2.0~2.5 정도의 수준에서는 현재진행형 *-ing* 표지와 연쇄동사(*gonna, wanna, gotta, hafta*)가 출현한다. 완료형(*have+verb-en*)과 수동태는 MLU가 약 3.0~3.5/3.7에 정도의 수준에서 사용되기 시작한다. 부사구 역시 출현한다. 후기 아동기와 청소년기에 언어발달은 조동사(do, have)와 서법(*may, should*), *have been going*과 같은 완료형의 사용과 같은 동사 복잡성의 증가로 특징지어질 수 있다. 또한 방식(*in silence*), 장소(*in the city*), 시간(*in a week*) 등의 전치사구와 같은 부사나 부사구도 증가한다. 일반적으로 언어장애 아동에게서도 이러한 복잡한 구조가 출현하나 일반 아동에 비해 더 적은 사용 빈도를 보인다.

**표 7.28** 동사구의 요소

| 서법<br>조동사 | +완료<br>조동사 | +동사<br>to be | +부정* | +수동태 | +동사 | +전치사구, 명사구,<br>보어, 부사구 |
|---|---|---|---|---|---|---|
| May, can, shall, will, must, might, should, would, could | Have, has, had | Am, is, are, was, were, be, been | Not | Been, being | Run, walk, eat, throw, see, write | on the floor, the ball, our old friend, a doctor, on time, late |

**예 :**

**타동사** (직접 목적어를 취할 수도 있음)

| | | | | | | |
|---|---|---|---|---|---|---|
| May | have | | | | wanted | a cookie |
| Should | not | | throw | | | the ball in the house |

**자동사** (직접 목적어를 취하지 않음)

| | | | | | | |
|---|---|---|---|---|---|---|
| Might | have | been | | | walking | to the inn |
| Could | | | not | | talk | with you |

**등위동사** (본동사 역할을 하는 동사)

| | | | | | | |
|---|---|---|---|---|---|---|
| | | is | not | | | a doctor |
| | | was | | | | late |
| | | were | | | | on the sofa |
| May | | be | | | | ill |

*조동사 모형이 사용된 경우, 부정은 그 모형과 다른 조동사 형태의 사이에 배치. 예를 들어 "Might not have been going."

시제 표지들은 사건 간의 시간적 관계를 묘사하기 위하여 사용된다. 예를 들어 말하는 이가 사건에 대해 언급하는 동안 그 사건이 발생했다면 말하는 이는 그 사건이 계속 진행된다(*walking, eating*)는 것을 표시하기 위하여 현재진행형 동사 형식(조동사+verb-*ing*)을 사용해야 한다. 반대로 동사의 완료형(have+verb-*en*)은 행동이 현재 완료되었음을 나타낸다. 따라서 'I have been walking here for two years'는 이러한 행동이 여전히 진행되고 있으며, '*I have eaten* my dinner'라는 표현은 행동이 이제 막 완료되었음을 나타낸다. 동사 시제 분석은 표 7.28에 제시한 것과 유사한 형식으로 수행될 수 있다. 표 7.25은 대부분의 학령 전 아동들이 조동사를 습득하는 연령을 보여준다.

불규칙 과거시제 동사는 특히 문제가 된다(Shipley, Maddox, & Driver, 1991). 영어는 거의 200개의 불규칙 동사를 포함하고 있다. 대부분은 자주 사용되지 않지만 *went, saw, ate*와 같은 낱말은 자주 사용된다. 이러한 불규칙 동사 사용은 유치원 시기에 시작되어 청소년기까지 발달이 지속된다. 불규칙성은 규칙에 대한 학습과 일반화를 어렵게 하므로 대부분의 습득이 암기 형태로 이루어진다. 일부 형태음운론적 규칙성이 나타나기도 하고, 이는 학습을 더욱 쉽게 할 수도 있다. 가장 쉽게 학습할 수 있는 동사는 *cut/cut, hurt/hurt*와 같이 현재와 과거에 따라 그 형태가 변하지 않는 것들이다. 가장 어려운 것은 *build/built*에서처럼 종성이 /d/에서 /t/로 변하는 것이다. 다른 형태음운론적 변화는 모음의 변화(*fall/fell, come/came*), 종성 첨가와 함께 모음이 변하는 경우(*sweep/swept*), 전체적으로 변화는 경우(*go/*

**표 7.29** 불규칙 동사와 습득 연령

| 연령 | 불규칙 동사 |
|---|---|
| 3:0~3:5 | hit, hurt |
| 3:6~3:11 | went |
| 4:0~4:5 | saw |
| 4:6~4:11 | ate, gave |
| 5:0~5:5 | broke, fell, found, took |
| 5:6~5:11 | came, made, sat, threw |
| 6:0~6:5 | bit, cut, drove, fed, flew, ran, wore, wrote |
| 6:6~6:11 | blew, read, rode, shot |
| 7:0~7:5 | drank |
| 7:6~7:11 | drew, dug, hid, rang, slept, swam |
| 8:0~8:5 | caught, hung, left, slid |
| 8:6~8:11 | built, sent, shook |

출처 : Shipley, Maddox, & Driver(1991)

went), 종성 치조음의 변화와 함께 모음이 변하는 경우(*ride/rode, stand/stood*)를 들 수 있다. 낱말의 개념(의미론)이나 포함된 말소리(음운론) 같은 다른 요인들도 학습에 영향을 미칠 수 있다. 표 7.29에 문장 완성 과제에서 각 연령별로 80%의 아동이 사용할 수 있는 불규칙 동사들을 제시하였다.

부사도 동사와 마찬가지로 방식이나 결과 또는 시간적 관계를 표시할 수 있다. 시간적 관계는 두 가지 사건 사이(*before, next, during, meanwhile*)에서, 사건의 지속에 따라(*for the past year, all week*), 가까운 과거(*recently, just a minute ago*), 반복(*many times, again*) 등으로 표현될 수 있다.

동사도 순간적인 행동, 행동 지속, 반복을 표현한다. 순간적인 행동은 짧은 지속시간을 의미한다(*fall, break, hit*). 반대로 지속시간에는 시작과 끝이 분명한 좀 더 긴 행동을 표시하는 동사들이 포함된다(*sleep, build, make*). 구는 한정된 행동(*sing a song*)이나 종결 시점이 잘 정의되지 않는 행동(*sing for your own enjoyment*)을 의미하는 데 사용될 수 있다. 다른 동사들은 반복적인 행동(*tap, knock, hammer*)을 묘사한다. 이러한 모든 특성이 동사 학습에 영향을 미친다.

시제 표지의 발달은 각 동사의 시간적 측면과 관련될 수 있다. SLP는 아동이 사용한 시제와 이러한 시제를 적용한 동사 간의 관계를 살펴봐야 한다. 분석을 위해서는 50~100발화보다 더 많은 발화 표본이 필요할 것이다.

*can, could, will, should, shall, may, might, must*와 같은 조동사는 말하는 이의 태도를 표현 할 때 사용 된다. 조동사는 문법적으로 의문문(***Can*** we go tonight?)과 부정문(*I **shouldn't** go out in this weather.*)

을 만들 때 쓰인다. 또한 'I *will* do it tomorrow'와 같은 서술문에서도 사용된다. 대명사 체계에서 조동사는 2세에서 8세 사이에 느린 속도로 발달되며, 형식과 내용, 사용 간의 복잡한 상호작용을 반영한다. 조동사의 의미적 범주에는 바람이나 의도(*will, would*), 필요나 의무(*must, should*), 능력이나 허가(*can*), 미래(*will*)와 가능성(*may, might*)이 포함된다.

일반적으로 *can, will*(능력, 의도, 그리고 허가 요청)과 같이 행동과 연합된 조동사들이 먼저 습득된다. 3세 때 조동사의 수와 범주가 증가하고 4세 이후에는 다양한 형식을 사용하며, 그 사용도 명확해진다.

언어장애 아동들은 조동사를 거의 사용하지 않는다. 이는 아마도 표현 언어 능력이 정교하지 못하기 때문일 수 있다. 일반적으로 언어장애 아동들은 자신들의 언어 수준에 비해 연쇄동사(*gonna*, *wanna*), 서법, 조동사 사용에서 더 어려움을 가질 수 있다. SLP는 아동이 보이는 동사 유형의 범위와 빈도에 관심을 가져야 한다.

반면 CLD 배경 아동은 조동사를 거의 사용하지 않으며, 이는 세부적인 언어 표현 능력의 부족에 기인한다. 불규칙 과거시제 동사는 대치될 수 있다(*I go yesterday*). 동사의 끝부분은 일반적인 음운 규칙 패턴에 따라 생략될 수도 있다. 주어-동사 일치에도 어려움을 보인다(*She go every day*).

발화 표본을 분석할 때, SLP는 발달 수준에 특히 주의를 기울여야 하며, 의미 개념의 범위나 사용의 다양성, 오류 유형에도 관심을 가져야 한다. 사용의 다양성은 다양한 대명사나 동사 시제, 부정문 또는 서술문, 문장 유형을 함께 언급해야 한다.

**문장 유형.** 단일 사건은 행동을 유발한 행위자나 행동 또는 상태 변화, 행동의 수여자나 대상에 의해 묘사될 수 있다. 영어에서 명사나 명사구로서의 행위자는 일반적으로 처음에 나오고, 행위 낱말이나 동사가 뒤따르며, 그다음에 수여자나 행동의 목적어가 이어진다("John threw the ball" 또는 "Mother will eat the cookie").

행위자가 다른 사람, 즉 수혜자—간접목적어—를 위해 행동을 수행한다면, 행동의 목적을 묘사하는 다른 명사구가 선행되거나 뒤따를 것이다. 예를 들어 "He painted the picture *for mother*"에서, *for mother*는 문장의 목적어를 수반한다. "He painted *mother* a picture"라고 말할 수도 있다. 행동을 수행하기 위해 사용되는 도구들은 일반적으로 "He painted *with* a brush"와 같이 행동 뒤에 위치하며, 전치사 *with*와 함께 표현된다.

언어장애 아동은 영어에서 우세한 주어-동사-목적어 문장과 형식이 다른 문장들을 이해하거나 표현하는 데 어려울 수 있다. 아동이 학교에 입학할 때까지는 S-V-O 전략에 과잉 의존하는 것은 특별하지 않을 수도 있다. 언어장애 아동은 이러한 형식을 재배열하거나 사용하지 못하게 할 때 저항하며, 단지 S-V-O 문장 앞부분이나 뒷부분에 다른 구조만 덧붙일 수 있다. 예/아니요 질문은 주어와 동사의 위치를 바꾸기보다는 억양을 올리는 형식으로 표현할 수 있다(*He is sick?* 대 *Is he sick?*). 대상-행위-행위자 형식의 수동형 문장은 잘못 이해될 수도 있다.

SLP는 내적인 문장 형식의 범위와 다양한 문장 유형에 관심을 가져야 한다. 문장 유형에는 긍정과 부정의 평서문, 의문문, 명령문이 포함된다. 문장 유형의 범위와 형식의 발달 정도에 대해 관심을 가져야 한다. 학령 전 아동의 문장 유형과 발달이 표 7.25에 제시되어 있다.

**내포와 접속.** 내포와 접속 모두 절 사이의 관계를 말한다. 또한 내포는 구와 절 사이의 관계도 포함한다. 절은 명사구와 동사구로 이루어진다. 학생들은 때때로 여러 절로 이루어진 문장이 접속인지 혹은 내포인지 확인하는 것을 어려워한다. 이런 경우 Steffani(2007)에 의해 제시된 매우 훌륭한 교수법을 참고하도록 제안한다. Steffani의 설명과 확인을 위한 순서도는 매우 도움이 된다.

내포절은 처음에는 문장의 끝에 위치하는 목적어 위치에서 사용되기 시작한다(표 7.25). 목적어 명사 보문이라 불리는 이러한 종속절은 *know, think, feel*과 같은 낱말에 수반되는 목적어 위치에서 나타난다("*I know that you can do it*"). *that*을 사용한 목적어 명사 보문("*I think that I like it*")은 MLU 4.0에서 출현하며, 동사 *think*에 수반되어 가장 빈번하게 나타난다(Tyack & Gottslebe, 1986). MLU 5.0~5.9 사이에서는 이러한 내포절이 두 개의 절로 이루어진 문장 중 약 6%를 차지하며, *what*을 사용한 목적어 명사 보문('I Know *what you did*')은 약 8%를 차지한다.

명사에 덧붙여서 사용되는 관계절은 그다음에 발달하며, 처음에는 "I want the dog that *I saw last night*"에서처럼 목적어 위치에서 사용된다. 관계절은 점차 "The one *that you* ate was my favorite"에서처럼 주어를 묘사하는 형태로 문장 중앙으로 이동한다. 후기 아동기와 청소년기 동안, 관계사절은 주어에 붙어서 사용되거나 또는 "*Whoever wishes* to go should come to the office"에서처럼 주어로 기능을 하는지와 관계없이 그 빈도는 점차 증가한다. 이러한 내포절의 유형은 구어보다는 문어에서 더 일반적이다.

관계사절은 학령기 아동들이 산출한 두 개 이상의 절로 구성된 문장의 20~30%를 차지하나 유치원 시기의 아동들에게는 다른 형식의 내포절보다 적게 관찰된다. 48개월 아동들은 초기에는 관계사절을 *one*이나 *thing*과 같이 대용어를 수식하기 위한 후치 명사 수식의 형태로 산출한다. 유치원 아동들이 사용하는 가장 일반적인 관계대명사는 *that*과 *what*이며, 학령기 동안 *whose, whom, in which*로 확장된다.

구 역시 절에 내포될 수 있다. 내포절에서처럼 내포구는 보통 문장의 끝에서 발달되기 시작한다.

SLP는 내포의 빈도와 유형에 관심을 가져야 한다. 일부 발달 자료가 표 7.25에 포함되어 있다. 문장 내에서 내포의 위치 역시 발달적으로 중요한 위치를 제공해주므로 중요하다.

일부 접속이 상당히 일찍 출현하는 것에 비하여, 인과적 접속은 학령전기 발달에서 상대적으로 늦게 나타난다. 약 30개월경에, 아동들은 문장마다 첫낱말로 *and*를 사용하는 연속절을 보이기 시작한다 ("And we saw ponies"). 표 7.25에서 언급한 것처럼, *and*는 절을 결합하기 위하여 사용된 최초의 접속

사이다. 이 시기에 *and*는 연속된 사건을 위해서 사용되며, *and then*으로 해석된다. 학령기 아동들 사이에서도 산출된 이야기의 약 50~80%가 *and*로 시작된 문장이 차지한다. 연령과 쓰기 기술이 증가함에 따라 *and* 사용은 감소한다. 11세에서 14세 사이에 구어로 산출된 이야기의 약 20%만이 *and*로 시작한 문장이었다.

다른 접속사로는 인과적 관계(*because*), 동시(*while*), 대조(*but*), 제외(*except*)를 표현하는 것들이 있다. 접속은 일반적으로 다음과 같은 순서로 발달된다— *and, because, when, if, so, but, until, before, after, since, although, as.* 12세까지 가장 빈번하게 사용되는 접속사는 *and, because, when*이었다.

언급된 순서에 기초하여 이해하는 초기 발달 전략들은 언어장애 아동들에게서 더 오래 나타난다. 때문에 아동들은 접속사와 의도된 의미를 무시한다. "Go to the market before you go to the movie"라는 문장은 절의 순서 때문에 "Go to the market after you go to the movie"와 동일한 의미를 가진 것처럼 이해된다.

SLP는 사용된 접속사의 범위와 빈도, 그리고 발화 표본에서 접속문의 양에 관심을 가져야 한다. 이러한 정보는 더 성숙된 화자들에게 특히 중요하며, 다음 장에서 보다 자세히 다시 논의될 것이다.

SLP는 동일한 문장 내에서 나타나는 다양한 내포와 내포 및 접속문에 관심을 가져야 한다. 이는 학령전기 아동보다는 학령기 아동에게 더 많이 나타나는 특성이다. 다양한 내포 및 접속문으로 이루어진 복합문의 존재는 10세에서 12세 아동의 이야기를 구별해 준다.

## 컴퓨터 보조 언어 분석

손으로 하는 언어표본분석(Language sample analysis, LSA) 수행은 본질적으로 시간이 많이 소요되기 때문에 SLP가 표본을 통해 얻을 수 있는 자료의 양이 매우 제한된다. 반대로 SALT와 같은 컴퓨터 프로그램을 통해 언어분석을 하는 경우에는 아동 언어 능력에 대한 광범위한 정보를 제공한다. SALT는 부록 B에서 자세히 설명하였다.

많은 소프트웨어와 하드웨어 공학이 발달함에 따라 언어치료사의 컴퓨터 보조 언어표본 및 분석(CLSA)에 대한 기회가 증가하고 있다. 일반적으로 컴퓨터화된 분석은 손으로 하는 분석과 정확성은 비슷하거나 더 높으며 시간적 효율성은 크다(Long, 2001). 또한 CLSA는 중재 반응에서 시간에 따른 변화를 측정하는 데 효과적으로 사용될 수 있다.

검사와 CLSA 모두에서 갖는 한 가지 위험성은 구술을 통해 검사 또는 분석을 하거나 너무 많이 확인하고 중재하는 방식을 취한다는 것이다. 이 방식은 아동의 진전을 아동을 위해 수립한 목표나 그 목표를 성취하기 위해 사용한 방법들에 직접적으로 영향받을 수 있는 상태로 평가하기 때문에 항상 위험성이 존재한다. 아동의 언어를 평가하기 위하여 사용된 표준화된 방법이 사용되었을 때, 언어치료사는 아마도 아동이 검사에서 직면할 수도 있는 것과 유사한 문맥에서 구체적인 기술들을 측정하고 교수하는 데 집중할 수도 있다. 반대로 검사나 CLSA를 선택하는 것은 개별 아동을 확인하고 그 아동들을 중재하는 데 광범위한 효과를 가질 수 있다.

　　SALT는 가장 폭넓게 사용되는 컴퓨터 보조 언어 분석 프로그램이지만 여러 이유로 몇 가지 불리함을 갖는다. SALT의 장점은 다음과 같다(Hammett Price et al., 2010).

- SALT는 학교 SLP와 협력을 통해 개발되어 사용자에게 쉽게 고안되었으며 SLP가 필요로 하는 자료를 분석한다.
- 2:8에서 13:3세까지의 아동들에 대한 강력한 규준 데이터베이스를 가지고 있다.
- SALT는 해당 아동의 초기 언어표본과 이후의 표본을 비교하거나 동일 연령 또는 학년 아동의 표본과 비교할 수 있게 해준다.
- 대화와 내러티브에서의 자료를 비교할 수 있게 해준다.
- SALT는 영어와 스페인어 버전이 있다.

반면 두 가지 단점이 있다. 첫째는 다른 표준화된 언어 검사와 비교했을 때 비용이 비싸다. 둘째로, SALT는 Window 시스템을 지닌 컴퓨터에서만 사용할 수 있다.

　　6000명의 전형적인 화자에 대한 SALT 데이터베이스는 언어장애를 가진 아동들, 정확하게는 언어장애를 가진 것으로 확인된 78%의 아동들과 85%의 일반 아동들의 임상 관리에 유용한 도구를 제공한다(Helmann, Miller, & Nockerts, 2010).

　　숙달되기만 한다면, CLSA는 손으로 하는 것보다 더 효율적일 것이다. 이 효율성은 분석의 복잡성이 증가됨에 따라 증가될 것이다. 비록 CLAS가 표본의 분석 단계를 빠르게 할 수는 있지만 훈련된 SLP의 임상적 직관을 대체할 수는 없다. 그리고 잘못 수집된 표본에 의해 야기된 문제를 보완할 수도 었다. 또한 언어치료사만이 임상적 결정을 위해 얻어진 자료에만 사용할 수 있다.

## 대화 상대자

언어는 아무도 없는 상황에서는 쓰이지 않는다. 아동은 가정과 학교 두 장소 모두에서 많은 대화 상대자와 대화한다. 각각의 대화 상대자는 아동이 의사소통하고 학습하는 역동적인 맥락을 만드는 데 기여한다.

　　부모와 아동의 상호작용은 아동이 언어 기술을 정교화하도록 하는 의사소통 과정의 한 예를 보여준다. 즉 성인과 아동의 상호작용은 상호작용 스타일과 두 의사소통자의 기술을 기반으로 매우 개별화된 형태의 주고받기 학습을 보여준다.

　　언어학습에 영향을 미치는 요인에는 복잡성과 의미적 연관성, 중복성, 엄마의 반응성, 그리고 상호성이 포함된다. 일반적으로 엄마의 언어적 복잡성은 학습자의 이해 수준과 관련되는 것으로 보인다.

　　의미적으로 관련된 발화는 수반성에 기초한 언어학습 경험을 제공한다. 화제와 이어지는 내용은 보통 아동에게서 기인된다. 엄마 말의 거의 68%는 아동의 언어나 발성, 또는 비언어적 행동과 직접적으로 관련된다.

엄마가 주는 자극은 문맥에서 계속해서 발생하는 일들과 아동의 경험 또는 행동을 설명하거나 명료화, 혹은 언급하려는 엄마의 시도와 관련되기 때문에 매우 중복될 수 있다. 또한 양육자는 같은 내용을 다른 형식으로 반복할 수도 있다.

엄마의 일관된 반응은 아동으로 하여금 자신의 행동이 예측 가능한 효과를 가질 수 있다는 것을 알게 한다. 의사소통이나 의사소통 상대자가 예측 가능하다는 것은 아동이 배워야 하는 것이다.

특히 학령 전 아동들을 가르칠 때, 언어치료사는 일차적 양육자와 아동 간의 대화를 관찰해야만 하며, 그것이 언어학습에 미치는 영향을 결정해야 한다. 발화는 의미적 연관성, 중복성, 그리고 상호성으로 평가될 수 있다. 이러한 자료로부터 언어치료사는 양육자가 발화와 행동을 통해 제공한 전반적 교수 환경을 살펴볼 수 있다.

학습을 증진시키기 위하여 대부분 적절한 행동에 지나치게 지시적이거나 반응하지 않는 것이 엄마나 아빠를 나쁜 부모로 만드는 것은 아니라는 것을 기억해야 한다. 대체로 장애 조건을 가진 아동의 부모들은 상상할 수조차 없는 어려움에 직면해 있다. 저자는 아이의 현재 언어 기능 수준은 부모들이 이끈 것이라고 믿는다. 그리고 부모들이 자녀의 발달을 돕는 데 도움이 되는 행동을 교수하는 방법을 찾고자 노력한다. 부모들은 중요한 동반자가 될 수 있으며 그들을 퇴보시키는 것은 도움이 되지 않는다.

## ∷ 결론

언어표본은 아동과 아동의 대화 상대자에 대한 풍부한 자원이다. 발화 표본 분석은 개별 발화 수준은 물론 발화와 대화 상대자에 따라, 그리고 대화 사건에 기초해서 진행할 수 있다.

SLP는 아동의 언어와 양육자의 관심사에 대해 잘 이해하지 않은 상태에서 분석을 실시하면 안 된다. 언어표본은 문제가 있는 언어 측면을 조사하기 위한 목적으로 이루어져야 한다. 대화표본은 아동이 문맥 내에서 실제로 사용하는 언어의 가장 좋은 예를 보여준다.

발화 수준에서의 분석은 언어 형식을 분석하는 데 가장 적절하다. 대화 차례나 주제와 같은 더 큰 단위에 대한 분석은 문맥 내에서의 언어 사용에 대한 정보와 아동이 의사소통을 위해 언어를 얼마나 효과적으로 사용하는지에 대한 답을 제공한다. SLP가 양육자를 언어촉진자로 이용하고 싶어 한다면, 양육자의 스타일 또한 관심거리가 된다.

대화표본이 아동 언어에 대한 풍부한 자원이기는 하지만 분석에 시간이 많이 소요된다. SLP는 전체를 분석하고자 하기보다는 어려움이 의심되는 부분만 분석해야 한다. 아동의 현재 의사소통 체계와 아동의 의사소통 상대자의 의사소통 특성이 주요 관심사가 된다.

제**8**장

# 내러티브 분석

내러티브는 자기 주도적이고 자기 통제적이며 탈문맥적인 담화 형식이다. 따라서 내러티브는 언어평가의 중요한 부분이 된다. 내러티브는 중단되지 않은 형태의 언어표본을 제공하므로 청자의 관심을 유도하거나 유지하기 위해 언어를 어떻게 수정하는지를 보여주기 때문에 학령기 아동이나 청소년 언어평가에 특히 중요하다. 내러티브를 산출하는 모든 정보를 잘 조직화된 전체로 나열하고 제공해야 할 책임이 있다.

내러티브와 대화는 질적으로 많은 것을 공유하나 몇 가지 중요한 차이를 갖는다. 첫째, 내러티브는 텍스트 단위로 확장된다. 둘째, 내러티브 내의 사건들은 예측할 수 있는 방식으로 시간적으로나 인과적으로 서로 연관된다. 내러티브는 대화와는 달리 시간적·인과적 패턴을 반영하는 결속력 있고, 예측 가능하며, 규칙이 적용된 방식으로 조직화된다. 셋째, 말하는 이는 사회적 독백을 유지한다. 말하는 이는 청자에게 필요한 정보를 고려하면서 전체 내러티브와 관련된 언어를 산출해야만 한다. 넷째, 내러티브는 행위자 중심이어야 한다. 즉 내러티브는 사람이나 동물, 또는 상상의 등장인물과 같은 행위자가 사건이 진행되는 동안 수행하는 행동에 대한 것이다.

내러티브는 많은 장르를 갖는다. 개인적 내러티브는 말하는 이의 실제 과거 경험을 이야기한 것이다. 반면 허구 내러티브는 말하는 이가 만들어내거나 참여하지 않은 이전에 들었거나 읽었던 이야기를 회상하는 것이다. 아동이 내러티브를 산출하는 능력은 문어 학습의 성공 여부와 관련된다(Catts, Hogan, & Fey, 2003; Griffin, Hemphill, Camp, & Wolf, 2004; McCardle, Scarborough, & Catts, 2001; Scarborough, 2001; Tabors, Snow, & Dickinson, 2001). 예를 들면 학령 전 아동의 내러티브 회상 능력은 이후 읽기 성취를 예측하는 가장 강력한 요인이다. 어린 아동은 대화 중에 개인적 내러티브를 허구적 내러티브에 비해 더 많이 산출한다. 개인적 내러티브는 초기 대화에서 실제 과거에 있었던 사건과 관련짓도록 부모가 제공한 강력한 문맥적 도움을 통해 산출되며, 허구적 내러티브보다 사회적 상호작용에서 아동에게 더 유용하며 내러티브 발달을 더 잘 측정하는 것으로 제안된다. 실제로 많은 연구들은 언어장애를 동반하지 않는 아동은 물론 언어장애를 동반하는 아동에게서도 내러티브의 구조적 특성이 개인적 이야기로 발달되기 시작함을 보여준다(Kaderavek & Sulzby, 2000; Losh & Capps, 2003).

언어장애 아동의 개인적 내러티브는 종종 너무 이상해서 이 아동들의 사회적 상호작용에 부정적으로 영향을 미친다(McCabe & Bliss, 2004-2005). 언어장애 아동들의 더 짧은 개인적 내러티브는 종종 주요한 정보를 빠뜨리거나 사건의 시간적 순서를 위배하기도 한다.

구어나 문어로 내러티브를 산출시키는 것은 언어평가의 일부분으로 고려해야 한다. 그리고 아동이 산출한 내러티브는 언어체계에 대한 적절성을 평가하기 전에 다른 언어적 능력과 비교되어야 한다.

## 스크립트와 내러티브 틀

내러티브는 뇌에서 자료를 구조화하고 서로 관련짓는 것을 반영한다. 이야기를 산출하는 이들은 사실이든 상상이든 간에 사건을 서로 관련지어 문맥을 만들어야 한다. 내러티브는 두 개의 틀, 즉 스크립트와 이야기 틀(story frame)로 구성된다(Naremore, 2001). 스크립트는 경험에 기초해서 사건들을 전형적이고 예측 가능한 순서로 구성한다. 스크립트는 어떤 하나의 경험에 대한 것이 아니라 일반적이며, 위계적으로나 인과적으로 구조화되어 있고, 등장인물에 의해 존재하며, 예측 가능한 사건 순서로 구성된다. 각각의 사건은 뇌에서 표상되고 생일잔치와 같은 일반화된 사건 순서의 부분을 구성한다.

내러티브 틀은 이야기 구조에 대한 정신적 모형이다. 우리는 내러티브의 산출과 이해를 촉진하기 위해 이야기 틀을 사용한다. 즉 이야기 틀은 처리 요구를 줄여주는 정신적 조직자이다.

언어장애 아동의 내러티브는 언어문제 때문에 중단될 수도 있지만 스크립트나 내러티브 틀을 알지 못해서 중단될 수도 있다. 만약 언어처리에 많은 정신적 처리 용량이 사용된다면, 내러티브 틀이나 스크립트가 붕괴될 수 있다. 같은 방식으로 빈약한 스크립트 지식이나 잘 형성되지 않은 이야기 틀은 더 많은 정신적 '에너지'를 요구하기 때문에, 아동들로 하여금 언어처리를 위한 용량은 더 적게 남겨두게 한다.

내러티브를 수집하기 전에, 언어치료사(SLP)는 아동들이 스크립트나 내러티브 틀에 대한 지식을 가지고 있는지 평가해야 한다. 스크립트 지식은 아동의 경험이나 루틴, 사건 지식에 대해 질문함으로써 평가할 수 있다(Naremore, 2001). 또한 장난감이나 그림 또는 다른 아이템들과 관련된 스크립트를 실행해보라고 요구함으로써 스크립트 지식 인출 능력을 평가할 수도 있다. 아동이 잘 수행한다면 SLP는 "X를 할 때 어떻게 하는지 말해볼래."나 "네가 X를 했을 때 어떤 일이 일어났는지 말해볼래."와 같은 단서를 제시하여 아동으로 하여금 사건을 이야기하도록 유도할 수 있다. 아동이 더 많은 도움이 필요하다면, SLP는 다음과 같은 방식으로 배경지식을 유도하는 질문을 제시할 수도 있다.

너는 매일 학교에 갈 때 버스를 타는구나. 지난 주 학교에 갈 때도 너는…

이야기의 초점을 아동에게 두고 동사의 시제는 현재형으로 해야 한다. SLP는 "그다음에"나 "그다음에 어떤 일이 벌어졌는지 말해봐."와 같이 말해주어 아동이 사건을 표상할 수 있도록 도움을 줄 수 있다. 내러티브 산출은 논리적으로 구조화되어야 한다.

내러티브 틀에 대한 지식은 집이나 학교에서 내러티브의 목적에 대해 아동과 함께 토론하거나 내러티브 틀에 대한 아동의 경험을 한정해줌으로써 결정할 수 있다. SLP는 집에서의 내러티브 사용이나 내러티브 읽기에 관심을 가져야 한다. 내러티브 틀은 몇 개의 내러티브가 수집된 후에 더 자세히 분석되어야 한다.

아동이 모든 가능한 사건들에 대한 스크립트를 갖지는 않는다. 모든 아동이 내러티브 틀을 갖지도 않는다. 문화적 다양성도 있을 수 있다. 이는 이 장의 마지막 부분에서 논의될 것이다. SLP는 내러티브 수집과 분석을 시작하기 전에 아동들이 사건이나 스크립트 지식과 내러티브 틀을 지니고 있다는 것에 대해 합리적이고 긍정적인 태도를 가져야 할 것이다.

## 내러티브 수집

내러티브의 질은 연령이나 구어 능력, 흥미, 성별에 맞는 자극과 주제 선택에 의해 영향을 받는다. 이야기 구조화를 위해 사물이나 그림을 사용할 수도 있으며, 듣거나 읽었던 이야기가 다시 말하기에 사용될 수도 있다. 일반적으로 내러티브를 유도하기 위해 사용된 과제들은 말하는 이가 듣는 이에게 어떻게 적용하는지에 따라서도 영향을 받는다.

다양한 유형의 이야기와 다양한 맥락이 있을 수 있다. 이야기 유형과 맥락은 산출된 내러티브 형식에 영향을 미친다. 일반적으로 주제와 맥락이 자연스러울수록 대표성 있는 내러티브를 유도할 수 있다. 내러티브 형식에 영향을 미칠 수 있는 다른 변인들로는 이야기의 유형이나 아동의 경험적 기초, 내러티브를 산출하게 하는 과제 형식, 주제, 맥락의 공식적이거나 비공식적인 분위기, 시청각적 지원들이 포함된다.

다양한 문맥에서 다양한 내러티브가 산출될 수 있으므로 몇 개의 구어나 문어 내러티브가 수집되어야 한다. 내러티브를 수집하기 전에 SLP는 원하는 내러티브의 유형과 내러티브 수집 시 사용할 자료를 미리 결정해야 한다.

일반적으로 허구적인 내러티브는 목표나 등장인물의 느낌 또는 동기, 그리고 결말에 대해서 강조하지 않는 불완전한 내러티브를 유도할 수 있다. 텔레비전은 자료가 제시되는 속도나 동적인 속성, 혹은 빈번한 광고 방송으로 인한 중단 등으로 인하여 내러티브에 경험이나 책과는 매우 다른 기반을 형성한다.

유도 과제의 유형은 아동의 수행에 영향을 미칠 수 있다. 책은 정보 묘사를 유도하는 반면, 영화는 행동의 순서를 유도한다. 또한 영화는 이야기 산출보다 다시 말하기를 시켰을 때 인과적으로 더 잘 연결된 내러티브를 유도한다. 다운증후군 아동이 글자 없는 그림책을 보고 내러티브를 산출할 때 공식 검사 결과를 통해 기대된 것보다 더 많은 내용을 산출한다(Miles & Chapman, 2002). 그림은 이야기의 형식을 강요하는 경향이 있고 첨가 형태로 연결된 표현(그리고… 그리고…)을 유도할 수도 있다. 그림을 보고 이야기를 산출할 때는 등장인물 정보, 내적 반응 또는 의도를 제외하는 경향이 있다. 듣는 이가 그림을 보지 않고 있을 때도 공유해야 하는 정보가 생략될 수도 있고 새로운 정보가 오래된 정보인 것처럼 다루어질 수도 있다. 반대로 사진이나 친숙한 사건에 대해 이야기하는 것은 사건의 나열만을 유도할 수 있다.

내러티브 다시 말하기나 회상은 아동의 기억 구조를 평가하기 위해 사용될 수도 있다. 아동은 잘 짜인 이야기를 듣고 그다음에 구어나 글로 이야기를 재구성한다. 짧은 내러티브 다시 말하기는 초등학교 저학년 아동들을 위한 선별검사로 사용될 수도 있다. 이 연령대에 있는 아동들은 원래의 순서나 내용에서 유의하게 벗어나지 않고 이야기를 다시 말할 수 있어야 한다.

일반적으로 언어장애 아동은 자기보다 어린 아동과 비슷하게 원래 들려준 이야기보다 더 적은 내용을 산출한다. 언어장애 아동은 자발적으로 산출하는 경우보다 내러티브를 다시 말할 때 더 길고 완전한 이야기를 산출한다(Merritt & Liles, 1989). 내러티브 다시 말하기에서 절의 길이도 더 길어진다.

최소의 내러티브(minimal marrative)는 두 개의 시간적으로 연쇄된 절로 이루어진다. 글자 없는 그림책을 보고 허구 내러티브를 다시 말하게 했을 때 개인적 이야기를 산출했을 때보다 유의하게 더 긴 이야기를 산출하기는 하지만, 대부분 현재시제만을 사용하여 그림을 묘사하기만 하는 경우가 많다.

원래 이야기의 구조가 어느 정도 유지되었는지, 그리고 그것이 이야기 다시 말하기에 어떠한 영향을 미쳤는지도 고려해야 한다. 예를 들어 인형이나 탈것에 대해 묘사하지 않더라도 이는 이야기 구조와 관계가 없다. 반면 관련된 그림의 순서는 구조에 큰 영향을 미친다. 일반적으로 자료가 구조화되어 있을수록 아동에게는 구조화하지 않은 상태로 제공해야 한다. 그림 단서 없이 이야기를 다시 말하게 했을 때 완전한 에피소드와 정보의 양 측면에서 가장 좋은 이야기가 산출된다. 그림은 추가 자극을 제공하지만, 기억의 역할을 감소시키기 때문에 언어적 구조를 통해 표현되지 않을 수 있다. 그런 경우 다시 말하기가 아니라 이야기 산출하기 과제가 적합할 수 있다. 그림은 일부 언어장애 아동에게는 방해 요소가 될 수 있다는 것도 고려해야 할 사항이다.

이야기 다시 말하기 과제에서 SLP는 이야기를 이해하는 데 필요한 이해 기술, 제시 양식(구어 또는 문어), 이야기 길이, 이야기 장르에 대한 아동의 과거 경험(예 : 요정 이야기, 미스터리), 내용에 대한 아동의 관심, 이야기 구조화의 정도를 고려해야 한다. 일반적으로 이야기 다시 말하기에서 들려준 이야기가 더 친숙하고 재미있으며 구조화되어 있을수록 더 완전하고 잘 구조화된 이야기 산출을 유도할 수 있다.

이야기 다시 말하기를 위해서는 잘 구성된 이야기들을 선택해야 하며 이야기를 명료하고 잘 구조화된 형태로 수정해야 한다. 구어할 복잡성을 줄여주기 위해 이야기를 다시 쓸 수도 있고, 중요한 부분을 요약할 수도 있다. 이야기 내용 중에서 하위 부분이나 전환이 강조될 수도 있다. 좋은 이야기는 간혹 구성 요소를 반복할 수도 있다.

독립적이고 자발적인 내러티브 산출은 아동에게 자신만의 구조나 내러티브 형식을 사용하도록 요구한다. 내러티브는 허구적이거나 개인적-사실적 또는 이 두 가지를 결합한 형태로 분류될 수 있다. 허구적이거나 가공의 이야기는 학령 전 아동들에게 좋은 전달 수단이 될 수 있으며 사물이나 그림을 통해 촉진될 수 있다. SLP는 좋은 내러티브 모델을 제공해야 하며, 아동을 위해 이야기를 시작해주거나 "옛날에…"와 같은 말로 사물과 그림을 이야기와 관련짓도록 아동에게 요구한다. 이렇게 시작해주는 경우 더 세련된 스타일을 유도할 수 있다.

개인적-사실적 내러티브는 대화나 촉진 절차를 통해 수집될 수 있다. 이러한 유형의 내러티브는 학령전이나 학령 초기의 보고 말하기 활동에서 매우 흔하게 나타난다. 학령전 아동은 대화 중 이러한 형태의 내러티브를 자연스럽게 산출한다.

SLP가 아동과 공통된 경험을 하고, 이러한 공통된 경험과 관련된 내러티브를 나누는 것도 도움이 될 수 있다. 내러티브를 유도하기 위해서 SLP는 때때로 이야기를 제공해야 한다. SLP는 병원 가기와 같은 일상적인 사건과 관련된 개인적 이야기를 말하고 난 후, "너도 병원에 가본 적이 있니?"와 같이 내레이션과 관련된 질문을 통해 아동이 과거 사건에 대해 기억하도록 촉진할 수 있다. 주제가 이야기 촉진과 함께 제공되는 경우 길고 복잡한 내러티브를 유도한다.

새로운 형제 또는 죽음과 같은 주제는 보통 불완전한 내러티브를 유도한다. 그보다는 자기가 경험한 가장 무서웠던 일이나 재미있었던 일과 같이 자기 경험과 관련된 것이 내러티브 산출을 촉진할 수 있다. 재미있는 영화나 텔레비전 쇼 또는 이야기 등에 대해 묻는 것은 사건만 연속적으로 나열하게 할 수도 있으나 내러티브 산출을 위해 사용될 수 있다.

SLP는 "음", "와우", "그렇구나" 또는 아동의 이전 발화를 반복해주는 형태로만 반응해주고, 아동의 내러티브에 내용을 첨가한 피드백은 주지 말아야 한다. 열정적이나 중립적인 반응은 이야기의 과정에 영향을 주지 않을 것이다. "그다음에 어떻게 됐어?"와 같은 발화를 통해서 내러티브를 다시 시작하거나 계속하도록 촉진할 수 있다.

이야기는 듣는 이와 장소의 친숙성에 따라 달라질 수 있다. SLP는 두서없는 이야기를 중단시키거나 더 긴 이야기를 유도하기 위한 전략들을 미리 결정해야 한다. MLU가 3.0 이하이거나 이상인 아동에게 이야기 산출을 기대하지 말아야 한다는 지침도 제안되어 있다.

## 내러티브 분석

내러티브 분석은 전반적 언어 분석의 하나로 거시(macro, 대형)와 미시(micro, 소형) 수준 모두에서 실시할 수 있다. 거시구조 분석은 이야기 문법과 같은 위계적인 구조를 살펴보며, 미시구조는 종속절과 접속과 같은 내적인 언어 구조들을 분석한다.

이야기의 거시구조와 미시구조는 서로 관련된다. 아동의 어휘나 문법적 능력은 내러티브 기술 습득에 중요한 역할을 한다. 이 과정에서 언어 형식은 내러티브를 구조화하는 데 도움이 되는 새로운 기능을 갖는다. 예를 들어 내러티브 구조화 기술은 동사 시제, 양태와 같은 문법적 형식이나 관계낱말과 같은 어휘 형식 또는 어휘-문법적 자질의 발달과 정적인 관계를 갖는다. 흥미롭게도 아동이 이야기를 회상 산출하는 능력은 비언어적 IQ보다 언어 능력과 더 큰 관계를 갖는다(Bishop & Donlan, 2005). 복문과 인과적 개념에 관련된 능력은 사건을 기억하는 데 영향을 미친다.

언어장애 아동들이 내러티브의 미시구조와 거시구조 두 측면 모두에 어려움을 갖는다는 사실은 놀랍지 않다(Manhardt & Rescorla, 2002; Pearce, McCormack, & James, 2003; Reilly, Losh, Bellugi, & Wulfeck, 2004). 이러한 어려움은 언어장애가 광범위한 정보-처리 결함, 특히 감소된 처리 능력으로 인한 것일 수 있음을 시사한다(Boudreau, 2007; Colozzo, Garcia, Megan, Gillam, & Johnston, 2006). 내러티브는 대화에서도 많이 사용되므로 아동이 내러티브를 구조화하는 데 어려움이 있는 경우 매일의 언어 사용에 심각한 영향을 미칠 수 있다. 내러티브는 학교 교육과정의 주요 구성 요소이므로 학교에서의 수행에 영향을 미칠 수 있다.

대형구조 분석은 내러티브 단계, 절정 구조, 이야기 문법, 그리고 결속과 같은 몇 가지 분석을 통해 이루어진다. 내러티브 단계는 내러티브 전체를 구성하는 각 부분들의 구조적 관계에 관심을 갖는다. 사건은 시간적 순서나 인과적으로 조직화될 수도 있고 조직화되지 않을 수도 있다.

내러티브 단계는 목표 중심의 구조를 갖지 않는 반면, 이야기 문법(이야기에서 나타남)은 목표중심의 구조를 갖는다. 내러티브 단계 분석은 2세에서 5세 수준 아동들의 이야기를 분석하는 데 가장 적절하며, 제한된 언어 능력을 가진 학령기 아동들에게도 적절하다. 반면 이야기 문법은 5세 이상의 아동들에게 적절하다. 학령전기 아동의 내러티브는 내러티브 구조의 유형을 결정하기 위해 절정구조 분석 방법을 사용해서 평가할 수도 있다.

이야기 문법은 이야기 구조의 구성 요소와 그 구성 요소들 간의 관계에 기저하는 규칙 등을 포함한 이야기의 내적 구조를 기술한다. 이야기 문법은 이야기의 틀을 제공함으로써 내러티브 이해를 촉진할 뿐 아니라, 이야기를 기억하고 해석하며 내용을 예측하는 데 사용될 수도 있다.

결속 분석은 텍스트의 요소들을 연결하는 데 사용되는 언어적 표지들을 설명해준다. 내러티브의 응집성(coherence, 통일성)은 결속을 통해서 이루어진다. 결속 표지를 부적절하게 또는 부정확하게 사용하는 경우 텍스트의 내용이 잘 결합되지 않아서 이해를 어렵게 한다.

SLP는 분석할 때 다음과 같은 질문들을 점검해야 한다.

- 내러티브가 연결성이 있는가? 있다면 어떠한 형태로 연결되는가?
- 내러티브가 전형적인 이야기 문법 모형을 따르는가? 이야기가 상호적으로 구조화되어 있는가?
- 내레이터는 스크립트를 무엇으로 이끄는가? 무엇을 통해 이야기를 산출하는 사람의 사건 지식과 기대를 나타내는가?
- 어떠한 언어적 수단을 결속 표지로 사용하는가?

또한 SLP는 내레이터가 듣는 이의 요구에 대해 민감한지 여부에 대해서도 관심을 가져야 한다.

## 내러티브 단계

아동들은 이야기를 구조화하는 데 두 가지 전략을 사용한다. 중심화(centering)는 이야기 핵심을 이루는 내용이나 대상을 연결하는 것이다. 이러한 연결은 자질 간의 유사성이나 보완적 특성에 기초한다. 유사성에 기초한 연결은 행위, 등장인물, 상황과 같이 지각적으로 관찰된 내용에 의해 이루어진다. 연쇄(chaining)는 같은 내용을 기반으로 하는 사건들의 연속으로 구성되며, 직접적으로 하나에서 다른 것으로 이끌어간다.

2세 아동들은 대부분 중심화를 통해 이야기를 구조화한다. 그러나 3세경에 이르면 아동들 중 거의 절반이 중심화와 연쇄 전략 모두를 사용한다. 이러한 비율은 5세까지 증가하여 아동의 4분의 3이 두 가지 전략을 사용한다.

이러한 구조화 전략은 6단계의 기본적인 이야기 구조화 발달 단계로 나타날 수 있다(Applebee, 1978). 발달 순서는 다음과 같다.

덩이(heaps)는 중심 자극과 관련 없는 내용을 서술한다. 주로 자극의 양상을 표현하거나 추가 정보를 제공하는 내용을 서술한다. 전체적인 구조화화 패턴은 관찰되지 않으며 문법 구조의 유사성이 공통 요소로 소개된다.

개들이 꼬리를 흔들고 짖어요. 개들이 하루종일 자요. 개가 고양이를 쫓아갔어요.

나열(sequences)은 사건들을 이야기에 의미가 있는 중심 내용이 아니라 단순히 속성이나 사건에 기초하여 연결한다. 내러티브 구조화는 주로 추가 또는 첨가를 통해 이루어지며, 문제들이 내러티브를 변화시키지 않으면서 달라진다.

나는 햄버거를 먹었어요. 그리고 조니도요. 엄마는 치킨 너겟을 먹었어요. 아빠는 감자튀김과 콜라를 먹었어요.

초보적인 시간적 내러티브(primitive temporal narrative)는 보완하는 사건들을 주요 내용을 중심으로 구조화한다.

나는 바깥으로 나가서 그네를 탔어요. 바비가 그네를 밀었어요. 나는 높이 올라가고 멈추려고 했어요. 나는 떨어졌어요. 그리고 울기 시작했어요. 바비가 나를 일으켜줬어요.

초점이 없는 시간적 연결(unfocused temporal chain)은 등장인물이나 배경 또는 행위와 같은 연결 특성이 변화하면서 하나의 사건이 다른 사건으로 시간적 연결은 되지만 초점이 없는 형태로 유도된다. 이는 연결된 이야기의 첫 번째 단계이며, 구체적인 연결 형태를 보인다. 초점이 변화하기 때문에 이 단계에서는 아직 이야기의 구심점이 없다.

> 남자가 보트를 탔어요. 그는 노를 저었고 고기를 잡았어요. 그는 샌드위치를 먹었어요.(변동) 물고기들은 헤엄을 쳤고 놀아요. 물고기들은 물 위로 뛰어올라요. 물고기들은 아래에 있는 큰 동굴로 가요. (변동) 배에 개가 있어요. 개가 목이 말라요. 개가 물로 뛰어들어요.

초점이 있는 시간적 또는 인과적 연결(focused temporal or causal chain)은 일반적으로 지각적으로 연결된, 구체적 사건의 연속을 수행하는 주인공을 중심으로 한다.

> 이 소년이 젤리빈을 발견했어요. 그리고 그 소년의 엄마가 그걸 먹지 말라고 말했어요. 그리고 그 애는 했어요(먹었어요). 그리고 나무가 소년의 손에서 자라났어요.

내러티브는 이야기 전개에 따라 중심이 형성된다. 각각의 사건은 이야기 중심을 보완하는 것으로, 이전 사건으로부터 진행되고 연결되며 주제에 새로운 내용을 더해간다. 인과적 관계는 구체적이거나 추상적일 수 있으며 개시된 상황의 끝을 향해 전개된다. 언어장애를 동반하거나 동반하지 않는 어린 학령기 아동 모두 친숙한 사건에 대한 스크립트를 사용하나, 언어장애 아동의 경우에는 종종 스크립트의 요소를 연결짓는 인과적 연결을 생략하기도 한다(Hayward, Gillam & Lien, 2007). 일반적으로 절정(climax)을 갖는다.

> 후안이라는 소년이 있었어요. 그리고 소년은 숲에서 길을 잃었어요. 소년은 풀과 나무를 먹었어요. 그리고 모든 동물들과 친구가 됐어요. 소년은 생활할 텐트를 지었어요. 어느 날 소년은 불을 피웠고 경찰관이 소년을 발견했어요. 그들은 후안을 엄마와 아빠에게 데리고 왔어요.

**표 8.1** 내러티브 단계 분석

| 예 | 분류 |
|---|---|
| **단순한 형태** | |
| 할머니는 농장에 살아요. 거기에는 말과 돼지가 있어요. 소가 음매 울어요. 나는 나무에 있는 타이어 그네를 탈 수 있어요. 그리고 송아지는 나를 핥아요. 다예요. | 나열 |
| 옛날에 두 아이가 있었어요. 캐시디와 … 프레드. 프레드는 웃기는 이름이에요. 그리고 그들은 싸웠어요. 그 엄마가 "너희들 왜 싸우니?" 하고 말했어요. 캐시디와 프레드는 왜 싸우는지 알지 못해요. 그들은 멈추고 친구가 됐어요. | 초점이 있는 연결 |
| **에피소드 발달을 포함한 복잡한 내러티브 형태** | |
| 아이들은 모두 할로윈에 버거킹에 갔어요. 수퍼 지밍―저예요―은 치즈버거를 먹었어요. 내 누나는 와퍼를 먹었어요. 엄마와 아빠는 너겟과 샐러드 바를 먹었어요. 그들이 먹고 있는데 큰 유령이 내 밀크 쉐이크에서 나왔어요. 그는 밀크쉐이크를 모두에게 던졌고 화를 냈어요. 수퍼 지밍은 포크로 유령을 찔렀어요. 유령은 납작해졌어요. 바람이 모두 빠져나갔어요. 아빠는 너무 행복해서 모든 아이들에게 줄 아이스크림을 샀어요. | 나열 내러티브 |

각각의 내러티브는 이러한 도식에 따라 분석되는 에피소드로 나눌 수 있다. 표 8.1에 내러티브의 예와 내러티브 단계에 따른 분석 내용을 제시하였다.

문화적 차이도 고려되어야 한다. 아프리카계 미국 아동들의 내러티브는 중심 주제를 중심으로 결합될 수 있는 다양한 시간과 장소에서 발생하는 사건들을 묘사하는 주제-연합 성격을 갖는다. 일본 아동의 내러티브는 연속된 사건들을 하나로 자세히 묘사하기 보다는 경험들을 간결히 설명하는 집합적 특성을 보인다. 라틴계 아동들은 사건들을 연속적으로 관련짓지 않는다.

## 절정구조 분석

**절정구조 분석**(high-point analysis)은 내러티브의 대형구조를 확인하기 위한 방법이다. 절정구조 또는 내러티브의 가장 중요한 부분은 회상한 과거 사건에서가 아니라 내러티브를 산출하는 사람에게 사건들이 갖는 의미를 통해 드러난다. 어떠한 구조가 수반되는지는 발달적으로 중요하다.

절정구조 분석을 위해서는 내레이터가 사건을 묘사하는 내러티브를 사용하는 것이 가장 좋다. SLP는 분석을 위해서 가급적 가장 긴 개인적 사건 내러티브를 선택한다. 길이가 길수록 복잡성이 증가하기 때문이다.

절정구조는 아동들에 의해 여러 방식으로 표시될 수 있다. 강조나 연장, 환경음 사용("쿵 했다!") 등과 같은 준언어적 자질들과 감탄사("와우!"), 반복, 주의를 유도한 말("여기가 가장 중요한 부분이

**표 8.2** 절정 내러티브 구조

| 내러티브 구조 | 특성 | 발달연령 |
| --- | --- | --- |
| 하나의 사건으로 구성된 내러티브 (one-event narrative) | 하나의 사건을 포함 | 3.5 이하 |
| 두 개의 사건으로 구성된 내러티브 (two-event narrative) | 실제 세계 또는 내러티브 내에서 논리적이거나 인과적으로 연결되지 않는 두 개의 과거 사건을 포함 | 3.5 |
| 단순 나열 내러티브 (miscellaneous narrative) | 실제 세계에서 논리적이거나 인과적으로 서로 관련되는 두 개 이상의 과거 사건을 포함 | 모든 연령에서 매우 낮은 빈도 (3.5~9) |
| 도약적 내러티브 (leapfrog narrative) | 그 순서가 실제 세계의 관계를 반영하지 않는 두 개 이상의 연관된 과거 사건을 포함 | 4 |
| 연대기적 내러티브 (chrinological narrative) | 사건들이 논리적이거나 인과적으로 연결되지만 절정은 없는 두 개 이상의 연관된 과거 사건을 포함 | 모든 연령에서 출현 (3.5~9) |
| 절정-결말 내러티브 (end-at-high-point narrative) | 사건들이 논리적이거나 인과적으로 연결되며, 절정이 있으나 절정 후에 뒤따르는 사건(결말)이 없는 두 개 이상의 연관된 과거 사건을 포함 | 5 |
| 고전적 내러티브 (classic narrative) | 사건들이 논리적이거나 인과적으로 연결되며, 절정과 결말을 모두 포함하는 두 개 이상의 연관된 과거 사건을 포함 | 6+ |

출처 : McCabe & Rollins(1994)

야"), 과장, 판단이나 평가를 하는 표현들("내가 좋아하는 거야."), 정서적 표현과 설명 등과 같은 언어적 자질 등이 절정구조를 표시할 수 있다.

내러티브에서 절정구조를 확인할 수 있는 경우 SLP는 내러티브 구조를 분석할 수 있다. 다양한 구조 유형이 표 8.2에 제시되어 있다. 맨 마지막 열은 코카시안, 영어 사용 아동, 북미 아동에게서 각 구조가 일반적으로 관찰되는 연령을 나타낸다. 아동들이 자신의 연령집단에서 전형적으로 사용하는 내러티브 구조를 사용하고 있는지의 여부를 결정할 때 이 표를 참고할 수 있다. 5세 이후에는 하나의 사건으로 구성된 내러티브, 두 개의 사건으로 구성된 내러티브, 단순 나열 내러티브와 도약적 내러티브를 산출하는 아동이 10% 미만이다. 적절한 평가를 위해서는 몇 개의 내러티브를 통해 얻은 작은 이야기 표본이 필요하다.

아동 간에서는 물론 개별 아동 내에서도 차이를 보일 수 있다. 많은 어린 아동들은 처음에 절정을 서술하고 나서("나는 벌에게 찔렸다.") '사람들의 반응을 살피고', 사람들이 그것을 받아들이면 그다음 내러티브를 진행할 것이다. 이는 잘못된 내러티브의 예가 아니므로 내러티브가 모두 끝난 다음 절정구조 분석을 통해 분석한다.

다음 부분에서 논의할 이야기 문법 분석은 언어장애와 일반 아동이 산출한 내러티브를 잘 구분해 주지 못하며 절정구조 분석이 더 민감하게 구분해준다. 언어장애를 가진 초등 저학년생이 개인적 내러티브를 구어로 산출할 때 절정구조 분석은 그림을 보고 허구 내러티브를 산출할 때보다 더 성숙한 내러티브를 산출한다. 또한 언어장애 아동들의 개인적 내러티브의 질적인 부분은 허구적인 내러티브와 거의 관련되지 않는다(McCabe, Bliss, Barra, & Bennett, 2008).

## 이야기 문법

**이야기 문법**(story grammar)은 정보처리를 도울 수 있는 구조적 형태를 제공한다. 이야기 말하기에 유능한 사람은 이해를 최대화하기 위한 방법으로 이야기와 정보의 흐름을 구조화한다. 이야기는 배경과 에피소드 구조(이야기 = 배경 + 에피소드 구조)로 이루어진다. 각각의 이야기들은 "옛날 먼 나라에 아주 슬픈 왕자가 살았는데…" 또는 "오늘 아침 일하러 가는 길에, 나는 큰 길을 건너가고 있었어…" 또는 단순히 "나는 오늘 동물원에 갔어."와 같이 배경을 포함한 개시로 시작한다.

에피소드는 개시 사건, 내적 반응, 계획, 시도, 결과, 반응으로 구성된다. 개시 사건 또는 목적을 위한 반응, 시도, 직접적인 결과가 포함되면 완전한 에피소드로 간주된다(Stein & Glenn, 1979). 에피소드는 첨가적으로, 시간적으로, 인과적으로 또는 혼합된 형식으로 연결될 수 있다. 이야기는 하나 이상의 서로 연결된 에피소드로 이루어진다.

이야기 문법의 일곱 가지 요소는 다음과 같은 순서로 나타난다(Stein & Glenn, 1979).

1. 배경 서술(setting statement, S)은 등장인물을 소개하고, 사회적 · 물리적 · 시간적 맥락에 따라 등장인물들의 습관적인 행동들을 묘사한다.

2. 개시 사건(intiating event, IE)은 자연적 사건(예 : 지진)이나 무언가(예 : 보물)를 찾고자 하는 의지 또는 다른 등장인물의 행동(예 : 누군가를 체포하는 것)을 통해서 특정 등장인물의 행동을 유도하는 것이다.

3. 내적 반응(internal responses, IR)은 개시사건에 대한 등장인물의 정서적 반응, 생각, 또는 의도 등을 묘사한다. 내적 반응은 등장인물의 동기가 되기도 한다.

4. 내적 계획(internal plan, IP)은 목표를 달성하기 위한 등장인물의 전략을 말한다. 아동의 이야기에는 거의 포함되지 않는다.

5. 시도(attempt, A)는 등장인물들이 어떤 결과를 유도하기 위해 하는 외현적 행동을 말한다. 목표를 달성하기 위한 행동이 예가 될 수 있다.

6. 직접적 결과(direct consquences, DC)는 등장인물들이 시도를 통해서 목표를 수립하는 데 성공했는지 혹은 실패했는지를 묘사한다.

7. 반응(reaction, R)은 사건의 결과나 이전 사건에 대한 등장인물의 정서적 반응, 생각 또는 행동을 말한다.

**표 8.3** 이야기 문법의 예

| 내러티브 | 이야기 문법 요소 |
| --- | --- |
| **I. 단일 에피소드** | |
| 소녀가 있었는데, 그 소녀는 이 해적들에게 납치를 당했어요. | 배경 서술 (S)<br>개시 사건 (IE) |
| 그래서 그들이 먹고 있을 때, 그 소녀는 줄을 자르고 도망을 쳤어요. | 시도 (A)<br>직접적 결과 (DC) |
| 그리고 그 소녀는 섬에서 살면서 앵무새를 먹었어요. | 반응(R) |
| **II. 여러 개의 에피소드** | |
| 옛날에 농장에 커다란 개가 있었어요.<br>그런데 먹을 것이 충분하지 않아서 그 개는 배가 고팠어요.<br>그 개는…이름이 맥스인데…음식이 없어서 슬펐고 그래서 그 주인은 무언가를 찾으러 갔어요. | 배경 서술 (S)<br>개시 사건$_1$(IE$_1$)<br>내적 반응$_1$(IR$_1$)<br>시도$_1$ (A$_1$) |
| 그는 마녀를 만났는데, 그가 역겨운 두꺼비를 죽일 때까지 그에게 음식을 주지 않았어요. | 개시 사건$_2$(IE$_2$)<br>내적 반응$_2$(IR$_2$) |
| 그는 무서웠지만 덫을 만들기로 결심했어요. | 내적 계획$_2$(IP$_2$)<br>시도$_2$(A$_2$) |
| 그는 구덩이를 파고 그 구덩이를 개구리 음식으로 채웠어요.<br>그 개구리는 그 남자를 먹고 싶어 했지만 잡혔어요.<br>그 남자는 마녀에게 돌아갔고, 그 마녀는 그 남자와 그 개를 위해 햄버거를 주었어요. | 직접 결과$_2$(DC$_2$)<br>직접 결과$_1$(DC$_1$) |
| 그래서 그 남자와 맥스는 햄버거를 먹었고 행복해졌어요. | 반응$_1$(R$_1$) |

표 8.3에 다양한 이야기 문법을 보이는 두 개의 아주 다른 이야기를 제시하였다.

이야기 문법에는 연속적인 발달 단계가 있다(Glenn & Stein, 1980). 일부 구조적 유형은 초기에 출현해서 유지되는 반면 일부는 후기에 발달된다. 개인차가 있으나 일반적으로 전반적인 발달 단계는 다음과 같다.

**묘사 나열(descriptive sequence)**은 등장인물이나 주변 상황, 습관적인 행동들에 대한 묘사로 이루어지며, 인과적이거나 시간적 연결은 관찰되지 않는다. 전체 이야기는 배경 서술로 구성된다.

> 이건 내 토끼에 대한 이야기야. 그 토끼는 굴에 살아. 그 토끼는 마당 주변을 뛰어다니길 좋아해. 토끼는 당근과 잔디를 먹어. 끝.

**행동 나열(action sequence)**은 인과적 관계가 아닌 시간적 순서에 따른 행동 묘사로 구성된다. 이야기는 배경 서술과 다양한 행동적 시도로 이루어진다.

> 나는 생일파티를 했어. (S) 우리는 게임을 했고 상을 탔어. (A). 나는 선물을 열었어. (A) 그리고 풍선을 받았어. (A) 나는 촛불을 껐어. (A) 우리는 케이크하고 아이스크림을 먹었어. (A) 우리는 즐거웠어.

**반응 나열(reaction sequence)**은 목표를 향한 행동은 아니지만 사건에서의 변화가 다른 변화를 유발하는 사건의 연속으로 이루어진다. 배경, 개시 사건, 시도로 구성된다.

> 자기 소를 아끼는 아가씨가 있었어요. (S) 그런데 그 소가 등잔을 찼어요. (IE) 그래서 경찰이 왔어요. (A) 그다음에 불자동차가 왔어요. (A) 그리고 사다리가 있는 소방차가 왔어요. (A) 그리고 끝났어요. (S)

**간략형 에피소드(abbreviated episode)**는 함축적이거나 명료한 목표를 갖는다. 이 단계에서는 이야기가 사건 서술과 결과 또는 내적 반응과 결과 중 하나를 포함할 수 있다. 등장인물의 행동은 목적을 가지고 있으나 일반적으로 미리 계획된 것은 아니다.

> 엄마와 두 명의 아이가 있었어요. (S) 아이들은 엄마의 생일을 위해 케이크를 구웠어요. (S) 아이들이 스토브를 켜는… 끄는 것을 잊어버려서 케이크가 타버렸어요. (IE) 아이들은 가게에 가서 케이크를 샀어요. (C) 끝.(S)

**완전한 에피소드(complete episode)**는 결과 서술과 함께 개시 사건, 내적 반응 그리고 시도 중 두 개를 포함한 목표중심의 행동 나열로 이루어진다.

> 그 남자는 의사였어요. (S) 그는 괴물을 만들었어요. (IE) 그리고 괴물이 그 집 어디에서나 그를

쫓아다녔어요. (IE) 그는 침실로 들어갔어요. (A) 그는 괴물을 옷장 안으로 밀어 넣었어요. (A) 그래서 괴물은 떠나버렸어요. (C) 끝이에요. (S)

복합형 에피소드(complex episode)는 완성형 에피소드의 확장된 형태이거나 여러 개의 에피소드를 포함한다.

옛날에 루크 스카이워커가 있었어요. (S) 그리고 그는 다르프 인베이더와 싸웠어요. (S/IE) 그들은 검을 가지고 싸웠어요. (A) 그리고 그는 그를 죽였어요. (C) 그리고 이 말 로봇을 폭파시키려고 로켓을 넣었어요. (IE) 그리고 발사했어요. (A) 그래서 나쁜 병사들은 모두 죽었어요. (C)

상호작용형 에피소드(interactive episode)는 두 명의 등장인물을 포함하며, 이들은 서로 다른 목표와 행동을 하지만 서로의 행동에 영향을 미친다.

샐리는 엄마의 설거지를 도와준 적이 없다. (S) 그녀는 화가 나서 샐리가 그렇게 해야만 한다고 말했다. (IE) 그래서 샐리는 설거지를 했지만 화가 났다. (IR) 그래서 샐리는 접시 몇 개를 떨어뜨렸다. (A) 그러고 나서 더 많이 떨어뜨렸다. (A) 그래서 엄마는 더 이상 접시를 닦지 않아도 된다고 말했다.(C) 그래서 샐리는 매일 저녁에 밥을 먹은 다음에 텔레비전을 봤다. (S)

**표 8.4** 내러티브의 구조적 속성

| 구조적 유형 | 구조적 속성 | 구조적 유형 | 구조적 속성 |
|---|---|---|---|
| 묘사 나열 | 배경 서술 (S)(S)(S) | 복합형 에피소드 | 여러 개의 에피소드<br>배경 서술 (S)<br>다음 중 두 개 :<br>  개시 사건 (IE₁)<br>  내적 반응 (IR₁)<br>  시도 (A₁)<br>  직접적 결과 (DC₁)<br>다음 중 두 개 :<br>  개시 사건 (IE₂)<br>  내적 반응 (IR₂)<br>  시도 (A₂)<br>  직접적 결과 (DC₂) |
| 행동 나열 | 배경 서술 (S)<br>시도 (A)(A)(A) | | |
| 반응 나열 | 배경 서술 (S)<br>개시 사건 (IE)<br>시도 (A)(A)(A) | | |
| 간략형 에피소드 | 배경 서술 (S)<br>개시 사건 (IE) 또는 내적 반응 (IR)<br>직접적 결과 (DC) | | 확장된 완성된 에피소드<br>배경 서술 (S)<br>개시 사건 (IE)<br>내적 반응 (IR)<br>내적 계획 (IP)<br>시도 (A)<br>직접적 결과 (DC)<br>반응 (R) |
| 완성형 에피소드 | 배경 서술 (S)<br>다음 중 두 개 :<br>개시 사건 (IE)<br>내적 반응 (IR)<br>시도 (A)<br>직접적 결과 (DC) | | |
| | | 상호작용적 에피소드 | 두 개의 구분되어 있으나 서로 영향을 주는 병렬적 에피소드 |

표 8.4에 제시한 것처럼 각각의 구조적 유형별로 특정 구조적 속성이 나타난다.

대부분 내러티브 대형구조 측정치들이 이야기 문법의 구성 요소에 기초하고 있지만 아동의 내러티브의 질적 측면과 발달 수준을 전체적으로 판단하는 측정치들의 존재 여부 확인 방법에 따라 매우 다양한 코딩 방법이 존재한다(예 : Miles & Chapman, 2002; Reilly et al., 2004). 이야기 문법 코딩 절차가 단순한 것일수록 분석자 간 신뢰도가 높으나, 초등 고학년이나 청소년들의 내러티브의 질적 측면을 설명하는 데는 제한될 수 있다.

언어장애 아동은 일반 또래보다 완전한 에피소드를 더 적게 산출한다. 또한 언어장애 아동은 내러티브에서 완전한 배경 서술과 반응, 시도, 계획 서술을 더 적게 포함하는 경향이 있다. 또한 에피소드들 간의 관계도 더 약하다.

이야기 문법 분석만으로 언어장애 아동을 일반 아동과 구분하는 데는 부족함이 있을 수 있다. 일반적으로 일반 아동들은 10세경에 이르러야 이야기 문법의 모든 요소를 산출한다. 그러나 아동의 내러티브는 그들의 기능 수준을 가늠하거나 어떠한 구조적 요소가 출현했는지를 평가하기 위하여 사용할 수 있다. 표 8.5에 이야기 문법 구조 유형에 의해 분석한 일부 내러티브와 내러티브 단계를 제시하였다.

**표 8.5** 이야기 문법 분석

| 내러티브 | 이야기 문법 요소 | 구조적 유형 | 내러티브 단계 |
|---|---|---|---|
| **I.**<br>우리는 농장에 갔어요.<br>나는 닭에게 먹이를 줬어요.<br>그리고 나서 외양간에 있는 소를 보았어요.<br>소는 우유를 줘요.<br>소들은 온종일 들판에 있고 풀을 먹어요.<br>밤에 그들은 들어와요. | (S)<br>(S)<br>(S)<br>(S)<br>(S)<br>(S) | 묘사 나열 | 초점이 없는<br>시간적 연결 |
| **II.**<br>도시에 사는 소년이 있었어요.<br>그리고 어느날 커다란 벌레가 벌레들을 가둬 둔 곳에서 나왔어요.<br>그리고 소년은 비행기를 타고 그것을 쐈어요. | (S)<br>(IE)<br>(A) | 반응 나열 | 초점이 있는<br>시간적 연결 |
| **III.**<br>옛날에 두 소년이 있었어요.<br>한 소년이 쥐랑 큰 구덩이에 빠졌고 그는 무서웠어요.<br>그의 형은 사다리를 넣었는데 쥐들이 그것을 먹었어요.<br>그래서 그는 구멍에 자기 점심을 던졌어요.<br>쥐는 그것도 먹었고 그 소년은 로프를 잡고 올라왔고 구출되었어요. | (S)<br>$(IE_1)$<br>$(IR_1)$<br>$(A_1)$<br>$(DC_1/IE_2)$<br>$(A_2)$<br>$(DC_2)$<br>(R) | 복합형<br>에피소드 | 내러티브 |

주 : 세 번째 내러티브는 발전된 구조의 속성을 갖추고 있음에도 불구하고 일부 대명사 사용에 혼동을 보임. 소년의 관계는 세 번째 발화 전까지는 수립되지 않음

## 표현의 정교화

표현의 정교화는 이야기를 말하는 사람이 정보 전달 이상의 것을 목적으로 할 때 나타나며, 주제의 유형이나 구조, 이야기 장르, 분위기를 형성한다. 그 결과 재미있거나 잘 만들어진 이야기가 산출된다. 이야기를 잘 만드는 이는 듣는 이에게 자기가 바라는 대로 영향을 미칠 수 있도록 낱말과 문장구조를 선택한다. 예를 들어 이야기를 말하는 이는 긴장감을 형성하기 위하여 특정 정보를 보류하거나 특정한 환상을 불러일으키는 낱말을 선택할 수도 있다. 실제 삶과 관련된 내러티브인 경우에는 듣는 이의 흥미를 증가시키기 위해 허구적인 요소를 포함할 수도 있다.

구조적 속성이 내러티브에 필수적 측면이긴 하나 세련된 언어나 결속 표지의 사용과 같은 다른 언어 영역 역시 내러티브 발달에 영향을 미친다. 세련된 언어에는 흔히 교사들이 교육과정에서 사용하는 추상적 언어들이 포함된다(Westby, 2015). 내러티브 능력과 관련된 세련된 언어 자질에는 다음과 같은 것들이 포함된다.

- 메타인지적인 동사(생각하다, 알다, 기억하다, 잊다)
- 메타언어적인 동사(말하다, 얘기하다, 묻다)
- 정교화된 명사구(ENPs)(엄마랑 차에 타고 있는 작은 소녀)

이러한 자질들은 학령 전 시기에 출현해서 성인기까지 지속적으로 발달되며, 복합적 내러티브에서 사건들 간의 관계를 나열하는 데 필수적인 요소가 된다(Curenton & Justice, 2004; Nippold, 2007). 언어장애 아동들이 이와 같은 세련된 언어 자질들을 더 적은 빈도로 사용한다는 것은 놀라운 일이 아니다(Greenhalgh & Strong, 2001).

세련된 언어 자질은 표현언어 정교화에서 부속요소(appendage), 상황인식(orientation), 평가(evaluation)라는 세 가지 유형으로 나타난다(Ukrainetz et al., 2005). 부속요소는 듣는 이에게 이야기가 진행되고 있거나 끝났다는 주의를 주는 것으로 다음과 같은 다섯 가지 범주로 구성된다.

- 개시어 또는 개시 요소(지난 주 어느 날 아침에…)
- 요약 : 이야기를 시작하기 전에 사건의 개요를 제공(이것은 내가… 할 때 있었던 이야기야.)
- 주제 : 내러티브를 통해 전달하고자 하는 주제(이것은 왜 내가 오늘 화가 났는지에 대한 거야.)
- 종결 : 내레이터나 등장인물에 대한 효과를 서술(그래서 나는 너무 빨리 운전하지 않는 것을 배웠어.)
- 끝맺음(끝)

상황인식은 배경 서술로 다음과 같은 세 가지 범주로 이루어진다.

- 이름(Jill)

- 관계 : 역할이나 직업에 대한 묘사(내 선생님)
- 성격 : 내러티브 전체에 걸쳐 유지되는 속성(게으른)

마지막으로 평가는 내러티브와 등장인물의 관점이 어떻게 전달되는지를 설명하는 것이다. 평가는 다음과 같은 다섯 가지 범주로 구성된다.

- 흥미 있는 수식어 : 대부분 묘사적인 형용사나 부사어로 구성됨
- 표현 : 여러 낱말로 이루어진 수식어(마라톤 주자처럼 지침)
- 반복 : 효과적인 전달을 위해 명사나 형용사 또는 동사를 반복(걷고 걷고 걷고)
- 메타인지적인 내적 상태어 : 생각(기억했다), 느낌(우울했다), 반응(놀랐다), 의도와 신체적 상태(피곤했다)를 표현
- 메타언어적인 대화 낱말 : (그래서 그녀가 말하길…)

**표 8.6** 9세경의 내러티브에서 확인된 정교화 유형

| 평가—가장 빈번, 연령에 따라 증가 | | |
|---|---|---|
| 수식어 | 형용사, 부사, 그리고 부사구 | *mighty, angry, shy, slowly, in between* |
| 표현 | 여러 낱말로 이루어진 수식어 | *as quietly as she could, wrong side of the tracks, all of a sudden* |
| 반복 | 강조를 위한 낱말 반복 | *He ran and ran to get way, They were very, very happy* |
| 내적 상태 | 의도, 생각, 느낌, 감정, 동기, 그리고 반응을 표현하는 낱말 | *thought, sad, angry, tired, dicided, planned* |
| 대화 | 등장인물의 말에서 내러티브의 비율 | *She shouted, "Stop that!"* |
| 상황인식—연령에 따라증가 | | |
| 이름 | 등장인물이 처음 언급될 때 특정하게 확인됨 | *King Juan, Jack, Monica* |
| 관계 | 관계가 정의됨 | *Monica's sister, teacher, pet* |
| 성격 | 이야기 전체를 통해 유지되는 개인적 속성 | *always late, too young to, grumpy old woman* |
| 부속 요소—제일 적게 나타남, 연령에 따라 증가 | | |
| 개시어 | 내러티브의 시작을 표시 | *Once upon a time, One night, Yesterday* |
| 요약 | 내러티브나 이야기 제목에 앞서 제시되는 요약 | *This is a story about why you you shouldn't run away, This is called "My Best Day"* |
| 주제 | 내러티브 내의 요약 | *And this is why he was so scared* |
| 종결 | 내러티브나 학습된 교수의 결과 | *So they decided never to ride their bikes in the woods again* |
| 끝맺음 | 내러티브가 끝났음을 공식적으로 알림 | *That's it, The end, And they lived happily…* |

* 일부는 언급되지 말아야 할 정도로 빈번하게 발생함. 여기에는 *some, other, another, one, little, big, bad, on top, outside, behind, after*가 포함됨
출처 : Ukrainetz, Justice, Kaderavek, Eisenberg, Gillam, & Harm(2005)

9세경에 이르면 전형적 발달을 보이는 아동은 내러티브에서 일부 표현 정교화가 관찰된다. 일반적으로 표현 정교화는 정교화의 유형에 따라 달라지며 아동 능력을 완전하게 설명하기 위해서 몇 개의 내러티브가 요구된다. 표 8.6은 다양한 유형의 표현 정교화를 포함한 내러티브를 제시하였다.

## 양적 측정치

일부 소형구조들은 연령에 따라 유의하게 변화한다. 여기에는 전체 낱말 수(TNW), 새로운 낱말 수(NDW), 전체 T-unit 수(LENGTH), 평균 T-unit 길이-낱말(MLT-W), 두 개 이상의 절을 포함하고 있는 전체 T-unit의 수(COMPLEX) 그리고 복합적인 T-unit이 차지하는 비율(PROCOMPLEX)이 포함된다(Justice, Bowles, et al., 2006). 측정치들을 표 8.7에 제시하였다. 이 자료들은 예비 연구들을 통해 측정된 것으로 잘 연구된 것이기는 하지만 표준편차(SD)들을 통해서도 볼 수 있듯이 일반 아동들 사이에 서도 편차가 크므로 주의 깊게 사용되어야 한다. 일반적으로 정상집단은 1표준편차 이내에 있어야 한다.

10대의 내러티브에서 우리는 T-units에서 측정된 평균 길이와 절의 연결이 연령에 따라 증가한다는 것을 확인하였다. 또한 청소년기를 거치면서 '성취'나 '외로움', '미스터리'와 같은 추상어 사용이나 '확신

**표 8.7** 내러티브 소형구조

| 연령 | TNW | | NDW | | LENGHT | | MLT-W | | COMPLEX | | PROCOMPLEX | |
|---|---|---|---|---|---|---|---|---|---|---|---|---|
| | M | SD | M | SD | M | SD | M | SD | M | SD | M | SD |
| 내러티브 말하기 | | | | | | | | | | | | |
| 5 | 68 | (±47) | 39 | (±20) | 8.5 | (±5.4) | 6.8 | (±1.7) | 3.1 | (±3.2) | .33 | (±.2) |
| 6 | 77 | (±54) | 43 | (±22) | 9.6 | (±6) | 7.5 | (±1.6) | 3.5 | (±2.8) | .37 | (±.2) |
| 7 | 96 | (±74) | 52 | (±28) | 11.3 | (±9.1) | 8.5 | (±3.8) | 4.6 | (±4.3) | .38 | (±.2) |
| 8 | 137 | (±77) | 69 | (±27) | 15.8 | (±8.9) | 8.1 | (±1.4) | 7.6 | (±5.2) | .45 | (±.2) |
| 9 | 162 | (±96) | 79 | (±30) | 17.3 | (±9.6) | 8.4 | (±1.4) | 8.9 | (±6.1) | .51 | (±.2) |
| 10 | 237 | (±196) | 101 | (±49) | 21.5 | (±14.5) | 8.9 | (±2.1) | 12.2 | (±9.8) | .55 | (±.2) |
| 내러티브 쓰기 | | | | | | | | | | | | |
| 11 | | | | | | | 9.14 | (±2.2) | | | | |
| 14 | | | | | | | 11.19 | (±3.9) | | | | |
| 17 | | | | | | | 11.27 | (±2.1) | | | | |

주 : 전체 낱말 수(TNW), 새로운 낱말 수(NDW), 전체 T-unit 수(LENGTH), 평균 T-unit 길이-낱말(MLT-W), 두 개 이상의 절을 포함하고 있는 전체 T-unit의 수(COMPLEX), 복합적 T-unit이 차지하는 비율(PROCOMPLEX)
출처 : Justice, Bowles, Kadervek, Ukrainetz, Eisenberg, & Gillam(2006); Sun & Nippold(2012).

한다, 발견한다, 깨닫는다'와 같은 메타인지적인 동사의 사용도 증가하였다(Sun & Nippold, 2012).

에피소드 구조와 구문 정확성은 다문화-다언어 환경 아동들의 언어 능력을 평가하는 좋은 측정치가 된다(Muñoz et al., 2003). 새로운 낱말 수와 같이 의미적인 양적 측정치들은 유도 방법에 따라 많이 달라질 수 있다(Uccelli & Páez, 2007).

## 결속 표지

결속은 내러티브에서 산출된 발화들을 하나의 텍스트로 연결하기 위해 사용된 다양한 언어 수단이다 (Hickmann & Schneider, 2000). 효과적인 이야기를 산출하기 위해서 내러티브 산출하는 이는 발화 간의 개념들을 포함하는 결속 표지를 사용해야만 한다. 결속 표지의 세 가지 주요 범주는 다음과 같다.

- 참조적 결속 : 등장인물이나 사물, 그리고 장소를 적절히 참조하는 역할을 함
- 접속적 결속 : 구나 발화에 걸쳐 개념을 유지하기 위하여 사용함
- 어휘적 결속 : 발화 간에 개념을 연결하기 위하여 어휘를 효과적으로 사용함

발화에 걸친 참조적 결속은 명사구와 대명사, 그리고 관사 사용을 통해 이루어진다. 접속적 결속은 그 명칭에서 알 수 있듯이 접속어와 구(and, but, because, besides, in addition, finally, in contrast)가 사용된다. 앞에서 언급했듯이 언어장애 아동들은 결속 표지를 정확히 사용하는 데 더 어려움을 갖는다.

언어장애 아동과 읽기에 어려움을 갖는 아동들은 잘 구조화되고 응집력 있는 내러티브로 의사소통하는 데 어려움을 보인다. 일반적으로 그들은 연령을 일치시킨 일반 아동에 비해 사건과 필수적인 관계를 표현하는 데 더 부족함을 보인다. 언어장애 아동이 가장 흔하게 보이는 결속적 오류는 앞부분에서 소개하지 않은 실체나 사건을 참조하는 **불완전한 연결**과 두 개 이상의 참조물 중에서 지시하는 것이 어떤 것인지 분명하지 않은 **모호한 참조** 오류이다.

구성 요소들을 언어적으로 연결 짓는 결속 표지는 텍스트에서 관심을 받는다. 간단히 말해서 듣는 이에게 참조하기 위해 다른 문장에서 제공된 문장 요소가 참조적 결속이다. 예를 들어 대명사는 그것이 참조하는 바를 명확히 하기 위해서 이전 문장을 참조해야 한다. 결속 표지의 다섯 가지 유형에는 참조, 대치, 생략, 접속, 어휘가 포함된다. 이들 중 어휘적 결속은 신뢰로운 평가가 가장 어려울수 있다.

결속 표지 발달에 대한 규준 자료가 거의 없기 때문에 진단을 위해서는 기술적 분석이 최선이 될수 있다. 일반적으로 이야기 문법의 발달이 결속 표지 사용 발달에 우선한다. 때문에 에피소드 구조는 잘 갖추었으나 결속은 좋지 않을 수 있다. 두 가지는 서로 관련되나 종속적인 관계는 아니다. 복합적인 에피소드나 상호작용적 에피소드를 발달시킬 때, 에피소드 내에서나 에피소드 간에서 결속은 그 역할이 더 중요해진다. 말하는 이들은 이야기 그 자체와는 별개로 텍스트에 주의를 기울여야 하므로 결속 표지 사용에는 메타언어적인 속성도 존재한다. 결속적 관계는 제7장에서 논의했으므로 이 부분

에서는 간단하게 다시 살펴보도록 하겠다.

## 참조

참조 장치는 해석을 위해서 텍스트에서 무엇인가를 지시하는 것으로 대명사, 정관사, 지시어(이거, 저거), 비교급(더 큰)으로 구성된다. 참조물과의 연결은 명확해야 하며 모호하지 않아야 한다. 참조 표현은 듣는 이의 지식 수준이나 서로 공유하는 물리적 맥락, 그리고 선행한 언어적 문맥에 적합하다면 적절한 것으로 볼 수 있다(Schneider & Hayward, 2010). 아동이 이야기 속 화자를 빈번하게 바꾸거나 대화를 삽입시킬 때, 혹은 여러 명의 등장인물을 포함할 때 종종 명료성에 문제를 갖는다.

개시하거나 처음 시작하는 말에서는 "남자 아이가 쿠키(a cookie)를 먹고 있어."에서와 같이 부정관사와 명사를 사용해야 한다. 반대로 이어지는 말에서는 "그 애가 그걸(it) 떨어뜨렸어."에서와 같이 정관사와 대명사를 사용해야만 한다. 물론 예외는 있다. 예를 들어 두 사람이 그림을 보고 있을 때, "저런, 그가 그걸(it) 떨어뜨렸네."라고 말할 수 있다. 이 경우 듣는 이가 맥락을 이해하고 이에 기초해서 대명사로 참조된 것을 관련지을 수 있으므로 참조가 이해된다.

내러티브에서 아동이 참조를 개시하고 유지하는 능력은 저학년 시기부터 서서히 발달한다. 어린 아동들은 듣는 이가 참조를 이해할 수 있을 거라 확신해서 흔히 혼동된 방식으로 참조물을 소개한다. 초기 언급에서 아동들은 종종 대명사와 정관사를 사용한다. 이 아동들은 다른 맥락에서는 부정관사와 명사를 사용할 수 있음에도 불구하고 듣는 이의 지식 상태를 지속적으로 모니터해야 하는 내러티브 같은 확장된 담화 문맥에서 이 형식들을 적절히 선택하지 못하는 것 같다. 내러티브가 진행되는 동안 듣는 이에게 전달하기 위해서는 일부 언어 기술이 필요하다.

유치원생들은 듣는 이가 제시한 예전에 보지 못했던 그림을 보며 스스로 이야기를 만들 때보다 최근에 들었던 허구적 이야기를 다시 말할 때 참조를 더 자주 사용한다. 이는 유치원생들이 듣는 이의 지식에 기초해서 참조를 선택하는 것에 더 숙달되지 못하다는 것을 보여준다. 초등 저학년 아동들의 경우에도 처음으로 언급하는 것에 어려움을 가지며 9세 이후에야 단순한 이야기에서 아동들은 어른들과 유사하게 등장인물을 소개하게 된다. 내러티브에서 참조물을 소개하는 것은 9세 이후 일정 기간 동안 지속적으로 발달한다(Schneider, 2008).

아동들도 이어지는 언급에서 적절하게 참조를 하게 되지만, 학령 전 아동이나 초등 저학년 아동들은 참조 대상을 처음 언급하는 데 어려움을 갖는다. 후속 언급에서 갖는 어려움은 대부분 이야기의 복잡성과 관련되는 듯하다. 단순하고 짧은 내러티브에서는 등장인물을 처음에 언급한 후 한 번이나 두 번 정도만 더 참조하면 충분하기 때문일 수 있다. 다양한 등장인물, 특히 동일한 성별을 가진 등장인물을 계속 참조하는 것은 어려울 수 있다.

의미적 정교화는 특히 FASD 아동의 언어적 차이를 평가하는 적절한 방법으로 알려져 있다(Thorne, Cogginsm Carmichael Olson, & Astley, 2007). 의미적 정교화는 내러티브에서 모호성을 감소시키기 위해 사용된 명사와 대명사, 실체나 행동을 소개하기 위하여 사용된 특정 명사(*thing* 대 *hammer*)와 동사(*went* 대 *drove*) 그리고 명사와 동사 수식어들(**화가 난** 커다란 개와 **빨리** 달렸다)로 측정된다. 의미 정교화 부호화 체계(Semantic Elaboration Coding System)(Thorne, 2004)는 이러한 자료를 분석하는 편리한 방법을 제공한다.

반대로 지시어는 연속된 인접성에 따라 참조 대상을 결정한다. '이거(this)', '그거(that)', '이것들(these)', '그것들(those)'과 같은 지시대명사는 사람이나 사물을 지시하며 '여기서(here)', '거기서(there)', '지금에(now)', '다음에(then)'와 같은 부사어는 장소 또는 시간을 지시한다. '지금'과 '다음'의 사용은 이미 언급된 시간을 지시하는 데 한정된다. 또한 '지금'과 '다음'은 접속사 기능을 할 수 있다.

마지막으로 비교급은 일반적으로는 특정 속성에 대해 참조물 없이 유사점과 차이점을 지시할 수도 있고 특별하게는 특정 양이나 질을 지시할 수도 있다. 일반적인 비교급에는 '또 다른', '같은', '다른(다르게)', '동일(하게)', '동일하지 않은', '일치하는', '유사한(하게)', '그 외'와 같은 낱말들이 포함된다. 특정 양을 나타내는 낱말에는 '더', '더 적은', '아주 많은', '만큼 적은', '두 번째', '더욱더', '그리고 보다 적은'이 포함된다. 질적 낱말에는 '보다 나쁜', '만큼 좋은', '만큼 나쁜', '더 좋은', '보다 더 좋은', '보다 더 행복한', '가장 행복한'과 같은 낱말이 포함된다.

## 대치와 생략

대치와 생략은 모두 내러티브 내에서 듣는 이와 말하는 이가 서로 공유하고 있다고 가정되는 정보를 참조한다. 대치는 공유하고 있는 정보를 대치하기 위하여 다른 낱말을 사용한 경우이다. '-*one*'과 '*same*'이라는 낱말은 모두 'Make mine the *same*'이나 'I'll take *one*, too.'와 같이 명사를 대치할 수 있다. *do*와 같은 낱말은 'I *did* already.'와 같이 강조하고자 할 때 본동사를 대치할 수 있다. 마지막으로 *that, so, not*과 같은 낱말들은 'I think *not*'이나 'Mother won't like *that*.'에서와 같이 전체 구나 절을 대치할 수 있다.

생략은 공유하고 있는 정보를 단순히 생략한다는 점에서 대치와 다르다. 전체 구와 절이 생략될 수도 있다.

## 접속

접속에는 제7장에서 언급된 것처럼 첨가적, 시간적, 인과적, 부사적의 네 가지 유형의 접속 관계들이 있다. 첨가적인 관계는 일반적으로 *and*로 표시되며, 시간적 관계는 *then, next, before, at the same time, finally, first, second, an hour later*와 같은 다양한 낱말로 나타난다. 인과적 관계는 *because, as a result of, in that case, for, so*와 같은 낱말로 표현될 수 있으며, 마지막으로 부사적 관계는 *but*과 더불어 *however, although, on the other hand, on the contrary, except, nevertheless*와 같은 낱말들로 제시된다.

접속은 연결된 특정 인과적 구조와는 독립적으로 사용될 수 있다. 즉 저변에 깔려 있는 의미적 개념들을 연결하고 그 관계를 표상한다. 에피소드의 구성 요소들을 연결하는 방식은 아동에게 내재하는 에피소드 구조를 반영할 수 있다. 따라서 에피소드 요소 간의 접속 관계가 문장 간의 접속보다 더 복잡하고 어렵다고 생각할 수 있다. 이러한 사실은 언어장애 아동과 일반 아동 모두에게 적용되며 언어장애 아동의 내러티브에서는 접속이 더 적게 나타난다는 사실도 설명할 수 있다(Greenhalgh & Strong, 2001).

## 어휘

낱말은 접미사를 통해 관계를 표현한다. 다음에 제시되는 예들은 진행되고 있는 관계를 분명하게 이해할 수 있게 해준다.

> 그는 몇 달 동안 글을 써 오고 있다. 마침내 책이 완성되었을 때, 그는 며칠 동안 축하했다. 그는 다른 소설은 쓰지 않을 거라고 맹세했다.
> (He *had been writing* for several months. After the book was finally *written*, he celebrated for days. He swore never to write another novel.)

범주적 관계는 수렴적이고 확산적 구조화 유형으로 표현될 수 있다. 수렴적 사고는 '그녀는 정원에 페투니아, 다알리아, 장미, 그리고 팬지를 가지고 있다. 그러나 그녀는 전혀 충분한 꽃들을 가지고 있다고 할 수 없었다(She had *petunias, dahlias, roses, and pansies* in her garden, but she could never have enough *flowers*.)'와 같이 구성 요소에서 범주로 표현된다. 확산적 사고는 반대로 '그녀는 몇 가지의 운동을 좋아했다. 그러나 축구, 럭비, 그리고 라크로스가 최고로 좋아하는 것이었다(She liked several kinds of *sports* but was best at *soccer, rugby, and lacrosse*.)'에서와 같이 범주로부터 그 구성 요소로 표현된다.

마지막으로 낱말들은 반대 혹은 부분-전체와 같은 관계를 표현할 수 있다. SLP는 내러티브에서 반의어, 동의어, 순서가 있는 시리즈, 부분-전체나 부분-부분 관계를 관찰할 수 있다. 순서가 있는 시리즈에는 한 주(week)를 구성하는 요일과 같이 순서나 '강사, 조교수, 부교수, 정교수'와 같은 위계적 관계를 포함한다. 부분-전체 관계는 '노-배' '페달-자전거' '일월-년'과 같이 전체의 일부분을 구성하는 실체들로 표현된다. 마지막으로 부분-부분 관계는 '코-뺨' '손가락-엄지 손가락' '노-돛'과 같이 같은 대상의 일부를 이루는 것들로 구성된다.

## 요약

아동이 사용한 결속 관계를 평가하기 위해 여러 방식이 시도되어 왔다(Schneider & Hayward, 2010). 이는 사용 빈도나 분포에서부터 정확성과 적절성을 판단하는 것까지 다양하다(Girolametto, Wiigs, Smythm Weitzman, & Pearce, 2001). 규준자료를 통해 이러한 측정치에서 이야기의 복잡성에 미치는 영향을 평가하는 것은 어렵다. 또한 모든 결속 관계가 이야기의 결속에 미치는 영향이 동일하지도 않다. 예를 들어 다양한 접속에 의해 표시된 관계에 대해 생각해보라. 반대로 특정 언어적 형식에만 관심을 갖는 것도 아동의 전반적인 결속 능력을 간과할 수 있다. 참조적 결속은 특정 언어 형식보다 기능적인 면에서 최상의 것으로 고려될 수 있다. 반면 참조 대상을 소개하거나 유지하는 능력은 개인의 언어 형식 습득 정도에 따라 달라질 수 있다.

다른 연구자들은 전체 참조 표현의 수로 적절한 참조 표현의 수를 나누어 참조적 정확성이나 RA를 측정하도록 제안하고 있다(Nobury & Bishop, 2003). 그러나 이러한 방법론은 결속의 다양한 유형이나 부적절한 정도를 간과할 수 있다. 그래도 RA 측정은 맥락에서 참조 표현의 기능에 초점을 두므로 장점이 있다.

그러나 이러한 모든 이유로, 우리는 여전히 참조적 결속에 대한 규준화된 내러티브 도구를 찾고 있다. 그 이유는 후속된 언급에서 적절성을 결정하는 규칙이 이야기의 길이나 언급된 참조의 수나 순서에 따라 달라질 수 있으므로 명확히 하기 어렵기 때문이다.

적어도 부분적으로는 초기 언급이 후속된 언급에서보다 더 직접적으로 표현되기 때문에 초기 언급에 초점을 두는 것이 더 적절할 수 있을 것이다(Schneider & Hayward, 2010). 또한 초기 언급에 대해 참조의 빈도와 유형을 통제함으로써 동일한 세트의 참조만을 분석하도록 제한하는 것도 가능할 것이다. 이는 그림 단서를 사용해서 수행할 수 있다. 초기 언급에 대한 적절성의 정도를 척도를 이용해서 측정하는 것도 아동의 반응을 구분할 때 유용할 수 있다. 모든 참조에 대한 전체 점수는 초기에 언급된 참조의 수로 나눌 수 있다. 이는 아동들의 수행을 비교할 수 있게 한다. 만약 그러한 절차에 대해 관심이 있다면 Schneider와 Hayward(2010)의 논문을 참고하기 바란다. 이들은 이러한 방법론을 ENNI(Edmonton Narrative Norms Instrument)(Schneider, Dube, & Hayward, 2009)에 사용하였다. 저자들은 연령에 따른 발달적 변화를 서술하고 언어장애와 일반 아동들을 구분할 수 있었다. ENNI는 www.rehabmed.ualberta.ac/spa/enni에서 자유롭게 찾아볼 수 있다. 지역별 규준을 수립하기 위해서 유사한 절차를 사용할 수 있다.

## 신뢰도와 타당도

내러티브 분석은 방해 요인이 많다. 자연스럽게 신뢰도와 타당도는 측정된 내러티브의 양상에 따라 달라질 것이다.

이야기 문법 구성 요소의 수에 의해 발달 수준을 결정하는 것은 매우 높은 평가자 간 혹은 평가자 내 신뢰도를 갖는 것으로 나타났다. 이러한 발달 수준과 T-unit당 낱말 수나 절당 낱말 수와 같은 양적 측정치들은 언어검사와 매우 높은 상관을 보여서 내러티브 분석이 높은 구성타당도를 갖는다는 것을 보여 준다.

내러티브 평가를 위해 사용할 수 있는 하나의 도구는 NSS(Narrative Scoring Scheme)(Heilmann, Miller, Nockerts, & Dunaway, 2010)이다. NSS는 학령기 아동들이 내러티브를 효과적으로 산출하는 데 필요한 거시구조와 미시구조의 범위를 평가한다. 이를 위해 NSS는 이야기 문법 접근의 기본적 구성 요소와 고급한 내적 발화 텍스트 수준 내러티브 기술을 결합함으로써 내러티브의 다양한 과정을 단일 채점체계로 통합하였다.

절충적 접근은 SLP가 아동의 전반적인 내러티브 기술을 반영함과 동시에 내러티브 과정의 각각의 구성 요소를 평가할 수 있게 하였다. NSS는 다음과 같은 일곱 가지 영역으로 세분화할 수 있다.

- 개시, 이야기 문법의 주요 요소
- 주인공과 주변인물을 포함한 등장인물 개발과 화자의 사용
- 메타인지적 동사를 통해 표현된 정신적 상태
- 명사와 대명사 사용을 통한 참조
- 갈등 해결
- 결속, 사건의 논리적 순서와 관계를 포함
- 결론, 내러티브를 포괄하는 요소

각각의 구성 요소는 '능숙', '출현', 또는 '최소/미숙', 그리고 '전체 내러티브 질'에 대한 점수에 기여하는 정도로 평정한다.

평가 도구로서, NSS는 내러티브의 대형구조 발달을 측정하는 데 효과적이며 유익한 것으로 나타난다. NSS는 연령이나 미시구조 측정치와 유의한 상관을 보인다. 또한 어휘와 내러티브 거시구조 간에도 특별한 관계가 있다.

## 다문화-다언어 아동

내러티브 수행은 다양한 문화, 종교, 언어적 집단 간에 큰 차이를 보일 수 있다. 이러한 차이는 이야기 말하기에서 문화적 차이와 개인차를 모두 반영한다. 이야기 말하기는 맥락이나 문화로부터 결코 자유로울 수 없다. 그보다 내러티브를 산출하는 이와 듣는 이 사이는 물론 각각의 전제와 기대를 형성하는 사회문화적 규준 간의 맥락적 상호작용의 결과일 수 있다. 내러티브의 목적과 맥락조차도 문화에 따라 달라진다.

내러티브 산출은 문화적 규준과 가치에 의해 다루어지는 사회적 사건이다. 미국식 영어에서 관찰되는 독백 형식의 내러티브가 모든 문화에서 나타나는 것은 아니다. 일부 라틴계 미국인이나 아프리카계 미국인, 유대계 미국인, 하와이계 미국인 사이에서는 이야기가 듣는 이와의 협력을 통해 대화적으로 산출된다. 이야기는 듣는 이의 도전과 반박에 대해 말하는 이가 수행하는 행동 결과이다.

내러티브를 구조화하거나 준언어적 장치를 사용하는 방식에 있어서 인종 집단 간에 유의한 차이가 없었으나 그럼에도 불구하고 SLP는 일부 차이에 대해 인식해야 한다(Gorman, Fiestas, Peña, & Reynolds, 2011). 1학년과 2학년의 내러티브에서 아프리카계 미국 아동들은 상상하는 내용을 더 포함

하고, 라틴계 아동들은 등장인물을 더 자주 명명하며, 코카시안계 아동들은 등장인물 관계 특성을 더 많이 참조하는 경향이 있다. 이러한 차이가 이야기 특성을 유의하게 변화시키지는 않지만, 이 아동들에게 내러티브를 유도할 때 우리가 더 잘 이해할 수 있게 한다.

SLP는 아동의 내러티브를 해석할 때 가능한 여러 가지의 편향에 대해 민감해야 한다. 예를 들어 전문서적에서는 거의 언급하지 않지만, SLP는 좋은 내러티브를 구성하는 것이 무엇인지에 대해 본인의 선호도를 가질 수 있다. 현행 문헌들은 아동들의 내러티브 방식이나 창의성에 사회 문화적 측면에 영향을 미칠 수 있음에도 불구하고 오로지 이야기의 수행에서 특히 이야기 구조에 관심을 보인다.

생태학적으로 타당한 내러티브 중재 계획을 위해서는 내러티브가 정보와 오락과 같은 다양한 문화에서 제공할 수 있는 많은 기능들을 SLP들이 명심해야 한다. SLP는 아동의 문화에 가치 있는 내러티브 기술을 촉진해야만 한다(Bliss, McCabe, & Mahecha, 2001).

## 내러티브 수집 및 분석

내러티브의 문화적 다양성은 SLP로 하여금 내러티브의 발달을 평가할 때 아동의 자연스러운 환경과 문화적으로 다양한 맥락에서 평가할 것을 요구한다. 아동이 제시된 과제를 '할 만하다'고 생각하지 않는다면, 그들은 자기에게 적절한 수준이나 전형적인 수행보다 낮은 수행을 보일 것이다.

내러티브 산출에 대한 역동적 평가는 수집과 분석, 중재, 두 번째 수집과 분석으로 이루어진다(Peña, 2002). 학령기 아동들의 경우 먼저 글자 없는 그림책을 이용하여 내러티브를 수집하고 그다음 낱말 수, C-units, 절, 절/C-unit, 에피소드 구조, 이야기 구성 요소, 이야기 아이디어와 언어를 분석할 수 있다. 평가 시 사용할 수 있는 글자 없는 그림책에는 *Bird and His Ring*(Miller, 1999b), *Frog, Where Are You?*(Meyer, 1969), *One Frog Too Many*(Meyer & Meyer, 1975), *Two Friends*(Miller, 1999a)가 있다.

두 번째 단계에서 언어중재경험(LME)을 위해 하나나 두 영역의 내러티브를 선택할 수 있다. SLP는 아동에게 이야기의 목표와 목표의 중요성, 목표들이 생략된 결과, 이 정보를 사용하기 위한 계획, 전략의 개발을 탐색하도록 돕는다.

두 번째 수집과 분석은 첫 번째와 유사하나 다음과 같은 다섯 개의 질문을 확인하도록 한다(Peña, 2002).

> 아동이 더 완전하고 응집력 있는 내러티브를 산출할 수 있는가?
> 긍정적인 변화를 성취하는 데 어떠한 어려움이 있었는가?
> 아동이 두 번째 내러티브에 주의를 기울이고 더 많은 요소를 포함했는가?
> 아동이 SLP의 도움 없이 학습한 것을 일반화할 수 있었는가?
> 학습이 빠르고 효율적으로 이루어졌는가?

일반 아동들은 대개 변화가 빨리 나타나며 매우 반응적이다.

**표 8.8** 내레이션과 결속의 유형

| |
|---|
| **시간적 응집성**<br>　사건들 간에 시간적 순서가 있는가?<br>　시간적 관계어가 필수적인가? 필수적이라면, 시간적 관계어들이 사용되었는가?<br>　시간적 전환이 표시되었는가? |
| **인과적 응집성**<br>　물리적이고 정신적인 상태가 행동을 연관짓기 위하여 사용되었는가? (그는 매우 피곤해서 잠을 자러 갔다.)<br>　사용되지 않았다면, 그 관계가 쉽게 유추될 수 있는가?<br>　인과적 관계어가 필수적인가? 필수적이라면 인과적 관계어가 사용되었는가? |
| **참조적 응집성**<br>　참여자<br>　참여자가 적절히 참조되었는가?<br>　새로운 등장인물이 명확히 소개되었는가? 명확히 소개되지 않았다면 문맥에서 소개되었던 방식으로 참조되었는가?<br>　등장인물이 모호한 방식으로 다시 소개되었는가?<br>　참조 내용이 일반적인 세상사 지식을 통해 유추될 수 있는가? |
| **명제**<br>　특정 대상의 확인이 필요한가? 그렇다면 명제가 적절하게 언급되었는가? 적절히 언급되지 않았다면, 제스처나 '그거'와<br>　같은 지시어로 명제가 소개되었는가?<br>　명제의 실체가 묘사나 기능으로 유추될 수 있는가? |
| **공간적 응집성**<br>　장소에 대한 정보가 필요한가? 필요하다면, 장소가 확인되었는가?<br>　장소 이동이 분명하게 표시되었는가? |

출처 : Gutierrez-Clellan & Quinn(1993)

　더 성숙한 아동과 청소년들의 경우 다양한 맥락에서 내러티브를 수집하며 앞에서처럼 각각의 내러티브 산출 유형이 '규칙'에 적절한지를 분석한다. 시간적·참조적·인과적·공간적 응집성에 기초한 각 내레이션 유형의 특성을 표 8.8에 제시하였다. SLP는 특정 유형의 내러티브 산출을 위한 '규칙'이 일부 아동들에게는 친숙하지 않을 수 있으며, 장애보다는 차이일 수 있음을 기억해야 한다. 아동이 사용한 결속 유형은 아동의 내러티브 스타일을 드러내야 한다.

　두 번째 단계에서 내러티브의 다양한 유형을 유도하기 위해 "학교에 있는 책들처럼 말해봐."나 "친구한테 하는 것처럼 얘기해봐."와 같은 단서와 예들을 사용해서 아동에게 설명한다. 아동들에게 훈련 동안 산출하도록 다양한 유형의 내러티브를 제공한다. SLP는 명료화와 추가 정보, 관련된 설명, 그리고 참조를 목적으로 피드백을 사용한다. 중재가 이루어진 후에 아동이 다양한 유형의 내러티브 산출을 배울 수 있는지 맥락에 따라 결속 유형들을 전이할 수 있는지 그리고 단서나 피드백 없이 내러티브를 산출할 수 있는지를 평가해야 한다.

　인과적 연결의 길이나 관련되지 않은 서술이 차지하는 빈도는 특히 중요한 측정치이다. 스페인어를 말하는 아동들의 경우 인과적 연결 길이의 증가와 관련되지 않은 서술의 감소는 인과적 결속을 잘 보여주는 것들이라 할 수 있다.

역동적 절차는 다양한 사회문화적 배경을 가진 아동들에게 적절하다. 역동적 절차를 위해서는 과제가 설명되어야 하고, 특정 반응이 적절하게 언급되어야 하며, 아동이 SLP의 단서에 다양하게 반응해야 하는 것이 요구된다.

## ·· 결론

내러티브의 일부 형식이 거의 보편적으로 사용되는 것은 의사소통에서 내러티브의 중요성을 보여준다. 대화 분석에서처럼 내러티브를 여러 수준에서 동시에 분석하는 것은 중요하다. 특정 문화적 배경을 가진 아동이나 청소년들의 수행을 비교하는 연구에 비하여 내러티브 발달에 대한 규준 자료가 거의 없지만 아동의 내러티브 수행을 분석하고 설명하기 위해 이 장에서 설명된 모형들을 사용할 수 있을 것이다.

일반적으로 내러티브를 더 잘 산출할수록 구조와 이야기 문법은 더 완전한 형태를 갖는다. 또한 더 성숙한 내러티브는 인과적 연결에 더하여 듣는 이의 해석을 돕기 위해 더 완전한 결속을 사용한다. 성숙된 내러티브는 구조적으로 결속되고 하나의 사건에서 다른 사건으로 논리적으로 전개된다. 이는 내러티브를 산출하는 이가 듣는 이를 고려한다는 것을 보여주는 것이다.

더 성숙한 내러티브는 주요 등장인물의 생각과 느낌에 대해 더 많이 표현하며, 시간과 장소를 표현하는 장치들을 더 많이 사용한다. 관계가 없는 세부 묘사나 종결 부분의 생략은 줄어든다.

이 장에서 설명된 것과 다른 문화적 배경을 가진 아동의 내러티브를 평가할 때는 주의를 기울여야 한다. 스페인어를 사용하는 일부 아동들과 미국 문화권에 있는 일부 아동들은 이야기 내러티브에 대한 경험이 적을 수도 있다. 정도에 차이는 있으나 이 문화권에서는 설명적 내러티브를 더 많이 사용할 수도 있다. "이 그림에 관한 이야기를 말해봐."와 같이 그림과 유도 기술을 사용하는 것은 실제와는 다른 내러티브를 유도하게 될 수도 있다.

# 제9장

# 기능적 중재 모델

전통적 언어 중재 모델에서는 언어가 지니는 종합적인 특성이나 언어를 사용하는 환경은 고려하지 않는다. 전통적 모델에서는 다양한 환경에 민감하게 관련된 통합적 조합이 아닌 계통적으로 조직된 일련의 규칙으로 언어를 바라본다. 언어의 형식, 내용, 사용에도 중점을 두지만 전통적 모델에서 전반적인 구성은 통합적이라기보다는 개별적이다. 전통적 모델에서는 의사소통의 증진보다는 특정 언어 요소를 배우는 것을 일반적인 중재 목표로 삼는다. 그러나 특정 기술을 강조하는 이런 언어 중재 방법은 아주 특수한 경우에만 제한적으로 효과가 있는 듯하다. 또한 새롭게 배운 언어 형식이 일상적인 대화에서 사용될 수 있을 만큼 일반화된다는 증거도 거의 없다.

임상적 중재란 의사소통 증진을 목표로 여러 가지 언어적 측면을 조합하고 잘 통합한 하나의 구성체이어야 한다. 중재 목적은 (1) 여러 가지 맥락 속에서 사회적으로 적절한 방식으로 소통할 수 있도록 필요한 언어의 특질을 생성적 목록의 형식으로 가르치는 것, (2) 전반적인 언어발달을 자극하는 것이어야 한다(Duchan, 1997a).

이러한 기능적 언어 중재 모델은 아동이 가정이나 학급과 같은 일상적인 맥락에서 사용하는 언어적 특질을 목표로 삼아, 막락에 맞게 언어학습을 촉진하도록 하고 있다. 표 9.1은 전통적 언어 중재 모델과 기능적이고 통합적인 접근 방법을 비교하여 보여준다.

기능적 접근법에서는 언어 훈련 과정에 가족 구성원과 교사를 언어 촉진자로 포함시켜야 하며, 기능적인 의사소통을 향상시키기 위한 훈련은 일상적인 활동을 이용하여 진행되어야 함을 잘 인지하고 있다. 따라서 여러 언어 촉진자들과 더불어 가정과 학교, 지역사회 내에서 이루어지는 일상적인 사건들이 중재에 이용된다. 이렇게 의미 있는 경험을 제공하는 환경 속에서 언어의 여러 측면들이 서로 관련을 맺으며 훈련이 되고, 아동은 좀 더 완전한 언어발달의 형식에 가까운 중재 경험을 하게 된다. 또한 이런 공통된 경험들을 기초로 언어의 내용을 배운다.

**표 9.1** 전통적 및 기능적 중재 모델의 비교

| 전통적 모델 | 기능적 모델 |
| --- | --- |
| 인위적인 맥락을 이용한 개별 혹은 소집단 장면 | 맥락이 적절한 개별, 소집단 혹은 대집단 장면 |
| 언어적 기술의 상호 관련성을 고려하지 않은 독립적인 언어 구조들 | 자발적인 대화의 흐름 내에서 의사소통의 측면들이 서로 관련되어야 함을 강조함 |
| 모방, 연습, 훈련을 강조한 중재 방법 | 메시지 전달과 소통을 위한 대화 기술을 강조함 |
| 중재 회기 동안 사회적 도구로서 언어를 거의 사용하지 않음 | 중재 회기 동안 소통 측면에서 언어의 사용을 최적화함 |
| 중재 목표가 아닌 언어구조는 개발할 기회가 거의 없음 | 자발적 대화와 사회적 상호작용을 통해 광범위한 언어구조 및 소통 기술이 개발되도록 기회를 줌 |
| 중재 회기 동안 다른 사람과 구어로 상호작용할 기회가 거의 없음 | 다양한 대화 상대자들과의 상호작용을 통해 소통 기술을 최대한 개발하도록 함 |

출처 : Gullo & Gullo(1984)

이러한 기능적 접근법의 통합적이고 상호작용적 측면으로 인해 임상적 중재의 본질과 언어치료사(SLP)의 역할이 변화하였다. SLP는 자문가가 되어 아동과 더 자주 상호작용하는 다른 언어 촉진자들이 아동 언어가 발생하는 맥락을 변화시킬 뿐 아니라 아동 언어를 이끌어내고 수정하도록 훈련한다. SLP와 양육자는 언어 중재에 관하여 서로 협력한다.

일반화는 가장 우선되어야 하며, 이것이 전체적인 중재 방법을 좌우해야 한다. 언어 촉진자와 함께 SLP가 세우는 계획도 중요하다. 중재를 하고 일반화시키는 과정은 선택한 목표, 중재 장면, 훈련 방법, 대상자의 수, 일정 문제 등 여러 가지 요인 때문에 매끄럽게 진행되지 않을 수도 있다.

중재는 일반화 계획과 함께 시작해야 하는데, 먼저 아동의 의사소통 환경에 존재하는 일반화와 관련된 특성들이 밝혀져야 한다. 일반화가 종합적인 중재 과정에 먼저 포함되어야 함에도 종종 중재계획 과정의 마지막 단계에서야 다뤄지곤 한다.

일단 구체적인 일반화 변인이 밝혀지면, SLP는 중재 전략을 설계하기 시작한다. 의사소통 환경과 관련해서 밝혀진 특성들이 여기에 새로 추가되기도 한다. 이상적으로 SLP는 (1) 아동이 언어를 습득할 때 주로 사용하는 전략들을 고려하여 아동의 발달 수준에 맞는 언어의 구성 요소를 파악하고, (2) 의사소통이라는 틀 속에서 모든 언어영역을 통합하며, (3) 의미 있고 연령에 적절한 맥락 속에서 중재를 실시할 수 있도록 계획한다.

이 장에서 우리는 일반화에 영향을 주는 여러 변인에 초점을 맞추면서 기능적 접근법의 중재 원리와 종합적인 중재 모델에 대해 논의할 것이다.

## 중재 원리

기능적 언어 중재 접근법을 사용하는 SLP는 아동과 소통하기 위해 구체적인 원리들을 숙지하고 있어야 한다. 또한 아동이 의미 있는 대화나 다양한 의사소통 맥락에 참여하는 것이 중요한데, 이런 상황들이 바로 학습과 일반화의 도구가 되기 때문이다.

다음은 기능적 접근법에서 가장 중요한 원리들이다. 여러분이라면 포함시켰을 몇 가지 중요한 점들이 생략되었을 수도 있다.

### 강화제로서의 언어 촉진자

의사소통을 할 때 우리는 긍정적인 반응이나 강화를 보이는 상대와 지속적인 관계를 맺는다. 우리는 반응이 없거나, 빈정대거나, 과도하게 비판적인 상대와는 소통하고 싶어 하지 않는다. 아동들도 비슷한 이유로 특정 대화 상대자를 기피한다. SLP가 아동들과 소통하고자 한다면 먼저 아동들이 대화하고 싶어 하는 상대가 되어야 한다.

아동은 자신에게 순수한 관심을 보이거나 자신을 존중해주는 어른에게 기꺼이 반응한다. 이런 태도는 아동을 인정함으로써 전달된다. 효과적인 대화 상대자가 되고자 한다면 아동의 관점에서 세상을 바라볼 수 있어야 한다. 아동들에게는 세상이 온통 경이와 즐거움, 설명되지 않는 무엇 그리고 마법과 같은 것으로 가득 채워져 있음을 기억해야 한다.

아동이나 청소년을 돌보거나, 이야기를 듣거나, 관심사를 이해하려 할 때 어른들은 먼저 염려를 표현한다. 그러나 중재는 가능한 한 간섭을 덜하면서 아동을 지지하고, 평가적 반응을 해주는 촉진자가 진행해야 한다. 권위적인 모습은 줄이고 아동의 관심사를 받아들이려는 자세와 의지를 보이면서 그리고 평가적 반응을 하는 동안에도 여전히 아동을 인정하는 태도를 보임으로써 SLP는 대화 상대자로서 아동을 받아들이고 있다는 메시지를 전달할 수 있다. 아동을 받아들인다는 것은 그 발화를 받아들이는 것이다. 상당수의 발화가 이런 방식으로 강화될 수 있다.

> 아동 : 난 귀장갑 있어야 돼요.
>
> SLP : 그렇구나, 이게 귀에 끼는 작은 장갑 같구나. 우리는 이걸 귀마개라고 해. 자, 내가 귀마개 끼는 걸 도와줄게.

대화 상대자는 아동의 발화를 받아들였고, 상황에 대한 아동의 이해 수준을 인지했으며, 발화를 교정하면서도 아동의 자존감을 지켜주었다.

중재 장면은 '재미, 놀람, 흥미, 편안, 초청, 웃음, 그리고 자발적인 분위기를 창조하고 유지'(Cochrane, 1983, p. 160)해야 한다. 그런 분위기 속에서 아동은 기꺼이 참여하려 할 것이다. 저자가 실시한 구어 순서 짓기 회기 중 가장 좋았던 것은 무언극이었다. 아동들은 아침 식사 만들기 등과 같은 친숙한 일상생활 사건의 순서를 연기하고, 다른 아동들은 그 순서의 제목을 맞힌다. 마지막에 각 연기자는 그 순서를 구어로 재구성해야 한다. 그 회기는 정신없고, 재미있고, 즐거웠고, 아주 성공적이었다.

또한 아동들은 촉진자가 가끔 광대나 익살꾼 역할을 하면 더 잘 반응한다. 저자는 반응을 이끌어내기 위해 머리에 냄비를 쓰기도 한다. 어떤 경우에는 일부러 틀린 말이나 행동을 하기도 한다. 암탉 복장을 한 적도 있다. 이런 행동들은 의사소통 상황에 마법을 걸어 수용적인 분위기 속에서 아동이 자발적으로 소통하도록 격려한다.

## 자연스러운 언어학습

언어 중재 전략은 자연스러운 언어획득 과정과 아주 비슷해야 한다. 중재 전략은 본질상 의사소통적이어야 하므로 언어를 자연스럽게 사용해야 한다. 의사소통적 기능이 결여된 언어를 가르치면 아동은 내재적 동기와 일반화라는 기본적인 요소를 상실한다.

부모, 교사, 도우미가 보이는 자연스러운 언어시범(model)이 언어 중재에서 가장 중요한 자원이다.

이 사람들은 SLP의 조언이 있든 없든 언어시범을 보인다. 이들이 언어 시범을 잘 선택하도록 교육하고, 여러 가지 촉진 기술을 가르치면 언어 촉진자로서 그 잠재력은 최대한 개발될 수 있다. 이처럼 아동의 일상생활 속에서 언어 촉진자를 활용하려 할 때 SLP의 역할은 협력자로 바뀐다.

## 발달 순서 따르기

정상적인 언어발달 순서가 훈련 목표를 선택하는 지침이 될 수 있다. 개인차는 있지만 전체적으로 볼 때 아동 언어는 비슷한 방식으로 발달한다. 일반적으로 형식(form)보다는 언어의 기능(function)이 더 쉽고 덜 복잡한 구조이기 때문에 먼저 학습된다. 아동은 언어적 목표를 달성하기 위해 자신이 이미 습득한 언어를 사용한다. 이러한 언어의 사용은 새로운 형식으로 발달하기 위한 틀이 된다. 이러한 전반적인 순서가 언어치료 단계에도 적용된다.

물론 아동 개인이나 아동이 처한 상황에 맞게 바꾸지도 않고 한 가지 언어 중재 순서를 모든 아동에게 적용하는 SLP는 아마 없을 것이다. 발달 순서를 맹목적으로 적용하는 것은 부적절하다. 대안적이고 위계에 맞는 교수패턴을 제시하는 것이 좋은 중재일 것이다.

SLP는 아동이 현재 기능 수준에서 성공적으로 의사소통하기 위해 필요한 선행 기술이 무엇인지 알고 있어야 한다. 복수형을 배우는 아동은 셈하기는 못하더라도 한 개와 한 개 이상에 대한 개념은 알고 있어야 한다. 또 '왜' 질문을 하거나 그 질문에 대답하려면 사건을 거꾸로 재구성하는 능력을 갖추어야 한다. 이렇게 지식을 표현하는 언어 기술 이전에 먼저 배워야 할 인지적 기술들이 있을 수 있다.

마찬가지로 아동이 효과적인 의사소통을 하려면 의사소통 상황마다 다른 필요조건이 있음을 이해해야 한다. 즉 교실에서 '주고받기'를 할 때 필요한 조건은 얼굴을 마주 보고 대화를 하거나 전화로 대화할 때와는 아주 다르다.

학습이 진전될수록 단순한 규칙은 서로 결합되고, 조절되고, 더 높은 수준의 규칙으로 확장된다. SLP는 새로운 훈련 목표를 분석하고 훈련과정을 감독하면서 새로운 학습을 시작하기에 적절한 단계인지 주의 깊게 확인해야 한다.

언어장애 아동에게서 교과서적인 언어발달 순서의 예들을 발견하지 못할 수도 있다. 지각, 인지, 기회, 필요, 훈련에 따라 언어 측면마다 발달속도가 달라질 수 있다. 중재에서 가장 중요한 점은 훈련 목표를 잘 선택하여 아동이 일상생활 맥락에서 더 효과적으로 기능하도록 돕는 것이다.

언어발달 단계마다 아동들은 그 시기에는 상당히 타당해 보이는 언어규칙을 사용한다. 예를 들어 어린 아동들은 '엄마 먹어'나 '주스 더'와 같은 말을 사용해 단순한 낱말순서 규칙을 유지하면서도 의미를 표현한다. 아동들은 자신의 언어 수준에 맞는 규칙을 사용한다. 따라서 여러 수준에서 중재를 진행할 때 나중에 훈련되어도 좋은 어렵고도 정확한 성인 규칙보다는 아동이 다룰 수 있는 목표를 설정하는 것이 더 적절하다. 일반 아동에게는 그런 언어 행동을 요구하지 않으면서, 언어장애 아동에게는 성인이 사용하는 문장형식을 사용하도록 요구하는 것은 적절치 않다.

더욱이 짧은 중재기간 후에 아동이 새롭게 배운 혹은 성인이 사용하는 것과 같은 언어규칙이나 특질을 잘 활용할 것이라고 기대하는 것은 비현실적이다. 정상적인 발달과정에 있는 아동들도 여러 번의 경험과 시도를 거친 후에야 점차 언어규칙을 배우고, 확장하고, 철회한다. 시간이 흐르면서 이런 규칙은 점차 성인의 것과 닮아간다. 따라서 언어장애 아동이 훈련 목표가 제시된 지 얼마 안 돼서 거의 완벽한 수행을 할 것이라고 기대하는 것은 부적절하다. 규칙 배우기는 복잡하고도 시간이 걸리는 일이다. 아동이 진전을 보이면 이에 따라 언어 훈련을 조절해야 한다.

## 아동의 주도 따르기

아동이 효과적으로 의사소통하지 못할 것이라고 예상하면 아동은 그렇게 된다. 촉진자가 아동이 의사소통하기를 기대하며 이를 위해 계획하면 아동은 기대대로 할 것이다.

그러므로 SLP나 촉진자가 개개 아동 발화의 내용과 의도에 주의를 기울이고 적절히 반응하는 것이 중요하다. 이렇듯 교육은 아동이 주의를 기울일 때 그리고 배운 언어를 사용한 결과가 긍정적일 때 일어난다.

언어 촉진자가 아동의 주의를 이끌어 유지시킬 수도 있고, 아동이 흥미를 보이는 것에 촉진자가 주의할 수도 있다(Kovarsky & Duchan, 1997). 전자는 훈련자중심 접근법(혹은 성인중심 접근법)으로 훈련자가 모든 상호작용을 주도적으로 통제하므로 가장 효과적인 접근법이 아닐 수 있다. 훈련자가 주의를 재차 이끌어내려고 할 때 언어장애 아동이 잘 따르지 않기도 한다. 반대로 훈련자가 아동이 의도하는 대로 따라주면서 아동이 관심 있는 것에 초점을 맞추어주면 이런 아동들은 더 쉽게 배우기도 한다.

접근법이 아동중심적일수록 공동으로 지시하는 대상물과 수반된 의미관계를 더 잘 배우고, 아동의 불응도 줄어든다. 의미적 연계성을 가르칠 때, 성인은 아동의 대화 주제나 아동이 이전에 했던 발화를 언급함으로써 아동이 대화를 진행하도록 촉진한다. 공동으로 관심 있는 활동을 할 때 아동들은 참여를 가장 잘하며 언어도 가장 잘 이해한다.

아동의 행동이나 발화에 대한 반응은 맥락적 지원이다. 그런 지원은 기억저장 및 인출의 문제로 인해 부호화와 해독을 어려워하는 언어장애 아동이 언어처리를 하도록 도와준다.

아동이 보이는 언어 행동을 해석할 때는 부적절한지 혹은 부정확한지의 관점에서가 아닌 그 의도가 무엇인지라는 측면에서 바라보아야 한다. 이를테면 언어 형식이 잘못되었건, 그 물건의 이름을 잘못 말했건 간에 아동의 요구를 그대로 받아들여야 한다.

아동은 말이나 행동으로 자기의 관심사를 신호한다. 중재 장면에서 아동의 관심이나 동기를 잘 유지하기 위해 이런 행동을 이용할 수 있다. 저자는 종종 아동들에게 "어떤 장난감을 갖고 놀고 싶어?"라고 말한다. 주제에는 제한이 없으면서도 유연한 주제 선택을 가능케 하는 아주 특별한(후에 더 다루겠지만) 치료기술이다.

아동이 상호작용을 시도하고 이에 따른 반응을 얻을 때가 아동의 시도를 무시하거나 처벌할 때보다 훨씬 학습 효과가 크다. 무시와 처벌은 결국 미래에 나타날 아동의 시도를 감소시키게 될 것이다.

자기 아파트로 이사하려고 준비하는 한 청년을 치료하는 장면을 관찰하면서, 저자는 다음과 같은 대화를 들었다.

> SLP : 뭘 할 거죠?
> 청년 : (무덤덤하게) 가구 먼지 털어요.
> SLP : 좋아요. 그다음엔 뭘 할 거죠?
> 청년 : 선생님 아파트에 살아요?
> SLP : 내 질문에 대답하지 않았어요. 뭘…

청년은 명백히 주거문제에 관심이 있었고, SLP가 상대의 주도를 따랐다면 기꺼이 대화에 참여했을 것이다. SLP는 청년 이야기의 내용에 반응해야 했고, 목표하는 언어 특질을 사용하도록 격려하면서 대화를 이어갔어야 했다. SLP가 이렇게 지시적인 반응을 계속하면 대상자의 주도적 행동은 감소할 것이다. 먼지 터는 일 이후에 대해 대화하고 싶은 사람이 어디 있겠는가?

## 아동의 적극적인 참여

언어는 학습자의 적극적인 참여를 통해 습득된다. 언어는 수동적으로 배우는 것이 아니다. 마찬가지로 언어장애 아동도 적극적으로 참여할 때 더 빨리 학습한다. 보통 아동이 적극적일수록 일반화도 더 강하게, 더 안정적으로 이루어진다. 중재란 모름지기 가능한 한 다양한 언어 사용 상황 속에서 아동의 참여를 동기화하며 이루어져야 한다.

## 맥락의 중요성

맥락은 무엇을 어떻게 말할 것인가를 결정하는 중요한 요소이다. 언어는 주어진 맥락 속에서 어떻게 사용하느냐에 따라 개인의 언어적, 대인 관계적, 그리고 지식의 수준이 반영되는 사회문화적 형식의 하나이다. 사건이나 상황에 대한 지식 또한 그 맥락 속에서 개인이 언어를 사용하는 방식에 영향을 미친다.

언어 중재는 일상적인 상황에서 주고받는 대화나 기타 의사소통 사건과 같은 맥락 안에서 이루어져야 한다. 언어 촉진자는 풍부한 맥락을 만들어내어 언어장애 아동이 그 속에서 다양한 언어적/비언어적 자극을 경험하고 언어적 시도를 할 수 있도록 도와야 한다.

중재 장면에서 나누는 대화의 내용은 공통된 경험이다. 숙련된 SLP나 촉진자는 언어적/비언어적 맥락을 잘 다루어 아동으로부터 목표하는 언어 형식을 이끌어낼 수 있다. 당신도 그렇게 할 수 있다!

## 스크립트가 있는 친숙한 사건들

**스크립트**란 시간적이고 인과적인 순서로 진행되는 일상적 과정이나 반복적인 사건에 대한 일종의 내재화된 기대이다. 스크립트는 공통된 경험에 근거한 사건 지식을 포함하므로 스크립트를 이용하면 쉽게 기억하고 이해하고 참여하게 된다.

아동이 스크립트를 가지고 있는 일상적인 사건들은 관련된 언어를 배울 수 있는 구체적인 상황을 제시해준다. 팝콘, 푸딩, 케이크 만들기와 같은 재미있고 친숙한 활동들을 언어 중재 시 맥락으로 사용할 수 있다. 스크립트가 포함된 사건의 순서들은 언어의 표현과 이해를 가르칠 때 사용하기 좋으며 회상도 쉽게 할 수 있다.

물론 아주 어린 아동들도 성인과 비슷하게 조직화된 방식으로 사건의 기본적인 구조 및 내용을 기억하긴 하지만, 스크립트는 아동의 성숙도나 개인에 따라 어느 정도 달라진다. 아동이 성숙하면서 스크립트는 더 길어지고, 더 상세해지며, 더 많은 선택('가끔은…'), 대안('너는…하거나…'), 조건('만일…라면, 너는…')을 포함한다.

## 일반화 계획을 먼저 세우기

치료 프로그램을 만들 때 일반화는 필수적으로 고려해야 할 부분이며, 치료를 시작하기 이전에 확인해야 한다. 표 9.2는 일반화를 위한 계획표이다. 일반화 계획을 세울 때 SLP는 아동의 개인적인 필요와 환경, 일반화에 영향을 미치는 관련 변인들을 잘 고려해야 한다.

**표 9.2** 일반화 계획표

훈련 목표 :
훈련이 진행되는 장면, 상황, 인물을 구체적으로 기술한다.

| | 장면 | | | | | | | | | |
|---|---|---|---|---|---|---|---|---|---|---|
| | 상황 | 상황 | 상황 | 상황 | 상황 | 상황 | 상황 | 상황 | 상황 | |
| 인<br>물 | | | | | | | | | | |
| | | | | | | | | | | |
| | | | | | | | | | | |
| | | | | | | | | | | |
| | | | | | | | | | | |

단서 :

결과 :

## 일반화 변인

SLP는 아동이 일상적인 환경에 확실히 일반화할 수 있도록 가능성 있는 일반화 변인들을 모두 조작해야 한다. 제1장에서 읽었듯이 일반화에 영향을 미치는 변인들은 내용 일반화(content generalization)와 맥락 일반화(context generalization)로 나눌 수 있다(표 1.2). 맥락 변인은 훈련 목표와 훈련 내용으로 이루어진다. 맥락 변인들은 또한 훈련 방법, 언어 촉진자, 단서, 연계반응, 훈련 장소로 구성된다. 각각의 변인과 기능적 모델에 따른 중재 시 고려할 점을 이 단원에서 더 논의하겠다.

### 훈련 목표

앞서 언급했듯이 언어의 사용이라는 복잡한 과정을 분리된 언어 조각들로 나누어 가르치면 오히려 언어 성장을 지연시킬 수 있다. 언어 중재는 의사소통 환경 내에서 아동이 전달하는 구체적인 요구와 관련이 있어야 하며, 언어 표현이나 형식보다는 언어과정에 목표를 두어야 한다. 따라서 중재를 하고자 할 때 아래 두 질문에 대답할 수 있어야 한다.

1. 우리가 가르치고 있는 언어 형식과 내용의 기능은 무엇인가?
2. 그 언어 형식과 내용을 위의 기능을 제대로 달성할 수 있는 의사소통 사건의 맥락 속에서 훈련하고 있는가?

보통 자주 사용되거나 시도되는 목표가 아동의 세계와 관련 있을 때 일반화 가능성도 더 높다. 비록 부정확하더라도 가정에서 보이는 의사소통 발화들을 치료과정 중에 자연스럽게 소개하는 것이 좋다. 일단 소개한 후 성인이 그 발화들을 수정할 수 있기 때문이다.

언어 목표는 아동이 점차 효과적인 대화 상대자가 되게 하는 것이며, 중재의 일차적인 목적은 현재 기능하는 수준에서 아동이 성공적으로 의사소통하는 것이어야 한다.

앞서 말한 대로 발달 순서에 대한 지침이 목표 선택에 도움이 될 수 있다. 발달 순서와 비슷한 목표는 그렇지 않은 목표보다 더 성공적이다. 좀 더 일찍 나타나는 형식은 더 나중에 나타나는 형식보다 더 적은 시도만으로도 학습이 될 수 있다. 게다가 일찍 나타나는 형식은 아동이 사용하고 있거나 더 높은 사용 단계로 더 잘 일반화되는 경향이 있다.

기능적 모델에서는 언어 형식의 발달 순서를 참고하면서 자연스러운 장면에서 유용하게 쓰이는 형식을 가르치라고 제안한다. 목표 선택에서 가장 중요한 기준은 아동이 자주 의사소통하는 맥락 속에서 필요한 내용을 잘 소통하도록 돕는 것이어야 한다. 이러한 실제적인 접근법은 외상성 뇌손상이나 정신장애와 같은 문제로 인해 화용적 어려움을 겪는 아동에게 특히 중요하다.

아동의 필요를 결정하는 가장 좋은 방법은 환경의 관찰이다. 예를 들어 한 아동이 어떤 상황에서 갖고 싶은데도 얻지 못하는 물건이 있다면 요구하기가 목표로 선택될 수 있다. 그러나 설정한 훈련 목표가 나타날 기회가 너무 적으면 다른 훈련 내용을 알아보는 것도 필요하다.

설정한 훈련 목표가 나타날 기회가 너무 적다면, 이는 목표한 형식이나 기능을 아동이 표현할 것이라는 환경적 기대 혹은 요구가 너무 적기 때문일 수도 있다. 예를 들어 아동이 질문을 할 것이라는 기대가 낮으면, 아동이 질문할 기회는 적어질 것이다. 기대가 낮으므로 질문할 기회를 잘 주지 않기 때문이다. 따라서 의사소통 환경을 재구조화함으로써 새로 습득한 의사소통 기술을 사용하도록 촉진할 필요가 있다.

SLP는 언어 목표뿐만 아니라 각 목표가 발생할 가능성이 있고, 목표한 언어를 사용함으로써 영향을 주고받는 일상생활 맥락을 함께 확인해야 한다. 예를 들어 의문문은 정보습득이라는 본래의 기능을 수행하는 그럴듯한 상황 속에서 훈련되어야 한다. "선생님은 그림을 그리고 있어. 선생님이 무엇을 하고 있지?"와 같은 SLP의 지시는 의문문의 기능에 부합하지 않는다. 우리는 보통 이미 답을 알고 있는 질문은 하지 않기 때문이다. 마찬가지로 "선생님이 무엇을 하고 있지?"라고 질문하면서 답을 얻으려는 SLP의 시도 또한 의문문의 기능을 위반한다. 자신이 무엇을 하고 있는지 모르는 SLP의 지적 능력이 의심스럽긴 하지만, 좀 더 적절하게 대답을 얻어내기 위해서는 상황과 단서를 수정하는 것이 좋다. 예컨대 SLP가 칸막이 뒤에 앉아 단서를 제공하면서 아동에게 "내가 무엇을 하고 있는지 맞추어 볼래?"라고 묻는 것이다.

## 훈련 내용

SLP는 아동이 낯선 대상자에게도 일반화할 수 있을 만큼 충분히 목표언어 특질의 예들을 연습하도록 중재를 계획해야 한다. 예를 들어 모든 명사와 동사의 조합을 훈련하는 것은 필요하지도 가능하지도 않다. 아동이 명사와 동사 규칙을 적절히 일반화할 수 있을 만큼 동사 집합의 예에 맞는 충분한 명사 집합의 예를 목표로 삼으면 된다. 이 과정은 심사숙고해서 계획해야 하지만 여기에서는 간단히 제안하려 한다.

각 예들을 충분히 연습하게 하여 의사소통 맥락과 관련이 있는지를 아동이 결정할 수 있도록 해야 한다. 예를 들어 '어제, 지난주, 옛날에'와 같은 낱말 및 구는 과거시제의 활용과 관련이 있다. 아동은 연습을 통해 "'어제, 지난주, 옛날에'가 나타나면, 과거시제를 사용하라."라는 가설을 세운다. 특정 명사, 대명사 혹은 동사와 같은 품사들은 과거시제와 관련이 없을 수도 있다. 일례로 대명사 '나'는 어떤 시제와도 활용될 수 있다. 그러나 아동이 '어제 나는…, 지난주 나는…, 옛날에 나는…'과 같은 형식만을 연습하면, 그 결과 "'나'가 나타나면 과거시제를 사용하라."라는 잘못된 가설을 세울 수도 있다. 맥락과의 관련성에 관한 지식은 학습에서 아주 중요한 부분이다. 아동은 목표를 사용해야 할 경우와 그렇지 않은 경우를 모두 배워야 한다.

초기에는 관련이 없는 측면을 훈련에서 배제한다. 예를 들어 '어제'와 같은 낱말과 함께 먼저 규칙 과거시제를 사용하도록 가르친다. '오늘'과 같은 낱말은 시제를 명확히 지시하지 못하므로 나중에 배워야 한다. 긴 문장과 같이 좀 더 관련성이 없는 측면은 이후에 적용한다.

특정 구문 형식이나 기능을 목표로 할 때는 아동의 언어 목록에 이미 존재하는 내용어나 발화를 함께 선택하는 것이 특히 중요하다. SLP가 새로운 주제의 낱말을 목표로 설정하거나 소개할 때는 아동에게 친숙한 언어 구조를 선택한다. 새로운 구조는 친숙한 낱말과 함께 훈련해야 한다. 이 원칙을 일명 '새로운 형식과 오래된 내용/오래된 형식과 새로운 내용(new forms-old content/old forms-new content)'이라고 한다.

처리과정상의 한계란 정보를 처리하는 두뇌의 제한된 능력을 의미한다. 능력이 한계에 도달하면 타협을 하게 된다. 예컨대, 아동들은 짧고 간단한 문장보다는 더 길고 복잡한 문장을 처리할 때 문법적 표지를 더 많이 생략한다. 언어장애 아동은 이러한 한계에 특히 더 민감한데, 이는 일반 아동에 비해 언어를 처리하는 데 더 많은 용량을 사용하기 때문이다. 훈련 목표가 언어장애 아동이 지닌 정보처리의 한계를 넘어서게 되면 부적절한 학습 혹은 빈약한 일반화라는 결과를 가져오게 될 것이다.

언어 특질을 일반화하는 데 번번이 실패하는 이유는 아동이 그 활용을 지배하는 조건을 배우지 못했기 때문이다. 즉 아동이 모방만을 통해 학습한다면 그 아동은 대화에서 발견되는 다양한 변인이 아닌 모방에 영향을 미치는 변인만을 내재화하게 된다. 한 행동을 대화와 같은 다른 맥락에 일반화하고자 한다면, 그 맥락에서 사용되는 변인과 함께 해당 행동을 가르쳐야 한다.

언어장애 아동은 종종 메타언어적 지식이 부족하므로, 단순히 규칙을 설명해주는 것은 바람직한 방법이 아니다. SLP는 언어규칙이 명백히 드러나도록 환경을 구조화해야 한다.

**대조 훈련**(contrast training)은 일반화 문제를 극복하는 한 가지 방법이다. 대조 훈련에서 아동은 활용이 명백한 구조나 상황을 그렇지 않은 경우와 비교해서 학습한다. 예를 들어 3인칭 -s라는 표지는 단수명사나 3인칭 단수대명사와 함께 사용된다. 아동은 복수명사와 다른 대명사들은 이 표지를 사용하지 않는다는 것도 깨달아야 한다.

언어 특질을 대화에 사용하려면 목표특질이 나타나는 맥락을 알아야 한다. 아동이 언어변인을 잘못 판단하거나 해당 SLP나 해당 치료회기가 목표특질이 사용되는 유일한 맥락이라고 가정하지 않도록 서로 다른 여러 언어 및 비언어적 맥락을 사용해서 연습을 시켜야 한다. 이상적으로 기능적 훈련에서는 여러 범주의 낱말군이나 훈련 내용, 여러 촉진자, 여러 치료 장면과 같은 다양한 예들을 사용한다. 기능적 훈련의 이런 특성은 일반화에 필수적이다.

## 훈련 방법

언어는 규칙의 집합이며, 그 규칙을 통해 인간은 언어적 특질을 사용하여 의사소통 맥락 안에서 의도를 표현한다. 규칙이란 유사성을 의미하는 추상적 개념이다. 언어가 규칙 지배적이라면, 중재 목적은 규칙을 학습하는 것이어야 한다.

문법에 어려움을 보이는 연령이 높은 학령기 아동과 청소년을 위한 가장 효과적인 중재접근법은 연역적 교수 절차가 뒷받침되는 자연스러운 자극법이다. 연역적 방법에서는, 아동에게 굴절형식을 시범으로 보이면서 함께 형태론적 굴절규칙을 알려준다(Finestack & Fey, 2009). 이런 방식이 본 저서에서 제시하는 기능적 접근법의 개요에 위배되는 것 같지만 그렇지 않다. 엄격한 단순 자극 방식 (stimulation-only approaches)은 자연스러운 맥락에서 발생하지만, 아동이 중재목표를 알아채지 못하는 경우가 많고 반응을 꼭 해야 하는 것도 아니다. 이런 방식은 너무 제약이 없다. 우리가 논의하려는 기능적 중재에서는 SLP가 아동이 중재목표를 인식하게 하고, 해당 목표의 원리와 패턴을 아동에게 알려줌으로써 학령기 아동의 메타인지능력이 학습과정에 개입할 수 있게 한다. 그다음에 SLP가 제시하는 구체적인 예와 실습을 통해 아동이 규칙을 추론할 수 있게 한다.

훈련 중인 언어규칙을 단순히 설명해주는 것은 대부분의 언어장애 아동에게도, 대부분의 중재목표에도 타당한 방법은 아니다. 대신 훈련은 규칙이 적용되는 중요한 조건을 대비시킨 상황 속에서 해당 규칙을 포함한다. 예를 들어 아동에게 규칙 과거시제를 다음과 같이 가르칠 수 있겠는가?

> 과거의 사건에 동사를 사용할 때는 *walk/walked*처럼 *-ed*를 붙여서 과거시제 동사를 표현하세요.

대신 우리는 규칙 과거시제를 다음과 같이 가르칠 것이다.

> Every day I *walk*, yesterday I *walked*.
> Every day we *talk*, yesterday I *talked*.

> *yesterday*라는 낱말이 나오면 /t/ 소리를 붙여서 말하는 거예요. 자, 내가 시작하면 한번 말해보세요.

> Every day I walk, yesterday I _____.
> Every day they rake, yesterday they _____.

SLP의 역할은 규칙활용의 실례를 들면서 체계적인 언어 자료를 아동에게 제공하는 것이다. 규칙이 나타나는 상황과 그렇지 않은 상황을 최소한의 차이만을 보이는 쌍으로 아동에게 제공한다. 예를 들어 다음과 같이 대명사 활용을 명사 활용과 대조할 수 있다.

> SLP : 지금부터 상상하기 놀이를 할 거야. 선생님이 지금 생각하고 있는 것을 말해줄 거니까 그림에서 한번 찾아봐. 선생님은 지금 유령(ghost)을 생각하고 있어. 어떤 유령일까? 그건(he) 코가 길어. 와, 정말 빨리 찾았네. 좋아. 이번엔 네가 다른 걸 생각해봐.
> 아동 : 그건(It) 파란 눈이 있어요.
> SLP : 뭘 말하는지 모르겠네. 그건(it) 이름이 뭐지?

> 아동 : 인형.
>
> SLP : 음. 그 인형이 어떻지?
>
> 아동 : 그건(It) 파란 눈이 있어요.
>
> SLP : 파란 눈이 있는 인형을 찾았다. 네가 무얼 말하는지 알고 있으니까 찾기가 쉽네. 다른 것을 해보자. 내가 생각하는 건….
>
> 아동 : 공룡을 생각하고 있어요. 그건(he) 뾰족한 이빨이 있어요.
>
> SLP : 와, 뾰족한 이빨이 있는 공룡 찾았다. 이거네.

이렇게 대조되는 상황들을 제시하고 아동이 연습하도록 격려함으로써 SLP는 언어규칙의 중요한 요소를 파악하는 데 필요한 자료를 아동이 축적하도록 돕는다. 일단 중요한 요소를 아동이 인지하면, SLP는 다른 의사소통 상황에서도 이런 요소를 제시하는 융통성을 발휘한다.

규칙교수 접근법(rule-teaching approach)의 강점은 관련 자료를 집약하고 중요한 조건을 강조함으로써 학습과제를 단순화하는 방식에 있다. 추상적인 문법적 규칙을 직접적으로 가르치면 언어장애 아동이 배우기에 어렵다.

기능적 교수기술이 단순 자극법보다 효과적인 것은 행동주의적 원리가 반영되면서도 언어 촉진자가 체계적으로 수정할 수 있는 자연 발생적인 대화 맥락을 사용하고 있기 때문이다. 예를 들어 미래시제(예 : will)를 목표로 삼아 아동과 다음과 같은 대화를 할 수 있다.

> SLP : 그것 정말 재미있었겠네. 내일은?
>
> 아동 : 동물원?
>
> SLP : 동물원 뭐?
>
> 아동 : 동물원 가요.
>
> SLP : 지금?
>
> 아동 : 내일 동물원 가요?
>
> SLP : 갈 거야(*will*)? 맞아, 존도 갈 거야(*will*). 내일 둘 다….
>
> 아동 : 동물원 갈 거예요(*will*).
>
> SLP : 그래. 내일 존하고 너하고 동물원에 갈 거야(*will*). 나도 동물원을 좋아해. 동물원 가서 뭘 할(*will*) 건지 알고 싶네.

사용하는 단서가 의사소통 사건 속에서 보이는 다양한 언어와 비슷하기 때문에 구조적인 반복훈련(drill-like) 방식의 접근법보다 일반화가 더 자주 일어난다. 더욱이 아동은 언어적 자극을 받는 동안 해당 주제에 주의를 집중한다.

기능적 모델에서는 역동적인 맥락에서 언어를 가르친다. 의사소통 사건들 속에서 아동이 받는 언어 훈련은 그러한 사건들에 일반화되어야 한다. 훈련의 초점은 아동 언어의 정확성에 있는 것이 아니라 의사소통적 잠재성에 있어야 한다.

일반적으로 좀 더 구조적인 치료와 결합된 기능적 중재는 자연스러운 환경 속에서 사용할 수 있도록 목표언어의 획득과 일반화를 모두 촉진한다. 이러한 기능적 접근법에서는

- 아동과 환경에 적절한 언어 목표를 선택하고,
- 아동이 시도할 가능성을 높이는 환경을 배치하며,
- 아동의 시도에 반응하면서 목표한 언어 형식을 정교화하고
- 아동이 흥미를 보이는 사물에 주의하고 그 사물을 제공함으로써 아동의 시도를 강화한다.

성인과 아동 간의 상호작용은 놀이와 같은 비구조적인 상황에서 자연스럽게 일어나고, 성인은 이 상호작용을 체계적으로 사용하여 아동이 의사소통을 하면서 연습을 하도록 도와줄 수 있다.

아동은 관심을 보이거나 지지를 요청하면서 잠재적인 주제에 대해 신호를 보낸다. 즉 아동이 언어를 촉진하는 성인에게 가르칠 언어 형식의 주제와 기회를 제공하는 셈이다. 자신이 주제를 결정하는 경우 아동은 말을 더 잘하고 대화 내용에도 더 관심을 보인다.

이러한 의사소통 맥락 속에서 SLP는 의사소통 목적에 맞는 반응들을 시범으로 보여준다. 자연스러운 환경 속에서 소통의 목적이 이미 성취되었으므로, 형식과 내용은 좀 더 쉽게 학습될 수 있다. 다시 말해 아동은 특정 맥락에서 의사소통을 하는 좀 더 효과적인 방법을 배우게 된다. SLP는 양육자가 훈련을 촉진하고 아동이 성공할 가능성이 높은 자연스러운 상황을 자주 만들어낼 수 있도록 행동을 시범으로 보여준다.

바람직한 상호작용이 발생하지 않으면 SLP는 언어 훈련의 잠재성을 높이고자 환경을 조작하기도 한다. 바람직한 의사소통을 이끌어내기 위해 언어적 · 비언어적 맥락이 모두 바뀌기도 한다.

아동에게 일어날 가능성이 높은 의사소통 맥락을 중심으로 활동을 계획해야 한다. 가능한 한 정상적인 환경과 가깝게 훈련 소재, 훈련 상황, 사람을 계획해야 한다. 활동은 아동이 말하고자 하는 동기를 제공하고, 이전의 경험을 바탕으로 새로운 경험을 제공하고, 친숙한 의사소통 주제를 사용하고, 아동이 아는 대화 상대자를 포함해야 한다.

SLP는 아동 개인이 지닌 학습 및 인지 방식도 고려해야 한다. 새로운 경험이나 정보가 자신의 방식과 비슷할 때 아동들은 가장 편안해한다.

아동이 낱말이나 몸짓들을 왜 그리고 어떻게 사용하는지 생각해보면, 의사소통을 촉진하고 가르칠 수 있는 가장 자연스럽고 효과적인 상황을 더 잘 생각해낼 수 있다. 적절한 맥락과 구체화된 목표언어 특질을 잘 조합하면 치료실 환경 밖으로의 일반화를 최적화할 수 있다.

## 언어 촉진자

중재의 목적이 일상적인 상황에서 언어를 잘 사용하는 것이라면, 임상 장면에서 SLP 혼자 치료에 임하는 것은 한계가 있다. 아동과 SLP와의 짧은 만남만으로는 중재 목적을 달성하기에 부족하므로 여러 의사소통 대화 상대자를 대할 수 있는 폭넓고 다양한 사회적 환경을 활용할 필요가 있다. 이런 대화 상대자들은 언어를 사용할 동기를 제공하기 때문에 중재를 돕는 강력한 사회적 기반이 되기도 한다.

훈련에 포함되는 대화 상대자들은 아동의 연령이나 주변 환경에 따라 달라질 것이다. 학령전기 아동에게는 부모가 적절하지만, 부모와 상호작용을 덜 하는 학령기 아동에게는 교사나 친구가 더 효과적이다. 아동의 환경 속에 있는 중요한 사람들의 기대감이 훈련 중인 언어의 성공적인 활용을 부분적으로 좌우하기도 한다.

부모는 훌륭한 언어 촉진자이다. 언어 및 인지 발달의 이른 시기에 있는 아동의 경우 부모의 촉진이 대부분 성공적인 것으로 보고되었다. 일례로 자폐범주성장애 아동의 부모가 일상적인 가정 내 일과 중에 학령 전 아동에게 언어 중재를 하는 훈련 프로그램도 있다(Kashinath, Woods, & Goldstein, 2006).

부모가 언어문제를 보이는 유아에게 도움이 되는 상호작용 패턴을 확립하려면 구체적인 중재가 필요하다. 그런 아동은 유치원 장면에서는 다루기가 어렵다. 유아는 의사소통적인 상호작용에 대한 경험도 그 성공률도 낮을 뿐만 아니라 듣기 기술도 미숙하다. 성공적으로 의사소통하지 못하는 아동은 반항적이거나 부정적이 되기 쉽고, 주의를 요하는 행동들도 자주 보인다.

아동이 의사소통의 기회를 갖게 하기 위해 촉진자는 주의 깊게 듣고 잘 반응해야 한다. 촉진자는 시종일관 의사소통하고자 하는 아동의 시도에 주의하면서 적절히 반응해야 한다. 단순히 언어시범을 보이는 것 이상으로 반응하도록 부모를 가르쳐야 하며, 좀 더 나은 훈련자가 될 수 있도록 감독해야 한다.

교사나 부모와 같은 의사소통 촉진자들을 잘 훈련하고 감독하면 효과적인 중재 팀원이 될 수 있다. 촉진자는 (1) 방법(how) 혹은 가장 효과적인 교수 기술, (2) 목적(what) 혹은 중재 목표와 자료에 대해 훈련을 받아야 한다. 직접 훈련, 시범 보이기와 같은 방식이나 연수교육, 전화나 서면/삽화 자료 등을 통해 촉진자를 훈련할 수도 있다. 부모들이 가정에서 효과적인 중재를 실시할 수 있도록 실제적인 정보를 제공해야 한다. 예를 들어 부모교육시간에 쉽게 사용할 수 있는 교수 전략이나 목표를 설명하는 유인물, 비디오테이프 혹은 생생한 시연을 보여주거나 서로 실습, 논의, 비평 등을 하도록 도와주는 것이 좋다.

### 양육자 대화 스타일

언어장애 아동들이 경험하는 어려움은 장애 자체뿐 아니라 일상생활의 맥락에서도 드러난다. 그렇다면 대화 상대자들은 아동의 의사소통에 대해 어느 정도 책임을 져야 한다. 예를 들어 대화나 질문을 확장하면서 대화 차례를 지키도록 격려하는 상호작용 촉진 전략이 학령전기 아동들의 언어 표현력과 상당히 관련이 있음에도, 성인들은 때로 아동의 언어 능력보다는 상호작용 상황에만 더 신경을 쓴다(Girolametto & Weitzman, 2002). 변화가 일어나길 원한다면, 성인이 먼저 변해야 한다. 성인 대화 상대자가 보이는 대화 개시나 지시어의 수가 많아질수록 언어장애 아동이 보이는 자발적인 대화 행동의 질이나 양은 줄어든다.

아동이 보이는 언어문제에 따라 성인은 자신의 언어를 조정한다. 언어장애 아동의 어머니는 일반 아동의 어머니보다 더 많이 말을 반복한다. 이런 말은 대부분 명령적(요구)이거나 지시적이다. 이런 부모의 지시와 자기모방의 빈도가 늘어날수록 아동 언어의 성장률은 줄어든다. 매우 지시적인 상호작용 스타일을 보면 그런 지시와 아동 발화 간에 관련성이 거의 보이지 않는다.

성인이 상호작용을 구어적으로 통제할수록 언어장애 아동의 언어 표현도 줄어드는 듯하다. 예를 들어 성인이 보이는 질문-대답 식의 의사소통 방식은 아동이 해당 대화 주제를 지속하게는 하지만, 아동이 성인이 시작한 주제 이외의 내용을 이야기하도록 도와주지는 못할 뿐더러 자발적인 대화 행동에 부정적인 효과를 가져온다.

지시적인 대화 행동 방식은 다음과 같다.

- 성인이 대화 주제를 통제하고 개시한다.
- 성인이 대화를 주도한다.
- 성인이 아동이 대화에 기여하는 방식을 구조화한다.

이런 행동들은 집중적이고 유창한 대화는 가능케 하지만 아동의 자발적인 개시를 어렵게 만든다.

반대로 성인이 대화에서 촉진적인 방식을 사용하면 언어장애 아동의 대화 개시, 질문, 주제 설명이 늘어날 수 있다. 촉진적 방식이란 다음과 같다.

- 아동이 대화 주제를 통제하고 개시하도록 한다.
- 아동의 대화 주도를 따른다.
- 아동으로 하여금 다양한 방식으로 참여하도록 격려한다.

촉진적인 성인은 대화의 방향보다는 아동이 대화에 참여하면서 대화를 통제하고 있다고 여기도록 기회를 제공하는 데 더 관심이 있다. 두 대화 방식을 표 9.3에 정리하였다.

아동의 언어가 발달하도록 도와주는 데는 지시적인 스타일보다 대화적 스타일이 더 효과적이라는 것을 우리는 잘 알고 있다. 예를 들어 ASD 아동의 부모가 아동이 현재 주의하는 것을 따라가거나 아동의 언어적 의사소통 행동에 반응하는 말을 함으로써 아동의 어휘습득 과정을 촉진할 수 있다(McDuffie & Yoder, 2010). 본서에서 여러 번 언급했듯이, 아동의 관심과 주도를 따르는 것은 효과적인 치료도구이다.

**표 9.3**　지시적 방식과 촉진적 방식의 특성

| 지시적 방식 | 촉진적 방식 |
| --- | --- |
| 성인이 대화 주제의 반 이상을 개시한다. | 대화 주제의 반 이하를 개시한다. |
| 대부분의 주제를 직접질문으로 시작한다. | 대부분의 주제를 간접질문이나 내포명령문을 사용하여 시작한다. |
| 주로 직접질문을 하며, 가끔 모방이나 확장을 사용하여 주제를 유지한다. | 주로 직접서술, 격려, 모방, 확장이나 확장질문을 하며, 가끔 직접질문을 하여 주제를 유지한다. |
| 필요한 경우 직접적인 명료화 질문 혹은 서술을 적절히 사용한다. | 필요한 경우 직접적인 명료화 질문 혹은 서술을 적절히 사용한다. |
| 대화 차례가 틀리지 않고 오류가 생기지 않도록 직접 질문을 하여 아동의 반응을 요구한다. | 대화 차례가 틀린 경우 잠시 기다린 후 다시 이전의 주제를 시작한다. |

　촉진 훈련을 받은 어머니들은 훈련받지 않은 어머니들보다 아동의 행동에 더 많이 반응하고 덜 지시적이다. 부모 행동의 이런 변화는 아동 언어를 변화시켜 평균발화길이가 증가하고, 발화 및 어휘집의 수가 많아지며, 표준화된 검사점수가 높아지는 결과를 가져온다. 부모가 훈련을 받은 아동들은 대화를 더 잘 개시하고 더 반응적이며, 동사 변화도 더 많이 사용하고 더 다양한 어휘를 구사한다. 이런 결과는 부모의 대화 전략이 언어 형식보다는 의미 및 화용적 측면에 더 큰 효과가 있을 수 있음을 시사한다.

　의미 있는 발화의 비율이 증가하면 주제를 유지하고 대화 차례를 지킬 기회가 다시 많아질 수 있다. 이렇듯 참여의 기회가 더 많아지면 아동은 성인의 행동이나 대화 교환 과정을 더 많이 통제하게 된다.

　성인 촉진자들이 구어지시를 적게 하면서 높은 수준의 언어적 피드백을 제공할 때 아동의 자발적 언어 표현은 향상될 수 있다. 표 9.4에 그 예가 제시되어 있다. 여러 연구에서 얻은 자료를 보면 성인이 아동의 자발적인 의사소통 행동에 잘 반응할 때 아동의 대화능력이 향상됨을 알 수 있다. 촉진자가 역할극과 피드백 등을 통해 규칙적이고 구조적인 훈련을 자주 받으면 그 효과는 더 좋아지는 것 같다.

　부모의 경제적 사정이 어려워져서 보호시설에 있게 되더라도 아동이 언어중심의 그룹치료를 받을 필요가 있다. 어머니와 아동이 보호시설에 있는 경우 여러 가지 제약이 있겠지만, 언어기술이 낮은 부모일지라도 학령전기 자녀와 상호작용할 때 적절한 언어촉진전략을 사용할 수 있도록 가르쳐주어야 한다(O'Neil-Pirozzi, 2009). 가족이 보호시설에 거주하는 시간은 도움이 필요한 아동에게 언어중심중재를 제공할 기회가 될 수도 있다.

　한 연구를 보면, 부모가 4주 동안 90분짜리 소집단교육을 매주 총 네 번만 받았는데도 보호시설에 사는 아동이 긍정적인 언어성장을 보였다고 한다(O'Neil-Pirozzi, 2009). 훈련을 하는 동안 보육과 간식이 제공되고, 좀 더 편한 시간과 장소에서 이루어진다면 부모참여는 더 높아질 것이다.

**표 9.4** 지시를 최소화한 언어적 피드백의 예

| |
|---|
| 아동 : 저 어제 동물원에 갔었어요.<br>대화 상대자 : 와, 내가 제일 좋아하는 곳인데. 난 원숭이가 제일 좋아. |
| 아동 : 저 내일 생일파티 해요.<br>대화 상대자 : 와, 재미있겠다. 생일 선물로 뭘 받고 싶어? |
| 아동 : 방학 동안 고래 보러 갔었어요.<br>대화 상대자 : 나도 꼭 해보고 싶었는데. 정말 재미있었겠다. 어땠는지 더 말해줘. |
| 아동 : 제 그림은 카우보이예요.<br>대화 상대자 : 점박이 말을 탄 큰 카우보이네. |
| 아동 : 전 핼러윈데이에 귀신이 될 거예요.<br>대화 상대자 : 우리 집엔 오지 마. 난 귀신이 무서워. 아무래도 난 마녀가 돼서 귀신을 겁줘야겠다. |

주 : 위의 다섯 가지 대화에서 성인은 아동이 선택한 주제에 대해 언급한 후 아동이 정보를 더 제공하도록 단서를 주거나 응답을 기다리면서 아동의 주도를 따랐다.

부모교육은 가족관계가 불안정해질 수도 있는 시기에 보호시설에 있는 부모의 자존감을 높이고 부모-아동 간의 유대관계를 강하고 긍정적으로 만들어준다. 보호시설의 시간적 특성 상, 교육은 가능한 짧고 편안해야 하며, 다양한 상황에 맞게 효과가 극대화되어야 한다(Dickinson & Tabors, 2001; Tabors, Roach, & Snow, 2001).

학령전기 아동을 대상으로 한 부모개입 언어 중재 연구(18개)를 메타분석한 결과 그런 접근법이 효과적인 것으로 밝혀졌다(Roberts & Kaiser, 2011). 부모개입 언어 중재는 수용언어와 구문표현기술에 모두 의미 있고 긍정적인 영향을 미쳤다. 부모훈련은 반응성, 언어적 시범, 의사소통 비율이라는 측면에서 부모-아동 간 상호작용 스타일에 긍정적인 효과를 보였다. 부모훈련을 받은 부모는 그렇지 않은 부모보다 유의하게 더 많은 반응을 보였다. 하지만 결과를 일반화할 수 있는지에 대하여는 좀 더 신중해야 한다. 많은 연구들이 부모훈련 절차나 장기적인 결과를 상세히 기술하지 않았기 때문이다. 구체적인 부모훈련 과정과 실제적인 적용에 대한 결과가 없이는 어떤 부모훈련 프로그램이 가장 좋은지 결정하기 어렵다.

### 다문화-다언어 배경 가족과 아동

문화적 정체성은 고정된 것이 아니다. 같은 문화적 배경을 갖는 가족끼리도 서로 다르다. 그러나 SLP가 문화의 역할을 인식하면 적절하고 효과적인 중재의 가능성은 높아진다. 표 9.5는 SLP가 다문화 가족과 상호작용할 때 따라야 할 지침을 제시하고 있다.

SLP는 다양한 소수민족 및 소수인종이 갖는 기대나 견해가 서로 다르다는 사실을 잊지 말아야 한다. 중재를 시작하기 전에 소수인종이 갖는 부모의 역할, 아동에 대한 기대, 장애, 의학, 치료, 자조 능력, 전문적 중재에 대한 태도들을 철저히 이해해야 한다. 예를 들어 미국에 거주하는 남미 푸에르토리코 출신 엄마들은 조기교육과 문해력교육을 통해 자신들의 고유 문화와 북미 개념을 모두 배워야 한

**표 9.5** 다문화 가족과의 상호작용을 위한 지침

| |
|---|
| 문화적 고정관념에 근거하여 가정을 세우지 말아야 한다. |
| 가족/아동과 SLP 간의 만남에도 문화적 규칙이 지배한다. 치료실과 같은 장소에 대한 반응도 문화에 따라 다를 수 있다는 사실을 알고 있어야 한다. |
| 서비스를 제공하는 가족과 아동의 문화에 대해 배워야 한다. |
| 필요한 경우 문화중재자 혹은 통역자를 사용해야 한다. |
| 가족/아동의 문화에서 사용하는 낱말, 문구, 인사말 등을 배워야 한다. |
| 인내심을 가져야 한다. 상호작용에 더 많은 시간을 들여야 한다. 가족이 능숙하게 읽고 이해할 수 없다면 가능한 지시문을 적게 사용해야 한다. 가족이 질문을 하게 한다. |
| 기능적 접근법에서 의도하는 만큼 가족이 협조하는 데에 익숙하지 않을 수도 있다는 것을 알고 있어야 한다. |
| 가족 구성원이 당황하지 않고 참여할 수 있도록 격려해야 한다. 가족이 참여하고자 하는 만큼만 치료에 포함시켜야 한다. |
| 전문가와 가족의 목적과 목표가 일치하도록 해야 한다. |
| 가능한 한 해당 문화공동체도 참여시켜야 한다. |

출처 : Lynch & Hanson(2004); Wayman, Lynch, & Hanson(1990)

다고 믿는 듯하다(Hammer, Rodriguez, Lawrence, Miccio, 2007). 아시아계, 라틴계, 아프리카계 미국인들의 문화 간에도 아동이나 전문적 중재 서비스에 대한 견해가 매우 다르다. 마찬가지로 SLP의 대화 방식에 따라 그 문화공동체의 구성원이 치료에 얼마나 포함될 것인지가 결정되기도 한다. SLP와 가족 간의 성공적인 협력은 상호 존중, 신뢰, 열린 대화와 같은 요소에 달려 있다.

다음 장에서 언급할 교수 기술들을 문화적으로 자유롭게 만들고자 했지만, 이 책에서 다루는 중재 모델은 기본적으로 백인 중산층 가족을 기초로 한 북미 심리언어 연구에 기초하고 있기 때문에 은연중 문화적 편견을 포함하고 있다. 가정에서 이런 교수 기술들을 사용하도록 시킬 때, 우리는 부모와 아동 간의 상호작용을 정의하는 문화적 차이에 상당히 민감해야 한다(Johnston & Wong, 2002).

SLP는 이러한 문화적 신념체계를 확실하게 이해하여 이에 따라 중재 기술을 수정해야 한다. 그렇게 하지 않으면 중재 효과가 적어지거나 심한 경우 부모가 중재에 대해 저항할 수도 있다. 연구문헌을 읽거나, 공동체 대표와 대화를 하거나, 부모와 긴밀하게 접촉함으로써 정보를 수집할 수 있다. 문화공동체에 포함되거나 종교적 의식, 동아리 모임, 축제에 참여하거나 부모 혹은 해당 지역사회 구성원과 이야기하고 듣는 것이 가장 좋은 방법이다.

일단 우리가 다른 이의 문화 속에 들어가려면 우리가 지니고 있는 많은 전제들은 접어두어야 한다. 비슷하게 보일지라도 실제로는 그렇지 않은 경우가 있다. 일례로 중국 문화를 중재에 적용하는 데 사용해보자(Johnston & Wong, 2002). 연구문헌에 근거해서 우리는 중국인들이 갖는 광범위한 문화적 신념의 특성을 다음과 같이 만들어볼 수 있다.

- 이상적인 사람은 자기만족이나 독립성보다는 타인에게 순종하고 존중하도록 하는 상호 의존적 사회관계를 더 소중히 여긴다.
- 인간 행동은 생물학적으로 타고나기보다는 후천적으로 만들어진다.
- 아동이 학교에 가면 무지의 시기에서 벗어나 성공을 기대할 수 있는 이해의 단계로 들어선다.

사실 부모들은 좀처럼 학령기 아동과 함께 놀이를 하거나 아동들의 사회적 의사소통에 관여하지 않는다. 대신 부모들은 아동의 주의를 집중시키려고 할 때 좀 더 지시적이다.

이러한 신념들은 매우 다양한 방식으로 중재에 영향을 미친다. 예를 들어 어떤 부모는 조기 중재의 중요성에 대한 우리의 주장을 이해하지 못할 것이다. 이 주제에 대해 논의하려면 중국 문화가 가치를 두고 있는 '학교에서의 성공'을 위해 조기교육이 중요하다는 점을 포함시켜야 한다. 마찬가지로 아동의 주도를 따른다는 생각은 중국 문화가 지닌 상호 의존성 및 어린 아동의 무지에 대한 신념과 걸맞지 않는다. 중국계 어머니에게는 가정에서 매일 여러 번 사용할 수 있는 좀 더 공식적인 교수방법을 알려주는 것이 더 낫다(Johnston & Wong, 2002). 가정환경을 사용함으로써 기능적 중재의 기본적인 본질은 최소한 유지했음을 주목하라.

이러한 문화적 신념의 차이로 인해 잘 계획된 중재 및 권고가 가족의 문화적 기대에 역행할 가능성도 높다. 따라서 SLP가 중재에 성공하려면 동일한 목적을 성취하기 위한 '기능적으로 대등한 방법'을 찾아내야 한다(Johnston & Wong, 2002). 예를 들어 언어장애 아동의 부모에게 책을 자주 읽어주도록 권고한다. 이 경우 목적은 사회적 의사소통이지 책 읽기 자체가 아니다. 책 읽어주기와 같이 아동과 가족에게 문화적으로 더 적절하면서도 같은 목적을 달성하는 다른 방법들도 있을 것이다.

언어는 아동이 사회화 및 문화적 적응을 하는 일차적인 방식 중 하나이다. 아동이 영어 집중교육 프로그램에서 제2외국어를 배우게 되면, 모국어를 잊어버릴 위험에 처한다. 언어장애 아동이 틀림없이 장애를 보이는 모국어로 도움을 받지 않고 영어로 치료적 중재를 받으면 이런 현상이 더욱 분명해진다. 어린 아동이 정서적·인지적·의사소통적 발달 단계에서 보이는 상호 의존성과 이 아동들이 필요로 하는 가족의 지지를 생각해볼 때, SLP가 이런 아동들을 모국어로 도와주는 것이 매우 중요하다(Kohnert, et al., 2005). 두 언어로 모두 중재를 할 필요는 없다.

잘 훈련된 부모는 모국어로 중재를 하는 SLP만큼이나 잠재적으로 효율적일 수 있다(Law, Garrett, & Nye, 2004). 앞서 말한 대로 SLP는 부모를 직접 훈련하여 아동을 위한 일차적인 중재 요원이 되도록 할 수 있다. 성공적인 부모 훈련은 다음과 같은 점을 포함한다.

- 구체적인 언어촉진 전략 및 일반적인 자극방법 배우기
- 부모와 함께 여러 회기 및 교수방법 진행하기
- 치료 기술을 체계적으로 적용하기

- 개개의 아동에게 적합한 활동하기

부모가 가정에서 한 가지 언어만 사용하도록 하기보다는(이는 특히 언어들을 자유로이 섞어서 사용하는 가족에겐 큰 부담이 된다.) 어떤 책을 읽어줄 때는 꼭 한 가지 언어만 사용하도록 하는 것과 같이 활동에 목표를 맞추는 것이 낫다. 필요하다면 모국어 공동체에서 전문 보조원을 구하거나 형제를 가정 내 도우미로 사용하는 것도 도움이 될 것이다.

## 유치원 교사

학령전기에 이루어지는 질 높은 언어경험은 언어장애의 위험이 있거나 불리한 배경을 가진 아동에게 특히 중요하다(Dickinson & Tabors, 2001; Hubbstait et al., 2002). 아쉽게도 낮은 사회경제적 지위(SES)에 있는 아동을 돌보는 많은 유치원교실이 아동의 언어기술을 촉진하는 최적의 환경이 되지 못하고 있다(Dickinson, Daarrow, & Tinubu, 2008; Justice, Mashburn, Hamre, & Pianta, 2008). 교사는 질문, 시범, 재구성(recast)을 사용해서 아동의 언어기술을 명시적으로 촉진하지 못할 것이다. 아동은 교사와 여러 번 대화를 주고받을 기회도 별로 없다(Justice et al., 2008).

안타깝지만 증거기반중재(EBP)도 현실적으로 강도 높은 상호작용을 유지하기가 쉽지 않은 유치원 상황에서 어떻게 질 높은 언어교육을 할 수 있을지 잘 안내해주지 못한다. 한 가지 가능한 방법은 교사가 유치원교실 상황에서 아동에게 좀 더 반응적인 대화를 함으로써 아동의 언어(어휘)와 문해 발달(문자개념지식)에 긍정적인 영향을 미치도록 훈련하는 것이지만, 이에 대한 연구도 더 필요하다(Cabell et al., 2011). 아동의 전반적인 언어기술이 좋거나 평균 이상인 경우에는 당연히 영향을 가장 많이 받을 것이다.

반응성 교수는 아동의 능동적인 참여를 지지하는 '호혜적 상호작용'을 촉진하고 성인이 반응적인 대화 상대가 되는 능력을 키우도록 한다. 성인은 미소를 짓거나 눈맞춤을 유지하고, 아동의 소통노력에 꾸준히 반응하며, 아동의 표현을 재구성하거나 확장하고, 아동에게 대화 차례의 단서를 주면서 대화를 독점하지 않도록 속도를 늦추고, 열린 질문을 함으로써 호혜성을 촉진한다(Girolametto & Weitzman, 2002; Yoder & Warren, 2002).

> ## 훈련 단서

화용론이 언어에서 지배적인 규칙이라는 전제를 받아들인다면 SLP는 훈련이 일어나는 맥락에 관심을 두어야 한다. 특정 언어적/비언어적 맥락에서는 특정 언어 단위를 사용해야 하거나 그럴 것으로 기대한다.

일반화가 성공하지 못하는 이유는 어떤 면에서는 아동이 구체적이고 조심스럽게 표현된 특정 지시나 질문에 대해 일정한 반응만을 하도록 배우는 반응 프로그램 때문이다. 아동이 처한 일상 세계에는 이런 조심스러운 통제가 없다. 일상적인 맥락은 훈련된 의사소통 행동을 이끌어내지 않거나 이끌어낼 수 없는 관련 없는 많은 자극들로 채워져 있다.

동시에 부모와 교사는 여러 가지로 학습을 방해하는 단서나 신호를 주기도 한다. 부모와 교사는 목표가 되는 행동에만 주의를 집중하여 목표 행동을 일으키는 환경을 조성하도록 훈련받아야 한다.

전통적인 접근법에서는 대화에서 잘 사용하지 않는 제한적이고 딱딱한 단서들을 너무 자주 사용한다. "전부 다 다시 말해봐."와 같은 전통적인 언어적 단서들은 '비화용적인 모조대화 훈련(apragmatic pseudoconversational drills)'(Cochrane, 1983)이 될 것이다. 이미 답을 알고 질문을 하는 것과 같은 그런 단서들은 화용적으로 별 의미가 없다. 결국 이런 훈련으로 얻어지는 대화는 겉치레식 대화 훈련에 지나지 않는다.

아동이 정형화된 한 가지 자극에 의지하지 않도록 구어 및 비구어적 단서들을 다양하게 만들 수 있어야 한다. SLP는 촉진 자극의 유형과 지지 정도를 최소에서 최대까지 조절하는 최소 촉진 시스템(system of least prompts)을 사용할 수도 있다(Timler, Vogler-Elias, & McGill, 2007). 중재 단계가 진행되면서 SLP는 가능한 한 촉진을 적게 하면서 목표언어 특질이 나타나는 상황을 만든다. 예를 들어 ASD 아동에게 대답하기(친구한테 뭐 달라고 할까?)를 할 때 문장 완성하기(나한테…)로 시작하면서 점차 촉진을 줄이는 중재방법을 사용해서 먼저 요구하거나 지시하도록 가르칠 수 있다(Thiemann & Goldstein, 2004).

일상적인 대화 맥락에서 볼 수 있는 적절하고 평범한 자극들이 훈련에 도입된다면 아동이 새로운 언어 목표를 표현하도록 도울 수 있을 것이다. 언어 목표는 다양한 행동, 촉진자, 장면을 거치면서 일반화에 도달하기까지 훈련될 것이다. 궁극적인 목적은 다양한 자극에 대한 반응으로 새로 훈련된 행동을 보이거나, 한 가지 자극에 다양한 반응을 하도록 하는 것이다. 이런 목적은 대조훈련(contrast traianing), 반응 다양화(response variations), 언어 및 비언어적 단서 다양화를 통해 달성할 수 있다. 앞서 언급했듯 대조훈련은 관련 있는 자극과 관련 없는 자극을 동시에 제시하여 아동에게 새로 배운 행동에 영향을 주는 자극이 무엇인지 찾아내도록 하는 것이다.

반응 다양화란 같은 의사소통 목적을 달성하기 위해 다양한 반응을 사용할 수 있음을 가르치는 것이다. 예를 들어 마실 것을 얻고자 할 때 "마시고 싶어요.", "마실 거 주세요.", "저한테 마실 거 좀 주실래요?", "목이 말라요.", "선생님도 목이 마르세요?" 등 여러 가지로 말할 수 있다.

기능적인 대화법을 사용할 때 SLP는 특정 단서의 효과를 주의 깊게 평가하면서, 언어를 이끌어낼 가능성이 있는 여러 가지 언어적 혹은 비언어적 단서들을 탐색해야 한다. 전통적인 단서에만 의존하는 SLP는 다양하고 풍부한 단서가 언어 목표를 이끌어내는 맥락을 만드는 데 얼마나 유용한지 잘 모른다.

## 연계반응

일단 아동이 언어를 표현하면, 성인 촉진자는 필요에 따라 아동의 언어를 조작하기 시작한다. 다시 말해 아동의 발화는 촉진자의 반응을 불러오는 자극이 된다. 이 반응 혹은 연계반응(contingencies)은 아동의 발화를 불러오는 상황을 만들어낸다.

훈련을 시작하기 전에 대화를 유지하는 데 필요한 자연스러운 반응들을 미리 알고 있어야 한다. 이런 반응들은 최대한 아동의 언어와 직접적인 관련이 있어야 한다. "아주 잘했어." 혹은 "잘 말했어."와 같은 반응은 피하는 것이 좋다. 아동이 전달하는 메시지 ("원숭이를 봤어요.")와 그에 대한 반응 ("잘 말했어.")이 서로 관련이 없다면, 아동의 언어는 의사소통으로서 가치를 잃어버린 것이다. 의사소통 행동은 대화적 반응("와아, 원숭이는 정말 재미있지. 원숭이들이 뭐 하고 있었어?")으로 유지되어야 한다. 종종 아동에게 주의를 기울이기만 해도 아동은 충분히 지속적인 참여를 보인다.

대화 반응들은 최대한 의미적으로 그리고 화용적으로 관련된 반응이어야 하며, 아동의 말을 인식하고 있음을 알리는 것이어야 한다. 의미적 연계반응, 즉 아동의 이전 발화 내용이나 주제에 대한 부모 혹은 촉진자 반응의 관련성은 언어발달 속도에 긍정적인 영향을 미친다. 위의 예처럼 "나는 원숭이를 봤어요."라는 아동의 말에 성인이 대화적으로 보인 반응이 의미적 연계반응이다.

의미적으로 연계된 성인의 말은 아동이 성인의 발화구조 및 의미를 이해하고 분석하는 데 사용하는 처리의 양을 줄여준다. 대화 주제를 함께하거나 일상적인 어휘를 사용하면 처리에 필요한 기억의 부담이 줄어든다. 촉진자의 발화가 아동 스스로 분석하고 표현하도록 돕는 버팀목 혹은 발판을 제공하는 셈이다. 특히 표현어휘가 지체된 아동의 경우, 성인이 보이는 언어구조보다 이런 의미적 연계반응이 더 효과가 있다. 반대로 성인이 주제를 너무 자주 바꾸거나 아동의 주의를 자주 다시 끌려는 행동은 아동의 언어획득을 방해하기도 한다.

하지만 아동이 말한 주제에 반응을 보이는 것만으로는 불충분하다. 다음의 예에 나타난 촉진자의 반응은 의미적으로는 연계되지만 화용적 연계성은 부족하다.

> 아동 : 과자 먹고 싶어요.
>
> 촉진자 : 조니가 과자 먹고 싶구나.

촉진자의 반응은 대화라는 틀 안에서 화용적으로 타당해야 한다. 이 예에서 더 적절한 반응은 "무슨 과자를 먹고 싶어?" "좋아, 한 개 만이다.", "맘대로 먹어.", "안 돼, 점심 먹고 먹자."와 같은 것이다. 위의 예는 "잘 말했어."와 같은 반응이 왜 화용적인 연계반응이 아니며 지속적인 상호교환을 방해하는지 잘 보여준다. 아동의 언어는 그 목적과 의도가 서로 일치할 때 더 자연스럽게 힘을 얻는다.

SLP는 목표구조가 포함된 문장으로 재구성할 수도 있고, 그렇지 않을 수도 있다. 첫 번째 예로, 아동이 "아이 과자 먹어요."라고 말하면 성인은 "아이가 먹고 있어요."라고 재구성한다. 두 번째 예로, 아동이 "아이 과자"라고 말하면, 성인은 "이 아이가 과자를 먹고 있어요."라고 재구성한다. 즉 SLP는 아동이 목표구조를 포함해서 발화 할 가능성을 높이는 방향으로 환경을 조작할 수 있다. MLU가 낮은 SLI 아동에게는 성인이 재구성하기 전에 그 구조를 시도하는 발화를 하게 한 후 재구성을 해주면 더 효과가 있다(Yoder, Molfese, & Gardner, 2011).

간단히 말해서 상호작용에서 아동의 참여를 촉진하는 아동중심 상호작용 방식이 아동의 언어 기술을 향상시킨다. 언어 촉진자들이 통제를 줄이고 아동의 관심사를 인정한다면 아동의 참여와 흥미를 더 많이 유지할 수 있다.

다시 말해 아동이 표현하는 발화를 세상에 대한 이해력의 정도이며 질문을 받고 싶어 하는 행동으로 받아들이는 것이 중요하다. 성인이 틀렸다고 생각하는 대답들도 사실은 아동이 갖고 있는 조금 다른 시각의 차이를 드러내는 것일 수 있다. 대화가 계속되면 아동이 말한 의미가 촉진자에게 잘 전달될 것이다. 그런 아동중심 언어 중재는 치료사중심 언어 중재보다 SLI 아동이 배운 문법을 일반화하는 능력과 더 상관이 있다(Yoder & McDuffie, 2002).

## 장소

첫 장에서 언급했듯이 훈련 장소는 훈련이 발생하는 물리적 장소 혹은 아동과 촉진자가 만드는 대화 맥락 모두를 포함한다. 여러 경우 대화 맥락은 물리적 장면에 제한되지 않으며 치료실, 교실, 가정을 모두 아우르기 때문에 일반화에 더욱 중요하다. 이처럼 자연스러운 의사소통 과정의 유연성이라는 측면에서 볼 때, 훈련은 '어디서'라기보다는 '어떻게'와 관련된 문제이다.

### 물리적 장소

훈련은 가능한 한 아동이 새로 배운 언어 기술을 사용하기 쉬운 장소에서 진행해야 한다. 의사소통은 대부분 참여자의 의사소통 방식에 영향을 주는 친숙한 사건 속에서 일어난다. 가정에서 이야기 말하기, 사적인 대화하기, 교실에서 참여하기에는 각각 다른 규칙이 있다. 따라서 언어 중재는 일상적이고 물리적인 장소에서 발생하는 이런 대화 사건들 속에서 이루어져야 한다. 일상적인 환경에는 중재와 일반화에 필요한 자연스럽고 친숙한 자극들이 많이 존재한다. TBI 아동처럼 지속적인 화용장애를 보이는 아동에게는 환경에 기초한 중재가 특히 더 필요하다.

부모나 교사는 당연히 언어 촉진자로서 새로운 역할을 감당하는 훈련을 받아야 할 것이다. 부모들은 치료실이나 학교에 와서 훈련을 받을 수 있다. 이것이 어렵다면 야간 집단 회기나 서면지침서를 이용할 수도 있다. 부모들이 아동에 대한 기대를 바꾸기만 해도 배운 언어를 일반화하는 데 도움이 될 것이다.

### 대화 맥락

언어가 의미를 지니려면 다양한 맥락에서 평가와 훈련이 이루어져야 한다. 언어와 의사소통은(언어적으로든 비언어적으로든) 전후 맥락과 그 맥락에 대한 기대의 영향을 많이 받는다. 음식점에서 주문을 할 때와 친구와 전화로 이야기할 때 기대되는 것은 다르다. 사건들은 각각 독특한 스크립트를 지닌다.

따라서 아동이 맥락을 떠난 문장을 배우기는 더 어렵다. 이상적으로 SLP는 정적인 형식이 아닌 생성적이고 자유로운 체계를 훈련해야 한다. 각 상황 속에서 중재를 개시하기 전에 맥락적 기대와 스크립트를 미리 검증해야 한다. 대화 교환을 더 긴밀하게 할 수 있는 장면 속에서 교수방법을 적용해야 한다.

## :: 결론

일반화에 영향을 주는 변인들을 신중하게 다룸으로써 SLP는 일반화 효과를 극대화하는 방향으로 훈련과정을 수정할 수 있다. 목표와 치료설계 결정은 일반화 가능성과 함께 아동의 일상생활에서 일어나는 사건 및 상황 속에서 사용 가능한가의 여부에 기초해서 이루어져야 한다. 이러한 맥락 속에서 일상적인 대화 상대자의 대화 방식을 반영하는 치료 기술을 사용해서 언어를 이끌어내고 조정할 수 있다. 반응적이고 세심한 성인과 함께 즐거운 활동에 참여하고자 하는 아동의 욕구가 동기화를 이끌어낸다.

촉진자는 다음과 같은 지침을 따라야 한다.

1. 아동이 의사소통하리라고 기대하라.
2. 아동의 관심사와 주도에 반응하라.
3. 대화가 이루어지도록 반응하고 아동의 발화를 더 길고 적절한 언어로 만들어주라.
4. 일상적인 활동 속에서 아동의 의사소통을 촉진하라.
5. 대화의 방식으로 단서를 주어 목표언어를 이끌어내라.

이 모든 원칙은 제10장에서 다시 논의할 것이다.

제**10**장

# 맥락 조정하기

언어는 본래 화용적이다. 표현되는 언어의 형식과 내용은 모두 언어적이고 비언어적인 맥락을 필요로 한다. 따라서 언어 중재의 일차적인 목적은 아동이 매일의 의사소통 맥락이나 환경 내에서 효과적으로 기능할 수 있도록 적절한 언어 기술을 가르치는 것이어야 한다.

언어 촉진자는 매 활동마다 생생한 언어 사용의 경험을 제공하려고 애써야 한다. 그다음 언어치료사(SLP)와 다른 언어 촉진자들은 아동의 학습 가능성을 극대화하는 방향으로 이러한 맥락을 조작하는 기술을 배워야 한다. 촉진자의 역할은 '아동이 자발적으로 표현한 구어 혹은 비구어적 행동을 의미 있는 의사소통 과정으로 받아들이고, 맥락적으로 적절한 방식으로 그것을 해석하고, 아동이 그 내용을 더 효과적으로 의사소통하도록 돕는 조력자가 되는 것'(J. Norris & Hoffman, 1990b, p. 78)이다.

일상적인 의사소통 맥락 속에서 목적을 달성하기 위해 언어를 활용할 때 일반화될 수 있는 기회가 더 많아진다. 이때 언어는 목적 혹은 기능을 갖는다. 그리고 훈련은 자연스럽게 기능적이 된다.

이 장에서는 언어가 나타나는 언어적 혹은 비언어적 맥락을 조작하기 위한 다양한 전략들을 살펴볼 것이다. 이런 전략들은 일상적 활동에서 사용 가능하므로 자연스럽게 환경의 일부분이 될 수 있다. 가능한 한 자연스러우면서도 대화다운 전략들이 제시될 것이다.

## 비언어적 맥락

주변 환경에서 일어나는 비언어적 맥락들은 언어를 이끌어낼 수 있는 풍부한 공급원이 된다. SLP는 목표언어를 이끌어내고 아동이 언어를 개시하도록 비언어적인 맥락이라는 단서를 조작할 수 있다. 대부분의 경우 훈련이라는 패러다임은 좀처럼 아동이 맥락을 통제하지 못하게 한다. 따라서 아동은 수동적이고 반응적인 역할을 맡게 된다.

어떤 비언어적 맥락은 다른 맥락보다 더 자연스럽게 많은 언어를 이끌어낸다. 성인의 경우라면 칵테일파티가 극장관람보다 언어를 이끌어내기가 더 쉽다.

상황이 언어 방식을 결정하기도 한다. 성인들은 보통 설교에 대해 질문을 하거나 이의를 제기하지 않는다. 적어도 설교가 진행되는 중에는 아니다. 반대로 교실과 같은 학습 상황에서는 질문을 많이 해야 한다.

아동의 의사소통이 좋아지는 것을 치료목표로 선택했다면, SLP는 미리 아동이 이러한 목표를 시도할 수 있는 환경을 파악하고 있어야 한다. 다시 말해 치료목표를 이끌어내기 가장 쉬운 비언어적인 맥락을 알고 있어야 한다는 뜻이다.

이상적으로 비언어적 맥락은 목표언어 행동을 이끌어낸다. 그다음 SLP는 아동이 그 맥락에 적절한 형식으로 목표언어를 조작하도록 도와준다. 이론적으로(그리고 이 점이 바로 성공의 열쇠인데) 의미 있는 반응을 보인 아동은 그 반응에 흥미를 보여 결국 바람직한 방식으로 변화하고자 할 것이다. 바람직한 이 반응들은 일상적인 사건이나 대화 상황에서 훈련된 것이기 때문에 더 쉽게 일상생활에 일반

**표 10.1** 비언어적 맥락과 언어 이끌어내기

---

**대화 차례 지키기와 물건 요구하기**

모둠이 함께 과일 샐러드 만들기를 하면서 아동에게 플라스틱 칼을 한 개만 준다.

교실에 있는 옷 입기(dress-up) 영역에 모두 입고 싶어하는 옷을 한 개만 준비한다.

아동 수의 반만큼만 미술도구를 주고 함께 사용하도록 한다.

**지시 따르기와 지시하기**

집단 활동을 하면서 교사가 만든 색종이 오려 붙이기 작품을 따라 만들게 한다. 교사는 아동에게 이미 오려진 색종이나 선이
    그어진 종이를 주지 말아야 한다. 아동이 도움을 요청하거나, 다른 사람이나 자신에게 지시하도록 하는 것이 목표이다.

두 사람이 하는 집단 활동에서 교사가 이미 만들어놓은 케이크 장식을 따라 만든다.

집단 활동을 하면서 교사를 따라 컵에 씨앗을 심는다. 더 나아가 정원에 씨를 심거나, 서로 다른 식물을 한 줄로 심거나 표지
    판을 만들 수도 있다.

글이나 그림으로 된 요리법에 따라 과자를 굽는다.

글이나 구어적 지시에 따라 모형을 늘어놓는다.

드럼을 연주한다. 교사가 실수를 자주 하여 아동이 지적하거나 교정하게 한다.

아동만 알고 있는 어떤 것을 하는 방법을 설명하게 한다.

눈가리개 활동을 하여 다른 사람에게 지시하게 한다.

아동이 교사가 되어보게 한다.

**정보 요청하기**

설명을 일부분만 해주고 과제를 완성하게 한다.

아동이 과제를 할 때 필요한 물건을 여느 때와 다른 곳에 두어 그 장소를 물어보도록 유도한다.

흥미롭게 생긴 물건을 보여주면서 이름이나 용도를 가르쳐주지 않는다.

**정보 제공하기**

아동으로 하여금 다른 반의 아동에게 자기 반의 과제를 설명하게 한다.

아동으로 하여금 학부모 참관일과 같은 특별한 행사에 부모님에게 학급 과제를 설명하게 한다.

아동이 경험한 것들을 이야기하게 한다(예 : 여름방학, 체험학습, 생일파티). 어떤 일이 있었는지를 설명하는 이런 과제는 순서
    짓기를 배우는 훌륭한 수단이 된다.

아동이 정보 제공하기를 배워야 하는 다른 아동에게 정보를 요구하게 한다.

아동이 꾸며낸 이야기를 말하게 한다.

**추리하기**

아동이 물체를 물에 뜨게 하거나 가라앉게 한다. 물에 뜨는 물체와 그렇지 않은 물체를 주어 아동이 여러 집합을 발견하도록
    한다.

빨대, 실, 이쑤시개, 설압자를 이용해서 현수교를 만들게 한다.

교통수단, 학교, 오락시설, 주거지역, 공장지역, 상업지역이 있는 도시를 설계하게 한다.

창의적인 게임을 하면서 아동들이 함께 공통된 문제를 풀게 한다.

학급 과제로 광범위한 숙제를 하게 한다. 예를 들어 '완벽한' 세상을 설계하거나, 남녀의 역할에 대한 합성사진을 제작한다거
    나, 태아 발달 단계의 그림이 그려진 '세상으로 나가는 길(On the Way to Your Birthday)'과 같은 보드 게임을 만들어보게
    한다.

**도움 요청하기**

아동이 스스로 해결할 수 없는 문제들을 준비한다.

구멍 뚫린 종이컵, 말라서 나오지 않는 색펜이나 물감, 뚜껑이 붙어버린 풀, 수가 부족한 의자, 사라진 장갑과 모자 등과 같이
    스스로 해결할 수 없는 어려운 상황을 준비한다. 이런 상황은 너무나 많다.

**상상하기와 계획하기**

연극놀이나 옷 입기 영역을 꾸민다. 다양한 인물이 있는 인형놀이 무대를 만들어 놓는다.

모의 가게나 아파트 관리사무소 등을 만들어 놓는다.

역할놀이를 하게 한다(역할놀이는 여러 가지 목적으로 사용할 수 있다).

**표 10.1** 비언어적 맥락과 언어 이끌어내기 (계속)

**저항하기**

샌드위치를 만들면서 잼이나 땅콩버터를 잊어버리는 등 바보같이 행동한다.

아동의 순서를 건너뛰거나 필요한 물건을 주지 않는다.

일부러 일과의 순서를 지키지 않거나 물건을 기발하거나 이상한 방법으로 용도에 맞지 않게 사용한다.

아동에게 물건을 필요한 수보다 훨씬 더 많이 준다.

아동이 물건을 끝까지 사용하기도 전에 치운다.

아동에게 물리적으로 불가능한(그러나 안전한) 일을 하도록 요구한다.

**개시하기**

문제를 배치하고 아동이 의사소통을 시작할 때까지 기다린다.

아동에게 성인 대신 심심한 동물들에게 얘기를 해주라고 부탁한다.

화될 것이다.

표 10.1은 비언어적 상황과 각 상황에서 이끌어낼 수 있는 언어 형식들을 보여주고 있다. 보통 소집단 과제를 할 때 아동은 언어 표현을 많이 한다. 어린 아동에게는 역할놀이나 옷 입기가 언어를 끌어내기에 아주 좋은 상황들이다. 가정이나 교실에서 이루어지는 일과도 미리 정해 놓을 수 있다.

이런 비언어적인 상황 속에서 지체하기, 새로운 상황 소개하기, 본체만체하기, 일부러 방해하기와 같은 방법을 사용하여 언어를 이끌어낼 수 있다. 아동이 목표 행동을 일단 습득한 다음에는 의사소통을 시작할 수 있도록 지체하거나 기다리는 비언어적인 전략이 아주 효과적이다. 성인들은 종종 아동이 의사소통할 것이라는 기대를 하지 않은 채, 자신이 아동 대신 의사소통한 다음 이 기대를 그대로 믿어버린다.

언어 촉진자가 아동이 상호작용을 시작할 때까지 기다린다고 해보자. 촉진자는 아동 근처에 앉아서 아동을 향해 궁금하다는 표정으로 바라보거나 호기심을 불러일으킬 만한 물건을 보여줄 수도 있다. 아동이 성인을 바라보면 성인은 아동이 말할 때까지 한동안 말하지 않는다. 아동이 그래도 말하지 않으면 성인은 목표언어의 시범을 보이거나 원하는 표현을 얻기 위해 촉진을 한다.

새로운 혹은 기대하지 않았던 사건을 일으켜서 의사소통이 일어나게 할 수도 있다. 사람은 보통 그런 상황이 생기면 관심을 보이면서 뭔가를 말한다. 예컨대 아기 고양이, 기니피그 혹은 멋진 장난감과 같은 것이 기대하지 않았던 장소에서 발견될 수도 있다. 한 낱말 수준으로 표현하는 아동일지라도 새롭고, 달라지고, 바뀐 상황적 요소를 보면 뭔가를 이야기할 것이다.

촉진자가 본체만체하거나 잊어버리면 아동은 교사에게 가르쳐주고 싶어서 말을 하게 될 것이다. 저자는 가끔 물건의 위치나 아동의 순서를 잊어버리는 등 바보처럼 행동한다. 풀이나 가위처럼 꼭 필요한 물건을 빼놓거나 이상하게 사용하기도 한다.

마지막으로 특정 활동을 진행하지 못하게 하거나 끝내지 못하게 하는 요소를 배치하여 활동이나 일과의 순서를 일부러 방해할 수 있다. 저자는 어느 날 아동의 신발을 서로 묶어버리고 코트를 뒤집어

놓은 학급 교사의 예를 즐겨 든다. 마지막 시간에 도움을 청하려고 아동들이 표현하는 온갖 언어들과 그 혼란스러움을 상상해보라.

## 언어적 맥락

대화 속에서 언어를 사용하게 하려면 훈련 중 아동에게 주는 언어적 단서를 철저히 평가할 필요가 있다. "우리가 말한 게 뭐지?"나 "자, 다시 한 번 전부 말해봐."와 같은 단서들은 앞서 언급한 대로 모조 대화적(pseudoconversational) 단서에 불과하다. 이런 단서가 필요 할 때도 있지만 일상생활에서는 거의 쓰이지 않는 데 비해 중재에서는 너무 자주 사용된다.

언어를 반복하라는 재촉이나 질문을 계속 받는 것은 불쾌한 경험이며, 오히려 아동이 말을 더 적게 하는 결과를 낳을 수도 있다. 그런 소통은 일방적이므로 아동은 자신을 수용자로 여기면서 마지못해 가끔씩 말하게 된다.

언어적 맥락은 아동의 반응을 요구하는 시범 보이기와 요구하지 않는 시범 보이기, 특정 반응에 대해 직접적인 단서 주기와 간접적인 단서 주기로 나누어질 수 있다. 연계반응은 아동발화에 뒤이어 그 발화를 확인해주거나 어느 정도 수정해주면서 사용하는 전략이다.

### 시범 보이기

시범 보이기(modeling) 방법의 효과는 수차례 증명되어 왔다. 시범 보이기란 SLP가 아동에게 모방을 요구하지 않으면서 대화나 활동 중 적절한 시점에서 규칙지배적 발화를 보이는 절차이다. 시범 보이기는 아동에게 반응을 요구하는 질문-대답하기 같은 적극적인 기법에 비해 호응이 좋다.

시범 보이기는 다음과 같은 방식으로 사용될 수 있다.

- 아주 구조적인 상황에서 자주 보이는 반응으로서
- 특정 언어를 자극하는 전략으로서
- 이해력 훈련의 한 요소로서

보통 시범 보이기는 정상적으로 발달하는 아동들이 경험하는 언어학습 환경과 상당히 비슷하면서도 언어장애 아동에게 효과적인 언어학습 전략이다.

시범 보이기에서 기대되는 바는 아동이 촉진자의 언어 행동에서 어떤 측면을 배워 이후 비슷한 상황에서 이를 사용하리라는 것이다. 상호작용적인 시범 보이기에서는 아동을 발화를 이루는 규칙을 찾아내어 이 발화를 환경 속 사건이나 자극과 관련지을 줄 아는 능동적인 학습자로 본다.

목표를 이끌어내려고 시도하기 전에 아동에게 훈련 목표의 시범을 자주 보이는 것이 중요하다. 이 집중적인 자극법(focused stimulation)에서는 SLP가 의미 있는 맥락 속에서 상당량의 목표언어를 아동에게 들려주지만 반응을 요구하지 않는다. 집중적인 자극법에는 혼잣말 기법(self-talk)과 평행 발화 기법 (parallel talk) 두 가지가 있다. 혼잣말 기법에서는 SLP가 자기가 하고 있는 행동에 대해 말을 하는 반면, 평행 발화 기법에서는 아동의 행동을 중심으로 말을 한다. 따라서 목표언어가 나타날 충분한 기회가 있도록 활동을 주의 깊게 선택하는 것이 대단히 중요하다.

집중적인 자극은 의미적으로나 화용적으로 적절해야 한다. 아동에게 부담을 주지 않으면서도 목표언어 특질을 자주 제시한다. 다음은 대화 맥락에서 보이는 집중적인 자극의 예이다.

> 아동 : Mommy made hamburgers. Mommy made 'tator salad.
>
> SLP : *She* must be a good cook. What else did *she* make?
>
> 아동 : A cake.
>
> SLP : *She* did? *She* made a cake. Did *she* cook any hotdogs?
>
> 아동 : Uh-huh.
>
> SLP : *She* made a very nice picnic for the family. Did *she* get to play any games or did *she* just work?

목표언어 특질인 대명사 *she*가 문장의 시작 부분이나 공유 정보가 빠진 생략 발화에 나타난다. 그런 잦은 시범 보이기와 이후에 설명할 아동 발화의 재구성(recast)은 여러 가지 언어구조를 사용하도록 촉진하는 데 효과적이다.

문법적 특질을 강조해서 말하면 더 분명해지긴 하지만, 그렇게 하면 문장의 기본적인 의미가 바뀔 수도 있다. 굵은 글자들을 강조하면서 아래 문장들을 크게 읽어보라.

> I'll see you next week.
>
> I **will** see you next week.

처음의 문장은 개연적이지만, 두 번째 문장은 확정적이다. 또 다른 예를 보자.

> I do my homework everyday.
>
> I **do** my homework everyday.

첫 문장은 사실에 대한 진술이지만, 뒤이은 문장은 시비조의 비난 혹은 방어적인 반응이다. 그러므로 SLP는 그 문장의 의미가 바뀌지 않도록 조심해서 강조해야 한다.

다른 경우 목표 특질이 문장의 끝부분에 나타나 작업기억력이나 학습을 도와줄 수도 있다(Fey et al., 2003). 이런 예는 구문적으로(*The girl is running to school. She really is*), 형태적으로(*He rides to work. He doesn't walk; he rides*) 혹은 의미적으로(*Don't put the block on the box. Put it in.*) 표현할 수 있다. 다음이 그 예이다(Fey et al., 2003).

아동 : I do it.

성인 : What about me?

아동 : You too.

성인 : Great. You won't do it alone. We will. We **will** do it.

아동 : We will.

성인 : Yes. We will do it together. We **will**!

일단 아동에게 언어 목표의 시범을 완벽하게 보이고 나서, SLP가 아동에게 그 시범과 비슷하게 반응하도록 요구할 수도 있다. 위의 아동발화에 나타난 변화를 보라. 아동이 어리거나, 기능 수준이 낮거나, 지체된 경우 반응 바로 직전에 완벽한 시범을 보여주는 모방 훈련이 필요할 수도 있다. **모방**(imitation)이란 아동이 촉진자의 언어반응을 반복하는 절차로, 이를 통해 아동이 촉진자 언어에서 어떤 면을 배우리라고 기대하는 것이다. 아동은 모방을 통해 배우고 있는 언어의 특질과 음성학적 형식에 익숙해진다. 목표언어 특질이 표현하기 어려운 경우에는 이러한 모방 훈련이 특히 중요하다.

모방은 특정 언어 목표를 가르치는 프로그램에서 첫 단계로 사용되거나, 아동이 정확하게 반응하지 못한 경우 교정 절차로 사용되기도 한다. 그 절차는 여러 유형의 언어장애 아동에게 성공적으로 사용되어왔다. 아동의 진전과정을 감독하면서 SLP는 부분 시범이나 지연모방 같은 다양한 단서들을 사용하기도 한다.

이런 방식을 **점화**(priming)라고 하는데, 점화는 어떤 화자의 발화가 다른 화자의 언어구조, 어휘선택, 혹은 말소리에 영향을 미치는 경우 일어난다. 예를 들어 의미점화(semantic priming)는 다른 화자가 이전에 잘 사용되지 않았거나 아동이 지금 알고 있는 어휘가 아닌 낱말을 사용할 때 일어난다. 음운점화(phonological priming)는 앞선 화자의 말소리(stop)가 두 번째 화자의 말소리(start)에 영향을 미칠 때 발생한다. 이런 점화는 언어 중재에 잘 사용될 필요가 있다.

**구조적 점화**(structural priming)는 화자가 표현한 문장이 다음 화자가 표현한 문장의 구조에 영향을 미칠 때 일어난다. 두 번째 화자의 표현이 앞선 표현과 같은 낱말이나 관련 주제를 포함하지 않는 데도 앞선 문장의 영향을 받는다. 예를 들어 '그 여자가 친구에게 선물을 보냈어요(The woman sent presents to her friends)'라는 표현을 듣고 나면, 다음 화자는 아마 '그 아이가 부모에게 과자를 주었어요(The girl gave cookies to her parents)'와 같은 문장을 표현하게 될 것이다. 두 번째 화자가 들은 문장을 점화문장(prime sentence)이라고 하며, 이 화자가 표현한 문장을 목표문장(target sentence)이라고 한다.

점화의 효과가 다음 문장에 미치는 효과에 국한되지 않는다. 점화효과는 정보나 문장을 중재할 때도 지속된다(Bock & Griffin, 2000; Hartsuiker, Bernolet, Schoonbaert, Sppeybroeck, & Vanaderelst, 2008; Konopka & Bock, 2005). 점화에 관한 논의가 좀 더 길면 좋겠지만, 좀 더 알고 싶은 독자는 Leonard(2011)가 쓴 훌륭한 교재를 참고하기 바란다.

점화는 때로 SLP가 목표 발화유형을 시범으로 보일 때 쓰이는 **평행적 문장표현**(parallel sentence production)에서 사용된다. 아동에게 시범으로 보인 문장을 모방하거나 비슷한 문장유형을 표현하도록 시키지는 않는다. 예를 들어 SLP가 그림을 보면서 "여자아이가 공을 던지고 있어요.(The girl is throwing the ball.)"라고 말하고 나서, 아동에게 공을 잡고 있는(catching a ball) 남자아이가 그려진 다음 그림에 대해 말해보라고 시킨다.

구조적 점화는 구 수준에서 가장 잘 나타난다는 한계가 있다(Pickering & Ferreira, 2008). 다시 말하면, 현재진행형 점화(is catching)는 그런 구조가 잘 들어맞는 기본적인 문장구조(주어+동사+목적어)를 아동이 이미 알고 있을 때 가장 잘 나타난다.

점화효과는 당연히 아동의 연령에 따라 달라진다. 보통 평행적 문장표현은 다음과 같은 경우 3세경에 나타난다.

- 점화문장과 아동의 목표문장 간에 겹치는 어휘가 많은 경우(Bencini & Valian, 2008)
- 아동이 점화문장을 반복하거나 모방할 수 있는 경우

반대로 4세에는 점화문장을 들은 후에만 점화효과가 나타난다(Savage, Lieven, Theakston, & Tomaselllo, 2003; Shimpi, Gamez, Huttenlocher, & Vasilyeva, 2007). 정상적으로 발달하는 3세 아동과 SLI 아동은 평행적 문장표현이 훨씬 더 많이 나타난다고 한다(Leonard et al., 2000; Miller & Deevy, 2006; Thothathiri & Snedeker, 2008).

질문, 모방, 평행적 문장표현과 같이 아동이 반응하도록 요구하는 전략이나 자극과 같이 반응을 요구하지 않는 전략이 모든 아동의 언어에 효과가 있는 것은 아니다. 점화가 구(phrase)처럼 문장보다 낮은 수준에서 더 잘 일어나므로 명사구, 동사구, 전치사구와 같은 기타 구 구조에 초점을 맞춘 목표를 설정할 수도 있다.

SLP가 질문에 대한 답을 시범으로 보인 후에 다시 그 질문을 하면 아동이 반응하기도 한다. 처음에는 질문에 이어 답을 시범으로 보이지만, 순서를 바꾸어 질문보다 먼저 답을 시범으로 보이거나, 답을 부분적으로 시범보이거나, 질문보다 한참 이전에 답을 시범으로 보이기도 한다.

시범 보이기 절차가 글로 읽으면 모호하지만 사실 굉장히 융통성 있게 적용할 수 있고, 특히 아동집단에게 적합하다. 소집단에서는 특정 목표언어를 이미 배운 아동이 그렇지 못한 아동에게 시범을 보일 수도 있다. 순서를 바꾸면서 SLP가 다른 아동들에게도 충분한 시범을 보일 수 있다. 역할을 바꾸어 아동이 SLP에게 단서를 줄 때마다 SLP가 아동에게 시범 보이기를 할 수도 있다.

시범 보이기 한 가지만 사용하면 좀 더 구조적인 다른 방법들보다는 효과가 적다. 정상적으로 발달하는 아동의 행동을 변화시키는 데는 시범 보이기만으로도 효과적인 반면, 언어장애 아동에게는 시범보다 모방이나 다른 방법들이 더 효과적일 것이다.

## 직접적인 언어적 단서

특정 목표를 이끌어내기 위한 언어적 단서에는 직접적인 것도 있고 간접적인 것도 있다. 직접적 유도 기법에는 다음과 같은 목표 질문들이 포함될 수 있다.

| 유도 목표 | 목표 질문 |
|---|---|
| 동사 | "이 사람이 뭐 하고 있어?(너 뭐 하고 있니?)" 어떤 시제도 가능하다. 질문에 목표 시제가 포함된다. |
| 주격 명사 | "누가/무엇이 …하고 있니?" 시제는 상황에 따라 바뀐다. |
| 목적격 명사 | "이 사람이 무엇을 …하고 있니?" 시제는 상황에 따라 바뀐다. 목적어를 취하지 않는 동사는 사용하지 않는다. |
| 부사나 부사구 | "언제/어디서/어떻게 이 사람이 …하고 있니?" 시제는 바뀔 수 있다. 'How(어떻게)' 질문은 '비행기를 어떻게 만들었니?'에서처럼 과정을 설명하는 응답을 유도할 때 사용되기도 한다. |
| 형용사나 형용사구 | '어떤 것…' 시제는 바뀔 수 있다. 크다(big)와 작다(little)처럼 선택해야 하는 응답이 명백히 대비되어야 한다. 질문하기 전에 이런 차이에 주의해야 한다. "어떤 곰이 과자를 먹었지? 작은 곰, 중간 곰, 아니면 큰 곰?"과 같이 특정 반응을 시범으로 보일 수도 있다. 아동이 "저 곰이요."라고 대답하지 않도록 질문자의 눈을 가리거나 질문자와 아동 사이에 가리개를 놓는다. |
| 특정 낱말 | "아이들이 노는 곳은_____?"과 같은 문장완성식 질문을 사용한다. 마지막 단어를 말할 때 억양을 높여서 아동이 반응하도록 신호를 준다. SLP가 바보같이 행동하거나 자꾸 잊어버리면 아동의 응답이 대화적으로 의미가 있게 된다. |

어떤 경우에는 대치요청(substitution requests)이 사용되기도 한다. 예를 들어 이전에 주어졌던 정보(the dog)가 대명사(He)로 대치될 수 있다. 촉진자가 진술["The dog is little(이 강아지는 작구나)"]을 한 다음 아동에게 설명해보라고 요구할 수도 있다["What can you tell me about the dog?(이 강아지에 대해 얘기해줄래?)"]. 추측하기 놀이를 하면서 "Is the dog little? Well, if the dog isn't little, what can we say?(그 강아지는 작니? 흠, 강아지가 작지 않으면, 그럼 어떻다고 말해야 되지?)"와 같이 말하면서 대치요청을 할 수도 있다. 이때 목표는 'He is…'이다.

이런 언어적 단서들이 비록 대화체일지라도 화용적으로 의미가 없는 비언어적 맥락에서 사용된다면 전혀 대화답지 않을 것이다. 따라서 촉진자가 대답을 간곡히 바랄 때, 그리고 아동이 논의의 주제에 관심을 보일 때 질문을 해야 한다.

앞서 말한 대로 아동에게 질문을 하기 전에 SLP가 먼저 반응을 시범으로 보일 수도 있다. 예를 들어 "나는 노란색이 좋아. 너는 어때?"와 같은 단서 유형은 더 긴 발화를 유도해낼 수도 있고 어조도 좀 더 대화답다. 이 경우 비슷한 문장구조("나는 …색이 좋아.")가 목표이다. 만일 "어떤 색이 좋아?"라고만 묻는다면 "빨강"이라는 답을 듣게 될 수도 있다.

직접적인 언어적 단서의 하나로 선반응요구 후시범(mand model)이 있다. 이 기법은 학령전기 아동이나 SLI 아동에게 효과적으로 사용되었다. 이 절차는 활동을 시작하기 전에 미리 결정된 순서에 따라 진행한다. 그 순서는 연쇄적으로 이어져 한 자극이 다른 자극에 대한 단서가 된다. 선반응요구-후시범 접근법은 보통 새로운 언어 특질을 가르칠 때 사용한다.

이 접근법에서는 성인을 통해서만 원하는 물건을 얻을 수 있는데, 그 성인이 요구를 받아들이는 기준을 정한다. 이런 식으로 물건이 아니라 성인이 대화를 자극한다.

선반응요구 후시범의 네 단계 훈련 절차를 보면, 먼저 성인이 여러 가지 흥미로운 물건을 보여 주면서 아동의 주의를 끈다. 아동이 이미 관심을 보이고 있다면 이런 유인물은 굳이 필요하지 않다. 그리고 성인은 그 물건에 대해 아동과 공동으로 관심을 보인다. 두 번째 단계에서는 아동이 관심을 보이면 전에 배웠던 목표언어 행동을 유도하기 위해 "이게 뭔지 말해봐." 혹은 "무엇을 갖고 싶은지 말해봐."라고 요구한다((de)mand). 아동이 반응을 보이지 않으면 성인은 세 번째 단계로 넘어가 반응을 요구하는 신호를 보내거나 아동이 모방을 하도록 시범을 보인다. 네 번째 단계는 아동이 보인 적절한 반응을 칭찬하고 아동이 갖고 싶어 하는 물건을 주는 것이다.

학령전기 또래 친구들이 언어장애 아동에게 선반응요구 후시범 기법을 사용하도록 훈련할 수도 있다. 이 경우 언어장애 아동이 촉진이 없어도 표현할 정도로 일반화가 되었다.

## 간접적인 언어적 단서

간접적인 언어적 단서는 더 대화답고 상황에 적절하다. 예를 들어 상자 속에 처음 보는 물건을 넣어 놓고는 질문을 이끌어내기 위해 비언어적인 맥락을 만들어낸다. 먼저 SLP는 '우와, 너무 멋지다'라고 감탄하면서 상자를 들여다본다. 그다음에는 다음과 같은 대화를 주고받을 것이다.

> 아동 : 거기 뭐가 있어요?
> 촉진자 : 이거(상자에서 물건을 꺼낸다. 기다린다).
> 아동 : 이게 뭐예요?
> 촉진자 : 이건 마키야키야. 이걸로 뭐든지 다 해.
> 아동 : 이거 뭐해요?

아동이 질문했음을 주목하라. 비언어적이고 언어적인 단서의 효과를 쉽게 알 수 있다.

또 다른 간접적인 언어적 기법은 SLP나 언어 촉진자가 일부러 틀린 설명을 하는 것이다. 저자가 '임금님의 새 옷'이라고 이름 붙인 이 기법에서는 주로 아동의 옷에 대해 대화를 한다.

> 촉진자 : (아동의 빨간 스웨터를 만지면서) 파란 블라우스가 너무 멋지다.
>
> 아동 : 파란 블라우스 이거 아니요.

위의 두 대화에서 아동이 보인 반응은 언어목표에 조금 못 미친다. 따라서 SLP는 뒤이은 반응을 하면서 아동이 방금 전에 표현한 발화(파란 블라우스 이거 아니요)를 적절한 형식으로 만들어준다. 그 발화를 수정할 때 연계반응을 사용할 수 있다.

이 예들은 많은 간접적인 기법 중 몇 가지에 불과하다. 다른 예들은 부록 D에 소개하였다. 상상력을 발휘하면 사용 가능한 기법을 더 많이 만들어낼 수 있다.

---

### 연계반응

대화적 연계반응(contingency)은 크게 아동의 반응을 요구하는 것과 요구하지 않는 것으로 나눌 수 있다. 두 유형 모두 아동에게 어느 정도 피드백을 제공하지만, 아동이 보이는 기능 수준이나 학습능력 따라 차이가 있다.

#### 반응을 요구하지 않는 연계반응

반응을 요구하지 않는 연계반응은 본래 비평가적이고 수용적이며, 정확한 표현을 늘리거나 자기교정을 하게 하기 위해 부정확한 표현을 강조하는 데 사용된다. 아동이 표현을 개시하거나 단서에 반응하면, 촉진자는 아동에게 전적으로 관심을 보이면서 아동의 주제에 함께 초점을 맞춘다. 아동이 그 주제를 시작했으므로 성인의 관심은 아동에게 강화제로 작용하여 아동의 언어를 수정할 수 있게 된다. 아동의 반응을 요구하지 않으면서 수정하는 기법으로는 요구 들어주기, 연속음 사용하기, 모방, 확장, 확대와 보상, 분리와 합성, 문장의 재구성이 있다.

요구 들어주기(fulfilling the intention)는 촉진자가 아동이 원하는 물건을 줌으로써 메시지가 받아들여졌음을 알리는 기법이다. 구어반응은 필요치 않다.

연속음(continuant)이란 메시지를 들었고 이해했다는 것을 알리는 신호이다. 보통 고개를 끄덕이거나 "음", "그렇지"와 같은 표현을 사용한다. 이전 발화에 동의한다는 표시로 다음 발화에 연속음을 끼워 넣는다.

모방(imitation)은 촉진자가 아동의 발화에 대해 평가하지 않고 전체 혹은 부분을 반복하는 것이다. 질문을 할 때처럼 어조를 높이지 않는다. 다시 말해서 이 행동은 아동의 이전 발화를 인정하는 것이다. 모방은 특히 관심사의 특성을 정확히 표현하고 강조할 때(그 아이가 자전거를 타고 **있어**) 더 효과적이다. 모방에 앞서 "**맞아**"와 같이 말하기도 한다(맞아. 그 아이가 자전거를 타고 **있어**).

모방과 반대로 구문적 확장(expansion) 혹은 재구성/확장(recast/expansion)은 아동 발화의 어순은

유지한 채 그 발화를 좀 더 완벽하고 정확하게 고쳐 말해주는 것이다. 예를 들어

> 아동 : 도둑이 그거 훔친다요.
> 촉진자 : 그래, 도둑이 그걸 훔쳐갔어.

언어 기능 수준이 30개월 이상인 아동을 치료할 때 확장을 들려주기만 하는 것은 한계가 있다. SLP 는 다양한 확장 형식을 사용하여, 대화의 흐름을 조금 방해하더라도 아동이 확장된 형식을 모방하 도록 격려하는 것이 좋다. 좀 더 나이가 많은 아동에게 사용할 수 있는 더 적합한 확장은 재조직화 (reformulation)로 내용은 유지한 채 두 개 이상의 아동 발화를 하나로 연결하는 것이다.

> 아동 : 그 개가 남자를 물었어. 그 남자가 도망갔어.
> 촉진자 : 저런, 그 개가 그 남자를 물어서 도망갔구나.

성인이 확장과 빈칸 채우기(cloze or fill-in-the-blank) 방법을 사용하면 질문-대답 방법을 사용할 때보다 더 많은 반응과 설명, 구문적으로 복잡한 발화를 이끌어낼 수 있다(Bradshaw, Hoffman, & Norris, 1998).

좀 더 연령 수준이 높은 아동에게는 의미적 확대(extension)가 적합하다. 확대는 아동 발화의 내용 은 유지하면서 정보를 더 첨가하여 대답하는 것이다.

> 아동 : 도둑이 그거 훔친다요.
> 촉진자 : 저런, 도둑이 다른 것도 훔쳤으면 어떡하지.

우리가 하는 대화 행동은 상당수가 다른 사람이 하는 말에 대한 응답이며, 이런 표현은 아동의 연령이 나 기능 수준에 상관없이 효과적으로 사용할 수 있다. 확대를 통해 촉진자가 아동의 말을 듣고 있고 관심이 있다는 것을 알려줄 수 있다.

분리와 합성(break-downs and buildups)은 아동의 발화를 몇 개의 짧은 발화 단위로 쪼개었다가 다 시 아동의 원래 발화 수준으로 확장하는 것이다. 그렇게 함으로써 아동이 문장 간의 관계를 이해하도 록 돕는 것이 목적이다. 저자는 이 전략을 사용할 때 저자의 증조할아버지가 그랬던 것처럼 상대의 말 을 곱씹은 후에 의견을 낸다.

> 아동 : 도둑이 그걸 훔친다요.
> 촉진자 : (믿을 수 없다는 듯한 감정을 담아서) 도둑이. (흠) 도둑이 그걸. 그걸 훔쳐갔어. (화난 듯) 훔쳐갔어. (마지막으로) 도둑이 그걸 훔쳐갔어.

이 전략은 특히 SLP나 촉진자가 둔하게 행동하거나 잘 못 알아듣는 바보 인형을 사용하면 더 효과가 있다. 촉진자가 발화하는 사이사이 아동은 고개를 끄덕이거나 '예'라고 말하면서 동조한다.

마지막으로 문장의 **재구성**(recast sentences)은 아동 문장의 의미나 관계는 유지하면서 문장구조를 수정하는 것으로 아동 발화에 바로 뒤이어 말해준다. 재구성을 할 때 아동 발화에서 주요한 어휘요소 한두 가지를 제외한 나머지 부분을 수정한다.

> 아동 : 개가 먹어 안 해.
>
> 성인 : 개가 밥을 안 먹어. 개가 배고프대?
>
> 아동 : 안 배고프대.
>
> 성인 : 개가 밥을 안 먹어. 개가 배가 안 고프대. 고양이는 먹어?
>
> 아동 : 응.
>
> 성인 : 고양이는 밥을 먹어. 개가 밥을 안 먹어.

재구성은 확장과 매우 비슷하기 때문에 좀 더 자세한 구별이 필요하다. 문장은 여러 가지 형식으로 재구성될 수 있다.

> 아동 : It got stolen by the crook.
>
> 촉진자 : Was it stolen by the crook?
>
> > 혹은
> >
> > It was stolen by the crook?
> >
> > 혹은
> >
> > The crook stole it.
> >
> > 혹은
> >
> > Did the crook steal it?

질문보다는 진술 형식이 아동에게 더 쉽긴 하지만 SLP가 목표로 하는 어떤 형식으로든 문장을 재구성할 수 있다. 형식은 바뀌어도 *crook-steal-it*이라는 내용 관계는 바뀌지 않는다는 것에 주목하라. 재구성 전략이 언어장애 아동에게 효과가 있으려면 전형적인 대화에서 쓰이는 것보다 훨씬 더 많이 사용해야 한다(Proctor-Williams, Fey, & Frome Loeb, 2001).

성인이 새로운 문법정보를 소개하면서 계속 진행되는 아동의 발화를 다듬어갈 때 이런 전략의 효과가 가장 강하게 나타난다. 이론적으로 아동이 상호작용을 시작하면, 성인이 하는 의미적으로 관련된 응답이나 재구성은 대화적인 호응이 되므로 아동의 주의를 끌 수 있다. 성인이 신속하게 재구성하면 아동은 자신의 발화와 성인의 발화 간의 차이점을 좀 더 쉽게 처리할 수 있을 것이다. 대화재구성을 할 때 SLP는 미리 문법적 목표를 선택하고 나서, 아동의 발화에 대한 적절하고 대화적인 반응 속에 이 목표가 나타날 수 있는 기회를 잘 살펴보아야 한다.

언어장애 아동마다 이런 치료방법을 통해 유익을 얻는 정도가 다양하다. 유능한 임상가들은 아동의 언어에 맞게 재구성의 형식과 그 목표형식을 달성하는 활동이 달라져야 한다고 조언한다.

대화재구성 후에 일어나는 학습의 성격도 아동과 임상가의 발화의 관계에 따라 달라지지만, 아직은 치료결과에 영향을 미치는 변인에 대해 살펴보는 더 많은 연구가 필요하다(Hassink & Leonard, 2010). 부정확한 재구성조차도 다소 긍정적인 효과가 있을 수 있는 것으로 나타났기 때문이다(Hassink & Leonard, 2010). 부정확한 재구성도 주제를 유지시키고, 아동발화 직후에 일어나며, 새로운 문법형식을 포함한다. 재구성을 하면서 새로운 문법형식을 제시하면, 아동이 재구성을 자신의 발화를 교정해주는 시도로 바라봄으로써 다른 학습처리과정을 시작하도록 자극할 수 있다.

만일 아동이 말을 너무 안 하면 SLP는 자신의 발화를 재구성한다. 아동이 말을 그치지 않으면, SLP는 "그래" 혹은 "응"이라는 말로 끼어든 후 재구성한 문장을 말해준다.

재구성의 효과는 네 가지 원리에 기초한다(Fey et al., 2003).

- 재구성한 문장은 아동의 발화에서 나왔기 때문에 아동의 주의를 끌기 쉽다.
- 재구성한 문장은 아동이 표현한 문장과 비슷하기 때문에 아동이 이해하기 쉽다.
- 재구성한 문장은 목표언어의 특질을 사용한다는 면에서 아동이 표현한 문장과 다르기 때문에 아동이 그 차이에 주목하기 쉽다.
- 재구성한 문장은 맥락 속에서 표현되기 때문에 아동이 진행되는 관계를 이해하기 쉽다.

### 반응을 요구하는 대화적 연계반응

반응을 요구하는 대화적 연계반응은 아동이 목표언어를 충분히 말할 수 있는데도 대화 중 말을 하지 않거나 부정확하게 표현한 경우 사용한다. 비언어적이거나 언어적인 맥락단서를 잘 사용하려면 목표언어 표현이 화용적으로 의미 있는 상황에서 이루어지도록 해야 한다. 아동은 대화구성원으로서 대화 자체나 자신의 발화에 관심이 있어야 한다. 그래야 아동이 대화를 유지하고 성인의 관심을 끌기 위해 표현을 수정하고자 하는 동기를 갖게 될 것이다.

이 연계반응들은 대부분 아동의 오류에 주목하거나 아동이 자신의 오류를 알아채게 한 후 언어 목표를 더 정확히 표현하게 한다. 반응을 요구하는 연계반응은 정확한 표현을 견고히 하기 위해 아동에게 교정된 혹은 확장된 발화를 반복하도록 시킨다. 이 유형들은 아동에게 주는 요구의 양이 많고 적음에 따라 서열화할 수 있는데, 유형의 종류로는 수정모델 후 재시도 요청, 부분 수정모델 후 재시도 요청, 부분 오류반복 후 재시도 요청, 오류반복 후 재시도 요청, 자기교정 요청, 연계 질문, 반복 요청, 확장 요청, 그리고 주제 확대가 있다.

수정모델 후 재시도 요청(correction model/request)은 촉진자가 아동의 발화 전체를 반복하는 것으로, 이때 생략되거나 잘못 표현된 언어목표를 첨가 혹은 수정해준다.

아동 : 내가 블록으로 큰 탑을 만든다요.

> 촉진자 : 내가 블록으로 큰 탑을 만들었어요. 자 말해봐. (혹은 '다시 말해봐.')

아동이 촉진자의 시범을 따라 하도록 부드럽게 요청한다. 촉진자가 아동이 보인 오류를 수정했음을 주목하라.

먼저 언어단위가 수정되었음을 아동이 알아차릴 수 있도록 언어 목표를 강조해서 말해준다. 그 후 '네가 블록으로 큰 탑을 만들었어?'와 같은 질문 형식으로 아동의 발화를 다시 말해준다.

촉진자가 아동에게서 전체 문장을 이끌어내면서도, 상호작용이라는 대화의 본질을 유지하려면 '다 다시 말해줘'라고 말하기보다는 혼란스러운 듯이 행동하는 것이 좋다.

> 촉진자 : 네가 큰 블록으로 탑을 만들었어? 아니, 네가 블록으로 큰 탑을 만들었어? 아, 헷갈리
> 네. 다시 말해줄래?

수정모델 후 재시도 요청에서는 완전히 정확한 발화 혹은 약간만 변형된 정확한 발화를 아동에게 들려준다.

촉진자는 아동에게 지금 중재 목표로 삼고 있는 그 언어단위만을 정확히 표현하라고 요구해야 한다. 아동의 표현에 오류가 보이는데도 그 발화를 칭찬하는 것이 쉬운 일은 아니다. 그 예를 보자.

> 아동 : 내가 블록으로 제일 큰 탑이 만든다요.
> 촉진자 : 네가 블록으로 제일 큰 탑을 만들었어?
> 아동 : 네, 내가 블록으로 제일 큰 탑이 만들었어요.
> 촉진자 : 와, 얼마나 큰데?
> 혹은
> 정말? 어떤 블록으로 만들었는데?
> 혹은
> 와! 그 탑은 어디 있어?

촉진자가 '탑이'를 무시했음에 주목하라. 대화중심 접근법에서 언어 촉진자는 언어 목표와 사용 중인 교수 전략의 서열적 순서에만 초점을 맞춘다.

수정모델 후 재시도 요청과 반대로 부분 수정모델 후 재시도 요청(incomplete correction model/request)은 목표언어만을 정확하게 말해준다. 아동이 문장의 나머지 부분을 표현해야 한다. 예를 들면

> 아동 : 내가 블록으로 큰 탑을 만든다요.
> 촉진자 : 만들었어요.
> 아동 : 내가 블록으로 큰 탑을 만들었어요.

처음에는 수정된 목표언어가 포함된 문장을 말하라고 아동에게 신호를 주어야 할 것이다.

아동이 자기교정을 잘하기 시작하면, 촉진자는 "만든다요? 만들었어요?"와 같이 선택하도록 시켜볼 수 있다. 아동의 발화가 틀릴 때 뿐 아니라 맞았을 때도 가끔씩 이런 선택하기를 조심스럽게 사용해야 한다. 그렇지 않으면 아동은 자신이 틀렸을 때만 그런 질문을 받는다고 생각할 것이다. 더불어 선택하기 질문을 할 때 질문의 순서도 자주 바꿔(예 : "만들었어요? 만든다요?") 아동이 항상 첫째 낱말을 선택하거나 혹은 둘째 낱말을 선택하는 전략을 취하지 않게 해야 한다.

일단 아동이 좀 더 구조적인 상황에서 목표언어를 확실히 배웠다면, 다른 기법을 사용해서 아동이 빠진 혹은 틀린 목표언어를 정확하게 표현하도록 가르친다. 이 기법은 부분 오류반복 후 재시도 요청(reduced error repetition/request)인데, 촉진자가 질문하듯 억양을 높여 해당 구문만을 반복하는 것이다. 이런 연계반응을 함으로써 해당 언어단위가 틀렸을 때 수정해야 한다는 것을 아동에게 알려준다. 예를 들어

> 아동 : 내가 블록으로 큰 탑을 만든다요.
> 촉진자 : 만든다요?
> 아동 : 만들었어요.

촉진자가 하는 질문은 수정모델 후 재시도 요청에서 보이는 단서보다는 더 대화답고 대화의 흐름을 덜 방해한다. 아동이 자신의 오류를 알아채지 못하면, 부분 수정모델 후 재시도 요청 전략을 사용해서 정확한 시범을 보여준다.

오류반복 후 재시도 요청(error repetition/request)은 촉진자가 질문하듯 억양을 높여 전체 문장을 반복하는 것이다. 아동은 틀리거나 빠진 부분을 알아채고 수정해야 한다. 예를 들어

> 아동 : 내가 블록으로 큰 탑을 만든다요.
> 촉진자 : 내가 블록으로 큰 탑을 만든다요?

필요한 경우 아동이 보인 오류를 강조해줄 수도 있다. 예를 들어 어조를 높여 강조함으로써 아동이 오류를 발견하게 할 수도 있다. 이 기법이 실패하면 부분 오류반복 후 재시도 요청 기법을 사용한다.

아동이 목표언어를 확실하게 배우면, 촉진자는 아동이 정확하게 말했을 때도 오류반복 후 재시도 요청을 해볼 수 있다. 그런 과정을 통해 아동은 자신의 표현을 자발적으로 더 자세히 살펴보고 자기교정을 하게 된다.

자기교정 요청(self-correction request)에서는 아동에게 직전에 말한 발화를 반복하라고 요구하지 않는다. 대신 촉진자가 "그 말이 맞았니/맞니?"나 "네가 맞게 말했니?"와 같은 질문을 하면서 아동이 자신의 말이 맞는지 기억하도록 요구한다. 아동이 확실히 기억하지 못하는 경우, 오류반복 후 재시도 요청 기법을 사용한다.

자기교정 요청이 다소 딱딱한 어투인 데 비해 **연계 질문**(contingent query)은 좀 더 대화답다. 연계 질문은 특정 언어 목표보다는 전달되는 메시지가 이해되는지에 더 관심이 있다. 그렇지만 이 기법을 사용해서 아동의 표현이 무엇인가 잘못되었다는 신호를 효과적으로 전달할 수 있다. 아동은 최근 기억을 잘 더듬어 의사소통이 어디에서 중단되었는지(breakdown) 알아내야 한다.

연계 질문을 하면 의사소통이 중단될 뿐 아니라 문장을 반복하도록 계속 요구할 경우 아동이 좌절할 수도 있으므로 너무 자주 사용하면 안 된다. 학령 초기 아동은 말을 한두 번 이상 되풀이하는 것을 싫어한다.

연계 질문은 아동의 언어 능력에 따라 구체적일 수도 일반적일 수도 있다. "내가 블록으로 큰 탑을 만들었어요."라는 문장에 대해 촉진자는 "블록으로 뭘 만들었다고?"나 "뭘 했다고?"라고 질문할 수도 있고 그냥 단순하게 "뭐라고?"라고 반응할 수도 있다. 만약 아동이 자신의 표현이 맞았다고 여겨서 문장의 오류나 생략을 계속 반복하면, 촉진자는 자기교정 요청을 실시한다.

아동에게 반복하라고 요청함으로써 목표언어의 정확한 표현을 강화할 수 있다. **반복 요청**(repetition request)을 할 때, 촉진자는 "다시 말해봐."나 "다시 한 번 말해줄래?"라고 말한다. 이 기법은 메시지에 오류가 없지만 듣는 이가 전달하는 메시지의 일부분을 놓쳤다는 것을 암시하므로 대화 중에도 사용할 수 있다.

정확하기는 하지만 너무 작은 언어단위를 아동이 표현한 경우(예 : 부분 오류반복 후 재시도 요청에 대해 한 낱말로 반응하는 경우)에는 **확장 요청 기법**(expansion request)을 사용할 수 있다. "나한테 다시 말해봐."같이 촉진하는 것은 별로 대화다운 어조가 아니다. 오히려 촉진자가 혼란스러운 듯 보이면서 전체 문장을 다시 말해달라고 요청하는 것이 낫다. 예를 들어

　　촉진자 : 만들었어? 뭐를 만들었다고? 누가 만들었는데? 좀 헷갈리는데. 다시 한 번 말해줘야겠다.

이런 식으로 아동의 언어를 이끌어낼 때의 이점은 앞서 논의한 바 있다.

**주제 확대**(turnabout)는 반복 요청보다 더 효과적이고 자연스럽다. 주제 확대에서는 촉진자가 아동의 말을 알아들었음을 표시하고 나서 좀 더 얘기해보라고 요청한다(예 : "응 그래, 그다음엔 뭘 했어?", "우와, 그다음엔 뭐 할 건데?" "재미있었겠다. 그다음엔 어떻게 됐어?").

주제 확대 기법은 고등학교 또래 학생이나 부모에게 가르치기 쉽고, 언어장애 아동과 대화할 때에도 효과적으로 사용된다. 대화 상대자를 촉진자로 활용하면서 이 전략을 가르쳤을 때 대화 기술이 상당히 발전했음이 보고되었다.

주제 확대 기법에서 사용되는 *wh*-질문은 주제를 유지하면서 아동이 계속 주제를 이어가도록 도와준다. 이런 반응 유형은 특히 학령 전 아동이나 언어장애 아동에게 효과적이다.

개방형 발화와 함께 여러 가지 관계어를 사용해서 아동에게 더 구체적인 정보를 제공하도록 유도할 수 있다. 예를 들어 촉진자가 아동의 발화를 반복하고 난 후, '그런데'를 이어 붙여 반대 정보를 유

도하거나 '그리고'를 붙여 부가 정보를 이끌어낸다.

> 아동 : 파티에서 게임을 했어요.
>
> 촉진자 : 재미있었겠다. 파티에서 게임을 했고 그리고…
>
> 아동 : 그리고 케이크랑 아이스크림을 먹었어요.

다음과 같은 유형의 관계어들도 있다.

| | |
|---|---|
| 시간적 | *and then, first, next, before, after, when, while* |
| 인과적 | *because, so, so that, in order to* |
| 반의적 | *but, except, however, except that* |
| 조건적 | *if, unless, or, in case* |
| 공간적 | *in, on, next to, between, etc.* |

　여기서 언급된 대화 연계반응들을 표 10.2에 순서대로 나열하였다. 이런 순서와 기법들은 목표언어 단위에 따라 달라질 수도 있다. 이런 순서에 익숙한 촉진자라면 아동에게 언어적 자극을 주고 언어학

**표 10.2** 대화 연계반응의 서열

예를 들어 아동의 발화는 "내가 강아지 두 마리를 봤다요."이다. 촉진자는 가능한 한 아래쪽의 연계반응을 하여 최소한의 요구에도 아동이 정확한 반응을 할 수 있도록 해야 한다.

| 촉진자 요구 | 대화 연계반응 | 예 |
|---|---|---|
| 최대 | 수정 모델 후 재시도 요청 | 내가 강아지 두 마리를 봤어요. 다시 한 번 말해볼래? (아동이 자발적으로 되풀이하지 않을 때를 제외하고 다시 말해보라는 단서는 임의적으로 제공한다.) |
| | 부분 수정 모델 후 재시도 요청 | 봤어요. 다시 한 번 말해볼래? (단서는 역시 임의적이다.) |
| | 선택하기 | 봤어요야? 봤다요야? |
| | 부분 오류 반복 후 재시도 요청 | 봤다요? |
| | 오류 반복 후 재시도 요청 | 내가 강아지 두 마리를 봤다요? |
| | 자기교정 요청 | 그 말이 맞니? |
| | 연계 질문 | 잘 모르겠는데. 다시 한 번 말해줄래? "( 어? 혹은 뭐?"라고 묻거나, 이 경우 "뭐 했다고?"라고 묻는다.) |
| | 확장 요청 | 다시 한 번 모두 다 말해봐. |
| | *반복 요청 | 다시 말해줄래. |
| 최소 | *주제 확대 | 그랬어? 나도 강아지를 좋아해. 어떻게 생겼는데? |

* 반응이 완전하고 정확해야 한다.

습을 촉진하고자 할 때 하향식 방법(top-down manner)으로 아동에게 반응을 할 것이다.

## 하향식 교수

지금까지 논의한 기법들은 SLP가 어떤 방법을 사용하던 모두 도움이 된다. 가장 중요한 점은 이러한 기법들을 배치하는 순서에 있다. 기능적 접근법에서는 가능한 한 대화 상황을 교수 환경으로 사용한다. 아동들이 대화 맥락에서 보이는 오류들을 수정할 수 있도록 SLP는 하향식 중재방법을 적용하는 것이 좋다.

먼저 SLP는 아동의 필요나 활동에 따라 언어 목표를 선택하고 아동의 관심과 경험에 기초하여 대화 주제를 선택한다. 일상생활 순서 혹은 놀이 속에서 중재를 실시하면 이상적이다. SLP는 비언어적이거나 언어적인 맥락을 모두 적절히 사용하여 목표언어 특질을 이끌어내고 적절한 만큼의 요구를 하여 아동의 표현을 촉진한다. 아동에게 요구하는 양은 아동의 능력에 맞게 저마다 다르게 주어질 것이다.

아동이 과거시제를 배우고 있다면, SLP는 지난주에 아동이 무엇을 보았고, 먹었고, 마셨는지 등에 대해 물어볼 것이다. 이 경우 표 10.2에서처럼 아동이 스스로 수정을 할 수 있더라도 그러기 위해서는 자신의 오류에 대해 확실히 알고 있어야 한다. 다음의 예에서 SLP가 처음 생각했던 것보다 더 많은 도움을 아동에게 주었음에 주목하라. 또 중요한 점은 SLP가 아동의 오류를 수정하지 않았다는 것이다. 정확한 언어반응을 알려주는 것은 이 경우 의존성을 키우고 독립성을 줄어들게 할 뿐이다.

연계반응 순서의 예

　　아동 : 내가 강아지 두 마리 봤다요.

　　성인 : 그 말이 맞았니? (자기교정 요청)

　　아동 : 으응.

　　성인 : 내가 강아지 두 마리 봤다요? (오류반복 후 재시도 요청)

　　아동 : 예.

　　성인 : 봤다요? (부분 오류반복 후 재시도 요청)

　　아동 : 봤어요. 내가 강아지 두 마리 봤어요.

　　성인 : 그래, 다시 말해 줄래. (반복 요청)

　　아동 : 내가 강아지 두 마리 봤어요.

　　성인 : 나도 고양이보다 강아지가 더 좋아. 강아지를 어디서 봤는데? (주제 확대)

아동이 정확한 반응을 보이더라도 SLP는 "잘 말했어!"라는 구태의연한 반응을 하지는 않는다. 대신 반복을 요청하여 정확한 반응을 강화하고 난 후 대화에 적절하게 반응해주고, 주제 확대 기법을 사용하여 다음 반응을 이끌어낸다. 대화를 좀 더 들어보자.

> 아동 : 애견 가게에서요.
>
> 성인 : 어 못 들었는데. 어쨌다고?
>
> 아동 : 애견 가게에서 강아지를 봤어요.
>
> 성인 : 아, 애견 가게에서 강아지를 봤구나. 애견 가게는 재미있어. 언제 갔는데?
>
> 아동 : 토요일에 갔다요.
>
> 성인 : 그 말이 맞았니?
>
> 아동 : 토요일에 갔어요.
>
> 성인 : 아, 토요일에 애견 가게에 가서 강아지 두 마리를 봤구나. 너 혼자 갔었니?

SLP는 매 번 치료 목표를 포함하는 과거시제 동사를 아동의 표현에서 이끌어내려고 시도하고 있다. SLP는 그런 동사를 미리 선정한 후 여러 방법을 통해 가르친다.

기능적 접근법을 치료에 적용한다는 것은 처음에는 도전적인 일이 될 수 있다. 그러나 일단 SLP가 새로운 방식으로 생각하기 시작하고, 연습을 하면, 기능적인 교수는 그저 아동과 대화하는 습관적인 방식으로 자리 잡게 된다. 이런 중재 방식은 아동과의 어떠한 상호작용에서도 매우 융통성 있게 사용할 수 있다.

## ∷ 결론

당신은 SLP이자 교사이다. 한 교실을 담당하는 교사는 아닐지라도 아동을 가르치는 교사이다. 그건 무슨 의미일까? 그에 관한 Melanie Schulele과 Donna Boudreau(2008)의 설명이 너무 마음에 들어 여기에 인용하려 한다.

가르침(teaching)이란 아동이 이전에 하지 못했던 어떤 것을 하도록 도와주거나, 더 독립적으로 잘하도록 지원하는 일이다(Vigil & Kleech, 1996). 따라서 교사는… 아동이 현재 할 수 있는 수준에 맞게 설명하고, 보여주며, 중요한 개념은 강조하고, 신중하게 교수순서를 짜면서, 충분히 연습하게 하고, 지지해야 한다. 학습의 초기 단계에 성인은 아동이 과제를 잘 따라갈 수 있도록 구체적으로 도와준다. 성인은 학습상황을 통제하고, 충분한 자극을 주고, 질문에 답하는 방식을 보여준다… 시간이 지나면서 성인은 점차 통제를 줄이고, 필요할 때에만 도움을 주면서 아동이 그 과제를 조금씩 완성하도록 안내한다. 아동이 기술을 배우고, 독립적이 될수록 성인은 점점 더 지원을 줄여간다(Vigil & van Kleeck, 1996). 학습이란… 최대한의 지원을 받아 성공적으로 수행하던 것을 최소한 지원 혹은 지원이 없어도 성공적으로 수행하게 되는 상태로 바꾸는 것이다. 교사와 임상가는 그 길의 각 단계마다 제시해야 할 적절한 지원의 양과 유형이 어떤 것인지 잘 알고 있어야 한다(pp.10-11).

이 내용을 잘 기억하라!

아동이 틀렸을 때 질문이나 단서를 던져놓고 옳은 반응을 기대하거나 답을 알려만 주는 것이 가르치는 것(teaching)이 아니다. 가르친다는 것은 아동이 보인 실패를 바탕으로 무엇이 부족한지 체계적으로 분석하는 일이다. SLP는 아동이 현재 상태에서 우리가 원하는 상태로 옮겨갈 수 있도록(그 과제가 복수형 -s의 사용일 수도 주제 개시하기일 수도 있다. 과제가 무엇이든 해당 과제를 성공적으로 배우도록) 어떤 학습과제라도 순서에 맞게 단계를 잘 쪼갤 수 있어야 한다.

과제가 얼마나 복잡한지에 따라 단계의 순서가 결정되어야 한다. 단순한 단계가 당연히 복잡한 단계에 앞서 목표로 설정되어야 한다. 초기과제에 성공하면, 이후의 과제에도 성공하게 된다. 초기과제를 할 때는 목표를 알려주고, 첫 기술을 확립하며, 아동이 성공할 가능성이 높아지도록 충분한 지원을 해준다.

SLP는 효과적으로 가르치기 위해 각 단계마다 진행될 중재에 관한 계획을 미리 세워야 한다. 그러려면 과제뿐 아니라 아동 개개인의 학습특성과 인지언어적 요구사항을 충분히 고려해야 한다.

SLP는 아동의 반응에 단서를 주거나 촉진하는 방식도 잘 생각해야 한다. 질문을 하는 것도 반응하는 좋은 방법이다. 아동이 조금씩 성공을 하면 SLP는 도움을 줄여간다. SLP는 아동이 필요할 것 같은 도움의 유형과 아동이 보일 것 같은 오류의 유형을 미리 예견함으로써 더 효과적으로 가르칠 수 있다. 두 가지 모두 도움을 위한 전략을 계획하는 데 필요하다(Schuele & Boudreau, 2008).

더욱이 효과적인 중재는 아동의 시도에 성인이 반응하는 방식에 따라 달라진다. 더 복잡한 과제를 더 독립적으로 수행할 수 있도록 촉진하기 위해 단서를 주고 반응을 해야 한다. 아동이 보이는 실패와 성공의 성질이 아동이 필요로 하는 도움의 양을 알려준다. 이에 관한 지침은 다음과 같다.

- 아동이 보이는 오류의 이유에 기초해서 반응을 구성하라.
- 아동의 현재 학습과정에 따라 반응양식을 결정하라.
- 최소한의 지원만으로 최대한의 독립성을 유지하는 것이 교육의 목표이지만, 이 목표를 촉진할 수 있도록 SLP는 반응을 잘 설계해야 한다.

- 부적절한 반응을 수정하는 반응들은 문제해결을 강조한다는 측면에서 모두 비슷할 수 있다.

SLP와 기타 언어 촉진자들은 비언어적이거나 언어적인 맥락을 조작하여 아동에게 언어를 가르치거나 최근에 배운 언어구조를 사용하도록 격려할 수 있다. 이 장에서 다룬 여러 가지 다양한 기법을 사용해서 촉진자들은 언어장애 아동과 최대한 상호작용할 수 있다. 촉진자가 기법 전체를 모두 사용한다면 이상적이겠지만, 몇 가지만 적용하더라도 언어학습이 진정 대화답게 이루어지게 될 것이다.

제**11**장

# 특정 중재 기법

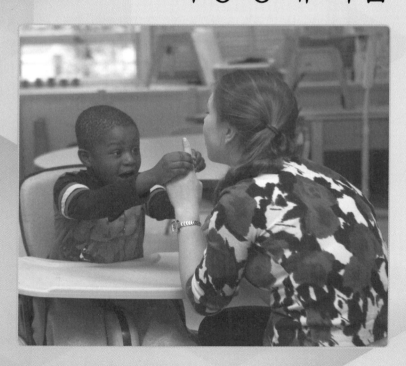

**효**과적인 교수기법들이 많이 있지만, 중재의 성공 여부는 훈련을 받는 구체적인 언어의 특질, 훈련 방법과 기간, 아동 개인의 특성에 따라 모두 다르게 나타난다.

중재를 시작하기 전에 언어치료사(SLP)는 먼저 해당 아동이 보이는 모든 장애의 영역을 검사하여 '무엇을 할지?'의 기준을 마련해야 한다. 다시 말해 SLP는 각 장애가 전반적인 의사소통 기능에 얼마나 중요하며, 어느 정도 영향을 미치는지 평가해야 한다. 전반적인 의사소통에 영향을 주지 않는 장애는 '무엇을 할지?'를 결정하는 검사에서 무시될 수 있다.

SLP가 훈련의 주요 내용을 결정할 때, 일상적인 생활 환경에 일반화될 수 있도록 중재 초기부터 일반화에 대해 고려하는 것이 중요하다. 매 회기 최소한 일부분이라도 대화 맥락이 포함되어야 한다. 오로지 언어 형식에만 초점을 맞추어 진행되는 중재는 진전도 느리며 일반화 효과도 적다.

이 장에서는 믿을 만한 교수원칙에 근거한 연구와 증거기반중재, 그리고 저자의 임상경험과 직관을 통해 선정되고 수정된 중재방법의 발달적 위계에 대해 설명할 것이다. 가능한 한 이 장에서 설명하는 기능적 접근법을 적용할 것이다. 기능적 접근법이 이 장에서 제시하는 전반적인 중재의 모델이기 때문이다. 어떤 교수 수준에서도 기능적 중재 요소들을 사용할 수 있다.

중재를 할 때는 아동과 대화 상대자가 가능한 한 실제적인 대화를 주고받으면서도 재미와 도전이 있어야 한다. 그래야 두 대화자가 중재과정에 활발하게 참여할 것이다.

이 장에서는 효과가 잘 증명되고 믿을 만한 언어 중재 기법을 몇 가지 알아보겠다. 또한 가장 효과적인 증거기반 교수방법을 포함시키고자 하였다. 명확한 구분을 위해 언어의 네 측면—화용론, 의미론, 구문론, 형태론— 으로 이 장을 나누었다. 그리고 각 영역에 적합한 훈련과 기법들을 순서대로 설명하였다. 마지막 부분에서는 다문화-다언어 배경 아동들이 보이는 독특한 문제와 컴퓨터의 임상적 적용에 대해 다루었다.

가장 좋은 중재는 언어를 통합적으로 제시하여 아동이 의사소통에서 사용하는 방식으로 새로 습득한 언어를 경험하게 하는 것이다. 어떤 SLP는 여러 언어영역에 걸친 기술들을 목표로 삼아 통합적으로 경험하게 하고, 어떤 SLP는 한 발달 단계에 한두 가지 훈련 목표를 동시에 제시하는 단계 접근법을 통해 새로운 언어를 가르치기도 한다. 관련 활동들이 부록 E에 제시되어 있다.

## 화용론

전통적 언어 중재는 표현에 중점을 둔다. 언어 형식이 목표인 반면 언어 사용은 부수적이다. 비록 화용적 언어 모델의 방향으로 이론적 전환이 이루어지고는 있지만, 아직도 의사소통 맥락은 재미를 돋우기 위해 혹은 일반화를 위한 추가 계획으로만 활용될 뿐이다.

아동은 때로 완전히 이해하지 못하면서도 아주 복잡한 언어 형식을 배운다. 중요한 점은 아동이 배우고 있는 언어 형식의 기능적 속성과 활용에 대해서는 이해를 하고 있다는 것이다. 그러므로 치료 목표가 되는 언어 형식은 기능적인 맥락 속에서 선정되어야 한다.

　역할놀이를 하거나 비디오로 촬영된 상호작용 장면을 사용해서, 원하는 정보, 행위 혹은 물건을 불충분하고 부정확하며 부적절하게 요구했던 상황에 대해 아동 스스로가 파악하도록 가르칠 수도 있다. SLP가 한 회기 동안 몇 가지 화용기술을 목표로 삼을 수도 있고, 여러 일상생활 사건이나 놀이 활동을 이용해서 화용기술을 가르칠 수도 있다. 예를 들어 전화 대화를 통해 상호작용하기, 대화를 시작하고 끝맺기, 주제 유지하기, 참조적 의사소통하기와 같은 여러 가지 화용기술을 가르칠 수 있다. 여러 가지 환경을 설정하여 아동이 다양한 시나리오에 적응하도록 할 수도 있다. 예를 들어 길을 잃은 척하면서 요구하기와 도움 및 정보 제공하기, 지시 따르기, 역할 맡기를 가르칠 수 있다.

　레고와 같은 조립식 완구를 사용해서 도움 요청하기, 참조적 의사소통하기, 지시를 주거나 따르기, 주제 유지하기를 가르칠 수 있다. 과제가 어려울수록 도움 요청하기가 꼭 필요할 것이다.

　아동들이 말한 여러 이야기를 공연으로 꾸며 아동이 역할에 대해 배우게 하거나, 꼭두각시 인형이나 여러 의상을 사용해 역할 맡기를 배우게 할 수도 있다.

　마지막으로 SLP는 다양한 활동을 통해 참조적 의사소통하기를 가르칠 수 있다. 아동이 책이나 컴퓨터 혹은 장난감 망원경에서 본 대상이나 종이가방 속에 숨겨진 물건에 대해 설명하게 한다. 스무고개 같은 놀이를 하면서 참조적 의사소통을 하거나 정보를 요구 및 제공하도록 가르칠 수 있다. "나한테 털이 복슬복슬한 곰을 주세요."에서처럼 물건을 묘사하면서 비슷한 물건을 요구하도록 가르칠 수도 있다.

　효과적인 중재란 언어 및 사회적 기술이 진정한 의미의 상호작용까지 일반화되도록 돕는 것이다 (Timler et al., 2007). 어떤 아동에게는 좀 더 구조적인 임상가 중심의 중재방법이 필요할 수도 있지만, 일상적인 환경까지 일반화되는 것이 성공의 핵심이다.

---

## 의도

아동들은 의사소통에 가장 유용한 발화들을 선택해서 습득한다. SLP는 훈련을 하면서 아동이 어떤 의도들을 표현할 수 있을지 잘 생각해야 한다. 다음은 여러 가지 의도를 훈련하는 방법을 다루고 있다. 교실에서 사용할 수 있는 방법은 제12장에서 다루고 있다. 부록 D에는 다양한 언어 기능을 이끌어내는 데 유용한 간접적 언어 단서들이 제시되어 있다.

### 주의 요청하기

아동은 필요를 채워줄 수 있는 성인의 주의를 얻고자 한다. 교실에서 교사는 아동에게 물건을 주고 그 물건을 다른 성인에게 전달하도록 시키는데, 이때 그 성인은 일부러 아동을 못 본 척한다. 혹은 다른 사람에게 메시지를 전달하라고 아동에게 시킬 수도 있다.

　촉진자들은 아동이 주의를 요청하는 즉시 아동에게 관심을 보여야 한다. 만약 아동이 쉬지 않고 주의를 요청하거나 부적절한 행동을 하면서 주의를 끌려고 한다면, 촉진자가 특정 상황에서만 반응을 하고 부적절한 행동에는 절대로 반응을 보이지 않는 등의 한계를 설정해야 할 것이다.

아동은 보통 촉진자의 이름을 부르거나, 상대방의 어깨를 두드리거나, 상대방의 시야에 들어서거나, 상대방 쪽으로 몸을 구부리거나 혹은 눈을 맞추는 등 여러 가지 방식으로 성인의 주의를 요청한다. 또는 아동이 성인에게 특별한 반응 형식을 요구하기도 한다. 이런 순서들은 다양한 활동을 하면서 쉽게 훈련할 수 있다.

### 행위나 도움 요청하기

행위 요청하기는 식사시간이나 소집단활동에서, 혹은 물리적으로 어려운 어떤 과제를 하면서 훈련할 수 있다. 촉진자는 도움을 받아야 과제를 끝맺을 수 있는 상황을 미리 설정한다. 아동이 문제를 해결해야 하는 게임을 하면서 요청을 하도록 격려할 수 있다. 촉진자가 과제수행을 방해하기도 한다(표 10-1 참조). 행위나 도움을 요청할 때는 먼저 주의하게 한 후 의문문이나 명령문 발화형식으로 말하게 한다.

SLP는 주어진 상황 속에서 덜 적절한 언어 형식에는 강화를 줄이고, 더 적절한 언어형식을 강화함으로써 아동이 자신이 말한 의사소통 형식들을 변별하도록 도와줄 수 있다. 이전에는 덜 관습적인 언어형식을 사용했던 상황이었지만 이제는 받아들일 만한 의사소통 행동을 잘 일반화하여 정착하는 것이 중요하다.

어린 ASD 아동들도 새로운 의사소통 행동을 배울 수 있지만, 그 행동을 상황에 맞게(conditionally) 사용하는 데 실패할 수도 있다(Sigafoos, O'Reilly, Drasgow, & Reichle, 2002). **상황에 맞는 사용** (conditional use)이란 특정 맥락에 맞게 가장 적절한 행동을 하는 것을 의미한다. 어떤 중도 발달장애 아동의 경우 관습적인 행동보다는 사회적으로 부적절한 행동에 더 강화를 받기도 한다. 소리 지르는 행동이 점잖게 요청하는 것보다 더 손쉽게 주의를 끌기도 한다(Sigafoos et al., 2002). 그런 아동은 훈련 초기에 특정 언어행동을 언제 해야 하고 언제 하면 안 되는지를 충분히 배우지 않았을 수도 있다.

SLP가 아동에게 도움을 요청하는 것과 같은 의사소통 행동을 가르치고자 할 때 아동이 정확히 상황에 맞게 행동을 할 것이라고 가정해서는 안 된다. 상황에 맞게 요청을 하려면 어떤 의사소통 행동을 필요한 경우에는 해야 하지만 필요하지 않은 경우에는 하지 말아야 한다. 예를 들어 물건이 가까이 있거나 조작하기 쉬울 때는 아동이 스스로 해내도록 배워야 하지만, 물건이 멀리 있거나 조작하기 어려울 때는 요청을 하도록 배워야 한다. 아동이 제시된 과제를 시도하고, 성공적으로 해내도록 점진적인 단계를 통해 가르칠 수 있다. 하지만 과제의 난이도가 점점 증가하면, 아동은 도움을 요청해야 한다. ASD 아동에게도 이런 방식으로 상황에 맞게 의사소통 행동을 하도록 가르칠 수 있다(Reichle, Dropik, Alden-Anderson, & Haley, 2008; Reichle & McComas, 2004).

## 정보 요청하기

LI 아동은 다른 사람들이 정보 제공자가 될 수 있다는 사실을 잘 알지 못하기 때문에 정보 요청하기와 같은 유형의 언어를 거의 사용하지 않는다. 물건이나 행위를 요청해야 하는 환경을 잘 만들어 놓았더라도 정보를 얻고자 하는 필요나 욕구를 갖게 하기는 쉽지 않다.

정보 요청하기를 훈련할 때 촉진자는 미술과제, 새로운 게임 혹은 좀 어려운 학업과제같이 새롭거나 익숙지 않은 과제를 시키면서 일부러 중요한 정보를 빼놓아야 한다. 이름이나 용도를 알려주지 않은 채 아동이 처음 보는 물건을 보여주기도 한다. 아동이 자발적으로 물어보지 않으면 질문을 해보라고 부드럽게 재촉하는 것도 좋다.

아동은 먼저 정보가 필요하며 그 정보를 다른 사람에게서 얻을 수 있다는 사실을 깨달아야 한다. 그 필요를 깨닫게 하는 것이 종종 이 훈련에서 가장 어려운 부분이다. 아동이 아는 물건과 모르는 물건이 모두 포함된 이름대기 대면과제를 하면서 정보 요청하기를 가르칠 수 있다. 정보 요청하기의 형식은 '*wh*-의문문'이나 '예/아니요 의문문'이다(예 : "이게 뭐예요?" "이건 색연필이에요?").

또 촉진자는 아동이 잘 이해하지 못하는 다른 사람의 감정이나 행동에 대해 물어보면서 질문을 하라고 시킬 수도 있다. 아동에게 "네가 (이름)에게 물어봐."라고 단서를 주기도 한다. 이런 방법은 "이게 뭔지 조안에게 물어보자."라고 하면서 이름 말하기 과제와 함께 사용할 수도 있다.

질문은 아동이 충분히 표현 가능한 형식이어야 한다. 제10장에서 논의한 촉진자의 구어적 반응을 활용해 아동이 보이는 부정확하거나 부적절한 혹은 미성숙한 반응을 수정할 수 있을 뿐 아니라 새로운 반응 형식을 배우도록 도와줄 수 있다.

## 물건 요청하기

물건 요청하기는 미술수업, 집단과제, 간식시간, 직업 훈련 혹은 옷 입기 및 이 닦기와 같은 일상생활 기술을 훈련하면서 충분히 가르칠 수 있다. 이때 아동은 요청해야 할 물건을 정말로 원해야 하며, 촉진자는 그 물건을 줄 수 있어야 한다.

촉진자는 요청할 기회가 자주 있고, 아동이 그런 기회를 알아챌 수 있도록 하는 활동이 풍부하게 포함되도록 환경을 잘 설정해야 한다. 특히 집단 활동을 하다 보면 아동의 순서를 무시하고 요구를 하는 경우가 많다. 중요한 것은 일상생활 환경에서 자주 사용하는 요청하기를 가르치는 협동치료 프로그램을 설계하는 것이다. 이는 치료 환경을 최대한 일상생활에 근접하게 하고, 요청하기를 시범하고 이끌어낼 촉진자를 훈련시킴으로써 이루어진다. 표 11.1은 보호자들이 사용할 수 있는 유도 기법에 대한 일반적인 지침들이다.

물건을 요청할 때는 보통 눈을 맞추거나 이름을 부르는 것과 같은 주의를 끄는 행동으로 시작한다. 손을 내미는 몸짓으로 원하는 물건을 지명하면서 의문문("나… 가져가도 돼?")이나 명령문("나한테 줘.")과 같은 언어 형식으로 표현한다.

**표 11.1** 물건 요청하기를 유도하기 위한 보호자용 지침

---

아동이 좋아하는 물건에 대해 자주 이야기한다. 그리고 반응을 기다린다.

시범을 보이고 모방을 하게 한다. 촉진자가 요청하는 시범을 보이고 아동이 모방하도록 시킨다.

아주 흥미로운 활동이나 놀이를 하면서 요구 행동을 한다. 이런 행동들에는 다음과 같은 것이 있다.

**직접 질문하기.** 촉진자가 "뭐 갖고 싶니?"," 뭐가 필요하니?"라고 묻는다.

**간접 시범 보이기.** 촉진자가 부분적 시범을 보인 후 "X가 더 필요하면 나한테 말해(혹은 달라고 해)" 나 "X줄까? Y줄까?"와 같은 간접 유도 요청을 한다.

**장애물 배치.** 촉진자가 아동에게 어려운 어떤 과제를 달성하라고 요청한다.

"거기서 분필 좀 갖다 줄래?"(분필이 없다.)

"사람들한테 주스 좀 따라 줄래?"(주스 병이 비어 있다.)

**일반적 진술.** 아동이 요청하고 싶어하는 어떤 활동이나 물건에 대해 이야기하면서 촉진자가 아동을 유인한다.

"네가 하고 싶다고 하면 캔디랜드 게임 할 건데."

"저기 선반에 고무찰흙이 있어."

요청하기를 유도할 수 있는 구체적인 상황을 만들어 놓는다.

아동에게 모방을 요구하지 않으면서 직접 혹은 간접 시범을 가능한 한 자주 보인다.

아동이 도움을 필요로 하는 것 같거나 어리둥절해 보이는 순간에 시범을 보인다.

아동이 도움이 필요한 어려운 과제를 하도록 시킨다.

어떤 구어적 요청에도 즉시 그리고 자연스럽게 반응해준다.

---

SLP는 아동이 요구한 것과 다른 물건을 주거나 아동이 싫어하는 것을 제공함으로써 거부 행동을 이끌어낼 수도 있다. 아동은 강한 어조와 함께 부정문 형식의 표현을 하면서 행동이나 제안을 거부할 것이다.

### 요청에 반응하기

반응은 질문에 대한 대답이나 진술에 대한 응답 형식으로 나타난다. 이런 형식들은 매우 다양하며 여러 가지 대화 기술을 필요로 한다.

질문에 반응하려면 자신이 그 대답을 알고 있으며, 질문에는 반드시 응답을 해야 한다는 사실을 먼저 깨달아야 한다. 훈련 초기에는 대답의 정확성 여부는 무시하고 그냥 대답하는 행동만을 강화해야 한다. 부정확한 대답에도 반응해주는 것이 전혀 대답이 없는 것보다 낫다.

언어장애 아동은 다른 사람이나 자신의 정서 상태를 파악해서 이를 언어의 형식으로 표현하는 것을 어려워한다. 3단계 중재 모델(Way, Yelsma, et al., 2007)을 통해 이런 인식 및 표현 기술을 가르칠 수 있다.

1. 신체 경험과 정서 상태를 연결하기
2. 자신의 정서 상태에 대해 점진적으로 인식하기
3. 정서와 표현을 연결하기

**표 11.2** 정서 상태 인식과 표현 가르치기

**신체 경험과 정서 상태를 연결하기**

- 심장박동, 땀, 홍조나 복통 인식하기와 같은 활동을 하면서 아동이 신체 변화에 주의를 기울이게 한다.
- 신체 상태와 감정을 연결하여 불안하거나 화가 날 때 스스로 자제하는 법을 배운다.

**자신의 정서 상태에 대해 점진적으로 인식하기**

- 아동이 표정에 나타나는 중요한 특징에 주의를 기울이게 한 다음, 그런 감정을 표현하는 언어를 시범으로 보여준다. SLP는 얼굴 표정, 신체 표정, 정서적 음성, 정서적 경험을 표현하는 문구나 낱말을 들어보고 평가한다.
- 다양한 감정을 연기하는 역할놀이
- 이야기, 비디오, 사진에 나오는 인물의 감정을 파악한다. 미술치료를 한다.
- "내 기분은…"이라는 미완성 문장이 쓰인 '감정판'에 자신의 감정을 나타내는 얼굴 표정들을 붙이게 한다. 이렇게 아동은 자신의 감정을 인식하는 동시에 다양한 감정과 관련된 신체적 단서들을 배우게 된다.
- 한 가지 감정을 파악한 다음에는 특정한 순간에 경험하는 복잡한 감정도 인식하도록 가르친다. 기쁨, 슬픔, 분노, 공포, 혐오나 관심과 같은 원초적 감정에서 시작하여 좀 더 미묘하고 복잡한 자기반성적 감정, 즉 감정이입, 동정심, 죄의식, 질투, 수치심, 후회, 긍지와 같은 것들로 옮겨간다.

**정서와 표현 연결하기**

- 감정을 구어로 표현하기 위한 준비과정으로 감정에 대한 그림을 그린다.
- 역할놀이, 가상놀이, 극화를 통해 정서를 표현한다.
- 카드에 쓰인 여러 가지 감정들 중 한 가지를 택해 짧은 연기를 한다. 그다음 다른 아동이 그 감정을 알아맞힌다.
- 책, 텔레비전 드라마, 영화에 나온 이야기를 연기한다.
- 내러티브를 읽고 들으면서 이야기 사건에 나오는 등장인물의 관점을 이해해본다. SLP는 언어적이고 사회정서적인 면을 인식했는지 묻는 질문이나 감정에 대해 생각하게 하는 질문을 하고, 감정이나 동기를 묘사하고, 보고하고, 예측하고, 해석하는 언어를 사용해 학생들의 생각을 조직화한다.
- 통합적 언어 기술과 표현 능력을 키우기 위해 자신의 이야기를 담은 짧은 글을 말하거나 쓴다.

출처 : Denham & Burton(1996); Hyter, Atchison, & Blashill(2006)

표 11.2에 각 단계에 해당하는 활동을 제시하였다.

## 응답하기

응답이라는 반응은 아동에게 기대되기는 하지만 반드시 해야 하는 것이 아니기 때문에 질문에 대답하기보다 가르치기가 어렵다. 고갯짓이나 "네 차례야."라는 신호로 물건을 건네주는 것과 같이 SLP가 보내는 물리적 신호에 따라 응답할 때를 아동에게 알아차리게 하는 것이 도움이 될 수 있다.

주제를 결정하거나 반응을 만들어내는 데 장애가 있으면 응답하는 능력도 저하된다. 촉진자는 원활한 언어처리를 위해 아동으로 하여금 앞서 말한 이의 말을 반복하게 할 수도 있다. 점차 이런 절차를 수정하여 아동이 상대의 말을 속삭이다가, 입모양만 내다가, 소리 내지 않고 되풀이하도록 가르쳐서 그 절차가 내면화되도록 한다. 이런 식으로 아동은 대화에서 중요한 정보를 파악하고 응답을 구성하는 방법을 배운다.

### 서술하기

물건 보여주고 발표하기, 토론하기, 시사적 주제 다루기 등을 하면서 정보를 서술하도록 가르친다. 아동을 대상으로 할 때는 명절, 애완동물, 가족 행사에 대해 그리고 성인이 대상인 경우에는 이성교제, 친구, 경기 종목에 대해 토론을 하면서 자기 의견을 드러내도록 격려한다. 또 라디오나 텔레비전 방송을 따라 해보는 것도 좋다. 커다란 가전제품 박스를 자르고 색칠해서 텔레비전처럼 꾸미고 아동이 그 안에서 뉴스 중계를 하도록 시켜도 좋다.

대화 상대자가 아동이 나누려는 정보를 알 수도 있고 모를 수도 있다. 처음에 아동은 나누고자 하는 사건만을 기억해서 말하다가, 나중에는 촉진자가 아는 정보가 별로 없다는 것을 알고서 새로운 정보들을 알려준다. 상황마다 정보에 대한 요구도 다르고 전달해야 할 정보의 양을 정하는 전제 기술도 필요하다. 아동은 정보를 얼마만큼 전달해야 할지에 대해 배워야 한다(뒤쪽 '전제' 부분을 보라).

먼저 아동은 듣는 이의 주의를 이끌어낸 다음 토의 주제에 대해 서술해야 한다. 서술은 정보전달을 목적으로 하는 내러티브로 확장될 수도 있다.

## 대화 능력

대화 능력을 훈련하려면 언어 중재의 다른 어떤 영역보다도 더 실재적인 대화 상황을 활용해야 한다. 반향어와 같이 서로 간의 대화를 방해하는 의식화된 의사소통 행동은 인사, 대화 개시, 수정 요청과 같이 익숙하면서 반복적인 일과적 사건들을 진행하면서 점차 수정된다(Magill, 1986). 아스퍼거 증후군, 고기능 자폐 혹은 사회적 상호작용에 어려움을 보이는 다른 아동의 경우 다음과 같은 대화 목표를 세우는 것이 좋다(Kline & Volkmar, 2000).

- 대화 개시하기나 적당한 대화 주제 찾아내기와 같은 구어 및 비구어적 의사소통 관례
- 구어 및 비구어적 단서를 눈치 채고 추측하기와 같은 사회적 인식과 사회적 문제해결력
- 다양한 의사소통 활동에 참여하고 자신의 행동을 통제하는 능력 키우기와 같은 자기평가 및 자기관리

다양한 상황에서 사회적 일과들을 기억하고 연습함으로써 아동이 좀 더 유연하게 대화할 수 있도록 가르친다. 다양한 촉진자나 상황을 제시하여 변화를 연습할 수 있는데, 일례로 상대방이 물건을 한 아름 들고 있으면 악수를 청하지 않는다.

연구를 보면 언어장애를 지닌 10대들에게 자주 관찰되지 않는 다음과 같은 여러 대화 행동들이 일반 청소년들에게서는 빈번하게 보인다(Turkstra, Ciccia, & Seaton, 2003).

- 대화 중 특히 듣고 있을 때 상대방을 쳐다보기
- 고개를 끄덕이면서 중립적이면서도 긍정적인 얼굴 표정을 보이기

- 이해를 했다는 표시로 구어적인 반응을 하기(으응, 그래)
- 연계반응을 해주기

이상의 네 가지 행동은 언어장애 아동이 좀 더 적절한 방식으로 상호작용하도록 하는 치료 목표가 될 수 있다. 알다시피 연계반응이란 의미적으로 연계되거나(주제 유지) 그리고/또는 화용적으로 연계되는(적절성) 것을 의미한다.

비록 많진 않지만 10대에게 적합한 중재방법들을 제안하는 연구 자료도 있다(Brinton, Robinson, & Fujiki, 2004). 10대를 위한 중재 프로그램은 다음을 목표로 한다.

- 언어장애 청소년이 상대방에게 적응하는 노력이 필요한 상호적 시도로서 대화를 인식하도록 한다.
- 상대방이 대화에 참여하도록 이끌거나 이에 영향을 미치는 상호작용 전략을 가르친다.

이런 중재는 구조적이면서도 대화 중심적인 소집단 활동에서 실시될 수 있다(Nippold, 2000). 중재 동안에는 성공의 기회가 많아야 하며 분위기도 긍정적이어야 한다. 이런 분위기에서 SLP는 적절한 반응을 시범으로 보여주는데, 이런 시범을 연습한 후 비디오 녹화나 소집단 토론을 통한 또래 분석과 피드백이 이어진다. 스크립트 순서나 역할놀이도 상당히 도움이 될 수 있다.

짧은 비디오 영상을 관찰하고 평가함으로서 청소년이 대화 교환의 특성, 상대의 감정과 사고, 반응 행동의 해석 등에 대해 지적하도록 가르친다. 그러나 순서와 주제가 통제된 고도로 구조화된 상황에서부터 자유롭게 진행되는 대화 상황에 이르기까지 대부분의 시간은 상호작용 전략에 초점을 맞추어야 한다. 상대방의 말에 대해 평가한 후, 관련 질문을 하는 등의 다양한 평가적 질문을 훈련할 수 있다. 그러면서 듣기 및 이해 기술도 함께 늘어날 것이다. 이때부터 상대방의 견해를 묻는 방법이나 듣는 이를 대화로 끌어들이는 방법과 같은 부가적인 상호작용 전략을 가르칠 수 있다.

### 대화에 참여하기

상호작용을 시작하는 일이 언어장애 아동에게 무시무시한 도전이 될 수도 있겠지만, 성인이 시범을 보이고 격려하면서 아동에게 '놀이에 참여하기' 전략을 가르칠 수 있다(Selber Beilinson & Olswang, 2003). 처음에는 시범과 시각적인 그림 신호를 사용해서 다음과 같은 네 가지 '덜 위험한(low-risk)' 비구어 전략을 가르친다.

- 친구에게 다가가기
- 친구를 쳐다보기
- 친구가 가지고 노는 것과 같은 장난감 집어 들기
- 친구를 따라 하기

다섯 번째는 구어적 개시인데 '가장 위험한(high-risk)' 전략이다.

구어적 개시를 시범으로 보일 때는 학급 교사, 도우미 혹은 SLP가 언어장애 아동에게 다른 아동의 것과 같은 장난감을 집어 들게 한 다음, 상대 아동에게 "우리가 네 거랑 똑같은 블록으로 쌓기 놀이 할 거야."라고 말해준다. 이런 행동은 상대 아동이 언어장애 아동에게 같이 놀자고 제안하게 만듦으로써 대화를 위한 시작점이 될 수도 있다. 좀 더 직접적인 시범은 아동이 할 말을 그대로 들려주는 것이다. 아동이 대화 시작 행동을 성공적으로 모방하면, 성인은 점차 시범을 줄이면서 장난감이나 그림 혹은 구어 신호를 통해 아동을 격려한다. 이런 신호들은 아동이 자발적으로 대화를 개시할 수 있을 때까지 점차 줄어들 것이다. 또 다른 전략들은 해석하기(모하메드가 너랑 같이 놀고 싶어 하는 것 같은데), 제안하기(콴지가 네가 만든 걸 보고 싶어 할 것 같아), 또래 언급하기(네가 풀칠할 때 알렉스가 그 종이를 잡아주면 좋겠다), 비슷한 점 말해주기(지니도 옷을 만들고 있어. 가서 네 걸 보여줘 봐)(Weitzman & Greenberg, 2002)이다.

## 전제

말하는 이가 내리는 의미론적 결정은 참조물(낱말이 가리키는 사물)과 상황에 대한 지식, 듣는 이의 필요를 아는 전제 능력(presupposition) 혹은 사회적 지식에 기초한다. 말하는 이는 가능한 한 명료한 정보를 제공해야 한다. 즉 말하는 이나 듣는 이는 같은 언어적 맥락을 공유해야 하는 것이다. 언어장애 아동은 종종 상대의 필요를 알아채지 못한다.

훈련에는 두 가지 측면이 있는데 (1) 전달하는 정보의 내용과 (2) 정보의 양에 관한 것이다. 먼저 아동이 말하는 이가 되어 묘사하기를 하거나 지시하기 과제를 하면서 적절한 내용을 제공하는 방법을 배우게 한다. 듣는 사람은 묘사된 물건을 추측하거나 그림으로 그리고 혹은 지시에 따라 행동한다. 말하는 이가 듣는 이의 필요를 깨닫도록 하기 위해 둘 사이에 장애물을 설치하여 장애물 게임을 할 수도 있다. 말하는 이나 듣는 이가 같은 비언어적 맥락을 공유하는 것이 아니므로, 듣는 이가 이해할 수 있는 명료한 방식으로 언어적 요소를 사용해 정보를 전달해야 한다. 아동이 성인에게 해야 할 일을 시키는 재미있는 활동은 수없이 많다.

아동이 듣는 이가 되면 모호하고 불완전한 메시지나 지시를 들려주어 아동이 생략된 의미요소를 파악하도록 가르친다. 장애물 통과하기는 아동이 지시를 받거나 다른 사람을 지시하도록 훈련하는 데 아주 좋은 방법이다.

적당량의 정보를 전달하도록 훈련하는 것은 좀 더 어렵다. 위에서 말한 과제를 실시하면서 정보를 부족하게 제공하면 지시를 따르기가 당연히 어려울 것이다. 이 경우 SLP는 아동이 정보를 좀 더 많이 그리고 좀 더 정확하게 주도록 가르쳐야 한다. 반면 정보를 너무 많이 주는 아동에게는 과제를 진행할 때 먼저 한 번에 한 가지 서술어를 사용하거나 한 단계씩 진행하도록 가르친다. 그 다음에는 과제를 여러 서술어 혹은 여러 단계로 묶게 하여 아동이 정보를 조금씩 제공하게 한다. 머리를 빗거나 세수를 하는 것과 같이 분명하고 한정된 상황에 관한 과제인 경우에는 전달하는 정보의 양을 통제하기 쉽다.

SLP는 아동의 표현이 모호한지 스스로 감독하도록 가르친다. 아동이 특정 정보를 이 전에도 전달했다면 부드럽게 알려준다. 그다음에는 아동이 전달한 정보가 새로운 것인지 혹은 무엇이 부족했는지에 대해 질문한다. 이렇게 함으로써 정보의 양이 적절한지 아동 스스로 파악하도록 도와줄 수 있다.

## 참조 기술

참조 기술(referential skill)은 새로운 내용을 파악하여 듣는 이에게 이 내용을 묘사하는 것을 말한다. 장애물 게임을 하면서 언어발달 지체 아동들에게 참조 기술을 성공적으로 가르쳐줄 수 있다. 물리적 속성을 기술하게 하는 것("이건 크고, 하얗고, 털이 있어.")은 위치("그 사람은 컴퓨터 앞에 있어.")와 같은 관계 용어를 가르치는 것보다 더 쉽다. 추론게임도 재미있고 유익하다.

## 주제

주제는 관련된 다른 언어 기술을 지지하는 틀과 같다. 인사하기는 상황에 따라 별로 차이가 없지만, 주제 자체나 주제를 도입하고 파악하는 방법은 맥락마다 다르다.

**주제 개시.** 개시(initiation)란 현재 논의되고 있지 않은 주제를 구어적으로 도입하는 것을 말한다. LI 아동은 종종 대화의 목적을 이해하지 못하거나 대화 주제를 잘 도입하지 못한다. 주제 개시는 적극적인 대화 전략이다. 그러나 언어장애 아동은 대화 주제를 분명하게 도입하는 데에 익숙하지 않고 대화 주제도 제한적이다. 자폐범주성장애 아동이나 외상성 뇌손상장애 아동은 생소하거나 부적절한 주제를 자주 도입한다.

촉진자들이 기다리면서 대화의 목적을 가르치는 방법을 통해 중도에서 고도의 지적장애 청소년에게 대화 개시하기를 훈련한 연구도 있다. 훈련 첫 단계에서 촉진자는 10초 동안 눈을 맞추면서 아무 말도 하지 않았다. 이런 의도적 지연은 치료 대상자가 대화를 개시하도록 신호하는 데 효과적인 방법이 될 수 있다.

이렇게 기다려도 아동이 대화를 개시하지 않으면, 촉진자는 대화의 목적과 재미에 대해 설명을 한다. 말하는 이와 듣는 이의 역할에 대해 설명해도 좋다. 그다음 촉진자는 다시 기다리기 전략으로 돌아간다. 그래도 반응을 보이지 않으면, 촉진자는 아동에게 잡지나 아동의 사진을 훑어보면서 관심거리를 찾아보게 한다. 그리고 다시 기다리기 전략으로 돌아간다. 그래도 아동이 개시하기를 못하면 촉진자가 주제 개시를 시범으로 보여준다.

아동이 개시를 하면 촉진자가 전적으로 관심을 보이면서 아동의 주도를 따르는 것이 중요하다. 이때 아동을 방해하지 않도록 조심해야 한다.

아동에게 먼저 듣는 이의 주의를 끄는 방법을 가르쳐야 한다. 아동이 부정확하게 주제를 도입하면 주제 파악에 도움이 되는 정보를 더 요청한다.

처음에는 어느 정도 성공의 경험을 가질 수 있도록 부적절한 주제는 묵인한다. 이 후 조금씩 그 주

**표 11.3** 여러 가지 주제 확대

| 유형 | 예 |
|---|---|
| 부가 | 아동 : 아기 거 바지 |
| | 엄마 : 그건 아기 기저귀야, 그렇지? |
| 명료화(연계 질문) | 응? 뭐? |
| 구체적 요청 | 그게 뭐야? |
| 확인 | 말이니? |
| | 그건 하마야? (상대방에게 물건을 주고 궁금하다는 듯 바라본다.) |
| 확장 | |
| 제안 | 나 그거 갖고 싶어. |
| 교정 | 아니, 그건 얼룩말이야. (담담한 어조로) |
| 행동평가 | 거기 앉으면 안 돼. |
| 대화를 유지하기 위한 확장적 질문 | 경찰 아저씨가 다음엔 무슨 일을 할까? |

제의 부적절성에 대해 이야기 하면서 자연스럽게 좀 더 적절한 방향으로 이끌어간다. SLP가 주제를 제안한 후에("…에 대해 얘기해볼래?"), 아동이 개시할 때까지 기다려도 좋다. 또한 타인중심의 주제에 대해 배울 수 있도록 좋아하고 싫어하는 것, 좋아하는 음식, 운동 경기, 텔레비전 프로그램 혹은 재미있었던 여행이나 휴가에 대해 다른 사람들에게 물어보는 훈련을 할 수도 있다.

기억과 관련된 주제를 활발하게 이끌어내려면 아동이 이전에 경험했던 감정이나 활동에 대해 이야기하도록 격려하는 것이 좋다. 직접적("넌 어제 뭐했니?") 혹은 간접적("어제 뭐했는지 궁금하다")으로 주제를 유도하거나, 아동이 같은 정보에 대해 SLP에게 질문하게 할 수도 있다. 혹은 어떤 활동을 시킨 후 나중에 무슨 활동을 했는지 이야기해보라고 요구할 수도 있다. SLP는 이에 대한 피드백을 해준다. 미래와 관련된 주제 개시의 경우에도 마찬가지로 아동이 다음엔 무슨 일을 할 것인지 이야기하게 할 수 있다. 이렇듯 중재가 대화를 바탕으로 이루어지면 동떨어진 주제를 개시하도록 도울 뿐 아니라 일반적인 구문 수준도 높일 수 있다.

**주제 유지.** SLP는 아동이 개시한 주제에 대해 언급하고, 반응을 보이도록 단서를 주면서 대화를 지속한다. 혹은 언급한 후 곧이어 질문단서를 주는 주제 확대(tunabout)를 통해 아동이 다시 반응을 보이게 함으로써 대화의 흐름과 주제를 유지한다. 질문은 화용적으로 적절해야 한다. 즉 촉진자가 이미 답을 알고 있는 질문을 해서는 안 된다. 표 11.3은 여러 가지 주제 확대의 목록이다.

아동이 주제를 벗어난 반응을 보인다는 것은 주의를 기울이지 않았거나 지시 대상이나 주제를 파악하지 못했음을 의미한다. 부주의한 아동은 쉽게 산만해지므로 주의를 집중하기 위해 도움을 받아야 한다.

촉진자가 중요한 의미적 단서를 강조하는 질문/신호를 줌으로써 정보를 잘 분류해내지 못하는 아동이 지시 대상이나 주제를 파악할 수 있도록 한다. 대화 상대자와 주제를 다양하게 활용하여 대화 연습을 하면 학습과 일반화의 기회가 더 많아진다. 아동에게 "(주제)에 대해 또 할 얘기가 있니?"나 "(주제)에 대해 더 말해봐."와 같은 단서를 주어 해당 주제를 유지하도록 할 수도 있다.

촉진자와 아동이 같은 경험을 한 적이 있다면, 주제를 유지하기 위해 촉진자가 안내인처럼 행동해도 좋다. 또 촉진자는 질문("다음에 무슨 일이 있었지?")이나 조사 질문(probe)("정말 다음에 그 일이 있었니?")을 하여 아동이 사건들을 순서대로 나열하도록 가르친다.

촉진자는 폐쇄적인 대화를 시도하지 말아야 한다. 폐쇄적 시도는 결국 "예"나 "아니요"와 같은 단순한 반응으로 상호작용을 끝내버린다.

**주제 지속기간.** 끊임없이 이야기하는 아동에게는 "동물원에서 어떤 동물들을 봤니?"와 같이 경계가 뚜렷하면서도 한정적인 주제를 제시해야 한다. 아동이 만약 주제를 벗어나면 이야기를 중단시킨 다음 아동에게 주제를 상기시키고 부드럽게 주제로 이끌어야 한다.

또한 촉진자는 아동이 정보를 충분히 제시했거나 너무 많이 제시한 경우 이에 대해 알려주어야 한다. "X에 대해서 벌써 나한테 말해줬어."나 "그 질문에는 한 번만 대답해줄 거야."와 같이 말해주어 주제의 경계를 짓도록 한다.

정보를 너무 조금 제공하는 아동에게는 "더 말해봐."라는 말로 격려를 한다. SLP는 "그러게, 그것밖에 안 했으면 굉장히 심심했겠다."와 같은 말을 하면서 모르겠다는 듯 행동할 수도 있다. 보통 아동들은 극본대로 연기를 하거나, 묘사를 하거나, 문제를 해결할 때 주제를 더 길게 유지한다.

## 대화 차례 지키기

주제 유지하기 훈련을 하는 동안에는 대화 차례 지키기(turn-taking)를 시작하지 말아야 한다. 새로운 훈련 목표가 너무 많으면 아동은 혼란스러워한다. 부정확한 대화 차례 지키기를 훈련하는 초기에는 대화가 주제를 벗어나더라도 모르는 척해야 한다.

대화 차례 지키기는 먼저 비언어적이고 물리적인 수준에서 시작한다. SLP와 아동이 특정 물건을 서로 주고받는다. 이 물건은 '말하기'의 상징물로서 물건을 가진 사람은 말을 해야 한다. 여러 가지 조직적인 게임을 할 때도 차례를 지켜야 한다. SLP가 아동이 자발적으로 한 말을 모방하거나, 집단 활동 중에 언어 게임과 율동 노래를 하면서 대화 차례 지키기 시범을 보이기도 한다. 나중에는 주제 확대나 질문-대답 기법을 사용해서 아동이 차례를 지키도록 한다. 고개 끄덕이기나 눈맞춤 같은 비언어적인 단서를 사용해서 아동에게 차례를 알려줄 수도 있다.

SLP는 점차 질문을 줄여가면서 비언어적 단서만으로도 아동이 차례를 지킬 수 있도록 기다려준다. 말할 차례를 얻기 위해 말소리를 높이는 등의 주의를 끄는 수단을 사용하는 법을 아동에게 가르칠 수도 있다. 아동이 다른 사람을 지목하는 내용의 게임도 상당히 효과적이다.

대화 차례는 다른 사람을 방해하지 않는 선에서 지켜야 한다. 지나치게 주장이 강하고 다른 사람을 계속 방해하는 아동은 그렇게 하지 못하도록 가르쳐야 한다. 아동은 언제 자기 차례가 끝나는지에 대해서 배워야 한다. 또 비상 상황의 경우에는 적절하게 방해할 수 있음도 배워야 한다. 인터폰이나 모의 무전기로 대화를 교환하면서 차례 지키는 것의 중요성을 배울 수 있다. 스무고개 같은 게임도 대화 차례 지키기를 배우는 데 도움이 된다. 실제로 많은 게임이 대화 차례 지키기 기술을 필요로 하므로 대화훈련을 할 때 적용할 수 있다.

### 대화 수정(repair)

언어장애 아동은 자신이 이해한 것과 이해하지 못한 것을 잘 구별하지 못할 뿐 아니라, 이해를 못했을 때 반응도 잘 하지 않는다.

SLP는 다음 절차에 따라 아동의 언어를 녹음한 후 아동이 자신의 이해를 점검하도록 할 수 있다.

1. 적극적 듣기를 확인하기, 표시하기, 보여주기
2. 부적절한 신호를 감지하고 이에 반응하기
3. 부적절한 내용을 감지하고 이에 반응하기
4. 이해가 안 되었음을 파악하고 이에 반응하기

녹음을 통해 학령 초기 아동에게 위의 절차들을 잘 훈련했다 해도 실제 대화에 일반화하는 문제를 무시해서는 안 된다. 단계마다 손인형이나 인형놀이 혹은 역할놀이를 함께 하면 일반화를 촉진할 수 있다. 더 나이 많은 아동을 대상으로 할 때는 일상적인 대화내용을 포함한 글로 된 스크립트를 사용한다.

이해 감독하기는 아동이 대화에 적극적으로 참여할 때 잘 이루어진다. 아동은 먼저 앉아서 말하는 이를 바라보거나 상대가 하는 말을 잘 생각하는 것과 같은 적극적인 듣기 행동에 대해 확인하고, 표시하고, 보여주는 것을 배운다. 앉기, 바라보기, 생각하기의 세 가지 듣기 행동을 잘 수행했는지 확인하는 것을 배운 후에는 아동이 각각의 행동을 표시하고 보여준다. 또 말하는 이가 직전에 한 말을 반복하거나 "방금 (이름)이가 뭐라고 했지?"와 같은 질문에 응답하기도 한다. 가게놀이나 음식점놀이와 같은 여러 놀이 상황 속에 이런 활동을 접목할 수 있다.

다음으로 불필요하게 큰 목소리, 지나치게 빠른 말 속도, 다투는 소리와 같은 **부적절한 신호**(signal inadequacies)를 감지하고 반응하도록 가르친다. 메시지 전달을 저해하는 이런 구체적인 방해물들은 비교적 파악하기도 쉽고 그 차이를 배우기도 쉽다.

일상적인 활동을 할 때 촉진자가 일부러 작게 중얼거리거나 빨리 말하여 아동이 명료화 요구를 하도록 유도할 수도 있다. 이런 기법은 재미있는 활동을 하면서 꼭 필요한 지시사항을 주어야 할 때 특히 효과적이다. SLP나 촉진자가 아동에게 "내가 뭐라고 말했더라? 너는 어떻게 해야 하지?"라고 물어보면 된다.

일단 부적절한 신호를 감지할 수 있게 되면 명료화를 요구(requesting clarification)하도록 가르친다. 이런 요구들에는 "예?"(혹은 "뭐라고요?"), "잘 안 들려요." 혹은 "잠깐만요. 다시 말해줄래요?"(혹은 "다시요.")와 같은 일반적인 요청도 있고, "더 크게 말해주세요."(혹은 "더 크게요."), "좀 더 천천히 말해 줄래요?"(혹은 "좀 천천히요."), "X라고 말했나요?"와 같은 좀 더 구체적인 요구도 있다. 처음에는 일반적인 요청에서 시작해 점차 구체적인 요구로 옮겨가는 것이 좋다. 요구 형식은 아동의 구문 수준에 맞아야 한다.

다음으로 아동은 애매모호하거나 물리적으로 불가능한 요구와 같은 부적절한 내용(content inadequacies)을 감지하고 이에 반응하는 것을 배운다. 예를 들어 내용이 부적절한지 명백하게 알기 어려운 경우도 있으므로, SLP는 아동이 스스로 그리고/또는 대화 대상자에게 메시지를 반복해서 말해본 후에 과제를 시도하라고 가르친다. 아동은 다시 부적절한 내용에 대해 명료화를 요청하는 여러 가지 방법을 배운다.

'시몬 가라사대 게임(Simon says)'을 할 때처럼 아동에게 터무니없거나 아주 우스운 일을 시키면 부적절한 내용에 대한 훈련과정이 재미있어진다. 저자가 한 다운증후군 아동에게 도시락 속에 들어가라고 했을 때 그 아이의 얼굴에 나타난 표정이 아직도 기억난다. SLP는 이런 부적절한 내용을 일상생활 활동의 어떤 장면에도 의도적으로 집어넣을 수 있다.

마지막으로 익숙지 않은 낱말, 너무 긴 문장, 어렵고 복잡한 구문 때문에 메시지가 아동의 이해 능력을 벗어난 경우 이를 파악하고 반응하도록 가르친다. 이렇게 이해가 안 되는 내용을 파악하는 것이 가장 어려운 일이다.

문제가 발생할 가능성이 높은 실제 상황에서 이해가 안 된 경우를 파악하고 반응하도록 연습한다. 가장 참신한 활동은 촉진자가 낯선 전문용어가 포함된 지시를 해서 어리둥절하게 만드는 것이다. 예를 들어 요리하기를 하면서 '뭉근히 끓인다', '깍둑썰기', '전골냄비'와 같은 낱말을 포함한다.

훈련이 진행되는 동안 아동은 상대방의 말 중에서 이해가 안 되는 바로 그 지점을 파악하는 것을 배워야 한다. SLP가 질문을 통하여 아동이 어느 부분에서 이해를 못했는지 파악할 수 있도록 가르쳐야 한다.

## 내레이션(이야기 만들기)

내레이션(narration) 중재는 이야기의 조직성, 이야기의 응집성(cohesion) 혹은 이야기 이해에 중점을 둔다. 중재 동안 내러티브에 많이 노출될수록 내러티브의 길이와 복잡성도 늘어난다. 시범과 연습이 특히 중요하다. 아동의 성숙도에 따라 구체적인 목표들이 달라지기도 한다.

훈련 목표가 이해든 내러티브 다시 말하기나 응집성이든 혹은 문법적 구조든 간에 중요한 점은 아동의 수행에 영향을 미치는 다음과 같은 여러 가지 변인들을 잘 통제하는 것이다(Boudreau & Larsen,

2004).

- 등장인물의 수
- 줄거리 윤곽의 명료성
- 일화(episode)의 수
- 문장의 수와 복잡성
- 뚜렷한 결말
- 연령 적절성
- 관심 수준

다른 중요한 점은 내러티브를 만드는 데 필요한 구체적 암시(예 : "처음에…" "그 이야기가 어떻게 끝나니?")에서부터 개방적인 질문(예 : "그다음엔 무슨 일이 생겼니?")까지 이와 같은 다양한 수준의 언어적 단서와 순차적인 그림의 활용과 같은 외적인 단서들을 잘 통제하는 것이다.

### 내러티브 구조

어린 아동은 스크립트에 기초해서 지식을 조직화한다. **스크립트(scripts)**란 통합된 전체를 구성하는 일련의 사건들을 말한다. 이런 사건 순서가 언어형식을 갖출 때 그것을 이야기의 기초가 되는 텍스트(text)라고 한다.

일화구조에 대한 지식은 아동이 복잡한 사건이나 친숙하지 않은 내용을 해석할 수 있는 틀이 된다. 아동이 내러티브 조직을 내면화할 수 있도록 다음과 같이 가르친다.

- 매일 일어나는 일상적인 사건과 같은 규칙적인 활동에 아동을 참여시켜 스스로 실생활 스크립트를 구성하도록 한다. 아동과 함께 일과 속의 매 사건을 연습한다.
- 일상생활 활동에 대한 스크립트를 사용하는 놀이를 할 때, 활동을 다양하게 만들어 당면한 맥락과 덜 관련되도록 한다.
- 뚜렷한 스크립트가 있는 실생활 이야기를 읽고 말하게 한다. 내러티브는 아동의 경험에 기초하는 것이 좋다.
- 구조가 탄탄한 이야기 문법을 갖춘 내러티브를 들려주고 연기하게 함으로써 사건 중심적 이야기로부터 언어적 조직화의 방향으로 전환하도록 가르친다.

어린 아동과 연습할 때는 구어로, 나이가 많은 아동과는 글로 연습하면 좋다.

스크립트 놀이는 학령전기나 학령 초기 아동을 대상으로 할 때 특히 유용한데, 이에 대한 자세한 논의는 제12장에서 할 것이다. 처음에는 시장가기 혹은 등교 준비하기와 같은 친숙하고 재미있는 사건을 스크립트로 설정하는 것이 중요하다. 놀이를 하기 전에 스크립트를 소개하고 이에 대해 이야기

한다. 스크립트놀이를 한 후 다시 한 번 이야기를 나눈다.

　놀이를 반복할 때마다 아동들은 역할을 바꾸고 사건을 수정하는데, 이때 구체적인 사물은 조금만 사용한다. 아동들이 그 스크립트를 능숙하고 자세하게 익히면, 연기하지 말고 그 이야기를 말해보도록 시킨다. 이때도 역시 친숙한 역할과 상황이 사용된다.

　사건이 일어나고 있을 때 혹은 슬라이드 사진이나 비디오를 보면서 그 사건에 대해 이야기하게 시킴으로써 사건을 기술하는 표현 능력을 키워준다. 사건이 일어나고 있을 때는 역할놀이나 사건 설명하기를 할 수 있다.

　아동이 친숙한 사건에 관해 그린 그림들도 활용할 수 있다. SLP가 아동에게 그림에 대해 설명해달라고 하면서 아동이 장면과 등장인물을 파악하게 한다. 예를 들면

> 촉진자 : 와, 여기 이게 뭐야?
>
> 아동 : 이건 내가 부엌에 있구요, 아침밥을 차리고 있어요.
>
> 촉진자 : 그럼 이렇게 말하면 되겠구나. "오늘 아침에 내가 부엌에서 아침밥을 차렸어요." 제
> 일 먼저 무얼 했는데? (혹은 그다음엔 뭘 했어? 혹은 다음 그림은 뭐야?)

한 단계씩 설명을 마친 후에는 내러티브 전체를 말해보도록 시킨다.

　SLP는 언어장애 아동에게 개인적인 내러티브를 만들고, 여러 맥락에서 내러티브를 사용하도록 가르칠 수 있다. 먼저 몇 가지 과거 사건을 처음에(first), 그다음에(next), 끝으로(last)와 같은 낱말을 사용해서 발생 순서대로 말하는 시범을 보인다. 그런 단순한 구조를 배우고 나면, 세부사항과 사건을 더 추가하여 그 내러티브를 정교화한다. 여기에는 묘사, 인과적 요소, 정서, 대화가 포함될 수 있다. 교사와 부모가 참여하여 아동의 개인적 내러티브를 정교하게 할 수도 있다(Boland, Haden, & Ornstein, 2003). 서로 다른 상대에게 서로 다른 경험을 말하는 것과 같이 조직화된 내러티브지식과 기술을 여러 맥락에서 사용하는 것이 중재의 목표이다.

　허구적 내러티브를 훈련하는 것은 기능적인 의사소통에는 효과가 적다(Cannizzaro & Coelho, 2002). 아마도 두 장르를 사용하는 것 간에 관련성이 아주 적거나 거의 없기 때문일 것이다(Shiro, 2003). 개인적인 내러티브는 여러 가지 자연스러운 맥락에서 사용되지만, 반대로 허구적 이야기는 한 가지 맥락에만 집중한다. 개인적 내러티브는 허구적 내러티브보다 더 많이 발생하는데, 이런 발생 빈도가 일반화의 또 다른 측면이기도 하다.

　일화지식(episode knowledge)은 아동용 책을 활용해서 가르칠 수 있다. 책은 다음과 같은 기준에 근거해 선택해야 한다(Naremore, 2001).

- 친숙한 사건 스크립트
- 일화를 잘 묘사하는 그림

- 뚜렷하게 전개되는 일화

- 적절한 길이 및 언어 수준

- SLP가 다시 말하기(retelling)를 하여 '점검한' 이야기

이야기 자체는 근본적인 관심사가 아니다. 아동이 아닌 SLP가 일화 요소가 포함된 이야기를 선택해야 한다. 그리고 의사소통에서 이야기가 갖는 중요성에 대해 아동과 나눔으로써 중재를 시작한다.

책을 함께 읽고 나서 아동이 '문제-해결-결론'의 형식에 따라 이야기를 분석하도록 도와주어야 한다. 이때 용어가 아니라, 구조를 배우는 것이 목적이다. SLP는 아동이 이야기를 세분화해서 각 부분을 파악한 후에 다시 응집된 내러티브 형태로 결합하도록 가르친다. 아동이 글을 읽지 못하면 아동에게 친숙한 한 가지 일화로 구성된 이야기를 꾸며낸다. 사진이나 사물을 주어 아동이 참여하도록 한다.

연구 결과 어린 학령기 아동을 대상으로 내러티브 문해 중재를 실시했을 때 내러티브의 거시구조(이야기문법)와 미시구조(인과성)의 기능적인 사용을 모두 증진시킬 수 있었다(Petersen, Laing Gillam, Spencer, & Gillam, 2010). 복잡한 구어 내러티브는 인과적이고 시간적인 종속접속사, 등위접속사, 부사, 정교한 명사구, 심성동사, 참조적 대명사와 구체 명사와 같은 문어의 다양한 미시구조적 특질을 포함하고 있다(Gillam & Ukrainetz, 2006; Greenhalgh & Strong, 2001; Nippold, Ward-Lonergan, & Fanning, 2005). 내러티브 문해 중재의 단계는 표 11.4에 제시되어 있다.

다시 말하기가 전반적인 목표는 아니지만 내러티브를 반복해서 들려줄 수도 있다. 그러면 아동은 대화나 책에서 배운 내러티브를 구성하고 이해하는 데 필요한 지식들을 점차 내면화한다(Naremore, 2001). 그림의 이야기를 다시 말할 때, 본래의 내러티브와 구조에 기초한 이야기 모형을 아동이 잘 표

**표 11.4** 내러티브 훈련 단계

1. SLP가 책에 있는 그림을 보고 이야기 말하기를 시범으로 보인다.
2. SLP와 아동이 이야기 문법 요소를 보여주는 시각적 단서(아이콘)에 따라 그러한 형식의 이야기를 함께 말한다.
3. 아동이 이야기 문법 단서 없이 SLP의 구어단서와 책에 있는 그림만으로 내러티브를 다시 말한다.
4. SLP와 아동이 한 장짜리 복잡한 그림을 보고 이야기 문법 단서에 따라 이야기를 함께 말한다.
5. 이야기 문법 단서 없이, SLP의 구어단서를 들으며, 아동은 한 장짜리 복잡한 그림만 보고 이야기를 다시 말한다.
6. SLP와 아동이 한 장짜리 그림을 보면서 녹음된 아동의 내러티브를 듣는다. SLP는 각 이야기 문법 요소를 들을 때마다 단서(아이콘)를 책상 위에 놓는다. 다 듣고 나서, SLP와 아동은 놓친 이야기 문법 요소를 찾아보고, 같은 한 장짜리 그림, 이야기문법 단서, 구어단서를 사용해서 이야기를 함께 말한다.
7. 아동은 SLP가 필요할 때만 주는 구어단서와 한 장짜리 그림을 보고 이야기를 다시 말한다.
8. 아동은 필요할 때만 이야기 문법 단서와 SLP의 구어단서를 사용하여 내러티브 본문을 말한다.
9. 아동은 이야기 문법 단서 없이, 최소한의 구어단서만 받으며, 그 그림을 보면서 이야기를 다시 말한다.
10. 아동은 어떤 시각적 단서도 사용하지 않고, SLP의 구어단서도 최소한으로 받으면서 내러티브를 다시 말한다.

출처 : Peterson et al.(2010).

현할 수 있다면 내러티브의 길이와 구조 모두에서 점차 진전을 보이게 될 것이다(Tonsing & Tesner, 1999).

이야기 다시 말하기는 몇 분 길이의 짧은 이야기로 시작한다. 이야기가 길어지면 SLP가 이야기의 한 부분만을 선택한다. 내러티브가 생활 속의 사건이나 교실에서의 소재와 관련될수록 일반화가 잘 일어난다. 이야기 문법의 요소들을 묘사하는 그림 단서를 사용할 수도 있다. 나이 많은 아동을 가르칠 때는 이야기 문법의 요소들을 확실하게 알려주고 일화를 정확히 표현할 수 있도록 도표화된 이야기 조직도를 사용하기도 한다. 여러 번 들려주었던 이야기 중 한 요소를 수정하여 결론이 달라지도록 한 후 다시 들려주기도 한다. 사용 가능한 시판 중인 자료들로는 *The Magic of Stories*(Strong & North, 1996), *Narrative Tool Box*(Hutson-Nechkash, 2001), *Storybuilding: A Guide to Structuring Oral Narratives*(Hutson-Nechkash, 1990) 등이 있다.

내러티브 말하기에서는 구어와 글로 모두 확장이 가능하다. 아동이 완성된 일화 두세 개를 사용해서 이야기 하나를 다시 말할 수 있다면, 새로운 내러티브를 창작할 준비가 된 것으로 볼 수 있다(Naremore, 2001). 처음에는 SLP가 기초적인 구조를 제시하면서 이야기를 이끌어낸다. 점차적으로 SLP가 제시하는 일화의 부분은 줄어든다. 아동이 내러티브 전체를 창작할 때까지 SLP가 나머지 요소들을 제시하면서 이야기를 완성한다. 좀 더 복잡한 내러티브 쓰기를 가르치는 방법은 제13장에서 다룰 것이다.

그러고 나면 아동은 허구적 내러티브 혹은 스스로 만들어낸 새로운 이야기로 진전해간다. 촉진자는 좀 더 세련된 방법으로 개념과 관계들을 조직하고 표현할 수 있도록 질문을 하면서 아동을 이끈다. 제12장에서는 교실에서 할 수 있는 모사놀이(replica play)와 내러티브에 대해 다룰 것이다.

내러티브 담화(narrative discourse)는 논리적으로 그다음 단계에 해당한다. 아동은 다양한 역할놀이 상황 속에서 서술적 화법 형식들을 연습하는 기회를 가져야 한다.

## 응집성

응집성에는 여러 가지 형식이 있지만, 접속사적(conjunctive) 응집성이 가르치기 가장 쉬운 형식이다. 아동이 말한 내러티브를 모아서 하나의 '책'으로 옮겨 쓴다. 그리고 아동이 표현한 접속사와 관계의 사용에 대해 분석한다. 혹은 다양한 접속절이 포함된 짧은 이야기를 아동에게 읽어준다. 다시 말하기를 시켜보면 아동은 보통 자기가 일상생활에서 사용하지 않는 관계나 접속사는 표현하지 않는다.

일단 아동이 사용한 관계나 접속사를 분석하고 나면, SLP는 다른 접속사들을 가르치기 시작한다. 생략된 접속사나 부정확한 관계와 같은 것들이 우선시되긴 하지만, 접속사의 발달적 순서를 고려해도 좋다. 예를 들어 "…가 돈을 모두 도둑맞았어요. 그 남자가 은행을 털었어요. 그 남자가 배가 고팠어요"와 같은 이야기에 원인과 결과가 나타나 있긴 하지만 왜냐하면은 보이지 않는다.

SLP는 먼저 접속사가 포함된 혹은 포함되지 않은 내러티브 관계를 소개하고서 질문-대답 방법을 사용해 아동이 필요한 접속사를 표현하도록 유도한다. 아동이 부정확한 반응을 보이면, SLP는 이야기에서 관련된 부분만을 다시 읽어주거나 말해주고, 접속사가 포함된 반응을 시범으로 보인다. 그 후에 의미를 설명하고 아동이 다시 반응하도록 격려한다. 이 훈련에서 중요한 측면은 정확한 접속사를 되뇌는 것이 아니라 표현된 관계를 이해하는 것이다. 마지막 훈련 단계는 아동이 새로운 내러티브를 만들어내는 것이다.

참조적 응집성(referential cohesion)은 내러티브에서 원래 있었거나 새롭게 나타난 정보를 가리키는 명사, 대명사, 관사의 사용을 말한다. 이야기를 하는 동안 아동에게 질문하고 대답하게 하면서 가르쳐줄 수 있다. SLP가 다시 말하기를 할 때 빈 곳 채우기(fill-in-the blank) 질문을 하고 아동이 적절한 낱말을 집어넣게 할 수도 있다. 내러티브는 점차 덜 조직화되어 가고 더 설명적인 요소들로 채워진다. 내러티브라는 틀이 없이는 응집성을 이해하고 표현하기가 어렵다.

### 이해

친숙한 일과나 일상생활과 관련된 예측 가능한 사건으로 내러티브를 시작하면 이해 능력을 높일 수 있다. 내면화된 사건 스크립트가 아동의 이해와 회상을 돕기 때문이다. 스크립트 놀이를 하면서 내러티브 속에 다양한 요소들을 조금씩 첨가하고 점차 낯설고 허구적인 사건과 이야기로 텍스트를 옮겨간다. 사건 순서를 그리거나 쓰면서 점차 이해와 회상 능력이 촉진된다.

내러티브를 시작하기 전에 SLP가 아동과 함께 이야기를 살펴본다. 아동이 이야기에 자신의 지식을 접목하도록 도와준다. 이러한 사전 이야기 작업은 제12장에서 다룰 것이다.

연구들은 주관성 혹은 등장인물의 사고와 감정을 활용함으로써 허구적 이야기에 대한 이해능력이 증진되었다고 보고한다. 내러티브 속의 사건을 이해하는 방법의 하나로서 등장인물의 반응에 초점을 맞추도록 아동에게 가르치면 아동은 내러티브 속 사건의 이유, 결과 혹은 결론에도 좀 더 초점을 맞춘다. 옳거나 틀린 답은 없다. 아동은 자신이 이해할 수 있는 방식으로 사건을 설명한다.

## 의미론

의미적 중재는 서로 다르지만 관련이 있는 여러 중재 수준으로 구성되며, 단순히 어휘를 훈련하는 것 이상으로 복잡하고 서로 영향을 주는 여러 가지 중재 전략들로 이루어진다. 낱말 의미에는 세상에 대한 개념과 지식이 포함된다. 의미적 훈련을 할 때는 내재하는 이러한 개념의 중요성을 인식하고 개념 형성이라는 인지적 측면을 훈련에 포함시켜야 한다.

### 부적절한 어휘

의미(meaning)란 낱말(혹은 신호)과 내재하는 개념 간의 관계를 말한다. 의미를 구성하는 데 있어 아동마다 다른 전략을 활용하기도 하고, 한 아동이 발달을 하면서 전략을 바꾸기도 한다. 낱말의 의미를 안다는 것은 그 낱말을 정의할 수 있다는 것과는 다르다.

언어장애 아동은 오로지 스스로에게 명백한 한 가지 전략만을 사용한다. 예를 들어 몇몇 ASD 아동이 표현하는 의미는 분해되지 않고 상황적으로만 관련된 '말의 묶음(chunk)'이다. 지적장애 아동은 복잡한 개념을 형성하는 데 자주 어려움을 보인다.

SLP는 아동이 물리적이고 사회적인 세상과 접할 수 있는 상황을 제시함으로써 개인적인 참조체계를 만들고 확장하도록 도와주어야 한다. 초기 개념발달 시기에는 정적인 상황보다는 역동적인 사건이 도움이 되는 것 같다. 따라서 움직임, 대비 그리고 변화에 초점을 맞출 때 특징을 더 잘 학습할 수 있다. 가장 성공적인 전략은

- 경험이나 사전지식에 근거해 개념을 세우고, 새로운 낱말과 연결시키거나
- 의미 있는 맥락 속에서 가르치거나
- 자주 경험하게 하는 것이다.

7세 이하 아동의 경우에는 경험적 기초가 특히 중요하다. 이 시기의 아동은 의미 있고 실제적인 경험을 해야 한다. 예를 들어 눈 속에서 노는 일도 그런 활동과 관련된 낱말을 배우는 일종의 수업이다. 앞에서 언급한 것처럼, 다운증후군 아동과 같은 학생을 가르칠 때는 반복적인 입력과 인출 연습이 어휘학습에 도움이 된다(Chapman et al., 2006).

세상 지식 혹은 아동이 세상에 대해 아는 바는 어휘 성장에 특히 중요하다. 이른 시기에는 예측 가능한 일상적인 사건 및 이에 따르는 스크립트와 관련된 경험을 통해 낱말의 의미를 배운다. 아동들은 체험학습을 할 때 만지고, 냄새 맡고, 심지어 나뭇가지를 맛보고, 감각을 묘사하면서 세상을 경험한다. 언어 촉진자는 아동이 부딪히는 사건과 물건의 특징을 언어화해준다. 초등학교 고학년이 되면 아동은 성인과 마찬가지로 다른 사람의 경험으로부터 배운다.

유치원 아동, 특히 어휘력이 낮은 아동의 경우 이야기책 읽기는 새로운 낱말을 배우는 효과적인 방법이다(Justice, Meier, & Walpole, 2005). 읽어주면서 이야기에 나오는 낯선 낱말을 설명하거나, 비슷한 말을 알려주거나, 낱말을 몸짓으로 보이거나, 지시물을 지적하는 낱말교수 전략을 함께 사용하면 더 효과적이다.

언어장애 아동이나 청소년은 맥락 속에서 어떻게 낱말의 의미를 구축할 수 있을지 배워야 한다. 맥락 속의 여러 단서를 사용해서 시간(때), 공간(장소), 가치(관련 값어치), 상태 묘사(물리적 묘사), 기능 묘사(사용), 인과(원인과 결과), 구성원 분류(유형), 등가(비슷한 점/다른 점)로 의미를 분류할 수 있다. 여기서 구성원 분류와 기능 묘사가 아동에게 가장 쉬우며, 상태 묘사가 가장 어려운 것 같다.

아동에게 낱말을 반복적으로 소개하기 전에 먼저 맥락을 정해야 한다. 반복적으로 노출되는 상호 작용 맥락 속에서 무슨 낱말을 배워야 하는지 아동이 알아채려면 도움이 필요하다. 문장을 제시할 때

낱말을 강조해서 들려주면 새로운 낱말을 배우는 데 도움이 된다(Ellis Weismer & Hesketh, 1998). 구문을 사용해서 어휘를 습득하는 것을 어려워하는 단순언어장애 아동에게는 이렇게 강조하는 것이 더욱 중요하다(Rice, Cleave, & Oetting, 2000). 내러티브도 새로운 낱말을 소개하는 하나의 맥락으로 사용될 수 있다.

단순언어장애 아동에게 어휘 훈련을 할 때, 집중적인 자극법(focused stimulation)만 사용하는 것보다는 반응 요구-유도 모방(mand-elicited imitation, MEI) 시범이 더 나은 교수방법이라는 보고가 있다(Kouri, 2005). MEI에서는 장난감을 주는 것과 같은 비언어적 단서와 "뭘 갖고 싶어?"와 같은 언어적 단서를 사용해 아동으로부터 요청하기를 이끌어낸다. 만약 아동이 물건 이름을 대면서 요청하지 않으면 SLP가 모방을 촉진한다.

단순언어장애 아동의 경우에는 교수 단서가 학습에 영향을 주는 방식이 정상 발달 아동과 다른 것 같다(Gray, 2005). 예를 들어 음운단서(그 말은 /ㅅ/로 시작해)는 표현을 도와주지만, 의미단서(그건 나무로 만들었어)는 이해를 촉진한다. 어휘력이 낮은 아동은 낱말의 음운적 측면과 의미적 측면 모두에서 어려움을 보이기 때문에 두 가지를 모두 중재하는 것이 필요하다(Nash & Donaldson, 2005). 특히 단순언어장애 아동에게는 표현과 수용 두 가지 방식에서 새로운 낱말을 과잉 학습시키는 것도 타당해보인다(Gray, 2003).

새로운 낱말의 학습에 영향을 미치는 요소에는 여러 가지가 있을 수 있다. 예를 들어 일상적인 낱말에 자주 보이는 음소가 포함되거나, 복수형 -s와 같은 문법형태소가 검사구문에 수식되지 않거나, 지시물을 보기 전에 새 낱말을 먼저 보거나 하는 경우에는 새로운 낱말을 더 잘 배운다(Bedore & Leonard, 2000; Stotrkel, 2001; Storkel & Morrisette, 2002). 보통 일반아동과 언어장애 아동 모두 성공적으로 사용한 경험을 하면 낱말에 접근하는 경로도 강화된다.

낱말학습에 영향을 미치는 또 다른 요소로는 어휘 유사성과 의미 유사성이 있는데, 어휘 유사성은 학습의 속도를 높이는 반면 의미 유사성은 그 속도를 늦추는 듯하다(Storkel & Adlof, 2009). 어휘 유사성을 측정하는 한 가지 방식은 어휘이웃의 밀도인데, 목표낱말과 음소 하나만 다른 낱말의 수를 의미한다. 학령전기 일반 아동은 개연성과 밀도가 낮은 새 낱말보다 개연성과 밀도가 높은 새 낱말을 더 빨리 배우는 경향이 있다(Storkel, 2001, 2003, 2004; Storkel & Maekawa, 2005; Storkel & Rogers, 2000).

의미 유사성은 의미적 표상이나 낱말 의미와의 밀접성을 말한다. 의미적 표상의 여러 가지가 유사한 낱말들은 그런 의미적 표상들이 서로 경쟁을 한다. 성인의 경우, 이 때문에 의미적으로 유사한 많은 낱말들 속에서 특정 낱말들을 재인하거나 회상하는 데 어려움이 생길 수 있다(Nelson & Zhang, 2000).

진화(evolution)나 삼각형과 같이 아동이 학교에서 성공하는 데 필요한 교과용어들은 개연성과 이웃밀도도 낮고, 의미적 유사성도 거의 없다. 이웃밀도를 높이고자 그 낱말을 바꿀 수도 없으므로 단어 형성법을 이해하도록 가르치는 형태적 접근법을 강화해야 한다. 이런 방법은 진화(evolution), 진화하다(evolve), 진화하는(evolving)과 같은 형태소적 변이를 가르치는 데도 도움이 된다.

일반적으로 7~12세 아동의 표현언어 활용과 인출은 그 낱말에 대한 아동의 친숙도에 영향을 많이 받는다. 그 외의 다른 요인은 그 낱말의 어휘 이웃과의 높은 친숙도, 그리고 낮은 이웃 밀도이다(Newman & German, 2002).

어휘를 가르치는 네 가지 서로 다른 방법은 다음과 같다(Alderete et al., 2004).

- 상호작용적 책 읽기에 참여하기
- 직접적인 어휘교육
- 형태적 지식을 활용한 낱말학습 전략
- '언어로 놀기'를 통해 낱말 지각 높이기

상호작용적 읽기를 할 때는 아동이 지금 읽고 있는 대상, 등장인물, 사건에 대해 이야기를 할 뿐 아니라 문맥을 벗어나 덜 관련된 이야기로 점차 확장해야 한다. 즉 당면한 문맥에서 벗어나 추상적 수준으로 진행하도록 가르쳐야 한다. 먼저 아동이 물리적인 속성을 지적하고, 명명하고, 묘사하도록 촉진한다. 그 다음 지각적으로 재정리하면서, 덜 지각적인 묘사를 통해 등장인물과 사건을 파악하고, 문맥에 사용된 낱말들의 의미를 말한다. 마지막으로 아동은 왜 사건이 발생하고 감정이 생겨나는지에 대한 질문에 대답해야 한다. 읽기 후 활동으로는 문맥에서 나온 낱말과 그 낱말의 맥락적 의미에 대해 집중적인 토의를 한다.

직접적인 어휘교육을 할 때 교실에서 자주 사용하는 낱말이나 꼭 알아야 하는 고빈도 낱말에 초점을 맞추어야 한다. 여러 가지 방법이나 다양한 상황을 활용해 낱말을 가르치며, 다른 낱말과 연관 짓거나 아동이 이미 알고 있는 지식에 기초하여 교육한다. 낱말을 듣고 동시에 표현하는 다감각적 접근법을 사용하면 음운표상을 형성하는 데 도움이 된다. SLP는 다른 맥락에서 나온 예를 제시하면서 아동도 그렇게 표현하도록 격려한다.

낱말학습 전략들은 어근이나 다양한 형태적 접사를 가르치는 형태론에 중점을 둔다. 이런 중재는 철자법 학습, 어원학 혹은 의미 파악을 위한 낱말 분해, 형태적 접사에 의한 낱말 분류를 포함하기도 한다.

마지막으로 새로운 낱말에 대한 낱말 지각 높이기가 가장 재미있는 전략이다. 이 전략에서는 낱말 놀이, 비슷한 말 맞추기, 수수께끼, 미술, 드라마, 시 짓기를 한다. 비유 낱말과 구문을 사용하면 더 재미있다. 아동은 사전에 나오지 않는 낱말을 만들어내거나 이미 있는 낱말에 새로운 의미를 부여하는 것을 아주 즐겨 한다. 기존에 있는 실제 낱말들을 새롭게 연결하여 아동이 그 의미에 대해 추측하게 하는 것도 좋은 방법이다. 영어를 새로 배우는 한 아동은 자주 신체접촉을 하는 가족구성원 간의 관계를 뜻하면서 스킨십(skinship, skin+ship)이라는 낱말을 사용했다.

아무도 완벽한 정의를 알고서 말하지는 않는다. 아동이 낱말을 배울 때 성인용 정의가 필요하지 않다는 것을 기억해야 한다. 12세 이하의 아동에게는 사전적 정의를 기대하지 말아야 한다. 그러나 정상적으로 발달하는 12세 아동은 낱말을 정의하고, 결론 내리고, 추론을 할 수 있어야 한다.

아동에게 제시할 때는 낱말의 뚜렷한 특징을 배울 수 있도록 가장 모범적이거나 대표적인 예를 들어야 한다. 교실이나 가정에서 언어 촉진자는 아동이 낱말의 뚜렷한 특징을 경험할 수 있도록 고안하고, 집중시키고, 경험을 제공하는 중재자가 되어야 한다.

아동이 활동을 하면서 낱말의 특징을 묘사하도록 가르친다. 다음으로 그 묘사들을 사용해 비슷한 점과 다른 점을 정하고 이름을 짓는다. 나뭇잎의 종류와 같은 낯선 이름을 부르는 대신, 아동이 이미 알고 있는 언어를 좀 더 확장해 '다섯 손가락 나뭇잎'과 같이 설명적인 이름을 짓도록 가르치는 것이 좋다.

가정이나 학교의 일상적인 활동이나 사건 중에서 자주 사용하는 낱말을 목표로 삼는 것이 좋다. 보통 새로운 낱말과 새로운 개념을 모두 한 번에 배우는 것보다는 이미 알고 있는 개념에 낱말을 새롭게 배우는 것이 더 쉽다. 가르칠 낱말은 사용빈도, 발달 수준, 교실에서의 필요 및 교과서 내 활용도, 도움 없이 맥락만으로 배우는 아동의 학습 가능성에 기초해서 선택해야 한다. 청소년의 경우 속어(slang)를 배우는 것도 사회화에 도움이 될 수 있다.

낱말 훈련을 할 때는 같은 의미(동의어), 같은 소리(동음이의어)나 다른 뜻(반의어)을 가진 낱말들도 함께 가르쳐야 한다. 그런 훈련은 정보를 쉽게 저장하고 인출할 수 있도록 언어를 조직화하는 데 도움이 된다. 접두사나 접미사, 음절 분절화도 마찬가지로 중요하다. 그런 훈련을 통해 표현하고 있는 어휘가 지닌 의미상의 오류와 오해가 고쳐지면서 아동이 이미 알고 있는 의미들도 견고하게 된다.

'공을 차다'와 같은 맥락적인 의미에서 시작하여 '혀를 차다'와 같은 덜 맥락적인 의미나 '바람이 차다'와 같은 다중의미로 훈련을 진행해야 한다.

촉진자는 아동에게 맥락에 따라 의미가 달라진다는 것을 가르쳐야 한다. 다양한 맥락들을 최대한 활용하고 아동이 경험하도록 제시해야 한다. 새로운 낱말을 사용해야 하는 이야기를 말하게 하는 것도 낱말 사용을 촉진하는 좋은 전략이다.

아동에게 낱말의 의미적 특징을 분석하게 함으로써 낱말과 관련된 특성을 확장하고 범주화를 하도록 도와줄 수 있다. 낱말은 그림 11.1에서처럼 의미적 특징에 따라 분류될 수 있다. 분류하기 과제도 비슷한 기능을 하는데, 과제를 하면서 스스로 낱말관계를 배운다.

어근 전략을 사용하여 학령기 아동이 스스로 의미 및 의미 변화를 발견하도록 도와준다. 접미사는 접두사보다 배우기 쉬우므로 먼저 가르쳐야 한다(이 장의 '형태론' 부분 참조). 접두사는 *un-*과 같이 구체적이고 정의가 쉬운 것에서 시작하여 더 추상적인 것으로 진행해야 한다. 미국 영어에서 가장 자주 활용되는 접두사는 *un-*, *in-*, *dis-*, *non-*이다.

시판 중인 많은 게임들(예 : *Boggle, Pictionary, Scrabble*)을 어휘 훈련에 그대로 사용하거나 조금씩 바꾸어 쓸 수도 있다. 확장형 도표와 같은 의미 조직도가 낱말 연상에 사용될 수도 있다. 아동은 의미

|  | 교통수단 | 네 바퀴 | 두 바퀴 | 엔진으로 움직임 | 페달로 움직임 | 철로 위로 달림 |
|---|---|---|---|---|---|---|
| 오토바이 | × |  | × | × |  |  |
| 자전거 | × |  | × |  | × |  |
| 자동차 | × | × |  | × |  |  |
| 버스 | × | × |  | × |  |  |
| 기차 | × |  |  | × |  | × |

|  | 들짐승 | 날짐승 | 농장 | 야생 혹은 동물원 | 우유를 줌 | 네 다리 |
|---|---|---|---|---|---|---|
| 닭 |  | × | × |  |  |  |
| 오리 |  | × | × |  |  |  |
| 소 | × |  | × |  | × | × |
| 코끼리 | × |  |  | × | × | × |
| 염소 | × |  | × |  | × | × |

**그림 11.1** 의미적으로 유사한 특징 분석하기

조직도를 사용해서 해당 낱말에 대해 아는 것을 모두 말하거나 '떠오르는 생각 말하기'를 할 수 있다. 그림 11.2는 전형적인 확장형 도표이다.

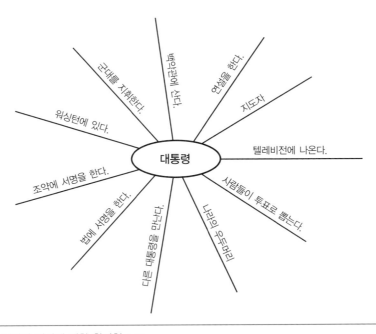

**그림 11.2** 낱말 의미와 연상에 대한 확장형 도표

---

### 의미 범주와 관계어

의미는 낱말 수준 그 이상이다. 낱말로 행위자나 행위와 같은 서로 다른 의미의 역할을 표현하면서 지시 대상 간의 관계를 구체화한다. 그러기 위해 문장을 구성하는 아동은 지시 대상과 의미의 역할을 모두 기억해야 한다.

낱말과 구문으로 지각적 속성(크다, 낡다), 방식(재빨리), 시간적 측면(첫째로, 나중에)과 같은 성질이나 더 긴 문장단위 간의 관계[부가적(그리고) 혹은 인과적(왜냐하면)]를 표시하면서 기본적인 문장 요소의 의미가 바뀌기도 한다. 듣는 이로써 아동은 다른 사람의 말에 내재하는 다양한 관계에 대해 자신이 이해하는 정도까지만 알아들을 수 있다.

### 의미군

SLP는 사용을 지배하는 서로 다른 의미군(semantic class)에 낱말을 배치하면서 아동에게 가르친다. 그 낱말이 배치되는 의미군은 낱말을 정의할 때 일부분이 되기도 한다(예 : '행복'의 정의는 '기분이 좋고 만족을 느끼는 감정(의미군)이다'). 낱말을 가르치는 가장 좋은 방법은 실제로 사용하는 것이다. 기능적이라는 뜻이다!

행위자(agent) 의미관계는 문장의 주어부분에 위치한다. 영어는 수많은 요소가 문장의 주어와 관련을 맺는 주어부각형 언어이다. 주어와 관련된 요소에는 *to be* 동사(*am, is, are*)와 3인칭 단수의 어미변화, 현재시제 어미 *-s*와 같은 주어–동사 일치, 대명사, 의문문의 조동사–주어 도치가 있다. 그런 요소들은 구문론적으로는 중요하지만 문장의 내용에는 결정적이 아니며 생략이 되더라도 문장을 이해하는 데 그다지 영향을 미치지 않는다. 예를 들어 '엄마 밥 먹어?'라고 해도 대략적인 의미는 전달이 된다.

SLP는 기능적 접근방법을 사용해서 낱말의 주어성(subjecthood) 개념과 주어의 목적을 가르칠 수 있다. 어떤 문장에서 주어는 명사 혹은 명사구로서 문장의 관점을 나타내는 기능을 한다. 반대로 주제는 대화의 초점을 의미한다. 문장이 행위를 포함하고 있다면, 행위자(agent)가 그 행위를 하는 사람(actor)이 된다. 주어는 활용되는 대명사와 일치하기도 한다.

SLP는 다음과 같은 형식을 활용해 아동이 주어를 파악하도록 가르칠 수 있다.

- 주격 : **He** *is running.*
- 목적격 : **Him**, *he is running.*

먼저 '어느 것이 …?(Which one is…?)'라는 질문 유형에 반응하도록 가르치고, 두 번째로 '그 남자가 무엇을 하고 있지?(What is the man doing?)' 혹은 '누가 …?(Who is…?)'라는 질문 유형에 반응하도록 한다. 맥락을 다양하게 활용하면 아동이 주어의 기능과 주제와의 차이를 추론할 수 있게 된다. 주어성을 가르칠 수 있는 대화와 놀이는 무궁무진하다.

활동 속에서 질문에 응답하는 식으로 아동에게 문장형식을 가르칠 수 있다. 위의 두 번째 문장은

**표 11.5** 의미 분류 훈련을 위한 제안

---

**도구**

이 분류의 낱말은 'The wood was split *by his axe*'에서처럼 *by* 뒤에 나타나면서 문장의 끝에 위치한다. 위치와 전치사 *by* 가 분류를 위한 단서가 된다. 이 분류는 'John *used the rake* to gather the leaves'에서처럼 활용되는 동사로도 알 수 있다. 'How did…?' 혹은 'What did John use to…?'와 같은 질문으로 이런 문장 유형을 유도할 수 있다.

**수동자/목적어**

이 분류의 낱말은 먼저 타동사의 직접목적어로 문장의 끝에 위치한다. 'What did Carol throw?'와 같은 질문으로 이 분류를 유도한다. 이 분류가 주어의 위치에 있는 경우에는 가르치기가 어려운데, 그 위치에는 보통 행위자가 나오기 때문이다. 행위자를 가르칠 때 '*who*' 질문 유형을 사용한다면, 수동자를 가르칠 때는 'What grew in the park?'에서처럼 '*what*' 질문 유형을 사용한다.

**여격**

여격 분류의 낱말은 간접목적어로 활용되는 경우가 대부분이다. 이 기능은 처음에는 전치사 *to*와 *for*를 활용하여 유도한다. 이런 전치사와 함께 'For *whom* did Mary buy the flower?'에서와 같이 '*whom*' 질문으로 이 분류를 유도한다.

**시제, 장소, 양태**

이 분류의 낱말은 비교적 가르치기 쉬운데, 그 활용을 유도하는 독특한 질문 형식이 있기 때문이다. 전치사 *to, with, by*가 다른 의미 분류 활용에 쓰이는 것처럼 전치사 *in, on, at*이 이 기능에 활용된다

**수반**

이 분류의 낱말은 문장의 끝부분에 위치하며, 전치사 *with*를 사용하여 훈련한다. '*with whom*' 질문을 해서 반응을 유도한다.

---

첫 번째 문장을 포함하고 있으므로 훈련은 첫 번째 문장형식에서 시작한다. 일단 아동이 그 형식을 배우고 나면 질문이 바뀌기도 한다. 그 다음 주어부각형 형식에서 보이는 주어-동사 일치를 가르치기 위해 *eat*이나 *drink*와 같이 자주 사용하는 간단한 현재형 동사를 활용한다.

　다른 의미 분류들도 비슷한 방식으로 가르칠 수 있다. 훈련을 위한 제안들이 표 11.5에 제시되어 있다. 여러 가지 활동을 할 때 아동이 서로 다른 낱말들의 의미 분류를 파악할 수 있도록 질문을 한다.

## 관계어

관계어(rational words)는 여러 가지 언어적 기능을 지닌다. 관계란 양이나 질에 기초할 수도 있고 일반적이거나 구체적일 수도 있다. 어떤 관계어는 위치나 시간을 표시하는 데 사용된다. 접속사는 하나의 절을 다른 절과 연결해주는 관계어이다. 관계어 유형마다 중재 시에 고려해야 할 독특한 점들이 있다.

　일반적으로 아동은 어떤 대상을 다른 것과 구별하는 묘사과제나 혹은 듣는 이가 알아들을 수 있도록 등장인물을 구별하는 이야기 과제를 통해 관계어를 습득한다. 중재 초기에 SLP는 맥락과 관련이 있는 과제를 제시하거나 대상이나 등장인물의 수를 조절함으로써 아동이 낱말을 습득하도록 도와준다. 촉진자가 바보 같거나 혼란스러운 듯 행동함으로써 아동이 추가적인 정보나 중요한 정보를 표현하도록 한다. 촉진자가 아동의 표현 수준에 따라 더 길고 개념적으로 좀 더 복잡한 문장으로 조합해준다면 내러티브는 접속사를 배우는 데 특히 효과적인 도구가 될 것이다.

**양적 용어.** 아동이 셈하기를 할 수 있어야만 양적 용어를 배우는 것은 아니다. 초기에는 한 개(one)와 한 개보다 많이(more than one)라는 개념에서 시작한다. 다음에는 많이(many, much), 조금(some), 그리고 더(more)로 다양해진다. 이것들(these)이나 저것들(those)과 같은 용어는 가리킴말(deixis)이거나 말하는 이의 관점에서 비롯된 해석이기 때문에 주의해서 소개해야 한다.

학령전기 수준에서 *many*와 *much*의 구별은 아직 어려우므로 소개하지 않는다. 일반적으로 *many*는 규칙/불규칙 복수형 명사(예 : *cats, shoes, women*)에 활용된다. 반대로 *much*는 동질적이면서 집합적인 명사(예 : *water, sand, sugar*)를 가리키는 질량명사(mass noun)에 활용된다.

그다음으로 *few*와 *couple*과 같은 수량사(quantifier)를 배운다. 그 후에는 *nearly, almost as much as, half*와 같은 수량사를 배우게 된다. 표 11.6은 일반적으로 사용하는 양적 용어이다. 명사구에서 이런 낱말들의 순서는 매우 중요하므로 이 장의 구문론 부분에서 다루게 될 것이다. 분수, 퍼센트 같은 수적 용어는 수학적 기술이 어느 정도 필요하므로 학령기가 되어야 사용할 수 있다.

양적 용어는 여러 가지 자연스러운 상황 속에서 블록, 레고, 사탕이나 과자 세기 등 무엇이든 사용해서 가르칠 수 있다. 책과 손가락 놀이에서도 수 세기가 가능하다. 내러티브에는 여러 등장인물이나 사물이 포함되므로 둘 다(both), 하나만(only one), 셋 다(all three)와 같은 낱말을 사용해서 다양하게 분류할 수 있다. "몇 개 줄까?"와 같은 질문을 하여 아동이 물건의 수를 말해야 하는 상황을 만들어도

**표 11.6** 일반적인 양적 용어와 질적 용어

| 양적 용어 | 질적 용어 |
|---|---|
| 하나, 둘, 셋, 넷(one, two, three, four…) | 큰, 작은, 긴, 짧은(big, little, long, short) |
| 많이, 여럿(many, much, lots of) | 커다란, 적은, 뚱뚱한, 날씬한(large, small, fat, thin) |
| 좀, 조금, 한둘(some, few, couple) | 짧은, 단단한, 무거운, 가벼운(soft, hard, heavy, light) |
| 더, 또하나(more, another) | 같은, 다른, 비슷한(same, different, alike) |
| 거의, 거의다(nearly, almost all) | 늙은, 젊은, 예쁜, 미운(old, young, pretty, ugly) |
| −만큼 많이/조금(as much/little as) | 파란, 초록, 빨강(blue, green, red…) |
| 꽤(plenty) | 뜨거운, 찬, 따뜻한, 추운(hot, cold, warm, chilly) |
| 반, 1/4, 2/5(half, one-fourth, two-fifths) | 넓은, 좁은(wide, narrow) |
| 10%, 75% | 단, 신(sweet, sour) |
| 측정단위 : inch, foot, mile, cup, pint, quart, gallon, centimeter, meter, kilometer, liter, ounce, pound, gram, kilogram, acre | 착한, 나쁜, 재미있는, 슬픈(nice, mean, funny, sad) |
| | 빠른, 느린(fast, slow) |
| | 부드러운, 거친(smooth, rough) |
| | 깨끗한, 더러운(clean, dirty) |
| | 빈, 찬(empty, full) |
| | 화난, 무서운(angry, afraid) |
| | 비교급과 최상급 관계 : -er, -est, as x as(x만큼), xer than(x 보다 더) |

좋다. 간이음식점이나 마트와 같은 거래상황을 만들면 자연스럽게 양적 용어를 사용하게 된다.

**질적 용어.** 질적 용어는 *big*과 *tall*뿐 아니라 *bigger*과 *tallest*와 같이 형태소 *-er*과 *-est*를 활용하는 용어를 포함하며, *as big as, not as wet as, smaller than* 등과 같은 구문도 이에 해당한다. 표 11.6에는 일반적으로 사용되는 질적 용어가 제시되어 있다. 일반적으로 최상급 *-est*보다 비교급 *-er*의 활용을 먼저 배우므로 이런 순서를 따라 훈련해야 한다. *better*이나 *best*와 같은 예외적인 경우를 알려주기 전에 이 표지의 규칙적인 활용을 먼저 가르쳐야 한다. 낱말은 *bigger*에서 시작해서 *bigger than*과 같은 구문으로 점차 확장된다.

아동은 의미 특징에 관한 개념을 한 번에 한 가지씩 습득하는 것 같다. 폭넓고 일반적인 개념(예 : 크다)을 좀 더 구체적인 개념(예 : 길다)보다 먼저 습득하기 때문이다. 즉 크다(big)는 전반적인 크기에 관한 것인 반면 길다(long)는 수평적 크기만을 의미한다.

SLP는 비교어(comparative terms)가 발달하는 순서에 따라 용어와 관계를 가르쳐야 한다. 표 11.7은 비교어들과 대부분의 아동이 이 용어들을 정확히 활용하는 연령대를 짝 지어놓은 것이다.

보통 이런 개념적 낱말쌍이 동시에 습득되지는 않는다. 3~7세의 아동은 그 낱말쌍이 나타내는 특징을 좀 더 대표하는 긍정적 구성 요소를 먼저 습득한 후에 부정적 요소를 배운다(Bracken, 1988). 예를 들어 크다(big)와 작다(little)는 크기라는 차원에서 정반대 개념이다. 크다(big)는 더 많은 크기를 의미하므로 긍정적인 구성 요소에 해당한다. 이는 언어장애 아동에게 긍정적인 요소를 먼저 가르쳐야 한다는 것을 의미한다.

질적 용어들은 여러 놀이 상황이나 내러티브에서 자주 사용된다. 어떤 것을 다른 것과 비교해야 하는 대화 상황을 구성하는 것은 쉬운 일이다. 촉진자가 혼란스러운 듯 "어떤 거?"라고 질문하면 "큰 거요." 혹은 "초록색 보풀보풀한 거요."와 같은 대답을 이끌어낼 수 있다. 놀이나 간식시간 같은 상황에서 아동이 크기나 색과 같이 대비되는 특징에 근거해 선택하도록 한다.

**공간적 및 시간적 용어.** 공간이나 장소 그리고 시간을 모두 표시하기 때문에 혼동되는 낱말들이 여럿 있다. 영어에서 가장 일반적으로 사용되는 그런 낱말들 중에 *in, on, at, by*와 같은 전치사가 있다. 제1장의 구문론 부분에서 전치사 훈련에 대해 다루었다. 처음(first)이나 마지막(last)과 같은 낱말들도 장소와 시간을 모두 가리킨다.

공간적 개념은 먼저 아동 자신과 관련해서 가르치고, 그다음에 텔레비전, 의자나 사람과 같이 '얼굴이 있는' 혹은 전면이 있는 사물을 사용하고, 마지막으로 쓰레기통이나 공과 같이 얼굴이 없는 사물로 가르친다. 일반적으로 수직적 차원(꼭대기에, on top)이 수평적 차원보다 먼저 학습된다. 앞에(in front of)나 뒤에(behind)와 같은 수평적 전후 용어는 옆에(beside)나 나란히(next to)와 같은 수평적 좌우 용어보다 먼저 습득된다. 전에(before), 다음에(after), 처음(first), 마지막(last)과 같이 순서를 표시하는 용

**표 11.7** 일반적인 비교 낱말쌍과 습득 연령

| 긍정적−부정적(연령) | 긍정적−부정적(연령) |
|---|---|
| 같은−다른(same−different) (36~60개월) | 시끄럽다−조용하다(loud−quiet) |
| 앞에−뒤에(in front of−behind) (48~54개월) | 날카롭다−무디다(sharp−dull) |
| 안−밖(into−out of) | 고체−액체(solid−liquid) |
| 꼭대기−바닥(top−bottom) (48~54개월) | 가득차다−비어있다(full−empty) (36~48개월) |
| 올라가다−떨어지다(rising−falling) | 함께−따로(with−without) (48~54개월) |
| 건강한−아픈(healthy−sick) | 도착하다−떠나다(arriving−leaving) |
| 큰−작은(big−little) (30~48개월) | 처음−마지막(first−last) (60~66개월) |
| 깊은−얕은(deep−shallow) | 켜다−끄다(on−off) (24~36개월) |
| 두꺼운−얇은(thick−thin) | 위−아래(up−down) (36~60개월) |
| 단단한−부드러운(hard−soft) (30~42개월) | 높다−낮다(high−low) (42~60개월) |
| 부드러운−거친(smooth−rough) | 앞쪽으로−뒤쪽으로(forward−backward) |
| 더−덜(more−less) (42~72개월) | 행복한−슬픈(happy−sad) |
| 모두−하나도없는(all−none) | 늙은−젊은(old−young) |
| 오래된−새로운(old−new) | 큰−작은(large−small) (78~84개월) |
| 이전−나중(before−after) (66~72개월) | 길다−짧다(long−short)(수평적, horizontal) (54~60개월) |
| 열다−닫다(open−close) | 뜨겁다−차다(hot−cold) |
| 안으로−밖으로(inside−outside) | 어둡다−밝다(dark−light) |
| 위에−밑에(over−under) (42~48개월) | 꽉끼다−느슨하다(tight−loose) |
| 앞−뒤(front−back) (48~52개월) | 많이−조금(a lot−little) |
| 위−아래(above−below) (66~72개월) | 빠르다−느리다(fast−slow) |
| 맞다−틀리다(right−wrong) | 일찍−늦게(early−late) |
| 무겁다−가볍다(heavy−light) (30~48개월) | 항상−전혀(always−never) |
| (키가)크다−(키가)작다(tall−small) (30~84개월) | |

주 : 전반적인 순서가 개념쌍을 가르치는 순서를 의미하지는 않음
출처 : Bracken(1988); Edmonston & Thane(1990); Wiig & Semel(1984)

어는 보통 동시에(at the same time), 동안(during), 그리고 때(when)와 같은 동시성 용어보다 먼저 습득
된다. 오랫동안(a long time)과 같은 기간에 대한 용어는 흔히 가장 나중에 배운다.

　보통 구체적인 정의로 시작해서 점차 추상적인 것으로 진행하는 것이 좋다. 예를 들어 처음(first),
마지막(last), 전에(before), 다음에(after)를 훈련할 때 기차나 일렬로 된 물건을 사용한다. 촉진자는 아동
에게 기차칸을 하나씩 만지게 한 다음("어느 칸이 먼저지?"), 짧은 순서로(처음, 마지막), 마지막으로
는 반대 순서로 만지게 한다. 물건 순서 짓기를 먼저 한 후 사건 순서 짓기와 시간개념 순서 짓기를
배운다.

　맥락의 수가 많을수록 학습과 일반화는 더 잘 일어난다. 아동이 시공간적 경험에 따라 환경을 조직
하게끔 말로 도와준다. 표 11.8에 일반적인 시간 및 공간적 용어들이 제시되어 있다.

**표 11.8** 일반적인 시간적 용어와 공간적 용어

| 공간적 용어 | | 시간적 용어 | |
|---|---|---|---|
| next to | inside | next | seasons |
| before | outside | before | numerals for years |
| after | side | after | morning |
| on, on top | end | in, to | afternoon |
| in, into | in front of | soon | evening |
| in between | behind | later | days |
| between | beside | now | weeks |
| middle | right | above | hours |
| above | left | yesterday | minutes |
| under | through | today | through |
| over | high, tall | tomorrow | away from |
| below | upside down | calendar dates | toward |
| corner | together | months | sometimes |
| bottom | | | |

SLP는 지시 따르기 게임이나 활동들을 하면서 아동에게 시간과 공간에 대해 가르쳐 줄 수 있다. 아동이 알고 있는 가정이나 교실의 일과적 순서에서 시작했다가, 현금인출기 사용하기와 같이 덜 친숙하면서 언어적인 입력이 더 필요한 활동으로 점차 옮겨가는 것이 좋다. 만들기나 요리하기와 같은 활동은 구체적인 순서가 있는 아주 좋은 과제들이다.

그다음 그림 순서나 이야기 말하기 순서를 활용해 훈련을 한다. 아동들은 처음에(first), 그다음에(next), 마지막에(last) 무슨 일이 일어났는지 파악해야 한다.

가리킴말(deixis)이나 대상 지시어(deictic terms)는 가르치기 매우 어려운 개념이다. 촉진자가 말하는 이도 되고 아동에게 신호주는 이도 되는 경우 대화의 역할이 위반된다. 여기/저기(here/there)와 같은 낱말이 한 예이다. "그 공을 여기에 놔.(Put the ball here)"라는 요청은 말하는 이의 관점에서 한 말이다. 말하는 이에게 여기(here)는 당연히 듣는 이에게는 거기(there)이다. 만일 말하는 이가 듣는 이(아동)의 관점을 취해서 "그래, 그거 거기에 놔.(Yes, put it *there*)"라고 말한다면 아동은 더 혼란스러워 할 것이다. 어떻게 말하는 이에게 여기(here)가 동시에 거기(there)가 되겠는가?

아동에게 가리킴말을 가르칠 때는 아동과 나란히 앉아서 관점을 공유해야 한다. 관점을 공유하면 장소를 가리키는 용어도 비슷해진다. 다른 촉진자, 인형 혹은 사전에 녹음된 테이프를 또 다른 대화 상대자로 활용할 수 있다. 가리킴말 훈련에 대해 이 장 구문론의 대명사 부분에서 다루게 될 것이다.

**접속사.** 아동이 관계를 인식하기 시작하면 접속사를 가르쳐야 한다. 예를 들어 왜냐하면(because)은 인

**표 11.9** 대략적인 영어 접속사의 순서

| and, | but, or, because, | until, before, | although, | unless, therefore, |
|------|-------------------|----------------|-----------|---------------------|
| and then | so, if when | after | while, as | however |

과관계를 나타내며 12세가 되어서야 완전히 습득된다. 표 11.9는 일반적인 접속사의 일반적인 습득 순서를 보여준다. 먼저 접속사 그리고(and)를 가르칠 때는 '개 그리고 고양이'에서처럼 대상을 연결하도록 한다. 요리하기 활동을 하면서, 촉진자가 "네가 제일 좋아하는 과자 두 가지는 어떤 거지?" 혹은 "네가 제일 좋아하는 과자 두 가지만 말해봐."라고 말한다. 비슷한 방법으로 하지만(but)을 사용해서 좋아하고/싫어하는 것을 구별하게 한다("난 과자는 좋아, 하지만 당근은 싫어.").

먼저 절 + 접속사 + 절 형식을 사용하여 아동이 내재된 관계를 배우도록 한다. 예를 들어 다음과 같은 문장들을 제시해준다.

> We wear a coat *because* it is cold.
> We wear a coat *if* it is cold.
> We wear a coat *when* it is cold.

일단 아동이 그 관계를 이해하면, 절의 순서를 'Because it is cold, we wear a coat'와 같이 바꾼다. 이런 문장들은 옷 입기 놀이를 하면서 연습할 수 있다.

다음으로 절들을 결합하도록 한다. 제10장에서 다루었던 분리와 합성 기법을 활용해 아동이 절과 접속사를 파악한 후 문장으로 재합성하도록 도와준다. 이런 결합은 대화에서 충분히 연습할 수 있다.

접속사를 사용하는 접속절은 내러티브 말하기, 이야기책 다시 말하기, 그림 설명하기를 하면서 자연스럽게 유도할 수 있다. SLP는 아동과 대화할 때 다음과 같이 올바른 접속사를 알려주면서 다시 말해보도록 요구한다.

> 아동 : 그리고 다리가 전부 무너졌어요.
> 성인 : 왜? 왜냐하면…
> 아동 : 왜냐면 물이 너무 빠르니까요.
> 성인 : 진짜 재미있다. 나한테 다시 한 번 말해 줄래.
> 아동 : 다리가 무너졌어요, 왜냐하면 물이 너무 빠르니까요.
> 성인 : 다리가 무너졌구나, 왜냐하면 물이 너무 빠르니까. 정말 무섭다. 그래서 어떻게 됐어?

## 낱말 인출 및 범주화

낱말 찾기(word-finding) 문제에는 두 가지 가능한 원인이 있다. 첫째로 내재된 사전 혹은 어휘집 속에 낱말에 대한 정교화가 부족하거나, 잘 확립된 완벽한 표상이 이루어지지 않았기 때문이다. 낱말 찾기에 어려움을 보이는 아동들은 보통 어휘가 부족하거나 낱말지식이 빈약하다.

두 번째 이유는 인출(retrieval)에 있다. 정교화 문제는 대부분 단독으로 나타나는 반면, 인출문제는 일반적으로 정교화 문제를 지닌 아동에게서 부수적으로 나타난다.

낱말인출에 문제를 보이는 아동은 정교화와 인출 활동을 둘 다 해야 도움을 받는다. 다양한 일상생활 활동이나 이 활동에 관한 대화를 하면서 낱말 찾기 활동을 할 수 있다.

중재를 시작하기 전에 문제의 원인을 찾아내는 것이 중요하다. SLP는 이름대기와 같은 여러 가지 활동을 하여 문제의 원인을 밝혀내야 한다. 일반적으로 아동들은 흑백그림보다 실제 사물이나 색이 있는 그림의 이름을 더 정확하게 말한다. 또한 의미 있는 맥락에서 낱말이름대기를 할 때 더 잘 수행한다.

저장문제를 지닌 아동은 확실하게 기억되지 않은 낱말을 이해하고 인출하는 것을 어려워한다. 낱말을 부정확하게 저장했기 때문에 의미습득이 피상적이고, 참조물의 전환이 어려우며, 분석적이고 통합적인 기술도 빈약하다. 저장문제에 대한 중재의 목적은 낱말의 지식과 저장을 높이는 데 있다.

인출문제만 있는 아동은 낱말을 탐색하고 복구하는 데 어려움을 보인다. 저장된 낱말 중에서 필요한 낱말을 변별하고, 표현을 하기 위해 음운 특성을 구성하는 처리과정 어딘가가 분열된 것이다. 이때 중재의 목적은 접근경로를 강화하는 것이다.

기억저장은 처리과정의 깊이나 수준의 영향을 받는 듯하다. 보통 가장 정교하고 깊은 수준에서 처리된 낱말이 가장 잘 회상된다. 운율과 같은 음향학적 처리과정은 표면적 처리과정이다. 범주화는 중간과정이며, 의미/구문적 과정이 깊은 과정이다.

낱말은 의미정보망(network) 내의 다른 낱말이나 형식과 관련해서 기억이 된다. 의미범주 내의 한 구성원이 접근하면 다른 구성원이 활성화된다. 이런 관계는 단순히 일련의 소리나 문자열이 아닌 낱말의미에 기초한다. 즉 ride(타기)는 stride(역주 : st+ride, 걸음)가 아닌 drive(운전)이나 pedal(페달)과 연결되며, cad(악당)는 cadet(역주 : cad+et, 사관생도)가 아닌 villain(악한)을 활성화한다.

의미적으로 관련된 형태소 정보망들도 기억체계의 한 부분을 구성한다. 그래서 stain(흠, 착색), stained glass(색유리), stainless steel(스테인레스 철강)은 서로 관련 있는 것으로 지각된다.

정교화 훈련(elaboration training)은 어휘집을 조직화하고 낱말의 의미를 일반화하여 일상적으로 사용하게 하는 데 중점을 둔다. 정교화 훈련을 할 때 SLP는 서로 다른 예를 제시하거나 낱말비교과제와 같이 의미에 초점을 맞춘 전략을 사용한다. 여러 가지 언어적 맥락 속에서 낱말의 예를 다르게 제시하여 아동이 낱말을 풍부하게 정의하고 연상하도록 한다. house(집)의 다른 예로는 dollhouse(인형의 집), housefly(집파리), 그리고 greenhouse(온실)가 있다. 비교과제를 할 때는 house(집)와 hotel(호텔)처럼 의미적으로 관련 있는 두 낱말의 비슷한 점과 다른 점을 파악하도록 한다.

기억술(mnemonic) 혹은 '열쇠낱말(key word)' 전략도 새로운 어휘를 정교화하고 회상하는 데 사용된다. 처음에는 아동에게 친숙하면서도 음향학적으로나 시각적으로 비슷한 낱말과 새로운 낱말을 서로 연결한다. 예를 들어 *dogged*(완고한)는 *dog*(개)와 연결된다. 아동이 더 깊은 처리과정에서 의미적인 연결을 하게 되면 이런 초기의 연결은 점차 바뀐다.

두 낱말을 연결할 때는 그림과 묘사글을 사용한다. 이미 알고 있는 낱말을 사용해서 모르는 낱말을 배우고 저장하도록 한다. 위 예에서 *dog*을 고집 세고 완고한(dogged) 동물로 묘사할 수 있을 것이다. 그림 아래에 The **dog** was **dogged** and would not give up(그 개는 완고해서 포기하지 않는다)이라고 쓴다. *dogged*의 정의(not give up)가 문장에 포함되었음을 주목하라. 다른 예들이 그림 11.3에 제시되어 있다. 열쇠낱말은 이제 인출 단서가 된다.

이런 방법을 사용한 아동은 더 전통적인 방법으로 어휘를 배운 아동보다 낱말의 정의를 50% 더 많이 회상할 수 있다고 한다. 또한 그림과 문장을 결합하면 따로 배울 때보다 더 효과적이다.

아동들은 본래 낱말 게임이나 낱말놀이를 좋아하므로 이런 교수 전략은 여러 활동과 함께 사용될 수 있다. 저자는 아동과 의사소통할 때 일부러 '헷갈려서' 낱말을 우습게 사용하곤 한다. 아동들은 웃으면서 이런 머리가 좀 둔한 대화 상대자의 실수를 기꺼이 교정해준다.

일반 아동을 대상으로 얻은 자료를 보면 필기도구(크레용, 연필, 사인펜)와 같은 분류적/범주적 관계와 필기 행동(종이, 연필)과 같은 주제적/사건 관계는 다르게 발달하면서 낱말회상에 영향을 미친다(Hashimoto, McGregor, & Graham, 2007). 분류적 관계는 근본적으로 관찰 가능한 지각적 특성(모양, 크기)에 기초한다. 이 연구에서는 학령 전 아동의 경우 주제적 단서가 낱말회상을 돕는다고 제안한다. 분류적 단서는 지각적으로 명백하게 비슷한 단서에서 시작한다.

인출 훈련(retrieval training)에는 한 범주 내 구성 요소의 이름을 대거나 구성 요소가 주어졌을 때 범주를 파악하는 것과 같은 범주화 과제가 있다. 범주에는 동물, 의복, 시장 물건 등과 같이 그 기능을 쉽게 소개할 수 있는 것들이 있다. 예를 들어 "수학여행을 갈 거라고 하던데. 그럼 짐가방에 어떤 (옷)을 넣어야 할까?"라고 물어볼 수 있다.

언어장애 아동집단은 일반 아동에 비해 의미 조직화 전략을 스스로 잘 개발하지 못하고, 조직화 및 조직화 기술을 일반화하는 데에도 더 많은 예시가 필요하다. 낱말 대치오류는 아동이 지닌 조직화 구조의 문제를 뚜렷이 보여주어, SLP가 도와주어야 할 부분이 무엇인지 알 수 있다.

범주화 과제(categorization tasks), 특히 토요일 아침 만화방송 등장인물의 이름대기와 같은 친숙한 과제는 낱말 간에 연상적이고 범주적인 연결을 하게 하여 회상을 촉진한다. 물론 정확한 범주에 접근했지만 잘못된 구성 요소를 인출할 가능성도 있다.

한 가지 범주 이상의 구성 요소들을 함께 제시하면 더 정교한 범주화 과제가 될 수 있다. 예를 들어 의자·침대·탁자와 같은 요소는 가구로 분류되고, 의자·그네·자전거는 앉는 것으로, 자전거·차·버스는 타는 것으로 분류된다. 촉진자는 이런 목록들을 함께 제시해서 아동이 가능한 한 여러 방법으로 그것들을 분류하도록 지도한다.

**The *cat* is ordering from the *catalog.***

**The *cow* is a frightened *coward.***

**그림 11.3** 기억술 사용의 예

먼저 실제 물건을 가지고 아동이 어울리는 물건끼리 쌓도록 하면서 훈련을 시작한다(Parente & Hermann, 1996). 저자는 어렸을 때 만화책은 주인공에 따라, 야구 카드는 팀에 따라 분류했다. 일상생활에서도 여러 가지 비슷한 과제들을 발견할 수 있다. 물건과 그림 다음에는 낱말을 사용한다. 대상들을 묘사(예 : 차다) 혹은 기능(예 : 우리가 타는 것)에 따라 분류한다. 분류하기 다음에는 범주를 회상해야 한다. 일단 아동이 범주를 회상하고 나면 구성 요소들을 회상하게 한다. 장보기 목록 만들기, 집안일 조직화하기, 여행에 가져갈 물건이나 가방 혹은 방에 넣을 물건 계획하기와 같은 일상생활 과제들이 임의적인 분류보다 더 적절하다.

구어 훈련(verbal training)은 일상생활에서 사용하는 구체적인 물건의 평범한 이름에서 시작해야 한다. 친숙한 일상생활 물건과 사건들을 이용해야 한다. 저자가 기억하는 한 교사는 아동들에게 동물원과 농장에 있는 동물 범주를 가르치려고 했지만 아동들이 반응하지 않았다. 두 범주 모두 현실적인 경험세계 밖이었다. 한 아동이 고속도로에서 '깔려 납작해진' 동물이라는 범주를 제시하자, 모든 아동이 참여하기 시작했다. 그 예가 좀 끔찍하긴 하지만, SLP에게 주는 교훈은 지극히 실제적이다. 일상적이고 자연스러운 환경은 기억을 돕는 구체적인 단서를 제공한다.

낱말 인출의 문제는 (1) 이름대기/묘사하기 과제('그건 자전거야. 네가 페달을 밟고서 타는 거야.'), (2) 연상 활동('빨강, 하양, 그리고 _____'), (3) 임의로 선택한 두 낱말의 구문 특징에 기초한 문장 정교화 과제('그 트럭은 운전사가 밥을 먹는 식당 근처에 주차했다.')와 더 깊은 처리 수준이 필요한 끝말 채우기(open-ended fill-ins) 과제 혹은 문장완성 과제('우리는 _____와 같이 먹었다.')를 사용해서 중재한다. 낱말 분류하기 과제를 하면 범주화와 회상 기술이 발달한다. 특히 수업내용이 새로 소개되는 경우 분류도표는 범주화 전략을 발달시키는 데 도움이 된다.

음운적인 전략만 사용하는 것보다 의미적 정교화와 인출 활동이 더 나은 결과를 가져오긴 하지만, 어떤 아동의 경우에는 음운적이고 지각적인 전략을 함께 사용하는 것이 훨씬 효과적일 수 있다. 음운 훈련에는 각운 맞추기, 두음 맞추기, 음절이나 음소 세기와 같은 분절 훈련이 포함된다. 이 방법을 사용하는 이유는 의사소통 붕괴가 부분적으로 낱말에 대한 빈약한 음운적 표상으로 인해 발생한다고 여겨지기 때문이다. 같은 음소로 시작하는 낱말과 비슷한 소리가 나는 낱말에 초점을 두는 음운훈련을 하면 의미 대치가 줄어든다. 지각 훈련에는 그림/소리에 동시 노출하기, 눈감고 시각화하기, 소리 없이 이름 반복하기와 같은 심상 활동이 포함된다.

SLP는 아동이 구성 요소들의 범주를 결정하는 지각적이고 기능적인 특징 및 속성에 주의하도록 도와준다. 한 가지 중재 전략은 아동이 일련의 질문을 하여 새로운 대상과 친숙한 대상을 관련짓도록 가르치는 것이다. 그 질문들은 다음과 같다(Parente & Hermann, 1996, p. 50).

어떤 모습(소리, 냄새, 맛)인가?
같은 걸 의미하는 것에는 무엇이 있을까?
어떤 분류에 속하는 것인가?
보통 누구와 관련되어 있는가?

아동이 여러 가지 물건으로부터 한 가지 비슷한 속성을 찾아내는 것이 중요하다. 그렇지 않으면 아동은 구체적인 속성을 특정 대상과 연결하기 시작한다. 예를 들어 여러 가지 서로 다른 물건들이 *wet*으로 묘사될 수 있다. 이런 종류의 과제는 범주화로 자연스럽게 연결된다. 저장과 기억을 증진시키기 위해서는 속성을 묘사할 때 '그건 …하다'와 같은 형식보다는 여러 가지 다양한 언어 형식을 활용해야 한다.

범주적 식별(categorical identification)은 아동이 한 낱말에 고착되거나 막혔을 때 회상을 도와주는 가장 좋은 단서가 될 수 있다. 범주이름을 말해주어 아동이 필요한 낱말을 좀 더 쉽게 찾아내도록 한다. 부분 낱말 단서, 문장완성, 비구어나 몸짓 단서도 사용할 수 있는 전략이다. 표 11.10에 여러 가지 인출 전략을 제시하였다. 중재를 할 때는 한 낱말에서 시작해서 점점 더 긴 단위로 인출하게 한다.

반복적인 훈련식 이름대기 연습이 대화에서의 낱말 찾기로 이어지는지는 알려져 있지 않다. 그러므로 낱말 찾기 기술이 일반화되려면 훈련에 대화적 요소가 많이 포함되어야 한다.

## 이해

언어이해에는 다음과 같은 복잡한 처리과정이 포함된다(Linderholm et al., 2000).

**표 11.10** 낱말인출 전략

| 인출전략 | 설명 |
|---|---|
| 속성에 관한 단서 | 낱말이나 의미의 속성을 제시한다.<br>유형 :<br>– 음소적 : 첫음소, 모음핵이나 음절을 제시한다. 예 : '그 낱말은 /b/로 시작해'<br>– 의미적 : 범주의 이름이나 기능을 제시한다. 예 : '카누'는 '보트'로, '블랜더'는 '믹서기'로 말해준다.<br>– 시각적 : 그림을 보여주거나 재시각화를 해준다.<br>– 몸짓 : 운동도식을 보여준다. 예 : 삽질하기 흉내 |
| 관련된 단서 | 특정 낱말과 전형적으로 관련 있는 낱말을 제시한다.<br>예 : '운동화'에는 '등산'을, '주스'에는 '오렌지'를 말해준다. |
| 의미적 대안 | 비슷한 의미를 가진 다른 낱말을 제시한다.<br>유형 :<br>– 동의어나 범주 내 대치 : 같은 의미를 지닌 다른 범주 내 다른 구성원을 제시한다.<br>　예 : '겁나게 하다'에 '무섭다', '돼지'에 '염소, 소, 말'<br>– 다의어 대치와 묘사 : 예 : '그건 농장에 살아.', '머리를 이것으로 잘라.' |
| 반영적 쉼 | 경쟁적 반응을 줄이기 위해 쉬면서 생각하도록 한다. |

출처 : German(1992)

● 사실 부호화
● 지식 활성화
● 추론 일반화

　추론을 통해 아동은 이해할 수 있고 기억할 수 있는 방식으로 정보를 연결한다. 그러나 아동이 듣거나 읽은 내용에 자신이 지닌 세상지식을 적용하거나, 중요한 아이디어와 개념에 집중하면서 그 내용을 기억하는 데 어려움이 있을 때 이해문제가 발생한다(Kibby, Marks, Morgan, & Long, 2004).

　중재의 목표는 관련된 낱말과 세상 지식을 인출하도록 하여 이해를 돕고, 아동이 듣고 읽은 내용으로부터 무엇을 어떻게 기억할 것인지 정하도록 가르치는 것이다. 친숙하고 의미 있는 맥락은 이해와 기억을 돕는다. 아동이 사건을 통해 얻은 경험의 정도와 유형이 아동의 기대와 이해를 강하게 형성한다. 일상적인 사건에 관한 친숙한 놀이나 역할놀이에서 사용하는 언어가 이해를 증진시킨다.

　참여의 수준도 기억과 이해에 영향을 미친다. 아동이 더 많이 참여할수록 더 잘 이해하고 회상한다. 교실에서 자주 하는 노래가사, 동요, 손가락 놀이는 아동이 낱말과 비언어적 맥락 간에 활발한 연상을 하도록 돕는다. 그런 활동이 갖는 반복적 성질 또한 이해를 돕는다.

　마지막으로 이해 중재는 즐거워야 한다. 재미있는 활동은 아동을 계속 참여시키므로 이해와 이해 훈련에 반드시 필요하다.

　초기 이해 훈련은 구체적이어야 하고 맥락과 깊은 관련이 있어야 한다. 학령전기 아동은 이야기를 회상할 때보다 직접 이름을 가르쳐줄 때 더 잘 배운다. SLP가 몸짓을 보이거나 느린 속도로 말해줄 때 어린 아동이나 SLI 아동은 이해를 더 잘한다((Montgomery, 2005). 아동이 학령기에 들어서면 훈련은 학교에서 진행되는 문해 활동처럼 점차 탈맥락화되어야 한다.

이해 훈련은 그림이나 물건을 회상하는 것에서 시작하여, 구어 자료에서 나온 한 가지 이상의 세부 사항을 문자적으로 회상하는 것으로 진행된다. SLP는 아동에게 점차 더 세부적인 부분을 회상하게 한다. 후에 그림 순서, 과거 사건의 사진, 만화책을 보조도구로 활용해 세부적인 회상을 할 수 있게 한다. 일상적 사건은 스크립트를 제공해 이해를 돕는다. 다음으로 아동에게 최근에 읽었거나 익숙한 내러티브에서 인과관계를 설명하게 한다. 이렇게 관계를 재구성할 수 있게 되면 아동은 이야기, 수수께끼, 농담을 듣고 추론하고, 결론짓고, 결과를 예측하기 시작한다. 마지막으로 아동은 내러티브, 텔레비전 대담, 영화로부터 정보를 통합해 주관적인 요약을 할 수 있게 된다.

SLP는 의미 내용, 복잡성, 맥락, 기능을 수정하면서 질문-반응 전략(question-response strategy)을 실시하여 아동이 이해하도록 도와준다. 첫 단계에서 치료과정은 단순한 맥락 내포적 질문에서 시작하여 점차 추상적인 맥락에 속한 질문으로 옮겨가는데 이때 질문의 길이는 의미 내용에 맞춰 조절한다.

두 번째 단계에서는 초기에 발달하는 wh-질문 형식이 훈련 목표가 되며, 예/아니요 질문은 의미내용을 강조하기 위해 사용된다. 예를 들어 "여자아이가 머리에 쓴 것은 무엇이지?"라는 질문을 보자. "여자아이가 머리에 신발을 썼니?"라고 질문하면 무반응이나 부적절한 반응 혹은 부정확한 반응이 이어질 것이다. 아동이 부정적인 반응을 하면, "맞아, 그럼 그 아이가 머리에 쓴 것은 무엇이지?"라고 촉진해준다. wh-낱말과 필요한 정보를 강조하기 위해 인쇄물, 사진, 부호를 사용할 수 있다. 이러한 촉진은 점차 사라진다.

세 번째 단계로 새로운 wh-형식이 체계적으로 추가된다. 발달적 자료들은 개념을 바탕으로 wh-낱말과 질문의 형식을 가르치는 논리적 순서를 제시한다. 초기에 보이는 wh-낱말은 사물(대상), 사람(행위자), 소유, 위치와 같이 아동의 발화에서 보이는 초기 표현과 관련이 있다. 이런 wh-낱말은 무엇(what), 누구(who), 누구 것(whose), 어디(where)이다. 이후 아동들은 사물을 구별하기 시작하면서 어느 것(which)이라는 낱말을 표현한다. 4세경에는 순서, 시간, 인과성을 인지하기 시작하면서 어떻게(how), 언제(when), 왜(why)라는 wh-낱말이 들어간 질문을 시작한다. 자극 내용이 구체적이고 예측 가능하고 사실적인 주제에서 좀 더 추상적이고 예측하기 어려운 대화적인 주제로 점차 바뀐다.

학령기 아동은 물건과 그림을 자신이 들은 문장에 맞게 조작할 수 있다. 또 여러 개의 그림 중에서 촉진자가 묘사한 그림을 선택할 수도 있다. 쓰기 단서도 활용할 수도 있다.

## 비유언어

비유언어(figurative language)에는 숙어, 은유, 직유, 속담이 포함된다. 숙어는 학령기 언어장애 아동과 다문화-다언어 배경 아동이 특히 힘들어하는 비유언어 형식이다. 가장 일반적인 오류는 문자적

**표 11.11** 일반적인 숙어(미국 영어)

### 동물

A bull in a china shop(횡포를 부리는 부랑배)
As stubborn as a mule(고집을 부리다)
Going to the dogs(파멸하다)
Playing possum(꾀병을 부리다)
Go into one's shell(마음을 닫다)

A fly in the ointment(옥에 티)
Clinging like a leech(찰거머리 같다)
Grinning like a Cheshire cat(능글맞게 웃다)
Thrown to the wolves(희생시키다)

### 신체 부분

On the tip of my tongue(말이 혀끝에서 돌다)
Raise eyebrows(놀라게 하다. 비난을 받다)
Turn the other cheek(부당함을 그대로 받다)
Put their heads together*(함께 논의하다)
Vote with one's feet(도망쳐 반대를 표시하다)

Breathe down one's neck*(궁지에 몰아넣다)
Put your best foot forward(힘내라)
Turn heads(우쭐하게 하다)
Put one's foot down*(굳게 결심하다)
Lead with one's chin(경솔히 행동하다)

### 의복

Dressed to kill(반할 만한 옷차림을 하다)
Hot under the collar(화가 나다)
Wear the pants in the family(편하게 주장하다)

Fit like a glove(꼭 맞다)
Strait-laced(예의가 매우 바른)
Talk through one's hat(허튼소리를 하다)

### 색

Grey area(저고용률 지역)
Once in a blue moon(극히 드문)
Tickled pink(무척 기쁘게 하다)

Has a yellow streak(겁을 먹다)
Red letter day(경축일)
True blue(주관에 성실한 사람)

### 음식

Eat crow(굴욕을 참다)
Humble pie(굴욕)
That takes the cake(보통이 아니다)
A finger in every pie(매사에 간섭하다)

In a jam(곤경)
Put all your eggs in one basket
(한 가지 일에 모든 것을 걸다)

### 게임과 스포츠

Ace up my sleeve(비장의 카드)
Cards are stacked against me(불리한 입장)
Got lost in the shuffle(깜빡 잊고 빠뜨리다)
Keep your head above water(큰 어려움 없이 지내다)
Paddle your own canoe(떨어져 혼자 가다)
Rise to the bait(상대에게 속아 넘어가다)
Skate on thin ice*(위태위태하다)

Ballpark figure(대강의 어림)
Get to first base(약간 전진하다)
Keep the ball rolling(흥이 깨지 않게 진행하다)
On the rebound(반동으로)
Go around in circles*(제자리를 맴돌다)
Cross swords(논쟁하다, 싸우다)

### 식물

Heard it through the grapevine(헛소문을 듣다)
Resting on his laurels(얻은 명예에 만족하다)
Beat around the bush*(에두르다)
No bed of roses(걱정없는 환경은 없다)

Shaking like a leaf(매우 긴장하다)
Withered on the vine(일이 흐지부지되다)
Hoe one's own row(혼자 힘으로 해나가다)

### 탈 것

Fix your wagon(혼내주다)
Like ships passing in the night(우연히 한두 번 마주치다)
On the wagon(금주하다)

Don't rock the boat(문제를 일으키지 마라)
Missed the boat(호기를 놓치다)
Take a back seat(나서지 않다)

**표 11.11** 일반적인 숙어(미국 영어) (계속)

| 도구, 직업, 학교 | |
|---|---|
| Bury the hatchet(화해하다) | Doctor the books(회계장부를 조작하다) |
| Has an axe to grind(다른 속셈이 있다) | Has a screw loose(머리가 좀 이상하다) |
| Hit the nail on the head(요점을 찌르다) | Hit the roof(가격이 최고에 달하다) |
| Jockey for position(유리한 입장에 서다) | Sober as a judge(매우 진지한) |
| Throw a monkey wrench into it(방해하다) | Read between the lines*(숨은 뜻을 알다) |
| **날씨** | |
| Calm before the storm(폭풍전야) | Come rain or shine(어떤 일이 있어도) |
| Haven't the foggiest(전혀 모르다) | Right as rain(완전히 회복하다) |
| Steal her thunder(특기를 가로채다) | Throw caution to the wind(대담하게 행동하다) |

* 자주 사용되는 숙어

해석이다. 언어장애 아동은 의미를 결정하는 전략이 부족하다. 표 11.11에 친숙도가 높은 숙어와 낮은 숙어가 제시되어 있다.

중재는 명료하고 쉽게 해석할 수 있는 숙어를 이해하는 것에서부터 시작해야 한다. 맥락적인 관련성으로 인해 내러티브는 최상의 교수환경이 될 수 있다. 내러티브를 하기 전에 이야기에 한 가지 숙어가 나올 것이고 이야기에서 그 의미를 알아챌 수 있을 것이라는 사실을 아동에게 알려준다. 이야기 내내 질문을 하면서 아동이 중요한 정보에 주의를 기울이도록 한다. 반복적인 노출로 아동이 정확한 해석을 하게 되면, 그 숙어를 사용해서 아동 스스로 이야기를 만들어내도록 한다. 마지막으로 토의와 역할놀이를 하면서 대화에서 숙어를 적절히 사용하도록 한다.

속담(proverb)은 맥락에 달려 있다. 즉 속담이 사용되는 맥락이 이해를 촉진한다. 일반적으로 구체적인 속담이 추상적인 것보다 해석하기 쉽고, 친숙한 것이 낯선 것보다 낫다.

속담을 이해하고 활용하는 능력은 읽기 및 메타언어 능력과 관계가 있으며, 초등학교 고학년 시기에 발달해 성인기까지 계속된다. 그러므로 SLP는 읽기를 하면서 속담을 이해하도록 가르치는 것이 좋다(Nippold, 2000). 청소년은 소집단 속에서 토의하면서 속담을 해석할 수 있다. SLP는 10대 청소년들이 독립적인 학습자가 될 수 있도록 맥락 단서, 질문, 분석을 사용한다. 사실적인 질문과 추론적 질문을 하고 대답하는 과정을 통해 청소년들은 맥락을 해석하기 시작한다. 주인공의 동기, 목적, 행동과 감정을 분석하면서 더 깊이 이해하게 된다. 마지막으로 청소년들이 속담과 자신의 삶 사이의 관련성을 발견하도록 도와준다.

## 언어적 작업기억

이 주제를 깊이 있고 폭넓게 다루는 것이 이 장의 의도가 아니고, 이 주제가 의미론이나 이해와 어울리지 않는 것 같지만, 제2장에서 단순언어장애의 언어적 작업기억(working memory, WM) 결함을 다루었기 때문에 이 장에서도 언급해야 할 것 같다.

아쉽게도 언어장애 아동에게 WM 기술을 가르쳐주는 효과적인 교수방법에 관한 연구는 많지 않다. 어쨌든 성공적인 중재의 필수적인 요소는 WM에 충분히 저장하고 요구를 처리하는 것이며, 아동의 능력을 바탕으로 그 요구를 체계적으로 늘이거나 줄이는 것이다(Boudreau & Constanza-Smith, 2011).

WM 능력에 결함이 있는 아동이 보이는 학업적 어려움을 생각할 때, 두 가지 방식으로 아동을 중재하는 것이 옳을 듯하다. 첫째, SLP는 담임교사와 협력하여 아동의 학업능력에 영향을 주는 WM 요구들을 파악한 후 아동을 돕는 방향으로 교실환경을 수정한다. 그런 순서로 이루어지는 중재에 대해 다루어보자. 더 구체적인 내용을 알고자하면 Montgomery와 동료들(2010), Boudreau와 Constanza-Smith(2011)를 참고하라.

SLI와 WM 결함이 있는 아동을 위한 중재의 초점은 증거기반중재(EBP)에 기초해서 빈약한 인지처리과정을 교정하고 언어능력을 강화하는 것이다. 인지처리과정이 중재에 포함되어야 하는 이유는 다음과 같다(Montgomery et al., 2010).

- SLI 아동은 언어만으로 진행되는 중재에 일관된 반응을 보이지 않는다(Bishop, Adams, & Rosen, 2006; Ebbels, 2007; Law et al., 2004).
- 심리학 문헌이 SLI 학생에게 기억훈련을 하도록 제안한다(S. Gillam & Gillam, 2006).
- SLI 연구자들은 인지처리과정을 고려하지 않아서 언어 중재가 효과가 없었다고 설명한다(Bishop et al., 2006; Gathercole & ALloway, 2006).

SLP는 아동의 WM 기술과 가능한 자원을 효과적으로 다루기 위한 요소들을 알고 있다.

SLP와 교사는 WM 기술이 빈약한 아동이 먼저 자신의 WM상의 한계를 인식하도록 도와주어야 한다. 자신의 어려움을 인식하는 아동은 상황에 내재된 요구, 과제에 필요한 기술, 성공을 위한 전략에 대해 숙고할 수 있다.

WM의 한계를 보상하고 조절하려면 메타언어 기술도 필요하다. 일반 아동을 대상으로 한 연구들은 아동이 성숙하고 WM 요구가 증가하면서, 아동이 더 효과적으로 처리전략을 선택하고 사용하게 된다고 설명한다. 특히 아동이 나이가 들고 과제의 복잡성이 증가할수록, 학습상황을 분석하고 성공적인 과제완성을 위해 적절한 전략을 선택하도록 WM 결함이 있는 아동에게 가르쳐야 한다. 언어장애 아동이 일반 아동보다 기억전략을 사용할 가능성이 더 적지만, 이런 제한된 자원을 효과적으로 통제하도록 가르쳐야 한다(Minear & Shah, 2006; Swanson, Kehler, & Jerman, 2010). 표 11.12에는 SLI와 WM 문제를 지닌 아동의 학업적 성공을 도와줄 몇 가지 전략이 제시되어 있다(Boudreau & Constanza-Smith, 2011).

다음에는 음운단기기억(Phonological short-term memory, PSTM), WM 용량, 자동성과 속도의 세 가지 영역에서 이루어지는 중재를 간단히 논의하겠다.

**PSTM.** 흥미롭게도 음운기억이 증가하면, 언어뿐 아니라 WM도 증가하는 것 같다. 친숙한 음운형식을 반복하는 시연하기는 아동이 언어의 음운구조가 지닌 필수요소를 지각하게 해준다. 음운부호화의 효율성을 높이면 WM 내 음운정보의 보유와 질도 높아질 뿐 아니라 잠재적인 읽기능력도 증가한다(Maridaki-Kassotaki, 2002; Minear & Shah, 2006).

음운기억은 다른 음운처리훈련으로도 증가한다(O'Shaughnessy & Swanson, 2000). 예를 들어 각운과 음소인식에 초점을 맞춘 중재는 음운 인식 기술뿐 아니라 단어재인과제에도 유의한 증가를 가져온다.

읽기와 쓰기를 직접적으로 중재하면 음운기억기술도 높아진다. 예를 들어 제13장에서 설명한 음운철자중재에는 낯선 단어의 음절과 음소 분절뿐 아니라 음소–자소 관계에 대한 훈련도 포함되어 있어 아동이 무의미단어의 철자를 읽고, 읽는 능력도 증진시킨다(Berninger, Winn, et al., 2008).

**WM 용량.** 훈련이 성인과 아동의 WM 용량과 유동성지능을 높인다는 연구결과가 계속 제시되고 있다. WM 용량훈련에 관한 연구들이 SLI 아동을 대상으로 진행되지는 않았지만, 이런 훈련이 어린 학령기 아동의 읽기이해 정확성, 비구어적 추론, 주의, 읽기속도에 영향을 줄 수 있다고 한다(Klingberg et al., 2005; Loosli, Buschkuehl, Perrig, & Jaeggi, 2008; Thorell, Lindqvist, Nutley, Bohlin, & Klingberg, 2009).

WM 용량에 관한 중재목표는 SLI 아동의 WM 용량만을 늘리는 것이 아니라 언어 관련 활동을 하는 동안 정보처리와 저장의 두 가지 요구를 모두 잘 통제하도록 하는 데 있다. SLI 아동이 시공간적 정보의 저장보다는 구어정보의 저장에 더 어려움을 보이므로, 먼저 시공간적 WM 훈련으로 중재를 시작하는 것도 좋다(Archibald & Gathercole, 2006c, 2007). 시각적 자극으로 더 저장하기 좋은 조건하에서 WM 자원을 통제하는 법을 알게 한다(Montgomery et al., 2010). 일단 아동이 이런 조건에서 좋은 반응을 보이면, 청각적 자극을 사용하여 중재를 한다.

*Cogmed Working Memory Training*(www.neurodevelopmentcenter.com/index.php?id=128), *Fast ForWord Language*(Scientific Learning Corporation, 1998), *Soak Your Brain*(www.soakyourhead.com)과 같은 컴퓨터 훈련 프로그램이 사용 가능하다. 일반적으로 이런 프로그램에서는 아동이 특정 철자가 나타나면 반응하는 등의 규칙을 기억하여 과제를 완성해야 한다. 그런 훈련은 아동이 구어적 입력과 시각적 입력을 통합하여 학습에 필요한 다감각적 정보처리 및 저장요구를 통제할 수 있게 하므로 도움이 된다.

컴퓨터 프로그램이 일반적인 언어능력과 WM에 어느 정도 효과가 있긴 하지만, 전통적인 중재가 기술도 덜 필요하고, 가격도 저렴하며, 손색없이 비슷한 효과를 보인다(Cohen et al., 2005; R. Gillam, Frome Loeb, et al., 2008). SLP의 직접적인 입력이 없이 컴퓨터 프로그램만 실행하는 것은 두 가지를 결합하는 것보다 효과가 덜하다.

**표 11.12** 작업기억 중재에 사용되는 기법

| 기법 | 설명 |
| --- | --- |
| 시연 | 명시적인 훈련과 시연 훈련이 SLI 아동 및 기타 언어장애의 STM 저장과 회상 능력을 증진시킨다(Gill, Klecan-Aker, Roberts, & Fredenburg, 2003; Loomes, Rasmussen, Pei, Manji, & Andrew, 2008). SLI와 WM 결함을 보이는 나이 든 아동과/혹은 청소년에게 과제에서 중요한 정보를 연습하도록 가르친다. 그러면 WM 요구가 줄어든다. 낱말과 정보를 체계적으로 함께 묶는 기억전략도 정보를 기억하기 쉽게 만든다(Minear & Shah, 2006) |
| 과제분석 | 아동에게 과제의 현재 목표와 이에 맞는 적절한 전략을 체계적으로 파악하도록 가르친다. |
| 시각화 | 언어정보를 시각적 표상으로 만들기 위해 열쇠낱말을 사용하면 복잡한 정보를 기억하고 지시에 따르는 능력이 증진된다(Gill et al., 2003; Hood & Rankin, 2005). 시각적 표상화는 필요한 인지적자원의 양을 줄여서 정보의 양과 복잡성을 제한한다. |
| 공부와 조직화 | WM에 어려움이 있는 아동은 종종 정보를 조직화하지 못한다. 조직화와 공부기술에는 해야 할 과정의 단계를 표시하는 시각적 단서나 열쇠낱말 단서가 포함되기도 한다. |

출처 : Boudreau and Costanza-Smith(2011)

**자동성과 속도.** 학습상황에서 어떤 요소들을 더 자동화하면 WM 요구가 줄어들게 된다. SLP와 교사가 교실에서 이루어지는 학습상황을 분석하여 학업성취에 필요한 지식과 기술을 파악한다. 그 후에 아동이 이런 지식과 기술을 반복적으로 연습하고, 과잉 학습하고, 과잉 시연하게 함으로써 그 과제가 아동에게 자동화되도록 한다. 예를 들어 SLP는 읽기와 쓰기 숙제에 필요하고 작업기억의 제한을 보충하는 언어능력에 초점을 맞추어, 그 과제에 꼭 필요한 어휘와 구문을 연습시킴으로써 WM 요구를 줄여준다. 예를 들어 아동이 어떤 주제에 관한 어휘를 잘 알고 있으면, 그런 주제에 대해 쓰는 데 부담이 줄어들 것이다. 그러므로 학급에서 비교글과 대조글 쓰기를 할 때 고정적으로 사용되는 문장형식을 중재를 통해 아동에게 연습시킬 수 있다.

WM 결함이 있는 어린 아동이 지시를 이해하고 따를 수 있게 하는 것이 특히 중요하다. 인과절이나 조건절(예 : *if/then, because*), 시간 용어(예 : *before, after, first, last*), 특정 용어(예 : *describe, explain, compare*)가 포함된 문장형식을 가르치는 것이 좋다.

사전지식이 필요한 상황은 작업기억능력을 많이 요구한다. 담임교사와 협력하여, SLP는 아동에게 필요한 배경지식을 미리 준비시킬 수 있다. 그러면 아동은 과제에 많은 자원을 집중할 수 있게 될 것이다.

많은 연구들은 SLI 아동이 일반 아동보다 처리속도가 유의하게 느리다고 한다. *FastForWord Language*라는 유명한 컴퓨터 중재 프로그램은 SLI 아동의 이런 처리속도와 언어처리 능력을 증진시키고자 개발되었다. 그 프로그램에서는 청각 및 시간적으로 조정된 음절, 단어, 문장자료를 연습한다. 자극재인과 이해가 증진되면, 자극의 속성이 조정되어 좀 더 정상적인 속도에 가까워진다. 컴퓨터 훈련은 학령전기 및 학령기 ADHD 아동의 언어적 및 시공간적 WM 기술을 증진시키는 데도 사용된다(Klingberg et al., 2005; Thorell, Lindqvist, Nutley, Bohlin, & Klingberg, 2009). 컴퓨터 사용에 관하여 이 장의 끝에 더 논의할 것이다.

중재의 목표는 실제적으로 사용하는 맥락 속에서 처리하게 하는 것이다. 각 회기에는 실제 대화활동과 학업활동이 포함되어야 하며, 그 속에서 SLP가 아동의 행동을 감독하고 참여를 도와줄 수 있어야 한다.

## 구문론 및 형태론

언어 사용은 구문을 증진시키지만, 구문이 언어 사용을 증진시키지는 않는다. 그러므로 구문 훈련은 가능한 한 대화 형식으로 진행해야 한다. 의사소통 맥락을 떠난 언어 형식이나 구조를 배우게 되면, 형식을 통해 사고를 표현하는 방법에 대한 지식이 없이 그 형식만을 습득할 수도 있다. 하지만 대화맥락에서 발화를 표현하면 언어 단위 간의 응집력과 관계가 강화된다.

제10장에서 논의한 기법들은 구문 및 형태 훈련에도 잘 적용된다. 집중적인 자극법이 중재의 초기단계에는 매우 효과적이지만, 아동에게 모방반응이나 자발적 반응을 요구하는 방법들이 시범만 제시하는 것보다 더 효과적이다. 평가적인 피드백도 매우 중요하다.

새로운 구조를 가르칠 때는 촉진자가 훈련을 하면서 어휘 그리고/또는 문장의 길이를 조절하는 것이 중요하다. 너무 많은 변인을 한꺼번에 바꾸면 아동이 혼란스러워할 수도 있고 과제가 너무 복잡해져 성공적으로 습득하지 못할 수도 있다.

SLP는 또한 아동의 능력에 벗어나는 메타언어 기술을 요구하지 않도록 조심해야 한다. 인지와 이해가 표현보다 앞서긴 하지만, 사용의 정확성을 판단하는 기술에서는 그렇지 않다. 문장이 문법적으로 정확한지 판단하는 능력은 메타언어 기술의 하나로 초등학교 중기부터 발달한다. 주어진 낱말들을 사용해서 문장을 구성(샀다 어제 새 존이 옷을)할 때도 메타언어 기술과 작업기억이 필요하다. 다시 말해서 추상적으로 언어를 조작하는 과제는 모두 어느 정도의 메타언어 기술을 필요로 한다.

구문 및 형태 형식의 발달에 대해서는 연구도 잘되어 있고 중재 지침도 있다. 지금부터 여러 가지 서로 다른 형식에 관한 중재 순서를 다룰 것이다. 그 목적은 가르쳐야 할 구문 및 구조의 순서에 대한 지침을 제공하는 데 있다.

나이가 든 아동이나 청소년에게 발달이 점진적인 과정인 것처럼 중재도 그렇다. 언어를 가르친 직후에 아동이 실수 없이 표현할 것이라고 기대하는 것은 비현실적이다. 어떤 저빈도 형식은 성인도 어려워한다.

### 형태론

굴절접미사는 이른 시기에 발달하고, 대화환경에서 가르치기도 쉽다. 파생접미사에서 시작해서 접두사로 이어지는 다른 형태소들은 좀 더 명시적인 방식으로 가르치는 것이 좋다. 그러나 학령전기 아동에게 명시적인 규칙학습은 적합지 않다. 명시적인 규칙학습 방법은 SLI 아동이 보이는 독특한 학습양식과도 맞지 않을 수 있다. 부록 C에는 일반적으로 사용되는 구속형태소(bound morpheme)가 제시되어 있다. 파생관계가 복잡하고 불규칙적이기 때문에 암기는 학습 전략으로서 별 가치가 없다. 기저의 의미 변화를 이해하는 것이 더 중요하다.

학령기 형태론 발달에 대한 자료가 매우 적지만, 훈련방법에 대한 몇 가지 제언이 있긴 하다. 표 11.13에 그 내용이 제시되어 있다. 가장 일반적이고 초기에 발달하는 형태소로부터 시작해서 음운변화나 철자변화가 일어나는 좀 더 복잡한 형태소로 훈련을 진행해야 한다.

구문복잡성이 증가하면 형태의 활용은 줄어든다. 즉 처리요구가 형태적 정확성에 영향을 미치는 것이다. MLU가 높은 아동은 문장이 복잡해도 영향을 덜 받는다. SLI 아동이 TD 아동과 형태과제에서 비슷하게 수행하긴 하지만 정확도는 더 낮다(Owens, 2010).

*be*와 같은 형식이 많이 포함된 '구문 이야기(syntax stories)'는 이런 형식을 지닌 언어적 자극으로서 유용하다. 아동의 수준에 적합하고 중재목표를 포함한 이야기는 아동에게 주는 집중적이고 긍정적인 자극의 모델로서 보여주기에 적절하다. 책 읽기도 어린 아동의 문법을 증진시키는 통합적인 중재방법의 하나이다. 이런 목적으로 사용할 수 있는 어린이책의 목록이 부록 F에 제시되어 있다. Westby(2005)도 임상가와 부모가 사용할 수 있는 목표형식이 풍부하게 포함된 여러 도서를 제시하였다.

학령기 아동은 파생어에서 어간을 분리하고, 어간에 파생접사를 합성하는 법을 배워야 한다. 의미관계도 강조되어야 한다. 복잡한 문장을 분석하려면 낱말구조를 인지하는 메타언어 기술도 아주 중요하다. 이런 기술은 대화에서 배우고 사용해야 한다.

중학생이면 구어와 문어 형식 모두를 통해 복잡한 파생형태소를 배울 수 있다. 중학교 학생은 과학, 수학, 사회 과목에서 자주 나오는 어근도 배워야 한다.

---

**표 11.13** 형태소 훈련 순서

---

1. 음절과 소리에 대해 인식하기. 두 가지 모두 세어보기

2. 어근과 접사 파악하기. happy-sunny, include-conclude와 같이 소리와 철자가 비슷한 낱말들을 대조하면서 어근과 접사를 발음하거나 정의해보기

3. 'X는 (한정사)하는 (상위범주)이다[A/An X is a (superordinate category) that(restrictive attributes)]'의 형식으로 단어 정의 내리기

4. 다른 낱말과의 관계를 이야기해보기

5. 의미 있는 맥락이나 유추를 통한 결어 보충과제를 하면서 낱말 활용하기

6. 적절한 읽기 활동을 하면서 낱말 활용하기

7. 적절한 철자나 철자규칙을 소개하기

---

출처 : Moats & Smith(1992)

---

### 동사시제

동사를 다루는 구문 및 형태적 방식이 다양하기 때문에 언어장애 아동이 동사를 배우는 데 여러 해가 걸리고 배우기도 어렵다. 학령전기 일반 아동을 대상으로 한 연구를 보면 *do*와 같은 일반 동사와 달리 동사가 특정 움직임과 연관될 때 학습이 촉진된다고 한다(Brackkenbury & Fey, 2003).

아동들이 현재 하고 있거나, 이전에 했던, 혹은 앞으로 할 일상적인 활동들을 토의하면서 동사시제를 가르치는 것이 좋다. 미술과제나 레고 만들기도 아주 유용한 활동이다. 부록 E에는 동사시제를 가르칠 수 있는 다양한 활동이 제시되어 있다.

먼저 *up, in, off, down, no, there, bye-bye, night-night*와 같은 전형동사(protoverb)로 훈련을 시작해야 한다. 동사 같은 이런 낱말들은 친숙한 행위의 순서와 관련된다.

좀 더 구체적인 행위동사는 비활용 혹은 무표지 형식으로 소개해야 한다. 촉진자가 아동에게 할 일을 시키거나 "Tell X to (verb)"라고 지시하면서 단서를 줄 수 있다. 특정 행동이나 물건을 함께 제시하면서 행위낱말의 의미를 가르쳐주기도 한다. 놀이를 하는 동안 촉진자는 자신의 눈을 가리거나 아동에게서 멀리 떨어져 "지금 뭐 하고 있니?"라고 물어본다. 질문이 –하고 있어요(-*ing*)로 마치는 동사반응('Eating')을 유도하긴 하지만, 이 훈련 단계에서 특정 언어 형식을 강요하지는 않는다.

놀이나 일과와 같은 친숙한 사건의 순서를 사용하면 이런 순서에 대해 아동이 지니고 있는 심적 표상으로 인해 행위동사의 사용이 촉진된다. 이때 사건 순서가 지닌 언어 외적 요소보다는 의사소통에 초점을 둔다.

단순언어장애 아동에게 여러 가지 표지(label)들을 잘 배열해 제시하면 동사학습을 더 잘한다(Riches, Tomasello, & Conti-Ramsden, 2005). 한 회기에 여러 낱말을 제시하는 집중적 훈련을 할 경우 사전에 각각의 낱말을 충분히 연습하는 것이 필요하다.

일단 아동이 "Doggie eat meat(멍멍이 고기 먹어)"와 같이 행위낱말을 포함하는 간단한 두세 낱말 문장을 표현할 수 있게 되면, 조동사 없는 현재진행형 동사 형식을 가르칠 수 있다. SLP가 혼자 말하기나 나란히 말하기를 하면서 이런 형식의 시범을 보인다. "What's doggie doing(강아지가 뭐 하고 있어)?"나 "What's he doing(뭐 하고 있어)?"와 같은 형식을 활용해 아동에게 단서를 줄 수도 있다.

이 훈련 단계에서는 당면한 현재 맥락을 사용해야 한다. 그러나 현재 이외의 시간을 인식하는 것도 미래시제 훈련에 중요한 부분이다.

과거시제를 훈련할 때는 *ate, drank, ran, fell, sat, came, went*와 같은 고빈도의 불규칙 과거시제 동사를 먼저 가르쳐서 다음 치료 목표인 규칙 과거시제 -*ed*의 과잉일반화를 미리 막는 것이 좋다. 두 가지 과거시제 형식을 모두 활용해 이야기 말하기, 물건 보여주고 설명하기, 과거사건 설명하기를 하면 효과적이다. 처음에 촉진자는 "What did you eat?(혹은 다른 행위동사)"과 같은 질문을 하여 아동에게 형식을 가르친다. 아동이 "Cookie" 혹은 다른 음식을 말하면서 반응하면, 촉진자는 "What did you do with cookie?"라는 질문을 한다. 다음 순서는 "What did you do?"라는 질문으로 시작한다. 아동은

"Ate cookie" 혹은 "I ate a cookie"라고 반응한다. 이때 화용관계를 위반하지 않도록 적절하고 그럴듯한 질문을 해야 한다. 촉진자는 가능한 자신이 답을 알고 있는 질문은 하지 말아야 한다. 촉진자가 관찰하지 못한 행동에 대해 묻거나 인형이 질문을 하도록 하면서 이런 전략을 사용한다.

아동에게 3인칭 단수 현재시제 -s 표지와 to be 동사의 현재시제와 같은 부수적인 동사 형식을 가르치려면 사전에 단수 및 복수명사와 주격대명사에 대해 알려주어야 한다.

SLP는 "The dog eats"와 "The dogs eat"을 대조하면서 단수명사에 따르는 3인칭 표지를 소개한다. 주격대명사는 점진적으로 가르친다. "What does he do every day(all of the time)?"과 같은 단서나 "Every day, the girls (동사)", "All of the time, he (동사)"와 같은 빈칸 채우기 과제를 통해 3인칭 표지를 사용하도록 유도한다.

2세 아동은 다음과 같은 문맥에서 3인칭 단수 -s 표지를 더 정확히 표현한다(Sundara, Demuth, & Kuhl, 2011; Theodore, Demuth, & Shattuck-Hufnagel, 2011).

- 마지막에 동사가 위치한 문장(He walks)과 중간에 동사가 위치한 문장(She sleeps in a bed)을 대조할 때
- 음운적으로 단순히 모음으로 끝나는 단어와 자음군으로 끝나는 단어(sees 대 jumps)

문장의 마지막에 동사가 위치할 때 가장 잘 배우는 듯하다.

대화 중 문장의 중간에 위치한 3인칭 단수 -s를 5배나 더 자주 들려주어도, 아동은 여전히 마지막 어절에 동사가 위치한 문장에 있는 3인칭 표지에 주목하였다. 이는 문장의 마지막 어절이 가장 눈에 띄며, 중재 시 3인칭 표지를 여기에 위치해야 한다는 것을 의미한다. 지각적 요인도 중요한 역할을 하므로(Sundara et al., 2011), 지각적 어려움이 있는 SLI 아동의 경우 3인칭 표지를 지각할 수 있도록 가능한 모든 방법을 사용해야 한다.

SLP가 집중적인 자극을 주어 아동의 문장이 중재 목표를 포함하도록 고쳐주고, 이야기와 놀이 상황에서 3인칭 -s나 조동사 is/are/was를 가르치면 목표학습에 상당한 진전을 볼 수 있다(Leonard, Camarata, Brown, & Camarata, 2004; Leonard, Camarata, Pawlowska, Brown, & Camarata, 2006). 변화를 주고 싶으면 이야기를 하면서 인형으로 연극을 하면 된다. 아동들은 동사시제와 주어동사 일치와 같은 목표하지 않았던 형식을 배워 표현하기도 한다. 즉 3인칭 -s 표지의 학습이 is/are/was로 일반화되거나 그 반대가 되기도 한다.

훈련 초기에는 -ed 표지에서 보이는 음운변이(/d/, /t/, /Id/)와 3인칭 -s의 변이(/s/, /z/, /Iz/)를 목표로 삼아서는 안 된다. 이런 표지를 강조하려 할 때 처음에는 /d/나 /s/와 같은 한 가지 대표적인 변이형식만을 사용해야 한다. 그 표지에 대한 강조가 좀 더 자연스러워지고 덜 빈번해지면 같은 어족(cognates)에 속하는 다른 변이들을 자연스럽게 소개한다. 형태변화에 대해 아동에게 가르칠 때는 이것이 말소리 'D'와 'S'에 대한 것이 아니고 /d/와 /s/라는 것에 주의해야 한다. 아동에게 "D'를 붙여'라고 가르치

는 것은 철자에는 도움이 되지만 말할 때는 그렇지 않다.

　　SLP는 아동이 끝소리와 부가표지의 음운규칙을 이해할 수 있을 거라고 기대해서는 안 된다. 그 표지의 말소리를 재차 강조해주면 아동은 자연스럽게 각 낱말의 끝에서 두 유성음이나 두 무성음을 산출한다. /Id/와 /Iz/ 표지는 나중에 가르쳐야 한다. 일반 아동은 보통 학령전기의 후기가 되면 같은 어족어(cognates)를 적용한다. /Id/와 /Iz/ 형식을 습득하려면 한두 해가 더 걸린다.

　　언어장애 아동과 일반 아동 모두 drop처럼 종성이 뚜렷하고 단음인 동사들에 과거시제 -ed를 더 쉽게 연결한다(Leonard et al., 2007). play와 같이 종성 지점이 덜 뚜렷한 동사는 더 어려워한다. 두 유형의 동사들을 표 11.14에 제시하였다.

　　대명사를 활용하면 조동사와 연사/본동사로서 to be 동사 축약형식의 훈련을 할 수 있다. 그렇다고 해서 가장 일반적인 형식인 단수명사와 is를 더 빨리 가르칠 수 없다는 것은 아니다. 명사(혹은 대명사)+be+X(X는 명사, 형용사, 부사, 동사 + ing 모두 가능) 형식을 활용하여 조동사와 본동사를 함께 훈련함으로써 전이를 촉진할 수 있다. 규칙상 축약할 수 없는 형식을 먼저 가르치고 축약 가능한 형식을 다음에 가르친다.

　　to be 동사가 갖는 다양한 인칭과 시제 형식들은 '규칙주의자'에게는 악몽과 같다. 이런 형식들은 천천히 소개해야 한다. 일반 아동은 보통 is 형식을 먼저 배운다.

　　do와 같은 조동사를 가르치면 좀 더 성숙한 부정문과 의문문의 발달을 촉진할 수도 있다. 예를 들어 do의 부정문 형식은 'Let's play school. Remember to tell me(some other person) not to (verb)'와 같은 문장으로 이끌어낼 수 있다.

　　현재진행형 be+ing를 활용해서 아동은 기본적인 미래시제형을 구성하기 시작한다. 따라서 촉진자는 will보다는 미숙할지라도 이런 형식이 그 개념을 표지한다는 사실을 알고 이를 인정해야 한다.

　　"going to the zoo"에서처럼 going to 명사 형식으로 시작해야지 "going to eat"에서처럼 going to 동사

**표 11.14**  과거시제 -ed 활용이 쉬운 낱말과 어려운 낱말

| 종성이 뚜렷한 행위동사 | 장음이 있는 행위동사 |
| --- | --- |
| close | brush |
| dover | carry |
| drop | chase |
| jump over | crawl |
| kick | dance |
| knock | hop |
| open | play |
| pop | pull |
| scare | rake |

출처 : Leonard et al.(2007)

형식으로 훈련을 시작해서는 안 된다. 전자는 더 구체적이고 *to eat*와 같은 부정사 구문의 활용을 필요로 하지 않는다. 보다 완성된 미래시제 *will* 형식은 나중에 소개하겠다.

　*can, do, will/would*를 위한 훈련지침은 다음과 같다.

- 한 형식을 숙달하고 다른 형식을 소개하는 것 사이에 얼마간의 시간차를 두어 아동이 혼동하지 않게 한다.
- 1인칭 대명사나 아동의 이름은 첫 참조 대상이므로 처음에는 이런 형식으로 자기-참조를 하게 한다.
- 아동이 가장 먼저 사용하는 행위동사를 이 형식에 사용한다.
- 처음에는 순서상 문장의 끝에 목표 낱말이 있는 짧은 문장을 사용하여 강조를 한다("Can you jump?" "Yes, I *can*."). 아동용 TV 만화 Bob the Builder에서 나오는 인기 있는 후렴구 'Can we do it?' 'Yes, we *can*'을 사용한다.
- 중재 목적인 개념과 형식이 포함된 의미 있는 상황을 제시한다.

단순언어장애 아동은 특히 동사, 동사어미, 시제, 동사구를 어려워한다. 반면 당연히 형식과 위치에 따라 달라지긴 하겠지만 단순언어장애 아동은 앞에서 소개한 조동사들은 어려워하지 않는다(Leonard et al., 2002). 어떤 동사형식이 이전에 배우지 않았던 다른 동사형식을 촉진하기도 하는데, 예를 들어 *are* 활용은 *is* 활용을 촉진한다. 낱말이 문두에 위치할 때보다(*Can* we do it?) 문미에 위치하면(Yes, we *can*) 학습이 더 잘된다(Fey & Frome Loeb, 2002).

　미래시제를 배우고 나면 아동은 과거, 현재(진행), 미래 사건에 대해 이야기할 수 있다. 과자 굽기와 같은 언어활동을 통해 계획(*will mix*), 실행(*am mixing*), 검토(*mixed*)를 할 수 있다.

　다른 조동사를 가르친 후에 **상태조동사**(modal auxiliaries)를 소개한다. 상태조동사란 감정이나 느낌을 표현하는 보조동사로, *could, would, should, might, may* 등 이다. 상태조동사가 전달하는 사소한 의미의 차이는 너무 미묘하므로 촉진자는 아동이 성인처럼 성숙하게 사용할 것이라고 기대해서는 안 된다.

　마지막으로 *pick up*이나 *come over*과 같이 동사로서 기능하는 동사 불변화사(particles)와 같은 단위를 목표로 삼는다. 동사 불변화사가 학령전기 초기에 나타나긴 하지만, 전치사는 아동이 5세가 되어야 충분히 습득하고 변별할 수 있다.

　*up, down, in, on, off*와 같은 불변화사는 *kick over the pumpkin*이나 *kick the pumpkin **over***에서처럼 명사구 앞이나 뒤에 오기도 한다. 전치사는 항상 명사구나 대명사 앞에 온다. 동사 불변화사를 습득하는 것은 언어장애 아동에게 특히 어려운 일인데 아마도 단위에 강세가 없기 때문이거나 낱말의 위치 때문일 것이다.

　불변화사는 아동이 규칙적으로 활용하는 몇 가지 동사만을 사용해서 소개해야 한다. 불변화사와 전치사 간의 차이를 가르칠 때 위치단서를 주면 도움이 된다. 불변화사는 명사구 다음에 오는 것이고,

전치사는 앞에 오는 것으로 가르친다. 명사구 앞에 오는 불변화사는 나중에 소개해도 된다.

동사시제를 가르치는 절차는 의미적으로나 화용적으로 모두 그럴듯해야 한다. 아동에게 여러 가지 과제를 수행하도록 요청하거나("Will you please…?"), 문제를 해결하도록 하거나("What will happen if…?", "What might happen if…?"), 역할놀이("What should we do if…?")를 하게 한다.

## 대명사

대명사를 활용하려면 구문, 의미, 화용 지식이 있어야 하기 때문에 배우기가 대단히 어렵다. 일반적으로 기본 개념을 먼저 가르친 다음에 아동에게 적절한 활용을 시범으로 보여주어야 한다. 대명사를 활용하려면 수, 사람, 격(case)의 의미적 차이를 이해해야 한다. 문장에서는 일반적으로 명사가 활용을 결정하지만 대화맥락에 의해 결정되기도 한다.

아동들은 명사를 자주 과다 사용하여 명백한 대명사적 오류를 피하려고 한다. 훈련 시 참조물의 수를 줄여서 이런 오류를 어느 정도 막을 수 있다. 예를 들어 이야기 속에 너무 많은 인물이 나오면, 아동은 그 인물들을 기억하고자 명사를 과다 사용하게 된다. 명사가 아동의 제한된 기억력을 어느 정도 도와주기 때문이다.

일반적으로 1인칭 I(나)를 가르친 후에 2인칭 you(너)를 가르치고, 그다음에 3인칭 he/she(그/그녀)를 가르쳐야 한다. 이런 순서는 참조물의 이동 및 참조 대상의 수에 따라 증가하는 의미적 복잡성 때문이다.

I/you와 같은 대상지시어(deictic terms)는 가르치기 어렵다. 아동이 지시대상을 혼동하지 않도록 보조언어치료사, 촉진자 혹은 다른 아동이 시범을 보이는 것이 좋다.

정상발달 과정을 보면 주격대명사(I, you, he, she, it, we, you, they) 다음에 목적격대명사(me, you, him, her, it, us, you, them)를 가르쳐야 함을 알 수 있다. 그다음은 소유격대명사(my, your, his, her, its, our, your, their)이고, 마지막으로 재귀대명사(myself, yourself, himself, herself, itself, ourselves, yourselves, themselves)를 가르친다. 물론 예외는 있지만 이런 순서가 정상발달에 가깝다. 주격과 목적격은 문장 내 위치를 통해 가르친다.

어린 아동이 보이는 이런 순서와 오류 유형을 보면 재귀형은 먼저 소유격(my self)을 사용해서 가르칠 수 있음을 알 수 있다. 예외적인 경우(himself와 themselves)는 나중에 가르친다.

이 순서에서 한 가지 예외적인 경우가 있는데 3인칭 단수 대명사가 그것이다. 여성형 대명사가 보이는 일관성 때문인지 아동은 her-hers-herself를 him-his-himself보다 더 쉽게 배운다. 남성형을 가르치기 전에 여성형 대명사 셋을 한 묶음으로 먼저 가르치는 것이 좋다.

대화로 훈련을 할 때 너무 다양한 형식을 사용하면 오히려 혼란스럽다. 촉진자는 먼저 가르쳐야 할 대명사를 주의 깊게 선택한 후, 이 형식을 유도하는 단서를 연습해야 한다.

물건, 장난감, 인형, 만화 주인공, 등장인물, 아동이 반복적으로 하는 행동 등이 포함된 놀이나 이야기 맥락에서 대명사를 가르친다. 대상이나 사람을 소개한 후 반복적으로 대명사를 사용하면서 가리킨다. 예를 들어 책이야기를 할 때 아동이 지적을 하면서 "He's running."이라거나 "They want to eat."라고 말할 수 있다. 연극을 할 때는 아동이 "You be the boy and I be the girl. And this bes your fairy. He jump and he follow you everywhere. Now you both go sleep."라고 말할 수도 있다. 아동이 대명사를 사용하지 않으면 SLP가 단서를 주거나 시범을 보인다. 예를 들어 아동이 "And this bes your fairy. Fairy jump and fairy follow you everywhere."이라고 말하면, SLP가 "He does. He jumps and he follows me everywhere. What else?"라고 말해주면 된다.

## 복수형

복수형을 배우려면 아동이 한 개(one)와 한 개보다 더(more than one)의 개념을 먼저 알아야 한다. 처음에는 많이(many)와 더(more)와 같은 낱말을 배우는 것이 좋다. 먼저 사물 한 개와 여러 개를 비교하는 것으로 시작한다. "(블록을 만지면서) Show me more"이라고 단서를 주고 나서, "Yes, more blocks!"라고 반응을 해준다.

과거시제 -ed와 3인칭 -s 표지를 가르칠 때, 촉진자는 아동이 이 음운규칙을 한참 후에 습득할 것이라고 여겨야 한다. 3인칭 -s는 /s/나 /z/ 중 하나를 먼저 훈련한 후에, 조금씩 다음 것을 소개하고, 얼마 지난 후에 /Iz/를 소개해야 한다.

일반적으로 사용되는 불규칙 복수형을 한두 개 소개하여 일반화를 촉진할 수도 있다. 이 장의 의미론 부분에서 언급했던 것처럼 *water*이나 *sand* 같은 낱말은 불규칙 복수형이 아니며, 수식어 *any*나 *much*와 함께 활용된다.

부속품이 많은 장난감을 갖고 놀면서 자연스럽게 복수형을 가르칠 수도 있다. *many*나 *more* 같은 열쇠 낱말을 사용해서 복수형 표지를 활용하도록 한다. 하향적 접근법(top-down approach)으로 복수형을 가르칠 수도 있다. 일단 아동이 *many*나 *more*에 정확히 반응하면, 더 양적인 낱말이나 셈하기로 확대할 수 있다. 생일파티나 장보기와 같은 역할놀이를 하면서 복수형을 유도한다. 생일파티 놀이에는 풍선, 장식, 간식, 과자, 선물, 카드, 게임이 있다.

## 관사

관사(articles)는 한정(*the*)과 불한정(*a*) 대상을 명시하기도 하고, 새롭거나(*a*) 오래된(*the*) 정보를 표시하기도 하므로 배우기가 쉽지 않다. 학령 전 아동이나 학령 초기 아동은 확실치 않은 경우 *the*를 과다 사용하기도 한다.

관사와 형용사는 명사구가 발달하면서 조금씩 습득된다(Kemp, Lieven, & Tomasello, 2005). 화용적인 특성(새로운/오래된 정보)은 한정/불한정 특성보다 배우기가 더 어렵다. 개인에 따라 다르긴 하지만, 학령전기 후기에서 학령 초기가 되면 특정 낱말에 관사를 사용하기도 한다. 예를 들어 어떤 아동은 *the white snow*는 못해도 *the white kittie*는 표현할 수 있다. 이런 차이는 초기 습득이 느릴 수 있다는 것을 의미한다.

SLP는 아동이 놀이나 책에 나오는 물건이나 그림을 묘사하도록 시키기도 한다("A puppy"). SLP와 아동이 물건이나 그림을 보며 다음과 같이 대화할 수 있다.

> 촉진자 : Tell me what you see.
>
> 아동 : A duck.
>
> 촉진자 : A duck? Let's see. I can tell you that the duck is yellow. What can you tell me?
>
> 아동 : The duck is swimming.

관사 *an*은 아동이 학령 초기 수준은 되어야 가르칠 수 있다.

일단 대명사를 소개하고 나서, 촉진자는 다음과 같이 대명사와 관사를 바꿔가며 사용한다.

> 촉진자 : Here's *a* puppy. What can you tell me about him?
>
> 아동 : *He* has a cold nose.
>
> 촉진자 : Who does?
>
> 아동 : *The* puppy.

가능한 대화 예는 너무 많다. 그러나 많은 아시아권 언어에는 관사가 없으므로, 영어를 배우고 있는(English Language Learner, ELL) 아시아권 아동들은 이런 형식을 배울 때 특히 어려워할 수 있다는 사실을 기억하라.

---

### 전치사

전치사 아홉 개(*at, by, for, from, in, of, on, to, with*)가 전치사 활용의 90%를 차지하지만, 이 아홉 개가 나타내는 의미는 모두 250가지 정도이다. 상당수의 언어장애 아동이 이 낱말군을 어려워하는 것도 당연하다. ELL 아동들은 전치사를 특히 어려워한다. 의미론의 관계용어 부분에서 전치사에 대해 간단히 설명하였다.

전치사의 발달과정에 따라 다음과 같은 순서로 훈련할 수 있다.

> in, on, inside, out of
>
> under, next to
>
> between, around, beside, in front of
>
> in back of, behind

일반적으로 아동은 실제 사물을 사용해서 훈련할 때 더 잘 배운다. 공간적이고 방향적인 용어들은 다양한 사물 그리고/또는 실례를 사용해서 훈련하여, 아동이 개념과 특정 지시물을 따로 이해하도록 해야 한다. 다양한 사물이나 실례를 사용하면 아동이 특정 사물과 지시물에만 초점을 맞추어 그 관계를 파악하는 것을 막을 수 있다. 상자나 옷장의 안(*in*)과 밖(*out*)으로 가거나, 탁자와 의자에 앉거나 (*on*) 일어서는(*off*) 등의 대근육 활동도 좋다. 그렇게 하면 아동의 신체가 지시물이 되는데, 이 활동은 아주 재미있다. 공간적 용어는 인형, 손인형, 만화 주인공, 혹은 아동의 신체로 하는 자연스러운 놀이 맥락 속에서 가르칠 수 있다. 수업시간에 저자는 호랑이가 되어 우리 안(*in*)과 밖으로(*out of*) 아동을 쫓아다닌 적이 있다.

## 낱말순서와 문장유형

학령기 아동이나 청소년에게는 구어와 쓰기 훈련도 효과가 있지만, 낱말순서나 서로 다른 문장 유형 들은 대화를 주고받으면서(give-and-take) 훈련하는 것이 가장 좋다. 낱말조합을 가르치는 초기에는 모형언어체계(miniature linguistic systems)를 사용한다. 이 체계에서는 가로와 세로 줄에 각각 낱말군 이 나열된 행렬표(matrix)가 사용된다. 아동이 가능한 낱말조합을 모두 배울 필요는 없다. 그럼에도 훈련되지 않은 조합이 일반화되었다는 긍정적인 보고가 있다. 그림 11.4에 사용 가능한 행렬표와 교 수모델이 제시되어 있다. 행렬표를 사용해서 내러티브를 말하거나 놀이를 지시할 수 있다.

명사구를 가르치는 초기에는 명사구만을 따로 말하게 한다. 질문-대답 형식으로 명사구의 특 정 측면을 알려준다[얼마나 많이…(How many…), 어디…(Where…), …에 대해 말해볼래?(Can you describe…?)]. 일단 짧은 문장을 사용해서 명사구를 목적어 위치에 놓았다가 주어 위치에 놓는 식으 로 확장을 한다. 처음에는 *a kittie* 혹은 *big horse*처럼 두 요소 이상으로는 확장하지 않는다. 명사 수식 어의 순서는 제7장 '명사구의 분석' 부분에서 논의하였다(표 7.17).

개인에 따라 다르긴 하지만, 아동은 구체적인 낱말과 함께 관사와 형용사를 사용한다고 논의한 바 있다. 이것은 세 가지를 의미한다.

- 습득과 중재는 점진적으로 이루어진다.
- 대조 훈련이 적절하다(예 : *the **white** kittie, the **brown** doggie*).
- 일반화는 계획 없이 그냥 이루어지지 않는다.

형용사는 대조 훈련을 통해 가르칠 수 있는데, 이때 아동은 작은 공-큰 공과 같이 한 가지 특성만 다른 두 개의 물건을 구별하게 해야 한다. 대화에서 부정확하거나 부적절한 형용사를 사용하면 메시 지를 오해하고 잘못 해석하게 된다. 마찬가지로 명사-후 수식어(post-noun modifiers)들도 *the ball in the box*와 *the ball on the table*과 같이 서로 다른 위치에 있는 물건을 사용해 가르쳐야 한다.

동사구나 수반절은 조심스럽게 선택해야 한다. 자동사절과 타동사절을 명확하게 나타내는 구체적 인 동사들을 잘 선택해야 한다. "Who is at the zoo?"와 같은 질문에 *He is*나 *We are*로 대답하듯이 질

|  | 과자 | 케이크 | 푸딩 | 파이 | 빵 |
|---|---|---|---|---|---|
| 먹다 | × | × | × | × | × |
| 굽다 | × |  |  |  |  |
| 섞다 | × |  |  |  |  |
| 원하다 | × |  |  |  |  |
| 주다 | × |  |  |  |  |

|  | 애완동물 | 개 | 고양이 | 말 | 족제비 |
|---|---|---|---|---|---|
| 먹이다 | × | × |  |  |  |
| 씻기다 |  | × | × |  |  |
| 손질하다 |  |  | × | × |  |
| 산책하다 |  |  |  | × | × |
| 빗다 | × |  |  |  | × |

세로줄에 있는 동사는 가로줄의 명사와 결합하여 짧은 구를 이룬다. 배운 조합에는 × 표시를 한다. 학습된 규칙은 훈련되지 않은 조합에도 일반화가 될 것이다.

**그림 11.4**  모형언어체계

문에 대해 간단히 대답하게 함으로써 등가동사구(equitive verb phrase)나 *be*의 활용을 가르칠 수 있다. 자동사와 타동사를 가르칠 때와 비슷한 방식으로 조동사를 가르칠 수 있는데, 이때 "Who should eat?"이나 "Who can Jump?"와 같이 질문한다. 'We should'이나 'He can'과 같은 대답을 보면 조동사가 문장의 끝에 위치하고 있다.

부정사구는 인형, 손인형, 만화 주인공 모형을 가지고 놀거나 이야기책을 읽으면서 가르친다 (Eisenberg, 2005). N-V-to V(*Oscar wants to eat*)와 N-V-N-to V(*Oscar wants Ernie to eat*)의 두 가지 부정사구 형식이 있는데, 전자가 먼저 발달하며 배우기도 더 쉽다. 부정사형 보어로서 N-V-to V형식을 갖는 동사 중에 먼저 발달하면서도 빈번히 사용되는 동사에는 *want, like, try*가 있다. 적당한 훈련형식이 표 11.15에 제시되어 있다.

SLP는 구어와 문어를 모두 사용해서 학령기 후기 아동과 청소년이 좀 더 길고도 함축된 문장을 만들어내고 저빈도의 문장구조와 문장 간 응집성을 더 많이 구성해낼 수 있도록 가르친다. 자신이 사용한 단순한 문장을 사용해서 중문과 복문으로 확장한다. *Who is driving the red car*과 같은 종속절은 나중에는 *The girl **driving the red car** is from Iowa*와 같은 내포된 구로 변형될 수 있다. 저빈도 문장이란 동격(*Mary **my sister**... or John **the psychologist** will*), 복잡한 명사구(*the large red dog with the bushy tail* 혹은 *teachers such as Ms. Meeker or Ms. Lilius*), 완료형(*has been verbing*), 그리고 수동태(*The cat was chased by the dog*)와 같은 것들이다. 마지막으로 문장 간 응집성은 그러므로(therefore)와 그러나(however)와 같은 부사적 접속사를 활용해 구성할 수 있다. 언어는 아주 천천히 습득된다. 반대로 (conversely)와 더욱이(moreover)와 같이 자주 사용되지 않는 유형들은 언어 사용자가 더 성숙한 후에

**표 11.15** 부정사 중재를 위한 하향식 모델

| 목표반응 | 비구어적 단서 | 구어적 촉진 단서(점점 길어짐) |
|---|---|---|
| N–V–to–V<br>*Want to* | 비구어 :<br>　집 놀이. 어니가 비틀거리며 온다. | 구어 :<br>　어니가 엘모한테 "너무 피곤하다. 앉아도(sit)<br>　되니?"라고 했어. 네가 이야기를 마저 해봐.<br>　*Ernie wants…?*<br>　*Ernie wants **to**…*<br>　*Does Ernie want **to eat**? No.*<br>　　*What does Ernie want?*<br>　*Ernie doesn't want **to eat**.*<br>　　*Ernie wants…?*<br>　*Ernie doesn't want to eat.*<br>　　*Erine wants to…?*<br>　*Ernie wants **to sit**. What does Ernie want?* |
| *Like to* | 비구어 :<br>　연장놀이. 엘모가 망치를 갖고 싶어 한다.* | 구어 :<br>　엘모가 오스카한테 "난 망치질을 하는 게<br>　(hammer) 제일 재미있어."라고 말했어.<br>　*Elmo likes…?*<br>　*Elmo likes **to**…*<br>　*Does Elmo like **to saw**? No.*<br>　　*What does Elmo like?*<br>　*Elmo doesn't like **to saw**.*<br>　　*Elmo likes…?*<br>　*Elmo doesn't like **to saw**.*<br>　　*Elmo likes to…?*<br>　*Elmo likes **to hammer**. What does*<br>　　*Elmo like?* |
| *Try to* | 비구어 :<br>　먹기 놀이. 쿠키 몬스터는 식탁 위를 넘어가고<br>　싶어 한다. | 구어 :<br>　쿠키 몬스터가 "난 식탁 위를 넘어갈(jump) 거<br>　야."라고 말했어. *Cookie tries…?*<br>　*Cookie tries **to**…*<br>　*Does Cookie try **to run**? No.*<br>　　*What does Cookie try?*<br>　*Cookie doesn't try **to run**.*<br>　　*Cookie tries…?*<br>　*Cookie doesn't try **to run**.*<br>　　*Cookie tries to…?*<br>　*Cookie tries **to jump**.*<br>　　*What does Cookie try?* |

표 11.15 부정사 중재를 위한 하향식 모델 (계속)

| 목표반응 | 비구어적 단서 | 구어적 촉진 단서(점점 길어짐) |
|---|---|---|
| N–V–N–to–V<br>*Want N to* | 비구어 :<br>먹기 놀이. 엘모는 먹기가 싫다. | 구어 :<br>어니가 엘모한테 "먹어봐(eat)."라고 했어. 네가<br>이야기를 마저 해봐. *Ernie wants Elmo…?*<br>*Ernie wants Elmo **to**…?*<br>*Does Ernie want Elmo **to jump**?*<br>　*No. What does Ernie want?*<br>*Ernie doesn't want Elmo **to jump**.*<br>　*Ernie wants Elmo…?*<br>*Ernie doesn't want Elmo **to jump**.*<br>　*Ernie wants Elmo to…?*<br>*Ernie wants Elmo **to eat**.*<br>　*What does Ernie want?* |
| *Tell N to* | 비구어 :<br>어니가 커다란 개를 보고 무서워한다. | 구어 :<br>버트가 어니한테 "도망가자(run)!!"라고 했어.<br>네가 이야기를 마저 해봐. *Bert tells Ernie…?*<br>*Bert tells Ernie **to**…?*<br>*Does Bert tell Ernie **to sleep**?*<br>　*No. What does Bert tell Ernie?*<br>*Bert doesn't tell Ernie **to sleep**.*<br>　*Bert tells Ernie…?*<br>*Bert doesn't tell Ernie **to sleep**.*<br>　*Bert tells Ernie to…?*<br>*Bert tells Ernie **to eat**. What does Bert tell*<br>　*Ernie…?*<br>*Bert tells Ernie **to run**. What does Bert tell*<br>　*Ernie…?* |

*SLP는 필요 시 아동에게 더 많은 구어적 단서를 준다.
출처 : Eisenberg(2005)

소개해야 한다.

　제10장에서 논의한 여러 가지 전략들이 낱말의 순서를 가르치는 데 효과적으로 사용될 수 있다. 예를 들어 확장을 통해 성숙한 발화에 대한 시범을 보일 수 있고, 재구성을 통해 관계를 분석하게 할 수 있다.

　표 7.16은 특정 문장 유형을 습득하는 순서에 대한 지침이다. 대부분의 정상발달 아동들은 학령기에 들어설 즈음 성인과 같은 명령문, 서술문, *wh*-와 예/아니요 의문문을 긍정과 부정 형식으로 모두 사용할 수 있다.

---

요약

SLP가 기능적 모델의 모든 요소를 매번 한꺼번에 사용할 수는 없지만, 주어진 교수환경 내에서 몇 가지 요소를 함께 사용할 수는 있다. 환경, 일상적인 활동, 대화를 주고받는 과정 속에서 촉진자는 아동 개개인과 언어 목표를 고려해야 한다. 어떤 경우에는 구조적인 접근으로 시작하는 것이 필요할 수도 있다. 그러나 대화에 활용할 수 있을 정도로 일반화되려면 일상적인 장면과 활동을 훈련과 결합해야 할 것이다.

## 다문화-다언어 배경 아동

일반적인 생각과 달리 언어장애 아동도 적절한 지원이 있으면 두 가지 언어를 배울 수 있다(Paradis, Crago, Genesee, & Rice, 2003). 물론 이중언어를 사용하는 일반 아동보다 그 과정이 덜 효과적이긴 할 것이다. 게다가 적절한 지원이 없으면 언어장애 아동은 당연히 $L_1$(모국어)에 대해 퇴행을 보이거나, 빠르게 잊어버리게 될 것이다(Restrepo & Kruth, 2000; Salameh, Hakansson, & Nettelbladt, 2004).

정규교육과정에서 이중언어를 교육하는 방법이 영어만 가르치는 방법만큼 효과적인 것으로 밝혀졌지만(Rolstad, Mahoney, & Glass, 2005), 몇몇 전문가들은 아동의 $L_1$을 사용해서 중재를 하면 $L_2$의 발달을 혼란스럽게 하거나 늦출 것이라는 우려를 버리지 못하고 있다.

이중언어 중재가 여러 이유에서 적절한 듯하지만, 미국에서 다른 언어에 능통한 SLP의 비율은 6% 이하이다(ASHA, 2009). 게다가 몽족, 소말리아 족, 베트남인과 같이 미국에 체류하는 민족의 언어를 말할 줄 아는 SLP는 거의 없다. 그래서 미국에서 이중언어를 사용하는 언어장애 아동은 대부분 영어로만 중재를 받고 있다(ASHA, 2009, 2010; Kohnert et al., 2003).

영어만 사용하는 SLP가 이중언어 SLP나 동료, 통역자, 가족과 협력하여 영어와 더불어 아동의 $L_1$이 발달하도록 촉진하는 중재 프로그램을 개발하고 적용하는 것이 중요하다. 그러기 위해 다음과 같은 방법을 사용할 수 있다.

- 팀 접근방법
- 통역자와 가족구성원의 활용
- 이중언어를 사용하는 교사의 활용
- 컴퓨터 소프트웨어 등의 기술을 활용

어휘를 가르칠 때 컴퓨터를 사용해서 $L_1$과 영어 어휘를 모두 오디오 파일에 미리 녹화해서 사용할 수도 있다(Pham, Kohnert, & Mann, 2011). 그런 방법은 아동의 $L_1$을 지속적으로 성장시키면서 영어만 가르치는 방법만큼이나 영어를 효과적으로 학습하도록 해준다.

유치원 이전 나이의 아동에게 종속절과 문장길이의 스페인어를 매일 30분씩만 가르쳐도 충분히 $L_1$을 발달시킬 수 있다(Restrepo et al., 2010). 효과적인 프로그램이라면 한 주에 다섯 개에서 열 개 정도의 어휘학습, 대화교재 읽기, 음소인식, 철자지식을 포함할 것이다.

4에서 6세의 스페인어와 영어 화자들을 대상으로 영어 어휘를 스페인어와 함께 확장해서 가르치면 영어만 배우는 경우보다 영어어휘를 더 잘 배운다(Lugo-Neris, Wood Jackson, & Goldstein, 2010). 아동들은 명명, 지식의 이해, 정의의 표현에서 뚜렷한 증진을 보였다. 두 언어에 대한 초기 수행수준이 중요한데, 두 언어에서 모두 제한된 기술을 보인 아동은 어휘가 뚜렷이 증가하지 않았다. 영어이야기 책을 읽으면서 새로운 단어를 스페인어로 확장할 때 단어의 동의어를 제시하거나 역할놀이를 하고, 의미와 설명을 더해줄 수도 있다. 이런 반복된 노출과 맥락을 통해 점차 이중언어 아동의 어휘지식이 두 언어에서 모두 성장할 것이다. 아동은 단어에 의미특질을 연합하면서, 영어와 그에 해당하는 스페인어가 어떻게 서로 관련되는지를 깨닫기 시작할 것이다.

마찬가지로 아프리카계 미국 영어(AAE)를 사용하는 아동이 이중방언을 보일 수도 있다(Stockman, 2010). 아프리카계 미국인 아동의 경우 다양한 수준의 AAE와 주류 방언을 모두 보이면서 치료실에 오기도 한다. 치료는 아동의 방언 사용 수준에 맞추어져야 한다.

방언은 정확성과 교수맥락의 적절성에 대한 SLP의 판단에 영향을 미친다. 예를 들어 AAE에서는 문맥에 따라 복수형 표지(-s)에 차이가 있으므로, SLP는 *two shoe*와 같이 수량사 뒤에 오는 명사에 복수형표지가가 활용되는지 살펴야 한다. 먼저 대조 혹은 서로 다른 패턴 대신에 주요 방언 패턴이나 대조되지 않은 AAE를 목표로 하는 것이 가장 좋다. 언어장애가 있든 없든 아프리카계 미국 아동은 AAE에 전형적인 대조패턴을 사용할 것이기 때문에, 언어장애는 대조되지 않은 패턴에 더 뚜렷하게 드러난다.

다문화-다언어 배경을 지닌 교직원, 직원, 부모가 언어 촉진자의 역할을 하게 하려면 신뢰가 특히 중요하다. 그들의 문화에 대해 잘 알지 못하는 SLP라면 특히 이런 정보를 얻는 데 더 적극적으로 나서야 한다. 당신을 교육하는 것은 아동이나 부모가 해야 할 일이 아니다.

## 소형 컴퓨터의 사용

소형컴퓨터(microcomputer)가 일관된 방식으로 프로그램에 포함된다면 언어교육에 효과적일 수 있다. 하지만 컴퓨터는 보조적 수단으로 사용되어야지 결코 대면 학습상황을 대신해서는 안 된다.

아동은 컴퓨터를 좋아한다. 학령전기 아동도 전통적인 반복적 훈련이나 책상에서 하는 활동보다는 컴퓨터로 하는 훈련을 선호한다. 그런 중재 프로그램은 대부분 사용자에게 친숙하고 언어장애 아동에게 부담도 적다.

컴퓨터를 전반적인 치료계획에 포함하기 전에 먼저 중재 목적과 방법을 확립해야 한다. 컴퓨터 프로그램이 중재 목적을 결정하도록 내버려두는 것과 같은 함정에 빠지기가 너무나 쉽기 때문이다. 그런 '프로그램을 위한 훈련'은 아동 개인을 위한 개별화된 접근법이 아니다.

아동과 SLP가 적극적으로 참여하고, 컴퓨터 사용이 개별화되며, 중재 목적에 맞는 특정 소프트웨어를 사용하면 언어장애 아동은 컴퓨터로부터 가장 많은 유익을 얻는다. 가장 효과적인 방법은 SLP나 촉진자가 아동과 함께 컴퓨터 프로그램 앞에 앉아서 내려야 할 선택이나 아동의 선택에 대해 평가하고 토의하면서 상호작용하는 것이다. 이런 식으로 컴퓨터 프로그램을 각 아동의 필요에 맞게 조절할 수 있다. 마찬가지로 일반적이고 대중적인 소프트웨어보다는 구체적인 언어문제에 맞게 설계된 소프트웨어가 더 낫다. 컴퓨터는 특히 글쓰기 훈련에 유용한 것 같다. 이에 관해서는 제13장에서 다루게 될 것이다. 가능한 여러 중재 활동이 표 11.16에 제시되어 있다.

컴퓨터 프로그램은 조심스럽게 사용해야 한다. 사용하기 전에 SLP는 그 프로그램의 이론적 토대, 연구설계방법, 프로그램으로 인해 가장 유익을 얻는 대상자군에 대해 기본적인 질문을 스스로 해보아야 한다. 기능적 의사소통의 관점에서는 접근법이 얼마나 자연스러운지, 전반적인 의사소통에 효과가 있는지, 그리고 실제 상황에 일반화될 것인지가 구체적인 관심사가 될 것이다.

앞서 컴퓨터기반 프로그램인 *Fast ForWord-Language*(FFW-L, Scientific Learning Corporation, 2009)에 대해 언급한 적이 있다. *FFW-L*은 정보를 신속히 처리하는 능력을 증가시킴으로써 아동이 말의 흐름 속에서 정보를 잘 처리하도록 하는 것이 목적이다. 그 프로그램은 음향적으로 조정된 비언어 및 언어 자극을 듣는 일곱 개의 컴퓨터 게임으로 구성되어 있다. 하지만 언어수행이 좋아진 아동도 있지만, 아쉽게도 언어학습이 증진된 경우가 너무 적다(Tallal, 2000). 게다가 최근 연구 결과 언어검사에서 치료와 관련된 효과가 보이지 않거나 FFW-L과 관련하여 임상적으로 유의한 증가가 나타나지 않았다(Cohen et al., 2005; Gilam et al., 2008; Plkorni, Worthington, & Jamison, 2004; Rouse &

**표 11.16** 언어 중재와 컴퓨터 활동의 통합 예

| 언어 목표 | 컴퓨터 활동 |
| --- | --- |
| 지시하기 | 무언가를 만들거나 굽기를 할 때 지시사항을 쓴다. |
| 사건 순서짓기 | 땅콩버터와 젤리 샌드위치를 만드는 것과 같은 일상적인 과업을 어떻게 성취할 것인지 설명한다. |
| 미래시제 | 독립기념일이나 생일파티에 무엇을 할 것인지 설명하는 글을 쓴다. |
| 과거시제 | 체험학습일에 있었던 일을 '뉴스'처럼 쓴다.<br>과거 사건에 대해 내러티브를 쓴다. |
| 질문 | 제일 좋아하는 가수나 연기자와 인터뷰에 할 질문을 계획한다. |
| 부정문 | 음식점이나 통학버스에서 할 일과 하지 말아야 할 일의 목록을 쓴다. |
| 구문 | 학급에 초청할 사람에게 왜 와야 하는지를 담은 초대장을 쓴다. |
| 요약하기/구문 | 가장 좋아하는 영화의 개요를 쓴다. |

Krueger, 2004). *FFW-L*이 집중력을 높인다는 반론도 있지만, 뒤이은 언어학습의 효과는 밝혀지지 않았다(Stevens, Fanning, Coch, Sanders, & Neville, 2008).

## ∷ 결론

이 장에서 제안한 내용이 너무 많아 당황스러울지도 모르겠지만, 우리가 논의한 것들은 유용한 중재 기술 중 일부분에 지나지 않는다. 지면이 모자란 관계로 이런 기술들에 대해서도 피상적으로 다루었다. SLP는 제시된 자료나 출판물을 통해 더 많은 정보를 얻기 바란다. 더 나아가 언어장애 아동을 중재하기 위한 창조적이고 혁신적인 방법을 스스로 생각해내야 할 것이다. 또한 그 방법이 제9장과 제10장에서 제시한 대화적 시범방법에 잘 적용되길 희망한다.

모든 언어문제가 기능적 접근법으로 쉽게 치료되는 것은 아니지만, 그렇다고 모든 시범을 무시해서도 안 된다. 치료를 요하는 구체적인 언어문제가 무엇이든 간에 보호자는 중요한 정보원으로서 다양하게 활용될 수 있다. 마찬가지로 훈련은 일상적인 사건 속에서 일어나는 의미 있는 맥락에서도 이루어질 수 있다.

제**12**장

# 학급에서 실시하는 기능적 중재

학교에서 아동들은 이전에 대화하던 방식과는 아주 다른 언어를 배운다. 학교에서 아동들이 이야기하고 조작하도록 배우는 언어는 추상적이다. 이 시기에는 메타언어 기술이 매우 중요해지기 때문에, 언어 기술이 부적절하거나 다양한 상황에 적합하게 언어를 활용하는 전략이 부족한 아동들은 낙오되기 쉽다.

구어에서 문어까지의 연속선상에서 볼 때, 학교에서 주는 과제는 아동이 자신의 경험에 기초해 배운 정보를 이해하고 표현해야 하는 극도로 문어적인 과제들이다. 언어 자체가 정보를 전달하는 맥락이 되기도 한다.

언어치료사(SLP)는 아동이 의사소통할 수 있도록 다음과 같은 방식으로 도와주어야 한다.

- 사회적으로는 아동의 역할을 조정하고 적절한 역할의 시범을 보이거나 다양한 역할을 맡을 수 있는 상황을 만들어준다.
- 정서적으로는 아동이 따돌림을 당하지 않도록 막아주고 스스로 갈등을 해결하거나 다른 사람의 필요를 알아차리도록 돕는다.
- 기능적으로는 아동의 필요에 맞게 맥락을 조정해주고 아동이 자신의 의사소통 목적을 이루도록 돕는다.
- 물리적으로는 아동이 최대한 참여할 수 있도록 환경을 배치한다.
- 의사소통적으로는 아동이 참여할 수 있는 스크립트를 제시한다.

각 아동이 성인의 도움을 거의 받지 않고 성공적으로 의사소통하는 것이 목적이다.

기능적 중재 접근법에서는 언어문제의 원인이자 해결책으로 아동을 바라보기보다는 아동과 아동의 언어 사용 학습 전략, 맥락적 요구, 다른 사람의 기대, 상호작용, 맥락, 그리고 아동의 의사소통 대상자를 모두 포함하는 전체론적인 관점을 강조한다. 그래서 중재는 언어장애 아동 주변의 맥락과 이러한 맥락의 수정에 초점을 두고 있다.

학급에서 진행하는 인지활동은 언어성장을 자극하는 훌륭한 맥락이다. 학급에서 이런 활동을 하면서 아동은 대상을 창조하고, 바꾸고, 관계를 맺고, 비교하고, 목표를 정하고, 문제에 직면할 때 해결하려고 노력하고, 실수하고, 성공하거나 실패하기도 하고, 문제해결 절차를 고민하기도 한다.

학교에서는 맥락이 아동의 학급담화기술에 영향을 많이 미치므로, 언어장애 아동을 평가하고 중재할 때 다양한 맥락을 적용해야 한다. 예를 들어 글쓰기 수업, 소집단 수업, 또래 놀이 시간, 나눔 시간에 따라 언어장애 아동이 보이는 언어표현과 언어적 복잡성, 자기감독 전략 사용, 순서 지키기 패턴의 수준은 매우 달라진다(Peets, 2009). 개인에 따라 차이는 있지만, 아동은 보통 또래놀이 동안에는 단어와 발화를 더 많이 표현하고, 나눔시간에는 말속도가 더 빠르고, 순서를 더 오래 지키고, 어휘다양도(type-token ratio)도 더 증가한다.

이 장에서 논의하고 있는 기능적 모델은 학급에서 필요한 이런 여러 가지 측면에 적합하다. 사실 중재반응모델(Response to Intervention, RTI), 완전통합 및 협력교수(inclusion and collaborative teaching)와 같이 최근 교육계에서 보이는 변화는 여기서 논의하고 있는 원칙들과 어떤 점에서 아주 비슷하다. 이 장에서는 이런 경향을 알아보고 학급 중재 모델 몇 가지를 제시하고자 한다. 또한 공립학교 SLP의 새로운 역할, 학령 전 및 학령기 아동을 위한 구체적인 중재 목표, 학급 중재 모델의 요소들과 함께 학급 중재에 적용할 점에 대해 살펴보겠다.

## 배경 및 이론적 근거 : 교육계의 최근 변화

학급에서 언어 훈련을 실시한다는 것이 SLP나 담임교사에게 쉬운 일은 아니다. 미국과 캐나다의 학교 조직들은 좀 더 적절하고 효과적인 중재를 위해 여러 가지 중재 모델을 적용하고 수정해가고 있다. 이런 모델들은 통합 및 협력교수라는 최근의 교육적 변화를 반영하고 있다.

### 중재반응모델

**중재반응모델**(RTI)은 언어장애뿐 아니라 다른 특별한 요구를 지닌 모든 아동을 대상으로 이들의 학습 문제를 예방하고 중재하고, 교육하기 위한 다단계적이고 문제해결적인 접근방법이다. RTI는 어려움을 겪는 아동에게 적절한 수준의 지원을 해주기 위해 교육팀이 아동의 문제영역과 필요를 파악하는 구조로 이루어진다. Jackson, Pretti-Frontczak, Harjusola-Webb, Grishám-Brown과 Romani(2009)는 어린 아동을 다루는 전문가들을 위한 RTI의 개요와 적용점들을 잘 정리해주었다.

학령기 언어장애 아동을 다루는 SLP는 RTI의 원리를 이해해야 하고, 이를 성공적으로 적용할 수 있는 방법을 알아야 한다. RTI 모델에서는 SLP가 교사 및 다른 교육전문가들과 협력할 수 있는 기회가 다양하다.

RTI는 유아교육 초기부터 포괄적인 교과과정 체제 내에서 이루어지는 학제 간 팀접근을 추구한다. 이 개념이 1970년대부터 있었지만, '중재반응'이라는 용어는 2004년 장애인교육법(IDEA)이 개정되면서 교육 관련 문헌에 처음으로 등장했다. 교육서비스를 일반교육현장에 전달하는 원리가 처음에는 특수교육에서 비롯되었지만 점차 학업실패의 위험이 있는 학생뿐 아니라 모든 학생의 학습을 지원하는 방향으로 바뀌었다. 모든 아동의 학업적 성공이 RTI의 목표이다.

지금까지의 논의는 다소 모호하다. 그러므로 이제 RTI의 원리와 이와 관련한 SLP의 책임에 관해 다루어보자. RTI의 일반적인 원리는 다음과 같다(Jackson et al., 2009).

- RTI에서는 교수수준이 서로 다른 여러 단계로 나누어 개별 아동을 지원한다.
- 전문적인 팀 구성원들이 다양한 교수방법, 지속적인 평가 절차, 개별 아동의 필요에 맞춘 경험, 전문가들 간의 협력으로 질 높은 교수를 제공한다.

- 근거에 기반한 핵심 교과과정으로 효과를 평가한다.
- 공식적이고 총체적이며, 다양한 정보를 포함하는 자료수집 절차로 아동의 수행을 평가한다.
- 다양한 환경에 걸쳐 타당한 치료를 실시하는 증거기반중재로 개별화된 학습을 진행한다.
- 가족과 전문인이 교수내용을 파악하고, 선택하고, 수정하는 절차는 아동의 자료와 학습맥락에 근거한다.
- 점검평가를 통해 효과적이고 정확한 교수전략과 중재의 적용이 이루어지는지 확인한다.

이러한 RTI의 특성은 SLP가 제공하는 서비스와 지원이 새로운 역동성과 기준을 갖게 한다.

모든 아동이 진전을 보이려면 가족, 교육전문가, 관련 서비스 제공자, 연구자, 입법가들이 공동의 노력을 기울여야 한다. 언어와 문해 관련 서비스의 제공에 있어서는 다른 전문인과 가족구성원이 협력하는 데 SLP가 핵심적인 역할을 담당한다.

학교, 지역구, 그리고/또는 주가 제시하는 교과과정이 우리의 교수목표를 정해놓는다고 한다면, 이런 목표는 매일 이루어지는 교수를 위한 포괄적인 지침이 될 수 있을 것이다. SLP는 교수 목표 내에서 아동마다 중재를 개별화하여 적용하며, 일상적인 사건 속에서 학습이 이루어지도록 기회를 제공하고, 전문가들 간의 협조와 책임의 분산이 잘 이루어지도록 노력해야 한다(Grisham-Brown, Hemmeter, & Pretti-Frontczak, 2005).

가능한 교과과정의 틀은 다음과 같이 구성될 수 있다(Jackson et al., 2009).

- 평가
- 범위와 절차
- 활동과 교수
- 진전의 점검

위에서 평가를 제외한 세 가지의 경우, 교수단계 혹은 교수수준은 교수집단의 크기, 장소, 교수 강도, 서비스 제공자에 따라 달라질 수 있다. 예를 들어 중재 결과 아동이 진전을 보이면, SLP는 집중적인 일대일 교수에서 덜 자주 모이는 소집단 모형으로 서비스를 바꿀 수 있다.

교과과정의 틀 내에서 교수가 이루어지면 전통적인 서비스 전달 모델로부터 벗어나 다양한 아동전문가와 교수방법이 통합되도록 할 수 있다. 교과과정의 틀을 적용하는 일은 다음과 같은 요소들을 재개념화하는 도전적인 작업이다.

- 아동의 능력에 관한 정보를 수집하는 방식
- 교수 대상과 순서, 내용
- 교수방법과 시기

● 아동이 진전을 보이는 장소

이렇듯 SLP의 전문적 역할은 협력자, 문제해결자, 중재자, 코치의 네 가지로 확장되고 재정의된다. 이제 교과과정 틀의 네 요소에 대해 논의해보자.

## 평가

RTI 동안 이루어지는 평가는 아동의 수행, 관심, 선호도 및 가족의 우선순위와 필요에 관한 지속적인 관찰과 기록과정이다(Grisham-Brown et al., 2005; Neisworth & Bagnato, 2004). 평가는 각 아동의 현재 수행수준을 확인하는 데서 시작한다. 이런 평가는 개별 아동의 강점, 관심사, 일반교과 성적과 관련한 문제영역에 대한 파악을 통해 '프로그램 계획'을 하는 것이 목적이다.

다른 말로 하면 평가를 시행하고 요약하며, 결과를 해석함으로써 SLP는 각 아동이 어떻게 일상생활 활동에 참여하고 진전을 보이는지를 더 잘 이해하게 된다. 그런 평가는 다양한 정보의 자원, 다양한 평가방법, 여러 장면과 시점에 걸친 자료수집을 통해 이루어진다(Neisworth & Bagnato, 2004). 여기에서 핵심은 본서에서 계속 강조한 것처럼 일상적인 방식으로 아동이 아는 내용과 할 수 있는 행동을 보이도록 격려하는 **믿을 만한 평가 절차**(authentic assessment practice)이다. 따라서 평가의 초점은 전통적인 규준참조 평가방법으로부터 아동발달의 모든 영역에 관한 믿을 만하고 초학문적인 공동평가방식으로 바뀌고 있다.

## 범위와 절차

평가와 교수는 범위(개념, 기술, 학업)와 절차(교수순서)의 두 가지로 연결된다. 어떤 아동은 교과과정 기준에 포함된 요소와는 다른 추가적인 중재와 지원을 필요로 한다. 여기에는 하위기술 혹은 선수기술에 대한 교육이 포함될 수 있다. 예를 들어 읽기교수는 음운 인식의 습득을 전제로 이루어지는데, 이 영역은 많은 언어장애 아동이 결함을 보이는 부분이다.

어떤 단계 혹은 교수수준이 아동의 필요에 적합한지 결정하는 문제해결 과업은 SLP의 전문영역이다. SLP는 교과과정 틀 안에서 교수단계에 맞게 각 아동의 언어와 의사소통 발달을 어떻게 지원해야 할지 잘 알고 있다. 아동이 뒤떨어지지 않고 개별적인 중재에 기대지 않아도 되도록 SLP는 아동의 필요에 따라 교수 유형을 조정해야 한다.

SLP는 아동이 자연스러운 환경에서 학습의 기회를 더 많이 가질 수 있도록 학급의 일상적인 순서 속에 포함될 수 있는 교수 절차, 의사소통 발달에 관한 정보, 문헌 등을 교사와 공유하고 이를 위해 협력해야 한다. 그러면 일상적인 상황 속에서 아동이 질적인 교수와 중재를 받는 시간이 늘어나고, 그동안 아동의 필요에 적합한 서비스를 제공할 수 있게 된다(Pretti-Frontczak & Bricker, 2004).

## 활동과 교수

활동이란 중요한 개념과 기술이 전개되는 맥락을 말한다. 발달적 영역과 내용적 영역으로부터 나온 개념과 기술을 통합하기 위해 일상적인 활동이 계획된다(Pretti-Frontczak & Bricker, 2004). 일례로 학교생활 내내 다양한 맥락에서 언어적 기술이 필요하므로, SLP는 충분한 의사소통 학습기회를 만들어내도록 다른 팀 구성원에게 조언을 할 수 있다. SLP는 일상적인 활동에 증거기반 교수전략을 적용하는 방법을 알려주고, 언어와 문해력의 발달에 대해 교사에게 지도할 수 있다.

교수란 내용을 전달하는 데 쓰이는 실습, 행위, 방법을 가리킨다. 질적 교수란 각 아동에 대한 평가자료에 기초하며, 발달적으로 적절하고, 각 아동이 사회적이고 물리적인 환경과 상호작용함으로써 자신의 지식을 창조할 수 있게 하는 교수를 말한다(Pretti-Frontxzak & Bricker, 2004). 따라서 질적 교수는 아동의 필요와 선호도가 변화할 때마다 그 아동과 변화에 발맞추어 진행된다.

활동과 교수 단계에서 SLP는 직간접적인 중재자 역할을 담당해야 한다. 직접적인 중재자 역할은 아동과 가족에게 직접 서비스를 제공하는 좀 더 전통적인 모델이다. 이 책에서 추구하는 덜 직접적인 역할은 언어장애 아동의 의사소통 능력을 성장시키고 발달을 촉진하고자 SLP가 다른 전문인에게 시범과 단서를 보여주는 것이다.

### 진전의 점검

아동의 수행을 점검하면서 얻은 정보는 다음을 위해 사용된다.

- 결과가 목표대로 나타났는지의 정도를 평가한다.
- 의사결정의 근거를 제공한다.
- 아동에게 추가적이거나 더 집중적인 지원 혹은 교수가 필요한지 파악한다.

진전을 점검하면서 얻은 형성자료와 누적자료는 매일의 교수에 관한 정보를 제공하고 프로그램 수준을 결정하는 지침으로 사용된다.

아동의 진전을 평가하는 자료는 정기적으로 수집된다. 분기별로 혹은 매년 진전평가 자료를 사용해서 교수내용의 방향을 정하고, 개인 혹은 집단의 진전도를 평균적인 결과와 비교하며, 학생성적에 관한 책임을 지고, 프로그램의 효과를 평가한다. SLP는 다른 팀 구성원과 협력하여 자료를 수집하고, 결과를 해석하며, 문제를 해결한다.

### 완전통합

미 장애인교육법(IDEA)은 모든 장애 학생이 일반교육의 교과과정을 접하도록 의무화하였다. 완전통합은 특수한 필요를 지닌 아동과 일반 아동 모두에게 유익하다는 연구문헌들에서 비롯된다(Odom, 2000). 장애 아동이 일상적인 활동의 맥락에서 가능한 한 또래와 함께 교육을 받아야 한다는 데 점차 의견이 일치하고 있다.

1980년대부터 오늘날까지 모든 아동을 대상으로 교육수준을 높이기 위한 움직임이 있었다. 이러한 움직임이 통합교육과 정규교육발의안(Regular Education Initiative, REI)을 이끌어내었다. **통합교육**(inclusive schooling)이란 RTI에서와 같이 개별 학급들을 하나의 지지적인 환경으로 만드는 통합적 교육시스템을 제안하는 교육 철학이다. 분리된 교육시스템과 달리 통합교육은 유연한 방식으로 아동 개인의 필요를 충분히 맞춰줄 수 있는 일원화된 교육을 제공한다. 그 결과 (1) 장애로서가 아닌 특별한 요구를 지닌 아동의 능력에 초점을 맞추는 변화, (2) 협동학습, (3) 교육과정에 기초한 중재뿐 아니라, (4) 필요 시 특수 서비스 제공 및 모든 아동의 정규 학급 배치가 이루어진다.

정규교육발의안은 아동 대부분을 정규 학급에 배치하는 것에서부터 특수 서비스가 동반된 정규 학급 배치, 중증장애 아동과 같은 소수집단을 위한 적응환경으로 이어지는 교육적 연속선에 대해 언급하고 있다. 연속선의 맨 마지막에 있는 아동, 즉 중증장애 아동의 학급참여를 높이기 위해서는 훈련된 전문인이 제공하는 서비스와 교육과정에 기초한 중재가 필요할 것이다. 예를 들어 언어학습장애 아동은 음운 인식과 철자-소리 관계와 같은 영역에 대해 명확하고 체계적이며 집중적인 교육을 받으면서 읽기 훈련을 할 필요가 있다(Silliman, Bahr, Beasman, & Wilkinson, 2000).

완전통합의 개념은 어떤 아동도 일반교육환경에서 학습할 수 있고 성장할 수 있다는 가정에 기초한다. 특수한 요구를 지닌 아동이 일반교육과정에 완전히 포함되지 않은 채 단순히 일반학급에 배치되기만 하는 것은 통합교육이 아니다. 통합교육은 모든 아동이 하루 종일 의미 있는 학습의 기회에 참여할 수 있도록 지원과 지지를 받을 때만 이루어진다(Grisham-Brown et al., 2005). RTI가 적용되는 지점이 바로 여기이다.

완전통합에 대한 광범위한 지원에도 불구하고 학령전기 장애 아동이 일반교사로부터 특수한 교수를 제공받지 못하고 있다는 우려도 있다(Markowitz et al., 2006). 사실 이 아동들 중 일부만이 일반학급에서 특수한 교수를 받고 있다. 일반교과과정에 아동이 접근할 수 있도록 통합적인 돌봄과 조기교육을 제공하는 데 교사의 지식, 훈련, 확신의 부족이 방해가 되는 경우가 많다(Chang, Early, & Winton, 2005; Knoche, Peterson, Edwards, & Jeon, 2006).

## 협력교수

학급에서 치료를 실시하면 언어치료를 하고자 아동을 교실에서 분리할 때 발생할 수 있는 부정적 측면은 생기지 않는다. 지속적인 학급 활동, 아동이 하는 숙제 및 실습과제 내용, 학급 내 상호작용이 중재의 기반이 된다. 이렇듯 중재는 환경과 밀접하게 관련되기 때문에, 아동은 학급이라는 역동적 사회에서 많은 도움을 얻을 수 있다.

다음은 여러 가지 학급중재 방식이다.

1. SLP가 정규학급 담임교사 및 기타 전문인들과 함께 팀티칭(team teaching)을 한다.
2. SLP가 학급 교과 자료를 이용해 학급에서 선택된 학생을 대상으로 학급 중심의 소집단 혹은

일대일 중재를 실시한다.

3. SLP는 주 보호자가 중재 전략을 알도록 도와주면서, 담임교사와 기타 전문인들에게는 자문가 역할을 한다. 치료적 협력 관계를 통해 SLP는 교사가 목표와 강화물을 정하고 행동을 수정하며, 진전도를 평가하도록 돕는다.

일차적으로 강조하는 것은 이러한 협력교수 형식이지만, 이 장에서 논의하는 모델은 위의 각 방식이 갖는 요소들을 어느 정도 반영하고 있다.

**협력교수**(collaborative teaching)란 교사와 SLP가 개별 아동을 대상으로 같은 목표를 공유하면서 자문, 팀티칭, 필요 시에는 직접적인 개별 중재, 병행교수(side-by-side teaching)를 함께 실시하는 것이다. SLP와 담임교사는 언어장애 아동을 돕기 위해 공동노력을 한다. 부모도 중재팀의 일원이다. 협동교수는 참여자들이 모두 의사결정, 계획, 수행의 책임을 공유하는 문제해결적 방식이다. 말-언어 서비스는 아동이 학급 환경에서 더 잘 기능하기 위해 필요한 기술에 집중한다. 이것이 바로 기능적 언어 중재이다!

이 모델은 어느 정도 다음과 같은 요소를 포함한다.

- SLP가 팀 구성원과 부모를 대상으로 연수교육을 실시한다.
- 담임교사의 도움으로 아동의 학급 행동을 관찰하여 잠재적인 언어장애 아동을 찾아낸다. SLP는 이런 아동이나 말-언어 선별검사를 통과하지 못한 다른 아동의 말-언어 기술을 평가한다.
- SLP, 담임교사 및 보조교사는 학급에서 교과과정 중심의 개별 중재나 소/대집단 중재를 실시한다. 또 SLP는 필요 시 학급 밖에서 개별 및 소집단 치료를 계속 실시한다.
- 담임교사, 보조교사, 그리고 부모는 아동의 언어기술을 촉진하는 방식으로 날마다 아동과 상호작용한다.

학급 훈련은 유도되건 자발적이건 언어표현의 증가에 효과적인 것으로 알려져 있다. 예를 들어 어린 아동이 배운 낱말을 일반화하도록 하는 데는 학급 중재 모델이 개별 중재보다 더 효과적이다. 초등학생에게 핵심 어휘와 같은 언어개념을 가르칠 때도 학급에서 언어 중재가 이루어질 때 더 효과적인 것으로 나타났다(Throneburg, Calvert, Sturm, Paramboukas, & Paul, 2000).

학급 담임교사와 긴밀히 협조하면 SLP는 교과과정의 언어적 요구에 대한 정보를 잘 알게 된다. 그런 정보는 다음과 같은 활동을 통해 얻을 수 있다.

- 교사와 학급활동을 논의하는 회의를 함으로써
- 학급의 수업을 들음으로써
- 학급의 활동을 관찰함으로써

- 학급자료와 과제를 살펴봄으로써
- 효과적으로 참여하는 데 필요한 기술을 결정할 목적으로 과제를 분석함으로써

이런 과정을 통해 SLP는 학생에게 필요한 어휘, 구문, 담화 발달에 관한 통찰을 하게 된다(Nippold, 2011). 교사와 교과과정에 관한 지식을 나눌 때, SLP는 언어발달, 언어장애, 언어 중재 기법에 관한 전문지식을 공유할 수 있다. 중재에 학급활동의 내용과 어휘를 포함시키면 언어 중재와의 관련성이 높아진다. 이상적으로 학급은 언어 목표의 시범을 보이고, 친숙하고 지속적인 활동에 이 목표를 포함시킬 수 있는 상호적인 모델이 이루어지는 곳이다. 실제 의미 있는 대화와 활동은 고립된 개별중재에서는 제공하기 어려운 동기와 경험을 제공하기 때문이다.

---

## 요약

통합과 협력교수를 지향하는 교육 방향은 언어교육과 교정에 변화를 가져왔다. 많은 SLP들이 정규 학급의 자연스러운 언어 교과과정 속에서 언어장애 아동을 치료하고 있다. 이 책에서 논의하고 있는 치료 원칙들은 이러한 중재 상황이 요구하는 바와 정확히 일치한다.

---

# SLP의 역할

어떤 학급 중재 모델이든 SLP의 역할이나 다른 중재팀의 기대에 관해 문제점을 안고 있다. 신속한 해결책은 없다. 중재 모델은 아동의 필요와 학교, 교사, SLP의 요구에 맞게 진화하고 있다. 이상적으로 SLP는 공동교사이자 자문가, 직접적인 서비스 제공자의 역할을 하면서 학급에 완전히 통합될 것이다.

SLP는 학교의 언어 전문가이다. 따라서 SLP는 학교 행정가, 교사, 특수교육위원회의 구성원에게 아동과 언어장애에 대해 조언한다. 또한 SLP는 말-언어 평가, 말-언어 치료 프로그램의 계획과 실행, 기록, 언어장애 아동을 돕는 모든 구성원의 훈련을 책임진다. 근거에 기반한 자료는 비록 적지만, 연구자들은 언어 촉진자가 잘 훈련되면 특정 조건에서 언어장애 아동에게 효과적인 서비스를 제공할 수 있다고 조언한다(Cirrin et al., 2010).

---

## 다른 사람들과의 관계

학급에서 기능적 중재를 하려면 중재 목적과 시간표를 조정해야 한다. 이를 위해 SLP는 매일 다양한 구성원들과 상호 작용해야 한다.

### 담임교사

SLP만이 담임교사를 도와 아동의 기능 수준을 평가하고, 다양한 활동이나 자료에서 필요한 언어를

분석하고, 담임교사와 함께 중재 전략을 개발할 자격이 있다. 이런 일은 지속적인 과정이며, 교사 대상 연수교육과 개별적 자문 및 훈련, 학급에서의 협력교수를 통해 이루어진다. 교사들과 SLP들은 모두 팀티칭과 한 교육/한 방향(one teach/one drift) 모델을 가장 적절한 협력교수 모델로 평가했다. 팀티칭은 한 구성원이 언어장애 아동에게 교육 자료를 적용하는 보충교육 방법이다. 한 교육/한 방향 모델에서는 한 구성원은 가르치고 다른 구성원은 필요 시 조력을 한다.

SLP와 담임교사는 둘 다 상대방과 언어장애 아동을 도울 수 있는 그들만의 기술을 지니고 있다. SLP는 언어발달 및 말-언어장애 치료 방법에 대해 알고 있다. 담임교사는 아동 개개인에 대해 알고 있고, 대집단 및 소집단 상호작용을 교육에 활용하는 법을 안다.

SLP는 칭찬받는 학급 보조교사가 되고자 하는 '함정'에 빠져서는 안 된다. 학급의 요구가 그대로 치료내용이 되어서도 안 된다. SLP는 학급 환경을 풍부하게 할 뿐 아니라 아동의 언어를 변화시키는 일을 해야 한다. 하지만 치료적 초점을 유지하는 것이 중요하다. 그러려면 계획과 적용이라는 단계가 서로 관련되어야 한다(Ehren, 2000). 계획 단계에서는 중재서비스의 목표가 교과과정을 뒷받침하는 기술이어야 한다. 중재를 적용하는 단계에서는 일반적인 교육과정에 있는 모든 아동이 아니라 자신이 담당하고 있는 아동을 위한 목표에 집중해야 한다. 학급에서 해야 할 일과 해서는 안 될 일의 예가 표 12.1에 제시되어 있다. SLP의 역할은 특정 교과과정을 가르치는 것도, 학급 내의 모든 학생을 가르치는 교사의 책임을 덜어주는 것도 아니다.

SLP와 담임교사는 중재 팀의 일원으로서 각자의 방식대로 일을 해야 한다. 각자 상대방에게 전해줄 전문지식을 지니고 있기 때문이다.

### 부모

모든 부모가 아동의 언어 중재에 참여할 수 있거나 참여하기를 원하는 것은 아니다. 부모 집단은 세 집단으로 나눌 수 있는데, 그중 참여를 원하는 집단이 가장 크다. 그다음은 참여를 원하지 않는 집단

**표 12.1** 학급에서 언어치료를 할 때 해야 할 일과 해서는 안 될 일

| 해야 할 일 | 해서는 안 될 일 |
| --- | --- |
| 아동이 수학 연습지에 나온 중요한 정보를 파악하여 문제를 푸는 방법을 결정하도록 돕는다. | 아동이 수학문제를 풀도록 도와준다. |
| 과학 교과서에서 언어장애 아동이 어려워하는 낱말이나 추상적 언어에 초점을 맞추어 관련 어휘를 가르치고, 교사가 언어 학습 교실을 운영하도록 도와준다. | 과학 관련 어휘를 미리 가르쳐준다. |
| 사회 과목을 함께 가르쳐 언어장애 아동이 치료 시 배운 언어 전략을 연습하도록 지도한다. 간단한 암기카드를 각 아동에게 나누어준다. | 언어장애 아동을 위한 개별화된 교육 프로그램의 목표를 알려주지 않은 채 사회 과목을 함께 가르친다. |

출처 : Ehren(2000)

이고, 가장 작은 집단은 중재에 대한 정보만을 원하는 부모들이다. 참여를 원하는 부모 집단은 중재 계획과 실행에 모두 관여할 수 있으며, 정보만을 원하는 부모들은 부모 상담이나 연수 훈련을 받을 수 있다.

### 학교 행정가

학교 행정가들은 학급 내 언어 중재의 필요성이나 일반화에 대해 이해하지 못할 수도 있다. 학급 모델을 잘 적용하기 위해서는 치료 사례 기록이나 필수 치료시간에 약간의 수정이 필요할 수 있다. 교사와 SLP 모두 충분한 자문시간을 찾는 것이 어렵다는 데 동의하고 있다(Beck & Dennis, 1997). 어떻게 아동을 최대한 도울 수 있을지, 그리고 전문가의 시간을 어떻게 가장 효과적으로 활용할 것인지에 초점을 맞추어 논의해야 한다.

## 언어 중재와 언어 과목

담임교사와 행정가들은 종종 언어 과목과 언어 중재의 차이에 대해 혼란스러워한다. 그 차이가 명백하지 않으면 특히 학급 중재와 관련한 SLP의 역할에 대해 잘못 이해할 수 있다. 언어 과목은 다음과 같은 것을 가르친다.

- 대화에서 사용하는 언어단위의 명칭을 알려준다.
- 소설이나 설명문과 같은 새로운 영역으로 언어 능력을 확장하게 한다.
- 공연 등을 통해 언어경험을 갖게 한다.
- 언어단위를 사용해서 추론 및 문제해결을 하도록 한다.

각 아동이 잘 형성된 언어체계를 지니고 있어야 위의 목적을 성취할 수 있다. 따라서 언어장애 아동은 실패할 위험이 크다.

언어 중재에서는 표현언어에서 나타나지 않거나 오류를 보이는 언어 특질을 가르친다. 이런 문제들은 아동이 교과과정을 달성하는 데 큰 영향을 미칠 수 있다.

## 학급 모델의 여러 요소

위에서 언급했듯이 학급 모델은 판별(평가), 중재, 촉진으로 구성된다. 각 단계마다 담임교사와 SLP가 한 팀이긴 하지만 아동을 위한 질적 서비스를 제공하는 데 있어서 각자 다른 영향력을 갖는다.

**표 12.2** 학급에서 언어장애 아동 알아보기

아동이 다음 행동 중 몇 가지를 보이거나 모두 보일 수 있습니다.

지시를 이해하지 못하거나 지시에 따르지 못하는 것 같다.
일상생활의 필요를 채우기 위해 언어를 사용하지 못한다.
예절과 같은 사회적 상호작용 규칙을 지키지 않는다.
표지판이나 상징 등을 읽지 못하거나 지시문을 읽고 지키지 못한다.
대화를 통해 효과적으로 의사소통을 하는 데 문제를 보인다.
말이나 글을 적절히 조직화하거나 나열하는 것이 어렵다.
말이나 글로 제시되는 중요한 정보를 기억하지 못한다.
유머나 간접 지시를 알아듣지 못하는 경우도 있다.
다른 사람의 감정을 해석하거나 의도를 예측하지 못하는 것 같다.
상황에 부적절하게 반응한다.

출처 : N. Nelson(1992)

## 장애위험군 아동의 판별

교사는 언어장애 아동을 판별하는 데 중요한 역할을 한다. 교사들은 대부분 언어발달이나 장애에 대해 훈련받지 않으므로 SLP가 장애의 가능성을 보이는 행동에 대해 교사에게 알려주어야 한다.

연수시간을 통해 교사들을 훈련할 수 있다. 잠재적인 언어문제를 판별하는 데 유용한 여러 자료를 교사에게 나누어줄 수 있다. 표 12.2는 학급에서 어려움을 보이는 아동을 알아내는 몇 가지 신호를 나열한 것이다. 교사가 SLP에게 아동을 의뢰할 때 표 12.3을 그대로 혹은 수정하여 사용할 수 있다.

학급에서 보이는 행동을 가능한 한 정확히 관찰하고 묘사하도록 교사를 훈련해야 한다. SLP들은 교사들이 심각하지 않은 어휘문제를 보이거나 주의를 집중하지 않는 아동을 의뢰한다고 불평하는데, 이는 언어장애와 그 증상에 대해 교사를 잘 훈련하지 못한 데서 비롯된다. 교사가 무엇을 관찰하고 측정해야 할지 알기만 한다면 아동에 대한 가치 있고 생생한 자료를 제공할 수 있다.

게다가 SLP와 담임교사는 아동 개인의 성취를 평가하는 기준으로서 각 학급이나 학년이 요구하는 구체적인 의사소통 조건에 대해 알고 있다. **교과과정 중심 평가방법**(curriculum-based assessment)은 교과과정을 배우면서 보이는 아동의 진보를 통해 교육적 성공 여부를 평가하는 방법이다. 교과과정에서 아동이 수행할 것이라고 기대하는 기준에 맞추어 아동을 평가하는 것이 아니다. 즉 해당 교육 장면과 연관된 아동의 행동 변화에 중재의 초점이 맞추어진다.

유치원부터 고등학교까지 교과과정은 학생 개인의 필요에 따라 변화한다. 이러한 변화는 다음과 같다.

유치원 : 학습의 초점이 조작적이고 삼차원적이며 구체적인 자료를 이용한 감각운동, 언어, 사회정서적 성장에 있다.

학령 초기(유치원~초2) : 학습의 초점이 일차원적이고 추상적이며 상징적인 자료를 이용한 지

**표 12.3** 언어장애가 의심되는 아동에 대한 교사 의뢰서

아동이 다음의 행동을 보일 경우 언어장애가 의심되며, 이 경우 임상적 중재가 필요할 수 있습니다. 해당되는 항목에 표시해 주십시오.

_____ 아동이 말소리와 낱말을 잘못 발음한다.

_____ 아동이 복수형 *-s*와 과거시제 *-ed*와 같은 낱말의 어미를 생략한다.

_____ 아동이 조동사나 전치사와 같은 중요도가 낮은 낱말을 생략한다.

_____ 아동이 미숙한 어휘, *one*이나 *thing* 같은 빈 낱말을 자주 사용하거나 적절한 낱말을 기억하고 찾아내는 것을 어려워한다.

_____ 아동이 새로운 낱말과 개념을 이해하지 못하거나 힘들어한다.

_____ 아동이 사용하는 문장구조가 미성숙하거나, 주어-동사-목적어와 같은 단순한 형식만을 과도하게 사용한다. 문장이 독창적이지 못하고 어리숙하다.

_____ 아동이 미성숙한 의문문과/혹은 부정문 형식을 사용한다.

_____ 아동이 다음 중 한 가지에 어려움을 보인다.

　　_____ 동사시제　　　　_____ 관사　　　　　　_____ 조동사

　　_____ 대명사　　　　　_____ 불규칙 동사　　　_____ 전치사

　　_____ 낱말순서　　　　_____ 불규칙 복수형　　_____ 접속사

_____ 아동이 사건의 순서를 연관 짓는 것을 어려워한다.

_____ 아동이 지시에 따르는 것을 어려워한다.

_____ 아동이 부정확하거나 모호한 질문을 자주 한다.

_____ 아동이 질문하는 형식이 빈약하다.

_____ 아동이 질문에 대답하는 것을 어려워한다.

_____ 아동의 의견이 자주 주제를 벗어나거나 대화에 맞지 않는다.

_____ 상대방의 말과 아동의 대답 사이 혹은 이어지는 아동의 말 사이에 끊김이 너무 길다. 아동이 반응할 거리를 찾고 있거나 혼란스러워하는 것 같다.

_____ 아동이 의사소통에 참여는 하고 있으나 대화 내용을 잘 기억하지 못한다.

_____ 아동이 다음의 목적으로 사회적 언어를 사용하지 못한다.

　　_____ 필요 요청하기　　　_____ 흉내내기/상상하기　　_____ 저항하기

　　_____ 인사하기　　　　　_____ 정보 요청하기　　　　_____ 주의 끌기

　　_____ 반응하기/응답하기　_____ 생각과 감정 나누기　　_____ 명료화하기

　　_____ 사건연관짓기　　　 _____ 즐기기　　　　　　　_____ 추론하기

_____ 아동이 다음을 해석하는 것을 어려워한다.

　　_____ 비유적 언어　　　_____ 유머　　　　　　　_____ 몸짓

　　_____ 감정　　　　　　_____ 신체언어

_____ 아동이 대화 상대자와 장소에 따라 표현을 바꾸지 못한다.

_____ 아동이 자신의 언어가 듣는 이에게 미치는 영향을 생각하지 않는 듯하다.

_____ 아동이 다른 사람의 말을 자주 잘못 이해한다.

_____ 아동이 읽기와 쓰기를 어려워한다.

_____ 아동이 보이는 언어적 기술이 다른 영역의 기술, 예컨대 기계적·예술적·사회적 기술에 비해 매우 낮다.

각적 · 인지적 전략에 있다.

학령 중기(초3~초4) : 학습의 초점이 고도의 언어 및 상징 기술을 덜 직접적으로 교수하는 데 있다. 아동은 추리를 하고, 자료를 분석하며, 정보를 종합할 수 있어야 한다.

학령 말기(초5~초6) : 학습의 초점이 내용 영역에 있으며, 아동은 과거 학습내용을 기억하고 능숙한 기초학업 기술을 보여야 한다.

중등 및 고등학교 : 학습 시 내용 영역에 대해 강의하며, 학생은 들은 자료를 다시 조직화하고 요점을 찾아낼 수 있어야 한다. 하루의 75~90%를 정보를 받아들이는 데 보낸다.

몇몇 지자체 교육청에서 아동이 각 학년을 성공적으로 마치는 데 필요한 기술을 명시해 놓았다. 표 12.4는 1학년에서 3학년까지 필요한 기술을 제시하고 있다.

공식적인 학교 교과과정 이외에도 아동은 여러 가지 다른 교육과정을 접한다. 생활에서 무언가를 배우는 사실상의 교과과정(de facto curriculum)과 각 맥락 속에서 달성해야 하는 문화적 및 학업적 교과과정이 이에 속한다. 언어처리과정에 문제가 있는 아동은 문화적 및 학업적 교과과정에 대해 혼란스러워한다. 교사와 다른 아동의 암묵적인 기대는 네 번째 교과과정이 된다.

SLP는 먼저 언어장애 아동에게 영향을 미치는 교과과정에 친숙해져야 한다. 또 면담과 관찰 두 가지를 통해 교과과정이 요구하는 언어적 능력을 아동이 갖고 있는지 평가해야 한다. 면담을 통해 교과과정의 기대에 대한 정보를 얻고, 관찰을 통해 구체적인 언어적 요구를 파악한다.

언어적 요구를 분석하려면 언어의 모든 요소와 수용 및 표현양식을 고려해야 한다. 또 분석 시 학급에서 필요한 메타언어 기술에도 주의해야 한다.

교육적 언어평가는 아동의 결함보다는 아동의 구어와 문어 능력 그리고 학습 능력에 초점을 둔다. 직접적인 검사와 학급에서의 실생활 관찰을 통해 자료를 수집한다. 학습에 도움을 줄 수 있는 수준을 결정하고, 다양한 교수 전략 및 중재 전략의 효과를 평가한다. 표준화된 검사들은 대부분 너무 포괄적이므로 아동 평가를 위해서는 좀 더 구체적인 측정 자료가 포함되어야 한다. 아동과 SLP뿐 아니라 부모와 교사도 평가에 참여해야 한다.

SLP는 이러한 보고서를 검토하고 학습 장면에서 스스로 자료를 수집한다. 추후 검사와 표집을 통해 자료를 보충한다.

## 학령전기 아동의 평가

학령전기 아동을 대할 때, SLP는 아동의 화용 능력, 의미적 측면, 특히 아동의 어휘집 혹은 '개인사전(personal dictionary)', 언어 구조, 그리고 내러티브 형식을 관심 있게 본다. 또한 문해력 교육에 중요한 영역들이 있는데 역할놀이 및 상상놀이, 탈맥락화 그리고 비구어적 반응에 대한 적응능력이 그것이다.

놀이는 특히 언어로 실험을 하는 맥락으로서 학령전기 아동에게 매우 중요하다. 놀이에서 특히 중요한 점은 탈맥락화, 주제, 조직화와 자신/타인 관계이다. 놀이는 실제 사물만을 이용할 때는 매우 맥락-제한적이지만 상상이나 상징적 사물을 이용할 때는 비교적 탈맥락적이다. 놀이 주제에 대한 친숙성도 이후 중재를 위해 중요하다. 놀이에서 조직화란 응집성, 주제와의 논리적 연결, 계획을 의미한다. 마지막으로 아동이 맡기거나 맡은 역할은 이후의 훈련에서 중요한데, SLP가 이를 통해 다른 사람

---

**표 12.4** 학령 초기에 필요한 여러 가지 언어 기술

---

**초등학교 1학년** 필요한 언어 기술

낱말 순서를 청각적으로 정확히 알아듣는다.
일반명사와 고유명사의 단수 및 복수형을 안다.
규칙 및 불규칙 과거와 현재동사를 안다.
서술형용사와 비교형용사를 안다.
문장 속에서 동사-명사 시제 일치를 사용하고 명사, 대명사, 형용사, 동사를 정확히 활용한다.
완전한 문장을 표현하고 쓴다.
반대말, 순서, 범주, 실제/상상에 따라 낱말을 분류한다.
이야기 다시 말하기를 한다.
문단의 요점을 안다.
내러티브 쓰기와 서술적 글쓰기를 구별한다.
같은 소리로 시작하는 낱말을 말하고 구별한다.
서술문과 의문문을 알고 문장에 맞는 구두점을 정확히 사용한다.
문장의 첫 낱말, 요일, 월, 이름, 대명사 I를 대문자로 쓴다.
자모음의 순서를 안다.
지시 및 설명을 하고, 두 단계 지시를 따른다.
소리 내어 읽는다.
다른 사람의 말을 주의 깊고 예의 바르게 듣는다.

**초등학교 2학년** 필요한 언어 기술

낱말 순서를 정확히 사용한다.
미완성 문장인지 안다.
문장의 주어가 하나인지 그 이상인지 안다.
소유 및 복수명사, 단축동사, 최상급 형용사를 알고 정확히 사용한다.
쉼표의 정확한 사용을 안다.
축약형에서 생략 부호를 사용한다.
주제 문장 및 문단과 관련이 없는 문장을 파악한다.
설명문이나 일련의 지시문을 쓴다.
봉투에 주소를 기입한다.
각운에 맞는 낱말을 사용해서 시를 완성한다.
비유어나 비슷한 말을 파악한다.
이야기나 연극의 등장인물, 줄거리, 장면과 주요 단락을 이해하고, 사실과 허구를 구별한다.
독창적인 이야기를 완전하게 말하고 쓴다.
책의 속표지와 목차를 활용한다.
철자와 의미를 알기 위해 사전을 활용한다.
이야기의 순서, 주제 및 세부사항을 비판적으로 읽는다.
표나 도표를 통해 정보를 얻는다.
시의 유형을 안다.
각운, 순서, 세부사항을 구별해서 듣는다.

**표 12.4** 학령 초기에 필요한 여러 가지 언어 기술 (계속)

---

**초등학교 3학년** 필요한 언어 기술

명령문과 감탄문, 단문과 복문, 무종지문(run-on sentence)을 파악한다.

문장에서 복합 술부(predicate)를 안다.

문장에서 관사와 접속사를 안다.

감탄 부호를 사용한다.

소유명사에서 생략 부호를 사용한다.

문단을 나누고, 주제 및 보조문장을 파악한다.

대문자 및 구두점을 정확히 사용하면서 문단, 독후감, 편지를 쓴다.

제목, 시작, 중간, 끝이 있는 창의적이고 완전한 이야기를 쓴다.

위인전과 자서전의 차이를 안다.

발음을 알기 위해 사전을 활용한다.

백과사전, 전화번호부, 신문, 잡지를 참고 자료로 활용한다.

합성어, 동음이의어, 동형이의어를 안다.

접두사와 접미사를 활용한다.

이야기의 순서, 주제 및 세부사항을 비판적으로 읽는다.

범주와 순서에 맞게 정보를 조직한다.

현실과 가공, 관계와 무관계, 사실적 진술과 주장적 진술을 파악한다.

여러 형식의 내러티브에 나오는 등장인물을 파악한다.

---

의 관점을 취하고 역할에 맞추는 아동의 능력에 대해 알 수 있기 때문이다.

아동 언어에서 탈맥락화(decontextualization)는 이후의 읽기에 중요한 요소로서, 과거와 현재시제 및 지금 존재하지 않는 대상을 지시할 때 나타난다. 읽기는 모든 의미가 문자로부터 얻어지며 물리적인 맥락에서는 거의 얻어지지 않으므로 매우 탈맥락적이다.

아동이 현재 읽지 못하더라도 전읽기 기술이 이후의 발달에 중요하다. SLP는 아동이 지닌 텍스트에 대한 이해력, 인쇄물에 대한 지식과 인식, 말소리-상징 연결, 해독 능력을 파악해야 한다.

마지막으로 비구어적 의사소통 방법도 중요하다. 비구어적 방법이란 몸짓, 얼굴 표정, 신체 자세 그리기와 '쓰기'를 말한다.

### 학령기 및 청소년기 아동의 평가

제5장에서부터 제8장까지 논의한 언어 특질들을 고려할 때, SLP는 그러한 특질들이 학급에서 필요로 하는 구체적인 조건과 관련이 있는지에 관심을 두고 아동 언어를 생각해야 한다. 확실하고 실제적인 평가를 하려면 SLP와 담임교사가 역동적인 훈련-검사-훈련(train-test-train) 절차를 통해 개별 아동을 위한 최선의 교수 전략을 결정해야 한다. 그런 평가는 학급 내 교수와 학습 상황에 대한 체계적인 관찰도 포함한다.

체계적인 관찰에는 평점척도와 평가표, 내러티브 기록, 그리고 교사, SLP, 학생이 기록하는 방법이 포함된다. 학령기 아동과 청소년을 대상으로 사용하는 측정도구들이 표 12.5에 제시되어 있다. 아동의 구어 및 문어 기술을 파악하기 위해 교사일지, 노트, 일기장, 그리고 과제 및 자기평가 보고서를 수

**표 12.5** 학급 기술 평가 도구

---

**관찰/면접**

임상적 담화 분석(Clinical Discourse Analysis) (Damico, 1991a)

의사소통 환경 프로파일(Environmental Communication Profile) (Calvert & Murray, 1985)

학급 읽기 과제에 대한 학생 지각평가 면담지(An Interview for Assessing Students' Perceptions of Classroom Reading Tasks) (Wixon, Bosky, Yochum, & Alvermann, 1984)

간단 화용 검사(Pragmatic Protocol) (Prutting & Kirchner, 1983, 1987)

학생용 자기귀인검사(Self-Attribution of Students, SAS) (Marsh, Cairns, Relich, Barnes, & Debus, 1984)

사회적 상호작용 평가표(Social Interactive Coding System, SICS) (Rice, Snell, & Hadley, 1990)

스페인어 언어 평가 도구 : 의사소통 기술 평가지(Spanish Language Assessment Procedures : A Communication Skills Inventory 3rd Edition) (Mattes, 1995)

언어문제 발견하기(Spotting Language Problems) (Damico & Oller, 1985)

의사소통 상호작용 관찰지(Systematic Obervation of Communication Interaction, SOCI) (Damico, 1992)

**검사**

청소년용 학급 내 의사소통 선별검사(Classroom Communication Screening Procedure for Early Adolescence, CCSPF-A) (Simon, 1989)

교과과정 분석지(Curriculum Analysis Form) (Larson & McKinley, 2003)

상호작용적 읽기 평가체계–개정판(Interactive Reading Assessment System-Revised) (Calfee, Norman, & Wilson, 1999)

린다무드 청지각력 검사(Lindamood Auditory Conceptualization Test, 3rd Edition) (Lindamood & Lindamood, 2004)

전읽기기술 선별검사(Pre-Literacy Skills Screening) (Crumrine & Lonegan, 1998)

언어분절 인지검사(Test of Awareness of Language Segments) (Sawyer, 1987)

---

집해야 한다. 관심 있게 관찰해야 할 부분은 아동이 성공하는 데 필요한 성인의 조력, 환경, 도움의 양이다.

학생과의 면접도 유용하다. 학생에게 가장 힘든 점, 가장 쉬운 과목, 강·약점을 물어보거나, 학급에서 일어난 사건 중 안 좋았던 일에 관해 말하게 하거나, 아동 자신, 교실, 교수방법에서 바뀌기를 원하는 점들을 순서대로 말하게 할 수 있다.

SLP가 아동의 수행을 비공식적으로 수집하여 정보를 더 얻을 수도 있다. 예를 들어 중학교 학급에서 성적이 좋은 같은 반 학생과 대상 학생의 공책을 비교해볼 수도 있다. 수업 내용을 녹음해서 분석하여 얼마나 복잡한 수준까지 아동이 처리하도록 해야 할지 결정할 수도 있다. 소리 내어 읽게 하거나 직접 숙제를 도와주면서 언어 관련 학업 기술에 대한 표본을 수집할 수도 있다.

학급 내에서 아동은 언어를 사용해서 자기감독을 하고, 지시하고, 보고하고, 추론하고, 예측하고, 상상하고, 사고나 감정을 표현한다. '소리 내어 말하기' 기법을 사용해서 아동이 학급과제와 씨름하는 과정을 말로 표현하게 할 수 있다. 대화나 서술에서 보이는 다양한 언어기능을 관심 있게 살펴본다.

학령기의 의미 특질에는 추상적 용어, 낱말 의미의 정교화와 탈맥락화, 낱말을 정의하는 능력, 복

**표 12.6** 일반적인 메타인지 및 메타언어 용어

| | | | | | |
|---|---|---|---|---|---|
| 무섭다 | 주장하다 | 추측하다 | 믿다 | 인정하다 | 결정하다 |
| 확인하다 | 싫어하다 | 의심하다 | 당황하다 | 느끼다 | 잊다 |
| 추측하다 | 행복하다 | 가정하다 | 암시하다 | 추리하다 | 설명하다 |
| 알다 | 화나다 | 예측하다 | 제시하다 | 기쁘게 하다 | 기억하다 |
| 슬프다 | 놀라다 | 말하다 | 생각하다 | 이해하다 | |

합 낱말의 의미와 비유언어, 의미망의 조직화, 메타언어나 메타인지 용어의 사용 등이 있다. 의미망 형성하기(semantic networking) 혹은 주제와 개념 관련짓기는 아동이 습득해야 할 중요한 기술이다. 잘 형성되고, 보다 확장된 조직망을 갖게 되면 주제나 화제를 이해하고 따라가기가 쉽다. 장소 그림을 보고 말할 수 있는 이름을 모두 대도록 하거나 주어진 주제나 범주에 해당하는 낱말을 말하도록 함으로써 의미만을 평가할 수 있다. 관점에 차이가 있는 그림을 사용하면 그림과제를 더 재미있게 만들 수 있다.

학급에 잘 적응하려면 아동이 의사결정 과정을 설명하고, 사고 과정을 논의하고, 다른 사람과 자기 자신의 사고 과정을 반영할 수 있어야 한다. 메타언어 및 메타인지 용어들이 표 12.6에 제시되어 있다. 어떤 용어들은 학령기 이전에 습득되지만, 청소년기까지도 완전히 습득되지 않는 것이 대부분이다.

구문 및 형태적 요소들은 학령기에 걸쳐 점진적으로 변화한다. 초기에는 문어보다 구어가 더 복잡하지만 점차 뒤바뀐다. 그러므로 SLP는 두 가지 구조 모두에 관심을 기울여야 한다. 절 길이와 T-unit 길이, 그리고 명사구 및 동사구의 요소를 분석한다. 대명사와 접속사 같은 결속 표지도 매우 중요하다.

내러티브, 설명글 쓰기 및 말하기도 분석해야 한다. 여기에 어려움을 보인다면 기저의 문제에 대한 신호일 수 있다. 말하기와 쓰기를 표집하고 평가하기 위해 그림을 사용할 수 있다. 중요한 점은 결속의 명료도와 그 유형이다.

SLP는 읽기 및 쓰기 오류를 분석하여 낱말 찾기에 어려움이 있는 아동이 사용하는 전략을 파악할 수 있다. 낱말대치는 아동이 사용하는 저장과 인출의 유형, 범주화 전략을 잘 보여준다. 교과과정 중심 평가를 통해 교과내용에 대한 아동의 지식과 이를 인출하는 능력 간의 불균형을 파악해야 한다.

마지막으로 청각적 변별력과 조음 기술은 철자법을 익히는 데 중요하므로 이 기술도 검사해야 한다. 마찬가지로 음소 인식 능력(phonemic awareness)도 쓰기와 읽기에 중요한 기술이다.

학령기와 청소년기에 이르면 언어가 더욱 복잡해지므로 평가 및 중재 작업도 더 힘들어진다. 게다가 읽기와 쓰기에서 장애가 발견되면 그 작업은 더욱 만만치 않게 된다. 읽기와 쓰기 평가 및 중재에 대하여는 제13장에서 논의할 것이다.

## 교과과정 중심 중재

언어장애 아동이 유아원에서 유치원이나 초등학교로 올라갈 때 지원이 필요할 수 있다(Prendeville & Ross-Allen, 2002). 학년이 올라갈수록 성인 대 아동의 비율이 늘어날 뿐 아니라 소집단 활동이나 언어를 사용해서 해결해야 할 상황이 더 많아진다. 게다가 개별적 도움은 줄어드는 반면 점점 더 독립적으로 활동할 것이 기대된다. 교과과정이나 교수방법도 달라지고 언어 중심적이 된다. 아동은 교과과정과 자신을 '이어'줄 활동이나 교육을 필요로 한다(Masterson & Perrey, 1999). 아동 개인을 위한 전환계획은 체계적이고 개별적이고 시기적절해야 하며, 가족과 담임교사 및 SLP가 모두 포함되어야 한다. 이러한 협동중재를 통해 SLP는 상호작용적 교수방법을 시범으로 보이면서 교사가 언어장애 아동이 확실히 성취할 수 있는 방식으로 매 수업시간 듣기, 말하기, 읽기 및 쓰기 활동을 잘 전달하도록 도와줄 수 있다.

학교에서 교사가 다른 학생을 가르치는 동안 SLP는 개별 혹은 소집단으로 중재를 할 수 있다. 모둠과제는 제10장에서 다룬 기법들을 사용할 수 있는 좋은 중재맥락이 될 수 있다. 다른 아동이 시범을 보여줄 수도 있다. 소집단 수업은 일반화와 상호작용을 촉진하는 데 아주 효과적이다.

SLP와 교사가 목표언어를 촉진하는 방식으로 아동과 주의 깊게 상호작용하면 아동의 개별적인 필요를 잘 다룰 수 있다. 계획을 잘 수립하면 집단 내에서도 개별적인 훈련을 할 수 있게 된다.

학급 중재의 목표는 아동이 새로운 의사소통 방식을 익히고 새로 배운 기술을 연습할 수 있는 기회를 충분히 갖게 하는 데에 있다. 학급 환경은 언어가 환경에 영향을 줄 수 있다는 사실을 아동이 배울 수 있을 정도로 반응적이어야 한다. 효과적인 의사소통자의 언어는 유창한 낱말 찾기 기술, 일관성과 조직적인 내용, 효율성과 통제를 갖추고 있다.

학급에서 이루어지는 학습에는 개인적 학습 스타일과 환경이 서로 영향을 미치므로 평가 및 중재를 하고자 할 때 이 두 가지를 모두 고려해야 한다. 학급과 학습자료에 포함된 언어가 중재 맥락과 내용을 제공한다.

### 학급 요구

학년이 올라가면서 점차 자기주도적 학습, 듣기 및 노트 필기 능력이 상당히 강조된다. 언어규칙은 암묵적이 되고, 아동은 자기주도적으로 학습해야 한다(Westby, 1997). 이런 과업은 모두 매우 복잡하다. 중재를 통해 학생들이 다양한 과제를 분석하고 과제를 성취하기 위한 방법을 결정하도록 도와주어야 한다. SLP는 언어장애 학생에게 시간관리 기술, 학습 기술, 비판적 사고, 언어 사용법을 가르칠 수 있다. 학급에서 교사가 사용할 수 있도록 듣기 활동 책자를 개발할 수도 있다. 언어장애 아동이 일과를 조직하고 교실에 적응하도록 돕는 다른 방법으로는 일과표 활용하기, 교사가 수업시간에 도표 사용하기, 개념이나 어휘를 정의하기, 읽기이해 도와주기, 아동이 추론하도록 이끄는 유도질문 하기, 질문에 대답하는 방법 토의하기, 아동이 노트 필기할 때 주제를 파악하도록 도와주기가 있다.

학습 기술 훈련에는 텍스트 분석, 학습 전략, 노트 필기, 시험 보기 전략, 참조 기술에 대한 훈련이 있다. 텍스트 분석을 통해 아동은 텍스트를 조직하고 좀 더 효과적으로 활용하는 방법을 이해하게 될 것이다.

학습 전략은 주제를 파악하고 자료를 조직하기 위해 주기적으로 복습하는 것과 같은 능동적인 읽기 처리 과정을 의미한다. 아동들은 연상 및 기억법에 대해서도 배울 수 있다.

비판적 사고(critical thinking)는 문제해결을 위한 정보의 수집, 조작 및 적용을 말한다. 이러한 처리과정에서 언어는 필수적인 부분이다. 그러므로 언어장애 아동은 정보를 조직하고 문제를 해결하거나, 정교한 메타언어적 판단을 하는 데 어려움을 경험할 수 있다. 비판적 사고 훈련은 일반적 사고, 문제해결, 그리고 상위 수준 사고의 세 가지 요소에 중점을 둔다.

일반적 사고(general thinking)란 관찰과 묘사, 개념 발달, 비교와 대조, 가설, 일반화, 결과 예측, 설명, 대안을 의미한다. 문제해결 기술은 문제를 좀 더 작은 단위로 분석하고, 선택사항을 전개하고, 결과를 예측하고, 결정에 대해 비평하는 것을 포함한다. 상위 수준의 사고란 연역적이고 귀납적인 추리, 유추 과제 해결, 관계에 대해 이해하는 것을 의미한다. 이런 과제들은 시간이 지날수록 더 추상적이 되며 언어 정보에 강하게 의존하게 된다.

유추 과제(A가 B이듯 C는 _____이다.)는 언어장애 아동에게 특히 어렵다. 유추추론(analogical reasoning)은 2단계 모델로 가르칠 수 있는데, 1단계에서는 유추 과제 해결하기를 가르치고 2단계에서는 활동과 구체적인 교과 영역이 연계되도록 가르친다. 1단계에서 가르치는 것은 다음과 같은 기술이다.

부호화하기(encoding).　각 용어를 용어의 속성에 대한 내적 표상으로 바꾸어 표현하기
추리하기(inferring).　　첫 번째 쌍의 관계를 설정하기
연결하기(mapping).　　첫 번째 관계를 이용해서 두 번째 쌍에서 비슷한 점 찾아내기
적용하기(applying).　　첫 번째 쌍과 유사한 관계를 갖는 답을 생각해내기

중고등학년 수준에서는 강의가 많아지므로 듣기 기술이 이전보다 더욱 중요하다. 보통 듣기 기술이 좋은 아동이 전반적인 언어수행 능력도 우수한 경우가 많다. 학생들로 하여금 듣는 내용에 주의를 집중하고 능동적으로 듣도록 가르쳐야 한다. 강의 자료를 재인하고 이해하는 데 중점을 두는 훈련도 계속해야 한다. 아동이 지닌 의미적 · 구문적 · 형태적 정보를 강의에서 얻은 새로운 정보와 비교하면서 확장해간다. 이러한 훈련에는 낱말 의미, 관계 및 범주, 문장전환, 능동 및 수동태, 내포 및 접속절, 그리고 분절이 포함된다. 비판적 듣기 훈련을 통해 아동은 빠진 정보를 채우고, 이야기를 완성하고, 중요한 정보를 찾고, 들은 정보에서 이상한 점 찾는 법을 배운다. 주의집중이 어려운 아동은 내용을 듣는 데 특별한 도움이 필요할 것이다.

구어표현을 하면서 낱말인출과 비유언어 기술을 다듬는다. SLP는 아동이 질문하기, 비교하기 및

분석하기와 같은 중요한 비판적 추론 기술을 표현하면서 과제나 주제에 대해 토의하고 예시하도록 가르친다. 또한 초등학교 학생과 청소년에게 메타화용적 인식(metapragmatic awareness)을 가르쳐 비일관성, 부적절성과 의사소통 실패를 판단하도록 한다. SLP는 적절하고 정확하게 반응하는 데 필요한 조건을 이해하도록 언어장애 아동을 도와준다.

SLP는 아동을 대상으로 컴퓨터 및 관심 주제를 활용한 문어 훈련을 할 수 있다. SLP가 도와주면 컴퓨터 중재로 언어, 특히 어휘 훈련에 긍정적인 효과를 볼 수 있으며, 사회적 상호작용 기술도 증진시킬 수 있다. 비판적 사고 훈련을 통해 습득한 조직화 기술도 문어표현 훈련에 활용될 수 있다.

마지막으로 역할놀이를 연습하여 아동의 대화 기술을 높일 수 있다. 언어장애 아동을 도와 서로 다른 의사소통 맥락과 의사소통 필요조건을 파악하도록 한다.

문어정보를 활용하여 구어 기술을 훈련할 수 있다. 대화나 소집단으로 대본을 활용해 의사소통을 연습할 수 있다. 문어 자료가 잘 조직되고 결속되며, 다양한 주제, 역할과 상황을 포함하도록 체계적으로 관리한다. 사회적 상호작용을 통해 아동은 집중적인 사회-인지-언어 경험으로서의 언어를 학습한다.

청소년들을 대하는 일은 특별한 도전이다. 청소년에게 10대 언어를 안정적으로 제시하는 것이 가장 중요하다. 이런 학생들에게는 짧은 수업시간만으로는 부족하다. 더욱이 교사는 학생 개인과 제한된 수업시간에만 만날 수 있다. 10대들의 전반적인 언어 기능과 성취에 대해 책임지는 사람은 아무도 없다.

성공적인 청소년 프로그램의 핵심은 탈낙인화(destigmatization)와 학업성적의 향상이다. 집단 언어교실로 사용되는 방은 다른 교실과 섞여 있어야 한다. 교실명도 '언어치료실'이 아니라 '의사소통 기술실'과 같이 다른 교실과 비슷한 이름을 붙여야 한다. 학생에게 동기를 부여하고 SLP의 영향력에 대한 신뢰를 갖게 하기 위해 성적을 줄 수도 있다.

## 교수접근법

전반적인 중재 모델은 전략기반 모델과 시스템 모델이라는 두 가지 교수접근법으로 이루어진다. **전략기반 중재 모델**(strategy-based intervention model)에서는 학습문제 해결 전략이 학습내용 자체를 배우는 것보다 더 강력하고 더 잘 일반화된다고 가정한다. 이 모델에서는 구어중개, 언어정보의 조직화와 인출 전략을 가르친다. 구어중개란 과제성취 단계들을 말로 표현하는 것이다. 이 모델은 중재 장면 밖으로의 일반화 가능성 때문에 인기가 많다.

반대로 **시스템 모델**(systems model)에서는 언어장애의 원인이 아동과 보호자, 그리고 학습 내용 간의 상호작용에 있다고 가정한다. 중재 전략은 여러 학습 맥락에 걸쳐 나타나는 아동의 다양한 학습 요구를 반영한다.

경도의 언어문제를 지닌 아동의 경우 학급 내 집단 중재로 충분하지만, 개별 중재가 필요한 다른 아동도 있다. 이 아동에게는 좀 더 전통적인 분리 모델을 통해 학급 내 서비스를 제공한다. 제9장에서 논의한 기능적 대화 모델은 이 경우에도 여전히 적절하다.

## 학급에서의 언어인식 중재

SLP는 학급에서 개별 혹은 집단 치료를 제공하면서 모든 아동을 대상으로 언어인식 능력을 증진시킬 수도 있다. 그러나 SLP는 언어장애 아동의 필요에 특히 주의해야 한다. 각 아동이 자신의 수준에 맞게 참여하도록 격려해야 한다.

### 학령전기

미국의 3~5세 아동의 약 60%가 아동보육센터와 교육프로그램에 속한다(미 교육부, 국립교육통계센터, 2006). 장애위험이 있는 아동의 학업적·사회적·인지적·언어적 발달과 일반 아동의 차이를 조기에 좁히는 길은 질 높은 유아교육 프로그램에 참여시키는 것이다.

언어중심 유아교육 교과과정이 언어장애 아동의 표현언어 성장에 도움이 될 수 있지만, 그런 프로그램으로만 언어장애 관련 결함을 다루지는 않는다(Justice, Mashburn, Pence, & Wiggins, 2008). 다시 말해 그런 프로그램이 중재를 대신하지는 않는다. 언어적 기회가 풍부한 교과과정이 있는 유치원 교실장면에서 목표중심의 중재가 진행될 때 아동 언어가 더 잘 증진된다(van Kleeck, Vander Woude, & Hammett, 2006; Wasik, Bond, & Hindman, 2006).

학급 담임교사는 중재의 중요한 '제1선(first-line)'에서 아동과 지속적으로 상호작용하는 성인이다. 학령전기 아동을 맡은 SLP는 전문가로서 교실에서 사용할 수 있는 언어자극 전략을 교사에게 알려준다(Girolametto, Weitzman, & Greenberg, 2003). 두 가지 중재맥락은 학급활동과 교수 절차이다. 학급활동은 학교수업을 하는 동안 자료, 소도구, 물리적 학급 환경을 가지고 교사가 구조화하는 활동을 말한다. 여기에는 미술, 연극놀이, 이야기책 읽기, 대집단 및 소집단 활동, 음악, 컴퓨터나 탐험놀이와 같은 자유선택 활동이 포함된다.

교수 절차에는 교사가 성인과 아동 간에 일어나는 상호작용과 같은 구체적인 활동맥락을 사용하고, 표 12.7에 제시된 것과 같은 전략을 적용하는 것이 더해진다. 이런 전략의 몇몇은 제10장에서 논의된 바 있다.

언어중심 교과과정은 학급활동맥락과 교수 절차를 통해 장애위험이 있는 학령전기 아동의 언어를 돕고자 설계된다. 교수 절차에서 행동을 수정하기보다는 활동맥락에서 전략을 충실히 지키는 것이 교사에게 더 쉽다(Pence, Justice, & Wiggins, 2008).

언어 촉진자가 중재기술과 전략을 습득하고, 연습하고, 숙달되도록 하기 위해 SLP는 이 장에서 다루었던 시범, 설명, 피드백 기법을 사용하도록 촉진자를 코칭한다. **코칭**(coaching)이란 중재가 필요한 기술을 효과적으로 습득하고 사용할 수 있도록, 관찰하고, 보여주고, 피드백을 제공하는 과정이

**표 12.7** 학급에서 사용되는 전략

| 전략 | 설명 | 예 |
|---|---|---|
| 사건 중계 | 성인이 활동이나 사건에 대해 계속 묘사를 한다. | 이제 팬에 반죽을 부을 거예요. |
| 확장 | 성인이 아동의 발화에 의미적 정보를 추가하면서 좀 더 성숙한 형식으로 반복한다. | 아동 : 나 생일했어요.<br>성인 : 그래, 지난주에 생일파티를 했었지. |
| 집중적인 대조 | 성인이 목표언어를 대조하여 강조한다. | 맞아, 곰은 생선을 먹었고, 사자는 고기를 먹었어. |
| 시범 보이기 | 성인은 아동이 혼자 사용하지 못하는 목표언어를 강조한다. | 곰한테 생선을 주고, 사자한테 고기를 주자. |
| 열린 질문 | 성인은 여러 가지 많은 대답을 유도하는 질문을 한다. | 그다음엔 뭘 할까? |
| 재구성 | 성인은 다양한 구문을 넣어 아동의 발화를 반복한다. | 아동 : 노래 부른다요<br>성인 : 맞아, 어제 우리함께 노래 불렀지요. |
| 재지시/개시 촉진 | 성인은 아동이 또래와 상호작용을 개시하도록 촉진한다. | 주안이 자동차를 가지고 놀고 있네. 너도 놀고 싶지. 주안한테 "같이 놀래?"라고 해보자. |
| 스크립트가 있는 놀이 | 성인은 친숙한 사건에 적절한 언어적 표현을 해준다. | 고맙습니다. 여기 잔돈이 있습니다. 옆 창구에서 기다리세요.<br>(햄버거가게 놀이) |

출처 : Pence, Justice, & Wiggins(2008)

다. 코칭은 개별화된 교수와 지원을 제공하는데, 특히 유아기 아동 중재 시 그 효과가 긍정적으로 나타난다(Hanft, Rush, & Shelden, 2004). 교사와 다른 성인을 훈련함으로써, SLP는 매일의 다양한 활동 속에서 하루 종일 중재가 일어날 수 있는 기회를 많이 만들어낸다. 다시 말해서 내포된 학습기회(embedded learning opportunities, ELO)가 충분히 생겨나면, 충분한 활동을 통해 학습과 일반화가 일어날 것이다. SLP와 성인은 다양한 여러 ELO를 만들어내고, 각 아동에게 적절한 방식으로 적용해야 할 것이다(Einnebeil, Pretti-Frontczak, & McInemey, 2009).

교사와 SLP는 최대한 효과적으로 따뜻하고 개방적이며, 교육적인 교실환경을 구성하여, 성인과 아동 간에 긍정적이고 생산적이며 다양한 학습의 기회가 내포되는 사회적 상호작용이 계속적으로 생겨나도록 한다(Petersen, 2003; Pianta et al., 2005). 장애 아동과 많은 시간을 보내는 성인은 아동의 학습을 적절히 지원하는 데 필요한 지식과 기술을 갖고 있어야 하며, 이에 필요한 자원에 접근할 수 있어야 한다(Dinnebeil et al., 2009).

SLP와 교사가 효과적으로 중재하려면 다음이 필요하다.

- 역할에 대한 기대와 책임감이 명확하고 일관될 것
- 상담시간이 충분하며 방해받지 말아야 할 것

SLP는 자신의 역할에 대한 확신과 안정감이 있어야 하며, 다음을 할 수 있어야 한다(Dinnebeil et al., 2009).

- 다른 사람과 잘 협력할 것
- 정보를 적절히 공유하고 수집할 것
- 상대방의 말을 적극적이고 전략적으로 듣고 적절히 반응할 것
- 다른 사람의 필요를 정확히 평가하여 반응할 것

효과적인 SLP는 교사들이 아동에게 할 수 있는 한 최선을 추구한다는 마음으로 협동정신을 가지고 함께 할 것이라고 여긴다.

이제 문해이전 활동을 다루어보자. 유치원 학급 전체가 하는 문해이전(preliterate) 활동에는 흉내 내기, 역할놀이, 내러티브 발달과 아동도서의 활용이 있다. 이 활동들은 모두 일반적인 개념의 서술이나 내러티브 형식에 도움이 될 뿐 아니라 이후의 문해발달에도 중요하다.

**흉내 내기와 역할놀이.** 놀이와 내러티브는 비슷하게 발달한다. 일반 아동이 사회적 흉내 내기 놀이(make-believe play)를 하면서 사용하는 언어와 문해활동에서 언어가 갖는 기능은 서로 비슷하다. 언어는 청자 혹은 참여자를 고려해 수정해야 하고, 의미를 전달해야 하며, 정교해야 할 뿐 아니라 일관성과 통합된 주제가 있어야 한다.

언어의 가상적 기능(imaginative function)은 학령전기 동안 사회적 상호작용 놀이를 하면서 습득된다. 놀이를 지시하는 데 필요한 의미를 전달하는 언어는 매우 명료하다("너는 아기 해."). 상황 속에서 대상을 지칭하거나("이건 내 말이야."), 협상이나 타협을 하기 위해("좋아, 너는 아기니까 그렇게 말해도 돼.") 언어를 사용하기도 한다. 놀이 사건의 처음과 마지막에, 시간적 조직화 과정에서, 일상적인 사건 혹은 이전에 들었거나 보았던 이야기를 연기하면서 주제통합이 뚜렷이 나타난다.

가상적 언어는 맥락의 영향을 많이 받는다. 남자아이와 여자아이 모두 인형, 가게놀이, 가장놀이(dress-up)와 같은 흉내 내기용 장난감을 좋아하고, 남자아이들은 블록을 선호한다. 흉내 내기용 장난감들은 실제 언어를 반영하기 때문에 중재를 위한 소품으로 자주 사용된다.

아쉽게도 장애 아동은 일반 아동과 같은 방식으로 놀이를 하지 않는다. 때로 장애 아동은 놀이를 위한 경험적 기초도 부족하다. 언어장애 아동은 정규 유치원 학급에서 고립된 채 혼자놀이(solitary play)를 하곤 한다. 놀이가 이후의 내러티브 발달에 미치는 중요성을 고려한다면, 언어장애 아동이 정상적인 상호작용 놀이를 하는 것은 너무나 중요하다.

사회적 놀이훈련을 시작하기 전에 SLP는 상황을 주의 깊게 계획해야 한다. 먼저 SLP는 놀이 스크립트를 만들어야 한다. 아동과 주제 혹은 스크립트와의 친숙도 그리고 아동의 놀이 수준에 기초해서 주제를 선택한다. 일상생활 사건으로 시작하는 것이 가장 좋다. 표 12.8에 친숙한 일상생활 사건들이

**표 12.8**  흉내 내기 놀이 훈련의 주제

| 일상생활 사건 | 빈번한 사건 | 드문 사건 | 가상의 사건* |
|---|---|---|---|
| 옷 입기 | 케이크 만들기 | 동물원 가기 | 선생님(경찰, 점원, 엄마등) 되기 |
| 점심 먹기 | 생일파티 열기 | 서커스 가기 | 공룡 되기 |
| 학교 버스 타기 | 생일파티 가기 | 퍼레이드 구경하기 | 외계인 되기 |
| 차 타고 가기 | 미용실 가기 | 배 타기 | 비행기 조종하기 |
| 목욕하기 | 병원 가기 | 비행기 타기 | 동물 사냥하는 원시인 되기 |
| | 장보기 | ___ 방문하기 | 그림 그리기 |
| | 연휴 보내기 | 놀이공원가 기 | 날개 달고 날기 |
| | 교회나 성당 가기 | 연주회/공연 가기 | |
| | 맥도날드에서 사먹기 | | |

\* 학령전기 아동에게 해당

제시되어 있다. 흉내 내기 놀이에 익숙지 않은 아동의 경우에는 등교 준비 혹은 장보기를 선택한다. 친숙한 일과 속에서 자연스럽게 언어가 나타나도록 지지적 환경을 제공한다.

어떤 사건은 역할이 중요하고 어떤 사건은 순서가 중요하다. 예를 들어 케이크를 만드는 일은 순차적인 반면, 학교 버스를 타는 일은 좀 더 역할 의존적이다. 또 시간이 지나면서 일반화가 이루어질 수 있도록 다양한 사건 유형을 선택해야 한다.

주의해야 할 점은 순서이다. 사건(events)에 대한 표현 방식은 문화에 따라 다양하다. 다른 문화 출신 아동은 유치원 학급에서 일어나는 사건에 잘 적응하지 못할 수도 있다.

다음으로 SLP는 각 아동의 개입을 결정하여 스크립트를 개발한다. 놀이를 잘 못 하는 아동은 계획 과정에 개입함으로써 놀이에 대해 듣고 맥락에 대한 지시를 얻어야 한다. 스크립트는 하나의 순서로 시작해서 점차 복잡한 사건 조합(multischeme events)으로 진행되어야 한다. 세부사항들과 이야기 문법 요소들이 점차적으로 덧붙여져야 한다.

일단 아동이 이 유형의 흉내 내기 놀이 단계를 지나고 나면, 아동도서에서 따온 내용을 재현할 수 있게 된다. 부록 F는 읽고 재현할 수 있는 아동도서 목록을 제시하고 있다. 다음 단락에서는 문학도서의 활용에 대해 다룬다.

역할, 소품, 내러티브에서 반복적인 요소, 정교화에 대해서도 결정을 내려야 한다. 장애 아동은 친숙한 역할을 먼저 배정받아야 한다. 소품들은 빈 용기나 의상과 같이 실물이어야 한다. 역할들은 조금씩 수정되고 재배정될 수도 있으며 소품도 점차 탈맥락적이고 상징적인 것으로 바뀔 수 있다.

표 12.9는 놀이 훈련 형식을 제시하고 있다. 스크립트를 먼저 제시해서 놀이의 맥락을 알려준다. 일반적인 놀이와 특별한 놀이의 구체적인 주제를 아동과 토의하고, 성인이 적절한 역할을 시범으로 보여주면 아동은 사건을 재구성한다. 역할을 다양화하고 기본 주제를 정교화하면서 이 단계를 여러 번 반복한다.

**표 12.9** 사회극 스크립트 훈련 단계

| |
|---|
| 1단계 : 스크립트를 제시한다. |
| 2단계 : 대사가 있는 역할의 시범을 보인다. |
| 3단계 : 아동이 사건과 스크립트를 다시 제시하도록 한다. 필요 시 교사가 차례 및 대사, 움직임에 대한 암시를 준다. 암시는 점차 줄어든다. |

움직임에 대한 암시

아동에게 움직임을 말해주거나 완벽한 움직임을 알려준다. 점차 부분적인 암시를 주다가 신체적 도움만 준다.
아동에게 움직임을 말하거나 몸짓 혹은 가리키기를 한다.
아동에게 움직임을 말한다.
몸짓 혹은 가리키기를 한다.
아동에게 "다음에는 어떻게 하지?"라고 묻는다.

대사에 대한 암시

아동에게 시범을 주고 모방하도록 한다("You say,'I want a hamburger'").
아동에게 부분적 시범을 주고 모방을 하도록 한다("You say,' I want…'").
아동에게 차례를 알려주고 몸짓이나 가리키기를 한다.
몸짓 혹은 가리키기를 한다.
아동의 이전 행동을 반복한 후 "뭐라고 말해야 하지?"라고 묻는다.
아동에게 "X(다른 아동이 맡은 역할)에게 뭐라고 말해야 하지?"라고 묻는다.

| |
|---|
| 4단계 : 아동들이 역할에 익숙해지면, 다른 역할로 재배정을 한다. 암시는 조금씩 줄어든다. |
| 5단계 : 역할들과 스크립트를 수정한다. |

각 단계의 마지막에 아동들이 재현한 사건을 묘사하고 토의하도록 한다. 집단토의 및 의사결정 과정에서 사용하는 언어는 학교생활의 성공에 중요하며 안정적인 학습에도 도움이 된다.

**내러티브 발달.** 내러티브의 발달과 표현을 위한 훈련은 놀이훈련과 여러 모로 비슷할 뿐 아니라 좀 더 정교한 흉내 내기 놀이형식과 함께 혹은 뒤이어 일어난다. 손인형이나 오려낸 그림 그리고 가상물이나 대용물을 활용하면서 사건은 점차 탈맥락화된다. 아동은 이야기가 계속됨에 따라 순서를 바꾸어 이야기를 주고받을 수 있게 된다.

탈맥락화된 이야기를 나눈 후, 아동 집단에서 내러티브를 다시 이야기해준다. 다시 말하기를 하면서 사건 순서는 좀 더 정교화되고 학교 갈 준비하기와 같은 친숙한 사건에 늦잠 자기, 더러운 양말, 타버린 식빵, 다 쓴 치약, 구멍 난 차바퀴 등이 더해진다. 학령 전 아동의 경우 이야기 틀에서 벗어나지 않도록 주의해야 한다. 이야기가 너무 과장되어 시장에서 거인의 공격을 받거나 학교 버스에서 슈퍼맨에게 구출되어서는 안 된다.

SLP는 친숙한 사건 순서에 아동이 말해본 적 없는 이야기를 조금씩 첨가한다. 아동이 사건 순서를 다시 이야기하거나 수정할 수도 있다. 마지막으로 아동도서를 활용해 그 내러티브를 아동이 다시 이야기하도록 할 수도 있다.

**아동도서 활용.** 언어장애 아동과 일반 아동은 인쇄물을 이용해 활동하고 상호작용하는 데 차이를 보인다. 언어장애 아동은 문자지식, 상호작용적 읽기기술, 이야기 듣기 능력, 읽기기술의 토론에서 일반 아동보다 미숙하다. 따라서 언어장애 아동의 상호작용적 읽기의 정상화는 매우 중요한 과제이다.

학령전기 아동과 책을 공유한다는 것이 단지 읽어주는 것만은 아니다. 읽기 전, 읽기, 읽기 후 활동들이 학급을 결속시키고, 경험을 확대하며, 더 많은 의미를 갖게 한다.

아동도서는 아동 각자에게 의미 있는 구조 속에서 제시되어야 한다. 책은 제목을 들으면 알 수 있는 내용이어야 하며, 아동이 이미 알고 있는 낱말 지식과 관련이 있어야 한다. 다음은 갈색 곰아, 갈색 곰아, 무엇을 보고 있니?라는 책에 대한 소개이다.

> 오늘은 갈색 곰아, 갈색 곰아, 무엇을 보고 있니?라는 책을 읽을 거예요. 이게 책의 표지예요. 먼저 곰이 뭐지요? 곰은 … 맞았어요. 엔젤이 곰은 큰 개 같다고 했어요. 곰은 어디에서 살지요? 곰이 우리 집에서 사나요? 아니죠, 곰은 우리 집에서 살지 않아요. 곰이 우리 동네에서 사나요? 잘했어요. 안토니오가 "아니" 하고 고개를 저었어요. 곰은 우리 동네에 살지 않아요. 혹시 곰이 숲 속에서 살까요? 그래요, 곰은 숲 속에서 살아요. 그리고 동물원, 그래요, 쇼나가 맞았어요. 보세요, 이 곰은 갈색이에요. 갈색 머리털을 갖고 있어요. 갈색 머리털을 가진 사람이 있나요? 존, 머리털이 갈색인 사람을 가리켜 보세요. 그래요, 존의 머리가 갈색이에요. 또 … 맞아요, 빌리수의 머리도 갈색이죠. 머리털이 갈색인 사람 손들어 보세요. 잘했어요, 마리아 … 그리고 … 캐티 … 그리고 미셸. 그리고 선생님 머리는 … 맞았어요. 엔젤 머리처럼 검은색이에요.
>
> 자, 이 곰은 갈색 털을 가졌어요. 아주 사나워요. 다른 색 털을 가진 곰도 있나요?

이런 활동을 하면 당연히 아동들은 많은 정보를 끄집어낸다. 이야기를 계속해서 읽어주면, 각 아동은 이야기를 해석하는 데 자신의 개인적 지식을 활용하게 된다.

위의 예에서 어떤 아동은 가리키기 반응만 보여도 괜찮다. SLP는 모든 아동에게 참여할 기회를 주고 그 참여를 구조화함으로써 성공을 촉진해야 한다.

언어장애 아동은 자주 책, 시간이나 인과적 순서, 이야기 문법, 논리적 결말을 이해하지 못한다. 그러므로 SLP가 아동이 내러티브의 표상을 만들어가도록 지도해야 한다.

학급에서 노래 읊조리기, 각운 맞추기, 추측하기 활동을 하거나 구체적인 목표언어를 위해 책을 활용할 수 있다. 읽기 후에 미술 활동, 순서 기억하기, 결과적 언어(if … then) 활동을 할 수 있다. 이러한 활동과 여러 도서 자료들이 부록 F에 제시되어 있다. 담화 수준과 의미적 복잡성의 수준이 서로 달라도 아동과 책을 가지고 토의할 수 있다. 이 수준은 표 12.10에 제시되어 있다.

**표 12.10** 흉내 내기 놀이 훈련의 주제

| 독서토론에서 담화의 수준 | |
| --- | --- |
| 수집 : | 비교적 조직화되지 않은 발화 목록 |
| 기술적 목록 : | 한 가지 주제에 관한 발화 |
| 순서적 서열 : | 시간적 순서에 따라 조직화됨 |
| 반응적 서열 : | 인과관계에 따라 조직화됨 |
| 단축 구조 : | 심리적 의도 및 계획을 포함함 |
| 독서토론에서 의미적 복잡성 | |
| 암시 : | 가리키기와 같은 비언어적 신호 |
| 표시 : | 구체적이고 관찰 가능한 사물과 행위자를 명명함 |
| 기술 : | 특성과 관계에 대한 기술 |
| 해석 : | 내적 상태, 동기, 근본적 자질을 가리키기 위해 관찰 가능한 특성을 활용함 |
| 추론 : | 상황 속에서 관찰 가능한 특성 이외의 것을 위해 배경지식을 활용함 |
| 평가 : | 좋음/싫음, 정당화, 요약 |
| 메타언어 : | 언어가 조직화되고 활용되는 방식을 알기 위해 언어를 적용함 |

## 학령기 및 청소년기

학교는 학생에게 해박한 언어기술을 요구한다. 읽기 및 쓰기는 교육의 핵심적인 부분이다. SLP는 적극적으로 학급 중재에 참여함으로써 읽기 및 쓰기에 어려움을 겪는 학생의 언어 사용과 발달을 격려하고 도와줄 수 있어야 한다. 중재 기술을 학급 내에 적용하면 더 향상될 수 있다. 학급활동을 구조화하면 언어 인지 활동이 잘 이루어지고, 메타화용 기술도 향상시킬 수 있다. 성공적인 의사소통을 촉진하기 위해 필요한 언어 목표가 무엇인가에 관한 질문에, 고등학교 교사들은 내러티브 말하기, 다른 관점 혹은 사고를 논리적으로 제시하기, 대화 시 명료화 및 수정 전략 사용하기, 대화 상대자의 관점을 수용하기, 적절한 차례 지키기와 같은 점이 가장 중요하다고 강조했다(Reed & Spicer, 2003).

청소년은 높은 수준의 구어와 문어를 사용하고 이해하는 능력을 지녀야 성공할 가능성이 높아진다. 학교 안과 밖에서 청소년은 정교한 방식으로 언어를 사용하고 이해하리라고 기대된다. 그러므로 언어장애 청소년은 자연히 학업성취가 부진하고 어휘선택이 제한적일 것이다(Conti-Ramsden & Durkin, 2008; Nippold, 2007; Snowling, Bishop, & Stothard, 2000).

**학급 활동의 구조화.** 학교생활이 너무 힘들거나 성공하기 어려울 때 아동은 포기해버린다. 학급 내의 학습맥락을 바꾸어주면 실패의 느낌을 줄일 수 있다. 예를 들어 비경쟁적인 환경은 학생이 자기중심적이기보다 과제중심적이 되게 한다. 동기가 중요하다. 동기화된 학생은 잘 포기하지 않는다.

SLP는 모든 학생이 메타인지적이고 메타언어적인 학습 측면을 인지하고 전략을 잘 적용하도록 도와줄 수 있다. 학습 전략을 분명하게 가르쳐주고 지도 아래 연습시키며 피드백을 준다. 각 학생들이 자신의 기능 수준에 맞게 참여하도록 지도하고 격려한다.

학생들이 이해와 회상에 영향을 주는 요소와 과제의 처리 및 인출의 필요성에 대해 깨닫도록 도와

주어야 한다. 자기감독, 추론하기, 중의성 해결하기와 같은 일반적인 이해 전략도 가르쳐야 한다. 이를 위한 학습 전략으로는 자기 말로 바꿔 쓰기, 요약하기, 노트 필기하기가 있다.

**메타화용 기술.** 언어장애 아동은 학급에서 인기가 없고, 일상적인 의사소통 상황에서 이상하거나 부적절하게 행동하는 경우가 많다. 상대의 관점을 받아들이고, 감정을 알려주는 음성변화를 이해하고, 비언어적 소통을 하는 것은 10대에게 중요한 의사소통 기술이다. 일상적인 의사소통이 성공적인 학급 생활에 중요하기 때문에 메타화용 기술에 초점을 둔 중재에 의해 도움을 받아야 한다.

메타화용 인식이란 효과적이고 적절하게 언어를 사용하는 방식에 대한 의식적인 인식이다. 더 정확히 의사소통하는 일반적인 방법에 대한 지식이며, 불일치, 부적절, 그리고 실패를 감지하고 판단하는 능력이고, 효율성을 증진시키기 위해 의사소통 행동을 변화시키는 유연성을 의미한다. SLP는 메타화용 인식 능력을 증진시키기 위해 옳고 그른 의사소통 실례를 제시하여, 학생들과 그 차이를 토의한 후 적절한 의사소통에 관한 역할놀이를 할 수 있다. 비디오로 촬영된 의사소통의 예를 보여주어도 좋다. 부드러운 비평과 자기평가가 필수이다. 시범을 통해 질문을 하고 효과적으로 응답하는 것을 배운다.

SLP는 전체 학급을 대상으로 학생들이 의사소통 목표를 파악하고 그 목표를 이루기 위해 유창하고 유연하며, 효과적인 의사소통을 하도록 돕는다. 성숙한 화자는 타인의 관점을 수용하고 표현할 줄 알며, 동시에 효과적인 언어 사용을 위해 여러 가지 의사소통 가설을 세우고 시험한다. 중재를 통해 사회적 의사소통 방식을 인식하고, 여러 가능성을 개발하여 그 유효성을 평가하고, 의사소통 행동을 조직화하여 의사소통 목적과 전략 그리고 관점을 통합하는 것을 배운다.

SLP는 통합적 훈련의 수단으로 대본이 있는 사회극을 사용하여, 다음의 네 가지 단계로 학생을 지도한다(Wiig, 1995).

1. 화용적 특질과 내재된 계획, 스크립트 그리고 도식에 대한 인식. 예를 들어 '그러고 보니 생각나는 게…', '그러니까 말인데…', '있잖아…', '저기…', 그런데'와 같은 문구들은 주제 개시에 대한 신호가 될 수 있다.
2. 화용적 인식을 실제 상황으로 확장하기
3. 여러 가지 매체, 맥락, 대화 상대자를 통한 일반화 훈련
4. 자율성을 증진시키기 위한 자기주도적 훈련

드라마 각본 연습 후에 SLP와 학생들은 각자의 수준대로 감정과 반응을 토론하고, 대체 전략을 찾아보고, 학습한 내용을 실제 의사소통 상황에 적용한다. SLP는 도움과 지지를 해주는 코치로서 역할을 한다.

대화 내러티브도 이와 같이 먼저 내러티브의 목적을 파악한 후 그 목적에 맞는 적절한 형식을 구

성하는 방식으로 가르칠 수 있다. 또한 아동이 순서, 낱말 대치, 접속사, 주제-설명형 관계(topic-comment relationship)와 같은 응집 장치를 파악하도록 한다.

언어적 상호작용을 하면서 구문 구조도 배울 수 있다. 인식 활동은 시범하기로 시작한다. SLP는 '소리 내어 생각'하면서 대화 속에서 여러 선택사항에 대해 검토한다. 흥미로운 대화를 하면서 문장 결합 및 오류 발견/수정을 요하는 기타 활동을 진행할 수 있다.

### 요약

SLP는 아동 모두가 참여하면서도 전체 학급의 필요를 다루는 학급 내 언어 교수를 제공할 수 있다. SLP는 교사가 간과할 수 있는 언어적 지지를 제공하여 아동들이 성공적인 의미생산자(meaning maker)가 되도록 도와줄 수 있다. 더불어 언어장애 아동이 성공할 수 있도록 선행교육을 할 수도 있다.

## 언어 촉진

언어 촉진(language facilitation)에는 (1) 학급에서 사용하는 어휘에 주목하고, (2) 특정 맥락의 요구를 파악하여 아동이 이 맥락 속에서 성공적인 경험을 할 기회를 갖도록 하며, (3) 아동의 성장과 표현을 촉진하는 방식으로 대화하는 것이 포함된다. 학급은 독특한 필요를 지닌 특별한 맥락이다. 촉진 기법들은 아동과 교사, 부모, 친구 간의 상호작용 대화 속에서 사용될 수 있다.

### 학급에서 사용하는 어휘

조기 단어학습은 입력의 빈도와 관련이 깊다. 따라서 입력기회가 다양한 아동들의 어휘능력은 서로 다르게 발달한 것이다(de Villiers, 2004). 사회, 문화, 언어적으로 다양한 배경을 지닌 아동은 종종 학교의 주류교육 상황에서 어려움을 경험하는데, 이는 단어를 이해하는 방식이나 삶에서 단어를 경험하는 방식에 따라 어휘와 강조점이 다른 상황에 노출되기 때문이다.

낮은 사회경제적 배경을 지닌 아동은 더 좋은 경제적 자원을 지닌 아동들보다 배경지식을 쌓고 언어를 성장시키는 데 필요한 경험이 부족하다. 어휘지식에 대한 이런 이른 시기의 차이는 학령기가 되면 더 커지고 중재 없이는 수정하기가 어려워진다(Biemiller, 2001; National Institute of Child Health and Human Development Early Child Care Research Network, 2005).

아동은 자신이 속한 문화의 뜻을 배우면서 언어를 습득한다. 조기 단어학습은 미시문화적 가치, 기대, 규칙을 반영한다. 집단의 언어패턴은 아동이 발달하는 의사소통 패턴에 영향을 미친다. 그래서 인종적으로 다양한 배경을 지닌 아동은 단어의 의미가 학교에서 배우는 것과 다를 수 있기 때문에 성공적인 문해활동에 방해를 받고, 이는 학업적 실패로 연결될 수 있다.

### 학급 언어의 필요조건

학급에서 사용하는 언어의 유형은 아동이 가정에서 경험하는 유형과는 아주 다른 경우가 많다. 예를

**표 12.11** 열 가지 학급 내 참여 원칙

| |
|---|
| 교사가 말하기를 허락하는 경우를 제외하고는 교사가 주로 말하고 학생은 주로 듣는다. |
| 교사가 주의 깊게 들어야 할 경우를 신호한다. |
| 교사가 일의 내용과 절차에 대해 알려준다. |
| 교사의 말은 상위 학년일수록 더 복잡해진다. |
| 교사는 질문을 하고 구체적인 반응을 기대한다. |
| 교사가 옳은 것과 중요한 것에 대해 암시를 준다. |
| 학생의 말은 짧고 요점에 맞는다. |
| 학생은 질문을 적게 그리고 짧게 한다. |
| 학생은 다른 학생이 아닌 교사에게 말한다. |
| 학생은 자발적인 의견은 적게 하고 수업의 과정 혹은 내용에 대해서만 말을 한다. |

출처 : Sturm & Nelson(1997)

들어 교사언어 속에는 간접적 요구나 진술이 많다. "정답이 쓰여 있는 부분을 보여줄래?"나 "다른 사람들이 떠들어서 로리가 하는 말이 들리질 않아."와 같은 질문이나 진술은 요청이나 요구를 포함하고 있다. 학급에서 교사는 반응을 요구하는 질문을 한다. 어떤 질문 형식은 언어장애 아동에게는 특히 어렵다. 표 12.11은 열 가지 학급 원칙을 제시하고 있다.

학급에서는 보통 무언가를 끝마치는 기술을 아동에게 가르치지 않지만, 교사는 아동이 당연히 알 것으로 여긴다. 언어장애 아동은 그런 지식이 부족하기 때문에 어떤 과제를 끝마치고자 다른 아동에게 함께 하자고 요청하는 데 어려움을 겪는다.

아동은 정보, 행동, 자료를 요청하거나 줄 수 있어야 하며, 맥락에 상관없이 정확한 언어 및 의사소통 행동에 대한 판단을 할 수 있어야 한다. 각 아동은 과제를 완료하기 위해 참여자 모두에게 필요한 정보를 파악할 수 있어야 하고, 또한 주어진 정보의 적절성에 대해 판단할 수 있어야 한다.

학급언어의 기능은 다음과 같다.

- 개인적인 요구를 말하면서 다른 사람과 사회적 관계 맺기
- 다른 사람과 자신에게 지시하기
- 정보를 요청하고 주기
- 추론하기, 판단하기, 예측하기
- 학급이 아닌 상황을 상상하고 투사하기

자신의 요구를 알리면서 다른 사람과 사회적인 관계를 맺는 일에는 심리 혹은 신체적 필요 언급하기 ("지금 나가고 싶어." 혹은 "배가 고파."), 자신과 자신의 관심사 보호하기("그건 내 거야."), 동의하거나 동의하지 않기("네가 틀렸어."), 견해를 표현하기("난 그 간식은 싫어.')와 같은 여러 가지 행동 범주들이 포함된다.

'자신과 다른 사람에게 지시하기' 기능에는 자신의 행동을 지시하기, 다른 사람의 행동을 지시하

기, 다른 사람의 행동과 함께 지시하기("너는 엄마 해, 나는 아빠 할게."), 지시를 요청하기("넌 어떻게 할래?")와 같은 범주가 포함된다. 이 기능은 아동이 도움 없이는 할 수 없는 어떤 과제를 성취하고자 다른 아동에게 지시를 할 때 나타난다. 다른 사람에게 지시를 하거나 다른 사람의 지시를 따를 필요도 있다.

'정보 주기' 기능에는 명명하기("그건 요플레야."), 사건을 언급하기("어제 우리 고양이 생겼어."), 세부사항을 언급하기("그 고양이는 점박이야."), 순서 짓기("우리는 파티에 갔다가 그다음에 영화 보러 갔어."), 비교하기("네 것이 더 크다."), 공통점 끌어내기("우리는 명절선물을 만들고 있어.")가 있다. 물건 보여주고 발표하기(show-and-tell)와 같은 활동을 통해 이전에는 나누지 않았던 사람과 경험을 나누면서 이런 기능을 배운다.

학급 내 토의가 전체 학급이 참여하는 활동일 경우, 아동들은 전달된 정보가 정확하거나 상세해야 한다고 느끼지 않는다.

정보 요구하기는 구하는 정보의 유형에 따라 다양하다. 예를 들어 성인이나 아동은 쉽게 정보를 얻을 수 있는 경우(예 : 간단한 답을 확인할 때) 좀 더 직접적으로 요구하는 경향이 있다. 이런 요구는 "4번 문제의 답은 뭐지?"와 같이 직접적이다.

아동은 자라면서 요구하는 사람의 필요에 맞게 정보 유형을 파악하는 법을 배운다. 일반적으로 아동은 구체적인 정보의 중요성을 더 잘 인식한다. 또한 아동은 성숙하면서 그저 요구된 답을 주기보다는 문제를 해결하는 과정에 대한 정보를 제공하는 경향이 많아진다. 위의 4번 문제에 관한 질문에 대답을 할 때, 아동은 상대방이 갖고 있는 어려움을 예상하고, "5/8야. 나는 분모를 16으로 해서 문제를 풀고 나서 8로 약분했어."라고 반응할 수도 있다. 구체적인 정보와 처리과정에 대한 설명을 제공하는 학령기 아동은 좀 더 성취 능력이 높은 경향이 있다.

'추론하기, 판단하기, 예측하기' 기능에는 과정 설명하기("길을 잃어버리면 경찰서를 찾아가야 해."), 인과관계 인식하기("그 다리는 약해서 무너졌어."), 문제와 해결 인식하기("이 상자는 너무 작으니까 다른 걸 가져오자."), 결론 내기("풀이 부족해서 이 숙제를 마칠 수 없어요."), 그리고 결과 예측하기("이 줄을 잡아 당기면 종이 울릴 거야.")가 있다. 일반적으로 설계하기 및 물건 쌓기와 같은 문제해결 과제로 이 기능들을 연습할 수 있다. 문제해결을 하려면 예측하기, 가설 검증하기, 결론 내기가 필요하기 때문이다.

마지막으로 '상상하기 및 투사하기' 기능에는 다른 사람에게 감정 투사하기("칼로스는 귀신을 무서워하는 것 같아.")와 현실이나 공상 속의 사건을 상상하기("나는 우주선 이지스 호의 함장이다. 모두 승선하라.")가 있다. 이 기능은 공상놀이를 하면서 이끌어낼 수 있다.

이야기 속에서 아동이 어떤 등장인물을 맡고 있는지 혹은 특별한 상황에서 어떻게 할 것인지를 상상하게 함으로써 많은 활동들을 상상에 투사할 수 있다. 아동이 좀 더 나이가 들면 다른 상황으로 역할놀이를 한다.

아동이 이러한 언어적 기능을 수월하게 사용할 수 있어야 성공한 것이다. 위와 같은 여러 활동을 계획하여 언어성장을 도울 수 있다.

## 아동과 대화하기

상호작용을 통해 언어성장과 학습을 촉진해야 한다. SLP는 편안한 방식으로, 그리고 가능한 한 자주 교사와 부모가 사용하는 언어에 대해 관찰하고 조언해야 한다. 교사는 자신의 언어가 언어장애 아동의 처리과정에 미치는 영향에 대해 자주 잊어버린다. 예를 들어 교사의 구어적 지시에 언어장애 아동이 이해하기 어려운 비유언어와 간접적 요구가 많이 포함되기도 한다.

언어장애 아동에 대한 교사의 반응은 적절한 수준에 미치지 못한다. 교사들은 평소 반응이 많지 않고, 그나마 상호작용을 끝내는 방식으로 반응한다. 교사들이 자주 하는 지시도 아동과 교사의 상호작용을 제한할 수 있다.

SLP가 연수교육이나 부모훈련을 통해 교사, 보조교사, 부모에게 촉진적인 대화기법을 효과적으로 소개할 수 있다. SLP는 성인이 의사소통 행동의 시범을 보이고 반응하는 것이 얼마나 중요한지 교사, 보조교사, 부모가 이해하도록 해야 한다. 또한 지시적인 스타일을 줄이고 좀 더 대화적 방식을 늘이도록 해야 한다.

SLP가 교사, 보조교사 및 부모에게 좋은 상호작용 태도의 예를 보여줄 수 있다. 표 12.12과 같은 안

---

**표 12.12** 부모와 교사의 상호작용 태도에 관한 안내지

| | |
|---|---|
| 1. | 아동이 관심을 보이는 주제에 대해 이야기하세요. |
| 2. | 아동의 주도를 따르세요. 아동이 먼저 시작하거나 말을 하면 반응을 하세요. 아동과 함께 재미를 나누세요. |
| 3. | 너무 많은 질문은 하지 마세요. 해야 한다면 '어떻게…', '왜…', '무슨 일이…'와 같은 질문을 하여 긴 대답을 이끌어내세요. |
| 4. | 아동이 질문을 하도록 격려하세요. 아동의 질문에 개방적이고 솔직하게 반응하세요. 질문에 대답하고 싶지 않을 때는 이유를 함께 말해주세요.(그 질문에는 대답하고 싶지 않구나. 그건 너무 개인적이라서 말이야.) |
| 5. | 쾌활한 어조로 말하세요. 개그맨이 될 필요는 없지만, 밝고 재치 있게 말할 수는 있습니다. 아동은 어른들이 약간 우스울 때 더 좋아합니다. |
| 6. | 아동의 언어를 비판하거나 놀리지 마세요. 아동의 언어에 대해 지나치게 비판적이거나 실수할 때마다 지적하면 아동은 말하기를 멈추어 버립니다. |
| 7. | 아동이 반응할 시간을 충분히 주세요. |
| 8. | 아동이 말할 때 방해하지 않음으로써 존중해주세요. |
| 9. | 아동을 가족회의나 학급회의에 끼워주세요. 아동의 참여를 격려하고 생각을 들어주세요. |
| 10. | 아동과 아동의 언어를 그대로 받아들이세요. 포옹과 수용은 효과가 큽니다. |
| 11. | 아동이 언어를 사용하고, 그 언어를 통해 목표를 이룰 수 있도록 기회를 주세요. |

내문도 도움이 된다. SLP는 촉진자가 보이는 행동이 중요하며, 아동 개개인의 유형과 언어 수준에 맞게 기법을 사용해야 할 필요가 있음을 강조해야 한다. SLP는 기회가 될 때마다 교사, 보조교사, 부모에게 이런 기법을 시범으로 보여주어야 한다.

**또래 촉진자.** 같은 반의 일반 아동이 시범을 보이면서 상호작용을 촉진하는 기능적 전략을 가르쳐줄 수 있다. 사회극이나 따라 하기 놀이는 학령전기 아동의 상호작용을 형성하는 기초가 된다. 학령기 아동의 경우, 다양한 대안 활동이 상호작용과 적용을 촉진할 수 있다.

학령전기 아동이 또래와 할 수 있는 한 가지 간단한 촉진적 원칙은 옆에 있기, 놀기, 말하기이다(Goldstein, English, Shafer, & Kaczmarek, 1997).

> 친구 옆에 가까이 있는다.
> 함께 놀면서 친구 이름을 부르고, 같은 물건을 갖고 논다.
> 옆에 있으면서 노는 동안 말을 한다.

여기에 덧붙여, 친구 되기에 대해 그리고 어떤 아동이 보이는 특이한 의사소통 행동에 대해 토의하고 피드백을 주면서, 성인시범, 연습지도, 개별연습을 함께 하면 효과적인 또래 훈련의 모델이 될 수 있다.

의사소통적 상호작용을 하도록 학령기 일반 아동 또래들에게 몇 가지 간단한 전략을 가르쳐줄 수 있다. 지적장애 남아는 또래들의 지적에 더 잘 반응하긴 하지만, 직접적인 촉진보다는 질문(question)이 의사소통을 더 자연스럽게 촉진하는 것 같다. 단서 주기나 촉진하기와 같은 구체적인 기법을 또래들에게 가르칠 수는 있지만, 효과도 크지 않고 가르치는 데 시간도 많이 든다. 전략을 조금만 가르치는 것이 더 낫다.

**표 12.13** 유치원 학급에서 또래 촉진자 훈련하기

1단계 : 또래에게 상호 작용 방법을 가르친다.
소개
목적을 설명한다 : 친구가 더 잘 '말하도록' 돕는 것
다른 성인과 함께 시범을 보인다.
직접교수
아동이 시연을 하고 성인이 평가해준다.
성인이 장애 아동의 역할을 맡는다.
포스터를 붙여 기억나도록 한다.

2단계 : 배운 전략을 사용하도록 신호하고 강화한다. 점차 성인의 간섭을 없애고, 또래 촉진자를 줄이며, 장애 아동은 늘린다.
교사 신호("친구가 먼저 너를 보게 하는 걸 잊지 마.", "가리키는 걸 기억해.")
성인이 너무 많이 방해해서 아동을 막지 않도록 주의한다.
속삭이거나 포스터를 가리킨다.

출처 : Goldstein & Strain(1988)

표 12.13에서 제시하는 한 가지 효과적인 방법은 또래 일반 아동에게 교수기술보다는 상호작용 전략들을 가르친 후 촉진하고 강화해주는 것이다. 이러한 방법은 언어장애 아동의 상호작용과 주제 관련 반응을 증진시킬 수 있다. 상호작용 전략은 다음과 같은 점에 주의해야 한다.

- 질 높은 상호작용에서 관찰되는 행동만을 포함한다.
- 뒤따르는 행동을 유도할 가능성을 높인다.
- 언어장애 아동에게 변변치 않은 역할을 맡기지 않는다.
- 가르치는 데 노력이나 시간이 너무 많이 드는 언어 특질을 목표로 하지 않는다.
- 가능한 한 균형 있고 유지 가능한 상호작용을 이끌어낸다.
- 전형적인 사회적 상호작용을 단순화하지 말고 극대화한다.

교사가 주는 암시가 줄어들어도 또래 전략은 계속된다고 보고되고 있다. 또래는 내러티브 학습에서도 효과적인 개인교사 역할을 할 수 있다(McGregor, 2000).

학령기 아동의 경우 협동학습, 숙제검사, 구두약속을 하면서 상호작용하도록 격려할 수 있다. 협동학습을 통해 직접적인 상호작용과 대인관계 기술을 촉진하면서 상호의존성과 개인적 책임의식을 증진시킬 수 있다. 서로 다른 언어능력을 지닌 학생들이 학급 언어 과제를 위해 짝이 되고 집단의 성적에 따라 상을 받는다.

숙제검사를 하면서, 숙제를 마치는 데 필요한 기술을 지닌 아동이 언어장애 아동을 돕는다. SLP는 두 아동이 모두 숙제를 마치도록 도와주고, 역할놀이를 통해 아동들에게 개인교사의 역할과 학생의 역할을 가르쳐주고, 개인교사를 맡은 아동 간의 상호 역할놀이를 평가해준다. 또한 SLP는 실제 또래교수가 시작될 때 감독도 해준다.

마지막으로 구두약속은 부적절한 언어 행동을 감소시키는 데 사용된다. 언어장애 아동과 학급 또래들은 모두 부적절한 행동에 대해, 그리고 그 행동을 줄여야 할 필요에 대해 이해하고 있어야 한다. 예를 들어 다른 아동을 귀찮게 계속 건드리는 한 경도 ASD 아동이 있었다. 학급은 그 행동을 정의하고, 줄이면서, 좀 더 바람직한 행동으로 이끌 약속으로 신호를 한 가지 정했다. 그 행동을 줄이기 위한 의견을 내면서 또래 간 협동정신도 이끌어낼 수 있었다. 그 약속을 주기적으로 검토했고 성공하는 경우 또래들은 강화를 제공했다.

## 단순언어장애 아동의 작업기억 증진을 위한 교수

SLP가 학급에서 아동을 지원하는 첫 단계는 학급담화와 과제에 필요한 작업기억(working memory, WM) 요구를 관찰하고 분석하는 것이다(Boudreau & Costanza-Smith, 2011). 작업기억 능력이 부족한 경우 어떤 학습맥락이 영향을 가장 많이 받는지를 파악하는 것이 가장 중요하다. 앞서 언급했듯 많은 양의 정보를 저장하면서 동시에 그 정보에 관한 정신적 조작을 해야 하는 경우 WM 요구는 커진

**표 12.14** 학급에서 작업기억과 관련해서 사용되는 전략

- 아동이 이야기, 강의, 토의에서 가장 중요한 부분이 무엇인지 알고 핵심정보를 기억할 수 있도록 요점을 반복한다.

- 주기적으로 핵심내용을 요약하는 등의 묶음정보를 제시하여 작업기억 요구를 줄인다.

- 과제에서 기대되는 것 혹은 아동이 해야 할 것에 대해 정보를 제공하거나 이에 대해 토의함으로써 명료하게 알려준다. 작업기억 결함이 있는 아동은 해야 하는 과제의 결과에 대한 예를 보면 도움을 많이 받는다.

- 아동이 과제를 어떻게 이해하고 있는지 확인한다.

- 아동이 지시를 자신의 말로 다시 말하거나, 자신이 지시라고 믿는 내용을 설명하게 한다.

- 학급과제를 하는 핵심 단계의 목록을 쓰거나 체크리스트를 쓰게 한다.

- 특히 새로운 개념을 소개할 때 교수의 속도를 줄인다. 느린 속도는 언어장애 아동의 단어학습을 도와준다.

- 작업기억 결함이 있는 아동이 먼저 토론을 시작하도록 토의의 성격을 조정한다. 혹은 아동에게 토론을 시키기 전에 요점을 말해준다. 여러 명의 토론자 다음에 아동이 토론을 하게 되면 이전 정보를 유지하도록 도와준다.

출처 : Boudreau & Costanza-Smith(2011); Gathercole et al.(2006); Horohov & Oetting(2004); Rankin & Hood(2005)

다. 아동은 길이가 길고 일상적인 학급활동이 아닌 교수, 정보의 저장과 처리를 모두 요구하는 활동, 문장을 만들거나 받아쓰기가 포함된 쓰기활동 등을 가장 어려워한다(Gathercole, Alloway, Willis, & Adams, 2006). SLP는 학급교수의 언어에 주의를 기울여, 어떤 정보가 어떻게 전달되는지, 과제는 어떻게 주어지는지, 참여를 어떻게 촉진하는지를 주목해야 한다(Boudreau & Costanza-Smith, 2011). 언어과목에 대한 작업기억 요구에 특히 주의를 기울여야 하겠지만, 작업기억의 요구가 읽기와 쓰기 활동에 제한되지는 않는다는 것도 기억해야 한다.

SLP는 수업교재와 다른 수업자료에 대한 작업기억 요구를 알고 있어야 한다. 예를 들어 복잡한 내러티브가 단순한 내러티브보다 작업기억 요구가 더 많으므로 복잡한 내러티브를 표현하고 이해하는 데 더 부진한 수행을 보이게 될 것이다(Boudreau, 2007). 교과에서 나오는 내러티브는 언어의 난이도, 에피소드의 수, 주제의 복잡성, 등장인물의 상호작용에 따라 분석될 수 있다. 특히 텍스트가 단순한 문장보다 작업기억 요구가 많은 복잡한 문장으로 구성되어 있으면 문제가 될 수 있다(Montgomery & Evans, 2009; Thordardottir, 2008). 아동이 단어와 문장구조를 이해하는 데 너무 많은 정신적 자원을 사용해야 한다면, 이전 정보의 내용을 통합하는 데 쓰일 수 있는 자원은 거의 남아 있지 않을 것이다.

학급요구의 분석에는 작업기억 요구를 줄이는 지원과 전략이 무엇인지 파악하는 것도 포함된다(Boudreau & Costanza-Smith, 2011). 여기에는 기억부담을 줄여주는 시각적 지원과 연습이 포함된다. 그다음 SLP는 교사에게 작업기억결함이 있는 아동의 학습을 촉진하는 지원방법을 알려줄 수 있다.

작업기억 결함이 있는 아동의 학습을 지원하는 네 가지 방법은 교사담화 전략, 시각적 지원, 선행학습, 작은 단계로 학습과제 나누기이다(Boudreau & Costanza-Smith, 2011). 교사는 아동의 주의를 이끄는 방식으로 자료를 제시하여 작업기억 부담을 줄여줄 수 있다. 가능한 전략들이 표 12.14에 제시

되어 있다.

시각적 지원도 어떤 학습맥락에서는 작업기억 요구를 줄여준다. 반면 연구들은 시공간적 WM 기술이 언어장애 아동에게도 도움이 되는지 명확치 않다고 설명한다. 그렇다고 해도 과제에 관한 정보나 새로운 정보를 제시할 때 시각적 정보는 작업기억 요구를 줄여줄 수 있다. 작업기억 기술이 부진한 아동은 교사가 몸짓, 글로 쓴 지시, 핵심낱말 목록, 점검표, 사물조작을 사용해서 알려주면 좀 더잘 수행할 수 있다(Quail, Williams, & Leitao, 2009). 흥미롭게도 글로 된 텍스트에 따라 사물을 물리적으로 조작하면 초등학교 아동의 읽기이해가 늘어난다(Glenberg, Brown, & Levin, 2007; Glenberg, Jaworksi, & Rischal, 2005).

핵심개념을 선행학습시키면 작업기억 요구가 줄어들기도 한다. 텍스트의 관련 어휘와 언어특성과같은 관련 지식과 배경정보를 미리 가르쳐주는 것이다. 이런 정보를 미리 가르쳐주면 아동은 새로운자료를 배울 때 작업기억 자원을 더 할당할 수 있게 된다(Klingner, Vaughn, & Boardman, 2007).

마지막으로 작업기억 결함이 있는 아동은 과제를 작은 단계로 나누어 배울 때 더 잘 수행하곤 한다. 아동이 처리하고 저장해야 하는 정보의 양을 줄이기 때문에 작은 단위를 한 번에 한 단계씩 성취해가면 복잡하고 큰 단위도 달성할 수 있게 된다(Gathercole & Alloway, 2008).

## 학급 모델 실시하기

분리(pull-out)된 서비스에서 학급중심 혹은 학급으로 '들어오는(push-in)' 서비스로 전이하는 일은 신중하게 계획해야 한다. 성공의 핵심은 다음과 같은 문제를 해결하는 데 있다.

> SLP 훈련하기
> 다른 전문인들 훈련하기
> 중재 권한 및 책임의 담당자를 명확히 하기
> 적절한 공간, 배정된 시간, 재정적 약속에 대한 행정적 지원
> 학생들이 표준화된 검사가 아닌 학급언어의 처리과정 및 활용에 기반을 둔 서비스를 받을 수
> 있도록 기준 정하기
> 개별화된 교육계획(IEP)에 대한 책임

협력적 학급 중재 모델을 완전히 정착시키려면 3~5년은 걸릴지도 모른다. 그것은 일종의 진화과정이다. 따라서 천천히 시작하면서 이 변화에 대해 부모와 다른 전문인을 준비시키는 것이 중요하다.

최종적인 모델은 학생의 필요와 교사/SLP의 유연성에 따라 다양해질 것이다. 교사와 SLP는 아동개인을 위한 일반적인 언어 활동과 구체적인 언어적 지지에 대해 토의할 필요가 있다.

먼저 SLP는 자신을 훈련해야 한다. 훈련에는 기능적 대화법의 사용 및 학교 교과과정에 대한 교육

이 포함된다. 이 책은 그 교육의 한 단계이다. 연수회, 학회발표, 관찰, 더 나아가 전문서적 읽기도 중요하다. 게다가 여러 기법들은 전통적인 행동양식과 상당히 다르기 때문에 SLP는 역할놀이를 통해 그 활용법을 익혀야 한다.

담임교사는 SLP가 소집단이나 대집단 교수에 익숙해지도록 도와줄 수 있다. 가능하면 SLP가 일주일에 한 시간 정도 교실 내 집단 활동에 함께 하면 좋다.

두 번째로 SLP는 교사의 도움과 행정적 지원을 얻기 위해 협력교수에 대해 광고할 필요가 있다. 또한 교사회의, 조식시간, 부모회의 시간을 활용하여 비디오 발표나 시연을 한다. 행정가들을 개별적으로 방문한다. SLP는 협력교수의 합리성을 설명하고, 시간표 배정을 함께하며, 성공적인 중재에 관한 짧은 기록을 보내주고, 행정가를 치료 장면에 참관시키고, 부모 행사에 참여한다.

세 번째로 SLP는 다른 사람을 훈련해야 한다. 이 훈련의 일차적인 목적은 먼저 교사와 행정가에게 학급 중재의 필요성을 알리는 것이다. 이러한 필요성은 (1) 온전한 언어학습 환경의 중요성, (2) 일반

**표 12.15** 교사와 SLP가 협동하기 위한 연수교육 모델

| 회기 | 설명 |
| --- | --- |
| 1 | 학급에서 일어나는 정상적인 의사소통 발달과 의사소통 장애<br>교사가 발달을 이해하고, 의사소통장애가 학급에 참여하는 데 영향을 미치는 방식을 이해하도록 한다. |
| 2 | 학급 언어<br>협동모델과 교사 및 SLP의 역할에 대해 설명한다.<br>어떻게 의사소통문제가 참여를 어렵게 하는지 교사가 이해하도록 한다. |
| 3 | 스크립트와 학급의 언어요구를 파악하고 다루기<br>언어과목과 언어 중재를 구분한다.<br>아동의 참여를 목표로 학교 '교과과정'과 스크립트의 역할을 강조한다.<br>(1) 언어처리과정과 표현, (2) 언어문제에 관한 처리과정적 접근의 중요성을 강조한다. |
| 4 | 학급에서 일어나는 의사소통 문제를 파악하기 위한 협동적 접근방법<br>교과과정 중심 접근방법을 설명한다.<br>잠재적 의사소통문제를 지닌 학생을 파악하는 교사와 SLP의 역할을 기술한다. |
| 5 | 언어를 다루는 전략<br>교사가 학급언어의 복잡성을 깨닫게 한다.<br>교과과정을 학생 개인의 필요에 맞춘다.<br>아동의 수행을 높이기 위한 협동전략을 배운다. |
| 6 | 문해 문제<br>구어와 문어 간의 연결을 설명한다.<br>문해 문제를 깨닫도록 한다.<br>문해 문제를 지닌 아동이 교실에서 읽기와 쓰기를 하는 전략을 배운다. |
| 7 | 협동의 문제<br>역할, 장벽, 협동의 문제를 논의한다. |

출처 : Prelock, Miller, & Reed(1995)

화 문제, (3) 학급이 지닌 언어적 성질, (4) 학급 중재 전략의 실용성과 효율성, (5) 팀 접근의 필요성과 당위성을 강조하는 연수교육을 통해 전달한다. 한 가지 유용한 연수교육 모델이 표 12.15에 제시되어 있다.

행정가들이 현재의 일대일 분리치료시스템을 바꾸고 싶어 하지 않을 수도 있다. 따라서 완전통합과 RTI를 강조하면서 좀 더 기능적인 학급 모델을 제안하는 것이 필요하다. 어떤 아동의 경우에는 특정 기술을 훈련하기 위해 여전히 분리치료가 필요하다. 협력교수는 일반적인 의사소통 기술을 훈련하는 데 더 적합하다. 간단한 장기 및 단기 목표들을 치료 실시 전에 미리 설정해야 한다. 치료를 실시하는 단계마다 진전과정을 행정가들에게 보고하는 것이 필요하다.

쓸모 있는 대안적 협력 모델도 여러 가지 있다. 동료코칭(peer coaching)과 협력수업(co-teaching)이 특히 유용하다. 동료코칭이란 SLP와 담임교사가 한 팀으로 일하면서, 관찰과 피드백을 통해 서로 감독해주고 효과적인 교수 전략에 대해 지적해주는 것을 말한다. 협력수업이란 전문인 각자가 학급 내 교과과정 목적에 기초해서 자신의 교수 분야에 중점을 두는 것이다. 교사와 SLP는 함께 학생의 필요를 결정하고, 학생에게 맞는 장단기 목표 및 활동을 개발하고, 개발된 계획을 실시하고, 진전과정을 평가한다.

일단 기능적 중재 모델의 필요성에 대해 확신을 하고 나면, 교사는 구체적인 중재 기법을 배우기 시작한다. 이러한 기법은 연수교육과 이후의 개별교육을 통해 소개된다. 언어장애 아동이 등장하는 비디오 수업은 다양한 기법의 활용을 보여주는 가장 좋은 훈련방법이다. 훈련을 실시하는 전문인은 믿음직하고, 실제적이며, 해박한 지식을 갖추고 있어야 한다. 적절한 자료와 실제적인 경험이 교사 훈련에서 중요한 요소이다.

네 번째로 언어 중재의 권한체계가 명확하게 확립되어야 한다. 역할과 책임뿐 아니라 권한에 대해 확실히 정립하는 것이 성공의 핵심이다. 이 단계에는 행정적 지원과 정책에 대한 분명한 진술이 필요하다. 교과과정, 예산, 직무 내용에 새로운 역할과 책임이 기술되어야 한다. 교실에서는 책임을 공유하며 역할이 바뀌기도 한다.

다섯 번째로 공간, 배정시간, 필요한 재정적 지출에 대한 행정적 지원이 확립되어야 한다. 행정가들은 성공을 위한 적절한 지원은 제공하지 않으면서 너무 쉽게 절차에 대한 변화를 선언한다.

모델을 실시하는 데 가장 큰 한 가지 방해물은 시간의 부족이다. SLP와 담임교사는 매주 각 아동의 성취에 대해 토의하고 목표와 기법을 검토하는 시간을 가져야 한다.

행정가들은 자주 표준화된 언어측정 결과에 지나치게 의존하곤 한다. 언어검사 점수들은 행동에 대한 양적 측정 결과를 제공하며, 그 결과는 학생의 필요와 진보를 결정하기 위해 활용된다. 하지만 비슷한 측정 결과가 교과과정이나 대화표본과 상반될 수도 있다.

마지막으로 치료 전달체계에 변화를 가져오기 위해서는 IEP를 작성하고 수정할 필요가 있다. 부모를 포함한 중재팀의 기타 구성원들은 그런 변화의 논리적 근거에 대해 교육을 받아야 한다. 부모들은 보통 담임교사를 또 한 명의 언어 훈련자로 이해하고 치료 서비스가 증가된 것으로 학급 모델을 받아들이곤 한다. 많은 부모는 분리치료 시간이 줄어드는 것을 반가워한다.

치료적용 단계는 SLP나 담임교사 모두에게 낯선 기간이므로 천천히 그리고 조심스럽게 진행한다. 처음에는 한 학급의 아동 한 명을 대상으로 한다. 그러다가 점진적으로 그 학급의 여러 아동 혹은 여러 학급당 한 아동으로 확대할 수 있다.

첫 학급의 선정이 중요하다. 교사 중 SLP와 친한 사람으로 기꺼이 배우고, 성장하고, 실수하고자 하는 사람과 시작하는 것이 좋다. 교사가 훈련기법을 사용할 때 SLP가 평가를 한다. 평가표도 객관성을 높일 수 있다. 교사가 새로운 언어 기술을 가르치려 하기보다는 아동이 새로 습득한 기술을 일상생활에 적용하도록 하는 시도에서 출발하는 것이 좋다.

마찬가지로 SLP가 가르치는 첫 수업도 조심스럽게 시작해야 한다. 수업당 한 가지 목표가 좋다. IEP 목표는 전 학급을 대상으로 하는 집중적인 수업시간을 통해 나중에 소개할 수 있다.

SLP는 성공 가능성을 높이고 담임교사와의 갈등을 최소화하기 위해 첫 아동과 첫 학급을 주의 깊게 선택해야 한다. 일단 SLP와 교사가 성공을 경험하기 시작하면, 다른 교사들도 더 적극적으로 그 모델을 적용하고자 할 것이다.

학급 모델의 적용을 거부하거나 협력하지 않는 행정가, 담임교사, 그리고/또는 부모들이 항상 존재한다. SLP는 실망하지 말고 그 모델을 받아들이는 사람과 일하면서 받아들이지 않는 사람을 계속 교육해야 한다. 한두 명의 아동과 성공을 경험하는 것이 머뭇거리는 사람들을 확신시키는 데 필요한 요소이다. 성공의 열쇠는 교육자들과 좋은 관계를 맺는 것이다.

## ∷ 결론

학급 모델로 제시되는 기능적이고 환경적인 접근법은 오늘날 증명된 가장 진보적인 경향의 모델에 속한다. 캐나다와 미국의 여러 교육청에서 이 모델이 실시되고 있다. 어떤 교육청은 위에서부터 그 변화를 요구하는 반면, 어떤 교육청은 저변에서 조용한 혁명을 경험하고 있다. 어려움이 없이는 이러한 급진적인 변화를 성취할 수 없다.

SLP의 역할은 변화하고 있다. SLP들은 훈련도 거의 받지 않은 중재 모델을 적용하라는 요구를 받고 있다. 그러한 요구는 언어병리학과 같이 빠르게 변화하고 성장하는 전문 분야의 경우 자주 경험하는 것이지만, 이로 인해 지속적인 전문인교육의 필요성이 제기된다.

SLP는 여전히 언어장애 아동의 파악과 중재적용의 책임을 맡은 언어 전문인이다. 상담자라는 새로운 역할 속에서 SLP는 다른 사람을 통해 그러한 중재과정을 넓힐 수 있다.

학급 속으로 들어가는 것 자체는 가장 작은 변화일 뿐이다. 사실 여러 연구들은 협동 모델을 실시하는 많은 SLP들이 자신들의 중재 유형을 더 기능적인 유형으로 수정해가고 있음을 보여준다. 학급과 같은 장소가 첫 장에서 말한 일반화 변인 중 한 가지이긴 하지만 유일한 변인은 아니다. 기능적 중재는 대화 중재이다. 진정으로 기능적인 접근법은 의사소통 목적을 성취하기 위해 실제 대화 맥락 속에서 언어적으로 지지하는 기법들(scaffolding techniques)을 사용하는 것이다.

# 제13장

# 읽기 결함 :
# 시각적 모드의 언어

언어장애(LI) 아동들은 전읽기 기술(preliteracy skill)의 결함으로 인하여 읽기 학습을 준비하기 어렵다. 전읽기 기술 결함의 주요한 징조는 구어, 이야기 능력, 음운 인식, 철자 지식, 음소-글자소(소리-철자) 지식, 맞춤법 지식, 낱말 인식 등에서 나타날 수 있다(Justice, Invernizzi, & Meier, 2002).

어린이집이나 유치원에서의 언어치료사(SLP) 역할은 (1) 부모에게 구어와 읽기의 관계에 대해 인식시키고, (2) 읽기장애 위험군 아동들을 찾아내서 그 부모에게 알려주고, (3) 부모에게 좋은 읽기 프로그램을 안내해주고, (4) 필요한 경우에는 음운 인식이나 철자이름 지식, 읽기활동과 같은 전읽기 기술들에 대한 평가와 치료를 권고하는 것이다(Snow, Scarborough, & Burns, 1999). 반면 학령기 아동들에 대한 SLP의 역할은 (1) 대상 아동이나 청소년이 계속해서 언어적 기초를 잘 쌓도록 하고, (2) 음운 인식이나 기억력 또는 인출력에 어려움이 있는지 알아보고, (3) 이야기하기나 설명하기, 또는 교과내용에 대한 어려움이 있는지 찾아내는 것이다.

언어장애가 있는 아동들은 일반 아동들에 비해 읽기장애에 대한 위험도가 더 높다고 할 수 있다(Catts, Fey, Tomblin, & Zhang, 2002; Freebrairan, & Taylor, 2000, 2002). 언어장애가 있는 아동의 40~65%는 저학년 때 읽기장애로 진단받는다(Catts et al., 2002). 성장하면서 줄어들기는 하지만, 초기 읽기장애는 학령기 내내 지속된다.

이러한 내용들은 이 장의 세부내용에서 설명하였다. 이 장에서는 쓰기 부분과 읽기 부분, 두 부분으로 나누어 기술하였다. 각 부분에서는 언어장애 아동들이 보이는 문제, 평가, 중재에 대한 정보를 제공하되, 학급담임이나 읽기지도사가 다루는 읽기와 쓰기교육의 내용은 포함시키지 않았다.

이 장에서 다루는 중재는 기능적 하향식(top-down) 접근법에 기초한 것들이다. 읽기와 쓰기 중재에 있어서는 유사한 전략들이 사용될 수 있다. 음소-글자 대응지식뿐 아니라 최소한의 포닉스(phonics, 소리-철자 대응) 기술도 필요하다. 읽기훈련에서는 학생들이 모르는 낱말이나 문법구조를 보고 문맥을 이용해 그 뜻을 추측해내게 할 수도 있다. 또한 훈련을 통하여 적극적으로 읽기, 자신이 무엇을 아는지 자신에게 물어보기, 요약하고 예측하고 해석해보기 등에서 도움을 받을 수 있다.

## 읽기

글을 능숙하게 읽는 사람들이 활자화된 낱말을 읽을 때는 빠른 철자(orthographic) 과정과 음운(phonological) 과정을 거친다. 이들에게 있어서 각 낱말은 대부분 자동적이고 무의식적으로 인식되기 때문에 1/4초 이하의 짧은 시간만이 소요된다. 이 시간은 뇌가 해당 낱말에 대한 모든 정보를 찾아내는 데 걸리는 시간이다. 이 과정이 의식적인 과정으로 되는 때는 친숙하지 않은 낱말을 문맥에 맞춰 해독하려고 할 때뿐이다.

초기 구어 및 언어 기술과 후기 읽기 습득의 관계는 복잡하다. 쌍둥이 연구들은 초기 언어 기술과 읽기의 관계는 유전적 요인과 환경적 요인이 모두 중요하게 작용한다고 보고하였다. 그러나 유전적 요소만이 초기 구어와 읽기의 관계에서 중요한 역할을 하는 것으로 보고한 연구들도 있다(Hayiou-Thomas, Harlaar, Dale, & Plomin, 2010).

읽기 능력은 철자대기(spelling) 능력과 매우 밀접하게 연관된다. 읽기에 어려움이 있는 사람(poor reader; 이하 읽기 부진 아동)은 철자에서도 부진한 경향이 있다. 한 영역에서의 훈련이나 향상은 다른 영역까지도 도와준다. 즉 읽기는 철자를 위한 기억력에 영향을 미치고, 철자는 읽기해독에 도움을 준다고 할 수 있다.

읽기 발달은 복잡한 과정으로, 다양한 요소들을 통합하여 유창하게 읽고 이해하는 데 필요한 매끄럽고 자동적인 과정으로 만들어가야 한다(Wolf, 2007). 음운이나 철자 처리 과정은 낱말 인식에 있어서 중요하다. 또한 언어적 능력 및 인지적 능력도 글을 유창하게 읽고 이해하는 데 매우 중요하다.

읽기의 또 다른 처리 단계인 읽기이해 단계에서는 구어의 이해 단계에서처럼, 언어와 세상에 대한 지식이 문맥을 이해하는 데 사용된다. 이러한 읽기 이해와 해독 단계들은 모아진 정보들이 자신에게 어떤 의미를 갖게 될 때까지 자동적으로 조절된다.

낱말 인식이나 이해 능력은 그 어떤 것도 단독으로 읽기 발달 과정을 설명하기에는 부족하다. 유창하게 읽고 이해하기 위해서는 다중 처리 과정이 동시적으로 이루어져야 한다(Bashir & Hook, 2009).

연결된 글을 빠르고 정확하게 읽을 때의 유창성은 신속한 철자 기억, 음운 및 의미적 처리 과정에 의해서 가능하게 된다. 효과적인 읽기 속도는 이해를 촉진한다(Wolf & Katzir-Cohen, 2001). 낱말의 하위 단위, 즉 음소에 대한 주의를 더 높은 수준의 언어 및 인지 과정으로 돌리는 것은 읽기이해에 있어서 중요하다(Wolf & Katzir-Cohen, 2001). 낱말 인식 능력이 바로 글에 대한 이해 능력이라고 하는 것은 단순한 생각이다(Katzir et al., 2006; Torgesen, Rashotte, & Alezander, 2001; Wolf, 2007). 읽기 유창성의 발달은 여러 가지 요인들의 상호작용으로 이루어진다고 할 수 있다.

읽기 처리 과정 어딘가에 문제가 생기면, 그 과정은 덜 자동적이고 덜 매끄럽게 되며 낱말 해독이나 문맥 내에서의 언어이해에 어려움을 초래할 수 있다. 어휘가 부족한 경우에도 이해에 어려움을 보일 수 있다. 이러한 어려움은 읽기를 힘들고 느리게 만든다. 읽기에 어려움이 있는 일부 아동들에게는 이 모든 읽기 과정들이 이해되지 않기 때문에 좌절감이나 무기력감을 느낄 수 있다.

## 읽기 문제

글을 잘 읽는 사람들은 자신들의 읽기행동을 통제할 수 있다. 이러한 행동은 유연하고 목표지향적이다. 반면 읽기에 어려움이 있는 사람들은 이러한 읽기 전략이 부족하다. 많은 읽기 부진 아동들은 소극적이고 끈기가 부족하며, 낮은 자존감을 갖게 된다. 일부 아동들은 공격적으로 되거나 행동문제를 보이기도 한다. 이러한 정서적 문제들은 학습과 발달을 저해할 수도 있다.

나중에 문어(written language) 결함을 보이게 되는 단순언어장애(SLI)와 학습장애(LD) 아동들은 흔히 취학 전 동안에도 구어 학습에서 지체를 보이곤 한다. 자폐범주성장애(ASD) 아동의 구어 능력도 그들의 읽기 발달과 비슷하다(Sénéchal, LeFevre, Smith-Chant, & Colton, 2001). ASD 아동들은 읽기 행동을 예측할 수 있는 발달 영역 간에 고르지 못한 프로파일을 보인다. 예를 들어 낱말의 해부호화 (word decoding)는 효과적으로 하더라도 정작 쓰여진 것을 이해하지는 못할 수도 있다.

ASD 아동은 음운 인식이나 포닉스 교육에는 반응을 보이지만, 따로 형태론이나 구문론 인식 및 이해의 전략을 배우지 않는 한, 읽기 이해력, 철자, 작문에서의 어려움은 지속될 가능성이 높다 (Berninger, 2008). 또한 이와는 반대로 읽기 학습장애(reading-based learning disorder) 아동들은 읽기 이해나 구문에는 문제가 없더라도, 작업기억에서의 음운(말소리)과 철자 부호화, 음운적 해부호와, 철자 대기에서 어려움을 보인다(Beringer, 2007a, 2007b, 2008).

읽기결함의 위험성은 조음장애와 수용 및 표현 언어장애를 가졌던 아동들에게 가장 많이 나타난다(Segebart DeThorne et al., 2006). 일반적으로 읽기이해가 잘 안 되는 아동들(poor reading comprehenders)은 구어언어 이해력에는 어려움을 보이지만 음운능력은 정상이다. 그러나 읽기해독 이 잘 안 되는 아동들(poor reading decoders)은 음운능력에는 결함을 보이지만, 구어언어 이해력에는 거의 혹은 전혀 어려움을 보이지 않는다(Catts, Adlof, & Ellis Weismer, 2006).

초기 언어 문제와 읽기 문제의 관계는 단순히 한 가지 문제에서 다른 문제로 전환된다고 하기에는 애매한 부분이 있다. 아동의 초기 읽기능력, 대화언어능력, 언어장애 병력 간에는 상호작용이 존재하는 것으로 보인다(DeThorne, Petrill, Schatschneider, & Cutting, 2010). 대화언어 기술은 아동의 초기 읽기에 적지만 유의미한 수준으로 기여한다.

정상적인 인지력을 보이는 LI 아동들은 처음에는 낱말의 형태를 기억함으로써 읽기를 시작한다. 그러나 낱말해독 기술이 없는 경우, 2학년부터는 학습에 어려움을 보이기 시작한다. 심각한 읽기이해 결함이 있는 아동들도 음운능력과 해독능력이 괜찮은 경우, 읽기 초기에는 그 문제가 잘 드러나지 않는다(Nation, Clarke, Marshall, & Durand, 2004).

LI 아동들은 보상적인 읽기 발달 궤도를 보이는 경향이 있다. LI 아동들은 취학 전에는 낮은 읽기 기술을 보이다가 시작점이 늦어진 것에 대한 보상으로 일반 아동보다 더 빠른 읽기 성장률을 보인다. 그러나 5학년까지는 일반 아동보다 뒤쳐진 읽기 기술을 나타낸다.

말장애와 언어장애를 모두 가진 아동들, 특히 6세에 음소인식이 부족한 아동들은 읽기 결함을 보일 위험성이 매우 높다(Nathan, Stackhouse, Goulandris, & Snowling, 2004). 유치원 때 언어장애를 보이는 아동들이라도 구어능력이 향상되는 아동들은 그렇지 못한 아동들에 비해 읽기 예후가 훨씬 좋다 (Catts, Fey, Tomblin, Zhang, 2002). 읽기 부진 아동들이 청소년기에 이르면 또래에 비해 어휘, 문법, 구어적 기억력에서 결함을 보인다(Rescorla, 2005).

LI 아동들은 다음과 같은 이유로 읽기장애 위험군이라고 할 수 있다(Hambly & Riddle, 2002; Miller et al., 2001).

- 처음에 언어능력이 다소 부족하다가 차츰 따라잡기가 어려워진다.
- 이해능력이 부족하다.
- 전반적인 언어 기술의 부족으로 인해 메타언어 기술 발달에도 어려움을 보인다.
- 언어처리 및 전반적 정보처리 기술이 늦다.

대부분의 읽기 문제는 음운처리 결함과 연관되어 있다. 읽기학습장애 아동들이 보이는 오류들은 영어 음운체계를 반영하며 자음군에서 특히 어려움을 보인다.

음운문제들은 다른 LI 아동들에 비해 읽기학습장애 아동들에게서 심하게 나타난다(Catts, Hogan, & Adlof, 2005). 읽기학습장애, LD, SLI 아동들 모두 음운에 기초한 철자(spelling) 문제를 보일 수 있는데, LD나 SLI 아동들만 단어 읽기 문제 없이도 읽기이해력 문제를 보이기도 한다(Catts, Adlof, & Weismer, 2006; Silliman, & Scott, 2009). SLI 아동들이 읽기이해력 문제를 보이는 것은 작업기억력 결함과 관련된 것으로 보인다.

SLI 아동들의 읽기에서는 또래에 비해 철자-음소(graphophonemic; 철자-소리 대응), 구문, 의미, 화용 등의 오류가 많이 나타난다. 읽기이해도 불완전하거나 혼돈하는 양상을 보인다.

음운, 철자, 구문, 의미, 형태음운을 포함하는 언어학적 인식의 여러 형태는 읽기 습득에 기여한다.

- 음운 인식(phonological awareness) : 언어의 소리 구조를 생각하고 반영하며 조작할 수 있는 능력
- 철자 인식(orthographic awareness) : 언어에서 허용하는 철자 순서에 따라 말을 글의 형태로 바꾸는 능력
- 구문 인식(syntactic awareness) : 독자나 청자가 새 낱말의 뜻이나 개념을 이해하는 데 도움이 되는 패턴으로 낱말과 형태소를 배열하는 능력
- 의미 인식(semantic awareness) : 낱말은 뜻을 가지고 있다는 것을 이해하는 능력
- 형태음운 인식(morphologic awareness) : 낱말은 구성 형태소들로 나누어질 수 있다는 것을 인식하는 것으로, 이로써 청자가 낱말 범주와 그 공유되는 의미를 확인할 수 있게 해준다.

## 음운 인식 결함

**음운 인식**(phonological awareness, PA)은 메타언어 기술로, 아동이 언어의 소리구조를 분석할 수 있도록 한다. 메타언어 능력은 추상적인 형태나 문맥이 없는 상황에서 언어에 대해 사고할 수 있도록 해준다. 음운 인식은 기저의 지식을 바탕으로 그 복잡성이나 깊이가 다양한 일련의 기술이다(Anthony & Lonigan, 2004; Justice & Schuele, 2004). 이러한 기술들은 다음과 같다.

- 언어의 말소리 구조에 주목하여 판단을 내릴 수 있는 능력으로, 예를 들어 낱말을 음절로

나눈다든지, 각운을 만들거나 확인한다든지, 같은 소리로 시작하는 낱말을 찾을 수 있는 능력을 포함한다.

- 개별 말소리나 음소를 분리하고 조작할 수 있는 음운 인식 능력으로, 초기 낱말 해부호화에 있어서 중요하다.

음운 인식은 때로 **포닉스**(phonics)와 혼동되기도 한다. 음운 인식은 구어의 말소리 구조를 분석할 수 있는 능력이고, 포닉스는 구어의 말소리를 표상하는 **활자화된** 상징이나 글자를 포함한다. 아동이 포닉스를 숙달하기 위해서는 음운 인식이 필요하다. 낱말이 말소리로 구성되어 있다는 것을 인식하지 못하는 아동에게는 철자들로 된 글은 의미가 없을 것이다.

음운 표현능력 발달이 지연된 아동들은 또래에 비해 음소 지각이나 음운 인식 기술이 부족하다(Rvachew, Ohberg, Grawburg, & Heyding, 2003). 이러한 문제는 낱말을 음절로 분석하거나 더 작은 음운적 단위로 분석하지 못하는 것과 관련된 것으로 보인다.

### 철자 인식 결함

철자에 대한 인식과 지식은 읽기 습득에 있어서 중요한 역할을 하는 것으로 여겨진다. **철자 인식**(orthographic awareness)은 개인이 철자 지식에 대해 주목하는 것을 의미한다. 메타언어 기술의 하나인 철자 인식은 활성화되고 의식적인 사고로, 언어의 철자적인 측면을 고려하는 것이다. 활자에 노출된 취학 전·후기 및 유치원 아동들은 철자에 대해 은연중에 인식하게 되는데, 이는 이들이 이른 시기에 활자규칙성에 대한 민감성을 갖게 된 것을 의미한다.

**철자 지식**(orthographic knowledge)은 우리의 기억 속에 저장된 정보로, 어떻게 구어가 글자 형태로 표상되는지를 알려준다. 이에 대한 자세한 내용을 알기 위해서 Apel(2011)의 글을 읽어볼 것을 추천한다. 여기서는 지면이 허락하는 수준에서 간단히 설명하고자 한다. **정신적 글자 표상**(mental graphemic representations, MGR)은 글씨로 쓰인 특정 낱말이나 낱말의 일부분을 저장한 정신적 표상을 의미한다(Apel, 2010; Wolter & Apel, 2010). 이는 말로 표현된 낱말의 기저를 이루는, 저장된 음운적 표상과 유사하다. MGR는 글로 쓰인 낱말을 표상하는, 규칙에 따른 일련의 글자소나 철자들을 포함한다.

철자지식은 다음과 같은 개인의 철자 패턴에 대한 지식을 포함한다.

- 한 철자나 철자들이 말소리들을 표상하는 방법
- 장모음이나 자음군의 철자에서처럼, 철자와 발음을 일대일로 대응시키는 것 이상의 관계로 말소리를 표상하는 방법
- 어떤 철자들은 결합할 수 있고 어떤 철자들은 결합할 수 없는지에 대한 지식
- *tch*로 시작하는 낱말을 만들지 않는 것처럼, 철자들을 사용할 때 적용되는 위치와 문맥적 제약이나 규칙에 대한 지식

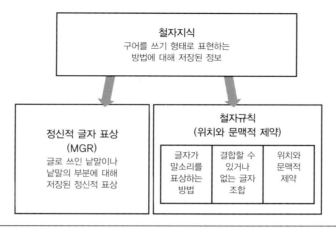

**그림 13.1** 철자 지식의 요소

출처 : Apel, K.(2001). What is orthographic knowledge? *Language, Speech, and Hearing Services in Schools*, 42, 592–603에서 인용

이러한 패턴을 따르지 않을 때 우리는 철자 오류를 범하게 된다. 한 사람이 글을 읽거나 쓸 때는 특정 단어에 대해 미리 저장된 지식을 활용하든지, 철자 패턴에 대한 지식을 사용하게 된다. 그림 13.1은 철자지식의 요소들이 어떻게 서로 연관되는지를 보여준다.

음운 인식도 읽기 발달에 있어서 중요하지만 철자 인식과 지식이 읽기 발달에 기여하는 바는 독특하다. 즉 철자 인식과 지식은 읽기 발달의 초기 단계에서 독립적이며 중요한 기술로, 어린 아동들은 철자의 규칙성에 민감하게 된다.

LI 아동들은 또래에 비하여 초기 MGR 습득에 취약하다(Wolter & Apel, 2010). LI 아동들은 이러한 결함으로 인하여 나중에 읽기장애 위험군이 되기 쉽다. 활자에 흥미를 보이지 않는, 많은 LD 아동들은 주목할 패턴을 끌어내지 못한다.

## 형태 인식 결함

음운 인식이 읽기 및 쓰기 학습에 중요한 기술이지만, 최근 연구들에 의하면 늦어도 10세까지는 낱말의 형태론적 구조에 대한 인식과 지식이 해부호화 능력을 더 잘 예측한다고 한다(Mann & Singson, 2003). 음운 인식이 부족한 말소리장애 아동들은 언어학적 인식의 전반적인 부족을 의미하는, 형태 인식(morphological awareness)의 결함도 동반한다(Apel & Lawrence, 2011).

아동들은 1학년 정도만 되도 어느 정도의 형태론적 인식을 가지고 있으며 이것은 그들의 읽기 및 쓰기에 영향을 미친다(Wolter, Wood, & D'Zatko, 2009). 구체적으로 말하면, 1학년 아동들은 언어학적 문맥에 맞추기 위해 형태론적으로 연관되는 낱말들을 생성할 수 있다. 흥미롭게도 대부분의 아동들은 유치원 때까지는 이러한 메타언어 과제를 어려워한다. 이러한 현상은 형태 인식이 초등학교 중반기 전에는 발달하지 않는다는 조기 읽기 중재에 대한 기존 가설에 대해 다시 생각하게 한다.

아동들은 초등학교에서 중학교로 가면서 자주 접하게 되는 형태론적으로 복잡한 낱말들에 대해 점진적으로 대처하게 된다. 교사와 SLP는 어린 연령부터 형태론적 구조에 대한 인식을 시키고, 그 후에는 형태론적으로 복잡한 낱말에 대해 철자를 대거나 읽는 추가적인 전략도 제공한다.

일부 학자들의 가설과는 대조적으로 아프리카계 미국 아동들의 형태 인식 기술은 그들이 사용하는 아프리카계 미국 영어(African American English, AAE)의 양과는 연관이 없는 것으로 보인다(Apel & Thomas-Tate, 2009). 학생들의 형태 인식 과제 수행력은 낱말 수준의 읽기, 철자 대기, 수용 어휘 능력과 관련된다.

### 이해력 결함

이해력 결함은 포닉스가 매우 중요한 초기 읽기습득 단계에서는 잘 드러나지 않는다. 흔히 포닉스와 관련된 문제들은 3학년 정도 되면 감소하지만, 이해 문제들은 많은 아동들에게 그대로 남게 된다(Foster & Miller, 2007). 읽기이해력 부진은 포닉스보다는 구어 문제와 더 연관된다(Nation & Norbury, 2005).

많은 ASD 아동이나 성인의 경우, 비록 경도나 고기능 자폐라 하더라도 읽어서 추론하거나 비유나 모호한 표현을 이해하는 데 어려움을 보인다(Dennis, Lazenby, & Lockyer, 2001; Diehl, Ford, & Federico, 2005; Griswold, Barnhill, Smith-Myles, Hagiwara, & Simpson, 2002; Smith-Myles et al., 2002). 불행히도 대부분의 ASD 아동들은 그들의 해석적 언어(interpretive language)의 어려움으로 인해 숙련된 독자가 되기 어렵다. 고기능 자폐 아동들은 *know, remember, forget, think, believe*와 같은 내적 상태를 나타내는 낱말은 이해하더라도 같은 낱말이 문맥 속에서 어떤 뜻을 지니는지는 추론하지 못한다(Dennis et al., 2001; Wahlberg & Magliano, 2004). 사실에 입각한 읽기 이해 질문에는 대답하지만 실제 읽기 이해력에서 중요한 추론은 하지 못할 수 있다.

이러한 문제는 아동이 성장하면서 더 복잡해진다(Stanovich, 2000). 읽기이해력 결함을 보이는 학생들은 읽기 자체를 드물게 하며, 읽더라도 자기 학년 수준보다 떨어지는 글을 읽는 경향이 있다. 이렇듯 수준 있는 글에 대한 노출 자체가 부족하게 되면 또래 학생들보다 점점 더 읽기능력이 뒤지게 된다.

### 다문화-다언어(CLD) 배경을 가진 아동

CLD 배경을 가진 아동들 중 저소득층 가정의 아동들은 학교와 가정의 읽기에 대한 가치관이 매우 다른 것을 경험하게 된다. 특히 구어발달에 어려움을 보였던 아동들에게 있어서 이러한 학교와 가정에서의 비일관성은 이들을 읽기 발달 결함의 위험군으로 몰아갈 가능성이 크다.

공립 어린이집이나 유치원 전 단계 프로그램의 아동들은 가난으로 인해 향후 읽기 문제를 보일 위험성이 커지고 있으며 이는 초기 읽기 수행력에도 영향을 미친다. 헤드스타트(Head Start) 프로그램 아동들을 대상으로 한 설문 결과, 엄마의 교육수준과 가정에서의 읽기활동 빈도는 아동의 어휘 및 읽기 능력에 있어서 강력한 변인으로 나타났다(Hammer, Farkas, & Maczuga, 2010). 취학 전 언어 및 읽기 교육과정의 혜택에 대한 연구 결과들은 서로 상충되므로 현존하는 교육과정 도구들의 효과에 대해 의문을 갖게 한다(Preschool Curriculum Evaluation Research Consortium, 2008).

쓰기와 같은 문해과제에서 표준 영어(Standard American English, SAE)를 사용하도록 배운 AAE 사용자는 그렇지 않고 방언을 사용하는 또래보다 읽기과제에서의 수행력이 더 우세하였다(Craig, Zhang, Hensel, & Quinn, 2009). 사실 AAE 사용 비율은 문해력 과제 점수와 반비례한다. 방언 변인만으로 읽기 차이를 설명하기는 어렵다. 사회경제적 지위(SES) 또한 중요한 요인으로, 낮은 SES는 문해력에 부정적인 영향을 미친다(Terry, Connor, Thomas-Tate, & Love, 2010).

SLP는 인종, 부모 수준, 함께 책 읽기 활동 등을 고려해야 한다. 예를 들어 멕시코계 미국인 엄마들은 아동과 함께 책을 읽으면서 다양한 의사소통을 한다. 이러한 행동으로는 wh- 질문이나 예/아니요 질문, 지시나 요청, 명명, 묘사, 긍정적 강화, 소리로 아동 주의를 끄는 행동들이 포함된다. 백인 라틴계 엄마들에 비해 멕시코계 엄마들은 이해를 돕기 위한 상호적 읽기 활동을 덜 하며 같이 책을 읽을 때도 아동의 생각을 확장시키는 읽기 전략을 사용하지 않는다. 일반적으로 중산층 엄마들은 좀 더 많은 긍적적인 강화와 예/아니요 질문을 사용한다(Rodriguez, Hines, & Montiel, 2009).

영어-스페인어 이중언어 아동의 경우, 유치원에서의 영어 어휘력, 음운 인식력, 철자-낱말 변별력, 그리고 스페인어 낱말 읽기 기술들은 1학년의 영어 읽기 기술에 대한 중요한 예측요인들이다(Páez & Rinaldi, 2006). 저소득층 이중언어 아동이라 하더라도 정상적인 발달을 하는 아동은 초기에는 이들 영역에서의 성취력이 떨어지지만 유치원 연령이 되면 빠르게 따라잡는다(Hammer & Miccio, 2006).

제2언어($L_2$; 이 연구의 경우 영어)의 구어기술은 $L_2$ 읽기 기술의 예측요인이 되지만, 제1언어($L_1$; 이 연구에서는 스페인어)의 구어 기술이 반드시 $L_2$ 읽기 기술의 예측요인이 되지는 않는다(August, Snow, Carlo, Proctor, Rolla de San francisco et al., 2006). $L_2$ 읽기 기술은 $L_1$의 구어 기술보다는 $L_1$의 읽기 기술과 밀접하게 연관된다. 즉 $L_1$인 스페인어에서 높은 철자 이름대기(letter-name)와 음소지식(sound knowledge) 능력을 보이는 아동은 $L_2$인 영어에 있어서도 높은 읽기수준을 보인다는 것이다.

(Crdenas-Hagan, Carlson, & Pollard-Durodola, 2007). 물론 이러한 현상은 다른 철자나 음운체계를 가진 언어(예 : 키릴어나 아라비아어)에는 해당되지 않을지도 모른다. 음운 인식 기술은 스페인어에서 영어로 전이된 것으로 보인다. 다행인 것은 철자 이름대기, 음소 지식, 그리고 음운 인식과 같은 기술은 스페인어-영어 이중언어 아동들에게 쉽게 가르쳐진다는 것이다.

## 읽기 평가

읽기와 연관된 언어결함은 흔히 취학전기부터 나타난다. 그러므로 전읽기(prereading) 및 읽기 (reading) 능력에 대한 평가는 언어진단에 반드시 포함되어야 한다.

### 자료 수집

모든 아동들에게 구어 평가가 필요한 것은 아닌 것처럼 모든 아동들에게 읽기 평가가 필요한 것은 아 니다. 제3장에서 기술한 것처럼 언어평가는 초기 자료수집에서 시작되며 이 과정에는 설문이나 면담, 의뢰, 혹은 선별검사와 같은 것이 포함된다. 표 13.1은 유치원이나 1학년 아동들 중 언어결함에 기인

**표 13.1** 언어에 기초한 읽기결함 아동의 조기 평가

| 본 설문은 교사가 언어에 기초한 읽기장애 아동을 SLP에게 의뢰할 때 사용할 수 있다. |
| --- |
| 아동은 다음의 항목에서 어려움을 보인다.<br>___ 낱말에서 음절수를 세거나 음절 찾기<br>___ 각운 알기<br>___ 같은 소리로 시작하는 낱말 찾기<br>___ 소리−철자 대응하기<br>___ 낱말이나 이름 회상하기<br>___ 구체적인 낱말 사용하기(그 대신 '그거' '그런 거'와 같은 대명사 선호)<br>___ 순서가 있는 말 회상하기(가나다, 요일)<br>___ 지시나 요구 회상하기<br>___ 낱말로 말하기<br>___ 유사한 소리를 갖는 낱말 혼돈하지 않고 말하기<br>___ 질문이나 평하는 말 이해하기<br>___ 단순한 이야기 이해하기<br>___ 이야기, 특히 사건의 순서가 있는 이야기를 명확하기 말하기<br>___ 대화에서 말 차례 지키기<br>___ 다른 사람들의 동기나 감정 이해하기<br>___ 대화 시작하기 |
| 아동은 다음의 항목에 대해 흥미를 보이지 않는다.<br>___ 책　　　___ 다른 사람들과의 놀이　　　___ 다른 사람들과 얘기하기 |
| 아동의 말에서 다음의 항목들이 흔히 발견된다.<br>___ 낱말 대치　　　___ 조음 오류<br>___ 쉼이 길거나 간투어(예 : "있잖아", "그래가지고") 사용<br>___ 반복 요구(예 : "응?", "뭐?")<br>___ 낱말과 구 반복<br>___ 짧은 문장　　　___ 문법 오류 |
| 아동은 다음 항목에 해당하는 행동을 보인다.<br>___ 말−언어 문제 병력이 있다.<br>___ 말−언어 문제를 가진 가족력이 있다.<br>___ 가정의 읽기환경이 제한적이다. |

출처 : Catts(1997)

**표 13.2** SLP가 사용하는 초기 읽기 선별과제

| 영역 | 과제 |
|---|---|
| 활자 인식 | 같이 책 읽기를 하는 동안 철자나 낱말, 문장과 같은 문어적 단위를 구분하고, 활자의 읽는 방향이나 책표지, 책의 기능 등을 안다(Clay, 1979; Justice & Ezell, 2000; Lomax & McGee, 1987). 주위에서 흔하게 볼 수 있는 낱말을 읽는다(Gillam & Johnston, 1985). |
| 음운 인식 | 세 낱말 중 두운이나 각운에서 차이가 있는 낱말 하나를 찾아내거나, 두 낱말이 두운이나 각운에서 어떻게 다른지 말한다(Maclean, Bryant, & Bradley, 1987). 특정 음소로 시작하거나 두운을 갖는 낱말을 말한다(Chaney, 1992). 낱말에서 한 음소를 빼고 발음하라는 과제를 수행한다(예: /k/ 소리를 빼고 cat를 발음)(Lonigan, Burgess, Anthony, & Barker, 1998). 낱말을 분리했다가, 다시 붙인다. 한 낱말에 포함된 음소의 수를 말한다. |
| 철자이름 지식 | 대문자와 소문자의 이름을 댄다. 보통 속도와 최대한 빠른 속도(RAN)로 가리키는 글자의 이름을 댄다(Blachman, 1984; Justice & Ezell, 2000). |
| 자소-음소 대응 | 철자에 대응되는 소리를 발음하거나 발음되는 철자의 이름을 말한다(Juel, 1988). 음소를 듣고 철자를 지적할 수 있다. |
| 읽기에 대한 동기 | 다양한 읽기활동에 참여한다. 참여의 수준은 '참여하지 않음'부터 '적극적으로 참여함' 선상에서 평가한다(Kaderavek & Sulzby, 1998). |
| 가정의 읽기 환경 | 가정에서의 읽기 접근성과 참여도를 측정하기 위해서 가정의 읽기환경에 대해 부모에게 설문한다(Allen & Mason, 1989; Dickinson & DeTemple, 1998). |

출처 : Justice, Invernizzi, & Meier(2002)에서 인용. 과제들에 대한 충분한 설명을 위해서는 원 논문을 읽는 것이 권장됨

한 읽기장애 위험군을 찾아내기 위한 설문지이다(Catts, 1997). 물론 개별 항목 하나만으로 이러한 예측을 할 수 있는 것은 아니다.

평가에 있어서 교사의 보고는 대체로 정확히 아동의 읽기를 예측한다. 즉 교사들은 학교에 들어가서 읽기에 어려움을 겪을 아동들을 대체로 잘 예측한다(Cabell, Justice, Zucker, & Kilday, 2009b).

초기 읽기 부모설문지에 나타난 부모의 보고는 전문가의 보고와 크게 다르지 않은 것으로 보인다(Boudreau, 2005). 설문은 아동의 책 읽기 행동의 빈도, 활자에 대한 반응, 언어 인식, 글자에 대한 관심, 그리고 초기 쓰기에 대한 것이다.

초기 읽기능력은 표 13.2에 SLP가 제시한 과제를 통해 선별할 수도 있다(Justice, Invernizzi et al., 2002). 좀 더 폭넓은 평가를 위해 집에서의 읽기 자료나 활동에 대한 부모 정보와 함께 이러한 과제를 실시할 수도 있다.

읽기를 잘 못 하는 아동들은 읽기 과정에 대한 무기력감이나 부정적인 태도를 보일 수 있다. 이러한 정보는 교사나 부모, 혹은 아동과의 면담을 통해 얻을 수 있으며, 때로는 교실에서의 행동을 관찰하면서 얻어지기도 한다. 면담을 할 때는 아동의 자아의식뿐 아니라 읽기의 중요성이나 읽기의 다른 형태, 그리고 읽기의 어려움에 대한 아동의 인식을 알아볼 질문들을 포함시켜야 한다(Wilson et al.,

1984). 0~5점 척도를 사용하여 "나는 읽는 게 어렵다."나 "우리 선생님은 내가 더 잘 읽을 수 있도록 도와주신다."와 같은 문항에 체크하도록 하는 방법도 있다.

관찰을 통하여 아동이나 교사, 부모의 반응을 확인할 수도 있다. 초조해하거나 의기소침한 태도, 혹은 공격성 등으로 나타나는 학습된 무기력감과 관련된 행동의 변화들이 관찰되기도 한다. 아동이 낱말이나 문장을 해독할 때 시도하는 횟수나 해독에 걸리는 시간 등을 통하여 아동이 과제에서 결함을 보이는 것을 탐지할 수도 있다(Johnston & Winograd, 1985). 또한 지나치게 자주 혹은 드물게 도움을 요청하는 것도 좋은 단서가 될 수 있다. 때로는 "이 낱말은 ___ 라고 쓰고 ___ 라고 읽어요."와 같은 말을 하는 대신에 "나는 바보야."와 같이 자신을 비관하거나, "이 이야기는 말도 안 돼." 또는 "내 차례가 다음이라고 말하지 않았잖아요?"와 같이 다른 사람을 비난하는 태도를 보이는 것도 무기력감을 가지고 있다는 신호가 될 수 있다.

SLP나 읽기 촉진자가 공식적인 검사를 할 때는 다음과 같은 표준화 검사들을 활용하여 아동이 정상적인 범위 내에 있는지를 파악할 수 있다.

- Test of Early Reading Ability(Reid, Hresko, & Hammill, 2001)
- Gray Oral Reading Test(Wiederholt & Bryant, 2001)
- Woodcock Reading Mastery Test-Revised(Woodcock, 1998)

초기 읽기 검사(Test of Early Reading)는 3~8세 아동들의 철자 지식, 음운 인식, 그리고 일부분을 보고 뜻을 유추하는 능력을 평가하는 검사이다. 시간을 재는 그레이 음독 검사(Gray Oral Reading Test)는 읽는 속도가 느린 아동들에게 유용하다. 그리고 우드콕 읽기 숙련도 검사(Woodcock Reading Mastery Test)는 일견어휘력(sight vocabulary), 무의미 낱말 해독력, 그리고 이해력을 평가한다.

낱말 수준에서의 작업기억 과제는 읽기와 철자 쓰기와 같은 낱말 수준의 쓰기 언어 기술에 대한 평가에 유용하게 사용될 수 있다. 반면 문장수준에서의 작업기억 과제는 읽기이해력 및 생각을 글로 표현하거나 작문하는, 문장 및 문단 수준에서의 읽기 및 쓰기 기술을 평가하는 데 적절하다.

좀 더 기능적인 과제로는 아동이 교실에서 얼마나 잘 기능하고 있는지를 평가하기 위하여 교육과정의 읽기자료를 읽게 하는 방법도 있다(Nelson & Van Meter, 2002). 이때 사용하는 읽기자료는 아동이 이전에 배운 적이 없는 새로운 것이어야 한다. 소리 내어 읽기(음독)는 아동의 해독능력에 대한 정보를 제공하므로 나중에 분석할 수 있도록 녹음을 해두는 것이 좋다. 만약 교육과정의 읽기자료가 아동에게 너무 어렵다면 질적 읽기자료-3(Qualitative Reading Inventory-III; Leslie & Caldwell, 2000)과 같이 읽기수준이 정해진 자료를 사용할 수 있다. 자료의 수집방법과는 상관없이, 일정 부분은 소리 내어 읽게 해서 녹음을 해두어야 한다.

이해력은 질문을 사용해서 평가할 수 있다. 다른 방법으로는 이야기 다시 말하기나 고쳐 말하기도 가능하다. 대부분의 표준화 검사들은 이해력 하위검사를 포함하고 있다.

문단을 읽을 때 문장을 변형시키는(paraphrase) 능력은 글의 이해능력 측정과 밀접하게 관련된다 (Gillam, Fargo, & Robertson, 2009). 그러므로 소리 내어 생각하기(think-aloud) 과제를 통해 수집한 자료는 전통적인 이해 측정 자료에 대한 보조자료로 유용하다. 소리 내어 생각하기 방법은 생각하기나 추론하기를 할 때 일어나는 메타인지적 과정을 드러낸다. 아동들은 소리 내어 생각하기 과제를 할 때 자신이 읽거나 듣거나, 혹은 문제를 해결하는 동안의 사고나 사고과정을 말로 드러내게 된다 (Barten & Stromso, 2003).

SLP는 아동에게 소리 내어 생각하기 과제의 문제해결을 하면서 말로 보고하도록 주기적으로 상기시켜야 하며, 왜 또는 어떻게 그러한 해결방안에 도달하게 되었는지 얘기하도록 한다. 아동의 반응은 다음의 유형들로 분류한다(Gillam et al., 2009).

- **동일반복** : 발화가 목표문장과 동일하거나 한 단어만 다르다.
- **문장변형** : 발화가 목표문장의 뜻은 유지하되 형태는 바꾼다.
- **설명** : 발화로 '왜' 질문에 대한 대답을 제공한다.
- **예측** : 발화로 원인결과적 질문에 대답한다. 예측적 추론은 한 가지 예측이 또 다른 예측도 가능하게 하는 연결선상에서 이루어진다.
- **연합** : 행동이나 상태, 활동에 대해 문장으로 표현하는 발화는 일반화의 형태를 띠면서 특정 과정을 거쳐 인물이나 사물의 특징, 속성, 방법, 그리고 시간이나 공간적 정보 등을 표현한다.

위의 단계들이 이해과정에서 반드시 지켜지는 과정은 아니지만 아동의 이해 처리 과정을 체계적으로 설명해준다.

### 자료 분석

녹음된 읽기 샘플을 받아 적은 것은 복사해두는 것이 좋다. SLP는 낱말의 해독, 반복, 생략된 낱말 및 형태소, 긴 쉼, 그리고 방언 사용 등을 기록해서 아동이 사용하고 있는 전략을 분석해야 하기 때문이다. 바르게 사용한 낱말을 추측한다고 SLI나 LLD 아동들의 수행력을 과대평가할 위험성은 거의 없다. 이는 그들의 읽기문제의 일부는 구문, 의미, 문맥정보를 통합하는 능력의 결함에 기인하기 때문이다 (Nelson & Van Meter, 2002).

첫 번째 시도반응의 정답률을 산출해야 한다. 아동들은 흔히 첫 시도에서 90% 미만의 성공률을 보일 때 좌절하곤 한다(Leslie & Caldwell, 2000).

오류반응은 낱말수준에서 그 유형에 따라 분석한다(Nelson, 1994). 이러한 유형으로는 낱말의 순서를 바꾸는 치환(reversal), 뜻은 적합하지만 다른 낱말로 바꾸어 사용하는 의미대치(semantic substitution), 구문적으로는 적합하지만 의미적으로는 부적합한 낱말로 바꾸어 사용하는 구문대치

(syntactic substitution), 낱말을 추가하는 삽입(insertion), 그리고 생략(deletion) 등이 있다. 부정확하지만 언어학적으로 수용 가능한 낱말들의 비율도 계산하는 것이 좋은데, 이는 정확한 낱말을 예측하기 위해 언어학적인 단서를 사용한다는 것을 의미하기 때문이다.

또한 SLP는 아동이 낱말을 어떻게 소리 내어 읽는지 세심히 살펴봐야 한다(Nelson & Van Meter, 2002). 읽기를 잘하는 사람은 여러 가지 전략을 사용한다. 흔히 사용되는 전략은 다음과 같다.

- 음소 하나씩 읽기
- 두 철자로 이루어진 자음군은 하나로 읽기(예 : 'sh', 'h', 'on', 'ch', 'ay"; 한국어의 경우, '앟'에서의 'ㄴㅎ', '삵'에서의 'ㄹㄱ', '삶'에서의 'ㄹㅁ',)
- 자주 쓰이는 각운 읽기(예 : 'ack', '-ent', '-ite', '-at', ; 한국어의 경우, '-ㄱ', '-ㄷ', '-ㅁ', '-ㄴ')
- 형태소 읽기(예 : 'un-', 'dis-', '-ly'; 한국어의 경우, '비-', '무-', '-게')

## 음운 인식 평가

음운 인식 평가는 읽기, 철자 대기, 음운 인식, 구어작업기억 및 빠른 이름대기(rapid automatized naming, RAN)를 모두 포함하는, 총체적인 읽기능력에 대한 평가의 한 부분으로서 이루어질 수 있다. 한 가지 유의할 점은 경제수준이 낮은 아프리카계 미국인 아동의 경우, 이들의 읽기 수행력이 정상범위 안에 들더라도 Test of Phonological Awareness(Torgesen & Bryant, 1994)와 같은 표준화 음운 인식 검사에서는 다소 낮게 나오는 경향이 있다는 점이다(Thomas-Tate, Washington, & Edwards, 2004).

철저한 음운 인식 평가는 각운(rhythming), 독립음(sound isolation), 분절(segmentation), 합성(blending), 생략(deletion), 대치(substitution) 등의 하위검사를 포함한다. 특히 각운검사는 취학 전과 유치원 아동들의 읽기능력을 예측한다.

공식적인 검사들로는 CTOPP(Comprehensive Test of Phonological Processing)(Wagner, Torgesen, & Rashotte, 1999)나 PAT(Phonological Awareness Test)(Robertson & Salter, 1997) 같은 것들이 있다. 5~21세까지 검사할 수 있는 CTOPP는 음소생략, 음소와 낱말 합성, 분절, 그리고 다소 어려운 기억 과제인 음소치환(phoneme reversal) 과제들로 구성되어 있다. 또한 CTOPP는 구어작업기억 능력과 RAN도 평가한다. 5~9세 아동들을 평가하도록 고안된 PAT도 각운, 독립음소, 생략, 대치, 합성, 소리-상징 연결(sound-symbol association), 그리고 낱말해독 과제들을 포함하고 있다.

## 형태음운 인식 평가

청소년을 위한 교과서들은 *regeneration, reptilian, strenous* 등과 같이 형태학적으로 복잡한 낱말들을 포함하고 있다. 성공적인 학업을 위해서는 이러한 파생어도 중요하기 때문에 형태론적 인식이 청소년기에 이루어져야 한다(Nippold & Sun, 2008). SLP는 적어도 *-able(acceptable)*, *-ar(molecular)*,

*-ic(genetic)*, *-ful(powerful)*, *-less(speechless)*, *-ment(concealment)*, *-ship(citizenship)*, *-tion(prediction)*, *-ness(weariness)*, *-ity(diversity)* 정도 이해하는지를 평가해야 한다.[1] 추가적인 접미사로는 부사접미사로 *-ous*, *-like*, *-ish* 등이 있고, 명사접미사로 *-ian*, *-ster*, *-ology* 등이 있다. 실제로 낱말을 선정할 때는 교과과정 교재와 교과서 색인 등에 나오는 낱말의 빈도를 고려해야 한다.

### 이해 평가

이해능력은 그 과정이 가지고 있는 다면성 때문에 평가가 쉽지 않다. 유치원이나 1학년 아동들을 위한 선별검사들은 음운 인식과 포닉스(소리-글자 대응)에 초점을 맞추고 있어서 초기 읽기에 어려움을 보일 아동들을 찾아내는 데 사용된다. 이해력 결함은 나중에는 그 자체로 명백하게 드러나며 소리 내어 낱말 읽기 결함에 의한 것은 아니다. 마찬가지로 속으로 읽기(묵독, silent reading)를 통한 이해력 검사만으로 언어능력 결함에 의한 이해력 결핍 아동을 찾아내기는 쉽지 않다(Snyder, Caccamise, & Wise, 2005). 따라서 철저한 진단평가를 위해서는 최소한 다음과 같은 능력을 검사하는 과제를 포함시켜야 한다.

- 구어 언어 능력, 특히 어휘력과 듣고 이해하기 능력
- 대화표본을 통한 이야기 기술
- 단순히 글의 내용을 다시 말하는 수준을 넘어서 고쳐 말하기, 요약하기, 예측하기, 추론하기 등과 같은 여러 측면의 이해력을 평가하는 표준화된 검사
- 학년에 적합한 읽기이해 표본

### 읽기장애 중재

증거기반중재(EBP)에서는 훗날 읽기 발달과 높은 상관을 보이는 네 가지 중재목표들이 취학 전 아동들에게 적합하다고 제안한다. 이들은 철자 지식(alphabet knowledge), 활자와 낱말 지식(print and word knowledge), 음운 인식(phonological awareness), 그리고 문자언어(literate language)이다(Justice & Kaderavek, 2004). 우선 철자 지식은 대소문자의 모양과 이름을 아는 것이다. 이는 활자와 낱말 지식과는 다른 것인데, 활자와 낱말 지식은 어떻게 철자가 낱말을 이루는지, 책의 쪽수가 왼쪽에서 오른쪽으로 높아지는지, 그리고 책이 앞에서 뒤로 이루어지는지 등을 아는 것이다. 음운 인식은 앞에서 언급한 바와 같이, 구어의 음소와 음절구조에 대한 인식을 포함한다. 마지막으로 문자언어는 구어에서 사용하는 어휘나 명사구 확장과 같은 구문과는 다르다. 쓰기에서 사용되는 문체는 말하기와는 다소 다르다. 초기 읽기 교수에 대한 일차적인 책임은 담임교사에게 있지만, 그들이 세부영역으로 들어가

---

1 한국어에서는 (하)ㄴ, -(하)ㄹ, -적, -(하)게, -(하)기, -ㅁ(함, 봄, 감 등) 등이 기초적인 파생어가 될 수 있다.(역주)

면 SLP의 역할이 필요하다.

헤드스타트 프로그램이 진행되더라도 특히 다문화–다언어(CLD) 배경을 가진 아동들은 글에 많이 노출될 필요가 있다(Hammer, Miccio, & Wagstaff, 2003). 아프리카계 미국 취학 전 아동이라도 좀 더 복잡한 구문을 사용하고 모양 맞추기 기술이 높은 아동들은 3학년 정도가 되면 더 나은 읽기능력을 습득하게 된다. 그러므로 이러한 기술을 중심으로 하는 교육이 도움이 된다(Craig, Connor, & Washington, 2003).

언어장애를 지닌 취학 전이나 유치원 아동들의 전읽기 단계로부터 읽기 단계로의 전이는 앞에서 언급한 네 가지 영역, 즉 (1) 철자 지식, (2) 활자 및 낱말 지식, (3) 음운 인식, (4) 문자언어 인식을 목표로 하는, 직·간접적인 접근 모두를 포함하는 다중적인 중재를 통해 촉진될 수 있다(Justice, Chow, Capellini, Flanigan, & Colton, 2003).

## 간접적 접근

간접적 접근(embedded approach)에서는 의미 있는 읽기활동 속에서 활자를 경험하고 상호작용하는, 질적인 일상의 읽기체험을 통해 아동의 성장을 촉진한다. 이때 목표는 읽기자료가 풍부한 환경을 통해 아동의 활자 체험을 최대화하는 것이다(Towey, Whitcomb, & Bray, 2004). 그 외 다른 요소들로는 다음과 같은 것들이 있다.

- 아침 메시지 보드(morning message board)를 이용하여 숫자 세기, 말소리나 음절 섞어서 낱말 만들기, 특정 말소리나 운(rhyme)으로 시작하는 낱말 찾기
- 학교 아침 및 점심 메뉴에 인쇄된 낱말과 그림 이용하기
- 하루 활동들을 통해 말소리와 운을 사용하여 맞추기 게임하기
- 요리책에 인쇄된 낱말과 그림 이용하기
- 음악, 손가락 놀이, 각운 놀이
- 주제가 있는 놀이를 통해 낱말이 시작되는 소리 찾기(예 : 자동차 종류 대기를 하면서, **불**-자동차, **덤**-프트럭, **레**-미콘트럭 등)
- 운에 맞춰 구분하기

간접적인 접근방법에서는 학급에 있는 물건 이름대기를 할 수도 있고, 아동이 책을 자주 접하게 할 수도 있고, 어른과 같이 이야기책을 읽는 활동을 포함할 수도 있다. 이러한 간접적인 방법들은 직접적인 시범보다 아동이 읽기에 대해 긍정적인 자세를 갖게 하는 데 더 효과적일 수 있다.

헤드스타트 프로그램에서 취학 전 언어장애 아동에게 질문을 하면서 책을 같이 읽는 것은 아동의 직설적인 언어능력과 추론적인 언어능력을 모두 증진시킬 수 있다(van Kleeck, Vander Woude, & Hammett, 2006). 정답을 유도하기 위한 질문과 촉진의 예들은 표 13.3에 제시하였다. 대화하면서 같

**표 13.3** 읽기 중재에 사용할 수 있는 직설적 혹은 참조적인 질문과 촉진

| 질문 | | 피드백/촉진 | | |
|---|---|---|---|---|
| 단계 | 질문 | 바른 반응일 경우 | 틀린 반응일 경우 | 무반응일 경우 |
| 1단계<br>(직설적 질문) | 이게 뭐지? | 아동의 반응을 반복하면서, "그래, 이건 X야." | 바른 반응을 유도하는 단서를 준다. "그래. 이건 일종의 Y야. 이것의 이름은 …" | 시작하는 음소나 음절로 촉진해주고, 그래도 반응이 없으면 정보를 조금 더 제공한다. |
| 2단계<br>(직설적 질문) | 토끼가 뭐하고 있지? | 바른 반응을 반복한다. "그래 토끼가 X하고 있어(뛰고 있어. 달리기 하고 있어)." | 바른 반응을 유도하는 단서를 준다. "그래 이건 토끼고, 토끼가 …" | 시작하는 음소나 음절로 촉진해주고, 그래도 반응이 없으면 정보를 조금 더 제공한다. |
| 3단계<br>(참조적 질문) | 네 생각에는 다른 친구 토끼들이 다 숨어버렸을 때 이 토끼 기분이 어땠을 거 같니?" | 바른 반응을 반복해준다. "그래 아마 토끼가 Y 때문에 X를 느꼈을 거 같구나. 너도 X를 느껴본 적 있니?" | "내 생각에는 토끼가 X를 느꼈을 거 같아. 왜냐하면…" 아동이 이유를 대면, "그래 이 토끼는 (아동의 이유를 반복하면서) 때문에 X를 느꼈을 거 같구나." | "토끼는…" 그래도 무반응이면, "토끼는 Y 때문에 X를 느꼈대. 너도 X를 느껴본 적 있어?" |
| 4단계<br>(참조적 질문) | 네 생각에는 이 토끼가 친구들을 찾기 위해서 다음에 어떻게 할 거 같아? | "나도 그렇게 생각해. 토끼는 Y를 하고 싶어서 X를 할 거야. 우리 계속 읽으면서 어떻게 하는지 볼까?" | "내 생각에는 토끼는 X를 할 거 같아. 그래야…" 아동이 바르게 반응하면, "그래, 나도 그렇게 생각해. 토끼는 Y를 하도록 X를 할 거야." | "토끼는 Y하기를 원해. 그래서 토끼는 X를 할 거야." |

출처 : van Kleeck, Vander Woude, & Hammett(2006)

이 책을 읽는 활동도 구어의 구문력 및 의미력, 그리고 수용언어 능력을 증진시키는 좋은 활동이다 (van Kleeck, 2003).

취학 전, 유치원, 1학년, 그리고 2학년을 통해 지속적이고 집중적인 중재는 위험군 아동들의 읽기 문제를 감소시켜줄 수 있다(Justice, 2006). 취학 전 아동들이 매일 최소한 15~20분 정도만 읽기에 할애해도 많은 아동들의 읽기문제가 예방될 수 있다(Kame'enui, Simmons, & Coyne, 2000). 이러한 할애시간은 유치원생들에게는 30~45분으로, 1학년생들에게는 90분으로 늘려가야 한다.

**함께 책 읽기.** 가정은 대체로 제약이 가장 적은 환경이다. 따라서 가정중심의 함께 책 읽기 훈련법은 상당한 사회적 타당도를 확보한다. 이러한 가정에서의 함께 책 읽기는 긍정적인 결과들을 나타낸다 (Justice, Skibbe, McGinty, Piasta, & Petrill, 2011). 그러나 이러한 성공이 모든 가정에서 보장되는 것은 아니므로 SLP는 중재방법이나 변인, 가족의 기대 등을 잘 조사해야 한다.

함께 책 읽기는 어린 아동의 구어발달과 초기 읽기 기술을 촉진할 수 있다(Ezell & Justice, 2005). 책은 언어 중재의 요소인 언어적 형태와 내용에 대한 안정적인 정보매체가 될 수 있다. 성인 파트너는

아동의 참여와 학습을 촉진하기 위해 개방형 질문, 반복, 시범, 확장, 빠진 말 채우기(cloze) 등 다양한 전략을 사용할 수 있다. 적절히 사용할 경우, 함께 책 읽기를 통하여 어휘의 증가와 전반적인 언어 및 읽기 발달이 촉진될 수 있다(Justice & Kaderavek, 2004; Justice, Meier, & Walpole, 2005).

중재 전략은 효과적이어야 할 뿐 아니라, 가정의 일상을 방해하는 것이 최소화되어야 한다. 우리는 가족들이 아동의 중재에 참여하여 변화의 주체가 되기를 기대하지만 대부분의 부모들은 가족에게 과도한 부담을 주는, 너무 구조화된 프로그램을 수행하기가 쉽지 않다.

유럽이나 미국식 가족 읽기 프로그램에 참여하는 다문화-다언어(CLD) 부모들은 이러한 프로그램에서는 그들이 아동과 상호작용하는 패턴과는 거리가 있다고 느낄 수 있다. 이런 경우 실패를 초래할 수도 있다. SLP가 CLD 부모에게 아동과의 상호작용 양식을 바꾸도록 해야 할 때는 신중해야 한다. 프로그램의 상호작용 방법과 실제 가정의 상호작용 방법 간에 괴리가 있을 때는 중재 효과와 부모의 참여에 부정적인 결과를 초래할 수 있다(Janes & Kermani, 2001; Kummerer et al., 2007). 문화적으로 적절하게 조절된 중재 프로그램이 중요하다.

함께 책 읽기는 ASD 아동들을 위한 일련의 전읽기(pre-reading) 프로그램 중 하나이다. 함께 책 읽기를 자주 반복적으로 시행할 경우 구어 및 주의력을 증진시키고, 반향어나 상동행동, 혹은 지나친 구어적 분출(outburst)을 감소시킬 수도 있다(Bellon, Ogletree, & Harn, 2000; Koppenhaver & Erickson, 2003; Wolfberg, 1999). 책은 단순한 그림, 뚜렷한 원인-결과와 목표지향적인 행동들을 포함하는 예측 가능한 이야기, 일상적인 경험과 관련된 사건들, 손인형이나 캐릭터 인형 등을 통해서 쉽게 재구성될 수 있는 내용을 포함해야 한다(Bellon et al., 2000).

## 직접적 접근

직접적 접근법(explicit approach)은 간접적인 접근법과는 대조적으로 구체적인 기술에 대한 직접적인 훈련을 포함한다. 음운 인식 같은 기술은 이러한 직접적 접근법에 가장 잘 맞는다. 직접적 접근법은 학급이나 소집단, 혹은 개별로 제공될 수 있다.

간접적인 학습과 전체 학급을 대상으로 하는 직접학습에 대한 책임은 우선 학급담임에게 있다. SLP는 중재팀과의 협력을 통하여 아동의 읽기 발달을 촉진하면서 학급담임을 돕는 역할을 하게 된다.

특정 읽기학습장애를 보이는 아동들은 음운 인식, 철자 인식, 형태소 인식 및 이러한 지식을 낱말 해부호화와 철자 대기(spelling)에 연결시키는 능력을 발달시키기 위해서 특별한 지도가 필요하다(Berninger, Raskind, Richards, Abbott, & Stock, 2008; Berninger & Wolf, 2009a, 2009b). SLI, LD, 혹은 쓰기장애(written LI)를 보이는 아동들은 그들의 실행기능을 장기기억으로 적용하는 데 어려움을 보이며, 구문인식과 문자추론 등에도 어려움을 보이기 때문에 이를 극복하기 위한 낱말인출 능력을 촉진할 특별한 지도가 필요하다(Cain & Oakhill, 2007; Silliman & Scott, 2009). 표 13.4는 쓰기장애를 위한 증거기반중재 프로그램을 보여준다.

**표 13.4** 쓰기 중재 프로그램

- *Linguistic Remedies* (Wise, Rogan, & Sessions, 2009) : 언어 문헌을 읽기 지도에 적용하는 아이디어를 제공하는 프로그램으로, 전문가 자신의 사례들을 개별적으로 설명하고 있다.

- *Lovett Empower Reading* : Maureen Lovett에 의해 개발되고 타당화된 것으로, 아동에게 정확하고 효율적인 해부호화와 그 지식을 의미나 정보, 기쁨을 위한 독립적인 읽기에 활용하는 전략을 가르친다. 프로그램에는 철자 및 읽기이해를 위한 활동도 있고, 낱말 및 문장 처리와 인식에 대한 활동도 있다.

- *The Nelson Writing Lab* (Nelson, Bahr, & Van Meter, 2004) : 쓰기와 읽기를 위한 테크놀로지의 통합적인 사용을 통한 효과적인 치료전략들을 많이 제공하고 있는데 이러한 전략들은 구어결함을 가진 아동뿐 아니라 쓰기결함을 가진 아동들에게도 타당화되었다.

- RAVE-O (*Retrieval, Automaticity, Vocabulary, and Engagement with Language, and Orthography*) : Maryanne Wolf 등에 의해서 개발되고 타당화된 것으로, 어휘뿐 아니라 낱말 회상력을 향상시키기 위하여 음운, 철자, 형태에 대해 직접적으로 교수한다.

- SPELL-2 (*Spelling Performance Evaluation for Language & Literacy*) (Masterson, Apel, & Wasowicz, 2006) 및 *SPELL-Links to Reading and Writing* (Wasowicz, Apel, Masterson, & Whitney, 2004) : 음운, 철자, 형태에 초점을 맞춘 집중적이며 사용자 친화적인 접근을 통하여 읽기 및 쓰기의 평가 및 치료로 연결하는 프로그램이다.

- *The Wilson Reading System*[6] : 다감각적 교수전략을 접목하여 음운, 철자, 형태에 대한 직접적인 교수를 제공한다.

책과 친숙하게 생활하는 문화권에서는 대부분의 아동들이 3세가 되면 좋아하는 책을 인식하게 되면서 **활자 인식**(print awareness)의 기초를 닦게 된다. 활자 인식의 예로는 한 페이지에서 어떤 방향으로 글씨를 읽어나가는 것을 아는 것이나, 활자에 대해 흥미를 갖는 것, 그리고 일부 철자에 대해 인식하게 되는 것 등을 들 수 있다(Snow et al., 1999). 활자 인식은 이러한 초기 활자 인식 기술과 나중에 발달할 기술들을 모두 포함한다. 나중에 발달하는 활자 인식은 낱말이 뚜렷한 단위라는 사실을 안다든가, 철자를 바르게 지적할 수 있다든가, **철자, 낱말, 문장**과 같은 읽기와 관련된 용어를 사용하는 것으로 나타날 수 있다.

취학 전 아동들의 활자 인식은 활자에 초점을 맞춘 읽기활동들로 촉진될 수 있다(Justice & Ezell, 2002). 활자중심 촉진(print-focus prompts)은 표 13.5에 제시하였다.

부모들에게도 활자중심 읽기전략을 가르칠 수 있다. 부모들은 이 전략을 통해 아동의 활자 관련 행동을 촉진한다(Justice & Ezell, 2000). 활자중심 촉진은 가르치기가 쉬워서 부모들은 최소한의 훈련으로도 그 기술을 익히곤 한다. 예를 들어 엄마나 아빠가 아이에게 글을 읽어줄 때 낱말을 손으로 따라가며 읽어주는 건 쉬운 일이다. 활자 가리키기는 활자 개념만큼이나 낱말 개념과 철자 지식 발달을 촉진시키는 것으로 나타났다(Ezell, Justice, & Parsons, 2000; Justice & Ezell, 2002).

흥미로운 것은 어린 SLI 아동들의 언어결함만으로는 그들의 부족한 활자지식을 설명하기에 충분치 않다는 점이다. 그보다는 가정에서의 읽기경험이 그들의 활자 지식을 촉진하는 데 더 중요한 역할을 하는 것으로 보인다(McGinty & Justice, 2009). 이러한 연구 결과들은 어린 SLI 아동들을 위한 어떠한 중재에도 가정에서의 읽기가 반드시 포함되어야 한다는 것을 시사한다.

**표 13.5** 활자중심 촉진법

| 전략 | | 예 |
|------|------|------|
| **활자중심 전략**<br>비구어 | | 글이나 그림을 지적한다.<br>글씨를 손가락으로 짚으면서 읽는다. |
| **구어**<br>일반적 활자 읽기 규칙 | 질문하기 | – 이쪽 방향으로 읽어? 이쪽 방향으로 읽어?<br>– 여기서 말하는 건?<br>– 이 이야기를 하려면 어디를 읽어야 할까? |
| | 설명하기 | – 여기부터 읽고, 이렇게 책장을 넘기는 거야.<br>– 여기서 그 아이가 말한 걸 보여주고 있어. |
| | 요청하기 | – 어떻게 책을 쥐는지 보여줘.<br>– "도와줘."가 어디에 있는지 보여줄 수 있니?" |
| 낱말 개념 | 질문하기 | – 이 면에서 제일 끝 낱말은?<br>– 이 "고양이"가 낱말이니? |
| | 설명하기 | – 이 낱말은 "소"야.<br>– 여긴 "배고픈"이라고 써 있고, 여긴 "벌레"라고 써 있어. 이 둘을 합치면 "배고픈 벌레."가 돼. |
| | 요청하기 | – 첫 낱말이 어디 있는지 보여줘.<br>– 네가 낱말을 가리키면 내가 읽을게. |
| 철자 지식 | 질문하기 | – 이 글자 알아? 뭐라고 써 있어?<br>– '곰'에서 첫 글자는? |
| | 설명하기 | – 이건 '기억'이야. 이건 /ㄱ/소리를 의미해.<br>– '몽'이 어딨어? 찾을 수 있지? '몽'은 '미음'으로 시작해. 네 이름 '민정이'처럼. |
| | 요청하기 | – '기억'이 어디 있는지 보여줘. |

출처 : Justice & Ezell(2002, 2004)

*Read It Again!* (RIA; Justice, McGinty, Beckman, & Kilday, 2006)과 같은 보조적 교육과정은 15개의 상용화된 아동 도서를 다운로드 받을 수 있게 되어 있어서(http://myreaditagain.com), 고비용으로 심화전문과정을 계속 요구하는 언어 및 읽기 교과과정의 대안이 될 수 있다. RIA는 30주 동안 60개의 대그룹 교안을 제공한다. 이 교안은 취학 전 교실에서 언어와 읽기 교수를 촉진할 수 있도록 하며, 아동의 문법과 어휘뿐 아니라 각운, 두운, 활자 인식과 같은 문해력을 증진시키도록 하고 있다(Justice, McGinty, Cabell, Kilday, Knighton, & Huffman, 2010).

읽기오류를 보이는 초기 읽기 수준의 아동들(emergent readers)에게는 전읽기 수준의 아동들(prereaders)과는 다른 중재가 필요하다. 이들을 위한 중재활동에는 음운 인식, 소리-철자 대응, 유창성, 어휘, 그리고 읽기이해가 포함된다. 전읽기 단계와 마찬가지로 초기 읽기 단계에서 어려움을 보이는 아동들을 위해서는 SLP의 도움이 중요하다.

읽기 중재는 두 단계의 중재 모델로 시작할 수 있다(van Kleeck, 1995). 첫 번째 단계, 즉 기초 단계

**표 13.6** 요약 단계

| 단계 | 중재 전략 |
|---|---|
| I. 대응적 지각 | 등장인물, 사물, 행동 등의 이름을 댄다.<br>말하면 등장인물이나 사물을 찾는다.<br>성인에게 등장인물이나 사물, 행동 등을 보게 한다. |
| II. 선택 분석/<br>지각의 통합 | 인물이나 사물의 속성, 부분, 개인적 특징 등을 묘사한다.<br>장면과 행동을 묘사한다.<br>글에 나온 이전 정보를 상기한다. |
| III. 재배열/추론 | 글에 나온 2개 이상의 일화나 행동을 요약한다.<br>글에 나온 인물, 행동, 일화의 공통점과 차이점을 설명한다. |
| IV. 논리 | 글에서 어떤 일이 벌어질지 예측한다.<br>글에 나오는 행동이나 일화의 원인을 고려한다.<br>글에 나오는 행동이나 일화를 설명한다.<br>글에 나오는 인물의 감정과 행동에 미칠 수 있는 영향을 묘사한다. |

자료 : van Kleeck(1995)

에서는 문맥을 사용하여 질문을 하면서 이해력을 돕는다. 이 단계에서 아동은 글자가 의미를 포함하고 있다는 것을 배우게 되고, 따라서 음운 인식과 철자 지식을 습득하게 된다. 두 번째 단계에서는 음운 인식과 철자 지식을 강조한다. 음운훈련은 음절이나 음절보다 작은 단위의 훈련을 포함한다. 음절보다 작은 단위로는 초성 음소(두운, onsets)나 각운(rimes), 혹은 초성과 각운을 뺀 나머지 부분이 포함될 수 있다. 각운 짓기(rhyming)와 두운 놀이(alliteration activities) 등도 활용될 수 있다. 철자 지식 훈련은 대문자 학습에 이어 소문자 학습, 모양과 글자 따라 쓰기, 소리와 철자 대응시키기, 그리고 다른 사람이 읽어주는 책에서 의미 익히기 등으로 이루어진다. 표 13.6에 의미를 추론하는 네 단계를 제시하였다. 첫 두 단계는 이름대기나 설명하기와 같은 구체적인 기술을 요구하지만, 뒤쪽 두 단계는 추론과 논리를 요구한다.

각 아동은 치료 상황에 대해 자각을 하게 된다. 이러한 자각은 가족이나 지역사회 일원들과의 상호작용에 영향을 미치게 된다. SLP들이 이러한 개인적인 사회적 정체성을 인식하지 못하면 중재에도 부정적인 영향을 미치게 된다(Demmert, McCardle, & Leos, 2006).

문화를 고려한 중재를 제공하는 것이 CLD 배경의 아동들에게는 매우 중요하다. SLP들은 문화적 배경의 이야기들을 책 읽기 중재에 잘 통합시켜야 한다(Inglebret, Jones, & Pavel, 2008).

CLD 배경을 가진 아동들에게 문화를 고려한 중재를 한다는 것은 단순히 흑인 아동 그림이 나오는 읽기자료를 사용하는 것 이상을 의미한다. 비록 고의는 아니라도 다른 언어에서 번역된 책에서도 유럽적인 관점이 반영될 수 있다. 문화를 고려한 중재에서는 그 지역사회 사람들과 SLP가 협조해야 할 경우도 있다.

CLD 배경 아동들을 위한 읽기 자료들이 있더라도 모든 이야기들이 아동의 문화적 규범과 가치를 정확히 반영하지는 못한다. 다시 강조하지만, 그러한 읽기자료들을 사용하기 전에 아동 인종 지역민의 자문을 구하는 것이 최선이다.

후기 읽기 중재는 언어적 기술 및 메타언어 기술을 모두 목표로 할 수 있다. 메타언어 기술은 핵심 낱말 인식, 용어정의나 색인까지 책의 모든 부분 사용, 그리고 시각적 조직화와 같은 일반적인 학습전략의 적용 등을 포함한다(Wallach & Butler, 1995).

## 음운 인식 중재

SLP는 음운 인식과 관련된 구체적이고 폭넓은 지식을 가지고 있어서 교육팀에서 중요한 역할을 한다(Cunningham, Perry, Stanovich, & Stanovich, 2004; Moats & Foorman, 2003; Spencer, Schuele, Guillot, & Lee, 2007). 그러므로 SLP는 아동의 음운 인식 습득을 촉진하려는 학교 교육팀에서 여러 가지 면으로 기여할 수 있다(Schuele & Boudreau, 2008):

- 전문성을 통해 다른 팀원들의 지식을 함양시킨다.
- 평가 결정에 있어서 자신의 관점을 밝힌다.
- 일반 교육과정 속에서 음운 인식을 촉진하기 위해 교사 및 읽기전문가와 협조한다.
- 문제를 보이는 학생들에게 소그룹으로 음운 인식 중재를 실시한다.

교실 수업은 특정 교육과정 속에서 나타나는 아동의 성취력에 초점을 맞추는 반면, SLP의 중재는 수업에서의 목표를 달성하지 못한 아동의 개인적인 학습 요구에 초점을 맞춘다. 좀 더 자세한 음운 인식과 증거기반중재에 대해서는 Schuele과 Boudreau(2008)의 논문을 참조하기를 권한다.

음운 인식을 가르치는 것은 문제해결력을 가르치는 것과 유사하다. 이는 많은 자료로 이루어지는 SLP의 시범과 아동의 연습이 동반되어야 한다(Wanzek, Dickson, Bursuck, & White, 2000). SLP는 과제 완성을 위한 틀을 제공하게 되는데 다음과 같은 예를 들 수 있다(Schuele & Boudreau, 2008).

- SLP는 낱말을 제시하며 그 음소나 음절에 대해 설명한다. 예를 들어 "*time*의 첫 소리는 /t/."
- 이러한 과정을 반복하면서 아동에게도 그 음소나 음절을 반복하게 한다.
- 아동에게 "*time*의 첫 소리는 뭐지?"와 같은 질문을 한다.

비록 이것은 단순한 예이기는 하지만 약간의 재미와 어리석은 내용을 섞어서 사용할 수도 있다. 예를 들어 "*time*의 첫 … (기침을 하며)야?" 아동은 이러한 순차적인 과정을 통하여 정답뿐 아니라 과제 자체를 배우게 된다. 아동의 주변환경이나 좋아하는 책에 나오는 낱말을 사용하면 이 모든 과정들을 좀 더 기능적으로 만들 수 있다.

바람직하기는 학습의 각 단계마다 다음 단계를 지원하는 것이 좋다. 예를 들어 낱말을 음소로 분절시키는 과제는 아동이 각운 짓기와 첫소리 짝짓기 과제를 통해 경험해본 낱말로 하면 수월할 수 있다고 제안하는 연구도 있다. 비록 아동에게 낱말을 소리 요소들로 분절하도록 요구하지 않더라도 아동에게 미리 노출시키는 것 자체가 그 낱말의 특성을 분석하는 연습일 수 있다(Metsala, 1999).

음운 인식 중재는 취학 전 아동들에게 효과적이다. 발음과 관련된 말장애를 가지고 있는 아동들에게도 이러한 효과가 나타나는 것으로 보인다(Gillon, 2005). 음운 인식에 대한 발달적 중재는 다음의 내용을 포함한다.

- 음운 인식 및 판별
- 글자 판별
- 활자에 대한 이해 및 표현

음운 인식 훈련활동들은 놀이활동 속에서 이루어질 수 있으며 다음과 같은 내용이 포함될 수 있다(Gillon, 2005).

- 음소 탐지(…로 시작되는 낱말을 찾아봐… 그게 …로 시작되니?)
- 음소 범주화(…로 시작되는 장남감을 모두 찾아봐.)
- 초성 음소 짝맞추기('공'은 /ㄱ/로 시작해. '공'하고 같은 소리로 시작되는 걸 골라봐. "강, 말")
- 음소 분리('해'는 어떤 소리로 시작하지?)

글자이름(letter name)과 글자소리(letter sound)에 대한 중재는 철자가 그 모양과 주변 소리에 따라 다양한 소리로 발음될 수 있다는 것을 인식시키는 데서 시작할 수 있다. 낱말 단계에서는 우선 목표 글자가 초성의 위치에 오는 낱말로 시작하는 것이 가장 좋다. 그림카드를 사용할 때는 그림 밑에 낱말을 써놓음으로써 아동이 그림과 철자를 연계하도록 돕는다.

음운 인식은 가능할 때마다 의미 있는 글 안에서 경험하면서 배울 수 있도록 해야 한다(McFadden, 1998). 이렇게 함으로써 읽기와 음운 인식의 자연스런 습득이 가능해진다. '멈춤, 화장실, 전철역'과 같이 지역사회에서 흔히 볼 수 있는 글씨들을 활용하는 것도 좋다.

SLP는 아동에게 제공하는 지원의 양이나 과제를 다양하게 하면서 각운 짓기 활동을 할 수 있다(Adams, Foorman, Lundberg, & Beeler, 1998; Anthony, Lonigan, Driscoll, Phillips, & Burgess, 2003). 아동에게 세 개의 낱말을 제시하면서 같은 각운을 가지고 있지 않은 한 개의 낱말을 고르라고 할 수도 있고, 각운을 가지는 낱말들을 짝지으라고 할 수도 있으며, 아동 자신이 각운을 만들어보라고 할 수도 있다(Schule & Boudreau, 2008).

각운은 낱말의 끝소리가 양순음처럼 가시적일 경우 더 쉽게 인식될 수 있다. 또한 낱말의 끝이 모음일 때(예 : *stay*)보다는 자음(예 : *stop*)일 때 더 쉽다.

분절(segmenting)과 합성(blending)은 모두 음운 인식 기술에 기초한다. 그러므로 각운처럼 낮은 단계의 기술부터 목표로 해서 점차 분절과 합성처럼 복잡한 음운 인식 기술을 촉진하는 것이 합리적이다. SLP와 교사는 아동이 충분한 음운 인식력을 확보했는지 확인한 후에 일반교육에서의 해독 학습을 진행해야 한다(Schule & Dayton, 2000). 이는 최소한 다음과 같은 기술을 의미한다(Schule & Boudreau, 2008).

- 독립적이며 일관성 있게 CV, VC, CVC 낱말을 분절 및 합성한다.
- CCVC, CVCC와 같은 자음군에서의 분절과 합성을 시작한다.

아동이 분절과 합성을 습득하면 그 음운 인식 기술을 학급에서의 해독 및 철자 교수와 연계시킬 수 있다. 이는 음운 인식에 대한 지식을 적용하여 낱말 철자나 해독을 촉진하는 연습을 통하여 이루어진 다(Blackman, Ball, Black, & Tangel, 2000).

SLP가 분절을 가르칠 때는 낱말과 같은 큰 단위로부터 시작하여 음절, 다음에는 음소와 같은 작은 단위로 진행하면 수월하다. 그러나 같은 낱말에서도 자음군이 포함된 다음절 낱말보다는 음절수가 적은, 짧은 낱말이 더 쉽다.

*football*이나 *cupcake*과 같이 구성단위가 뚜렷한 합성어에서 다음절을 처리하는 것은 *telephone*과 같이 단위가 쉽게 구분되지 않는 합성어의 경우보다 용이하다(Schulele & Dayton, 2000). 낱말을 분절하거나 구성 말소리로 분리할 때는

- 자음이 모음보다 분리하기 쉽다.
- 첫소리가 끝소리보다 분리하기 쉽다.
- /r/로 끝나는 음절은 특히 어렵다.
- /s/나 /ʃ/와 같은 연속음이 /p/나 /t/와 같은 폐쇄음보다 분석하기 쉽다. 연속음은 연장할 수 있어서 아동에게 좀 더 뚜렷하게 파악될 수 있다.
- CV와 같은 짧은 낱말은 CVC와 같은 긴 낱말에 비해 분절하기 쉽다.
- 첫소리는 끝소리보다 분절하기 쉽다.
- CV 낱말에서와 같이 한 개로 된 자음은 CCV에서와 같이 자음군으로 된 것보다 쉽다.
- 자음군이라도 *stop*의 /st/에서처럼 두 음소가 다른 조음위치를 가졌다면, *stamp*의 /mp/에서처럼 같은 조음위치를 가진 경우보다 쉽다.[2]
- *bring*과 같은 자음군을 가진 낱말을 분절할 때는 하위단위, 즉 *ring*을 먼저 분절하는 연습을 하고 난 후에 하면 더 쉬울 수 있다(Blackman et al., 2000).

아동의 음소 습득을 위하여 활자화된 글자, 특히 아동의 교실에서 사용되는 글자를 사용할 수 있다.

다시 강조하지만 기능적 접근에서는 교실과 같은 상황문맥을 최대한 활용하는 것이 중요하다. 글

---

**2** /st/도 같은 조음위치이므로, 자음군의 다른 조음위치의 예는 *start*의 /rt/와 *stamp*의 /mp/가 더 뚜렷할 수 있다.(역주)

자들은 추가적인 정보를 주기 때문에 아동의 기억력을 보조하는 역할을 한다. 특히 작업기억력에 결함이 있는 아동들에게는 글자가 보완적인 시각단서가 된다. SLP들은 중재의 목표가 음운 인식이지 읽기 그 자체가 아님을 상기해야 한다. 읽기 자체를 교육하기 쉬운데, 이는 음운 인식 중재에서 SLP의 역할이 아니다.

글자-소리 지식(letter-sound knowledge)에는 재인(recognition), 회상(recall), 그리고 재산출(reproduction)이 포함된다. 재인은 음소나 자음군을 제시했을 때 해당하는 글자(들)를 지적할 수 있는 능력이고, 회상은 음소나 자음군을 제시했을 때 그 음소(들)를 말할 수 있는 능력이며, 재산출은 음소(들)를 듣고 글자(들)를 쓸 수 있는 능력이다. 일반적으로 재인이 회상보다 쉽고, 회상이 재산출보다 쉽다(Dodd & Carr, 2003).

다감각적 접근법(multisensory approach)은 효과적이기도 하지만 훈련 자체도 재미있다. 예를 들어 아동이 듣기훈련을 할 때 사물을 통에 떨어뜨리거나, 장난감을 쌓거나, 돌차기놀이를 하면서 반응하게 한다. 또한 정상발달을 보이는 아동들만큼은 아니라도, SLI 아동들도 컴퓨터를 활용한 음운 인식 중재의 효과를 보기도 한다(Segers & Verhoven, 2004).

영어 철자의 수나 불규칙성 때문에 모음 철자의 습득도 특이한 문제를 보일 수 있다. SLP가 중재를 할 때는 우선 단모음(short vowels)으로부터 시작하는 게 좋다. 이는 닫힌 음절(closed syllables, 자음으로 끝나는 음절)로 불리는, 긴 음절에서도 모음이 그 핵을 이루기 때문이다. 닫힌 음절들은 적어도 한 개 이상의 자음으로 끝나는 각운(rimes)을 가지는데, *scrimp*에서처럼 최대 여섯 개 음소로 된 낱말도 있다. 각운은 'VC+'의 형식을 갖추고 있다. 아동들에게는 *-ent*, *-ide*, *-old*, *-ick*와 같이 흔한 각운형태를 가르칠 수 있다.

장모음(long vowels)은 나중에 가르치게 되는데, *home*에서처럼 'e'가 묵음으로 나타나는 'VCe'의 형태부터 가르치고, 다음에는 *tray*나 *she*처럼 끝에 자음이 붙지 않는, 열린 음절(open syllable, 모음으로 끝나는 음절)에서 가르친다. 단음절이나 불규칙 철자를 포함하는 음절에 나타나는 장모음들은 읽기에 중점을 두는 중재에서 가르칠 수 있다. 불규칙 장모음의 예로는 *day*, *weigh*, *raise* 등이 있다.

음소-자소(phoneme-grapheme)의 관계를 훈련할 때는 앞에서 언급한 지침에 따라 조심스럽게 접근하여야 한다. 표 13.7에 제시한 예들은 특히 어렵다.

## 형태음운 인식 중재

읽기와 철자의 정확도는 형태음운 인식과 음운, 맞춤법, 구문 및 의미적 지식과 같은 다른 언어적 인식에 대한 훈련을 통해 개선된다(Kirk & Gillon, 2009). 예를 들어 형태음운 인식(morphological awareness) 중재는 훗날 초등학교 고학년 때의 읽기 및 철자 수행력을 개선시키는 효과가 있다(Berninger, Nagy et al.; Butyniec-Thomas & Woloshyn, 1997).

낱말의 형태음운적 구조에 대한 인식을 강조하는 중재에서는 특히 낱말 어근에 접사를 붙일 때 적

**표 13.7** 어려운 음소-자소 대응

| 음소 | 예 | 설명 |
|---|---|---|
| /r/-통제 모음 | Through, true, crew | 불규칙한 철자 |
| 이중모음 | Fly, height, right | 불규칙한 철자 |
| /ɛ/ | Sofa, telephone | ㅍ |
| /ʌ/ | Fun, won, one | 다양한 철자 |

| 자소 | 예 | 설명 |
|---|---|---|
| -nk | Thanks, rink | 2개 음소 / ŋk/ |
| x | Taxi, maximum | 2개의 소리 /ks/ |
| u | tune, fun | 2개의 발음 /U/와 /ʌ/ |
| 복수 -s | Dogs, cats, kisses | 다양한 발음 |
| 과거 -ed | Walked, jogged, collided | 다양한 발음 |
| -pt | Kept, slept | 종성 자음군의 짧은 폐쇄음 |

출처 : Hambly & Riddle(2002)

용되는 철자규칙을 주목하게 한다. 예를 들어 *happy*와 *crazy*의 'y'는 *happily*나 *crazily*에서와 같이 *-ly* 앞에서 'i'로 바뀐다. 다음과 같은 중재 과제를 사용할 수 있다(Kirk & Gillon, 2009).

- 낱말을 음절과 형태소로 분절하기
- 접미사와 어근 붙이기(예 : *healer*와 *bigger*에서와 같이 주격을 나타내는 *-er* 접미사와 비교격을 나타내는 *-er*이 다른 것을 비교함으로써 아동은 접사가 단순한 글자소 이상이며, 낱말들은 예측 가능한 방법으로 바뀔 수 있다는 것을 깨닫게 된다.)
- 주어진 낱말에서 형태소를 바꾸어 새 낱말 만들기
- 낱말에서 어근 및 접미사 찾기(예 : *un-, non-, dis-, -er, -est, -ing, -y, -ed, -iest, -ier, -ly, -ish, -en, -ened*)
- 형태음운적으로 합성된 낱말 간에 의미적인 관계 인식하기

음운적 모호성, 즉 형태음운적 파생어의 투명도나 불투명도는 읽기 속도와 정확도에 영향을 미친다. 투명한 관계의 경우, *active-actively*에서처럼 낱말에 형태음운적 접사가 첨가되더라도 어근은 변하지 않는다. 불투명한 관계의 경우에는 *piano-pianist*에서처럼 어근이 변한다. 불투명할수록 낱말을 읽기가 어려워진다. SLP는 학생에게 낱말을 형태소로 쪼개는 걸 가르치거나 *sign-signature*처럼 철자는 유지되더라도 말소리가 변한다는 것을 들려줌으로써 도움을 줄 수 있다. 재미있는 활동으로 'Comes From'이 있는데, 이것은 기저에 깔려 있는 의미적 관계를 활용한 것이다(Green, 2004). 예를

들어 "*mother*가 *moth*에서 나왔나요?"라는 질문을 하기도 한다.

## 읽기이해 중재

읽기이해는 많은 과정을 거친다. 우리가 독서를 할 때, 우리의 지식과 경험은 지면이 주는 정보와 합쳐져 의미에 대한 정신적 표상을 형성하게 된다(Kintsch, 1998). 이것이 읽기이해이다. 글만으로는 모든 의미적인 관계가 드러나지 않기 때문에 능동적인 독자는 글로부터 추론하게 되며, 이때 과거의 지식과 경험이 그 간극을 줄여주는 역할을 하게 된다. SLP나 교사들은 지시, 질문, 시각 및 청각적 단서, 언급이나 설명 등을 통해서 이러한 과정을 촉진하려고 노력한다(Crowe, 2003). SLP나 교사는 학생이 글에서 의미를 찾아내게 하기 위하여, 읽기를 하기 전에 글의 내용이나 장면을 설정하거나, 관계를 알려주며, 친숙하지 않은 낱말과 개념들을 설명하면서 문맥적인 피드백을 사용한다. 학생이 소리내어 읽을 때, 대화체로 단서와 피드백을 제공한다. 이때 촉진자는 단순히 지문에 나온 내용을 열거하도록 하는 질문을 하기보다는 읽기이해의 수준을 반영한 질문을 사용하는 것이 중요하다. 의미적 전략은 때로 좀 더 직접적인 어휘훈련과 함께 이루어져야 하는데, 예를 들어 생태학이나 기하학과 같은 특수 주제의 낱말들이 포함되어 있는 경우이다(Ehren, 2006).

촉진전략의 효과가 다르게 나타나는 것은 이러한 전략이 언제 쓰이는지에 달려 있다. 예를 들어 의미전략(semantic strategies)은 읽기를 하기 전에 사용하면 읽기에서의 오류를 줄일 수 있지만, 글자-음소전략(graphophonemic strategies)은 읽기를 하는 도중에 사용하는 것이 더 효과적이다(Kouri, Selle, & Riley, 2006). 의미전략을 사용할 때는 주요 낱말을 정의해주거나 비슷한 말을 해준다. 반면 글자-음소전략을 사용할 때는 아동에게 낱말을 소리 내어 말하게 하거나, 음소규칙에 주목하게 하거나, 첫소리, 끝소리, 자음군과 같은 소리를 알아맞히게 한다.

읽기이해능력은 추론적 사고에 의해 길러질 수 있다. 읽기에서의 추론적 사고는 글 이상의 수준을 말하는 것으로, 이를 통하여 아동이 글에 있는 정보와 세상지식을 통합하는 것을 돕는다. 읽기를 하는 동안 교사와 학생 간에 대화를 하면 이야기의 결론뿐 아니라 그들이 읽는 내용에 대한 의미를 구축해 나가도록 도울 수 있다. 교사는 학생에게 배경 정보를 제공할 수도 있고 자신의 지식을 활용하도록 촉진할 수도 있다.

학생은 읽는 동안 주기적으로 이야기를 요약하거나 이야기의 주제나 생각을 찾아낼 수 있다. 마지막으로는 대안을 생각해보거나, 동기를 설명하고, 이야기를 개인화시킬 수 있으며, 마지막으로 확장단계에서는 주어진 정보에 근거해서 이야기가 어떻게 전개될지 예측할 수 있다.

바람직하기는 학생들이 이해전략들을 내면화함으로써 적극적인 읽기 과정에서 이들 전략들을 사용하는 것이다. 이해전략의 세 가지 유형으로, 목표중심(goal-specific)전략, 조정 및 수정(monitoring and repair) 전략, 그리고 묶음(packaging)전략이 있다(Ehren, 2005, 2006; Pressley, Borkowski, & Schneider, 1987). 목표중심전략은 다음과 같다.

- 낱말의 의미를 분석하기 위해 문맥을 사용한다.
- 이전 지식을 활성화한다.
- 어려운 문단은 다시 읽는다.
- 핵심 내용을 찾기 위해 자기 자신에게 질문해본다.
- 읽기의 유형을 결정짓기 위해 글의 구조를 분석한다.
- 내용을 시각화해본다.
- 자신의 말로 재구성해본다.
- 요약하기를 한다.

이러한 전략들은 조정 및 수정 전략과 함께 사용할 수 있다. 조정 및 수정 전략에서는 읽는 이가 글의 내용이 말이 되는지 판단하고, 그렇지 못할 경우에는 어떤 수정이 이루어져야 하는지를 분석한다. 그에 따라 목표중심전략을 계속할지, 멈출지, 혹은 수정할지를 결정한다. 마지막으로 묶음전략에서는 전체 과정을 조직화한다. 즉 두 유형의 전략들을 통해서 무엇을 어떻게 할 것인가를 계획한다. 자기통제적 읽기(self-regulated reading)는 이와 같이 적극적인 읽기의 성격을 띤다. 일단 목표중심전략을 자세히 살펴보기로 한다.

읽을 동안의 안구운동을 분석해 보면, 아동들의 눈이 앞뒤로 오가며 주변 의미 속에서 낱말들이 정확하게 쓰였는지를 확인하는 것을 알 수 있다. 아동들은 의미를 잘 부여한다. 그래서 그들이 무엇을 읽을 때는 글에 담긴 낱말들의 의미를 부여하려고 노력한다. 또한 유사한 방식으로 이러한 정보를 이용해서 낱말의 뜻을 유추해내는 걸 배우기도 한다(Owens & Kim, 2007). 낱말의 의미를 파악하기 위해서는 사전이나 용어풀이 찾는 방법, 낱말을 어근으로 분석하는 방법, 그리고 문장구조 활용 방법 등을 배울 수도 있다.

사전지식(prior knowledge)은 아동들, 특히 LD 아동들의 읽기이해력을 향상시킨다. 물론 사전지식은 이야기글 읽기(narrative reading)에서보다는 설명글 읽기(expository reading)에서 더 중요하기는 하다(Carr & Thompson, 1996; Dole, Brown, & Trathen, 1996). 학생이 글을 읽을 때는 정보들을 모아서 다음 내용을 해석하는 데 활용한다. 이러한 지식을 성공적으로 얻게 되면, 현재의 글에서 얻어진 정보가 다음에 오는 내용을 예측하는 데도 활용될 수 있다는 것을 배우게 된다. 더 나아가 지난 학습과 경험을 이해과제에 적용하는 것을 배우게 된다.

글을 잘 읽는 사람은 쓰인 글을 이해하지 못할 때 그 부분을 다시 읽는다. 그러나 글을 잘 읽지 못하는 사람은 자신이 요점을 놓쳤다는 것을 잘 깨닫지 못할 수도 있다. 이 장에서 제안하는 몇 가지 전략들은 LI 학생들이 잘 모르는 부분을 깨닫는 데 도움이 될 수 있을 것이다. 이러한 점들을 학생에게 강조하면서, 교사나 SLP는 글의 놓친 부분을 다시 읽도록 유도한다.

스스로 질문하기(self-questioning)는 읽는 사람의 적극적인 역할을 독려하며 글쓴이의 의도를 추론하게 한다. 학생들이 글의 구조와 관련된 질문(예 : 언제, 어디서 그러한 대화가 일어났는가?)이나 글의 세부내용과 관련된 질문(예 : 왜 그 인물이 그렇게 행동했는가?)을 하도록 격려해주어야 한다.

글의 구조(text structure)는 독자에게 글의 전반적인 조직과 요점을 파악할 수 있는 정보를 제공한다. 학생들은 이해나 모방, 지도를 받거나 독립적인 연습을 위해 글의 구조를 사용하도록 배운다. 이러한 활동에는 자신의 읽기 진전 상태를 평가하기 위해 '소리 내어 생각하기'와 같은 활동도 포함한다(Dickson, Simmon, & Kame'enui, 1998). 읽는 이는 다음과 같은 내용들을 살펴보아야 한다.

- 글의 유형 : 설명글, 이야기글
- 제목이나 소개문단, 주제 문장과 같은 글의 조직을 알아낼 때 도움이 되는 시각적 단서들
- 글의 전반적인 조직
- 가장 중요한 요점
- 요점들이 어떻게 연결되어 있는지를 보여주는 부분들

LI 아동들에게 내용을 시각화하도록 도와줌으로써 글감, 특히 이야기글을 활성화시킬 수 있다. 이미지화하기(imagery)는 읽기이해를 증진시키는 전략으로 가르칠 수 있다.

바꿔쓰기(paraphrasing)와 요약하기(summarizing)는 읽는 동안 다양한 지점에서 일어날 수 있다. 글을 잘 읽는 사람은 글을 읽을 때 자동적으로 이러한 전략을 사용한다. 바꿔쓰기는 글의 의미는 유지한 채, 상응하는 다른 낱말이나 문장구조를 사용하여 쓰게 하여 유도할 수 있다. LI 아동에게 이러한 바꿔쓰기나 요약하기를 하게 하려면 자기가 읽은 글의 주요 내용을 파악하는 것을 우선 도와주어야 한다.

## 주요 내용 파악하기

LI 아동들은 흔히 간단한 글에서도 그 주요 내용이나 틀을 파악하기 어려워한다. 그러나 이러한 과제는 읽기이해와 학습의 성공에 있어서 매우 기본적인 것이다.

이야기글과 설명글의 구조는 매우 다르며, 이해와 기억에 영향을 미친다. 독자나 청자들은 자신이 글의 명제를 요약할 수 있는 거시적(macro) 구조에 도달할 때까지 글의 명제들을 삭제하거나, 일반화하거나, 혹은 통합하는 과정을 밟는다. 이러한 과정은 인지적으로 분류하는 기술과 세상에 대한 지식에 의존한다. 글은 흔히 읽는 이의 기대에 대한 충족도로 평가된다.

정보이해는 글을 읽는 사람이 글을 쓴 사람의 의도에 근접할 때까지 점진적으로 수정하면서 이루어진다. 글을 쓴 사람에 의해 제공되는 조직 단서들(organizational clues)은 글을 읽는 이가 그 문단을 해석하고 주된 내용을 파악하는 것을 돕는다.

어떤 편집형태(textual features)는 그 부분이 중요한 정보라는 의미를 내포하기도 한다. 예를 들어 이탤릭체나 굵은 글씨, 글자 크기와 같은 시각적 특징들도 있고, 낱말 배열과 같은 통사적 특성, 요약

이나 서론과 같은 의미적 특징, 그리고 글의 구조와 같은 도식적 특징도 있다. 물론 주제를 첫 문장에서 뚜렷하게 기술하는 것이 전반적인 조직을 결정하는 데 가장 쉬운 방법이다.

글을 잘 읽는 사람은 글의 조직에 민감하여 조직구조를 '찾아낸다'. 반면 글을 잘 읽지 못하는 사람들은 중요한 정보에 덜 민감하다. 많은 LI 아동들은 글의 내부 구조를 인식하지 못하기 때문에 이야기 글을 쓰고 이해하는 데 어려움을 나타낸다(Yoshinaga-Itano & Snyder, 1985). 이 아동들은 흔히 과거 지식과 새로운 정보를 통합하거나 저자의 단서를 사용하는 데 실패한다. 글을 잘 못 읽는 사람들은 글의 단편적인 조직이나 관련이 없는 구조를 사용한다.

중재에서는 예측, 질문, 명료화나 요약과 같은 이해 전략들을 포함할 수도 있다. 또한 의미정보망(semantic networking) 만들기, 다양한 글 구조에 익숙해지기, 그리고 요약문장을 만드는 생성과제(generative task) 등을 포함할 수도 있다(Armbuster, Anderson, & Ostertag, 1987; Richgels, McGee, Lomax, & Sheard, 1987; J. Williams, 1988). 고학년 아동들의 요약 전략에는 중복된 정보를 삭제하기, 다양한 이름들을 범주어로 대치하기, 주제 문장을 선택하거나 생성하기 등이 포함된다. 그러므로 이러한 전략들을 직접 가르칠 때 최대 수행력을 유도할 수 있다.

**의미정보망 만들기**나 조직화하기는 글의 조직을 가르치는 한 방법이다. 읽기 도중이나 후에 구조를 조직하는 것과 재조직하는 것을 가르치면, 글의 응집력 및 기억과 유지능력이 향상된다.

의미정보망에 포함되는 생각들은 거미줄 같은 군집 형태로 나타난다. 주요 주제들은 원이나 다른 형태로 표시한다. 연관된 생각들은 선으로 긋고, 주요 주제들은 연결한다. 의미적 군집(semantic clusters) 만들기는 일반화 전략을 개발하도록 하는 훈련을 통해 가르칠 수 있다. 학생들은 차츰 읽기 이해와 쓰기를 위해 이러한 방법들을 적용하고 내면화해간다.

조직화 패턴은 두 가지 형태로, 군집화(cluster)와 개별화(episodic) 패턴이 있다. 군집화 패턴은 상위범주화와 하위범주화를 위해 사용한다. 그림 13.2에서와 같이 주제, 혹은 상위개념은 가운데 배치한다. 관련된 생각들은 방사형으로 확대해 나간다. 변화를 나타내는 개별화 패턴에서는 이야기의 한 사건에서 다른 사건으로 옮겨 간다. 이 또한 문제해결과 원인-결과 도식에 사용될 수 있다.

아동들은 유치원이나 1학년 정도가 되면 이야기 사건들의 순서를 그림으로 그리면서 의미정보망을 사용하기 시작한다. 고학년 아동들은 이야기를 회상하거나 구조화하는 것을 돕기 위해서 각 군집 안에 사건들을 끼워넣을 수 있다. 이야기 설명도(story map)는 아동들이 이야기 문법(story grammar)을 발달시키는 데 도움이 될 수 있다(그림 13.2 참조). 생각 설명도(mind map)와 같은 도표들도 보고서, 신문기사, 또는 논단 등과 같은 다양한 목적에 맞게 사용될 수 있다. 또한 학생들은 학급에서 생각하기 활동을 하면서 주어진 주제에 관해 자신이 알고 있는 것들을 검토하여 자신의 이전 지식에 대해 인식하게 될 수도 있다.

SLP들은 학생이 이해하고 표현하는 언어가 바르게 사용되도록 돕는다. 여기에는 그들이 듣고 읽는 것도 포함된다. 이제 쓰기를 살펴보도록 한다.

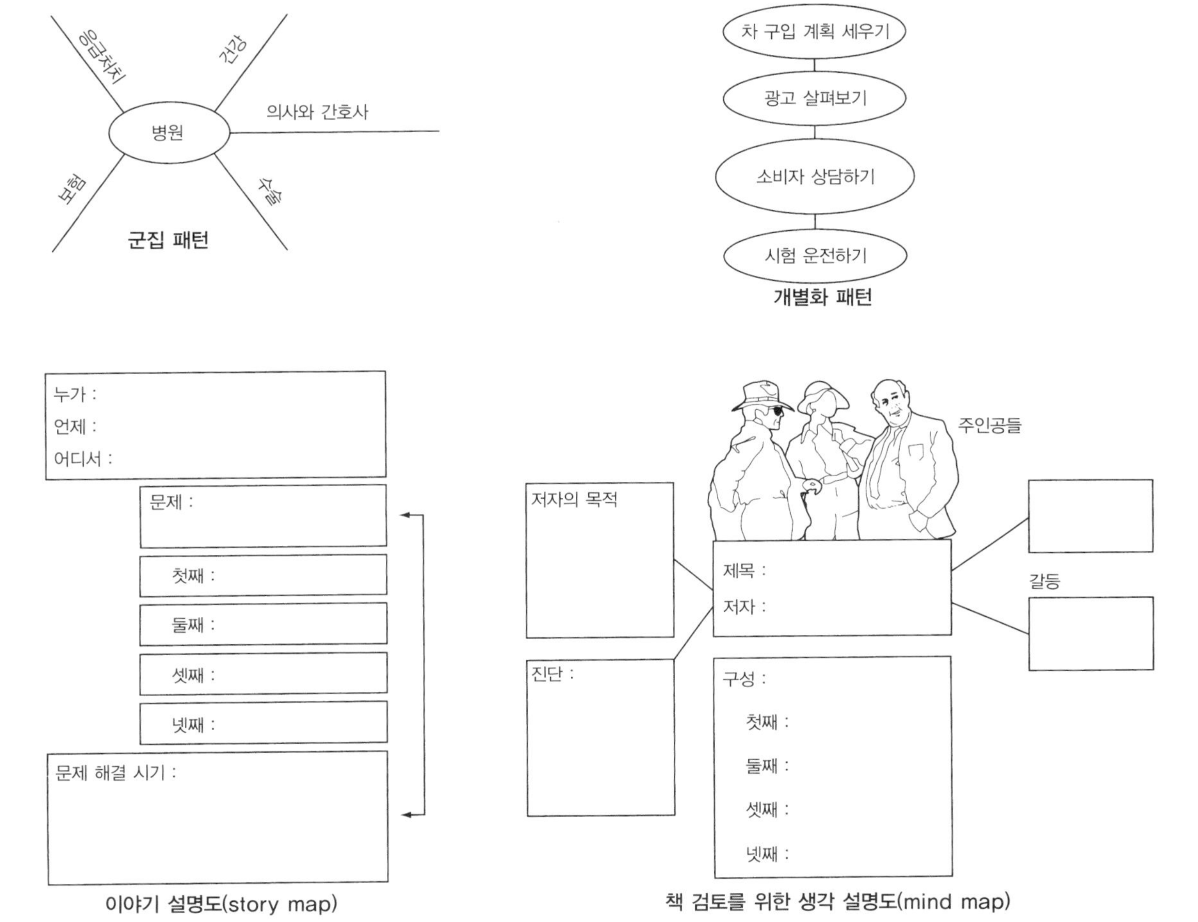


**그림 13.2** 의미정보망의 예

## 쓰기

모든 언어 양식이 그렇듯이, 쓰기도 사회적 행동이다. 글을 쓰는 사람도 말을 하는 사람처럼 그 대상을 고려해야 한다. 말할 때와는 달리 글을 쓸 때는 상대방이 존재하지 않기 때문에 글 쓰는 이는 글을 계획하고 시행할 때 더욱 많은 인지적 능력이 요구된다. 쓰기와 읽기는 단순히 반대 과정이 아니다. 글을 쓰는 것은 읽기에서와 같이 주어진 글에 의미를 부여하여 자기의 이전 지식에 통합시키는 과정이라기보다는, 글을 창작하기 위해 자신의 지식과 새로운 생각들을 사용해야 하는 과정이다(Kintsch, 1998). 쓰기는 생각을 짜내서, 조직하고 계획하며, 그 계획에 근거하여 집행한 후, 수정과 자기피드백을 거치는 복잡한 과정을 포함하고 있다. 쓰기는 대화보다 더 추상적이고 탈문맥화되어야 하며, 쓰기 형식에 대한 내적 지식도 요구된다. 쓰기 형식은 이야기글 쓰기(narrative writing)와 설명글 쓰기(expository writing)로 나뉜다.

설명글 쓰기는 몇 가지 형식을 가지고 있다. 가장 쉬운 형식, 특히 익숙한 내용의 형식은 순서나 절차대로 조직하는 것이지만, 전체적인 구조 없이 묘사하는 것도 있다. 순서에 근거한 글은 대체적으로 무엇인가를 이루는 것에 대해 설명하는 글이다. 그러나 문제해결, 원인-결과, 혹은 비교와 대조의 글들은 가장 어려운 형식이다.

글쓰기는 글의 구성(text construction), 손으로 쓰기(handwriting), 철자대기(spelling), 집행기능(executive function), 그리고 기억(memory) 과정 등 몇 가지 과정들로 구성된다(Berninger, 2000). 글의 구성은 생각을 글로 옮기는 과정이다. 이 과정은 실제 손으로 쓰고 철자를 맞추는 과정들과 연관되어 있기는 하지만 같지는 않다. 글은 쓰는 이의 생각들을 지지하는 낱말들과 문장들로 구성된다.

집행기능은 글쓰기의 자기통제적 측면이다. 이 과정은 자신의 사회적 및 감정적 행동을 조정하는 것뿐 아니라, 주의집중할 대상을 선별하고 유지하면서, 지각력을 조직하고, 융통성 있게 지각적 설정에서 인지적 설정으로 바꾸는 능력을 포함한다(Ylvisaker & DeBonis, 2000). 더 나아가 집행기능은 장단점이나 일의 어려움 등에 대한 자가평가, 현실적인 목표 설정, 각 목표를 성취하기 위한 계획 및 조직화, 착수, 수정 및 평가, 그리고 피드백에 근거한 계획 수정 및 전략 수정 등이 포함된다. 언어 사용과 집행기능은 서로 의존적이지만, 지능과 집행기능이 같은 것은 아니다.

글쓰기를 시작하는 어린 아동은 계획하기나 교정하기와 같은 높은 수준의 처리 과정으로 인지력을 전환하기 전에 우선 글 생성과 표기(철자 쓰기, 손으로 쓰기, 구두점 등)에 필요한 기초를 쌓아야 한다. 고학년 초등학생들은 생각이나 의견을 낱말, 구, 절, 문장 등으로 표현하기는 하지만, 청소년기나 성인기의 글쓰기에서 사용하는 계획과 교정에는 한계를 보인다(Berninger, 2000).

영어를 이중언어로 배우는 스페인어 청소년들의 글쓰기에서는 두 언어에서 비슷한 수준의 어휘, 구문, 담화를 보이는데, 이는 이 청소년들에게 있어서 스페인어와 영어, 두 언어의 쓰기 기술이 같이 발달한다고 할 수 있다(Danzak, 2011). 이는 쓰기 기술이 언어 간에 잠재적으로 전이되고 있다는 것을 의미한다.

기억력은 쓰기의 여러 측면에 기여한다. 작업기억은 글을 쓰거나 다시 쓸 때 아이디어들을 저장한다. 단기기억은 글을 쓰는 동안 단어인지에 기여한다. 장기기억은 전체적인 형식뿐 아니라 내용과 단어지식을 제공한다. 기억으로부터 철자와 단어를 자동적으로 떠올려서 글을 쓰게 되는 것은 글을 쓰는 질적인 면에 기여한다고 할 수 있다.

## 쓰기 문제

구어언어장애 아동들은 쓰기에서도 문제를 보일 가능성이 높다. 많은 LI 아동들이 보이는 쓰기 문제는 연령이 높아지면서 나아지지 않는 경향이 있어서, 또래 일반 아동과의 격차는 점점 더 벌어지게 된다. 쓰기의 내용과 조직력은 철자와 같은 단순한 과정에 비해 더 많은 인지력을 요구한다.

LD 아동들은 거의 모든 쓰기 과정에서 어려움을 보인다(Graham, Harris, MacArthur, & Schwartz, 1991; McFadden & Gillam, 1996; Roth, Spekman, & Fye, 1991; Troia, Graham, & Harris, 1999; Vallecorsa & Garris, 1990; Wong, 2000). LLD 아동들은 쓰기 과정에 대한 지식이 거의 없고 쓰기에 좌절감을 느끼기 때문에 실제적인 수정을 잘 못 하고, 주어진 과제에 대해서도 아주 조금만 쓴다. 인지적 용량이 낮은 단계에서 소진된다. 철자 쓰기는 흔히 잘못된 패턴으로 사용되는데, 바꾸어 사용할 수 없는 철자로 대치하여 사용하곤 한다. 이런 오류로 인해 글의 내용에 문제를 야기시킨다.

LI 아동들은 이야기 말하기처럼 글쓰기에서도 내면화된 이야기 도식이 부족함을 보인다. 제8장에서 언급한 바와 같이 언어장애 아동들의 이야기 말하기는 흔히 포함된 사건수가 적어서 짧고, 세부내용이 부족하며, 상대방의 요구를 고려하지 않는 경향이 있다. LI 아동들의 이야기는 말과 글에서 유사한 양상을 보인다.

일반적으로 LI 아동들은 전체 낱말 수, 전체 발화 수, 또는 전체 아이디어 수 등으로 측정되는 쓰기능력에서 결함을 보인다(Puranik, Lombardino, & Altmann, 2007; Scott & Windsor, 2000). 유사하게 이 아동들은 T-unit의 평균길이, 다른 낱말 수, 복문의 비율 등으로 측정되는 쓰기의 **복잡성** 차원에서도 결함을 보인다(Fey, Catts, Proctor-Williams, Tomblin & Zhang, 2004; Mackie & Dockrell, 2004; Nelson & Van Meter, 2003; Puranik et al., 2007; Scott & Windson, 2000). 또한 LI 아동들은 철자나 구두점 오류 수나 구문 오류 수 등으로 측정되는 **정확도**도 떨어지는 것으로 나타났다(Altmann, Lombardino, & Puranik, 2008; Mackie & Dockrell, 2004; Nelson & Van Meter, 2003; Puranik et al,, 2007).

## 집행기능 결함

집행기능(executive function)에 결함이 있으면, 글쓰기와 같이 사회성이 요구되거나 복잡한 언어적 과제에서 의사소통 능력이 떨어진다. 집행기능은 의사소통의 화용적 측면에서 특히 중요하며, 기억과 인출, 전략적 사고, 감정투사(perspective taking), 그리고 일반화에 있어서도 중요하다.

집행기능의 결함은 외상성뇌손상(TBI) 아동들에게서 가장 두드러진다. 이 아동들에게서 흔히 나타나는 전두엽 손상이 집행기능에 영향을 미칠 수 있다. ADHD 아동들은 흔히 주의력이 산만하고 충동적이며, 조직적이지 못하고, 행동통제가 안 되며, 비효율적인 학습자라고 묘사되곤 하는데, 이러한 특징들이 바로 집행기능 결함의 특징들이다. 그러므로 ADHD 아동들은 시공간적 과정(visuospatial processing)만을 요하는 비집행기능 과제는 어려움 없이 수행한다.

LD 아동들은 글을 쓸 때 '떠오르는 대로 쓰기 전략(retrieve-write strategy)'을 사용하는데, 이는 미리 쓸 것을 계획하지 않고 떠오르는 대로, 즉 앞 문장이 다음 문장을 자극해서 쓰게 된다. 결과적으로 그들은 쓰기는 하지만 정교하게 쓰기는 어렵다. 글을 수정하는 것도 비효율적이며, 상대방을 고려하지 않는 것으로 보이고, 오류를 찾아내거나 바꾸는 것도 어려워한다(Graham & Harris, 1999).

### 철자 결함

글쓰기(writing)와 철자대기(spelling)는 다르지만 연관된 과정이다. 언어학습장애(LLD), 단순언어장애(SLI), 혹은 다른 원인으로 쓰기장애를 보이는 아동들은 쓰기와 철자에서 한 가지 혹은 둘 다에 결함을 보인다. 일반적으로 손으로 글쓰기(handwriting)가 어려운 아동들은 철자에 더 어려움을 보인다(Berninger, Abbot, Rogan, Reed, Abbott, et al., 1998).

철자를 어려워하는 사람들은 철자를 임의적이고 무작위로 된 상징으로 여긴다. 결과적으로 그들에게 철자는 어려울 뿐이며 배울 수 없는 것으로 여겨진다. 철자에 결함을 보이는 사람들은 흔히 읽기 문제도 같이 가진다. 그들은 단어 읽기나 이해 기술이 부족하다.

고학년이 되서도 철자오류를 많이 보이는 학생들은 다음과 같은 철자오류 패턴을 보인다(Moats, 1995).

- 초성이 아닌 자리의 유음이나 비음의 생략(예 : *self*를 *SEF*로, *rent*를 *RET*로 씀)
- 음절이나 단어의 종성에 나오는 자음군 생략(예 : *fast*를 *FAT*로 씀)
- 비강세 모음 생략(예 : *telephone*을 *TELFON*으로 씀)
- 모음 대치(예 : *try*를 *TRI*로 씀)
- 조음자질이 비슷한 자음 대치(예 : 'd'를 't'로, 'n'을 'm'으로 씀)
- 복수 접미사의 생략
- 과거시제 접미사의 대치나 생략
- 철자가 어려운, 일반 단어의 철자오류(예 : *their/there*, *to/too/two*)

철자에 결함을 보이는 많은 사람들은 철자 지식의 수준은 높더라도 음운에 기반한 기초적인 오류들을 보인다.

아동들이 2학년에서 5학년 사이가 되면 단어의 시각적 유사성(예 : *village*과 *pillage*)에 의존하는 것에서 벗어나게 되는데, 철자장애 아동들은 소리-철자 대응에 대한 제한된 지식 때문에 시각적 대응(visual matching)과 음소위치(phoneme position)에 계속해서 의존하게 된다(Kamhi & Hinton, 2000). 즉 나이가 들어서도 어린 학생들이 철자할 때 사용하는 시각적 학습전략을 계속 사용한다고 할 수 있다.

철자 결함이 시각기억력의 결함으로 인해 나타나는 경우는 매우 드물다. 철자 결함은 주로 음운 과정과 음소-자소 대응의 지식이나 사용이 부족하여 나타난다.

## 쓰기 평가

교실에서 쓰기능력을 평가하는 방법 중에는 아동의 쓰기 모음집을 활용하는 방법이 있다(Paratore, 1995). 쓰기 모음집(writing portfolio)은 아동, 언어치료사, 또는 교사에 의해 선택된 아동의 글을 모아놓은 것으로, 아동의 변화를 볼 수 있게 한다. 이때 글이 다양하면 할수록 표본의 타당성이 높아질 수 있다. 이 방법은 아동에게 스스로 자신의 글을 보완하고 발전시키는 기회를 제공하기도 한다. 또한 교사와 SLP의 협조를 촉진하며, 개별화된 교육계획(IEP)의 달성 수준을 평가하는 데도 도움이 된다. 쓰기 모음집을 초기 진단에 사용할 때 고려할 사항은 다음과 같다(Manning Kratcoski, 1998).

- 시간을 두고 다양하게 포함시킬 글을 조심스럽게 결정해야 한다.
- 글의 형태와 평가의 목적에 적합한 분석이 이루어져야 한다.
- 글을 선택하는 사람이 적절해야 한다.

쓰기 모음집에는 SLP의 관찰기록, 글 표본, 글이나 학습일지 같은 표본 글의 초안, 표본 글의 최종본, 그리고 또래나 교사의 평가 등이 포함될 수 있다.

집행기능은 제4장에서 언급한 것처럼 전반적인 쓰기 평가를 통해서나 역동적 평가를 통해서 평가하는 것이 가장 바람직하다. 다양한 기능을 분리시키거나 이들을 기능적 의사소통 과제로부터 분리시켜 생각하는 것은 위험한 일이다(Fey, 1986).

### 자료수집

글 표본은 SLP가 수정 메모를 할 수 있도록 펜으로 쓰게 하는 게 좋다. 교사나 SLP는 아동에게 수정할 수 있다는 것을 알리고 최선을 다하도록 격려해준다. 초안이나 구상하는 메모를 먼저 해보도록 하는 것도 좋으며, 이러한 것들을 최종 글과 함께 쓰기 모음집에 모아둔다. SLP는 그 어떤 것이라도 아동이 글을 계획하고 구성하여 초안을 쓰고, 그것을 수정하고 교정까지 하는, 일련의 쓰기 과정에 대한 자료로 활용할 수 있다.

글 표본을 수집하기에 가장 좋은 방법이라고 인정된 것은 없다(Hudson, Lane, & Mercer, 2005). 글 표본은 다양한 방법으로 수집되어 왔다. 청소년기에는 설명문 쓰기 기술이 발달되지만, 어린 아동들에게는 책이나 비디오를 통한 이야기 다시 말하기 같은 담화 쓰기를 사용할 수 있다. 이야기 다시 말하기 형태는 소리 내어 읽은 것을 이해하고, 핵심개념을 기억했다가 그 정보를 다시 구성하게 하는 것으로, SLP가 자극을 통제하기 쉽고 상기된 정보나 명제, 참조의 정확성을 신뢰롭게 측정할 수 있게 한다(Puranik, Lombardino, & Altmann, 2008). 일부 초등학교 LI 아동들은 이야기 다시 말하기 과제에서 요구하는 기억용량에 제약을 보이기도 하지만, 기억력보다는 전사 기술(transcription skill)이 더 영향을 미치는 것으로 보인다(Graham, Berninger, Abbott, Abbott, & Whitaker, 1997).

개인적인 담화글은 4학년 글쓰기 시험에 사용되는 양식을 통하여 유도할 수 있다(Puranik,

Lombardino, & Altmann, 2008). 일반적으로 다음과 같은 형식을 취한다.

> 학생이 하기 좋아하는 것을 생각해 보세요… 하고싶은 것이나… 좋아하는 것을 가지고 즐겁게
> 보냈던 시간에 대해 이야기를 써보세요. 읽는 사람이 알 수 있도록 무슨 일이 있었고, 왜 재미
> 있었는지 자세히 써주세요(Massachusetts Department of Education, 2006).

물론 이러한 정보는 LI 아동들에게는 더 단순하게 제공되어야 한다.

작문은 다음과 같은 몇 가지 절차를 거쳐 유도될 수 있다. 예를 들어 순서나 절차 쓰기는 "____를 어떻게 만드는지 써보세요."와 같은 말로 유도할 수 있으며, 원인-결과 쓰기는 "만약 ____ 하다면, 무슨 일이 벌어질지 써보세요." 또한 문제해결 쓰기는 "너라면 어떻게 할지 써보세요."라는 말로 유도할 수 있다. 이런 때는 친숙한 주제와 친숙하지 않은 주제를 모두 사용하는 것이 좋다. SLP가 사용하는 설명해보세요, 비교해보세요, 대조해보세요, 원인을 말해보세요, 해결해보세요 등의 핵심어들은 어떤 유형의 글이 요구된다는 단서가 될 수 있다.

아동에게 자신이 쓴 글을 소리 내어 읽게 하면서 녹음을 하면 추가적인 정보를 얻을 수 있다. 이러한 과정에서 아동이 흘겨 쓰거나 잘못 쓴 단어도 확인할 수 있다.

## 자료 분석

쓰기는 글이나 언어적 수준 혹은 철자 수준 등 여러 측면에서 분석할 수 있다. 우선 글(text) 수준에서는 글의 길이(compositional length)를 통해서 아동의 노력 정도를 알 수 있고, 글의 질(quality)을 통해서 과제의 전반적인 수준을, 그리고 담화구조(discourse structure)를 통해서 각 문장들이 전체 주제와 어떻게 연관되는지 알 수 있다(Bernigner, 2000).

아동의 글은 수정하거나 분석하기 위해서 복사하여 사용할 수 있다. 흔히 글을 분석할 때 전체 낱말 수, 절의 수, 그리고 T-unit 수가 쓰인다. T-unit 수의 사용은 길게 늘어놓기는 하지만 '문법적 정확성'을 반영하지 못하는 문장을 피하게 도와줌으로써 내적 분석을 견고히 하게 한다(N. Nelson & Van Meter, 2002). 이 부분은 제8장에 설명되어 있다. 대문자나 구두점의 사용과 같은 쓰기규칙뿐 아니라 문장이나 문단의 사용에도 주의를 기울여야 한다. 철자 또한 아래 제시하는 것처럼 분석할 수 있다.

정상적인 발달을 보이는 아동의 경우 청소년기가 되면 그들의 설명글 쓰기(expository writing)에서 몇 가지 진전을 보인다. 특히 주장하는 글의 길이와 평균낱말길이, 관계절 사용, 그리고 높은 수준의 낱말의 사용 등에서 변화가 나타난다(Nippold, Ward-Lonergan, & Fanning, 2005). 높은 수준의 단어에는 접속사(예 : 그러나, 마침내, 결론적으로), 추상명사(예 : 친절, 우아, 혜택, 기쁨), 그리고 메타언어 및 메타인지 동사(예 : 생각하다, 기억하다, 반영하다, 동의하다, 설득하다, 고백하다) 등이 포함된다. 연령이 높아지면서 글의 유연성이 높아지는데 이는 더 많은 논리와 다양한 견해, 의견 등이 나타나는 것으로 드러난다. 연령에 따른 평균 수치는 표 13.8에 제시하였다. 표 13.8에서 볼 수 있듯이 개인적인 차이도

**표 13.8** 연령에 따른 설명글의 척도

| | 11세 | 17세 | 24세 |
|---|---|---|---|
| **평균낱말길이**(Mean length of utterance in words, MLU-W) | 11.3 | 13.9 | 15.9 |
| 범위 | 5.5~19.3 | 8.9~23.8 | 11.1~27 |
| −1 SD | 5.5~8.3 | 8.9~11.9 | 11.1~14.6 |
| **총 낱말 수** | 146.9 | 188.5 | 262.9 |
| 범위 | 33~297 | 86~321 | 146~481 |
| −1 SD | 33~88 | 86~139 | 146~215 |
| 총 낱말 내 낱말 유형률 | | | |
| 접속사 | 0.3% | 0.77% | 0.83% |
| 범위 | 0~3.9% | 0~2.8% | 0~2.5% |
| 추상명사 | 2.7% | 5.7% | 7.8% |
| 범위 | 0~6.3% | 1.8~17.3% | 3.7~16.4% |
| 메타인지동사 | 1.3% | 1.9% | 2% |
| 범위 | 0~3.7% | 0~5.9% | 0~4.6% |
| **총 발화 수** | 13.6 | 14.7 | 17.3 |
| 범위 | 4~30 | 5~33 | 7~37 |
| −1 SD | 4~9.8 | 5~10.6 | 7~12.7 |
| 총 발화의 관계절 출현율 | 11.7% | 16.7% | 20.8% |
| **총 논리 수** | 6.8 | 7.9 | 12.7 |

출처 : Nippold, Mansfield, & Bellow(2007)

크고 연령대 간에 중복되는 부분도 많다. 이 수치들은 어떤 사안에 대하여 세 가지 견해를 제시해주고, 20분 동안 하나의 견해를 골라 그 주장을 뒷받침하는 내용을 쓰는 과제를 통하여 얻은 것이다. 그러므로 이 수치 자체는 과제에 따라 달라질 수 있다는 점을 감안하고 보아야 한다. 향후 이러한 자료 수집 방법에 대한 연구는 더 많이 이루어져야 한다.

### 철자 평가

철자 결함은 매우 복잡하여 간단히 설명하기가 쉽지 않다. 철자 평가를 위한 자료는 충분히 확보되어야 하는데 이는 오류 유형에 대한 전반적인 분석이 가능해야 하기 때문이다.

**자료 수집.** 철자 결함은 받아쓰기(dictation)와 자연스레 연결하여 쓰기(connected writing), 두 가지 모두를 통해 평가되어야 한다(Masterson & Apel, 2000). 받아쓰기 과제는 표준화검사든 단어목록을 통한 검사든 SLP나 교사가 단어를 읽어주고 아동이 받아쓰는 형식을 취한다. 표준화검사로는 Test of Written Language(Hammill & Larson, 1996), Test of Written Spelling(Larson & Hammill, 1994), 그리고 Wide Range Achievement Test-3(Wilkinson, 1995) 등이 있다.

낱말목록을 이용하는 경우에는 Bear, Invernizzi, Templeton 및 Johnston(2000)의 연구에서 사용한 것과 같이 미리 선정된 낱말목록을 사용할 수도 있고, SLP가 만든 낱말목록을 사용할 수도 있다. 낱말를 선택할 때는 발달수준을 고려해야 하며, 다양한 쓰기규칙이 나타나는 낱말들을 포함시켜야 한다. 예를 들어 낱말의 여러 위치에 들어가는 자음뿐 아니라 자음군, 형태론적 파생어, 이중모음, 'ch'나 'sh'처럼 두 개 이상의 철자가 한 소리를 내는 낱말(한국어의 예 : 삶, 닭), omit-omission과 같은 파생 어(한국어의 예 : 뺀다 – 빼기) 등을 포함시킨다. 낱말의 선택은 아동의 연령과 수준에 맞추어야 하며, 지나치게 이상하거나 낯선 낱말를 사용하는 것은 바람직하지 않다. 낱말의 수는 쓰기의 패턴을 찾아 낼 수 있을 정도로 충분해야 한다(Masterson & Apel, 2000).

문맥 없이 한 낱말만을 받아쓰게 하는 것은 실제 의사소통 문맥 속에서 사용하는 아동의 쓰기능력을 측정하는 데는 별 도움이 되지 않는다(Moats, 1995). 좀 더 기능적인 자발적 쓰기는 그림이나 이야기 혹은 제시되는 모음집으로 유도될 수 있다. 또한 낱말목록에서 추출된 표집낱말을 몇 개 제시해주고 그를 이용하여 문장이나 이야기를 쓰도록 하는 방법도 있다(Buchannan, 1989; Routman, 1991).

아동에게 철자가 바르게 사용된 낱말을 고르게 하는 과제는 좋은 평가방법으로 보이지만 실제로 그리 좋은 방법은 아니다(Ehri, 2000). 실제 아동의 생활에서 그러한 과제가 주어지는 일은 드물기 때문에 평가나 훈련에 있어서 그리 기능적이라고 할 수 없다.

**자료 분석.** 아동의 맞춤법에 드러난 철자 패턴(orthographic patterns)도 분석해야 한다(Bear et al., 2000). 개별오류가 심각한 경우라도 오류 패턴은 중재에 중요하게 활용될 수 있다. 특히 가장 자주 일어나는 패턴과 가장 드문 패턴을 아는 것이 좋다.

SLP는 아동의 잘못된 철자에 반영된 오류유형을 찾아내고자 한다. 오류가 특정 낱말 형태와 관련되어 있는지 살펴보기 위해서는 기본형(예 : 가르치다), 어형변화(굴절형, 예 : 가르쳤다), 및 파생어(예 : 가르침)를 따로 분석하는 것이 바람직하다. 철자쓰기는 낱말을 음소들로 나누고 적절한 글자를 선택함으로써 이루어진다. 그러나 글쓰기를 배우기 시작하는 초보자들에게 모든 낱말의 음소적 요소들이 그리 쉽게 드러나 보이지는 않는다. 특히 자음군이 어렵다. 그러므로 SLP들은 글씨 표집을 할 때 음절이나 낱말 속에, 혹은 다른 음소와 함께 자음군이 포함되도록 해야 한다. 흔히 자음군 중에서는 앞이나 뒤에 위치하는 자음보다는 안쪽에 위치하는 자음을 빠뜨리는 경우가 많다(예 : *snack*을 *SAK*으로 씀). SLP는 아동의 오류 패턴을 보고 음소적 오류인지(예 : *equate*를 EKWAT), 형태론적 오류인지(예 : 문법형태소의 생략), 혹은 의미적 오류인지(예 : *there, their, they're*과 같은 비슷한 소리가 나는 단어의 혼돈)를 설명할 수 있어야 한다(Bourassa & Treiman, 2001).

음운 과정은 초등학생들의 쓰기에 많이 연관되지만, 학년이 높아지면서 다양한 철자 전략을 사용하기 때문에 그 연관성이 줄어든다(Berninger et al., 1994). 만약 아동이 잘못된 철자를 사용한다면 그 오류는 음운 인식의 문제와 연관되어 있기가 쉽다. 반면 글자를 첨가하거나 생략하는 오류는 구어지각의 문제와 연관되어 있기가 쉽다(Moats, 1995).

또한 SLP는 아동의 오류가 철자규칙에 대한 지식의 부족인지도 살펴보아야 한다. 철자규칙에는 낱말 선택과 위치 제한 규칙이 포함된다. 예를 들어 'ts'는 사용될 수 있는 자음군이지만, 단어의 앞에 나올 수는 없다. 물론 러시아어의 'tsar'이나 일본어의 'tsunami'와 같은 예외도 있기는 하다. 이러한 지식은 그것이 과연 글자가 될 수 있는지, 그 오류가 영어 철자규칙을 위반한 것인지, 혹은 그 합성어가 수용할 만한 것인지를 살펴보게 한다. 철자제한 규칙들은 Mersand, Griffith 및 Griffith(1996)의 자료를 참고할 수 있다.

## 쓰기 결함 중재

쓰기 중재는 이야기 쓰기와 설명문 쓰기를 위한 일반적인 훈련과 구체적인 훈련, 둘 다를 포함할 수 있다. 쓰기를 배우려면 쓰는 연습이 필요하기 때문에 쓰기 중재는 실제로 쓰는 것에 초점을 맞춰야 한다. 중재가 교육과정에 기반을 두거나 실제 쓰기숙제에 기초한다면 일반화가 촉진될 수 있다.

집행기능은 '목표설정 – 세부계획 – 집행 – 평가' 절차로 이루어지는 쓰기 과정의 목표가 될 수 있다 (Ylvisaker & Feeney, 1996; Ylvisaker & Szekeres, 1989; Ylvisaker, Szekeres, & Feeney, 1998). SLP가 외상성 뇌손상(TBI)이나 주의력결핍 과잉행동 장애(ADHD), 혹은 다른 집행기능과 관련되는 장애의 근본요소를 경감시킬 수는 없지만, 이러한 장애를 가지고 있는 아동에게 어느 정도의 성공을 경험하게 도와줄 수는 있다(Ylvisaker & DeBonis, 2000). 그렇다고 SLP가 집행기능의 역할을 하라는 뜻은 아니다. 그럴 경우 아동에게는 거의 변화를 기대하기 어려울 수 있다. SLP는 아동의 삶을 원활히 할 수 있는 도구를 제공해주는 주는 것으로, 아동의 행동이나 처리과정을 변화시킬 뿐이다. 결국 SLP가 아동의 삶을 대신해줄 수는 없는 것이다.

중재는 아동에게 자신의 글쓰기 주제를 선택하도록 하는 데서 시작한다. 이는 아동에게 동기를 부여해주고 생각에 초점을 맞추도록 도와준다. 물리적인 쓰기 과정은 나중이다. 주제선택은 소집단일 때 수월하며 주제를 공유하면서 좀 더 많은 생각들이 유도되기도 한다.

다음으로 계획단계가 되면 SLP와 아동은 쓰기에 포함시킬 내용을 위해 다양한 생각해보기 (brainstorming)를 할 수 있다(Troia, Graham, & Harris, 1999). 이때 그림이나 구상도, 방사형 도표 등이 유용할 수 있다. 이야기 쓰기에서는 간단한 그림들을 그려놓고 적절한 순서로 배열하면서 구상할 수 있다. 상용화된 컴퓨터 프로그램을 이용할 수도 있는데, *The Amazing Writing Machine*(Broderbund, 1999)이나 *The Ultimate Writing and Creativity Center*(The Learning Company) 등이 있다. 또한 아동에게 자신의 글을 읽을 대상자를 생각해보라고 하는 것도 도움이 된다. SLP는 다음과 같은 질문을 활용할 수 있다(Graham & Harris, 1999).

누가 이 글을 읽나?

읽는 사람이 알고 있는 내용은 무엇인가?

읽는 사람이 무엇을 알아야 하나?

왜 이 글을 쓰나?

SLP와 아동은 컴퓨터를 보조기로 이용하여 쓰는 것을 선호할 수도 있다(MacArthur, 2000). *Inspiration*(Inspiration Software, 1997)과 같은 소프트웨어는 문장을 만들거나 후에 편집하는 것을 쉽게 해준다. 기계가 쓰기능력을 향상시켜주는 것은 아니지만 손으로 쓰는 것이 어려운 일부 아동들에게는 도움이 된다. 그러나 타이핑이 문맥 발달을 저해하거나 작업기억에 대한 새로운 부담으로 작용할 수도 있다. LD 아동의 경우, 쓰기 집행기능 훈련만을 받는 것보다는 집행기능과 단어처리기능을 같이 훈련받는 것이 쓰기의 질적 향상을 더 많이 초래한다는 점을 주목할 필요가 있다(MacArthur, Graham, Schwartz, & Schafer, 1995). 단어처리기능만을 훈련하는 경우에는 쓰기능력의 전반적인 향상을 초래하지 못한다는 점도 유의해야 한다(MacArthur & Graham, 1987; MacArthur et al., 1995; Vace, 1987).

다음으로 컴퓨터의 철자나 문법 검색 기능을 고려할 수 있다. 우리가 자주 경험하듯이 철자나 문법 검색 기능은 완벽하지 않다. 철자 검색은 철자를 다룬 장에서 살펴보기로 하고, 여기서는 문법 검색만을 살펴본다. 문법 검색 기능은 문법오류를 놓치는 경우가 많은데, 특히 중복오류가 있을 경우 어디에 오류가 있는지 파악하는 것은 검색자의 몫으로 남게 된다. 어떤 문법 검색 기능은 너무 엄격해서 글 쓰는 사람의 의도대로 진행하기가 매우 어려운 경우도 있다. 어떤 때는 세 번씩이나 다시 써야 넘어가기도 한다.

*Co: Writer*(D. Johnston, 1998), *Write Away 2000*(Information Services, 1989), *Clicker 5*(2005) 등과 같은 낱말예측 프로그램(word-prediction program)도 유용한데, 대부분 철자 예측을 위한 것이다(MacArthur, 2000; Ylvisaker & DeBonis, 2000). 이들은 대부분 음성합성(speech synthesis) 기능을 같이 가지고 있다. 철자만 입력하거나 철자와 문법을 같이 입력하기도 한다. 낱말예측 프로그램에서 중요한 것은 어휘들이 아동의 쓰기과제에 적합한지, 그렇지 않은지이다(MacArthur, 1999; Zhang, Brooks, Fields, & Redelfs, 1995). 예를 들어 *Co: Writer* 프로그램에서는 낱말의 빈도와 쓰기의 주제가 고려되었고, *Write Away 2000* 프로그램에서는 사용자가 어휘를 늘리거나 그러기 위한 특정내용별 촉진(prompts)을 사용할 수 있도록 하였다. 한편 *Clicker Plus* 프로그램은 아예 사용자가 특정 낱말을 내려받을 수 있도록 하였다.

그 외에도 말소리 인식 소프트웨어들은 사용자가 말로 작문을 할 수 있도록 하여서, LD 아동들이 길고 더 나은 수준의 글을 쓸 수 있도록 한다(Graham, 1990). 아동들은 이 프로그램을 쓸 때 말소리 인식력을 높이기 위해 말을 또박또박 해야 하며, 구두점이나 글의 양식을 말로 해야 한다. 말소리 인식 소프트웨어가 추가적인 문법검색 기능을 가지고는 있지만 표현언어 결함이 있는 아동들이 이용하기에는 어려움이 많다.

## 이야기글 쓰기

이야기글 쓰기(narrative writing)를 위해서는 제11장에서 제시한 바와 같이 이야기구조에 대한 구체적인 설명이 필요하다. 초기에는 그림이나 이야기틀(story frames)을 활용한 이야기 설명도(story maps)가 필요하기도 있지만, 차츰 아동이 이야기를 이끌어나가는 책임을 지게 되면서 이러한 보조자료들은 감소시키는 것이 바람직하다. 이야기틀(Fowler, 1982)은 주요한 이야기문법 요소가 시작될 때마다 쓰이는 쓰기 도입부이다. 이야기틀 문장이 완성되면 그 부분으로부터 이야기를 이어나가게 된다. 카드나 검토목록도 아동에게 이야기문법 요소를 상기시키는 데 사용될 수 있다(Graves, Montague, & Wong, 1990; Nontague et al., 1991).

아동이 쓰기를 하는 동안, 이야기 안내(story guides), 촉진(prompts) 및 약어 등을 사용하여 아동의 쓰기를 도울 수도 있다. 이야기 안내는 아동이 이야기를 구성할 수 있도록 돕는 질문들이고, 촉진은 이야기의 첫 문장과 끝 문장을 제시하는 것이다(Graves et al., 1990; Montague et al., 1991; Thomas, Englert, & Morsink, 1984). 배경(setting), 사건/발단(problem), 행동(action), 결말/후속사건(consequent events)의 순서를 상기시키기 위해 SPACE(Setting, Problem, Action, Consequent Events)라는 약어를 사용하는 것도 이야기 쓰기를 촉진시킬 수 있다(Harris & Graham, 1996). 아동들은 "더 말해봐."나 "다음엔 어떻게 됐는데?"와 같은 촉진발화를 들으며 더 많이 쓰기도 한다.

성숙된 이야기에서 발견되는 감정과 동기 등의 요소들은 LI 아동들의 이야기에서는 빠져 있는 경우가 많다. 이러한 요소들은 "쟤는 어떻게 느낄 거 같아?"라는 질문이나 그림 등을 통하여 유도될 수 있다.

## 설명글 쓰기

설명글 쓰기(expository writing)는 다음과 같은 절차를 포함한다. (1) 협력하여 계획 짜기, (2) 개별적이고 독립적으로 글쓰기, (3) 교사나 SLP, 또래와 의논하기, (4) 개별적이고 독립적으로 수정하기, (5) 마지막 편집하기(Wong, 2000). 글의 형식을 떠나서 계획하고, 쓰고, 수정하는 과정에서의 협력은 중요하다. 첫 단계에서 아동은 소리 내어 생각하고 의견을 내놓아야 한다. 이런 과정을 통하여 아동은 다른 관점에 대해 듣고 자신의 생각도 조정하는 기회를 가질 수 있게 된다.

주장문(opinion papers)을 쓰기 위해서는 가장 먼저 주제를 골라야 한다. 주제는 목록이나 학급에서 논의하는 과정에서 얻을 수 있다. 주제를 고른 후에는 친구나 SLP, 혹은 소집단에서 논의를 거친다. 다음에는 아동에게 계획서를 주고 자신의 생각을 정리하게 한다. 여기에는 '내가 믿는 것'과 '다른 사람이 믿는 것' 두 줄을 포함시킨다(Wong, 2000). 아동이 혼자 혹은 도움을 받아서라도 일단 글을 완성하면 SLP는 아동과 반대 견해에 대해 이야기하도록 한다. 이 과정은 아동이 자기의 견해를 옹호하거나 상대방 견해에 도전하면서, 자신의 견해를 분명히 하게 되며 독립적인 글쓰기를 준비하는 좋은 기회가 된다.

**표 13.9** 주장문을 위한 촉진카드의 예

| 글의 요소 | 예 |
| --- | --- |
| 배경/소개 | 내 의견으로는… <br> …라고 생각한다. <br> 내 견해로는… <br> …에 동의한다. <br> …에 동의하지 않는다. <br> 도움이 되는 단어들 : 첫째, 둘째, 마지막으로, 예를 들어 가장 중요한 것은…, 간주한다, …에 대해 생각한다, 기억한다. |
| 반대의견 | 하지만… <br> 그러나… <br> 반면에… <br> 대조적으로… <br> 그렇더라도… |
| 결론 | 결론적으로… <br> 양측 모두를 고려한 결과… <br> 요약하자면… |

출처 : Wong, Butler, Ficzere, & Kuperis(1996)

글의 각 주요 부분에서 핵심단어를 쓴 촉진카드를 사용하는 것은 독립적인 글쓰기를 포함한 대부분의 쓰기를 증진시킨다. 표 13.9에 촉진카드의 예를 제시하였다. 아동이 글을 마치면 SLP의 중재하에 친구의 피드백을 얻기 위한 의견교환의 시간을 갖는 것도 좋다. 이러한 피드백을 바탕으로 글을 수정하도록 한다.

쓰기의 각 단계에서 목록을 이용한 진전표를 작성하게 하는 것이 좋다. 쓰기 과정에서 시범을 보이는 것 외에도 이렇게 각 단계가 끝날 때마다 진전표를 작성하는 것 자체가 아동을 동기화시킨다.

비교-대조 글쓰기(compare-and-contrast writing)의 계획 과정도 유사하다. 여기서도 비교할 주제는 아동이나 사전에 준비된 목록, 혹은 교육과정 같은 데서 나올 수 있다. 다양한 의견 나누기 과정을 거쳐 아동과 SLP는 "우리가 이런 생각들을 어떻게 비교할까?"에 대한 해답을 찾으려 노력한다. SLP는 지각적인 결함을 가지고 있거나, 성인과는 매우 다르게 세상을 조망하는 아동들을 위해서 매우 '전형적인' 비교방법을 준비해야 한다.

아동들은 다음과 같은 쓰기 촉진을 통해 도움을 받을 수도 있다(Ylsivaker & DeBonis, 2000).

나는 내 글에서 …와 …를 비교할 거예요.
나는 두 개의(숫자는 상관없음) 특징을 골랐어요.
결론적으로…

앞에서도 언급한 것처럼 또래나 교사, SLP의 검토나 피드백은 아동이 수정하는데 도움이 될 수 있다.

**철자를 위한 중재**

SLP는 맞춤법을 가르쳐주는 교사는 아니다. 그러므로 SLP에게 이번 주 배워야 하는 낱말들의 철자를 가르치라고 하는 것은 부적절하다. SLP의 역할은 철자 자체가 아니라 철자를 배우는 방법을 가르치는 것이다.

음운 인식의 중재에 대한 논란도 여기서 다루는 것이 좋겠다. 조기 음운 인식 훈련이 철자에 도움이 된다는 것은 충분히 보고되었다. 음운 인식 훈련을 받지 않은 아동들에 비해, 훈련을 받은 아동들은 초등학교 중반기가 되면 철자 자체뿐 아니라 원형과 접사에 대한 지식인 형태론 인식능력을 활용해 철자를 하는 것으로 보고되기도 하였다(Kirk & Gillon, 2007).

중재를 위해 선정된 낱말들은 각 아동을 위해 개별화된 것이어야 하며, 교육과정과 아동의 요구, 모두를 반영한 것이어야 한다(Graham, Harris, & Loynachan, 1994). 철자 중재는 교실 내에서 실제로 쓰거나 읽는 활동들과 통합되어야 한다. 가장 바람직하기는 아동이 실제로 글을 쓸 때 맞춤법이나 철자규칙을 상기시키는 것이다(Scott, 2000). SLP는 수업시간에 잘못 사용한 철자들을 분석해서 이 낱말들에 대한 철자 전략에 대해 아동과 의견을 나눌 수 있다.

철자는 아동이 교정을 보거나 수정, 또는 편집할 때와 같이 실제적인 상황에서 가르치는 것이 좋으며 또래 피드백도 효과적이다(Graham, 1999).

촉진된 철자 쓰기(prompted spelling)는 아동에게 낱말을 확인하도록 도와주어서 낱말에서의 모음의 길이(장단)나 철자 패턴을 찾게 한다. 의존형태소 중재를 할 때 아동에게 형태소가 낱말에 추가되었을 때 어떤 일이 일어나는지 상기시킨다. 예를 들어 장모음과 단모음으로 된 낱말의 경우 *roping*(장모음 경우)과 *ripping*(단모음 경우)처럼 낱말에서 어떤 변화가 일어나는지 일깨워준다.

LD 아동들에게는 그림, 사물, 행동과 같은 다감각적 입력이 효과적이다(Graham, 1999). 제안된 5단계 다감각적 학습전략들은 (1) 단어를 말한다, (2) 다시 말하면서 쓴다, (3) 철자를 확인한다, (4) 맞으면 다시 말하면서 철자를 베낀다, 그리고 마지막으로 다시 단어를 쓰고 철자를 확인한다(Graham & Freeman, 1986).

8단계법(8-Step Method)(Berninger, Abbott, et al., 1998)에서는 (1) SLP가 자신의 손가락을 단어에 대면서 소리 내어 읽어 준다. (2) 음소–자소 대응을 가르쳐주기 위해서, 색깔로 구분한 철자군에 대응되는 음소를 강조하면서 단어를 다시 읽어준다. 예를 들어 'b'-'ea'-'d'를 /b/-/i/-/d/로 읽는다. (3) SLP가 철자 하나하나를 순서대로 지적하면 아동이 그 철자의 이름을 대게 한다. (4) 아동에게 눈을 감고 그 낱말을 마음속으로 그려보게 한다. (5) 눈을 감은 채 아동에게 들려주는 낱말의 철자를 소리 내어 말하게 한다. (6) 다음에는 이것을 쓰게 하고. (7) 쓴 것을 견본과 비교하게 한다. (8) 마지막으로 아동의 바른 철자를 강화해준다. 만약 아동의 철자가 틀리면 아동의 시도가 견본과 어떻게 다른지 지적해주고 다시 절차를 반복한다.

낱말분석(word analysis)과 특성 분류과제(sorting task)들도 철자규칙을 강화해주기 위해 사용할 수 있다(Scott, 2000). 훈련할 규칙은 아동의 철자오류를 분석하여 선정해야 한다. 선정된 규칙을 바탕으로 최소대조쌍(minimal pairs)을 만들어서 잘못된 철자로 인해 어휘가 어떻게 달라지는지 보여줄 수 있다(Masterson & Crede, 1999). 일반화를 촉진하기 위해서는 단어와 비단어를 사용해야 한다.

분류과제(sorting tasks)는 아동의 철자 수준에 따라 다르게 적용한다(Scott, 2000). 분류는 여러 가지 패턴이 가능하다.

- 형태론적(예 : *magic, magical, magically, magician*)
- 음운적(예 : *bake, back*에서의 '*-ke*'와 '*-ck*'처럼 모음의 길이 외에는 동일한 단어)
- 철자적(예 : *walked, jogged, glided*에서 나타나는 세 가지 형태의 '*-ed*'처럼 모음길이나 철자 형태는 유지하되 음운적 변형만 일어나는 경우)
- 구문적(예 : 명사, 동사, 형용사와 같은 낱말품사에 따라 접미사가 달라지는 경우)
- 의미적(예 : *magic, magical, magically, magician*)
- 음운적(예 : *to, too, two*)

철자 이름대기 단계의 아동들에게는 소리와 위치에 따라 분류하거나 모으는 과제가 적합하다. 예를 들어 첫 자음(initial consonants)에 따라 분류하기, 첫 이중자(digraphs 두 글자 한소리: 'sh'=/ʃ/)에 따라 분류하기 등이다. 최소대조쌍은 단모음 간 대조쌍, 장모음–단모음 대조쌍, 단자음–자음군 대조쌍, 이중자와 단자음 대조쌍 등이 가능하다. 한편 낱말 내 철자 인식 단계(within-word level)의 아동들에게는 모음 패턴, 각운, 혹은 동음이의어와 같은 좀 더 정교한 철자 패턴으로 분류하는 과제가 가능하다. 더 나중에는 음절 연결(syllable juncture)과 파생어 일관성(derivational constancy) 단계가 되는데, 이 단계에서는 어형변화 및 파생 접두사와 접미사에 대한 음절연결 규칙에 의해서 분류하는 과제를 사용한다. 예를 들어 열린 음절이나 닫힌 음절에 따라 자음을 겹치게 하기도 하고, 합성하면서 'y'를 'i'로 바꾸는 규칙 등이다. 최소대조쌍은 '-s'과 '-es'와 같은 접미사 어형변화나 'teach/teacher'과 같은 파생어 변형규칙에 의해서 구성한다.

비록 철자검색 기능이 완벽하지 않아서 아동들이 학습하는 데 무리가 있기는 하지만, 컴퓨터는 쓰기에 유용하며 편집을 도와한다. 일반적인 철자검색 기능은 철자오류로 인해 다른 낱말로 바뀔 경우 오류로 인식하지 않는다. 또한 컴퓨터가 대치하라고 제시하는 낱말들은 어휘능력이 떨어지는 아동들을 더욱 혼란하게 만들기도 한다. 특히 철자가 여러 개 틀린 낱말의 경우에는 원래 의도한 낱말과는 매우 동떨어진 낱말를 제안할 수도 있다. 철자검색이 LD 아동들에게 도움이 되는 경우는 단지 37% 정도에 불과하여 일반 아동들의 경우에 비해 현저히 떨어진다(MacArthur, Graham, Haynes, & DeLaPaz, 1996). 반면 단어예측 프로그램은 LI 아동들의 철자오류를 50% 이상 감소시켜준다. 물론 낱말예측 프로그램을 잘 이용하려면 낱말의 첫 글자정도는 바르게 쓸 수 있어야 한다(Newell, Booth, Arnott, & Beattie, 1992).

만약 LI 아동에게 철자를 잘 모르면 발음되는 대로 치도록 가르친다면 철자검색 기능을 통해 좀 더 정확한 낱말을 쓸 수 있을 수도 있다. 초고를 수정하고 편집하는 것 또한 바른 낱말철자의 수를 증가시킨다(McNaughton, Hughes, & Ofiesh, 1997). 인터넷 검색에서는 성공적인 검색을 위해서 낱말의 철자를 바르게 사용해야 하기 때문에 낱말철자 학습을 증진시키기도 한다.

철자훈련은 교육과정 중심의 쓰기처럼, 실제 쓰는 연습 속에서 이루어지는 것이 바람직하다. 이러한 활동을 하면서 아동들은 자신이 낱말의 일부나 앞소리 혹은 뒷소리를 찾아내는지 확인하는 것을 배울 수 있다. 그들은 또한 유사한 소리의 낱말이나 낱말이 나타나는 위치 등을 알아낼 수도 있다. 이러한 속성들은 바른 철자를 위해 확인되어야 한다. 모든 다른 방법들이 실패할 경우에는 사전에서 낱말을 찾을 수 있도록 해야 한다. 이는 개인이나 학급의 사전, 혹은 학과목에 따라 만들어진 사전을 사용함으로써 촉진될 수 있다.

## ∷ 결론

이제 이 책의 마지막 부분이다. 이 책을 통해 여러분의 사고가 도전받았기를 바라며 이 책이 여러분의 참고서적으로 사용되었으면 한다. 읽기에 있어서도 기능적 의사소통은 중요하다. 아동에게 읽고 쓰기를 훈련할 때는 아동이 학급에서 실제 읽고 쓰는 자료를 활용하는 것이 바람직하다. 학교언어치료사들은 아동의 환경에서 실제적인 활용이 되도록 중재하려고 한다. 다른 견해에 대해서도 우리는 살펴보았다. 예를 들어 부모들이 아동의 훈련에 참여하는 것을 언급하였다. 훈련에서의 단서나 강화물은 최대한 자연스러운 것이어야 한다. 읽기는 기능적이어야 한다는 사실이 중요하다. 꼭 기억하기를 바란다.

탈문맥적 훈련은 흔히 일반화 단계에서 실패한다… (Ylvisaker & DeBonis, 2000, p. 43)

# 부록 **A**
# 다문화–다언어 아동에 대한 고려사항

大개 지방이나 인종의 방언들은 표준어에서 아주 약간만 다르거나 한정된 수의 사람들만 사용한다. 그러나 3개의 인종 방언은 미국 인구의 비교적 큰 부분을 차지하면서 다수 미국 영어(Majority American English, 이하 MAE)[1]와는 매우 중요한 차이점이 있다. 이들 방언들은 아프리카계 미국 영어(African American English), 라틴계 영어(Latino English), 아시아계 영어(Asian English)이다. 아프리카계 미국 영어는 주로 미국 북부 도시 지역에 있는 노동자 계층의 아프리카계 미국인과 남부 농촌 지역의 아프리카계 미국인에 의해 사용된다. 모든 아프리카계 미국인들이 아프리카계 미국 영어를 사용하는 것은 아니고, 아프리카계 미국 영어를 사용하는 사람이 모두 아프리카계 미국인도 아니다.

라틴계 영어나 아시아계 영어라는 말은 아마도 잘못 명명된 것으로 보인다. 라틴계 영어는, 여기서 사용되듯이 영어를 제2언어로 배운 많은 이중언어 화자들에 의해 사용되는 영어를 통칭한다. 개인차는 학습 연령과 숙달 수준, 사용하는 스페인어 방언, 사회경제적 지위, 그리고 그 사람이 미국의 어디에 사는지 등을 반영한다. 아시아계 영어 또한 아시아어를 모국어로 쓰면서 영어를 제2언어로 배운 이중언어 화자들에 의해 쓰이는 언어를 통칭하는 것이다. 그러나 아시아계 영어는 실제 존재한다기보다는 우리의 논의를 간편하게 하기 위해 사용하는 것일 수도 있다. 아시아인들은 여러 언어를 사용하며, 각 언어는 영어를 학습하는 데 각기 다른 영향을 미칠 수 있다. 아시아계 영어도 라틴계 영어에서처럼, 원래 사용하던 언어 외에도 다른 개인적인 요인들의 영향을 받을 수 있다. 본 부록에서는 방언별로 좀 더 자세히 논의했고, 가능하면 내용을 표로 줄여서 이해를 도왔다. 각 방언은 MAE와 비교

---

1   6판에서는 표준 미국 영어(Standard American English)란 말 대신 다수 미국 영어(Majority American English)라고 바뀌었음(역주).

**표 A.1** 아프리카계 미국 영어(AAE)와 다수 미국 영어(MAE)의 음소 비교

| MAE 음소 | 단어 내 위치 | | |
| --- | --- | --- | --- |
| | 처음 | 가운데 | 끝* |
| /p/ | | 탈기식화된 /p/ | 탈기식화된 /p/ |
| /n/ | | | 선행 모음의 비음화 |
| /w/ | 특정 낱말에서 생략(I'as, too!) | | |
| /b/ | | 개방되지 않은 /b/ | 개방되지 않은 /b/ |
| /g/ | | 개방되지 않은 /g/ | 개방되지 않은 /g/ |
| /k/ | | 탈기식화된 /k/ | 탈기식화된 /k/ |
| /d/ | 특정 낱말에서 생략(I'on't know) | 개방되지 않은 /d/ | 개방되지 않은 /d/ |
| /ŋ/ | | /n/ | /n/ |
| /t/ | | 탈기식화된 /t/ | 탈기식화된 /t/ |
| /l/ | | 양순자음 앞에서 생략(help-hep) | 모음 뒤에서 'uh'(Bill-Biuh) |
| /r/ | | 생략 혹은 /ə/ | 생략 혹은 모음의 연장, 혹은 경과음화 |
| /θ/ | 탈기식화된 /t/ 혹은 /f/ | 모음 사이에서 탈기식음화된 /t/ 혹은 /f/ | 탈기식음화된 /t/ 혹은 /f/ (bath-baf) |
| /v/ | 때때로 /b/ | /m/와 /n/ 앞에서 /b/ | 때때로 /b/ |
| /ð/ | /d/ | 모음 사이에서 /d/ 혹은 /v/ | /d/, /v/, /f/ |
| /z/ | | 비음 앞에서 생략 혹은 /d/로 대치(wasn't-wud'n) | |

**합성자음**

/str/는 /skr/로
/ʃr/는 /str/로
/θr/는 /θ/로
/pr/는 /p/로
/br/는 /b/로
/kr/는 /k/로
/gr/는 /g/로

**종성 자음군**(이 자음군이 낱말 끝에 오면 두 번째 자음은 생략)

| | | |
| --- | --- | --- |
| /sk/ | /nd/ | /sp/ |
| /ft/ | /ld/ | /dʒd/ |
| /st/ | /sd/ | /nt/ |

\* 종성 자음의 약화

하였다. MAE는 개인의 방언에 영향을 받지 않는 규준으로 이루어진 것이다.

## 아프리카계 미국 영어

아프리카계 미국 영어는 미국의 복잡한 인종 및 경제사, 그리고 제2차 세계대전 이후 아프리카계 미국인들의 남부 농촌에서 북부 도시로의 이주를 반영한다. 아프리카계 미국 영어에는 지역차가 어느

**표 A.2** 아프리카계 미국 영어(AAE)와 다수 미국 영어(MAE)의 문법 비교

| AAE 문법 구조 | MAE 문법 구조 |
|---|---|
| **소유격 -'s** | |
| 낱말 위치가 소유를 나타낼 때는 의무적이지 않음 | 위치에 상관없이 의무적임 |
| Get *mother* coat. | Get *mother's* coat. |
| It be *mother's*. | It's *mother's*. |
| **복수형 -s** | |
| 수량사에는 의무적이지 않음 | 수량사에 상관없이 의무적임 |
| He got ten *dollar*. | He has ten *dollars*. |
| Look at the cat*s*. | Look at the cat*s*. |
| **규칙 과거형 -ed** | |
| 의무적이지 않음, 자음군처럼 줄임 | 의무적임 |
| Yesterday, I *walk* to school. | Yesterday, I walk*ed* to school. |
| **불규칙 과거** | |
| case by case, 어떤 동사는 활용하고 어떤 동사는 하지 않음 | 모든 불규칙 동사를 활용 |
| I *see* him last week. | I *saw* him last week. |
| **규칙 현재시제 3인칭 단수 -s** | |
| 의무적이지 않음 | 의무적임 |
| She *eat* too much. | She *eats* too much. |
| **불규칙 현재시제 3인칭 단수 -s** | |
| 의무적이지 않음 | 의무적임 |
| He *do* my job. | He *does* my job. |
| **부정사 an** | |
| 부정사 *a* 사용 | 모음으로 시작하는 명사 앞에서 an 사용 |
| He ride in *a* airplane. | He rode in *an* airplane. |
| **대명사** | |
| 대명사 동격 : 대명사가 명사 바로 뒤에 따라옴 | 대명사는 문장 내 다른 곳이나 다른 문장에서 사용, 동격으로 안 함 |
| Momma *she* mad. She… | Momma is mad. *She*… |
| **미래시제** | |
| *be going to* (gonna)을 더 자주 사용 | will을 더 자주 사용 |
| I *be going to* dance tonight. | I *will* dance tonight. |
| I *gonna* dance tonight. | I *am going to* dance tonight. |
| *be* 앞에서 *will* 생략 | *will* 반드시 사용 |
| I *be* home later. | I *will* (I'll) *be* home later. |
| **부정** | |
| 삼중 부정 | 삼중 부정이 없음 |
| *Nobody don't never* like me. | *No* one ever likes me. |
| *ain't* 사용 | Ain't는 허용되지 않음 |
| I *ain't* going. | I'*m not* going. |

**표 A.2** 아프리카계 미국 영어(AAE)와 다수 미국 영어(MAE)의 문법 비교 (계속)

| AAE 문법 구조 | MAE 문법 구조 |
|---|---|
| **서법 조동사** | |
| *might, could, should* 같은 형태의 이중 조동사 | 하나의 조동사 사용 |
| I *might could* go. | I *might be able* to go. |
| **의문문** | |
| 직접과 간접 형태가 같음 | 직접과 간접 형태가 다름 |
| What *it is*? | What *is it*? |
| Do you know what *it is*? | Do you know what *it is*? |
| **관계대명사** | |
| 대부분의 경우 의무적이지 않음 | *that*만 의무적이지 않음 |
| He the one stole it. | He's the one *who* stole it. |
| It the one you like. | It's the one (that) you like. |
| **조건의 if** | |
| 조건의 *if* 대신 *do* 사용 | *if* 사용 |
| I ask *did* she go. | I asked *if* she went. |
| **완료 구문** | |
| 먼 과거의 행위에 *been* 사용 | *been* 사용하지 않음 |
| He *been* gone. | He left a long time ago. |
| ***be* 동사** | |
| 축약할 수 있으면 의무적이지 않음 | 축약할 수 있으나 없으나 의무적임 |
| He sick. | He's sick. |
| **습관 혹은 일반적인 상태** | |
| be 동사 원형으로 표시 | be 사용하지 않음, 동사 활용함 |
| She *be* workin'. | She's *working* now. |

정도 존재한다. 음운, 구문, 형태론 측면에서 아프리카계 미국 영어와 MAE의 차이를 표 A.1과 A.2에 제시하였다.

## 라틴계 영어

이중언어 화자는 **코드 변환**이라는 처리 과정을 통하여 두 언어 사이를 이동한다. 코드 변환의 양은 두 언어에 대한 화자의 숙달 여부와 대화 상대자에 달려 있다. 물론 많은 양의 코드변환은 미국 영어만을 사용하는 단일언어 청자에게 있어서 화자의 영어를 이해하기 어렵게 한다.

대부분의 라틴계 영어의 특성들은 두 언어가 달라서 학습을 어렵게 만드는 간섭 지점(interference points)을 반영한다. 예를 들어 라틴계 영자 화자는 계속해서 "the dress of Mary."에서처럼, 소유물이

**표 A.3** 라틴계 영어와 MAE의 음소 비교

| MAE 음소 | 단어 내 위치 | | |
| --- | --- | --- | --- |
| | 처음 | 가운데 | 끝 |
| /p/ | 탈기식화된 /p/ | | 생략 혹은 약화 |
| /m/ | | | 생략 |
| /w/ | /hu/ | | 생략 |
| /b/ | | | 생략, 왜곡, 혹은 /p/ |
| /g/ | | | 생략, 왜곡, 혹은 /k/ |
| /k/ | 탈기식화 혹은 /g/ | | 생략, 왜곡, 혹은 /g/ |
| /t/ | | | 생략 |
| /d/ | | 치음화 | 생략, 왜곡, 혹은 /t/ |
| /ŋ/ | /n/ | /d/ | /n/ (*sing-sin*) |
| /j/ | /d*/ | | |
| /t/ | | | 생략 |
| /ʃ/ | /tʃ/ | /s/, /tʃ/ | /tʃ/ (*wish-which*) |
| /tʃ/ | /ʃ/ (chair—share) | /ʃ/ | /ʃ/ (*watch-wash*) |
| /r/ | 왜곡 | 왜곡 | 왜곡 |
| /dʒ/ | /d/ | /j/ | /ʃ/ |
| /Θ/ | /t/, /s/ (*thin-tin, sin*) | 생략 | /ʃ/, /t/, /s/ |
| /v/ | /b/ (*vat-bat*) | /b/ | 왜곡 |
| /z/ | /s/ (*zip-sip*) | /s/ (*razor-racer*) | /s/ |
| /δ/ | /d/ (*then-den*) | /d/, /Θ/, /v/ (*lather-ladder*) | /d/ |

**자음군**

/skw/를 /eskw/로*
/sl/을 /esl/로*
/st/를 /est/로*

**모음**

/l/을 /i/로 (*bit-beet*)

*자음군을 두 음절로 나눔

소유자에 선행하는 스페인어의 소유격을 사용할지 모른다. 음운, 구문, 형태론 측면에서의 MAE와 라틴계 영어의 차이는 표 A.3과 A.4에 제시하였다.

**표 A.4** 라틴계 영어와 MAE의 문법 비교

| 라틴계 영어 문법구조 | MAE 문법구조 |
|---|---|
| **소유격 -'s** | |
| 명사 뒤 수식어구를 사용 | 명사 뒤 수식어구는 매우 제한적으로 사용 |
| This is the homework *of my brother*. | This is my *brother's* homework. |
| 관사가 신체 부위와 함께 사용 | 소유 대명사가 신체 부위와 함께 사용 |
| I cut *the* finger. | I cut *my* finger. |
| **복수형 -s** | |
| 의무적이지 않음 | 예외를 제외하고는 의무적임 |
| The *girl* are playing. | The *girls* are playing. |
| The *sheep* are playing. | The *sheep* are playing. |
| **규칙 과거형 -ed** | |
| 의무적이지 않음, 특히 이해될 때 | 의무적임 |
| I *talk* to her yesterday. | I *talked* to her yesterday. |
| **규칙 현재시제 3인칭 단수 -s** | |
| 의무적이지 않음 | 의무적임 |
| She *eat* too much. | She *eats* too much. |
| **관사** | |
| 자주 생략됨 | 보통 의무적임 |
| I am going to store. | I am going to *the* store. |
| I am going to school. | I am going to school. |
| **주격 대명사** | |
| 주어가 전 문장에서 설명되었을 때는 생략 | 의무적임 |
| Father is happy. Bought a new car. | Father is happy. *He* bought a new car. |
| **미래시제** | |
| *go + to* 사용 | *be + going to* 사용 |
| I *go to* dance. | I *am going to* the dance. |
| **부정** | |
| 동사 앞에 *no* 사용 | *not* 사용 (필요하다면 앞에 조동사) |
| She *no* eat candy. | She does *not* eat candy. |
| **의문문** | |
| 억양 : 명사-동사 도치가 없음 | 보통 명사-동사 도치 |
| *Maria is* going? | *Is Maria* going? |
| **be 동사** | |
| 때때로 have 사용 | be 동사 사용 |
| I *have* ten years. | I *am* ten years old. |
| **부정 명령** | |
| *don't* 대신 no 사용 | *don't* 사용 |
| *No* throw stones. | *Don't* throw stones. |
| **do 삽입** | |
| 의문문에서 의무적이지 않음 | 조동사가 없을 때는 의무적임 |
| You like ice cream? | *Do* you like ice cream? |
| **비교급** | |
| 긴 형태(more)를 더 자주 사용 | 짧은 -er을 더 자주 사용 |
| He is *more* tall. | He is *taller*. |

## 아시아계

중국 문화와 언어는 수 세기 동안 다른 모든 아시아 문화와 언어에 영향을 미쳐왔다. 인도 대륙과 같은 다른 문화들도 주변 아시아 이웃들에 영향을 미쳤다. 식민지 지배, 특히 인도차이나에 대한 프랑스의 지배 역시 해당 지역의 문화와 언어에 영향을 미쳤다.

그러나 가장 광범위하게 사용되는 언어—중국어, 필리핀어, 일본어, 크메르어, 한국어, 라오스어, 베트남어— 도 아시아 언어의 일부만을 반영한다. 각 언어는 많은 방언을 가지고 있고 독특한 언어적 특성을 가진다. 아시아계 영어를 하나의 방언처럼 말하는 것은 불가능하다. 따라서 여기서는 아시아계 영어와 MAE 사이의 일반적인 차이점을 기술하고자 한다. 음운, 구문, 형태론 측면에서의 이러한 주요 차이점을 표 A.5와 A.6에 열거하였다.

**표 A.5** 아시아계 영어와 MAE의 음소 비교

| MAE 음소 | 단어 내 위치 | | |
| --- | --- | --- | --- |
| | 처음 | 가운데 | 끝 |
| /p/ | /b/**** | /b/**** | 생략 |
| /s/ | 왜곡* | 왜곡* | 생략 |
| /z/ | /s/** | /s/** | 생략 |
| /t/ | 왜곡* | 왜곡* | 생략 |
| /ʧ/ | /ʃ/**** | /ʃ/**** | 생략 |
| /ʃ/ | /s/** | /s/** | 생략 |
| /r/, /l/ | 혼동*** | 혼동*** | 생략 |
| /θ/ | /s/ | /s/ | 생략 |
| /ʤ/ | /d/ 혹은 /z/*** | /d/ 혹은 /z/*** | 생략 |
| /v/ | /f/*** | /f/*** | 생략 |
| | /w/** | /w/** | 생략 |
| /d/ | /z/* | /z/* | 생략 |
| | /d/*** | /d/*** | 생략 |

**자음군**

자음 사이에 /ə/ 삽입***
종성 자음군 생략****

**모음**

모음의 단축이나 연장 (seat-sit, it-eat*)
/I/, /ɔ/, /æ/의 어려움, /æ/를 /e/로 대치**
/I/, /æ/, /ɔ/, /ə/의 어려움****

\* 중국어의 Mandarin 방언만
\*\* 중국어의 Cantonese 방언만
\*\*\* Mandarin, Cantonese, 일본어
\*\*\*\* 베트남어만

**표 A.6** 아시아계 영어와 MAE의 문법 비교

| 아시아계 영어 문법 구조 | MAE 문법 구조 |
|---|---|
| **복수형 -s** | |
| 수 형용사와 함께 사용하지 않음 : *three cat* | 수 형용사와 상관없이 사용 : *three cats* |
| 불규칙 복수형과 사용: *the sheeps* | 불규칙 복수형과 사용하지 않음 : *the sheep* |
| **조동사 to be와 to do** | |
| 생략 : *I going home. She not want eat.* | 의무적이고 현재 진행형에서 활용함 |
| 원형 : *I is going. She do not want eat.* | *I am going home. She does not want to eat.* |
| **동사 have** | |
| 생략 : *You been here.* | 의무적이고 활용함 : *You have been here. He has one.* |
| 원형 : *He have one.* | |
| **규칙 과거 -ed** | |
| 생략 : *He talk yesterday.* | 의무적이고, 과대일반화하지 않고, 한 번 표시함 : *He talked* |
| 과대일반화 : *I eated yesterday.* | *yesterday. I ate yesterday. She didn't eat.* |
| 이중 표시 : *She didn't ate.* | |
| **의문문** | |
| 도치하지 않음 : *You're late?* | 도치하고 반드시 조동사 사용 : *Are you late? Do you like* |
| 조동사 생략 : *You like ice cream?* | *ice cream?* |
| **완료 표지** | |
| 생략 : *I have write letter.* | 의무적임 : *I have written a letter.* |
| **동사-명사 일치** | |
| 불일치 : *He go to school. You goes to school.* | 일치 : *He goes to school. You go to school.* |
| **관사** | |
| 생략 : *Please give gift.* | 특정 명사에는 반드시 사용 : *Please give the gift. She* |
| 과대일반화 : *She go the school.* | *went to school.* |
| **전치사** | |
| 잘못 사용 : *I am in home.* | 특정한 사용이 의무적임 : *I am at home. He goes by bus.* |
| 생략 : *He go bus.* | |
| **대명사** | |
| 주격/목적격 혼동 : *Him go quickly.* | 주격/목적격 구분 : *He gave it to her.* |
| 소유격 혼동 : *It him book.* | 소유격 구분 : *It's his book.* |
| **지시사** | |
| 혼동 : *I like those horse.* | 단수/복수 구분 : *I like that horse.* |
| **접속사** | |
| 생략: *You I go together.* | 일련의 항목들 마지막 두 개 사이에 반드시 사용 : *You and* |
| | *I are going together. Mary, John, and Carol went.* |
| **부정** | |
| 이중 표시 : *I didn't see nobody.* | 반드시 하나의 표시 : *I didn't see anybody. He didn't* |
| 단순화 : *He no come.* | *come.* |
| **어순** | |
| 명사 뒤에 형용사(베트남어) : *clothes new.* | 대부분의 명사 수식어는 명사 앞에 : *new clothes.* |
| 명사 뒤에 소유격(베트남어) : *dress her.* | 소유격은 명사 앞에 : *her dress.* |
| 타동사의 목적어 생략 : *I want.* | 대부분의 타동사와 함께 직접 목적어 사용 : *I want it.* |

# 언어 분석 방법

## 구문구조 단계 분석(ASS) 및 복문 발달(CSD) 분석

Miller(J. Miller, 1981)는 아동의 구문구조 단계 분석(Assigning Stuructural Stage, ASS)을 할 때 평균 발화길이(MLU), Brown의 14개 형태소에 대한 정확률(percent correct), 그리고 문장 분석(sentence analysis) 이 세 가지를 포함해야 한다고 제안하였다. 이 세 가지 측정치는 SLP가 아동의 발달 단계를 결정하고 아동의 문장 사용 형태를 기술할 수 있도록 한다.

분석은 언어표본 수집으로 시작한다. SLP는 분석을 위해 아동에게서 50에서 100발화, 혹은 15분의 대화 중 긴 것을 수집한다. 먼저, SLP는 아동의 발달 단계와 적절한 언어 연령을 결정하기 위해서 MLU를 산출한다. MLU 계산방법은 제7장에서 설명하였다.

MLU를 산출한 후에는 사용할 분석 방법을 정한다. SLP는 구문구조 단계 분석 절차와 복문 발달 분석 절차를 사용할 수 있다. 아동의 MLU가 3.0 미만이면 SLP는 구문구조 단계 분석만 하는 게 좋다. 그러나 아동의 MLU가 4.5 이상이면 SLP는 복문발달 분석만 한다. 그리고 3.0에서 4.5의 MLU에는 두 절차 모두 사용한다.

ASS를 분석할 때 Brown의 14개 형태소에 대한 정확률도 산출한다. 아동이 특정 형태소를 사용 또는 미사용하는지, 일관성 혹은 비일관성 있게 사용하는지를 결정하기 전에 그 형태소가 나타날 최소한의 발생횟수 혹은 출현가능 횟수가 먼저 결정되어야 한다. 형태소 정확률을 산출하기 위해서는 각 형태소에 대해 적어도 네 번의 시도는 확보되어야 한다.

형태소 정확률 값은 '정확하게 사용한 횟수'를 '사용해야만 하는 맥락의 총 횟수'로 나누어서 산출한다. 형태소 정확률을 산출하면, 그 수치에 해당하는 언어발달 단계에 대해 기술할 수 있다.

다음으로 SLP는 명사구, 동사구, 부정과 의문 발달이라는 네 개의 가능한 범주 안에서 각 발화를 분석한다. 각 발화를 명사구와 동사구로 나누고, 각 구는 그 구조를 가장 잘 설명하는 발달 단계를 결정한다. 부정 발화와 의문 발화 또한 그들의 발달 수준을 가장 잘 설명하는 단계를 결정한다.

SLP는 Miller(1981)가 각 발달 단계에서 제시하는 내용을 숙지하고 있어야 한다. Miller가 제시한 많은 내용들 중 일부를 표 7.25에 게재하였다. 여기서는 표 7.25의 일부 내용을 사용하여 분석 과정을 설명하도록 한다. "Want a big doggie."라는 아동의 발화를 생각해보자. 명사구 *a big doggie*는 명사에 하나의 관사와 하나의 형용사가 더해져서 확장되었다. 이 명사구는 문장의 목적어 자리에서 나타났다. 목적어 자리에서의 명사구 확장은 Stage II의 예이다(표 7.25의 '문장 간' 열 참조). 따라서 이 문장은 Brown Stage II의 명사구 발달 특성을 나타낸다. 동사구는 꾸며지지 않았고 주어도 없다. 이것은 Brown Stage I 발달을 나타낸다.

복문발달(Complex Sentence Development, CSD) 분석도 유사하지만, 분석을 위해서 다른 표본과 범주가 사용된다. 분석은 50발화보다는 아동 대화의 15분 샘플을 가지고 이루어진다. MLU가 3.0에서 4.5 사이인 아동의 경우 이 표본들은 중첩될 수 있다. 이 분석에서는 복문의 다섯 가지 측면을 살펴보는데, 1) 샘플 중 내포(embedding), 등위(conjoining), 접속(conjunctions)의 백분율, (2) 내포문의 유형, (3) 등위문의 유형, (4) 접속문의 유형, (5) 서로 다른 접속사의 수 등이다. 발달은 각 단계에서 50~90% 나타나는 문장형태와 90% 이상의 아동들이 보이는 문장형태에 의해서 규정된다.

CSD의 제한된 자료는 표 7.25에 포함시켰다. Stage V 이후에는 아동 중 90%가 15분 간의 표본 내에서 사용해야 한다. SLP는 완전한 분석을 위해서 CSD(J. Miller, 1981)를 참조해야 한다.

각 문장은 구문구조 단계나 CSD를 사용하여 분석하고 데이터는 요약한다. 대부분의 경우 아동은 여러 단계의 언어 형태를 보이게 되는데, 이때 SLP의 기술이 요구된다.

성숙한 언어 사용자조차도 때로는 덜 성숙한 언어 형태를 사용한다. 성인들은 매일 많은 양의 한 낱말 발화를 사용한다. 그러나 이러한 형태는 가장 특징적인 형태가 아니기 때문에, SLP가 사용자의 능력을 가장 정확하게 판단하기 위해서는 전반적인 언어 형태를 수집해야 한다. 이것은 언어장애를 가진 아동의 경우에도 마찬가지다. SLP는 그 아동의 가장 특징적인 행동을 확인해야 한다. 이것은 아동이 가장 빈번하게 사용하는 특정 단계에서의 행동일 수도 있고 가장 높은 성취 수준을 나타내는 행동일 수도 있다. SLP는 이것을 확인해야 한다.

이 두 가지 분석 방법, 즉 ASS 및 CSD로부터 얻은 모든 자료를 합쳐 하나의 발달 단계에 아동의 언어형태를 배정하고 아동의 언어형태를 기술한다. 기대 연령 이하에서 기능하는 아동은 중재가 필요할 수 있다.

# 문장발달점수

*Developmental Sentence Analysis*(L. Lee, 1974)에서 논의된 문장발달점수화(Developmental Sentence Scoring, DSS)는 가장 광범위하게 사용되며 잘 알려진 아동의 구문 및 형태론 발달 평가 방법 중 하나이다. 그렇다 해도 DSS를 사용해서 언어 샘플 점수를 정확하게 계산하기 위해서는 상당한 노력이 요구된다. 지침서의 설명이 분명하고 직접적이긴 하지만, 영어 구문과 형태론에 대한 완전한 이해가 필요하다. 척도가 아동 언어의 많은 측면을 평가하는 것은 아니기 때문에 이 척도를 여러 진단 척도들 중 하나로 보아야 한다.

여기서는 DSS의 주요 특성과 일반적인 문제들을 다루고자 하였다. 따라서 DSS 절차와 실제 적용에 대한 완전한 자료가 될 수는 없다.

아동의 언어표본을 평가하기 위해서 SLP는 서로 다른, 연속적인 50개의 문장을 수집한다. 항상 완전한 문장을 사용하는 화자는 없다. 따라서 문장이 아닌 발화는 그냥 버리고, 나머지 중에 50개의 연속적인 문장이 모일 때까지 수집한다. 아동 발화 중 문장이 50%가 안 된다면 DSS 분석을 시도하지 말아야 한다.

표본이 서로 다른, 연속적인 50개의 문장을 포함해야 하기 때문에 특별한 경우가 아닌 한, 반복된 문장은 버린다. 몇 개의 주절이 *and*로 연결되어 계속되는 문장은 나누어서 두 개 이상의 주절이 연결되지 않도록 한다. 예를 들어 다음과 같이 계속되는 문장은 표시된 대로 나누어야 한다.

[We went to the zoo, and I saw monkeys], [(and) we had a picnic, and I ate a hot dog,][(and)
I fed pigeons, and we came home on the bus.]

각 문장의 처음에 나오는 *and*("[*and*] we had…, *and*) I fed…")는 점수를 주지 않는다. *and*가 절을 연결하는 게 아니라, 주어, 동사, 또는 목적어를 연결하는 데 쓰인다면, 하나의 문장은 하나 이상의 *and*를 가질 수 있다. 예를 들어

Jorge, Maria, *and* Shanisa were throwing *and* kicking beach balls *and* soccer balls.

"Because I falled down"과 같이 접속사로 시작하는 문장은 샘플에는 포함되지만 접속사 자체가 절을 연결하지는 않았기 때문에 점수를 주지는 않는다.

각 문장은 여덟 개의 문법 범주에 기반하여 평가하고 해당 범주에 1에서 8점까지의 점수를 준다. 문장에서 보이는 각 구조는 그것이 나타날 때마다 점수를 준다. 예를 들어 표 B.1의 문장 1, "I don't know what I like"는 낱말 I가 두 번 나타났다. 따라서 I는 인칭대명사 항목에서 1점을 두 번 준다.

성숙한 형태로 여겨질 수 있는 문장은 문장 점수(sentence point)라는 추가 점수를 준다. 문장 점수는 문장의 성숙성 기준에서 볼 때 통사적으로나 의미적으로 정확할 때만 줄 수 있다. 아래는 문장 점수를

**표 B.1** 문장발달점수화를 사용한 언어 샘플 분석

문장발달점수화 형식

이름 :
D.O.B. :
D.O.K. :
C.A. :
점수 :

| 점수 | 부정 대명사 | 인칭 대명사 | 본동사 | 보조동사 | 부정 | 접속사 | 의문 도치 | Wh-의문문 | 문장 점수 | 총 |
|---|---|---|---|---|---|---|---|---|---|---|
| I don't know what I like. | | 1, 1, 6 | 4, 1 | | 4 | | | | 1 | 18 |
| What you like? | | 1 | 1 | | | | 2 | | | 4 |
| I don't know. | | 1 | 4 | | 4 | | | | 1 | 10 |
| He bes happy. | | 2 | inc | | | | | | | 2 |
| I want to go home. | | 1 | 1 | 2 | | | | | 1 | 5 |
| What's that? | | | 1 | | | | 1 | 2 | 1 | 5 |
| I can't go now. | | 1 | 4 | | 4 | | | | 1 | 10 |
| | | | | | | | | | | |
| | | | | | | | | | | |
| | | | | | | | | | | |

줄 수 없다.

> Carol and me went to the store.
>
> Nobody didn't go.
>
> I got six pencils in my desk.

표 B.1에서, 문장 2 "What you like?"는 4점을 받는데, 성숙한 형태의 문장으로 받아들여질 수 없기 때문에 문장 점수를 추가로 줄 수는 없다. 반면 문장 3 "I don't know"는 문장 점수를 준다.

문장의 구조에 대하여 시도 표시(attempt markers)나 불완전 표시(imcomplete markers)를 줄 수 있다. 시도 표시— 점수 자리에 선이나 하이픈— 는 구조가 시도는 되었으나 틀렸을 때 준다. 문장 4 "He bes happy"에서처럼, 그 문장은 문장 점수를 줄 수는 없다. 대화상으로는 적절하지만 불완전한 표면 구조는 점수 자리에 불완전 표시 'inc'로 적는다. 그 구조가 대화상 용인할 수 있다면 문장 점수를 준다. 예를 들어 다음의 대화에서 아동의 반응은 본동사는 불완전 표시를 주지만, 문장 점수는 추가로 줄 수 있다.

> SLP : Who let the guinea pig out?
>
> 아동 : I didn't. (I didn't [let him out])

시도 및 불완전 표시는 DSS에 익숙하지 않은 이들에게는 사용하기 어렵고 헷갈린다. 이것들은 점수에는 큰 영향을 주지 않지만, SLP가 어디서 중재를 시작해야 할지 결정하는 것을 돕기 위한 것이다. 이 결정은 다른 데이터를 기준으로 이루어질 수도 있다.

각 문장의 점수치는 다른 모든 문장의 점수치와 더해진다. 점수를 산출하기 위해 이 총합을 문장 수(대개 50)로 나눈다. SLP는 이 수치가 MLU가 아니라 DSS 점수라는 것을 기억해야 한다. 두 수치는 전혀 다르다.

다음으로 SLP는 아동의 수행을 해당 연령의 다른 아동들과 비교하기 위하여 DSS 점수를 연령 점수표에 적용한다. 매뉴얼에 따르면 10%ile 미만에 위치하는 점수를 받은 아동은 치료를 고려해야 한다.

DSS의 가장 일반적인 문제점은 문법 단위 결정 및 점수산출과 관련된다(Lively 1984). 더 깊은 논의를 위해서는 Lively(1984)나 Hughes, Fey 및 Long(1992)을 참고할 수 있다.

### 다문화-다언어(CLD) 아동을 위한 수정

DSS는 그 특성상 CLD 아동의 언어 능력을 평가하는 데 사용하기에는 부적절한 도구이다. 그러나 이에 대해 약간의 발전이 있었다. 예를 들어 BESS(Black English Sentence Scoring)은 DSS 형식을 유지하면서 아프리카계 미국 영어의 사용을 측정하려는 긍정적인 시도이다.

---

> **요약**
>
> 비록 DSS 점수와 아동의 LI 유형 및 정도 사이의 관련성에 대한 유효한 데이터는 없으나, DSS는 좋은 양적 측정도구이다(Hughes et al., 1992). MLU를 맞춘 또래들에 비해, LI 아동들은 본동사와 대명사 범주에 더 많은 어려움을 갖는 경향이 있고, 보조 동사, 부정, 접속사에 어려움을 가질 수 있다. DSS는 유연성이 있어서 흑인 영어 화자를 위해 수정되었고, 6세에서 10세 아동으로 확장되었으며, 컴퓨터 버전으로 전환되었다. 비록 컴퓨터화된 프로파일 SALT에서 DSS 점수체계가 전산화되었으나(Long, Fey, & Channell, 2000), 손으로 매긴 DSS와의 신뢰성 비교는 프로그램의 개선이 더욱 필요하다고 제안하였다(Channell, 2003).

## 체계적 언어 전사(SALT)

체계적 언어 전사(Systematic Analysis of Language Transcripts, SALT for Windows, Version 6.1)(J. Miller & Chapman, 2003)는 현재 가장 촉망받는 컴퓨터 분석 방법 중 하나이다. Assigning Structural Stage/Complex Sentence Development(J. Miller, 1981)에 근거해서, SALT는 IBM PC와 Macintosh 컴퓨터를 사용하도록 고안되었다. SALT는 제한되기는 하지만 그 범위 내에서 언어 샘플의 형태론, 구문론, 의미론적 측면을 분석한다.

같이 컴퓨터를 보지 않으면서 컴퓨터 보조 언어 수집 및 분석(computer-aided language sampling and analysis, CLSA)을 설명하기는 쉽지 않지만, 여기서는 간단한 설명만 하면서 Hammett Price, Hendricks 및 Cook(2010)의 교육 사이트와 SALT 웹사이트(www.saltsoftware.com/originaltraining)를 참조할 것을 제안한다.

CLSA는 다음의 4단계 과정으로 개념화할 수 있다(Hammett Price et al., 2010).

- 언어표본 발화를 유도하고 기록하기
- 언어표본을 전사하기
- 언어표본 결과를 분석하고 해석하기
- 결과를 활용하여 치료 계획을 세우고 치료에 대한 반응에 대해 모니터링하기

언어표본 발화를 유도하는 것에 대해서는 제6장에서 다루었으므로 여기서는 생략하기로 한다. 사운드 카드와 적절한 메모리, 외장 마이크로폰, Audacity(http://audacity.sourceforge.net) 같은 음성 기록 소프트웨어, 표본 발화를 유도할 자료, Transcriber(http://sourceforge.net/projects/trans) 같이 표본을 전사할 소프트웨어, SALT 소프트웨어(Miller & Iglesias, 2006) 등이 필요하다.

## 언어표본 전사

SALT 분석 프로그램을 사용할 때 핵심은 전사를 정확하게 하는 것이다. SALT 전사에서는 전사자가 선택할 경우 아동의 발화는 'C'로, 검사자의 발화는 'E'로 표시된다. 각 발화의 끝에는 마침표를 찍어야 한다. 목표로 하는 분석의 유형에 따라 SLP가 의사소통 단위(C-units)나 수정 의사소통 단위, 혹은 음운 단위(P-units)를 나누는데, 그 방법은 SALT 온라인 매뉴얼에서 설명하고 있다. 마지막으로 SLP가 할 일은 발화의 시작과 끝의 경과시간을 표시하는 것으로, 표본의 시작점에서는 *0.00*, 마지막 지점에서는 *8.34*와 같이 분과 초로 표시한다.

쉼, 반복, 수정 등은 *We (saw saw) saw (a) (um) a big horsie*에서처럼 가로 속에 넣는다. 또한 긴 쉼은 *We (saw saw) saw (a) (um):03 a big horsie*처럼 경과시간을 초로 표시한다.

아동의 발화를 전사한 후에는 아동 언어의 특징적 자질을 분석한다. SALT 프로그램이 표본을 정확하게 분석하기 위해서는 이러한 자질들이 정확하고 신뢰롭게 기록되어야 한다. SALT 소프트웨어는 초기나 수정과정에서 전사할 때 전통적인 전사 방법을 어떻게 적용할지를 보여주는 훈련 예시를 포함하고 있다. SLP는 최상의 효과를 위해서 다음과 같은 네 가지 특징 자질을 표시해야 한다.

- 불명료한 낱말
- 생략
- 의존 형태소
- 낱말과 발화 오류

SLP는 불명료한 낱말을 표시함으로써 이러한 발화를 분석에서 제외시킬 수 있다. 불명료한 낱말은 X로 표시하며, 불명료한 부분(segment)은 XX로, 불명료한 전체 발화는 XXX로 표시한다.

생략은 별표로 표시한다. *We wa\* wa\* want some candy*에서와 같이, 낱말의 부분에서는 별표를 뒤에 붙인다. 반면 *Three dog/\*s*나 *We went \*to school*에서와 같이 생략된 의존형태소와 낱말은 별표 앞에 표시한다.

의존형태소들은 다음과 같이 표시한다.

- 복수를 나타내는 *s*(bike/s, boy/s)
- 소유를 나타내는 *z*(Suzy/z)
- 과거형(want/ed, play/ed)
- 3인칭 단수(does = do/3s, eats = eat/3s)
- 동사 활용(go/ing, jump/ing)
- 부정어 축약(do/n't, can/'t)
- 축약 동사 형태(I/'m, we/'re, he/'s)

각 의존형태소는 '/'로 어근과 분리한 후 부호화된 형태소를 적는다.

　마지막으로 낱말이나 발화 오류는 EW나 EU로 표시한다. 낱말에서는 *We was* [EW:were] *going too* 에서처럼 EW로 표시한다. 오류 발화에서는 [EW:were]에서처럼 오류를 수정하지 않고 [EU]라고만 기록한다.

## 언어표본 결과의 분석 및 해석

SLP는 아동의 언어표본을 분석하기 위해 SALT 프로그램을 열고 지침대로 새 전사 파일을 생성한다. 이 과정에서 아동의 이름이나 연령과 같은 개인 식별정보를 입력한다. 다음에는 텍스트 파일에서 아동의 표본을 복사해 새 전사 파일로 옮겨놓는다. 분석을 시작하기 전에 'check' 메뉴를 선택하여 입력에 오류가 있는지 확인한다. 여기까지 되었으면 이제 분석할 준비가 된 것이다.

　프로그램에 표준 분석을 명령하면 표본에서의 명료한 발화 수, 경과시간, 분당 낱말 수, MLU, 다른 낱말 수, 혼돈된 발화 수(number of mazes), 쉼 길이, 생략된 낱말과 형태소 수, 오류 낱말과 발화 수와 같은 결과를 받아볼 수 있다. 표준 분석을 원한다면 SALT 메뉴에서 'database'를 선택하고 다시 'standard analyses'를 선택하면 된다. 또한 데이터베이스 메뉴에서 비교 표본을 선택하면 대화나 이야기 표본에 대한 연령일치나 학년일치 대조군과 비교해볼 수도 있다. 이때 전체 전사자료를 비교하도록 선택하거나 낱말이나 발화 수를 맞추어 비교하도록 선택할 수도 있다. 이러한 선택이 완료되면 가능한 비교군 표본들을 제시해주는데, 이때 SLP는 어떤 세트를 사용할지 선택해야 한다. 이때 25명 이상의 또래 발화와 비교하며 표본에서 가능한 많은 발화를 사용하는 것이 좋다(Hammett Price et al., 2010). 데이터베이스 비교 표본을 선택하고 나면 원하는 분석과 표준편차를 설정하는 SALT 창이 뜬다. 적어도 처음에는 디폴트 설정인 'standard masures'와 1-*SD* 간격을 선택하는 것이 바람직하다(Hammett Price et al., 2010). 결과물은 앞에서 언급한 것처럼 각 측정치에서의 아동 점수나 데이터베이스에서의 평균치를 제공하며 대조군의 평균이나 표준편차와 비교하여 아동의 점수가 어느 정도인지 비교해준다. 표준 측정이 익숙해진 SLP는 목표 자질을 포함하는 표본이나 발화 목록의 추가적인 분석을 요구할 수 있다.

　평가 결과를 해석하기 위해서는 언어발달이나 장애에 대한 SLP의 전문지식이 요구되며, 이는 SALT 분석이나 다른 CLSA 방법들을 사용하는 경우에도 마찬가지다. SLP는 SALT 결과를 분석할 때도 아동 수행의 강점과 약점을 고찰해야 한다. SALT에서는 비교집단의 표본과 편차가 나타나는 측정치에 대해서 별표를 표시해주는데, 이러한 편차의 의미에 대해서는 SLP가 임상적인 결정을 내려야 한다.

## 치료 계획 설정 및 치료에 대한 반응 모니터링

특정한 언어장애 수행 패턴을 나타내는 SALT 결과를 분석한 후에는 중재를 위해 어떤 영역을 목표로 할 것인지를 결정해야 한다. SALT 자료는 각 목표의 기초선을 설정하거나 습득효과를 측정하는 데 사용할 수 있다.

SLP가 아동의 치료에 대한 반응을 평가하기 위해서는 전통적인 언어표집법과 유사한 과제를 사용하여 아동의 진전도를 평가할 수 있다. 아동의 현재 표본을 이전의 표본과 비교하면서 진전도를 평가할 수 있는데, 이는 전반적으로 비교하거나 중재에서 목표로 한 특정 언어자질에 대해 비교할 수도 있다. SALT를 통해서는 동일한 아동에 의해 산출된 두 개의 표본끼리도 비교할 수 있다. 'Link' 메뉴를 선택해서 데이터베이스로부터 아동의 두 표본을 연결하면 된다.

## ∷ 결론

전사 자료를 컴퓨터에 입력하는 데 익숙해지면 SALT는 SLP가 쉽게 사용할 수 있으며 유용한 다용도의 분석 방법이다. 그러나 다른 컴퓨터 분석 방법들처럼 이것도 대단한 만병통치약이 아니다. 현재 대부분의 결과는 SLP가 데이터를 입력할 때 표시한 수치들의 계산이다. 따라서 수치들이 정확하게 표시되었는지 확인하는 데 특별한 주의가 요구된다.

부록 **C**
# 영어의 형태론적
# 접두사 및 접미사

**표 C.1** 접두사 및 접미사

| 파생어 | | 굴절어 |
|---|---|---|
| **접두사** | **접미사** | |
| a- (안, 위, 속, 어떤 의미의) | -able (할 수 있는, 경향성, 가능성) | -ed (과거) |
| bi- (두 번, 둘) | -al (적합한, −와 같은, 행동, 과정) | -ing (현재) |
| de- (부정, 하강, 반대) | -ance (행동, 상태) | -s (3인칭 단수형) |
| ex- (밖, ~부터, 통하여) | -ation (명사로의 행동 표시하기) | -'s (소유격) |
| inter- (상호작용적인, 함께) | -en (부사로부터 동사의 형태로 사용하기) | |
| mis- (부적당한, 부정, 틀린) | -ence (행동, 상태) | |
| out- (여분의, 이상의, 아닌) | -er (행위자를 나타내는 접미사) | |
| over- (이상의) | -est (최상급) | |
| post- (뒤에, 후에) | -ful (가득찬, −하는 척) | |
| pre- (까지, 전에) | -ible (할 수 있는, 경향성, 가능성) | |
| pro- (−를 지지하는) | -ish (−에 속하는) | |
| re- (다시, 거꾸로 하는 행동) | -ism (학설, 상태, 실제) | |
| semi- (절반) | -ist (무언가를 하는 한 명) | |
| super- (상위의) | -ity (추상명사에 사용) | |
| trans- (상호적인, 넘어서) | -ive (경향성 또는 연관성) | |
| tri- (셋) | -ize (행동, 정책) | |
| un- (아닌, 반대의) | -less (−없이) | |
| under- (아래의) | -ly (형용사 형태로 사용) | |
| | -ment (행동, 결과, 의미, 상태) | |
| | -ness (질, 상태) | |
| | -or (행위자를 나타내는 접미사) | |
| | -ous (전부, 가진, 좋아하는) | |
| | -y (경향이 있는) | |

# 부록 D
# 간접적 유도 전략

간접적인 유도전략은 매우 다양할 수 있는데 우리는 오랫동안 다음의 두 문장에만 의존해온 경향이 있다.

> "네가 뭘 보는지 나에게 말해줘."
> "나한테 전체 문장을 말해줘."

여기에 기술한 내용들은 어느 날 내게 떠오른 몇 가지 대화 전략들이다. 이 목록은 예로서 절대적인 것은 아니다.

**표 D.1** 간접적 유도 전략

| 전략 | 목표 | 예시 |
|------|------|------|
| 황제의 새 옷 | 부정문 | 임상가 : 셜리, 너무 예쁜 노란 부츠구나!<br>아동 : 난 부츠를 신지 않았어요. |
| 전달하기 | 정보 요구 | 임상가 : 존, 린다의 숙제가 어디 있는지 아니?<br>아동 : 아니요.<br>치료사 : 린다가 아는지 물어볼래?<br>아동 : 린다! 네 숙제 어디 있니? |
| 규칙 위반<br>("Silly rabbit") | 명령하기,<br>지시하기 | 임상가 : 이게 네 샌드위치야.<br>아동 : 아무것도 안 들어 있잖아요.<br>임상가 : 너는 내가 만드는 거하고는 다른 샌드위치를 좋아하는<br>　　　　　구나. 뭘 원하는데?<br>아동 : 땅콩 버터요.<br>임상가 : 내가 그걸 어떻게 해야 하지? |

**표 D.1** 간접적 유도 전략 (계속)

| 전략 | 목표 | 예시 |
|---|---|---|
| 수다스럽지 않은 사람 | 정보 요구 | 임상가 : (아동 앞에 관심 가는 사물을 놓으며) 얘야, 이거 괜찮니?<br>아동 : 그게 뭔데요?<br>임상가 : 피비디지빗. (여기서 멈추고 더 이상의 정보를 주지 않는다.)<br>아동 : 그게 뭘 하는 건데요? |
| 내가 가진 것 | 행동 요구 | 임상가 : 이 가방 안에 든 걸 보여주고 싶어 참을 수가 없네! 이건 정말 멋지거든. (아동의 반응을 기다린다.) |
| 내가 한 것 알아맞추기 | 정보 요구,<br>과거시제 동사 | 임상가 : 내가 어제 공원에서 뭘 했을지 추측해봐.<br>아동 : 조깅? 꽃을 꺾었나요? 피크닉을 즐겼나요? |
| 얼버무리기 | 질문하기 | 흥미로운 이야기의 절정 부분이나 농담에서의 핵심 부분에서 말을 얼버무려, 아동이 내용을 파악하기 어렵게 만든다. 필요하다면 방금 무슨 얘기를 했는지 되묻는다. |
| 누군가에게 묻기 | 정보 요구 | 임상가 : 뭐가 필요한가요?<br>아동 : 설탕이요.<br>임상가 : 난 그게 어디 있는지 몰라. 샐리에게 설탕이 어디 있는지 물어보는 게 어때? |
| 규칙 알기 | 사물 요구 | 임상가 : 내가 운동도구들을 잠시 치워뒀어. 필요한 거 있으면 나한테 말해라.<br>아동 : 줄넘기 필요해요. |
| 도움 요청하기 | 대화 개시 | 임상가 : 존, 케이시가 나를 도울 수 있는지 물어봐 줄래? |
| 의미 있는 목적을 둔 모방 | 나는 ___가 필요해요. | 임상가 : 여기 뭘 만들 수 있는 색종이가 많이 있어. 자, 필요한 사람? 나는 초록색이 필요해요. (하나를 고르고 기다린다.)<br>아동 : 나는 파란색이 필요해요. |
| '엉망으로 하기' 1<br>('Screw up') | 장소, 전치사 | 임상가 : 이 인형에게 옷 입히는 것을 도와줄 수 있니?(신발을 인형 머리에 씌운다.) 어떻게 해?<br>아동 : 아니에요. 신발은 인형 발에 신겨야죠.<br>임상가 : (발에 신발을 신긴다.) 그런데 이제 발이 모두 없어졌어.<br>아동 : 아니, 발은 신발 안에 있어요. |
| '엉망으로 하기' 2<br>('Screw up') | 부정문 | 임상가 : 여기 니 과자가 있어. (연필을 준다.)<br>아동 : 그건 과자가 아니에요. |
| 주제 요구 | 문장 | 임상가 : 네 생일 파티에 대해서 이야기 해보자. (공유된 정보가 아님) |
| 원하는 것으로부터 아동의 자발화 확장하기 | 부정사 | 아동 : 난 파스텔 크레용이 필요해요.<br>임상가 : 노래하기 위해서 크레파스가 필요하구나?<br>아동 : 아니오. 색칠하려고요.<br>임상가 : 뭐라구?<br>아동 : 나는 색칠하기 위해서 크레파스가 필요하다구요. |

# 부록 E
## 중재 활동과 언어 목표

**표 E.1** 활동과 목표

| 활동 | 명사 | 복수형 | 동사시제 | 형용사 / 명사구 | 부사 | 대명사 | 관사 / 지시어 | 전치사 / 공간개념 | 사물요구 | 도움요구 | 정보요구 | 부정 | 의문사 | 지시따르기 | 지시하기 | 순서화하기 | 순서짓기 | 주제 소개 및 유지 | 범주화하기 | 기록하기 | 예측하기 | 대화수정 | 화용적 기능 다양화 | 청각적 수행 맞추기 | 단어조합 | 어휘 |
|---|---|---|---|---|---|---|---|---|---|---|---|---|---|---|---|---|---|---|---|---|---|---|---|---|---|---|
| 장벽게임 | × | | × | × | | | | × | | | | | | × | × | × | | | | | × | | | × | | × |
| 몸 그리기 | | × | × | × | | | | × | | × | | | | × | × | × | | | | | | | | | | |
| 컬러폼 | × | × | × | × | | | | | | | | | | | | | | | | | | | | | | |
| *요리 | × | × | | × | | | × | | × | × | × | | × | × | × | | | | × | | | | | | | × |
| 다른 사람은 보지 못하는 그림 묘사 | × | | | × | | | | × | | | | | | | | | | | | | | | | | | × |
| 인형, 옷, 가구 | | | | × | | | × | × | | | | | | | | | | | | | × | | | | | |
| 옷 | | | | × | | × | × | × | × | | | | | × | × | | | | | | | | | | | |
| 옷 입히기 | | | | × | | | | | | | | | | | | | | | | | | | | | | |
| '어떻게' 설명하기 | | × | | | | | | | | | | | | | | | | | | × | | | | | | |
| 농장 또는 동물원 놀이 | | | | | × | | | | | | | × | | | | | | | | × | | | × | | | |
| 다른 사람의 활동 안내 | | | | | | | | × | | | | × | | | × | | | × | | | × | × | | | | × |
| 보물찾기-"나는 점점 따뜻해져." | | | | | | | | × | | | | | | × | × | | | × | | | × | | | | | |
| 인터뷰 | | | | × | | | | × | | | × | | × | × | × | | | × | | × | | × | | | × | |
| "나는 ___을 보았어요." | | | | | | | | | | | × | | × | | | | × | | | | | | | | × | |
| 제퍼디 게임 | × | | | | | | | | | | × | × | × | | | | | | | | | | | | | |
| 부억 놀이 | | | | × | | | | | × | × | | | | | | | × | × | | | | | × | | | × |

| 활동 | | | | | | | | | | | | | |
|---|---|---|---|---|---|---|---|---|---|---|---|---|---|
| 만들기 | × | | | | | | | | × | × | | | × |
| 지도 따라가기 | | | | | × | | × | | × | × | | | |
| 마임 | | | | × | × | | | | | × | | × | |
| 내 책 만들기 | | × | | | | × | | | × | × | | | × |
| 음악과 활동 춤 | | | | | | | × | | × | × | × | | |
| 자연과 과학 활동 | × | | | × | × | | × | | × | × | | | |
| 장애물 코스 | × | | × | | | × | × | | × | | × | × | |
| 활동 계획하기 | × | × | × | × | × | | | | × | | × | × | |
| 식물 심기 | × | × | × | × | × | | × | | | | | × | |
| 집 놀이 | × | × | | × | × | | | × | × | | × | | |
| 선생님 놀이 | × | | | × | | × | | | | × | | | |
| 쇼핑 준비 | × | | × | × | × | × | | | × | | | | |
| 손인형 놀이 | × | | | | | | | × | | | | × | |
| 물건 넣기 | × | | × | | | × | | | × | × | | × | |
| '안전한 마을'(허럼기 또는 유치원 이동을 위한 안전교육 교안) | × | | | × | × | | × | × | × | × | × | | |
| 사문 가라사대 게임 | | | | × | × | | × | | × | × | × | | |
| 레스토랑 시연 | × | | | × | × | × | | × | × | | | × | |
| 옷 고르기 | × | | | × | × | × | | × | × | | | | |
| 이야기하기(진실 또는 믿게 만들기) | × | | | × | × | × | | | | × | × | × | × |
| 전화 놀이 | | × | × | × | × | | | × | | × | × | × | |
| 티비 광고 | × | | × | × | × | | | | × | × | × | | |
| 소무 고개 | × | | | × | × | | × | | × | × | | | × |
| 설거지 | × | × | | | | | | × | | | | | |
| 나는 무엇일까? | | | | × | × | | × | × | × | × | × | | × |
| 나는 뭘 했지? | × | | | × | × | × | × | × | × | × | × | | × |

**표 E.1** 활동과 목표 (계속)

가능한 요리 활동 : 본 아이템을 활용하기 전에 반드시 땅콩이나 우유 등에 민감하거나 알레르기가 있는지 여부를 반드시 확인
할 것
 1. 쿠키, 컵케이크, 머핀
 2. 옥수수빵과 버터
 3. 식용 꿀벌 — 땅콩 버터 1/2컵, 꿀 1T + 1/3컵, 참깨 2T,맥아 2T을 섞는다.
    둥근 빵에 넣고, 코코아 파우더를 이용하여 벌의 줄무늬를 그리고, 아몬드로 날개를 사용한다.
 4. 잉글리쉬 머핀 피자
 5. 과일 샐러드 — 몇몇 언어를 유도하고, 이야기 거리를 위해 몇 개의 야채를 사용한다.
 6. 센데이 아이스크림
 7. 인스턴트 푸딩
 8. 밀크쉐이크 — 바닐라, 초콜릿, 바나나와 같은 다양함이 있음
 9. 땅콩 버터와 젤리 샌드위치
10. 땅콩 버터볼 — 꿀 1/2컵, 땅콩버터 1/2컵, 데운 우유 1컵, 오트밀 1컵을 섞는다.
    둥근 빵에 넣고, 냉장시킨다.
11. 땅콩 버터 '얼굴'샌드위치 — 땅콩 버터를 기본으로 하고, 건포도(눈), 땅콩(코), 초콜릿칩(입), 당근 또는 코코넛(머리카락)을
    사용하여 빵에 얼굴을 만든다.
12. 피크닉 런치
13. 팝콘과 팝콘볼

**만들기
 1. 시리얼 박스 악기 — 튼튼한 시리얼 상자 겉면에 기타와 비슷한 구멍을 뚫는다. 다양한 길이의 가죽 밴드를 상자 주변에
    펼쳐 당기고 그것들을 압정으로 나무 블록과 다리처럼 연결한다.
 2. 쇼핑백으로 만든 코스튬 — 눈모양 또는 얼굴 모양의 구멍을 뚫는다. 만약 원한다면 팔이 나오는 구멍도 뚫는다. 백을 꾸
    미고 아동이 뒤집어 쓴다.
 3. 쇼핑백으로 만든 카우걸(카우보이) — 쇼핑백은 겉옷처럼 만드는 것이 쉽다. 장식술을 달 수 있고, 스카프를 추가하면 더
    멋져 보인다.
 4. 벽지를 스크랩하여 신발 상자를 '방'으로 꾸민다.
 5. 음식 조각 — 갈린 코코넛 또는 양상추 곡물, 땅콩, M&Ms, 계피 사탕, 치즈 조각, 과일 반개, 샐러리 당근, 올리브, 마시멜
    로, 껌, 이쑤시개 등을 사용한다.
 6. 홀리데이 카드
 7. 연
 8. 종이 가방 손인형
 9. 종이 나비
10. 종이 꽃
11. 플레이도우 — 밀가루 2컵, 물 1컵, 샐러드 오일 1컵, 소금 1컵, 식용 색소를 섞는다.
12. 감자 그리고 스폰지 찍기
13. 향주머니 — 향료와 잘게 부서진 잎사귀와 시나몬 조각을 네모난 천에 넣는다. 천의 끝을 당여 리본으로 묶는다.
14. 눈사람 — 스치로폼, 파이프 담배, 향나무 향료와 이쑤시개를 사용한다.
15. 스테인드 글래스 – 보드판을 잘라낸다. 알류미늄 호일을 한쪽 끝의 잘라진 부분에 붙인다. 이 부분을 아래로 놓고, Elmer'
    s 풀을 가지고 구멍을 채운다. 식용 색소를 섞는다. 건조시킨다. 호일을 벗긴다. 햇살이 드는 창문에 건다.

주 : 부록 D와 제10장에 나와 있는 비언어적인 전략에서의 간적접인 유도 전략에서 이러한 활동이 다양한 언어적 자질로 유도될 수 있다.

# 학령 전 교실 환경에서
# 아동의 동화책 사용하기

### 중재에 사용할 책 활용

**중재목표**

**청각 기술**

## 청각적 인식

### 각운(Rhyming)

Aardema, *Bring the rain to Kapiti Plain* (M)

Ahlberg, *Each peach pear plum*

Alborough, *Where's my teddy?*

Anholt & Anholt, *Here come the babies*

Bang, *Ten, nine, eight* (M)

Deming, *Who is tapping at my window?*

deRegniers, *Going for a walk*

Jonas, *This old man*

Kandoian, *Molly's seasons*

Lear, *The owl and the pussycat*

Lotz, *Snowsong shistling*

Lyon, *Together*

Martin, *Brown bear, brown bear, what do you see?*

Martin, *The happy hippopotami*

Martin, *Polar bear, polar bear, what do you hear?*

Patron, *Dark cloud, strong breeze*

Philpot, *Amazing Anthony Ant*

Polushkin, *Mother, mother, I want another*

Seuss, *Hop on pop*

Stickland & Stickland, *Dinosaur roar!*

Wood, *The napping house*

## 청각적 기억

Bennett & Cooke, *One cow moo moo*

Hayes, *The grumpalump*

Hutchins, *Don't forget the bacon*

Hutchins, *The surprise party*

Numeroff, *If you give a mouse a cookie*          Auditory and visual memory

Numeroff, *If you give a moose a muffin*          Auditory and visual memory

Neitzel, *The jacket I wear in the snow*

Offen, *The sheep made a leap*                    Following directions

Smalls-Hector, *Jonathan and his mommy* (M)       Following directions

## 청각적 집중 및 기타 기술

Brown, *The noise book*                           Discrimination

Calmenson, *It begins with an A*                  Attending and synthesis

Carle, *The very hungry caterpillar*              Sequencing, auditory memory

deRegniers, *It does not say meow*                Auditory attending and processing

## 낱말 놀이

Barrett, *Animals should definitely not act like people*

Calmenson, *It begins with an A*

Carle, *The secret birthday message*

Hutchins, *Don't forget the bacon*

## 구문 및 형태

### 동사 시제

#### 현재진행형

Allen, *A lion in the night*

Barton, *Harry is a scaredy-cat*

Brown, *The runaway bunny*

Burningham, *Jangle, twang*

DePaola, *Pancakes for breakfast*

Ets, *In the forest*

Gelman, *I went to the zoo*

Hutchins, *The very worst monster*

Keats, *Over in the meadow*

Keats, *Peter's chair*

Krauss, *Bears*

Krauss, *The carrot seed*

Lear, *The owl and the pussycat*

Martin, *Brown bear, brown bear, what do you see?*

Martin, *Polar bear, polar bear, what do you hear?*

Martin & Archambault, *Here are my hands*

Mayer, *There's an alligator under my bed*

Noll, *Jiggle, wiggle, prance*

Peppe, *Odd one out*

Rockwell, *First comes spring*

Rockwell & Rockwell, *At the beach*

Sendak, *Alligators all around*

Van Laan, *Possum come a-knockin'*

Wood, *The napping house*

## 미래시제

Allen, *A lion in the night*

Zolotow, *Do you know what I'll do?*

## 과거시제

Aardema, *Bring the rain to Kapiti Plain* (M)

Arnold, *Green Wilma*

Arnold, *The simple people*

Baker, *The third-story cat*

Charlip, *Fortunately*

Chorao, *Kate's box*

Cole, *Monster manners*

DePaola, *Charlie needs a cloak*

DePaola, *The knight and the dragon*

Ehlert, *Redlead, yellow leaf*

Ets, *Play with me*

Everitt, *Frida the wondercat*

Ginsburg, *Good morning, chick*

Hayes, *The grumpalump*

Hutchins, *Goodnight owl*

Hutchins, *Rosie's walk*

Keats, *Over in the meadow*

Keats, *Peter's chair*

Kent, *There's no such thing as a dragon*

Knowlton, *Why cowboys sleep with their boots on*

Krauss, *The carrot seed*

Lear, *The owl and the pussycat*

London, *Froggy gets dressed*

London, *Let's go, froggy!*

Mayer, *Just me and my little sister*

Mayer, *There's an alligator under my bed*

Peppe, *Odd one out*

Ruschak, *One hot day*

Scieszka, *The true story of the 3 little pigs*

Tojhurst, *Somebody and the three Blairs*

Wells, *Noisy Nora*

## 명사—동사 일치

Barton, *Airplanes*

Barton, *Airport*

Barton, *Boats*

Brown, *Goodnight moon*

Lewin, *Jafta's mother* (M)

Sendak, *Alligators all around*

## 전치사

Ahlberg, *Each peach pear plum*

Appelt, *Elephants aloft*

Baker, *The third-story cat*

Banchek, *Snake in, snake out*

Brown, *The runaway bunny*

Brown, *A dark dark tale*

Carle, *The secret birthday message*

Chorao, *Kate's box*

Hill, *Spot's birthday party*

Hutchins, *Rosie's walk*

Krauss, *Bears*

Lillie, *Everything has a place*

London, *Let's go, froggy!*

Mayer, *There's an alligator under my bed*

Noll, *Jiggle, wiggle, prance*

Westcott, *The lady with the alligator purse*

Wheeler, *Marmalade's yellow leaf*

## 대명사

Brown, *Arthur's nose*

Brown, *The runaway bunny*

Chorao, *Kate's box*

Mayer, *Just my friend and me*

Mayer, *Just me and my little sister*

Roffey, *Look, there's my hat*

## 형용사/관현사

Asch, *The last puppy* (first/last)

Asch, *Little fish, big fish* (big/little)

Baker, *Hide and snake*

Baker, *White rabbit's coloring book*

Brown, *A dark dark tale*

Collington, *The midnight circus*

Davol, *Black, white, just right* (M)

Day, *Good dog, Carl*

Day, *Carl goes to daycare*

Day, *Carl goes shopping*

Day, *Carl's afternoon in the park*

deRegniers, *It does not say meow*

Geisert, *Oink, oink*

Gill, *The spring hat*

Glassman, *The wizard next door*

Graham, *Full moon soup or the fall of the Hotel Splendide*

Guarino, *Is your mama a llama?*

Guarino, *Tu mama es una llama?*

Hoban, *Is it rough, is it smooth, is it shiny?*

Hoban, *Exactly the opposite*

Hoban, *Is it larger? Is it smaller?*

Hudson & Ford, *Bright eyes, brown skin* (M)

Hutchins, *The very worst monster*

Jonas, *Reflections*

Jonas, *The 13th clue*

Jonas, *The trek*

Jonas, *Where can it be*

Kandoian, *Molly's seasons*

Keats, *Peter's chair*

Lester, *It wasn't my fault*

Martin, *Brown bear, brown bear, what do you see?*

Martin, *When dinosaurs go visiting*

Marzollo & Pinkney, *Pretend you're a cat*

Reiss, *Colors*

Rockwell, *Big wheels*

Viorst, *My mama says*

Wood, *The napping house*

## 소유격 -'s

Brown, *Arthur's nose*

Chorao, *Kate's box*

Gibbons, *The season of the Arnold's apple tree*

Keats, *Peter's chair*

Kraus, *Whose mouse are you?*

Yabuuchi, *Whose footprints?*

## 복수(규칙-s, 불규칙)

Brown, *Goodnight moon*

Ehlert, *Redlead, yellow leaf*

Ets, *In the forest*

Gibbons, *The season of the Arnold's apple tree*

Hoban, *Is it larger? Is it smaller?*

Kandoian, *Molly's seasons*

Keats, *Over in the meadow*

Lionni, *A color of his own*

Lukesova, *Julian in the autumn woods*

## 3인칭 단수 -s

Gibbons, *The season of the Arnold's apple tree*

LeSaux, *Daddy shaves*

Lester, *Clive eats alligators*

Loomis, *In the diner*

Tafuri, *This is the farmer*

## 동사

LeSaux, *Daddy shaves*

Lester, *Clive eats alligators*

Loomis, *In the diner*

Lyon, *Together*

Martin, *When dinosaurs go visiting*

Marzollo & Pinkney, *Pretend you're a cat*

Mayer, *Just my friend and me*

Numeroff, *Dogs don't wear sneakers*

Offen, *The sheep made a leap*

Shaw, *Sheep in a shop*

Shaw, *Sheep on a ship*

Shaw, *Sheep out to eat*

Smalls-Hector, *Jonathan and his mommy* (M)

Westcott, *The lady with the alligator purse*

Zolotow, *Do you know what I'll do?*

## 부정문 및 부가의문문

Burningham, *Mr. Gumpy's outing*

Kraus, *Whose mouse are you?*

Numeroff, *Dogs don't wear sneakers*

## SVO 문장의 사용

Burningham, *Skip, trip*

Burningham, *Sniff, shout*

## 비교급

Hoban, *Is it larger? Is it smaller?*

## 최상급

Ruschak, *One hot day*

## But 등위절

Scott & Coalson, *Hi*

## And then 절

Wolf, *And then what?*

## When 절

Schecter, *When will the snow trees grow?*

## Because 절

Porter-Gaylord, *I love my daddy because*

Zukman & Edelman, *It's a good thing*

## 관계절

Wood, *Silly Sally*

## 화용

Cole, *Monster manners*

Corey, *Everyone takes turns*

Meddaugh, *Martha speaks*

## 진술하기

Graham, *Full moon soup or the fall of the Hotel Splendide*

Lester, *It wasn't my fault*

Marzollo & Wick, *I spy*

Mayer, *Ah-choo* (No words)

Mayer, *A boy, a dog, a frog and a friend* (No words)

Mayer, *Frog goes to dinner* (No words)

Mayer, *Frog on his own* (No words)

Mayer, *Hiccup* (No words)

Mayer, *The great cat chase* (No words)

McCully, *Picnic* (No words)

McNaughton, *Guess who just moved in next door*

McPhail, *Emma's pet*

Novak, *Elmer Blunt's open house*

O'Malley, *Bruno, you're late forschool* (No words)

Raskin, *Nothing ever happens on my block*

Raschka, *Yo! Yes?*

Rathman, *Good night, gorilla*

Roe, *All I am*

Russo, *The great treasure hunt*

Schories, *Mouse around* (No words)

Spier, *Dreams* (No words)

Turkle, *Deep in the forest* (No words)

## 논하기

Porter-Gaylord, *I love my daddy because*

Roe, *All I am*

Small, *Imogene's antlers* (What if...)

Zukman & Edelman, *It's a good thing*

## 가상하기

Barrett, *Cloudy with a chance of meatballs* (If...then)

Small, *Imogene's antlers*

Spier, *Dreams* (No words)

## 터무니없음('ridiculous') 알아채기

Slepian & Seidler, *The hungry thing returns*

## 질문/대답

Charles, *What am I?*

Graham, *Full moon soup or the fall of the Hotel Splendide*

Marzollo & Pinkney, *Pretend you're a cat*

Raschka, *Yo! Yes?*

## 의미

### 어휘

Barton, *Airplanes*

Barton, *Airport*

Barton, *Boats*

Burningham, *Skip, trip*

Burningham, *Sniff, shout*

Carle, *The secret birthday message*

DePaola, *Charlie needs a cloak*

DePaola, *Pancakes for breakfast*

King, *Gus is gone*

King, *Lucy is lost*

Krauss, *Bears*

Marzollo & Wick, *I spy*

Marzollo & Wick, *I spy mystery*

Noll, *Jiggle, wiggle, prance*

Peppe, *Odd one out*

Reiss, *Colors*

Rockwell, *Big wheels*

Rockwell, *My kitchen*

Rockwell, *Things that go*

Rockwell, *Things to play with*

Rockwell & Rockwell, *At the beach*

Viorst, *Alexander and the terrible, horrible, no good, very bad day*

Yabuuchi, *Whose footprints?*

## 반의어

Butterworth & Inkpen, *Nice or nasty: A book of opposites*

Hoban, *Is it rough, is it smooth, is it shiny?*

Hoban, *Exactly the opposite*

Wildsmith, *What the moon saw*

## 범주어

Barton, *Airplanes*

Barton, *Airport*

Barton, Boats

Martin, *Brown bear, brown bear, what do you see?*

Martin, *Polar bear, polar bear, what do you hear?*

Rockwell, *Big wheels*

Rockwell, *My kitchen*

Viorst, *Alexander and the terrible, horrible, no good, very bad day*

Yabuuchi, *Whose footprints?*

Zolotow, *Some things go together*

## 낱말 연상

Zolotow, *Some things go together*

## 어리석은 말

Allard, *The Stupids die*

Allard, *The Stupids have a ball*

Allard, *The Stupids step out*

Barrett, *Animals should definitely not act like people*

Gwynne, *A chocolate moose for dinner*

Gwynne, *A king who rained*

Johnson, *Never babysit the hippopotamuses*

## 유의어

Wood, *The napping house*

## 비유어

Barrett, *Cloudy with a chance of meatballs*

Gwynne, *A chocolate moose for dinner*

Gwynne, *A king who rained*

Lewin, *Jafta*

Mccauley, *Why the chicken crossed the road*

Numeroff, *If you give a mouse a cookie*

Numeroff, *If you give a moose a muffin*

## 말소리

### Plosives

Aardema, *Bring the rain to Kapiti Plain* (M)

### Initial /b/

Anholt & Anholt, *Here come the babies*

Dunrea, *Deep down underground*

Kent, *There's no such thing as a dragon*

### Initial /s/

Arnold, *The simple people*

Barrett, *Cloudy with a chance of meatballs*

Carle, *A house for hermit crab*

Carle, *The very quiet cricket*

Dunrea, *Deep down underground*

Johnson, *The girl who wore snakes* (M)

Kennedy & Hague, *The teddy bears' picnic*

Kraus, *Milton the early riser*

Lewin, *Jafta's mother* (M)

Wood, *Silly Sally*

Zolotow, *Someday*

### Initial /k/

Barton, *Harry is a scaredy-cat*

Knowlton, *Why cowboys sleep with their boots on*

Oxenbury, *The car trip*

Sendak, *Pierre*

Viorst, *My mama says*

### /s/ blends

Barton, *Harry is a scaredy-cat* (Initial /sk/)

Borden, *Caps, hats, socks, and mittens* (Final /ts, ps/)

Keats, *The snowy day* (Initial /sn/)

Rockwell, *The first snowfall* (Initial /st/)

Rosen & Oxenbury, *We're going on a bear hunt* (Initial /sk/)

*Final /ts, ps/ blends*

Borden, *Caps, hats, socks, and mittens*

*Initial /r/*

Brown, *Big red barn*

Dunrea, *Deep down underground*

Capucilli, *Inside a barn in the country*

Carle, *A house for hermit crab*

Carle, *The very busy spider*

Ehlert, *Planting a rainbow*

Stinson, *Red is best*

*/v/*

Carle, *The very busy spider*

*Final /k/*

Carlson, *I like me*

DePaola, *Pancakes for breakfast*

Waddell & Oxenbury, *Father Duck*

*Initial /k/ blends*

Carle, *The very quiet cricket*

Jonas, *Where can it be*

*Initial /l/*

Carlson, *I like me*

Christelow, *Five little monkeys jumping on the bed*

Hale, *Mary had a little lamb*

Kraus, *Leo the late bloomer*

Shaw, *It looked like spilt milk*

Wood, *Quick as a cricket*

*Initial /g/*

Dunrea, *Deep down underground*

Galdone, *The three billy goats gruff*

Gantos, *Greedy greeny*

Jonas, *Where can it be*

*Initial /h/*

McCarthy, *Happy hiding hippos*

*Initial /p/*

Johnson, *Never babysit the hippopotamuses*

Teague, *Pigsty*

*Final /p/*

Seuss, *Hop on pop*

Shaw, *Sheep in a shop*

Shaw, *Sheep on a ship*

Shaw, *Sheep out to eat*

# 교실에서의 책 활용을 위한 참고문헌

Charner, K. (1993). *The giant encyclopedia of theme activities*. Mt. Rainier, MD: Gryphon House.

Gebers, J. (1998). *Books are for talking, too! A sourcebook for using children's literature in speech and language remediation*. Tucson, AZ: Communication Skill Builders.

Jett-Simpson, M. (Ed.). (1989). *Adventures with books: A booklist for pre-K-grade 6*. Urbana, IL: National Council of Teachers of English.

Lockhart, B. (1992). *Read to me, Talk with me (Revised): Language activities based on children's favorite literature*. Tucson, AZ: Communication Skill Builders.

Raines, S.C., & Canady, R.J. (1989). *Story s-t-r-e-t-c-h-e-r-s: Activities to expand children's favorite books*. Mt. Rainier, MD: Gryphon House.

Raines, S.C., & Smith, B.S. (2011). *Story s-t-r-e-t-c-h-e-r-s for the primary grades: Activities to expand children's books*. Silver Spring, MD: Gryphon House.

Trelease, J. (1989). *The new read-aloud handbook*. New York: Penguin.

# 용어해설

**가리킴말**(지시어)(deixis) 화자의 관점을 참조로 사용하는 과정

**간섭효과**(interference) 한 언어가 다른 언어를 학습 하거나 사용하는 데 미치는 영향.

**간학문적 팀**(interdisciplinary team) 전문가들과 부모로 이루어진 중재 팀을 이르는 것으로, 여기서는 아동을 다른 분야의 전문가들이 독립적으로 평가해서 부모에게 종합적인 보고를 함.

**감각 통합**(sensory integration) 두 가지 이상의 감각(예 : 시각 및 청각)으로부터 받아들여진 정보를 해석하고 조합하는 것.

**개별화된 가족 서비스 계획**(individualized family service plan, IFSP) 아동의 발달에 영향을 미치는 아동 및 가족의 필요를 내포하는 중재 계획으로, 아동과 가족의 현 상태 및 권고할 지원 전달 계획을 포함함.

**과독증**(hyperlexia) 전반적발달장애(PDD)의 다양한 양상 중 하나로, 자발적인 읽기가 조기에 이루어지며 음절과 단어에 대해 매우 몰입하기는 하지만, 읽기이해력은 매우 제한적임.

**과잉행동장애**(hyperactivity) 학습장애 또는 집중력 문제와 동반되어 나타나는 과잉행동의 운동 장애.

**구인타당도**(construct validity) 정확하게 성격이나 구인을 설명하거나 측정하는 정도.

**구조적 점화**(structural priming) 화자의 문장이 다른 화자의 문장 구조에 영향을 주는 것.

**규준 검사**(normed test) 모든 대상들(모집단)을 대표하는 표본집단(sample)에게 검사를 실시한다는 가정하에 설계된 표준화 검사. 표본집단에서 추출된 검사의 점수는 모집단(population)의 전형적인 수행력을 결정짓는 데 사용됨.

**기능적 언어치료**(functional language intervention) 대상자 중심의, 의사소통을 우선적으로 하는 평가 및 중재 방법으로, 대상자를 실제로 변화시키는 수단으로 언어를 활용함.

**난독증**(읽기장애)(dyslexia) 정서적, 환경적, 인지적, 지각적, 또는 뚜렷한 신경학적 문제 없이, 단어 재인 및/또는 읽기 이해 능력이 기대 수준에 2년 이상 지체되는 특성을 보이는 읽기 장애.

**난서증**(쓰기장애)(dysgraphia) 정서적, 환경적, 인지적, 지각적, 또는 뚜렷한 신경학적 문제 없이 철자를 바꿔쓰거나(철자치환), 잘못 쓰거나, 혹은 단어를 바꿔쓰는(단어치환) 특성을 보이는 쓰기 장애.

**내적 일관성**(internal consistency) 평가 총점과 세부 항목 간의 일치 정도.

**농**(deafness) 90dB 이상의 청력 손실을 가진 최중도 청각장애.

**다학문적 팀**(multidisciplinary team) 여러 분야의 전문가들이 독립적으로 아동을 진단하는 전문가 그룹으로, 전문가 간의 협조는 별로 이루어지지 않음.

**대조 훈련**(contrast training) 훈련받은 자질을 사용해야 하는 구조와 그렇지 않은 구조를 식별하도록 가르치는 훈련방법.

**도구적 AAC**(Aided AAC) 보완대체의사소통의 한 형태로, 사용자가 자신의 신체 외에 의사소통 기기(도구)를 사용하는 것.

**문화**(culture) 집단 내 생활 방법의 형태 안에서 공유된 의미 있는 틀. 문화란 특정 그룹에게 받아들여진 관습 속에서 한 사람이 알거나 믿는 것임. 문화는 다음과 같은 내용을 포함함-자연 현상의 역사와 설명; 사회적 역할; 상호작용, 예법, 규율의 규칙; 가족 구조; 교육; 종교적 믿음; 건강, 질병, 위생, 외모, 의복의 기준; 다이어트; 시간 및 공간에 대한 지각; 일과 놀이에 대한 정의; 예술 및 음악적 가치; 삶의 기대; 염원; 의사소통과 언어의 사용.

**반향어**(echolalia) 다른 사람의 이전 발화와 같은 억양 패턴으로, 즉각적 또는 지연된 형태의 전체 또는 부분을 반복하는 것.

**발달장애**(developmental disability, DD) 심한 만성 장애를 보이는 5세 이상의 아동으로 지적장애나 지체장애, 혹은 중복장애에 기인함. 22세 전에 발병하며 평생 계속될 수 있음. 3개 이상의 생활활동 영역에서 상당한 기능적 제약을 보임. 특수교육이나 학제간 혹은 포괄적 서비스, 개별화 지원, 기타 지원이 필요하며 이러한 지원은 평생 혹은 장기간 필요함.

**발화 재구성**(recast) 아동이 발화한 바로 다음에 그 아동 발화의 의미관계는 유지하되, 형태는 변화시켜서 하는 말의 형태.

**법적 맹**(legal blindness) 좋은 쪽 눈의 교정시력이 20/200 미만인 사람(정상 시력은 20/20임).

**병적 상태**(morbidity) 질병이나 장애.

**보속**(perseveration) 한 행동에서 다른 행동으로 바꾸거나 멈추는 데 어려움을 보이면서 나타나는 행동의 반복.

**보완대체의사소통**(augmentative and alternative communication, AAC) 일종의 AT(보조공학) 형태로, 구어 이외의 방법으로 개인의 의사소통 능력을 보완하거나 보충하는 것. 때로는 개인이 가지고 있는 약간의 구어나 음성, 제스처, 수화, 의사소통판, 음성산출 의사소통 기기 등을 함께 사용할 수도 있음.

**보완대체의사소통체계**(AAC system) 개인이 의사소통 증진을 위해 사용하는 통합된 요소(방법)들.

**보조공학**(assistive technology, AT) 중요한 조기중재의 한 부분으로, 아동이 좀 더 독립적인 기능을 할 수 있도록 아동과 가족들을 위해 적용하고 보조하는 기기.

**비도구적 AAC**(unaided AAC)  어떤 도구도 필요하지 않은 보완대체의사소통의 형태로, 사용자의 신체에만 의존하여 메시지를 전달함.

**비전형성 전반적발달장애**(Pervasive Developmental Disorder-Not Otherwise Specified, PDD-NOS)  자폐범주성장애(ASD)의 극단적인 특성이 약하게 나타나는, 전반적발달장애(PDD)의 경한 형태.

**사회적 탈억제**(social disinhibition)  충동적 행동(acting out)의 억제가 불가능한 것으로, 외상성 뇌손상 환자가 자주 보이는 증상.

**생략**(ellipsis)  중복되지 않도록 하기 위해 후속 발화에서는 이미 알려진 정보나 공유된 정보를 생략하는 것.

**스캐닝**(scanning)  개인이 스위치를 작동하여 AAC 기기나 컴퓨터, 또는 음성산출 기기 등을 사용할 때 스위치를 연속적으로 훑으면서 원하는 상징이나 표현이 나올 때 선택하는 방법.

**시스템 모델**(systems model)  아동의 상호작용 체계 또는 맥락을 목표로 하는 중재.

**신뢰도**(reliability)  측정의 반복성을 통해 표본의 정확도를 나타내는 척도로, (1) 비슷하지만, 다른 두 개의 표본을 측정하거나, (2) 한 표본을 다른 시간대에 측정해서 신뢰도를 검증함.

**아스퍼거 증후군**(Asperger's syndrome)  전반적발달장애(pervasive developmental disorder) 중 그 증상이 다소 약한 편이며, 언어장애와 자폐성 특성을 보임. 그러나 자폐범주성장애(ASD)의 대다수 아동이 보이는 극도의 고립성(aloneness)은 나타내지 않음.

**어휘 다양도**(type-token ratio, TTR)  '전체 단어수'에 대한 '다른 단어수'의 비율로, 단어 인출력과 어휘력의 측정치로 사용됨.

**어휘 처리력**(lexical competition)  순간적인 낱말 이해 과정으로, 우리가 듣는 음소들로부터 가능한 낱말을 예측해내는 뇌의 기능으로 이루어짐.

**언어장애**(language impairment)  주요 문제가 말하거나 쓰기에서의 수용 및 표현 언어 결함을 보이는 매우 다양한 집단을 일컬음. 언어 결함은 언어의 형식, 내용, 기능 면에서 단독으로 혹은 동반하여 나타나기도 함.

**역동적 평가**(dynamic assessment)  특히 제한된 영어 수행력을 보이는 제한적 언어 능력(LEP) 아동을 평가할 때 유용한 평가 과제 형태로, 문법사용능력 자체를 평가하기보다는 의사소통 능력과 언어학습(잠재)력을 강조함. 전형적인 역동적 과제로는 이야기, 대화, 또는 선훈련 후 평가(teach-test) 방법 등이 있음.

**예후**(prognosis)  병이나 질병으로부터 회복될 속도나 정도에 대한 예측.

**우발학습**(incidental Teaching)  비구조적 활동을 하면서 이루어지는 자연스런, 아동중심의 중재 전략.

**원형 평가**(arena assessment)  아동 행동의 공통적인 표본을 수집하고 기록하는 진단평가 방식으로, 부모와 전문가들이 모든 과정을 관찰하고 참여하는 형태.

**음운 인식**(phonological awareness)  말소리(음소)에 대한 지식과 단어의 음소 및 음절 구조에 대한 지식을 포함하는 문해지식으로, 좋은 음운 인식은 더 나은 읽기 및 철자 기술, 그리고 더 나은 음운 산출 능력과 관련됨.

**의미정보망**(semantic networking) 중심 주제나 순서에 따라 정보를 조직화하는 것을 가르쳐서 읽기이해력이나 글 응집력, 기억력과 회상력을 증진시키는 방법.

**의사소통 사건**(communication event) 하나의 대화 및/또는 그 주제, 또는 그 주제에 포함된 한 부분.

**의사소통판**(communication boards) 사진, 선화, 상징, 글자 등과 같은 시각적 그래픽 상징들을 사용하는 비전자적 의사소통 도구로, 가리키기를 통하여 선택하게 하는 것.

**이야기 문법**(story grammar) 담화의 조직화된 패턴.

**자곤**(jargon) 의미 없는 단어와 소리가 결합된 것으로, 특정 언어의 말소리에 국한되어 있지 않음.

**작업기억**(working memory) 정보가 처리되는 동안 활성화되는 기억력.

**장애위험군**(at-risk) 조기중재 프로그램의 지원을 받는 광범위한 아동군으로, 환경속에서 정상적으로 상호작용하거나 발달하는 데 방해될 수 있는 생물학적 또는 환경적 잠재요인을 가지고 있는 아동군.

**전경-배경 지각**(figure-ground perception) 배경에 반하는 독립적인 자극에 대해 지각하는 능력.

**전략기반 중재 모델**(strategy-based intervention model) 아동에게 정보처리와 문제해결 전략을 가르치는 훈련.

**전맹**(total blindness) 형태나 빛의 지각력이 완전히 결여된 상태.

**전제**(presupposition) 청자의 지식 수준, 청자가 알고 있는 것, 또는 알아야 할 것 등에 대한 화자의 가정.

**접속부사**(conjunction) 문장, 절, 구 또는 단어들을 연결하는 단어.

**조기의사소통중재**(early communication intervention, ECI) 특히 어린 아동의 말, 언어 혹은 정서 결함에 초점을 맞춘 중재 접근법.

**조기중재**(early intervention, EI) 발달에 영향을 미치는 장애를 가지고 있거나 특별한 지원이 필요한, 어린 장애장애 아동이나 장애위험군 아동을 위한 교육적 접근법으로, 아동과 가족 모두를 위한 중재나 예방 서비스를 제공함.

**조산**(preterm) 임신기간이 37주 미만인 출산.

**주의력결핍과잉행동 장애**(ADHD) 과잉행동과 단기 집중력을 보이는 것이 주요 특징. 언어장애와 관련이 있지만, 이 장애 자체가 심한 지각적 결함과 학습결함을 드러내는 것은 아님.

**주제**(topic) 화자가 제공하거나 요구하는 정보와 관련된 주제.

**준거타당도**(criterion validity) 한 측정치가 성공을 예측하는 효과나 정확도.

**중간 언어**(interlanguage) 두 언어의 규칙들이 조합되는 것 외에도, 두 언어 모두에서 나타나거나 모두에서 나타나지 않는 특별한 규칙들도 포함하는 언어.

**중재반응모델**(response to intervention, RTI) 다단계의 문제해결형 교육 접근법으로, LI뿐 아니라 모든 학습장애나 특수 지원이 필요한 아동들을 대상으로 하며, 예방과 중재를 목표로 함.

**증거기반중재**(evidence-based practice, EBP)　과학적인 증거, 임상적 경험, 그리고 대상자의 요구에 근거한 임상적 훈련.

**진단**(evaluation)　IDEA Part H에 포함된 것으로, 아동이 지원 서비스를 받을 대상이 되는지를 평가하는 것. 전통적으로 진단은 표준화검사에 의존하는 구조적이고 공식적인 과정임.

**참조적 의사소통**(referential communication)　화자는 사물의 속성을 선택해서 설명, 즉 참조적 의사소통을 함으로써 청자가 그 사물을 정확하게 알아낼 수 있도록 함.

**철자 인식**(orthographic awareness)　활자의 규칙성과 같은 철자 요소에 주의를 집중하거나 의식적으로 생각하는 것으로, 읽기 습득에서 중요한 역할을 함.

**철자 지식**(orthographic knowledge)　구어가 글 형태로는 어떻게 표현되는지에 대해 우리의 기억 속에 저장된 정보.

**초학문적 팀**(transdisciplinary team)　아동에 대한 평가, 중재계획, 중재실행 등의 의무를 공유하는 다학문적 팀의 촉진자들과 부모로 이루어진 지원팀으로, 각 전문가들은 자신의 전문성을 가지고 기여하는 동시에 다른 전문가들과의 협조나 의견조율을 통해 통합된 서비스 계획을 세움.

**촉진**(priming)　화자의 발화 구조나 어휘 선택, 혹은 사용하는 말소리 등이 다른 화자의 말에 영향을 주는 것.

**코드변환**(code switching)　발화할 때 하나의 언어로부터 다른 언어로 전환되는 것.

**코칭**(coaching)　주양육자에게 아동의 언어 습득을 촉진하기 위한 조기중재 기술을 사용할 수 있도록 관찰과 시범 및 개별화된 피드백을 제공하는 과정.

**타당도**(validity)　어떤 특성을 표상하거나 설명하거나, 혹은 예측할 때의 검사 효율성. 즉 특정 검사가 측정하고자 하는 목표에 어느 정도 가깝게 접근했는지 정도.

**태아알코올범주장애**(fetal alcohol spectrum disorder, FASD)　임신 중 산모의 알코올 섭취에 의해 출산 시 결함이 영구적으로 지속되는 것으로, '태아알코올증후군(FAS)'을 포함.

**통합교육**(inclusive schooling)　특수교육과 일반 교육을 두 개로 나누는 시스템과는 반대로, 하나의 교육으로 통합하려는 교육적 철학. 각 교실에서 모든 학생이 환경적 지원을 받게 되는 것을 기본으로 함.

**평가**(assessment)　다수의 도구와 방법을 사용하여 아동 개인이 필요로 하는 것, 가족이 생각하는 우선순위, 관심, 자료, 그리고 필요한 EI(조기중재) 서비스의 내용과 정도를 확인하는 연속 과정.

**평가자 간 신뢰도**(interjudge reliability)　두 검사자가 같은 방법으로 아동의 수행력을 점수화할 때 나타나는 일치율.

**평행적 문장표현**(parallel sentence construction)　아동이 유사한 형태의 문장으로 따라하기를 기대하며 SLP가 시범 보이는 문장 촉진의 한 형태.

**포닉스(소리-철자 대응)(phonics)** 대부분의 읽기 교수를 위해 기초로 사용되는 소리-철자 대응.

**표준화 검사(standardized test)** 미리 정해진 방법으로 검사항목을 제시하고, 단서와 강화를 주는 검사.

**협력교수(collaborative teaching)** 자문, 팀티칭, 직접적 개별 중재, 그리고 교사와 언어임상가가 개별 아동에 대해 동일한 목표를 공유하는 공조적인 훈련(side-by-side teaching)이 결합된 교육방법.

**혼동된 발화(maze)** 흐름이 방해받거나 혼돈되며, 느린 대화 속도를 보이는 언어의 요소들로 쉼, 간투어, 수정 등이 포함됨.

**확진된 위험군(established risk)** 조기중재 프로그램을 받는 전체 아동군을 의미하는 것으로, 조건과 발달결함 간에 밀접한 관련이 있음.

**활자 인식(print awareness)** 읽기와 관련된 지식으로, 책을 읽어나가는 방향에 대한 지식, 활자에 대한 흥미, 글자 인식, 구별된 단위로서의 단어 인식, '글자', '단어', '문장'과 같은 읽기용어의 사용 등으로 나타남.

**C-단위(C-unit)** 질문에 대한 불완전한 절들로, 주절이 생략되거나 1개의 주절이 있고, 종속절이나 불완전한 절구조(T-unit)가 삽입된 것.

**T-단위(T-unit, 최소발화단위 : minimal terminal unit)** 주절과 그에 붙은 종속절, 혹은 주절과 그에 붙은 불완전한 절의 구조.

# 참고문헌

Adams, C. (2002). Practitioner review: The assessment of language pragmatics. *Journal of Child Psychology and Psychiatry, 43*, 973–987.

Adams, M., Foorman, B., Lundberg, I., & Beeler, T. (1998). *Phonemic awareness in young children: A classroom curriculum.* Baltimore: Paul H. Brookes.

Ad-hoc Committee on Service Delivery in Schools. (1993). American Speech-Language-Hearing Association (ASHA). Rockville, MD: ASHA.

Alderete, A., Frey, S., McDaniel, N., Romero, J., Westby, C., & Roman, R. (2004, November). *Developing vocabulary in school.* Paper presented at the American Speech-Language-Hearing Association Annual Convention, Philadelphia.

Allen, J. B., & Mason, J. M. (1989). *Risk makers, risk takers, risk breakers: Reducing the risks for young literacy learners.* Portsmouth, NH: Heinemann.

Allen, K., Feenaughty, L., Filippini, E., Johnson, M., Kanuck, A. Kroecker, J., Loccisano, S., Lyle, K., Nieto, J., Wind, K., Young, S., & Owens, R. E. (In press). Noun phrase elaboration in children's language samples. *Journal of Communication Disorders.*

Alloway, T. (2007). *The Automated Working Memory Assessment.* London: Pearson Assessment.

Alloway, T., & Archibald, L. (2008). Working memory and learning in children with developmental-coordination disorder and specific language impairment. *Journal of Learning Disabilities, 41*, 251–262.

Alloway, T. P., Gathercole, S. E., Kirkwood, H., & Elliott, J. (2009). The cognitive and behavioural characteristics of children with low working memory. *Child Development, 80*, 606–621.

Alt, M., Plante, E., & Creusere, M. (2004). Semantic features in fast-mapping: Performance of preschoolers with specific language impairment versus preschoolers with normal language. *Journal of Speech, Language, and Hearing Research, 47*, 407–420.

Altmann, L., Lombardino, L. J., & Puranik, C. (2008). Sentence production in students with dyslexia. *International Journal of Language & Communication Disorders, 43(1)*, 55–76.

American Association on Intellectual and Developmental Disability. (2008). The AAIDD definition. Accessed August 11, 2008, from www.aamr.org/Policies/faq_intellectual_disability.shtml

American College of Obstetricians and Gynecologists. (2002, September). Perinatal care at the threshold viability. *ACOG Practice Bulletin*, 38.

American Psychiatric Association. (2000). *Diagnostic and statistical manual of mental disorders* (4th ed., revised). Washington, DC: Author.

American Speech-Language-Hearing Association. (2004a). Admission/discharge criteria in speech-language pathology. *ASHA Supplement, 24*, 65–70.

American Speech-Language-Hearing Association. (2005). *Roles and responsibilities of speech-language pathologists in service delivery for persons with mental retardation and developmental disabilities: Position statement.* Rockville, MD: Author.

American Speech-Language-Hearing Association. (2008a). *Core knowledge and skills in early intervention speech-language pathology practice.* Retrieved from www.asha.org/policy on March 15, 2012

American Speech-Language-Hearing Association. (2008b). *Roles and responsibilities of speech-language pathologists in early intervention: Guidelines.* Retrieved from www.asha.org/policy on March 15, 2012

American Speech-Language-Hearing Association. (2008c). *Roles and responsibilities of speech-language pathologists in early intervention: Position statement.* Retrieved from www.asha.org/policy on March 15, 2012

American Speech-Language-Hearing Association. (2008d). *Roles and responsibilities of speech-language pathologists in early intervention: Technical report.* Retrieved from www.asha.org/policy on March 15, 2012

American Speech-Language-Hearing Association. (2009). *Demographic profile of ASHA members providing bilingual and Spanish-language services.* Retrieved from www.asha.org/uploaded/Files/Demographic-Profile-Bilingual-Spanish-Service-Members.pd#search=%22bilingual%22 on March 15, 2012

American Speech-Language-Hearing Association. (2010). *2010 Schools survey report: SLP caseload characteristics.* Retrieved from www.asha.org/uploadedFiles/Schools10Caseload.pdf on March 15, 2012

Anderson, D., Lord, C., & Heinz, S. J. (2005, May). *Growth

*in language abilities among children with ASD and other developmental disabilities.* Poster presented at the International Meeting for Autism Research, Boston, MA.

Angelo, D. H. (2000). Impact of augmentative and alternative communication devices on families. *Augmentative and Alternative Communication* 16, 37–47.

Anthony, J., & Lonigan, C. (2004). The nature of phonological awareness: Converging evidence from four studies of preschool and early grade school children. *Journal of Educational Psychology*, 96, 43–55.

Anthony, J., Lonigan, C., Driscoll, K., Phillips, B., & Burgess, S. (2003). Phonological sensitivity: A quasi-parallel progression of word structure units and cognitive operation. *Reading Research Quarterly, 38*, 470–487.

Apel, K. (2010). Kindergarten children's initial spoken and written word learning in a storybook context. *Scientific Studies in Reading, 14*(5), 440–463.

Apel, K. (2011). What is orthographic knowledge? *Language, Speech, and Hearing Services in Schools, 42*, 592–603.

Apel, K., & Lawrence, J. (2011). Contributions of morphological awareness skills to word-level reading and spelling in first-grade children with and without speech sound disorder. *Journal of Speech, Language, and Hearing Research, 54*, 1312–1327.

Apel, K., & Thomas-Tate, S. (2009). Morphological awareness skills of fourth-grade African American students. *Language, Speech, and Hearing Services in Schools, 40*, 312–324.

Applebee, A. N. (1978). *The child's concept of story.* Chicago: University of Chicago Press.

Applequist, K. L., & Bailey, D. B. (2000). Navajo caregivers' perceptions of early intervention services. *Journal of Early Intervention. 23*, 47–61.

Archibald, L. M., & Gathercole, S. E. (2006a). Non-word repetition: A comparison of tests. *Journal of Speech, Language, and Hearing Research, 49*, 970–983.

Archibald, L. M., & Gathercole, S. E. (2006b). Visuospatial immediate memory in specific language impairment. *Journal of Speech, Language, and Hearing Research, 49*, 265–277.

Archibald, L. M., & Gathercole, S. E. (2006c). Short-term and working memory in specific language impairment. *International Journal of Language and Communication Disorders, 41*(6), 675–693.

Archibald, L. M., & Gathercole, S. (2007). The complexities of complex memory span: Storage and processing deficits in specific language impairment. *Journal of Memory and Language, 57*, 177–194.

Archibald, L. M., & Joanisse, M. (2009). On the sensitivity and specificity of nonword repetition and sentence recall to language and memory impairments in children. *Journal of Speech, Language, and Hearing Research, 52*, 899–914.

Armbuster, B. B., Anderson, T. H., & Ostertag, J. (1987). Does text structure/summarization instruction facilitate learning from expository text? *Reading Research Quarterly, 22*, 331–346.

Atchison, B. J. (2007). Sensory modulation disorders among childrne with a history of trauma: A frame of reference for speech-language pathologists. *Language, Speech, and Hearing Services in Schools, 38*, 109–116.

August, D., Snow, C., Carlo, M., Proctor, C. P., Rolla de San Francisco, A., Duursma, E., & Szuber, A. (2006). Literacy development in elementary school second-language learners. *Topics in Language Disorders, 26*, 351–364.

Baddeley, A. D. (2000). The episodic buffer: New component of working memory? *Trends in Cognitive Sciences, 4*, 417–423.

Baddeley, A. D. (2003). Working memory and language: An overview. *Journal of Communication Disorders, 36*, 189–208.

Bailey, D. B. (2004). Assessing family resources, priorities, and concerns. In M. McLean, M. Wolery, & D. Bailey (Eds.), *Assessing infants and preschoolers with special needs* (3rd ed., pp. 172–203). Upper Saddle River, NJ: Pearson Merrill Prentice Hall.

Barras, C., Geoffrois, E., Wu, Z., & Liberman, M. (1998-2008). Transcriber (Version 1.5) [Computer software]. Amsterdam, The Netherlands: DGA.

Barrow, I. M., Holbert, D., & Rastatter, M. P. (2000). Effect of color on developmental picture vocabulary naming of 4-, 6-, and 8-year-old children. *American Journal of Speech-Language Pathology, 9*, 310–318.

Bashir, A. S., & Hook, P. E. (2009). Fluency: A key link between word identification and comprehension. *Language, Speech, and Hearing Services in Schools, 40*, 196–200.

Battle, D. E. (2002). Language development and disorders in culturally and linguistically diverse children. In D. Bernstein & E. Tiegerman-Farber (Eds.), *Language and communication disorders in children* (pp. 354–386). Boston: Allyn and Bacon.

Bauer, S. (1995a). Autism and the pervasive developmental disorders: Part I. *Pediatrics in Review, 16*(4), 130–136.

Bauer, S. (1995b). Autism and the pervasive developmental disorders: Part II. *Pediatrics in Review, 16*(5), 168–176.

Bayliss, D., Jarrold, C., Baddeley, A., Gunn, D., & Leigh, E. (2005). Mapping the developmental constraints on working memory span performance. *Developmental Psychology, 41*, 579–597.

Bear, D., Invernizzi, M., Templeton, S., & Johnston, F. (2000). *Words their way: Word study for phonics, vocabulary, and spelling instruction* (2nd ed.). Upper Saddle River, NJ: Prentice Hall.

Beck, A. R., & Dennis, M. (1997). Speech-language pathologists and teachers' perceptions of classroom-based interventions. *Language, Speech, and Hearing Services in Schools, 28*, 146–153.

Beckett, C., Bredenkamp, D., Castle, C., Groothues, C., O'Connor, T. G., & Rutter, M., & the English and Romanian Adoptees Study Team. (2002). Behavior patterns associated with institutional deprivation: A study of children adopted from Romania. *Developmental and Behavioral Pediatrics, 23*, 297–303.

Bedore, L. M., & Leonard, L. B. (2000). The effects of inflectional variation on fast mapping of verbs in English and Spanish. *Journal of Speech, Language, and Hearing Research, 43,* 21–33.

Bedore, L. M., & Leonard, L. B. (2001) Grammatical morphology deficits in Spanish-speaking children with specific language, *Journal of Speech, Language, and Hearing Research, 44,* 905–924.

Bedore, L. M., Peria, E. D., Garcia, M., & Cortez, C. (2005). Conceptual versus monolingual scoring: When does it make a difference? *Language, Speech, and Hearing Services in Schools, 36,* 188–200.

Bellon, M., Ogletree, B., & Harn, W. (2000). Repeated storybook reading as a language intervention for children with autism: A case study on the application of scaffolding. *Focus on Autism and Other Developmental Disabilities, 15*(1), 52–58.

Bencini, G. M., & Valian, V. V. (2008). Abstract sentence representations in 3-year-olds: Evidence from language production and comprehension. *Journal of Memory and Language, 59,* 97–113.

Bergman, R. L., Piacentini, J., & McCracken, J. (2002). Prevalence and description of selective mutidm in a school-based sample. *Journal of the American Academy of Child and Adolescent Psychiatry, 41,* 938–946.

Berman, R. A., & Verhoven, L. (2002). Cross-linguistic perspectives on the development of text-production abilities: Speech and writing. *Written Language and Literacy, 5(1),* 1–43.

Bernheimer, L., & Weismer, T. (2007). "Let me tell you what I do all day. . .": The family story at the center of interventon research and practice. *Infants and Young Children, 20(3),* 192–201.

Berninger, V. W. (2000). Development of language by hand and its connections to language by ear, mouth, and eye. *Topics in Language Disorders, 20,* 65–84.

Berninger, V. W. (2007a). *PAL II Reading and Writing Diagnostic Test Battery.* San Antonio, TX: The Psychological Corporation.

Berninger, V. W. (2007b). *PAL II user guides* (2$^{nd}$ version). San Antonio, TX: The Psychological Corporation/Pearson.

Berninger, V. W. (2008). Defining and differentiating dyslexia, dysgraphia, and language learning disability within a working memory model. In E.Silliman & M. Mody (Eds.), *Langugae impairment and reding disability–Interactions among brain, behavior, and experience* (pp, 103–134). New York: Guilford Press.

Berninger, V. W., Abbott, R., Rogan, L., Reed, L., Abbott, S., Brooks, A., Vaughan, K., & Graham, S. (1998). Teaching spelling to children with specific learning disabilities: The mind's ear and eye beats the computer and pencil. *Learning Disability Quarterly, 21,* 106–122.

Berninger, V. W., Abbott, R. D., Swanson, H. L., Lovitt, D., Trivedi, P., Lin, S-J., Gould, L., Youngstrom, M., Shimada, S., & Amtmann, D. (2010). Relationship of word- and sentence-level working memory to reading and writing in second, fourth, and sixth grade. *Language, Speech, and Hearing Services in Schools, 41,* 179–193.

Berninger, V. W., Nagy, W. E., Carlisle, J., Thomson, J., Hoffer, D., Abbott, S., et al. (2003). Effective treatment for children wirh dyslexia in grades 4-6: Behavioral and brain evidence. In B. R. Foorman (Ed.), *Preventing and remediating reading difficulties: Bringing science to scale* (pp. 381–417). Baltimore: York Press.

Berninger, V. W., Raskind, W., Richards, T., Abbott, R., & Stock, P. (2008). A multidisciplinary approach to understanding development dyslexia within working-memory architecture: Genotypes, phenotypes, brain, and instruction. *Development Neuropsychology, 33,* 707–744.

Berninger, V. W., Winn, W. D., Stock, P., Abbott, R. D., Eschen, K., Shi-Ju, L., Garcia, N., & Nagy, W. (2008). Tier 3 specialized writing instruction for students with dyslexia. *Reading and Writing, 21,* 95–129.

Berninger, V. W., & Wolf, B. (2009a). *Helping students with dyslexia dysgraphia make connections: Differential instruction lesson plans in reading and writing.* Baltimore, MD: Paul H. Brookes.

Berninger, V. W., & Wolf, B. (2009b). *Teaching students with dyslexia and dysgraphia: Lessons from teaching and science.* Baltimore, MD: Paul H. Brookes.

Bernstein Ratner, N. (2006). Evidence-based practice. An examination of its ramifications for the practice of speech-language pathology. *Language, Speech, and Hearing Services in Schools, 37,* 257–267.

Beukelman, D. R., & Mirenda, P. (2005). *Augmentative and alternative communication: Supporting children and adults with complex communication needs* (3rd ed.). Baltimore: Paul H. Brookes.

Bialystok, E., Craik, F., & Luk, G. (2008a). Cognitive control and lexical access in younger and older bilinguals. *Journal of Experimental Psychology: Learning, Memory, and Cognition, 34,* 859–873.

Bialystok, E., Craik, F. I. M., & Luk, G. (2008b). Lexical access in bilinguals: Effects of vocabulary size and executive control. *Journal of Neurolinguistics, 21,* 522–538.

Bialystok, E., Luk, G., Peets, K., & Yang, S. (2010). Receptive vocabulary differences in monolingual and bilingual children. *Bilingualism; Language and Cognition, 13,* 525–531.

Bibby, P., Eikeseth, S., Martin, N., Mudford, O., & Reeves, D. (2001). Progress and outcomes for children with autism receiving parent-managed intensive interventions. *Research in Developmental Disabilities, 22,* 425–447.

Biemiller, A. (2001). Teaching vocabulary: Early, direct, and sequential. *American Educator, 25,* 24–28.

Binger, C., & Light, J. C. (2006). Demographics of preschoolers who require augmentative and alternative communication. *Language Speech and Hearing Services in Schools, 37,* 200–208.

Bishop, D. V. (1985) Automated LARSP [Computer program]. Manchester, England: University of Manchester.

Bishop, D. V. (2003). *Children's Communication Checklist — 2.* London, England: The Psychological Corporation.

Bishop, D. V. (2006). *Children's Communication Checklist—*

*2 U.S. Edition*. New York: The Psychological Corporation.

Bishop, D. V., Adams, C., & Rosen, S. (2006). Resistance of grammatical impairment to computerized comprehension training in children with specific and non-specific language impairments. *International Journal of Language and Communication Disorders, 41,* 19–40.

Bishop, D. V., & Baird, G. (2001). Parent and teacher report of pragmatic aspects of communication: Use of the Children's Communication Checklist in a clinical setting. *Developmental Medicine and Child Neurology, 43,* 809–818.

Bishop, D. V., & Donlan, C. (2005). The role of syntax in encoding and recall of pictorial narratives: Evidence from specific language impairment. *British Journal of Developmental Psychology, 23,* 25–46.

Bishop, D. V., North, T., & Donlan, C. (1995). Genetic basis of specific language impairment: Evidence from a twin study. *Developmental Medicine and Child Neurology, 37,* 56–71.

Bishop, D. V., Price, T. S., Dale, P. S., & Plomin, R. (2003). Outcomes of early language delay: II. Etiology of transient and persistent language difficulties. *Journal of Speech, Language, and Hearing Research, 46,* 561–575.

Blachman, B. (1984). Relationship of rapid naming ability and language analysis skills in kindergarten and first grade reading achievement. *Reading Research Quarterly, 13,* 223–253.

Blachman, B., Ball, E., Black, R., & Tangel, D. (2000). *Road to the code: A phonological awareness program for young children.* Baltimore: Paul. H. Brookes.

Blackstone, S. W., & Hunt-Berg, M. (2003) *Social networks: An assessment and intervention planning inventory for individuals with complex communication needs and their communication partners.* Monterey, CA: Augmentative Communication.

Bliss, L. S., McCabe, A., & Mahecha, N. R. (2001). Analyses of narratives from Spanish-speaking children. *Contemporary Issues in Communication Science and Disorders, 28,* 133–139.

Bock, J. K., & Griffin, Z. M. (2000). The persistence of structural priming: Transient activation or implicit learning? *Journal of Experimental Psychology: General, 129,* 177–192.

Bock, K., Dell, G., Chang, F., & Onishi, K. (2007). Persistent structural priming from language comprehension to language production. *Cognition, 104,* 437–458.

Boland, A. M., Haden, C. A., & Ornstein, P. A. (2003). Boosting children's memory by training mothers in the use of an elaborative conversational style as an event unfolds. *Journal of Cognition and Development, 4(1),* 39–65.

Bono, M. A., Daley, T., & Sigman, M. (2004). Relations among joint attention, amount of intervention and language gain in autism. *Journal of Autism and Developmental Disorders, 34,* 495–505.

*Bono, M. A.,* & Sigman, M. (2004). Relations among joint attention, amount of intervention and language gain in autism. *Journal of Autism and Developmental Disorders, 34,* 495–505.

Bopp, K. D., Mirenda, P., & Zumbo, B. D. (2009). Behavior predictors of language development over 2 years in children with autism spectrum disorders. *Journal of Speech, Language, and Hearing Research, 52,* 1106–1120.

Botting, N, & Conti-Ramsden, G. (2003). Autism, primary pragmatic difficulties, and specific language impairment: Can we distinguish them using psycholinguistic markers? *Developmental Medicine and Child Neurology, 45,* 515–524.

Boudreau, D. M. (2005). Use of a parent questionnaire in emergent and early literacy assessment of preschool children, *Language, Speech, and Hearing Services in Schools, 36,* 33–47.

Boudreau, D. M. (2007). Narrative abilities in children with language impairment. In R. Paul (Ed.), *Language disorders from a developmental perspective: Essays in honor of Robin S. Chapman* (pp. 331–356). Mahwah, NJ: Erlbaum.

Boudreau, D. M., & Costanza-Smith, A. (2011). Assessment and treatment of working memory deficits in school-age children: The role of the speech-language pathologist. *Language, Speech, and Hearing Services in Schools, 42,* 152–166.

Boudreau, D. M., & Hedberg, N. L. (1999). A comparison of early literacy skills in children with specific language impairment and their typically developing peers. *American Journal of Speech-Language Pathology, 8,* 249–260.

Boudreau, D. M., & Larsen, J. (2004, November). *Strategies for teaching narrative abilities to schoolaged children.* Paper presented at the American Speech-Language-Hearing Association Annual Convention, Philadelphia.

Bourassa, D. C., & Treiman, R. (2001). Spelling development and disability: The importance of linguistic factors. *Language, Speech, and Hearing Services in Schools, 32(3),* 172–181.

Bowers, L., Huisingh, R., LoGiudice, C., & Orman, J. (2004a). *Word Test 2: Adolescent.* East Moline, IL: LinguaSystems.

Bowers, L., Huisingh, R., LoGiudice, C., & Orman, J. (2004b). *Word Test 2: Elementary.* East Moline, IL: LinguaSystems.

Boyce, N., & Larson, V. L. (1983). *Adolescents' communication: Development and disorders.* Eau Claire, WI: Thinking Publications.

Bracken, B. (1988). Rate and sequence of positive and negative poles in basic concept acquisition. *Language, Speech, and Hearing Services in Schools, 19,* 410–417.

Brackenbury, T., & Fey, M. E. (2003). Quick incidental verb learning in 4-year-olds: Identification and generalization. *Journal of Speech, Language, and Hearing Research, 46,* 313–327.

Brackenbury, T., & Pye, C. (2005). Semantic deficits in children with language impairments: Issues for clinical assessment. *Language, Speech, and Hearing Services in Schools, 36,* 5–16.

Bradshaw, M. L., Hoffman, P. R., & Norris, J. A. (1998). Efficacy of expansion and cloze procedures in the development of interpretations by preschool children exhibiting delayed language and development. *Language, Speech, and Hearing Services in Schools, 29,* 85–95.

Brady, N. C. (2000). Improved comprehension of object names following voice output communication aid use: Two case studies. *Augmentative and Alternative Communication, 16,* 197–204.

Braillion, A., & DuBois, G. (2005). [Letter to the editor]. *The Lancet, 365,* 1387.

Braten, I., & Stromso, H. (2003). A longitudinal think-aloud study of spontaneous strategic processing during the reading of multiple expository texts. *Reading and Writing: An Interdisciplinary Journal, 16,* 195–218.

Brinton, B., & Fujiki, M. (1989). *Conversational management with language-impaired children: Pragmatic assessment and intervention.* Rockville, MD: Aspen.

Brinton, B., Robinson, L. A., & Fujiki, M. (2004). Description of a program for social language intervention: "If you can have a conversation, you can have a relationship." *Language, Speech, and Hearing Services in Schools, 35,* 283–290.

Brinton, B., Spackman, M. P., Fujiki, M., & Ricks, J. (2007). What should Chris say? The ability of children with specific language imapirment to recognize the need to dissemble emotions in social situations. *Journal of Speech, Language, and Hearing Research, 50,* 798–811.

Brocki, K. C., Randall, K. D., Bohlin, G., & Kerns, K. A. (2008). Working memory in school-aged children with attention-deficit/hyperactivity disorder combined type: Are deficits modality specific and are they independent of impaired inhibitory control? *Journal of Clinical and Experimental Neuropsychology, 30,* 749–759.

Bromberger, P., & Permanente, K. (2004). Premies. University of Michigan Health Services. Updated November 30, 2004. Accessed September 16, 2008, from www.med.umich.edu/1libr/pa/pa_premie_hhg.htm

Brown, R. (1973). *A first language: The early stages.* Cambridge, MA: Harvard University Press.

Bull, R., & Scerif, G. (2001). Executive functioning as a predictor of children's mathematics ability: Shifting, inhibition, and working memory. *Developmental Neuropsychology, 19,* 273–293.

Burgess, S., & Turkstra, L. S. (2010). Quality of communication life in adolescents with high-functioning autism and Asperger syndrome: A feasibility study. *Language, Speech, and Hearing Services in Schools, 41,* 474–487.

Buschbacher, P. W., & Fox, L. (2003). Understanding and intervening with the challenging behavior of young children with autism spectrum disorder. *Language, Speech, and Hearing Services in Schools, 34,* 217–227.

Buttrill, J., Niizawa, J., Biemer, C., Takahashi, C., & Hearn, S. (1989). Serving the language learning disabled adolescent: A strategies-based model. *Language, Speech, and Hearing Services in Schools, 20,* 185–204.

Butyniec-Thomas, J., & Woloshyn, V. E. (1997). The effects of explicit-strategy and whole-language instruction on students' spelling ability. *Journal of Experimental Education, 65,* 293–302.

Buysse, V., & Wesley, P. (2006). *Consultation in early childhood settings.* Baltimore: Paul. H. Brookes.

Cabell S. Q., Justice, L. M., Piasta, S. B., Curenton, S. M., Wiggins, A., Turnbull, K. P., & Petscher, Y. (2011). The impact of teacher responsivity education on preschoolers' language and literacy skills. *American Journal of Speech-Language Pathology, 20,* 315–330.

Cabell, S. Q., Justice, L. M., Zucker, T. A., & Kilday, C. R. (2009). Validity of teacher report for assessing the emergent literacy skills of at-risk preschoolers. *Language, Speech, and Hearing Services in Schools, 40,* 161–173.

Caesar, L. G., & Kohler, P. D. (2007). The state of school-based bilingual assessment: Actual practice versus recommended guidelines. *Language, Speech, and Hearing Services in Schools, 38,* 190–200.

Cain, K., & Oakhill, J. (Eds.). (2007). *Children's comprehension problems in oral and written language. A cognitive perspective.* New York: Guilford Press.

Cain, K., Oakhill, J. V., & Bryant, P. E. (2001). Children's reading comprehension ability: Concurrent prediction by working memory, verbal ability, and component skills. *Journal of Educational Psychology, 96,* 31–42.

Calfee, R., Norman, K., & Wilson, K. (1999). *Interactive Reading Assessment Systems—Revised.* Accessed August 16, 2008, from http://cehs.unl.edu/wordworks/docs/IRAS.pdf

Calvert, M. B., & Murray, S. L. (1985). Environmental Communication Profile: An assessment procedure. In C. S. Simon (Ed.), *Communication skills and classroom success: Assessment of language-learning disabled students* (pp. 135-165). Austin, TX: Pro-Ed.

Campbell, P. H., Milbourne, S. A., Dugan, L. M., & Wilcox, M. J. (2006). A review of evidence on practices for teaching young children to use assistive technology devices. *Topics in Early Childhood Special Education, 26,* 3–14.

Cannizzaro, M. S., & Coelho, C. A. (2002). Treatment of story grammar following traumatic brain injury: A pilot study. *Brain Injury, 16,* 1065–1073.

Cardenas-Hagan, E., Carlson, C. D., & Pollard-Durodola, S. D. (2007). The cross-linguistic transfer of early literacy skills: The role of initial L, and L2 skills and language instruction. *Language, Speech, and Hearing Services in Schools, 3,* 249–259.

Carrow, E. (1979). *Carrow Elicited Language Inventory.* McAllen, TX: DLM and Teaching Resources.

Carrow-Woolfolk, E. (1999). *Test of Auditory Comprehension of Language* (3rd ed.). Austin, TX: Pro-Ed.

Catts, H. W. (1997). The early identification of language-based reading disabilities. *Language, Speech, and Hearing Services in Schools, 28,* 86–89.

Catts, H. W., Adlof, S. M., & Ellis Weismer, S. (2006). Language deficits in poor comprehenders: A case for the simple view of reading. *Journal of Speech, Language, and Hearing Research, 49,* 278–293.

Catts, H. W., Fey, M. E. Tomblin, J. B., & Zhang, X. (2002). A longitudinal investigation of reading outcomes in children with language impairments. *Journal of Speech, Language, and Hearing Research, 45,* 1142–1157.

Catts, H. W., Hogan, T. P., & Adlof, S. M. (2005). Developmental changes in reading and reading disabilities. In H. W. Catts & A. Kamhi (Eds.), *The connections between language and reading disabilities* (pp. 25-40). Mahwah, NJ: Erlbaum.

Catts, H. W., Hogan, T. P., & Fey, M. E. (2003). Subgrouping poor readers on the basis of individual differences in reading-related abilities. *Journal of Learning Disabilities, 36(2),* 151–164.

Centers for Disease Control and Prevention. (2007). Morbidity and mortality weekly report. *MMWR Surveillance Summaries, 56,* 1–40.

Chakrabarti, S., & Fombonne, E. (2001). Pervasive developmental disorders in preschool children. *Journal of the American Medical Association, 285,* 3093–3099.

Champion, T. B., Hyter, Y. D., McCabe, A., & Bland-Stewart, L. M. (2003). A matter of vocabulary: Performances of low-income African American Head Start children on the Peabody Picture Vocabulary Test—III. *Communication Disorders Quarterly, 24(3),* 121–127.

Chaney, C. (1992). Language development, metalinguistic skills, and print awareness in 3-year-old children. *Applied Psycholinguistics, 13,* 485–514.

Chang, F., Early, D., & Winton, P. (2005). Early childhood teacher preparation in special education at 2- and 4-year institutions of higher education. *Journal of Early Intervention, 27,* 110–124.

Channell, R. W. (2003). Automated Developmental Sentence Scoring using computerized profiling software. *American Journal of Speech-Language Pathology, 12,* 369–375.

Chao, P., Bryan, T., Burstein, K., & Cevriye, E. (2006). Family-centered intervention for young children at-risk for language and behavior problems. *Early Childhood Education Journal, 34,* 147–153.

Chapman, R. S. (1981). Exploring children's communicative intents. In J. Miller (Ed.), *Assessing language production in children* (pp. 22-25). Baltimore: University Park Press.

Chapman, R. S., Sindberg, H., Bridge, C., Gigstead, K., & Hasketh, L. (2006). Effect of memory support and elicited production on fast mapping of new words by adolescents with Down syndrome. *Journal of Speech, Language, and Hearing Research, 49,* 3–15.

Charman, T. R., Baron-Cohen, S., Swettenham, J., Baird, G., Drew, A., & Cox, A. (2003). Predicting language outcome in infants with autism and pervasive developmental disorder. *International Journal of Language and Communication Disorders, 38,* 265–285.

Choudhury, N., & Benasich, A. A. (2003). A family aggregation study: The influence of family history and other risk factors on language development. *Journal of Speech, Language, and Hearing Research, 46,* 261–272.

Cirrin, F. M., Schooling, T. L., Nelson, N. W., Diehl, S. F., Flynn, P. F., Staskowski, M., Torrey, T. Z., & Adamczyk, D. F. (2010). Evidence-based systematic review: Effects of different service delivery models on communication outcomes for elementary school-age children. *Language, Speech, and Hearing Services in Schools, 41,* 233–264.

Clay, M. M. (1979). *The early detection of reading difficulties: A diagnostic survey with recovery procedures.* Exeter, NH: Heinemann.

Cochrane, R. (1983). Language and the atmosphere of delight. In H. Winitz (Ed.), *Treating language disorders: For clinicians by clinicians* (pp. 143–162). Baltimore University Park Press.

Coggins, T. (1991). Bringing context back into assessment. *Topics in Language Disorders, 11*(4), 43–54.

Coggins, T., Olswang, L., Carmichael Olson, H., & Timler, G. (2003). On becoming socially competent communicators: The challenge for children with fetal alcohol exposure. *International Review of Research in Mental Retardation. 27,* 121–150.

Cohen, W., Hodson, A., O'Hare, A., Boyle, J., Durrani, T., McCartney, E., & Watson, J. (2005). Effects of computer-based intervention through acoustically modified speech (Fast ForWord) in severe mixed receptive-expressive language impairment: Outcomes from a randomized controlled trial. *Journal of Speech, Language, and Hearing Research, 48,* 715–729.

Colozzo, P., Garcia, R., Megan, C., Gillam, R., & Johnson, J (2006, June). *Narrative assessment in SLI: Exploring interactions between content and form.* Poster session presented at the annual meeting of the Symposium, on Research in Child Language Disorders, Madison, WI.

Condouris, K., Meyer, E., & Tager-Flusberg, H.(2003). The relationship between standardized measures of language and measures of spontaneous speech in children with autism. *American Journal of Speech-Language Pathology, 12,* 349–358.

Conti-Ramsden, G., & Botting, N. (2004). Social difficulties and victimization in children with SLI at 11 years of age. *Journal of Speech, Language, and Hearing Research, 47,* 145–161.

Conti-Ramsden, G., Botting, N., & Durkin, K. (2008). Parental perspectives during the transition to adulthood of adolescents with a history of Specific Language Impairment (SLI). *Journal of Speech, Language, and Hearing Research, 51,* 84–96.

Conti-Ramsden, G., & Durkin, K. (2007). Phonological short-term memory, language and literacy: Developmental relationships in early adolescence in young people with SLI. *Journal of Child Psychology and Psychiatry, 48,* 147–156.

Conti-Ramsden, G., & Durkin, K. (2008). Language and independence in adolescents with and without a history of Specific Language Impairment (SLI). *Journal of Speech, Language, and Hearing Research, 51,* 70–83.

Conti-Ramsden, G., Durkin, K., & Simkin, Z. (2010). Language and social factors in the use of cell phone technology by adolescents with and without Specific Language Impairment (SLI). *Journal of Speech, Language, and Hearing Research, 53,* 196–208.

Conti-Ramsden, G., Simkin, Z., & Pickles, A. (2006). Estimating familial loading in SLI: A comparison of direct assessment versus personal interview. *Journal of Speech, Language, and Hearing Research, 49,* 88–101.

Corriveau, K., Posquine, E., & Goswami, U. (2007). Basic auditory processing skills and specific language impairment: A new look at an old hypothesis. *Journal of Speech, Language, and Hearing Research, 50,* 647–666.

Cowan, N., Nugent, L., Elliott, E., Ponomarev, I., & Saults, S. (2005). The role of attention in the development of short-term memory: Age differences in the verbal span of apprehension. *Child Development, 70,* 1082–1097.

Craig, H. K., Connor, C. M., & Washington, J. A. (2003). Early positive predictors of later reading comprehension for African American students: A preliminary investigation. *Language, Speech, and Hearing Services in Schools, 34,* 31–43.

Craig, H. K., & Washington, ]. A. (2002). Oral language expectations for African American preschoolers and kindergarteners. *American Journal of Speech-Language Pathology,* 11, 59–70.

Craig, H. K., Washington, J. A., & Thompson-Porter, C. (1998). Average C-unit lengths in the discourse of African American children from low-income urban homes. *Journal of Speech, Language, and Hearing Research,* 41, 433–444.

Craig, H. R., Zhang, L., Hensel, S. L., & Quinn, E. J. (2009). African American English-speaking students: An examination of the relationship between dialect shifting and reading outcomes. *Journal of Speech, Language, and Hearing Research, 52,* 839–855.

Crais, E. R. & Roberts, J. (1991). Decision making in assessment and early intervention planning. *Language, Speech, and Hearing Services in Schools, 22,* 19–30.

Crais, E. R., & Roberts, J. (2004). Assessing communication skills. In M. McLean, M. Wolery, & D. Bailey (Eds.), *Assessing infants and preschoolers with special needs* (3rd ed., pp. 345–411). Upper Saddle River, NJ: Pearson/Merrill/Prentice Hall.

Creaghead, N. A. (1992). Classroom interactional analysis/script analysis. *Best Practices in School Speech Language Pathology, 2,* 65–72.

Cress, C. J. (2003). Responding to a common early AAC question: "Will my child talk?" *Perspectives on Augmentative and Alternative Communication, 12,* 10–11.

Cress, C. J., & Marvin, C. A. (2003). Common questions about AAC services in early intervention. *Augmentative and Alternative Communication, 19,* 254–272.

Crowe, L. K. (2003). Comparison of two reading feedback strategies in improving the oral and written language performance of children with language learning disabilities. *American Journal of Speech-Language Pathology, 12,* 16–27.

Crowhurst, M., & Piche, G. L. (1979). Audience and mode of discourse effects on syntactic complexity in writing at two grade levels. *Research in the Teaching of English, 13,* 101–109.

Crumrine, L., & Lonegan, H. (1998). *Pre-Literacy Skills Screening.* Chicago: Applied Symbolix.

Crystal, D. (1982). *Profiling linguistic disability.* London, UK: Edward Arnold.

Crystal, D., Fletcher, P., & Garman, R. (1976). *The grammatical analysis of language disability.* New York: Elsevier.

Cunningham, A., Perry, K., Stanovich, K., & Stanovich, P. (2004). Disciplinary knowledge of K-3 teachers and their knowledge calibration in the domain of early literacy. *Annals of Dyslexia, 54,* 139–167.

Cunningham, M., & Cox, E. O. (2003, February). Hearing assessment in infants and children: Recommendations beyond neonatal screening. *Pediatrics, 111*(2), 436–440.

Curenton, S., & Justice, L. (2004). African American and Caucasian preschoolers' use of decontextualized language: Literate language features in oral narratives. *Language, Speech, and Hearing Services in Schools, 35,* 240–253.

Dale, P. S., Price, T. S., Bishop, D. V. M., & Plomin, R. (2003). Outcomes of early language delay: I. Predicating persistent and transient language difficulties at 3 and 4 years. *Journal of Speech, Language, and Hearing Research, 46,* 544–560.

Damico, J. S. (1991a). Clinical Discourse Analysis: A functional language assessment technique. In C. S. Simon (Ed.), *Communication skills and classroom success: Assessment and therapy methodologies for language and learning disabled students* (pp. 125–150). Eau Claire, WI: Thinking Publications.

Damico, J. S. (1992). Systematic observation of communication interaction. *Best Practices in School Speech-Language Pathology, 2,* 133–144.

Damico, J. S., & Oller, J. (1985). *Spotting language problems* San Diego: Los Amigos Research Associates.

Danahy Ebert, K., & Kohnert, K. (2011). Sustained attention in children with primary language impairment: A meta-analysis. *Journal of Speech, Language, and Hearing Research, 54,* 1372–1384.

Danzak, R. L. (2011). The integration of lexical, syntactic, and discourse features in bilingual adolescents' writing: An exploratory approach. *Language, Speech, and Hearing Services in Schools, 42,* 491–505.

Davis, J. W., & Bauman, K. J. (2008). *School enrollment in the United States: 2006.* Washington, DC: U.S. Bureau of the Census.

Deevy, P., Wisman Weil, L., Leonard, L. B., & Goffman, L. (2010). Extending use of the NRT to preschool-age children with and without Specific Language Impairment. *Language, Speech, and Hearing Services in Schools, 41,* 277–288.

DeKroon, D. M. A., Kyte, C. S., & Johnson, C. J. (2002). Partner influences on the social pretend play of children with language impairments. *Language, Speech, and Hearing Services in Schools, 33,* 253–267.

Demmert, W. G., McCardle, P., & Leos, K. (2006). Conclusions and commentary. *Journal of American Indian Education, 45* (2), 77–88.

Dempsey, L., Jacques, J., Skarakis-Doyle, E., & Lee, C. (2002, November). *The relationship between preschoolers' comprehension monitoring ability and their knowledge of truth conditions.* Paper presented at the annual convention of the American Speech-Language-Hearing Association, Atlanta, GA.

Denham, S. A., & Burton, R. (1996). Social-emotional intervention for at-risk 4-year-olds. *Journal of School Psychology, 34,* 223–245.

Dennis, M., Lazenby, A. L., & Lockyer, L. (2001). **Inferential language in high-functioning children with** autism. *Journal of Autism and Developmental Disorders,* 31(1), 47–54.

de Rivera, C, Girolametto, L., Greenberg, J., & Weitzman, E. (2005). Children's responses to educators' questions in day care play groups. *American Journal of Speech-Language Pathology, 14,* 14–26.

DeThorne, L. S., Petrill, S. A., Hart, S. A., Channell, R. W., Campbell, R. J., Deater-Deckard, K., Thompson, L. A., & Vandenbergh, D. J. (2008). Genetic effects on children's conversational language use. *Journal of Speech, Language, and Hearing Research, 51,* 423–435.

de Valenzuela, J. S., Copeland, S. R., Qi, C. H., & Park, M. (2006). Examining educational equity: Revisiting the disproportionate representation of minority students in special education. *Exceptional Children, 72,* 425–441.

deVilliers, J. G. (2004). Cultural and linguistic fairness in the assessment of semantics. *Seminars in Speech and Language, 25,* 73–90.

Dickinson, D. K., & DeTemple, J. (1998). Putting parents in the picture: Maternal reports of preschoolers' literacy as a predictor of early reading. *Early Childhood Research Quarterly, 13,* 241–261.

Dickinson, D. K., & Tabors, P. O. (2001). *Beginning literacy with language: Young children learning at home and school.* Baltimore: Paul H. Brookes.

Dickinson, D. K., Darrow, C. L., & Tinubu, T. A. (2008). Patterns of teacher-child conversations in Head Start classrooms: Implications for an empirically grounded approach to professional development. *Early Education and Development, 19,* 396–429.

Diehl, S. F., Ford, C., & Federico, J. (2005). The communication journey of a fully included child with an autism spectrum disorder. *Topics in Language Disorders, 25(4),* 375–387.

Dinnebeil, L. A., Pretti-Frontczak, K., & Mclnemey, W. (2009). A consultative itinerant approach to service delivery: Considerations for the early childhood community. *Language, Speech, and Hearing Services in Schools, 40,* 435–445.

Dodd, B., & Carr, A. (2003). Young children's letter-sound knowledge. *Language, Speech, and Hearing Services in Schools, 34,* 128–137.

Dollaghan, C. A. (2004). **Evidence-based practice** in **communication disorders:** What do we know and when do we know it? *Journal of Communication Disorders, 37,* 391–400.

Dollaghan, C. A., & Campbell, T. (1998). Nonword repetition and child language impairment. *Journal of Speech, Language, and Hearing Research, 41,* 1136–1146.

Dore, J. (1974). A pragmatic description of early language development. *Journal of Psycholinguistic Research, 3,* 343–350.

Dore, J. (1986). The development of conversational competence. In R. Schiefelbusch (Ed.), *Language competence: Assessment and intervention* (pp. 3–60). San Diego: College-Hill.

Douglas, J. M. (2010). Relation of executive functioning to pragmatic outcome following severe traumatic brain injury. *Journal of Speech, Language, and Hearing Research, 53,* 365–382.

Drager, K. D., Light, J. C, Carlson, R., D'Silva, K., Larsson, B., Pitkin, L., & Stopper, G. (2004). Learning of dynamic display AAC technologies by typically developing 3-year-olds: Effect of different layouts and menu approaches. *Journal of Speech, Language, and Hearing Research, 47,* 1133–1148.

Drager, K. D., Light, J. C, Curran Speltz, J., Fallon, K. A., & Jeffries, L. Z. (2003). The performance of typically developing

2½-year-olds on dynamic display AAC technologies with different system layouts and language organizations. *Journal of Speech, Language, and Hearing Research, 46,* 298–312.

Duchan, J. F. (1997). A situated pragmatics approach for supporting children with severe communication disorders. *Topics in Language Disorders, 17(2),* 1–18.

Duchan, J. F., & Weitzner-Lin, B. (1987). Nurturant-naturalistic intervenion for language-impaired children: Implications for planning lessons and tracking progress. *Asha, 29(7),* 45–49.

Dunn, L. M., & Dunn, D. M. (2007). *Peabody Picture Vocabulary Test* (PPVT) (4th ed.). Boston Pearson.

Dunst, C. J. (2002). Family-centered practices: Birth through high school. *Journal of Special Education, 36,* 139–147.

Dunst, C. J., Hamby, D., Trivette, C. M., Raab, M., & Bruder, M. B. (2000). Everyday family and community life and children's naturally occurring learning opportunities. *Journal of Early Intervention, 23(3),* 151–164.

Dunst, C. J., & Trivette, C. M. (2009a). Let's be PALS: An evidence-based approach to professional development. *Infants and Young Children, 22,* 164–176.

Ebbels, S. (2007). Teaching grammar to school-aged children with specific language impairment using shape coding. *Child Language Teaching and Therapy, 23,* 67–93.

Edmonston, N. K., & Thane, N. L. (1990, April). Children's concept comprehension: *Acquisition, assessment, intervention.* Paper presented at the Annual Convention of the New York State Speech-Language-Hearing Association, Kiamesha Lake.

Ehren, B. J. (2000). Maintaining a therapeutic focus and sharing responsibility for student success: Keys to in-classroom speech-language services. *Language, Speech, and Hearing Services in Schools, 31,* 219–229.

Ehren, B. J. (2005). Looking for evidence-based practice in reading comprehension instruction. *Topics in Language Disorders, 25,* 310–321.

Ehren, B. J. (2006). Partnerships to support reading comprehension for students with language impairment. *Topics in Language Disorders, 26,* 42–54.

Ehri, L. C. (2000). Learning to read and learning to spell: Two sides of a coin. *Topics in Language Disorders, 20(3),* 19–36.

Eigsti, L., & Cicchetti, D. (2004). The impact of child maltreatment on the expressive syntax at 60 months. *Developmental Science, 7,* 88–102.

Eisenberg, S. L. (2005). When comprehension is not enough: Assessing infinitival complements through elicitation. *American Journal of Speech-Language Pathology, 14,* 92–106.

Eisenberg, S. L., McGovern Fersko, T., & Lundgren, C. (2001). The use of MLU for identifying language impairment in preschool children: A review. *American Journal of Speech-Language Pathology, 10,* 323–342.

Ellis Weismer, S., & Evans, J. L. (2002). The role of processing limitations in early identification of specific language impairment. *Topics in Language Disorders, 22(3),* 15–29.

Ellis Weismer, S., & Hesketh, L. J. (1998). The impact of emphatic stress on novel word learning by children with specific language impairment. *Journal of Speech, Language, and Hearing Research, 41,* 1444–1458.

Ellis Weismer, S., Plante, E., Jones, M., & Tomblin, J. B. (2005). A functional magnetic resonance imaging investigation of verbal working memory in adolescents with specific language impairment. *Journal of Speech, Language, and Hearing Research, 48,* 405–425.

Ellis Weismer, S., Tomblin, J. B., Zhang, X., Buckwalter, P., Chynoweth, J. G., & Jones, M. (2000). Non-word repetition performance in school-age children with and without language impairment. *Journal of Speech, Language, and Hearing Research, 43,* 865–878.

Ertmer, D. J., Strong, L. M., & Sadagopan, N. (2003). Beginning to communicate after cochlear implantation: Oral language development in a young child. *Journal of Speech, Language, and Hearing Research, 46,* 328–340.

Ervin, M. (2001, June 26). SLI—What we know and why it matters. *ASHA Leader.*

Ervin-Tripp, S. (1977). Wait for me roller skate. In S. Ervin-Tripp & C. Mitchell-Kerner (Eds.), *Child discourse* (pp. 165–188). New York: Academic Press.

Evans, J. L., & Craig, H. K. (1992). Language sample collection and analysis. Interview compared to freeplay assessment contexts. *Journal of Speech and Hearing Research, 35,* 343–353.

Ezell, H. K., & Justice, L. M. (2005). *Shared storybook reading: Building young children's language and emergent literacy skills.* Baltimore: Paul H. Brookes.

Ezell, H. K., Justice, L. M., & Parsons, D. (2000). Enhancing the emergent literacy skills of preschoolers with communication disorders: A pilot investigation. *Child Language Teaching and Therapy, 16,* 121–160.

Fallon, K. A., & Katz, L. A. (2011). Providing written language services in the schools: The time is now. *Language, Speech, and Hearing Services in Schools, 42,* 3–17.

Fallon, K. A., Light, J. C., & Kramer Paige, T. (2001). Enhancing vocabulary selection for preschoolers who require augmentative and alternative communication (AAC). *American Journal of Speech-Language Pathology, 10,* 81–94.

Feldman, H. M., Dollaghan, C. A., Campbell, T.R, Colborn, D. K., Janosky, J., Kurs-Lasky, M., Rockette, H. E., Dale, P. S., & Paradise, J. L. (2003). Parent-reported language skills in relation to otitis media during the first 3 years of life. *Journal of Speech, Language, and Hearing Research, 46,* 273–287.

Fenson, L., Marchman, V. A., Thai, D., Dale, P., Reznick, J. S., & Bates, E. (2007). *The MacArthur-Bates Communicative Development Inventories: User's guide and technical manual* (2nd ed.). Baltimore, MD: Paul H. Brookes.

Fey, M. E. (1986). *Language intervention with young children.* San Diego: College-Hill.

Fey, M. E., Catts, H., Proctor-Williams, K., Tomblin, B., & Zhang, X. (2004). Oral and written story composition skills of children with language impairment. *Journal of Speech, Language, and Hearing Research, 47,* 1301–1318.

Fey, M. E., Finestack, L. H., Gajewski, B. J., Popescu, M., &

Lewine, J. D. (2010). A preliminary evaluation of Fast For-Word-Language as an adjuvant treatment in language intervention. *Journal of Speech, Language, and Hearing Research, 53,* 430–449.

Fey, M. E., & Frome Loeb, D. (2002). An evaluation of the facilitative effects of inverted yes-no questions on the acquisition of auxiliary verbs. *Journal of Speech, Language, and Hearing Research, 45,* 160–174.

Fey, M. E., Long, S. H., & Finestack, L. H. (2003). Ten principles of grammar facilitation for children with specific language impairments. *American Journal of Speech-Language Pathology, 12,* 3–15.

Fiestas, C. E., & Peña, E. D. (2004). Narrative discourse in bilingual children: Language and task effects. *Language, Speech, and Hearing Services in Schools, 35,* 155–168.

Filipek, P., Accordo, P., Baranek, G., Cook, E., Dawson, G., Gordon, B., Gravel, J., Johnson, C , Kallen, R., Levy, S., Minshew, N., Prizant, B., Rapin, I., Rogers, S., Stone, W., Teplin, S., Tuchman, R., 8c Volkmaret, F. (1999). The screening and diagnosis of autism spectrum disorders. *Journal of Autism and Developmental Disorders, 29,* 49–58.

Finestack, L. H., & Fey, M. E. (2009). Evaluation of a deductive/procedure to teach grammatical inflections to children with language impairment. *American Journal of Speech-Language Pathology, 18,* 289–302.

Finneran, D. A., Francis, A. L., & Leonard, L. B. (2009). Sustained attention in children with Specific Language Impairment (SLI). *Journal of Speech, Language, and Hearing Research, 52,* 915–929.

Finneran, D. A., Leonard, L. B., & Miller, C. (in press). Speech disruptions in the sentence formulation of school-age children with specific language impairment. *International Journal of Language and Communication Disorders.*

Flax, J. F., Realpe-Bonilla, T., Hirsch, L. S., Brzustowicz, L. M., Bartlett, C. W., & Tallal, P. (2003). Specific language impairment in families: Evidence for co-occurrence with reading impairments. *Journal of Speech, Language, and Hearing Research, 46,* 530–543.

Flenthrope, J. L., & Brady, N. C. (2010). Relationships between early gestures and later language in children with fragile X syndrome. *American Journal of Speech-Language Pathology, 19,* 135–142.

Folger, J., & Chapman, R. (1978). A pragmatic analysis of spontaneous imitations. *Journal of Child Language, 5,* 25–38.

Fombonne, E. (2003a). The prevalence of autism. *Journal of the American Medical Association, 289,* 87–89.

Fombonne, E. (2003b). Epidemiological surveys of autism and other pervasive developmental disorders: An update. *Journal of Autism and Developmental Disorders, 33,* 365–382.

Fontes, L. A. (2002). Child discipline and physical abuse in immigrant Latino families: Reducing violence and misunderstandings. *Journal of Counseling and Development, 80,* 31–40.

Ford, J. A., & Milosky, L. M. (2003). Inferring emotional reactions in social situations: Differences in children with language impairment. *Journal of Speech, Language, and Hearing*

*Research, 46,* 21–30.

Ford, J. A., & Milosky, L. M. (2008). Inference generation during discourse and its relation to social competence: An online investigation of abilities of children with and without language impairment. *Journal of Speech, Language, and Hearing Research, 51,* 367–380.

Foster, W. A., & Miller, M. (2007). Development of the literacy achievement gap: A longitudinal study of kindergarten through third grade. *Language, Speech, and Hearing Services in Schools, 38,* 173–181.

Fried-Oken, M. (1987). Qualitative examination of children's naming skills through test adaptations. *Language, Speech, and Hearing Services in Schools, 18,* 206–216.

Fried-Patti, S. (1999). Specific language impairment: Continuing clinical concerns. *Topics in Language Disorders, 20*(1), 1–13.

Fry, R. (2007). *The changing racial and ethnic composition of U.S. public schools.* Washington, DC: Pew Hispanic Center.

Fujiki, M., Brinton, B., Isaacson, T., & Summers, C. (2001). Social behavior of children with language impairment on the playground. A pilot study. *Language, Speech, and Hearing Services in Schools, 32,* 101–113

Galaburda, A. L. (2005). Neurology of learning disabilities: What will the future bring? The answer comes from the successes of the recent past. *Journal of Learning Disabilities, 28,* 107–109.

Gallagher, A., Frith, U., & Snowling, M. J. (2000). Precursors of literacy delay among children at genetic risk of dyslexia. *Journal of Child Psychology and Psychiatry and Allied Disciplines, 41,* 202–213.

Garcia, S. B., Mendez-Perez, A., & Ortiz, A. A. (2000). Mexican American mothers' beliefs about disabilities: Implications for early childhood intervention. *Remedial and Special Education, 21,* 90–100.

Garnett, K. (1986). Telling tales: Narratives and learning disabled children. *Topics in Lamguage Disorders, 6*(2), 44–56.

Gathercole, S. E. (2006). Nonword repetition and word learning: The nature of the relationship. *Applied Psycholinguistics, 27,* 513–543.

Gathercole, S. E., & Alloway, T. (2006). Short-term and working memory impairments in neurodevelopmental disorders: Diagnosis and remedial support. *Journal of Child Psychology and Psychiatry, 47,* 4–15.

Gathercole, S. E., & Alloway, T. P. (2008). Working memory and classroom learning. In S. K. Thurman & C. A. Fiorello (Eds.), *Applied cognitive research in K–3 classrooms* (pp. **17**–40). New York: Routledge/Taylor & Francis Group.

Gathercole, S. E., Alloway, T. P., Willis, C., & Adams, A. (2006). Working memory in children with reading disabilities. *Journal of Experimental Child Psychology, 93,* 265–281.

Gathercole, S. E., & Baddeley, A. D. (1993). Phonological working memory: A critical building block for reading development and vocabulary acquisition. *European Journal of Psychology of Education, 8,* 259–272.

Gathercole, S. E., & Baddeley, A. (1996). *The Children's Test of Nonword Repetition.* London: The Psychological Corporation.

Gathercole, S. E., Lamont, E., & Alloway, T. P. (2004). Working memory in the classroom. In S. J. Pickering & G. D. Phye (Eds.), *Working memory and education* (pp. 219–240). Hillsdale, NJ: Erlbaum.

Gaulin, C., & Campbell, T. (1994). Procedure for assessing verbal working memory in normal school-age children: Some preliminary data. *Perceptual and Motor Skills, 79,* 55–64.

Gavens, N., & Barrouillet, P. (2004). Delays of retention, processing efficiency and attentional resources in working memory span development. *Journal of Memory and Language, 51,* 644–657.

Gazelle, J., & Stockman, I. J. (2003). Children's story retelling under different modality and task conditions: Implications for standardizing language sampling procedures. *American Journal of Speech-Language Pathology, 12,* 61–72.

German, D. J. (1992). Word-finding intervention for children and adolescents. *Topics in Language Disorders, 13*(1), 33–50.

German, D. J. (2000). *Test of Word Finding, second edition (TWF-Z).* Austin, TX: Pro-Ed.

German, D. J., & Newman, R. S. (2004). The impact of lexical factors on children's word-finding errors. *Journal of Speech, Language, and Hearing Research, 47,* 624–636.

Ghaziuddin, M., & Mountain-Kimchi, K. (2004). Defining the intellectual profile of Asperger syndrome: Comparison with high-functioning autism. *Journal of Autism and Developmental Disorders, 34,* 279–284.

Gilchrist, A., Green, J., Cox, A., Burton, D., Rutter, M., & Le Couteur, A. (2001). Development and current functioning in adolescents with Asperger syndrome: A comparative study. *Journal of Child Psychology and Psychiatry and Allied Disciplines, 42,* 227–240.

Gill, C., Klecan-Aker, J., Roberts, T., & Fredenburg, K. (2003). Following directions: Rehearsal and visualization strategies for children with specific language impairment. *Child Language Teaching and Therapy, 19,* 85–103.

Gillam, R. B., & Bedore, L. M. (2000). Language science. In R. B. Gillam, T. P. Marquardt, & F. R. Martin (Eds.), *Communication sciences and disorders: From science to clinical practice* (pp. 385–408). San Diego: Singular.

Gillam, R. B., Frome Loeb, D., Hoffman, L. M., Bohman, T., Champlin, C. A., Thibodeau, L., Widen, J., Brandel, J., & Friel-Patti, S. (2008). The efficacy of Fast ForWord language intervention in school-age children with language impairment: A randomized controlled trial. *Journal of Speech, Language, and Hearing Research, 51 ,* 97–119.

Gillam, R. B., Hoffman, L. M., Marler, J. A., & Wynn-Dancy, M. L. (2002). Sensitivity to increased task demands: Contributions from data-driven and conceptually driven information processing deficits. *Topics in Language Disorders, 22*(3), 30–48.

Gillam, R. B., & Johnston, J. R. (1985). Development of print awareness in language-disordered preschoolers. *Journal of Speech and Hearing Research, 28,* 521–526.

Gillam, R. B., & Pearson, N. A. (2004). *Test of Narrative Language.* Austin, TX: Pro-Ed.

Gillam, R. B., & van Kleek, A. (1996). Phonological awareness training and short-term working memory: Clinical implications. *Topics in Language Disorders, 17,* 72–81.

Gillam, S. L., & Gillam, R. B. (2006). Making evidence-based decisions about child language intervention in schools. *Language, Speech, and Hearing Services in Schools, 37,* 304–315.

Gillon, G. T. (2005). Facilitating phoneme awareness development in 3- and 4-year-old children with speech impairment. *Language, Speech, and Hearing Services in Schools, 36,* 308–324.

Girolametto, L., & Weitzman, E. (2002). Responsiveness of child care providers in interactions with toddlers and preschoolers. *Language, Speech, and Hearing Services in Schools, 33,* 268–281.

Girolametto, L., Weitzman, E., & Greenberg, J. (2003). Training day care staff to facilitate children's language. *American Journal of Speech-Language Pathology, 12,* 299–311.

Girolametto, L., Wiigs, M., Smyth, R., Weitzman, E., & Pearce, P. S. (2001). Children with a history of expressive vocabulary delay: Outcomes at 5 years of age. *American Journal of Speech-Language Pathology, 10,* 358–369.

Glenberg, A. M., Brown, M., & Levin, J. R. (2007). Enhancing comprehension in small reading groups using a manipulation strategy. *Contemporary Educational Psychology, 32,* 389–399.

Glenberg, A. M., Jaworski, B., & Rischal, M. (2005). *Improving reading improves math.* Unpublished manuscript, University of Wisconsin, Madison.

Glennen, S. L., & Masters, M. G. (2002). Typical and atypical language development in infants and toddlers adopted from Eastern Europe. *American Journal of Speech-Language Pathology, 11,* 417–433.

Goffman, L., & Leonard, J. (2000). Growth of language skills in preschool children with specific language impairment. *American Journal of Speech-Language Pathology, 9,* 151–161.

Goldbart, J., & Marshall, J. (2004). "Pushes and pulls" on the parents of children who use AAC. *Augmentative and Alternative Communication, 20,* 194–208.

Goldenberg, C. (2008). Teaching English language learners what the research does—and does not—say. *American Educator, 32(2),* 8–44.

Goldenberg, R. L., Culhane, J. F., Iams, J. D., & Romero, R. (2008). Epidemiology and causes of preterm birth. *Lancet, 5(371),* 75–84.

Goldstein, B. A. (2006). Clinical implications of research on language development and disorders in bilingual children. *Topics in Language Disorders, 26,* 305–321.

Goldstein, H., English, K., Shafer, K., & Kaczmarek, L. (1997). Interaction among preschoolers with and without disabilities: Effects of across-the-day peer intervention. *Journal of Speech, Language, and Hearing Research, 40,* 33–48.

Goldstein, H., & Strain, P. S. (1988). Peers as communication intervention agents: Some new strategies and research findings. *Topics in Language Disorders, 9*(1), 44–59.

Goldstein, H., Walker, D., & Fey, M. (2005, Nov.). *Comparing strategies for promoting communication of infants and toddlers.* Seminar presented at the Association for Speech and Hearing Conference (ASHA), San Diego, CA.

Gorman, B. K., Fiestas, C. E., Peña, E. D., & Reynolds Clark, M. (2011). Creative and stylistic devices employed by children during a storybook narrative task: A cross-cultural study. *Language, Speech, and Hearing Services in Schools, 42,* 167–181.

Graham, S. (1999). Handwriting and spelling instruction for students with learning disabilities: A review. *Learning Disability Quarterly, 22,* 78–98.

Graham, S., Berninger, V., Abbott, R., Abbott, P., & Whitaker, D. (1997). Role of mechanics in composing of elementary school students: A new methodological approach. *Journal of Educational Psychology, 89,* 170–182.

Graham, S., & Harris, K. R. (1999). Assessment and intervention in overcoming writing difficulties: An illustration from the self-regulation strategy development model. *Language, Speech, and Hearing Services in Schools, 30,* 255–264.

Granlund, M., Bjorck-Åkesson, E., Wilder, J., & Ylven, R. (2008). AAC interventions for children in a family environment: Implementing evidence in practice. *Augmentative and Alternative Communication, 24,* 207–219.

Gray, S. (2003). Word learning by preschoolers with specific language impairment: What predicts success? *Journal of Speech, Language, and Hearing Research, 46,* 56–67.

Gray, S. (2005). Word learning by preschoolers with specific language impairment: Effect of phonological or semantic cues. *Journal of Speech, Language, and Hearing Research, 48,* 1452–1467.

Gray, S., & Brinkley, S. (2011). Fast mapping and word learning by preschoolers with specific language impairment in a supported learning context: Effect of encoding cues, phonotactic probability, and object familiarity. *Journal of Speech, Language, and Hearing Research, 54,* 870–884.

Green, L. (2004, November). *Morphology and literacy: Implications for students with reading disabilities.* Paper presented at the American Speech-Language-Hearing Annual convention, Philadelphia.

Greenhalgh, K. S., & Strong, C. J. (2001). Literate language features in spoken narratives of children with typical language and children with language impairments. *Language, Speech, and Hearing Services in Schools, 32,* 114–126.

Griffin, T. M., Hemphill, L., Camp, L., & Wolf, D. P. (2004). Oral discourse in the preschool years and later literacy skills. *First Language, 24,* 123–147.

Grigorenko, E. L. (2005). A conservative meta-analysis of linkage and linkage-association studies of developmental dyslexia. *Scientific Studies of Reading, 9,* 285–316.

Grisham-Brown, J. L., Hemmeter, M. L., & Pretti-Frontczak, K. L. (2005). *Blended practices for teaching young children in inclusive settings.* Baltimore: Paul H. Brookes.

Griswold, K. E., Barnhill, G. P., Smith-Myles, B., Hagiwara, T., & Simpson, R. L. (2002). Asperger syndrome and academic achievement. *Focus on Autism and Other Developmental Disabilities, 77(2),* 94–102.

Grossman, R. B., Bemis, R. H., Plesa Skwerer, D., & Tager-Flusberg, H. (2010). Lexical and affective prosody in children with high-functioning autism. *Journal of Speech, Language, and Hearing Research, 53*, 778–793.

Gruenewald, L., & Pollack, S. (1984). *Language interaction in teaching and learning*. Baltimore: University Park Press.

Gullo, F., & Gullo, J. (1984). An ecological language intervention approach with mentally retarded adolescents. *Language, Speech, and Hearing Services in Schools, 15*, 182–191.

Guo, L. Y., Tomblin, J. B., & Samelson, V. (2008). Speech disruptions in the narratives of English-speaking children with Specific Language Impairment. *Journal of Speech, Language, and Hearing Research, 51*, 722–738.

Gutierrez-Clellan, V. F., & Peña, E. D. (2001). Dynamic assessment of diverse children: A tutorial. *Language, Speech, and Hearing Services in Schools, 32*, 212–224.

Gutierrez-Clellan, V. F., & Quinn, R. (1993). Assessing narratives of children from diverse cultural-lingual groups. *Language, Speech, and Hearing Services in Schools, 24*, 2–9.

Gutierrez-Clellen, V. F., Restrepo, M. A., Bedore, L., Peña, E., & Anderson, R. (2000). Language sample analysis in Spanish-speaking children: Methodological considerations. *Language, Speech, and Hearing Services in Schools, 31*, 88–98.

Gutierrez-Clellan, V. F., & Simon-Cereijido, G. (2007). The discriminant accuracy of a grammatical measure of Latino English-speaking children. *Journal of Speech, Language, and Hearing Research, 50*, 968–981.

Hadley, P. A., & Holt, J. (2006). Individual differences in the onset of tense marking: A growth curve analysis. *Journal of Speech, Hearing, and Language Research, 49*, 984–1000.

Hadley, P. A., & Short, H. (2005). The onset of tense marking in children at risk for specific language impairment. *Journal of Speech, Language, and Hearing Research, 48*, 1344–1362.

Halpern, R. (2000). Early childhood intervention for low-income children and families. In J. P. Shonkoff & S. J. Meisels (Eds.), *Handbook of early childhood intervention* (2nd ed., pp. 361–386). Cambridge, England: Cambridge University Press.

Hambly, C., & Riddle, L. (2002, April). *Phonological awareness training for school-age children*. Paper presented at the annual convention of the New York State Speech-Language-Hearing Association, Rochester.

Hamm, B., & Mirenda, P. (2006). Post-school quality of life for individuals with developmental disabilities who use AAC. *Augmentative and Alternative Communication, 22*, 134–146.

Hammer, C. S., Lawrence, F. R., & Miccio, A. W. (2007). Bilingual children's language abilities and early reading outcomes in Head Start and kindergarten. *Language, Speech, and Hearing Services in Schools, 38*, 237–248.

Hammer, C. S., & Miccio, A. W. (2006). Early language and reading development of bilingual preschoolers from low-income families. *Topics in Language Disorders, 26*, 322–337.

Hammer, C. S., Miccio, A. W., & Wagstaff, D. A. (2003). Home literacy experiences and their relationship to bilingual preschoolers' developing English literacy abilities: An initial investigation. *Language, Speech, and Hearing Services in Schools, 34*, 20–30.

Hammer, C. S., Rodriguez, B. L., Lawrence, F. R., & Miccio, A. W. (2007). Puerto Rican mothers' beliefs on home literacy practices. *Language, Speech, and Hearing Services in Schools, 38*, 216–224.

Hammett Price, L., Hendricks, S., & Cook, C. (2010). Incorporating computer-aided language sample analysis into clinical practice. *Language, Speech, and Hearing Services in Schools, 41*, 206–222.

Hammill, D. D., Brown, V. L., Larson, S. C., & Wiederholt, J. L. (2007). *Test of Adolescent and Adult Language* (4th ed.). Austin, TX: Pro-Ed.

Hammill, D. D., & Larson, S. (1996). *Test of Written Language–3*. Austin, TX: Pro-Ed.

Hammill, D. D., & Newcomer, P. (2007). *Test of Language Development—Intermediate* (4th ed.). Austin, TX: Pro-Ed.

Hancock, T. B., & Kaiser, A. P. (2006). Enhanced milieu teaching. In R. J. McCauley & M. E. Fey (Eds.), *Treatment of language disorders in children* (pp. 203–236). Baltimore: Paul H. Brookes.

Hanft, B. E., Miller, L. J., & Lane, S. J. (2000). Towards a consensus in terminology in sensory integration theory and practice: Part I. Taxonomy of neurophysiologic processes. *Sensory Integration Special Interest Section Quarterly, 23*, 1–4.

Hanft, B. E., Rush, D. D., & Shelden, M. L. (2004). *Coaching families and colleagues in early childhood*. Baltimore, MD: Paul H. Brookes.

Harris Wright, H., & Newhoff, M. (2001). Narration abilities of children with language-learning disabilities in response to oral and written stimuli. *American Journal of Speech-Language Pathology, 10*, 308–319.

Hart, K. I., Fujiki, M., Brinton, B., & Hart, C. H. (2004). The relationship between social behavior and severity of language impairment. *Journal of Speech, Language, and Hearing Research, 47*, 647–662.

Hartley, S. L., & Sikora, D. M. (2009). Which DSM-IV-TR criteria best differentiate high-functioning autism spectrum disorder from ADHD and anxiety disorders in older children? *Autism, 13*, 485–509.

Hartsuiker, R. J., Bernolet, S., Schoonbaert, S., Speybroeck, S., & Vanderelst, D. (2008). Syntactic priming persists while the lexical boost decays: Evidence from written and spoken dialogue. *Journal of Memory and Language, 58*, 214–238.

Hashimoto, N., McGregor, K. K., & Graham, A. (2007). Conceptual organization at 6 and 8 years of age: Evidence from the semantic priming of object decisions. *Journal of Speech, Language, and Hearing Research, 50*, 161–176.

Hassink, J. M., & Leonard, L. B. (2010). Within-treatment factors as predictors of outcomes following conversational recasting. *American Journal of Speech-Language Pathology, 19*, 213–224.

Hayiou-Thomas, M. E., Harlaar, N., Dale, P. S., & Plomin, R. (2010). Preschool speech, language skills, and reading at 7, 9, and 10 years: Etiology of the relationship.

*Journal of Speech, Language, and Hearing Research, 53,* 311–332.

Hayward, D., Gillam, R. B., & Lien, P. (2007). Retelling a script-based story: Do children with and without language impairments focus on script or story element? *Journal of Speech-Language Pathology, 16,* 235–245.

Health Resources and Services Administration (HRSA). (2005). *Women's Health USA 2005.* Rockville, MD: U.S. Department of Health and Human Services.

Hedberg, N. L., & Stoel-Gammon, C. (1986). Narrative analysis: Clinical procedures. *Topics in Language Disorders, 7,* 58–69.

Heilmann, J. J., Miller, J., Iglesias, A., Fabiano-Smith, L., Nockerts, A., & Digney-Andriacchi, K. (2008). Narrative transcription accuracy and reliability in two languages. *Topics in Language Disorders, 28,* 178–188.

Heilmann, J. J., Miller, J. F., & Nockerts, A. (2010). Using language sample databases. *Language, Speech, and Hearing Services in Schools, 41,* 84–95.

Heilmann, J. J., Miller, J. F., Nockerts, A., & Dunaway, C. (2010). Properties of the narrative scoring scheme using narrative retells in young school-age children. *American Journal of Speech-Language Pathology, 19,* 154–166.

Heilmann, J. J., Nockerts, A., & Miller, J. F. (2010). Language sampling: Does the length of the transcript matter? *Language, Speech, and Hearing Services in Schools, 41,* 393–404.

Hemphill, L., Uccelli, P., Winner, K., Chang, C., & Bellinger, D. (2002). Narrative discourse in young children with histories of early corrective heart surgery. *Journal of Speech, Language, and Hearing Research, 45,* 318–331.

Henry, J., Sloane, M., & Black-Pond, C. (2007). Neurobiology and neurodevelopmental impact of childhood traumatic stress and prenatal alcohol exposure. *Language, Speech, and Hearing Services in Schools, 38,* 99–108.

Henry, M. (1990). *Words.* Los Gatos, CA: Lex.

Hernandez, D. J. (2004). *Demographic change and the life circumstances of immigrant families..* Albany: University at Albany, State University of New York Press.

Hickmann, M., & Schneider, P. (2000). Cohesion and coherence anomalies and their effects on children's referent introduction in narrative retell. In M. Perkins & S. Howard (Eds.), *New directions in language development and disorders* (pp. 251–260). New York: Plenum.

Hixson, P. K. (1983). DSS Computer Program [Computer program]. Omaha, NE: Computer Language Analysis.

Hoffman, L. M., & Gillam, R. B. (2004). Verbal and spatial information processing constraints in children with specific language impairment. *Journal of Speech, Language, and Hearing Research, 47,* 114–125.

Hood, J., & Rankin, P. M. (2005). How do specific memory disorders present in the school classroom? *Pediatric Rehabilitation, 8,* 272–282.

Hooper, S. J., Roberts, J. E., Zeisel, S. A., & Poe, M. (2003). Core language predictors of behavioral functioning in early elementary school children: Concurrent and longitudinal findings. *Behavioral Disorders, 29(1),* 10–21.

Horohov, J. E., & Oetting, J. B. (2004). Effects of input manipulations on the word learning abilities of children with and without specific language impairment. *Applied Psycholinguistics, 25,* 43–65.

Horton-Ikard, R., & Weismer, S. E. (2007). A preliminary examination of vocabulary and word learning in African American toddlers from middle and low socioeconomic status homes. *American Journal of Speech-Language Pathology, 16(4),* 381–392.

Horwitz, S. M., Irwin, J. R., Briggs-Gowan, M. J., Heenan, J. M. B., Mendoza, J., & Carter, A. S. (2003). Language delay in a community cohort of young children. *Journal of the American Academy of Child & Adolescent Psychiatry, 42,* 932–940.

Howlin, P., Goode, S., Hurton, J., & Rutter, M. (2004). Adult outcome for children with autism. *Journal of Child Psychology and Psychiatry, 45,* 212–229.

Howlin, P., Mawhood, L., & Rutter, M. (2000). Autism and developmental *receptive language* disorder—A follow-up comparison in early adult life: Social, behavioral, and psychiatric outcomes. *Journal of Child Psychology and Psychiatry, 41,* 561–578.

Hubbs-Tait, L., Culp, A. M., Huey, E., Culp, R., Starost, H., & Hare, C. (2002). Relation of Head Start attendance to children's cognitive and social outcomes: Moderation by family risk. *Early Childhood Research Quarterly, 17,* 539–558.

Hudson, R., Lane, H., & Mercer, C. (2005). Writing prompts: The role of various priming conditions on the compositional fluency of developing writers. *Reading and Writing: An Interdisciplinary Journal, 18,* 473–495.

Hugdahl, K., Gundersen, H., Brekke, C., Thomsen, T., Rimol, L. M., Ersland, L., & Niemi, J. (2004). fMRI brain activation in a Finnish family with specific language impairment compared with a normal control group. *Journal of Speech, Language, and Hearing Research, 47,* 162–172.

Hughes, D., Fey, M., & Long, S. (1992). Developmental sentence scoring: Still useful after all these years. *Topics in Language Disorders, 12(2),* 1–12.

Humphries, T., Cardy, J. O., Worling, D. E., & Peets, K. (2004). Narrative comprehension and retelling abilities of children with nonverbal learning disabilities. *Brain and Cognition, 56,* 77–88.

Hustad, K. C., Morehouse, T. B., & Gutmann, M. (2002). AAC strategies for enhancing the usefulness of natural speech in children with severe intelligibility challenges. In J. Reichle, D. Beukelman, & J. Light (Eds.), *Implementing an augmentative communication system: Exemplary strategies for beginning communicators* (pp. 433–452). Baltimore:. Paul H. Brookes.

Hutson-Nechkash, P. (1990). *Storybuilding: A guide to structuring oral narratives.* Eau Claire, WI: Thinking Publications.

Hutson-Nechkash, P. (2001). *Narrative tool box: Blueprints for storytelling.* Eau Claire, WI: Thinking Publications.

Hwa-Froelich, D. A., & Westby, C. E. (2003). Frameworks of education: Perspectives of Southeast Asian parents and Head Start staff. *Language, Speech, and Hearing Services in Schools,*

*34*, 299–319.

Hyter, Y. D., Atchinson, B., & Blashill, M. (2006). *A model of supporting children at risk: The School Intervention Program (SIP)*. Unpublished manuscript.

Individuals with Disabilities Education Improvement Act of 2004, P. L. 108–446, 118 Stat. 2647 (2004).

Inglebret, E., Jones, C., & Pavel, D. M. (2008). Integrating American Indian/Alaska Native culture into shared storybook intervention. *Language, Speech, and Hearing Services in Schools, 39*, 521–527.

lrwin, J., Carter, A., & Briggs-Gowan, M. (2002). The social-emotional development of latetalking toddlers. *Journal of the American Academy of Child & Adolescent Psychiatry, 41*, 1324–1332.

Isaacs, G. J. (1996). Persistence of non-standard dialect in school-age children. *Journal of Speech and Hearing Research, 39*, 434–441.

Isaki, E., Spaulding, T. J., & Plante, E. (2008). Contributions of language and memory demands to verbal memory performance in language-learning disabilities. *Journal of Communication Disorders, 41*, 512–530.

Iverson, J. M., & Braddock, B. A. (2011). Gesture and motor skill in relation to language in children with language impairment. *Journal of Speech, Language, and Hearing Research, 54*, 72–86.

Ivy, LJ., & Masterson, J. J. (2011). A comparison of oral and written English styles in African American students at different stages of writing development. *Language, Speech, and Hearing Services in Schools, 42*, 31–40.

Jackson, S., Pretti-Frontczak, K., Harjusola-Webb, S., Grisham-Brown, J., & Romani, J. M. (2009). Response to Intervention: Implications for early childhood .professionals. *Language, Speech, and Hearing Services in Schools, 40*, 424–434.

Jackson, S. C., & Roberts, J. E. (2001). Complex syntax production of African American preschoolers. *Journal of Speech, Language, and Hearing Research, 44*, 1083–1096.

Jacobson, P. F., & Schwartz, R. G. (2005). English past tense use in bilingual children with language impairment. *American Journal of Speech-Language Pathology, 14*, 313–323.

Jacobson, S., & Jacobson, J. (2000). Teratogenic insult and neurobehavioral function in infancy and childhood. In C. Nelson (Ed.), *Minnesota Symposia on Child Psychology* (pp. 61–112). Hillsdale, NJ: Erlbaum.

Jacoby, G. P., Lee, L., & Kummer, A. W. (2002). The number of individual treatment units necessary to facilitate functional communication improvements in the speech and language of young children. *American Journal of Speech-Language Pathology, 11*, 370–380.

Janes, H., & Kermani, H. (2001). Caregivers' story reading to young children in family literacy programs: Pleasure or punishment? *Journal of Adolescent & Adult Literacy, 44*, 458–466.

Jankovic, J. (2001). Tourette's syndrome. *The New England Journal of Medicine, 345*, 1184–1192.

Jarrold, C., Baddeley, A. D., & Phillips, C. E. (2002). Verbal short-term memory in Down syndrome: A problem of memory, audition, or speech? *Journal of Speech, Language, and Hearing Research, 45*, 531–544.

Jaycox, L. H., Zoellner, L., & Foa, E. B. (2002). Cognitive-behavior therapy for PTSD in rape survivors. *Journal of Clinical Psychology, 58*, 891–906.

Jerome, A. C., Fujiki, M., Brinton, B., & James, S. L. (2002). Self-esteem in children with specific language impairment. *Journal of Speech, Language, and Hearing Research, 45*, 700–714.

Johnson, D. E. (2000). Medical and developmental sequelae of early childhood institutionalization in Eastern European adoptees. In C. A. Nelson (Ed.), *The Minnesota Symposia on Child Psychology: The effects of early adversity on neurobiological development, 31*, (pp. 113-162). Mahwah, NJ: Erlbaum.

Johnston, J. R., & Kamhi, A. (1984). The same can be less: Syntactic and semantic aspects of the utterances of language impaired children. *Merrill-Palmer Quarterly, 30*, 65–86.

Johnston, J. R., & Wong, M. Y. A. (2002). Cultural differences in beliefs and practices concerning talk to children. *Journal of Speech, Language, and Hearing Research, 45*, 916–926.

Johnston, S. S., Reichle, J., & Evans, J. (2004). Supporting augmentative and alternative communication use by beginning communicators with severe disabilities. *American Journal of Speech Language Pathology, 13*, 20–30.

Jones Moyle, M., Ellis Weismer, S., Evans, J. L., & Lindstrom, M. J. (2007). Longitudinal relationships between lexical and grammatical development in typical and late-talking children. *Journal of Speech, Language, and Hearing Research, 50*, 508–528.

Juel, C. (1988). Learning to read and write: A longitudinal study of 54 children from first through fourth grades. *Journal of Educational Psychology, 80*, 437–447.

Justice, L. M. (2006). Evidence-based practice, response to intervention, and the prevention of reading difficulties. *Language, Speech, and Hearing Services in Schools, 37*, 284–297.

Justice, L. M., Bowles, R. P., Kaderavek, J. N., Ukrainetz, T. A., Eisenberg, S. L., & Gillam, R. B. (2006). The index of narrative microstructure: A clinical tool for analyzing school-age children's narrative performances. *American Journal of Speech-Language Pathology, 15*, 177–191.

Justice, L. M., Chow, S., Capellini, C., Flanigan, K., & Colton, S. (2003). Emergent literacy intervention for vulnerable preschoolers: Relative effects of two approaches. *American Journal of Speech-Language Pathology, 12*, 320–332.

Justice, L. M., & Ezell, H. K. (2000). Enhancing children's print and word awareness through home-based parent intervention. *American Journal of Speech-Language Pathology, 9*, 257–269.

Justice, L. M., & Ezell, H. K. (2002). Use of storybook reading to increase print awareness in at-risk children. *American Journal of Speech-Language Pathology, 11*, 17–29.

Justice, L. M., & Ezell, H. K. (2004). Print referencing: An emergent literacy enhancement strategy and its clinical applications. *Language, Speech, and Hearing Services in Schools, 35,* 185–193.

Justice, L. M., Invernizzi, M. A., & Meier, J. D. (2002). Designing and implementing an early literacy screening protocol: Suggestions for the speech-language pathologist. *Language, Speech, and Hearing Services in Schools, 33,* 84–101.

Justice, L. M., & Kaderavek, J. (2004). Embedded-explicit emergent literacy intervention I: Background and description of approach. *Language, Speech, and Hearing Services in Schools, 35,* 201–211.

Justice, L. M., Mashburn, A., Hamre, B., & Pianta, R. C. (2008). Quality of language instruction in preschool classrooms serving at-risk pupils. *Early Childhood Research Quarterly, 23,* 51–68.

Justice, L. M., Mashburn, A., Pence, K. L., & Wiggins, A. (2008). Experimental evaluation of a preschool language curriculum: Influence on children's expressive language skills. *Journal of Speech, Language, and Hearing Research, 51,* 983–1001.

Justice, L. M., McGinty, A. S., Beckman, A. R., & Kilday, C. R. (2006). *Read It Again! Language and literacy supplement for preschool programs.* Charlottesville, VA: Preschool Language and Literacy Lab, Center for Advanced Study of Teaching and Learning, University of Virginia.

Justice, L. M., McGinty, A. S., Cabell, S. Q., Kilday, C. R., Knighton, K., & Huffman, G. (2010). Literacy curriculum supplement for preschoolers who are academically at risk: A feasibility study. *Language, Speech, and Hearing Services in Schools, 41,* 161–178.

Justice, L. M., Meier, J., & Walpole, S. (2005). Learning new words from storybooks: An efficacy study with at-risk kindergartners. *Language, Speech, and Hearing Services in, Schools, 36,* 17–33 .

Justice, L. M., & Schuele, C. M. (2004). Phonological awareness: Description, assessment, and intervention. In J. Bernthal & N. Bankson (Eds.), *Articulation and phonological disorders* (5th ed., pp. 376–405). Boston: Allyn & Bacon.

Justice, L. M., Skibbe, L. E., McGinty, A. S., Piasta, S. B., & Petrill, S. (2011). Feasibility, efficacy, and social validity of home-based storybook reading itervention for children with language impairment. *Journal of Speech, Language, and Hearing Research, 54,* 523–538.

Kaderavek, J. N., & Sulzby, E. (1998, November). *Low versus high orientation towards literacy in children.* Paper presented at the annual convention of the American Speech-Language-Hearing Association, San Antonio, TX.

Kaderavek, J. N., & Sulzby, E. (2000). Narrative production by children with and without specific language impairment: Oral narratives and emergent readings. *Journal of Speech, Language, and Hearing Research, 43,* 34–49.

Kaiser, A. P., Hancock, T., & Neitfield, J. P. (2000). The effects of parent-implemented enhanced milieu teaching on social communication of children who have autism [Special issue]. *Journal of Early Education and Development, 4,* 423–446.

Kameʼenui, E. J., Simmons, D. C., & Coyne, M. D. (2000). Schools as host environments: Towards a schoolwide reading im-provement model. *Annals of dyslexia, 50,* 33–51.

Kamhi, A. G., & Hinton, L. N. (2000). Explaining individual differences in spelling ability. *Topics in Language Disorders, 20*(3), 37.

Kamhi, A. G., & Johnston, J. (1992). Semantic assessment: Determining propositional complexity. *Best Practices in School Speech-Language Pathology, 2,* 99–107.

Kapantzoglou, M., Restrepo, M. A., & Thompson, M. S. (2012). Dynamic assessment of word learning skills: Identifying language impairment in bilingual children. *Language, Speech, and Hearing Services in Schools, 43,* 81–96.

Kapp, S. A., McDonald, T. P., & Diamond, K. L. (2001). The path to adoption for children of color. *Child Abuse and Neglect, 21,* 215–229.

Kashinath, S., Woods, J., & Goldstein, H. (2006). Enhancing generalized teaching strategy use in daily routines by parents of children with autism. *Journal of Speech, Language, and Hearing Research, 49,* 466–485.

Katzir, T., Kim, Y., Wolf, M., O'Brien, B., Kennedy, B., Lovett, M., & Morris, R. (2006). Reading fluency: The whole is more than the parts. *Annals of Dyslexia, 56,* 51–82.

Kay-Raining Bird, E., Cleave, P. L., White, D., Pike, H., & Helmkay, A. (2008). Written and oral narratives of children and adolescents with Down syndrome. *Journal of Speech, Language, and Hearing Research, 51,* 436–450.

Kemp, N., Lieven, E., & Tomasello, M. (2005). Young children's knowledge of the "determiner" and "adjective" categories. *Journal of Speech, Language, and Hearing Research, 48,* 592–609.

Kemper, A. R., & Downs, S. M. (2000, May). A cost-effectiveness analysis of newborn hearing screening strategies. *Archives of Pediatric and Adolescent Medicine, 154*(5), 484–488.

Kent-Walsh, J., & Light, J. (2003). *Communication partner training in AAC: A literature review.* Paper presented at the Pennsylvania Speech-Language-Hearing Association annual convention, Harrisburg, PA.

Ketelaars, M. P., Alphonsus Hermans, T. S. L., Cuperus, J., Jansonius, K., & Verhoeven, L. (2011). Semantic abilities in children with pragmatic language impairment: The case of picture naming skills. *Journal of Speech, Language, and Hearing Research, 54,* 87–98.

Kibby, M., Marks, W., Morgan, S., & Long, C. (2004). Specific impairment in developmental reading disabilities: A working memory approach. *Journal of Learning Disabilities, 37,* 349–363.

Kirk, C., & & Gillon, G. T. (2007). Longitudinal effects of phonological awareness intervention on morphological awareness in children with speech impairment. *Language, Speech and Hearing Services in Schools, 38,* 342–352.

Kirk, C., & Gillon, G. T. (2009). Integrated morphological awareness intervention as a tool for improving literacy *Language Speech, and Hearing Services in Schools, 40,* 341–351.

Kjelgaard, M. M., & Tager-Flusberg, H. (2001). An investigation of language impairment in autism: Implications for genetic subgroups. *Language and Cognitive Processes, 16,* 287–308.

Klee, T. (1992). Developmental and diagnostic characteristics of quantitative measures of children's language production. *Topics in Language Disorders, 12*(2), 28–41.

Klee, T., Carson, D. K., Gavin, W. J., Hall, L., Kent, A., & Reece, S. (1998). Concurrent and predictive validity of an early language screening program. *Journal of Speech, Language, and Hearing Research, 41*, 627–641.

Klee, T., Schaffer, M., Mays, S., Membrino, I., & Mougey, K. (1989). A comparison of the age-MLU relationship in normal and specifically language impaired preschool children. *Journal of Speech and Hearing Disorders, 54*, 226–233.

Klein, H. B., Moses, N., & Jean-Baptiste, R. (2010). Influence of context on the production of complex sentences by typically developing children. *Language, Speech, and Hearing Services in Schools, 41*, 289–302.

Kline, A., & Volkmar, F. R. (2000). Treatment and intervention guidelines for individuals with Asperger's syndrome. In A. Kline, F. R. Volkmar, & S. S. Sparrow (Eds.), *Asperger's syndrome* (pp. 340–366). New York: Guilford.

Klingberg, T., Fernell, W., Oelson, P., Johnson, M., Gustafsson, P., Dahltrom, K., & ... Westerberg, H. (2005). Computerized training of working memory in children with. ADHD: A randomized, controlled trial. *Journal of the American Academy of Child and Adolescent Psychiatry, 44*, 177–186.

Klingner, J. K., Vaughn, S., & Boardman, A. (2007). *Teaching reading comprehension to students with learning difficulties.* New York: Guilford.

Knoche, L., Peterson, C. A., Edwards, C. P., & Jeon, H. (2006). Child care for children with and without disabilities: The provider, observer, and parent perspectives. *Early Childhood Research Quarterly, 21*, 93–109.

Kohnert, K. J. (2008). *Language disorders in bilingual children and adults.* San Diego, CA: Plural.

Kohnert, K. J., & Bates, E. (2002). Balancing bilinguals II: Lexical comprehension and cognitive processing in children learning Spanish and English. *Journal of Speech, Language, and Hearing Research, 45*, 347–359.

Kohnert, K., Kennedy, M. R. T., Glaze, L., Kan, P. F., & Carney, E. (2003). Breadth and depth of diversity in Minnesota: Challenges to clinical competency. *American Journal of Speech-Language Pathology, 12*, 259–272. doi: 10.1044/1058-0360(2003/072).

Kohnert, K. J., Yim, D., Nett, K., Kan, P. F., & Duran, L. (2005). Intervention with linguistically diverse preschool children: A focus on developing home languages. *Language, Speech, and Hearing Services in Schools, 36*, 251–263.

Konopka, A., & Bock, K. (2005, March). *Helping syntax out: How, much do words do?* Paper presented at the CUNY Conference on Human Sentence Processing, Tucson, AZ.

Koppenhaver, D., & Erickson, K. (2003). Natural emergent literacy supports for preschoolers with autism and severe communication impairments. *Topics in Language Disorders, 23*(4), 283–292.

Koramoa, J., Lynch, M. A., & Kinnair, D. (2002). A continuum of childrearing: Responding to traditional practices. *Child Abuse Review, 11*, 415–421.

Kouri, T. A. (2005). Lexical training through modeling and elicitation procedures with late talkers who have specific language impairment and developmental delays. *Journal of Speech, Language, and Hearing Research, 48*, 157–171.

Kouri, T. A., Selle, C. A., & Riley, S. A. (2006). Comparison of meaning and graphophonemic feedback strategies for guided reading instruction of children with language delays. *American Journal of Speech-Language Pathology, 15*, 236–246.

Kovarsky, D., & Duchan, J. (1997). The interactional dimensions of language therapy. *Language, Speech, and Hearing Services in Schools, 28*, 297–307.

Krantz, L. R., & Leonard, L. B. (2007). The effect of temporal adverbials on past tense production by children with specific language impairment. *Journal of Speech, Language, and Hearing Research, 50*, 137–148.

Krashen, S., & Brown, C. L. (2005). The ameliorating effects of high socioeconomic status: A secondary analysis. *Bilingual Research Journal, 29*, 185–196.

Kristensen, H. (2000). Selective mutism and comorbidity wih developmental disorder/delay, anxiety disorder, and elimination disorder. *Journal of the American Academy of Child and Adolescent Psychiatry, 39*, 249–256.

Kummerer, S. E., Lopez-Reyna, N. A., & Hughes, M. T. (2007). Mexican immigrant mothers' perceptions of their children's communication disabilities, emergent literacy development, and speech-language therapy program. *American Journal of Speech-Language Pathology, 16*, 271–282.

Lahey, M. (1988). *Language disorders and language development.* New York: Macmillan.

Laing Gillam, S., Fargo, J. D., & St. Clair Robertson, K. (2009). Comprehension of expository *text*: Insights gained from think-aloud data. *American Journal of Speech-Language Pathology, 18*, 82–94.

Landa, R. (2000). Social language use in Asperger syndrome and high-functioning autism. In A. Klin, F. Volkmar, & S. Sparrow (Eds.), *Asperger syndrome* (pp. 125-158). New York: Guilford Press.

Lane, S. J. (2002). Sensory modulation. In A. Bundy, S. Lane, & E. Murray (Eds.), *Sensory integration: Theory and practice* (pp. 101–122). Philadelphia: F. A. Davis.

Langdon, H. W., & Cheng, L. L. (2002). *Collaborating with interpreters and translators: A guide for communication disorders professionals.* Eau Claire, WI: Thinking Publications.

La Paro, K. M., Justice, L., Skibbe, L. E., & Planta, R. C. (2004). Relations among maternal, child, and demographic factors and the persistence of preschool language impairment. *American Journal of Speech-Language Pathology, 13*, 291–303.

Larroque, B., Ancel, P. Y., Marret, S., Marchand, L., Andre, M., Arnaud, C., Pierrat, V., Roze, J. C., Messer, J., Thiriez, G., Burguet, A., Picaud, J. C., Breart, G., & Kaminski, M. (2008). Neurodevelopmental disabilities and special care of 5-year-old children born before 33 weeks of gestation (the EPIPAGE study): A longitudinal cohort study. *Lancet, 371*(9615), 813–

820.

Larson, S., & Hammill, D. (1994). *Test of Written Spelling–3*. Austin, TX: Pro-Ed.

Larson, V. L., & McKinley, N. L. (1987). *Communication assessment and intervention strategies for adolescents*. Eau Claire, WI: Thinking Publications.

Larson, V. L., & McKinley, N. L. (2003). *Communication solutions for older students: Assessment and intervention*. Eau Claire, WI: Thinking Publications.

Law, J. (2004). The implications of different approaches to evaluating intervention: Evidence from the study of language delay/disorders. *Folia phoniatrica et logopaedica, 56*, 199–219.

Law, J., Garrett, Z., & Nye, C. (2004). The efficacy of treatment for children with developmental speech and language delay/disorder. A meta-analysis. *Journal of Speech, Language, and Hearing Research, 47*, 924–943.

Law, J., Rush, R., Schoon, I., & Parsons, S. (2009). Modeling developmental language difficulties from school entry into adulthood: Literacy, mental health, and employment outcomes. *Journal of Speech, Language, and Hearing Research, 52*, 1401–1416.

Lee, L. (1974). *Developmental sentence analysis*. Evanston, IL: Northwestern University Press.

Lehto, J., Juujarvi, P., Kooistra, L., & Pulkkinen, L. (2003). Dimensions of executive functioning: Evidence from children. *British Journal of Developmental Psychology, 21*, 59–80.

Leonard, L. B. (2009). Is expressive language disorder an accurate diagnostic category? *American Journal of Speech-Language Pathology, 18*, 115–123.

Leonard, L. B. (2011). The primacy of priming in grammatical learning and intervention: A tutorial. *Journal of Speech, Language, and Hearing Research, 54*, 608–621.

Leonard, L. B., Camarata, S. M., Brown, B., & Camarata, M. N. (2004). Tense and agreement in the speech of children with specific language impairment: Patterns of generalization through intervention. *Journal of Speech, Language, and Hearing Research, 47*, 1363–1379.

Leonard, L. B., Camarata, S. M., Pawlowska, M., Brown, B., & Camarata, M. N. (2006). Tense and agreement morphemes in the speech of children with specific language impairment during intervention: Phase 2. *Journal of Speech, Language, and Hearing Research, 49*, 749–770.

Leonard, L. B., Deevy, P., Kurtz, R., Krantz Chorev, L., Owen, A., Polite, E., Elam, D., & Finneran, D. (2007). Lexical aspect and the use of verb morphology by children with specific language impairment. *Journal of Speech, Language, and Hearing Research, 50*, 759–777.

Leonard, L. B., Ellis Weismer, S., Miller, C., Francis, D., Tomblin, J. B., & Kail, R. (2007). Speed of processing, working memory, and language impairment in children. *Journal of Speech, Language, and Hearing Research, 50*, 408–428.

Leonard, M. A., Milich, R., & Lorch, E. P. (2011). Pragmatic language use in mediating the relation between hyperactivity and inattention and social skills poblems. *Journal of Speech, Language, and Hearing Research, 54 *, 567–579.

Leonard, L. B., Miller, C. A., Deevy, P., Rauf, L., Gerber, E., & Charest, M. (2002). Production operations and the use of nonfinite verbs by children with specific language impairment. *Journal of Speech, Language, and Hearing Research, 45*, 744–758.

Leonard, L. B., Miller, C. A., Grela, B., Holland, A. L., Gerber, E., & Petucci, M. (2000). Production operations contribute to the grammatical morpheme limitations of children with specific language impairment. *Journal of Memory and Language, 43*, 362–378.

Leslie, L., & Caldwell, J. (2000). *Qualitative Reading Inventory–III*. New York: Longman.

Lewis, B. A., Freebairn, L., & Taylor, H. G. (2000). Follow-up of children with early expressive phonology disorders. *Journal of Learning Disabilities, 25*, 586–597.

Lewis, B. A., Freebairn, L., & Taylor, H. G. (2002). Correlates of spelling abilities in children with early speech sound disorders. *Reading and Writing: An Interdisciplinary Journal, 15*, 389–407.

Lidz, C. S., & Peña, E. D. (1996). Dynamic assessment: The model, its relevance as a nonbiased approach, and its application to Latino American preschool children. *Language, Speech, and Hearing Services in Schools, 27*, 367–372.

Light, J. C., & Drager, K. D. (2002). Improving the design of augmentative and alternative technologies for young children. *Assistive Technology, 14*, 17–32.

Light, J. C., & Drager, K. D. (2005). *Maximizing language development with young children who require AAC*. Paper presented at the annual convention of the American Speech-Language-Hearing Association, San Diego.

Light, J. C., & Drager, K. D. (2007). AAC technologies for young children with complex communication needs: State of the science and future research directions. *Augmentative and Alternative Communication, 23*, 204–216.

Light, J. C., Drager, K., & Nemser, J. (2004). Enhancing the appeal of AAC technologies for young children: Lessons from the toy manufacturers. *Augmentative and Alternative Communication, 20*, 137–149.

Light, J., Page, R., Curran, J., & Pitkin, L. (2007). Children's ideas for the design of AAC assistive technologies for young children with complex communication needs . *Augmentative and Alternative Communication, 23*, 274–287.

Light, J. C., Parsons, A., & Drager, K. D. (2002). "There's more to life than cookies": Developing interactions for social closeness with beginning communicators who use AAC. In J. Reichle, D. Beukelman, & J. Light (Eds.), *Exemplary practices for beginning communicators: Implications for AAC* (pp. 187–218). Baltimore: Paul H. Brookes.

Liiva, C. A., & Cleave, P. L. (2005). Roles of initiation and responsiveness in access and participation for children with specific language impairment. *Journal of Speech, Language, and Hearing Research, 48*, 868–883.

Lindamood, C., & Lindamood, R. (2004). *Lindamood Auditory Conceptualization Test* (3rd ed.). Austin, TX: Pro-Ed.

Linderholm, T., Everson, M. G., van den Broek, P., Mischinski,

M., Crittenden, A., & Samuels, J. (2000). Effects of causal text revisions on more and less skilled readers: Comprehension of easy and difficult text. *Cognition and Instruction, 18,* 525–556.

Lindsey, D. (2003). *The welfare of children* (2nd ed.). New York: Oxford University Press.

Liss, M., Harel, B., Fein, D., Allen, D., Dunn, M., Feinstein, C., et al. (2001). Predictors and correlates of adaptive functioning in children with developmental disorders. *Journal of Autism and Developmental Disorders, 31,* 219–230.

Lively, M. (1984). Developmental sentence scoring: Common scoring errors. *Language, Speech, and Hearing Services in Schools, 15,* 154–168.

Lohmann, H., & Tomasello, M. (2003). The role of language in the development of false belief understanding: A training study. *Child Development, 74,* 1130–1144.

Lomax, R. G., & McGee, L. M. (1987). Young children's concepts about print and reading: Toward a model of word acquisition. *Reading Research Quarterly, 22,* 237–256.

Long, S. H. (2001). About time: A comparison of computerized and manual procedures for grammatical and phonological analysis. *Clinical Linguistics & Phonetics, 15(5),* 399–426.

Long, S. H., & Channell, R. W. (2001). Accuracy of four language analysis procedures performed automatically. *American Journal of Speech-Language Pathology, 10,* 180–188.

Long, S. H., & Fey, M. E. (1988). Computerized Profiling Version 6.1 (Apple II series) [Computer program]. Ithaca, NY: Ithaca College.

Long, S. H., & Fey, M. E. (1989). Computerized Profiling Version 6.2 (Macintosh and MS-DOS series) [Computer program]. Ithaca, NY: Ithaca College.

Long, S. H., Fey, M. E., & Channell, R. W. (1998). Computerized Profiling (Version 9.0 MSDOS) [Computer software], Cleveland, OH., Case Western Reserve University.

Long, S. H., Fey, M. E., & Channell, R. W. (2000). Computerized Profiling (Version 9.2.7, MS-DOS) [Computer software]. Cleveland, OH: Department of Communication Sciences, Case Western Reserve University.

Lonigan, C. J., Burgess, S. R., Anthony, J. S., & Barker, T. A. (1998). Development of phonological sensitivity in 2- to 5-year-old children. *Journal of Educational Psychology, 90,* 294–311.

Loomes, C., Rasmussen, C., Pei, J., Manji, S., & Andrew, G. (2008). The effect of rehearsal training on working memory span of children with fetal alcohol spectrum disorder. *Research in Developmental Disabilities, 29,* 113–124.

Loosli, S., Buschkuehl, M., Perrig, W., & Jaeggi, S. (2008, July). *Working memory training enhances reading in 9-11 year old healthy children.* Poster presented at the Jean Piaget Archives 18th Advanced Course, Geneva, Switzerland.

Lord, C., Risi, S., & Pickles, A. (2004). Trajectory of language development in autistic spectrum disorders. In M. L. Rice & S. F. Warren (Eds.), *Developmental language disorders: From phenotypes to etiologies* (pp. 1–38). Mahwah, NJ: Erlbaum.

Losh, M., & Capps, L. (2003). Narrative ability in high-functioning children with autism or Asperger's syndrome. *Journal of*

*Autism and Developmental Disorders, 33,* 239–251.

Lowe, E., Slater, A., Wefley, J., & Hardie, D.(2002). *A status report on hunger and homelessness in America's cities 2002: A 25-city survey.* Washington, DC: U.S. Conference of Mayors.

Luckasson, R., Borthwick-Duffy, S., Buntinx, W. H., Coulter, D. L., Craig, E. M., Reeve, A., Schalock, R. L., Snell, M. E., Spitalnik, D. M., Spreat, S., & Tasse, M. J. (2002). *Mental retardation: Definition, classification, and systems of supports, 10th Edition.* Washington, DC: American Association on Mental Retardation.

Lugo-Neris, M. J., Wood Jackson, C., & Goldstein, H. (2010). Facilitating vocabulary acquisition of young English language learners. *Language, Speech, and Hearing Services in Schools, 41,* 314–327.

Lund, N. J., & Duchan, J. F. (1993). *Assessing children's language in naturalistic contexts.* Englewood Cliffs, NJ: Prentice-Hall.

Lund, S., & Light, J. (2006). Long term outcomes for individuals who use augmentative and alternative communication: Part I—What is a good outcome? *Augmentative and Alternative Communication, 22,* 284–299.

Lynch, E. W., & Hanson, M. J. (Eds.) (2004). *Developing cross-cultural competence: A guide for working with young children and their families.* (3rd ed.) Baltimore: Paul H. Brookes.

Lyon, G. R., Shaywitz, S. E., & Shaywitz, B. A. (2003). A definition of dyslexia. *Annals of Dyslexia, 53,* 1–14.

Lyytinen, P., Poikkeus, A., Laakso, M., Eklund, K., & Lyytinen, H. (2001). Language development and symbolic play in children with and without familial risk of dyslexia. *Journal of Speech, Language, and Hearing Research, 44,* 873–885.

MacArthur, C. A. (1999). Word processing with speech synthesis and word prediction: Effects on the dialogue journal writing of students with learning disabilities. *Learning Disability Quarterly, 21,* 1–16.

MacArthur, C. A. (2000). New tools for writing: Assistive technology for students with writing difficulties. *Topics in Language Disorders, 20(4),* 85–104.

MacArthur, C. A., Graham, S., Haynes, J. A., & DeLaPaz, S. (1996). Spelling checkers and students with learning disabilities: Performance comparisons and impact on spelling. *Journal of Special Education, 30,* 35–57.

Mackie, C., & Dockrell, J. (2004). The nature of written language deficits in children with SLI. *Journal of Speech, Language, and Hearing Research, 47,* 1469–1483.

Maclean, M., Bryant, P., & Bradley, L. (1987). Rhymes, nursery rhymes, and reading in early childhood. *Merrill-Palmer Quarterly, 33,* 255–282.

MacWhinney, B. (2000a). *The CHILDES project: Tools for analyzing talk* (3rd ed.). Mahwah, NJ: Erlbaum.

MacWhinney, B. (2000b). CLAN [Computer software]. Pittsburgh, PA: Carnegie Mellon University.

Magill, J. (1986). *The nature of social deficits of children with autism.* Unpublished doctoral dissertation, University of Alberta, Edmonton.

Mainela-Arnold, E., & Evans, J. (2005). Beyond capacity limitations: Determinants of wordrecall performance on verbal working memory span tasks in children with SLI. *Journal of Speech, Language, and Hearing Research, 48,* 897–909.

Mainela-Arnold, E., Evans, J. J., & Alibali, M. W. (2006). Understanding conservation delays in children with specific language impairment: Task representations revealed in speech and gesture. *Journal of Speech, Language, and Hearing Research, 49,* 1267–1279.

Mainela-Arnold, E., Evans, J. L., & Coady, J. A. (2008). Lexical representations in children with SLI: Evidence from a frequency-manipulated gating task. *Journal of speech, Language, and Hearing Research, 51,* 381–393.

Mainela-Arnold, E., Evans, J. L., & Coady, LA. (2010). Explaining lexical-semantic deficits in Specific Language Impairment: The role of phonological similarity, phonological working memory, and lexical competition. *Journal of Speech, Language, and Hearing Research, 53,* 1742–1756.

Manhardt, J., & Rescorla, L. (2002). Oral narrative skills of late talkers at ages 8 and 9. *Applied Psycholinguistics, 23,* 1–21.

Mann, V., & Singson, M. (2003). Linking morphological knowledge to English decoding ability: Large effects of little suffixes. In E. Assink & D. Sandra (Eds.), *Reading complex words: Cross-language studies* (pp. 1–25). Dordrecht, the Netherlands: Kulwer.

Manning Kratcoski, A. (1998). Guidelines for using portfolios in assessment and evaluation. *Language, Speech, and Hearing Services in Schools, 29,* 3–10.

March of Dimes. (2007). Premature birth. Updated February 2007. Accessed Sept 15, 2008, from *www.marchofdimes.com/prematurity/21326_115 7. asp*

Maridaki-Kassotaki, K. (2002). The relation between phonological memory skills and reading ability in Greek-speaking children: Can training of phonological memory contribute to reading development? *European Journal of Psychology of Education, 1 7,* 63–73.

Markowitz, J., Carlson, E., Frey, W., Riley, J., Shimshak, A., Heinzen, H., et al. (2006). *Preschoolers' characteristics, services, and results: Wave 1 overview report from the Pre-Elementary Education Longitudinal Study (PEELS).* Available from www.peels.org

Marsh, H. W., Cairns, L., Relich, J., Barnes, J., & Debus, R. L. (1984). The relationship between dimensions of self-attribution and dimensions of self-concept. *Journal of Educational Psychology, 76,* 3–32.

Martin, J. A. et al. (2006, September 29). Births: Final data for 2004. *National Vital Statistics Reports, 55*(1).

Marton, K., Kelmenson, L., & Pinkhasova, M. (2007). Inhibition control and working memory capacity in children with SLI. *Psychologia, 50,* 110–121.

Marton, K., & Schwartz, R. G. (2002). Working memory capacity and language processes in children with specific language impairment. *Journal of Speech, Language, and Hearing Research, 45,* 1138–1153.

Massachusetts Department of Education. (2006). *Massachusetts Comprehensive Assessment System.* Retrieved July 23, 2007, from the Massachusetts Department of Education Web site: www.doe.mass.edu/mcas

Masterson, J. J., & Apel, K. (2000). Spelling assessment: Charting a path to optimal intervention. *Topics in Language Disorders, 20*(3), 50–65.

Masterson, J. J., Apel, K., & Wasowicz, J. (2006). SPELL-2: *Spelling Performance Evaluation for Language & Literacy.* Evanston, IL: Learning By Design.

Masterson, J. J., & Crede, L. A. (1999). Learning to spell: Implications for assessment and intervention. *Language, Speech, and Hearing Services in Schools, 30,* 243–354.

Masterson, J. J., & Perrey, C. D. (1999). Training analogical reasoning skills in children with language disorders. *American Journal of Speech-Language Pathology, 8,* 53–61.

Mattes, L. J. (1995). *Spanish Language Assessment Procedures: A Communication Skills Inventory* (3rd ed.). Oceanside, CA: Academic Communication Associates.

Mawhood, L., Howlin, P., & Rutter, M. (2000). Autism and developmental receptive language disorder—A comparative follow-up in early adult life. I: Cognitive and language outcomes. *Journal of Child Psychology and Psychiatry and Allied Disciplines, 41,* 547–559.

Mayer, M. (1969). *Frog, where are you?* New York: Dial Books.

Mayer, M., & Mayer, M. (1975). *One frog too many.* New York: Penguin Putnam.

McCabe, A., & Bliss, L. S. (2004–2005). Narratives from Spanish-speaking children with impaired and typical language development. *Imagination, Cognition and Personality, 24,* 331–346.

McCabe, A., Bliss, L., Barra, G., & Bennett, M. (2008). Comparison of personal versus fictional narratives of children with language impairment. *American Journal of Speech-Language Pathology, 17,* 194–206.

McCabe, A., & Rollins, P. R. (1994). Assessment of preschool narrative skills. *American Journal of Speech Language Pathology, 3*(1), 45–56.

McCardle, P., Scarborough, H. S., & Catts, H. W. (2001). Predicting, explaining, and preventing children's reading difficulties. *Learning Disabilities Research & Practice, 16(4),* 230–239.

McCathren, R. B., Yoder, P. J., & Warren, S. F. (2000). Testing predictive validity of the Communication Composite of the Communication and Symbolic Behavior Scales. *Journal of Early Intervention, 23,* 36–46.

McCauley, R. J. (1996). Familiar strangers: Criterion-referenced measures in communication disorders. *Language, Speech, and Hearing Services in Schools, 27,* 122–131.

McCormack, J., Harrison, L. J., McLeod, S., & McAllister, L. (2011). A nationally representative study of the association between communication impairment at 4–5 years and children's life activities at 7–9 years. *Journal of Speech, Language, and Hearing Research, 54,* 1328–1348.

McDuffie, A., & Yoder, P. (2010). Types of parent verbal responsiveness that predict language in young children with Autism Spectrum Disorder. *Journal of Speech, Language, and Hearing Research, 53,* 1026–1039.

McDuffie, A., Yoder, P., & Stone, W. (2005). Prelinguistic predictors of vocabulary in young children with autism spectrum disorders. *Journal of Speech, Language, and Hearing Research, 48,* 1080–1097.

McGinty, A. S., & Justice, L. M. (2009). Predictors of print knowledge in children with Specific Language Impairment: Experiential and developmental factors. *Journal of Speech, Language, and Hearing Research, 52,* 81–97.

McGregor, K. K. (2000). The development and enhancement of narrative skills in a preschool classroom: Towards a solution to clinician-client mismatch. *American Journal of Speech-Language Pathology, 9,* 55–71.

McGregor, K. K., Newman, R. M., Reilly, R. M., & Capone, N. C. (2002). Semantic representation and naming in children with specific language impairment. *Journal of Speech, Language, and Hearing Research, 45,* 998–1014.

McLeod, S., & Harrison, L. J. (2009). Epidemiology of speech and language impairment in a nationally representative sample of 4- to 5-year-old children. *Journal of Speech, Language, and Hearing Research, 52,* 1213–1229.

Meilijson, S. R., Kasher, A., & Elizur, A. (2004). Language performance in chronic schizophrenia: A pragmatic approach. *Journal of Speech, Language, and Hearing Research, 47,* 695–713.

Mental Health Research Association. (2007). Childhood schizophrenia. Retrieved July 20, 2007, from www.narsad.org/dc/childhood_disorders/schizophrenia.html

Mentis, M., & Lundgren, K. (1995). Effects of prenatal exposure to cocaine and associated risk factors on language development. *Journal of Speech and Hearing Research, 38,* 1303–1318.

Metsala, J. (1999). Young children's phonological awareness and nonword repetition as a function of vocabulary development. *Journal of Educational Psychology, 91,* 3–19.

Miles, S., & Chapman, R. S. (2002). Narrative content as described by individuals with Down syndrome and typically developing children. *Journal of Speech, Language, and Hearing Research, 45,* 175–189.

Miles, S., Chapman, R., & Sindberg, H. (2006). Sampling context affects MLU in the language of adolescents with Down syndrome. *Journal of Speech, Language, and Hearing Research, 49,* 325–337.

Millar, D. C., Light, J. C., & Schlosser, R. W. (2000). The impact of AAC on natural speech development: A meta-analysis. In *Proceedings of the 9th Biennial Conference of the International Society for Augmentative and Alternative Communication* (pp. 740–741). Washington, DC: ISAAC.

Millar, D. C., Light, J. C., & Schlosser, R. W. (2006). The impact of augmentative and alternative communication intervention on the speech production of individuals with developmental disabilities: A research review. *Journal of Speech, Language, and Hearing Research, 49,* 248–264.

Miller, C. A., & Deevy, P. (2006). Structural priming in children with and without specific language impairment. *Clinical Linguistics & Phonetics, 20,* 387–399.

Miller, C. A., Kail, R., Leonard, L. B., & Tomblin, J. B. (2001).

Speed of processing in children with specific language impairment. *Journal of Speech, Language, and Hearing Research, 44,* 416–433.

Miller, C. A., Leonard, L. B., Kail, R. V., Zhang, X., Tomblin, J. B., & Francis, D. J. (2006). Response time in 14-year-olds with language impairment. *Journal of Speech, Language, and Hearing Research, 49,* 712–728.

Miller, J. F. (1981). *Assessing language production in children: Experimental procedures.* Baltimore: University Park Press.

Miller, J. F., & Chapman R. S. (2003). SALT for Windows, Version 6.1 [Computer program]. Muscoda, WI: SALT Software, LLC.

Miller, J. F., Freiberg, C., Rolland, M., & Reeves, M. A. (1992). Implementing computerized language sample analysis in the public school. *Topics in Language Disorders, 12*(2), 69–82.

Miller, J. F., & Iglesias, A. (2006). Systematic Analysis of Language Transcripts (SALT), English & Spanish (Version 9) [Computer software]. Madison, WI: Language Analysis Lab, University of Wisconsin—Madison.

Miller, L. (1999a). *Two friends.* New York: Smart Alternatives.

Miller, L. (1999b). *Bird and his ring.* New York: Smart Alternatives.

Miller, L., & Hendric, N. (2000). Health of children adopted from China. *Pediatrics, 105* (6). Available at www.pediatrics.org/cgi/content/full/105/6/e76

Minear, M., & Shah, P. (2006). Sources of working memory deficits in children and possibilities for remediation. In S. E. Pickering & G. D. Phye (Eds.), *Working memory and education* (pp. 273–297). Mahwah, NJ: Erlbaum.

Miolo, G., Chapman, R. S., & Sindberg, H. A. (2005). Sentence comprehension in children with Down syndrome and typically developing children: Role of sentence voice, visual context, and auditory-verbal short-term memory. *Journal of Speech, Language, and Hearing Research, 48,* 172–188.

Mirenda, P., Smith, V., Fawcett, S., & Johnston, J. (2003, November). *Language and communication intervention outcomes for young children with autism.* Paper presented at the American Speech-Language-Hearing Association Annual Meeting.

Mirrett, P. L., Roberts, J. E., & Price, J. (2003). Early intervention practices and communication intervention strategies for young males with fragile X syndrome. *Language, Speech, and Hearing Services in Schools, 34,* 320–331.

Moats, L. (1995). *Spelling development, disability, and instruction.* Baltimore, MD: York.

Moats, L., & Foorman, B. (2003). Measuring teacher's content knowledge of language and reading. *Annals of Dyslexia, 53,* 23–45.

Montgomery, J. W. (2000a). Relation of working memory to off-line and real-time sentence processing in children with specific language impairment. *Applied Psycholinguistics, 21,* 117–148.

Montgomery, J. W. (2002b). Understanding the language difficulties of children with specific language impairments: Does verbal working memory matter? *American Journal of Speech-Language Pathology, 11,* 77–91.

Montgomery, J. W. (2005). Effects of input rate and age on the real-time language processing of children with specific language impairment. *International Journal of Language and Communication Disorders, 40*, 171–188.

Montgomery, J. W. (2008). Role of auditory attention in the real-time sentence processing of children with specific language impairment: A preliminary investigation. *International Journal of Language and Communication Disorders, 43*, 499–527.

Montgomery, J. W., & Evans, J. (2009). Complex sentence comprehension and working memory in children with specific language impairment. *Journal of Speech, Language, and Hearing Research, 52*, 269–288.

Montgomery, J. W., Evans, J. L., & Gillam, R. B. (2009). Relation of auditory attention and complex sentence comprehension in children with specific language impairment: A preliminary study. *Applied Psycholinguistics, 30*, 123–151.

Montgomery, J. W., Magimairaj, B. M., & Finney, M. C. (2010). Working memory and Specific Language Impairment: An update on the relation and perspectives on assessment and treatment. *American Journal of Speech-Language Pathology, 19*, 78–94.

Montgomery, J. W., Polunenko, A., & Marinellie, S. A. (2009). Role of working memory in children's understanding of spoken narrative: A preliminary investigation. *Applied Psycholinguistics, 30*, 485–509.

Montgomery, J. W., & Windsor, J. (2007). Examining the language performances of children with and without specific language impairment: Contributions of phonological short-term memory and processing speed. *Journal of Speech, Language, and Hearing Research, 50*, 778–797.

Moore, S. M. & Perez-Mendez, C. (2006). Working with linguistically diverse families in early intervention: Misconceptions and missed opportunities. *Seminars in Speech and Language, 27*, 187–198.

Moran, C., & Gillon, G. (2005). Inference comprehension of adolescents with traumatic brain injury: A working memory hypothesis. *Brain Injury, 19*, 743–751.

Mordecai, D. R., Palin, M. W., & Palmer, C. B. (1985). Lingquest 1 [Computer program]. Columbus, OH: Macmillan.

Mosse, E. K., & Jarrold, C. (2011). Evidence for preserved novel word learning in Down syndrome suggests multiple routes to vocabulary acquisition. *Journal of Speech, Language, and Hearing Research, 54*, 1137–1152.

Mundy, P., Block, J., Delgado, C., Pomaes, Y., Van Hecke, A. V., & Parlade, M. V. (2007). Individual differences and the development of joint attention in infancy. *Child Development, 78*, 938–954.

Muñoz, M. L., Gillam, R. B., Peña, E. D., & Gulley-Faehnle, A. (2003). Measures of language development in fictional narratives of Latino children. *Language, Speech, and Hearing Services in Schools, 34*, 332–342.

Murray, D. S., Ruble, L. A., Willis, H., & Molloy, C. A. (2009). Parent and teacher report of social skills in children with Autism Spectrum Disorders. *Language, Speech, and Hearing Services in Schools, 40*, 109–115.

Nail-Chiwetula, B. J., & Bernstein Ratner, N. (2006). Information literacy for speech-language pathologists: A key to evidence-based practice. *Language, Speech, and Hearing Services in Schools, 37*, 157–167.

Naremore, R. C. (2001, April). *Narrative frameworks and early literacy*. Seminar presentation by Rochester Hearing and Speech Center and Nazareth College, Rochester, NY.

Nash, M., & Donaldson, M. L. (2005). Word learning in children with vocabulary deficits. *Journal of Speech, Language, and Hearing Research, 48*, 439–458.

Nathan, L., Stackhouse, J., Goulandris, N., & Snowling, M. J. (2004). The development of early literacy skills among children with speech difficulties: A test of the "critical age hypothesis." *Journal of Speech, Language, and Hearing Research, 47*, 377–391.

Nation, K., Clarke, P., Marshall, C. M., & Durand, M. (2004). Hidden language impairments in children: Parallels between poor reading comprehension and Specific Language Impairment. *Journal of Speech, Language, and Hearing Research, 47*, 199–211.

Nation, K., & Frazier Norbury, C. (2005). Why reading comprehension fails. *Topics in Language Disorders, 25*, 21–32.

National Institute of Child Health and Human Development (NICHD) Early Child Care Research Network. (2005). Pathways to reading: The role of oral language in the transition to reading. *Developmental Psychology, 41* (2), 428–442.

National Joint Committee on Learning Disabilities. (1991). Learning disabilities: Issues on definition (A position paper). *Asha, 33*, (Suppl. 5), 18–20.

Neisworth, J. T., & Bagnato, S. J. (2004). The mismeasure of young children. *Infants & Young Children, 17*(3), 198–212.

Nelson, D. L., & Zhang, N. (2000). The ties that bind what is known to the recall of what is new. *Psychonomic Bulletin & Review, 7*, 604–617.

Nelson, N. W. (1992). Targets of curriculum-based language assessment. *Best Practices in School Speech-Language Pathology, 2*, 73–86.

Nelson, N. W. (1994). Curriculum-based language assessment and intervention across grades. In G. P. Wallach & K. G. Butler (Eds.), *Language learning disabilities in school-age children and adolescents* (pp. 104–131). Boston: Allyn & Bacon.

Nelson, N. W., Bahr, C., & Van Meter, A. (2004). *The Writing Lab approach to language instruction and intervention*. Baltimore, MD: Paul H. Brookes.

Nelson, N. W., & Van Meter, A. M. (2002). Assessing curriculum-based reading and writing samples. *Topics in Language Disorders, 22*(2), 35–59.

Nelson, N. W., & Van Meter, A. (2003, June). *Measuring written language abilities and change through the elementary years* . Poster session presented at the annual meeting of the Symposium for Research in Child Language Disorders, Madison, WI.

Newman, R. S., & German, D. J. (2002). Effects of lexical factors on lexical access among typical language-learning children and children with word-finding difficulties. *Language and*

*Speech, 45*, 285–317.

Nicholas, J. G., & Geers, A. E. (2007, August). Will they catch up? The role of age at cochlear implantation in the spoken language development of children with severe to profound hearing loss. *Journal of Speech, Language, Hearing Research, 50*, 1048–1062.

Nickisch, A., & von Kries, R. (2009). Short-term memory (STM) constraints in children with Specific Language Impairment (SLI): Are there differences between receptive and expressive SLI? *Journal of Speech Language, and Hearing Research, 52*, 578–595.

Nicolson, R., Lenane, M., Singaracharlu, S., Malaspina, D., Giedd, J. N., Hamburger, S. D., Gochman, P., Bedwell, J., Thaker, G. K., Fernandez, T., Wudarsky, M., Hommer, D. W., & Rapoport, J. L. (2000). Premorbid speech and language impairments in childhood-onset schizophrenia: Association with risk factors. *American Journal of Psychiatry, 157*, 794–800.

Nippold, M. A. (2000). Language development during the adolescent years: Aspects of pragmatics, syntax, and semantics. *Topics in Language Disorders, 20*(2), 15–28.

Nippold, M. A. (2004). Research on later language development: International perspectives. In R. A. Berman (Ed.), *Language development across childhood and adolescence: Volume 3. Trends in language acquisition research* (pp. 1–8). Amsterdam, The Netherlands: John Benjamins.

Nippold, M. A. (2007). *Later language development: School-age children, adolescents, and young adults* (3rd ed.). Austin, TX: Pro-Ed.

Nippold, M. A. (2011). Language intervention in the classroom: What it looks like. *Language, Speech, and Hearing Services in Schools, 42*, 393–394.

Nippold, M. A., Hesketh, L. J., Duthie, J. K., & Mansfield, T. C. (2005). Conversational versus expository discourse: A study of syntactic development in children, adolescents, and adults. *Journal of Speech, Language, and Hearing Research, 48* (5), 1048–1064.

Nippold, M. A., Mansfield, T. C., & Billow, J. L. (2007). Peer conflict explanations in children, adolescents, and adults: Examining the development of complex syntax. *American Journal of Speech-Language Pathology, 16*, 179–186.

Nippold, M. A., Mansfield, T. C., Billow, J. L., & Tomblin, J. B. (2008). Expository discourse in adolescents with language impairments: Examining syntactic development. *American Journal of Speech-Language Pathology, 17*, 356–366.

Nippold, M. A., & Sun, L. Knowledge of morphologically complex words: A developmental study of older children and young adolescents. *Language, Speech, and Hearing Services in Schools, 39*, 365–373.

Nippold, M. A., Ward-Lonergan, J., & Fanning, J. L. (2005). Persuasive writing in children, adolescents, and adults: A study of syntactic, semantic, and pragmatic development. *Language, Speech, and Hearing Services in Schools, 36*, 125–138.

Norbury, C. F., & Bishop, D. V. (2003). Narrative skills of children with communication impairments. *International Journal of Language and Communication Disorders, 38*, 287–313.

Norris, J. A., & Hoffman, P. R. (1990b). Language intervention within naturalistic environments. *Language, Speech, and Hearing Services in Schools, 21*, 72–84.

Odom, S. L. (2000). What do we know and where do we go from here? *Topics in Early Childhood Special Education, 20*, 20–27.

Oetting, J. B., Cleveland, L. H., & Cope, R. F. (2008). Empirically derived combinations of tools and clinical cutoffs: An illustrative case with a sample of culturally/linguistically diverse children. *Language, Speech, and Hearing Services in Schools, 39*, 44–53.

Oller, J. W. (2003, September 1). Specific language impairment. Accessed on May 22, 2012, from www.speechpathology.com/ask-the-experts/twins-and-language-development-overview-904

Olswang, L. B., Coggins, T. E., & Timler, G. R. (2001) Outcome measures of school-age children with social communication. *Topics in Language Disorders, 22*(1), 50–73.

Olswang, L. B., Svensson, L., & Astley, S. (2010). Observation of classroom social communication: Do children with Fetal Alcohol Spectrum Disorders spend their time differently than their typically developing peers? *Journal of Speech, Language, and Hearing Research, 53*, 1687–1703.

Olswang, L. B., Svensson, L., Coggins, T. E., Beilinson, J., & Donaldson, A. L. (2006). Reliability issues and solutions for coding social communication performance in classroom settings. *Journal of Speech, Language, and Hearing Research, 49*, 1058–1071.

O'Neil-Pirozzi, T. M. (2003). Language functioning of residents in family homeless shelters. *American Journal of Speech-Language Pathology, 12*, 229–242.

O'Neil-Pirozzi, T. M. (2009). Feasibility and benefit of parent participation in a program emphasizing preschool child language development while homeless. *American Journal of Speech-Language Pathology, 18*, 252–263.

O'Shaughnessy, T. E., & Swanson, H. L. (2000). A comparison of two reading interventions for children with reading disabilities. *Journal of Learning Disabilities, 33*, 257–277.

Owen, A. J. (2010). Factors affecting accuracy of past tense production in children with Specific Language Impairment and their typically developing peers: The influence of verb transitivity, clause location, and sentence type. *Journal of Speech, Language, and Hearing Research, 53*, 993–1014.

Owens, R. (1978). *Speech acts in the early language of nondelayed and retarded children: A taxonomy and distributional study.* Unpublished doctoral dissertation, Ohio State University, Columbus.

Owens, R. E. (2012). *Language development: An introduction* (8th ed.). Boston: Pearson.

Owens, R. E., & Kim, K. (2007, November). *Holistic reading and semantic investigation intervention with struggling readers.* Paper presented at Annual Convention of the American Speech-Language-Hearing Association, Boston.

Paez, M., & Rinaldi, C. (2006). Predicting English word reading skills for Spanish-speaking students in first grade. *Topics in*

*Language Disorders, 26,* 338–350.

Paradis, J. (2005). Grammatical morphology in children learning English as a second language: Implications of similarities with specific language impairment. *Language, Speech, and Hearing Services in Schools, 36,* 172–187.

Paradis, J. (2007). Bilingual children with specific language impairment: Theoretical and applied issues. *Applied Psycholinguistics, 28,* 551–564.

Paradis, J., Crago, M., Genesee, F., & Rice, M. (2003). French-English bilingual children with specific language impairment: How do they compare with their monolingual peers? *Journal of Speech, Language, and Hearing Research, 46,* 1–15. doi: 10.1044/1092-4388(2003/009).

Parente, R., & Hermann, D. (1996). Retraining memory strategies. *Topics in Language Disorders, 17(1),* 45–57.

Patterson, J. L. (2000). Observed and reported expressive vocabulary and word combinations in bilingual toddlers. *Journal of Speech, Language, and Hearing Research, 43,* 121–128.

Patton Terry, N., McDonald Connor, C., Thomas-Tate, S., & Love, M. (2010). Examining relationships among dialect variation, literacy skills, and school context in first grade. *Journal of Speech, Language and Hearing Research, 53,* 126–145.

Paul, R. (1996). Clinical implications of the natural history of slow expressive language development. *American Journal of Speech-Language Pathology, 5*(2), 5–22.

Paul-Brown, D., & Caperton, C. J. (2001). Inclusive practices for preschool-age children with specific language impairment. In M. J. Guralnick (Ed.), *Early childhood inclusion: Focus on change* (pp. 433–463). Baltimore: Paul H. Brookes.

Pearce, W., McCormack, P., & James, D. (2003). Exploring the boundaries of SLI: Findings from morphosyntactic and story grammar analyses. *Clinical Linguistics & Phonetics, 17,* 325–334.

Peets, K. F. (2009). The effects of context on the classroom discourse skills of children with language impairment. *Language, Speech, and Hearing Services in Schools, 40,* 5–16.

Peña, E. D. (2002, April). *Solving the problems of biased speech and language assessment with bilingual children.* Paper presented at the Annual Convention of the New York State Speech-Language-Hearing Association, Rochester.

Peña, E. D., Gillam, R. B., Bedore, L. M., & Bohman, T. M. (2011). Risk for poor performance on a language screening measure for bilingual preschoolers and kindergarteners. *American Journal of Speech-Language Pathology, 20,* 302–314.

Peña, E. D., Iglesias, A., & Lidz, C. S. (2001). Reducing test bias through dynamic assessment of children's word learning ability. *American Journal of Speech-Language Pathology, 10,* 138–154.

Pence, K. L., Justice, L. M., & Wiggins, A. K. (2008). Preschool teachers' fidelity in implementing a comprehensive language-rich curriculum. *Language, Speech, and Hearing Services in Schools, 39,* 329–341.

Perzsolt, F., Ohletz, A., Gardner, D., Ruatti, H., Meier, H., Schlotz-Gorton, N., & Schrott, L. (2003). Evidence-based decision making: The 6-step approach. *American College of Physicians Journal Club, 139(3),* 1–6.

Petersen, D. B., Laing Gillam, S., Spencer, T., & Gillam, R. B. (2010). The effects of literate narrative intervention on children with neurologically based language impairments: An early stage study. *Journal of Speech, Language, and Hearing Research, 53,* 961–981.

Petersen, E. A. (2003). A practical guide to early childhood curriculum: Linking thematic, emergent, and skill-based planning to children's outcomes (2nd ed.). Boston: Allyn & Bacon.

Pham, G., Kohnert, K., & Mann, D. (2011). Addressing clinician-client mismatch: A preliminary intervention study with a bilingual Vietnamese-English preschooler. *Language, Speech, and Hearing Services in Schools, 42,* 408–422.

Phelps-Terasaki, D., & Phelps-Gunn, T. (1992). *Test of Pragmatic Language.* East Moline, IL: Linguisystems.

Philofsky, A., Hepburn, S. L., Hayes, A., Hagerman, R., & Rogers, S. J. (2004). Language and cognitive functioning and autism symptoms in young children with fragile X syndrome. *American Journal on Mental Retardation, 109,* 208–218.

Pianta, R., Howes, C., Burchinal, M., Bryant, D., Clifford, R., Early, D., & Barbarin, O. (2005). Features of pre-kindergarten programs, classrooms, and teachers: Do they predict observed classroom quality and child-teacher interactions? *Applied Developmental Science, 9,* 144–159.

Pickering, M. J., & Ferreira, V. S. (2008). Structural priming: A critical review. *Psychological Bulletin, 134,* 427–459.

Pickering, S., & Gathercole, S. (2001). *Working Memory Test Battery for Children.* London: Harcourt Assessment.

P.L. 106-402. (2000), *The Developmental Disabilities Assistance and Bill of Rights Act.*

Pokorni, J. L., Worthington, C. K., & Jamison, P. J. (2004). Phonological awareness intervention: Comparison of Fast For Word, Earobics, and LiPS. *Journal of Educational Research, 97,* 147–157.

Prelock, P. A., Beatson, J., Bitner, B., Broder, C., & Ducker, A. (2003). Interdisciplinary assessment of young children with autism spectrum disorder. *Language, Speech, and Hearing Services in Schools, 34,* 194–202.

Prelock, P. A., Miller, B. L., & Reed, N. L. (1995). Collaborative partnerships in a language in the classroom program. *Language, Speech, and Hearing Services in Schools, 26,* 286–292.

Prendeville, J., & Ross-Allen, J. (2002). The transition process in the early years: Enhancing speech-language pathologists' perspective. *Language, Speech, and Hearing Services in Schools, 33,* 130–136.

Preschool Curriculum Evaluation Research Consortium. (2008). *Effects of preschool curriculum programs on school readiness* (NCER 2008-2009). Washington DC: National Center for Education Research, Institute of Education Sciences, U.S. Department of Education. Retrieved from http://ncer.ed.gov.

Preterm Birth: Causes, Consequences, and Prevention, (2006). *Institute of Medicine.* Updated July 2006. Accessed September 16, 2008, from www.iom.edu/Object.File/Master/35/975/pretermbirth.pdf

Pretti-Frontczak, K. L., & Bricker, D. D. (2004). *An activity-based approach to early intervention* (3rd ed.). Baltimore: Paul H. Brookes.

Price, J. R., Roberts, J. E., Hennon, E. A., Berni, M. C., Anderson, K. L., & Sideris, J. (2008). Syntactic complexity during conversation of boys with Fragile X syndrome and Down syndrome. *Journal of Speech, Language, and Hearing Research, 51,* 3–15.

Proctor-Williams, K., Fey, M. E., & Frome Loeb, D. (2001). Parental recasts and production of copulas and articles by children with specific language impairment and typical language. *American Journal of Speech-Language Pathology, 10,* 155–168.

Pruitt, S. L., & Oetting, J. B. (2009). Past tense marking by African American English–speaking children reared in poverty. *Journal of Speech, Language, and Hearing Research, 52,* 2–15.

Pruitt, S. L., Oetting, J. B., & Hegarty, M. (2011). Passive participle marking by African American English-speaking children reared in poverty. *Journal of Speech, Language, and Hearing Research, 54,* 598–607.

Prutting, C. A. (1983). Scientific inquiry and communicative disorders: An emerging paradigm across six decades. In T. Gallagher & C. Prutting (Eds.), *Pragmatic assessment and intervention issues in language* (pp. 247–267). San Diego: College-Hill.

Prutting, C. A., & Kirchner, D. M. (1983). Applied pragmatics. In T. M. Gallagher & C. A. Prutting (Eds.), *Pragmatic assessment and intervention issues in language* (pp. 29–64). Austin, TX: Pro-Ed.

Prutting, C. A., & Kirchner, D. M. (1987). A clinical appraisal of the pragmatic aspects of language. *Journal of Speech and Hearing Disorders, 52,* 105–119.

Pry, R., Petersen, A., & Baghdadli, A. (2005). The relationship between expressive language level and psychological development in children with autism 5 years of age. *Autism: The International Journal of Research and Practice, 9,* 179–189.

Puranik, C. S., Lombardino, L. J., & Altmann, L. J. (2007). Writing through retellings: An exploratory study of language impaired and dyslexic populations. *Reading and Writing: An Interdisciplinary Journal, 20,* 251–272.

Pye, C. (1987). Pye Analysis of Language (PAL) [Computer program]. Lawrence: University of Kansas.

Qi, C. H., & Kaiser, A. P. (2004). Problem behaviors of low-income children with language delays: An observational study. *Journal of Speech, Language, and Hearing Research, 47,* 595–609.

Qi, C. H., Kaiser, A. P., Milan, S. E., Yzquierdo, Z., & Hancock, T. B. (2003). The performance of low-income African American children on the Preschool Language Scale–3. *Journal of Speech, Language, and Hearing Research, 46,* 576–590.

Qi, C. H., Kaiser, A. P., Milan, S. E., & Hancock, T. B. (2006). Language performance of low-income African American and European American preschool children on the Peabody Picture Vocabulary Test—III. *Language, Speech, and Hearing Services in Schools, 37,* 5–16.

Quail, M., Williams, C., & Leitao, S. (2009). Verbal working memory in specific language impairment: The effect of providing visual support. *International Journal of Speech-Language Pathology, 11,* 220–233.

Raab, M., & Dunst, C. (2007). *Influence of child interests on variations in child behavior and functioning.* (Winterberry Research Syntheses, Vol. 1, No. 21). Asheville, NC: Winterberry Press.

Rankin, P. M., & Hood, J. (2005). Designing clinical interventions for children with specific memory disorders. *Pediatric Rehabilitation, 8,* 283–297.

Redmond, S. M. (2002). The use of rating scales with children who have language impairments. *American Journal of Speech-Language Pathology, 11,* 124–138.

Redmond, S. M., & Rice, M. L. (2001). Detection of irregular verb violations by children with and without SLI. *Journal of Speech, Language, and Hearing Research, 44,* 655–669.

Redmond, S. M., & Rice, M. L. (2002). Stability of behavioral ratings of children with SLI. *Journal of Speech, Language, and Hearing Research, 45,* 190–201.

Reed, V. A., & Spicer, L. (2003). The relative importance of selected communication skills for adolescents' interactions with their teachers: High school teachers' opinions. *Language, Speech, and Hearing Services in Schools, 34,* 343–357.

Reichle, J., Beukelman, D., & Light, J. (2002). *Implementing an augmentative communication system: exemplary strategies for beginning communicators.* Baltimore, MD: Paul H. Brookes.

Reichle, J., Dropik, P. L., Alden-Anderson, E., & Haley, T. (2008). Teaching a young child with autism to request assistance conditionally: A preliminary study. *American Journal of Speech-Language Pathology, 17,* 231–240.

Reichle, J., & McComas, J. (2004). Conditional use of a request for assistance. *Disability and Rehabilitation, 26,* 1255–1262.

Reid, D. K., Hresko, W. P., & Hammill, D. D. (2001). *Test of Early Reading Ability.* Austin, TX: Pro-Ed.

Reilly, J., Losh, M., Bellugi, U., & Wulfeck, B. (2004). Frog, Where are you? Narratives in children with specific language impairment, early focal brain injury and Williams syndrome. *Brain & Language, 88,* 229–247.

Rescorla, L. A. (2005). Age 13 language and reading outcomes in late talking toddlers. *Journal of Speech, Language, and Hearing Research, 48,* 459–473.

Rescorla, L. A. (2009). Age 17 language and reading outcomes in late-talking toddlers: Support for a dimensional perspective on language delay. *Journal of Speech, Language, and Hearing Research, 52 ,* 16–30.

Rescorla, L., & Roberts, J. (2002). Nominal versus verbal morpheme use in late talkers at ages 3 and 4. *Journal of Speech, Language, and Hearing Research, 45,* 1219–1231.

Rescorla, L. A., Ross, G. S., & McClure, S. (2007). Language delay and behavioral/emotional problems in toddlers: Findings from two developmental clinics. *Journal of Speech, Language, and Hearing Research, 50,* 1063–1078.

Restrepo, M. A. (1998). Identifiers of predominantly Spanish-speaking children with language impairment. *Journal of*

*Speech, Language, and Hearing Research, 41*, 1398–1411.

Restrepo, M. A., Castilla, A. P., Schwanenflugel, P. J., Neuharth-Pritchett, S., Hamilton, C. E., & Arboleda, A. (2010). Supplemental oral language program in sentence length, complexity, and grammaticality in Spanish-speaking children attending English-only preschools. *Language, Speech, and Hearing Services in Schools, 41*, 3–13.

Restrepo, M. A., & Kruth, K. (2000). Grammatical characteristics of a Spanish–English bilingual child with specific language impairment. *Communication Disorders Quarterly, 21*, 66–76. doi: 10.1177/152574010002100201.

Rhyner, P. M., Kelly, D. J., Brantley, A. L., & Krueger, D. M. (1999). Screening low-income African American children using the BLT–2S and the SPELT–P. *American Journal of Speech-Language Pathology, 8* (1) , 44–52.

Riccio, C. A., Cash, D. L., & Cohen, M. J. (2007). Learning and memory performance of children with specific language impairment (SLI). *Applied Neuropsychology, 14*, 255–261.

Rice, M. L., Ash, A., Betz, S., Francois, J., Kepler, A., Klager, E., & Smolik, F. (2004). *Transcription and coding manual for analysis of language samples: Kansas Language Transcript Database.* Lawrence: University of Kansas.

Rice, M. L., Cleave, P. L., & Oetting, J. B. (2000). The use of syntactic cues in lexical acquisition by children with SLI. *Journal of Speech, Language, and Hearing Research, 43*, 582–594.

Rice, M. L., Hoffman, L., & Wexler, K. (2009). Judgments of omitted BE and DO in questions as extended finiteness clinical markers of Specific Language Impairment (SLI) to 15 years: A study of growth and asymptote. *Journal of Speech, Language, and Hearing Research, 52*, 1417–1433.

Rice, M. L., Redmont, S. M., & Hoffman, L. (2006). Mean length of utterance in children with specific language impairment and in younger control children shows concurrent validity and stable and parallel growth trajectories. *Journal of Speech, Language, and Hearing Research, 49*, 793–808.

Rice, M. L., Smolik, F., Perpich, D., Thompson, T., Rytting, N., & Blossom, M. (2010). Mean length of utterance levels in 6-month intervals for children 3 to 9 years with and without language impairments. *Journal of Speech, Language, and Hearing Research, 53*, 333–349.

Rice, M. L., Snell, M. A., & Hadley, P. A. (1990). The Social Interactive Coding System (SICS): An online, clinically relevant descriptive tool. *Language, Speech, and Hearing Services in Schools, 21*, 2–14.

Rice, M. L., Tomblin, J. B., Hoffman, L., Richman, W. A., & Marquis, J. (2004). Grammatical tense deficits in children with SLI and nonspecific language impairment: Relationships with nonverbal IQ over time. *Journal of Speech, Language, and Hearing Research, 47*, 816–834.

Riches, N. G., Tomasello, M., & Conti-Ramsden, G. (2005). Verb learning in children with SLI: Frequency and spacing effects. *Journal of Speech, Language, and Hearing Research, 48*, 1397–1411.

Richgels, D., McGee, D., Lomax, R., & Sheard, C. (1987). Awareness of four text structures: Effects on recall of expository text. *Reading Research Quarterly, 22*, 177–196.

Richman, D. M., Wacker, D. P., & Winborn, L. (2001). Response efficiency during functional communication training: Effects of effort and response allocation. *Journal of Applied Behavior Analysis, 34*, 73–36.

Rispoli, M., & Hadley, P. (2001). The leading-edge: The significance of sentence disruption in the development of grammar. *Journal of Speech, Language, and Hearing Research, 44*, 1131–1143.

Roberts, J. E., Long, S. H., Malkin, C., Barnes, E., Skinner, M., Hennon, E. A., & Anderson, K. (2005). A comparison of phonological skills with fragile X syndrome and Down syndrome. *Journal of Speech, Language, and Hearing Research, 48*, 980–995.

Roberts, J. E., Martin, G. E., Maskowitz, L., Harris, A. A., Foreman, J., & Nelson, L. (2007). Discourse skills of boys with fragile X syndrome in comparison to boys with Down syndrome. *Journal of Speech, Language, and Hearing Research, 50*, 475–492.

Roberts, J. E., Mirrett, P., & Burchinal, M. (2001). Receptive and expressive communication development in young males with fragile X syndrome. *American Journal of Mental Retardation, 106*, 216–231.

Roberts, M. Y., & Kaiser, A. P. (2011). The effectiveness of parent-implemented language interventions: A meta-analysis. *American Journal of Speech-Language Pathology, 20*, 180–199.

Roberts, M. Y., Kaiser, A. P., & Wright, C. (2010). *Parent training: Specific strategies beyond "Try this at home."* Paper presented at the annual convention of the American Speech-Language-Hearing Association, Philadelphia.

Robertson, C., & Salter, W. (1997). *Phonological Awareness Test (PAT).* East Moline, IL: Linguisystems.

Rodekohr, R., & Haynes, W. O. (2001). Differentiating dialect from disorder: A comparison of two processing tasks and a standardized language test. *Journal of Communication Disorders, 34*, 255–272.

Rodriguez, B. L., Hines, R., & Montiel, M. (2009). Mexican American mothers of low and middle socioeconomic status: Communication behaviors and interactive strategies during shared book reading. *Language, Speech and Hearing Services in Schools, 40*, 271–282.

Rodriguez, B. L., & Olswang, L. B. (2003). Mexican-American and Anglo-American mothers' beliefs and values about child rearing, education, and language impairment. *American Journal of Speech-Language Pathology, 12*, 452–462.

Rollins, P. R., McCabe, A., & Bliss, L. (2000). Culturally sensitive assessment of narrative in children. *Seminars in Speech and Language, 21*, 223–234.

Rolstad, K., Mahoney, K., & Glass, G. V. (2005). The big picture: A meta-analysis of program effectiveness research on English language learners. *Educational Policy, 19*, 572–594. doi: 10.1177/0895904805278067.

Romski, M. A., & Sevcik, R. A. (2005). Augmentative communication and early intervention: Myths and realities. *Infants and*

*Young Children, 18*, 174–185.

Romski, M. A., Sevcik, R. A., Cheslock, M. B., & Hyatt, A. (2002). Enhancing communication competence in beginning communicators: Identifying a continuum of AAC language intervention strategies. In J. Reichle, D. Beukelman, & J. Light (Eds.), *Implementing an augmentative communication system: Exemplary strategies for beginning communicators* (pp. 1–23). Baltimore, MD: Paul H. Brookes.

Romski, M. A., Sevcik, R. A., & Forrest, S. (2001). Assistive technology and augmentative communication in early childhood inclusion. In M. J. Guralnick (Ed.), *Early childhood inclusion: Focus on change* (pp. 465–479). Baltimore: Paul H. Brookes.

Romski, M. A., Sevcik, R. A., Adamson, L. B., Smith, A., Cheslock, M., & Bakeman, R. (2001). Parent perceptions of the language development of toddlers with developmental delays before and after participation in parent-coached language interventions. *American Journal of Speech-Language Pathology, 20*, 111–118.

Roper, N., & Dunst, C. J. (2003). Communication intervention in natural environments. *Infants & Young Children, 16*, 215–225.

Ross, B., & Cress, C. J. (2006). Comparison of standardized assessments for cognitive and receptive communication skills in young children with complex communication needs. *Augmentative and Alternative Communication, 22*, 100–111.

Rossetti, L. M. (2001). *Communication intervention: Birth to three* (2nd ed.). Albany, NY: Singular.

Roth, F. P. (1986). Oral narrative abilities of learning-disabled students. *Topics in Language Disorders, 7*(1), 1–30.

Roth, F. P. (2000). Narrative writing: Development and teaching with children with writing difficulties. *Topics in Language Disorders, 20*(4), 15–28.

Rouse, C. E., & Krueger, A. B. (2004). Putting computerized instruction to the test: A randomized evaluation of a "scientifically based" reading program. *Economics of Education Review, 23*, 323–338.

Rowland, C., & Schweigert, P. D. (2000). Tangible symbols, tangible outcomes. *Augmentative and Alternative Communication, 16*, 61–78.

Rubin, E., & Lennon, L. (2004). Challenges in social communication in Asperger's syndrome and high-functioning autism. *Topics in Language Disorders, 24*, 271–285.

Rubin, K. H., Burgess, K. B., & Coplan, R. J. (2002). Social withdrawal and shyness. In P. K. Smith & C. H. Hart (Eds.), *Blackwell handbook of childhood social development* (pp. 329–352). Malden, MA: Blackwell.

Rutter, M. L., Kreppner, J. M., & O'Connor, T. G. (2001). Specificity and heterogeneity in children's responses to profound institutional privation. *British Journal of Psychiatry, 179* (2), 97–103.

Rvachew, S., Ohberg, A., Grawburg, M., & Heyding, J. (2003). Phonological awareness and phonemic perception in 4-year-old children with delayed expressive phonological skills. *American Journal of Speech-Language Pathology, 12*,

463–471.

Salameh, E., Håkansson, G., & Nettelbladt, U. (2004). Developmental perspectives on bilingual Swedish-Arabic children with and without language impairment: A longitudinal study. *International Journal of Language and Communication Disorders, 39*, 65–91. doi:10.1080/13682820310001595628.

Salas-Provance, M. B., Erickson, J. G., & Reed, J. (2002). Disabilities as viewed by four generations of one Hispanic family. *American Journal of Speech-Language Pathology, 11*, 151–162.

Samuel, A. (2001). Knowing a word affects the fundamental perception of the sounds within it. *Psychological Science, 12*, 348–351.

Sandall, S. R., McLean, M., & Smith, B. (2001). *DEC recommended practices in early intervention/early childhood special education.* Longmont, CO: Sopris West.

Savage, C., Lieven, E., Theakston, A., & Tomasello, M. (2003). Testing the abstractness of children's linguistic representations: Lexical and structural priming of syntactic constructions in young children. *Developmental Science, 6*, 557–567.

Sawyer, D. (1987). *Test of Awareness of Language Segments.* Rockville, MD: Aspen.

Sawyer, D. J. (2006). Dyslexia: A generation of inquiry. *Topics in Language Disorders, 26*, 95–109.

Scally, C. (2001). Visual design: Implications for developing dynamic display systems. *Perspectives on Augmentative and Alternative Communication, 10*(4), 16–19.

Scarborough, H. S. (1990). Index of productive syntax. *Applied Linguistics, 11*, 1–22.

Scarborough, H. S. (2001). Connecting early language and literacy to later reading (dis)abilities: Evidence, theory, and practice. In S. B. Neuman & D. K. Dickinson (Eds.), *Handbook of early literacy research* (pp. 97–110). New York: Guilford.

Scarborough, H. S., Wyckoff, J., & Davidson, R. (1986). A reconsideration of the relationship between age and mean utterance length. *Journal of Speech and Hearing Research, 29*, 394–399.

Scheffner Hammer, C., Farkas, G., & Maczuga, S. (2010). The language and literacy development of Head Start children: A study using the family and child experiences survey database. *Language, Speech, and Hearing Services in Schools, 41*, 70–83.

Schlosser, R. W., & Lee, D. L. (2000). Promoting generalization and maintenance in augmentative and alternative communication: A meta-analysis of 20 years of effectiveness research. *Augmentative and Alternative Communication, 16*, 208–226.

Schneider, P. (2008, June). *Referent introduction in stories by children and adults.* Poster presented at the triennial meeting of the International Association for the Study of Child Language, Edinburgh, Scotland.

Schneider, P., & Dubé, R. (2005). Story presentation effects on children's retell content. *American Journal of Speech-Language Pathology, 14*, 52–60.

Schneider, P., Dubé, R. V., & Hayward, D. (2009). *The Edmonton Narrative Norms Instrument.* Available from www.rehabmed.

ualberta.ca/spa/enni

Schneider, P., & Hayward, D. (2010). Who does what to whom: Introduction of referents in children's storytelling from pictures. *Language, Speech, and Hearing Services in Schools, 41*, 459–473.

Schore, A. N. (2001). The effects of early relational trauma on right brain development, affect regulation, and infant mental health. *Infant Mental Health Journal, 22,* 201–269.

Schuele, C. M. (2001). Socioeconomic influences on children's language acquisition. *Journal of Speech-Language Pathology and Audiology, 25*(2), 77–88.

Schuele, C. M., & Boudreau, D. (2008). Phonological awareness intervention: Beyond the basics. *Language, Speech, and Hearing Services in Schools, 39*, 3–20.

Schuele, C. M., & Dayton, N. D. (2000). *Intensive Phonological Awareness Program.* Nashville, TN: Authors.

Scientific Learning Corporation. (1998). *Fast ForWord Language* [Computer software]. Berkley, CA: Author.

Scientific Learning Corporation. (2009). *Scientific learning products.* Retrieved from www.scilearn.com/products/index.php?source=Google&adgroup=ffw39-22-8

Scott, C. M. (2000). Principles and methods of spelling instruction: Applications for poor spellers. *Topics in Language Disorders, 20*(3), 66–82.

Scott, C. M., & Erwin, D. L. (1992). Descriptive assessment of writing: Process and products. *Best Practices in School Speech-Language Pathology, 2,* 87–98.

Scott, C. M., Nippold, M. A., Norris, J. A., & Johnson, C. J. (1992, November) *School-age children and adolescents: Establishing language norms.* Paper presented at the Annual Convention of the American Speech-Language-Hearing Association, San Antonio, TX.

Scott, C. M., & Windsor, J. (2000). General language performance measures in spoken and written discourse produced by school-age children with and without language learning disabilities. *Journal of Speech, Language, and Hearing Research, 43,* 324–339.

Segebart DeThorne, L., Hart, S. A., Petrill, S. A., Deater-Deckard, K., Thompson, L. A., Schatschneider, C., & Dunn Davison, M. (2006). Children's history of speech-language difficulties: Genetic influences and association with reading-related measures. *Journal of Speech, Language, and Hearing Research, 49,* 1280–1293.

Segebart DeThorne, L., Petrill, S. A., Schatschneider, C., & Cutting, L. (2010). Conversational language use as a predictor of early reading development: Language history as a moderating variable. *Journal of Speech, Language, and Hearing Research, 53,* 209–223.

Segebert DeThorne, L., & Watkins, R. V. (2001). Listeners' perceptions of language use in children. *Language, Speech, and Hearing Services in Schools, 32,* 142–148.

Segers, E., & Verhoeven, L. (2004). Computer-supported phonological awareness intervention for kindergarten children with specific language impairment. *Language, Speech, and Hearing Services in Schools, 35,* 229–239.

Seigneuric, A., Ehrlich, J., Oakhill, J. V., & Yuill, N. M. (2000). Working memory resources and children's reading comprehension. *Reading and Writing: An Interdisciplinary Journal, 13,* 81–103.

Selber Beilinson, J., & Olswang, L. B. (2003). Facilitating peer-group entry in kindergartners with impairments in social communication. *Language, Speech, and Hearing Services in Schools, 34,* 154–166.

Self, T. L., Hale, L. S., & Crumrine, D. (2010). Pharmacotherapy and children with Autism Spectrum Disorder: A tutorial for speech-language pathologists. *Language, Speech, and Hearing Services in Schools, 41,* 367–375.

Semel, E., Wiig, E., & Secord, W. (2003). *Clinical Evaluation of Language Fundamentals, Fourth Edition.* San Antonio, TX: The Psychological Corporation.

Sénéchal, M., LeFevre, J., Smith-Chant, B. L., & Colton, K. V. (2001). On refining theoretical models of emergent literacy: The role of empirical evidence. *Journal of School Psychology, 39*(5), 439–460.

Seung, H., & Chapman, R. (2000). Digit span in individuals with Down syndrome and in typically developing children: Temporal aspects. *Journal of Speech, Language, and Hearing Research, 43,* 609–620.

Seymour, H. N., Roeper, T. W., & deVilliers, J. (2003). *Diagnostic Evaluation of Language Variance (DELV).* San Antonia, TX: Psychological Corporation.

Shane, H. C. (2006). Using visual scene displays to improve communication and communication instruction in persons with Autism Spectrum Disorders. *Perspectives in Augmentative and Alternative Communication, 15*(1), 8–13.

Shaywitz, S. E., & Shaywitz, B. A. (2003). Neurobiological indices of dyslexia. In H. L. Swanson, K. R. Harris, & S. Graham (Eds.), *Handbook of learning disabilities* (pp. 514–531). New York: Guilford.

Sheng, L., & McGregor, K. A. (2010). Object and action naming in children with Specific Language Impairment. *Journal of Speech, Language, and Hearing Research, 53,* 1704–1719.

Shimpi, P. M., Gámez, P. B., Huttenlocher, J., & Vasilyeva, M. (2007). Syntactic priming in 3-and 4-year-old children: Evidence for abstract representations of transitive and dative forms. *Developmental Psychology, 43,* 1334–1346.

Shipley, K., Maddox, M., & Driver, J. (1991). Children's development of irregular past tense verb forms. *Language, Speech, and Hearing Services in Schools, 22,* 115–122.

Shiro, M. (2003). Genre and evaluation in narrative development. *Journal of Child Language, 30,* 165–195.

Shumway, S., & Wetherby, A. M. (2009). Communicative acts of children with Autism Spectrum Disorders in the second year of life. *Journal of Speech, Language, and Hearing Research, 52,* 1139–1156.

Sigafoos, J., & Drasgow, E. (2001). Conditional use of aided and unaided AAC: A review and clinical case demonstration. *Focus on Autism and Other Developmental Disabilities, 16,* 152–161.

Sigafoos, J., O'Reilly, E., Drasgow, E., & Reichle, J. (2002). Strategies to achieve socially acceptable escape and avoidance. In J. Reichle, D. Beukelman, & J. Light (Eds.), *Exemplary practices for beginning communicators: Implications for AAC* (pp. 157–186). Baltimore: Paul H. Brookes.

Siller, M., & Sigman, M. (2002). The behaviors of parents of children with autism predict the subsequent development of their children's communication. *Journal of Autism and Developmental Disorders, 32,* 77–89.

Silliman, E. R., Bahr, R., Beasman, J., & Wilkinson, L. C. (2000). Scaffolds for learning to read in an inclusion classroom. *Language, Speech, and Hearing Services in Schools, 31,* 265–279.

Silliman, E. R., & Scott, C. (2009). Research-based oral language intervention routes to the academic language of literacy: Finding the right road. In S. Rosenfield & V. Berninger (Eds.), *Implementing evidence-based interventions in school settings* (pp. 107–145). New York: Oxford University Press.

Simon, C. S. (1984). *Evaluating communicative competence: A functional-pragmatic procedure.* Tucson, AZ: Communication Skill Builders.

Simon, C. S. (1989). *Classroom communication screening procedure for early adolescents: A handbook for assessment and intervention.* Tempe, AZ: Communi-Cog Publications.

Skarakis-Doyle, E. (2002). Young children's detection of violations in familiar stories and emerging comprehension monitoring. *Discourse Processes, 33*(2) 175–197.

Skarakis-Doyle, E., & Dempsey, L. (2008). The detection and monitoring of comprehension errors by preschool children with and without language impairment. *Journal of Speech, Language, and Hearing Research, 51,* 1227–1243.

Skarakis-Doyle, E., Dempsey, L., Campbell, W., Lee, C., & Jaques, J. (2005, June). *Constructs underlying emerging comprehension monitoring: A preliminary study.* Poster session presented at the 26th Annual Symposium on Research in Child Language Disorders, Madison, WI.

Skarakis-Doyle, E., Dempsey, L., & Lee, C. (2008). Language comprehension impairment in preschool children. *Language, Speech, and Hearing Services in Schools, 39,* 54–65.

Smith, V., Mirenda, P., & Zaidman-Zait, A. (2007). Predictors of expressive vocabulary growth in children with autism. *Journal of Speech, Language, and Hearing Research, 50,* 149–160.

Smith-Myles, B., Hilgenfeld, T., Barnhill, G., Griswold, D., Hagiwara, T., & Simpson, R. (2002). Analysis of reading skills in individuals with Asperger syndrome. *Focus on Autism and Other Developmental Disabilities, 17*(1), 44–47.

Snow, C. E., Scarborough, H. S., & Burns, M. S. (1999). What speech-language pathologists need to know about early reading. *Topics in Language Disorders, 20*(1), 48–58.

Snowling, M., Bishop, D. V. M., & Stothard, S. E. (2000). Is preschool language impairment a risk factor for dyslexia in adolescence? *Journal of Child Psychology and Psychiatry, 41,* 587–600.

Snyder, L., Caccamise, D., & Wise, B. (2005). The assessment of reading comprehension. *Topics in Language Disorders, 25,* 33–50.

Snyder, L. E., Dabasinskas, C., & O'Connor, E. (2002). An information processing perspective on language impairment in children: Looking at both sides of the coin. *Topics in Language Disorders, 22*(3), 1–14.

Southwood, F., & Russell, A. F. (2004). Comparison of conversation, freeplay, and story generation as methods of language elicitation. *Journal of Speech, Language, and Hearing Research, 47,* 366–376.

Spaulding, T. J. (2010). Investigating mechanisms of suppression in preschool children with Specific Language Impairment. *Journal of Speech, Language, and Hearing Research, 53,* 725–738.

Spaulding, T. J., Plante, E., & Farinella, K. A. (2006), Eligibility criteria for language impairment: Is the low end of normal always appropriate? *Language, Speech, and Hearing Services in Schools, 37,* 61–72.

Spaulding, T. J., Plante, E., & Vance, R. (2008). Sustained selective attention skills of preschool children with specific language impairment: Evidence for separate attentional capacities. *Journal of Speech Language, and Hearing Research, 51,* 16–34.

Spencer, E., Schuele, C. M., Guillot, K., & Lee, M. (2007). *Phonological awareness skill of speech-language pathologists and other educators.* Manuscript submitted for publication.

Spinelli, F., & Terrell, B. (1984). Remediation in context. *Topics in Language Disorders, 5*(1), 29–40.

Stanovich, K. E. (2000). *Progress in understanding reading: Scientific foundations and new frontiers.* New York: Guilford Press.

Stanton-Chapman, T. L., Chapman, D. A., Kaiser, A. P., & Hancock, T. B. (2004). Cumulative risk and low-income children's language development. *Topics in Early Childhood Special Education, 24,* 227–238.

Steffani, S. A. (2007, Spring). Identifying embedded and conjoined complex sentences: Making it simple. *Contemporary Issues in Communication Science and Disorders, 34,* 44–54.

Stein, N., & Glenn, C. (1979). An analysis of story comprehension in elementary school children. In R. Freedle (Ed.), *New directions in discourse processing* (Vol. 2, pp. 53–120). Norwood, NJ: Ablex.

Stevens, C., Fanning, J., Coch, D., Sanders, L., & Neville, H. (2008). Neural mechanisms of selective auditory attention are enhanced by computerized training: Electrophysiological evidence from language-impaired and typically developing children. *Brain Research, 1205,* 55–69.

Stickler, K. R. (1987). *Guide to analysis of language transcripts.* Eau Claire, WI: Thinking Publications.

Stockman, I. J. (2007). Social-political influences on research practices: Examining language acquisition by African American children. In B. Bailey & C. Lucas (Eds.), *Sociolinguistic variation: Theory, method, and applications* (pp. 297–317). Cambridge, England: Cambridge University Press.

Stockman, I. J. (2008). Toward validation of a minimal competence phonetic core for African American children. *Journal of Speech, Language, and Hearing Research, 51,* 1244–1262.

Stockman. I. J. (2010), A review of developmental and applied language research on African American children: From a deficit to difference perspective on dialect differences. *Language, Speech, and Hearing Services in Schools, 41*, 23–38.

Stockman, I. J., Karasinski, L., & Guillory, B. (2008). The use of conversational repairs by African American preschoolers. *Language, Speech, and Hearing Services in Schools, 39*, 461–474.

Stone, W. L., & Yoder, P. J. (2001). Predicting spoken language level in children with autism spectrum disorders. *Autism, 5*, 341–361.

Storkel, H. L. (2001). Learning new words: Phonotactic probability in language development. *Journal of Speech, Language, and Hearing Research, 44*, 1321–1337.

Storkel, H. L. (2004). The emerging lexicon of children with phonological delays: Phonotactic constraints and probability in acquisition. *Journal of Speech, Language, and Hearing Research, 47*, 1194–1212.

Storkel, H. L., & Adlof, S. M. (2009). The effect of semantic set size on word learning by preschool children. *Journal of Speech, Language, and Hearing Research, 52*, 306–320.

Storkel, H. L., & Maekawa, J. (2005). A comparison of homonym and novel word learning: The role of phonotactic probability and word frequency. *Journal of Child Language, 32*, 827–853.

Storkel, H. L., & Morrisette, M. L. (2002). The lexicon and phonology: Interactions in language acquisition. *Language, Speech, and Hearing Services in Schools, 33*, 24–37.

Storkel, H. L., & Rogers, M. A. (2000). The effect of probabilistic phonotactics on lexical acquisition. *Clinical Linguistics & Phonetics, 14*, 407–425.

Streissguth, A., & O'Malley, K. D. (2001). Neuropsychiatric implications and long-term consequences of fetal alcohol spectrum disorders. *Seminars in Clinical Neuropsychiatry, 5*, 177–190.

Strong, C. J., & North, K. H. (1996). *The magic of stories: Literature-based language intervention*. Eau Claire, WI: Thinking Publications.

Sturm, J. M., & Nelson, N. W. (1997). Formal classroom lessons: New perspectives on a familiar discourse event. *Language, Speech, and Hearing Services in Schools, 28*, 255–273.

Sullivan, P. M., & Knutson, J. F. (2000). Maltreatment and disabilities: A population-based epidemiological study. *Child Abuse & Neglect, 24*, 1257–1275.

Sun, L., & Nippold, M. A. (2012). Narrative writing in children and adolescents: Examining the literate lexicon. *Language, Speech, and Hearing Services in Schools, 43*, 2–13.

Sundara, M., Demuth, K., & Kuhl, P. K. (2011). Sentence-position effects on children's perception and production of English third person singular –s. *Journal of Speech, Language, and Hearing Research, 54*, 55–71.

Swanson, H. L., & Beebe-Frankenberger, M. (2004). The relationship between working memory and mathematical problem solving in children at risk and not at risk for math disabilities. *Journal of Educational Psychology, 96*, 471–491.

Tabors, P. O., Roach, K. A., & Snow, C. E. (2001). Home language and literacy environment: Final results. In D. K. Dickinson & P. O. Tabors (Eds.), *Beginning literacy with language: Young children learning at home and school* (pp. 111–138). Baltimore: Paul H. Brookes.

Tabors, P. O., Snow, C. E., & Dickinson, D. K. (2001). Homes and schools together: Supporting language and literacy development. In D. K. Dickinson & P. O. Tabors (Eds.), *Beginning literacy with language* (pp. 313–334). Baltimore: Paul H. Brookes.

Tager-Flusberg, H. (2004). Do autism and specific language impairment represent overlapping language disorders? In M. L. Rice & S. F. Warren (Eds.), *Developmental language disorders: From phenotypes to etiologies* (pp. 31–52). Mahwah, NJ: Erlbaum.

Tager-Flusberg, H., Paul, R., & Lord, C. E. (2005). Language and communication in autism. In F. Volkmar, R. Paul, A. Klin, & D. J. Cohen (Eds.), *Handbook of autism and pervasive developmental disorder: Vol. 1* (3rd ed., pp. 335–364). New York: Wiley.

Tallal, P. (2000). Experimental studies of language learning impairments: From research to remediation. In D. V. M. Bishop & L. B. Leonard (Eds.), *Speech and language impairments in children* (pp. 131–155). Baltimore, MD: Paul H. Brookes.

Thal, D., Jackson-Maldonado, D., & Acosta, D. (2000). Validity of a parent-report measure of vocabulary and grammar for Spanish-speaking toddlers. *Journal of Speech, Language, and Hearing Research, 43*, 1087–1100.

Theodore, R. M., Demuth, K., & Shattuck-Hufnagel, S. (2011). Acoustic evidence for positional and complexity effects on children's production of plural–*s*. *Journal of Speech, Language, and Hearing Research, 54*, 539–548.

Thiemann, K. S., & Goldstein, H. (2004). Effects of peer training and written text cueing on social communication of school-age children with pervasive developmental disorder. *Journal of Speech, Language, and Hearing Research, 47*, 126–144.

Thistle, J. J., & Wilkinson, K. (2009). The effects of color cues on typically developing preschoolers' speed of locating a target line drawing: Implications for augmentative and alternative communication display design. *American Journal of Speech-Language Pathology, 18*, 231–240.

Thomas-Tate, S., Washington, J., Craig, H., & Packard, M. (2006). Performance of African American preschool and kindergarten students on the Expressive Vocabulary Test. *Language, Speech, and Hearing Services in Schools, 37*, 143–149.

Thomas-Tate, S., Washington, J., & Edwards, J. (2004). Standardized assessment of phonological awareness skills in low-income African American first graders. *American Journal of Speech-Language Pathology, 13*, 182–190.

Thordardottir, E. (2008). Language-specific effects of task demands on the manifestation of specific language impairment: A comparison of English and Icelandic. *Journal of Speech, Language, and Hearing Research, 51*, 922–937.

Thorell, L., Lindqvist, S., Nutley, S., Bohlin, G., & Klingberg, T. (2009). Training and transfer effects of executive functions in preschool children. *Developmental Science, 12*, 106–113.

Thorne, J. C. (2004). *The Semantic Elaboration Coding System*. Unpublished training manual, University of Washington, Seattle.

Thorne, J. C., Coggins, T. E., Carmichael Olson, H., & Astley, S. J. (2007). Exploring the utility of narrative analysis is diagnostic decision making: Picture-bound reference, elaboration, and fetal alcohol spectrum disorders. *Journal of Speech, Language, and Hearing Research, 50,* 459–474.

Thorum, A. R. (1986). *Fullerton Language Tests for Adolescents* (2nd ed.). Austin, TX: Pro-Ed.

Thothathiri, M., & Snedeker, J. (2008). Syntactic priming during language comprehension in three- and four-year-old children. *Journal of Memory and Language, 58,* 188–213.

Throneburg, R. N., Calvert, L. K., Sturm, J. M., Paramboukas, A. M., Paul, P. (2000). A comparision of service delivery models: Effects on curricular vocabulary skills in the school setting. *American Journal of Speech-Language Pathology, 9,* 10–20.

Tilstra, J., & McMaster, K. (2007). Productivity, fluency, and grammaticality measures from narratives: Potential indicators of language proficiency? *Communication Disorders Quarterly, 29,* 43–53.

Timler, G. R., Olswang, L., & Coggins, T. (2005). "Do I know what I need to do?" A social communication intervention for children with complex clinical profiles. *Language, Speech, and Hearing Services in Schools, 36,* 73–84.

Timler, G. R., Vogler-Elias, D., & McGill, K. F. (2007). Strategies for promoting generalization of social communication skills in preschoolers and school-aged children. *Topics in Language Disorders, 27,* 167–181.

Tomasello, M. (2003). *Constructing a language: A usage based theory of language acquisition.* Cambridge, MA: Harvard University Press.

Tomblin, J. B., Barker, B. A., Spencer, L. J., Zhang, X., & Gantz, B. J. (2005). The effect of age at cochlear implant initial stimulation on expressive language growth in infants and toddlers. *Journal of Speech, Language, and Hearing Research, 48,* 853–867.

Tomblin, J. B., Mainela-Arnold, E., & Zhang, X. (2007). Procedural learning in adolescents with and without specific language impairment. *Language Learning and Development, 3,* 269–293.

Tomblin, J. B., Zhang, X., Buckwalter, P., & O'Brien, M. (2003). The stability of primary language disorders: Four years after kindergarten diagnosis. *Journal of Speech, Language, and Hearing Research, 46,* 1283–1296.

Tönsing, K. M., & Tesner, H. (1999). Story grammar analysis of pre-schoolers' narratives: An investigation into the influence of task parameters. *The South African Journal of Communication Disorders, 46,* 37–44.

Torgesen, J. K., & Bryant, B. R. (1994). *Test of Phonological Awareness.* Austin, TX: Pro-Ed.

Torgesen, J. K., Rashotte, C. A., & Alexander, A. W. (2001). Principles of fluency instruction in reading: Relationships with established empirical outcomes. In M. Wolf (Ed.), *Dyslexia, fluency and the brain* (pp. 332–355). Timonium, MD: York Press.

Towey, M., Whitcomb, J., & Bray, C. (2004, November). *Print-sound-story-talk: A successful early reading first program.* Paper presented at the American Speech-Language-Hearing Association Annual Convention, Philadelphia.

Troia, G. A., Graham, S., & Harris, K. R. (1999) Teaching students with learning disabilities to mindfully plan when writing. *Exceptional Children, 65,* 235–252.

Tsatsanis, K. D., Foley, C., & Donehower, C. (2004). Contemporary outcome research and programming guidelines for Asperger's syndrome and high-functioning autism. *Topics in Language Disorders, 24,* 249–259.

Tucker, J., & McGuire, W. (2004). *Epidemiology of preterm birth.* London, UK: BMJ Publishing Group Ltd.

Turkstra, L. S., Ciccia, A., & Seaton, C. (2003). Interactive behaviors in adolescent conversation dyads. *Language, Speech, and Hearing Services in Schools, 34,* 117–127.

Tyack, D., & Gottsleben, R. (1977). *Language sampling, analysis, and training: A handbook for teachers and clinicians.* Palo Alto: Consulting Psychologists Press.

Uccelli, P., & Páez, M. M. (2007). Narrative and vocabulary development of bilingual children from kindergarten to first grade: Developmental changes.

Ukrainetz, T. A., & Gillam, R. B. (2009). The expressive elaboration of imaginative narratives by children with Specific Language Impairment. *Journal of Speech, Language, and Hearing Research, 52,* 883–898.

Ukrainetz, T. A., Justice, L. M., Kaderavek, J. N., Eisenberg, S. L., Gillam, R. B., & Harm, H. M. (2005). The development of expressive elaboration in fictional narratives. *Journal of Speech, Language, and Hearing Research, 48,* 1363–1377.

Ullman, M., & Pierpoint, E. (2005). Specific language impairment is not specific to language: The procedural deficit hypothesis. *Cortex, 41,* 399–433.

U.S. Conference of Mayors. (2003). *A status report on hunger and homelessness in America's cities: 2003.* Washington, DC: Author.

U.S. Department of Education, National Center for Education Statistics. (2006). *The condition of education 2006* (NCES 2006–071), Indicator 2. Available from nces.ed.gov/pubs2006/2006071.pdf.

U.S. Department of Education, Office of English Language Acquisition, Language Enhancement, and Academic Achievement for Limited English Proficient Students. (2008). *The Biennial Report to Congress on the Implementation of the Title III State Formula Grant Program: School Years 2004–06.* Washington, DC: Author.

U.S. Department of Health and Human Services, Administration on Children, Youth and Families. (2007). *Child Maltreatment 2005.* Washington, DC: U.S. Government Printing Office.

U.S. Department of Health and Human Services' Substance Abuse and Mental Health Administration. (2008). *Fetal alcohol spectrum disorders.* Retrieved August 1, 2008, from www.fascenter.samhsa.gov

U.S. Department of State. (2007). *Immigrant visas offered to orphans coming to the U.S.* Retrieved from travel.state.gov/family/adoption/stats/stats_451.html

U.S. Government Accountability Office. (2005). *Report to the Chairman and Ranking Minority Member, Subcommittee on Human Rights and Wellness, Committee on Government Reform, House of Representatives: Special education, children with autism.* (GAO-05-220). Washington, DC: Author.

U.S. National Library of Medicine. (2010, December 15). *Mental retardation.* Accessed January 2, 2011, from U.S. Department of Health and Human Services, National Institutes of Health, www.nlm.nih.gov/medlineplus/ency/article/001523.htm

Vallecorsa, A. L. & Garriss, E. (1990). Story composition skills in middle-grade students with learning disability. *Exceptional Children, 57,* 48–54.

van Kleeck, A. (1995). Emphasizing form and meaning separately in prereading and early reading instruction. *Topics in Language Disorders, 16*(1), 27–49.

van Kleeck, A. (2003). Research on book sharing: Another critical look. In A. van Kleeck, S. A. Stahl, & E. Bauer (Eds.), *On reading to children: Parents and teachers* (pp. 271–320). Hillside, NJ: Erlbaum.

van Kleeck, A., Vander Woude, J. & Hammett, L. (2006). Fostering literal and inferential language skills in Head Start preschoolers with language impairment using scripted-sharing discussions. *American Journal of Speech-Language Pathology, 15,* 89–95.

Vandereet, J., Maes, B., Lembrechts, D., & Zink, I. (2010). Predicting expressive vocabulary acquisition in children with intellectual disabilities: A 2-year longitudinal study. *Journal of Speech, Language, and Hearing Research, 53,* 1673–1686.

Vigil, A., & van Kleeck, A. (1996). Clinical language teaching: Theories and principles to guide our responses when children miss our language targets. In M. Smith & J. Damico (Eds.), *Childhood language disorders* (pp. 64–96). New York: Thieme.

Virtue, S., & Haberman, J., Clancy, Z., Parrish, T., & Beeman, M. (2006). Neural activity of inferences during story comprehension. *Brain Research, 1084,* 104–114.

Virtue, S., & van den Broek, P. (2004). Hemispheric processing of anaphoric inferences: The activation of multiple antecedents. *Brain and Language, 93,* 327–337.

Virtue, S., van den Broek, P., & Linderholm, T. (2006). Hemispheric processing of inferences: The effects of textual constraint and working memory capacity. *Memory & Cognition, 34,* 1341–1355.

Volden, J. (2002). Features leading to judgments of inappropriacy in the language of speakers with autism: A preliminary study. *Journal of Speech-Language Pathology and Audiology, 26*(3), 138–146.

Volden, J. (2004). Conversational repair in speakers with autism spectrum disorder. *International Journal of Language and Communication Disorders, 39,* 171–189.

Volden, J., & Phillips, L. (2010). Measuring pragmatic language in speakers with Autism Spectrum Disorders: Comparing the children's Communication Checklist-2 and the Test of Pragmatic Language. *American Journal of Speech-Language Pathology, 19,* 204–212.

Vygotsky, L. (1978). *Mind in society: The development of higher psychological processes.* Cambridge, MA: Harvard University Press.

Wadman, R., Durkin, K., & Conti-Ramsden, G. (2008). Self-esteem, shyness, and sociability in adolescents with Specific Language Impairment (SLI). *Journal of Speech, Language, and Hearing Research, 51,* 938–952.

Wagner, R. E., Torgesen, J. K., & Rashotte, C. (1999). *Comprehensive Test of Phonological Processing (CTOPP).* Austin, TX: Pro-Ed.

Wahlberg, T., & Magliano, J. P. (2004). The ability of high-functioning individuals with autism to comprehend written discourse. *Discourse Processes, 38*(1), 119–144.

Waite, M. C., Theodoros, D. G., Russell, T. G., & Cahill, L. M. (2010). Internet-based telehealth assessment of language using the CELF-4. *Language, Speech and Hearing Services in Schools, 41,* 445–458.

Walker, D. R., Thompson, A., Zwaigenbaum, L., Goldberg, J., Bryson, S. E., Mahoney, W. J., Strawbridge, C. P., & Szatmarim P. (2004). Specifying PDD-NOS: A comparison of PDD-NOS, Asperger syndrome, and autism. *Journal of the American Academy of Child and Adolescent Psychiatry, 43,* 172–180.

Wallace, G., & Hammill, D. D. (2002). *Comprehensive Receptive and Expressive Vocabulary Test* (2nd ed.). Austin, TX: Pro-Ed.

Wanzek, J., Dickson, S., Bursuck, W., & White, J. (2000). Teaching phonological awareness to students at risk for reading failure: An analysis of four instructional programs. *Learning Disabilities Research & Practice, 15,* 226–239.

Warren, S. F., & Rogers-Warren, A. (1985). Teaching functional language: An introduction. In S. Warren & A. Rogers-Warren (Eds.), *Teaching functional language* (pp. 3–24). Baltimore: University Park Press.

Washington, J. A., Craig, H. K., & Kushmaul, A. J. (1998). Variable use of African American English across two language sampling contexts. *Journal of Speech, Language, and Hearing Research, 41,* 1115–1124.

Wasik, B. A., Bond, M. A., & Hindman, A. (2006). The effects of a language and literacy intervention on Head Start children and teachers. *Journal of Educational Psychology, 98,* 63–74.

Wasowicz, J., Apel, K., Masterson, J. J., & Whitney, A. (2004). *SPELL—Links to Reading and Writing.* Evanston, IL: Learning By Design.

Watson, L. R., & Ozonoff, S. (2000). Pervasive developmental disorders. In T. L. Layton, E. Crais, & L. R. Watson (Eds.), *Handbook of early language impairment in children: Nature* (pp. 109–161). Albany, NY: Delmar.

Watt, N., Wetherby, A., & Shumway, S. (2006). Prelinguistic predictors of language outcome at 3 years of age. *Journal of Speech, Language, and Hearing Research, 49,* 1224–1237.

Way, I., Yelsma, P., Van Meter, A. M., & Black-Pond, C. (2007).

Understanding alexithymia and language skills in children: Implications for assessment and intervention. *Language, Speech, and Hearing Services in Schools, 38,* 128–139.

Wayman, K. I., Lynch, E. W., & Hanson, M. J. (1990). Home-based early childhood services: Cultural sensitivity in a family systems approach. *Topics in Early Childhood Special Education, 10*(4), 56–75.

Weiner, F. (1988). Parrot Easy Language Sample Analysis (PEL-SA) [Computer program]. State College, PA: Parrot Software.

Weinreb, L. F., Buckner, J. C., Williams, V., & Nicholson, J. (2006). A comparison of the health and mental health status of homeless mothers in Worcester, Mass: 1993 and 2003. *American Journal of Public Health, 96,* 1444–1448.

Weitzman, E., & Greenberg, J. (2002). *Learning language and loving it* (2nd ed.). Toronto: The Hanen Center.

Wells, G. (1985). *Language development in the pre-school years.* New York: Cambridge University Press.

Wentzel, M. (2000, November 29). UR first to identify autistic gene. (Rochester, NY) *Democrat and Chronicle,* pp. 1A, 10A.

Westby, C. E. (1984). Development of narrative language abilities. In G. Wallach & K. Butler (Eds.), *Language learning disabilities in school-age children* (pp. 103–127). Baltimore: Williams & Wilkins.

Westby, C. E. (1992). Narrative assessment. *Best Practices in School Speech-Language Pathology, 2,* 53–64.

Westby, C. E. (1997). There's more to passing than knowing the answers. *Language, Speech, and Hearing Services in Schools, 28,* 244–287.

Westby, C. E. (2005). Assessing and facilitating text comprehension problems. In H. Catts & A. Kamhi (Eds.), *Language and reading disabilities* (pp. 157–232). Boston: Allyn & Bacon.

Westby, C. E. (2007). Child maltreatment: A global issue. *Language, Speech, and Hearing Services in Schools, 38,* 140–148.

Westby, C. E., Van Dongen, R., & Maggart, Z. (1989). Assessing narrative competence. *Seminars in Speech and Language, 10,* 63–76.

Westerveld, M. F., & Moran, C. A. (2011). Expository language skills of young school-age children. *Language, Speech, and Hearing Services in Schools, 42,* 182–193.

Wetherby, A. M., & Prizant, B. M. (1993). *Communication and Symbolic Behavior Scales.* Chicago: Riverside.

Wetherby, A. M., Prizant, B. M., & Schuler, A. (2000). Understanding the nature of communication and language impairments. In A. Wetherby & B. Prizant (Eds.), *Autism spectrum disorders: A transactional developmental perspective* (pp. 109–141). Baltimore: Paul H. Brookes.

Wetherby, A. M., & Woods, J. J. (2006). Early social interaction project for children with autism spectrum disorders beginning in the second year of life: A preliminary study. *Topics in Early Childhood Special Education, 26,* 67–82.

Whitehouse, A. J. (2010). Is there a sex ratio difference in the familial aggregation of Specific Language Impairment? A meta-analysis. *Journal of Speech, Language, and Hearing Research, 53,* 1015–1025.

Wiederholt, J. L., & Bryant, B. R. (2001). *Gray Oral Reading Test.* Austin, TX: Pro-Ed.

Wiig, E. H. (1995). Teaching prosocial communication. In D. F. Tibbits (Ed.), *Language intervention: Beyond the primary grades. For clinicians by clinicians.* Austin, TX: Pro-Ed.

Wiig, E. H., & Semel, E. M. (1984). *Language assessment and intervention for the learning disabled* (2nd ed.). New York: Merrill/Macmillan.

Wilcox, M. J., Bacon, C. K., & Greer, D. C. (2005). *Evidence-based early language intervention: Caregiver verbal responsivity training.* Accessed on June 23, 2010, from *www.asu.edu/clas/icrp/research/presentations/p1/pdf2.pdf*

Wilcox, M. J., & Woods, J. (2011). Participation as a basis for developing early intervention outcomes. *Language, Speech, and Hearing Services in Schools, 42,* 365–378.

Wilkinson, G. S., (1995). *Wide Range of Achievement Test–3.* Wilmington, DE: Jastak Associates.

Williams, J. P. (1988). Identifying main ideas: A basic aspect of reading comprehension. *Topics in Language Disorders, 8(3),* 1–13.

Williams, K. (1997). *Expressive Vocabulary Test.* Circle Pines, MN: American Guidance Service.

Willis, D., & Silovsky, J. (1998). Prevention of violence at the societal level. In P. Trickett & C. Schellenach (Eds.), *Violence against children in the family and the community* (pp. 401–416). Washington, DC: American Psychological Association.

Windsor, J., Kohnert, K., Loxtercamp, A., & Kan, P. (2008). Performance on nonlinguistic visual tasks by children with language impairment. *Applied Psycholinguistics, 29,* 237–268.

Windsor, J., Scott, C. M., & Street, C. K. (2000). Verb and noun morphology in the spoken and written language of children with language learning disabilities. *Journal of Speech, Language, and Hearing Research, 43,* 1322–1336.

Wing, C., Kohnert, K., Pham, G., Cordero, K. N., Ebert, K. D., Kan, P. F., & Blaiser, K. (2007). Culturally consistent treatment for late talkers. *Communication Disorders Quarterly, 29*(1), 20–27.

Wise, B., Rogan, L., & Sessions, L. (2009). *Training teachers in evidence-based intervention: The story of linguistic remedies.* In S. Rosenfield & V. Berninger (Eds.), *Handbook on implementing evidence based academic interventions* (pp. 443–477). Oxford, England: Oxford University Press.

Wixson, K., Bosky, A., Yochum, M., & Alvermann, D. (1984). An interview for assessing students' perceptions of classroom reading tasks. *The Reading Teacher, 37,* 346–352.

Wolf, M. (2007). *Proust and the squid: The story and science of the reading brain.* New York: HarperCollins Books.

Wolf, M., & Denkla, M. (2005). *Rapid Automatized Naming and Rapid Alternating Stimulus Tests.* Hydesville, CA: Psychological and Educational Publications.

Wolf, M., & Katzir-Cohen, T. (2001). Reading fluency and its intervention. *Scientific Studies of Reading, 5,* 211–239.

Wolfberg, P. (1999). *Play and imagination in children with autism.* New York: Teachers College Press.

Wolter, J. A., & Apel, K. (2010). Initial acquisition of mental graphemic representations in children with language impairment. *Journal of Speech, Language, and Hearing Research, 53,* 179–195.

Wolter, J. A., Wood, A., & D'zatko, K. W. (2009). The influence of morphological awareness on the literacy development of first-grade children. *Language, Speech, and Hearing Services in Schools, 40,* 286–298.

Wong, B. Y. (2000). Writing strategies instruction for expository essays for adolescents with and without learning disabilities. *Topics in Language Disorders, 20(4),* 244.

Wong, B. Y., Butler, D. L., Ficzere, S. A., & Kuperis, S. (1996). Teaching low achievers and students with learning disabilities to plan, write, and revise opinion essays. *Journal of Learning Disabilities, 29(2),* 197–212.

Woodcock, R. W. (1998). *Woodcock Reading Mastery Test–Revised.* Circle Pines, MN: American Guidance Services.

Woods, J. J., & Wetherby, A. M. (2003). Early identification of and intervention for infants and toddlers who are at risk for autism spectrum disorder. *Language, Speech, and Hearing Services in Schools, 34,* 180–193.

Woods, J. J., Wilcox, M. J., Friedman, M., & Murch, T. (2011). Collaborative consultation in natural environments: Strategies to enhance family-centered supports and services. *Language, Speech, and Hearing Services in Schools, 42,* 379–392.

World Health Assembly. (2001). Retrieved from www.who.int/classifications/icf/whaen.pdf

World Health Organization (1981). *The global strategy for health for all by the year 2000.* Geneva, Switzerland: Author.

World Health Organization. (2005). *International statistical classification of diseases and related health problems, Tenth Revision.* Geneva, Switzerland: Author.

World Health Organization. (2010). *Mental retardation: From knowledge to action.* Accessed January 2, 2011 at www.searo.who.int/en/Section1174/Section1199/Section1567/Section1825_8090.htm

Ylvisaker, M., & DeBonis, D. (2000). Executive function impairment in adolescence: TBI and ADHD. *Topics in Language Disorders, 20(2),* 29–57.

Ylvisaker, M., Szekeres, S. F., & Feeney, T. (1998). Cognitive rehabilitation: Executive functions. In M. Ylvisaker (Ed.), *Traumatic brain injury rehabilitation: Children and adolescents* (pp. 221–269). Boston: Butterworth-Heinemann.

Yoder, P. J., & McDuffie, A. (2002). Treatment of primary language disorders in early childhood: Evidence of efficacy. In P. Accardo, B. Rogers, & A. Capute (Eds.), *Disorders of language development* (pp. 151–177). Baltimore, MD: York Press.

Yoder, P. J., Molfese, D., & Gardner, E. (2011). Initial mean length of utterance predicts the relative efficacy of two grammatical treatments in preschoolers with Specific Language Impairment. *Journal of Speech, Language, and Hearing Research, 54,* 1170–1181.

Yoder, P. J., & Warren, S. F. (2002). Effects of prelinguistic milieu reaching and parent responsivity education on dyads involving children with intellectual disabilities. *Journal of Speech, Language, and Hearing Research, 45,* 1158–1174.

Yoshinaga-Itano, C., & Snyder, L. (1985). Form and meaning in the written language of hearing impaired children. *Volta Review, 87(5),* 75–90.

Young, E., Diehl, J., Morris, D., Hyman, S., & Bennetto, L. (2005). The use of two language tests to identify pragmatic language problems in children with autism spectrum disorders. *Language, Speech, and Hearing Services in Schools, 36,* 62–72.

Zimmerman, I. L., Steiner, V. G., & Pond, R. E. (2002). *Preschool Language Scale, Fourth Edition, Spanish Edition.* San Antonio, TX: Harcourt Assessment.

Zipoli, R. P., & Kennedy, M. (2005). Evidence-based practice among speech-language pathologists: Attitudes, utilization, and barriers. *American Journal of Speech-Language Pathology, 14,* 208–220.

Zwaigenbaum, L., Bryson, S. E., Rogers, T., Roberts, W., Brian, J., & Szatmaxi, P. (2005). Behavioural manifestations of autism in the first year of life. *International Journal of Developmental Neuroscience, 23,* 143–152.

# 찾아보기